CB057713

TEXTOS COMUNS
I

Antes do Ofício, quando rezado a sós, pode-se dizer a seguinte oração:

Abri, Senhor, os meus lábios para bendizer o vosso santo nome. Purificai o meu coração de todos os pensamentos vãos, desordenados e estranhos. Iluminai o meu entendi mento e inflamai minha vontade para que possa rezar digna, atenta e devotamente este Ofício, e mereça ser atendido na presença da vossa divina Majestade. Por Cristo, nosso Se nhor. Amém.

Invitatório

V. A**bri** os meus **lá**bios, ó Se**nhor.**
R. E minha **bo**ca anuncia**rá** vosso lou**vor**.

Salmo 94(95)

Convite ao louvor de Deus

(Propõe-se e se repete a antífona)

– 1 Vinde, exul**t**emos de ale**gri**a no Se**nhor**, *
aclamemos o Rochedo que nos salva!
– 2 Ao seu en**con**tro caminhemos com louvores, *
e com **can**tos de alegria o celebremos!

(Repete-se a antífona)

– 3 Na ver**da**de, o Senhor é o grande Deus, *
o grande **Rei**, muito maior que os deuses todos.
– 4 Tem nas **mãos** as profundezas dos abismos, *
e as al**tu**ras das montanhas lhe pertencem;
– 5 o mar é **de**le, pois foi ele quem o fez, *
e a terra **fir**me suas mãos a modelaram.

(Repete-se a antífona.)

– [6] Vinde ado**re**mos e prostremo-nos por terra, *
e ajoe**lhe**mos ante o Deus que nos criou!
= [7] Porque **e**le é o nosso Deus, nosso Pastor,†
e nós **so**mos o seu povo e seu rebanho, *
as o**ve**lhas que conduz com sua mão.

(Repete-se a antífona.)

= [8] Oxa**lá** ouvísseis hoje a sua voz: †
"Não fe**cheis** os corações como em Meriba, *
[9] como em **Mas**sa, no deserto, aquele dia,
– em que ou**tro**ra vossos pais me provocaram, *
ape**sar** de terem visto as minhas obras".

(Repete-se a antífona.)

= [10] Quarenta **a**nos desgostou-me aquela raça †
e eu **dis**se: "Eis um povo transviado, *
[11] seu cora**ção** não conheceu os meus caminhos!"
– E por **is**so lhes jurei na minha ira: *
"Não entra**rão** no meu repouso prometido!"

(Repete-se a antífona.)

– Glória ao **Pai** e ao **Fi**lho e ao Es**pí**rito **San**to. *
Como **e**ra no prin**cí**pio, a**go**ra e sempre. A**mém.**

Salmo 23(24)

Entrada do Senhor no templo

(Propõe-se e se repete a antífona)

– [1] Ao Se**nhor** pertence a **ter**ra e o que ela en**cer**ra, *
o mundo in**tei**ro com os seres que o povoam;
– [2] porque **e**le a tornou firme sobre os mares, *
e sobre as **á**guas a mantém inabalável. R.

– 3 "Quem subi**rá** até o monte do Senhor, *
quem fica**rá** em sua santa habitação?"
= 4 "Quem tem mãos **pu**ras e inocente coração, †
quem não di**ri**ge sua mente para o crime, *
nem jura **fal**so para o dano de seu próximo. R.

– 5 Sobre **es**te desce a bênção do Senhor *
e a recom**pen**sa de seu Deus e Salvador".
– 6 "É as**sim** a geração dos que o procuram, *
e do **Deus** de Israel buscam a face". R.

= 7 "Ó **por**tas, levantai vossos frontões! †
Ele**vai**-vos bem mais alto, antigas portas, *
a fim de **que** o Rei da glória possa entrar!" R.

= 8 Di**zei**-nos: "Quem é este Rei da glória?" †
"É o Se**nhor**, o valoroso, o onipotente, *
o Se**nhor**, o poderoso nas batalhas!" R.

= 9 "Ó **por**tas, levantai vossos frontões! †
Ele**vai**-vos bem mais alto, antigas portas, *
a fim de **que** o Rei da glória possa entrar!" R.

= 10 Di**zei**-nos: "Quem é este Rei da glória?" †
"O Rei da **gló**ria é o Senhor onipotente, *
o Rei da **gló**ria é o Senhor Deus do universo!" R.

– Glória ao **Pai** e ao **Fi**lho e ao Es**pí**rito **San**to. *
Como **e**ra no prin**cí**pio, a**go**ra e sempre. A**mém**. R.

Ou:

Salmo 66(67)

Todos os povos celebrem o Senhor

(Propõe-se e se repete a antífona)

– 2 Que Deus nos **dê** a sua **gra**ça e sua **bên**ção, *
e sua **fa**ce resplandeça sobre nós!
– 3 Que na **ter**ra se conheça o seu caminho *
e a **su**a salvação por entre os povos. R.

– 4 Que as **nações** vos glorifiquem, ó Senhor, *
que **to**das as nações vos glorifiquem! R.
– 5 **Exul**te de alegria a terra inteira, *
pois jul**gais** o universo com justiça;
– os **po**vos governais com retidão, *
e gui**ais**, em toda a terra, as nações. R.
– 6 Que as **nações** vos glorifiquem, ó Senhor, *
que **to**das as nações vos glorifiquem! R.
– 7 A **ter**ra produziu sua colheita: *
o Se**nhor** e nosso Deus nos abençoa.
– 8 Que o Se**nhor** e nosso Deus nos abençoe, *
e o res**pei**tem os confins de toda a terra! R.
– Glória ao **Pai** e ao **Fi**lho e ao Es**pí**rito **San**to. *
Como **e**ra no prin**cí**pio, a**go**ra e sempre. A**mém.** R.

Salmo 99(100)

Alegria dos que entram no templo

= 2 Acla**mai** o Se**nhor**, ó terra in**tei**ra, †
ser**vi** ao Senhor com alegria, *
ide a **e**le cantando jubilosos! R.
= 3 Sa**bei** que o Senhor, só ele, é Deus, †
Ele **mes**mo nos fez, e somos seus, *
nós **so**mos seu povo e seu rebanho. R.
= 4 En**trai** por suas portas dando graças, †
e em seus **á**trios com hinos de louvor; *
dai-lhe **gra**ças, seu nome bendizei! R.
= 5 Sim, é **bom** o Senhor e nosso Deus, †
sua bon**da**de perdura para sempre, *
seu a**mor** é fiel eternamente! R.
– Glória ao **Pai** e ao **Fi**lho e ao Es**pí**rito **San**to. *
Como **e**ra no prin**cí**pio, a**go**ra e sempre. A**mém.** R.

Modalidades de "Glória ao Pai"

1º **Comum** (e para ó canto com 2 ou 4 acentos):

V. Glória ao **Pai** e ao Filho e ao Espírito **Santo**.

R. Como **e**ra no prin**cí**pio, a**go**ra e sempre. A**mém**.

2º **Para o Canto** (com 3 acentos e estrofes de 2 versos) :

– Glória ao **Pai** e ao **Fi**lho e ao Espírito **San**to. *
Como **e**ra no prin**cí**pio, agora e **sem**pre.

3º (Com 3 acentos e estrofes de 3 versos):

= Glória ao **Pai** e ao **Fi**lho e ao Espírito **San**to, †
ao Deus que **é**, que **e**ra e que **vem**, *
pelos **sé**culos dos **sé**culos. A**mém**.

4º (Com 3 acentos e estrofes de 4 ve sos):

= Demos **glória** a Deus **Pai** onipo**ten**te
e a seu **Fi**lho, Jesus **Cris**to, Senhor **no**sso, †
e ao Es**pí**rito que ha**bi**ta em nosso **pei**to, *
pelos **sé**culos dos **sé**culos. A**mém**.

5º (Com 3 + 2 acentos):

= Glória ao **Pai** e ao **Fi**lho e ao Espírito **San**to
desde a**go**ra e para **sem**pre, †
ao Deus que **é**, que **e**ra e que **vem**, *
pelos **sé**culos. A**mém**.

Início e conclusão das horas

Início

V. Vinde, ó **Deus**, em meu au**xí**lio.

R. Soco**rrei**-me sem de**mo**ra.

Glória ao **Pai** e ao **Fi**lho e ao Es**pí**rito **San**to. *
Como **e**ra no prin**cí**pio, a**go**ra e sempre. A**mém**. (Ale**lui**a.)

Na Quaresma, omite-se o Aleluia.

Omite-se a introdução acima no Ofício das Leituras e nas Laudes, quando o Invitatório precede imediatamente.

E segue-se o hino.

No fim das Laudes e Vésperas

Após a oração conclusiva, se um sacerdote ou diácono preside o Ofício, é ele quem despede o povo, dizendo:

O Senhor esteja convosco.
R. Ele está no meio de nós.

Abençoe-vos Deus todo-poderoso, Pai e Filho e Espírito Santo.

R. Amém.

Pode usar também outra fórmula de bênção, como no Apêndice. Havendo despedida , acrescenta-se:

Ide em **paz** e o Se**nhor** vos acom**pa**nhe.
R. **Gra**ças a **Deus**.

Não havendo sacerdote, ou diácono, e na recitação individual, conclui-se assim:

O **Senhor** nos aben**çoe**, nos **li**vre de todo o **mal**
e nos con**du**za à vida e**ter**na.
R. Amém.

No fim do Ofício das Leituras e da Hora Média

Após a oração conclusiva, pelo menos na celebração comunitária, acrescenta-se a aclamação:

Bendi**ga**mos ao **Senhor**.
R. Graças a **Deus**.

No fim das Completas

Após a oração conclusiva , segue-se a bênção, inclusive quando se reza sozinho:

O Senhor todo-poderoso nos conceda uma noite tranquila
e, no fim da vida, uma morte santa.
R. Amém.

E acrescenta-se uma das antífonas de Nossa Senhora.

ORAÇÃO DAS HORAS

OFÍCIO DIVINO

RENOVADO CONFORME O DECRETO
DO CONCÍLIO VATICANO II
E PROMULGADO PELO PAPA PAULO VI

Tradução para o BRASIL
da
segunda edição típica

ORAÇÃO DAS HORAS

LAUDES
ORAÇÃO DAS DOZE HORAS
(HORA MÉDIA)
VÉSPERAS
COMPLETAS

Editora Vozes
Paulinas
Paulus
Editora Ave-Maria

APROVAÇÃO

O texto da Oração das horas, apresentado por Editora Vozes, Paulinas, Paulus e Editora Ave-Maria, concorda com os originais aprovados pela Comissão Episcopal de Textos Litúrgicos (CETEL) e confirmados pela Congregação do Culto Divino e a Disciplina dos Sacramentos.

Rio de Janeiro, 25 de abril de 1995.

Frei Alberto Beckhäuser, OFM
Coordenador de Traduções e Edições
de Textos Litúrgicos da CNBB

Impressão e acabamento
PAULUS

1ª edição, 1995 (encadernada)
16ª reimpressão, 2023
2ª edição, 1995 (zíper)
13ª reimpressão, 2023

© PAULUS – 1995

Rua Francisco Cruz, 229 • 04117-091 • São Paulo (Brasil)
Tel.: (11) 5087-3700
paulus.com.br • editorial@paulus.com.br

ISBN 978-85-349-0759-0 (encadernada)
ISBN 978-85-349-0857-3 (zíper)

SUMÁRIO

PROMULGAÇÃO

Na qualidade de Presidente da Conferência Nacional dos Bispos do Brasil, tendo em vista a nova versão brasileira da Liturgia das Horas, aprovada pela Comissão Episcopal de Textos Litúrgicos (CETEL) e confirmada pela Congregação do Culto Divino e Disciplina dos Sacramentos mediante o Protocolo nº CD 1223/92, levamos ao conhecimento de todos e promulgamos os referidos atos para que produzam todos os seus efeitos a partir do dia 16 de abril e 1995, Páscoa do Senhor.

Brasília, Páscoa do Senhor, 11 de abril de 1993.

Luciano Pedro Mendes de Almeida, SJ
Presidente da Conferência Nacional dos Bispos do Brasil

APRESENTAÇÃO

A Liturgia das Horas, reformada pelo Concílio Vaticano II, não é apenas a oração dos membros da hierarquia e de religiosos professos de votos solenes, que a ela estão obrigados, mas de todo o Povo de Deus. A Constituição "Sacrosanctum Concilium" recomenda que os leigos rezem o Ofício Divino com os sacerdotes ou reunidos entre si, inclusive em particular (SC 100).

Neste ano em que está sendo publicada a Liturgia das Horas em português, era preciso que também fosse feita uma edição resumida da mesma para uso dos leigos e dos diáconos permanentes. Esta edição servirá também para as religiosas e os religiosos que não costumam rezar toda a Liturgia das Horas, mas apenas uma parte.

Evidentemente a presente edição não se destina àqueles que estão obrigados à celebração integral da Liturgia das Horas. Por esta razão só está sendo publicada depois dos quatro volumes da edição típica.

Não é sem tristeza para mim deixar fora do presente volume o Ofício das Leituras, pois este contém o tesouro da Palavra de Deus, distribuído por todos os dias do ano, e os escritos dos Santos Padres, que não se encontram facilmente. No entanto, era preciso pensar no aspecto prático de ter um único volume para atender aos que procuram celebrar pelo menos alguma parte da Liturgia das Horas (cf. Instr. Geral, n. 25).

Repito, esta edição não é para os padres, mas para os diáconos permanentes, certas congregações religiosas e para os leigos. Que estes saibam aproveitar do tesouro que é posto à sua disposição, "introduzindo neste exílio terrestre aquele hino que se canta perpetuamente nas moradas celestiais" (SC 83).

Brasília, 25 de abril de 1995

D. Clemente José Carlos Isnard OSB
Responsável pela Liturgia na CNBB

CONGREGAÇÃO DO CULTO DIVINO
E DISCIPLINA DOS SACRAMENTOS

Prot. n. CD 1223/92

PARA AS DIOCESES DO BRASIL

Por solicitação do Exmo. Sr. Dom Clemente José Carlos Isnard, OSB, Bispo de Nova Friburgo, Presidente da Comissão Episcopal Brasileira de Liturgia, feita em requerimento datado de 23 de junho de 1992, em virtude das faculdades concedidas a esta Congregação pelo Sumo Pontífice JOÃO PAULO II, de bom grado confirmamos a tradução portuguesa da Liturgia das Horas conforme consta em exemplar a nós enviado.

No texto a ser impresso, inclua-se integralmente este Decreto pelo qual se concede a confirmação pedida à Sé Apostólica.

Além disso, sejam enviados a esta Congregação dois exemplares do texto impresso.

Revogam-se as disposições em contrário.

Dado na Sede da Congregação do Culto Divino e Disciplina dos Sacramentos, a 8 de julho de 1992.

ANTÔNIO M. Card. JAVIERRE
Prefeito

† Geraldo M. Agnelo
Arcebispo Secretário

SAGRADA CONGREGAÇÃO
PARA O CULTO DIVINO

Prot. n. 1000/71

DECRETO

A Igreja celebra a Liturgia das Horas no decorrer do dia, conforme antiga tradição. Assim, ela cumpre o mandato do Senhor de orar sem cessar e, ao mesmo tempo, canta os louvores a Deus Pai e interpela pela salvação do mundo.

Por isso, o Concílio Vaticano II valorizou o costume que a Igreja conservava. No desejo de renová-lo, ela procurou rever esta oração, a fim de que os padres e os outros membros da Igreja pudessem rezá-la melhor e mais perfeitamente, nas condições da vida de hoje (cf. Constituição sobre a Sagrada Liturgia *Sacrosanctum Concilium,* n. 84).

O trabalho de renovação está agora terminado e foi aprovado pelo Papa Paulo VI através da Constituição Apostólica *Laudis Canticum* de 1º de novembro de 1970. Esta Congregação para o Culto Divino elaborou, em latim, o livro para a celebração da Liturgia das Horas, conforme o rito romano, agora o publica e o declara edição típica.

Revogam-se as disposições em contrário.

Da sede da Sagrada Congregação para o Culto Divino, no Domingo da Páscoa da Ressurreição do Senhor, 11 de abril de 1971.

ARTURUS Card. TABERA
Prefeito

A. BUGNINI
Secretário

CONGREGAÇÃO PARA O CULTO DIVINO

Prot. n. 1814/84

DECRETO

A Liturgia das Horas, restaurada no ano de 1971 em conformidade com o decreto do Sacrossanto Concílio Vaticano II, é a oração da Igreja, pela qual são santificados, por cânticos de louvor, ações de graças e orações, tanto o curso completo das horas do dia, como a totalidade das atividades humanas (cf. *Instrução geral da Liturgia das Horas,* n°s. 2 e 11). Essa forma de oração requer que suas riquezas espirituais sejam mais profundamente penetradas por uma compreensão interior dos textos utilizados tradicionalmente na oração comunitária da Igreja de Rito Romano.

Para melhor alcançar tal finalidade, uma segunda edição da Liturgia das Horas, que sai catorze anos depois da primeira, apresenta como característica própria o texto da edição da "Nova Vulgata Bibliorum Sacrorum", a qual, em virtude de norma prescrita pela Constituição Apostólica *Scripturarum Thesaurus* do Papa João Paulo II, do dia 25 de abril de 1979, substitui obrigatoriamente o texto da versão Vulgata até então utilizada.

As particularidades próprias à presente edição serão expressamente descritas a seguir:

1) A tradução da Nova Vulgata foi usada nas leituras bíblicas do Ofício das Leituras, ou seja, das Vigílias, e também nas leituras breves de Laudes, Vésperas, nas Orações das Nove, das Doze e das Quinze Horas e Completas, assim como em todos os Cânticos do Antigo e do Novo Testamento.

2) Alguns textos bíblicos existentes na primeira edição não se encontram na tradução da Nova Vulgata, ou nela se revestem de um novo significado de modo a não mais corresponderem ao fim para o qual foram outrora escolhidos. Esses textos não são mais apresentados, mas em seu lugar foram escolhidos outros mais apropriados.

3) O texto dos Salmos, mais uma vez revisto na edição da Nova Vulgata, é reproduzido na mesma forma nesta Liturgia das Horas.

4) Os Responsórios do Ofício das Leituras foram revistos tendo em conta o texto da Nova Vulgata, a não ser que por acaso razões peculiares de composição, tradição, melodia musical ou rubricas litúrgicas excluam mudanças do texto.

5) Foram reintroduzidas, nos Domingos e Solenidades, novas antífonas para o *Benedictus* e o *Magnificat* em conformidade com o texto dos Evangelhos de onde foram extraídas.

6) A redação dos hinos mereceu muito cuidado e polimento.

7) Tanto as leituras bíblicas mais longas como os Salmos e os Cânticos do Antigo e do Novo Testamento trazem, em cada versículo, a numeração bíblica comum.

8) Na presente edição, os salmos vêm designados por dois números. O primeiro é o que sempre usaram tanto a tradução grega, denominada Septuaginta, como a antiga Vulgata, e também os Santos Padres e a Liturgia. Em segundo lugar, colocado entre parênteses, vem o número próprio ao texto hebraico e que muitas vezes é usado, em nossos dias, nas edições dos textos e trabalhos bíblicos.

9) Em apêndice foram acrescentados outros textos, como sejam fórmulas de bênçãos solenes e de atos penitenciais, tirados do Missal Romano.

As notas acima indicadas e algumas pequenas mudanças que foram introduzidas tiveram ainda por finalidade favorecer àquela delicada e proveitosa compreensão das ligações existentes entre a celebração da Liturgia das Horas e a da Sagrada Eucaristia, e também entre ambas e o ano litúrgico, o qual "encerra força peculiar e eficácia sacramental. Através dele, o próprio Cristo, quer nos seus ministros quer na memória dos Santos, e principalmente nas de sua Mãe, continua a sua via de imensa misericórdia, de tal modo que os fiéis de Cristo, não só comemoram e meditam os mistérios da Redenção, mas entram mesmo em contato com eles, comungam neles e por eles vivem" (*Cerimonial dos Bispos,* n. 231).

O Sumo Pontífice João Paulo II aprovou com sua Autoridade Apostólica esta segunda edição da Liturgia das Horas, e a Congregação do Culto Divino agora a promulga, bem como declara ser ela a edição típica. Por conseguinte, essa mesma edição, feita em latim, entra em vigor logo ao sair. Quanto às edições em língua vernácula, feitas sobre essa segunda edição, passarão a vigorar no dia determinado pelas respectivas Conferências Episcopais.

Nada havendo em contrário.

Dado na sede da Congregação do Culto Divino, no dia 7 de abril de 1985, Domingo da Páscoa na Ressurreição do Senhor.

† Agostinho Mayer, OSB
Arcebispo titular de Satriano
pró-prefeito

† Vergílio Noè
Arcebispo titular de Voncaria
secretário

INSTRUÇÃO GERAL SOBRE A LITURGIA DAS HORAS

Nesta Instrução Geral omitem-se os números que não são de interesse da Liturgia das Horas Abreviada.

CAPÍTULO I

IMPORTÂNCIA DA LITURGIA DAS HORAS OU O OFÍCIO DIVINO NA VIDA DA IGREJA

1. A oração pública e comum do povo de Deus é considerada com razão entre as principais funções da Igreja. Nos primórdios, já os batizados "eram perseverantes em ouvir o ensinamento dos apóstolos, na comunhão fraterna, na fração do pão e nas orações" (At 2,42). Várias vezes atestam os Atos dos Apóstolos que a comunidade cristã orava em comum[1].

Os documentos da Igreja primitiva testemunham também que os fiéis, cada um em particular, se entregavam à oração em determinadas horas. Assim, muito cedo prevaleceu, em diversas regiões, o costume de reservar para a prece comum tempos fixos, como a última hora do dia, ao anoitecer, quando se acendiam as luzes, ou a primeira, quando, saindo o sol, a noite finda.

Com o decorrer do tempo, chegaram a santificar com uma prece comum também as demais horas, que os Padres viam insinuadas nos Atos dos Apóstolos. Aí, de fato, aparecem os discípulos reunidos às nove horas[2]. O príncipe dos Apóstolos "subiu ao terraço para orar pelas doze horas" (10,9). "Pedro e João subiam ao templo à hora da oração, às quinze horas" (3,1). "Por volta de meia-noite, Paulo e Silas, em oração, louvavam a Deus" (16,25).

2. Essas orações, celebradas em comum, foram pouco a pouco aperfeiçoadas e organizadas como o ciclo completo das Horas. Enriquecida com leituras, essa Liturgia das Horas ou Ofício Divino, é antes de tudo oração de louvor e petição, e é oração da Igreja com Cristo e a Cristo.

1. Cf. At 1,14; 4,24; 12,5.12; cf. Ef 5,19-21.
2. Cf. At 2,1-15.

I. A ORAÇÃO DE CRISTO

Cristo, orante do Pai

3. Vindo ao mundo para comunicar a vida de Deus aos seres humanos, o Verbo que procede do Pai, como esplendor de sua glória, "Sumo Sacerdote da Nova e Eterna Aliança, Cristo Jesus, ao assumir a natureza humana, trouxe para este exílio terreno aquele hino que é cantado por todo o sempre nas habitações celestes"[3]. A partir daí, o louvor a Deus ressoa no coração de Cristo com palavras humanas de adoração, propiciação e intercessão. Tudo isso, ele dirige ao Pai, como Cabeça que é da humanidade renovada e Mediador entre Deus e os homens, em nome de todos e para o bem de todos.

4. O próprio Filho de Deus, porém, "é um com o Pai" (cf. Jo 10,30) e ao entrar no mundo disse: "Eu vim para fazer a tua vontade" (Hb 10,9; cf. Jo 6,38). Ele se dignou deixar-nos também exemplos de oração. Os evangelhos muitas vezes o apresentam orando: quando o Pai revela sua missão[4], antes de chamar os apóstolos[5], ao bendizer a Deus na multiplicação dos pães[6], ao se transfigurar no monte[7], quando cura o surdo-mudo[8] e ressuscita Lázaro[9], antes de solicitar a confissão de Pedro[10], antes de ensinar aos discípulos como devem orar[11], quando os discípulos voltam da missão[12], ao abençoar as crianças[13], e quando roga por Pedro[14].

Sua atividade cotidiana está muito ligada à oração. Mais ainda, como que brotava dela, retirando-se ao deserto e ao monte para orar[15], levantando-se muito cedo[16] ou permanecendo até a quarta vigília[17] e passando a noite em oração a Deus[18].

3. Constituição do Vaticano II sobre a Liturgia, *Sacrosanctum Concilium*, n. 83.
4. Lc 3,21-22
5. Lc 6,12.
6. Mt 14,19; 15,36; Me 6,41; 8,7; Lc 9,16; Jo 6,11.
7. Lc 9,28-29.
8. Mc 7,34.
9. Jo 11,41s.
10. Lc 9,18.
11. Lc 11,1.
12. Mt 11,25s; Lc 10,21s.
13. Mt 19,13.
14. Lc 22,32.
15. Mc 1,35; 6,46; Lc 5,16; cf. Mt 4.1 par.; Mt 14,23.
16. Mc 1,35.
17. Mt 14,23.25; Mc 6,46.48.
18. Lc 6,12.

Além disso, fundadamente se supõe que ele mesmo tenha tomado parte nas preces que publicamente se faziam nas sinagogas, aonde entrou em dia de sábado, "segundo seu costume"[19], e nas preces do templo, que ele chamou casa de oração[20]. Não só, mas também nas preces que os israelitas piedosos costumavam fazer individualmente todos os dias. Proferiu também as tradicionais ações de graças a Deus sobre os alimentos como é referido expressamente na multiplicação dos pães[21], em sua última ceia[22] e na ceia de Emaús[23]. Também cantou com seus discípulos o hino[24].

Até o fim da vida, já próximo da Paixão[25], na última ceia[26], em sua agonia[27] e na cruz[28] ,o divino Mestre nos ensina que a oração foi sempre a alma de seu ministério messiânico e do termo pascal da sua vida. Ele de fato, "nos dias de sua vida terrestre, dirigiu preces e súplicas, com forte clamor e lágrimas, Àquele que era capaz de salvá-lo da morte. Foi atendido por causa de sua entrega a Deus" (Hb 5,7). Com sua oblação perfeita no altar da cruz, "levou à perfeição definitiva os que ele santifica" (Hb 10, 14). Finalmente, ressuscitado dentre os mortos, vive e ora constantemente por nós[29].

II. A ORAÇÃO DA IGREJA

O preceito da Oração

5. Jesus mandou que também fizéssemos o que ele mesmo fez: "Orai", disse muitas vezes, "rogai", "pedi"[30] "em meu nome"[31]. Deixou-nos também uma forma de rezar: a oração dominical[32]. Insistiu na necessidade da oração[33], que deve ser humilde[34], vigilante[35], perseverante e

19. Lc 4,16.
20. Mt 21,13 par.
21. Mt 14, 19 par.; Mt 15,36 par.
22. Mt 26,26 par.
23. Lc 24,30.
24. Mt 26,30 par.
25. Jo 12,27s.
26. Jo 17,1-26.
27. Mt 26,36-44 par.
28. Lc 23,34-46; Mt 27,46; Mc 15,34.
29. Cf. Hb 7,25.
30. Mt 5,44; 7,7; 26,41; Mc 13,33; 14,38; Lc 6,28; 10,2; 11,9; 22,40.46.
31. Jo 14,13s; 15,16; 16,23s.26.
32. Mt 6,9-13; Lc 11,2-4.
33. Lc 18,1.
34. Lc 18,9-14.
35. Lc 21,36; Me 13,33.

confiante na bondade do Pai[36], com intenção pura e conforme a vontade de Deus[37].

Os Apóstolos, por sua vez, que em suas cartas nos transmitiram muitas orações, sobretudo de louvor e ação de graças, exortam-nos a respeito da oração no Espírito Santo[38], por Cristo[39], oferecida a Deus[40] com insistência e assiduidade[41] acerca de sua eficácia santificadora[42] bem como sobre a oração de louvor[43], ação de graças[44], petição[45] e intercessão em favor de todos[46].

A Igreja continua a oração de Cristo

6. Tudo o que o ser humano tem, deve a Deus, e por isso precisa reconhecer e confessar essa dependência diante do seu Criador. Assim homens piedosos de todos os tempos o fizeram por meio da oração.

Mas, por ser dirigida a Deus, a oração deve necessariamente ser vinculada a Cristo, Senhor de todos e único Mediador[47]. Unicamente por Ele temos acesso a Deus[48]. De tal maneira ele incorpora a si toda a comunidade humana[49] que existe íntima relação entre a oração de Cristo e a oração de todo o gênero humano. Em Cristo, e só nele, é que a religião humana alcança seu valor salvífico e sua finalidade.

7. Especial e estreitíssima relação existe entre Cristo e aquelas pessoas que ele assume como membros do seu Corpo, que é a Igreja, através do sacramento da regeneração. Com efeito, da Cabeça se difundem por todo o corpo as riquezas do Filho: a comunhão no Espírito, a verdade, a vida e a participação em sua filiação divina, que se manifestava em toda a sua oração, enquanto ele vivia neste mundo.

O corpo todo da Igreja participa também do sacerdócio de Cristo, de sorte que os batizados, pela regeneração e unção do Espírito Santo,

36. Lc 11,5-13; 18,1-8; Jo 14,13; 16,23.
37. Mt 6,5-8; 23,14; Lc 20,47; Jo 4,23.
38. Rm 8,15.26; 1Cor 12,3; Gl 4,6; Jd 20.
39. 2Cor 1,20; Cl 3,17.
40. Hb 13,15.
41. Rm 12,12; 1Cor 7,5; Ef 6,18; Cl 4,2; 1Ts 5,17; 1Tm 5,5; 1Pd 4,7.
42. 1Tm 4,5; Tg 5,15s; 1Jo 3,22; 5,14s.
43. Ef 5,19s; Hb 13,15; Ap 19,5.
44. Cl 3,17; Fl 4,6; 1Ts 5,17; 1Tm 2,1.
45. Rm 8,26; Fl 4,6.
46. Rm 15,30; 1Tm 2,1s; Ef 6,18; 1Ts 5,25; Tg 5,14.16.
47. 1Tm 2,5; Hb 8,6; 9,15; 12,24.
48. Rm 5,2; Ef 2,18; 3,12.
49. Cf. SC., n. 83.

são consagrados como casa espiritual e sacerdócio santo[50], e se tomam aptos para exercer o culto da Nova Aliança, culto que não provém de nossas forças, mas dos méritos e dom de Cristo.

"Deus não podia outorgar à humanidade dom maior que o de lhe dar por cabeça o seu Verbo, pelo qual criou todas as coisas, e de a incorporar ao Verbo como membro, de modo que ele fosse ao mesmo tempo Filho de Deus e Filho do Homem, um só Deus com o Pai e um só homem com os seres humanos. Assim, quando na oração falamos a Deus, não separemos dele o Filho. Quando o Corpo do Filho está orando, não separe de si sua cabeça. O mesmo e único Salvador do seu Corpo, Nosso Senhor Jesus Cristo, o Filho de Deus, ore também por nós, ore em nós, e nós oremos a ele. Ele reza por nós como nosso sacerdote, reza em nós como nossa cabeça, e nós rezamos a ele como nosso Deus. Reconheçamos, pois, nele a nossa voz e sua voz em nós."[51].

Portanto, a dignidade da oração cristã tem sua raiz na participação da mesma piedade do Unigênito para com o Pai e daquela oração que lhe dirigiu durante sua vida terrena e que agora continua, sem interrupção, em toda a Igreja e em cada um de seus membros, em nome e pela salvação de todo gênero humano.

Ação do Espírito Santo

8. O Espírito Santo, que está em Cristo[52], em toda a Igreja e em cada um dos batizados, é quem realiza a unidade da Igreja orante. O mesmo "Espírito vem em socorro de nossa fraqueza" e "intercede em nosso favor com gemidos inefáveis" (Rm 8,26). Com o Espírito do Filho, ele infunde em nós "o espírito de adoção filial, no qual clamamos: Abba, Pai" (cf. Rm 8,15; Gl 4,6; 1Cor 12,3; Ef 5,18; Jd 20). Por conseguinte, não pode haver oração cristã sem a ação do Espírito Santo, que unifica a Igreja inteira, levando-a pelo Filho ao Pai.

Índole comunitária da Oração

9. O exemplo e o preceito do Senhor e dos Apóstolos de orar sempre e com insistência não devem ser considerados como regra meramente legal, mas derivam da essência íntima da própria Igreja, que é co-

50. Constituição dogmática do Vaticano II, *Lumem Gentium*, n. 10.
51. S. Agostinho, *Enarrat in psalm.* 85,1: CCL 39. 1176.
52 Cf. Lc 10,21, quando Jesus "exultou no Espírito Santo, e exclamou: 'Eu te dou graças, Pai!'".

munidade e deve expressar seu caráter comunitário também ao orar. Por isso, nos Atos dos Apóstolos, quando pela primeira vez se fala da comunidade dos fiéis, esta aparece reunida em atitude de oração, 'junto com algumas mulheres, entre as quais Maria, mãe de Jesus e com os irmãos de Jesus" (At 1,14). "A multidão dos fiéis era um só coração e uma só alma" (At 4,32). Sua unanimidade se apoiava na palavra de Deus, na comunhão fraterna, na oração e na Eucaristia[53].

Mesmo a oração no quarto, a portas fechadas[54], sempre necessária e recomendável[55], os membros da Igreja a fazem por Cristo no Espírito Santo. Mas a oração da comunidade tem dignidade especial, já que o próprio Cristo disse: "Onde dois ou três estiverem reunidos em meu nome, eu estou ali, no meio deles" (Mt 18,20).

III. A LITURGIA DAS HORAS

Consagração do tempo

10. Cristo estabeleceu que "é preciso orar sempre e nunca desistir" (Lc 18, 1). Por isso a Igreja, atendendo fielmente a essa exortação, jamais cessa de elevar suas preces, e nos exorta com estas palavras: "Por meio de Jesus, ofereçamos a Deus um perene sacrifício de louvor" (Hb 13,15). Esse preceito se cumpre, não apenas pela celebração da Eucaristia, mas também por outras formas, de modo particular a Liturgia das Horas.

Segundo antiga tradição cristã, ela tem a característica, entre as demais ações litúrgicas, de consagrar todo o curso do dia e da noite[56].

11. Como a santificação do dia e de toda a atividade humana é finalidade da Liturgia das Horas, o seu curso foi de tal modo reformado que cada Hora voltou tanto quanto possível ao seu verdadeiro momento, levando-se ao mesmo tempo em conta as condições da vida moderna[57].

Por isso, "tanto para realmente santificar o dia, quanto para recitar com fruto espiritual as mesmas Horas, é bom que na recitação se observe o tempo que mais se aproxime do momento verdadeiro de cada Hora canônica"[58].

53 Cf. At 2,42.
54 Cf. Mt 6,6..
55 Cf. SC, n. 12.
56.Cf. SC, n. 83-84.
57.Cf. *ibid.*, n 88.
58.*Ibid.*, n. 94.

Relação da Liturgia das Horas com a Eucaristia

12. A Liturgia das Horas[59] estende pelas diversas horas do dia os louvores e ações de graças, como também a memória dos mistérios da salvação, as petições e aquele antegozo da glória celeste, contidos no mistério eucarístico, "centro e ápice de toda a vida da comunidade cristã"[60].

A própria celebração da Eucaristia tem por sua vez, na Liturgia das Horas, a sua melhor preparação; porquanto esta desperta e alimenta da melhor maneira as disposições necessárias para celebrar com proveito a Eucaristia, quais são a fé, a esperança, a caridade, a devoção e o espírito de sacrifício.

Exercício da função sacerdotal de Cristo na Liturgia das Horas

13. Por meio de sua Igreja, Cristo exerce "a obra da redenção humana e da perfeita glorificação de Deus"[61] no Espírito Santo. E isso, não somente na celebração da Eucaristia e na administração dos sacramentos, mas também, e de preferência a outras formas, na celebração da Liturgia das Horas[62]. Nela Cristo está presente quando a assembleia está reunida, quando é proclamada a Palavra de Deus e quando a Igreja ora e salmodia"[63].

Santificação do homem

14. Na Liturgia das Horas efetua-se[64] a santificação do homem e presta-se culto a Deus, de tal maneira que nela se estabelece uma espécie de intercâmbio ou diálogo entre Deus e os homens, pelo qual "Deus fala ao seu povo... e o povo responde a Deus, com cantos e orações"[65].

Os participantes na Liturgia das Horas dela hão de haurir, sem dúvida, copiosíssima santificação por meio da salutar palavra de Deus, que tanta importância tem nela. As leituras são tiradas da

59. Cf. o Decreto do Vaticano II sobre o ministério e a vida dos presbíteros, *Presbyterorum Ordinis*, n. 5.

60. Cf. o Decreto do Vaticano II sobre o múnus pastoral dos Bispos na Igreja, *Christus Dominus*, n. 30.

61. C, n. 5.

62. Cf. *ibid*., n. 83 e 89.

63. *Ibid.*, n. 7.

64. Cf. *ibid*., n. 10.

65. *Ibid.*, n. 33.

Sagrada Escritura, as palavras de Deus transmitidas nos salmos são cantadas em sua presença, e por sua inspiração e impulso elevam-se outras preces, orações e hinos[66].

Portanto, não somente quando se lê "tudo que outrora foi escrito para nossa instrução" (Rm 15,4), mas também quando a Igreja ora ou canta, alimenta-se a fé dos participantes, e seus pensamentos se dirigem a Deus, para lhe prestarem um culto espiritual e receberem copiosamente sua graça"[67].

Louvor tributado a Deus em união com a Igreja celeste

15. Na Liturgia das Horas, a Igreja, exercendo "sem cessar"[68] a função sacerdotal de sua Cabeça, oferece a Deus um sacrifício de louvor, isto é, o fruto dos lábios que glorificam o seu nome[69].

Esta oração é "a voz da Esposa que fala ao Esposo, e também a oração que o próprio Cristo, unido ao seu Corpo, eleva ao Pai"[70]. "Por conseguinte, todos os que desempenham esta função, não somente satisfazem ao ofício da Igreja, mas também participam da honra suprema da Esposa de Cristo, pois estão, em nome da Mãe Igreja, diante do trono de Deus, cantando os louvores divinos"[71].

16. Mediante o louvor tributado a Deus nas Horas, a Igreja se associa àquele hino de louvor que se canta por todo o sempre nas habitações celestes[72]. Ao mesmo tempo antegoza daquele louvor celeste descrito por João no Apocalipse e que ressoa ininterruptamente diante do trono de Deus e do Cordeiro. Nossa íntima união com a Igreja celeste realiza-se efetivamente quando, "em comum exultação, cantamos os louvores à divina majestade, e todos, redimidos no sangue de Cristo, vindo de toda tribo, língua, povo e nação (cf. Ap 5,9), congregados numa só Igreja, num só cântico de louvor, engrandecemos ao Deus Uno e Trino"[73].

Essa Liturgia celeste foi anunciada pelos profetas como vitória do dia sem noite, da luz sem trevas: "Para ti, o sol não mais será para

66. Cf. *ibid.*, n. 24.
67. Cf. SC. n. 33.
68. 1Ts5,17.
69. Cf. Hb 13,15.
70. SC, n. 84.
71. *Ibid.*, n. 85.
72. Cf. *ibid.*, n. 83.
73. LG, n. 50; cf. SC, n. 8 e 104.

luzir de dia, nem a luz da lua para iluminar, mas o próprio Senhor será tua luz eterna" (Is 60,19; cf. Ap 21,23.25). "Será um só dia contínuo, só conhecido do Senhor, sem divisão de dia e noite; ao cair da tarde, haverá luz" (Zc 14,7). Contudo, "a era final do mundo já chegou até nós (cf. 1 Cor 10,11) e a renovação do mundo foi irrevogavelmente decretada e, de certo modo real, já antecipada no tempo presente"[74]. Pela fé, somos de tal maneira instruídos sobre o sentido da nossa vida temporal, que junto com toda a criação aguardamos a revelação dos filhos de Deus[75]. Na Liturgia das Horas proclamamos essa fé, expressamos e alimentamos essa esperança, e, em certo sentido, já participamos daquela alegria do louvor perene e do dia que não conhece ocaso.

Súplica e intercessão

17. Na liturgia, além de louvar a Deus, a Igreja transmite a ele os sentimentos e desejos de todos os fiéis cristãos. Mais ainda: pede a Cristo, e por ele ao Pai, pela salvação do mundo inteiro[76]. Essa voz não é somente da Igreja, mas também do próprio Cristo, já que as petições se fazem em nome de Cristo, ou seja, "por nosso Senhor Jesus Cristo". Assim a Igreja prolonga aquelas preces e súplicas que Cristo expressou nos dias de sua vida mortal[77]. Daí sua eficácia sem par. Desse modo, a comunidade eclesial exerce verdadeira maternidade para com as pessoas que deve conduzir a Cristo, não apenas pela caridade, o exemplo e as obras de penitência, mas também pela oração[78].

Isso aplica-se principalmente a todos aqueles a quem de modo especial se confiou a celebração da Liturgia das Horas, a saber: os bispos, presbíteros e diáconos, que por força do próprio ministério são constituídos como orantes em prol de sua grei e de todo o povo de Deus[79], como também os religiosos[80].

Ápice e fonte da atividade pastoral

18. Portanto, aqueles que tomam parte na Liturgia das Hora fazem crescer o povo do Senhor, através de misteriosa fecundidade apostó-

74. LG, n. 48.
75. Cf. Rm 8,19.
76. Cf. SC, n. 83.
77. Cf. Hb 5,7.
78. Cf. PO, n. 6.
79. Cf. LG, n. 41.
80. Cf. *infra,* n. 24.

lica[81]. Pois, o objetivo da atividade apostólica é "que todos os que se tornaram filhos de Deus pela fé e pelo Batismo, se reúnam, louvem a Deus no meio da Igreja, participem do sacrifício e se alimentem da ceia do Senhor"[82].

Desse modo, os fiéis expressam pela vida e manifestam aos demais "o mistério de Cristo e a genuína natureza da verdadeira Igreja, que se caracteriza por ser visível, mas ornada de dons invisíveis, operosa na ação e devotada à contemplação, presente no mundo e, no entanto, peregrina"[83].

Por sua vez, as leituras e preces da Liturgia das Horas são fonte de vida cristã. Essa se alimenta na mesa da Sagrada Escritura e com as palavras dos Santos, e se fortalece com as preces. Porque somente o Senhor, sem o qual nada podemos fazer[84], é quem pode, a nosso pedido, dar eficácia e incremento às nossas obras[85], para que nos edifiquemos cada dia como templos de Deus no Espírito[86], até alcançarmos a estatura de Cristo em sua plenitude[87] e ao mesmo tempo robustecermos nossas forças, a fim de anunciarmos Cristo aos que se encontram de fora[88].

Que a mente concorde com a voz

19. Para que essa oração seja algo próprio de cada um dos que nela participam e se tome fonte da piedade e da multiforme graça divina, e alimento da oração individual e da ação apostólica, é preciso que nela a mente concorde com a voz, celebrando-a com dignidade, atenção e devoção[89]. Todos cooperem diligentemente com a graça divina, para não a receberem em vão. Buscando a Cristo e penetrando cada vez mais intimamente em seu mistério mediante a oração[90], louvem a Deus e façam súplicas com a mesma intenção com que o divino Redentor orava.

81. Cf. o decreto do Vaticano II sobre a atualização dos Religiosos, *Perfectae Caritatis*, n. 7.
82. SC, n. 10.
83. *Ibid.*, n. 2.
84. Cf. Jo 15,5.
85. Cf. SC, n. 86.
86. Cf. Ef 2,21-22.
87. Cf. Ef 4,13.
88. Cf. SC, n. 2.
89. Cf. *ibid.*, n. 90; S. Bento, *Regula Monasteriorum*, c. 19.
90. Cf. PO, n. 14, Decreto sobre a formação sacerdotal, *Optatam totius*, n. 8.

IV. QUEM CELEBRA A LITURGIA DAS HORAS

a) Celebração em comum

20. A Liturgia das Horas, como as demais ações litúrgicas, não é ação particular, mas algo que pertence a todo o corpo da Igreja e o manifesta e atinge[91]. O caráter eclesial de sua celebração aparece principalmente quando é realizado pela Igreja particular, o que aliás se recomenda de modo especial. É de fato na Igreja particular, com seu bispo, rodeado por seus presbíteros e ministros[92], que "está verdadeiramente e opera a Una, Santa, Católica e Apostólica Igreja de Cristo"[93]. Embora não estando presente o bispo, o cabido de cônegos ou outros presbíteros, tal celebração deve sempre ser feita, considerando a realidade das horas e, quanto possível, com participação do povo. Isso vale também para os cabidos colegiados.

21. Celebrem as Horas principais, se possível comunitariamente na igreja, os demais grupos de fiéis. Entre eles se destacam as paróquias, por serem células da diocese, governadas localmente por um pastor que faz as vezes do bispo e que "de algum modo representam a Igreja visível estabelecida por toda a terra"[94]

22. Portanto, quando os fiéis são chamados à Liturgia das Horas, e se reúnem, unindo seus corações e vozes, manifestam a Igreja que celebra o mistério de Cristo[95].

23. É função dos que receberam a ordem sagrada ou que foram investidos de particular missão canônica[96], convocar e dirigir a oração da comunidade: "Trabalhem para que todos os que se encontram sob seus cuidados vivam unânimes na oração"[97]. Cuidem, pois, de convidar os fiéis e formá-los com a devida catequese para a celebração comunitária das principais partes da Liturgia das Horas[98], sobretudo nos domingos e festas. Ensinem-lhes a dela participarem de modo a fazerem autêntica oração[99]. Por isso, ajudem-nos com a devida instru-

91. Cf. SC, n. 26.
92. Cf. *ibid.*, n. 41.
93. Cf. CD, n. 11.
94. SC, n. 42, cf. Decreto sobre o apostolado dos leigos, *Apostolicam actuositatem*, n. 10.
95. Cf. SC, 26 e 84.
96. Cf. Decreto do Vaticano II sobre a atividade missionária, *Ad gentes*, n. 17.
97. CD, n. 15.
98. Cf. SC, n. 100.
99. Cf. PO, n. 5.

ção a entenderem o sentido cristão dos salmos, de sorte que, pouco a pouco, sejam levados a maior gosto e prática na oração da Igreja[100].

24. As comunidades de cônegos, monges, monjas e outros religiosos que, em virtude da Regra ou das Constituições, recitam a Liturgia das Horas na íntegra ou em parte, quer em comum quer em rito particular, representam de modo especial a Igreja orante. Com efeito, mostram mais plenamente a imagem da Igreja que, sem cessar e em uníssono, louva ao Senhor. Elas cumprem, particularmente mediante a oração, o dever de "colaborar na edificação e progresso de todo o Corpo Místico de Cristo e no bem das Igrejas particulares"[101]. Isso vale sobretudo para os que se dedicam à vida contemplativa.

25. Os ministros sagrados e todos os clérigos, que não estejam obrigados por outros motivos à celebração comunitária, quando vivem em comunidade ou se reúnem, procurem celebrar em comum pelo menos alguma parte da Liturgia das Horas, sobretudo Laudes e Vésperas[102].

26. Aos religiosos de ambos os sexos e aos membros de qualquer Instituto de perfeição não obrigados à celebração comunitária, recomenda-se encarecidamente que se reúnam' entre si ou com o povo, para celebrarem juntos essa Liturgia, ao menos em parte.

27. Os grupos de leigos, em qualquer lugar em que se encontrem reunidos, são convidados a cumprir essa função da Igreja[103], celebrando parte da Liturgia das Horas, seja qual for o motivo pelo qual se reuniram: oração, apostolado ou qualquer outra razão. Convém que aprendam a adorar a Deus Pai em espírito e verdade[104], antes de tudo na ação litúrgica, e tenham presente que, mediante o culto público e a oração, atingem toda a humanidade e podem fazer muito pela salvação de todo o mundo[105].

Finalmente, convém que a família, qual santuário doméstico da Igreja, não apenas reze a Deus em comum, mas celebre além disso algumas partes da Liturgia das Horas segundo pareça oportuno, inserindo-se com isso mais intimamente na Igreja[106].

100.Cf. *infra*, n. 100-109.
101. CD, n. 33; cf. PC, n. 6. 7 e 15; cf. AG, n. 15.
102.Cf. SC, n. 99.
103Cf. *ibid.*, n. 100..
104. Cf. Jo 4,23.
105. Cf. Declaração do Vaticano II sobre a educação cristã, *Gravissimum educationis*, n. 2; AA, n. 16.
106. Cf. AA, n. 11.

b) Mandato de celebrar a Liturgia das Horas

28. Aos ministros sagrados se confia de maneira tão especial a Liturgia das Horas que, embora não havendo povo, deverão celebrá-la fazendo, obviamente, as necessárias adaptações. A Igreja os encarrega da Liturgia das Horas, para que esta missão da comunidade seja desempenhada, ao menos por eles de maneira certa e constante, e a oração de Cristo continue sem cessar na Igreja[107].

Representando a Cristo de modo eminente e visível, o bispo é o grande sacerdote de sua grei. Dele, de certo modo, deriva e depende a vida de seus fiéis em Cristo[108]. Por isso, entre os membros de sua Igreja, o bispo deve ser o primeiro na oração. E sua oração, ao recitar a Liturgia das Horas, se faz sempre em nome da Igreja e pela Igreja que lhe foi confiada[109].

Unidos ao bispo e a todo o presbitério, os presbíteros, representantes especiais, também eles, de Cristo sacerdote[110], participam da mesma função, rogando a Deus por todo o povo que lhes foi confiado e mesmo pelo mundo inteiro[111].

Todos esses desempenham o serviço do Bom Pastor, que roga pelos seus, para que tenham vida e sejam perfeitos na unidade[112]. Na Liturgia das Horas, que a Igreja lhes oferece, não só encontrem uma fonte de piedade e alimento de sua oração pessoal[113], mas nutram e incentivem, através de intensa contemplação, sua atividade pastoral e missionária para proveito de toda a Igreja de Deus[114].

29. Portanto, os bispos, os presbíteros e os diáconos que se preparam para o presbiterato e que receberam da Igreja (cf. n. 17) o encargo de celebrar a Liturgia das Horas, cumpram cada dia integralmente o seu curso[115], observando a realidade das Horas, na medida do possível.

Antes de tudo, dispensem a devida importância às Horas, que são como o eixo dessa Liturgia, ou seja, Laudes e Vésperas. Tenham o cuidado de não omiti-las a não ser por razões graves.

107. Cf. PO. n. 13.
108. Cf. SC, n. 41; LG, n. 21.
109. Cf. LG, n. 26; CD, n. 15.
110. Cf. PO, n. 13.
111. Cf. *ibid.*, n. 5.
112. Cf. Jo 10,11; 17,20-23.
113. Cf. SC, n. 90.
114. Cf. LG, n. 41.
115. Cf. C.I.C., cân. 276 – 2, 3° e 1174 – 1.

Além disso, recitem fielmente o Ofício das Leituras, que acima de tudo é uma celebração litúrgica da palavra de Deus. Dessa forma, cumprem diariamente o ministério que lhes é próprio, pela razão peculiar de acolher a palavra de Deus, mediante a qual se tornarão mais perfeitos discípulos do Senhor e hão de saborear mais profundamente as insondáveis riquezas de Cristo[116].

Para melhor santificar o dia todo, colocarão também todo o seu interesse em recitar a Hora média e as Completas. Com estas concluem a "obra de Deus" antes de se deitarem, e a Deus se confiam.

30. Os diáconos permanentes, que também receberam o mandato da Igreja, rezem todos os dias, ao menos a parte da Liturgia das Horas, que a Conferência Episcopal tiver estabelecido[117].

31. a) Os cabidos catedrais e as colegiadas devem recitar em coro as partes da Liturgia das Horas que lhes são fixadas pelo direito comum ou particular.

Cada membro desses cabidos, além das Horas que todos os ministros sagrados devem recitar, são obrigados a rezar em particular as Horas não recitadas em cabido[118].

As comunidades religiosas obrigadas à Liturgia das Horas e cada um de seus membros celebrem as Horas, segundo a norma de seu direito particular, salvo o que prescreve o n. 29 a respeito daqueles que receberam a Ordem Sagrada.

Contudo, as comunidades obrigadas ao coro celebrem diariamente o curso integral das Horas em coro[119]; fora do coro, porém, os membros recitem as Horas, segundo o direito particular, ressalvado sempre o prescrito no n. 29.

32. Às demais comunidades religiosas e a cada um de seus membros recomenda-se que, tanto quanto permitirem as condições em que se encontram, celebrem algumas partes da Liturgia das Horas, que é a oração da Igreja e que faz todos os que estão dispersos terem um só coração e uma só alma[120]. O mesmo se recomenda aos leigos[121].

116. Cf. Constituição dogmática do Vaticano II sobre a revelação divina, *Dei verbum,* n. 25; PO, n. 13.

117. Cf. C.I.C., cân. 276 – 2, 3° ; Paulo VI, Motu proprio, *Sacrum Diaconatus Ordinem,* 18.6.1967, n. 27: AAS 59 (1967), p. 703.

118. Cf. Instrução da S.C. dos Ritos, *Inter Oecumenici,* 26.9.1964, n. 78b: AAS 56 (1964), p. 895.

119. Cf. SC, n. 95.

120. Cf. At 4,32.

121. Cf. SC, n. 100.

c) Estrutura da celebração

33. A Liturgia das Horas rege-se por leis próprias, que organizam de modo peculiar os elementos encontrados em outras celebrações cristãs. Sua estrutura é tal que, começando com o hino, tenha sempre a salmodia, uma leitura longa ou breve das Sagradas Escrituras, e finalmente as preces.

Tanto na celebração comunitária como na recitação individual permanece a estrutura essencial dessa Liturgia: o diálogo entre Deus e o homem. No entanto, a celebração comunitária manifesta ainda mais claramente a natureza eclesial da Liturgia das Horas, favorece a participação ativa de todos, segundo a condição de cada um, por meio das aclamações, do diálogo, da salmodia alternada e de outros meios, e oferece mais ampla margem aos diversos gêneros de expressão[122]. Por isso, sempre que a celebração possa ser feita comunitariamente com assistência e participação ativa dos fiéis, deve ser preferida à celebração individual ou particular[123]. Além disso, na celebração coral e comunitária, convém que o Ofício, se for oportuno, seja cantado; tendo em conta a natureza e importância de cada uma de suas partes.

Assim, se cumprirá a exortação do Apóstolo: "Que a palavra de Cristo, com toda a sua riqueza habite em vós. Ensinai e admoestai-vos uns aos outros com toda sabedoria. Do fundo dos vossos corações, cantai a Deus salmos, hinos e cânticos que o Espírito inspira, pois estais na graça de Deus" (Cl 3,16; cf. Ef 5,19-20).

CAPÍTULO II

A SANTIFICAÇÃO DO DIA
OU AS DIVERSAS HORAS DO OFÍCIO DIVINO

II. LAUDES E VÉSPERAS

37. "Segundo uma venerável tradição de toda a Igreja, as Laudes, como oração da manhã e as Vésperas, como oração da tarde, constituem como que os dois pólos do Ofício cotidiano. Sejam consideradas como as horas principais e como tais sejam celebradas"[2].

122. Cf. SC, n. 26. 28-30.
123. Cf. *ibid.*, n.27.
2. SC, n. 89a; cf. *ibid.*, n. 100.

38.As Laudes se destinam e se ordenam à santificação do período da manhã, conforme se depreende de muitos de seus elementos. Esse caráter matutino está muito bem expresso nas palavras de São Basílio Magno: "O louvor da manhã tem por finalidade consagrar a Deus os primeiros movimentos de nossa alma e de nossa mente, e, antes de nos ocuparmos com qualquer outra coisa, deixar que nosso coração se regozije pensando em Deus, conforme está escrito: "Quando me lembro do Senhor, minha alma desfalece" (Sl 76(77),4). Pois o corpo não se deve entregar ao trabalho, sem antes termos cumprido o que disse a Escritura: "É a vós que eu dirijo a minha prece; de manhã já me escutais! Desde cedo eu me preparo para vós, e permaneço à vossa espera" (Sl 5,4-5)[3].

Por outro lado, essa Hora é celebrada ao despontar a luz do novo dia e evoca a ressurreição do Senhor Jesus, que é "a luz de verdade, que ilumina todo ser humano" (cf. Jo 1,9); é o "sol da justiça" (Ml 3,20) "que nasce do alto" (Lc 1,78). É neste sentido que bem se entende a admoestação de São Cipriano: "Deve-se orar logo de manhã, para celebrar na oração matinal a ressurreição do Senhor"[4].

39.As Vésperas são celebradas à tarde, ao declinar do dia, para "agradecer o que nele temos recebido ou o bem que nele fizemos"[5]. Relembramos também nossa redenção por meio da oração, que elevamos "como incenso na presença do Senhor", e na qual o "levantar nossas mãos" é como "sacrifício vespertino"[6]. Isso pode também "entender-se no sentido mais sagrado daquele verdadeiro sacrifício vespertino que nosso Senhor e Salvador entregou aos Apóstolos, enquanto ceavam juntos, ao instituir os sacrossantos mistérios da Igreja. Ou também daquele outro sacrifício vespertino, isto é, na plenitude dos tempos, pelo qual ele mesmo, no dia seguinte estendendo as mãos, se entregou ao Pai pela salvação do mundo inteiro"[7]. E para que nossa esperança se focalize afinal naquela luz que não conhece ocaso, "oramos e pedimos que a luz venha de novo a nós, rogamos pela vinda gloriosa de Cristo, o qual nos trará a graça da luz eterna"[8]. Finalmente, nessa Hora fazemos nossos os sentimentos das Igrejas orientais, invocando a "Luz radiante, da santa glória do eterno

3. S. Basílio Magno, *Regulae Jusius tractatae,* Resp. 37,3: PG 31,1014.
4. S. Cipriano, *De oratione dominica,* 35: PL 4, 561.
5. S. Basílio M., *op. cit.:* PG 31, 1015.
6. Cf. Sl 140(141),2.
7. Cassiano, *De institutione coenob.,* lib. 3. c. 3: PL 49, 124, 125.
8. S. Cipriano, *De oratione dominica,* 35: PL 4,560.

Pai celeste, Jesus Cristo. Chegados ao fim do dia, e contemplando a luz da tarde, cantamos o Pai e o Filho e o Espírito Santo de Deus..."

40. Por conseguinte, deve-se dar a maior importância às Laudes e às Vésperas, como orações da comunidade cristã. De maneira particular, entre os que levam vida comum, seja incentivada sua celebração pública ou comunitária. Recomende-se mesmo a sua recitação a todos os fiéis que não podem tomar parte na celebração comum.

41. As Laudes e as Vésperas começam com o Versículo introdutório: Vinde, ó Deus, em meu auxílio. Socorrei-me sem demora, ao qual segue Glória ao Pai... e Como era no princípio... com Aleluia (Este se omite no tempo da quaresma). Tudo isso, porém, se suprime nas Laudes, quando precedidas do Invitatório.

42. Imediatamente depois, se diz o hino correspondente, que foi disposto de maneira a dar colorido próprio a cada Hora ou a cada festa e, sobretudo na celebração com o povo, a fazer com que a oração comece com mais facilidade e encanto.

43. Depois do hino, segue-se a salmodia, tal como determinam os n. 121-125. A salmodia das Laudes consta de um salmo matutino, seguido de um cântico do Antigo Testamento, e de outro salmo de louvor, segundo a tradição da Igreja.

A salmodia das Vésperas consta de dois salmos, ou de duas partes de um salmo mais longo, adequados a esta Hora e à sua celebração com o povo, e de um cântico tirado das Cartas dos Apóstolos ou do Apocalipse.

44. Terminada a salmodia, faz-se a leitura, breve ou longa.

45. A Leitura breve muda de acordo com o dia, o tempo ou a festa. Deve ser lida e ouvida como verdadeira proclamação da palavra de Deus, frisando algum pensamento bíblico. Ajudará a destacar alguns pensamentos breves que na leitura contínua da Sagrada Escritura poderiam passar despercebidos.

As leituras breves variam a cada dia, conforme a distribuição dos salmos.

46. Contudo, a critério de quem reza, especialmente na celebração com o povo, pode-se escolher uma leitura bíblica mais longa, quer a do Ofício das Leituras, quer uma das que são lidas na Missa, particularmente de textos que por alguma razão não puderam ser lidos. Além do mais, não há inconveniente algum, também se escolha, às vezes, outra leitura mais adequada, observando-se o que é dito nos n. 248, 249 e 251.

47. Na celebração com o povo, se parecer oportuno, poderá ser acrescentada breve homilia para explicar a leitura.

48. Depois da leitura ou da homilia, julgando-se conveniente, poderá também ser observado certo tempo de silêncio.

49. Como resposta à palavra de Deus, se oferece um canto responsorial ou responsório breve, que poderá ser omitido, caso se julgue oportuno.

Todavia, pode ser substituído por outros cantos da mesma função e gênero, contanto que tenham sido devidamente aprovados pela Conferência Episcopal para esse fim.

50. Em seguida, se diz solenemente, com sua antífona, o cântico evangélico, a saber: para as Laudes, o cântico de Zacarias (Benedictus); e para as Vésperas, o cântico da Virgem Maria (Magnificat). Esses cânticos, ratificados pelo costume secular e popular da Igreja Romana, expressam louvor e ação de graças pela redenção. A antífona do Benedictus e do Magnificat é indicada conforme o dia, o tempo ou a festa.

51. Nas Laudes, terminado o cântico, seguem-se preces para consagrar a Deus o dia e o trabalho. Nas Vésperas, seguem-se as intercessões (cf. n. 179-193).

52. Depois das mencionadas preces ou intercessões, todos dizem o Pai-nosso.

53. Recitado o Pai-nosso, reza-se imediatamente a oração conclusiva, que se encontra no Saltério para os dias de semana e no Próprio para os outros dias.

54. Por fim, o sacerdote ou o diácono, caso presida, despede o povo com a saudação: O Senhor esteja convosco e com a bênção, como na Missa, seguindo-se o Ide em paz e a resposta: Graças a Deus. Noutros casos, a celebração termina com O Senhor nos abençoe...

V. ORAÇÃO DAS NOVE, DAS DOZE E DAS QUINZE HORAS: HORA MÉDIA

74. Segundo antiquíssima tradição, os cristãos costumavam, por devoção pessoal, orar em diversos momentos do dia e no meio do trabalho, imitando a Igreja apostólica. No decurso dos tempos, essa tradição, de diversas maneiras, foi sendo dotada de celebrações litúrgicas.

75. O costume litúrgico, tanto no Oriente como no Ocidente, adotou a Oração das Nove (Terça), das Doze (Sexta) e das Quinze Horas (Noa), sobretudo porque essas Horas se relacionavam com alguns acontecimentos da Paixão do Senhor e da pregação inicial do Evangelho.

76. O Concílio Vaticano II estabeleceu que se conservasse a recitação em coro dessas Horas Menores, ou seja, da Oração das Nove, das Doze e das Quinze Horas[9]. Seja mantido o costume litúrgico de dizer essas três Horas, salvo direito particular, para os que professam vida contemplativa. É também recomendada a todos, especialmente àqueles que fazem retiro espiritual ou participam de reuniões pastorais.

77. Todavia, fora do coro, salvo direito particular, é permitido escolher, entre as três Horas, a que mais corresponde ao tempo do dia, para que se conserve a tradição de orar durante o dia, em meio aos trabalhos.

78. O rito da celebração da Oração das Nove, das Doze e das Quinze Horas é estruturado, levando-se em conta tanto aqueles que dizem uma única Hora, a "Hora média", como também aqueles que devem ou querem recitar as três Horas.

79. A Oração das Nove, das Doze e das Quinze Horas, ou a Hora Média, começam com o versículo introdutório: Vinde, ó Deus, em meu auxílio, com Glória, Como era e Aleluia (Este se omite no Tempo da Quaresma). Depois se diz o hino correspondente a cada hora. Em continuação, seguem-se a salmodia, a leitura breve, e depois desta, o versículo. Conclui-se a Hora com a oração e, ao menos na recitação em comum, com a aclamação: Bendigamos ao Senhor. Graças a Deus.

80. Vários hinos e orações são propostos para cada Hora: segundo a tradição, devem corresponder à realidade do tempo e servir melhor para a santificação dos momentos do dia. Portanto, quem recita apenas uma das Horas deve tomar os elementos que correspondem a essa mesma Hora.

Por outro lado, também a Leitura breve e as orações variam de acordo com o dia, o tempo e a festa.

81. Propõem-se duas salmodias: uma corrente e outra complementar. Quem recita apenas uma Hora, tomará a salmodia corrente. Quem recita várias Horas, numa delas tomará a corrente e nas outras, a complementar.

14. Cf. SC, n. 89e.

82. A salmodia corrente consta de três salmos do saltério (ou três partes de salmos, caso se trate de salmos mais longos), que se tomam com suas antífonas, quando não se indica outra coisa no devido lugar.

Nas solenidades, no Tríduo pascal e nos dias da oitava da Páscoa, recitam-se as antífonas próprias com três salmos tomados da salmodia complementar, a não ser que se tenham previsto salmos especiais, ou que a celebração da solenidade caia em domingo. Neste caso, tomam-se os salmos do domingo da primeira semana.

83. A salmodia complementar consta de três salmos, escolhidos em geral dentre os denominados salmos graduais.

VI. COMPLETAS

84. As Completas são a última oração do dia, e se rezam antes do descanso noturno, mesmo passada a meia-noite, se for o caso.

85. As Completas começam, como as demais Horas, com o versículo Vinde, ó Deus, em meu auxílio, Glória, como era e Aleluia (Este se omite no tempo da Quaresma).

86. Em seguida, é louvável a prática do exame de consciência, que na celebração comunitária se faz em silêncio ou se insere no Ato penitencial, de acordo com as fórmulas do Missal Romano.

87. A seguir se diz o hino correspondente.

88. No domingo, depois das I Vésperas, a salmodia consta dos salmos 4 e 133(134), e após as II Vésperas constado salmo 90(91).

Para os outros dias, escolheram-se salmos que de preferência movam à confiança no Senhor. Deixa-se, contudo, a liberdade para substituí-los pelos salmos do domingo, o que traz maior comodidade, sobretudo para quem talvez queira rezar de cor as Completas.

89. Depois da salmodia, vem a leitura breve, seguindo-se o responsório Senhor, em vossas mãos. Logo após, recita-se com sua antífona o Cântico evangélico, Deixai, agora, qual ápice da Hora inteira.

90. Reza-se a oração conclusiva, como se encontra no Saltério.

91. Depois da oração se diz, mesmo em particular, a bênção: O Senhor todo-poderoso nos conceda...

92. Em seguida, reza-se uma das antífonas da Virgem Maria. No Tempo pascal, é sempre a antífona: Rainha do céu. Além das antífonas que se encontram no livro da Liturgia das Horas, as Conferências Episcopais podem aprovar outras[15].

15. Cf. SC, n. 38.

CAPÍTULO III

OS DIVERSOS ELEMENTOS DA LITURGIA DAS HORAS

I. OS SALMOS E SUA FUNÇÃO NA ORAÇÃO CRISTÃ

100. Na Liturgia das Horas, a Igreja, para rezar, serve-se em grande parte daqueles esplêndidos poemas que os autores sagrados do Antigo Testamento compuseram sob inspiração do Espírito Santo. Em razão dessa sua origem, os salmos têm a virtude de elevar até Deus a mente das pessoas, despertar nelas piedosos e santos afetos, ajudá-las maravilhosamente a agradecer na prosperidade e dar-lhes, na adversidade, consolo e fortaleza de ânimo.

101. Contudo, os salmos não encerram mais que uma sombra daquela plenitude dos tempos que se revelou em Cristo, Nosso Senhor e da qual se alimenta a oração da Igreja. Por isso, embora todos os fiéis cristãos estejam de acordo em terem elevada estima aos salmos, não é de estranhar que surja, por vezes, alguma dificuldade, quando alguém na oração procura fazer seus aqueles poemas venerandos.

102. O Espírito Santo, sob cuja inspiração os salmistas cantaram, assiste sempre com sua graça aqueles que de boa vontade, salmodiando com fé, proferem esses poemas. Mas, por outro lado, é necessário que "adquiram formação bíblica, a mais rica possível, sobretudo quanto aos salmos"[1] , cada qual segundo suas possibilidades, e assim compreendam de que modo e com que método poderá orar corretamente quem se serve dos salmos.

103. Não são leituras nem orações compostas em prosa; os salmos são poemas de louvor. Por conseguinte, embora às vezes tenham sido proclamados em forma de leitura, contudo, atendendo ao seu gênero literário, chamam-se com razão, em hebraico, *tehillim,* ou seja, "cânticos de louvor", e em grego *psalmói,* isto é, "cânticos para entoar ao som do saltério". De fato, todos os salmos têm caráter musical que determina a maneira conveniente de dizê-los. Por isso, mesmo quando o salmo é recitado sem canto, ou individualmente e em silêncio, a pessoa se deixa levar por seu caráter musical. Ainda que oferecendo um texto à nossa mente, tendem mais a mover os corações de quem salmodia e escuta, e mesmo dos que os acompanham ao som do "saltério e da cítara".

1.SC., n. 90.

104. Portanto, quem salmodia sabiamente, irá percorrendo versículo por versículo, meditando um após outro, sempre disposto em seu coração a responder como exige o Espírito que inspirou o salmista e assistirá igualmente as pessoas devotas, dispostas a receber a sua graça. Por isso, ainda que exigindo a reverência devida à majestade de Deus, a salmodia deve desenvolver-se com júbilo espiritual e com doçura de caridade, tal como corresponde à poesia sagrada e ao canto divino, e, mais ainda, à liberdade dos filhos de Deus.

105. Com as palavras do salmo podemos muitas vezes orar com mais facilidade e fervor,.seja dando graças e louvando a Deus com alegria, seja suplicando-o desde as profundezas de nossas angústias. Mas pode também, por vezes, surgir alguma dificuldade sobretudo quando o salmo não se dirige diretamente a Deus. O salmista é poeta e com frequência se dirige ao povo, relembrando a história de Israel. Às vezes, interpela outros seres, até mesmo criaturas irracionais. Faz, inclusive, o próprio Deus falar, e até os seres humanos, ou ainda, como no salmo 2, até mesmo os inimigos. Por isso, torna-se evidente que o salmo não é uma oração do mesmo estilo que as preces ou uma oração, que são compostas pela Igreja. Além disso, com sua índole poética e musical, enquadra-se no fato de que não fala necessariamente a Deus, mas canta simplesmente diante de Deus, como lembra São Bento: "Consideremos de que modo convém estar na presença de Deus e de seus anjos, e, ao salmodiarmos, que nos mantenhamos em tal atitude que nossa mente concorde com nossa voz"[2].

106. Quem salmodia abre o coração aos sentimentos que brotam dos salmos, de acordo com o gênero literário de cada um, gênero de lamentação, confiança e ação de graças, ou gêneros outros que os exegetas com razão realçam.

107. Procurando permanecer fiel ao sentido literal, quem salmodia se fixa na importância que o texto contém para a vida humana dos que creem.

Com efeito, é sabido que cada salmo foi composto em circunstâncias determinadas, que os títulos colocados no início procuram insinuar, segundo o saltério hebraico. Todavia, qualquer que seja sua origem histórica; cada salmo tem um sentido próprio que nem mesmo em nossa época podemos negligenciar. Embora esses poemas tenham sido compostos, há muitos séculos, por orientais, expressam muito bem as dores e esperanças, a miséria e a confiança dos seres humanos de qualquer época ou nação, sobretudo a fé em Deus, e cantam a revelação e a redenção.

2. *Regula monasteriorum*, c. 19.

108. Na Liturgia das Horas, quem salmodia não o faz tanto em seu próprio nome, como em nome de todo o Corpo de Cristo, e ainda na pessoa mesma do próprio Cristo. Aquele que tem isso bem presente, resolve as dificuldades que possam surgir, ao perceber que os sentimentos de seu coração, enquanto salmodia, discordam dos afetos que o salmo expressa. Por exemplo, estando triste e cheio da amargura, canta um salmo de júbilo, ou, estando feliz, canta um salmo de lamentação. Na oração meramente particular, isto facilmente se evita, porque nela há liberdade para escolher um salmo adequado ao próprio estado de alma. Contudo, no Ofício divino, os salmos em sua sequência oficial não se cantam em particular, mas em nome da Igreja, mesmo quando alguém recita sozinho alguma das Horas. Quem salmodia em nome da Igreja, poderá sempre encontrar motivos de alegria ou tristeza, porque também a isso se aplica a passagem do Apóstolo: "Alegrar-se com os que se alegram e chorar com os que choram" (Rm 12,15).

Assim, a fraqueza humana, ferida pelo amor de si própria, é curada na medida do amor com que a mente acompanha a voz de quem salmodia[3].

109. Quem salmodia em nome da Igreja deve prestar atenção ao sentido pleno dos salmos, especialmente ao sentido messiânico, em virtude do qual a Igreja adotou o saltério. Este sentido messiânico tornou-se plenamente manifesto no Novo Testamento e foi enfatizado pelo próprio Cristo Senhor, que disse aos Apóstolos: "Era preciso que se cumprisse tudo o que está escrito sobre mim na Lei de Moisés, nos Profetas e nos Salmos" (Lc 24,44). O exemplo mais conhecido dessa interpretação messiânica é o diálogo no evangelho de São Mateus sobre o Messias, que é Filho de Davi e ao mesmo tempo Senhor de Davi[4]: nesse diálogo, o salmo 109(110) se aplica ao Messias.

Seguindo esse método, os santos Padres entenderam e comentaram todo o saltério como profecia a respeito de Cristo e da Igreja. Com esse mesmo critério, escolheram-se os salmos na Sagrada Liturgia, Embora, por vezes, se tenham admitido algumas interpretações algo forçadas, tanto os Padres em geral como a Liturgia, com pleno direito, ouviram nos salmos Cristo clamando ao Pai, ou o Pai falando com o Filho, ou, inclusive, descobriram a voz da Igreja, dos Apóstolos ou dos mártires. Esse método de interpretação floresceu também durante a Idade Média: em muitos códices medievais do saltério, sugeria-se aos que salmodiavam algum sentido cristológico, por meio de um título anteposto a cada

3.Cf. S. Bento, *ibid.*
4. Mt 22,44s

salmo. A interpretação cristológica não se limitou, de modo algum, aos salmos tidos como messiânicos, mas, se estendeu à muitos outros casos em que, sem dúvida, são meras apropriações, embora aceitas pela tradição da Igreja.

Particularmente na salmodia dos dias festivos, escolheram-se os salmos por alguma razão cristológica,· e para sugeri-la se antepõem geralmente antífonas tiradas dos próprios salmos.

II ANTÍFONAS E OUTROS ELEMENTOS QUE AJUDAM A ORAÇÃO DOS SALMOS

110. Três elementos, na tradição latina, muito contribuíram para a compreensão dos salmos ou para fazer deles oração cristã: os títulos, as orações sálmicas e, principalmente, as antífonas.

111. No saltério da Liturgia das Horas, cada salmo é precedido de um título que indica seu sentido e sua importância para a vida humana de quem crê. Esses títulos, inseridos no livro da Liturgia das Horas, são propostos unicamente para utilidade dos que salmodiam. Contudo, para fomentar a oração à luz da nova revelação, acrescenta-se uma expressão do Novo Testamento ou dos Padres, que serve como um convite à reza em sentido cristológico.

112. No suplemento do livro da Liturgia das Horas, para cada salmo se propõem orações sálmicas, a fim de ajudar quem os recita a interpretá-los sobretudo em sentido cristão. Podem ser usadas livremente, conforme antiga tradição: concluído o salmo e após certa pausa de silêncio, a oração resuma e conclua os sentimentos dos participantes.

113. Ainda quando se celebra sem canto a Liturgia das Horas, cada salmo tem sua antífona, que deve ser dita também por aqueles que rezam a sós. Com efeito, as antífonas ajudam a ilustrar o gênero literário do salmo; fazem do salmo uma oração pessoal; acentuam algum pensamento especialmente digno de atenção e que poderia passar despercebido; conferem matiz particular a determinado salmo em certas circunstâncias; e ainda são de grande ajuda para a interpretação tipológica ou festiva, contanto que se excluam acomodações arbitrárias; podem tornar mais agradável e variada a recitação dos salmos.

114. No Saltério, as antífonas foram estruturadas de tal modo que possam ser traduzidas para o vernáculo, ou inclusive ser repetidas depois de cada estrofe, conforme diz o n. 125. Contudo, no ofício do Tempo comum, sem canto, em lugar dessas antífonas podem ser usadas, se oportuno, as frases que se antepõem a cada salmo (cf. n. 111).

115. Quando um salmo, por sua extensão, é dividido em várias partes dentro da mesma Hora, cada parte terá sua antífona própria, para maior variedade, sobretudo na celebração com canto, e também para serem mais apreciadas as riquezas do salmo. Todavia, pode-se rezar o salmo todo sem interrupção, apenas com a primeira antífona.

116. Para cada salmo da oração das Laudes e das Vésperas, existem antífonas próprias no Tríduo pascal, nos dias da oitava da Páscoa e do Natal, nos domingos do Tempo do Advento, do Natal, da Quaresma e da Páscoa, como também nos dias da Semana Santa, do Tempo pascal e nos dias 17 a 24 de dezembro.

117. Para o Ofício das Leituras, Laudes, Oração das Nove, das Doze e das Quinze Horas e Vésperas propõem-se antífonas próprias nas solenidades; caso não haja próprias, são tomadas do Comum. Nas festas se faz exatamente a mesma coisa no Ofício das Leituras, nas Laudes e nas Vésperas.

118. Na memória dos Santos, quando há antífonas próprias, devem ser conservadas (cf. 235).

119. As antífonas do Benedictus e do Magnificat, no ofício do Tempo, são tomadas do Próprio do Tempo, se as houver, ou do saltério corrente noutros casos. Nas solenidades e festas, tomam-se do Próprio, se houver; caso contrário, do Comum. Nas memórias que não possuem antífonas próprias é facultativo dizer a antífona do Comum ou do dia da semana corrente.

120. No tempo pascal acrescenta-se Aleluia a todas antífonas, exceto quando não se enquadra com o sentido da antífona.

V. CÂNTICOS DO ANTIGO E DO NOVO TESTAMENTO

136. Nas Laudes, entre o primeiro salmo e o último, intercala-se como de costume um cântico do Antigo Testamento. Além da série aceita na antiga tradição romana e da outra que São Pio X introduziu no Breviário, acrescentaram-se ao Saltério vários cânticos tirados de alguns livros do Antigo Testamento; assim, cada dia da semana tem seu cântico próprio nas quatro semanas. Nos domingos alternam-se as duas partes em que se divide o cântico dos três jovens.

137. Nas Vésperas, após os dois salmos, intercala-se um cântico do Novo Testamento, tirado das Cartas ou do Apocalipse. São indicados sete cânticos, um para cada dia da semana. Nos domingos da Quaresma, porém, em lugar do cântico aleluiático do Apocalipse, reza-se o cântico da Primeira Carta de Pedro. Além disso, na solenidade da

Epifania e na festa da Transfiguração do Senhor, diz-se o cântico da Primeira Carta a Timóteo, como vem indicado no respectivo lugar.

138. Os cânticos evangélicos "Benedictus", "Magnificat" e "Nunc dimittis" serão acompanhados com a mesma solenidade e dignidade com que se costuma ouvir o Evangelho.

VI. LEITURA DA SAGRADA ESCRITURA

a) Leitura da Sagrada Escritura em geral

140. Segundo a antiga tradição, a leitura da Sagrada Escritura na liturgia se faz publicamente, não apenas na celebração eucarística, mas também no Ofício divino. Essa leitura deve ser tida em grande estima por todos os cristãos, porque a própria Igreja a propõe, não conforme escolha ou preferências de particulares, mas em função do mistério que a Esposa de Cristo "revela no decorrer do ano, desde a Encarnação e Natal até a Ascensão, Pentecostes e a Expectação da feliz esperança e vinda do Senhor"[6]. Além disso, na celebração litúrgica, a oração acompanha sempre a leitura da Sagrada Escritura, para que essa leitura produza fruto mais abundante, e a oração, por sua vez, particularmente os salmos, na força da leitura, seja compreendida mais plenamente e se torne mais fervorosa.

141. Na Liturgia das Horas, propõem-se uma leitura mais longa da Sagrada Escritura ou uma leitura mais breve.

142. Mais acima, o n. 46 trata, para as Laudes e Vésperas, da leitura mais longa, que é facultativa.

c) As leituras breves

156. As leituras breves ou "capítulos", cuja importância na Liturgia das Horas é explicitada no n. 45, foram selecionadas de modo que expressem um pensamento ou admoestação de maneira breve, porém clara. Além do mais, procurou-se a variedade.

157. Desse modo, organizaram-se quatro séries semanais de leituras breves para o Tempo comum, que são inseridas no Saltério, de modo que cada dia, durante as quatro semanas, a leitura é diferente. Além disso, existem séries semanais para os tempos do Advento, Natal, Quaresma e Páscoa. Há também leituras breves próprias para as solenidades e festas, e para algumas memórias, como também a série de uma semana para as Completas.

6.SC, n. 102.

158. Para selecionar leituras breves observaram-se os seguintes critérios:

a) segundo a tradição, excluíram-se os Evangelhos;

b) na medida do possível, também se levou em conta o caráter peculiar do domingo, da sexta-feira e das próprias Horas;

c) as leituras das Vésperas, como vêm após um cântico do Novo Testamento, foram tiradas apenas do Novo Testamento.

IX. RESPONSÓRIOS

172. O responsório breve, das Laudes, Vésperas e Completas, do qual tratam os n. 48 e 89, e o versículo para a Oração das Nove, das Doze e das Quinze Horas, respondem à leitura breve como aclamação, a fim de que a Palavra de Deus penetre mais intimamente no ânimo de quem a escuta ou lê.

X. HINOS E OUTROS CANTOS NÃO BÍBLICOS

173. Os hinos que, segundo antiquíssima tradição, fazem parte do Ofício Divino, continuarão ocupando nele seu lugar[12]. De fato, estão especificamente destinados ao louvor de Deus, não apenas por sua natureza lírica, mas porque constituem elemento popular que quase sempre expressa, mais claramente do que as outras partes do Ofício divino, o sentido peculiar de cada Hora ou das várias festas, e movem poderosamente os ânimos a uma celebração piedosa. Essa eficácia, muitas vezes, cresce devido à beleza literária. Por outro lado, no Ofício, os hinos são o principal elemento poético de criação eclesiástica.

174. Segundo a tradição, o hino termina com a doxologia, geralmente, dirigida à mesma Pessoa divina, a quem se dirige o hino todo.

175. No Ofício do Tempo comum, para maior variedade, previu-se dupla série de hinos para todas as Horas, que serão usados em semanas alternadas.

177. Os novos hinos introduzidos podem ser acompanhados com as tradicionais melodias da mesma extensão e metro.

178. Para a celebração em vernáculo, concede-se às Conferências Episcopais a faculdade de adaptar os hinos latinos ao espírito da própria língua, como também introduzir novas criações de hinos[13], contanto que condigam estritamente com o sentido da hora, do tempo

12.Cf. SC, n. 93.
13. Cf. *ibid.*, n. 38.

ou da festa. Deve-se, contudo, ter muito cuidado para evitar que se admitam canções populares carentes de valor artístico e que não estejam verdadeiramente em conformidade com a dignidade da Liturgia.

XI. PRECES, ORAÇÃO DO SENHOR E ORAÇÃO CONCLUSIVA

a) Preces ou intercessões nas Laudes e Vésperas

179. A Liturgia das Horas celebra, na verdade, o louvor divino. Mas a tradição, tanto judaica como cristã, não separa do louvor divino a oração de petição, e com frequência faz esta derivar daquele. O apóstolo Paulo exorta a fazer "preces e orações, súplicas e ações de graças, por todos os seres humanos; pelos que governam e por todos que ocupam altos cargos, a fim de que possamos levar uma vida tranquila e serena, com toda piedade e dignidade. Isto é bom e agradável a Deus, nosso Salvador; ele quer que todos os seres humanos sejam salvos e cheguem ao conhecimento da verdade" (1Tm 2,1-4). Essas recomendações foram frequentemente interpretadas pelos Padres no sentido de fazer intercessões pela manhã e pela tarde[14].

180. Restabelecidas na Missa de rito romano, as intercessões ocorrem também nas Vésperas, embora de maneira diferente, como adiante se explica.

181. Além disso, existe a tradição de ao amanhecer se recomendar o dia todo a Deus; assim, fazem-se invocações nas Laudes, exatamente para recomendar ou consagrar o dia ao Senhor.

182. Dá-se o nome de preces tanto às intercessões que se fazem nas Vésperas, como às invocações que, para consagrar o dia a Deus, são feitas nas Laudes.

183. Para maior variedade, mas principalmente para melhor expressar as diversas necessidades da Igreja e dos seres humanos, segundo os diferentes estados, grupos, pessoas, condições e tempos, propõem-se fórmulas diferentes de preces para cada dia no ciclo do Saltério, e para os vários tempos sagrados do ano litúrgico, como ainda para certas celebrações festivas.

184. Além disso, as Conferências Episcopais poderão adaptar as fórmulas propostas no livro da Liturgia das Horas e também aprovar outras novas[15], observando as normas que se seguem.

14. Assim, por ex., S. João Crisóstomo, *In Epist. ad. Tim I, Homilia 6:* PG 62,530.
15.Cf. SC, n. 38.

185. Como no Pai-nosso, convém que às petições se una também o louvor a Deus, a proclamação de sua glória ou a memória da História da Salvação.

186. Nas preces das Vésperas, a última intenção será sempre pelos defuntos.

187. Sendo a Liturgia das Horas, de modo especial, a oração de toda a Igreja por toda a Igreja e ainda para a salvação do mundo inteiro[16], convém que, nas preces, as intenções universais ocupem absolutamente o primeiro lugar, quer se reze pela Igreja com suas diversas ordens, quer pelas autoridades civis, pelos que vivem na pobreza, pelos que padecem enfermidade ou tristeza, e pelas necessidades do mundo todo, tais como a paz e outras intenções semelhantes.

188. Todavia, tanto nas Laudes como nas Vésperas, poderão ser acrescentadas algumas intenções particulares.

189. As preces do Ofício foram estruturadas de tal maneira que possam adaptar-se, tanto para a celebração com o povo como para a celebração de uma pequena comunidade ou para a recitação individual.

190. Por isso, na recitação com o povo ou comunitária, as preces se introduzem com breve convite do sacerdote ou de outro ministro, em que se propõe um modelo de resposta, que a assembleia repetirá todas as vezes de modo invariável.

191. Além disso, as intenções são dirigidas diretamente a Deus, para que sejam convenientes tanto à celebração comunitária como à recitação individual.

192. Todas as fórmulas de intenções constam de duas partes, podendo a segunda ser empregada como resposta variável.

193. Assim, podem usar-se diferentes modos: o sacerdote ou ministro dirá as duas partes, e a assembleia dirá a resposta invariável ou fará uma pausa de silêncio; ou então, o sacerdote ou ministro dirá só a primeira parte, e a assembleia dirá a segunda.

b) Oração do Senhor

194. Nas Laudes e nas Vésperas, por serem as Horas mais frequentadas pelo povo, após as preces em razão de sua dignidade, segue a Oração do Senhor, conforme venerável tradição.

16. Cf. *ibid.*, n. 83 e 89.

195. Portanto, daqui por diante, a Oração do Senhor será rezada solenemente três vezes ao dia: na Missa, nas Laudes e nas Vésperas.

196. O Pai-nosso é dito por todos, precedido de breve exortação, se oportuno.

c) Oração conclusiva

197. No final de cada Hora, para terminar, se diz a oração conclusiva, que na celebração pública e com o povo compete ao sacerdote ou diácono, segundo a tradição[17].

198. No Ofício das Leituras, essa oração, como de costume, será a mesma da Missa. Nas Completas, será sempre a do Saltério.

199. Nas Laudes e nas Vésperas, toma-se a oração do Próprio, nos domingos, dias de semana do Tempo do Advento, Natal, Quaresma e Páscoa, bem como nas solenidades, festas e memórias. Mas, no dias de semana do Tempo comum, diz-se a oração indicada no ciclo do Saltério, a fim de expressar o caráter próprio dessas Horas.

200. Na Oração das Nove, das Doze e das Quinze Horas, ou na Hora média, toma-se a oração do Próprio, nos domingos e nos dias de semana do Tempo do Advento, Natal, Quaresma e Páscoa bem como nas solenidades e festas. Nos demais dias, dizem-se as orações que expressam o sentido da Hora correspondente e que se encontram no Saltério.

XII. SILÊNCIO SAGRADO

201. Nas ações litúrgicas deve-se procurar, em geral, que "se guarde também, a seu tempo, um silêncio sagrado"[18]; por isso, haja ocasião de silêncio também na celebração da Liturgia das Horas.

202. Por conseguinte, se parecer oportuno e prudente, para facilitar a plena ressonância da voz do Espírito Santo nos corações e unir mais estreitamente a oração pessoal com a palavra de Deus e com a voz pública da Igreja, pode-se fazer uma pausa de silêncio após cada salmo, depois de repetida sua antífona, de acordo com a antiga tradição, sobretudo se depois do silêncio se acrescentar a oração sálmica (cf. n. 112); ou também após as leituras, tanto breves como longas, antes ou depois do responsório.

Contudo, evite-se introduzir um silêncio tal que deforme a estrutura do Ofício, ou que ocasione aos participantes mal-estar ou tédio.

17. Cf. *infra*, n. 256.
18. SC. n. 30.

203. Na recitação a sós, haverá maior liberdade para demorar na meditação de alguma fórmula, que incentive a elevação espiritual, sem que com isso o Ofício perca sua natureza pública.

CAPÍTULO IV

AS VÁRIAS CELEBRAÇÕES AO LONGO DO ANO LITÚRGICO

I. CELEBRAÇÃO DOS MISTÉRIOS DO SENHOR

a) Domingo

204. O Ofício do domingo começa com as I Vésperas. Nessas, diz-se tudo do Saltério, exceto as partes indicadas como próprias.

205. Quando se celebra no domingo uma festa do Senhor, as I Vésperas são próprias.

206. Mais acima, o n. 73 falou a respeito da maneira como celebrar as vigílias, quando parecerem oportunas.

207. É de suma conveniência, conforme antiquíssimo costume celebrar ao menos as Vésperas com o povo, quando possível[1].

b) Tríduo pascal

208. No Tríduo pascal, celebra-se o Ofício como está indicado no Próprio do Tempo.

209. Quem participa da Missa vespertina na Ceia do Senhor, ou da celebração da Paixão do Senhor na Sexta-feira Santa não recita as Vésperas dos respectivos dias.

210. Na Sexta-feira da Paixão do Senhor e no Sábado Santo, antes das Laudes, na medida do possível, faça-se uma celebração pública do Ofício das Leituras, juntamente com o povo.

211. Apenas aqueles que não participam da Vigília Pascal é que recitam as Completas do Sábado Santo.

213. Todos dizem as Laudes do Domingo da Ressurreição. Convém que as Vésperas sejam celebradas de modo particularmente solene, para festejar a tarde deste dia tão sagrado e comemorar as aparições do Senhor a seus discípulos. Conserve-se com o maior empenho, onde estiver vigorando, a tradição de celebrar no dia da Páscoa as Vésperas batismais, em que se caminha em procissão até a fonte batismal, ao canto de salmos.

1. Cf. se, n. 100.

c) Tempo pascal

214. A aclamação Aleluia, com que termina a maioria das antífonas (cf. n. 120), confere caráter pascal à Liturgia das Horas. O mesmo papel desempenham os hinos, antífonas e preces especiais, como também as leituras próprias marcadas para cada hora.

d) Natal do Senhor

216. As Laudes do dia de Natal são ditas como de costume, antes da Missa da aurora.

e) Outras solenidades e festas do Senhor

217. Para organizar o Ofício nas solenidades e festas do Senhor, considere-se o que dizem, mais abaixo, os n. 225-233, com as devidas mudanças.

II. CELEBRAÇÃO DOS SANTOS

218. As celebrações dos Santos estão organizadas de modo que não se sobreponham às festas e tempos sagrados em que se comemoram os mistérios da salvação[2], nem alterem, com frequência excessiva, a sequência da salmodia e da leitura nem causem repetições indevidas. Ao contrário, fomentem a legítima devoção de cada um. Nestes princípios se fundamentou a reforma do calendário, realizada por ordem do Concílio Vaticano II, como também a maneira de celebrar os Santos na Liturgia das Horas, conforme se indica nos números seguintes.

219. As celebrações dos Santos são solenidades, festas ou memórias.

220. As memórias, por sua vez, são obrigatórias ou, se nada for dito, facultativas. Para decidir se convém ou não celebrar uma memória facultativa na celebração do Ofício com o povo ou em comum, leve-se em conta o bem comum ou a devoção autêntica da própria assembleia, e não apenas de quem a preside.

221. Se no mesmo dia ocorrem várias memórias facultativas, pode-se celebrar apenas uma, omitindo-se as demais.

222. As solenidades, e somente elas, são transferidas na forma estabelecida pelas rubricas.

2. Cf. SC, n. 111.

223. As normas seguintes valem tanto para os Santos inscritos no Calendário romano universal, como para os inscritos nos calendários particulares.

224. As partes próprias, que por acaso faltarem, são substituídas pelos respectivos Comuns dos Santos.

1. Como se organiza o Ofício nas solenidades

225. As solenidades têm, no dia anterior, I Vésperas.

226. Tanto nas I como nas II Vésperas são próprios: o hino, as antífonas, a leitura breve com o seu responsório e a oração conclusiva. No caso de faltarem, tomam-se do Comum.

Os dois salmos nas I Vésperas são geralmente tomados da série Laudate, ou seja, dos salmos 112(113), 116(117), 134(135), 145(146), 146(147, 1-11) e 147, de acordo com antiga tradição. O cântico do Novo Testamento é indicado no devido lugar. Nas II Vésperas, os salmos e o cântico são próprios; as preces são próprias ou do Comum.

227. Nas Laudes são próprios: o hino, as antífonas, a leitura breve com seu responsório e a oração conclusiva. Em sua falta, tomam-se do Comum. Mas os salmos são tirados do I Domingo do Saltério. As preces são próprias ou do Comum.

229. Na Hora média ou Oração das Nove, das Doze e das Quinze Horas, salvo indicação em contrário, diz-se o hino cotidiano. Os salmos são escolhidos entre os graduais com antífona própria, mas no domingo tomam-se os salmos do I Domingo do Saltério. A Leitura breve e a oração conclusiva são próprias. Contudo, para certas solenidades do Senhor se preveem salmos especiais.

230. Nas Completas, tudo é do domingo, tanto após as I como as II Vésperas.

2. Como se organiza o Ofício das Festas

231. As festas não têm I Vésperas, exceto nas festas do Senhor que caiam em domingo. No Ofício das Leituras, nas Laudes e Vésperas, tudo é feito como nas solenidades.

232. Na Hora média ou na Oração das Nove, das Doze e das Quinze Horas, dize-se o hino cotidiano. Os salmos com suas antífonas são do dia de semana, a não ser que, para a Hora média, haja razão especial ou a tradição exija que se diga a antífona própria, o que será indicado no respectivo lugar. A leitura breve e a oração conclusiva são próprias.

233. As Completas dizem-se como nos dias comuns.

3. Como se organiza o Ofício nas memórias dos Santos

234. Entre a memória obrigatória e a facultativa, se esta é realmente celebrada, não existe diferença alguma quanto à maneira de se organizar o Ofício, a não ser que se trate de memórias facultativas, que ocorram em tempos privilegiados.

a) Memórias que ocorrem em dias comuns

235. No Ofício das Leituras, nas Laudes e Vésperas:

a) os salmos com suas antífonas são tomados do dia da semana corrente, a não ser que haja antífonas próprias ou salmos próprios que são indicados em cada caso;

b) a antífona do Invitatório, o hino, a leitura breve, a antífona do Benedictus e do Magnificat e as preces, sendo próprios, se dizem do Santo; caso contrário, se dizem do Comum ou do dia da semana corrente;

c) a oração conclusiva se diz do Santo;

236. Na Hora média ou Oração das Nove, das Doze e das Quinze Horas e nas Completas reza-se tudo do dia de semana, e nada do Santo.

b) Memórias que ocorrem nos tempos privilegiados

237. Nada se faz das memórias que ocorrem nos domingos, solenidades e festas, bem como na Quarta-feira de Cinzas, Semana Santa e oitava da Páscoa.

238. Nos dias de semana de 17 a 24 de dezembro, na oitava de Natal e nos dias de semana da Quaresma, não se celebra nenhuma memória obrigatória, nem sequer nos calendários particulares. As memórias que acidentalmente ocorram no Tempo da Quaresma, nesse ano, são consideradas memórias facultativas.

239. Durante os referidos tempos, quem quer celebrar um Santo que ocorra nesse dia como memória:

b) Nas Laudes e nas Vésperas, após a oração conclusiva, omitindo a conclusão, pode acrescentar a antífona (própria ou do Comum) e a oração do Santo.

c) Memória de Nossa Senhora no Sábado

240. Nos sábados do Tempo comum, em que se permitem memórias facultativas, pode-se celebrar com o mesmo rito a memória de Nossa Senhora, com leitura própria.

III. CALENDÁRIO QUE SE DEVE SEGUIR E POSSIBILIDADE DE ESCOLHER DETERMINADO OFÍCIO OU ALGUMA DE SUAS PARTES

b) Faculdade de escolher determinado Ofício

244. Nos dias de semana que permitem a celebração de memória facultativa, pode-se por justa causa celebrar com o mesmo rito (cf. n. 234-239) o Ofício de algum Santo inscrito no Martirológio Romano do dia ou em suplemento devidamente aprovado.

245. Fora das solenidades, domingos do Advento, Quaresma e Páscoa, Quarta-feira de Cinzas, Semana Santa, oitava da Páscoa e 2 de novembro, por motivo público ou por devoção, pode-se celebrar completa ou parcialmente algum Ofício votivo, por exemplo, em ocasião de uma peregrinação, de uma festa local ou da solenidade externa de um Santo.

c) Faculdade de escolher alguns formulários

246. Em casos particulares, podem-se escolher no Ofício formulários diferentes dos previstos, contanto que não se altere a estrutura geral de cada Hora e se observem as normas que seguem.

247. No Ofício dos domingos, solenidades e festas do Senhor, inscritas no calendário universal, nos dias de semana da Quaresma e Semana Santa, nos dias da oitava da Páscoa e do Natal, e ainda nos dias de semana de 17 a 24 de dezembro inclusive, não é lícito mudar os formulários próprios ou apropriados a essas celebrações, quais são as antífonas, hinos, leituras, responsórios, orações, e também, com muita frequência, os salmos.

Todavia, os salmos dominicais da semana corrente podem, se for oportuno, ser substituídos pelos salmos dominicais de outra semana, ou também, tratando-se de Ofício celebrado com o povo, por outros salmos, escolhidos de tal modo que se leve gradualmente o povo a compreendê-los melhor.

251. As leituras breves, e também as orações, cantos e preces propostos para os dias de semana de um tempo especial, podem ser rezadas nos outros dias de semana do mesmo tempo.

252. Embora se deva ter em grande apreço a observância de todo o ciclo do Saltério distribuído em semanas[7], em lugar dos salmos correspondentes a determinado dia, podem ser recitados, por motivo

7. Cf. supra, n. 100-109.

espiritual ou pastoral, outros salmos propostos para a mesma hora de outro dia. Há também circunstâncias ocasionais em que se podem escolher salmos e outros elementos adequados, na forma de Ofício votivo.

CAPÍTULO V

RITOS DA CELEBRAÇÃO COMUNITÁRIA

I. EXERCÍCIO DAS DIVERSAS FUNÇÕES

253. Na celebração da Liturgia das Horas, como nas demais ações litúrgicas, "cada qual, ministro ou fiel, ao desempenhar a própria função, faça tudo e somente aquilo que lhe compete pela natureza da coisa ou pelas normas litúrgicas"[1].

254. Quando o bispo preside, sobretudo na igreja catedral, esteja rodeado de seu presbitério, e haja participação plena e ativa do povo. Normalmente, em todas as celebrações com o povo, um presbítero ou diácono presida e haja também outros ministros.

255. O presbítero ou diácono que preside o Ofício pode usar a estola sobre a alva ou a sobrepeliz; o presbítero pode usar também o pluvial. Aliás, nada impede que, em solenidades maiores, vários presbíteros vistam pluvial e os diáconos, a dalmática.

256. Cabe ao sacerdote ou diácono que preside dar início, de sua cadeira, ao Ofício, com o versículo introdutório, começar a Oração do Senhor, proferir a oração conclusiva, saudar o povo, abençoá-lo e despedi-lo.

257. As preces podem ser recitadas pelo sacerdote ou pelo ministro.

258. Na falta de presbítero ou diácono, quem preside o Ofício é apenas um dentre os demais; não entra no presbitério nem saúda ou abençoa o povo.

259. Quem desempenha o ofício de leitor, proclamará, em pé, no lugar apropriado, as leituras longas ou breves.

260. Cabe ao cantor ou cantores iniciar as antífonas, salmos e demais cantos. Quanto à salmodia, observe-se o que dizem, acima, os n. 121-125.

261. Durante o cântico evangélico nas Laudes e Vésperas, pode ser incensado o altar e, em seguida, também o sacerdote e o povo.

1. SC, n. 28.

262. A obrigação coral atinge a comunidade e não o lugar da celebração, que não é necessariamente a igreja, de modo especial, em se tratando das horas celebradas sem solenidade.

263. Todos os participantes ficam de pé:

a) enquanto se dizem a introdução do Ofício e os versículos introdutórios de cada hora;

b) enquanto se diz o hino;

c) enquanto se diz o cântico evangélico;

d) enquanto se dizem as preces, o Pai-nosso e a oração conclusiva.

264. Todos escutam, sentados, as leituras, exceto o Evangelho (que se ouve de pé).

265. Enquanto se recitam os salmos e demais cânticos com suas antífonas, a assembleia permanece sentada ou de pé, segundo o costume.

266. Todos fazem o sinal-da-cruz, da fronte ao peito e do ombro esquerdo ao direito:

a) no início das Horas, quando se diz: Vinde, ó Deus, em meu auxílio;

b) no início dos cânticos evangélicos Benedictus, Magnificat e Nunc dimittis.

O sinal-da-cruz sobre os lábios se faz no princípio do Invitatório, às palavras: Abri os meus lábios, ó Senhor.

II. O CANTO NO OFÍCIO

267. Nas rubricas e normas desta Instrução, as palavras "dizer" ou "proferir" (proclamar) devem ser entendidas, seja do canto, seja da recitação, conforme os princípios que se expõem a seguir.

268. "A celebração do Ofício Divino mediante o canto, por ser mais conforme à natureza desta oração e sinal de maior solenidade e mais profunda união dos corações no louvor a Deus, é vivamente recomendada aos que o celebram em coro ou comunitariamente"[2].

269. Por isso, tudo o que foi dito pelo Concílio Vaticano II[3] a respeito do canto litúrgico nas ações litúrgicas em geral, vale de modo especial para a Liturgia das Horas. Ainda que todas e cada uma das partes do

2. SC. dos Ritos, Instrução Musicam Sacram, 5.3.1967, n. 37: AAS 59 (1967), p. 310; cf. SC., n. 99

3. Cf. SC, n. 113.

Ofício tenham sido reformadas de tal modo que possam com fruto ser recitadas mesmo individualmente, muitas delas pertencem ao gênero lírico e, por isso, apenas mediante o canto podem expressar plenamente seu sentido, em particular os salmos, cânticos, hinos e responsórios.

270. Assim, na celebração da Liturgia das Horas não se deve considerar o canto como adorno acrescentado extrinsecamente à oração, mas como algo que brota do mais profundo da alma em oração e louvor a Deus e manifesta plena e perfeitamente o caráter comunitário do culto cristão.

São pois dignas de louvor as comunidades cristãs quaisquer que sejam, que se esforçam por rezar dessa maneira o mais frequentemente possível. Para isso, tanto os clérigos e religiosos como os fiéis devem ser instruídos com a necessária catequese e exercícios, para que possam cantar as Horas com alegria, principalmente nos dias festivos. Contudo, não é fácil cantar integralmente o Ofício; além do mais, o louvor da Igreja, nem por sua origem nem por sua natureza, pode ser considerado como algo próprio do clero ou dos monges, mas pertence à comunidade cristã inteira; por isso, devem-se levar em conta, ao mesmo tempo, vários princípios, a fim de que a celebração cantada da Liturgia das Horas não se faça apenas de modo correto, mas se caracterize igualmente por sua autenticidade e esplendor.

271. Antes de tudo, convém que haja canto ao menos nos domingos e dias festivos, e nisso se distingam os vários graus de solenidade.

272. Além disso, nem todas as horas têm a mesma importância. Portanto, convém destacar das outras, também através do canto, as horas que na verdade são os dois pólos do Ofício, isto é, Laudes e Vésperas.

273. Por outro lado, mesmo recomendando-se a celebração inteiramente cantada, contanto que se destaque pela arte e pelo espírito, pode-se, às vezes, aplicar, com fruto, o princípio de uma solenização "progressiva", seja por razões práticas, seja para não equiparar indiscriminadamente os diversos elementos da celebração litúrgica, fazendo com que voltem a ter seu sentido primitivo e sua verdadeira função. Desse modo, a Liturgia das Horas não se apresenta como belo monumento de tempos passados, que se deva conservar quase imutável para despertar admiração; ao contrário, pode reviver com novo sentido e progredir, tornando-se novamente a expressão autêntica de uma comunidade viva e alegre.

Este princípio da solenização "progressiva" admite vários graus intermediários, entre o Ofício integralmente cantado e a simples recitação de todas as partes. Esta solução permite uma grande e agradável variedade, cuja medida precisa ser avaliada em função do colorido do dia ou da hora que se celebra, da natureza de cada um dos elementos constitutivos do Ofício, do tamanho ou natureza da comunidade e também do número de cantores com que se pode contar em cada caso.

Através dessa flexibilidade maior, o louvor público da Igreja poderá celebrar-se com canto mais frequentemente do que até agora, e poderá ser adaptado de vários modos às diferentes circunstâncias. Desponta, com isso, fundada esperança de que se descobrirão novos caminhos e novas formas para nossa época, como sempre sucedeu na vida da Igreja.

274. Nas ações litúrgicas com canto, celebradas em latim, o canto gregoriano, por ser próprio da Liturgia Romana, tem o primeiro lugar, em igualdade de condições[4]. Contudo, "a Igreja não afasta das ações litúrgicas nenhum gênero de música sacra, contanto que seja de acordo com o espírito da própria ação litúrgica e com a natureza de cada uma de suas partes e não impeça a devida participação ativa do povo"[5]. No Ofício cantado, quando não existe melodia para a antífona proposta, tome-se outra antífona das que constam do repertório, contanto que seja apropriada, conforme os n. 113, 121-125.

275. Dado que a Liturgia das Horas pode ser celebrada em vernáculo, "tenha-se o cuidado de preparar melodias que se possam empregar para o canto do Ofício Divino em vernáculo"[6].

276. Na mesma celebração, não há inconveniente que umas partes sejam cantadas numa língua, e outras partes noutra[7].

277. Quais os elementos que de preferência devem ser cantados, isso é determinado pela autêntica ordem da celebração litúrgica, que pede sejam respeitados integralmente o sentido e a natureza de cada parte e do canto, pois algumas por si mesmas pedem o canto[8]. E são as seguintes, antes de tudo: as aclamações, as respostas às saudações do sacerdote e dos ministros, as respostas nas preces litânicas, as antífonas e salmos, os versículos intercalares ou refrões e os hinos e cânticos[9].

278. É evidente que os salmos têm relação íntima com a música (cf. n. 103-120). Isto é comprovado pela tradição tanto judaica como

4. Cf. SC, n. 116.

5. SC. dos Ritos, Instrução *Musicam Sacram,* 5.3.1967, n. 9: AAS 59 (1967), p. 303; cf. se, n. 166.

6. SC. dos Ritos, Instrução *Musicam Sacram,* 5.3.1967, n. 41, cf. n. 54-61: AAS 59 (1967), p. 312, 316-317.

7. Cf. *ibid.,* n. 51, p. 315.

8. Cf. *ibid.,* n. 6, p. 302.

9. Cf. *ibid.,* n. 16a, 38, p. 305,311.

cristã. Realmente, cantar é de grande ajuda para a plena compreensão de muitos salmos, ou pelo menos para considerá-los a partir do ponto de vista poético e musical. Por conseguinte, sendo possível, essa forma parece preferível, nos dias e horas principais, e de acordo com a índole própria dos salmos.

279. Os diversos modos de salmodiar foram explicados acima, nos n. 121-123. E variam, não apenas de acordo com as circunstâncias externas, mas em função também dos diferentes gêneros de salmos que ocorrem na mesma celebração. Assim, será talvez melhor escutar os salmos sapienciais ou históricos, ao passo que os hinos e ações de graças pedem o canto comum. O que sobretudo interessa é não fazer uma celebração rígida ou artificial, preocupada apenas com a execução de normas formais; ao contrário, que responda a uma autêntica realidade. Portanto, deve-se atender a isso, para despertar nas mentes o desejo da oração da Igreja e para que seja agradável celebrar o louvor de Deus (cf. Sl 146 [147], 1-11).

280. Também os hinos poderão ser alimento de oração para quem reza as horas, quando possuem autêntico valor doutrinal e artístico. De per si, destinam-se a ser cantados. Por isso recomenda-se que na celebração comunitária se dê preferência a esta forma de execução, na medida do possível.

281. O responsório breve que, nas Laudes e Vésperas, segue a leitura, de que trata o n. 49, por si mesmo destina-se ao canto, e concretamente ao canto do povo.

282. Também os responsórios que no Ofício das Leituras seguem cada leitura, segundo sua índole e função, pedem o canto. Contudo, foram dispostos no Ofício de tal modo que conservam seu sentido, mesmo na recitação individual e particular. Os responsórios, acompanhados de melodias simples e fáceis, poderão ser cantados com mais frequência do que os encontrados em fontes litúrgicas tradicionais.

283. As leituras, longas ou breves, não são de per si destinadas ao canto. Mas, ao serem proclamadas, procure-se com todo cuidado que sejam lidas com dignidade, clareza e distinção, e que todos possam ouvi-las e entendê-las perfeitamente. Por isso, o único tipo de música que se pode aceitar nas leituras é aquele com o qual se consegue melhor audição e compreensão das palavras.

284. Os textos lidos pelo presidente sozinho, como as orações, podem muito bem ser cantados, com arte e beleza, sobretudo em latim, todavia, isto ocorrerá mais dificilmente em certas línguas vernáculas, a não ser que pelo canto todos possam entender mais claramente as palavras do texto.

TABELA DOS DIAS LITÚRGICOS

Segundo as normas universais sobre o ano litúrgico e o calendário, n. 59-61

A precedência entre os dias litúrgicos, no que se refere à sua celebração, rege-se unicamente pela tabela seguinte:

I

1. Tríduo Pascal da Paixão e Ressurreição do Senhor.
2. Natal do Senhor, Epifania, Ascensão e Pentecostes.
   Domingos do Advento, da Quaresma e da Páscoa.
   Quarta-feira de Cinzas.
   Dias da Semana Santa, de Segunda a Quinta-feira inclusive.
   Dias dentro da oitava da Páscoa.
3. Solenidades do Senhor, da Bem-aventurada Virgem Maria e dos Santos inscritos no Calendário geral.
   Comemoração de todos os fiéis defuntos.
4. Solenidades próprias, a saber:
   a) Solenidade do Padroeiro principal do lugar ou da cidade.
   b) Solenidade da Dedicação e do aniversário de Dedicação da igreja própria.
   c) Solenidade do Titular da igreja própria.
   d) Solenidade do Titular, do Fundador, ou do Padroeiro principal da Ordem ou Congregação.

II

5. Festas do Senhor inscritas no Calendário geral.
6. Domingos do Tempo do Natal e domingos do Tempo comum.
7. Festas da Bem-aventurada Virgem Maria
8. e dos Santos do Calendário geral.
9. Festas próprias, a saber:
   a) Festa do Padroeiro principal da diocese.
   b) Festa do aniversário de Dedicação da igreja catedral.
   c) Festa do Padroeiro principal da região ou província, da nação ou de um território mais amplo.

d) Festa do Titular, do Fundador, do Padroeiro principal da Ordem ou Congregação e da província religiosa, salvo o prescrito no n. 4.

e) Outras festas próprias de uma Igreja.

f) Outras festas inscritas no Calendário de alguma diocese ou Ordem ou Congregação.

9. Os dias de semana do Advento, de 17 a 24 de dezembro inclusive.
Dias dentro da oitava do Natal.
Dias de semana da Quaresma.

III

10. Memórias obrigatórias do calendário geral.

11. Memórias obrigatórias próprias, a saber:

a) Memórias do Padroeiro secundário do lugar, da diocese, da região ou província, da nação, de um território mais amplo, da Ordem ou Congregação e da província religiosa.

b) Outras memórias obrigatórias próprias de uma Igreja.

c) Outras memórias obrigatórias inscritas no Calendário de uma Diocese, Ordem ou Congregação.

12. Memórias facultativas, que podem contudo ser celebradas também nos dias de que fala o n. 9, segundo o modo descrito nas Instruções sobre a Missa e o Ofício. Do mesmo modo, as memórias obrigatórias, que costumam ocorrer nos dias de semana da Quaresma, poderão ser celebradas como memórias facultativas.

13. Os dias de semana do Advento até 16 de dezembro inclusive. Os dias de semana do Tempo do Natal, de 2 de janeiro até o sábado depois da Epifania.
Os dias de semana do Tempo Pascal, de segunda-feira depois da oitava da Páscoa até o sábado antes de Pentecostes inclusive.
Os dias de semana do Tempo comum.

A OCORRÊNCIA E A CONCORRÊNCIA DAS CELEBRAÇÕES.

Se várias celebrações ocorrem no mesmo dia, celebra-se aquela que ocupa lugar superior na tabela dos dias litúrgicos.

Entretanto, a solenidade impedida por um dia litúrgico que goze de precedência seja transferida para o dia livre mais próximo, fora dos dias fixados na tabela de precedência, nos n. 1-8, observado o que se prescreve no n. 5 das Normas do Ano Litúrgico. Omitem-se nesse ano as outras celebrações.

Se no mesmo dia devem celebrar-se as Vésperas do Ofício corrente e as Vésperas do dia seguinte, prevalecem as Vésperas da celebração que ocupa lugar superior na tabela dos dias litúrgicos; em caso de igualdade, porém, celebram-se as Vésperas do dia corrente.

TABELA DOS TEMPOS
e das principais festas móveis do ano litúrgico

Ano do Senhor	Ciclo Anual	Ciclo Ferial	Quarta-feira de Cinzas	Páscoa	Ascensão (no Brasil)	Pentecostes	SS. Sacramento do Corpo e Sangue de Cristo	Semanas do Tempo Comum				Primeiro domingo do Advento
								Antes da Quaresma		Depois do Tempo Pascal		
								Até o dia	Até a semana	Do dia	Da semana	
2018	B	II	14 fev.	1 abril	13 maio	20 maio	31 maio	13 fev.	6	21 maio	7	2 dez.
2019	C	I	6 março	21 abril	2 jun.	9 junho	20 junho	5 março	8	10 junho	10	1 dez.
2020*	A	II	26 fev.	12 abril	24 maio	31 maio	11 junho	24 fev.	7	1 junho	9	29 nov.
2021	B	I	17 fev.	4 abril	16 maio	23 maio	3 junho	16 fev.	6	24 maio	8	28 nov.
2022	C	II	2 março	17 abril	29 maio	5 junho	16 junho	1 março	8	6 junho	10	27 nov.
2023	A	I	22 fev.	9 abril	21 maio	28 maio	8 junho	21 fev.	7	29 maio	8	3 dez.
2024*	B	II	14 fev.	31 março	12 maio	19 maio	30 maio	13 fev.	6	20 maio	7	1 dez.
2025	C	I	5 março	20 abril	1 jun.	8 junho	19 junho	4 março	8	9 junho	10	30 nov.
2026	A	II	18 fev.	5 abril	17 maio	24 maio	4 junho	17 fev.	6	25 maio	8	29 nov.
2027	B	I	10 fev.	28 março	9 maio	16 maio	27 maio	9 fev.	5	17 maio	7	28 nov.
2028*	C	II	1 março	16 abril	28 maio	4 junho	15 junho	29 fev.	8	5 junho	9	3 dez.
2029	A	I	14 fev.	1 abril	13 maio	20 maio	31 maio	13 fev.	6	21 maio	7	2 dez.
2030	B	II	6 março	21 abril	2 jun.	9 junho	20 junho	5 março	8	10 junho	10	1 dez.
2031	C	I	26 fev.	13 abril	25 maio	1 junho	12 junho	25 fev.	7	2 junho	9	30 nov.
2032*	A	II	11 fev.	28 março	9 maio	16 maio	27 maio	10 fev.	5	17 maio	7	28 nov.
2033	B	I	2 março	17 abril	29 maio	5 junho	16 junho	1 março	8	6 junho	10	27 nov.

*Ano bissexto.

LETRA DOMINICAL

Cada um dos dias do ano é precedido de uma destas letras: **A,b,c,d,e,f,g,** que representam os sete dias da semana (cf. Calendário Geral, nas páginas seguintes, col. I). Entre essas letras, chama-se dominical aquela que em cada ano indica o domingo.

Por exemplo, ao ano de 2009 corresponde a letra dominical **d** (cf. Tabela dos tempos, col. II); portanto, todos os dias assinalados com esta letra são domingos: 4,11,18,25 de janeiro etc.

No ano bissexto, porém, há duas letras dominicais: a primeira indica os domingos até dia 24 de fevereiro, e a segunda desde 25 de fevereiro até ao fim do ano.

Por exemplo, no ano 2008, correspondem-lhe as letras **f** e **e**. A letra **f** indica os domingos até 24 de fevereiro: 6,13,20,27 de janeiro etc. A segunda letra dominical indica os domingos depois de 25 de fevereiro: 2,9,16.23,30 de março etc.

LETRA DO CICLO DOMINICAL

Na Tabela dos tempos e das principais festas móveis do ano litúrgico (cf. col. III) coloca-se também a letra do Ciclo das leituras bíblicas para os domingos e festas que indicam quais as antífonas do Cântico evangélico (Benedictus, Magnificat) a serem tomadas.

A primeira letra refere-se ao ano civil, por exemplo: 2009 é ano B; a segunda letra refere-se ao ano litúrgico que começa com o 1º Domingo do Advento. Por exemplo: 29 de novembro de 2009 é Ano C.

Calendário Romano Geral – Com o próprio do Brasil

JANEIRO

A	1	Oitava do Natal: SANTA MARIA, MÃE DE DEUS	Solenidade
b	2	S. Basílio e S. Gregório de Nazianzo, bispos e doutores da Igreja	Memória
c	3		
d	4		
e	5		
f	6		
g	7	*S. Raimundo de Penyafort, presb.**	
A	8		
b	9		
c	10		
d	11		
e	12		
f	13	*Sto. Hilário, bispo e doutor da Igreja*	
g	14		
A	15		
b	16		
c	17	Sto. Antão, abade	Memória
d	18		
e	19		
f	20	*S. Fabiano, papa e mártir* *S. Sebastião, mártir*	
g	21	Sta. Inês, virgem e mártir	Memória
A	22	*S. Vicente, diácono e mártir*	
b	23		
c	24	S. Francisco de Sales, bispo e doutor da Igreja	Memória
d	25	CONVERSÃO DE SÃO PAULO, APÓSTOLO	Festa
e	26	S. Timóteo e S. Tito, bispos	Memória
f	27	*Sta. Ângela Merici, virgem*	
g	28	Sto. Tomás de Aquino, presb. e doutor da Igreja	Memória
A	29		
b	30		
c	31	S. João Bosco, presb.	Memória

Domingo entre os dias 2 e 8 inclusive:
EPIFANIA DO SENHOR — Solenidade

Domingo entre os dias 9 e 13 inclusive:
BATISMO DO SENHOR — Festa

* Quando não se indica o grau da celebração, é Memória facultativa.

FEVEREIRO

d	1		
e	2	APRESENTAÇÃO DO SENHOR	Festa
f	3	*S. Brás, bispo e mártir* *Sto. Oscar, bispo*	
g	4		
A	5	Sta. Águeda, virgem e mártir	Memória
b	6	Stos. Paulo Miki, e companheiros, mártires	Memória
c	7		
d	8	*S. Jerônimo Emiliani*	
e	9		
f	10	S. Escolástica, virgem	Memória
g	11	*Nossa Senhora de Lourdes*	
A	12		
b	13		
c	14	S. Cirilo, monge, e S. Metódio, bispo	Memória
d	15		
e	16		
f	17	*Os Sete Santos Fundadores dos Servitas*	
g	18		
A	19		
b	20		
c	21	*S. Pedro Damião, bispo e doutor da Igreja*	
d	22	CÁTEDRA DE SÃO PEDRO, APÓSTOLO	Festa
e	23	S. Policarpo, bispo e mártir	Memória
f	24		
g	25		
A	26		
b	27		
c	28		

MARÇO

d	1		
e	2		
f	3		
g	4	S. Casimiro	Memória
A	5		
b	6		
c	7	Sta. Perpétua e Sta. Felicidade, mártires	Memória
d	8	*S. João de Deus, religioso*	
e	9	*Sta. Francisca Romana, religiosa*	
f	10		
g	11		
A	12		
b	13		
c	14		
d	15		
e	16		
f	17	*S. Patrício, bispo*	
g	18	*S. Cirilo de Jerusalém, bispo e doutor da Igreja*	
A	19	S. JOSÉ, ESPOSO DE NOSSA SENHORA	Solenidade
b	20		
c	21		
d	22		
e	23	*S. Turíbio de Mogrovejo, bispo*	
f	24		
g	25	ANUNCIAÇÃO DO SENHOR	Solenidade
A	26		
b	27		
c	28		
d	29		
e	30		
f	31		

ABRIL

g	1		
A	2	*S. Francisco de Paula, eremita*	
b	3		
c	4	*Sto. Isidoro, bispo e doutor da Igreja*	
d	5	*S. Vicente Ferrer, presb.*	
e	6		
f	7	S. João Batista de la Salle, presb.	Memória
g	8		
A	9		
b	10		
c	11	Sto. Estanislau, bispo e mártir	Memória
d	12		
e	13	*S. Martinho I, papa e mártir*	
f	14		
g	15		
A	16		
b	17		
c	18		
d	19		
e	20		
f	21	*Sto. Anselmo, bispo e doutor da Igreja*	
g	22		
A	23	*S. Jorge, mártir* *Sto. Adalberto, bispo e mártir*	
b	24	*S. Fidélis de Sigmaringa, presb. e mártir*	
c	25	S. MARCOS, EVANGELISTA	Festa
d	26		
e	27		
f	28	*S. Pedro Chanel, presb. e mártir* *S. Luís Grignon de Montfort, presb.*	
g	29	Sta. Catarina de Sena, virgem e doutora da Igreja	Memória
A	30	*S. Pio V, papa*	

MAIO

b	1	*S. José Operário*	
c	2	Sto Atanásio, bispo e doutor da igreja	Memória
d	3	S. FILIPE E S. TIAGO, APÓSTOLOS	Festa
e	4		
f	5		
g	6		
A	7		
b	8		
c	9		
d	10		
e	11		
f	12	*S. Nereu e Sto. Aquiles, mártires*	
g	13	*S. Pancrácio, mártir*	
A	14	S. MATIAS, APÓSTOLO	Festa
b	15		
c	16		
d	17		
e	18	*S. João I, papa e mártir*	
f	19		
g	20	*S. Bernardino de Sena, presb.*	
A	21		
b	22		
c	23		
d	24		
e	25	*S. Beda, o Venerável, presb. e doutor da Igreja* *S. Gregório VII, papa* *Sta. Maria Madalena de Pazzi, virgem*	
f	26	S. Filipe Néri, presb.	Memória
g	27	*Sto. Agostinho de Cantuária, bispo*	
A	28		
b	29		
c	30		
d	31	VISITAÇÃO DE NOSSA SENHORA	Festa

7º Domingo da Páscoa: ASCENSÃO DO SENHOR — Solenidade

1º Domingo depois de Pentecostes: SS. TRINDADE — Solenidade

Quinta-feira depois do domingo da SS. TRINDADE:
SS. CORPO E SANGUE DE CRISTO — Solenidade

JUNHO

e	1	S. Justino, mártir	Memória
f	2	*S. Marcelino e S. Pedro, mártires*	
g	3	Stos. Carlos Lwanga, e seus companheiros, mártires	Memória
A	4		
b	5	S. Bonifácio, bispo e mártir	Memória
c	6	*S. Norberto, bispo*	
d	7		
e	8	*Sto. Efrém, diác. e doutor da Igreja*	
f	9	Bv. José de Anchieta, presb.	Memória
g	10		
A	11	S. Barnabé, apóstolo	Memória
b	12		
c	13	Sto. Antônio de Pádua (de Lisboa), presb. e doutor da Igreja	Memória
d	14		
e	15		
f	16		
g	17		
A	18		
b	19	*S. Romualdo, abade*	
c	20		
d	21	*S. Luís Gonzaga, religioso*	
e	22	*S. Paulino de Nola, bispo* *S. João Fisher, bispo, e São Tomás More, mártires*	
f	23		
g	24	NASCIMENTO DE S. JOÃO BATISTA	Solenidade
A	25		
b	26		
c	27	*S. Cirilo de Alexandria, bispo e doutor da Igreja*	
d	28	Sto. Irineu, bispo e mártir	Memória
e	29	S. PEDRO E S. PAULO, APÓSTOLOS	Solenidade
f	30	*Santos Protomártires da Igreja de Roma*	

Sexta-feira depois do 2º Domingo depois de Pentecostes:
SAGRADO CORAÇÃO DE JESUS — Solenidade

Sábado depois do 2º Domingo depois de Pentecostes:
Imaculado Coração da Virgem Maria — Memória

JULHO

g	1		
A	2		
b	3	S. TOMÉ, APÓSTOLO	Festa
c	4	*Sta. Isabel de Portugal*	
d	5	*Sto. Antônio Maria Zacaria, presb.*	
e	6	*Sta. Maria Goretti, virgem e mártir*	
f	7		
g	8		
A	9		
b	10		
c	11	S. Bento, abade	Memória
d	12		
e	13	*Sto. Henrique*	
f	14	*S. Camilo de Lellis, presb.*	
g	15	S. Boaventura, bispo e doutor da Igreja	Memória
A	16	*Nossa Senhora do Carmo*	
b	17	Bv. Inácio de Azevedo, presb., e seus companheiros, mártires	Memória
c	18		
d	19		
e	20		
f	21	*S. Lourenço de Bríndisi, presb. e doutor da Igreja*	
g	22	Sta. Maria Madalena	Memória
A	23	*Sta. Brígida, religiosa*	
b	24		
c	25	S. TIAGO, APÓSTOLO	Festa
d	26	S. Joaquim e Sant'Ana, pais de Nossa Senhora	Memória
e	27		
f	28		
g	29	Sta. Marta	Memória
A	30	*S. Pedro Crisólogo, bispo e doutor da Igreja*	
b	31	Sto. Inácio de Loiola, presb.	Memória

AGOSTO

c	1	Sto. Afonso Maria de Ligório, bispo e doutor da Igreja	Memória
d	2	*Sto. Eusébio de Vercelli, bispo*	
e	3	*S. Pedro Juliano Eymard, presbítero*	
f	4	S. João Maria Vianney, presb.	Memória
g	5	*Dedicação da Basílica de Santa Maria Maior*	
A	6	TRANSFIGURAÇÃO DO SENHOR	Festa
b	7	*S. Sisto II, papa, e seus companheiros, mártires* *S. Caetano, presb.*	
c	8	S. Domingos, presb.	Memória
d	9		
e	10	S. LOURENÇO, DIÁCONE E MÁRTIR	Festa
f	11	Sta. Clara, virgem	Memória
g	12		
A	13	*S. Ponciano, papa, e Sto. Hipólito, presb., mártires*	
b	14	S. Maximiliano Maria Kolbe, presb. e mártir	Memória
c	15	ASSUNÇÃO DE NOSSA SENHORA	Solenidade
d	16	*Sto. Estêvão da Hungria*	
e	17		
f	18		
g	19	*S. João Eudes, presb.*	
A	20	S. Bernardo, abade e doutor da Igreja	Memória
b	21	S. Pio X, papa	Memória
c	22	Nossa Senhora, Rainha	Memória
d	23	STA. ROSA DE LIMA, VIRGEM	Festa
e	24	S. BARTOLOMEU, APÓSTOLO	Festa
f	25	*S. Luís de França* *S. José de Calasanz, presb.*	
g	26		
A	27	Sta. Mônica	Memória
b	28	Sto. Agostinho, bispo e doutor da Igreja	Memória
c	29	Martírio de S. João Batista	Memória
d	30		
e	31		

SETEMBRO

f	1		
g	2		
A	3	S. Gregório Magno, papa e doutor da Igreja	Memória
b	4		
c	5		
d	6		
e	7		
f	8	NATIVIDADE DE NOSSA SENHORA	Festa
g	9	*S. Pedro Claver, presbítero*	
A	10		
b	11		
c	12		
d	13	S. João Crisóstomo, bispo e doutor da Igreja	Memória
e	14	EXALTAÇÃO DA SANTA CRUZ	Festa
f	15	Nossa Senhora das Dores	Memória
g	16	S. Cornélio, papa, e S. Cipriano, bispo, mártires	Memória
A	17	*S. Roberto Belarmino, bispo e doutor da Igreja*	
b	18		
c	19	*S. Januário, bispo e mártir*	
d	20	Sto. André Kim Taegón, presb., e S. Paulo Chóng Hasang, e seus companheiros, mártires	Memória
e	21	S. MATEUS, APÓSTOLO E EVANGELISTA	Festa
f	22		
g	23		
A	24		
b	25		
c	26	*S. Cosme e S. Damião, mártires*	
d	27	S. Vicente de Paulo, presb.	Memória
e	28	*S. Venceslau, mártir* *S. Lourenço Ruiz, e seus companheiros, mártires*	
f	29	S. MIGUEL, S. GABRIEL E S. RAFAEL ARCANJOS	Festa
g	30	S. Jerônimo, presb. e doutor da Igreja	Memória

OUTUBRO

A	1	Sta. Teresa do Menino Jesus, virgem	Memória
b	2	Stos. Anjos da Guarda	Memória
c	3		
d	4	S. Francisco de Assis	Memória
e	5	*S. Benedito, o Negro, religioso*	
f	6	*S. Bruno, Presb.*	
g	7	Nossa Senhora do Rosário	Memória
A	8		
b	9	*S. Dionísio, bispo, e seus companheiros, mártires* *S. João Leonardi, presb.*	
c	10		
d	11		
e	12	NOSSA SENHORA DA CONCEIÇÃO APARECIDA	Solenidade
f	13		
g	14	*S. Calisto I, papa e mártir*	
A	15	Sta. Teresa de Jesus, virgem e doutora da Igreja	Memória
b	16	*Sta. Edviges, religiosa* *Sta. Margarida Maria Alacoque, virgem*	
c	17	Sto. Inácio de Antioquia, bispo e mártir	Memória
d	18	S. LUCAS, EVANGELISTA	Festa
e	19	*S. João de Brébeuf e Sto. Isaac Jogues, presbíteros, e seus companheiros, mártires* *S. Paulo da Cruz, presb.*	
f	20		
g	21		
A	22		
b	23	*S. João de Capistrano, presb.*	
c	24	*Sto. Antônio Maria Claret, bispo*	
d	25		
e	26		
f	27		
g	28	S. SIMÃO E S. JUDAS, APÓSTOLOS	Festa
A	29		
b	30		
c	31		

NOVEMBRO

d	1	TODOS OS SANTOS	Solenidade
e	2	COMEMORAÇÃO DE TODOS OS FIÉIS DEFUNTOS	
f	3	*S. Martinho de Lima, religioso*	
g	4	S. Carlos Borromeu, bispo	Memória
A	5		
b	6		
c	7		
d	8		
e	9	DEDICAÇÃO DA BASÍLICA DO LATRÃO	Festa
f	10	S. Leão Magno, papa e doutor da Igreja	Memória
g	11	S. Martinho de Tours, bispo	Memória
A	12	S. Josafá, bispo e mártir	Memória
b	13		
c	14		
d	15	*Sto. Alberto Magno, bispo e doutor da Igreja*	
e	16	*Sta. Margarida da Escócia* *Sta. Gertrudes, virgem*	
f	17	Sta. Isabel da Hungria	Memória
g	18	*Dedicação das Basílicas de S. Pedro e de S. Paulo, Apóstolos*	
A	19	S. Roque González, St. Afonso Rodríguez e S. João Del Castillo, presb. e mártires	Memória
b	20		
c	21	Apresentação de Nossa Senhora	Memória
d	22	Sta. Cecília, virgem e mártir	Memória
e	23	*S. Clemente I, papa e mártir* *S. Columbano, abade*	
f	24	S. André Dung-Lac, presb. e seus companheiros, mártires	Memória
g	25		
A	26		
b	27		
c	28		
d	29		
e	30	STO. ANDRÉ, APÓSTOLO	Festa

Último domingo do Tempo comum:
NOSSO SENHOR JESUS CRISTO, REI DO UNIVERSO — Solenidade

DEZEMBRO

f	1		
g	2		
A	3	S. Francisco Xavier, presb.	Memória
b	4	*S. João Damasceno, presb. e doutor da Igreja*	
c	5		
d	6	S. Nicolau, bispo	
e	7	Sto. Ambrósio, bispo e doutor da Igreja	Memória
f	8	IMACULADA CONCEIÇÃO DE N. SENHORA	Solenidade
g	9		
A	10	*Sta. Joana Francisca de Chantal, religiosa*	
b	11	*S. Dâmaso, papa*	
c	12	NOSSA SENHORA DE GUADALUPE	Festa
d	13	Sta. Luzia, virgem e mártir	Memória
e	14	S. João da Cruz, presb. e doutor da Igreja	Memória
f	15		
g	16		
A	17		
b	18		
c	19		
d	20		
e	21	*S. Pedro Canísio, presb. e doutor da Igreja*	
f	22		
g	23	*S. João Câncio, presb.*	
A	24		
b	25	NATAL DO SENHOR	Solenidade
c	26	STO. ESTEVÃO, O PRIMEIRO MÁRTIR	Festa
d	27	S. JOÃO, APÓSTOLO E EVANGELISTA	Festa
e	28	STOS. INOCENTES, MÁRTIRES	Festa
f	29	*S. Tomás Becket, bispo e mártir*	
g	30		
A	31	*S. Silvestre I, papa*	

Domingo dentro da oitava do Natal, ou
na sua falta, dia 30: SAGRADA FAMÍLIA — Festa

PRÓPRIO DO TEMPO

TEMPO DO ADVENTO

I. ATÉ 16 DE DEZEMBRO

No Ofício do domingo e dos dias de semana, das I Vésperas do 1º Domingo do Advento até 16 de dezembro inclusive:

Vésperas

Hino

Eterna luz dos homens,
dos astros Criador,
ouvi as nossas preces,
de todos Redentor.

Ao ver compadecido
do mundo a perdição,
em vosso amor viestes
trazer-lhe a salvação.

Se a sombra do pecado
a tudo escurecia,
Esposo, vós saístes
do seio de Maria.

Ao simples ecoar
do vosso nome eterno,
joelhos vão dobrando
o céu, a terra, o inferno.

Um dia voltareis,
Juiz e Rei de tudo.
Oh dai-nos hoje a graça,
na tentação escudo.

Ao Pai e ao Filho glória,
ao Espírito também,
louvor, honra e vitória,
agora e sempre. Amém.

Completas

HINO Agora, que o clarão, como no Ordinário, p. 751.

Laudes

Hino

Em meio à treva escura,
ressoa clara voz.
Os sonhos maus se afastem,
refulja o Cristo em nós.

Despertem os que dormem
feridos de pecado.
Um novo sol já brilha,
o mal vai ser tirado.

Do Céu desce o Cordeiro
que traz a salvação.
Choremos e imploremos
das culpas o perdão.

E ao vir julgar o mundo
no dia do terror,
não puna tantas culpas,
mas venha com amor.

Ao Pai e ao seu Filho
poder e majestade,
e glória ao Santo Espírito
por toda a eternidade.

Hora Média

Hino

Ó Deus, verdade e força
que o mundo governais,
da aurora ao meio-dia,
a terra iluminais.

De nós se afaste a ira,
discórdia e divisão.
Ao corpo dai saúde,
e paz ao coração.

Ouvi-nos, Pai bondoso,
por Cristo Salvador,
que vive com o Espírito
convosco pelo amor.

1º DOMINGO DO ADVENTO

I Semana do Saltério

I Vésperas

Hino, p. 73.

Ant. 1 Anunci**ai** entre **to**dos os **po**vos:
Eis que **vem** nosso **Deus**, Salva**dor**.

Salmos e cântico do domingo da I Semana, p. 759.

Ant. 2 Eis que **vem** o Se**nhor** com seus **san**tos,
e have**rá** grande **luz** nesse **di**a. Ale**lui**a.

Ant. 3 O Se**nhor** há de **vir** com po**der**,
todo **ho**mem ve**rá** sua **gló**ria.

Leitura breve 1Ts 5,23-24

Que o próprio Deus da paz vos santifique totalmente, e que tudo aquilo que sois – espírito, alma, corpo – seja conservado sem mancha alguma para a vinda de nosso Senhor Jesus Cristo! Aquele, que vos chamou é fiel; ele mesmo realizará isso.

Responsório breve

R. Que o uni**ver**so reju**bi**le e dê **gri**tos de ale**gri**a:
* Pois o Se**nhor** há de che**gar**! R. Que o uni**ver**so.
V. Eu **vi** um novo **céu**, eu **vi** uma nova **ter**ra;
nunca **mais** haverá **cho**ro nem cla**mor** nem afli**ção**.
* Pois o Se**nhor**. Glória ao **Pai**. R. Que o uni**ver**so.

Cântico evangélico, ant.

Ano A Vigi**ai**, diz Je**sus**, vigi**ai**,
pois no **di**a em que **não** espe**rais**,
o **vos**so Se**nhor** há de **vir**.

Ano B Eis, de **lon**ge está **vin**do o Se**nhor**,
seu ful**gor** enche **to**do o uni**ver**so.

Ano C Have**rá** sinais no **sol**, na **lu**a e nas es**tre**las;
e na **ter**ra, as na**ções** fica**rão** angustiadas;
verão, en**tão**, o Filho do **Ho**mem,
des**cen**do numa **nu**vem, com po**der** e grande **gló**ria.

Preces

Invoquemos a Cristo Jesus, felicidade e alegria de todos os que o esperam; e digamos:

R. **Vinde, Senhor, e não tardeis!**

Esperado das nações, cheios de alegria, aguardamos vossa vinda;
– vinde, Senhor Jesus. R.

Vós, que existis eternamente, antes da criação do mundo,
– vinde salvar os que vivem neste mundo. R.

Vós, que criastes o universo e tudo o que nele existe,
– vinde renovar a obra de vossas mãos. R.

Vós, que não recusastes assumir nossa natureza mortal,
– vinde libertar-nos do poder da morte. R.

Vós, que viestes à terra para nos dar uma vida nova,
– vinde e dai-nos a vida eterna. R.

(intenções livres)

Vós, que quisestes reunir no vosso reino toda a humanidade,
– vinde congregar na unidade todos, os que esperam a visão da vossa face. R.

Pai nosso...

Oração

Ó Deus todo-poderoso, concedei a vossos fiéis o ardente desejo de possuir o reino celeste, para que, acorrendo com as nossas boas obras ao encontro do Cristo que vem, sejamos reunidos à sua direita na comunidade dos justos. Por nosso Senhor Jesus Cristo, vosso Filho, na unidade do Espírito Santo.

Laudes

Hino, p. 74.

Ant. 1 Naquele **dia** escorre**rá** vinho **no**vo das mon**ta**nhas
e as co**li**nas leite e **mel** destila**rão**, ale**lui**a.

Salmos e cântico do domingo da I Semana, p. 764.

Ant. 2 As mon**ta**nhas e as co**li**nas canta**rão**,
as flo**res**tas e as **ma**tas sauda**rão** ao Se**nhor**,
o Rei su**pre**mo, que vi**rá**
e reina**rá** eterna**men**te. Ale**lui**a.

Ant. 3 Eis que o **gran**de Pro**fe**ta vi**rá**,
e Si**ão** reno**va**da será. Ale**lui**a.

Leitura breve Rm 13,11-12

Já é hora de despertar. Com efeito, agora a salvação está mais perto de nós do que quando abraçamos a fé. A noite já vai adiantada, o dia vem chegando: despojemo-nos das ações das trevas e vistamos as armas da luz.

Responsório breve

R. Mesmo as **tre**vas para **vós** não são es**cu**ras,
* Vós **sois** a luz do **mun**do, ale**lui**a! R. Mesmo as **tre**vas.
V. Senhor, son**dai**-me, conhe**cei** meu cora**ção**!
* Vós **sois**. Glória ao **Pai**. R. Mesmo as **tre**vas.

Cântico evangélico, ant.

Ano A Se o **do**no da **ca**sa sou**be**sse
em que **ho**ra vi**ri**a o la**drão**,
fica**ri**a, de **cer**to, acor**da**do,
e **não** deixa**ri**a arrom**bar**
sua **ca**sa, nos **diz** o Se**nhor**.

Ano B Vigi**ai**, diz Je**sus**, pois não sa**beis**
quando o **do**no da **ca**sa volta**rá**:
pode **ser** à tardinha, à meia-noite ou ao canto do galo
ou de manhã.

Ano C Levan**tai** vossa ca**be**ça e o**lhai**,
pois a **vo**ssa reden**ção** se apro**xi**ma.

Preces

Rezemos a Deus, Pai de bondade, que nos concede a graça de esperarmos a manifestação de nosso Senhor Jesus Cristo; e digamos confiantes:

R. **Mostrai-nos, Senhor, a vossa misericórdia!**

Santificai, Senhor, nosso espírito, nossa alma e nosso corpo,
– e guardai-nos irrepreensíveis para a vinda de vosso Filho. R.

Ajudai-nos a passar santamente este dia,
– e fazei-nos viver neste mundo com justiça e piedade. R.

Revesti-nos de nosso Senhor Jesus Cristo,
– e seremos repletos do Espírito Santo. R.

Concedei-nos, Senhor, permanecer sempre vigilantes,
– até o dia da gloriosa manifestação de vosso Filho.
R. **Mostrai-nos, Senhor, a vossa misericórdia!**

(intenções livres)

Pai nosso...

Oração

Ó Deus todo-poderoso, concedei a vossos fiéis o ardente desejo de possuir o reino celeste, para que, acorrendo com as nossas boas obras ao encontro do Cristo que vem, sejamos reunidos à sua direita na comunidade dos justos. Por nosso Senhor Jesus Cristo, vosso Filho, na unidade do Espírito Santo.

Hora Média

Hino, p. 74.

Ant. Disse o **an**jo à **Vir**gem:
Ma**ri**a, a**le**gra-te, ó **chei**a de **gra**ça,
o Se**nhor** é con**ti**go;
és ben**di**ta entre **to**das as mu**lhe**res da **ter**ra.

Leitura breve 1Ts 3,12-13

O Senhor vos conceda que o amor entre vós e para com todos aumente e transborde sempre mais, a exemplo do amor que temos por vós. Que assim ele confirme os vossos corações numa santidade sem defeito aos olhos de Deus, nosso Pai, no dia da Vinda de nosso Senhor Jesus, com todos os seus santos.

V. Lem**brai**-vos, ó Se**nhor**, de mim, lem**brai**-vos,
pelo a**mor** que demons**trais** ao vosso **po**vo!
R. Visi**tai**-me com a **vos**sa salva**ção**!

Oração como nas Laudes.

II Vésperas

Hino, p. 73.

Ant. 1 A**le**gra-te, ó **fi**lha de Si**ão**,
Jerusa**lém**, exulta e **can**ta de ale**gri**a! Ale**lui**a.

Salmos e cântico do domingo da I Semana, p. 772.

Ant. 2 Vi**rá** ao nosso **mei**o Jesus **Cris**to, nosso **Rei**,
o Cor**dei**ro que Jo**ão** nos ha**vi**a anunci**a**do.

Ant. 3 Eis que **ve**nho sem de**mo**ra e tra**rei** a recom**pen**sa:
pagar**ei** a cada **um** o que me**re**cem suas **o**bras.

Leitura breve Fl 4,4-5

Alegrai-vos sempre no Senhor; eu repito, alegrai-vos. Que a vossa bondade seja conhecida de todos os homens! O Senhor está próximo!

Responsório breve

R. Ale**gre**mo-nos, **to**dos, no Se**nhor**!
* Ale**gre**mo-nos, pois **e**le está bem **per**to!
R. Ale**gre**mo-nos.
V. Favore**ces**tes, ó Se**nhor**, a vossa **ter**ra,
liber**tas**tes os ca**ti**vos de Ja**có**.
* Ale**gre**mo-nos. Glória ao **Pai**. R. Ale**gre**mo-nos.

Cântico evangélico, ant.

Ano A O Espí**ri**to **San**to vi**rá** sobre **ti**,
não **te**mas, Ma**ri**a:
tra**rás** em teu **sei**o o **Fi**lho de **Deus**. Ale**lui**a.

Ano B Não **te**mas, ó **Ma**ria, por **Deus** agraci**a**da:
have**rás** de conce**ber** um Me**ni**no e dar à **luz**! Ale**lui**a!

Ano C És fe**liz** porque **cres**te, Ma**ri**a,
pois em **ti** a Pa**la**vra de **Deus**
vai cum**prir**-se, ale**lui**a.

Preces

Oremos a Cristo Jesus, nosso Redentor, caminho, verdade e vida; e digamos humildemente:

R. **Vinde, Senhor, ficai conosco!**

Jesus, Filho do Altíssimo, anunciado por Gabriel à Virgem Maria,
– vinde reinar para sempre sobre o vosso povo. R.

Santo de Deus, com vossa chegada fizestes o Precursor exultar no seio de Isabel,
– vinde trazer ao mundo inteiro a alegria da salvação. R.

Jesus Salvador, cujo nome foi revelado pelo anjo a José, homem justo,
– vinde libertar vosso povo de seus pecados. R.

Luz do mundo, esperado por Simeão e por todos os justos,
– vinde consolar-nos.
R. **Vinde, Senhor, ficai conosco!**

(intenções livres)

Sol nascente, predito por Zacarias, que das alturas vireis visitar-nos,
– vinde iluminar aqueles que estão sentados à sombra da morte.
R.

Pai nosso....

Oração

Ó Deus todo-poderoso, concedei a vossos fiéis o ardente desejo de possuir o reino celeste, para que, acorrendo com as nossas boas obras ao encontro do Cristo que vem, sejamos reunidos à sua direita na comunidade dos justos. Por nosso Senhor Jesus Cristo, vosso Filho, na unidade do Espírito Santo.

SEGUNDA-FEIRA

Laudes

Leitura breve Is 2,3

Vamos subir ao monte do Senhor, à casa do Deus de Jacó, para que ele nos mostre seus caminhos e nos ensine a cumprir seus preceitos; porque de Sião provém a lei e de Jerusalém, a palavra do Senhor.

Responsório breve

R. Eis que **vem** vosso **Deus** Salva**dor**!
* Eis vosso **Deus** e Se**nhor**! R. Eis que **vem**.
V. O Se**nhor** vem com **força** e po**der**.
* Eis vosso **Deus**. Glória ao **Pai**. R. Eis que **vem**.

Cântico evangélico, ant.

Jerusa**lém**, le**van**ta os teus **o**lhos
e con**tem**pla o po**der** do teu **Rei**:
o Salva**dor** vem que**brar**-te as ca**dei**as.

Preces

Cristo Senhor, Filho do Deus vivo e esplendor da luz eterna, vem iluminar as nossas trevas para podermos contemplar a sua glória. Peçamos-lhe com toda confiança:

R. **Vinde, Senhor Jesus!**

Cristo, luz sem ocaso, que vindes como sol nascente iluminar nossas trevas,
– despertai nossa fé vacilante. R.

Fazei-nos caminhar com segurança ao longo deste dia,
– guiados pela claridade de vossa luz. R.

Dai-nos um coração generoso, humilde e confiante,
– para que todos os homens vejam a razão da nossa esperança. R.

Vinde criar a nova terra prometida,
– para que nela habitem a justiça e a paz. R.

(intenções livres)

Pai nosso...

Oração

Senhor nosso Deus, dai-nos esperar solícitos a vinda do Cristo, vosso Filho. Que ele, ao chegar, nos encontre vigilantes na oração e proclamando o seu louvor. Por nosso Senhor Jesus Cristo, vosso Filho, na unidade do Espírito Santo.

Hora Média

Ant. Disse o **an**jo à **Vir**gem:
Ma**ri**a, a**le**gra-te, ó **chei**a de **gra**ça,
o Se**nhor** é con**ti**go;
és ben**di**ta entre **to**das as mu**lhe**res da **ter**ra.

Leitura breve cf. Is 10,24.27

Diz o Senhor Deus dos exércitos: Não tenhas medo, povo meu, que habitas em Sião. Acontecerá naquele dia que o teu ombro se livrará do peso dele, teu pescoço, do seu jugo.

V. Lem**brai**-vos, ó Se**nhor**, de mim, lem**brai** -vos,
pelo a**mor** que demons**trais** ao vosso **po**vo!

R. Visi**tai**-me com a **vos**sa salva**ção**!

Oração como nas Laudes.

Vésperas

Leitura breve Fl 3,20b-21

Aguardamos o nosso Salvador, o Senhor, Jesus Cristo. Ele transformará o nosso corpo humilhado e o tornará semelhante ao seu corpo glorioso, com o poder que tem de sujeitar a si todas as coisas.

Responsório breve

R. A **vós**, ó Deus, a **nos**sa grati**dão**:
* Vosso **no**me está **per**to. R. A **vós**, ó Deus.
V. De **vós**, Senhor, vi**rá** a renova**ção**.
* Vosso **no**me. Glória ao **Pai**. R. A **vós**, ó Deus.

Cântico evangélico, ant.

O **an**jo do Se**nhor** anunci**ou** a Ma**ri**a.
E **e**la conce**beu** do Es**pí**rito **San**to. Ale**lui**a.

Preces

Oremos humildemente ao Senhor que vem para nos salvar; e aclamemos dizendo:

R. **Vinde, Senhor, salvar-nos!**

Senhor Jesus, Ungido do Pai como salvador de toda a humanidade,
–vinde depressa e salvai-nos. R.

Vós, que viestes a este mundo,
–livrai-nos do pecado do mundo. R.

Vós, que viestes do Pai,
–ensinai-nos o caminho da salvação que conduz ao Pai. R.

Vós, que fostes concebido pelo poder do Espírito Santo,
–renovai os nossos corações, no mesmo Espírito, com a vossa palavra. R.

Vós, que vos encarnastes no seio da Virgem Maria,
–libertai-nos da corrupção da carne. R.

(intenções livres)

Lembrai-vos, Senhor, de todos os homens,
–que existiram desde o princípio do mundo e esperaram em vós. R.

Pai nosso...

Oração

Senhor nosso Deus, dai-nos esperar solícitos a vinda de Cristo, vosso Filho. Que ele, ao chegar, nos encontre vigilantes na oração e proclamando o seu louvor. Por nosso Senhor Jesus Cristo, vosso Filho, na unidade do Espírito Santo.

TERÇA-FEIRA

Laudes

Leitura breve Gn 49,10

O cetro não será tirado de Judá, nem o bastão de comando dentre seus pés, até que venha Aquele a quem pertencem, e a quem obedecerão os povos.

Responsório breve

R. Que o uni**ver**so reju**bi**le e dê **gri**tos de ale**gri**a:
* Pois o Se**nhor** há de che**gar**! R. Que o uni**ver**so.
V. Justiça e **paz** se abraça**rão**:
* Pois o Se**nhor**. Glória ao **Pai**. R. Que o uni**ver**so.

Cântico evangélico, ant.

A ra**iz** de Jes**sé** have**rá** de bro**tar**
e a **gló**ria de **Deus** enche**rá** toda a **ter**ra,
toda a **car**ne ve**rá** a salva**ção** do Se**nhor**.

Preces

Deus Pai onipotente estenderá de novo a sua mão para resgatar os sobreviventes do seu povo. Peçamos-lhe, pois, cheios de confiança:

R. **Venha a nós, Senhor, o vosso reino!**

Concedei, Senhor, que possamos dar frutos dignos de conversão,
– para recebermos o vosso reino que se aproxima. R.

Preparai, Senhor, em nossos corações o caminho para acolhermos vossa Palavra que vai chegar,
– para que sua glória possa revelar-se em nós. R.

Abatei os montes e colinas do nosso orgulho,
– e levantai os vales da nossa fragilidade. R.

Derrubai as barreiras de ódio que dividem os povos,
–e tornai planos os caminhos da concórdia entre os povos.
R. **Venha a nós, Senhor, o vosso reino!**

(intenções livres)

Pai nosso...

Oração

Sede propício, ó Deus, às nossas súplicas, e auxiliai-nos em nossa tribulação. Consolados pela vinda do vosso Filho, sejamos purificados da antiga culpa. Por nosso Senhor Jesus Cristo, vosso Filho, na unidade do Espírito Santo.

Hora Média

Ant. Disse o **an**jo à **Vir**gem:
Ma**ri**a, a**le**gra-te, ó **chei**a de **gra**ça,
o Se**nhor** é con**ti**go;
és ben**di**ta entre **to**das as mu**lhe**res da **ter**ra.

Leitura breve Jr 23,6

Naqueles dias, Judá será salvo e Israel viverá tranquilo; este é o nome com que o chamarão: "Senhor, nossa Justiça".

V. Lem**brai**-vos, ó Se**nhor**, de mim, lem**brai**-vos,
pelo a**mor** que demons**trais** ao vosso **po**vo!
R. Visi**tai**-me com a **vos**sa salva**ção**!

Oração como nas Laudes.

Vésperas

Leitura breve cf. 1Cor 1,7b-9

Aguardamos a revelação do Senhor nosso, Jesus Cristo. É ele também que vos dará perseverança em vosso procedimento irrepreensível até ao fim, até ao dia de nosso Senhor, Jesus Cristo. Deus é fiel; por ele fostes chamados à comunhão com seu Filho.

Responsório breve

R. Nossa **al**ma es**pe**ra no Se**nhor**,
* Nele se a**le**gra o **nos**so cora**ção**. R. Nossa **al**ma.
V. Está **per**to a salva**ção** dos que o res**pei**tam.
* Nele se a**le**gra. Glória ao **Pai**. R. Nossa **al**ma.

Cântico evangélico, ant.
Buscai **ho**je o Se**nhor**, que se **dei**xa encon**trar**;
invo**cai**-o a**go**ra que está **per**to, ale**lui**a.

Preces
Invoquemos a Cristo, Palavra eterna, que inaugurou na terra, através de sua humanidade, um caminho novo e vivo para subir ao santuário celeste; e supliquemos humildemente:
R. **Vinde, Senhor, salvar-nos!**

Deus, em quem vivemos, nos movemos e somos,
– vinde e revelai-nos que somos vosso povo. R.

Vós, que não estais longe de nenhum de nós,
– mostrai-vos sem demora a todos os que vos procuram. R.

Pai dos pobres e consolador dos aflitos,
– dai liberdade aos cativos e alegria aos tristes. R.

(intenções livres)

Vós, que destruís a morte e amais a vida,
– livrai-nos da morte eterna, a nós e a todos os que em vós adormeceram. R.

Pai nosso...

Oração

Sede propício, ó Deus, às nossas súplicas, e auxiliai-nos em nossa tribulação. Consolados pela vinda do vosso Filho, sejamos purificados da antiga culpa. Por nosso Senhor Jesus Cristo, vosso Filho, na unidade do Espírito Santo.

QUARTA-FEIRA

Laudes

Leitura breve Is 7,14b-15
Eis que uma virgem conceberá e dará à luz um filho, e lhe porá o nome de Emanuel; ele se alimentará de manteiga e de mel até quando aprender a fugir do mal e a procurar o bem.

Responsório breve

R. O **Senhor** é con**ti**go, ó Ma**ri**a,
 * A**le**gra-te, **chei**a de **gra**ça! R. O Se**nhor**.
V. Ele vol**tou** seu o**lhar** para **ti**:
 reali**zou** toda a **su**a espe**ran**ça.
 * A**le**gra-te. Glória ao **Pai**. R. O Se**nhor**.

Cântico evangélico, ant.

Virá al**guém** depois de **mim** que é mais **for**te do que **eu**:
não sou **dig**no de ser**vi**-lo e desa**tar** suas san**dá**lias.

Preces

Cristo, Palavra de Deus, quis habitar no meio de nós e revelar-nos a sua glória. Felizes com esta esperança, aclamemos:

R. **Ficai conosco, Emanuel!**

Príncipe justo e reto,
– fazei justiça aos pobres e aos oprimidos. R.

Rei pacífico, que das espadas fazeis arados e das lanças, foices,
– ensinai-nos a transformar as invejas em amor e as ofensas em perdão. R.

Vós que não julgais pela aparência,
– confirmai na fidelidade perfeita aqueles que são vossos. R.

Quando vierdes sobre as nuvens do céu com grande poder e glória,
– fazei-nos comparecer sem temor na vossa presença. R.

(intenções livres)

Pai nosso...

Oração

Senhor Deus, preparai os nossos corações com a força da vossa graça, para que, ao chegar o Cristo, vosso Filho, nos encontre dignos do banquete da vida eterna e ele mesmo nos sirva o alimento celeste. Por nosso Senhor Jesus Cristo, vosso Filho, na unidade do Espírito Santo.

Hora Média

Ant. Disse o **an**jo à **Vir**gem:
 Maria, alegra-te, ó **chei**a de **gra**ça,
 o Se**nhor** é con**ti**go;
 és ben**di**ta entre **to**das as mu**lhe**res da **ter**ra.

Leitura breve Is 12,2

É Deus que me salva; posso viver confiante e sem medo, porque o Senhor é a razão da minha força e do meu canto, ele se fez meu Salvador.

V. Lem**brai**-vos, ó Se**nhor**, de mim, lem**brai**-vos,
pelo **amor** que demons**trais** ao vosso **po**vo!

R. Visi**tai**-me com a **vos**sa salva**ção**!

Oração como nas Laudes.

Vésperas

Leitura breve 1Cor 4,5

Não queirais julgar antes do tempo. Aguardai que o Senhor venha. Ele iluminará o que estiver escondido nas trevas e manifestará os projetos dos corações. Então, cada um receberá de Deus o louvor que tiver merecido.

Responsório breve

R. Eis o **tem**po favo**rá**vel,
* Eis o **dia** da salva**ção**! R. Eis o **tem**po.

V. O Reino de **Deus** está bem **per**to.
* Eis o **dia**. Glória ao **Pai**. R. Eis o **tem**po.

Cântico evangélico, ant.

De Si**ão** a sua **lei** há de sa**ir**.
Jerusa**lém** espalha**rá** sua Pa**la**vra.

Preces

Supliquemos humildemente a Deus Pai, que enviou seu Filho para trazer-nos a paz sem fim; e digamos:

R. **Venha a nós, Senhor, o vosso reino!**

Pai santo, olhai com bondade para a vossa Igreja,
– e vinde visitar esta vinha que vossa mão plantou. R.

Deus fiel, lembrai-vos de todos os filhos de Abraão,
– e cumpri as promessas feitas a seus pais. R.

Deus clementíssimo, compadecei-vos dos povos que ainda não vos conhecem,
– para que vos glorifiquem por vossa misericórdia. R.

Pastor eterno, visitai as ovelhas do vosso rebanho,
– e reuni-as todas no único aprisco de Cristo.
R. **Venha a nós, Senhor, o vosso reino!**

(intenções livres)

Lembrai-vos também de todos os que partiram deste mundo na vossa paz,
– recebei-os na glória com vosso Filho. R.

Pai nosso...

Oração

Senhor Deus, preparai os nossos corações com a força da vossa graça, para que, ao chegar o Cristo, vosso Filho, nos encontre dignos do banquete da vida eterna, e ele mesmo nos sirva o alimento celeste. Por nosso Senhor Jesus Cristo, vosso Filho, na unidade do Espírito Santo.

QUINTA-FEIRA

Laudes

Leitura breve Is 45,8

Céus, deixai cair orvalho das alturas, e que as nuvens façam chover justiça; abra-se a terra e germine a salvação; brote igualmente a salvação.

Responsório breve

R. Eis que **vem** vosso **Deus** Salva**dor**!
* Eis vosso **Deus** e Se**nhor**. R. Eis que **vem**.
V. Toda a **car**ne ve**rá** sua **gló**ria.
* Eis vosso **Deus**. Glória ao **Pai**. R. Eis que **vem**.

Cântico evangélico, ant.

Es**pe**ro confi**an**te o meu **Deus** e Salva**dor**,
e o a**guar**do ansi**o**so, pois es**tá** para che**gar**. Ale**lui**a.

Preces

Peçamos confiantes a Cristo sabedoria e poder de Deus, que encontra suas delícias em estar com os filhos dos homens; e digamos:

R. **Jesus, ficai conosco!**

Senhor Jesus Cristo, que nos chamastes para o reino da vossa luz admirável,
– fazei que caminhemos de modo digno de Deus, agradando-lhe em tudo! R.

Vós, que, ignorado pelo mundo, estais no meio de nós,
– manifestai vossa face a todos os homens. R.

Vós, que estais mais perto de nós do que nós mesmos,
– confirmai em nossos corações a confiança e a esperança da salvação. R.

Vós, que sois a fonte da santidade,
– guardai-nos santos e irrepreensíveis para o dia de vossa vinda. R.

(intenções livres)

Pai nosso...

Oração

Despertai, ó Deus, o vosso poder e socorrei-nos com a vossa força, para que vossa misericórdia apresse a salvação que nossos pecados retardam. Por nosso Senhor Jesus Cristo, vosso Filho, na unidade do Espírito Santo.

Hora Média

Ant. Disse o **an**jo à **Vir**gem:
Maria, alegra-te, ó **chei**a de **gra**ça,
o Se**nhor** é con**ti**go;
és ben**di**ta entre **to**das as mu**lhe**res da **ter**ra.

Leitura breve Ag 2,6b.9

Ainda um momento, e eu hei de mover o céu e a terra, o mar e a terra firme. O esplendor desta nova casa será maior que o da primeira, e, neste lugar, estabelecerei a paz, diz o Senhor dos exércitos.

V. Lem**brai**-vos, ó Se**nhor**, de mim, lem**brai**-vos,
pelo a**mor** que demons**trais** ao vosso **po**vo!
R. Visi**tai**-me com a **vos**sa salva**ção**!

Oração como nas Laudes.

Vésperas

Leitura breve Tg 5,7-8.9b

Irmãos, ficai firmes até à vinda do Senhor. Vede o agricultor: ele espera o precioso fruto da terra e fica firme até cair a chuva do outono ou da primavera. Também vós, ficai firmes e fortalecei vossos corações, porque a vinda do Senhor está próxima. Eis que o juiz está às portas.

Responsório breve

R. A **vós**, ó Deus, a **nos**sa grati**dão**:
* Vosso **no**me está **per**to. R. A **vós**, ó Deus.
V. De **vós**, Senhor, vi**rá** a renova**ção**.
* Vosso **no**me. Glória ao **Pai**. R. A **vós**, ó Deus.

Cântico evangélico, ant.

És ben**di**ta entre **to**das as mu**lhe**res da **ter**ra,
e ben**di**to é o **fru**to que nas**ceu** do teu **ven**tre!

Preces

Irmãos e irmãs, imploremos a Cristo, a grande luz anunciada pelos profetas aos que viviam na sombra da morte; e digamos:

R. **Vinde, Senhor Jesus!**

Cristo, Palavra de Deus, que no princípio criastes todas as coisas e nos últimos tempos assumistes a nossa natureza humana,
– vinde salvar-nos do pecado e da morte. R.

Luz verdadeira, que iluminais todo homem que vem a este mundo,
– vinde dissipar as trevas de nossa ignorância. R.

Filho unigênito, que estais no seio do Pai,
– vinde revelar a todos as maravilhas do amor de Deus. R.

Cristo Jesus, que viestes para nós como Filho do Homem,
– tornai filhos de Deus todos aqueles que vos receberam. R.

(intenções livres)

Vós, que abris as portas de todas as prisões,
– admiti ao banquete das núpcias eternas aqueles que esperam a entrada na vossa glória. R.

Pai nosso...

Oração

Despertai, ó Deus, o vosso poder e socorrei-nos com a vossa força, para que vossa misericórdia apresse a salvação que nossos pecados retardam. Por posso Senhor Jesus Cristo, vosso Filho, na unidade do Espírito Santo.

SEXTA-FEIRA

Laudes

Leitura breve Jr 30,21a.22

Eis o que diz o Senhor: Para chefe será escolhido um dos seus, e o soberano sairá do seu meio; eu o incitarei, e ele se aproximará de mim. Sereis meu povo e eu serei vosso Deus.

Responsório breve

R. Que o uni**ver**so reju**bi**le e dê **gri**tos de ale**gri**a:
* Pois o Se**nhor** há de che**gar**! R. Que o uni**ver**so.
V. Justiça e **paz** se abraça**rão**:
* Pois o Se**nhor**. Glória ao **Pai**. R. Que o uni**ver**so.

Cântico evangélico, ant.

Eis que **vem** o Deus e **ho**mem da **ca**sa de Da**vi**,
e se**rá** o nosso **Rei**. Ale**lui**a.

Preces

Aclamemos com alegria Deus, nosso Pai, que por meio de seu Filho revelou aos seres humanos a sua glória; e digamos:

R. **Senhor, glorificado seja o vosso nome!**

Fazei, Senhor, que aprendamos a nos acolher uns aos outros,
– como Cristo nos acolheu para a glória de Deus. R.

Cumulai-nos de toda alegria e paz em nossa fé,
– para caminharmos na esperança e na força do Espírito Santo. R.

Ajudai a todos, Senhor, segundo a imensidade de vossa compaixão;
– ide ao encontro daqueles que, mesmo sem saber, vos esperam. R.

Vós chamais e santificais os eleitos;
– perdoai as nossas culpas e admiti-nos no reino da eterna bem-aventurança.
R. **Senhor, glorificado seja o vosso nome!**
(intenções livres)

Pai nosso...

Oração

Despertai, Senhor, vosso poder e vinde, para que vossa proteção afaste os perigos a que nossos pecados nos expõem, e a vossa salvação nos liberte. Vós, que sois Deus com o Pai, na unidade do Espírito Santo.

Hora Média

Ant. Disse o **an**jo à **Vir**gem:
Ma**ri**a, a**le**gra-te, ó **chei**a de **gra**ça,
o Se**nhor** é con**ti**go;
és ben**di**ta entre **to**das as mu**lhe**res da **ter**ra.

Leitura breve Jr 30,18a

Isto diz o Senhor: Eis que eu mudarei a sorte das tendas de Jacó e terei compaixão de suas moradias.

V. Lem**brai**-vos, ó Se**nhor**, de mim, lem**brai**-vos;
pelo a**mor** que demons**trais** ao vosso **po**vo!
R. Visi**tai**-me com a **vos**sa salva**ção**!

Oração como nas Laudes.

Vésperas

Leitura breve 2Pd 3,8b-9

Para o Senhor, um dia é como mil anos e mil anos como um dia. O Senhor não tarda a cumprir sua promessa, como pensam alguns, achando que demora. Ele está usando de paciência para convosco. Pois não deseja que alguém se perca. Ao contrário, quer que todos venham a converter-se.

Responsório breve

R. Nossa **al**ma es**pe**ra no Se**nhor**,
* Nele se a**le**gra o **nos**so cora**ção**. R. Nossa **al**ma.

V. Sua **glória** habita**rá** em nossa **ter**ra.
* Nele se **a**legra. Glória ao **Pai**. R. Nossa **al**ma.

Cântico evangélico, ant.
Do E**gi**to cha**mei** o meu **Fi**lho,
que vi**rá** e salva**rá** o seu **po**vo.

Preces

Invoquemos com toda confiança a Cristo, pastor e guarda de nossas almas; e digamos:

R. **Sede bondoso, Senhor, sede clemente!**

Bom Pastor do rebanho de Deus,
– vinde congregar a todos em vossa Igreja. R.

Auxiliai, Senhor, os pastores de vosso povo peregrino,
– para que apascentem com dedicação o rebanho que lhes foi confiado, até a vossa vinda. R.

Escolhei dentre nós mensageiros da vossa palavra,
– que anunciem vosso Evangelho até os confins da terra. R.

Tende piedade de todos os que sofrem e desfalecem no caminho,
– fazei que encontrem um amigo que lhes traga conforto e alegria. R.

(intenções livres)

Mostrai a vossa glória nos prados celestes,
– aos que já foram chamados deste mundo. R.

Pai nosso...

Oração

Despertai, Senhor, vosso poder e vinde, para que vossa proteção afaste os perigos a que nossos pecados nos expõem e a vossa salvação nos liberte. Vós, que sois Deus com o Pai, na unidade do Espírito Santo.

SÁBADO

Laudes

Leitura breve Is 11,1-3a

Nascerá uma haste do tronco de Jessé e, a partir da raiz, surgirá o rebento de uma flor; sobre ele repousará o espírito do Senhor: espírito de sabedoria e discernimento, espírito de conselho e fortaleza, espírito de ciência e temor de Deus; no temor do Senhor encontra ele seu prazer.

Responsório breve

R. O Se**nhor** é con**ti**go, ó Ma**ri**a,
* A**le**gra-te, **chei**a de **gra**ça! R. O Se**nhor**.
V. Ele **che**ga, o **dia** já **nas**ce; a **ter**ra in**tei**ra e**xul**ta.
* A**le**gra-te. Glória ao **Pai**. R. O Se**nhor** é con**ti**go.

Cântico evangélico, ant.

Não **te**mas, ó **po**vo de **Deus**
eis que **vem** o Se**nhor**, ale**lui**a.

Preces

Oremos a Deus Pai, que na sua eterna providência decidiu salvar seu povo; e digamos:

R. **Protegei, Senhor, o vosso povo!**

Senhor Deus, que prometestes enviar ao vosso povo o germe da justiça,
– velai pela santidade de vossa Igreja. R.

Inclinai, Senhor, o coração das pessoas para a verdade de vossa palavra,
– e fortalecei na santidade todos os fiéis. R.

Conservai-nos no amor de vosso Espírito Santo,
– para recebermos a misericórdia do vosso Filho que vai chegar. R.

Concedei, Deus clementíssimo, que permaneçamos firmes e fiéis até o fim,
– para o dia da vinda de nosso Senhor Jesus Cristo. R.

(intenções livres)

Pai nosso...

Oração

Ó Deus, que enviastes a este mundo o vosso Unigênito para libertar da antiga escravidão o gênero humano, concedei aos que esperam vossa misericórdia chegar à verdadeira liberdade. Por nosso Senhor Jesus Cristo, vosso Filho, na unidade do Espírito Santo.

Hora Média

Ant. Disse o **an**jo à **Vir**gem:
Ma**ri**a, a**le**gra-te, ó **chei**a de **gra**ça,
o Se**nhor** é con**ti**go;
és ben**di**ta entre **to**das as mu**lhe**res da **ter**ra.

Leitura breve Is 4,3

Os que forem deixados em Sião, os sobreviventes de Jerusalém, serão chamados santos, a saber, todos os destinados à vida em Jerusalém.

V. Lem**brai**-vos, ó Se**nhor**, de mim, lem**brai**-vos;
pelo a**mor** que demons**trais** ao vosso **po**vo!

R. Visi**tai**-me com a **vos**sa salva**ção**!

Oração como nas Laudes.

2º DOMINGO DO ADVENTO

II Semana do Saltério

I Vésperas

Hino, p. 73.

Ant. 1 De ale**gri**a ex**ul**ta, ó **no**va Si**ão**:
eis que **vem** na humil**da**de o teu **Rei**, Salva**dor**!

Salmos e cântico do domingo da II Semana, p. 849.

Ant. 2 Fortale**cei**-vos, mãos can**sa**das,
tomai **â**nimo e di**zei**:
Eis que **vem** o nosso **Deus**!
Ele **vem** para sal**var**. Ale**lui**a.

Ant. 3 A **lei** foi-nos **da**da por **mei**o de Moi**sés,**
mas a **gra**ça e a ver**da**de nos vieram por Je**sus.**

Leitura breve 1Ts 5,23-24

Que o próprio Deus da paz vos santifique totalmente, e que tudo aquilo que sois – espírito, alma, corpo – seja conservado sem mancha alguma para a vinda de nosso Senhor Jesus Cristo! Aquele que vos chamou é fiel; ele mesmo realizará isso.

Responsório breve

R. Que o univ**er**so reju**bi**le e dê **gri**tos de ale**gri**a:
* Pois o Se**nhor** há de che**gar**! R. Que o universo.
V. Eu **vi** um novo **céu**, eu **vi** uma nova **ter**ra;
nunca **mais** haverá **cho**ro nem cla**mor** nem afli**ção**.
* Pois o Se**nhor**. Glória ao **Pai**. R. Que o uni**ver**so.

Cântico evangélico, ant.

Ano A Naqueles **di**as, João Ba**tis**ta apare**ceu,**
pre**gan**do no de**ser**to e di**zen**do:
Conver**tei**-vos e mu**dai** a vossa **vi**da,
pois o **Rei**no dos **Céus** está che**gan**do.

Ano B Vou man**dar** meu mensa**gei**ro
prepa**rar** o meu ca**mi**nho à tua **fren**te. Ale**lui**a.

Ano C **Vin**de, ó Se**nhor**, visi**tai**-nos com a **paz**,
para em **vós** nos ale**grar**mos de **to**do o cora**ção**.

Preces

Oremos, irmãos caríssimos, a Cristo nosso Senhor que nasceu da Virgem Maria; e digamos com humildade e alegria:

R. **Vinde, Senhor Jesus!**

Filho Unigênito de Deus, que haveis de vir como o verdadeiro mensageiro da Aliança,
– fazei que o mundo vos acolha e reconheça. R.

Filho Unigênito de Deus, que vos fizestes filho do homem no seio da Virgem Maria,
– livrai-nos de toda a corrupção da condição humana. R.

Filho Unigênito de Deus, que sois fonte de vida e quisestes experimentar a morte,
– livrai-nos da sentença de morte que merecemos. R.

Filho Unigênito de Deus, que vindes julgar o mundo e trazeis convosco a recompensa,
– aumentai a nossa esperança para que sejamos dignos das vossas promessas. R.

(intenções livres)

Senhor Jesus Cristo, que viestes socorrer os mortos com a vossa morte,
– escutai as súplicas que vos dirigimos pelos nossos defuntos. R.

Pai nosso...

Oração

Ó Deus todo-poderoso e cheio de misericórdia, nós vos pedimos que nenhuma atividade terrena nos impeça de correr ao encontro do vosso Filho, mas, instruídos pela vossa sabedoria, participemos da plenitude de sua vida. Por nosso Senhor Jesus Cristo, vosso Filho, na unidade do Espírito Santo.

Laudes

Hino, p. 74.

Ant. 1 Nossa ci**da**de invencível é Si**ão**,
sua mu**ra**lha e sua trin**chei**ra é o Salva**dor**.
Abri as **por**tas: o Se**nhor** está co**nos**co. Ale**lui**a.

Salmos e cântico do domingo da II Semana, p. 853.

Ant. 2 Quem tem **se**de, venha à **fon**te!
Buscai **ho**je o Se**nhor**,
que se **dei**xa encon**trar**. Ale**lui**a.

Ant. 3 Nosso **Deus** há de **vir** com po**der**
ilumi**nar** nosso o**lhar**, ale**lui**a.

Leitura breve Rm 13,11-12

Já é hora de despertar. Com efeito, agora a salvação está mais perto de nós do que quando abraçamos a fé. A noite já vai adiantada, o dia vem chegando: despojemo-nos das ações das trevas e vistamos as armas da luz.

R. Mesmo as **tre**vas para **vós** não são es**cu**ras,
* Vós **sois** a luz do **mun**do, ale**lui**a! R. Mesmo as **tre**vas.
V. Senhor, son**dai**-me, conhe**cei** meu cora**ção!**
* Vós **sois.** Glória ao **Pai.** R. Mesmo as **tre**vas.

Cântico evangélico, ant.

Ano A No de**ser**to res**so**a uma **voz:**
Prepa**rai** o ca**mi**nho do Se**nhor**.
Aplai**nai** as es**tra**das de **Deus**.

Ano B João Ba**tis**ta apare**ceu** no de**ser**to
bati**zan**do e pre**gan**do um ba**tis**mo
de conver**são** para o per**dão** dos pe**ca**dos.

Ano C A pa**la**vra de **Deus** veio a Jo**ão**,
filho **de** Zaca**ri**as, no de**ser**to.
E ele **vei**o pre**gan**do um ba**tis**mo
de conver**são** para o per**dão** dos pe**ca**dos.

Preces

Rezemos, irmãos e irmãs caríssimos, a nosso Senhor Jesus Cristo, Juiz dos vivos e dos mortos; e digamos:

R. **Vinde, Senhor Jesus!**

Senhor Jesus Cristo, que viestes salvar os pecadores,
– defendei-nos de toda tentação. R.

Senhor Jesus Cristo, que vireis cheio de glória para julgar o mundo,
– manifestai em nós o poder da vossa salvação. R.

Ajudai-nos a cumprir, na força do Espírito, os mandamentos de vossa lei,
– para que possamos acolher com amor o dia de vossa vinda. R.

Senhor Jesus Cristo, que sois eternamente glorificado pelos anjos e santos, ensinai-nos por vossa misericórdia a viver neste mundo com equilíbrio, justiça e piedade,
– aguardando a feliz esperança da vossa vinda gloriosa. R.

(intenções livres)

Pai nosso...

Oração

Ó Deus todo-poderoso e cheio de misericórdia, nós vos pedimos que nenhuma atividade terrena nos impeça de correr ao encontro do vosso Filho, mas, instruídos pela vossa sabedoria, participemos da plenitude de sua vida. Por nosso Senhor Jesus Cristo, vosso Filho, na unidade do Espírito Santo.

Hora Média

Hino, p. 74.

Ant. Disse o **an**jo à **Vir**gem:
Ma**ri**a, a**le**gra-te, ó **chei**a de **gra**ça,
o Se**nhor** é con**ti**go;
és ben**di**ta entre **to**das as mu**lhe**res da **ter**ra.

Leitura breve 1Ts 3,12-13

O Senhor vos conceda que o amor entre vós e para com todos aumente e transborde sempre mais, a exemplo do amor que temos por vós. Que assim ele confirme os vossos corações numa santidade sem defeito aos olhos de Deus, nosso Pai, no dia da vinda de nosso Senhor Jesus, com todos os seus santos.

V. Lem**brai**-vos, ó Se**nhor**, de mim, lem**brai**-vos,
pelo **a**mor que demons**trais** ao vosso **po**vo!
R. Visi**tai**-me com a **vos**sa salva**ção**!

Oração como nas Laudes.

II Vésperas

Hino, p. 73.

Ant. 1 O Se**nhor** há de **vir** sobre as **nu**vens do **céu**
com **gran**de po**der**. Ale**lu**ia.

Salmos e cântico do domingo da II Semana, p. 860.

Ant. 2 Eis que **vem** o Se**nhor** com cer**te**za;
se ele **tar**da, espera e con**fi**a,
pois vi**rá** sem de**mo**ra, ale**lu**ia.

Ant. 3 O Se**nhor** Legisla**dor**, o Se**nhor** e nosso **Rei**
há de **vir** para sal**var**-nos.

Leitura breve Fl 4,4-5

Alegrai-vos sempre no Senhor; eu repito, alegrai-vos. Que a vossa bondade seja conhecida de todos os homens! O Senhor está próximo!

Responsório breve

R. Alegremo-nos, **todos**, no Se**nhor**!
* Alegremo-nos, pois ele está bem **per**to!
R. Alegremo-nos.
V. Favore**ces**tes, ó Se**nhor**, a vossa **ter**ra,
liber**tas**tes os ca**ti**vos de Ja**có**.
* Ale**gre**mo-nos. Glória ao **Pai**. R. Ale**gre**mo-nos.

Cântico evangélico, ant.

Ano A Dizia João Batista:
Com **á**gua eu vos ba**ti**zo em si**nal** de conver**são**.
O que **vem** depois de **mim**, é mais **for**te do que **eu**;
ele, **sim**, é que have**rá** de bati**zar**-vos com o **fo**go
e com o Es**pí**rito de **Deus**.

Ano B João pre**ga**va e di**zi**a:
Virá al**guém** depois de **mim**,
que é mais **for**te do que **eu**;
não sou **dig**no de ser**vi**-lo e desa**tar** suas san**dá**lias.

Ano C Todo **va**le se**rá** ater**ra**do e aplai**na**do,
todo **mon**te e co**li**na se**rão** abai**xa**dos,
e todo **ho**mem há de **ver** a salva**ção** do nosso **Deus**.

Preces

Imploremos, irmãos e irmãs caríssimos, a Cristo Redentor, que veio salvar a humanidade; e digamos confiantes:

R. **Vinde, Senhor Jesus!**

Senhor Jesus Cristo, que pelo mistério da encarnação revelastes aos seres humanos a glória da vossa divindade,
– dai vida ao mundo com a vossa vinda. R.

Vós, que assumistes a fragilidade, da natureza humana,
– concedei-nos a vossa misericórdia. R.

Vós, que, na primeira vez, viestes humilde, para remir o mundo *de seus pecados*,
– quando vierdes novamente, absolvei-nos de toda culpa. R.

Vós, que viveis eternamente e tudo governais com justiça,
– por vossa bondade, fazei-nos alcançar a herança prometida. R.

(intenções livres)

Vós, que estais sentado à direita do Pai,
– alegrai as almas dos nossos defuntos com a luz da vossa face. R.

Pai nosso...

Oração

Ó Deus todo-poderoso e cheio de misericórdia, nós vos pedimos que nenhuma atividade terrena nos impeça de correr ao encontro do vosso Filho, mas, instruídos pela vossa sabedoria, participemos da plenitude de sua vida. Por nosso Senhor Jesus Cristo, vosso Filho, na unidade do Espírito Santo.

SEGUNDA-FEIRA

Laudes

Leitura breve Is 2,3

Vamos subir ao monte do Senhor, à casa do Deus de Jacó, para que ele nos mostre seus caminhos e nos ensine a cumprir seus preceitos; porque de Sião provém a lei e de Jerusalém, a palavra do Senhor.

Responsório breve

R. Eis que **vem** vosso **Deus** Salva**dor**!
Eis vosso **Deus** e Se**nhor**! R. Eis que **vem**.
V. O Se**nhor** vem com **for**ça e po**der**.
* Eis vosso **Deus**. Glória ao **Pai**. R. Eis que **vem**.

Cântico evangélico, ant.

Conver**tei**-vos, nos **diz** o Se**nhor**!
Está **pró**ximo o **rei**no de **Deus**. Ale**lui**a.

Preces

Oremos, irmãos caríssimos, a Cristo, nosso Redentor, que vem para libertar do poder da morte todos os que se voltam para ele; e supliquemos com humilde confiança:

R. **Vinde, Senhor Jesus!**

Quando anunciarmos, Senhor, a vossa vinda,
– purificai o nosso coração de todo espírito de vaidade. R.

Santificai, Senhor, a Igreja que fundastes,
– para que glorifique o vosso nome por toda a terra.
R. **Vinde, Senhor Jesus!**

Concedei, Senhor, que a vossa lei ilumine os olhos do nosso coração,
– e proteja os povos que em vós confiam. R.

Vós que, por meio da Igreja, anunciais ao mundo a alegria da vossa vinda,
– fazei que estejamos preparados para vos receber dignamente. R.

(intenções livres)

Pai nosso...

Oração

Cheguem à vossa presença, ó Deus, as nossas orações suplicantes, e possamos celebrar de coração puro o grande mistério da encarnação do vosso Filho. Que convosco vive e reina, na unidade do Espírito Santo.

Hora Média

Ant. Disse o **an**jo à **Vir**gem:
Ma**ri**a, a**le**gra-te, ó **chei**a de **gra**ça,
o Se**nhor** é con**ti**go;
és ben**di**ta entre **to**das as mu**lhe**res da **ter**ra.

Leitura breve cf. Is 10,24.27

Diz o Senhor Deus dos exércitos: Não tenhas medo, povo meu, que habitas em Sião. Acontecerá naquele dia, que o teu ombro se livrará do peso dele, o teu pescoço, do seu jugo.

V. Lem**brai**-vos, ó Se**nhor**, de mim, lem**brai**-vos,
pelo **a**mor que demons**trais** ao vosso **po**vo!
R. Visi**tai**-me com a **vos**sa salva**ção**!

Oração como nas Laudes.

Vésperas

Leitura breve Fl 3,20b-21

Aguardamos o nosso Salvador, o Senhor, Jesus Cristo. Ele transformará o nosso corpo humilhado e o tornará semelhante ao seu corpo glorioso, com o poder que tem de sujeitar a si todas as coisas.

Responsório breve

R. A **vós**, ó Deus, a **nos**sa grati**dão**:
* Vosso **no**me está **per**to. R. A **vós**, ó Deus.
V. De **vós,** Senhor, vi**rá** a renova**ção**.
* Vosso **no**me. Glória ao **Pai**. R. A **vós**, ó Deus.

Cântico evangélico, ant.

Eis que **vem** o Se**nhor,** grande **Rei** do univer**so**;
quebra**rá** os gri**lhões** de seu **po**vo ca**ti**vo.

Preces

Supliquemos, irmãos caríssimos, a Cristo nosso Senhor, Juiz dos vivos e dos mortos; e digamos com toda a confiança:

R. **Vinde, Senhor Jesus.**

Fazei, Senhor, que o mundo reconheça a vossa justiça que os céus proclamam,
– para que a vossa glória habite nossa terra. R.

Senhor, que quisestes experimentar a fraqueza de nossa humanidade,
– revigorai os seres humanos com o poder de vossa divindade. R.

Vinde, Senhor, iluminar com o esplendor da vossa sabedoria,
– os que vivem oprimidos nas trevas da ignorância. R.

Senhor, que pela vossa humilhação nos libertastes de toda a iniquidade,
– pela vossa glorificação, conduzi-nos à felicidade eterna. R.

(intenções livres)

Senhor, que haveis de vir com grande poder e glória para julgar o mundo,
– levai os nossos irmãos e irmãs falecidos para o reino dos céus. R.

Pai nosso...

Oração

Cheguem à vossa presença, ó Deus, as nossas orações suplicantes, e possamos celebrar de coração puro o grande mistério da encarnação do vosso Filho. Que convosco vive e reina, na unidade do Espírito Santo.

TERÇA-FEIRA

Laudes

Leitura breve, Gn 49,10

O cetro não será tirado de Judá, nem o bastão de comando dentre seus pés, até que venha Aquele a quem pertencem, e a quem obedecerão os povos.

Responsório breve

R. Que o universo rejubile e dê **gri**tos de ale**gria**:
* Pois o Se**nhor** há de che**gar**! R. Que o universo.

V. Justiça e **paz** se abraça**rão**:
* Pois o Se**nhor**. Glória ao **Pai**. R. Que o uni**ver**so.

Cântico evangélico, ant.

Ex**ul**ta de ale**gria**, ó **filha** de Si**ão**,
porque **eu**, o Se**nhor**, vou mo**rar** em teu **mei**o.

Preces

Oremos, irmãos caríssimos, ao Cristo Senhor, luz que ilumina todo homem; e aclamemos com alegria:

R. **Vinde, Senhor Jesus!**

Dissipai, Senhor, as nossas trevas com a luz da vossa presença,
– e tornai-nos dignos de receber os vossos dons. R.

Salvai-nos, Senhor nosso Deus,
– e bendiremos todo o dia o vosso santo nome. R.

Inflamai nossos corações para que tenham ardente sede de vós,
– e com todo o desejo busquem a união convosco. R.

Vós, que assumistes todas as nossas enfermidades, exceto o pecado,
– socorrei hoje os enfermos e agonizantes. R.

(intenções livres)

Pai nosso...

Oração

Ó Deus, que manifestastes o vosso Salvador até os confins da terra, dai-nos esperar com alegria a glória do seu natal. Por nosso Senhor Jesus Cristo, vosso Filho, na unidade do Espírito Santo.

Hora Média

Ant. Disse o **an**jo à **Vir**gem:
Ma**ri**a, a**le**gra-te, ó **chei**a de **gra**ça,
o Se**nhor** é con**ti**go;
és ben**di**ta entre **to**das as mu**lhe**res da **ter**ra.

Leitura breve Jr 23,6

Naqueles dias, Judá será salvo e Israel viverá tranquilo; este é o nome com que o chamarão: "Senhor, nossa Justiça".

V. Lem**brai**-vos, ó Se**nhor**, de mim, lem**brai**-vos,
pelo **amor** que demons**trais** ao vosso **po**vo!
R. Visi**tai**-me com a **vos**sa salva**ção**!

Oração como nas Laudes.

Vésperas

Leitura breve cf. 1Cor l,7b-9

Aguardamos a revelação do Senhor nosso, Jesus Cristo. É ele também que vos dará perseverança em vosso procedimento irrepreensível, até ao dia de nosso Senhor, Jesus Cristo. Deus é fiel; por ele fostes chamados à comunhão com seu Filho.

Responsório breve

R. Nossa **al**ma es**pe**ra no Se**nhor**,
* Nele se a**le**gra o **nos**so cora**ção**. R. Nossa **al**ma.
V. Está **per**to a salva**ção** dos que o res**pei**tam.
* Nele se a**le**gra. Glória ao **Pai**. R. Nossa **al**ma.

Cântico evangélico, ant.

No **de**ser**to** res**so**a uma **voz:**
Prepa**rai** o ca**mi**nho do Se**nhor**.
Aplai**nai** as es**tra**das de **Deus**.

Preces

Invoquemos, irmãos diletos, a Cristo nosso Senhor e Redentor, que virá em sua glória nos últimos tempos; e peçamos com alegria:

R. **Vinde, Senhor Jesus!**

Senhor e Redentor do gênero humano, que, nascendo segundo a carne, viestes nos libertar do jugo da lei,
– multiplicai em nós os benefícios da vossa bondade. R.

Vós, que tomastes da nossa natureza o que podia unir-se à vossa divindade,
– fortalecei a fragilidade humana com os dons da natureza divina.

R. **Vinde, Senhor Jesus!**

Cumulai nossos desejos com a manifestação da vossa presença,
– e acendei em nossos corações o fogo do vosso amor. R.

Concedei que se alegrem um dia convosco na glória,
– os que neste mundo vos invocam na sinceridade da fé. R.

(intenções livres)

Derramai sobre as almas de todos os fiéis defuntos,
– as riquezas da vossa infinita misericórdia. R.

Pai nosso...

Oração

Ó Deus, que manifestastes o vosso Salvador até os confins da terra, dai-nos esperar com alegria a glória do seu natal. Por nosso Senhor Jesus Cristo, vosso Filho, na unidade do Espírito Santo.

QUARTA-FEIRA

Laudes

Leitura breve Is 7,14b-15

Eis que uma virgem conceberá e dará à luz um filho, e lhe porá o nome de Emanuel; ele se alimentará de manteiga e de mel até quando aprender a fugir do mal e a procurar o bem.

Responsório breve

R. O Se**nhor** é con**ti**go, ó Ma**ri**a,
* A**le**gra-te, **chei**a de **gra**ça! R. O Se**nhor**.
V. Ele vol**tou** seu o**lhar** para **ti**;
*reali**zou** toda a **su**a espe**ran**ça.*
* A**le**gra-te. Glória ao **Pai**. R. O Se**nhor**.

Cântico evangélico, ant.

Sobre o **tro**no de Da**vi**
o Mes**si**as reina**rá** eterna**men**te, ale**lui**a.

Preces

Supliquemos, irmãos caríssimos, a nosso Senhor Jesus Cristo, que em sua misericórdia vem nos visitar; e alegres repitamos:

R. **Vinde, Senhor Jesus!**

Vós, que viestes do seio do Pai para vos revestirdes da nossa carne mortal,
– livrai de toda mancha do pecado a nossa natureza enfraquecida. R.

Vós, que, quando vierdes, havereis de manifestar vossa glória nos eleitos,
– mostrai agora, neste advento, a vossa clemência e bondade para com os pecadores. R.

Senhor Jesus Cristo, a alegria de nossa alma é vos louvar;
– visitai-nos com a vossa salvação. R.

Vós, que iluminastes os caminhos de nossa vida com a luz da fé,
– fazei que sempre vos agrademos pelas obras de justiça e fidelidade. R.

(intenções livres)

Pai nosso...

Oração

Ó Deus todo-poderoso, que nos mandais preparar o caminho do Cristo Senhor, fazei que, confortados pela presença do divino médico, nenhuma fraqueza possa abater-nos. Por nosso Senhor Jesus Cristo, vosso Filho, na unidade do Espírito Santo.

Hora Média

Ant. Disse o **an**jo à **Vir**gem:
Ma**ri**a, a**le**gra-te, ó **chei**a de **gra**ça,
o Se**nhor** é con**ti**go;
és ben**di**ta entre **to**das as mu**lhe**res da **ter**ra.

Leitura breve Is 12,2

É Deus que me salva; posso viver confiante e sem medo, porque o Senhor é a razão da minha força e do meu canto, ele se fez meu Salvador.

V. Lem**brai**-vos, ó Se**nhor**, de mim, lem**brai**-vos,
pelo **amor** que demons**trais** ao vosso **po**vo!
R. Visi**tai**-me com a **vos**sa salva**ção**!
Oração como nas Laudes.

Vésperas

Leitura breve 1Cor 4,5

Não queirais julgar antes do tempo. Aguardai que o Senhor venha. Ele iluminará o que estiver escondido nas trevas e manifestará os projetos dos corações. Então, cada um receberá de Deus o louvor que tiver merecido.

Responsório breve

R. Eis o **tem**po favo**rá**vel,
* Eis o **di**a da salva**ção**! R. Eis o **tem**po.
V. O Reino de **Deus** está bem **per**to.* Eis o **dia**.
Glória ao **Pai**. R. Eis o **tem**po.

Cântico evangélico, ant.

Ci**da**de de **Deus**, hás de **ser** reno**va**da
e ve**rás** o teu **Jus**to no **mei**o de **ti**.

Preces

Roguemos humildemente, irmãos caríssimos, a Jesus Cristo que nos libertou das trevas do pecado; e o invoquemos com toda confiança:

R. **Vinde, Senhor Jesus!**

Reuni, Senhor, numa só fé todos os povos da terra,
– e confirmai para com eles vossa aliança eterna. R.

Cordeiro de Deus, que viestes tirar o pecado do mundo,
– purificai-nos de toda mancha de pecado. R.

Vós, que viestes salvar o que estava perdido,
– vinde novamente para que não se percam os que remistes com o vosso sangue. R.

Concedei a vossa alegria eterna, quando vierdes no último dia,
– àqueles que vos procuram na fé e na esperança. R.

(intenções livres)

Vós, que haveis de vir para julgar os vivos e os mortos,
– admiti com bondade entre os eleitos os nossos irmãos e irmãs falecidos. R.

Pai nosso...

Oração

Ó Deus todo-poderoso, que nos mandais preparar o caminho do Cristo Senhor, fazei que, confortados pela presença do divino médico, nenhuma fraqueza possa abater-nos. Por nosso Senhor Jesus Cristo, vosso Filho, na unidade do Espírito Santo.

QUINTA-FEIRA

Laudes

Leitura breve Is 45,8

Céus, deixai cair orvalho das alturas, e que as nuvens façam chover justiça; abra-se a terra e germine a salvação; brote igualmente a salvação.

Responsório breve

R. Eis que **vem** vosso **Deus** Salva**dor**!
* Eis vosso **Deus** e Se**nhor**! R. Eis que **vem**.
V. Toda **car**ne ve**rá** sua **gló**ria. * Eis vosso **Deus**.
Glória ao **Pai**. R. Eis que **vem**.

Cântico evangélico, ant.

Eu **ve**nho em teu au**xí**lio, as**sim** diz o Se**nhor**,
eu **sou** teu Reden**tor**, o **San**to de Isra**el**.

Preces

Invoquemos, irmãos caríssimos, a Deus Pai que enviou seu Filho para salvar a humanidade; e supliquemos:

R. **Mostrai-nos, Senhor, a vossa misericórdia!**

Pai de bondade, com a mais sincera fé, nós proclamamos Jesus Cristo verdadeiro Deus e verdadeiro homem;
– fazei que por nosso modo de viver sejamos dignos de acolhê-lo. R.

Vós, que enviastes vosso Filho para nos salvar,
– afastai todo sofrimento da face da terra e desta cidade.
R. **Mostrai-nos, Senhor, a vossa misericórdia!**

Que nossa terra transborde de alegria pela vinda do vosso Filho,
– para que experimente cada vez mais a plenitude da alegria que nos dais. R.

Por vossa misericórdia, fazei-nos viver neste mundo com sobriedade, justiça e piedade,
– enquanto vivendo a bem-aventurada esperança, aguardamos a vinda gloriosa do Cristo Salvador. R.

(intenções livres)

Pai nosso...

Oração

Despertai, ó Deus, os nossos corações, a fim de prepararmos os caminhos do vosso Filho, para que possamos, pelo seu advento, vos servir de coração purificado. Por nosso Senhor Jesus Cristo, vosso Filho, na unidade do Espírito Santo.

Hora Média

Ant. Disse o **an**jo à **Vir**gem:
Ma**ri**a, ale**gra**-te, ó **chei**a de **gra**ça,
o Se**nhor** é con**ti**go;
és ben**di**ta entre **to**das as mu**lhe**res da **ter**ra.

Leitura breve Ag 2,6b.9

Ainda um momento, e eu hei de mover o céu e a terra, o mar e a terra firme. O esplendor desta nova casa será maior que o da primeira, e, neste lugar, estabelecerei a paz, diz o Senhor dos exércitos.

V. Lem**brai**-vos, ó Se**nhor,** de mim, lem**brai**-vos,
*pelo **amor** que demons**trais** ao vosso **po**vo!*
R. Visi**tai**-me com a **vos**sa salva**ção**!

Oração como nas Laudes.

Vésperas

Leitura breve Tg 5,7-8.9b

Irmãos, ficai firmes até à vinda do Senhor. Vede o agricultor: ele espera o precioso fruto da terra e fica firme até cair a chuva do outono ou da primavera. Também vós ficai firmes e fortalecei vossos corações, porque a vinda do Senhor está próxima. Eis que o juiz está às portas.

Responsório breve

R. A **vós**, ó Deus, a **nossa** grati**dão**:
* Vosso **no**me está **per**to. R. A **vós**, ó Deus.
V. De **vós**, Senhor, vi**rá** a renova**ção.** * Vosso **no**me.
Glória ao **Pai**. R. A **vós**, ó Deus.

Cântico evangélico, ant.

O que vi**rá** depois de **mim**, já exis**ti**a antes de **mim**;
não sou **dig**no de ser**vi**-lo e desa**tar** suas san**dá**lias.

Preces

Oremos, irmãos caríssimos, a Cristo nosso Senhor, que por nossa causa se humilhou; e digamos cheios de alegria:

R. **Vinde, Senhor Jesus!**

Senhor Jesus, que viestes ao mundo para socorrer a humanidade,
– purificai de todo pecado as nossas almas e os nossos corpos. R.

Não deixeis que se separem de vós,
– aqueles que pelo mistério da encarnação vos dignastes chamar de irmãos. R.

Não castigueis eternamente os que remistes,
– quando vierdes para julgar o mundo. R.

Vós, que nesta vida nos cumulais com as riquezas infinitas da vossa bondade,
– fazei que alcancemos no céu a coroa imperecível da glória. R.

(intenções livres)

Nós vos recomendamos, Senhor, as almas daqueles que já se separaram do corpo;
– mortos para este mundo, vivam eternamente para vós. R.

Pai nosso...

Oração

Despertai, ó Deus, os nossos corações, a fim de prepararmos os caminhos do vosso Filho, para que possamos, pelo seu advento, vos servir de coração purificado. Por nosso Senhor Jesus Cristo, vosso Filho, na unidade do Espírito Santo.

SEXTA-FEIRA

Laudes

Leitura breve Jr 30,21a.22

Eis o que diz o Senhor: Para chefe será escolhido um dos seus, e o soberano sairá do seu meio; eu o incitarei, e ele se aproximará de mim. Sereis meu povo e eu serei vosso Deus.

Responsório breve

R. Que o universo rejubile e dê gritos de alegria:
* Pois o Senhor há de chegar! R. Que o universo.
V. Justiça e paz se abraçarão.
* Pois o Senhor. Glória ao Pai. R. Que o universo.

Cântico evangélico, ant.

Dizei: Vós que estais desanimados,
tende ânimo, coragem! Não temais!
Eis que vem o Senhor e nosso Deus!

Preces

Oremos, irmãos diletos, a Cristo nosso Redentor, que veio ao mundo para nossa justificação; e digamos com alegria:

R. **Vinde, Senhor Jesus!**

Senhor Jesus Cristo, cujo nascimento segundo a carne foi anunciado pelos antigos profetas,
– dai novo vigor às virtudes que fizestes nascer em nosso coração. R.

A nós que anunciamos ao mundo vossa redenção,
– concedei a salvação e a paz. R.

Vós, que viestes salvar os corações atribulados,
– curai as enfermidades do vosso povo. R.

Vós, que viestes reconciliar o mundo com o Pai,
– livrai-nos de toda condenação quando voltardes como juiz no último dia. R.

(intenções livres)

Pai nosso...

Oração

Ó Deus onipotente, dai ao vosso povo esperar vigilante a chegada do vosso Filho, para que, instruídos pelo próprio Salvador, corramos ao seu encontro com nossas lâmpadas acesas. Por nosso Senhor Jesus Cristo, vosso Filho, na unidade do Espírito Santo.

Hora Média

Ant. Disse o **an**jo à **Vir**gem:
Ma**ri**a, a**le**gra-te, ó **chei**a de **gra**ça,
o Se**nhor** é con**ti**go;
és ben**di**ta entre **to**das as mu**lhe**res da **ter**ra.

Leitura breve Jr 30,18a

Isto diz o Senhor: Eis que eu mudarei a sorte das tendas de Jacó e terei compaixão de suas moradias.

V. Lem**brai**-vos, ó Se**nhor**, de mim, lem**brai**-vos,
pelo **amor** que demons**trais** ao vosso **po**vo!
R. Visi**tai**-me com a **vossa** salva**ção**!

Oração como nas Laudes.

Vésperas

Leitura breve 2Pd 3,8b-9

Para o Senhor, um dia é como mil anos e mil anos como um dia. O senhor não tarda a cumprir sua promessa, como pensam alguns, achando que demora. Ele está usando de paciência para convosco. Pois não deseja que alguém se perca. Ao contrário, quer que todos venham a converter-se.

Responsório breve

R. Nossa **al**ma es**pe**ra no Se**nhor**,
* Nele se a**le**gra o **nosso** cora**ção**. R. Nossa **al**ma.
V. Sua **gló**ria habita**rá** em nossa **ter**ra. * Nele se a**le**gra.
Glória ao **Pai**. R. Nossa **al**ma.

Cântico evangélico, ant.
Com ale**gria** bebe**reis** das **á**guas abun**dan**tes
do mananci**al** do Salva**dor**.

Preces

Roguemos, irmãos e irmãs, a Cristo nosso Redentor, que veio à terra para anunciar a Boa-nova aos pobres; e lhe digamos com fervor:

R. **Manifestai, Senhor, a todos a vossa glória!**

Manifestai-vos, Senhor, a todos que ainda não vos conhecem,
– para que também eles vejam vossa salvação. R.

Seja o vosso nome anunciado até os confins da terra,
– para que todos encontrem vosso caminho. R.

Vós, que viestes, a primeira vez, para remir o mundo de seus pecados,
– vinde novamente para que não se percam os que creem em vós. R.

Conservai e protegei, com o poder da vossa graça,
– a liberdade que nos destes com a vossa redenção. R.

(intenções livres)

Vós, que viestes do céu à terra para nascer segundo a carne, e de novo haveis de vir para julgar os vivos e os mortos,
– dai aos defuntos a recompensa eterna, quando vierdes no último dia. R.

Pai nosso...

Oração

Ó Deus onipotente, dai ao vosso povo esperar vigilante a chegada do vosso Filho, para que, instruídos pelo próprio Salvador, corramos ao seu encontro com nossas lâmpadas acesas. Por nosso *Senhor Jesus Cristo*, *vosso Filho*, na unidade do Espírito Santo.

SÁBADO

Laudes

Leitura breve Is 11,1-3a

Nascerá uma haste do tronco de Jessé e, a partir da raiz, surgirá o rebento de uma flor; sobre ele repousará o espírito do Senhor: espírito de sabedoria e discernimento, espírito de conselho e fortaleza, espírito de ciência e temor de Deus; no temor do Senhor encontra ele seu prazer.

Responsório breve

R. O Se**nhor** é con**ti**go, ó Ma**ri**a,
* Alegra-te, **chei**a de **gra**ça! R. O Se**nhor**.
V. Ele **che**ga, o **dia** já **nas**ce; a **ter**ra in**tei**ra exul**ta**.
* A**le**gra-te. Glória ao **Pai**. R. O Se**nhor**.

Cântico evangélico, ant.

O Se**nhor** levanta**rá** um si**nal** entre as na**ções**
e os dis**per**sos de seu **po**vo de Isra**el** reuni**rá**.

Preces

Oremos, com espírito de fé, irmãos caríssimos, a Cristo Redentor, que virá ao mundo com grande poder e glória; e supliquemos:

R. **Vinde, Senhor Jesus!**

Senhor Jesus Cristo, que, haveis de vir cheio de poder e majestade,
– olhai benigno para a nossa humildade e fazei-nos dignos de vossos dons. R.

Vós, que viestes proclamar a Boa nova à humanidade,
– dai-nos anunciar sempre a vossa salvação. R.

Vós, que viveis eternamente na glória celeste, e tudo governais com poder e sabedoria,
– concedei-nos aguardar com alegria a bem-aventurada esperança, enquanto aguardamos a vossa vinda gloriosa. R.

E a nós, que desejamos a graça da vossa vinda,
– confortai-nos com a assistência do vosso poder divino. R.

(intenções livres)

Pai nosso...

Oração

Concedei-nos, ó Deus todo-poderoso, que desponte em nossos corações o esplendor da vossa glória, para que, vencidas as trevas do pecado, a vinda do vosso Unigênito revele que somos filhos da luz. Por nosso Senhor Jesus Cristo, vosso Filho, na unidade do Espírito Santo.

Hora Média

Ant. Disse o **an**jo à **Vir**gem:
Ma**ri**a, a**le**gra-te, ó **chei**a de **gra**ça,
o Se**nhor** é con**ti**go;
és ben**di**ta entre **to**das as mu**lhe**res da **ter**ra.

Leitura breve Is 4,3

Os que forem deixados em Sião, os sobreviventes de Jerusalém, serão chamados santos, a saber, todos os destinados à vida em Jerusalém.

V. Lem**brai**-vos, ó Se**nhor**, de mim, lem**brai**-vos,
pelo **amor** que demons**trais** ao vosso **po**vo!
R. Visi**tai**-me com a **vos**sa salva**ção**!

Oração como nas Laudes.

3º DOMINGO DO ADVENTO

III Semana do Saltério

Se este domingo cair no dia 17 de dezembro, dizem-se os hinos que se encontram adiante, p. 141-143. As leituras breves e as antífonas do Cântico evangélico (Benedictus e Magnificat), como as Preces, se encontram adiante, p. 145-148, assinaladas, para cada dia, omitindo-se aquelas próprias do 3º Domingo.

I Vésperas

Hino, p. 73 ou 141.

Ant. 1 E**xul**ta de alegria, ó Si**ão**,
porque **che**ga em teu **mei**o o Salva**dor**! Ale**lui**a.

Salmos e cântico do domingo da III Semana, p. 941.

Ant. 2 Sou **eu**, o Se**nhor**, que me aproxi**mo**,
a **mi**nha jus**ti**ça já está **per**to,
a **mi**nha salva**ção** já não de**mo**ra.

Ant. 3 Envi**ai** o Cor**dei**ro que do**mi**na toda a **ter**ra:
de Se**lá**, no de**ser**to, até o **mon**te de Si**ão**.

Leitura breve 1Ts 5,23-24

Que o próprio Deus da paz vos santifique totalmente, e que tudo aquilo que sois – espírito, alma, corpo – seja conservado sem mancha alguma para a vinda de nosso Senhor Jesus Cristo! Aquele que vos chamou é fiel; ele mesmo realizará isso.

Responsório breve

R. Que o uni**ver**so reju**bi**le e dê **gri**tos de ale**gri**a:
* Pois o Se**nhor** há de che**gar**! R. Que o uni**ver**so
V. Eu **vi** um novo **céu**, eu **vi** uma nova **ter**ra;
nunca **mais** haverá **cho**ro nem cla**mor** nem afli**ção.**
* Pois o Se**nhor**. Glória ao **Pai**. R. Que o uni**ver**so.

Cântico evangélico, ant.

Ano A Não exis**ti**a nenhum **Deus** antes de **mim**,
e nem de**pois** eterna**men**te há de existir
diante de **mim** se dobra**rá** todo joelho
e toda **lín**gua have**rá** de me dar **gló**ria.

Ano B Houve um **ho**mem envi**a**do por **Deus**,
seu **no**me era João, o Batista;
veio **dar** teste**mu**nho da **Luz**.

Ano C As multi**dões** pergun**ta**vam a João, o Ba**tis**ta:
Que devemos fa**zer**? E Jo**ão** respon**di**a:
Quem ti**ver** duas **tú**nicas, dê **u**ma a quem não **tem**;
quem ti**ver** o que co**mer**,
que ele **fa**ça a mesma **coi**sa.

Preces

Invoquemos a Cristo Jesus, felicidade e alegria de todos os que o esperam; e digamos:

R. **Vinde, Senhor, e não tardeis!**

Esperado das nações, cheios de alegria, aguardamos vossa vinda;
– vinde, Senhor Jesus. R.

Vós, que existis eternamente, antes da criação do mundo,
– vinde salvar todos os que vivem neste mundo.

R. **Vinde, Senhor, e não tardeis!**

Vós, que criastes o universo e tudo o que nele existe,
– vinde renovar a obra de vossas mãos. R.

Vós, que não recusastes assumir nossa natureza mortal,
– vinde libertar-nos do poder da morte. R.

Vós, que viestes à terra para nos dar uma vida nova,
– vinde e dai-nos a vida eterna. R.

(intenções livres)

Vós, que quisestes reunir no vosso reino toda a humanidade,
– vinde congregar na unidade todos os que esperam a visão da vossa face. R.

Pai nosso...

Oração

Ó Deus de bondade, que vedes o vosso povo esperando fervoroso o natal do Senhor, dai-nos chegar às alegrias da Salvação e celebrá-las sempre com intenso júbilo na solene liturgia. Por nosso Senhor Jesus Cristo, vosso Filho, na unidade do Espírito Santo.

Laudes

Hino, p. 74 ou 142.

Ant. 1 O Se**nhor** vai che**gar** sem de**mo**ra:
trará à **luz** o o**cul**to nas **tre**vas,
vai reve**lar**-se a **to**dos os **po**vos. Ale**lui**a.

Salmos e cântico do domingo da III Semana, p. 945.

Ant. 2 Todo **mon**te e co**li**na se**rão** abai**xa**dos,
será **pla**no o ca**mi**nho e **re**to o que é **tor**to.
Vinde a **nós**, ó Se**nhor**, sem tar**dar**, ale**lui**a.

Ant. 3 Em Si**ão** eu da**rei** salva**ção**,
minha **gló**ria em Jerusa**lém**. Ale**lui**a.

Leitura breve Rm 13,11-12

Já é hora de despertar. Com efeito, agora a salvação está mais perto de nós do que quando abraçamos a fé. A noite já vai adiantada, o dia vem chegando: despojemo-nos das ações das trevas e vistamos as armas da luz.

Responsório breve

R. Mesmo as **tre**vas para **vós** não são es**cu**ras,
* Vós **sois** a luz do **mun**do, ale**luia**! R. Mesmo as **tre**vas.
V. Senhor, son**dai**-me, conhe**cei** meu cora**ção**! * Vós **sois**.
Glória ao **Pai**. R. Mesmo as **tre**vas.

Cântico evangélico, ant.

Ano A Do **cár**cere, Jo**ão**,
tendo ou**vi**do fa**lar** das **o**bras de **Cris**to,
man**dou** pergun**tar**-lhe:
És **tu** o Mes**si**as que **de**ve che**gar**,
ou é **ou**tro o Espe**ra**do?

Ano B João respon**deu** aos envi**a**dos:
Sou a **voz** do que **cla**ma no de**ser**to:
Endirei**tai** o ca**mi**nho do Se**nhor**!

Ano C João di**zi**a a todo o **po**vo: Com **á**gua eu vos ba**ti**zo.
Vi**rá** depois de **mim** um mais **for**te do que **eu**.
Ele **vos** batiza**rá** com o Es**pí**rito e com o **fo**go.

Sendo 17 de dezembro, a antífona é Sabei que está próximo, p. 145.

Preces

Rezemos a Deus, Pai de bondade, que nos concede a graça de esperarmos a manifestação de nosso Senhor Jesus Cristo; e digamos confiantes:

R. **Mostrai-nos, Senhor, a vossa misericórdia!**

Santificai, Senhor, nosso espírito, nossa alma e nosso corpo,
– e guardai-nos irrepreensíveis para a vinda de vosso Filho. R.

Ajudai-nos a passar santamente este dia,
– e fazei-nos viver neste mundo com justiça e piedade. R.

Revesti-nos de nosso Senhor Jesus Cristo,
– e seremos repletos do Espírito Santo. R.

Concedei-nos, Senhor, permanecer sempre vigilantes,
– até o dia da gloriosa manifestação de vosso Filho. R.

(intenções livres)

Pai nosso...

Oração

Ó Deus de bondade, que vedes o vosso povo esperando fervoroso o natal do Senhor, dai-nos chegar às alegrias da Salvação e celebrá-las sempre com intenso júbilo na solene liturgia. Por nosso Senhor Jesus Cristo, vosso Filho, na unidade do Espírito Santo.

Hora Média

Hino, p. 74 ou 143.

Ant. Disse o **an**jo à **Vir**gem:
Ma**ri**a, a**le**gra-te, ó **chei**a de **gra**ça,
o Se**nhor** é con**ti**go;
és ben**di**ta entre **to**das as mu**lhe**res da **ter**ra.

Leitura breve cf. 1Ts 3,12-13

O Senhor vos conceda que o amor entre vós e para com todos aumente e transborde sempre mais, a exemplo do amor que temos por vós. Que assim ele confirme os vossos corações numa santidade sem defeito aos olhos de Deus, nosso Pai, no dia da vinda de nosso Senhor Jesus, com todos os seus santos.

V. Lem**brai**-vos, ó Se**nhor**, de mim, lem**brai**-vos,
pelo **amor** que demons**trais** ao vosso **po**vo!
R. Visi**tai**-me com a **vos**sa salva**ção**!

Oração como nas Laudes.

II Vésperas

Hino, p. 73 ou 141.

Ant. 1 Eis que **vem** o Se**nhor** junto a **nós**,
para es**tar** em seu **tro**no de **gló**ria
e assen**tar**-se entre os **che**fes do **po**vo.

Salmos e cântico do domingo da III Semana, p. 953.

Ant. 2 Que os **mon**tes ir**rom**pam jus**ti**ça e ale**gri**a:
o Se**nhor**, luz do **mun**do, com **gló**ria vi**rá**.

Ant. 3 Na jus**ti**ça e pie**da**de vi**va**mos,
aguar**dan**do a ben**di**ta espe**ran**ça
e a **vin**da do **Cris**to Se**nhor**.

Leitura breve Fl 4,4-5

Alegrai-vos sempre no Senhor; eu repito, alegrai-vos. Que a vossa bondade seja conhecida de todos os homens! O Senhor está próximo!

Responsório breve

R. Ale**gre**mo-nos, **to**dos, no Se**nhor**!
* Ale**gre**mo-nos, pois **e**le está bem **per**to!
R. Ale**gre**mo-nos.
V. Favore**ces**tes, ó Se**nhor**, a vossa **ter**ra,
liber**tas**tes os ca**ti**vos de Ja**có**. * Ale**gre**mo-nos.
Glória ao **Pai**. R. Ale**gre**mo-nos.

Cântico evangélico, ant.

Ano A És **tu** o Messias que **de**ve che**gar**,
ou é **ou**tro o Espe**ra**do?
Di**zei** a Jo**ão** o que **vis**tes e ouvis**tes**:
os **ce**gos en**xer**gam, os **mor**tos ressu**r**gem
e os **po**bres re**ce**bem a Boa-**no**va, ale**lui**a.

Ano B Com **á**gua eu vos ba**ti**zo;
mas es**tá** em vosso **mei**o quem **vós** não conhe**ceis**,
o que **vem** depois de **mim**.

Ano C João Ba**tis**ta afir**ma**va:
Vi**rá** depois de **mim** um mais **for**te do que **eu**;
ele **tem** a pá na **mão** e limpa**rá** a sua **ei**ra;
e have**rá** de reco**lher** o **tri**go em seu ce**lei**ro.

Sendo 17 de dezembro, a antífona é Ó Sabedoria, p. 147.

Preces

Oremos a Cristo Jesus, nosso Redentor, caminho, verdade e vida; e digamos humildemente:

R. **Vinde, Senhor, ficai conosco!**

Jesus, Filho do Altíssimo, anunciado por Gabriel à Virgem Maria,
– vinde reinar para sempre sobre o vosso povo. R.

Santo de Deus, com vossa chegada fizestes o Precursor exultar no seio de Isabel,
– vinde trazer ao mundo inteiro a alegria da salvação. R.

Jesus Salvador, cujo nome foi revelado pelo anjo a José, homem justo,
– vinde libertar vosso povo de seus pecados. R.

Luz do mundo, esperado por Simeão e por todos os justos,
– vinde consolar-nos.
R. **Vinde, Senhor, ficai conosco!**

(intenções livres)

Sol nascente, predito por Zacarias, que das alturas vireis visitar-nos,
– vinde iluminar aqueles que estão sentados à sombra da morte. R.

Pai nosso...

Oração

Ó Deus de bondade, que vedes o vosso povo esperando fervoroso o natal do Senhor, dai-nos chegar às alegrias da Salvação e celebrá-las sempre com intenso júbilo na solene liturgia. Por nosso Senhor Jesus Cristo, vosso Filho, na unidade do Espírito Santo.

De 17 a 23 de dezembro inclusive, nos dias de semana omite-se o que está indicado para a 3ª Semana; hinos, leituras, responsórios, versículos, oração, antífonas e preces nas Laudes e Vésperas se dizem como abaixo, p. 145s.

SEGUNDA-FEIRA

Laudes

Leitura breve Is 2,3

Vamos subir ao monte do Senhor, à casa do Deus de Jacó, para que ele nos mostre seus caminhos e nos ensine a cumprir seus preceitos; porque de Sião provém a lei e de Jerusalém, a palavra do Senhor.

Responsório breve

R. Eis que **vem** vosso **Deus** Salva**dor**!
*Eis vosso **Deus** e Se**nhor**! R. Eis que **vem**.
V. *Toda **car**ne ve**rá** sua **gló**ria.* *Eis vosso **Deus**.
Glória ao **Pai**. R. Eis que **vem**.

Cântico evangélico, ant.

Lá do **céu** o **Senhor** pode**ro**so vi**rá**:
tem nas **mãos** o do**mí**nio, o po**der** e a **gló**ria.

Preces

Cristo Senhor, Filho do Deus vivo e esplendor da luz eterna, vem iluminar as nossas trevas para podermos contemplar a sua glória Peçamos-lhe com toda confiança:

R. **Vinde, Senhor Jesus!**

Cristo, luz sem ocaso, que vindes como sol nascente iluminar nossas trevas,
– despertai nossa fé vacilante. R.

Fazei-nos caminhar com segurança ao longo deste dia,
– guiados pela claridade de vossa luz. R.

Dai-nos um coração generoso, humilde e confiante,
– para que todos vejam a razão de nossa esperança. R.

Vinde criar a nova terra prometida,
– para que nela habitem a justiça e a paz. R.

(intenções livres)

Pai nosso...

Oração

Inclinai, ó Deus, o vosso ouvido de Pai à voz da nossa súplica, e iluminai as trevas do nosso coração com a visita do vosso Filho. Que convosco vive e reina, na unidade do Espírito Santo.

Hora Média

Ant. Disse o **an**jo à **Vir**gem:
Ma**ri**a, a**le**gra-te, ó **chei**a de **gra**ça,
o Se**nhor** é con**ti**go;
és ben**di**ta entre **to**das as mu**lhe**res da **ter**ra.

Leitura breve cf. Is 10,24.27

Diz o Senhor Deus dos exércitos: Não tenhas medo, povo meu, que habitas em Sião. Acontecerá naquele dia, que o teu ombro se livrará do peso dele, teu pescoço, do seu jugo.

V. Lem**brai**-vos, ó Se**nhor**, de mim, lem**brai**-vos,
pelo **amor** que demons**trais** ao vosso **po**vo!
R. Visi**tai**-me com a **vos**sa salva**ção**!

Oração como nas Laudes.

Vésperas

Leitura breve Fl 3,20b-21

Aguardamos o nosso Salvador, o Senhor, Jesus Cristo. Ele transformará o nosso corpo humilhado e o tornará semelhante ao seu corpo glorioso, com o poder que tem de sujeitar a si todas as coisas.

Responsório breve

R. A **vós**, ó Deus, a **nos**sa grati**dão**:
* Vosso **no**me está **per**to. R. A **vós**, ó Deus.
V. De **vós**, Senhor, vi**rá** a renova**ção**. * Vosso **no**me.
Glória ao **Pai**. R. A **vós**, ó Deus.

Cântico evangélico, ant.

Dora**van**te as gera**ções** hão de cha**mar**-me de ben**di**ta,
porque o Se**nhor** voltou os **o**lhos
para a humil**da**de de sua **ser**va.

Preces

Oremos humildemente ao Senhor que vem para nos salvar; e aclamemos dizendo:

R. **Vinde, Senhor, salvar-nos!**

Senhor Jesus, Ungido do Pai como salvador de toda a humanidade,
– vinde depressa e salvai-nos. R.

Vós, que viestes a este mundo,
– livrai-nos do pecado do mundo. R.

Vós, que viestes do Pai,
– ensinai-nos o caminho da salvação que conduz ao Pai. R.

Vós, que fostes concebido pelo poder do Espírito Santo,
– renovai os nossos corações, no mesmo Espírito, com a vossa palavra. R.

Vós, que vos encarnastes no seio da Virgem Maria,
– libertai-nos da corrupção da carne. R.

(intenções livres)

Lembrai-vos, Senhor, de todos os seres humanos,
– que existiram desde o princípio do mundo e esperaram em vós. R.

Pai nosso...

Oração

Inclinai, ó Deus, o vosso ouvido de Pai à voz da nossa súplica, e iluminai as trevas do nosso coração com a visita do vosso Filho. Que convosco vive e reina, na unidade do Espírito Santo.

TERÇA-FEIRA

Se ocorrer após 16 de dezembro, tudo se diz como no dia corrente, p. 145s.

Laudes

Leitura breve Gn 49,10

O cetro não será tirado de Judá, nem o bastão de comando dentre seus pés, até que venha Aquele a quem pertencem, e a quem obedecerão os povos.

Responsório breve

R. Que o uni**ver**so reju**bi**le e dê **gri**tos de ale**gri**a:
* Pois o Se**nhor** há de che**gar**! R. Que o uni**ver**so.
V. Justiça e **paz** se abraça**rão**.
* Pois o Se**nhor**. Glória ao **Pai**. R. Que o uni**ver**so.

Cântico evangélico, ant.

Des**per**ta, le**van**ta, Ci**da**de de **Deus**
e **que**bra as cor**ren**tes e o **ju**go opres**sor**!
Ó **fi**lha ca**ti**va, sê **li**vre, Si**ão**!

Preces

Deus Pai onipotente estenderá de novo a sua mão para resgatar os sobreviventes do seu povo. Peçamos-lhe, pois, cheios de confiança:

R. **Venha a nós, Senhor, o vosso reino!**

Concedei, Senhor, que possamos dar frutos dignos de conversão,
– para recebermos o vosso reino que se aproxima. R.

Preparai, Senhor, em nossos corações o caminho para acolhermos vossa Palavra que vai chegar,
– para que sua glória possa revelar-se em nós. R.

Abatei os montes e colinas do nosso orgulho,
– e levantai os vales da nossa fragilidade.
R. **Venha a nós, Senhor, o vosso reino!**

Derrubai as barreiras de ódio que dividem os povos,
– e tornai planos os caminhos da concórdia entre os povos. R.

(intenções livres)

Pai nosso...

Oração

O Deus, que por meio do vosso Unigênito nos transfigurastes em nova criatura, considerai a obra do vosso amor, e purificai-nos das manchas da antiga culpa no advento do vosso Filho. Que convosco vive e reina, na unidade do Espírito Santo.

Hora Média

Ant. Disse o **an**jo à **Vir**gem:
Ma**ri**a, a**le**gra-te, ó **chei**a de **gra**ça,
o Se**nhor** é con**ti**go;
és ben**di**ta entre **to**das as mu**lhe**res da **ter**ra.

Leitura breve Jr 23,6

Naqueles dias, Judá será salvo e Israel viverá tranquilo; este é o nome com que o chamarão: "Senhor, nossa Justiça".

V. Lem**brai**-vos, ó Se**nhor,** de mim, lem**brai**-vos,
pelo **amor** que demons**trais** ao vosso **po**vo!
R. Visi**tai**-me com a **vos**sa salva**ção**!

Oração como nas Laudes

Vésperas

Leitura breve cf. 1Cor 1,7b-9

Aguardamos a revelação do Senhor nosso, Jesus Cristo. É ele também que vos dará perseverança em vosso procedimento irrepreensível até ao fim, até ao dia de nosso Senhor, Jesus Cristo. Deus é fiel; por ele fostes chamados à comunhão com seu Filho.

Responsório breve

R. Nossa **al**ma es**pe**ra no Se**nhor**,
* Nele se a**le**gra o **nos**so cora**ção**. R. Nossa **al**ma.

V. Está **per**to a salva**ção** dos que o res**pe**itam.
* Nele se a**le**gra. Glória ao **Pai**. R. Nossa **al**ma.

Cântico evangélico, ant.
E **an**tes de vi**ve**rem junta**men**te como es**po**sos,
Ma**ri**a conce**beu** do Espírito **San**to. Ale**lui**a.

Preces

Invoquemos a Cristo, Palavra eterna, que inaugurou ria terra, através de sua humanidade; um caminho novo e vivo para subir ao santuário celeste; e supliquemos humildemente:
R. **Vinde, Senhor, salvar-nos!**

Deus, em quem vivemos, nos movemos e somos,
– vinde e revelai-nos que somos vosso povo. R.

Vós, que não estais longe de nenhum de nós,
– mostrai-vos sem demora a todos os que vos procuram. R.

Pai dos pobres e consolador dos aflitos,
– dai liberdade aos cativos e alegria aos tristes. R.

(intenções livres)

Vós, que destruís a morte e amais a vida,
– livrai-nos da morte eterna, a nós e a todos os que em vós adormeceram. R.

Pai nosso...

Oração

Ó Deus, que por meio do vosso Unigênito nos transfigurastes em nova criatura, considerai a obra do vosso amor, e purificai-nos das manchas da antiga culpa no advento do vosso Filho. Que convosco vive e reina, na unidade do Espírito Santo.

QUARTA-FEIRA

Se ocorrer após 16 de dezembro, tudo se diz como no dia corrente, p. 145s.

Laudes

Leitura breve Is 7,14b-15

Eis que uma virgem conceberá e dará à luz um filho, e lhe porá o nome de Emanuel; ele se alimentará de manteiga e de mel até quando aprender a fugir do mal e a procurar o bem.

Responsório breve

R. O Se**nhor** é con**ti**go, ó Ma**ri**a,
* A**le**gra-te, **chei**a de **gra**ça! R. O Se**nhor**.
V. Ele vol**tou** seu o**lhar** para **ti**:
realiz**ou** toda a **su**a espe**ran**ça.
* A**le**gra-te. Glória ao **Pai**. R. O Se**nhor**.

Cântico evangélico, ant.

Con**so**la-te, con**so**la-te, meu **po**vo,
é o Se**nhor** e o teu **Deus** quem te con**so**la!

Preces

Cristo, Palavra de Deus, quis habitar no meio de nós e revelar-nos a sua glória. Felizes com esta esperança, aclamemos:

R. **Ficai conosco, Emanuel!**

Príncipe justo e reto,
– fazei justiça aos pobres e oprimidos. R.

Rei pacífico, que das espadas fazeis arados e das lanças, foices,
– ensinai-nos a transformar as invejas em amor e as ofensas em perdão. R.

Vós que não julgais pela aparência,
– confirmai na fidelidade perfeita aqueles que são vossos. R.

Quando vierdes sobre as nuvens do céu com grande poder e glória,
– fazei-nos comparecer sem temor na vossa presença.. R.

(intenções livres)

Pai nosso...

Oração

Concedei-nos, ó Deus onipotente, que as próximas festas do vosso Filho nos sejam remédio nesta vida e prêmio na vida eterna. Por nosso Senhor Jesus Cristo, vosso Filho, na unidade do Espírito Santo.

Hora Média

Ant. Disse o **an**jo à **Vir**gem:
Ma**ri**a, a**le**gra-te, ó **chei**a de **gra**ça,
o Se**nhor** é con**ti**go;
és ben**di**ta entre **to**das as mul**he**res da **ter**ra.

Leitura breve Is 12,2

É Deus que me salva; posso viver confiante e sem medo, porque o Senhor é a razão da minha força e do meu canto, ele se fez meu Salvador.

V. Lem**brai**-vos, ó Se**nhor,** de mim, lem**brai**-vos,
pelo **amor** que demons**trais** ao vosso **po**vo!
R. Visi**tai**-me com a **vos**sa salva**ção**!

Oração como nas Laudes.

Vésperas

Leitura breve 1Cor 4,5

Não queirais julgar antes do tempo. Aguardai que o Senhor venha. Ele iluminará o que estiver escondido nas trevas e manifestará os projetos dos corações. Então, cada um receberá de Deus o louvor que tiver merecido.

Responsório breve

R. Eis o **tem**po favo**rá**vel,
* Eis o **di**a da salva**ção**! R. Eis o **tem**po.
V. O Reino de **Deus** está bem **per**to. * Eis o **di**a.
Glória ao **Pai**. R. Eis o **tem**po.

Cântico evangélico, ant.

Sois **vós** o Espe**ra**do, ó Se**nhor**,
que vi**reis** para· sal**var** o vosso **po**vo.

Preces

Supliquemos humildemente a Deus Pai, que enviou seu Filho para trazer-nos a paz sem fim; e digamos:

R. **Venha a nós, Senhor, o vosso reino!**

Pai santo, olhai com bondade para a vossa Igreja,
–e vinde visitar esta vinha que vossa mão plantou. R.

Deus fiel, lembrai-vos de todos os filhos de Abraão,
–e cumpri as promessas feitas a seus pais. R.

Deus clementíssimo, compadecei-vos dos povos que ainda não vos conhecem,
– para que vos glorifiquem por vossa misericórdia. R.

Pastor eterno, visitai as ovelhas do vosso rebanho,
– e reuni-as todas no único aprisco de Cristo. R.

(intenções livres)

Lembrai-vos também de todos os que partiram deste mundo na vossa paz,
– e recebei-os na glória com vosso Filho. R.

Pai nosso...

Oração

Concedei-nos, ó Deus onipotente, que as próximas festas do vosso Filho nos sejam remédio nesta vida e prêmio na vida eterna. Por nosso Senhor Jesus Cristo, vosso Filho, na unidade do Espírito Santo.

QUINTA-FEIRA

Se ocorrer após 16 de dezembro, tudo se diz como no dia corrente, p. 145s.

Laudes

Leitura breve Is 45,8

Céus, deixai cair orvalho das alturas, e que as nuvens façam chover justiça; abra-se a terra e germine a salvação; brote igualmente a salvação.

Responsório breve

R. Eis que **vem** vosso **Deus** Salva**dor**!
* Eis vosso **Deus** e Se**nhor**. R. Eis que **vem**.
V. *Toda a **car**ne ve**rá** sua **gló**ria.** Eis vosso **Deus**.
Glória ao **Pai**. R. Eis que **vem**.

Cântico evangélico, ant.

Des**per**ta, le**van**ta-te, ó **bra**ço do Se**nhor**,
re**co**bra o teu po**der** e tua **for**ça inven**cí**vel!

Preces

Peçamos confiantes a Cristo, sabedoria e poder de Deus, que encontra suas delícias em estar com os filhos dos homens; e digamos:

R. **Jesus, ficai conosco!**

Senhor Jesus Cristo, que nos chamastes para o reino da vossa luz admirável,
– fazei que caminhemos de modo digno de Deus, agradando-lhe em tudo! R.

Vós, que, ignorado pelo mundo, estais no meio de nós,
– manifestai vossa face a todos os homens. R.

Vós que estais mais perto de nós do que nós mesmos,
– confirmai em nossos corações a confiança e a esperança da salvação. R.

Vós que sois a fonte da santidade,
– guardai-nos santos e irrepreensíveis para o dia de vossa vinda. R.

(intenções livres)

Pai nosso...

Oração

Senhor nosso Deus, somos servos indignos e reconhecemos com tristeza as nossas faltas. Dai-nos a alegria do advento do vosso Filho que vem para nos salvar. Por nosso Senhor Jesus Cristo, vosso Filho, na unidade do Espírito Santo.

Hora Média

Ant. Disse o **an**jo à **Vir**gem:
Ma**ri**a, a**le**gra-te, ó **chei**a de **gra**ça,
o Se**nhor** é con**ti**go;
és ben**di**ta entre **to**das as mu**lhe**res da **ter**ra.

Leitura breve — Ag 2,6b.9

Ainda um momento, e eu hei de mover o céu e a terra, o mar e a terra firme. O esplendor desta nova casa será maior que o da primeira, e, neste lugar, estabelecerei a paz, diz o Senhor dos exércitos.

V. Lem**brai**-vos, ó Se**nhor,** de mim, lem**brai**-vos,
pelo **amor** que demons**trais** ao vosso **po**vo!
R. Visi**tai**-me com a **vos**sa salva**ção**!
Oração como nas Laudes.

Vésperas

Leitura breve Tg 5,7-8.9b

Irmãos, ficai firmes até à vinda do Senhor. Vede o agricultor: ele espera o precioso fruto da terra e fica firme até cair a chuva do outono ou da primavera. Também vós ficai firmes e fortalecei vossos corações, porque a vinda do Senhor está próxima. Eis que o juiz está às portas.

Responsório breve

R. A **vós,** ó Deus, a **nos**sa grati**dão**:
* Vosso **no**me está **per**to. R. A **vós**, ó Deus.
V. De **vós**, Senhor, vi**rá** a renova**ção.** * Vosso **no**me.
Glória ao **Pai**. R. A **vós,** ó Deus.

Cântico evangélico, ant.

Ale**grai**-vos com Si**ão** e exul**tai** por sua **cau**sa,
todos **vós** que a a**mais**.
Exul**tai** eterna**men**te!

Preces

Irmãos e irmãs, imploremos a Cristo, a grande luz anunciada pelos profetas aos que viviam na sombra da morte; e digamos:

R. **Vinde, Senhor Jesus!**

Cristo, Palavra de Deus, que no princípio criastes todas as coisas e nos últimos tempos assumistes a nossa natureza humana,
– vinde salvar-nos do pecado e da morte. R.

Luz verdadeira, que iluminais todo homem que vem a este mundo,
– vinde dissipar as trevas da nossa ignorância. R.

Filho unigênito, *que estais no seio do* Pai,
– vinde revelar a todos as maravilhas do amor de Deus. R.

Cristo Jesus, que viestes para nós como Filho do Homem,
– tornai filhos de Deus todos aqueles que vos receberam. R.

(intenções livres)

Vós que abris as portas de todas as prisões,
– admiti ao banquete das núpcias eternas aqueles que esperam a entrada na vossa glória. R.

Pai nosso...

Oração

Senhor nosso Deus, somos servos indignos e reconhecemos com tristeza as nossas faltas. Dai-nos a alegria do advento do vosso Filho que vem para nos salvar. Por nosso Senhor Jesus Cristo, vosso Filho, na unidade do Espírito Santo.

SEXTA-FEIRA

Se ocorrer após 16 de dezembro, tudo se diz como no dia corrente, p. 145s.

Laudes

Leitura breve Jr 30,21a.22

Eis o que diz o Senhor: Para chefe será escolhido um dos seus, e o soberano sairá do seu meio; eu o incitarei, e ele se aproximará de mim. Sereis meu povo e eu serei vosso Deus.

Responsório breve

R. Que o universo rejubile e dê gritos de alegria:
* Pois o Senhor há de chegar! R. Que o universo.
V. Justiça e paz se abraçarão:
* Pois o Senhor. Glória ao Pai. R. Que o universo.

Cântico evangélico, ant.

Respeitai o direito, praticai a justiça,
pois a minha salvação já não tarda e vai chegar.

Preces

Aclamemos com alegria Deus nosso Pai, que por meio de seu Filho revelou aos seres humanos a sua glória; e digamos:

R. **Senhor, glorificado seja o vosso nome!**

Fazei, Senhor, que aprendamos a nos acolher uns aos outros,
– como Cristo nos acolheu para a glória de Deus Pai. R.

Cumulai-nos de toda alegria e paz em nossa fé,
– para caminharmos na esperança e na força do Espírito Santo. R.

Ajudai a todos, Senhor, segundo a imensidade de vossa compaixão;
– ide ao encontro daqueles que, mesmo sem saber, vos esperam.
R. **Senhor, glorificado seja o vosso nome!**

Vós chamais e santificais os eleitos;
– perdoai as nossas culpas e admiti-nos no reino da eterna bem aventurança. R.

(intenções livres)

Pai nosso...

Oração

Nós vos pedimos, ó Deus todo-poderoso, que a vossa graça sempre nos preceda e acompanhe, para que, esperando ansiosamente a vinda do vosso Filho, possamos obter a vossa ajuda nesta vida e na outra. Por nosso Senhor Jesus Cristo, vosso Filho, na unidade do Espírito Santo.

Hora Média

Ant. Disse o **an**jo à **Vir**gem:
Ma**ri**a, a**le**gra-te, ó **chei**a de **gra**ça,
o Se**nhor** é con**ti**go;
és ben**di**ta entre **to**das as mu**lhe**res da **ter**ra.

Leitura breve Jr 30,18a

Isto diz o Senhor: Eis que eu mudarei a sorte das tendas de Jacó e terei compaixão de suas moradias.

V. Lem**brai**-vos, ó Se**nhor**, de mim, lem**brai**-vos,
pelo **amor** que demons**trais** ao vosso **po**vo!
R. Visi**tai**-me com a **vos**sa salva**ção!**

Oração como nas Laudes.

Vésperas

Leitura breve 2Pd 3,8b-9

Para o Senhor, um dia é como mil anos e mil anos como um dia. O Senhor não tarda a cumprir sua promessa, como pensam alguns, achando que demora. Ele está usando de paciência para conosco. Pois não deseja que alguém se perca. Ao contrário, quer que todos venham a converter-se.

Responsório breve

R. Nossa **al**ma es**pe**ra no Se**nhor**,
* Nele se a**le**gra o **nos**so cora**ção**. R. Nossa **al**ma.
V. Sua **gló**ria habita**rá** em nossa **ter**ra.* Nele se a**le**gra.
Glória ao **Pai**. R. Nossa **al**ma.

Cântico evangélico, ant.

É **es**te o teste**mu**nho que **deu** João Ba**tis**ta:
o que vi**rá** depois de **mim**, já exis**ti**a antes de **mim**.

Preces

Invoquemos com toda confiança a Cristo, pastor e guarda de nossas almas; e digamos:

R. **Sede bondoso, Senhor, sede clemente!**

Bom Pastor do rebanho de Deus,
– vinde para congregar a todos em vossa Igreja. R.

Auxiliai, Senhor, os pastores de vosso povo peregrino,
– para que apascentem com dedicação o rebanho que lhes foi confiado, até a vossa vinda. R.

Escolhei dentre nós mensageiros de vossa palavra,
– que anunciem vosso Evangelho até os confins da terra. R.

Tende piedade de todos os que sofrem e desfalecem no caminho,
– fazei que encontrem um amigo que lhes traga conforto e alegria. R.

Mostrai a vossa glória nos prados celestes,
– aos que já foram chamados deste mundo. R.

(intenções livres)

Pai nosso...

Oração

Nós vos pedimos, ó Deus todo-poderoso, que a vossa graça sempre nos preceda e acompanhe, para que, esperando ansiosamente a vinda do vosso Filho, possamos obter a vossa ajuda nesta vida e na outra. Por nosso Senhor Jesus Cristo, vosso Filho, na unidade do Espírito Santo.

No sábado seguinte, diz-se tudo como no dia correspondente do mês, p. 145s.

4º DOMINGO DO ADVENTO

IV Semana do Saltério

I Vésperas

Hino, p. 141.

Ant. 1 Eis que **vem** sem mais de**mo**ra o Dese**ja**do das na**ções**,
e a **ca**sa do Se**nhor** se enche**rá** de sua **gló**ria. Ale**lui**a.

Salmos e cântico do domingo da IV Semana, p. 1029.

Ant. 2 Oh **vin**de, Se**nhor**, não tardeis **mais**!
Liber**tai** vosso **po**vo do pe**ca**do!

Ant. 3 A pleni**tu**de dos **tem**pos já che**gou**:
Deus en**viou** o seu **Fi**lho à nossa **ter**ra.

Leitura breve 1Ts 5,23-24

Que o próprio Deus da paz vos santifique totalmente, e que tudo aquilo que sois – espírito, alma, corpo – seja conservado sem mancha alguma para a vinda de nosso Senhor Jesus Cristo! Aquele que vos chamou é fiel; ele mesmo realizará isso.

Responsório breve

R. Que o uni**ver**so reju**bi**le e dê **gri**tos de ale**gri**a:
* Pois o Se**nhor** há de che**gar**! R. Que o uni**ver**so.
V. Nunca **mais** haverá **noi**te
e eles **não** precisa**rão** da luz da **lâm**pada ou do **sol**.
O Se**nhor** será sua **luz**.
* Pois o Se**nhor**. Glória ao **Pai**. R. Que o uni**ver**so.

Cântico evangélico

Antífona do dia correspondente do mês de dezembro, p. 147s.

Preces

Oremos, irmãos e irmãs caríssimos, a Cristo nosso Senhor que nasceu da Virgem Maria; e digamos com humildade e alegria:

R. **Vinde, Senhor Jesus!**

Filho Unigênito de Deus, que haveis de vir como o verdadeiro mensageiro da Aliança,
– fazei que o mundo vos acolha e reconheça. R.

Filho Unigênito de Deus, que sois fonte de vida e quisestes experimentar a morte
– livrai-nos da sentença de morte que merecemos. R.

Filho Unigênito de Deus, que vindes julgar o mundo e trazeis convosco a recompensa,
– aumentai a nossa esperança para que sejamos dignos das vossas promessas. R.

(intenções livres)

Senhor Jesus Cristo, que viestes socorrer os mortos com a vossa morte,
– escutai as súplicas que vos dirigimos pelos nossos defuntos. R.

Pai nosso...

Oração

Derramai, ó Deus, a vossa graça em nosso corações, para que, conhecendo pela mensagem do Anjo a encarnação do vosso Filho, cheguemos, por sua paixão e cruz, à glória da ressurreição. Por nosso Senhor Jesus Cristo, vosso Filho, na unidade do Espírito Santo.

Laudes

Hino, p. 142.

Sendo 24 de dezembro, este domingo tem textos próprios, p. 165. Se não:

Ant. 1 To**cai** a trom**be**ta em Si**ão**:
o **di**a de **Deus** está **per**to;
Ele **vem** nos sal**var**, ale**lui**a.

Salmos e cântico do domingo da IV Semana, p. 1033.

Ant. 2 O Se**nhor** está che**gan**do: Povos **to**dos, exul**tai**;
acor**rei** ao seu en**con**tro acla**man**do em alta **voz**:
É i**men**so o seu po**der**, o seu **rei**no não tem **fim**!
É o Deus **for**te, o Pode**ro**so,
é o **Prín**cipe da **paz**. Ale**lui**a.

Ant. 3 Vossa Pa**la**vra onipo**ten**te, ó Se**nhor**,
vi**rá** a **nós** de vosso **tro**no glori**o**so. Ale**lui**a.

Leitura breve Rm 13,11-12

Já é hora de despertar. Com efeito, agora a salvação está mais perto de nós do que quando abraçamos a fé. A noite já vai adiantada, o dia vem chegando: despojemo-nos das ações das trevas e vistamos as armas da luz.

Responsório breve.

R. Mesmo as **tre**vas para **vós** não são es**cu**ras,
* Vós **sois** a luz do **mun**do, ale**luia**! R. Mesmo as **tre**vas.
V. No ca**mi**nho da **vi**da condu**zi**-me! * Vós **sois**.
Glória ao **Pai**. R. Mesmo as **tre**vas.

Cântico evangélico, ant.

Não sendo as antífonas Confiai (21 de dezembro) ou Eis que agora (23 de dezembro), diz-se uma das seguintes:

Ano A José, **fi**lho de Da**vi**, não re**cei**es
rece**ber** tua es**po**sa Ma**ria**,
pois o **fi**lho que **e**la ge**rou**
é **fru**to do Espírito **San**to.

Ano B O **an**jo Gabri**el** foi envi**a**do
à es**po**sa de Jo**sé**, Virgem Ma**ria**.
Jo**sé** era da **ca**sa de Da**vi**,
e o **no**me da **vir**gem era Ma**ria**.

Ano C Levan**tou**-se Ma**ria** e diri**giu**-se de**pres**sa
a uma ci**da**de de Ju**dá**, na regi**ão** monta**nho**sa;
e en**tran**do na **ca**sa de Zaca**ri**as,
sau**dou** a sua **pri**ma Isa**bel**.

Preces

Rezemos, irmãos e irmãs caríssimos, a nosso Senhor Jesus Cristo, Juiz dos vivos e dos mortos; e digamos:

R. **Vinde, Senhor Jesus!**

Senhor Jesus Cristo, que viestes salvar os pecadores,
– defendei-nos de toda tentação. R.

Senhor Jesus Cristo, que vireis cheio de glória para julgar o *mundo*,
– manifestai em nós o poder da vossa salvação. R.

Ajudai-nos a cumprir, na força do Espírito, os mandamentos de vossa lei,
– para que possamos acolher com amor o dia de vossa vinda. R.

Senhor Jesus Cristo, que sois eternamente glorificado pelos anjos e santos, ensinai-nos por vossa misericórdia a viver neste mundo com equilíbrio, justiça e piedade,
– aguardando a feliz esperança da Vossa vinda gloriosa. R.

(intenções livres)

Pai nosso...

Oração

Derramai, ó Deus, a vossa graça em nossos corações, para que, conhecendo pela mensagem do Anjo a encarnação do vosso Filho, cheguemos, por sua paixão e cruz, à glória da ressurreição. Por nosso Senhor Jesus Cristo, vosso Filho, na unidade do Espírito Santo.

Hora Média

Se este domingo ocorrer no dia 24 de dezembro, tomam-se os textos próprios deste dia, p. 166. Se não:

Hino, p. 143.

Ant. Disse o **an**jo à **Vir**gem:
Ma**ri**a, a**le**gra-te, ó **chei**a de **gra**ça,
o Se**nhor** é con**ti**go;
és ben**di**ta entre **to**das as mu**lhe**res da **ter**ra.

Leitura breve cf. 1Ts 3,12-13

O Senhor vos conceda que o amor entre vós e para com todos aumente e transborde sempre mais, a exemplo do amor que temos por vós. Que assim ele confirme os vossos corações numa santidade sem defeito aos olhos de Deus, nosso Pai, no dia da vinda de nosso Senhor Jesus, com todos os seus santos.

V. Lem**brai**-vos, ó Se**nhor**, de mim, lem**brai**-vos,
pelo **amor** que demons**trais** ao vosso **po**vo!
R. Visi**tai**-me com a **vos**sa salva**ção**!

Oração como nas Laudes.

II Vésperas

Hino, p. 141.

Ant. 1 Contem**plai** o Se**nhor**! Quão glori**o**so ele **vem**!
Para os **po**vos sal**var** ele **en**tra no **mun**do.

Salmos e cântico do domingo da IV Semana, p. 912

Ant. 2 Será **pla**no o ca**mi**nho e **re**to o que é **tor**to.
Vinde a **nós**, ó Se**nhor**, sem tar**dar,** ale**lui**a.

Ant. 3 Será **gran**de o seu po**der**,|
e a **paz** não terá **fim**. Ale**lui**a.

Leitura breve Fl 4,4-5

Alegrai-vos sempre no Senhor; eu repito, alegrai-vos. Que a vossa bondade seja conhecida de todos os homens! O Senhor está próximo!

Responsório breve

R. Ale**gre**mo-nos, **to**dos, no Se**nhor**!
* Ale**gre**mo-nos, pois ele está bem **per**to!
R. Ale**gre**mo-nos.
V. A jus**ti**ça anda**rá** na sua **fren**te,
e a salva**ção** no ves**tí**gio de seus **pas**sos. * Ale**gre**mo-nos.
Glória ao **Pai**. R. Ale**gre**mo-nos.

Cântico evangélico

Antífona do dia corrente, p. 147s.

Preces

Imploremos, irmãos e irmãs caríssimos, a Cristo Redentor, que veio salvar a humanidade; e digamos confiantes:

R. **Vinde, Senhor Jesus!**

Senhor Jesus Cristo, que pelo mistério da encarnação revelastes aos seres humanos a glória da vossa divindade,
– dai vida ao mundo com a vossa vinda. R.

Vós, que assumistes a fragilidade da natureza humana,
– concedei-nos a vossa misericórdia. R.

Vós, que, na primeira vez, viestes humilde, para remir o mundo *de seus pecados,*
– quando vierdes novamente, absolvei-nos de toda culpa. R.

Vós, que viveis eternamente e tudo governais com justiça,
– por vossa bondade, fazei-nos alcançar a herança prometida. R.

(intenções livres)

Vós, que estais sentado à direita do Pai,
– alegrai as almas dos nossos defuntos com a luz da vossa face. R.

Pai nosso...

Oração

Derramai, ó Deus, a vossa graça em nossos corações, para que, conhecendo pela mensagem do Anjo a encarnação do vosso Filho, cheguemos, por sua paixão e cruz, à glória da ressurreição. Por nosso Senhor Jesus Cristo, vosso Filho, na unidade do Espírito Santo.

TEMPO DO ADVENTO

II. APÓS 16 DE DEZEMBRO

No Ofício do domingo e dias de semana a partir de 17 de dezembro, até às I Vésperas do Natal, exclusive:

Vésperas

Hino

Recebe, Virgem Maria,
no casto seio materno,
dos céus, o Verbo Divino
vindo da boca do Eterno.

Fecunda, a sombra do Espírito
do alto céu te ilumina,
para gerares um Filho
de natureza divina.

A porta santa do templo
eternamente fechado,
feliz e pronta se abre.
somente ao Rei esperado.

Desceu à terra o Senhor,
por Gabriel anunciado;
promessa antiga aos profetas,
antes da aurora gerado.

Exulta o coro dos anjos,
a terra canta louvor:
Para salvar os perdidos,
humilde, vem o Senhor.

Ó Cristo, Rei piedoso,
a vós e ao Pai toda a glória,
com o Espírito Santo:
eterna honra e vitória.

Completas

HINO ó Cristo, dia e esplendor, como no Ordinário, p. 751.

Laudes

Hino

Os profetas, com voz poderosa,
anunciam a vinda de Cristo,
proclamando a feliz salvação,
que liberta no tempo previsto.

Ao fulgor da manhã radiosa,
arde em fogo o fiel coração,
quando a voz, portadora de glória,
faz no mundo soar seu pregão.

Não foi para punir este mundo
que Ele veio na vinda primeira.
Ele veio sarar toda chaga
e salvar quem no mal perecera.

Mas a vinda segunda anuncia
que o Cristo Senhor vai chegar,
para abrir-nos as portas do reino
e os eleitos no céu coroar.

Luz eterna nos é prometida
e se eleva o astro-rei salvador,
que nos chama à grandeza celeste
com a luz do divino esplendor.

Ó Jesus, só a vós desejamos
para sempre no céu contemplar,
e por vossa visão saciados,
glória eterna sem fim vos cantar.

Hora Média

Hino

O louvor de Deus cantemos
com fervor no coração,
pois agora a hora sexta
nos convida à oração.

Nesta hora foi-nos dada
gloriosa salvação
pela morte do Cordeiro,
que na cruz trouxe o perdão.

Ante o brilho de tal luz
se faz sombra o meio-dia.
Tanta graça e tanto brilho
vinde haurir, com alegria.

Seja dada a glória ao Pai
e ao seu Único também,
com o Espírito Paráclito,
pelos séculos. Amém.

Ant. Disse o **an**jo à **Vir**gem:
Ma**ri**a, ale**gra**-te, ó **cheia** de **gra**ça,
o Se**nhor** é con**ti**go;
és ben**di**ta entre **to**das as mu**lhe**res da **ter**ra.

ANTÍFONAS DAS LAUDES E VÉSPERAS
de 17 a 23 de dezembro

As antífonas seguintes das Laudes e Vésperas se dizem nos dias de semana que ocorrem de 17 a 23 de dezembro. Começam a 17 de dezembro (ou 18, se 17 cair em domingo), pelas antífonas assinaladas para o dia de semana do respectivo dia do mês.

Segunda-feira

Ant. 1 Eis que **vem** o Se**nhor**, Rei do **reis** do uni**ver**so.
Fe**liz** quem está **pron**to para **ir**-lhe ao en**con**tro!

Ant. 2 Can**tai** ao Senhor **Deus** um canto **no**vo,
louvor a **E**le dos con**fins** de toda a **ter**ra.

Ant. 3 Quando o **Fi**lho do **ho**mem vi**er**,
encontra**rá** ainda **fé** sobre a **ter**ra?

Terça-feira

Ant. 1 O Se**nhor** sai do **seu** santuário nos **céus.**
Ele **vem** liber**tar** e sal**var** o seu **po**vo.

Ant. 2 Nossa ci**da**de inven**cí**vel é Si**ão**,
sua mu**ra**lha e sua trin**chei**ra é o Salva**dor**.
Abri as **por**tas pois co**nos**co está o Se**nhor**. Ale**lui**a.

Ant. 3 Que na **ter**ra se co**nhe**ça o seu ca**mi**nho,
e a **su**a salva**ção** por entre os **po**vos.

Quarta-feira

Ant. 1 De Si**ão** vem o **Deus** onipo**ten**te,
vem sal**var** o seu **po**vo e liber**tá**-lo.

Ant. 2 Por ti, Si**ão**, não have**rei** de me ca**lar**,
nem por **ti**, Jerusa**lém**, terei sos**se**go,
até que **bri**lhe tua jus**ti**ça como a au**ro**ra.

Ant. 3 O Espírito do Se**nhor** re**pou**sa sobre **mim**
e me en**vi**a a anunci**ar** aos **po**bres o Evan**ge**lho.

Quinta-feira

Ant. 1 Senhor, meu **Deus**, a vós e**le**vo a minha **al**ma,
vinde e sal**vai**-me, pois em **vós** me refu**gi**o!

Ant. 2 Recompen**sai**, Senhor, a**que**les que es**pe**ram vossa **vin**da,
para que **to**dos recon**he**çam a ver**da**de dos pro**fe**tas.

Ant. 3 Vol**tai**-vos, Se**nhor**, para **nós** por um **pou**co.
Não tar**deis** mais em **vir** até **nós**, vossos **ser**vos!

Sexta-feira

Ant. 1 A**que**le que **rei**na há de **vir** de Si**ão**.
É **gran**de o seu **no**me: Se**nhor**, Deus-co**nos**co.

Ant. 2 Sede **fir**mes na espe**ran**ça,
e ve**reis** vir sobre **vós** o au**xí**lio do Se**nhor**.

Ant. 3 Eu **volto** os **o**lhos ao Se**nhor**
e **aguar**do a **Deus,** meu Salva**dor**.

Sábado

Laudes:

Ant. 1 Das al**tu**ras Deus vi**rá**! O Seu **bri**lho é como o **Sol**.

Ant. 2 Que os **céus**, lá do **al**to, der**ra**mem o or**va**lho,
que **cho**va das **nu**vens o **Jus**to espe**ra**do.
Que a **ter**ra se **a**bra e ger**mi**ne o Se**nhor**!

Ant. 3 Es**tai** prepa**ra**dos, ó **fi**lhos de **Deus**,
e **i**de ao en**con**tro do **Deus** que vi**rá**.

17 DE DEZEMBRO

Semana do saltério que corresponda segundo os anos. Salmos do dia correspondente da semana, com as antífonas próprias para as Laudes e as Vésperas, p. 143s.

Laudes

Antífonas próprias, p.143s, Salmos do dia corrente da semana.

Leitura breve Is 11,1-3a

Nascerá uma haste do tronco de Jessé e, a partir da raiz, surgirá o rebento de uma flor; sobre ele repousará o espírito do Senhor: espírito de sabedoria e discernimento, espírito de conselho e fortaleza, espírito de ciência e temor de Deus; no temor do Senhor encontra ele seu poder.

Responsório breve

R. O Se**nhor** é con**ti**go, ó Ma**ri**a
* Alegra-te, **chei**a de **gra**ça! R. O Se**nhor**.
V. Ele vol**tou** seu **olhar** para **ti**:
realiz**ou** toda a **sua** espe**ran**ça.
* **A**legra-te. Glória ao **Pai**. R. O Se**nhor**.

Cântico evangélico, ant.

Sa**bei** que está **pró**ximo o **rei**no de **Deus**.
Eu vos **di**go e con**fir**mo que **não** tarda**rá**.

Preces

Oremos a Deus Pai, que na sua eterna providência decidiu salvar seu povo; e digamos:

R. **Protegei, Senhor, o vosso povo!**

Senhor Deus, que prometestes enviar ao vosso povo o germe da justiça,
– velai pela santidade de vossa Igreja. R.

Inclinai, Senhor, o coração das pessoas para a verdade de vossa palavra,
– e fortalecei na santidade todos os fiéis. R.

Conservai-nos no amor de vosso Espírito Santo,
– para recebermos a misericórdia do vosso Filho que vai chegar. R.

Concedei, Deus clementíssimo, que permaneçamos firmes e fiéis até o fim,
– para o dia da vinda de nosso Senhor Jesus Cristo. R.

(intenções livres)

Pai nosso...

Oração

Ó Deus, criador e redentor do gênero humano, quisestes que o vosso Verbo se encarnasse no seio da Virgem. Sede favorável à nossa súplica, para que o vosso Filho Unigênito, tendo recebido nossa humanidade, nos faça participar da sua vida divina. Por nosso Senhor Jesus Cristo, vosso Filho, na unidade do Espírito Santo.

Hora Média

Ant. Disse o **an**jo à **Vir**gem:
Ma**ri**a, a**le**gra-te, ó **chei**a de **gra**ça,
o Se**nhor** é con**ti**go;
és bendita entre **to**das as mu**lhe**res da **ter**ra.

Leitura breve Is 4,3

Os que forem deixados em Sião, os sobreviventes de Jerusalém, serão chamados santos, a saber, todos os destinados à vida em Jerusalém.

V. Lem**brai**-vos, ó Se**nhor**, de mim, lem**brai**-vos,
pelo **amor** que demons**trais** ao vosso **po**vo!
R. Visi**tai**-me com a **vos**sa salva**ção**!
Oração como nas Laudes.

Vésperas

Antífonas próprias, p. 143s. Salmos do dia corrente da semana

Leitura breve 1Ts 5,23-24

Que o próprio Deus da paz vos santifique totalmente, e que tudo aquilo que sois – espírito, alma, corpo – seja conservado sem mancha alguma para a vinda de nosso Senhor Jesus Cristo! Aquele que vos chamou é fiel; ele mesmo realizará isso.

Responsório breve

R. Que o uni**ver**so rej**u**bile e dê **gri**tos de ale**gri**a:
* Pois o Se**nhor** há de che**gar**! R. Que o uni**ver**so.
V. Eis **aqui** a habita**ção** de **Deus** no meio de **nós**,
nós se**re**mos o seu **po**vo, e **e**le, o Deus co**nos**co!
* Pois o Se**nhor**. Glória ao **Pai**. R. Que o uni**ver**so.

Cântico evangélico, ant.

Ó Sabedo**ri**a, que sa**ís**tes da **bo**ca do Al**tís**simo;
e atin**gis** até os con**fins** de **to**do o uni**ver**so
e com **for**ça e suavi**da**de gover**nais** o mundo in**tei**ro:
oh **vin**de ensi**nar**-nos o ca**mi**nho da pru**dên**cia!

Preces

Invoquemos a Cristo Jesus, felicidade e alegria de todos os que o esperam; e digamos:

R. ***Vinde, Senhor, e não tardeis!***

Esperado das nações, cheios de alegria, aguardamos vossa vinda;
– vinde, Senhor Jesus. R.

Vós, que existis eternamente, antes da criação do mundo,
– vinde salvar os que vivem no mundo. R.

Vós, que criastes o universo e tudo o que nele existe,
– vinde renovar a obra de vossas mãos. R.

Vós, que não recusastes assumir nossa natureza mortal,
– vinde libertar-nos do poder da morte. R.

Vós, que viestes à terra para nos dar uma vida nova,
–vinde e dai-nos a vida eterna.
R. **Vinde, Senhor, e não tardeis!**

(intenções livres)

Vós, que quisestes reunir no vosso reino toda a humanidade,
–vinde congregar na unidade todos os que esperam a visão de vossa face. R.
Pai nosso...

Oração

Ó Deus, criador e redentor do gênero humano, quisestes que o vosso Verbo se encarnasse no seio da Virgem. Sede favorável à nossa súplica, para que o vosso Filho Unigênito, tendo recebido nossa humanidade, nos faça participar da sua vida divina. Por nosso Senhor Jesus Cristo, vosso Filho, na unidade do Espírito Santo.

18 DE DEZEMBRO

Laudes

Antífonas próprias, p. 143s. Salmos do dia corrente da semana.

Leitura breve Rm 13,11-12

Já é hora de despertar. Com efeito, agora a salvação está mais perto de nós do que quando abraçamos a fé. A noite já vai adiantada, o dia vem chegando: despojemo-nos das ações das trevas e vistamos as armas da luz.

Responsório breve

R. Mesmo as **tre**vas para **vós** não são es**cu**ras,
* Vós **sois** a luz do **mun**do, ale**lui**a! R. Mesmo as **tre**vas.
V. Senhor, son**dai**-me, conhe**cei** meu cora**ção**! * Vós **sois**.
Glória ao **Pai**. R. Mesmo as **tre**vas.

Cântico evangélico, ant.

Vigi**ai** e es**tai** prepar**a**dos:
o Se**nhor** nosso **Deus** está **per**to.

Preces

Rezemos, irmãos e irmãs caríssimos, a nosso Senhor Jesus Cristo, Juiz dos vivos e dos mortos; e digamos:

R. **Vinde, Senhor Jesus!**

Senhor Jesus Cristo, que viestes salvar os pecadores,
– defendei-nos contra toda tentação. R.

Senhor Jesus Cristo, que vireis cheio de glória para julgar o mundo,
– manifestai em nós o poder da vossa salvação. R.

Ajudai-nos a cumprir, na força do Espírito, os mandamentos da vossa lei,
– para que possamos acolher com amor o dia de vossa vinda. R.

Senhor Jesus Cristo, que sois eternamente glorificado pelos anjos e santos, ensinai-nos por vossa misericórdia a viver neste mundo com equilíbrio, justiça e piedade,
– aguardando a feliz esperança da vossa vinda gloriosa. R.

(intenções livres)

Pai nosso...

Oração

Ó Deus todo-poderoso, concedei aos que gememos na antiga escravidão, sob o jugo do pecado, a graça de ser libertados pelo novo natal do vosso Filho, que tão ansiosamente esperamos. Por nosso Senhor Jesus Cristo, vosso Filho, na unidade do Espírito Santo.

Hora Média

Ant. Disse o **an**jo à **Vir**gem:
Ma**ri**a, a**le**gra-te, ó **chei**a de **gra**ça,
o Se**nhor** é con**ti**go;
és ben**di**ta entre **to**das as mu**lhe**res da **ter**ra.

Leitura breve cf. 1Ts 3,12-13

O Senhor vos conceda que o amor entre vós e para com todos aumente e transborde sempre mais, a exemplo do amor que temos por vós. Que assim ele confirme os vossos corações numa santidade sem defeito aos olhos de Deus, nosso Pai, no dia da vinda de nosso Senhor Jesus, com todos os seus santos.

V. Lem**brai**-vos, ó Se**nhor**, de mim, lem**brai**-vos,
pelo a**mor** que demons**trais** ao vosso **po**vo!
R. Visi**tai**-me com a **vos**sa salva**ção**!
Oração como nas Laudes.

Vésperas

Antífonas próprias, p. 143s. Salmos do dia corrente da semana

Leitura breve Fl 4,4-5

Alegrai-vos sempre no Senhor; eu repito, alegrai-vos. Que a vossa bondade seja conhecida de todos os homens! O Senhor está próximo!

Responsório breve

R. Ale**gre**mo-nos, **to**dos, no Se**nhor**!
* Ale**gre**mo-nos, pois ele está bem **per**to!
R. Ale**gre**mo-nos.
V. Favore**ces**tes, ó Se**nhor**, a vossa **ter**ra,
liber**tas**tes os ca**ti**vos de Ja**có**. * Ale**gre**mo-nos.
Glória ao **Pai**. R. Ale**gre**mo-nos.

Cântico evangélico, ant.

Ó Ado**nai**, guia da **ca**sa de Isra**el**,
que apare**ces**tes a Moi**sés** na sarça ar**den**te
e lhe **des**tes vossa **lei** sobre o Si**nai:**
vinde sal**var**-nos com o **bra**ço pode**ro**so!

Preces

Imploremos, irmãos e irmãs caríssimos, a Cristo Redentor, que veio salvar a humanidade; e digamos confiantes:

R. **Vinde, Senhor Jesus!**

Senhor Jesus Cristo, que pelo mistério da encarnação revelastes aos seres humanos a glória da vossa divindade,
– dai vida ao mundo com a vossa vinda. R.

Vós, que assumistes a fragilidade da natureza humana,
– concedei-nos vossa misericórdia. R.

Vós, que, na primeira vez, viestes humilde, para remir o mundo de seus pecados,
– quando vierdes novamente, absolvei-nos de toda culpa. R.

Vós, que viveis eternamente e tudo governais com justiça,
– por vossa bondade, fazei-nos alcançar a herança prometida. R.

(intenções livres)

Vós, que estais sentado à direita do Pai,
– alegrai as almas dos nossos defuntos com a luz da vossa face. R.

Pai nosso...

Oração

Ó Deus todo-poderoso, concedei aos que gememos na antiga escravidão, sob o jugo do pecado, a graça de ser libertados pelo novo natal do vosso Filho, que tão ansiosamente esperamos. Por nosso Senhor Jesus Cristo, vosso Filho, na unidade do Espírito Santo.

19 DE DEZEMBRO

Laudes

Antífonas próprias, p. 143s. Salmos do dia corrente da semana.

Leitura breve Is 2,3

Vamos subir ao monte do Senhor, à casa do Deus de Jacó, para que ele nos mostre seus caminhos e nos ensine a cumprir seus preceitos; porque de Sião provém a lei e de Jerusalém, a palavra do Senhor.

Responsório breve

R. Eis que **vem** vosso **Deus** Salva**dor**!
* Eis vosso **Deus** e Se**nhor**! R. Eis que **vem**.
V. Toda **car**ne ve**rá** sua **gló**ria. * Eis vosso **Deus**.
Glória ao **Pai**. R. *Eis que* **vem**.

Cântico evangélico, ant.

Desponta**rá**, como o **sol**, o Salva**dor**,
e descer**á** como o or**va**lho sobre a **rel**va,
para o **sei**o virgi**nal**, ale**lui**a.

Preces

Oremos, irmãos e irmãs caríssimos, a Cristo, nosso Redentor, que vem para libertar do poder da morte todos os que se voltam para ele; e supliquemos com humilde confiança:

R. **Vinde, Senhor Jesus!**

Quando anunciarmos, Senhor, a vossa vinda,
–purificai o nosso coração de todo espírito de vaidade. R.

Santificai, Senhor, a Igreja que fundastes,
–para que glorifique o vosso nome por toda a terra. R.

Concedei, Senhor, que a vossa lei ilumine os olhos do nosso coração,
–e proteja os povos que em vós confiam. R.

Vós que, por meio da Igreja, anunciais ao mundo a alegria da vossa vinda,
–fazei que estejamos preparados para vos receber dignamente. R.

(intenções livres)

Pai nosso...

Oração

Ó Deus, que revelastes ao mundo o esplendor de vossa glória pelo parto virginal de Maria, dai-nos venerar com fé pura e celebrar sempre com amor sincero o mistério tão profundo da encarnação. Por nosso Senhor Jesus Cristo, vosso Filho, na unidade do Espírito Santo.

Hora Média

Ant. Disse o **an**jo à **Vir**gem:
Maria, alegra-te, ó **chei**a de **gra**ça,
o Se**nhor** é con**ti**go;
és ben**di**ta entre **to**das as mu**lhe**res da **ter**ra.

Leitura breve cf. Is 10,24.27

Diz o Senhor Deus dos exércitos: Não tenhas medo, povo meu, que habitas em Sião. Acontecerá naquele dia que o teu ombro se *livrará* do peso dele, o teu pescoço, do seu jugo.

V. Lem**brai**-vos, ó *Se**nhor**, de mim*, lem**brai**-vos,
pelo **amor** que demons**trais** ao vosso **po**vo*!*

R. Visi**tai**-me com a **vos**sa salva**ção**!

Oração como nas Laudes

Vésperas

Antífonas próprias, p. 143s. Salmos do dia corrente da semana.

Leitura breve Fl 3,20b-21

Aguardamos o nosso Salvador, o Senhor, Jesus Cristo. Ele transformará o nosso corpo humilhado e o tornará semelhante ao seu corpo glorioso, com o poder que tem de sujeitar a si todas as coisas.

Responsório breve

R. A **vós**, ó Deus, a **nos**sa grati**dão**:
* Vosso **no**me está **per**to. R. A **vós**, ó Deus.
V. De **vós**, Senhor, vi**rá** a renova**ção**.* Vosso **no**me.
Glória ao **Pai**. R. A **vós**, ó Deus.

Cântico evangélico, ant.

Ó Ra**iz** de Jess**é**, ó estan**dar**te,
levan**ta**do em si**nal** para as na**ções**!
Ante **vós** se cala**rão** os reis da **ter**ra,
e as **na**ções implora**rão** miseri**cór**dia:
Vinde sal**var**-nos! Liber**tai**-nos sem de**mo**ra!

Preces

Supliquemos, irmãos e irmãs caríssimos, a Cristo nosso Senhor, Juiz dos vivos e dos mortos; e digamos com toda a confiança:

R. **Vinde, Senhor Jesus.**

Fazei, Senhor, que o mundo reconheça a vossa justiça que os céus proclamam,
– para que a vossa glória habite nossa terra. R.

*Senhor, que quis*estes experimentar a fraqueza de nossa humanidade.
– revigorai os seres humanos com o poder da vossa divindade. R.

Vinde, Senhor, iluminar, com o esplendor da vossa sabedoria,
– os que vivem oprimidos nas trevas da ignorância. R.

Senhor, que pela vossa humilhação nos libertastes de toda a iniquidade,
– pela vossa glorificação, conduzi-nos à felicidade eterna. R.

(intenções livres)

Senhor, que haveis de vir com grande poder e glória para julgar o mundo,
– levai os nossos irmãos e irmãs falecidos para o reino dos céus.

R. **Vinde, Senhor Jesus.**

Pai nosso...

Oração

Ó Deus, que revelastes ao mundo o esplendor da vossa glória pelo parto virginal de Maria, dai-nos venerar com fé pura e celebrar sempre com amor sincero o mistério tão profundo da encarnação. Por nosso Senhor Jesus Cristo, vosso Filho, na unidade do Espírito Santo.

20 DE DEZEMBRO

Laudes

Antífonas próprias, p. 143s. Salmos do dia corrente da semana.

Leitura breve Gn 49,10

O cetro não será tirado de Judá, nem o bastão de comando dentre seus pés, até que venha Aquele a quem pertencem, e a quem obedecerão os povos.

Responsório breve

R. Que o uni**ver**so reju**bi**le e dê **gri**tos de ale**gria**:
* Pois o Se**nhor** há de che**gar**! R. Que o uni**ver**so.
V. Justiça e **paz** se abraça**rão**.
* Pois o Se**nhor**. Glória ao **Pai**. R. Que o uni**ver**so.

Cântico evangélico, ant.

O **an**jo Gabri**el** foi envi**a**do
à es**po**sa de Jo**sé**, Virgem Ma**ri**a.

Preces

Oremos, irmãos e irmãs caríssimos, ao Cristo Senhor, luz que ilumina todo homem; e aclamemos com alegria:

R. **Vinde, Senhor Jesus!**

Dissipai, Senhor, as nossas trevas com a luz da vossa presença,
– e tornai-nos dignos de receber os vossos dons. R.

Salvai-nos, Senhor nosso Deus,
– e bendiremos todo o dia o vosso santo nome. R.

Inflamai nossos corações para que tenham ardente sede de vós,
– e com todo o desejo busquem a união convosco. R.

Vós, que assumistes todas as nossas enfermidades, exceto o pecado,
– socorrei hoje os enfermos e agonizantes. R.

(intenções livres)

Pai nosso...

Oração

Senhor Deus, ao anúncio do Anjo, a Virgem imaculada acolheu vosso Verbo inefável e, como habitação da divindade, foi inundada pela luz do Espírito Santo. Concedei que, a seu exemplo, abracemos humildemente a vossa vontade. Por nosso Senhor Jesus Cristo, vosso Filho, na unidade do Espírito Santo.

Hora Média

Ant. Disse o **an**jo à **Vir**gem:
Ma**ri**a, a**le**gra-te, ó **chei**a de **gra**ça,
o Se**nhor** é con**ti**go;
és ben**di**ta entre **to**das as mu**lhe**res da **ter**ra.

Leitura Breve Jr 23,6

Naqueles dias, Judá será salvo e Israel viverá tranquilo; este é o nome com que o chamarão: "Senhor, nossa Justiça".

V. Lem**brai**-vos, ó Se**nhor**, de mim, lem**brai**-vos,
pelo a**mor** que demons**trais** ao vosso **po**vo!
R. Visi**tai**-me com a **vos**sa salva**ção**!

Oração como nas Laudes.

Vésperas

Antífonas próprias, p. 143s. Salmos do dia corrente da semana.

Leitura breve cf. 1Cor 1,7b-9

Aguardamos a revelação do Senhor nosso, Jesus Cristo. É ele também que vos dará perseverança em vosso procedimento irrepreensível até ao fim, até ao dia de nosso Senhor, Jesus Cristo. Deus é fiel; por ele fostes chamados à comunhão com seu Filho.

Responsório breve

R. Nossa **alma** espera no Se**nhor**,
*Nele se ale**gra** o **nos**so cora**ção**. R. Nossa **al**ma.
V. Está per**to** a salva**ção** dos que res**pei**tam.
*Nele se ale**gra**. Glória ao **Pai**. R. Nossa **al**ma.

Cântico evangélico, ant.

Ó **Cha**ve de Da**vi**, Cetro da **ca**sa de Isra**el**,
que a**bris** e ninguém **fe**cha, que fe**chais** e ninguém **a**bre;
vinde **lo**go e libert**ai** o **ho**mem prisio**nei**ro,
que, nas **tre**vas e na **som**bra da **mor**te, está sen**ta**do.

Preces

Invoquemos, irmãos e irmãs diletos, a Cristo nosso Senhor e Redentor, que virá em sua glória nos últimos tempos; e peçamos com alegria:

R. **Vinde, Senhor Jesus!**

Senhor e Redentor do gênero humano, que, nascendo segundo a carne, viestes nos libertar do jugo da lei,
–multiplicai em nós os benefícios da vossa bondade. R.

Vós, que tomastes da nossa natureza o que podia unir-se à vossa divindade,
–fortalecei a fragilidade humana com os dons da natureza divina. R.

Cumulai nossos desejos com a manifestação da vossa presença,
–e acendei em nossos corações o fogo do vosso amor. R.

Concedei que se alegrem um dia convosco na glória,
–os que neste mundo vos invocam na sinceridade da fé. R.

(intenções livres)

Derramai sobre as almas de todos os fiéis defuntos,
–as riquezas da vossa infinita misericórdia. R.

Pai nosso...

Oração

Senhor Deus, ao anúncio do Anjo, a Virgem imaculada acolheu vosso Verbo inefável e, como habitação da divindade, foi inundada pela luz do Espírito Santo. Concedei que, a seu exemplo, abracemos humildemente a vossa vontade. Por nosso Senhor Jesus Cristo, vosso Filho, na unidade do Espírito Santo.

21 DE DEZEMBRO

Laudes

Antífonas próprias, p. 143s. Salmos do dia corrente da semana.

Leitura breve Is 7,14b-15

Eis que uma virgem conceberá e dará à luz um filho, e lhe porá o nome de Emanuel; ele se alimentará de manteiga e de mel até quando aprender a fugir do mal e a procurar o bem.

Responsório breve

R. O Se**nhor** é con**ti**go, ó Ma**ri**a,
* A**le**gra-te, **chei**a de **gra**ça! R. O Se**nhor**.
V. Ele **che**ga, o **di**a já **nas**ce;
a **ter**ra in**tei**ra e**xul**ta.
* A**le**gra-te. Glória ao **Pai**. R. O Se**nhor**.

Cântico evangélico, ant.

Confi**ai** e não te**mais**:
pois da**qui** a cinco **di**as o Se**nhor** vi**rá** a **vós**.

Preces

Supliquemos, irmãos e irmãs caríssimos, a nosso Senhor Jesus Cristo, que em sua misericórdia vem nos visitar; e alegres repitamos:

R. **Vinde, Senhor Jesus!**

Vós, que viestes do seio do Pai para vos revestirdes da nossa carne mortal,
– livrai de toda mancha do pecado a nossa natureza enfraquecida. R.

Vós, que, quando vierdes, havereis de manifestar vossa glória nos eleitos,
– *mostrai agora*, neste advento, a vossa clemência bondade para com os pecadores. R.

Senhor Jesus Cristo, a alegria de nossa alma é vos louvar;
– visitai-nos com a vossa salvação. R.

Vós, que iluminastes os caminhos de nossa vida com a luz da fé,
– fazei que sempre vos agrademos pelas obras de justiça e fidelidade. R.

(intenções livres)

Pai nosso...

Oração

Ouvi com bondade, ó Deus, as preces do vosso povo, para que, alegrando-nos hoje com a vinda do vosso Filho em nossa carne, alcancemos o prêmio da vida eterna, quando ele vier na sua glória. Por nosso Senhor Jesus Cristo, vosso Filho, na unidade do Espírito Santo.

Hora Média

Ant. Disse o **an**jo à **Vir**gem:
Ma**ri**a, a**le**gra-te, ó **chei**a de **gra**ça,
o Se**nhor** é con**ti**go;
és ben**di**ta entre **to**das as mu**lhe**res da **ter**ra.

Leitura breve Is 12,2

É Deus que me salva; posso viver confiante e sem medo, porque o Senhor é a razão da minha força e do meu canto, ele se fez meu Salvador.

V. Lem**brai**-vos, ó Se**nhor**, de mim, lem**brai**-vos,
pelo a**mor** que demons**trais** ao vosso **po**vo!
R. Visi**tai**-me com a **vos**sa salva**ção**!

Oração como nas Laudes.

Vésperas

Antífonas próprias, p. 143s. Salmos do dia corrente da semana.

Leitura breve 1Cor 4,5

Não queirais julgar antes do tempo. Aguardai que o Senhor venha. Ele iluminará o que estiver escondido nas trevas e manifestará os projetos dos corações. Então, cada um receberá de Deus o louvor que tiver merecido.

Responsório breve

R. Eis o **tem**po favo**rá**vel,
* Eis o **di**a da salva**ção**! R. Eis o **tem**po.
V. O Reino de **Deus** está bem **per**to. * Eis o **di**a.
Glória ao **Pai**. R. Eis o **tem**po.

Cântico evangélico, ant.

Ó Sol nas**cen**te justi**cei**ro, resplen**dor** da Luz e**ter**na:
Oh, **vin**de e ilumi**nai** os que **ja**zem entre as **tre**vas
e, na **som**bra do pe**ca**do e da **mor**te, estão sen**ta**dos.

Preces

Roguemos humildemente, irmãos e irmãs caríssimos, a Jesus Cristo que nos libertou das trevas do pecado; e o invoquemos com toda confiança:

R. **Vinde, Senhor Jesus!**

Reuni, Senhor, numa só fé todos os povos da terra,
– confirmai para com eles vossa aliança eterna. R.

Cordeiro de Deus, que viestes tirar o pecado do mundo,
– purificai-nos de toda mancha de pecado. R.

Vós, que viestes salvar o que estava perdido,
– vinde novamente para que não se percam os que remistes com o vosso sangue. R.

Concedei a vossa alegria eterna, quando vierdes no último dia.
– àqueles que vos procuram na fé e na esperança. R.

(intenções livres)

Vós, que haveis de vir para julgar os vivos e os mortos,
– admiti com bondade entre os eleitos os nossos irmãos e irmãs falecidos. R.

Pai nosso...

Oração

Ouvi com bondade, ó Deus, as preces do vosso povo, para que, alegrando-nos hoje com a vinda do vosso Filho em nossa carne, alcancemos o prêmio da vida eterna, quando ele vier na sua glória. Por nosso Senhor Jesus Cristo, vosso Filho, na unidade do Espírito Santo.

22 DE DEZEMBRO

Laudes

Antífonas próprias, p. 143s. Salmos do dia corrente da semana.

Leitura breve Is 45,8

Céus, deixai cair orvalho das alturas, e que as nuvens façam chover justiça; abra-se a terra e germine a salvação; brote igualmente a salvação.

Responsório breve

R. Eis que **vem** vosso **Deus** Salva**dor!**
*Eis vosso **Deus** e Se**nhor**. R. Eis que **vem**.
V. Toda a **car**ne ve**rá** sua **gló**ria. *Eis vosso **Deus**.
Glória ao **Pai**. R. Eis que **vem**.

Cântico evangélico, ant.

Quando a **tua** sauda**ção** resso**ou** aos meus ou**vi**dos,
a cri**an**ça estreme**ceu** de ale**gri**a no meu **ven**tre. Ale**lu**ia.

Preces

Oremos, irmãos e irmãs diletos, a Cristo nosso Redentor, que veio ao mundo para nossa justificação; e digamos com alegria:
R. **Vinde, Senhor Jesus!**

Senhor Jesus Cristo, cujo nascimento segundo a carne foi anunciado pelos antigos profetas,
–dai novo vigor às virtudes que fizestes nascer em nosso coração. R.

A nós que anunciamos ao mundo vossa redenção,
–concedei a salvação e a paz. R.

Vós, que viestes salvar os corações atribulados,
–curai as enfermidades do vosso povo. R.

Vós, que viestes reconciliar o mundo com o Pai,
–livrai-nos de toda condenação quando voltardes como juiz no último dia. R.

(intenções livres)

Pai nosso...

Oração

Deus de misericórdia, vendo o homem entregue à morte, quisestes salvá-lo pela vinda do vosso Filho; fazei que, ao proclamar humildemente o mistério da encarnação, entremos em comunhão com o Redentor. Que convosco vive e reina na unidade do Espírito Santo.

Hora Média

Ant. Disse o **an**jo à **Vir**gem:
Ma**ri**a, a**le**gra-te, ó **chei**a de **gra**ça,
o Se**nhor** é con**ti**go;
és ben**di**ta entre **to**das as mu**lhe**res da **ter**ra.

Leitura breve Ag 2,6b.9

Ainda um momento, e eu hei de mover o céu e a terra, o mar e a terra firme. O esplendor desta nova casa será maior que o da primeira, e, neste lugar, estabelecerei a paz, diz o Senhor dos exércitos.

V. Lem**brai**-vos, ó Se**nhor**, de mim, lem**brai**-vos,
pelo a**mor** que demons**trais** ao vosso **po**vo!
R. Visi**tai**-me com a **vos**sa salva**ção**!

Oração como nas Laudes.

Vésperas

Antífonas próprias, p. 143s. Salmos do dia corrente da semana

Leitura breve Tg 5,7-8.9b

Irmãos, ficai firmes até à vinda do Senhor. Vede o agricultor: ele espera o precioso fruto da terra e fica firme até cair a chuva do outono ou da primavera. Também vós ficai firmes e fortalecei vossos corações, porque a vinda do Senhor está próxima. Eis que o juiz está às portas.

Responsório breve

R. A **vós**, ó Deus, a **nos**sa grati**dão**:
* Vosso **no**me está **per**to. R. A **vós**, ó Deus.
V. De **vós**, Senhor, vi**rá** a renova**ção**. * Vosso **no**me.
Glória ao **Pai**. R. A **vós**, ó Deus.

Cântico evangélico, ant.

Ó **Rei** das na**ções**. Dese**ja**do dos **po**vos;
O **Pedra** angu**lar**, que os o**pos**tos **unis**:
Oh, **vin**de e sal**vai** este **ho**mem tão **frá**gil,
que um **di**a cri**as**tes do **bar**ro da **ter**ra!

Preces

Oremos, irmãos e irmãs caríssimos, a Cristo nosso Senhor, que por nossa causa se humilhou; e digamos cheios de alegria:

R. **Vinde, Senhor Jesus!**

Senhor Jesus, que viestes ao mundo para socorrer a humanidade,
– Purificai de todo pecado as nossas almas e os nossos corpos. R.

Não deixeis que se separem de vós,
– aqueles que pelo mistério da encarnação vos dignastes chamar de irmãos. R.

Não castigueis eternamente os que remistes,
– quando vierdes para julgar o mundo.
R. **Vinde, Senhor Jesus!**

Vós, que nesta vida nos cumulais com as riquezas infinitas da vossa bondade,
– fazei que alcancemos no céu a coroa imperecível da glória. R.

(intenções livres)

Nós vos recomendamos, Senhor, as almas daqueles que já se separaram do corpo;
– mortos para este mundo, vivam eternamente para vós. R.

Pai nosso...

Oração

Deus de misericórdia, vendo o homem entregue à morte, quisestes salvá-lo pela vinda do vosso Filho; fazei que, ao proclamar humildemente o mistério da encarnação, entremos em comunhão com o Redentor. Que convosco vive e reina na unidade do Espírito Santo.

23 DE DEZEMBRO

Laudes

Antífonas próprias, p. 143s. Salmos do dia corrente da semana.

Leitura breve Jr 30,21a.22

Eis o que diz o Senhor: Para chefe será escolhido um dos seus, e o soberano sairá do seu meio; eu o incitarei, e ele se aproximará de mim. Sereis meu povo e eu serei vosso Deus.

Responsório breve

R. Que o univ**er**so rejub**i**le e dê **gri**tos de ale**gri**a:
* Pois o Se**nhor** há de che**gar**! R. Que o univ**er**so.
V. Ver**da**de e a**mor** encontra**rão:**
* Pois o Se**nhor**. Glória ao **Pai**. R. Que o univ**er**so.

Cântico evangélico, ant.

Eis que a**go**ra já se **cum**prem plena**men**te as pa**la**vras,
pelo **an**jo anunci**a**das sobre a **Vir**gem Mãe de **Deus**.

Preces

Invoquemos, irmãos e irmãs caríssimos, a Deus Pai que enviou seu Filho para salvar a humanidade; e supliquemos:

R. **Mostrai-nos, Senhor, a vossa misericórdia!**

Pai de bondade, com a mais sincera fé, nós proclamamos Jesus Cristo verdadeiro Deus e verdadeiro homem;
– fazei que por nosso modo de viver sejamos dignos de acolhê-lo. R.

Vós, que enviastes vosso Filho para nos salvar,
– afastai todo sofrimento da face da terra e desta cidade. R.

Que nossa terra transborde de alegria pela vinda do vosso Filho,
– para que experimente cada vez mais a plenitude da alegria que nos dais. R.

Por vossa misericórdia, fazei-nos viver neste mundo com sobriedade, justiça e piedade,
– enquanto, vivendo a bem-aventurada esperança, aguardamos a vinda gloriosa do Cristo Salvador. R.

(intenções livres)

Pai nosso...

Oração

Deus eterno e todo-poderoso, ao aproximar-nos do natal do vosso Filho, concedei-nos obter a misericórdia do Verbo, que se encarnou no seio da Virgem e quis viver entre nós. Por nosso Senhor Jesus Cristo, vosso Filho, na unidade do Espírito Santo.

Hora Média

Ant. Disse o **an**jo à **Vir**gem:
Ma**ri**a, a**le**gra-te, ó **chei**a de **gra**ça,
o Se**nhor** é con**ti**go;
és ben**di**ta entre **to**das as mu**lhe**res da **ter**ra.

Leitura breve Jr 30,18a

Isto diz o Senhor: Eis que eu mudarei a sorte das tendas de Jacó e terei compaixão de suas moradias.

V. Lem**brai**-vos, ó Se**nhor**, de mim, lem**brai-**vos,
pelo a**mor** que demons**trais** ao vosso **po**vo!
R. Visi**tai**-me com a **vos**sa salva**ção**!

Oração como nas Laudes.

Vésperas

Antífonas próprias, p. 143s. Salmos do dia corrente da semana.

Leitura breve 2Pd 3,8b-9

Para o Senhor, um dia é como mil anos e mil anos como um dia. O Senhor não tarda a cumprir sua promessa, como pensam alguns, achando que demora. Ele está usando de paciência para conosco. Pois não deseja que alguém se perca. Ao contrário, quer que todos venham a converter-se.

Responsório breve

R. Nossa **alma** es**pera** no Se**nhor**,
* Nele se a**le**gra o **nosso** cora**ção**. R. Nossa **alma**.
V. Está **per**to a salva**ção** dos que o res**pei**tam.
* Nele se a**le**gra. Glória ao **Pai**. R. Nossa **alma**.

Cântico evangélico, ant.

Ó Emanu**el:** Deus-co**nos**co, nosso **Rei** Legisla**dor**,
Espe**ran**ça das na**ções** e dos **po**vos Salva**dor**:
Vinde en**fim** para sal**var**-nos, ó Se**nhor** e nosso **Deus**!

Preces

Roguemos, irmãos, e irmãs, a Cristo nosso Redentor, que veio à terra para anunciar a Boa-nova aos pobres; e lhe digamos com fervor:

R. **Manifestai, Senhor, a todos a vossa glória!**

Manifestai-vos, Senhor, a todos que ainda não vos conhecem,
– para que também eles vejam vossa salvação. R.

Seja o vosso nome anunciado até os confins da terra,
– para que todos encontrem vosso caminho. R.

Vós, que viestes, a primeira vez, para remir o mundo de seus pecados,
– vinde novamente para que não se percam os que creem em vós. R.

Conservai e protegei, com o poder da vossa graça,
– a liberdade que nos destes com a vossa redenção. R.

(intenções livres)

Vós, que viestes do céu à terra para nascer segundo a carne, e de novo haveis de vir para julgar os vivos e os mortos,
– dai aos defuntos a recompensa eterna, quando vierdes no último dia. R.

Pai nosso...

Oração

Deus eterno e todo-poderoso, ao aproximar-nos do natal do vosso Filho, concedei-nos obter a misericórdia do Verbo, que se encarnou no seio da Virgem e quis viver entre nós. Por nosso Senhor Jesus Cristo, vosso Filho, na unidade do Espírito Santo.

24 DE DEZEMBRO

Laudes

Hino, p. 142.

Ant. 1 Tu, **Belém**, não és a **úl**tima das ci**da**des de Ju**dá**,
pois de **ti** virá o **Gui**a do meu **po**vo, Isra**el**.

Salmos e cântico do Saltério, do dia correspondente.

Ant. 2 Levan**tai** vossa ca**be**ça e o**lhai**,
pois a **vos**sa reden**ção** se apro**xi**ma.

Ant. 3 Ama**nhã** virá a **vos**sa salva**ção**:
é o que **diz** o Se**nhor** Deus do uni**ver**so.

Leitura breve — Is 11,1-3a

Nascerá uma haste do tronco de Jessé e, a partir da raiz, surgirá o rebento de uma flor; sobre ele repousará o espírito do Senhor: espírito de sabedoria e discernimento, espírito de conselho e fortaleza, espírito de ciência e temor de Deus; no temor do Senhor encontra ele seu prazer.

Responsório breve

R. Ama**nhã** será var**ri**da da **ter**ra a iniqui**da**de. R. Ama**nhã**.
V. E sobre **nós** há de rei**nar** o **Sal**vador do **mun**do.
R. Ama**nhã**. Glória ao **Pai**. R. Ama**nhã**.

Cântico evangélico, ant.

Comple**ta**ram-se os **di**as de Ma**ri**a dar à **luz**
o seu **Fi**lho primo**gê**nito.

Preces

Oremos, com espírito de fé, irmãos e irmãs caríssimos, a Cristo Redentor, que virá ao mundo com grande poder e glória; e supliquemos:

R. **Vinde, Senhor Jesus!**

Senhor Jesus Cristo, que haveis de vir cheio de poder e majestade,
– olhai benigno para a nossa humildade e fazei-nos dignos de vossos dons. R.

Vós, que viestes proclamar a Boa-nova à humanidade,
– dai-nos anunciar sempre a vossa salvação. R.

Vós, que viveis eternamente na glória celeste, e tudo governais com poder e sabedoria,
– concedei-nos aguardar com alegria a bem-aventurada esperança, enquanto aguardamos a vossa vinda gloriosa. R.

E a nós, que desejamos a graça da vossa vinda,
– confortai-nos com a assistência do vosso poder divino. R.

(intenções livres)

Pai nosso...

Oração

Apressai-vos e não tardeis, Senhor Jesus, para que a vossa chegada renove as forças dos que confiam em vosso amor. Vós, que sois Deus com o Pai, na unidade do Espírito Santo.

Hora Média

Ant. Disse o **an**jo à **Vir**gem:
Maria, ale**gra**-te, ó **chei**a de **gra**ça,
o Se**nhor** é con**ti**go;
és ben**di**ta entre **to**das as mu**lhe**res da **ter**ra.

Leitura breve Is 4,3

Os que forem deixados em Sião, os sobreviventes de Jerusalém, serão chamados santos, a saber, todos os destinados à vida em Jerusalém.

V. Lem**brai**-vos, ó Se**nhor,** de mim, lem**brai**-vos,
pelo **amor** que demons**trais** ao vosso **po**vo!

R. Visi**tai**-me com a **vos**sa salva**ção**!

Oração como nas Laudes.

TEMPO DO NATAL

I. ATÉ A SOLENIDADE DA EPIFANIA

No Ofício do domingo e dias de semana, desde as I Vésperas do Natal até as I Vésperas da Epifania exclusive, a não ser que haja hinos próprios:

Vésperas

Hino

Ó Redentor do mundo,
do eterno Pai gerado
já antes do universo,
qual Filho bem-amado.

Do Pai luz e esplendor,
nossa esperança eterna,
ouvi dos vossos servos
a prece humilde e terna.

Lembrai, autor da vida,
nascido de Maria,
que nossa forma humana
tomastes, neste dia.

A glória deste dia
atesta um fato novo,
que vós, do Pai descendo,
salvastes vosso povo.

Saúdam vossa vinda
o céu, a terra, o mar,
e todo ser que vive
entoa o seu cantar.

E nós, por vosso sangue
remidos como povo,
vos celebramos hoje,
cantando um canto novo.

A glória a vós, Jesus,
nascido de Maria
com vosso Pai e o Espírito
louvores cada dia.

Completletas

HINO Agora que o clarão, p. 751.

Laudes

Hino

Do sol nascente ao poente
cantai, fiéis, neste dia,
ao Cristo Rei que, por nós,
nasceu da Virgem Maria.

Autor feliz deste mundo,
tomou um corpo mortal.
A nossa carne assumindo,
livrou a carne do mal.

No seio puro da Virgem
entrou a graça dos céus.
Em si carrega um segredo
sabido apenas por Deus.

O casto seio da Virgem
se faz o templo de Deus.
Gerou sem homem um Filho,
o Autor da terra e dos céus.

Nasceu da Virgem o Filho
que Gabriel anunciou,
em quem no seio materno
João, o Batista, exultou.

Não recusou o presépio,
foi sobre o feno deitado;
quem mesmo as aves sustenta
com leite foi sustentado.

Do céu os coros se alegram,
os anjos louvam a Deus.
Pastor se mostra aos pastores
quem fez a terra e os céus.

Louvor a vós, ó Jesus,
que duma Virgem nascestes.
Louvor ao Pai e ao Espírito
no azul dos paços celestes.

Hora Média

Hino

Ó Deus, verdade e força
que o mundo governais,
da aurora ao meio-dia,
a terra iluminais.

De nós se afaste a ira,
discórdia e divisão.
Ao corpo dai saúde,
e paz ao coração.

Ouvi-nos, Pai bondoso,
por Cristo Salvador,
que vive com o Espírito
convosco pelo amor.

Ant. Mar**i**a guar**da**va no **seu** cora**ção**
as pa**la**vras e os **fa**tos, e **ne**les pen**sa**va.

25 de dezembro

NATAL DO SENHOR

Solenidade

I Vésperas

Hino

Ó Redentor do mundo,
do eterno Pai gerado
já antes do universo,
qual Filho bem-amado.

Do Pai luz e esplendor,
nossa esperança eterna,
ouvi dos vossos servos
a prece humilde eterna.

Lembrai, autor da vida,
nascido de Maria,
que nossa forma humana
tomastes, neste dia.

A glória deste dia
atesta um fato novo,
que vós, do Pai descendo,
salvastes vosso povo.

Saúdam vossa vinda
o céu, a terra, o mar,
e todo ser que vive
entoa o seu cantar.

E nós, por vosso sangue
remidos como povo,
vos celebramos hoje,
cantando um canto novo.

A glória a vós, Jesus,
nascido de Maria
com vosso Pai e o Espírito
louvores cada dia.

Salmodia

Ant. 1 O **Prín**cipe da **paz** foi exal**ta**do:
deseja toda a **ter**ra a sua **fa**ce.

Salmo 112(113)

– 1 Lou**vai**, louvai, ó **ser**vos do Se**nhor**, *
lou**vai**, louvai o nome do Senhor!
– 2 Ben**di**to seja o nome do Senhor, *
agora e por toda a eternidade!
– 3 Do nas**cer** do sol até o seu ocaso, *
lou**va**do seja o nome do Senhor!

– 4 O Se**nhor** está acima das nações, *
sua **gló**ria vai além dos altos céus.
= 5 Quem **po**de comparar-se ao nosso Deus, †
ao Se**nhor**, que no alto céu tem o seu trono *
6 e se in**cli**na para olhar o céu e a terra?

– 7 Le**van**ta da poeira o indigente *
e do **li**xo ele retira o pobrezinho,
– 8 para fa**zê**-lo assentar-se com os nobres, *
assen**tar**-se com os nobres do seu povo.

– [9]Faz a es**té**ril, mãe feliz em sua casa, *
vi**ven**do rodeada de seus filhos.

Ant. O **Prín**cipe da **paz** foi exal**ta**do:
de**se**ja toda a **ter**ra a sua **fa**ce.

Ant. 2 Deus en**vi**a suas **or**dens para a **ter**ra,
e a Pa**la**vra que ele **diz** corre ve**loz**.

Salmo 147(147B)

– [12]Glori**fi**ca o Se**nhor**, Jerusa**lém**! *
Ó Si**ão**, canta louvores ao teu Deus!

– [13]Pois refor**çou** com segurança as tuas portas, *
e os teus **fi**lhos em teu seio abençoou;

– [14]a **paz** em teus limites garantiu *
e te **dá** como alimento a flor do trigo

– [15]Ele en**vi**a suas ordens para a terra, *
e a pa**la**vra que ele diz corre veloz;

– [16]Ele **faz** cair a neve como lã *
e es**pa**lha a geada como cinza.

– [17]Como de **pão** lança as migalhas do granizo, *
a seu **fri**o as águas ficam congeladas.

– [18]Ele en**vi**a sua palavra e as derrete, *
sopra o **ven**to e de novo as águas correm.

– [19]Anun**ci**a a Jacó sua palavra, *
seus pre**cei**tos e suas leis a Israel.

– [20]Nenhum **po**vo recebeu tanto carinho, *
a nenhum **ou**tro revelou os seus preceitos.

Ant. Deus en**vi**a suas **or**dens para a **ter**ra,
e a Pa**la**vra que ele **diz** corre ve**loz**.

Ant. 3 Hoje o **Ver**bo Divi**no**, ge**ra**do pelo **Pai**
já bem **an**tes dos **tem**pos,
humi**lhou**-se a si **mes**mo e, por **nós**, se fez **ho**mem.

Cântico Fl 2,6-11

= [6]Embora **fo**sse de di**vi**na condi**ção**, †
Cristo Je**sus** não se apegou ciosamente *
a ser **i**gual em natureza a Deus Pai.

(R. Jesus **Cris**to é Se**nhor** para a **gló**ria de Deus **Pai**!)
= [7] Po**rém** esvaziou-se de sua glória †
e assu**miu** a condição de um escravo, *
fa**zen**do-se aos homens semelhante. (R.)
= Reconhe**ci**do exteriormente como homem, †
[8] humil**hou**-se, obedecendo até à morte, *
até à **mor**te humilhante numa cruz. (R.)
= [9] Por isso **Deus** o exaltou sobremaneira †
e deu-lhe o **no**me mais excelso, mais sublime, *
e ele**va**do muito acima de outro nome. (R.)
= [10] Para **que** perante o nome de Jesus †
se **do**bre reverente todo joelho, *
seja nos **céus**, seja na terra ou nos abismos. (R.)
= [11] E toda **lín**gua reconheça, confessando, †
para a **gló**ria de Deus Pai e seu louvor: *
"Na ver**da**de Jesus Cristo é o Senhor!" (R.)

Ant. Hoje o **Ver**bo Divino, ge**ra**do pelo **Pai**
já bem **an**tes dos **tem**pos,
humil**hou**-se a si **mes**mo e, por **nós,** se fez **ho**mem.

Leitura breve Gl 4,4-5

Quando se completou o tempo previsto, Deus enviou o seu Filho, nascido de uma mulher, nascido sujeito à Lei, a fim de resgatar os que eram sujeitos à Lei e para que todos recebêssemos a filiação adotiva.

Responsório breve

R. **Ho**je sabe**reis**:
* O Se**nhor** mesmo vi**rá**. R. **Ho**je.
V. E ama**nhã** haveis de **ver** sua **gló**ria em nosso **mei**o.
* O Se**nhor**. Glória ao **Pai**. R. **Ho**je.

Cântico evangélico, ant.

Quando o **sol** apare**cer** no hori**zon**te,
contempla**reis** o Rei dos **reis** sair do **Pai**
como o es**po**so de seu **quar**to nupci**al**.

Preces

Adoremos a Cristo, que se aniquilou a si mesmo, assumindo a condição de servo, e foi igual a nós em tudo, exceto no pecado. Com toda a nossa fé, peçamos:

R. **Pelo vosso natal, socorrei os que remistes!**

Ao entrardes no mundo, inaugurastes os novos tempos anunciados pelos profetas;
– fazei que de geração em geração a Igreja se rejuvenesça. R.

Vós, que assumistes a fragilidade da natureza humana,
– sede a luz dos cegos, a força dos fracos, o auxílio de todos os que padecem. R.

Vós, que nascestes pobre e humilde,
– olhai para os pobres e confortai-os com bondade. R.

Vós, que, nascendo na terra, anunciais a todos a alegria da eternidade prometida,
– confortai os corações dos agonizantes com a esperança do nascimento para o céu. R.

(intenções livres)

Vós, que descestes à terra para levar todos para o céu,
– associai a vós na glória os nossos irmãos e irmãs que morreram. R.

Pai nosso...

Oração

Ó Deus, que reacendeis em nós cada ano a jubilosa esperança da salvação, dai-nos contemplar com toda confiança, quando vier como Juiz, o Redentor que recebemos com alegria. Por nosso Senhor Jesus Cristo, vosso Filho, na unidade do Espírito Santo.

Rezam as Completas somente os que não participam do Ofício das Leituras e da Missa da Noite.

Laudes

Hino

Do sol nascente ao poente
cantai, fiéis, neste dia,
ao Cristo Rei que, por nós,
nasceu da Virgem Maria.

Autor feliz deste mundo,
tomou um corpo mortal.
A nossa carne assumindo,
livrou a carne do mal.

No seio puro da Virgem
entrou a graça dos céus.
Em si carrega um segredo
sabido apenas por Deus.

O casto seio da Virgem
se faz o templo de Deus.
Gerou sem homem um Filho,
o Autor da terra e dos céus.

Nasceu da Virgem o Filho
que Gabriel anunciou,
em quem no seio materno
João, o Batista, exultou.

Não recusou o presépio,
foi sobre o feno deitado;
quem mesmo as aves sustenta
com leite foi sustentado.

Do céu os coros se alegram,
os anjos louvam a Deus.
Pastor se mostra aos pastores
quem fez a terra e os céus.

Louvor a vós, ó Jesus,
que duma Virgem nascestes.
Louvor ao Pai e ao Espírito
no azul dos paços celestes.

Ant. 1 A quem **vis**tes, ó pas**to**res?
Anunci**ai** e nos di**zei** quem na **ter**ra apare**ceu**?
Nós **vi**mos um me**ni**no e os **an**jos a can**tar**
e a lou**var** Nosso Se**nhor**. Ale**lui**a.

Salmos e cântico do domingo da I Semana, p. 764.

Ant. 2 Disse o **an**jo aos pas**to**res:
Eu vos **tra**go a boa-**no**va de uma **gran**de ale**gri**a:
nasceu **ho**je para **vós** o Salva**dor** do uni**ver**so. Ale**lui**a.

Ant. 3 Um me**ni**no nasceu **ho**je para **nós**:
o seu **no**me é Deus **for**te, ale**luia**.

Leitura breve Hb 1,1-2

Muitas vezes e de muitos modos falou Deus outrora aos nossos pais, pelos profetas; nestes dias, que são os últimos, ele nos falou por meio do Filho, a quem ele constituiu herdeiro de todas as coisas e pelo qual também ele criou o universo.

Responsório breve

R. O Se**nhor** fez conhe**cer**
* Ale**luia**, ale**luia**. R. O Se**nhor**.
V. A sua salva**ção** * Ale**luia**, ale**luia**. Glória ao **Pai**.
R. O Se**nhor**.

Cântico evangélico, ant.

Glória a **Deus** nos altos **céus**,
e na **ter**ra paz aos **ho**mens que Ele **a**ma. Ale**luia**.

Preces

Celebremos dignamente o Verbo de Deus, que existe antes dos séculos e quis, por nosso amor, nascer no tempo; e aclamemos jubilosos:

R. **Alegre-se a terra porque viestes!**

Cristo, Verbo eterno, que, descendo à terra, a enchestes de exultação,
– alegrai o nosso coração com a graça da vossa visita. R.

Salvador do mundo, que pelo vosso natal nos revelastes a fidelidade de Deus à sua aliança,
– fazei-nos cumprir com fidelidade as promessas do nosso batismo. R.

Rei do céu e da terra, que enviastes os anjos para anunciar a paz aos homens,
– conservai na vossa paz os nossos dias. R.

Senhor, que viestes para ser a videira que nos dá os frutos da vida,
– fazei-nos permanecer unidos a vós e dar frutos de santidade. R.

(intenções livres)

Pai nosso...

Oração

Ó Deus onipotente, agora que a nova luz do vosso Verbo Encarnado invade o nosso coração, fazei que manifestemos em ações o que brilha pela fé em nossas mentes. Por nosso Senhor Jesus Cristo, vosso Filho, na unidade do Espírito Santo.

Hora Média

Salmodia

Ant. Ma**ri**a guar**da**va no **seu** cora**ção**
as pa**la**vras e os **fa**tos, e **ne**les pen**sa**va.

Salmo 18(19)B

– [8]A **lei** do Senhor **Deus** é per**fei**ta, *
con**for**to para a **al**ma!
– O teste**mu**nho do Senhor é fiel, *
sabedo**ri**a dos humildes.

– [9]Os pre**cei**tos do Senhor são precisos, *
ale**gri**a ao coração.
– O manda**men**to do Senhor é brilhante, *
para os **o**lhos é uma luz.

– [10]É **pu**ro o temor do Senhor, *
imu**tá**vel para sempre.
– Os julga**men**tos do Senhor são corretos *
e **jus**tos igualmente.

– [11]Mais dese**já**veis do que o ouro são eles, *
do que o **ou**ro refinado.
– Suas pa**la**vras são mais doces que o mel, *
que o **mel** que sai dos favos.

– [12]E vosso **ser**vo, instruído por elas, *
se em**pe**nha em guardá-las.
– [13]Mas quem **po**de perceber suas faltas?*
Perdo**ai** as que não vejo!

– [14]E preser**vai** o vosso servo do orgulho: *
não do**mi**ne sobre mim!
– E assim **pu**ro, eu serei preservado *
dos de**li**tos mais perversos. –

– [15] Que vos **agra**de o cantar dos meus lábios *
e a **voz** da minha alma;
– que ela **che**gue até vós, ó Senhor,*
meu Ro**che**do e Redentor!

Salmo 46(47)

– [2] Povos **to**dos do uni**ver**so, batei **pal**mas, *
gritai a **Deus** aclamações de alegria!
– [3] Porque su**bli**me é o Senhor, o Deus Altíssimo, *
o sobe**ra**no que domina toda a terra.
– [4] Os **po**vos sujeitou ao nosso jugo *
e colo**cou** muitas nações aos nossos pés.
– [5] Foi **e**le que escolheu a nossa herança, *
a **gló**ria de Jacó, seu bem-amado.
– [6] Por **en**tre aclamações Deus se elevou, *
o Se**nhor** subiu ao toque da trombeta.
– [7] Salmodi**ai** ao nosso Deus ao som da harpa, *
salmodi**ai** ao som da harpa ao nosso Rei!
– [8] Porque **Deus** é o grande Rei de toda a terra, *
ao som da **har**pa acompanhai os seus louvores!
– [9] Deus **rei**na sobre todas as nações, *
está sen**ta**do no seu trono glorioso.
– [10] Os **che**fes das nações se reuniram *
com o **po**vo do Deus santo de Abraão,
– pois só **Deus** é realmente o Altíssimo, *
e os pode**ro**sos desta terra lhe pertencem!

Salmo 47(48)

– [2] Grande é o Se**nhor** e muito **dig**no de lou**vo**res *
na ci**da**de onde ele **mo**ra;
– [3] seu monte **san**to, esta colina encantadora *
é a ale**gri**a do universo.
– Monte Si**ão**, no extremo norte situado, *
és a man**são** do grande Rei!
– [4] Deus reve**lou**-se em suas fortes cidadelas *
um re**fú**gio poderoso.–

– [5]Pois **eis** que os reis da terra se aliaram, *
e todos **jun**tos avançaram;
– [6]mal a **vi**ram, de pavor estremeceram, *
deban**da**ram perturbados.

– [7]Como as **do**res da mulher sofrendo parto, *
uma an**gús**tia os invadiu,
– [8]seme**lhan**te ao vento leste impetuoso, *
que despe**da**ça as naus de Társis.

– [9]Como ouv**i**mos dos antigos, contemplamos: *
Deus ha**bi**ta esta cidade,
– a ci**da**de do Senhor onipotente, *
que ele a **guar**de eternamente!

– [10]Recor**da**mos, Senhor Deus, vossa bondade *
em **mei**o ao vosso templo;
– [11]com vosso **no**me vai também vosso louvor *
aos con**fins** de toda a terra.

– [12]Vossa di**rei**ta está repleta de justiça, *
exulte o **mon**te de Sião!
– A**le**grem-se as cidades de Judá *
com os **vos**sos julgamentos!

– [13]Vinde a Si**ão**, fazei a volta ao seu redor *
e con**tai** as suas torres;
– [14]obser**vai** com atenção suas muralhas, *
visi**tai** os seus palácios,

– [15]para con**tar** às gerações que hão de vir *
como é **gran**de o nosso Deus!
– O nosso **Deus** é desde sempre e para sempre: *
será **e**le o nosso guia!

Ant. Maria guar**da**va no **seu** cora**ção**
as pa**la**vras e os **fa**tos, e **ne**les pen**sa**va.

Leitura breve 1Jo 4,9

Foi assim que o amor de Deus se manifestou entre nós: Deus enviou o seu Filho único ao mundo, para que tenhamos vida por meio dele.

V. Os con**fins** do uni**ver**so contem**pla**ram, ale**lui**a,
R. A salva**ção** de nosso **Deus**. Ale**lui**a.

Oração como nas II Vésperas, p. 183.

II Vésperas

Hino

Ó Redentor do mundo,
do eterno Pai gerado
já antes do universo,
qual Filho bem-amado.

Do Pai luz e esplendor,
nossa esperança eterna,
ouvi dos vossos servos
a prece humilde e terna.

Lembrai, autor da vida,
nascido de Maria,
que nossa forma humana
tomastes, neste dia.

A glória deste dia
atesta um fato novo,
que vós, do Pai descendo,
salvastes vosso povo.

Saúdam vossa vinda
o céu, a terra, o mar,
e todo ser que vive
entoa o seu cantar.

E nós, por vosso sangue
remidos como povo,
vos celebramos hoje,
cantando um canto novo.

A glória a vós, Jesus,
nascido de Maria,
com vosso Pai e o Espírito
louvores cada dia.

Salmodia

Ant. 1 Tu és **prín**cipe desde o **di**a em que nas**ces**te;
na **gló**ria e esplen**dor** da santi**da**de,
como o or**va**lho, antes da au**ro**ra, eu te ge**rei**.

Salmo 109(110),1-5.7

– 1 Pa**la**vra do Se**nhor** ao meu Se**nhor**: *
"As**sen**ta-te ao lado meu direito,
– **até** que eu ponha os inimigos teus *
como esca**be**lo por debaixo de teus pés!"

= 2 O Se**nhor** estenderá desde Sião †
vosso **ce**tro de poder, pois ele diz: *
"Do**mi**na com vigor teus inimigos;

= 3 Tu és **prín**cipe desde o dia em que nasceste; †
na **gló**ria e esplendor da santidade, *
como o or**va**lho, antes da aurora, eu te gerei!"

= 4 Jurou o Se**nhor** e manterá sua palavra: †
"Tu **és** sacerdote eternamente, *
segundo a **or**dem do rei Melquisedec!"

– 5 À vossa **des**tra está o Senhor, ele vos diz: *
"No dia da **i**ra esmagarás os reis da terra!
– 7 Bebe**rás** água corrente no caminho, *
por **is**so seguirás de fronte erguida!"

Ant. Tu és **prín**cipe desde o **di**a em que nas**ces**te;
na **gló**ria e esplen**dor** da santi**da**de,
como o or**va**lho, antes da au**ro**ra, eu te ge**rei**.

Ant. 2 No Se**nhor** se en**con**tra toda **gra**ça
e copi**o**sa reden**ção**.

Salmo 129(130)

– 1 Das profun**de**zas eu **cla**mo a vós, Se**nhor**, *
2 escu**tai** a minha **voz**!
– Vossos ou**vi**dos estejam bem atentos *
ao cla**mor** da minha prece!

– 3 Se le**var**des em conta nossas faltas, *
quem have**rá** de subsistir?

– 4 Mas em **vós** se encontra o perdão, *
eu vos **te**mo e em vós espero.

– 5 No Se**nhor** ponho a minha esperança, *
es**pe**ro em sua palavra.

– 6 A minh'**al**ma espera no Senhor *
mais que o vi**gi**a pela aurora.

– 7 Es**pe**re Israel pelo Senhor *
mais que o vi**gi**a pela aurora!

– Pois no Se**nhor** se encontra toda graça *
e copi**o**sa redenção.

– 8 Ele **vem** libertar a Israel *
de **to**da a sua culpa.

Ant. No Se**nhor** se encon**tra** toda **gra**ça e copi**o**sa reden**ção**.

Ant. 3 No prin**cí**pio, antes dos **tem**pos, o **Ver**bo era **Deus**.
E o **Ver**bo hoje nas**ceu** como **nos**so Salva**dor**.

Cântico cf. Cl 1,12-20

=12 Demos **gra**ças a Deus **Pai** onipo**ten**te, †
que nos **cha**ma a partilhar, na sua luz, *
da he**ran**ça a seus santos reservada!

(R. Glória a **vós**, Primo**gê**nito dentre os **mor**tos!)

=13 Do im**pé**rio das trevas arrancou-nos †
e transpor**tou**-nos para o reino de seu Filho, *
para o **rei**no de seu Filho bem-amado,

–14 no **qual** nós encontramos redenção, *
dos pe**ca**dos remissão pelo seu sangue. (R.)

–15 Do **Deus**, o Invisível, é a imagem, *
o Primo**gê**nito de toda criatura;

=16 porque **ne**le é que tudo foi criado: †
o que há nos **céus** e o que existe sobre a terra, *
o vi**sí**vel e também o invisível. (R.)

= Sejam **Tro**nos e Poderes que há nos céus, †
sejam **e**les Principados, Potestades: *
por **e**le e para ele foram feitos;

–17 antes de **to**da criatura ele existe, *
e é por **e**le que subsiste o universo. (R.)

= [18]Ele é a Ca**be**ça da Igreja, que é seu Corpo, †
é o prin**cí**pio, o Primogênito dentre os mortos, *
a **fim** de ter em tudo a primazia.
– [19]Pois foi do a**gra**do de Deus Pai que a plenitude *
habi**ta**sse no seu Cristo inteiramente. (R.)

– [20]A**prou**ve-lhe também, por meio dele, *
reconcili**ar** consigo mesmo as criaturas,
= pacifi**can**do pelo sangue de sua cruz †
tudo a**qui**lo que por ele foi criado, *
o que há nos **céus** e o que existe sobre a terra. (R.)

Ant. No prin**cí**pio, antes dos **tem**pos, o **Ver**bo era **Deus**.
E o **Ver**bo hoje nas**ceu** como **no**sso Salva**dor**.

Leitura breve 1Jo 1,1-3

O que era desde o princípio, o que nós ouvimos, o que vimos com os nossos olhos, o que contemplamos e as nossas mãos tocaram da Palavra da Vida, – de fato, a Vida manifestou-se e nós a vimos, e somos testemunhas, e a vós anunciamos a Vida eterna, que estava junto do Pai e que se tomou visível para nós – isso que vimos e ouvimos, nós vos anunciamos, para que estejais em comunhão conosco. E a nossa comunhão é com o Pai e com seu Filho, Jesus Cristo.

Responsório breve

R. A Pa**la**vra se fez **car**ne.
* Ale**lui**a, ale**lui**a. R. A Pa**la**vra.
V. E habi**tou** entre **nós**. *Ale**lui**a, ale**lui**a.
Glória ao **Pai**. R. A Pa**la**vra.

Cântico evangélico, ant.

O Se**nhor**, Rei dos **céus**, quis nas**cer** duma **Vir**gem
e, de **no**vo, le**var** para o **Rei**no ce**le**ste
o **ho**mem que es**ta**va há **mui**to per**di**do.

Preces

Celebremos com alegria a Jesus Cristo, em cujo natal os anjos anunciaram a paz ao mundo; e peçamos:

R. **Vosso natal traga a paz para todos!**

Senhor, que confortais a Igreja com o mistério do vosso nascimento,
– enriquecei-a de todos os bens. R.

Príncipe dos pastores e Guarda de nossas almas,
– tornai o Papa e nossos bispos fiéis ministros de vossa graça multiforme. R.

Rei da eternidade, que nascendo quisestes sujeitar-vos à brevidade da vida e experimentar as dificuldades humanas,
– fazei-nos viver de tal modo que possamos participar um dia da vossa glória eterna. R.

Esperado das nações, que viestes na plenitude dos tempos,
– manifestai vossa presença àqueles que ainda estão à vossa espera. R.

(intenções livres)

Verbo encarnado, que viestes renovar a natureza humana corrompida pelo pecado,
– concedei a plenitude da redenção aos nossos irmãos defuntos. R.

Pai nosso...

Oração

O Deus, que admiravelmente criastes o ser humano e mais admiravelmente restabelecestes a sua dignidade, dai-nos participar da divindade do vosso Filho, que se dignou assumir a nossa humanidade. Por nosso Senhor Jesus Cristo, vosso Filho, na unidade do Espírito Santo.

Durante a oitava do Natal, as Vésperas são sempre do dia da oitava, como vem indicado, ainda que nas outras Horas se tomem os textos da festa, com exceção das solenidades e do domingo da Sagrada Família.

Cada dia se dizem as Completas do Domingo alternadamente, p. 1116 ou p. 1119.

Domingo dentro da Oitava de Natal

I Semana do Saltério

SAGRADA FAMÍLIA, JESUS, MARIA E JOSÉ

Festa

Quando o Natal do Senhor ocorrer no Domingo, a Festa da Sagrada Família se celebra dia 30 de dezembro e não tem I Vésperas.

I Vésperas

Hino

Ó luz bendita dos céus,
dos homens suma esperança.
Jesus, o amor da família
sorriu a vós em criança.

Maria, cheia de graça,
só vós podeis apertar
Jesus ao peito e, com beijos,
materno leite lhe dar.

E vós, ó guarda da Virgem,
feliz eleito dos céus,
o doce nome de Pai
vos deu o Filho de Deus.

Da nobre raiz de Jessé,
para salvar-nos nascidos,
ouvi as preces humildes
dos corações redimidos.

A flor da graça e virtude
em vossa casa nascida,
se reproduza nas nossas,
para enfeitar nossa vida.

Jesus, quisestes ser filho
obediente a seus pais.
A vós, ao Pai e ao Espírito
louvor e glória eternais.

Ant. 1 Jacó foi o **pai** de José, o esposo da **Vir**gem Ma**ri**a,
da **qual** Jesus **Cris**to nas**ceu**.

Salmos e cântico do Comum de Nossa Senhora, p. 1459.

Ant. 2 José, filho de Davi, não receies
receber tua esposa Maria,
pois o filho que ela gerou é fruto do Espírito Santo.

Ant. 3 Os pastores vieram depressa
e encontraram Maria e José
e, no presépio, o Menino deitado.

Leitura breve 2Cor 8,9

Conheceis a generosidade de nosso Senhor Jesus Cristo: de rico que era, tornou-se pobre por causa de vós, para que vos torneis ricos, por sua pobreza.

Responsório breve

R. A Palavra se fez **carne**.
* Aleluia, aleluia. R. A Palavra.
V. Todos **nós** recebemos de **sua** plenitude. * E habitou.
Glória ao **Pai**. R. A Palavra.

Cântico evangélico, ant.

Ano A O anjo do Senhor apareceu
em sonho a José e lhe falou:
Levanta-te e toma o Menino
e a mãe dele, e foge para o Egito,
e fica lá até quando eu te avisar.

Ano B Passados os dias da purificação,
segundo a lei de Moisés,
levaram o Menino a Jerusalém,
a fim de que fosse apresentado ao Senhor.

Ano C Ao voltarem ficou o Menino
na cidade de Jerusalém,
sem que seus pais o soubessem.
E, pensando estar ele a caminho,
procuraram-no entre os parentes
e entre os seus conhecidos.

Preces

Adoremos o Filho do Deus vivo, que se dignou tornar-se filho de uma família humana; e digamos:

R. **Senhor, sois nosso modelo e salvador!**

Cristo Jesus, pelo mistério de vossa submissão a Maria e a José,
– ensinai-nos a respeitar e a obedecer os que legitimamente nos governam.

R. **Senhor, sois nosso modelo e salvador!**

Vós, que amastes vossos pais e por eles fostes amado;
– confirmai todas as famílias na paz e no amor recíproco. R.

Vós que sempre vos consagrastes generosamente às coisas do vosso Pai celeste,
– fazei que Deus seja glorificado em todas as famílias. R.

Senhor Jesus Cristo, a quem vossos pais, depois de três dias de angustiosa procura, encontraram na casa do Pai celeste,
– ensinai-nos a procurar antes de tudo o Reino de Deus. R.

(intenções livres)

Cristo Jesus, que associastes Maria e José à vossa glória no reino dos céus,
– recebei os nossos irmãos falecidos na família dos santos. R.

Pai nosso...

Oração

Ó Deus de bondade, que nos destes a Sagrada Família como exemplo, concedei-nos imitar em nossos lares as suas virtudes, para que, unidos pelos laços do amor, possamos chegar um dia às alegrias da vossa casa. Por nosso Senhor Jesus Cristo, vosso Filho, na unidade do Espírito Santo.

Laudes

Hino

Ó Cristo, luz do Pai,
ó Mãe de Deus, Maria,
José, que protegeis
o lar, com alegria.

Com flores de virtude
refulge o vosso lar.
Da graça a própria fonte
aí se vê jorrar.

Os anjos ficam pasmos
ao ver de Deus o Verbo,
vestido em carne humana,
servindo os próprios servos.

Embora sendo o último,
José, vós presidis.
Dais ordens a Maria,
aos dois, porém, servis.

Mais nobre que os palácios,
refulge esta mansão,
pois nela teve origem
do mundo a salvação.

Jesus, Maria, José,
do céu, onde reinais,
fazei que nossos lares
recebam vossa paz.

Por vós, ó Jesus Cristo,
cheguemos nós também,
com vossos pais, à glória
no lar dos céus. Amém.

Ant. 1 **To**dos os **a**nos, na **fes**ta da **Pás**coa,
os **pais** de Je**sus** iam a **Jerusalém**.

Salmos e cântico do domingo da I Semana, p. 764.

Ant. 2 Jesus cres**cen**do se **for**tale**ci**a, re**ple**to de **sa**bedo**ri**a,
e a **gra**ça de **Deus** nele es**ta**va.

Ant. 3 Seu **pai** e sua **mãe** se admi**ra**vam
do **que** se di**zi**a do Me**ni**no.

Leitura breve Dt 5,16

Honra teu pai e tua mãe, como o Senhor teu Deus te ordenou, para que vivas por longo tempo e sejas feliz na terra que o Senhor teu Deus te vai dar.

Responsório breve

R. Cristo, **Fi**lho do Deus **vi**vo,
* Tende **pe**na e compai**xão**. R. Cristo.
V. Vós que **fos**tes obedi**en**te a Ma**ri**a e a Jo**sé**.* Tende **pe**na. Glória ao **Pai**. R. Cristo.

Cântico evangélico, ant.

Ano A O **an**jo do Se**nhor**, no E**gi**to, apare**ceu**
em **so**nho a Jo**sé** e lhe **deu** este a**vi**so:
Le**van**ta-te e **to**ma o Me**ni**no e a Mãe **de**le
e **vol**ta a Isra**el**;
por**que** já mor**re**ram os **que** procu**ra**vam
ma**tar** o Me**ni**no.

Ano B Seu **pai** e sua **mãe** se admi**ra**vam das **coi**sas
que **de**le eram **di**tas.

Ano C Meu **fi**lho, por que a**gis**te assim co**nos**co?
Eu e teu **pai** te procu**rá**vamos a**fli**tos.
E por **que** me procu**rá**veis?
Não sa**bí**eis que eu de**vi**a estar na **ca**sa de meu **pai**?

Preces

Adoremos o Filho do Deus vivo, que se dignou tornar-se filho de uma família humana; e digamos:

R. **Jesus, pela vossa obediência, santificai-nos!**

Jesus, Verbo eterno do Pai, que vos submetestes à autoridade de Maria e de José,
– ensinai-nos a viver na humildade e obediência. R.

Jesus, nosso Mestre, cujas palavras e ações vossa Mãe conservava e meditava no coração,
– ensinai-nos a escutar e guardar fielmente a vossa Palavra. R.

Jesus Cristo, que criastes o universo e quisestes ser chamado filho do carpinteiro,
– ensinai-nos a amar o trabalho. R.

Jesus, que na Sagrada Família de Nazaré crescestes em sabedoria, idade e graça diante de Deus e dos homens,
– ajudai-nos a crescer sempre em santidade e justiça. R.

(intenções livres)

Pai nosso...

Oração

Ó Deus de bondade, que nos destes a Sagrada Família como exemplo, concedei-nos imitar em nossos lares as suas virtudes, para que, unidos pelos laços do amor, possamos chegar um dia às alegrias da vossa casa. Por nosso Senhor Jesus Cristo, vosso Filho, na unidade do Espírito Santo.

Hora Média

Salmos do Domingo da I Semana do Saltério, p. 768. Se esta festa não for celebrada em Domingo, se dizem os salmos do dia de semana corrente.

Ant. Ma**ri**a guar**da**va no **seu** cora**ção**
as pa**la**vras e os **fa**tos, e **ne**les pen**sa**va.

Leitura breve Cl 3,14-15

Sobretudo, amai-vos uns aos outros, pois o amor é O vínculo da perfeição. Que a paz de Cristo reine em vossos corações, à qual fostes chamados como membros de um só corpo. E sede agradecidos.

V. Cresci **po**bre e em tra**ba**lhos desde o **tem**po da in**fân**cia.
R. Exal**ta**do, eu vi**vi** na humilha**ção** e sofri**men**to.

Oração como nas Laudes.

II Vésperas

Hino

Ó luz bendita dos céus,
dos homens suma esperança.
Jesus, o amor da família
sorriu a vós em criança.

Maria, cheia de graça,
só vós podeis apertar
Jesus ao peito e, com beijos,
materno leite lhe dar.

E vós, ó guarda da Virgem,
feliz eleito dos céus,
o doce nome de Pai
vos deu o Filho de Deus.

Da nobre raiz de Jessé,
para salvar-nos nascidos,
ouvi as preces humildes
dos corações redimidos.

A flor da graça e virtude
em vossa casa nascida,
se reproduza nas nossas,
para enfeitar nossa vida.

Jesus, quisestes ser filho
obediente a seus pais.
A vós, ao Pai e ao Espírito
louvor e glória eternais.

Ant. 1 Após três **di**as, encon**tra**ram no **tem**plo o Me**ni**no,
sen**ta**do entre os dou**to**res,
ou**vin**do e interro**gan**do-os.

Salmos e cântico do Comum de Nossa Senhora, p. 1164.

Ant. 2 Jesus vol**tou** a Naza**ré** com os seus **pais**
e **e**ra-lhes sub**mis**so.

Ant. 3 Cres**ci**a Je**sus** em **sa**bedo**ri**a, i**da**de e **gra**ça
di**an**te de **Deus** e di**an**te dos **ho**mens.

Leitura breve Fl 2,6-7

Jesus Cristo, existindo em condição divina, não fez do ser igual a Deus uma usurpação, mas ele esvaziou-se a si mesmo, assumindo a condição de escravo e tornando-se igual aos homens. Encontrado com aspecto humano, humilhou-se a si mesmo.

Responsório breve

R. Con**vi**nha que em **tu**do fosse i**gual** a seus ir**mãos**,
* Para po**der** ter pena **de**les. R. Con**vi**nha.
V. Deus foi **vis**to em nossa **ter**ra convi**ven**do com seu **po**vo.
* Para po**der**. Glória ao **Pai.** R. Con**vi**nha.

Cântico evangélico, ant.

Ano A José veio mo**rar** na ci**da**de de Naza**ré**,
para cum**prir**-se o que foi **di**to
por **mei**o dos pro**fe**tas:
Será cha**ma**do Naza**re**no.

Ano B Cres**ci**a o Me**ni**no e se **for**talecia,
fi**can**do re**ple**to de **sa**bedo**ri**a:
sobre **e**le es**ta**va a **gra**ça de **Deus**.

Ano C Jesus vol**tou** a Naza**ré** com os seus **pais**
e **e**ra-lhes sub**mis**so.
Sua **Mãe**, porém, guar**da**va estas **coi**sas
no **seu** cora**ção**.

Preces

Adoremos o Filho do Deus vivo, que se dignou tornar-se filho de uma família humana; e digamos:

R. **Senhor, sois nosso modelo e salvador!**

Cristo Jesus, pelo mistério de vossa submissão a Maria e a José,
– ensinai-nos a respeitar e a obedecer os que legitimamente nos governam. R.

Vós, que amastes vossos pais e por eles fostes amado;
– confirmai todas as famílias na paz e no amor recíproco. R.

Vós, que sempre vos consagrastes generosamente às coisas do vosso Pai celeste,
– fazei que Deus seja glorificado em todas as famílias. R.

Senhor Jesus Cristo, a quem vossos pais, depois de três dias de angustiosa procura, encontraram na casa do Pai celeste,
– ensinai-nos a procurar antes de tudo o Reino de Deus. R.

(intenções livres)

Cristo Jesus, que associastes Maria e José à vossa glória no reino dos céus,
– recebei os nossos irmãos e irmãs falecidos na família dos santos. R.

Pai nosso...

Oração

Ó Deus de bondade, que nos destes a Sagrada Família como exemplo, concedei-nos imitar em nossos lares as suas virtudes, para que, unidos pelos laços do amor, possamos chegar um dia às alegrias da vossa casa. Por nosso Senhor Jesus Cristo, vosso Filho, na unidade do Espírito Santo.

DIA 26 DE DEZEMBRO

Nas Laudes e na Hora Média, tudo é da festa de Santo Estêvão, protomártir, p. 1161.

Vésperas

Hino, antífonas, salmos e cântico, como nas II Vésperas do Natal, p. 179.

Leitura breve 1Jo 1,5b.7

Deus é luz e nele não há trevas. Se andamos na luz, como ele está na luz, então estamos em comunhão uns com os outros, e o sangue de seu Filho Jesus nos purifica de todo o pecado.

Responsório breve

R. A Pa**la**vra se fez **car**ne.
 * Ale**lui**a, ale**lui**a. R. A Pa**la**vra.
V. E habi**tou** entre **nós**. *Ale**lui**a, ale**lui**a.
 Glória ao **Pai**. R. A Pa**la**vra.

Cântico evangélico, ant.

En**quan**to o si**lên**cio envol**vi**a a **ter**ra
e a **noi**te es**ta**va em **mei**o ao seu **cur**so,
a **vos**sa di**vi**na Pa**la**vra, Se**nhor**,
veio a **nós** do seu **tro**no re**al**. Ale**lui**a.

Preces

Roguemos ao Verbo de Deus que, vindo habitar entre nós, abriu o caminho da eterna salvação; e com sincera humildade digamos:

R. **Livrai-nos, Senhor, de todo mal!**

Pelo mistério de vossa encarnação, por vosso nascimento e infância,
– por vossa vida inteira dedicada ao Pai, R.

Por vosso trabalho, vossas pregações e caminhadas,
– por vosso convívio com os pecadores, R.

Por vossa agonia e paixão, pela vossa cruz e solidão,
– por vossas angústias, morte e sepultura, R.

(intenções livres)

Por vossa ressurreição e ascensão, pelo dom do Espírito Santo, por vossa alegria e glória eterna,
– libertai, Senhor, nossos irmãos já falecidos. R.

Pai nosso...

Oração

Concedei, ó Deus todo-poderoso, que o novo nascimento de vosso Filho como homem nos liberte da antiga escravidão do pecado. Por nosso Senhor Jesus Cristo, vosso Filho, na unidade do Espírito Santo.

DIA 27 DE DEZEMBRO

Nas Laudes e na Hora Média, tudo é da festa de São João, apóstolo e evangelista, p. 1163.

Vésperas

Hino, antífonas, salmos e cântico, como nas II Vésperas do Natal, p. 179.

Leitura breve Rm 8,3b-4

Tendo Deus enviado seu próprio Filho numa condição semelhante àquela da humanidade pecadora, e por causa justamente do pecado, condenou o pecado em nossa condição humana, para que toda a justiça exigida pela Lei seja cumprida em nós que não procedemos segundo a carne, mas segundo o Espírito.

Responsório breve

R. A Pa**la**vra se fez **car**ne.
* Ale**lui**a, ale**lui**a. R. A Pa**la**vra.
V. E habi**tou** entre **nós**. *Ale**lui**a, ale**lui**a.
Glória ao **Pai**. R. A Pa**la**vra.

Cântico evangélico, ant.

Por **vós**, Santa **Vir**gem Ma**ri**a,
cum**priu**-se a Palavra de **Deus**
que os pro**fe**tas dis**se**ram do **Cris**to.
Sendo **vir**gem, conce**bes**tes e ge**ras**tes o Se**nhor**.

Preces

Rezemos, irmãos, a Deus Pai que por seu grande amor para conosco nos enviou seu Filho; e digamos:

R. **A graça de Cristo esteja sempre conosco!**

Deus de amor, Pai de nosso Senhor Jesus Cristo, que vos compadecestes daqueles que vivem nas trevas,
– acolhei as preces que vos apresentamos pela salvação de todos. R.

Lembrai-vos, Senhor, da vossa Igreja que se faz presente pelo mundo inteiro,
– abençoai o povo cristão e concedei-lhe a paz. R.

Pai de todos os homens, estabelecei também a paz entre as nações, e dirigi todos os povos para o conhecimento de vosso Filho,
– e dai aos governantes das nações o espírito da paz. R.

(intenções livres)

Vós que, com a chegada de vosso Filho, quisestes que a paz fosse anunciada ao mundo inteiro,
– dai a paz eterna aos que adormeceram na esperança.
R. **A graça de Cristo esteja sempre conosco!**

Pai nosso...

Oração

O Deus onipotente, agora que a nova luz do vosso Verbo Encarnado invade o nosso coração, fazei que manifestemos em ações o que brilha pela fé em nossas mentes. Por nosso Senhor Jesus Cristo, vosso Filho, na unidade do Espírito Santo.

DIA 28 DE DEZEMBRO

Nas Laudes e na Hora Média, tudo é da festa dos Santos Inocentes, p. 1166.

Vésperas

Hino, antífonas, salmos e cântico, como nas II Vésperas do Natal, p. 179.

Leitura breve Ef 2,3b-5

Éramos por natureza, como os demais, filhos da ira. Mas Deus é rico em misericórdia. Por causa do grande amor com que nos amou, quando estávamos mortos por causa das nossas faltas, ele nos deu a vida com Cristo. É por graça que vós sois salvos!

Responsório breve

R. A Pa**la**vra se fez **car**ne.
* Ale**lui**a, ale**lui**a. R. A Pa**la**vra.
V. E habi**tou** entre **nós**. *Ale**lui**a, ale**lui**a.
Glória ao **Pai**. R. A Pa**la**vra.

Cântico evangélico, ant.

A **Vir**gem **san**ta e sem **man**cha, Maria,
ge**rou**-nos o **Fi**lho de **Deus**;
reves**tiu**-o de **mem**bros tão **frá**geis,
com seu **lei**te ma**ter**no nu**triu**-o:
ado**re**mos Je**sus** Salva**dor**.

Preces

Deus enviou seu Filho, nascido de uma mulher, nascido sob a lei, para remir aqueles que estavam sob a lei. Firmes nesta esperança, rezemos:

R. **A graça de Cristo esteja sempre conosco!**

Deus de amor e de paz; renovai em todos os cristãos a fé na encarnação de vosso Filho,
– para que vivam sempre em ação de graças. R.

Aumentai a esperança dos enfermos, dos pobres e dos velhos;
– dai conforto aos oprimidos, confiança aos desesperados, consolo aos que choram. R.

Não vos esqueçais dos encarcerados,
– e dos que vivem longe de sua pátria. R.

(intenções livres)

Vós, que no nascimento de vosso Filho nos fizestes ouvir os anjos cantando a vossa glória,
– fazei que os nossos irmãos falecidos vos louvem eternamente na companhia dos anjos. R.

Pai nosso...

Oração

Ó Deus, que admiravelmente criastes o ser humano e mais admiravelmente restabelecestes a sua dignidade, dai-nos participar da divindade do vosso Filho, que se dignou assumir a nossa humanidade. Por nosso Senhor Jesus Cristo, vosso Filho, na unidade do Espírito Santo.

29 de dezembro

QUINTO DIA NA OITAVA DO NATAL

Laudes

Hino, antífonas, salmos e cântico, como nas Laudes do Natal do Senhor, p. 173.

Leitura breve Hb 1,1-2

Muitas vezes e de muitos modos falou Deus outrora aos nossos pais, pelos profetas; nestes dias, que são os últimos, ele nos falou por meio do Filho, a quem ele constituiu herdeiro de todas as coisas e pelo qual também ele criou o universo.

Responsório breve

R. O Se**nhor** fez conhe**cer**
* Ale**luia**, ale**luia**. R. O Se**nhor**.
V. A **sua** salva**ção** * Ale**luia**, ale**luia**. Glória ao **Pai**.
R. O Se**nhor**.

Cântico evangélico, ant.

Os pas**to**res fa**la**vam entre **si**: Vamos **to**dos a Be**lém**,
vamos **ver** o grande e**ven**to que o Se**nhor** nos reve**lou**.

Preces

Demos graças a Deus Pai, que na sua misericórdia nos enviou Jesus Cristo, Príncipe da paz; e digamos cheios de confiança:

R. **Dai a paz, Senhor, a todos os homens!**

Deus onipotente, Pai de nosso Senhor Jesus Cristo, nestes dias em que a Igreja celebra vosso amor salvador,
– aceitai com bondade os nossos louvores. R.

Vós, que, desde o início, prometestes dar aos seres humanos a vitória por meio de Cristo, Salvador do mundo,
– iluminai todos os povos com a luz do Evangelho. R.

Para a glória de vosso Filho, que Abraão contemplou com alegria, os patriarcas esperaram, os profetas anunciaram e os povos desejaram,
– fazei que o povo de Israel também seja salvo. R.

Vós, que mandastes os anjos proclamar o nascimento de vosso Filho, e os apóstolos, mártires e fiéis o louvarem por todos os séculos,
– concedei à terra a vossa paz. R.

(intenções livres)

Pai nosso...

Oração

Ó Deus invisível e todo-poderoso, que dissipastes as trevas do mundo com a vinda da vossa luz, volvei para nós o vosso olhar, a fim de que proclamemos dignamente a maravilhosa natividade de vosso Filho Unigênito. Que convosco vive e reina, na unidade do Espírito Santo.

Hora Média

Salmos do dia de semana correspondente.

Ant. Maria guardava no seu coração
as palavras e os fatos, e neles pensava.

Leitura breve 1 Jo 4,9

Foi assim que o amor de Deus se manifestou entre nós: Deus enviou o seu Filho único ao mundo, para que tenhamos vida por meio dele.

V. Os confins do universo contemplaram, aleluia,
R. A salvação do nosso Deus. Aleluia.

Oração como nas Laudes.

Vésperas

Hino, antífonas, salmos e cântico, como nas II Vésperas do Natal, p. 179.

Leitura breve 1Jo 1,1-3

O que era desde o princípio, o que nós ouvimos, o que vimos com os nossos olhos, o que contemplamos e as nossas mãos tocaram da Palavra da Vida, – de fato, a Vida manifestou-se e nós a vimos, e somos testemunhas, e a vós anunciamos a Vida eterna, que estava junto do Pai e que se tornou visível para nós – isso que vimos e ouvimos, nós vos anunciamos, para que estejais em comunhão conosco. E a nossa comunhão é com o Pai e com seu Filho, Jesus Cristo.

Responsório breve

R. A Palavra se fez carne.
* Aleluia, aleluia. R. A Palavra.
V. E habitou entre nós. *Aleluia, aleluia.
Glória ao Pai. R. A Palavra.

Cântico evangélico, ant.

O Senhor, Rei dos céus, quis nascer duma Virgem
e, de novo, levar para o Reino celeste
o homem que estava há muito perdido.

Preces

Invoquemos a infinita misericórdia de Deus Pai, que ungiu no Espírito Santo o seu Filho Unigênito para anunciar aos pobres a alegria da salvação; e digamos:

R. **Deus de misericórdia, tende piedade de nós.**

Deus eterno e cheio de misericórdia, que enviastes vosso Filho ao mundo para que todos os homens se salvem e cheguem ao conhecimento da verdade,
– fazei que o Natal de Cristo encha de alegria todos os povos da terra. R.

Vós que enviastes Cristo ao mundo para anunciar aos pobres a salvação, libertar os oprimidos e proclamar o tempo da graça,
– concedei a todos a liberdade e a paz. R.

Vós que encaminhastes os sábios do Oriente para virem adorar o vosso Filho,
– iluminai a nossa fé e aceitai nossa oração. R.

Vós que atraís todos os homens, chamando-os das trevas à vossa luz admirável, para que ao nome de Jesus todo joelho se dobre,
– fazei de nós fiéis testemunhas do Evangelho. R.

(intenções livres)

Vós que em Jesus Cristo, nascido em Belém, fizestes brilhar a luz que ilumina as nações,
– mostrai a glória de vossa face aos nossos irmãos e irmãs falecidos. R.

Pai nosso...

Oração

Ó Deus invisível e todo-poderoso, que dissipastes às trevas do mundo com a vinda da vossa luz, volvei para nós o vosso olhar, a fim de que proclamemos dignamente a maravilhosa natividade de vosso Filho Unigênito. Que convosco vive e reina, na unidade do Espírito Santo.

30 de dezembro

SEXTO DIA NA OITAVA DO NATAL

Não havendo domingo dentro da Oitava do Natal, celebra-se hoje a festa da Sagrada Família, p.186, omitindo-se as I Vésperas.

Laudes

Hino, antífonas, salmos e cântico, como nas Laudes do Natal do Senhor, p.173.

Leitura breve Is 9,5

Nasceu para nós um menino, foi-nos dado um filho; ele traz aos ombros a marca da realeza; o nome que lhe foi dado é: Conselheiro admirável, Deus forte, Pai dos tempos futuros, Príncipe da Paz.

Responsório breve

R. O Se**nhor** fez conhe**cer**
* Ale**luia**, ale**luia**. R. O Se**nhor**.
V. A **sua** salva**ção** * Ale**luia**, ale**luia**.
Glória ao **Pai**. R. O Se**nhor**.

Cântico evangélico, ant.

Ao nas**cer** o Se**nhor** em Be**lém**,
os **co**ros dos **an**jos can**ta**vam:
Glória a **Deus** em seu **tro**no e ao Cor**dei**ro!

Preces

Supliquemos a Cristo nosso Senhor, em quem o Pai quis renovar todas as coisas; e digamos:

R. **Filho de Deus muito amado, ouvi-nos!**

Filho de Deus, que desde o princípio estáveis junto do Pai e, ao chegar a plenitude dos tempos, vos fizestes homem,
– fazei que nos amemos todos como irmãos e irmãs. R.

Cristo, Filho de Deus, que vos fizestes pobre para nos enriquecer com vossa pobreza, e vos humilhastes para nos fazerdes participantes da vossa glória,
– tornai-nos fiéis ministros do vosso Evangelho. R.

Vós, que viestes iluminar os que viviam nas trevas e na sombra da morte,
– guiai nossos passos no caminho da santidade, da justiça e da paz. R.

Dai-nos um coração puro e sincero para escutar fielmente a vossa Palavra,
– e multiplicai em nós e em todos os homens os frutos da salvação para vossa maior glória.
R. **Filho de Deus muito amado, ouvi-nos!**

(intenções livres)

Pai nosso...

Oração

Concedei, ó Deus todo-poderoso, que o novo nascimento de vosso Filho como homem nos liberte da antiga escravidão do pecado. Por nosso Senhor Jesus Cristo, vosso Filho, na unidade do Espírito Santo.

Hora Média

Salmos do dia de semana correspondente.

Ant. Ma**ri**a guar**da**va no seu cora**ção**
as pa**la**vras e os **fa**tos, e **ne**les pen**sa**va.

Leitura breve Is 12,5-6

Cantai ao Senhor as grandes coisas que fez; é preciso que isto seja conhecido em toda parte. Exulta de alegria entre louvores, Cidade de Sião, pois no meio de ti se manifesta a grandeza do Santo de Israel.

V. Os con**fins** do uni**ver**so contem**pla**ram, ale**lui**a,
R. A salva**ção** do nosso **Deus**. Ale**lui**a.

Oração como nas Laudes.

Vésperas

Hino, antífonas e cântico, como nas II Vésperas do Natal do Senhor, p. 179.

Leitura breve cf. 2Pd 1,3-4

Cristo, por seu divino poder, nos deu todas as coisas necessárias para a vida e para a piedade, mediante o conhecimento daquele que, pela sua própria glória e virtude, nos chamou. Por meio de tudo isso nos foram dadas as preciosas promessas, as maiores que há, a fim de que vos tornásseis participantes da natureza divina, depois de libertos da corrupção da concupiscência no mundo.

Responsório breve

R. A Pa**la**vra se fez **car**ne.
* Ale**lui**a, ale**lui**a. R. A Pa**la**vra.
V. E habi**tou** entre **nós.** *Ale**lui**a, ale**lui**a.
Glória ao **Pai**. R. A Pa**la**vra.

Cântico evangélico, ant.

Nós vos lou**va**mos, Santa **Mãe** do nosso **Deus**,
pois de **vós** nasceu o **Cris**to Salva**dor**.
Interce**dei** por todos **nós** que vos lou**va**mos!

Preces

Glorifiquemos a Cristo, rei nascido em Belém de Judá para dirigir seu povo santo; e aclamemos com alegria:

R. **Ajudai-nos, Senhor, com a vossa graça!**

Cristo, nosso Salvador, desejado das nações, iluminai com a luz do Evangelho aqueles que ainda não reconheceram a Palavra da vida,·
– e atraí para vós todos os homens. R.

Cristo, Senhor do universo, fazei que a vossa Igreja se estenda até aos confins da terra,
– e congregai nela os homens e as mulheres de todas as línguas e nações. R.

Cristo, Rei dos reis, dirigi o coração e o pensamento dos governantes,
– para que promovam fielmente a justiça, a paz e a liberdade de todos os povos. R.

Cristo, Senhor dos senhores e fortaleza dos humildes, ajudai os que são tentados, reanimai os deprimidos, protegei os que vivem em perigo,
– revigorai os desiludidos e desesperados, firmai a esperança dos perseguidos. R.

(intenções livres)

Cristo, Consolador dos aflitos, confortai os agonizantes,
– e conduzi-os para as fontes de água viva. R.

Pai nosso...

Oração

Concedei, ó Deus todo-poderoso, que o novo nascimento de vosso Filho como homem nos liberte da antiga escravidão do pecado. Por nosso Senhor Jesus Cristo, vosso Filho, na unidade do Espírito Santo.

31 de dezembro

SÉTIMO DIA NA OITAVA DO NATAL

Laudes

Hino, antífonas, salmos e cântico, como nas Laudes do Natal do Senhor, p. 173.

Leitura breve Is 4,2-3

Naquele dia, o povo do Senhor terá esplendor e glória, e o fruto da terra será de grande alegria para os sobreviventes de Israel. Então, os que forem deixados em Sião, os sobreviventes de Jerusalém, serão chamados santos, a saber, todos os destinados à vida em Jerusalém.

Responsório breve

R. O Se**nhor** fez conhe**cer**
* Ale**lui**a, ale**lui**a. R. O Se**nhor**.
V. A **sua** salva**ção** * Ale**lui**a, ale**lui**a. Glória ao **Pai**.
R. O Se**nhor**.

Cântico evangélico, ant.

O **co**ro dos **an**jos lou**va**va can**tan**do:
Glória a **Deus** nas al**tu**ras dos **céus**, ale**lui**a.
Paz na **ter**ra aos **ho**mens que Ele **a**ma, ale**lui**a.

Preces

Com humilde confiança imploremos ao Cristo Senhor, que em sua graça apareceu a todos; e digamos:

R. **Senhor, tende piedade de nós!**

Cristo, nascido do Pai antes de todos os séculos, esplendor de sua glória, imagem de sua substância, que tudo firmais na vossa palavra,
– que este dia seja vivificado por vosso Evangelho. R.

Cristo, nascido neste mundo quando veio a plenitude dos tempos, para salvar o gênero humano e libertar toda criatura,
– dai a todos a liberdade. R.

Cristo, Filho consubstancial ao Pai, gerado antes da aurora, nascido em Belém para que se cumprisse a Escritura,
– fazei brilhar na Igreja a probreza evangélica. R.

Cristo; Deus e homem, Senhor e Filho de Davi, segundo as Escrituras,
– que Israel vos reconheça como seu Messias. R.

(intenções livres)

Pai nosso...

Oração

Deus eterno e todo-poderoso, que estabelecestes o princípio e a plenitude de toda a religião na encarnação do vosso Filho, concedei que sejamos contados entre os discípulos daquele que é toda a salvação da humanidade. Por nosso Senhor Jesus Cristo, vosso Filho, na unidade do Espírito Santo.

Hora Média

Salmos do dia de semana correspondente.

Ant. Ma**ri**a guar**da**va no **seu** cora**ção**
as pa**la**vras e os **fa**tos, e **ne**les pen**sa**va.

Leitura breve Is 48,20

Proclamai isto com gritos de alegria; fazei-vos ouvir até às extremidades da terra, dizei: O Senhor resgatou seu servo Jacó.

V. Os con**fins** do uni**ver**so contem**pla**ram, ale**lui**a,
R. A salva**ção** do nosso **Deus.** Ale**lui**a.

Oração como nas Laudes.

1º de janeiro

Oitava do Natal do Senhor

SOLENIDADE DE SANTA MARIA, MÃE DE DEUS

I Vésperas

Hino

Quem nos deu todas as coisas
que foram, são e hão de ser:
no amor do Pai foi gerado,
mas quis na terra nascer.

Um corpo humano assumindo,
eis que o Filho é nosso irmão:
vem libertar-nos da morte,
salvar os filhos de Adão.

A luz do Espírito Santo
sobre uma virgem desceu:
ungido rei e profeta,
Jesus menino nasceu.

O que os profetas cantaram,
o prometido a Israel,
vem salvar todos os povos,
Deus-conosco, Emanuel.

Glória ao Espírito Santo,
por quem nos veio Jesus:
vida, caminho e verdade,
que ao Pai eterno conduz.

Ant. 1 Admi**rá**vel inter**câm**bio!
O Cria**dor** da humani**da**de,
assu**min**do corpo e **al**ma,
quis nas**cer** de uma **Vir**gem.
Feito **ho**mem, nos do**ou**
sua **pró**pria divin**da**de!

Salmos e cântico, do Comum de Nossa Senhora, p. 1459.

Ant. 2 Ao **nascer**des da **Vir**gem de **mo**do ine**fá**vel,
a pa**la**vra de **Deus** se cum**priu** plena**men**te:
como **chu**va na **rel**va des**ces**tes dos **céus**
e vi**es**tes sal**var**-nos!
Glória a **vós**, nosso **Deus**!

Ant. 3 Como a **sar**ça, que Moi**sés** viu ar**der** sem se quei**mar**,
assim in**tac**ta é a **vos**sa admi**rá**vel virgin**da**de.
Ma**ri**a, Mãe de **Deus**, por **nós** interce**dei**!

Leitura breve Gl 4,4-5

Quando se completou o tempo previsto, Deus enviou o seu Filho, nascido de uma mulher, nascido sujeito à Lei, a fim de resgatar os que eram sujeitos à Lei e para que todos recebêssemos a filiação adotiva.

Responsório breve

R. A Pa**la**vra se fez **car**ne.
* Ale**lui**a, ale**lui**a. R. A Pa**la**vra.
V. E habi**tou** entre **nós**. *Ale**lui**a, ale**lui**a.
Glória ao **Pai**. R. A Pa**la**vra.

Cântico evangélico, ant.

Pelo a**mor** infi**ni**to com que **Deus** nos a**mou**,
envi**ou**-nos seu **Fi**lho nas**ci**do da mu**lher**,
numa **car**ne seme**lhan**te à **car**ne do pe**ca**do,
nas**ci**do sob a **lei**. Ale**lui**a, ale**lui**a.

Preces

Bendigamos a Jesus Cristo, nossa paz, que veio reunir todos os seres humanos num só povo; e peçamos humildemente:

R. **Senhor, dai ao mundo a vossa paz!**

Vós, que nascestes em Belém para manifestar aos homens a bondade e o amor de Deus,
– dai-nos viver em contínua ação de graças por todos os vossos benefícios. R.

Vós, que destes a Maria, vossa Mãe, a plenitude da graça,
– concedei a todos a riqueza dos vossos dons. R.

Vós, que viestes anunciar ao mundo o Evangelho de Deus,
– multiplicai os pregadores e ouvintes da vossa palavra. R.

Vós, que, ao nascer da Virgem Maria, vos tornastes nosso irmão, ensinai os homens a se amarem fraternalmente.

R. **Senhor, dai ao mundo a vossa paz!**

(intenções livres)

Vós que aparecestes como sol que ilumina o mundo,
– mostrai a luz da vossa face aos que partiram desta vida. R.

Pai nosso...

Oração

Ó Deus, que pela virgindade fecunda de Maria destes à humanidade a salvação eterna, dai-nos contar sempre com a sua intercessão, pois ela nos trouxe o autor da vida. Por nosso Senhor Jesus Cristo, vosso Filho, na unidade do Espírito Santo.

Laudes

Hino

Eis do Senhor a porta aberta,
de toda a graça portadora.
Passou o Rei, e permanece
fechada, como sempre fora.

Filho do Pai supremo, o Esposo
e Redentor sai, triunfante,
do seio virgem de Maria,
numa corrida de gigante.

Da Mãe sois honra e alegria,
nossa esperança verdadeira,
pedra que desce da montanha,
de graça enchendo a terra inteira.

Exulte toda a criatura,
porque nos veio o Salvador.
Para remir os que criara,
nasceu do mundo o Criador.

Do Pai gerado como Deus,
louvor a vós, Cristo Jesus,
a quem, fecunda pelo Espírito,
a Virgem Mãe tem dado à luz.

Ant. 1 A raiz de Jessé germi**nou**,
a es**tre**la de Jacó despon**tou**.
Da **Vir**gem nas**ceu** o Salva**dor**:
Ao Se**nhor** nosso **Deus**, o lou**vor**!

Salmos e cântico do I Domingo do Saltério, p. 764.

Ant. 2 Ma**ria** deu à **luz** o Salva**dor**
que Jo**ão**, reconhe**cen**do, excla**mou**:
Eis a**qui** o Cor**dei**ro de **Deus**
que **ti**ra o pe**ca**do do **mun**do. Ale**lui**a.

Ant. 3 A mu**lher** deu à **luz** o Rei e**ter**no:
tendo **e**la a ale**gri**a de ser **Mãe**,
também **te**ve a **hon**ra de ser **Vir**gem.
Ninguém **an**tes tinha **vis**to coisa i**gual**,
nem de**pois**, seme**lhan**te, alguém ve**rá**. Ale**lui**a.

Leitura breve Mq 5,2-3a.4a

Deus deixará seu povo ao abandono, até ao tempo em que uma mãe der à luz; e o resto de seus irmãos se voltará para os filhos de Israel. Ele não recuará, apascentará com a força do Senhor e com a majestade do nome do Senhor seu Deus; e ele será a paz.

Responsório breve

R. O Se**nhor** fez conhe**cer**
* Ale**lui**a, ale**lui**a. R. O Se**nhor**.
V. A **sua** salva**ção** * Ale**lui**a, ale**lui**a.
Glória ao **Pai**. R. O Se**nhor**.

Cântico evangélico, ant.

Mis**té**rio admi**rá**vel é **ho**je anunci**a**do:
Eis que **tu**do se re**no**va:
Fez-se **ho**mem o próprio **Deus**;
conser**van**do a divin**da**de, assu**miu** a humani**da**de.

Preces

Glorifiquemos a Cristo, que nasceu da Virgem Maria pelo poder do Espírito Santo; e peçamos:

R. **Filho da Virgem Maria, tende piedade de nós!**

Cristo, nascido da Virgem Maria, criança admirável e príncipe da paz,
– dai a paz ao mundo inteiro. R.

Nosso Rei e nosso Deus, que pelo vosso nascimento elevastes a natureza humana,
– dai-nos a graça de vos honrar todos os dias de nossa vida pela fé e pelas obras.

R. **Filho da Virgem Maria, tende piedade de nós!**

Vós, que vos tornastes semelhante a nós,
– concedei que nos assemelhemos a vós. R.

Vós, que vos tornastes cidadão do nosso mundo,
– tornai-nos cidadãos do vosso reino celeste. R.

(intenções livres)

Pai nosso...

Oração

Ó Deus, que pela virgindade fecunda de Maria destes à humanidade a salvação eterna, dai-nos contar sempre com a sua intercessão, pois ela nos trouxe o autor da vida. Por nosso Senhor Jesus Cristo, vosso Filho, na unidade do Espírito Santo.

Hora Média

Salmodia complementar, à p. 1135, a não ser que seja domingo.

Ant. Ma**ri**a guar**da**va no **seu** cora**ção**
as pa**la**vras e os **fa**tos, e **ne**les pen**sa**va.

Leitura breve Zc 9,9

Exulta, cidade de Sião! Rejubila, cidade de Jerusalém. Eis que vem teu rei ao teu encontro, ele é justo, ele salva.

V. Os con**fins** do uni**ver**so contem**pla**ram, ale**lui**a,
R. A salva**ção** do nosso **Deus**. Ale**lui**a.

Oração como nas Laudes.

II Vésperas

Hino

Quem nos deu todas as coisas
que foram, são e hão de ser:
no amor do Pai foi gerado,
mas quis na terra nascer.

Um corpo humano assumindo,
eis que o Filho é nosso irmão:
vem libertar-nos da morte,
salvar os filhos de Adão.

A luz do Espírito Santo
sobre uma virgem desceu:
ungido rei e profeta,
Jesus menino nasceu.

O que os profetas cantaram,
o prometido a Israel,
vem salvar todos os povos,
Deus-conosco, Emanuel.

Glória ao Espírito Santo,
por quem nos veio Jesus:
vida, caminho e verdade,
que ao Pai eterno conduz.

Ant. 1 Admi**rá**vel inter**câm**bio! O Cria**dor** da humani**da**de,
assu**min**do corpo e **al**ma, quis nas**cer** de uma **Vir**gem.
Feito **ho**mem, nos do**ou** sua **pró**pria divin**da**de!

Salmos e cântico, do Comum de Nossa Senhora, p. 1468.

Ant. 2 Ao nas**cer**des da **Vir**gem de **mo**do ine**fá**vel,
a pa**la**vra de **Deus** se cum**priu** plena**men**te:
como **chu**va na **rel**va des**ces**tes dos **céus**
e vi**es**tes sal**var**-nos!
Glória a **vós**, nosso **Deus**!

Ant. 3 Como a **sar**ça, que Moi**sés** viu **ar**der sem se quei**mar**,
assim in**tac**ta é a **vos**sa admi**rá**vel virgin**da**de.
Ma**ri**a, Mãe de **Deus**, por **nós** interce**dei**!

Leitura breve Gl 4,4-5

Quando se completou o tempo previsto, Deus enviou o seu Filho, nascido de uma mulher, nascido sujeito à Lei, a fim de resgatar os que eram sujeitos à Lei e para que todos recebêssemos a filiação adotiva.

Responsório breve

R. A Pa**la**vra se fez **car**ne.
* Ale**lu**ia, ale**lu**ia. R. A Pa**la**vra.
V. E habi**tou** entre **nós**. * Ale**lu**ia, ale**lu**ia.
Glória ao **Pai**. R. A Pa**la**vra.

Cântico evangélico, ant.
Bendito o **ven**tre que vos **trou**xe, e os **sei**os que su**gas**tes,
ó Se**nhor** e Salva**dor**! Ale**lui**a, ale**lui**a.

Preces

Bendigamos a Cristo, o Emanuel, a quem a Virgem concebeu e deu à luz. E peçamos humildemente:

R. **Filho da Virgem Maria, atendei-nos!**

Vós concedestes a Maria as alegrias da maternidade;
– fazei que todos os pais possam alegrar-se pelo dom dos filhos. R.

Rei pacífico, vosso reino é justiça e paz;
– dai-nos a graça de seguirmos o caminho da paz. R.

Viestes fazer da humanidade o povo santo de Deus;
– congregai todos os povos na unidade. R.

Pelo vosso nascimento santificastes a vida familiar;
– promovei a paz e a união em todas as famílias. R.

(intenções livres)

Quisestes nascer no tempo;
– concedei aos falecidos nascerem para a vossa eternidade. R.

Pai nosso...

Oração

Ó Deus, que pela virgindade fecunda de Maria destes à humanidade a salvação eterna, dai-nos contar sempre com a sua intercessão, pois ela nos trouxe o autor da vida. Por nosso Senhor Jesus Cristo, vosso Filho, na unidade do Espírito Santo.

Nas regiões onde a solenidade da Epifania é celebrada no Domingo entre 2 e 8 de janeiro, nada se diz do *2º* Domingo depois do Natal. O Ofício da Epifania é celebrado como está indicado mais adiante (p. 234-246). Depois da Epifania seguem os Ofícios próprios como estão indicados (p.247s), a não ser que o dia 7 ou 8 seja domingo. Neste caso, a festa do Batismo do Senhor (p.263) é transferida para a segunda-feira seguinte: os salmos da Hora média são os da segunda-feira da I Semana com a antífona da festa. A leitura breve, o versículo e a oração também são da festa; nas Completas, rezam-se os salmos de segunda-feira.

O Tempo comum começa, então, na terça-feira que segue.

SEGUNDO DOMINGO DEPOIS DO NATAL

entre 2 e 5 de janeiro

Nas regiões onde a Epifania do Senhor é celebrada a 6 de janeiro.

II Semana do Saltério

I Vésperas

Hino, p. 167.

Ant. 1 A **Vir**gem conce**beu** pela Pa**la**vra,
a **Vir**gem deu à **luz** o Rei do **reis**,
e **vir**gem para **sem**pre ela fi**cou**.

Salmos e cântico do domingo da II Semana, p. 849.

Ant. 2 Ale**grai**-vos com Si**ão**,
pois Deus **fez** correr a **paz** para **e**la como um **ri**o.

Ant. 3 Nas**ceu** para **nós** Deus de **Deus**,
Luz da **Luz**, desde **sem**pre exis**ten**te.

Leitura breve 1Jo 5,20

Nós sabemos que veio o Filho de Deus e nos deu inteligência para conhecermos aquele que é o Verdadeiro. E nós estamos com o Verdadeiro, no seu Filho Jesus Cristo. Este é o Deus verdadeiro e a Vida eterna.

Responsório breve

R. A Pa**la**vra se fez **car**ne.
* Ale**lui**a, ale**lui**a. R. A Pa**la**vra.
V. E habi**tou** entre **nós**. * Ale**lui**a, ale**lui**a.
Glória ao **Pai**. R. A Pa**la**vra.

Cântico evangélico, ant.

A **gra**ça ce**les**te en**trou** nas en**tra**nhas
da **Mãe**, Virgem **pu**ra.
O **ven**tre da **jo**vem en**cer**ra mis**té**rios
que **não** compre**en**de.

Preces

Adoremos a Cristo, que se aniquilou a si mesmo, assumindo a condição de servo, e foi igual a nós em tudo, exceto no pecado. Com toda a nossa fé, peçamos:

R. **Pelo vosso natal, socorrei os que remistes!**

Ao entrardes no mundo, inaugurastes os novos tempos anunciados pelos profetas;
– fazei que de geração em geração a Igreja se rejuvenesça.
R. **Pelo vosso natal, socorrei os que remistes!**

Vós, que assumistes a fragilidade da natureza humana,
– sede a luz dos cegos, a força dos fracos, o auxílio de todos os que padecem. R.

Vós, que nascestes pobre e humilde,
– olhai para os pobres e confortai-nos com bondade. R.

Vós, que, nascendo na terra, anunciais a todos a alegria da eternidade prometida,
– confortai os corações dos agonizantes com a esperança do nascimento para o céu. R.

(intenções livres)

Vós, que descestes à terra para levar todos para o céu,
– associai a vós na glória os nossos irmãos e irmãs que morreram. R.

Pai nosso...

Oração

Deus eterno e todo-poderoso, esplendor dos vossos fiéis, irradiai por todo o mundo a vossa glória, e manifestai-vos a todos os povos no fulgor da vossa luz. Por nosso Senhor Jesus Cristo, vosso Filho, na unidade do Espírito Santo.

Laudes

Hino, p. 168.

Ant. 1 Uma **luz** já se le**van**ta para os **jus**tos,
pois nas**ceu** o Salva**dor** da humani**da**de. Ale**lui**a.

Salmos e cântico do domingo da II Semana, p. 853.

Ant. 2 Entoemos um **hi**no ao Se**nhor** nosso **Deus**.

Ant. 3 Ao **po**vo pa**gão**, que ja**zi**a nas **tre**vas,
bri**lhou** grande **luz**.

Leitura breve Hb 1,1-2

Muitas vezes e de muitos modos falou Deus outrora aos nossos pais, pelos profetas; nestes dias, que são os últimos, ele nos falou por meio do Filho, a quem ele constituiu herdeiro de todas as coisas e pelo qual também ele criou o universo.

Responsório breve

R. Cristo, **Fi**lho do Deus **vi**vo,
* Tende **pe**na e compai**xão**! R. Cristo.
V. Que por **nós** nascer qui**ses**tes de Ma**ri**a sempre **Vir**gem
* Tende. Glória ao **Pai**. R. Cristo, **Filho**.

Cântico evangélico, ant.

A **Vir**gem fi**el**
ge**rou** a Pa**la**vra de **Deus** feita **car**ne,
e **vir**gem fi**cou** de**pois** de seu **par**to.
Lou**ve**mos Ma**ri**a, di**zen**do con**ten**tes:
Ben**di**ta entre **to**das as mu**lhe**res da **ter**ra!

Preces

Celebremos dignamente o Verbo de Deus, que existe antes dos séculos e quis, por nosso amor, nascer no tempo; e aclamemos jubilosos:

R. **Alegre-se a terra porque viestes!**

Cristo, Verbo eterno, que, descendo à terra, a enchestes de exultação,
– alegrai o nosso coração com a graça da vossa visita. R.

Salvador do mundo, que pelo vosso natal nos revelastes a fidelidade de Deus à sua aliança,
– fazei-nos cumprir com fidelidade, as promessas do nosso batismo R.

Rei do céu e da terra, que enviastes os anjos para anunciar a paz aos homens,
– conservai na vossa paz os nossos dias. R.

Senhor, que viestes para ser a videira que nos dá os frutos da vida,
– fazei-nos permanecer unidos a vós, e dar frutos de santidade. R.

(intenções livres)

Pai nosso...

Oração

Deus eterno e todo-poderoso, esplendor dos vossos fiéis, irradiai por todo o mundo a vossa glória, e manifestai-vos a todos os povos no fulgor da vossa luz. Por nosso Senhor Jesus Cristo, vosso Filho, na unidade do Espírito Santo.

Hora Média

Ant. Ma**ri**a guar**da**va no seu cora**ção**
as pa**la**vras e os **fa**tos, e **ne**les pen**sa**va.

Leitura breve — 1 Jo 4,9

Foi assim que o amor de Deus se manifestou entre nós: Deus enviou o seu Filho único ao mundo, para que tenhamos vida por meio dele.

V. Os con**fins** do uni**ver**so contem**pla**ram, ale**lui**a,
R. A salva**ção** do nosso **Deus**. Ale**lui**a.

Oração como nas Laudes.

II Vésperas

Hino, p. 167.

Ant. 1 Para **nós** raiou o **di**a duma **no**va reden**ção**,
da fe**li**cidade e**ter**na prepa**ra**da há tanto **tem**po.

Salmos e cântico do domingo da II Semana, p. 860.

Ant. 2 O Se**nhor** nos envi**ou** sua **Gra**ça e sua Ver**da**de.

Ant. 3 Para **nós** nasceu na **ter**ra o Rei dos **reis**.
Eis que **vei**o para o **mun**do a salva**ção**,
é che**ga**da para **nós** a reden**ção**. Ale**lui**a.

Leitura breve — 1Jo 1,1-3

O que era desde o princípio, o que nós ouvimos, o que vimos com os nossos olhos, o que contemplamos e as nossas mãos tocaram da Palavra da Vida, – de fato, a Vida manifestou-se e nós a vimos, e somos testemunhas, e a vós anunciamos a Vida eterna, que estava junto do Pai e que se tornou visível para nós – isso que vimos e ouvimos, nós vos anunciamos, para que estejais em comunhão conosco. E a nossa comunhão é com o Pai e com seu Filho, Jesus Cristo.

Responsório breve

R. A **Pa**lavra se fez **car**ne.
* Ale**lui**a, ale**lui**a. R. A Pa**la**vra.
V. E habi**tou** entre **nós**. * Ale**lui**a, ale**lui**a.
Glória ao **Pai**. R. A Pa**la**vra.

Cântico evangélico, ant.

Fe**li**zes en**tra**nhas da **Vir**gem Ma**ri**a:
Trou**xe**ram o **Fi**lho de **Deus**, Pai e**ter**no!
Fe**li**zes os **sei**os que alimen**ta**ram o **Cris**to Se**nhor**!

Preces

Celebremos com alegria a Jesus Cristo, em cujo natal os anjos anunciaram a paz ao mundo; e peçamos:

R. **Vosso natal traga a paz para todos!**

Senhor, que confortais a Igreja com o mistério do vosso nascimento,
– enriquecei-a de todos os bens. R.

Príncipe dos pastores e Guarda de nossas almas,
– tornai o Papa e nossos bispos fiéis ministros de vossa graça multiforme. R.

Rei da eternidade, que nascendo quisestes sujeitar-vos à brevidade da vida e experimentar as dificuldades humanas,
– fazei-nos viver de tal modo que possamos participar um dia da vossa glória eterna. R.

Esperado das nações, que viestes na plenitude dos tempos;
– manifestai vossa presença àqueles que ainda estão à vossa espera. R.

(intenções livres)

Verbo encarnado, que viestes renovar a natureza humana corrompida pelo pecado,
– concedei a plenitude da redenção aos nossos irmãos e irmãs defuntos. R.

Pai nosso...

Oração

Deus eterno e todo-poderoso, esplendor dos vossos fiéis, irradiai por todo o mundo a vossa glória, e manifestai-vos a todos os povos no fulgor da vossa luz. Por nosso Senhor Jesus Cristo, vosso Filho, na unidade do Espírito Santo.

DIA 2 DE JANEIRO

Laudes

Leitura breve Is 49,8b-9a

Eu te preservei para seres elo de aliança entre os povos, para restaurar a terra, para distribuir a herança dispersa; para dizer aos que estão presos: "Saí!" e aos que estão nas trevas: "Mostrai-vos!"

Responsório breve

R. O Se**nhor** fez conhe**cer**
* Ale**lui**a, ale**lui**a. R. O Se**nhor**.
V. A **sua** salva**ção**. * Ale**lui**a, ale**lui**a.
Glória ao **Pai**. R. O Se**nhor**.

Cântico evangélico, ant.

Dei**ta**do no pre**sé**pio, no **céu** resplande**ci**a;
feito **ho**mem, veio a **nós**, e junto ao **Pai** permane**ci**a.

Preces

Elevemos as nossas súplicas a Cristo, o homem novo que desceu do céu como segundo Adão para nos restituir a vida verdadeira; e digamos:

R. **Kyrie eleison!** ou: **Senhor, tende piedade de nós!**

Cristo, sol da justiça, que manifestastes a glória de Deus em nossa natureza, para levar a antiga aliança à sua realização perfeita,
– derramai vossa luz sobre nós. R.

Cristo, glorificado pelos anjos e anunciado pelos pastores, reconhecido e louvado por Simeão e Ana:
– que vossa Boa-Nova seja acolhida pelo povo da promessa. R.

Cristo, em vosso nascimento os anjos cantaram "glória nas alturas e paz na terra";
– que vossa paz se irradie pelo mundo inteiro. R.

Cristo, novo Adão, vós renovastes a velhice do homem e preparastes para nós um lugar em vosso reino;
– fortalecei a esperança dos oprimidos. R.

(intenções livres)

Pai nosso...

Oração

Concedei ó Deus, ao vosso povo uma fé inabalável, para que, ao proclamarmos que o vosso Filho Unigênito, Deus eterno e glorioso como vós, se fez homem no seio da Virgem Mãe, sejamos livres dos males que nos cercam e introduzidos nas eternas alegrias. Por, nosso Senhor Jesus Cristo, vosso Filho, na unidade do Espírito Santo.

Hora Média

Ant. Maria guar**da**va no **seu** cora**ção**
as pa**la**vras e os **fa**tos, e **ne**les pen**sa**va.

Leitura breve Ap 21,23-24

A cidade não precisa de sol, nem de lua que a iluminem, pois a glória de Deus é a sua luz e a sua lâmpada é o Cordeiro. As nações caminharão à sua luz e os reis da terra levarão a ela a sua glória.

V. Os con**fins** do uni**ver**so contem**pla**ram, ale**lui**a,
R. A salva**ção** do nosso **Deus**. Ale**lui**a.

Oração como nas Laudes.

Vésperas

Leitura breve Cl 1,13-15

Deus nos libertou do poder das trevas e nos recebeu no reino de seu Filho amado, por quem temos a redenção, o perdão dos pecados. Ele é a imagem do Deus invisível, o primogênito de toda a criação.

Responsório breve

R. A Pa**la**vra se fez **car**ne.
* Ale**lui**a, ale**lui**a. R. A Pa**la**vra.
V. E habi**tou** entre **nós**. *Ale**lui**a, ale**lui**a.
Glória ao **Pai**. R. A Pa**la**vra.

Cântico evangélico, ant.
In**fân**cia di**to**sa do **Fi**lho de **Deus**,
reno**vas**tes a **vi**da do **gê**nero hu**ma**no!
Como es**po**so exul**tan**te que **sai** do seu **tá**lamo,
saís**tes** do **ven**tre da **Vir**gem Ma**ri**a.

Preces

Deus, que falou outrora a nossos antepassados por meio dos profetas, agora nos fala por meio de seu Filho. Imploremos a sua misericórdia:

R. **Kyrie eleison!** ou: **Senhor, tende piedade de nós!**

Por vossa santa Igreja:
– que vossos filhos com fé e coragem proclamem o nome do Salvador. R.

Pelos que anunciam o Evangelho:
– que os colaboradores por vós enviados preguem com coragem a todos os povos o nome do Salvador. R.

Por nossos irmãos enfermos:
– que obtenham a saúde pela invocação do nome do Salvador. R.

Pelos cristãos perseguidos:
– que suportem com paciência as injúrias por causa do nome do Salvador. R.

(intenções livres)

Por nossos irmãos e irmãs que morreram por culpa dos homens:
– que por vossa misericórdia alcancem a vida. R.

Pai nosso...

Oração

Concedei, ó Deus, ao vosso povo uma fé inabalável, para que, ao proclamarmos que o vosso Filho Unigênito, Deus eterno e glorioso como vós, se fez homem no seio da Virgem Mãe, sejamos livres dos males que nos cercam e introduzidos nas eternas alegrias. Por nosso Senhor Jesus Cristo, vosso Filho, na unidade do Espírito Santo.

DIA 3 DE JANEIRO

Laudes

Leitura breve Is 62,11-12a

Dizei à cidade de Sião: Eis que está chegando o teu salvador, com a recompensa já em suas mãos e o prêmio à sua disposição. O povo será chamado Povo santo, os Resgatados do Senhor.

Responsório breve

R. O Se**nhor** fez conhe**cer**
* Ale**lui**a, ale**lui**a. R. O Se**nhor**.
V. A **sua** salva**ção**. * Ale**lui**a, ale**lui**a.
Glória ao **Pai**. R. O Se**nhor**.

Cântico evangélico, ant.

O **Ver**bo se fez **car**ne e habi**tou** entre **nós**,
cheio de **gra**ça e de ver**da**de.
Todos **nós** rece**be**mos, de **su**a pleni**tu**de,
graça após **gra**ça.

Preces

Com alegria invoquemos o nosso Redentor, o Filho de Deus, que se fez homem para renovar o homem; e digamos:

R. **Ficai conosco, Emanuel!**

Jesus, Filho do Deus vivo, esplendor do Pai, luz eterna, rei da glória, sol da justiça, filho da Virgem Maria,
– iluminai este dia com a glória de vossa encarnação. R.

Jesus, conselheiro admirável, Deus forte, pai da eternidade, príncipe da paz,
– dirigi nossa caminhada com a luz da vossa santa humanidade. R.

Jesus todo-poderoso, paciente, obediente, manso e humilde de coração,
– manifestai a todos o poder da mansidão. R.

Jesus, pai dos pobres, glória de vossos fiéis, bom pastor, luz verdadeira, sabedoria infinita, imensa bondade, nosso caminho e nossa vida,
– concedei à vossa Igreja o espírito da pobreza evangélica. R.

(intenções livres)

Pai nosso...

Oração

Ó Deus, quisestes que a humanidade do vosso Filho, nascendo da Virgem Maria, não fosse submetida à humilhação do homem decaído. Concedei que, participando desta nova criação, sejamos libertados da antiga culpa. Por nosso Senhor Jesus Cristo, vosso Filho, na unidade do Espírito Santo.

Hora Média

Ant. Mar**i**a guar**da**va no **seu** cora**ção**
as pa**la**vras e os **fa**tos, e **ne**les pen**sa**va.

Leitura breve Is 9,1

O povo, que andava na escuridão, viu uma grande luz para os que habitavam nas sombras da morte, uma luz resplandeceu.

V. Os con**fins** do uni**ver**so contem**pla**ram, ale**lui**a,
R. A salva**ção** do nosso **Deus**. Ale**lui**a.

Oração como nas Laudes.

Vésperas

Leitura breve 1Jo 1,5b.7

Deus é luz e nele não há trevas. Se andamos na luz, como ele está na luz, então estamos em comunhão uns com os outros, e o sangue de seu Filho Jesus nos purifica de todo o pecado.

Responsório breve

R. A Pa**la**vra se fez **car**ne.
* Ale**lui**a, ale**lui**a. R. A Pa**la**vra.
V. E habi**tou** entre **nós**. *Ale**lui**a, ale**lui**a.
Glória ao **Pai**. R. A Pa**la**vra.

Cântico evangélico, ant.

Exul**te**mos no Se**nhor** e can**te**mos de ale**gri**a,
pois no **mun**do apare**ceu** a e**ter**na salva**ção**! Ale**lu**ia.

Preces

Com a vinda de Cristo ao mundo, o povo santo de Deus floresceu e produziu o seu fruto mais excelente. Por isso, cheios de alegria e gratidão, digamos a nosso Salvador:

R. **Exulte o mundo de alegria com o vosso Natal!**

Cristo, nossa vida, que viestes ao mundo para ser a Cabeça da Igreja,
– multiplicai na terra os membros do vosso Corpo místico e santificai-os na caridade. R.

Vós, que sois adorado como verdadeiro Deus e verdadeiro homem,
– fazei-nos participantes da vossa divindade. R.

Vós, que pela encarnação vos tornastes o Mediador entre Deus e os homens,
– fazei que os ministros da Igreja se associem cada vez mais eficazmente à vossa missão reconciliadora pela santidade da sua vida. R.

Vós, que pelo vosso nascimento estabelecestes um mundo novo,
– conduzi todos os povos pelos caminhos da salvação. R.

(intenções livres)

Vós, que ao nascerdes destruístes os laços da morte,
– livrai nossos irmãos e irmãs falecidos de todo vínculo do pecado. R.

Pai nosso...

Oração

Ó Deus, quisestes que a humanidade do vosso Filho, nascendo da Virgem Maria, não fosse submetida à humilhação do homem decaído. Concedei que, participando desta nova criação, sejamos libertados da antiga culpa. Por nosso Senhor Jesus Cristo, vosso Filho, na unidade do Espírito Santo.

DIA 4 DE JANEIRO

Laudes

Leitura breve Is 45,22-23

Povos de todos os confins da terra, voltai-vos para mim e sereis salvos, eu sou Deus e não há outro. Juro por mim mesmo: de minha boca sai o que é justo, a palavra que não volta atrás; todo joelho há de dobrar-se para mim, por mim há de jurar toda língua.

Responsório breve

R. O Se**nhor** fez conhe**cer**
* Ale**luia**, ale**luia**. R. O Se**nhor**.
V. A **su**a salva**ção**. * Ale**luia**, ale**lui**a. Glória ao **Pai**.
R. O Se**nhor**.

Cântico evangélico, ant.

Jesus **Cris**to, nosso **Deus** e Salva**dor**,
em vós es**tá** a divin**da**de em pleni**tu**de!
Assu**min**do nossa **frá**gil natu**re**za,
vos tor**nas**tes o homem **no**vo, o Primo**gê**nito.

Preces

Glorifiquemos o Verbo de Deus, manifestado na carne, contemplado pelos anjos e anunciado aos povos. Louvando-o com devoção, digamos:

R. **Filho unigênito de Deus, nós vos adoramos!**

Libertador do gênero humano que, nascendo da Virgem Maria, viestes renovar-nos;
– por sua intercessão, livrai-nos da antiga corrupção do pecado. R.

Vós, que descestes do céu para irradiar sobre a terra a luz da justiça divina,
– iluminai este dia e toda a nossa vida com a luz da vossa presença. R.

Filho de Deus, que viestes nos revelar o amor do Pai,
– fazei que nós o revelemos aos outros homens pelo testemunho de nossa caridade. R.

Vós, que viestes morar no meio de nós,
– tornai-nos dignos de vossa companhia. R.

(intenções livres)

Pai nosso...

Oração

Deus eterno e todo-poderoso, nós vos pedimos que o Salvador, qual nova luz dos céus para a redenção do mundo, se levante cada dia para renovar os nossos corações. Por nosso Senhor Jesus Cristo, vosso Filho, na unidade do Espírito Santo.

Hora Média

Ant. Ma**ri**a guar**da**va no **seu** cora**ção**
as pa**la**vras e os **fa**tos, e **ne**les pen**sa**va.

Leitura breve Jr 31,11-12a

O Senhor resgatou Jacó e libertou-o das mãos dos poderosos. Virão cantar louvores no monte Sião e participar dos bens do Senhor.

V. Os con**fins** do uni**ver**so contem**pla**ram, ale**luia**,
R. A salva**ção** do nosso **Deus**. Ale**luia**.

Oração como nas Laudes.

Vésperas

Leitura breve Rm 8,3b-4

Tendo Deus enviado seu próprio Filho numa condição semelhante àquela da humanidade pecadora, e por causa justamente do pecado, condenou o pecado em nossa condição humana, para que toda a justiça exigida pela Lei seja cumprida em nós que não procedemos segundo a carne, mas segundo o Espírito.

Responsório breve

R. A Pa**la**vra se fez **car**ne.
* Ale**luia**, ale**luia**. R. A Pa**la**vra.
V. E habi**tou** entre **nós**. * Ale**luia**, ale**luia**.
Glória ao **Pai**. R. A Pa**la**vra.

Cântico evangélico, ant.

Eu **ve**nho de **Deus**, de Deus eu sa**í**.
Não **vim** de mim **mes**mo, o **Pai** me envi**ou**.

Preces

Cristo veio ao mundo, e entregou-se a si mesmo a fim de purificar e preparar para si um povo perfeito, santificado pelas boas obras. Com fervor o invoquemos:

R. **Kyrie eleison!** ou: **Senhor, tende piedade de nós.**

Por vossa santa Igreja:
– que todos os seus filhos e filhas renasçam para uma vida nova. R.

Pelos pobres, prisioneiros e fugitivos:
–que eles vos encontrem, ó Filho de Deus encarnado, pelo nosso testemunho de caridade.

R. **Kyrie eleison!** ou: **Senhor, tende piedade de nós.**

Para que nossa alegria seja completa;
–e nos maravilhemos com o dom que em vós o Pai nos concedeu. R.

Pelos vossos servos e servas falecidos, a fim de que iluminado pela luz do vosso natal contemplem vossa face;
–que jamais haja noite para eles. R.

(intenções livres)

Pai nosso...

Oração

Deus eterno e todo-poderoso, nós vos pedimos que o Salvador, qual nova luz dos céus para a redenção do mundo, se levante cada dia para renovar os nossos corações. Por nosso Senhor Jesus Cristo, vosso Filho, na unidade do Espírito Santo.

DIA 5 DE JANEIRO

Laudes

Leitura breve Sb 7,26-27

A Sabedoria é um reflexo da luz eterna, espelho sem mancha da atividade de Deus e imagem da sua bondade. Sendo única, tudo pode: permanecendo imutável, renova tudo; e comunicando-se às almas santas de geração em geração, forma os amigos de Deus e os profetas.

Responsório breve

R. O Se**nhor** fez conhe**cer**
*Ale**lui**a, ale**lui**a. R. O Se**nhor**.
V. A **su**a salva**ção**. *Ale**lui**a, ale**lui**a.
Glória ao **Pai**. R. O Se**nhor**.

Cântico evangélico, ant.

O Se**nhor** visi**tou** o seu **po**vo e o liber**tou**.

Preces

Louvemos a Cristo, que para nós se fez sabedoria de Deus, justiça, santificação e redenção. Confiantes lhe peçamos:

R. **Pelo vosso Natal, Senhor, salvai-nos!**

Rei do universo, que os pastores encontraram no presépio envolto em panos,
–ajudai-nos a imitar vossa pobreza e simplicidade. R.

Senhor do céu, que descestes humilde de vosso trono real,
–ensinai-nos a respeitar nossos irmãos de condição mais humilde. R.

Cristo, luz eterna, que assumistes a nossa natureza humana sem perder a glória da santidade divina,
–que os vossos fiéis, usando os bens da terra, não se deixem seduzir pelas suas enganosas aparências. R.

Divino Esposo da Igreja, vossa presença é para ela torre invencível;
–fazei que os vossos fiéis perseverem sempre unidos a ela, e nela encontrem a salvação. R.

(intenções livres)

Pai nosso...

Oração

Ó Deus, pelo nascimento do vosso Filho, iniciastes maravilhosamente a redenção do vosso povo. Concedei a vossos servos uma fé tão firme, que nos deixemos conduzir por ele e cheguemos à glória prometida. Por nosso Senhor Jesus Cristo, vosso Filho, na unidade do Espírito Santo.

Hora Média

Ant. Ma**ri**a guar**da**va no **seu** cora**ção**
as pa**la**vras e os **fa**tos, e **ne**les pen**sa**va.

Leitura breve Ez 34,11-12

Vede! Eu mesmo vou procurar minhas ovelhas e tomar conta delas. Como o pastor toma conta do rebanho de dia, quando se encontra no meio das ovelhas dispersas, assim vou cuidar de minhas ovelhas e vou resgatá-las de todos os lugares em que forem dispersadas.

V. Os **confins** do **universo** contem**pla**ram, ale**lui**a,
R. A **salvação** do nosso **Deus**. Ale**lui**a.

Oração como nas Laudes.

Vésperas

Onde a solenidade da Epifania se celebra no domingo, 7 ou 8 de janeiro:

Leitura breve 1Jo 5,20

Nós sabemos que veio o Filho de Deus e nos deu a inteligência para conhecermos aquele que é o Verdadeiro. E nós estamos com o Verdadeiro, no seu Filho Jesus Cristo. Este é o Deus verdadeiro e a Vida eterna.

Responsório breve

R. A Pa**la**vra se fez **car**ne.
* Ale**luia**, ale**luia**. R. A Pa**la**vra.
V. E habi**tou** entre **nós**. * Ale**lui**a, ale**lui**a.
Glória ao **Pai**. R. A Pa**la**vra.

Cântico evangélico, ant.

Encon**tra**mos o Mes**si**as, que Moi**sés** previu na **Lei**
e os pro**fe**tas predis**se**ram:
o **fi**lho de Jo**sé**, **Je**sus de Naza**ré**.

Preces

Bendigamos a Cristo, o Emanuel, a quem a Virgem concebeu e deu à luz. E peçamos humildemente:

R. **Filho da Virgem Maria, atendei-nos!**

Vós concedestes a Maria as alegrias da maternidade;
– fazei que todos os pais possam alegrar-se pelo dom dos filhos. R.

Vós que vos tornastes criança,
– fazei que todas as crianças cresçam em sabedoria e graça. R.

Viestes fazer da humanidade o povo santo de Deus;
– congregai todos os povos na unidade. R.

Pelo vosso nascimento santificastes a vida familiar,
– promovei a paz e a união em todas as famílias. R.

(intenções livres)

Quisestes nascer no tempo;
– concedei aos falecidos nascerem para a vossa eternidade. R.
Pai nosso...

Oração

Ó Deus, pelo nascimento do vosso Filho, iniciastes maravilhosamente a redenção do vosso povo. Concedei a vossos servos uma fé tão firme, que nos deixemos conduzir por ele e cheguemos à glória prometida. Por nosso Senhor Jesus Cristo, vosso Filho, na unidade do Espírito Santo.

DIA 6 DE JANEIRO

Onde a solenidade da Epifania se celebra no domingo, 7 ou 8 de janeiro:

Laudes

Leitura breve Is 61,1-2a

O espírito do Senhor Deus está sobre mim, porque o Senhor me ungiu; enviou-me para dar a boa-nova aos humildes, curar as feridas da alma, pregar a redenção para os cativos e a liberdade para os que estão presos; para proclamar o tempo da graça do Senhor.

Responsório breve

R. O Se**nhor** fez conhe**cer**
* Ale**lui**a, ale**lui**a. R. O Se**nhor**.
V. A **sua** salva**ção** * Ale**lui**a, ale**lui**a.
Glória ao **Pai**. R. O Senhor.

Cântico evangélico, ant.

É **es**te o que **vei**o pela **á**gua e pelo **san**gue,
Jesus **Cris**to, Senhor **nos**so.

Preces

Celebremos dignamente o Verbo de Deus, que existe antes dos séculos e quis, por nosso amor, nascer no tempo; e aclamemos jubilosos:

R. **Alegre-se a terra porque viestes!**

Cristo, Verbo eterno, que, descendo à terra, a enchestes de exultação,
– alegrai o nosso coração com a graça da vossa visita.

R. **Alegre-se a terra porque viestes!**

Salvador do mundo, que pelo vosso natal nos revelastes a fidelidade de Deus à sua aliança,
– fazei-nos cumprir com fidelidade as promessas do nosso batismo. R.

Rei do céu e da terra, que enviastes os anjos para anunciar a paz aos homens.
– conservai na vossa paz os nossos dias. R.

Senhor, que viestes para ser a videira que nos dá os frutos da vida,
– fazei-nos permanecer unidos a vós, e dar frutos de santidade. R.

(intenções livres)

Pai nosso....

Oração

Ó Deus, sede a luz dos vossos fiéis e abrasai seus corações com o esplendor da vossa glória, para reconhecerem sempre o Salvador e a ele aderirem totalmente. Por nosso Senhor Jesus Cristo, vosso Filho, na unidade do Espírito Santo.

Hora Média

Ant. Ma**ri**a guar**da**va no seu cora**ção**
as pa**la**vras e os **fa**tos, e **ne**les pen**sa**va.

Leitura breve Is 42,1

Eis o meu servo – eu o recebo; eis o meu eleito – nele se compraz minh'alma; pus meu espírito sobre ele, ele promoverá o julgamento das nações.

V. Os con**fins** do uni**ver**so contem**pla**ram, ale**lui**a,
R. A salva**ção** do nosso **Deus**. Ale**lui**a.

Oração como nas Laudes.

Vésperas

Leitura breve At 10,37-38

Vós sabeis o que aconteceu em toda a Judeia, a começar pela Galileia, depois do batismo pregado por João: como Jesus de

Nazaré foi ungido por Deus com o Espírito Santo e com poder. Ele andou por toda parte, fazendo o bem e curando a todos os que estavam dominados pelo demônio; porque Deus estava com ele.

Responsório breve

R. A Pa**la**vra se fez **car**ne.
* Ale**lui**a, ale**lui**a. R. A Pa**la**vra.
V. E habi**tou** entre **nós**. *Ale**lui**a, ale**lui**a.
Glória ao **Pai**. R. A Pa**la**vra.

Cântico evangélico, ant.

Do **céu** fez-se ou**vir** uma **voz**:
Tu **és** o meu **Fi**lho que**ri**do,
em **ti** ponho a **mi**nha afei**ção**.

Preces

Celebremos com alegria a Jesus Cristo, em cujo natal os anjos anunciaram a paz ao mundo; e peçamos:

R. **Vosso natal traga a paz para todos!**

Senhor, que confortais a Igreja com o mistério do vosso nascimento,
– enriquecei-a de todos os bens. R.

Vós, que viestes ao mundo para inaugurar a era dos novos tempos,
– atraí para vós todas as gerações. R.

Esperado das nações, que viestes na plenitude dos tempos,
– manifestai vossa presença àqueles que ainda estão à vossa espera. R.

Viestes para salvar toda a humanidade;
– conduzi os recém-nascidos à graça do batismo. R.

(intenções livres)

Verbo encarnado, que viestes renovar a natureza humana corrompida pelo pecado;
– concedei a plenitude da redenção aos nossos irmãos e irmãs defuntos. R.

Pai nosso...

Oração

Ó Deus, sede a luz dos vossos fiéis e abrasai seus corações com o esplendor da vossa glória, para reconhecerem sempre o Salvador e a ele aderirem totalmente. Por nosso Senhor Jesus Cristo, vosso Filho, na unidade do Espírito Santo.

DIA 7 DE JANEIRO

Onde a solenidade da Epifania se celebra no domingo, 8 de janeiro:

Laudes

Leitura breve Is 9,5

Nasceu para nós um menino, foi-nos dado um filho; ele traz aos ombros a marca da realeza; o nome que lhe foi dado é: Conselheiro admirável, Deus forte, Pai dos tempos futuros, Príncipe da Paz.

Responsório breve

R. O Se**nhor** fez conhe**cer**
* Ale**lui**a, ale**lui**a. R. O Se**nhor**.
V. A **sua** salva**ção** * Ale**lui**a, ale**lui**a.
Glória ao **Pai**. R. O Se**nhor**.

Cântico evangélico, ant.

Eis A**que**le de **quem** foi es**cri**to:
Jesus **Cris**to nasce**rá** em Isra**el**,
e seu **Rei**no ja**mais** terá **fim**.

Preces

Aclamemos com alegria a Cristo, nosso Senhor, por quem Deus manifestou a sua salvação até os confins da terra; e o louvemos dizendo:

R. **Glória a vós, Cristo Senhor!**

Redentor de todos, por vossa vinda derrubastes o muro de separação entre judeus e gentios;
– fazei que desapareçam do mundo as discriminações que ofendem a dignidade humana. R.

Por vossa encarnação e natividade, quisestes habitar entre nós;
– ensinai-nos a reconhecer vossa multiforme presença na Igreja e no meio da humanidade. R.

Revelastes plenamente Deus aos homens;
– ensinai-nos como harmonizar com vossa palavra nossa fé e nossa vida. R.

Emanuel, que maravilhosamente tudo criastes de novo,
– fazei que também em nós tudo seja novo: coração, palavras e gestos. R.

(intenções livres)

Pai nosso...

Oração

Deus eterno e todo-poderoso, pela vinda do vosso Filho vos manifestastes em nova luz. Assim como ele quis participar da nossa humanidade, nascendo da Virgem, dai-nos participar de sua vida no Reino. Por nosso Senhor Jesus Cristo, vosso Filho, na unidade do Espírito Santo.

Hora Média

Ant. Ma**ri**a guar**da**va no **seu** cora**ção**
as pa**la**vras e os **fa**tos, e **ne**les pen**sa**va.

Leitura breve Is 12,5-6

Cantai ao Senhor as grandes coisas que fez; é preciso que isto seja conhecido em toda parte. Exulta de alegria entre louvores, Cidade de Sião, pois no meio de ti se manifesta a grandeza do Santo de Israel.

V. Os con**fins** do uni**ver**so contem**pla**ram, ale**lui**a,
R. A salva**ção** do nosso **Deus**. Ale**lui**a.

Oração como nas Laudes.

TEMPO DO NATAL

II. A PARTIR DA EPIFANIA

Ofício do Tempo a partir da Epifania do Senhor até a festa do Batismo do Senhor, exclusive:

Vésperas

Hino

Por que, Herodes, temes
chegar o Rei que é Deus?
Não rouba aos reis da terra
quem reinos dá nos céus.

Os Magos, ei-los vindo,
buscar na Luz a luz;
a estrela vão seguindo
que ao Rei dos reis conduz.

Nas águas é lavado
o celestial Cordeiro;
O que não tem pecado
nos lava em si primeiro.

As águas, ó prodígio,
já ficam cor d'aurora,
não deixam mais vestígio,
pois jorram vinho agora.

Louvor ao que aparece
aos povos em Belém,
unido ao Pai e ao Espírito
eternamente. Amém.

Completas

HINO Ó Cristo, dia e esplendor, p. 751.

Laudes

Hino

Elevai o olhar aos céus
vós que a Cristo procurais.
E da sua eterna glória
podereis ver os sinais.

Essa estrela vence o sol
em fulgor e em beleza,
e nos diz ter vindo à terra
Deus, em nossa natureza.

Da região do mundo persa,
onde o sol tem seu portal,
sábios Magos reconhecem
do Rei novo o sinal.

Quem será tão grande Rei,
a quem astros obedecem,
a quem servem luz e céus
e suas forças estremecem?

Percebemos algo novo,
imortal, superior,
que domina céus e caos
e lhes é anterior.

Rei do povo de Israel,
este é o Rei das gentes,
prometido a Abraão
e à sua raça eternamente.

Ó Jesus, louvor a vós
que às nações vos revelais.
Glória ao Pai e ao Espírito
pelos tempos eternais.

Hora Média

Hino

O louvor de Deus cantemos
com fervor no coração,
pois agora a hora sexta
nos convida à oração.

Nesta hora foi-nos dada
gloriosa salvação
pela morte do Cordeiro,
que na cruz trouxe o perdão.

Ante o brilho de tal luz
se faz sombra o meio-dia.
Tanta graça e tanto brilho
vinde haurir, com alegria.

Seja dada a glória ao Pai
e ao seu Único também,
com o Espírito Paráclito,
pelos séculos. Amém.

Ant. Cristo **vei**o tra**zer** a boa-**no**va para **to**dos:
a **paz** para os de **per**to, a **paz** para os de **lon**ge.

Dia 6 de janeiro
ou
Domingo entre 2 e 8 de janeiro

EPIFANIA DO SENHOR

Solenidade

I Vésperas

Hino

Elevai o olhar aos céus
vós que a Cristo procurais.
E da sua eterna glória
podereis ver os sinais.

Essa estrela vence o sol
em fulgor e em beleza,
e nos diz ter vindo à terra
Deus, em nossa natureza.

Da região do mundo persa,
onde o sol tem seu portal,
sábios Magos reconhecem
do Rei novo o sinal.

Quem será tão grande Rei,
a quem astros obedecem,
a quem servem luz e céus
e suas forças estremecem?

Percebemos algo novo,
imortal, superior,
que domina céus e caos
e lhes é anterior.

Rei do povo de Israel,
este é o Rei das gentes,
prometido a Abraão
e à sua raça eternamente.

Ó Jesus, louvor a vós
que às nações vos revelais;
glória ao Pai e ao Espírito
pelos tempos eternais.

Salmodia

Ant. 1 Gerado antes da aurora, antes dos **tem**pos,
manifes**tou**-se neste **di**a o Salva**dor**.

Salmo 134(135)

I

– [1] Lou**vai** o Se**nhor**, bendi**zei**-o; *
lou**vai** o Senhor, servos seus,
– [2] que cele**brais** o louvor em seu templo *
e habi**tais** junto aos átrios de Deus!

– [3] Lou**vai** o Senhor, porque é bom; *
can**tai** ao seu nome suave!
– [4] Escol**heu** para si a Jacó, *
prefe**riu** Israel por herança.

– [5] Eu bem **sei** que o Senhor é tão grande, *
que é ma**ior** do que todos os deuses.
= [6] Ele **faz** tudo quanto lhe agrada, †
nas al**tu**ras dos céus e na terra, *
no oce**a**no e nos fundos abismos.

= [7] Traz as **nu**vens do extremo da terra, †
trans**for**ma os raios em chuva, *
das ca**ver**nas libera os ventos.

– [8] No E**gi**to feriu primogênitos, *
desde **ho**mens até animais.
– [9] Fez mi**la**gres, prodígios, portentos, *
pe**ran**te Faraó e seus servos.
– [10] Aba**teu** numerosas nações *
e ma**tou** muitos reis poderosos:

= [11] a Se**on** que foi rei amorreu, †
e a **Og** que foi rei de Basã, *
como a **to**dos os reis cananeus.
– [12] Ele **deu** sua terra em herança, *
em he**ran**ça a seu povo, Israel.

Ant. Gerado antes da aurora, antes dos **tem**pos,
manifes**tou**-se neste **di**a o Salva**dor**.

Ant. 2 O Se**nhor** nosso **Deus** é tão **gran**de,
é mai**or** do que **to**dos os **deu**ses.

II

– 13 Ó Se**nhor**, vosso **no**me é e**ter**no; *
para **sem**pre é a vossa lembrança!
– 14 O Se**nhor** faz justiça a seu povo *
e é bon**do**so com aqueles que o servem.

– 15 São os **deus**es pagãos ouro e prata, *
todos **e**les são obras humanas.
– 16 Têm **bo**ca e não podem falar, *
têm **o**lhos e não podem ver;

– 17 tendo ou**vi**dos, não podem ouvir, *
nem e**xis**te respiro em sua boca.
– 18 Como **e**les serão seus autores, *
que os fa**bri**cam e neles confiam!

– 19 Isra**el**, bendizei o Senhor; *
sacer**do**tes, louvai o Senhor;
– 20 le**vi**tas, cantai ao Senhor; *
fi**éis**, bendizei o Senhor!
– 21 Ben**di**to o Senhor de Sião, *
que ha**bi**ta em Jerusalém!

Ant. O Se**nhor** nosso **Deus** é tão **gran**de,
é mai**or** do que **to**dos os **deu**ses.

Ant. 3 A es**tre**la resplan**de**ce como **fo**go
e **mos**tra o Se**nhor**, o Rei dos **reis**.
Os **ma**gos, condu**zi**dos pela es**tre**la,
trou**xe**ram os seus **dons** ao grande **Rei**.

Cântico cf. 1Tm 3,16

O mistério e a glória de Cristo

R. **Louvai** o Senhor **Deus**, todos os **po**vos.

– O **senhor** manifestado em nossa carne, *
justifi**ca**do pelo Espírito de Deus. R.

– Jesus **Cris**to contemplado pelos anjos,*
anunci**a**do aos povos todos e às nações. R.

– Foi **aceito** pela fé no mundo inteiro *
e, na **glória** de Deus Pai, foi exaltado. R.

Ant. A es**tre**la resplan**de**ce como **fo**go
e **mos**tra o Se**nhor**, o Rei dos **reis**.
Os **ma**gos, condu**zi**dos pela es**tre**la,
trou**xe**ram os seus **dons** ao grande **Rei**.

Leitura breve 2Tm 1,9-10

Deus nos salvou e nos chamou com uma vocação santa, não devido às nossas obras, mas em virtude do seu desígnio e da sua graça, que nos foi dada em Cristo Jesus, desde toda a eternidade. Esta graça foi revelada agora, pela manifestação de nosso Salvador, Jesus Cristo. Ele não só destruiu a morte, como também fez brilhar a vida e a imortalidade por meio do Evangelho.

Responsório breve

R. **To**dos os **po**vos
* Serão **ne**le abençoa**dos**. R. **To**dos os **po**vos.
V. Todas as **gen**tes canta**rão** o seu lou**vor**. * Serão **ne**le.
Glória ao **Pai**. R. **To**dos os **po**vos.

Cântico evangélico, ant.

Vendo a es**tre**la, os **Ma**gos excla**ma**ram:
Eis **aqui** o si**nal** do grande **Rei**!
Vamos, **pois**, procu**rá**-lo e ofere**cer**-lhe
ouro, in**cen**so e **mir**ra, nossos **dons**.

Preces

Com grande alegria, celebremos nosso Salvador, adorado hoje pelos Magos; e supliquemos:

R. **Salvai, Senhor, o vosso povo!**

Rei das nações, que chamastes os Magos como primícias para vos adorar,
– concedei-nos o espírito de adoração e de serviço. R.

Rei da glória, que governais os povos com justiça,
– dai à humanidade a plenitude da paz. R.

Rei da eternidade, que permaneceis de geração em geração,
– enviai vossa palavra aos nossos corações como a água que fecunda a terra. R.

Rei de justiça, que viestes libertar o pobre sem defesa,
– socorrei os infelizes e os aflitos.
R. **Salvai, Senhor, o vosso povo!**

(intenções livres)

Senhor, vosso nome é bendito pelos séculos;
– tornai os nossos irmãos falecidos participantes das maravilhas de vossa salvação. R.

Pai nosso...

Oração

Ó Deus, que hoje revelastes o vosso Filho às nações, guiando-as pela estrela, concedei aos vossos servos, que já vos conhecem pela fé, contemplar-vos um dia face a face no céu. Por nosso Senhor Jesus Cristo, vosso Filho, na unidade do Espírito Santo.

Laudes

Hino

Elevai o olhar aos céus
vós que a Cristo procurais.
E da sua eterna glória
podereis ver os sinais.

Essa estrela vence o sol
em fulgor e em beleza,

e nos diz ter vindo à terra
Deus, em nossa natureza.

Da região do mundo persa,
onde o sol tem seu portal,
sábios Magos reconhecem
do Rei novo o sinal.

Quem será tão grande Rei,
a quem astros obedecem,
a quem servem luz e céus
e suas forças estremecem?

Percebemos algo novo,
imortal, superior,
que domina céus e caos
e lhes é anterior.

Rei do povo de Israel,
este é o Rei das gentes,
prometido a Abraão
e à sua raça eternamente.

Ó Jesus, louvor a vós
que às nações vos revelais.
Glória ao Pai e ao Espírito
pelos tempos eternais.

Ant. 1 Os **Ma**gos, a**brin**do seus te**sou**ros,
ofe**re**cem ao Se**nhor** os seus pre**sen**tes:
ouro, in**cen**so e **mir**ra, ale**lui**a.

Salmos e cântico do domingo da I Semana do Saltério, p. 764.

Ant. 2 **Ma**res e **ri**os, bendi**zei** ao Se**nhor**,
águas das **fon**tes, can**tai** ao Se**nhor**. Ale**lui**a.

Ant. 3 Despon**tou** a tua **luz**, Jerusa**lém**,
e a **gló**ria do Se**nhor** te ilumi**nou**.
E os **po**vos anda**rão** na tua **luz**. Ale**lui**a.

Leitura breve Is 52,7-10

Como são belos, andando sobre os montes, os pés de quem anuncia a paz, de quem anuncia o bem e prega a salvação, e diz a Sião: "Reina teu Deus!" Ouve-se a voz de teus vigias, eles levantam a voz, estão exultantes de alegria, sabem que verão com os próprios olhos o Senhor voltar a Sião. Alegrai-vos e exultai ao mesmo tempo, ó ruínas de Jerusalém, o Senhor consolou seu povo e resgatou Jerusalém. O Senhor desnudou seu santo braço aos olhos de todas as nações; todos os confins da terra hão de ver a salvação que vem do nosso Deus.

Responsório breve

R. Os **reis** de toda a **ter**ra.
* **Hão** de ado**rá**-lo. R. Os **reis**.
V. E **to**das as na**ções** **hão** de ser**vi**-lo. * **Hão** de ado**rá**-lo.
Glória ao **Pai**. R. Os **reis**.

Cântico evangélico, ant.

Hoje a **Igre**ja se u**niu** a **seu** celeste Es**po**so,
porque **Cris**to la**vou** no Jor**dão** o pe**ca**do;
para as **núp**cias re**ais** correm **Ma**gos com pre**sen**tes;
e os con**vi**vas se a**le**gram com a **á**gua feita **vi**nho. Ale**lui**a.

Preces

Com grande alegria, celebremos nosso Salvador, adorado hoje pelos Magos; e o aclamemos:

R. **Cristo, luz da luz, iluminai este dia!**

Cristo, manifestado na carne,
– santificai-nos pela palavra de Deus e pela oração. R.

Cristo, justificado pelo Espírito,
– libertai nossa vida do espírito do erro. R.

Cristo, contemplado pelos anjos;
– fazei-nos experimentar na terra as alegrias do céu. R.

Cristo, proclamado às nações,
– abri o coração dos homens pelo poder do Espírito Santo. R.

Cristo, acreditado no mundo,
– renovai a fé de todos os que creem. R.

Cristo, exaltado na glória,
– acendei em nós o desejo de vosso Reino. R.

(intenções livres)

Pai nosso...

Oração

Ó Deus, que hoje revelastes ó vosso Filho às nações, guiando-as pela estrela, concedei aos vossos servos, que já vos conhecem pela fé, contemplar-vos um dia face a face no céu. Por nosso Senhor Jesus Cristo, vosso Filho, na unidade do Espírito Santo.

Hora Média

Salmodia

Ant. Cristo **vei**o tra**zer** a boa-**no**va para **to**dos:
a **paz** para os de **per**to, a **paz** para os de **lon**ge.

Salmo 46(47)

– 2 Povos **to**dos do uni**ver**so, batei **pal**mas, *
gritai a **Deus** aclamações de alegria!
– 3 Porque su**bli**me é o Senhor, o Deus Altíssimo, *
o sobe**ra**no que domina toda a terra.

– 4 Os **po**vos sujeitou ao nosso jugo *
e colo**cou** muitas nações aos nossos pés.
– 5 Foi **e**le que escolheu a nossa herança, *
a **gló**ria de Jacó, seu bem-amado.

– 6 Por **en**tre aclamações Deus se elevou, *
o Se**nhor** subiu ao toque da trombeta.
– 7 Salmodi**ai** ao nosso Deus ao som da harpa, *
salmodi**ai** ao som da harpa ao nosso Rei!

– 8 Porque **Deus** é o grande Rei de toda a terra, *
ao som da **har**pa acompanhai os seus louvores!
– 9 Deus **rei**na sobre todas as nações, *
está sen**ta**do no seu trono glorioso.

– 10 Os **che**fes das nações se reuniram *
com o **po**vo do Deus santo de Abraão,
– pois só **Deus** é realmente o Altíssimo, *
e os pode**ro**sos desta terra lhe pertencem!

Salmo 85(86),1-10

– 1 Inclin**ai**, ó Se**nhor**, vosso ou**vi**do, *
escu**tai**, pois sou pobre e infeliz!
= 2 Prote**gei**-me, que sou vosso amigo, †
e sal**vai** vosso servo, meu Deus, *
que es**pe**ra e confia em vós!

– 3 Pie**da**de de mim, ó Senhor, *
porque **cla**mo por vós todo o dia!
– 4 Ani**mai** e alegrai vosso servo, *
pois a **vós** eu elevo a minh'alma.

– 5 Ó Se**nhor**, vós sois bom e clemente, *
sois per**dão** para quem vos invoca.
– 6 Escu**tai**, ó Senhor, minha prece, *
o la**men**to da minha oração!

– 7 No meu **dia** de angústia eu vos chamo, *
porque **sei** que me haveis de escutar.
– 8 Não e**xis**te entre os deuses nenhum *
que con**vos**co se possa igualar;
– não e**xis**te outra obra no mundo *
compa**rá**vel às vossas, Senhor!

– 9 As na**ções** que criastes virão *
ado**rar** e louvar vosso nome.
– 10 Sois tão **gran**de e fazeis maravilhas: *
vós so**men**te sois Deus e Senhor!

Salmo 97(98)

– 1 Can**tai** ao Senhor **Deus** um canto **no**vo, *
porque **e**le fez pro**dí**gios!
– Sua **mão** e o seu braço forte e santo *
alcan**ç**aram-lhe a vitória.

– 2 O Se**nhor** fez conhecer a salvação, *
e às na**ções**, sua justiça;
– 3 recor**dou** o seu amor sempre fiel *
pela **ca**sa de Israel.

– Os con**fins** do universo contemplaram *
a salva**ção** do nosso Deus.
– 4 Acla**mai** o Senhor Deus, ó terra inteira, *
ale**grai**-vos e exultai!

– 5 Cantai **sal**mos ao Senhor ao som da harpa *
e da **cí**tara suave!
– 6 Acla**mai**, com os clarins e as trombetas, *
ao Se**nhor**, o nosso Rei!

– 7 Aplauda o **mar** com todo ser que nele vive, *
o mundo in**tei**ro e toda gente!
– 8 As mon**ta**nhas e os rios batam palmas *
e e**xul**tem de alegria,

– 9 na pre**sen**ça do Senhor, pois ele vem, *
vem jul**gar** a terra inteira.
– 10 Julga**rá** o universo com justiça *
e as na**ções** com equidade.

Ant. Cristo **vei**o tra**zer** a boa-**no**va para **to**dos:
a **paz** para os de **per**to, a **paz** para os de **lon**ge.

Leitura breve Is 49,6

O Senhor me disse: Não basta seres meu servo para restaurar as tribos de Jacó e reconduzir os remanescentes de Israel: eu te farei luz das nações, para que minha salvação chegue até os confins da terra.

V. As na**ções** hão de **ver** vossa jus**ti**ça.
R. E os **reis** contempla**rão** a vossa **gló**ria.

Oração como nas Laudes.

II Vésperas

Hino

Por que, Herodes, temes
chegar o Rei que é Deus?
Não rouba aos reis da terra
quem reinos dá nos céus.

Os Magos, ei-los vindo,
buscar na Luz a luz;
a estrela vão seguindo
que ao Rei dos reis conduz.

Nas águas é lavado
o celestial Cordeiro;
O que não tem pecado
nos lava em si primeiro.

As águas, ó prodígio,
já ficam cor d'aurora,
não deixam mais vestígio,
pois jorram vinho agora.

Louvor ao que aparece
aos povos em Belém,
unido ao Pai e ao Espírito
eternamente. Amém.

Salmodia

Ant. 1 O **Prín**cipe da **paz** foi exal**ta**do
muito a**ci**ma dos **reis** de toda a **ter**ra.

Salmo 109(110),1-5.7

– 1 Pa**la**vra do Se**nhor** ao meu Se**nhor**: *
"As**sen**ta-te ao lado meu direito,
– a**té** que eu ponha os inimigos teus *
como esca**be**lo por debaixo de teus pés!"

= 2 O Se**nhor** estenderá desde Sião †
vosso **ce**tro de poder, pois ele diz: *
"Do**mi**na com vigor teus inimigos; –

= 3 Tu és **prín**cipe desde o dia em que nasceste; †
na **gló**ria e esplendor da santidade, *
como o or**va**lho, antes da aurora, eu te gerei!"

= 4 Jurou o Se**nhor** e manterá sua palavra: †
"Tu **és** sacerdote eternamente, *
se**gun**do a ordem do rei Melquisedec!"

– 5 À vossa **des**tra está o Senhor, ele vos diz: *
"No dia da **i**ra esmagarás os reis da terra!
– 7 Bebe**rás** água corrente no caminho, *
por **is**so seguirás de fronte erguida!"

Ant. O **Prín**cipe da **paz** foi exal**ta**do
muito a**ci**ma dos **reis** de toda a **ter**ra.

Ant. 2 Uma **luz** brilha nas **tre**vas para os **jus**tos:
o Deus **jus**to, compas**si**vo e gene**ro**so.

Salmo 111(112)

– 1 Feliz o **ho**mem que res**pei**ta o Se**nhor** *
e que **a**ma com carinho a sua lei!
– 2 Sua descen**dên**cia será forte sobre a terra, *
abençoa**da** a geração dos homens retos!

– 3 Haverá **gló**ria e riqueza em sua casa, *
e perma**ne**ce para sempre o bem que fez.
– 4 Ele é cor**re**to, generoso e compassivo, *
como **luz** brilha nas trevas para os justos.

– 5 Feliz o **ho**mem caridoso e prestativo, *
que re**sol**ve seus negócios com justiça.
– 6 Porque ja**mais** vacilará o homem reto, *
sua lem**bran**ça permanece eternamente! –

– 7 Ele não **te**me receber notícias más: *
confiando em **Deus**, seu coração está seguro.
– 8 Seu cora**ção** está tranquilo e nada teme, *
e con**fu**sos há de ver seus inimigos.

= 9 Ele re**par**te com os pobres os seus bens, †
perma**ne**ce para sempre o bem que fez, *
e cresce**rão** a sua glória e seu poder.

= 10 O **ím**pio, vendo isso, se enfurece, †
range os **den**tes e de inveja se consome; *
mas os de**se**jos do malvado dão em nada.

Ant. Uma **luz** brilha nas **tre**vas para os **jus**tos:
o Deus **jus**to, compas**si**vo e gene**ro**so.

Ant. 3 As nações **to**das hão de **vir** perante **vós**,
e, pros**tra**das, have**rão** de ado**rar**-vos.

Cântico Ap 15,3-4

– 3 Como são **gran**des e admi**rá**veis vossas **o**bras, *
ó Se**nhor** e nosso Deus onipotente!
– Vossos ca**mi**nhos são verdade, são justiça, *
ó **Rei** dos povos todos do universo!

(R. São **gran**des vossas **o**bras, ó Se**nhor**!)

= 4 Quem, Se**nhor**, não haveria de temer-vos, †
e **quem** não honraria o vosso nome? *
Pois so**men**te vós, Senhor, é que sois santo! (R.)

= As nações **to**das hão de vir perante vós †
e, pros**tra**das, haverão de adorar-vos, *
pois vossas **jus**tas decisões são manifestas. (R.)

Ant. As nações **to**das hão de **vir** perante **vós**,
e, pros**tra**das, have**rão** de ado**rar**-vos.

Leitura breve Tt 3,4-5

Manifestou-se a bondade de Deus, nosso Salvador, e o seu amor pelos homens! Ele salvou-nos não por causa dos atos de justiça que tivéssemos praticado, mas por sua misericórdia, quando renascemos e fomos renovados no batismo pelo Espírito Santo.

Responsório breve

R. **To**dos os **po**vos
* Serão **ne**le abençoados. R. **To**dos os **po**vos.
V. Todas as **gen**tes canta**rão** o seu lou**vor**. * Serão **ne**le.
Glória ao **Pai**. R. **To**dos os **po**vos.

Cântico evangélico, ant.

Recor**da**mos neste **di**a três mis**té**rios:
Hoje a es**tre**la guia os **Ma**gos ao pre**sé**pio.
Hoje a **á**gua se faz **vi**nho para as **bo**das.
Hoje **Cris**to no Jor**dão** é bati**za**do
para sal**var**-nos. Ale**lui**a, ale**lui**a.

Preces

Com grande alegria, celebremos nosso Salvador, adorado hoje pelos Magos; e supliquemos:

R. **Salvai, Senhor, o vosso povo!**

Rei das nações, que chamastes os Magos como primícias para vos adorarem,
– concedei-nos o espírito de adoração e de serviço. R.

Rei da glória, que governais os povos com justiça,
– dai à humanidade a plenitude da paz. R.

Rei da eternidade, que permaneceis de geração em geração,
– enviai vossa palavra aos nossos corações como a água que fecunda a terra. R.

Rei de justiça, que viestes libertar o pobre sem defesa,
– socorrei os infelizes e os aflitos. R.

(intenções livres)

Senhor, vosso nome é bendito pelos séculos;
– tornai os nossos irmãos falecidos participantes das maravilhas de vossa salvação. R.

Pai nosso...

Oração

Ó Deus, que hoje revelastes o vosso Filho às nações, guiando-as pela estrela, concedei aos vossos servos e servas, que já vos conhecem pela fé, contemplar-vos um dia face a face no céu. Por nosso Senhor Jesus Cristo, vosso Filho, na unidade do Espírito Santo.

Nos dias seguintes, até o Domingo do Batismo do Senhor, tomam-se as partes próprias como estão indicadas a partir desta página. Depois do Domingo do Batismo do Senhor, começa o Tempo comum, também denominado "Tempo durante o ano".

Nas regiões onde a solenidade da Epifania do Senhor é celebrada no domingo entre 2 e 8 de janeiro, nos dias que seguem tomam-se as partes próprias do Ofício como estão indicadas abaixo, a não ser que o referido domingo ocorra no dia 7 ou 8 de janeiro. Então, no dia seguinte, celebra-se a festa do Batismo do Senhor, cujo Ofício encontra-se nas páginas 263-270; os salmos da Hora Média são os da segunda-feira da I Semana com antífona da festa; a leitura breve, o versículo e a oração também são da festa; nas Completas, rezam-se os salmos de segunda-feira. O Tempo comum começa, então, na terça-feira que segue.

DIA 7 DE JANEIRO
ou
SEGUNDA-FEIRA DEPOIS DO DOMINGO DA EPIFANIA

II Semana do Saltério

Laudes

Leitura breve Is 9,5

Nasceu para nós um menino, foi-nos dado um filho; ele traz aos ombros a marca da realeza; o nome que lhe foi dado é: Conselheiro admirável, Deus forte, Pai dos tempos futuros, Príncipe da Paz.

Responsório breve

R. Os **reis** de toda a **ter**ra.
* **Hão** de ado**rá**-lo. R. Os **reis**.
V. E **to**das as na**ções hão** de ser**vi**-lo. * **Hão** de ado**rá**-lo.
Glória ao **Pai**. R. Os **reis**.

Cântico evangélico, ant.

Os **Ma**gos do Orien**te** vi**e**ram a **Be**l**ém**
ado**rar** Nosso Se**nhor**;
e a**brin**do seus te**sou**ros,
ofe**re**cem seus pre**sen**tes preci**o**sos a Je**sus**;
o **ou**ro ao grande **Rei**, o in**cen**so ao sumo **Deus**
e a **mir**ra ao ser hu**ma**no para a **su**a sepul**tu**ra.

Preces

Aclamemos com alegria a Cristo nosso Senhor, por quem Deus fez conhecer a sua salvação até os confins da terra; e o louvemos dizendo:

R. **Glória a vós, Cristo Senhor!**

Redentor de todos, por vossa vinda derrubastes o muro de separação entre judeus e pagãos,
– fazei desaparecer do mundo as discriminações que ofendem a dignidade humana. R.

Filho Unigênito de Deus, que por vossa encarnação e nascimento quisestes habitar entre nós,
– ensinai-nos a reconhecer vossa multiforme presença na Igreja e no mundo. R.

Imagem do Deus invisível, que viestes nos revelar o pleno conhecimento do Pai,
– ajudai-nos a caminhar de acordo com a vossa palavra, cheios de fé e santidade de vida. R.

Emanuel, que maravilhosamente renovastes toda a criação,
– concedei que em nós tudo também se renove: coração, palavras e atos. R.

(intenções livres)

Pai nosso...

Oração

Nós vos pedimos, ó Deus, que o esplendor da vossa glória ilumine os nossos corações, para que, passando pelas trevas deste mundo, cheguemos à pátria da luz que não se extingue. Por nosso Senhor Jesus Cristo, vosso Filho, na unidade do Espírito Santo.

Hora Média

Ant. Cristo **veio** tra**zer** a boa-**no**va para **to**dos:
a **paz** para os de **per**to, a **paz** para os de **lon**ge.

Leitura breve Is 12,5-6

Cantai ao Senhor as grandes coisas que fez; é preciso que isto seja conhecido em toda parte. Exulta de alegria entre louvores, Cidade de Sião, pois no meio de ti se manifesta a grandeza do Santo de Israel.

V. As **nações** hão de **ver** vossa jus**ti**ça.
R. E os **reis** contempla**rão** a vossa **gló**ria.
Oração como nas Laudes.

Vésperas

Leitura breve cf. 2Pd 1,3-4

Cristo, por seu divino poder, nos deu tudo o que contribui para a vida e para a piedade, mediante o conhecimento daquele que, pela sua própria glória e virtude, nos chamou. Por meio de tudo isso nos foram dadas as preciosas promessas, as maiores que há, a fim de que vos tomásseis participantes da natureza divina, depois de libertos da corrupção da concupiscência no mundo.

Responsório breve

R. **To**dos os **po**vos
* Serão **ne**le abençoados. R. **To**dos os **po**vos.
V. Todas as **gen**tes canta**rão** o seu lou**vor**. * Serão **ne**le.
Glória ao **Pai**. R. **To**dos os **po**vos.

Cântico evangélico, ant.

Os **Ma**gos exul**ta**ram de ale**gria** ao ver a es**tre**la;
e, na **ca**sa, tendo en**tra**do,
ofere**ce**ram ao Se**nhor** seus pre**sen**tes preci**o**sos:
o **ou**ro, o incenso e a **mir**ra.

Preces

Bendigamos a Cristo nosso Senhor, que veio iluminar aqueles que viviam nas trevas e na sombra da morte. Peçamos com fervor:

R. **Cristo, sol nascente, mostrai-nos vossa luz!**

Cristo Senhor, que pelo mistério da encarnação formastes a Igreja, vosso corpo místico,
– fazei que ela cresça e se edifique na caridade. R.

Vós, que governais o céu e a terra,
– manifestai vosso poder divino a todos os povos e governantes da terra. R.

Vós, que pela encarnação, vos tornastes sacerdote eterno segundo a ordem de Melquisedec,
– dai a todos os sacerdotes serem fiéis ministros da vossa redenção. R.

Vós, que no seio da Virgem Maria realizastes a admirável união da humanidade com a divindade,
– abençoai as virgens consagradas, de quem sois o Esposo celeste.
R. **Cristo, sol nascente, mostrai-nos vossa luz!**

(intenções livres)

Vós, que, assumindo a nossa natureza mortal, destruístes a morte, introduzida pelo pecado,
– transformai em vida eterna a morte dos nossos defuntos. R.

Pai nosso...

Oração

Nós vos pedimos, ó Deus, que o esplendor da vossa glória ilumine os nossos corações, para que, passando pelas trevas deste mundo, cheguemos à pátria da luz que não se extingue. Por nosso Senhor Jesus Cristo, vosso Filho, na unidade do Espírito Santo.

DIA 8 DE JANEIRO
ou
TERÇA-FEIRA DEPOIS DO DOMINGO DA EPIFANIA

Laudes

Leitura breve Is 4,2-3

Naquele dia, o povo do Senhor terá esplendor e glória, e o fruto da terra será de grande alegria para os sobreviventes de Israel. Então, os que forem deixados em Sião, os sobreviventes de Jerusalém, serão chamados santos, a saber, todos os destinados à vida em Jerusalém.

Responsório breve

R. Os **reis** de toda a **ter**ra.
* **Hão** de ado**rá**-lo. R. Os **reis**.
V. E **to**das as na**ções hão** de ser**vi**-lo. * **Hão** de ado**rá**-lo.
Glória ao **Pai**. R. Os **reis**.

Cântico evangélico, ant.

São **três** os pre**sen**tes que os **Ma**gos trou**xe**ram
ao **Fi**lho de **Deus**, ao Se**nhor**, grande **Rei**:
o **ou**ro, o in**cen**so e a **mir**ra, ale**lui**a.

Preces

Celebremos a misericórdia de Cristo, que veio ao mundo para libertar-nos da escravidão do pecado e dar-nos a gloriosa liberdade dos filhos de Deus. Confiantes na sua bondade, peçamos:

R. **Pelo vosso nascimento, Senhor, livrai-nos do mal!**

Senhor, que existis eternamente e, pela encarnação, assumistes uma vida nova,
– renovai-nos pelo mistério do vosso nascimento. R.

Vós, que, sem deixar de ser Deus, quisestes vos tornar homem como nós,
– fazei que nossa vida alcance sua plenitude na participação da vossa divindade. R.

Vós, que viestes ao mundo como luz das nações e mestre da santidade,
– concedei que vossa palavra seja lâmpada para nossos passos. R.

Verbo de Deus, que vos fizestes homem no seio da Virgem Maria e quisestes viver no meio de nós,
– dignai-vos morar sempre, pela fé, em nossos corações. R.

(intenções livres)

Pai nosso...

Oração

Ó Deus, cujo Filho Unigênito se manifestou na realidade da nossa carne, concedei que, reconhecendo sua humanidade semelhante à nossa, sejamos interiormente transformados por ele. Por nosso Senhor Jesus Cristo, vosso Filho, na unidade do Espírito Santo.

Hora Média

Ant. Cristo **veio** tra**zer** a boa-**no**va para **to**dos:
a **paz** para os de **per**to, a **paz** para os de **lon**ge.

Leitura breve Is 48,20

Proclamai isto com gritos de alegria; fazei-vos ouvir até às extremidades da terra, dizei: O Senhor resgatou seu servo Jacó.

V. As na**ções** hão de **ver** vossa jus**ti**ça.

R. E os **reis** contempla**rão** a vossa **gló**ria.

Oração como nas Laudes.

Vésperas

Leitura breve Ef 2,3b-5

Nós éramos por natureza, como os demais, filhos da ira. Mas Deus é rico em misericórdia. Por causa do grande amor com que nos amou, quando estávamos mortos por causa das nossas faltas, ele nos deu a vida com Cristo. É por graça que vós sois salvos!

Responsório breve

R. **To**dos os **po**vos
* Serão **ne**le abençoados. R. **To**dos os **po**vos.
V. Todas as **gen**tes canta**rão** o seu lou**vor**. * Serão **ne**le.
Glória ao **Pai**. R. **To**dos os **po**vos.

Cântico evangélico, ant.

Ó **Cris**to, Luz da **luz**, apare**ces**tes,
e dos **Ma**gos os pre**sen**tes rece**bes**tes.

Preces

Unidos com todos os cristãos na oração, glorifiquemos o senhor; e digamos:

R. **Pai santo, escutai a oração de vossos filhos!**

Vinde, Senhor, em auxílio daqueles que ainda vos procuram como um Deus escondido nas sombras ou nas imagens,
– e orientai-os para a luz do Evangelho de Cristo. R.

Olhai sobre todos aqueles que vos adoram como único Deus verdadeiro e vos esperam como Juiz universal do último dia,
– para que, juntamente conosco, sejam acolhidos benignamente na vossa presença. R.

Lembrai-vos daqueles a quem dais continuamente vida, luz e todos os bens,
– para que jamais se afastem de vós. R.

Mandai vossos santos anjos para que protejam os viajantes,
– e preservai-os da morte repentina e dos acidentes. R.

(intenções livres)

A todos os nossos irmãos e irmãs falecidos que nesta vida conheceram vossa verdade,
– dai-lhes contemplar a vossa face na eterna felicidade. R.

Pai nosso...

Oração

Ó Deus, cujo Filho Unigênito se manifestou na realidade da nossa carne, concedei que, reconhecendo sua humanidade semelhante à nossa, sejamos interiormente transformados por ele. Por nosso Senhor Jesus Cristo, vosso Filho, na unidade do Espírito Santo.

DIA 9 DE JANEIRO
ou
QUARTA-FEIRA DEPOIS DO DOMINGO DA EPIFANIA

Laudes

Leitura breve Is 49,8b-9a

Eu te preservei para seres elo de aliança entre os povos, para restaurar a terra, para distribuir a herança dispersa; para dizer aos que estão presos: "Saí!" e aos que estão nas trevas: "Mostrai-vos!"

Responsório breve

R. Os **reis** de toda a **ter**ra.
* **Hão** de ado**rá**-lo. R. Os **reis**.
V. E **to**das as **nações** hão de ser**vi**-lo.* **Hão** de ado**rá**-lo.
Glória ao **Pai**. R. Os **reis**.

Cântico evangélico, ant.

Nós **vi**mos a es**tre**la do Se**nhor** no Ori**en**te.
e viemos com pre**sen**tes ado**rar** o nosso **Deus**.

Preces

O Verbo eterno, gerado pelo Pai, nasceu para nós como criança, na plenitude dos tempos, e nos foi dado como um filho. Por isso, o aclamemos com alegria:

R. **Senhor, vós sois bendito eternamente!**

Filho de Deus vivo, que existis antes da criação do mundo e viestes à terra para salvar a humanidade,
– fazei de nós testemunhas fiéis do vosso Evangelho. R.

Sol de justiça, que fizestes brilhar sobre nós a luz eterna de Deus Pai e resplandeceis no mundo inteiro,
– iluminai a todos os que vivem nas trevas da morte. R.

Vós, que vos fizestes criança, e fostes colocado num presépio,
–renovai em nós a simplicidade das crianças. R.

R. **Senhor, vós sois bendito eternamente!**

Vós, que vos tornastes para nós o pão vivo que dá a vida eterna,
–alegrai nossos corações pelo sacramento de vosso altar. R.

(intenções livres)

Pai nosso...

Oração

Ó Deus, luz de todas as nações, concedei aos povos da terra viver em perene paz, e fazei resplandecer em nossos corações aquela luz admirável que vimos despontar no povo da antiga aliança. Por nosso Senhor Jesus Cristo, vosso Filho, na unidade do Espírito Santo.

Hora Média

Ant. Cristo **vei**o tra**zer** a boa-**no**va para **to**dos:
a **paz** para os de **per**to, a **paz** para os de **lon**ge.

Leitura breve Ap 21,23-24

A cidade não precisa de sol, nem de lua que a iluminem, pois a glória de Deus é a sua luz e a sua lâmpada é o Cordeiro. As nações caminharão à sua luz e os reis da terra levarão a ela a sua glória.

V. As na**ções** hão de **ver** vossa jus**ti**ça.
R. E os **reis** contempla**rão** a vossa **gló**ria.

Oração como nas Laudes.

Vésperas

Leitura breve Cl 1,13-15

Deus nos libertou do poder das trevas e nos recebeu no reino de seu Filho amado, por quem temos a redenção, o perdão dos pecados. Ele é a imagem do Deus invisível, o primogênito de toda a criação.

Responsório breve

R. **To**dos os **po**vos
* Serão **ne**le abençoados. R. **To**dos os **po**vos.
V. Todas as **gen**tes canta**rão** o seu lou**vor**. * Serão **ne**le.
Glória ao **Pai**. R. **To**dos os **po**vos.

Cântico evangélico, ant.

Herodes aos **Magos** pergun**tou**:
Que si**nal** vistes **vós** do Rei nas**cido**?
Nós **vi**mos a es**tre**la reful**gen**te
e seu **bri**lho que ilu**mi**na o mundo in**tei**ro.

Preces

Louvemos o Verbo de Deus que veio ao mundo para destruir o poder do pecado; e digamos cheios de confiança:

R. **Mostrai-nos, Senhor, a vossa misericórdia!**

Sacerdote eterno, que viestes ao mundo para restaurar a plenitude do culto divino;
– fazei que, por meio da Igreja, nele possam participar todas as gentes. R.

Médico das almas e dos corpos, que viestes visitar os que estavam enfermos,
– curai e fortalecei todos os doentes. R.

Senhor, que encheis de alegria a santa Igreja com o mistério do vosso nascimento,
– ajudai os pobres e compadecei-vos dos pecadores, para que todos participem das alegrias do Natal. R.

Rei poderoso, que destruístes os grilhões da antiga escravidão,
– libertai os prisioneiros e confortai os encarcerados. R.

(intenções livres)

Vós que viestes ao mundo para abrir as portas do céu,
– recebei na vossa glória os nossos irmãos e irmãs falecidos. R.

Pai nosso...

Oração

Ó Deus, luz de todas as nações, concedei aos povos da terra viver em perene paz, e fazei resplandecer em nossos corações aquela luz admirável que vimos despontar no povo da antiga aliança. Por nosso Senhor Jesus Cristo, vosso Filho, na unidade do Espírito Santo.

DIA 10 DE JANEIRO
ou
QUINTA-FEIRA DEPOIS DO DOMINGO DA EPIFANIA

Laudes

Leitura breve Is 62,11-12a

Dizei à cidade de Sião: Eis que está chegando o teu salvador, com a recompensa já em suas mãos e o prêmio à sua disposição. O povo será chamado Povo santo, os Resgatados do Senhor.

Responsório breve

R. Os **reis** de toda a **ter**ra.
***Hão** de ado**rá**-lo. R. Os **reis**.
V. E **to**das as na**ções** hão de ser**vi**-lo. ***Hão** de ado**rá**-lo.
Glória ao **Pai**. R. Os **reis**.

Cântico evangélico, ant.

Os **po**vos de longe vi**rão**
ofere**cer** ao Se**nhor** seus pre**sen**tes.

Preces

Celebremos as maravilhas do Senhor, que veio consolar seu povo com o nascimento de Cristo nosso Salvador; e aclamemos cheios de confiança:

R. **Glória a Deus nas alturas!**

Com os anjos, patriarcas e profetas,
–nós vos louvamos, Senhor. R.

Com a Virgem Maria, Mãe de Deus,
–nossa alma vos engrandece, Senhor. R.

Com os apóstolos e evangelistas,
–nós vos damos graças, Senhor. R.

Com todos os santos mártires de Cristo,
–nós vos oferecemos, Senhor, os nossos corpos como sacrifício de louvor. R.

Com todos os santos e santas que foram na terra testemunhas da Igreja,
–nós vos consagramos, Senhor, toda a nossa vida. R.

(intenções livres)

Pai nosso...

Oração

Ó Deus, pelo nascimento do vosso Filho, a aurora do vosso dia eterno despontou sobre todas as nações. Concedei ao vosso povo conhecer a fulgurante glória do seu Redentor e por ele chegar à luz que não se extingue. Por nosso Senhor Jesus Cristo, vosso Filho, na unidade do Espírito Santo.

Hora Média

Ant. Cristo **veio** tra**zer** a boa-**no**va para **to**dos:
a **paz** para os de **per**to, a **paz** para os de **lon**ge.

Leitura breve Is 9,1

O povo, que andava na escuridão, viu uma grande luz; para os que habitavam nas sombras da morte, uma luz esplandeceu.

V. As na**ções** hão de **ver** vossa jus**ti**ça.
R. E os **reis** contempla**rão** a vossa glória.

Oração como nas Laudes.

...speras

Leitura breve 1Jo 1,5b.7

Deus é luz e... não há trevas. Se andamos na luz, como ele ... na ... estamos em comunhão uns com os outros, e o sangue de seu Filho Jesus nos purifica de todo o pecado.

...sório breve

R. Todos os **po**vos
* Serão **ne**le abençoa**dos**. R. **To**dos os **po**vos.
V. Todas as **gen**tes canta**rão** o seu lou**vor**. * Serão **ne**le. Glória ao **Pai**. R. **To**dos os **po**vos.

Cântico evangélico, ant.

Virão **to**dos de Sa**bá** a tra**zer** incenso e **ou**ro
e a can**tar** os seus lou**vo**res. Ale**lui**a.

Preces

Unidos na oração com todos os nossos irmãos e irmãs, bendigamos a Deus; e peçamos:

R. **Mostrai-nos, Senhor, a vossa misericórdia!**

Pai santo, nós vos pedimos por aqueles que vos conhecem apenas pela luz da razão,
– para que sejam também enriquecidos com a luz do Evangelho.
R. **Mostrai-nos, Senhor, a vossa misericórdia!**

Olhai com bondade para todos aqueles que, fora da Igreja, procuram libertar-se das angústias da condição humana,
– para que encontrem em Cristo o caminho, a verdade e a vida. R.

Vinde ajudar aqueles que praticam com sinceridade sua própria religião,
– e conduzi-os à admirável luz de Cristo, vosso Filho. R.

Purificai continuamente os corações de vossos fiéis,
– para que vos conheçam cada vez melhor. R.

(intenções livres)

Manifestai a vossa misericórdia para com nossos irmãos e irmãs falecidos,
– e recebei-os na glória de vossos eleitos.

Pai nosso... R.

Oração

Ó Deus, pelo nascimento do vosso Filho, a [illegible] eterno despontou sobre todas as nações. Conce[illegible] do vosso [illegible] conhecer a fulgurante glória do seu Redentor e po[illegible] luz que não se extingue. Por nosso Senhor Jesus Cr[illegible] Filho, na unidade do Espírito Santo.

DIA 11 DE JANEIRO
ou
SEXTA-FEIRA DEPOIS DO DOMINGO DA EPIFANIA

Laudes

Leitura breve Is 45,22-23

Povos de todos os confins da terra, voltai-vos para mim e sereis salvos, eu sou Deus e não há outro. Juro por mim mesmo: de minha boca sai o que é justo, a palavra que não volta atrás; todo joelho há de dobrar-se para mim, por mim há de jurar toda língua.

Responsório breve

R. Os **reis** de toda a **ter**ra.
* **Hão** de ado**rá**-lo. R. Os **reis**.
V. E **to**das as na**ções** hão de ser**vi**-lo. * **Hão** de ado**rá**-lo.
Glória ao **Pai**. R. Os **reis**.

Cântico evangélico, ant.

Todos a**que**les que vos **ti**nham despre**za**do,
virão pros**trar**-se a vossos **pés** para ado**rar**-vos.

Preces

Demos glória a Cristo, que veio renovar o coração e o espírito do homem; e o invoquemos:

R. **Renovai-nos, Senhor, pelo vosso natal!**

Vós, que assumindo a natureza humana vos tornastes para nós sacramento da divindade,
– fazei que, por meio da Igreja, vos reconheçamos no mistério da vossa Palavra e do vosso Corpo.

Criador do gênero humano, pela Virgem Imaculada vos fizestes homem entre os homens,
– concedei-nos, por intercessão de Maria, participar da vossa divindade para nossa salvação. R.

Redentor nosso, que descestes à terra como chuva sobre a relva,
– derramai em nossas almas a água viva que brota para a vida eterna. R.

A nós que celebramos nestes dias o início de vossa vida no mundo,
– fazei-nos chegar à maturidade do ser humano perfeito, segundo a imagem da vossa estatura em sua plenitude. R.

(intenções livres)

Pai nosso...

Oração

Ó Deus todo-poderoso, que o natal do Salvador do mundo, manifestado pela luz da estrela, sempre refulja e cresça em nossas vidas. Por nosso Senhor Jesus Cristo, vosso Filho, na unidade do Espírito Santo.

Hora Média

Ant. Cristo **veio** tra**zer** a boa-**no**va para **to**dos:
a **paz** para os de **per**to, a **paz** para os de **lon**ge.

Leitura breve Jr 31,11-12

O Senhor resgatou Jacó e libertou-o das mãos dos poderosos. Virão cantar louvores no monte Sião e participar dos bens do Senhor.

V. As na**ções** hão de **ver** vossa jus**ti**ça.
R. E os **reis** contempla**rão** a vossa **gló**ria.

Oração como nas Laudes.

Vésperas

Leitura breve Rm 8,3b-4

Tendo Deus enviado seu próprio Filho numa condição semelhante àquela da humanidade pecadora, e por causa justamente do pecado, condenou o pecado em nossa condição humana, para que toda a justiça exigida pela Lei seja cumprida em nós que não procedemos segundo a carne, mas segundo o Espírito.

Responsório breve

R. **To**dos os **po**vos
* Serão **ne**le aben**ço**ados. R. **To**dos os **po**vos.
V. Todas as **gen**tes canta**rão** o seu lou**vor**. * Serão **ne**le.
Glória ao **Pai**. R. **To**dos os **po**vos.

Cântico evangélico, ant.

Os **Ma**gos, avi**sa**dos em **so**nho pelo **an**jo,
vol**ta**ram ao seu pa**ís** por um ca**mi**nho dife**ren**te.

Preces

Rezemos a Deus Pai, que enviou seu Filho ao mundo para ser a luz das nações; e digamos:

R. **Pai nosso, ouvi-nos!**

Dilatai a santa Igreja por toda a terra,
– para que se revele à humanidade a glória do vosso Filho. R.

Pai eterno, que conduzistes os sábios do Oriente à presença de vosso Filho na gruta de Belém,
–revelai-o a todos aqueles que procuram a verdade de coração sincero. R.

Atraí todos os povos para a vossa luz admirável,
–a fim de que ao nome de Jesus se dobre todo joelho. R.

Enviai operários para a vossa messe,
–afim de que os pobres sejam evangelizados e se anuncie a toda a humanidade o tempo da salvação. R.

(intenções livres)

Concedei a todos os defuntos a plenitude da redenção,
–para que eles se alegrem na vitória de Cristo sobre a morte. R.

Pai nosso...

Oração

Ó Deus, todo-poderoso, que o natal do Salvador do mundo, manifestado pela luz da estrela, sempre refulja e cresça em nossas vidas. Por nosso Senhor Jesus Cristo, vosso Filho, na unidade do Espírito Santo.

DIA 12 DE JANEIRO
ou
SÁBADO DEPOIS DO DOMINGO DA EPIFANIA

Laudes

Leitura breve Sb 7,26-27

A Sabedoria é um reflexo da luz eterna, espelho sem mancha da atividade de Deus e imagem da sua bondade. Sendo única, tudo pode: permanecendo imutável, renova tudo; e comunicando-se às almas santas de geração em geração, forma os amigos de Deus e os profetas.

Responsório breve

R. Os **reis** de toda a **ter**ra.
* **Hão** de ado**rá**-lo. R. Os **reis**.
V. E **todas** as **nações** hão de ser**vi**-lo. * **Hão** de ado**rá**-lo.
Glória ao **Pai**. R. Os **reis**.

Cântico evangélico, ant.
Jesus deu início a seus milagres,
e mostrou a sua glória em Caná da Galileia.

Preces
Glorifiquemos a Cristo, imagem de Deus invisível; e peçamos cheios de fé:
R. **Cristo, Filho de Deus vivo, ouvi nossa oração!**

Filho de Deus, que nos revelastes o amor do Pai,
– tornai-o conhecido a toda a humanidade por meio do nosso amor fraterno. R.

Vós, que aparecestes no meio de nós como Senhor da vida,
– dai-nos a plenitude de vossa vida. R.

Concedei que manifestemos em nós a vossa vida,
– trazendo em nosso corpo os sinais de vossa paixão. R.

Iluminai os nossos corações,
– para que se encham da vossa ciência e claridade. R.

(intenções livres)

Pai nosso...

Oração

Deus eterno e todo-poderoso, pelo vosso Filho nos fizestes nova criatura para vós. Dai-nos, pela graça, participar da divindade daquele que uniu a vós a nossa humanidade. Por nosso Senhor Jesus Cristo, vosso Filho, na unidade do Espírito Santo.

Hora Média

Ant. Cristo **veio** trazer a boa-**no**va para **to**dos:
a **paz** para os de **per**to, a **paz** para os de **lon**ge.

Leitura breve Ez 34,11-12

Vede! Eu mesmo vou procurar minhas ovelhas e tomar conta delas. Como o pastor toma conta do rebanho de dia, quando se encontra no meio das ovelhas dispersas, assim vou cuidar de minhas ovelhas e vou resgatá-las de todos os lugares em que forem dispersadas.

V. As **na**ções hão de **ver** vossa jus**ti**ça.
R. E os **reis** contempla**rão** a vossa **gló**ria.

Oração como nas Laudes.

Domingo depois de 6 de janeiro

BATISMO DO SENHOR

Festa

Quando a solenidade da Epifania ocorrer no domingo 7 ou 8 de janeiro, a festa do Batismo do Senhor é celebrada na segunda-feira seguinte sem I Vésperas.

I Vésperas

Hino

A nós vindes pela Virgem,
Unigênito do Pai.
Os que na água consagrastes
pela fé regenerai.

Vindo a nós dos altos céus,
forma humana adotastes.
Ao pagar co'a morte a conta,
vida e gáudio nos doastes.

Redentor, propício vinde
lá do alto e nos salvai.
Com a vossa luz divina
nossa mente iluminai.

Ó Senhor, ficai conosco,
apartai a noite escura,
nos lavai de toda culpa,
às doenças dai a cura.

Cristo luz, vida e verdade,
para vós todo o louvor.
Pai e Espírito revelam
vosso eterno resplendor.

Ant. 1 João Ba**ti**sta no de**ser**to pre**ga**va um ba**tis**mo
de peni**tên**cia e conver**são** para os pe**ca**dos perdo**ar**.

Salmos e cântico como nas I Vésperas da Epifania do Senhor, p. 235.

Ant. 2 Com **água** eu vos ba**ti**zo.
Mas o **Cris**to have**rá** de bati**zar**-vos com o **fo**go
e o Es**pí**rito de **Deus**.

Ant. 3 De**pois** de bati**za**do, Je**sus** saiu da **á**gua,
e a**bri**ram-se os **céus**.

Leitura breve At 10,37-38

Vós sabeis o que aconteceu em toda a Judeia, a começar pela Galileia, depois do batismo pregado por João: como Jesus de Nazaré foi ungido por Deus com o Espírito Santo e com poder. Ele andou por toda parte, fazendo o bem e curando a todos os que estavam dominados pelo demônio; porque Deus estava com ele.

Responsório breve

R. Ó Se**nhor** e nosso **Deus.**
* Ouvi o cla**mor** de vosso **po**vo! R. Ó Se**nhor**.
V. E abri-lhe a **fon**te d'água **vi**va.* Ouvi o cla**mor**.
Glória ao **Pai**. R. Ó Se**nhor**.

Cântico evangélico, ant.

O Salva**dor** foi bati**za**do e reno**vou** o velho **ho**mem;
pela **á**gua restau**rou** a natu**re**za corrom**pi**da;
reves**tiu**-nos de uma **ves**te incorrup**tí**vel e imor**tal**.

Preces

Oremos a nosso Redentor, que quis ser batizado por João no rio Jordão; e digamos:

R. **Senhor, enviai-nos vosso Espírito!**

Cristo, servo de Deus, em quem o Pai põe todo o seu agrado,
– enviai sobre nós o vosso Espírito. R.

Cristo, Eleito de Deus, que não quebrais o caniço rachado nem apagais a mecha que ainda fumega,
– tende compaixão de todos os que vos procuram de coração sincero. R.

Cristo, Filho de Deus, a quem o Pai escolheu pela Nova Aliança para ser a luz das nações,
– abri, nas águas do batismo, os olhos dos que ainda não têm fé. R.

Cristo, Salvador da humanidade, a quem o Pai ungiu com o Espírito Santo para o ministério da salvação;
– fazei que todos vos conheçam e creiam em vós, para alcançarem a vida eterna. R.

(intenções livres)

Cristo, nossa Esperança, que conduzis para a luz da salvação os povos que se acham nas trevas,
– recebei no vosso reino os nossos irmãos e irmãs falecidos. R.

Pai nosso...

Oração

Deus eterno e todo-poderoso, que, sendo o Cristo batizado no Jordão, e pairando sobre ele o Espírito Santo, o declarastes solenemente vosso Filho, concedei aos vossos filhos adotivos, renascidos da água e do Espírito Santo, perseverar constantemente em vosso amor. Por nosso Senhor Jesus Cristo, vosso Filho, na unidade do Espírito Santo.

Laudes

Hino

O Redentor das nações,
Jesus, a todos brilhou.
E todo o povo fiel
lhe canta um hino em louvor.

Vivera já trinta anos
em nossa carne mortal.
E embora livre de culpa,
da água busca o sinal.

João, feliz, mas tremendo,
mergulha em rio profundo
aquele que lavaria
no sangue a culpa do mundo.

A voz do Pai testemunha
que este é seu Filho, e reflui
sobre ele a força do Espírito
que todo dom distribui.

Protegei a todos, ó Cristo:
jamais tombemos no abismo.
Dai-nos viver as promessas
do nosso próprio batismo.

Ó Cristo, vida e verdade,
a vós a glória e o louvor.
Unido ao Pai e ao Espírito,
do céu mostrais o esplendor.

Ant. 1 João ba**ti**za o Salva**dor**, o sol**da**do, a seu **Rei**,
e o **ser**vo, a seu Se**nhor**.
Estre**me**ce o rio Jor**dão**, divina **pom**ba é teste**mu**nha.
E faz-se ou**vir** a voz do **Pai**:
Eis meu **Fi**lho muito a**ma**do.

Salmos e cântico do domingo da I Semana, p. 764.

Ant. 2 Quando **Cris**to apare**ceu**
em sua **gló**ria em nosso **mei**o,
santifi**cou** todas as **fon**tes e as **á**guas do uni**ver**so.
Vinde bus**car** água das **fon**tes do Se**nhor** e Salva**dor**!
Pois o **Cris**to, nosso **Deus**, santifi**cou** todas as **coi**sas.

Ant. 3 No Es**pí**rito e no **fo**go destru**ís** nosso pe**ca**do:
agrade**ci**dos vos lou**va**mos, nosso **Deus** e Reden**tor**!

Leitura breve Is 61,1-2a

O espírito do Senhor Deus está sobre mim, porque o Senhor me ungiu; enviou-me para dar a boa-nova aos humildes, curar as feridas da alma, pregar a redenção para os cativos e a liberdade para os que estão presos; para proclamar o tempo da graça do Senhor e o dia da vingança do nosso Deus.

Responsório breve

R. Cristo, **Fi**lho do Deus **vi**vo,
* Tende **pe**na e compai**xão**! R. Cristo.
V. Vós, que **ho**je apare**ces**tes, *Tende **pe**na.
Glória ao **Pai**. R. Cristo.

Cântico evangélico, ant.

Jesus **Cris**to é bati**za**do, e o **mun**do é reno**va**do.
Ele **deu**-nos o per**dão** dos pe**ca**dos e das **fal**tas.
Se**ja**mos homens **no**vos pela **á**gua e pelo Es**pí**rito!

Preces

Oremos a nosso Redentor, que quis ser batizado por João no rio Jordão; e digamos:

R. **Senhor, tende piedade de nós.**

Cristo, que fizestes brilhar sobre nós a luz da epifania,
– concedei vossa luz àqueles que hoje vamos encontrar. R.

Cristo, que recebestes o batismo de vosso servo João para nos ensinar o caminho da humildade,
– concedei-nos o espírito de humildade no serviço para com todos.

Cristo, que pelo vosso batismo, nos purificastes de todo pecado, e nos tornastes filhos de Deus Pai,
– concedei o espírito de adoção filial a todos os que vos buscam. R.

Cristo, que pelo vosso batismo santificastes a criação inteira e abristes aos batizados as portas da conversão,
– fazei de nós mensageiros do vosso Evangelho por todo o mundo. R.

Cristo que no vosso batismo nos revelastes a Santíssima Trindade,
– renovai o espírito de adoção, no sacerdócio régio dos batizados. R.

(intenções livres)

Pai nosso...

Oração

Deus eterno e todo-poderoso que, sendo o Cristo batizado no Jordão, e pairando sobre ele o Espírito Santo, o declarastes solenemente vosso Filho, concedei aos vossos filhos adotivos, renascidos da água e do Espírito Santo, perseverar constantemente em vosso amor. Por nosso Senhor Jesus Cristo, vosso Filho, na unidade do Espírito Santo.

Hora Média

Rezam-se os salmos do III Domingo do Saltério, p. 950, a não ser que hoje seja dia 7 de janeiro; então rezam-se os salmos do II Domingo, p. 858. Quando a festa do Batismo do Senhor é celebrada no dia seguinte ao domingo que ocorre no dia 7 ou 8 de janeiro, rezam-se os salmos da Segunda-feira da I Semana, p. 781.

Ant. Jesus respondeu a João Batista:
Por agora deixa estar, para cumprir-se
o que é justo aos olhos de meu Pai.

Leitura breve Is 42,1

Eis o meu servo – eu o recebo; eis o meu eleito – nele se compraz minh'alma; pus meu espírito sobre ele, ele promoverá o julgamento das nações.

V. Eis aqui o meu servo que eu amparo.
R. O meu eleito, a alegria da minh'alma.

Oração como nas Laudes.

I Vésperas

Hino

João cumpre a sua missão
ao batizar o Senhor,
que no Jordão mergulhando
na água as águas lavou.

Não quer lavar-se a si mesmo
o Filho da Virgem pura,
mas quer nas águas lavar
a culpa da criatura.

É este o meu filho amado,
do Pai a voz proclamou.
E sob a forma de pomba
nele o Espírito pousou.

A salvação da Igreja
neste mistério reluz.
Em três pessoas um Deus
no tempo e na eterna luz.

Ó Cristo, vida e verdade,
a vós a glória, o louvor;
o Pai e o Espírito revelam
vosso divino esplendor.

Salmodia

Ant. 1 Ressoou a voz do **Pai** vinda dos **céus**:
Eis meu **Fi**lho muito a**ma**do: escu**tai**-o.

Salmos e cântico como nas II Vésperas da Epifania, p. 244.

Ant. 2 No Jor**dão** o Se**nhor** esma**gou**
a ca**be**ça da an**ti**ga ser**pen**te
e li**vrou**-nos de **su**a opres**são**.

Ant. 3 É **gran**de o mis**té**rio deste **di**a:
No Jor**dão** o Cria**dor** do uni**ver**so
puri**fi**ca nossas **cul**pas e pe**ca**dos.

Leitura breve — At 10,37-38

Vós sabeis o que aconteceu em toda a Judeia, a começar pela Galileia, depois do batismo pregado por João: como Jesus de Nazaré foi ungido por Deus com o Espírito Santo e com poder. Ele andou por toda parte, fazendo o bem e curando a todos os que estavam dominados pelo demônio; porque Deus estava com ele.

Responsório breve

R. É **es**te o que **veio**
*Pela **á**gua e pelo **san**gue. R. **É es**te.
V. Jesus **Cris**to, Senhor **nos**so. *Pela **á**gua.
Glória ao **Pai**. R. É **es**te.

Cântico evangélico, ant.

Jesus **Cris**to nos a**mou** até o **fim**,
e com seu **san**gue Ele la**vou** nossos pe**ca**dos,
e fez de **nós** povo de **reis** e sacer**do**tes
para a **gló**ria de Deus **Pai** onipo**ten**te.
A ele **gló**ria e po**der** eterna**men**te!

Preces

Oremos a nosso Redentor, que quis ser batizado por João no rio Jordão; e digamos:

R. **Senhor, enviai-nos vosso Espírito!**

Cristo, servo de Deus, em quem o Pai põe todo o seu agrado,
– enviai sobre nós o vosso Espírito. R.

Cristo, Eleito de Deus, que não quebrais o caniço rachado nem apagais a mecha que ainda fumega,
– tende compaixão de todos os que vos procuram de coração sincero. R.

Cristo, Filho de Deus, a quem o Pai escolheu pela Nova Aliança para ser a luz das nações;
– abri, nas águas do batismo, os olhos dos que ainda não têm fé. R.

Cristo, Salvador da humanidade, a quem o Pai ungiu com o Espírito Santo para o ministério da salvação;
– fazei que todos vos conheçam e creiam em vós, para alcançarem a vida eterna. R.

(intenções livres)

Cristo, nossa Esperança, que conduzis para a luz da salvação os povos que se acham nas trevas,
– recebei no vosso reino os nossos irmãos e irmãs falecidos. R.

Pai nosso...

Oração

Deus eterno e todo-poderoso que, sendo o Cristo batizado no Jordão, e pairando sobre ele o Espírito Santo, o declarastes solenemente vosso Filho, concedei aos vossos filhos adotivos, renascidos da água e do Espírito Santo, perseverar constantemente em vosso amor. Por nosso Senhor Jesus Cristo, vosso Filho, na unidade do Espírito Santo.

Depois da festa do Batismo do Senhor começa o Tempo Comum.

TEMPO DA QUARESMA

Desde o início do Ofício da Quarta-feira de Cinzas até a Vigília pascal, omite-se oAleluia.

I. ATÉ O SÁBADO DA 5ª SEMANA

Nos Ofícios do Tempo, desde o início do Ofício da Quarta-feira de Cinzas, até a Hora Média do Sábado da 5ª Semana da Quaresma, inclusive:

Vésperas

Hino

Nos domingos:

Ó Pai, nesta Quaresma,
ouvi nossos pedidos:
na mais contrita prece
nos vedes reunidos.

Sondais as nossas almas,
na fé tão inconstantes:
se para vós se voltam,
mudai-as quanto antes.

Pecamos, na verdade,
tão longe da virtude:
Senhor, por vosso nome,
a todos dai saúde.

Fazei que nosso corpo,
enfim disciplinado,
o dia todo fuja
da culpa e do pecado.

Que o tempo da Quaresma
nos leve à santidade,
e assim louvar possamos
a glória da Trindade.

Nos dias de semana:

A abstinência quaresmal
vós consagrastes, ó Jesus;
pelo jejum e pela prece,
nos conduzis da treva à luz.

Ficai presente agora à Igreja,
ficai presente à penitência,
pela qual vos suplicamos
para os pecados indulgência.

Por vossa graça, perdoai
as nossas culpas do passado;
contra as futuras protegei-nos,
manso Jesus, Pastor amado,

Para que nós, purificados
por esses ritos anuais,
nos preparemos, reverentes,
para gozar os dons pascais.

Todo o universo vos adore,
Trindade Santa, Sumo Bem.
Novos, por graça, vos cantemos
um canto novo e belo. Amém.

Completas

Na 1ª, 3ª e 5ª Semana diz-se o hino Agora que o clarão, p. 751. Nas semanas restantes, o hino Ó Cristo, dia e esplendor, p. 751.

Laudes

Hino

Nos domingos:

Humildes, ajoelhados
na prece que a fé inspira,
ao justo Juiz roguemos
que abrande o rigor da ira.

Ferimos por nossas culpas
o vosso infinito amor.
A vossa misericórdia
do alto infundi, Senhor.

Nós somos, embora frágeis,
a obra de vossa mão;
a honra do vosso nome
a outros não deis, em vão.

Senhor, destruí o mal,
fazei progredir o bem;
possamos louvar-vos sempre,
e dar-vos prazer também.

Conceda o Deus Uno e Trino,
que a terra e o céu sustém,
que a graça da penitência
dê frutos em nós. Amém.

Nos dias de semana:

Ó Cristo, sol de justiça,
brilhai nas trevas da mente.
Com força e luz, reparai
a criação novamente.

Dai-nos, no tempo aceitável,
um coração penitente,
que se converta e acolha
o vosso amor paciente.

A penitência transforme
tudo o que em nós há de mal.
É bem maior que o pecado
o vosso dom sem igual.

Um dia vem, vosso dia,
e tudo então refloresce.
Nós, renascidos na graça,
exultaremos em prece.

A vós, Trindade clemente,
com toda a terra adoramos,
e no perdão renovados
um canto novo cantamos.

Hora Média

Hino

Na mesma hora em que Jesus, o Cristo,
sofreu a sede, sobre a cruz pregado,
conceda a sede de justiça e graça
a quem celebra o seu louvor sagrado.

Ao mesmo tempo ele nos seja a fome
e o Pão divino que a Si mesmo dá;
seja o pecado para nós fastio,
só no bem possa o nosso gozo estar.

A unção viva do divino Espírito
impregne a mente dos que cantam salmos;
toda frieza do seu peito afaste,
no coração ponha desejos calmos.

Ao Pai e ao Cristo suplicamos graça,
com seu Espírito, eterno Bem;
Trindade Santa, protegei o orante,
guardai o povo em caridade. Amém.

Ant. Por minha **vi**da, diz o Se**nhor**,
não quero a **mor**te do peca**dor**,
mas que ele **vol**te e tenha **vi**da.

Nos dias de semana das Semana da Quaresma podem-se usar os hinos da Semana Santa nas Laudes e nas Vésperas, p.395-396.

QUARTA-FEIRA DE CINZAS

IV Semana do Saltério

Laudes

Os salmos e o cântico, com suas antífonas, podem ser os da Sexta-feira da III Semana do Saltério, p.1009.

Leitura breve Dt 7,6b.8-9

O Senhor teu Deus te escolheu dentre todos os povos da terra, para seres o seu povo preferido porque o Senhor vos amou e quis cumprir o juramento que fez a vossos pais. Foi por isso que o Senhor vos fez sair com mão poderosa, e vos resgatou da casa da escravidão, das mãos do Faraó, rei do Egito. Saberás, pois, que o Senhor teu Deus é o único Deus, um Deus fiel, que guarda a aliança e a misericórdia até mil gerações, para aqueles que o amam e observam seus mandamentos.

Responsório breve

R. **Deus** nos **amou** por pri**meiro**,
* Ele **fez** Ali**an**ça co**nos**co. R. **Deus**.
V. Sem me**di**da é **sua** ter**nu**ra! * Ele **fez**.
Glória ao **Pai**. R. **Deus** nos **amou**.

Cântico evangélico, ant.

Jeju**ai** sem ficar **tris**tes: não **fa**ç**ais** como os hi**pó**critas.

Preces

Demos graças a Deus Pai, que nos concede o dom de iniciar hoje o tempo quaresmal. Supliquemos que durante estes dias de salvação ele purifique e confirme os nossos corações na caridade, pela vinda e ação do Espírito Santo. Digamos, pois, cheios de confiança:

R. **Dai-nos, Senhor, o vosso Espírito Santo!**

Ensinai-nos a saciar o nosso espírito,
– com toda palavra que brota de vossos lábios. R.

Fazei que pratiquemos a caridade, não apenas nas grandes ocasiões,
– mas principalmente no cotidiano de nossas vidas. R.

Concedei que saibamos renunciar ao supérfluo,
– para podermos socorrer os nossos irmãos necessitados. R.

Dai-nos trazer sempre em nosso corpo os sinais da Paixão de vosso Filho,
– vós que nos destes a vida em seu corpo. R.

(intenções livres)

Pai nosso...

Oração

Concedei-nos, ó Deus todo-poderoso, iniciar com este dia de jejum o tempo da Quaresma, para que a penitência nos fortaleça no combate contra o espírito do mal. Por nosso Senhor Jesus Cristo, vosso Filho, na unidade do Espírito Santo.

Hora Média

Ant. Por minha **vi**da, diz o Se**nhor**,
não quero a **mor**te do peca**dor**,
mas que ele **vol**te e tenha a **vi**da.

Leitura breve Zc 1,3b-4b

Voltai-vos para mim, diz o Senhor dos exércitos, e eu me voltarei para vós, diz o Senhor dos exércitos. Não sejais como os vossos pais, aos quais os antigos profetas gritavam: Assim fala o Senhor dos exércitos: Abandonai vossos maus caminhos e vossos maus pensamentos; mas não me ouviram.

V. Desvi**ai** o vosso o**lhar** dos meus pe**ca**dos.
R. E apa**gai** todas as **mi**nhas transgres**sões**!

Oração como nas Laudes.

Vésperas

Leitura breve Fl 2,12b-15a

Trabalhai para a vossa salvação, com temor e tremor. Pois é Deus que realiza em vós tanto o querer como o fazer, conforme o seu desígnio benevolente. Fazei tudo sem reclamar ou murmurar, para que sejais livres de repreensão e ambiguidade, filhos de Deus sem defeito.

Responsório breve

R. Em **Deus**, cuja pa**la**vra me entusi**as**ma,
*Em **Deus** eu me a**pói**o. R. Em **Deus**, cuja pa**la**vra.
V. Nada **mais** me causa **me**do. *Em **Deus** eu me a**pói**o.
Glória ao **Pai**. R. Em **Deus**, cuja pa**la**vra.

Cântico evangélico, ant.

Ao **dar**des es**mo**la não **sai**ba a es**quer**da o que **faz** a di**rei**ta.

Preces

Demos glória a Deus Pai, que no sangue de Cristo firmou uma nova Aliança com seu povo, e a renova pelo sacramento do altar. Peçamos com fé:

R. **Abençoai, Senhor, o vosso povo!**

Dirigi, Senhor, conforme a vossa vontade, as intenções dos povos e dos governantes,
– para que eles se empenhem sinceramente em promover o bem de todos. R.

Fortalecei a fidelidade daqueles que tudo abandonaram para seguir a Cristo;
– que eles deem a todos testemunho e exemplo da santidade da Igreja. R.

Vós, que criastes o gênero humano à vossa imagem e semelhança,
– fazei que todos rejeitem qualquer desigualdade injusta. R.

Reconduzi à vossa amizade e verdade todos os que vivem afastados da fé,
– e ensinai-nos como ajudá-los eficazmente. R.

(intenções livres)

Concedei aos que morreram entrar na vossa glória,
– para que vos louvem eternamente. R.

Pai nosso...

Oração

Concedei-nos, ó Deus todo-poderoso, iniciar com este dia de jejum o tempo da Quaresma, para que a penitência nos fortaleça no combate contra o espírito do mal. Por nosso Senhor Jesus Cristo, vosso Filho, na unidade do Espírito Santo.

QUINTA-FEIRA DEPOIS DAS CINZAS

Laudes

Leitura breve cf. 1Rs 8,51-53a

Nós somos, Senhor, teu povo e tua herança. Teus olhos estejam abertos à súplica do teu servo e do teu povo, Israel, escutando-nos toda vez que te invocarmos. Pois tu nos separaste para ti como herança dentre todos os povos da terra.

Responsório breve

R. Nós **so**mos vosso **po**vo, ó Se**nhor**.
* Miseri**cór**dia, Se**nhor**, a vós cla**ma**mos! R. Nós **so**mos,
V. Cur**va**dos sob o **pe**so dos pe**ca**dos, cho**ra**mos de tris**te**za.
*Miseri**cór**dia. Glória ao **Pai**. R. Nós **so**mos.

Cântico evangélico, ant

Quem qui**ser** me se**guir** renun**ci**e a si **mes**mo;
e, to**man**do sua **cruz**, acom**pa**nhe meus **pas**sos.

Preces

Celebremos a bondade de Deus, que se revelou em Cristo Jesus. E de todo o coração lhe supliquemos:

R. **Lembrai-vos, Senhor, de vossos filhos e filhas!**

Concedei-nos viver mais profundamente o mistério da Igreja;
– que ela seja para toda a humanidade o sacramento eficaz da salvação. R.

Deus, amigo do ser humano, ensinai-nos a trabalhar generosamente para o progresso da civilização,
– e a buscar em todas as coisas o vosso Reino. R.

Levai-nos a saciar nossa sede de justiça
– na fonte de água viva que nos destes em Cristo. R.

Perdoai, Senhor, todos os nossos pecados,
– e dirigi nossos passos no caminho da justiça e da verdade. R.

Pai nosso...

Oração

Inspirai, ó Deus, as nossas ações, e ajudai-nos a realizá-las, para que em vós comece e termine tudo aquilo que fizermos. Por nosso Senhor Jesus Cristo, vosso Filho, na unidade do Espírito Santo.

Hora Média

Ant. Por minha **vi**da, diz o Se**nhor**,
não quero a **mor**te do peca**dor**,
mas que ele **vol**te e tenha a **vi**da.

Leitura breve — Dt 30,2-3a

Tu te converterás ao Senhor teu Deus com teus filhos, e obedecerás aos seus mandamentos com todo o teu coração e com toda a tua alma, conforme tudo o que hoje te ordeno. O Senhor teu Deus te fará voltar do cativeiro e se compadecerá de ti.

V. Desvi**ai** o vosso o**lhar** dos meus pec**a**dos.
R. E apa**gai** todas as **mi**nhas transgres**sões**!

Oração como nas Laudes.

Vésperas

Leitura breve Tg 4,7-8.10

Obedecei a Deus, mas resisti ao diabo, e ele fugirá de vós. Aproximai-vos de Deus, e ele se aproximará de vós. Purificai as mãos, ó pecadores, e santificai os corações, homens dúbios. Humilhai-vos diante do Senhor, e ele vos exaltará.

Responsório breve

R. Se**nhor**, aten**dei** minha **pre**ce,
* Meu cla**mor** chegue a **vós**! R. Se**nhor**.
V. Escu**tai**-me, no **di**a em que **cha**mo. * Meu cla**mor**.
Glória ao **Pai**. R. Se**nhor**.

Cântico evangélico, ant.

Quem per**der** sua **vi**da por **mim**,
vai guar**dá**-la nos **céus** para **sem**pre.

Preces

Proclamemos a misericórdia de Deus, que nos ilumina com a graça do Espírito Santo, para que resplandeçam em nossas obras a justiça e a santidade; e supliquemos:

R. **Dai a vida, Senhor, ao povo que Cristo redimiu!**

Senhor, fonte e autor de toda santidade, fortalecei os bispos, os sacerdotes e os diáconos em sua união com Cristo por meio do mistério eucarístico,
– para que se renove sempre mais a graça que receberam pela imposição das mãos. R.

Ensinai os vossos fiéis a participarem de modo digno e ativo na mesa da Palavra e do Corpo de Cristo,
– para que mantenham na vida e nos costumes o que receberam pela fé e pelos sacramentos. R.

Ensinai-nos a reconhecer a dignidade de cada pessoa humana, redimida pelo Sangue de vosso Filho,
– e a respeitarmos a liberdade e a consciência de nossos irmãos e irmãs. R.

Fazei que todos os seres humanos saibam moderar seus desejos de bens temporais,
– e atendam às necessidades do próximo.
R. **Dai a vida, Senhor, ao povo que Cristo redimiu!**
(intenções livres)

Tende piedade dos fiéis que hoje chamastes desta vida para vós,
– e concedei-lhes o dom da eterna bem-aventurança. R.
Pai nosso...

Oração

Inspirai, ó Deus, as nossas ações, e ajudai-nos a realizá-las, para que em vós comece e termine tudo aquilo que fizermos. Por nosso Senhor Jesus Cristo, vosso Filho, na unidade do Espírito Santo.

SEXTA-FEIRA DEPOIS DAS CINZAS

Laudes

Leitura breve Is 53,11b-12

Meu Servo, o justo, fará justos inúmeros homens, carregando sobre si suas culpas. Por isso, compartilharei com ele multidões e ele repartirá suas riquezas com os valentes seguidores, pois entregou o corpo à morte, sendo contado como um malfeitor; ele, na verdade, resgatava o pecado de todos e intercedia em favor dos pecadores.

Responsório breve

R. **Vós** nos resga**tas**tes, ó Se**nhor**,
* Para **Deus** o vosso **san**gue nos re**miu**. R. **Vós** nos.
V. Dentre **to**das as **tri**bos e **lín**guas,
dentre os **po**vos da **ter**ra e na**ções**. * Para **Deus**.
Glória ao **Pai**. R. **Vós** nos.

Cântico evangélico, ant.

Quando **vês** o teu ir**mão** necessi**ta**do,
não o des**pre**zes, mas es**ten**de-lhe a **mão**;
e tua **luz** vai levan**tar**-se como a au**ro**ra,
caminha**rá** tua jus**ti**ça à tua **fren**te.

Preces

Imploremos a Cristo Salvador, que nos remiu por sua morte e ressurreição; e digamos:

R. **Senhor, tende piedade de nós!**

Vós, que subistes a Jerusalém para sofrer a Paixão, e assim entrar na glória,
– conduzi vossa Igreja à Páscoa da eternidade; R.

Vós, que, elevado na cruz, deixastes a lança do soldado vos traspassar,
– curai as nossas feridas. R.

Vós, que transformastes o madeiro da cruz em árvore da vida,
– concedei os frutos dessa árvore aos que renasceram pelo batismo. R.

Vós, que, pregado na cruz, perdoastes o ladrão arrependido,
– perdoai-nos também a nós pecadores. R.

(intenções livres)

Pai nosso...

Oração

Ó Deus, assisti com vossa bondade a penitência que iniciamos, para que vivamos interiormente as práticas externas da Quaresma. Por nosso Senhor Jesus Cristo, vosso Filho, na unidade do Espírito Santo.

Hora Média

Ant. Por minha **vi**da, diz o Se**nhor**,
não quero a **mor**te do peca**dor**,
mas que ele **vol**te e tenha a **vi**da.

Leitura breve cf. Jr 3,12b-14a

Voltai, é o Senhor que chama, não desviarei de vós minha face, porque eu sou misericordioso, não estarei irado para sempre. Convertei-vos, filhos, que vos tendes afastado de mim, diz o Senhor.

V. Desvi**ai** o vosso o**lhar** dos meus pe**ca**dos.

R. E apa**gai** todas as **mi**nhas transgres**sões**!

Oração como nas Laudes.

Vésperas

Leitura breve Tg 5,16.19-20

Confessai uns aos outros os vossos pecados e orai uns pelos outros para alcançar a saúde. A oração fervorosa do justo tem grande poder. Meus irmãos, se alguém de vós se desviar da verdade e um outro o reconduzir, saiba este que aquele que reconduz um pecador desencaminhado salvará da morte a alma dele e cobrirá uma multidão de pecados.

Responsório breve

R. Cur**ai**-me, Se**nhor**, ó Deus **San**to,
* Pois pe**quei** contra **vós**. R. Cu**rai**-me.
V. Tende pie**da**de de **mim**, reno**vai**-me! *Pois pe**quei**.
Glória ao **Pai**. R. Cu**rai**-me.

Cântico evangélico, ant.

Quando o es**po**so se ausen**tar**,
os convi**da**dos para as **bo**das have**rão** de jeju**ar**.

Preces

Adoremos o Salvador do gênero humano, que morrendo destruiu a morte e ressuscitando renovou a vida; e peçamos com humildade:

R. **Santificai, Senhor, o povo que remistes com vosso sangue!**

Jesus, nosso Redentor, concedei que, pela penitência, nos associemos cada vez mais plenamente à vossa Paixão,
– a fim de alcançarmos a glória da ressurreição. R.

Acolhei-nos sob a proteção de Maria, vossa Mãe, consoladora dos aflitos,
– para podermos confortar os tristes com o mesmo auxílio que de vós recebemos. R.

Concedei-nos a graça de tomar parte na vossa Paixão por meio dos sofrimentos da vida,
– para que também em nós se manifeste a vossa salvação. R.

Senhor Jesus, que vos humilhastes na obediência até à morte e morte de cruz,
– ensinai-nos a ser obedientes e a sofrer com paciência. R.

(intenções livres)

Tornai os corpos de nossos irmãos e irmãs falecidos semelhantes à imagem do vosso corpo glorioso,
– e fazei-nos dignos de participar um dia, com eles, da vossa glória. R.

Pai nosso...

Oração

Ó Deus, assisti com vossa bondade a penitência que iniciamos, para que vivamos interiormente as práticas externas da Quaresma. Por nosso Senhor Jesus Cristo, vosso Filho, na unidade do Espírito Santo.

SÁBADO DEPOIS DAS CINZAS

Laudes

Leitura breve Is 1,16-18

Lavai-vos, purificai-vos. Tirai a maldade de vossas ações de minha frente. Deixai de fazer o mal! Aprendei a fazer o bem! Procurai o direito, corrigi o opressor. Julgai a causa do órfão, defendei a viúva. Vinde, debatamos – diz o Senhor. Ainda que vossos pecados sejam como púrpura, tornar-se-ão brancos como a neve. Se forem vermelhos como o carmesim, tornar-se-ão como lã.

Responsório breve

R. O **San**gue de Je**sus** nos puri**fi**ca,
* De **to**dos nossos **er**ros nos li**ber**ta. R. O **San**gue.
V. Vinde **ver** os grandes **fei**tos do Se**nhor**! * De **to**dos.
Glória ao **Pai**. R. O **San**gue.

Cântico evangélico, ant.

Ajun**tai** para **vós** tesou**ros** no **céu**,
onde a **tra**ça e a fer**ru**gem não cor**ro**em nem des**tro**em.

Preces

Demos graças a Cristo, nosso Salvador, sempre e em toda parte; e supliquemos com toda a confiança:

R. **Socorrei-nos, Senhor, com a vossa graça!**

Ajudai-nos a conservar sem mancha os nossos corpos,
–para que sejam digna morada do Espírito Santo. R.

Despertai em nós, desde o amanhecer, o desejo de nos sacrificarmos pelos nossos irmãos e irmãs,
–e de cumprirmos a vossa vontade em todas as atividades deste dia. R.

Ensinai-nos a procurar o pão da vida eterna,
–que vós mesmo nos ofereceis. R.

Interceda por nós a vossa Mãe, refúgio dos pecadores,
–para alcançarmos o perdão dos nossos pecados. R.

(intenções livres)

Pai nosso...

Oração

Ó Deus eterno e todo-poderoso, olhai com bondade a nossa fraqueza, e estendei, para proteger-nos, a vossa mão poderosa. Por nosso Senhor Jesus Cristo, vosso Filho, na unidade do Espírito Santo.

Hora Média

Ant. Por minha **vi**da, diz o Se**nhor**,
não quero a **mor**te do peca**dor**,
mas que ele **vol**te e tenha a **vi**da.

Leitura breve Is 44,21-22

Lembra-te de que tu és meu servo; eu te criei, és meu servo, Israel, não me decepciones. Desmanchei como uma nuvem teus pecados, como a névoa desfiz tuas culpas; volta para mim, porque te resgatei!

V. Desvi**ai** o vosso o**lhar** dos meus pe**ca**dos.
R. E apa**gai** todas as **mi**nhas transgres**sões**!

Oração como nas Laudes.

1º DOMINGO DA QUARESMA

I Semana do Saltério

I Vésperas

Hino, p. 271.

Ant. 1 Acei**tai** o nosso es**pí**rito aba**ti**do
e rece**bei** o nosso **â**nimo con**tri**to!
Assim **ho**je nossa o**fer**ta vos a**gra**de.

Salmos e cântico do domingo da I Semana, p. 759.

Ant. 2 Naquele **di**a invoca**rás**, e o Se**nhor** te ouvi**rá**;
grita**rás**, e o teu **Deus** vai respon**der**-te: Eis-me a**qui**!

Ant. 3 O **Cris**to mor**reu** pelos **nos**sos pecados,
pelos **ím**pios o **jus**to e ofer**tou**-nos a **Deus**;
foi **mor**to na **car**ne, mas **vi**ve no Es**pí**rito.

Leitura breve 2Cor 6,1-4a

Nós vos exortamos a não receberdes em vão a graça de Deus, pois ele diz: No momento favorável, eu te ouvi e no dia da salvação, eu te socorri. É agora o momento favorável, é agora o dia da salvação. Não damos a ninguém nenhum motivo de escândalo, para que o nosso ministério não seja desacreditado. Mas em tudo nos recomendamos como ministros de Deus.

Responsório breve

R. Eis o **tem**po favo**rá**vel,
* Eis o **di**a da salva**ção**! R. Eis o **tem**po.
V. Reu**ni**-vos, resga**ta**dos das na**ções**,
vinde, aproxi**mai**-vos! * Eis o **di**a.
Glória ao **Pai**. R. Eis o **tem**po.

Cântico evangélico, ant.

Ano A Gui**a**do pelo Es**pí**rito de **Deus**
e ten**ta**do pelo es**pí**rito do **mal**,
Jesus no de**ser**to jeju**ou** quaren**ta** **di**as
e de**pois** ficou com **fo**me.

Ano B Je**sus** permane**ceu** quarenta **di**as no de**ser**to;
por Sata**nás** era ten**ta**do
e vi**vi**a em compa**nhi**a de sel**va**gens ani**mais**.
E os **an**jos o ser**vi**am.

Ano C Re**ple**to do Es**pí**rito **San**to, Je**sus** regres**sou** do Jor**dão**;
e pelo **mes**mo Es**pí**rito impe**li**do,
foi gui**a**do atra**vés** do de**ser**to,
du**ran**te qua**ren**ta **di**as,
e pelo di**a**bo ele **e**ra ten**ta**do.

Preces

Demos glória a Cristo Jesus, que se fez nosso mestre, exemplo e irmão; e supliquemos, dizendo:

R. **Renovai, Senhor, o vosso povo!**

Senhor Jesus, que vos tornastes semelhante a nós em tudo, exceto no pecado, ensinai-nos a alegrar-nos com os que se alegram e a chorar com os que choram,
– para que a nossa caridade aumente cada vez mais. R.

Ensinai-nos a matar a vossa fome nos que têm fome,
– e a saciar a vossa sede nos que têm sede. R.

Vós que ressuscitastes Lázaro do sono da morte,
– fazei que voltem à vida, pela fé e a penitência, os que estão mortos pelo pecado. R.

Aumentai o número dos que querem seguir mais de perto o vosso caminho de perfeição,
– a exemplo da bem-aventurada Virgem Maria e dos Santos. R.

(intenções livres)

Concedei aos nossos irmãos e irmãs falecidos a glória da ressurreição,
– para que gozem eternamente do vosso amor. R.

Pai nosso...

Oração

Concedei-nos, ó Deus onipotente, que, ao longo desta Quaresma, possamos progredir no conhecimento de Jesus Cristo e corresponder ao seu amor por uma vida santa. Por nosso Senhor Jesus Cristo, vosso Filho, na unidade do Espírito Santo.

Laudes

Hino, p. 272.

Ant. 1 Quero, as**sim**, vos lou**var**, pela **vi**da
e ele**var** para **vós** minhas **mãos**.

Salmos e cântico do domingo da I Semana, p. 764.

Ant. 2 Can**tai** ao nosso **Deus**, bendi**zei**-o eterna**men**te.
Lou**vai**-o e exal**tai**-o pelos **sé**culos sem **fim**!

Ant. 3 De **fa**to, o Se**nhor** ama o seu **po**vo
e co**ro**a com vi**tó**ria os seus hu**mil**des.

Leitura breve Ne 8,9b.10b

Este é um dia consagrado ao Senhor, nosso Deus! Não fiqueis tristes nem choreis. Pois este dia é santo para o nosso Senhor. Não fiqueis tristes, porque a alegria do Senhor será a vossa força.

Responsório breve

R. A ale**gri**a do Se**nhor** é nossa **for**ça e am**pa**ro.
* Sois ben**di**to, Senhor **Deus**, de gera**ção** em gera**ção**.
R. A ale**gri**a.
V. Seja ben**di**to vosso **no**me glori**o**so,
que céu e **ter**ra vos e**xal**tem, sem ces**sar**! * Sois ben**di**to.
Glória ao **Pai**. R. A ale**gri**a.

Cântico evangélico, ant.

Ano A O **ho**mem não **vi**ve so**men**te de **pão**,
mas de **to**da pa**la**vra da **bo**ca de **Deus**.

Ano B Je**sus** diri**giu**-se à Gali**lei**a
e pre**ga**va o Evan**ge**lho de **Deus**:
O **tem**po já es**tá** comple**ta**do.
Conver**tei**-vos e **cre**de no Evan**ge**lho!
pois o **Rei**no de **Deus** está che**gan**do.

Ano C Du**ran**te esses **di**as, Je**sus** não co**meu** coisa al**gu**ma.
Pass**a**dos que **fo**ram esses **di**as, ele, en**tão**, sentiu **fo**me.

Preces

Bendigamos o nosso Redentor que na sua bondade nos concede este tempo de salvação; e supliquemos:

R. **Criai em nós, Senhor, um espírito novo!**

Cristo, nossa vida, que pelo batismo nos sepultastes sacramentalmente convosco na morte para que também convosco ressuscitemos,
– ajudai-nos hoje a ser fiéis à vida nova que recebemos. R.

Senhor Jesus, que passastes pelo mundo fazendo o bem,
– tornai-nos solícitos pelo bem comum de toda a humanidade. R.

Ensinai-nos a trabalhar generosamente na construção da cidade terrena,
– e ao mesmo tempo buscar a cidade celeste. R.

Médico dos corpos e das almas, curai as feridas do nosso coração,
– para progredirmos sempre no caminho da santidade. R.

(intenções livres)

Pai nosso...

Oração

Concedei-nos, ó Deus onipotente, que, ao longo desta Quaresma, possamos progredir no conhecimento de Jesus Cristo e corresponder ao seu amor por uma vida santa. Por nosso Senhor Jesus Cristo, vosso Filho, na unidade do Espírito Santo.

Hora Média

Hino, p. 273.

Ant. Por minha **vi**da, diz o Se**nhor**,
não quero a **mor**te do peca**dor**,
mas que ele **vol**te e tenha a **vi**da.

Leitura breve Is 30,15.18

Eis o que diz o Senhor Deus, o Santo de Israel: Sereis salvos, se buscardes a salvação e a paz; no silêncio e na esperança estará a vossa força. Por isso o Senhor está pronto a compadecer-se de vós, e, perdoando-vos, será glorificado na medida em que o Senhor é um Deus de justiça: felizes todos aqueles que esperam nele.

V. Desvi**ai** o vosso o**lhar** dos meus pe**ca**dos.

R. E apa**gai** todas **mi**nhas transgres**sões**!

Oração como nas Laudes.

II Vésperas

Hino, p. 271.

Ant. 1 Adora**rás** somente a **Deus**, e só a **e**le servi**rás**.

Salmos e cântico do domingo da I Semana, p. 772.

Ant. 2 Eis o **tem**po de **con**ver**são**, eis o **di**a da **salvação**!

Ant. 3 Subi**re**mos a**té** Jerusa**lém**,
e no **Fi**lho do **Ho**mem vão cum**prir**-se
as pa**la**vras que os pro**fe**tas predis**se**ram.

Leitura breve cf. 1Cor 9,24-25

Os que correm no estádio correm todos juntos, mas um só ganha o prêmio. Correi de tal maneira que conquisteis o prêmio. Todo atleta se sujeita a uma disciplina rigorosa em relação a tudo, e eles procedem assim, para receberem uma coroa corruptível. Quanto a nós, a coroa que buscamos é incorruptível.

Responsório breve

R. Em abun**dân**cia vós me **dais** muito vi**gor** para o com**ba**te.
* Ó **Deus** de **mi**nha vi**tó**ria! R. Em abun**dân**cia.
V. Vossa jus**ti**ça me ori**en**te. * Ó **Deus**.
Glória ao **Pai**. R. Em abun**dân**cia.

Cântico evangélico, ant.

Ano A Então **Je**sus lhe orde**nou**:
Vai em**bo**ra, Sata**nás**, porque **diz** a Escri**tu**ra:
Ao Senhor **Deus** adora**rás**, e só a **e**le servi**rás**!

Ano B Vigi**ai** sobre **nós**, compas**si**vo Salva**dor**;
não nos **pren**da nos seus **la**ços o maligno Tenta**dor**;
pois só **vós** sois para **nós** a e**ter**na salva**ção**!

Ano C De**pois** de as**sim** ha**vê**-lo ten**ta**do de **to**dos os **mo**dos,
o de**mô**nio o dei**xou** até o **tem**po opor**tu**no.

Preces

Demos glória a Deus Pai, que fez de nós o seu povo eleito, renascido de uma semente incorruptível e eterna; por meio de seu Filho, a Palavra que se fez carne; e lhe supliquemos humildemente:

R. **Senhor, sede propício ao vosso povo!**

Deus de misericórdia, escutai as súplicas que vos dirigimos em favor do vosso povo,
– e fazei que ele deseje, sempre, mais a vossa palavra do que o alimento corporal.

R. **Senhor, sede propício ao vosso povo!**

Ensinai-nos a amar sinceramente e sem discriminação a gente de nossa terra e os povos de todas as raças,
– e a trabalhar pela felicidade e concórdia de toda a humanidade. R.

Acolhei com bondade os que se preparam para o renascimento espiritual do batismo,
– para que, como pedras vivas, eles construam a vossa casa espiritual que é a Igreja. R.

Vós, que pela pregação do profeta Jonas exortastes os ninivitas à penitência,
– convertei por vossa palavra os corações dos pecadores. R.

(intenções livres)

Ajudai os agonizantes a esperarem confiantemente o seu encontro com Cristo,
– para que se alegrem eternamente na visão da vossa face. R.

Pai nosso...

Oração

Concedei-nos, ó Deus onipotente, que, ao longo desta Quaresma, possamos progredir no conhecimento de Jesus Cristo e corresponder ao seu amor por uma vida santa. Por nosso Senhor Jesus Cristo, vosso Filho, na unidade do Espírito Santo.

SEGUNDA-FEIRA

Laudes

Leitura breve — Ex 19,4-6a

Vós vistes o que fiz aos egípcios, e como vos levei sobre asas de águia e vos trouxe a mim. Portanto, se ouvirdes a minha voz e guardardes a minha aliança, sereis para mim a porção escolhida dentre todos os povos, porque minha é toda a terra. E vós sereis para mim um reino de sacerdotes e uma nação santa.

Responsório breve

R. Feliz o **po**vo cujo **Deus** é o Se**nhor**!
* Cami**nhe**mos, olhos **fi**xos em Je**sus**! R. Feliz o **po**vo.
V. Deus **a**ma o di**rei**to e a jus**ti**ça. * Cami**nhe**mos.
Glória ao **Pai**. R. Feliz o **po**vo.

Cântico evangélico, ant.

Vinde, ben**di**tos do meu **Pai**, e rece**bei** o reino e**ter**no prepa**ra**do para **vós** desde o **iní**cio do uni**ver**so!

Preces

Bendigamos a Jesus, nosso Salvador, que pela sua morte nos abriu o caminho da salvação; e oremos:

R. **Guiai-nos, Senhor, em vossos caminhos!**

Deus de misericórdia, que pelo batismo nos destes uma vida nova,
– fazei que dia a dia nos configuremos cada vez mais à vossa imagem. R.

Ensinai-nos a ser hoje alegria para os que sofrem,
– e a vos servir em cada irmão ou irmã que precise de nossa ajuda. R.

Ajudai-nos a praticar o que é bom, correto e verdadeiro a vossos olhos,
– e a sempre vos procurar com sinceridade de coração. R.

Perdoai-nos, Senhor, as faltas que cometemos contra a unidade de vossa família,
– e fazei que nos tornemos um só coração e uma só alma. R.

(intenções livres)

Pai nosso...

Oração

Convertei-nos, ó Deus, nosso salvador, e, para que a celebração da Quaresma nos seja útil, iluminai-nos com a doutrina celeste. Por nosso Senhor Jesus Cristo, vosso Filho, na unidade do Espírito Santo.

Hora Média

Ant. Por minha **vi**da, diz o Se**nhor**,
não quero a **mor**te do peca**dor**,
mas que ele **vol**te e tenha a **vi**da.

Leitura breve Ez 18,23

Será que eu tenho prazer na morte do ímpio? – oráculo do Senhor Deus. Não desejo, antes, que mude de conduta e viva?

V. Desvi**ai** o vosso o**lhar** dos meus pe**ca**dos.
R. E apa**gai** todas as **mi**nhas transgres**sões**!

Oração como nas Laudes.

Vésperas

Leitura breve Rm 12,1-2

Pela misericórdia de Deus, eu vos exorto, irmãos, a vos oferecerdes em sacrifício vivo, santo e agradável a Deus: Este é o vosso culto espiritual. Não vos conformeis com o mundo, mas transformai-vos, renovando vossa maneira de pensar e de julgar, para que possais distinguir o que é da vontade de Deus, isto é, o que é bom, o que lhe agrada, o que é perfeito.

Responsório breve

R. Clamo de **to**do cora**ção**:
* Respon**dei**-me, ó Se**nhor**! R. Clamo.
V. Hei de fa**zer** vossa von**ta**de. * Respon**dei**-me.
Glória ao **Pai**. R. Clamo.

Cântico evangélico, ant.

O que fi**zes**tes ao me**nor** dos meus ir**mãos**,
foi a mim **mes**mo que o fi**zes**tes, diz Je**sus**.

Preces

Invoquemos ao Senhor Jesus Cristo que fez de nós o seu povo libertando-nos do pecado; e oremos humildemente:

R. **Jesus, filho de Davi, tende piedade de nós!**

Ó Cristo, lembrai-vos da vossa santa Igreja, pela qual vos entregastes à morte para santificá-la na água da purificação espiritual e na palavra da vida:

– renovai-a sem cessar e purificai-a pela penitência. R.

Bom Mestre, mostrai aos jovens o caminho que escolhestes para cada um deles,
– para que sigam generosamente o vosso chamado e sejam felizes. R.

Vós, que tivestes compaixão de todos os doentes que vos procuraram, dai esperança aos nossos enfermos e curai-os,
– e fazei-nos solícitos e generosos para com todos os que sofrem. R.

Despertai em nós a consciência da dignidade de filhos de Deus que recebemos pelo batismo,
– e tornai-nos cada vez mais conformes à vossa vontade. R.

(intenções livres)

Dai aos nossos irmãos e irmãs falecidos a vossa paz e a glória eterna,
– e reuni-nos um dia com eles no vosso reino. R.

Pai nosso...

Oração

Convertei-nos, ó Deus, nosso salvador, e, para que a celebração da Quaresma nos seja útil, iluminai-nos com a doutrina celeste. Por nosso Senhor Jesus Cristo, vosso Filho, na unidade do Espírito Santo.

TERÇA-FEIRA

Laudes

Leitura breve Jl 2,12-13

Voltai para mim com todo o vosso coração, com jejuns, lágrimas e gemidos; rasgai o coração, e não as vestes; e voltai para o Senhor, vosso Deus; ele é benigno e compassivo, paciente e cheio de misericórdia, inclinado a perdoar o castigo.

Responsório breve

R. Cu**rai**-me, ó Deus **San**to,
* Pois pe**quei** contra **vós**! R. Cu**rai**-me.
V. Tende pie**da**de de **mim**, reno**vai**-me! * Pois pe**quei**.
Glória ao **Pai**. R. Cu**rai**-me.

Cântico evangélico, ant.

Ensi**nai**-nos, Se**nhor**, a re**zar**,
como aos **seus** ensi**nou** João Ba**tis**ta!

Preces

Bendigamos a Cristo, que se deu a nós como pão descido do céu; e oremos, dizendo:

R. **Cristo, pão da vida e remédio que nos salva, dai-nos vossa força!**

Senhor, que nos alimentais na vossa ceia eucarística,
– dai-nos a plena participação nos frutos do sacrifício pascal. R.

Ensinai-nos a acolher vossa palavra num coração bom e reto,
– para darmos frutos na paciência. R.

Fazei que colaboremos alegremente convosco na construção do mundo,
– a fim de que o anúncio da paz se difunda mais eficazmente pela ação da Igreja. R.

Reconhecemos, Senhor, que somos pecadores;
– apagai nossas culpas com a graça da vossa salvação. R.

(intenções livres)

Pai nosso...

Oração

Olhai, ó Deus, vossa família, e fazei crescer no vosso amor aqueles que agora se mortificam pela penitência corporal. Por nosso Senhor Jesus Cristo, vosso Filho, na unidade do Espírito Santo.

Hora Média

Ant. Por minha **vi**da, diz o Se**nhor**,
não quero a **mor**te do peca**dor**,
mas que ele **vol**te e tenha a **vi**da.

Leitura breve — Jr 3,25b

Nós ofendemos o Senhor, nosso Deus, nós e nossos pais, desde a juventude até ao dia de hoje, não escutamos a voz do Senhor, nosso Deus.

V. Desviai o vosso **olhar** dos meus pe**ca**dos.
R. E apa**gai** todas as **mi**nhas transgres**sões**!
Oração como nas Laudes.

Vésperas

Leitura breve Tg 2,14.17.18b

Meus irmãos, que adianta alguém dizer que tem fé, quando não a põe em prática? A fé seria então capaz de salvá-lo? A fé, se não se traduz em obras, por si só está morta. Tu, mostra-me a tua fé sem as obras, que eu te mostrarei a minha fé pelas obras!

Responsório breve

R. Ilumi**nai**-me, Se**nhor**, conforme a **vos**sa pa**la**vra,
* Para que **eu** sempre **fa**ça a **vos**sa von**ta**de!
R. Ilumi**nai**-me.
V. Inclinai meu cora**ção** aos **vos**sos pre**cei**tos. * Para que **eu**.
Glória ao **Pai**. R. Ilumi**nai**-me.

Cântico evangélico, ant.

Tu, po**rém**, quando re**za**res, fecha a **por**ta do teu **quar**to
e em se**gre**do adora o **Pai**.

Preces

Imploremos a Cristo Senhor, que nos mandou vigiar e orar para não cairmos em tentação; e digamos confiantemente:

R. **Ouvi-nos, Senhor, e tende piedade!**

Cristo Jesus, que prometestes estar presente no meio daqueles que se reúnem para orar em vosso nome,
– ensinai-nos a orar sempre convosco ao Pai no Espírito Santo. R.

Celeste Esposo, purificai de todo pecado vossa amada Igreja,
– e fazei que ela viva sempre na esperança e na alegria do Espírito Santo. R.

Amigo do ser humano, tornai-nos solícitos pelo bem do próximo, como nos mandastes,
– a fim de que, por meio de nós, brilhe para todos a luz da vossa salvação. R.

Pai pacífico, dai ao mundo a vossa paz,
– para que em toda parte se faça mais sensível vossa presença salvadora. R.

(intenções livres)

Abri as portas da bem-aventurança eterna a todos os que morreram,
– e admiti-os na glória da eternidade. R.

Pai nosso...

Oração

Olhai, ó Deus, vossa família, e fazei crescer no vosso amor aqueles que agora se mortificam pela penitência corporal. Por nosso Senhor Jesus Cristo, vosso Filho, na unidade do Espírito Santo.

QUARTA-FEIRA

Laudes

Leitura breve Dt 7,6b.8-9

O Senhor teu Deus te escolheu dentre todos os povos da terra, para seres o seu povo preferido, porque o Senhor vos amou e quis cumprir o juramento que fez a vossos pais. Foi por isso que o Senhor vos fez sair com mão poderosa, e vos resgatou da casa da escravidão, das mãos do Faraó, rei do Egito. Saberás, pois, que o Senhor teu Deus é o único Deus, um Deus fiel, que guarda a aliança e a misericórdia até mil gerações, para aqueles que o amam e observam seus mandamentos.

Responsório breve

R. **Deus** nos a**mou** por pri**mei**ro,
* Ele **fez** Ali**an**ça co**nos**co. R. **Deus** nos a**mou**.
V. Sem me**di**da é a **sua** ter**nu**ra. *Ele **fez**.
Glória ao **Pai**. R. **Deus** nos a**mou**.

Cântico evangélico, ant.

Esta per**ver**sa e depra**va**da gera**ção**
está pe**din**do um si**nal** vindo dos **céus**;
nenhum si**nal** lhe se**rá** ofere**ci**do,
a não **ser** o de **Jo**nas, o Pro**fe**ta.

Preces

Bendigamos o Autor da nossa salvação, que quis renovar o ser humano em si mesmo, para que as coisas antigas passassem e tudo se fizesse novo. Apoiados nesta esperança viva, roguemos:

R. **Senhor, renovai-nos com o vosso Espírito!**

Senhor, que nos prometestes um novo céu e uma nova terra, renovai-nos sem cessar por vosso Espírito Santo,
– para que gozemos eternamente da vossa presença na nova Jerusalém. R.

Concedei-nos colaborar convosco para infundir no mundo o vosso Espírito,
– e atrair mais eficazmente para a cidade terrena a justiça, a caridade e a paz. R.

Ensinai-nos a corrigir nossa fraqueza e negligência,
– e a procurar de todo o coração os bens eternos. R.

Livrai-nos, Senhor, de todo o mal,
– e preservai-nos do fascínio da vaidade, que obscurece a mente e oculta os verdadeiros valores. R.

(intenções livres)

Pai nosso...

Oração

Considerai, ó Deus, com bondade o fervor do vosso povo. E, enquanto mortificamos o corpo, sejamos espiritualmente fortalecidos pelos frutos das boas obras. Por nosso Senhor Jesus Cristo, vosso Filho, na unidade do Espírito Santo.

Hora Média

Ant. Por minha **vi**da, diz o Se**nhor**,
não quero a **mor**te do peca**dor**,
mas que ele **vol**te e tenha a **vi**da.

Leitura breve Zc 1,3b-4b

Voltai-vos para mim, diz o Senhor dos exércitos, e eu me voltarei para vós, diz o Senhor dos exércitos. Não sejais como os vossos pais, aos quais os antigos profetas gritavam: Assim fala o Senhor dos exércitos: Abandonai vossos maus caminhos e vossos maus pensamentos; mas não me ouviram.

V. Desvi**ai** o vosso o**lhar** dos meus pe**ca**dos.
R. E apa**gai** todas as **mi**nhas transgres**sões**!

Oração como nas Laudes.

Vésperas

Leitura breve Fl 2,12b-15a

Trabalhai para a vossa salvação, com temor e tremor. Pois é Deus que realiza em vós tanto o querer como o fazer, conforme o seu desígnio benevolente. Fazei tudo sem reclamar ou murmurar, para que sejais livres de repreensão e ambiguidade, filhos de Deus sem defeito.

Responsório breve

R. Em **Deus**, cuja Pa**la**vra me entusi**as**ma,
* Em **Deus** eu me a**pói**o. R. Em **Deus**, cuja Pa**la**vra.
V. Nada **mais** me causa **me**do. * Em **Deus** eu me a**pói**o.
Glória ao **Pai**. R. Em **Deus**, cuja Pa**la**vra.

Cântico evangélico, ant.

Jonas es**te**ve por três **di**as e três **noi**tes
no **ven**tre de um **pei**xe;
assim tam**bém** o Filho do **Ho**mem fica**rá**
no cora**ção** da nossa **ter**ra.

Preces

Aclamemos o Deus todo-poderoso e previdente, que conhece todas as nossas necessidades, mas quer que busquemos, antes de tudo, o seu reino. Rezemos, dizendo:

R. **Senhor, venha a nós o vosso Reino e a sua justiça!**

Pai santo, que nos destes Jesus Cristo como Pastor de nossas almas, assisti os pastores da Igreja e o povo a eles confiado,
– para que não falte ao rebanho a solicitude dos seus pastores nem aos pastores a obediência de suas ovelhas. R.

Aumentai a caridade dos cristãos, para que ajudem os doentes com amor fraterno,
– e socorram neles o vosso próprio Filho, Jesus Cristo. R.

Fazei que ingressem na vossa Igreja os que ainda não creem no Evangelho,
– para que, pelo exemplo das boas obras, a façam crescer na caridade. R.

Dai a nós pecadores a contrição sincera das nossas culpas,
– e a reconciliação perfeita convosco e com a vossa Igreja. R.

(intenções livres)

Concedei a vida eterna aos nossos irmãos e irmãs que morreram,
– para que vivam eternamente na vossa presença. R.

Pai nosso...

Oração

Considerai, ó Deus, com bondade o fervor do vosso povo. E, enquanto mortificamos o corpo, sejamos espiritualmente fortalecidos pelos frutos das boas obras. Por nosso Senhor Jesus Cristo, vosso Filho, na unidade do Espírito Santo.

QUINTA-FEIRA

Laudes

Leitura breve cf. 1Rs 8,51-53a

Nós somos, Senhor, teu povo e tua herança. Teus olhos estejam abertos à súplica do teu servo e do teu povo, Israel, escutando-nos toda vez que te invocarmos. Pois tu nos separaste para ti como herança dentre todos os povos da terra.

Responsório breve

R. Nós **so**mos vosso **po**vo, ó Se**nhor**.
* Miseri**cór**dia, Se**nhor**, a vós cla**ma**mos! R. Nós **so**mos.
V. Cur**va**dos sob o **pe**so dos pe**ca**dos,
cho**ra**mos de tris**te**za. * Miseri**cór**dia.
Glória ao **Pai**. R. Nós **so**mos.

Cântico evangélico, ant.

Se **vós,** que sois tão **maus**, dais o que é **bom** a vossos **fi**lhos,
quanto **mais** o Pai ce**les**te o da**rá** a quem lhe **pe**de.

Preces

Louvemos a Cristo nosso Senhor, que se manifestou à humanidade como luz do mundo para que, seguindo-o, não andemos nas trevas mas tenhamos a luz da vida; e lhe peçamos:

R. **Senhor, que a vossa palavra ilumine os nossos passos!**

Deus de bondade, fazei-nos imitar hoje o vosso exemplo,
– para que recuperemos em vós, novo Adão, o que perdemos no primeiro Adão. R.

A vossa palavra seja luz dos nossos passos,
– para que, realizando sempre as obras da verdade, aumente cada vez mais o nosso amor por vós. R.

Ensinai-nos a promover com retidão o bem de todos por causa do vosso nome,
– para que, por nosso intermédio, a Igreja ilumine cada vez melhor a família humana. R.

Alimentai sempre mais em nós a vossa amizade, por meio de uma sincera conversão,
– para que expiemos as ofensas cometidas contra a vossa sabedoria e bondade. R.

(intenções livres)

Pai nosso...

Oração

Dai-nos, ó Deus, pensar sempre o que é reto e realizá-lo com solicitude. E como só podemos existir em vós, fazei-nos viver segundo a vossa vontade. Por nosso Senhor Jesus Cristo, vosso Filho, na unidade do Espírito Santo.

Hora Média

Ant. Por minha **vi**da, diz o Se**nhor**,
não quero a **mor**te do peca**dor**,
mas que ele **vol**te e tenha a **vi**da.

Leitura breve Dt 30,2-3a

Tu te converterás ao Senhor teu Deus com teus filhos, e obedecerás aos seus mandamentos com todo o teu coração e com toda a tua alma, conforme tudo o que hoje te ordeno. O Senhor teu Deus te fará voltar do cativeiro e se compadecerá de ti.

V. Desvi**ai** o vosso o**lhar** dos meus pec**a**dos.
R. E apa**gai** todas as **mi**nhas transgres**sões**!

Oração como nas Laudes.

Vésperas

Leitura breve Tg 4,7-8.10

Obedecei a Deus, mas resisti ao diabo, e ele fugirá de vós. Aproximai-vos de Deus, e ele se aproximará de vós. Purificai as mãos, ó pecadores, e santificai os corações, homens dúbios. Humilhai-vos diante do Senhor, e ele vos exaltará.

Responsório breve

R. Se**nhor**, aten**dei** minha **pre**ce,
* Meu cla**mor** chegue a **vós**! R. Se**nhor**.
V. Escu**tai**-me, no **di**a em que **cha**mo. * Meu cla**mor**.
Glória ao **Pai**. R. Se**nhor**.

Cântico evangélico, ant.

P**e**di e receb**e**reis, procur**ai** e ach**a**reis,
bat**ei** e vos será ab**er**to.

Preces

Oremos a Cristo nosso Senhor, que nos deu o mandamento novo de nos amarmos uns aos outros como ele nos amou; e imploremos:

R. **Senhor, aumentai em nós o vosso amor!**

Bom Mestre, ensinai-nos a vos amar em nossos irmãos e irmãs,
– e a vos servir em cada um deles. R.

Vós, que na cruz pedistes ao Pai perdão para vossos algozes,
– ensinai-nos a amar os nossos inimigos e a orar pelos que nos perseguem. R.

Pela participação no mistério do vosso Corpo e Sangue, aumentai em nós a caridade, a fortaleza e a confiança;
– sustentai os fracos, consolai os tristes e dai esperança aos agonizantes. R.

Cristo, Luz do mundo, que na piscina de Siloé destes a vista ao cego de nascença,
– iluminai os catecúmenos pelo sacramento do batismo e pela palavra da vida. R.

(intenções livres)

Concedei a plenitude do vosso amor aos que morreram,
– e contai-nos também entre os vossos escolhidos. R.

Pai nosso...

Oração

Dai-nos, ó Deus, pensar sempre o que é reto e realizá-lo com solicitude. E como só podemos existir em vós, fazei-nos viver segundo a vossa vontade. Por nosso Senhor Jesus Cristo, vosso Filho, na unidade do Espírito Santo.

SEXTA-FEIRA

Laudes

Leitura breve Is 53,11b-12

Meu Servo, o justo, fará justos inúmeros homens, carregando sobre si suas culpas. Por isso, compartilharei com ele multidões e ele repartirá suas riquezas com os valentes seguidores, pois entregou o corpo à morte, sendo contado como um malfeitor; ele, na verdade, resgatava o pecado de todos e intercedia em favor dos pecadores.

Responsório breve

R. **Vós** nos resga**tas**tes, ó Se**nhor**,
* Para **Deus** o vosso **san**gue nos re**miu**. R. **Vós** nos.
V. Dentre **to**das as **tri**bos e **lín**guas,
dentre os **po**vos da **ter**ra e na**ções**. * Para **Deus**.
Glória ao **Pai**. R. **Vós** nos.

Cântico evangélico, ant.

Se **vos**sa jus**ti**ça não supe**rar**
a jus**ti**ça dos es**cri**bas e fari**seus**,
no **rei**no dos **céus** não entra**reis**.

Preces

Demos graças a Cristo nosso Senhor que, morrendo na cruz, nos deu a vida; e de coração lhe peçamos:

R. **Pela vossa morte, Senhor, fazei-nos viver!**

Cristo nosso Mestre e Salvador, que nos ensinastes a vossa verdade, e nos renovastes pela vossa gloriosa Paixão,
– não nos deixeis cair na infidelidade do pecado. R.

Ensinai-nos a praticar a abstinência,
– para socorrer com nossos bens os irmãos necessitados. R.

Dai-nos a graça de viver santamente este dia de penitência quaresmal,
– e consagrá-lo a vós com obras de caridade fraterna. R.

Corrigi, Senhor, as nossas vontades rebeldes,
– e dai-nos um coração generoso e agradecido. R.

(intenções livres)

Pai nosso...

Oração

Concedei, ó Deus, que vossos filhos e filhas se preparem dignamente para a festa da Páscoa, de modo que a mortificação desta Quaresma frutifique em todos nós. Por nosso Senhor Jesus Cristo, vosso Filho, na unidade do Espírito Santo.

Hora Média

Ant. Por minha **vi**da, diz o Se**nhor**,
não quero a **mor**te, do peca**dor**,
mas que ele **vol**te **e** tenha a **vi**da.

Leitura breve cf. Jr 3,12b-14a

Voltai, é o Senhor que chama, não desviarei de vós minha face, porque eu sou misericordioso, não estarei irado para sempre. Convertei-vos, filhos, que vos tendes afastado de mim, diz o Senhor.

V. Desvi**ai** o vosso o**lhar** dos meus pe**ca**dos.

R. E apa**gai** todas as **mi**nhas transgres**sões**!

Oração como nas Laudes.

Vésperas

Leitura breve Tg 5,16.19-20

Confessai uns aos outros os vossos pecados e orai uns pelos outros para alcançar a saúde. A oração fervorosa do justo tem grande poder. Meus irmãos, se alguém de vós se desviar da verdade e um outro o reconduzir, saiba este que aquele que reconduz um pecador desencaminhado salvará da morte a alma dele e cobrirá uma multidão de pecados.

Responsório breve

R. Cu**rai**-me, Se**nhor**, ó Deus **San**to,
* Pois pe**quei** contra **vós**. R. Cu**rai**-me.
V. Tende pie**da**de de **mim**, reno**vai**-me! * Pois pe**quei**.
Glória ao **Pai**. R. Cu**rai**-me.

Cântico evangélico, ant.

Se tu **que**res que a**gra**de ao Se**nhor** a tua o**fer**ta,
vai pri**mei**ro a teu ir**mão**, reconci**li**a-te com **e**le,
e de**pois** virás a **Deus** apresen**tar** a tua o**fer**ta.

Preces

Elevemos nossas súplicas ao Senhor Jesus Cristo, que nos santificou com o seu sangue; e digamos:

R. **Senhor, tende compaixão do vosso povo!**

Jesus, Redentor nosso, pelos méritos da vossa Paixão, dai aos vossos fiéis o espírito de penitência, sustentai-os no combate contra o mal e reavivai a sua esperança,
– para que se disponham para celebrar mais santamente a vossa Ressurreição. R.

Fazei que os cristãos, exercendo sua missão profética, anunciem por toda parte o Evangelho do Reino,
– e o confirmem com seu testemunho de fé, esperança e caridade. R.

Confortai os aflitos com a força do vosso amor,
– e fazei que saibamos consolá-los com nossa solicitude fraterna. R.

Ensinai-nos a levar nossa cruz em união com os vossos sofrimentos,
– para que manifestemos em nós mesmos a vossa salvação. R.

(intenções livres)

Autor da vida, lembrai-vos daqueles que partiram deste mundo,
– e concedei-lhes a glória da ressurreição. R.

Pai nosso...

Oração

Concedei, ó Deus, que vossos filhos e filhas se preparem dignamente para a festa da Páscoa, de modo que a mortificação desta Quaresma frutifique em todos nós. Por nosso Senhor Jesus Cristo, vosso Filho, na unidade do Espírito Santo.

SÁBADO

Laudes

Leitura breve Is 1,16-18

Lavai-vos, purificai-vos. Tirai a maldade de vossas ações de minha frente. Deixai de fazer o mal! Aprendei a fazer o bem! Procurai o direito, corrigi o opressor. Julgai a causa do órfão, defendei a viúva. Vinde, debatamos – diz o Senhor. Ainda que vossos pecados sejam como púrpura, tornar-se-ão brancos como a neve. Se forem vermelhos como o carmesim, tornar-se-ão como lã.

Responsório breve

R. O **San**gue de Je**sus** nos puri**fi**ca,
* De **to**dos nossos **er**ros nos li**ber**ta. R. O **San**gue.
V. Vinde **ver** os grandes **fei**tos do Se**nhor**! * De **to**dos.
Glória ao **Pai**. R. O **San**gue.

Cântico evangélico, ant.

Orai pelos **que** vos calu**ni**am e per**se**guem,
e sereis **fi**lhos do **Pai** que está nos **céus**, diz o Se**nhor**.

Preces

Glorifiquemos a Cristo Senhor que instituiu o batismo para fazer de nós criaturas novas e nos preparou a mesa de sua Palavra e de seu Corpo; rezemos confiantes:

R. **Renovai-nos, Senhor, com a vossa graça!**

Jesus, manso e humilde decoração, revesti-nos de sentimentos de misericórdia, mansidão e humildade,
– e tornai-nos pacientes e compreensivos para com todos. R.

Ensinai-nos a ajudar os pobres e sofredores,
– e assim vos imitarmos, ó Bom Samaritano da humanidade. R.

A Santa Virgem Maria, vossa Mãe, interceda por todas aquelas que se consagraram ao vosso serviço,
– para que se dediquem cada vez melhor ao bem da Igreja. R.

Concedei-nos a vossa misericórdia,
– e fazei-nos experimentar a alegria do vosso perdão. R.

(intenções livres)

Pai nosso...

Oração

Convertei para vós, ó Pai, nossos corações, a fim de que, buscando sempre o único necessário e praticando as obras da caridade, nos dediquemos ao vosso culto. Por nosso Senhor Jesus Cristo, vosso Filho, na unidade do Espírito Santo.

Hora Média

Ant. Por minha **vi**da, diz o Se**nhor**,
não quero a **mor**te do peca**dor**,
mas que ele **vol**te e tenha a **vi**da.

Leitura breve Is 44,21-22

Lembra-te de que tu és meu servo; eu te criei, és meu servo, Israel, não me decepciones. Desmanchei como uma nuvem teus pecados, como a névoa desfiz tuas culpas; volta para mim, porque te resgatei!

V. Desvi**ai** o vosso o**lhar** dos meus pe**ca**dos.
R. E apa**gai** todas as **mi**nhas transgres**sões**!

Oração como nas Laudes.

2º DOMINGO DA QUARESMA

II Semana do Saltério

I Vésperas

Hino, p. 271.

Ant. 1 **Jesus** tomou a **Pe**dro, Tiago e **João**
e os le**vou** a um alto **mon**te
e **ali**, diante **de**les, fi**cou** transfigu**ra**do.

Salmos e cântico do domingo da II Semana, p. 849.

Ant. 2 O seu **ros**to fulgu**ra**va como o **sol** do meio-**dia**;
suas **ves**tes reful**gi**am como a **ne**ve sobre os **mon**tes.

Ant. 3 **Eli**as e Moi**sés** com **e**le conver**sa**vam
sobre a**qui**lo que o espe**ra**va
na Ci**da**de, em sua **Pás**coa.

Leitura breve 2Cor 6,1-4a

Nós vos exortamos a não receberdes em vão a graça de Deus, pois ele diz: "No momento favorável, eu te ouvi e no dia da salvação, eu te socorri". É agora o momento favorável, é agora o dia da salvação. Não damos a ninguém nenhum motivo de escândalo, para que o nosso ministério não seja desacreditado. Mas em tudo nos recomendamos como ministros de Deus.

Responsório breve

R. Eis o **tem**po favo**rá**vel,
* Eis o **di**a da salva**ção**! R. Eis o **tem**po.
V. Reu**ni**-vos, resga**ta**dos das na**ções**,
vinde, aproxi**mai**-vos! * Eis o **di**a.
Glória ao **Pai**. R. Eis o **tem**po.

Cântico evangélico, ant.

Ano A Disse **Pe**dro a Je**sus**:
Se**nhor**, como é **bom** nós es**tar**mos a**qui**!
Se **que**res, fa**re**mos três **ten**das a**qui**;
será **tu**a a pri**mei**ra, de Moi**sés** a se**gun**da
e a ter**cei**ra de Eli**as**.

Ano B Jesus **trans**figu**rou**-se di**an**te dos A**pós**tolos.
Suas **ves**tes se tor**na**ram
muito **bran**cas e bri**lhan**tes.
En**tão** apare**ce**ram-lhes E**li**as e Moi**sés**,
que fa**la**vam com Je**sus**.

Ano C En**quan**to re**za**va Je**sus**,
seu **ros**to mu**dou** de apa**rên**cia,
ficou **bran**ca e bri**lhan**te sua **rou**pa.
E dois **ho**mens fa**la**vam com **e**le.
Eram **e**les: Moi**sés** e E**li**as.

Preces

Demos glória a Deus Pai que cuida de todos nós; e lhe peçamos:

R. **Dai, Senhor, a salvação aos que remistes!**

Senhor Deus, doador de todo bem e fonte da verdade, cumulai com vossos dons o colégio universal dos bispos,
– e guardai os fiéis, a eles confiados, na doutrina dos Apóstolos. R.

Derramai a vossa caridade naqueles que comungam o mesmo pão da vida,
– para que se fortaleça a unidade de todos os fiéis no Corpo de Cristo vosso Filho. R.

Fazei que nos despojemos do velho homem com seus atos,
– e nos revistamos do homem novo, à imagem de Cristo, vosso Filho. R.

Concedei aos fiéis um sincero espírito de penitência, para que obtenham o perdão de seus pecados,
– e se tornem participantes dos méritos da redenção de Cristo. R.

(intenções livres)

Dai a paz aos nossos irmãos e irmãs falecidos, para que vos louvem eternamente no céu,
– onde também nós esperamos glorificar-vos para sempre. R.

Pai nosso...

Oração

Ó Deus, que nos mandastes ouvir o vosso Filho amado, alimentai nosso espírito com a vossa palavra, para que, purificado o olhar de nossa fé, nos alegremos com a visão da vossa glória. Por nosso Senhor Jesus Cristo, vosso Filho, na unidade do Espírito Santo.

Laudes

Hino, p. 272.

Ant. 1 A mão di**rei**ta do Se**nhor** fez mara**vi**lhas,
a mão di**rei**ta do Se**nhor** me levan**tou**!

Salmos e cântico do domingo da II Semana, p. 853.

Ant. 2 Como os **jo**vens no **mei**o das **cha**mas,
can**te**mos um **hi**no ao Se**nhor**!

Ant. 3 Lou**vai** o Senhor **Deus** no alto **céu** de seu po**der**.

Leitura breve Ne 8,9b.10b

Este é um dia consagrado ao Senhor, nosso Deus! Não fiqueis tristes nem choreis. Pois este dia é santo para o nosso Senhor. Não fiqueis tristes, porque a alegria do Senhor será a vossa força.

Responsório breve

R. A ale**gri**a do Se**nhor** é nossa **for**ça e am**pa**ro.
* Sois ben**di**to, Senhor **Deus**, de gera**ção** em gera**ção**.
R. A ale**gri**a.
V. Seja ben**di**to vosso **no**me glori**o**so,
que céu e **ter**ra vos e**xal**tem, sem ces**sar**! * Sois ben**di**to.
Glória ao **Pai**. R. A ale**gri**a.

Cântico evangélico, ant.

Ano A Uma **voz** do céu res**so**a: Eis meu **Fi**lho muito a**ma**do,
nele es**tá** meu bem-que**rer**;
escu**tai**-o, homens **to**dos!

Ano B Disse **Pe**dro a Je**sus**:
Ó **Mes**tre, como é **bom** nós es**tar**mos a**qui**!
Faça**mos** três **ten**das: Será **tu**a a pri**mei**ra,
de Moi**sés** a se**gun**da e a ter**cei**ra de Elias.

Ano C Jesus **Cris**to, Senhor **nos**so,
destru**iu** o mal e a **mor**te;
fez bri**lhar** pelo Evan**ge**lho
a luz e a **vi**da impere**cí**veis.

Preces

Glorifiquemos a Deus, cuja bondade é infinita e, por Jesus Cristo, que vive eternamente intercedendo por nós junto ao Pai, rezemos; e digamos:

R. **Acendei em nós, Senhor, o fogo do vosso amor!**

Deus de misericórdia, fazei-nos viver hoje generosamente a prática do amor fraterno,
– para que todos sintam em nós os efeitos da vossa bondade. R.

Vós, que na arca salvastes Noé das águas do dilúvio,
– salvai os catecúmenos nas águas do batismo. R.

Saciai-nos não apenas de pão,
– mas de toda palavra que sai de vossa boca. R.

Afastai todo sentimento de discórdia e divisão,
– para que reinem sempre entre nós a caridade e a paz. R.

(intenções livres)

Pai nosso...

Oração

Ó Deus, que nos mandastes ouvir o vosso Filho amado, alimentai nosso espírito com a vossa palavra, para que, purificado o olhar de nossa fé, nos alegremos com a visão da vossa glória. Por nosso Senhor Jesus Cristo, vosso Filho, na unidade do Espírito Santo.

Hora Média

Hino, p. 273.

Ant. Por minha **vi**da, diz o Se**nhor**,
não quero a **mor**te do peca**dor**,
mas que ele **vol**te e tenha a **vi**da.

Leitura breve Is 30,15.18

Eis o que diz o Senhor Deus, o Santo de Israel: Sereis salvos, se buscardes a salvação e a paz; no silêncio e na esperança estará a vossa força". Por isso o Senhor está pronto a compadecer-se de vós, e, perdoando-vos, será glorificado na medida em que o Senhor é um Deus de justiça: felizes todos aqueles que esperam nele.

V. Desviai o vosso **olhar** dos meus pe**ca**dos.
R. E apa**gai** todas as **mi**nhas transgres**sões**!
Oração como nas Laudes.

II Vésperas

Hino, p. 271.

Ant. 1 O Se**nhor** estende**rá** o do**mí**nio do seu **Cris**to
no esplen**dor** de sua **gló**ria.

Salmos e cântico do Domingo da II Semana, p. 860.

Ant. 2 É **ú**nico o **Deus** que ado**ra**mos:
o Se**nhor** que fez o **céu** e fez a **terra.**

Ant. 3 Deus não pou**pou** seu próprio **Fi**lho,
mas o entre**gou** por todos **nós**.

Leitura breve cf. 1Cor 9,24-25

Os que correm no estádio correm todos juntos, mas um só ganha o prêmio. Correi de tal maneira que conquisteis o prêmio. Todo atleta se sujeita a uma disciplina rigorosa em relação a tudo, e eles procedem assim, para receberem uma coroa corruptível. Quanto a nós, a coroa que buscamos é incorruptível.

Responsório breve

R. Em abun**dân**cia vós me dais muito vi**gor** para o com**ba**te.
* Ó **Deus** de **mi**nha vi**tó**ria! R. Em abun**dân**cia.
V. Vossa jus**ti**ça me orien**te**. * Ó **Deus**.
Glória ao **Pai**. R. Em abun**dân**cia.

Cântico evangélico, ant.

Ano A Não con**teis** a mais nin**guém**
a vi**são** que vós ti**ves**tes,
en**quan**to o Filho do **Ho**mem
não ti**ver** ressusci**ta**do.

Ano B Uma **nu**vem os co**briu** com sua **som**bra,
e da **nu**vem uma **voz** se ouviu, di**zen**do:
Eis meu **Fi**lho muito a**ma**do, escu**tai**-o!

Ano C Da **nu**vem uma **voz** se fez ou**vir**:
Eis meu **Fi**lho, o Esco**lhi**do, escu**tai**-o!
Je**sus**, ao dar-se a **voz**, ficou so**zi**nho.

Preces

Demos graças a Cristo, nosso Mestre e Senhor, que veio para servir e fazer o bem a todos; e supliquemos com humildade e confiança:

R. **Abençoai, Senhor, a vossa Igreja!**

Guiai, Senhor, os nossos bispos e presbíteros, que participam do vosso ministério de Chefe e Pastor da Igreja,
–a fim de que eles, assistidos por vós, conduzam para o Pai a humanidade inteira. R.

Que os vossos anjos acompanhem os viajantes,
–para que evitem todos os perigos do corpo e da alma. R.

Ensinai-nos a servir a todos,
–a fim de imitarmos a vós, que viestes para servir e não para ser servido. R.

Fazei reinar em toda a comunidade humana o espírito de fraternidade sincera,
–para que se torne, com a vossa presença, uma cidade forte e inabalável. R.

(intenções livres)

Sede misericordioso para com todos os que partiram desta vida,
–e acolhei-os na luz da vossa face. R.

Pai nosso...

Oração

Ó Deus, que nos mandastes ouvir o vosso Filho amado, alimentai nosso espírito com a vossa palavra, para que, purificado o olhar de nossa fé, nos alegremos com a visão da vossa glória. Por nosso Senhor Jesus Cristo, vosso Filho, na unidade do Espírito Santo.

SEGUNDA-FEIRA

Laudes

Leitura breve Ex 19,4-6a

Vós vistes o que fiz aos egípcios, e como vos levei sobre asas de águia e vos trouxe a mim. Portanto, se ouvirdes a minha voz e guardardes a minha aliança, sereis para mim a porção escolhida dentre todos os povos, porque minha é toda a terra. E vós sereis para mim um reino de sacerdotes e uma nação santa.

Responsório breve

R. Feliz o **po**vo cujo **Deus** é o Se**nhor**!
* Cami**nhe**mos, olhos **fi**xos em Je**sus**! R. Feliz o **po**vo.
V. Deus **a**ma o di**rei**to e a jus**ti**ça. * Cami**nhe**mos.
Glória ao **Pai**. R. Feliz o **po**vo.

Cântico evangélico, ant.

Sede **to**dos misericordi**o**sos
como o **vos**so Pai ce**les**te, diz Je**sus**.

Preces

Bendigamos a Deus Pai, que nos concede a graça de oferecer-lhe o sacrifício de louvor neste dia quaresmal; e o invoquemos:

R. **Iluminai-nos, Senhor, com a vossa Palavra!**

Deus todo-poderoso e cheio de misericórdia, concedei-nos o espírito de oração e penitência,
– e acendei em nossos corações a chama do amor por vós e por nossos irmãos e irmãs. R.

Ensinai-nos a cooperar convosco, para restaurar todas as coisas em Cristo,
– a fim de que na terra reinem a justiça e a paz. R.

Revelai-nos a íntima natureza e o valor de todas as criaturas,
– para que nos associemos a elas no cântico de louvor à vossa glória. R.

Perdoai-nos por termos ignorado muitas vezes a presença de Cristo nos pobres, nos infelizes e nos marginalizados,
– e porque não respeitamos vosso Filho nestes nossos irmãos e irmãs. R.

(intenções livres)

Pai nosso...

Oração

Ó Deus, que para remédio e salvação nossa nos ordenais a prática da mortificação, concedei que possamos evitar todo pecado e cumprir de coração os mandamentos do vosso amor. Por nosso Senhor Jesus Cristo, vosso Filho, na unida de do Espírito Santo.

Hora Média

Ant. Por minha **vi**da, diz o Se**nhor**,
não quero a **mor**te do peca**dor**,
mas que ele **vol**te e tenha a **vi**da.

Leitura breve Ez 18,23

Será que eu tenho prazer na morte do ímpio? – oráculo do Senhor Deus. Não desejo, antes, que mude de conduta e viva?

V. Desvi**ai** o vosso o**lhar** dos meus pe**ca**dos.
R. E apa**gai** todas as **mi**nhas transgres**sões**!

Oração como nas Laudes.

Vésperas

Leitura breve Rm 12,1-2

Pela misericórdia de Deus, eu vos exorto, irmãos, a vos oferecerdes em sacrifício vivo, santo e agradável a Deus: Este é o vosso culto espiritual. Não vos conformeis com o mundo, mas transformai-vos, renovando vossa maneira de pensar e de julgar, para que possais distinguir o que é da vontade de Deus, isto é, o que é bom, o que lhe agrada, o que é perfeito.

Responsório breve

R. Clamo de **to**do cora**ção**:
* Respon**dei**-me, ó Se**nhor**! R. Clamo.
V. Hei de fa**zer** vossa von**ta**de. * Respon**dei**-me.
Glória ao **Pai**. R. Clamo.

Cântico evangélico, ant.

Não jul**gueis** e não se**reis** também jul**ga**dos;
na me**di**da em que jul**gar**des vosso ir**mão**,
também **vós**, pelo Se**nhor**, sereis jul**ga**dos.

Preces

Demos glória a Deus nosso Pai, que pela palavra de seu Filho Jesus Cristo prometeu ouvir a oração daqueles que se reúnem para orar em seu nome. Confiantes na sua promessa, digamos:

R. **Escutai, Senhor, a oração do vosso povo!**

Senhor, que levastes à perfeição por meio de Cristo a lei dada a Moisés no monte Sinai,
– fazei que a reconheçamos gravada em nossos corações e pratiquemos fielmente a aliança que fizestes conosco. R.

Concedei aos superiores a solicitude fraterna para com aqueles que lhes foram confiados,
– e despertai nos súditos o espírito de colaboração e obediência. R.

Fortalecei com a vossa assistência o espírito e o coração dos missionários
– e multiplicai, em toda a Igreja, os seus companheiros de evangelização. R.

Fazei que as crianças cresçam em idade e em graça,
– e os jovens progridam no amor de Cristo e na santidade de vida. R.

(intenções livres)

Lembrai-vos dos nossos irmãos e irmãs que adormeceram na fé em Cristo,
– e acolhei-os na alegria da vida eterna. R.

Pai nosso...

Oração

Ó Deus, que para remédio e salvação nossa nos ordenais a prática da mortificação, concedei que possamos evitar todo pecado e cumprir de coração os mandamentos do vosso amor. Por nosso Senhor Jesus Cristo, vosso Filho, na unidade do Espírito Santo

TERÇA-FEIRA

Laudes

Leitura breve Jl 2,12-13

Voltai para mim com todo o vosso coração, com jejuns, lágrimas e gemidos; rasgai o coração, e não as vestes; e voltai para o Senhor, vosso Deus; ele é benigno e compassivo, paciente e cheio de misericórdia, inclinado a perdoar o castigo.

Responsório breve

R. Cu**rai**-me, ó Deus **Santo,**
* Pois pe**quei** contra **vós!** R. Cu**rai**-me.
V. Tende pie**da**de de **mim**, reno**vai**-me! * Pois pe**quei**.
Glória ao **Pai**. R. Cu**rai**-me.

Cântico evangélico, ant.

O vosso **Mes**tre é um so**men**te,
é o **Cris**to Se**nhor** que está nos **céus**.

Preces

Rendamos graças a Deus Pai, que nos deu o seu Filho Unigênito, a Palavra que se fez carne, para ser nosso alimento e nossa vida; e supliquemos:

R. **Que a palavra de Cristo habite em nossos corações!**

Concedei-nos escutar com mais frequência a vossa palavra, nesta quaresma,
–para louvarmos a Cristo, nossa Páscoa, com maior piedade e devoção, na grande solenidade que se aproxima. R.

Que o vosso Espírito Santo nos ensine,
–e nos faça testemunhas da vossa verdade e bondade para animar os que vacilam e os que erram. R.

Fazei-nos viver mais profundamente o mistério de Cristo,
–e manifestá-lo mais claramente em nossa vida. R.

Purificai e renovai a vossa Igreja neste tempo de graça,
–para que ela proclame cada vez melhor a vossa vontade e a vossa salvação. R.

(intenções livres)

Pai nosso...

Oração

Guardai, Senhor Deus, a vossa Igreja com a vossa constante proteção, e, como a fraqueza humana desfalece sem vosso auxílio, livrai-nos constantemente do mal e conduzi-nos pelos caminhos da salvação. Por nosso Senhor Jesus Cristo, vosso Filho, na unidade do Espírito Santo.

Hora Média

Ant. Por minha **vi**da, diz o Se**nhor**,
não quero a **mor**te do peca**dor**,
mas que ele **vol**te e tenha a **vi**da.

Leitura breve Jr 3,25b

Nós ofendemos o Senhor, nosso Deus, nós e nossos pais, desde a juventude até ao dia de hoje, não escutamos a voz do Senhor, nosso Deus.

V. Desvi**ai** o vosso o**lhar** dos meus pe**ca**dos.

R. E apa**gai** todas as **mi**nhas transgres**sões**!

Oração como nas Laudes.

Vésperas

Leitura breve Tg 2,14.17.18b

Meus irmãos, que adianta alguém dizer que tem fé, quando não a põe em prática? A fé seria então capaz de salvá-lo? A fé, se não se traduz em obras, por si só está morta. Tu, mostra-me a tua fé sem as obras, que eu te mostrarei a minha fé pelas obras!

Responsório breve

R. Ilumi**nai**-me, Se**nhor**, conforme a **vos**sa pa**la**vra,
* Para que **eu** sempre **fa**ça a **vos**sa vont**a**de!
R. Ilumi**nai**-me.
V. Incli**nai** meu cora**ção** aos **vos**sos pre**cei**tos. * Para que **eu**.
Glória ao **Pai**. R. Ilumi**nai**-me.

Cântico evangélico, ant.

Vós **to**dos sois ir**mãos** e um **só** é o vosso **Pai**.
A nin**guém** chameis de **mes**tre,
um so**men**te é o vosso **Mes**tre:
Jesus **Cris**to, o Salva**dor**.

Preces

Demos glória ao Senhor Jesus Cristo que, exaltado na cruz, atraiu para si todo o gênero humano; e lhe supliquemos com piedade:

R. **Senhor, atraí tudo para vós!**

Senhor, iluminai com o mistério da vossa cruz todo o gênero humano,
– para que, atraídos por ela, vos reconheçamos como caminho, verdade e vida. R.

R. **Senhor, atraí tudo para vós!**

Dai água viva a todos os que estão sedentos de vós,
– para que saciem para sempre a sua sede. R.

Iluminai os intelectuais e os artistas,
– para que manifestem a todos os caminhos do vosso Reino. R.

Movei a consciência de todos aqueles a quem o pecado ou o escândalo afastou de vós,
– para que voltem à vida da graça e permaneçam no vosso amor. R.

(intenções livres)

Admiti na glória do céu os nossos irmãos e irmãs falecidos,
– para que se alegrem eternamente na companhia de Nossa Senhora e de todos os santos. R.

Pai nosso...

Oração

Guardai, Senhor Deus, a vossa Igreja com a vossa constante proteção, e, como a fraqueza humana desfalece sem vosso auxílio, livrai-nos constantemente do mal e conduzi-nos pelos caminhos da salvação. Por nosso Senhor Jesus Cristo, vosso Filho, na unidade do Espírito Santo.

QUARTA-FEIRA

Laudes

Leitura breve Dt 7,6b.8-9

O Senhor teu Deus te escolheu dentre todos os povos da terra, para seres o seu povo preferido, porque o Senhor vos amou e quis cumprir o juramento que fez a vossos pais. Foi por isso que o Senhor vos fez sair com mão poderosa, e vos resgatou da casa da escravidão, das mãos do Faraó, rei do Egito. Saberás, pois, que o Senhor teu Deus é o único Deus, um Deus fiel, que guarda a aliança e a misericórdia até mil gerações, para aqueles que o amam e observam seus mandamentos.

Responsório breve

R. **Deus** nos **amou** por pri**meiro**,
* Ele **fez** Ali**an**ça co**nos**co. R. **Deus** nos a**mou**.
V. Sem me**di**da é a **sua** ter**nu**ra. * Ele **fez**.
Glória ao **Pai**. R. **Deus** nos a**mou**.

Cântico evangélico, ant.

Veio o **Fi**lho do **Ho**mem ser**vir** e **não** ser ser**vi**do, diz **Cris**to;
veio **dar** sua **vi**da por **to**dos.

Preces

Demos graças a Deus Pai, e supliquemos que ele purifique e confirme os nossos corações na caridade, pela vinda e ação do Espírito Santo. Digamos, pois, cheios de confiança:

R. **Dai-nos, Senhor, o vosso Espírito Santo!**

Ensinai-nos a receber com um coração agradecido os bens que vós nos dais,
– e a aceitar com paciência os sofrimentos que pesam sobre nós. R.

Fazei que pratiquemos a caridade, não apenas nas grandes ocasiões,
– mas principalmente no cotidiano de nossas vidas. R.

Concedei que saibamos renunciar ao supérfluo,
– para podermos socorrer nossos irmãos e irmãs necessitados. R.

Dai-nos trazer sempre em nosso corpo a imagem da Paixão de vosso Filho,
– vós, que nos destes a vida em seu corpo. R.

(intenções livres)

Pai nosso...

Oração

Ó Deus, conservai constantemente vossa família na prática das boas obras e, assim como nos confortais agora com vossos auxílios, conduzi-nos aos bens eternos. Por nosso Senhor Jesus Cristo, vosso Filho, na unidade do Espírito Santo.

Hora Média

Ant. Por minha **vi**da, diz o Se**nhor**,
não quero a **mor**te do peca**dor**,
mas que ele **vol**te e tenha a **vi**da.

Leitura breve Zc 1,3b-4b

Voltai-vos para mim, diz o Senhor dos exércitos, e eu me voltarei para vós, diz o Senhor dos exércitos. Não sejais como os vossos pais, aos quais os antigos profetas gritavam: Assim fala o Senhor dos exércitos: Abandonai vossos maus caminhos e vossos maus pensamentos; mas não me ouviram.

V. Desvi**ai** o vosso o**lhar** dos meus pe**ca**dos.
R. E apa**gai** todas as **mi**nhas transgres**sões**!

Oração como nas Laudes.

Vésperas

Leitura breve Fl 2,12b-15a

Trabalhai para a vossa salvação, com temor e tremor. Pois é Deus que realiza em vós tanto o querer como o fazer, conforme o seu desígnio benevolente. Fazei tudo sem reclamar ou murmurar, para que sejais livres de repreensão e ambiguidade, filhos de Deus sem defeito.

Responsório breve

R. Em **Deus**, cuja Pa**la**vra me entusi**as**ma,
* Em **Deus** eu me a**pói**o. R. Em **Deus**, cuja Pa**la**vra.
V. Nada **mais** me causa **me**do. * Em **Deus** eu me a**pói**o.
Glória ao **Pai**. R. Em **Deus**, cuja Pa**la**vra.

Cântico evangélico, ant.

O **Fi**lho do **Ho**mem se**rá** despre**za**do,
se**rá** flage**la**do e, na **cruz,** morre**rá**;
e de**pois** de três **di**as ressus**ci**ta**rá**.

Preces

Demos glória a Deus Pai, que no sangue de Cristo firmou uma nova Aliança com seu povo, e a renova pelo sacramento do altar. Peçamos com fé:

R. **Abençoai, Senhor, o vosso povo!**

Dirigi, Senhor, conforme a vossa vontade, as intenções dos povos e dos governantes,

– para que eles se empenhem sinceramente em promover o bem de todos. R.

Fortalecei a fidelidade daqueles que tudo abandonaram para seguir a Cristo;

– que eles deem a todos testemunho e exemplo da santidade da Igreja. R.

Vós, que criastes os homens e as mulheres à vossa imagem e semelhança,

– fazei que todos rejeitem qualquer desigualdade injusta. R.

Reconduzi à vossa amizade e verdade todos os que vivem afastados da fé,

– e ensinai-nos como ajudá-los eficazmente. R.

(intenções livres)

Concedei aos que morreram entrar na vossa glória

– para que vos louvem eternamente. R.

Pai nosso...

Oração

Ó Deus, conservai constantemente vossa família na prática das boas obras e, assim como nos confortais agora com vossos auxílios, conduzi-nos aos bens eternos. Por nosso Senhor Jesus Cristo, vosso Filho, na unidade do Espírito Santo.

QUINTA-FEIRA

Laudes

Leitura breve cf. 1Rs 8,51-53a

Nós somos, Senhor, teu povo e tua herança. Teus olhos estejam abertos à súplica do teu servo e do teu povo, Israel, escutando-nos toda vez que te invocarmos. Pois tu nos separaste para ti como herança dentre todos os povos da terra.

Responsório breve

R. Nós **so**mos vosso **po**vo, ó Se**nhor**.
* Miseri**cór**dia, Se**nhor**, a vós cla**ma**mos! R. Nós somos.
V. Cur**va**dos sob o **pe**so dos pe**ca**dos,
cho**ra**mos de tris**te**za. * Miseri**cór**dia.
Glória ao **Pai**. R. Nós **so**mos.

Cântico evangélico, ant.

Re**cor**da-te, meu **fi**lho:
na **vi**da tinhas **tu**do, mas **Lá**zaro so**fri**a.

Preces

Celebremos a bondade de Deus, que se revelou em Cristo Jesus. E de todo o coração lhe supliquemos:

R. **Lembrai-vos, Senhor, de vossos filhos e filhas!**

Concedei-nos viver mais profundamente o mistério da Igreja;
– que ela seja para toda a humanidade o sacramento eficaz da salvação. R.

Deus, amigo do ser humano, ensinai-nos a trabalhar generosamente para o progresso da civilização,
– e a buscar em todas as coisas o vosso Reino. R.

Levai-nos a saciar nossa sede de justiça,
– na fonte de água viva que nos destes em Cristo. R.

Perdoai, Senhor, todos os nossos pecados,
– e dirigi nossos passos no caminho da justiça e da verdade. R.

(intenções livres)

Pai nosso...

Oração

Ó Deus, que amais e restaurais a inocência, orientai para vós os corações dos vossos filhos e filhas para que, renovados pelo vosso Espírito, sejamos firmes na fé e eficientes nas obras. Por nosso Senhor, Jesus Cristo, vosso Filho, na unidade do Espírito Santo.

Hora Média

Ant. Por minha **vi**da, diz o Se**nhor**,
não quero a **mor**te do peca**dor**,
mas que ele **vol**te e tenha a **vi**da.

Leitura breve Dt 30,2-3a

Tu te converterás ao Senhor teu Deus com teus filhos, e obedecerás aos seus mandamentos com todo o teu coração e com toda a tua alma, conforme tudo o que hoje te ordeno. O Senhor teu Deus te fará voltar do cativeiro e se compadecerá de ti,

V. Desvi**ai** o vosso **o**lh**ar** dos meus pe**ca**dos.
R. E apa**gai** todas as **mi**nhas transgres**sões**!

Oração como nas Laudes.

Vésperas

Leitura breve Tg 4,7-8.10

Obedecei a Deus, mas resisti ao diabo, e ele fugirá de vós. Aproximai-vos de Deus, e ele se aproximará de vós. Purificai as mãos, ó pecadores, e santificai os corações, homens dúbios. Humilhai-vos diante do Senhor, e ele vos exaltará.

Responsório breve

R. Se**nhor**, aten**dei** minha **pre**ce,
* Meu cla**mor** chegue a **vós**! R. Se**nhor**.
V. Escu**tai**-me, no **di**a em que **cha**mo. * Meu cla**mor**.
Glória ao **Pai**. R. Se**nhor**.

Cântico evangélico, ant.

O **ri**co em seus tor**men**tos implo**rou** uma gota **d'á**gua,
ele que a **Lá**zaro ne**ga**ra as mi**ga**lhas do seu **pão**.

Preces

Proclamemos a misericórdia de Deus, que nos ilumina com a graça do Espírito Santo, para que resplandeçam em nossas obras a justiça e a santidade; e supliquemos:

R. **Dai a vida, Senhor, ao povo que Cristo redimiu!**

Senhor, fonte e autor de toda santidade, fortalecei os bispos, os sacerdotes e os diáconos em sua união com Cristo por meio do mistério eucarístico,
– para que se renove sempre mais a graça que receberam pela imposição das mãos. R.

Ensinai os vossos fiéis a participarem de modo mais digno e ativo na mesa da Palavra e do Corpo de Cristo,
– para que mantenham na vida e nos costumes o que receberam pela fé e pelos sacramentos. R.

Ensinai-nos a reconhecer a dignidade de cada pessoa humana, redimida pelo Sangue de vosso Filho,
– e a respeitarmos a liberdade e a consciência de nossos irmãos e irmãs. R.

R. **Dai a vida, Senhor, ao povo que Cristo redimiu!**

Fazei que todos os seres humanos saibam moderar seus desejos de bens temporais,
– e atendam às necessidades do próximo. R.

(intenções livres)

Tende piedade dos fiéis que hoje chamastes desta vida para vós,
– e concedei-lhes o dom da eterna bem-aventurança. R.

Pai nosso...

Oração

Ó Deus, que amais e restaurais a inocência, orientai para vós os corações dos vossos filhos e filhas para que, renovados pelo vosso Espírito, sejamos firmes na fé e eficientes nas obras. Por nosso Senhor, Jesus Cristo, vosso Filho, na unidade do Espírito Santo.

SEXTA-FEIRA

Laudes

Leitura breve Is 53,11b-12

Meu Servo, o justo, fará justos inúmeros homens, carregando sobre si suas culpas. Por isso, compartilharei com ele multidões e ele repartirá suas riquezas com os valentes seguidores, pois entregou o corpo à morte, sendo contado como um malfeitor; ele, na verdade, resgatava o pecado de todos e intercedia em favor dos pecadores.

Responsório breve

R. **Vós** nos resgat**as**tes, ó Se**nhor**,
* Para **Deus** o vosso **san**gue nos re**miu**. R. **Vós** nos.
V. Dentre **to**das as **tri**bos e **lín**guas,
dentre os **po**vos da **ter**ra e na**ções**. * Para **Deus**.
Glória ao **Pai**. R. **Vós** nos.

Cântico evangélico, ant.
O Se**nhor** acaba**rá** com os mal**va**dos
e a **ou**tros sua **vi**nha entrega**rá**,
que lhe **de**em os seus **fru**tos a seu **tem**po.

Preces
Imploremos a Cristo Salvador, que nos remiu por sua morte e ressurreição e digamos:
R. **Senhor, tende piedade de nós!**

Vós, que subistes a Jerusalém para sofrer a Paixão, e assim entrar na glória,
– conduzi vossa Igreja à Páscoa da eternidade. R.

Vós, que, elevado na cruz, deixastes a lança do soldado vos traspassar,
– curai as nossas feridas. R.

Vós, que transformastes o madeiro da cruz em árvore da vida,
– concedei os frutos dessa árvore aos que renasceram pelo batismo. R.

Vós, que, pregado na cruz, perdoastes o ladrão arrependido,
– perdoai-nos também a nós pecadores. R.

(intenções livres)

Pai nosso…

Oração

Concedei-nos, ó Deus todo-poderoso, que, purificados pelo esforço da penitência, cheguemos de coração sincero às festas da Páscoa que se aproximam. Por nosso Senhor Jesus Cristo, vosso Filho, na unidade do Espírito Santo.

Hora Média.

Ant. Por minha **vi**da, diz o Se**nhor**,
não quero a **mor**te do peca**dor**,
mas que ele **vol**te e tenha a **vi**da.

Leitura breve cf. Jr 3,12b-14a

Voltai, é o Senhor que chama, não desviarei de vós minha face, porque eu sou misericordioso, não estarei irado para sempre. Convertei-vos, filhos, que vos tendes afastado de mim, diz o Senhor.

V. Desviai o vosso olhar dos meus pecados.
R. E apagai todas as minhas transgressões!
Oração como nas Laudes.

Vésperas

Leitura breve Tg 5,16.19-20

Confessai uns aos outros os vossos pecados e orai uns pelos outros para alcançar a saúde. A oração fervorosa do justo tem grande poder. Meus irmãos, se alguém de vós se desviar da verdade e um outro o reconduzir, saiba este que aquele que reconduz um pecador desencaminhado salvará da morte a alma dele e cobrirá uma multidão de pecados.

Responsório breve

R. Cu**rai**-me, Se**nhor**, ó Deus **san**to,
* Pois pe**quei** contra **vós**. R. Cu**rai**-me.
V. Tende pie**da**de de **mim**, reno**vai**-me! * Pois pe**quei**.
Glória ao **Pai**. R. Cu**rai**-me.

Cântico evangélico, ant.
Procu**ra**vam pren**der** a Je**sus**;
não o fi**ze**ram por **me**do do **po**vo,
que o **ti**nha por **gran**de Pro**fe**ta.

Preces

Adoremos o Salvador do gênero humano, que morrendo destruiu a morte e ressuscitando renovou a vida; e peçamos com humildade:

R. **Santificai, Senhor, o povo que remistes com vosso sangue!**

Jesus, nosso Redentor, concedei que, pela penitência, nos associemos cada vez mais plenamente à vossa Paixão,
– a fim de alcançarmos a glória da ressurreição. R.

Acolhei-nos sob a proteção de Maria, vossa Mãe, consoladora dos aflitos,
– para podermos confortar os tristes com o mesmo auxílio que de vós recebemos. R.

Concedei-nos a graça de tomar parte na vossa Paixão por meio dos sofrimentos da vida,
– para que também em nós se manifeste a vossa salvação. R.

Senhor Jesus, que vos humilhastes na obediência até à morte e morte de cruz,
– ensinai-nos a ser obedientes e sofrer com paciência. R.

(intenções livres)

Tornai os corpos de nossos irmãos e irmãs falecidos semelhantes à imagem do vosso corpo glorioso,
– e fazei-nos dignos de participar um dia, com eles, da vossa glória. R.

Pai nosso...

Oração

Concedei-nos, ó Deus todo-poderoso, que, purificados pelo esforço da penitência, cheguemos de coração sincero às festas da Páscoa que se aproximam. Por nosso Senhor Jesus Cristo, vosso Filho, na unidade do Espírito Santo.

SÁBADO

Laudes

Leitura breve Is 1,16-18

Lavai-vos, purificai-vos. Tirai a maldade de vossas ações de minha frente. Deixai de fazer o mal! Aprendei a fazer o bem! Procurai o direito, corrigi o opressor. Julgai a causa do órfão, defendei a viúva. Vinde, debatamos – diz o Senhor. Ainda que vossos pecados sejam como púrpura, tornar-se-ão brancos como a neve. Se forem vermelhos como o carmesim, tornar-se-ão como lã.

Responsório breve

R. O **San**gue de Je**sus** nos purifi**ca**,
* De **to**dos nossos **er**ros nos li**ber**ta. R. O **San**gue.
V. Vinde **ver** os grandes **fei**tos do Se**nhor**! * De **to**dos.
Glória ao **Pai**. R. O **San**gue.

Cântico evangélico, ant.

Meu **pai**, eu pe**quei** contra o **céu** e contra **ti**!
Não me**re**ço ser teu **fi**lho, quero **ser** teu empre**ga**do!

Preces

Demos graças a Cristo nosso Salvador, sempre e em toda parte; e supliquemos com toda a confiança:

R. **Socorrei-nos, Senhor, com a vossa graça!**

Ajudai-nos a conservar sem mancha os nossos corpos,
– para que sejam digna morada do Espírito Santo. R.

Despertai em nós, desde o amanhecer, o desejo de nos sacrificarmos pelos nossos irmãos,
– e de cumprirmos a vossa vontade em todas as atividades deste dia. R.

Ensinai-nos a procurar o pão da vida eterna,
– que vós mesmo nos ofereceis. R.

Interceda por nós a vossa Mãe, refúgio dos pecadores,
– para alcançarmos o perdão dos nossos pecados. R.

(intenções livres)

Pai nosso...

Oração

Ó Deus, que pelos exercícios da Quaresma já nos dais na terra participar dos bens do céu, guiai-nos de tal modo nesta vida, que possamos chegar à luz em que habitais. Por nosso Senhor Jesus Cristo, vosso Filho, na unidade do Espírito Santo.

Hora Média

Ant. Por minha **vi**da, diz o Se**nhor**,
não quero a **mor**te do peca**dor**,
mas que ele **vol**te e tenha a **vi**da.

Leitura breve Is 44,21-22

Lembra-te de que tu és meu servo; eu te criei, és meu servo, Israel, não me decepciones. Desmanchei como uma nuvem teus pecados, como a névoa desfiz tuas culpas; volta para mim, porque te resgatei!

V. Desvi**ai** o vosso o**lhar** dos meus pe**ca**dos.
R. E apa**gai** todas as **mi**nhas transgres**sões**!

Oração como nas Laudes.

3º DOMINGO DA QUARESMA

III Semana do Saltério

I Vésperas

Hino, p. 271.

Ant. 1 Conver**tei**-vos e **cre**de no Evan**ge**lho.

Salmos e cântico do domingo da III Semana, p. 941.

Ant. 2 Eu vos o**fer**to um sacri**fí**cio de lou**vor**,
invo**can**do o nome **san**to do Se**nhor**!

Ant. 3 Nin**guém** pode**rá** tirar-me a **vi**da,
mas eu **mes**mo a ofe**re**ço e a re**to**mo.

Leitura breve 2Cor 6,1-4a

Nós vos exortamos a não receberdes em vão a graça de Deus, pois ele diz: "No momento favorável, eu te ouvi e no dia da salvação, eu te socorri". É agora o momento favorável, é agora o dia da salvação. Não damos a ninguém nenhum motivo de escândalo, para que o nosso ministério não seja desacreditado. Mas em tudo nos recomendamos como ministros de Deus.

Responsório breve

R. Eis o **tem**po favo**rá**vel,
*Eis o **di**a da salva**ção**! R. Eis o **tem**po.
V. Reu**ni**-vos, resga**ta**dos das na**ções**,
vinde, aproxi**mai**-vos! *Eis o **di**a.
Glória ao **Pai**. R. Eis o **tem**po.

Cântico evangélico, ant.

Ano A Quem be**ber** daquela **á**gua que eu lhe **der**,
não terá **se**de, eterna**men**te, diz Je**sus**.

Ano B Tirai da**qui** essas **coi**sas!
Não fa**çais**, diz Je**sus**, da **ca**sa do meu **Pai**,
uma **ca**sa de co**mér**cio!

Ano C Eu vos **di**go: Se vós **não** vos conver**ter**des,
todos **vós** perece**reis** do mesmo **mo**do.

Preces

Demos glória a Cristo Jesus, que se fez nosso mestre, exemplo e irmão; e supliquemos, dizendo:

R. **Renovai, Senhor, o vosso povo!**

Senhor Jesus, que vos tornastes semelhante a nós em tudo, exceto no pecado, ensinai-nos a alegrar-nos com os que se alegram e a chorar com os que choram,
– para que a nossa caridade aumente cada vez mais. R.

Ensinai-nos a matar a vossa fome nos que têm fome,
– e a saciar a vossa sede nos que têm sede. R.

Vós que ressuscitastes Lázaro do sono da morte,
– fazei que voltem à vida, pela fé e a penitência, os que estão mortos pelo pecado. R.

Aumentai o número dos que querem seguir mais de perto o vosso caminho de perfeição,
– a exemplo da bem-aventurada Virgem Maria e dos Santos. R.

(intenções livres)

Concedei aos nossos irmãos e irmãs falecidos a glória da ressurreição,
– para que gozem eternamente do vosso amor. R.

Pai nosso...

Oração

Ó Deus, fonte de toda misericórdia e de toda bondade, vós nos indicastes o jejum, a esmola e a oração como remédio contra o pecado. Acolhei esta confissão da nossa fraqueza para que, humilhados pela consciência de nossas faltas, sejamos confortados pela vossa misericórdia. Por nosso Senhor Jesus Cristo, vosso Filho, na unidade do Espírito Santo.

Laudes

Hino, p. 272.

Ant. 1 Bem mais **for**te que o fra**gor** das grandes **á**guas,
é a **for**ça da pa**la**vra do Se**nhor**.

Salmos e cântico do domingo da III Semana, p. 945.

Ant. 2 **Fon**tes e nas**cen**tes, bendi**zei** o Se**nhor**,
lou**vai**-o e exal**tai**-o pelos **sé**culos sem **fim**!

Ant. 3 Reis da **ter**ra, povos **to**dos, bendi**zei** o nosso **Deus**!

Leitura breve Ne 8,9b.10b

Este é um dia consagrado ao Senhor, vosso Deus! Não fiqueis tristes nem choreis. Pois este dia é santo para o nosso Senhor. Não fiqueis tristes, porque a alegria do Senhor será a vossa força.

Responsório breve

R. A ale**gria** do Se**nhor** é nossa **for**ça e am**pa**ro.
* Sois ben**di**to, Senhor **Deus**, de gera**ção** em gera**ção**.
R. A ale**gria**.
V. Seja ben**di**to vosso **no**me glori**o**so,
que céu e **ter**ra vos e**xal**tem, sem ces**sar**! * Sois ben**di**to.
Glória ao **Pai**. R. A ale**gria**.

Cântico evangélico, ant.

Ano A Vem a **ho**ra e já che**gou**, diz o Se**nhor**,
em **que** os adora**do**res verda**dei**ros,
em es**pí**rito e ver**da**de adora**rão**.
E o **Pai** procura a **es**tes que o a**do**rem.

Ano B Destru**í** este **tem**plo, disse **Cris**to,
e em três **di**as have**rei** de reer**guê**-lo.
Ele fa**la**va do **tem**plo do seu **cor**po.

Ano C Justifi**ca**dos pela **fé**,
temos **paz** com o Se**nhor** atra**vés** de Jesus **Cris**to.

Preces

Bendigamos o nosso Redentor que na sua bondade nos concede este tempo de salvação; e supliquemos:

R. **Criai em nós, Senhor, um espírito novo!**

Cristo, nossa vida, que pelo batismo nos sepultastes sacramentalmente convosco na morte para que também convosco ressuscitemos,
– ajudai-nos hoje a ser fiéis à vida nova que recebemos. R.

Senhor Jesus, que passastes pelo mundo fazendo o bem,
– tornai-nos solícitos pelo bem comum de toda a humanidade. R.

Ensinai-nos a trabalhar generosamente na construção da cidade terrena,
– e ao mesmo tempo buscar a cidade celeste. R.

Médico dos corpos e das almas, curai as feridas do nosso coração,
– para progredirmos continuamente no caminho da santidade. R.

(intenções livres)

Pai nosso...

Oração

Ó Deus, fonte de toda misericórdia e de toda bondade, vós nos indicastes o jejum, a esmola e a oração como remédio contra o pecado. Acolhei esta confissão da nossa fraqueza para que, humilhados pela consciência de nossas faltas, sejamos confortados pela vossa misericórdia. Por nosso Senhor Jesus Cristo, vosso Filho, na unidade do Espírito Santo.

Hora Média

Hino, p. 273.

Ant. Por minha **vi**da, diz o Se**nhor**,
não quero a **mor**te do peca**dor**,
mas que ele **vol**te e tenha a **vi**da.

Leitura breve Is 30,15.18

Eis o que diz o Senhor Deus, o Santo de Israel: "Sereis salvos, se buscardes a salvação e a paz; no silêncio e na esperança estará a vossa força". Por isso o Senhor está pronto a compadecer-se de vós, e, perdoando-vos, será glorificado na medida em que o Senhor é um Deus de justiça: felizes todos aqueles que esperam nele.

V. Desvi**ai** o vosso o**lhar** dos meus pe**ca**dos.
R. E apa**gai** todas as **mi**nhas transgres**sões**!

Oração como nas Laudes.

II Vésperas

Hino, p. 271.

Ant. 1 Por vosso **no**me, liber**tai**-nos, Senhor **Deus** onipo**ten**te!
Dai-nos **tem**po neces**sá**rio para a **nos**sa conver**são**!

Salmos e cântico do domingo da III Semana, p. 953.

Ant. 2 Fomos re**mi**dos pelo **san**gue preci**o**so
do Cor**dei**ro imacu**la**do, Jesus **Cris**to.

Ant. 3 O **Cris**to to**mou** sobre **si** nossas **do**res,
carre**gou** em seu **cor**po as **nos**sas fra**que**zas.

Leitura breve cf. 1Cor 9,24-25

Os que correm no estádio correm todos juntos, mas um só ganha o prêmio. Correi de tal maneira que conquisteis o prêmio. Todo atleta se sujeita a uma disciplina rigorosa em relação a tudo, e eles procedem assim, para receberem uma coroa corruptível. Quanto a nós, a coroa que buscamos é incorruptível.

Responsório breve

R. Em abun**dân**cia vós me **dais** muito vi**gor** para o com**ba**te.
* Ó Deus de **mi**nha vi**tó**ria! R. Em abun**dân**cia.
V. Vossa jus**ti**ça me ori**en**te. * Ó **Deus**.
Glória ao **Pai**. R. Em abun**dân**cia.

Cântico evangélico, ant.

Ano A Muitos **ou**tros creram **ne**le e di**zi**am à mu**lher**:
Já não **é** por tua **fa**la que **ne**le acredi**ta**mos;
mas ou**vi**mos e sa**be**mos
que **es**te é, de **fa**to, do **mun**do o Salva**dor**.

Ano B Es**tan**do Jesus na **fes**ta da **Pás**coa em **Jerusalém**
e **ven**do os si**nais** que ele fa**zi**a,
muitos **cre**ram em seu **no**me.

Ano C Se**nhor**, deixa a fi**guei**ra, **ain**da este **a**no!
Vou ca**var** em volta **de**la,
e, quem **sa**be, no fu**tu**ro, **ain**da dará **fru**tos.

Preces

Demos glória a Deus Pai, que fez de nós o seu povo eleito, renascido de uma semente incorruptível e eterna, por meio de seu Filho, a Palavra que se fez carne; e lhe supliquemos humildemente :

R. **Senhor, sede propício ao vosso povo!**

Deus de misericórdia, escutai as súplicas que vos dirigimos em favor do vosso povo,
– e fazei que ele deseje sempre mais a vossa palavra do que o alimento corporal. R.

Ensinai-nos a amar sinceramente e sem discriminação a gente de nossa terra e os povos de todas as raças,
– e a trabalhar pela felicidade e concórdia de toda a humanidade.
R. **Senhor, sede propício ao vosso povo!**

Acolhei com bondade os que se preparam para o renascimento espiritual do batismo,
– para que, como pedras vivas, eles construam a vossa casa espiritual que é a Igreja. R.

Vós, que pela pregação do profeta Jonas exortastes os ninivitas à penitência,
– convertei por vossa palavra os corações dos pecadores. R.

(intenções livres)

Ajudai os agonizantes a esperarem confiantemente o seu encontro com Cristo,
– para que se alegrem eternamente na visão da vossa face. R.

Pai nosso...

Oração

Ó Deus, fonte de toda misericórdia e de toda bondade, vós nos indicastes o jejum, a esmola e a oração como remédio contra o pecado. Acolhei esta confissão da nossa fraqueza para que, humilhados pela consciência de nossas faltas, sejamos confortados pela vossa misericórdia. Por nosso Senhor Jesus Cristo, vosso Filho, na unidade do Espírito Santo.

SEGUNDA-FEIRA

Laudes

Leitura breve Ex 19,4-6a

Vós vistes o que fiz aos egípcios, e como vos levei sobre asas de águia e vos trouxe a mim. Portanto, se ouvirdes a minha voz e guardardes a minha aliança, sereis para mim a porção escolhida dentre todos os povos, porque minha é toda a terra. E vós sereis para mim um reino de sacerdotes e uma nação santa.

Responsório breve

R. Feliz o **po**vo cujo **Deus** é o Se**nhor**!
* Cami**nhe**mos, olhos **fi**xos em Je**sus**! R. Feliz o **po**vo.
V. Deus **a**ma o di**rei**to e a jus**ti**ça. * Cami**nhe**mos.
Glória ao **Pai**. R. Feliz o **po**vo.

Cântico evangélico, ant.

Eu **di**go com cer**te**za a todos **vós**:
o pro**fe**ta não é a**cei**to em sua **pá**tria.

Preces

Bendigamos a Jesus, nosso Salvador, que pela sua morte nos abriu o caminho da salvação; e oremos:

R. **Guiai-nos, Senhor, em vossos caminhos!**

Deus de misericórdia, que pelo batismo nos destes uma vida nova,
– fazei que dia a dia nos configuremos cada vez mais à vossa imagem. R.

Ensinai-nos a ser hoje alegria para os que sofrem,
– e a vos servir em cada irmão ou irmã que precise de nossa ajuda. R.

Ajudai-nos a praticar o que é bom, correto e verdadeiro a vossos olhos,
– e a sempre vos procurar com sinceridade de coração. R.

Perdoai-nos, Senhor, as faltas que cometemos contra a unidade de vossa família,
– e fazei que nos tornemos um só coração e uma só alma. R.

(intenções livres)

Pai nosso...

Oração

Ó Deus, na vossa incansável misericórdia, purificai e protegei a vossa Igreja, governando-a constantemente, pois sem vosso auxílio ela não pode salvar-se. Por nosso Senhor Jesus Cristo, vosso Filho, na unidade do Espírito Santo.

Hora Média

Ant. Por minha **vi**da, diz o Se**nhor**,
não quero a **mor**te do peca**dor**,
mas que ele **vol**te e tenha a **vi**da.

Leitura breve Ez 18,23

Será que eu tenho prazer na morte do ímpio? – oráculo do Senhor Deus. Não desejo, antes, que mude de conduta e viva?

V. Desvi**ai** o vosso o**lhar** dos meus pec**a**dos.

R. E apa**gai** todas as **mi**nhas transgre**ssões**!

Oração como nas Laudes.

Vésperas

Leitura breve Rm 12,1-2

Pela misericórdia de Deus, eu vos exorto, irmãos, a vos oferecerdes em sacrifício vivo, santo e agradável a Deus: Este é o vosso culto espiritual. Não vos conformeis com o mundo, mas transformai-vos, renovando vossa maneira de pensar e de julgar, para que possais distinguir o que é da vontade de Deus, isto é, o que é bom, o que lhe agrada, o que é perfeito.

Responsório breve

R. Clamo de **to**do cora**ção**:
 * Respon**dei**-me, ó Se**nhor**! R. Clamo.
V. Hei de fa**zer** vossa von**ta**de. * Respon**dei**-me.
 Glória ao **Pai**. R. Clamo.

Cântico evangélico, ant.

Jesus pas**sou** no meio **de**les e afas**tou**-se.

Preces

Invoquemos ao Senhor Jesus Cristo que fez de nós o seu povo libertando-nos do pecado; e oremos humildemente:

R. **Jesus, filho de Davi, tende piedade de nós!**

Ó Cristo, lembrai-vos da vossa santa Igreja, pela qual vos entregastes à morte para santificá-la na água da purificação espiritual e na palavra da vida:
– renovai-a sem cessar e purificai-a pela penitência. R.

Bom Mestre, mostrai aos jovens o caminho que escolhestes para cada um deles,
– para que sigam generosamente o vosso chamado e sejam felizes. R.

Vós, que tivestes compaixão de todos os doentes que vos procuraram, dai esperança aos nossos enfermos e curai-os,
– e fazei-nos solícitos e generosos para com todos os que sofrem. R.

Despertai em nós a consciência da dignidade de filhos de Deus que recebemos pelo batismo,
– e tornai-nos cada vez mais conformes à vossa vontade. R.

(intenções livres)

Dai aos nossos irmãos e irmãs falecidos a vossa paz e a glória eterna,
– e reuni-nos um dia com eles no vosso reino. R.

Pai nosso...

Oração

Ó Deus, na vossa incansável misericórdia, purificai e protegei a vossa Igreja, governando-a constantemente, pois sem vosso auxílio ela não pode salvar-se. Por nosso Senhor Jesus Cristo, vosso Filho, na unidade do Espírito Santo.

TERÇA-FEIRA

Laudes

Leitura breve Jl 2,12-13

Voltai para mim com todo o vosso coração, com jejuns, lágrimas e gemidos; rasgai o coração, e não as vestes; e voltai para o Senhor, vosso Deus; ele é benigno e compassivo, paciente e cheio de misericórdia, inclinado a perdoar o castigo.

Responsório breve

R. Cu**rai**-me, ó Deus **San**to,
* Pois pe**quei** contra **vós**! R. Cu**rai**-me.
V. Tende pie**da**de de **mim**, reno**vai**-me! * Pois pe**quei**. Glória ao **Pai**. R. Cu**rai** -me.

Cântico evangélico, ant.

Disse **Cris**to a Simão **Pe**dro:
Perdoa**rás** o teu ir**mão** não so**men**te sete **ve**zes,
mas se**ten**ta vezes **se**te.

Preces

Bendigamos a Cristo, que se deu a nós como pão descido do céu; e oremos, dizendo:

R. **Cristo, pão da vida e remédio que nos salva, dai-nos vossa força!**

Senhor, que nos alimentais na vossa ceia eucarística,
– dai-nos a plena participação nos frutos do sacrifício pascal. R.

Ensinai-nos a acolher vossa palavra num coração bom e reto,
– para darmos frutos na paciência. R.

Fazei que colaboremos alegremente convosco na construção do mundo,
– a fim de que o anúncio da paz se difunda mais eficazmente pela ação da Igreja. R.

Reconhecemos, Senhor, que somos pecadores;
– apagai as nossas culpas com a graça da vossa salvação. R.

(intenções livres)

Pai nosso...

Oração

Ó Deus, que a vossa graça não nos abandone, mas nos faça dedicados ao vosso serviço e aumente sempre em nós os vossos dons. Por nosso Senhor Jesus Cristo, vosso Filho, na unidade do Espírito Santo.

Hora Média

Ant. Por minha **vi**da, diz o Se**nhor**,
não quero a **mor**te do peca**dor**,
mas que ele **vol**te e tenha a **vi**da.

Leitura breve Jr 3,25b

Nós ofendemos o Senhor, nosso Deus, nós e nossos pais, desde a juventude até ao dia de hoje, não escutamos a voz do Senhor, nosso Deus.

V. Desvi**ai** o vosso o**lhar** dos meus pe**ca**dos.

R. E apa**gai** todas as **mi**nhas transgres**sões**!

Oração como nas Laudes.

Vésperas

Leitura breve Tg 2,14.17.18b

Meus irmãos, que adianta alguém dizer que tem fé, quando não a põe em prática? A fé seria então capaz de salvá-lo? A fé, se não se traduz em obras, por si só está morta. Tu, mostra-me a tua fé sem as obras, que eu te mostrarei a minha fé pelas obras!

Responsório breve

R. Ilumi**nai**-me, Se**nhor**, conforme a **vo**ssa pa**la**vra,
* Para que **eu** sempre **fa**ça a **vo**ssa von**ta**de!
R. Ilumi**nai**-me.
V. Incli**nai** meu cora**ção** aos **vo**ssos pre**cei**tos. * Para que **eu**.
Glória ao **Pai**. R. Ilumi**nai**-me.

Cântico evangélico, ant.

Se **vós** não perdo**ar**des de **to**do cora**ção**,
o meu **Pai**, que está nos **céus**, também **não** vos perdoa**rá**.

Preces

Imploremos ao Cristo Senhor, que nos mandou vigiar e orar para não cairmos em tentação; e digamos confiantemente:

R. **Ouvi-nos, Senhor, e tende piedade!**

Cristo Jesus, que prometestes estar presente no meio daqueles que se reúnem para orar em vosso nome,
– ensinai-nos a orar sempre convosco ao Pai no Espírito Santo. R.

Celeste Esposo, purificai de todo pecado vossa amada Igreja,
– e fazei que ela viva sempre na esperança e na alegria do Espírito Santo. R.

Amigo do ser humano, tornai-nos solícitos pelo bem do próximo, como nos mandastes,
– a fim de que, por meio de nós, brilhe para todos a luz da vossa salvação. R.

Pai pacífico, dai ao mundo a vossa paz,
– para que em toda parte se faça mais sensível vossa presença salvadora. R.

(intenções livres)

Abri as portas da bem-aventurança eterna a todos os que morreram,
– e admiti-os na glória da eternidade.

R. **Ouvi-nos, Senhor, e tende piedade!**

Pai nosso...

Oração

Ó Deus, que a vossa graça não nos abandone, mas nos faça dedicados ao vosso serviço e aumente sempre em nós os vossos dons. Por nosso Senhor Jesus Cristo, vosso Filho, na unidade do Espírito Santo.

QUARTA-FEIRA

Laudes

Leitura breve Dt 7,6b.8-9

O Senhor teu Deus te escolheu dentre todos os povos da terra, para seres o seu povo preferido, porque o Senhor vos amou e quis cumprir o juramento que fez a vossos pais. Foi por isso que o Senhor vos fez sair com mão poderosa, e vos resgatou da casa da escravidão, das mãos do Faraó, rei do Egito. Saberás, pois, que o Senhor teu Deus é o único Deus, um Deus fiel, que guarda a aliança e a misericórdia até mil gerações, para aqueles que o amam e observam seus mandamentos.

Responsório breve

R. **Deus** nos **amou** por pri**mei**ro,
* Ele **fez** Aliança co**nos**co R. **Deus** nos **amou**.
V. Sem me**di**da é a **sua** ter**nu**ra. * Ele **fez**.
Glória ao **Pai**. R. **Deus** nos **amou**.

Cântico evangélico, ant.

Eu não **vim** para abo**lir** a **Lei** e os Pro**fe**tas,
mas cum**pri**-los plena**men**te.

Preces

Bendigamos o Autor da nossa salvação, que quis renovar o ser humano em si mesmo, para que as coisas antigas passassem e tudo se fizesse novo. Apoiados nesta esperança viva, roguemos:

R. **Senhor, renovai-nos com o vosso Espírito!**

Senhor, que nos prometestes um novo céu e uma nova terra, renovai-nos sem cessar por vosso Espírito Santo,
– para que gozemos eternamente da vossa presença na nova Jerusalém. R.

Concedei-nos colaborar convosco para infundir no mundo o vosso Espírito,
– e atrair mais eficazmente para a cidade terrena a justiça, a caridade e a paz. R.

Ensinai-nos a corrigir nossa fraqueza e negligência,
– e a procurar de todo o coração os bens eternos. R.

Livrai-nos, Senhor, de todo o mal,
– e preservai-nos do fascínio da vaidade, que obscurece a mente e oculta os verdadeiros valores. R.

(intenções livres)

Pai nosso...

Oração

Ó Deus de bondade, concedei que, formados pela observância da Quaresma e nutridos por vossa palavra, saibamos mortificar-nos para vos servir com fervor, sempre unânimes na oração. Por nosso Senhor Jesus Cristo, vosso Filho, na unidade do Espírito Santo.

Hora Média

Ant. Por minha **vi**da, diz o Se**nhor**,
não quero a **mor**te do peca**dor**,
mas que ele **vol**te e tenha a **vi**da.

Leitura breve Zc 1,3b-4b

Voltai-vos para mim, diz o Senhor dos exércitos, e eu me voltarei para vós, diz o Senhor dos exércitos. Não sejais como os vossos pais, aos quais os antigos profetas gritavam: Assim fala o Senhor dos exércitos: Abandonai vossos maus caminhos e vossos maus pensamentos; mas não me ouviram nem atenderam

V. Desvi**ai** o vosso o**lhar** dos meus pe**ca**dos.
R. E apa**gai** todas as **mi**nhas transgres**sões**!

Oração com nas Laudes.

Vésperas

Leitura breve Fl 2,12b-15a

Trabalhai para a vossa salvação, com temor e tremor. Pois é Deus que realiza em vós tanto o querer como o fazer, conforme o seu desígnio benevolente. Fazei tudo sem reclamar ou murmurar, para que sejais livres de repreensão e ambiguidade, filhos de Deus sem defeito.

Responsório breve

R. Em **Deus**, cuja Pa**la**vra me entusi**as**ma,
* Em **Deus** eu me a**pói**o. R. Em **Deus**, cuja Pa**la**vra.
V. Nada **mais** me causa **me**do. * Em **Deus** eu me a**pói**o.
Glória ao **Pai**. R. Em **Deus**, cuja Pa**la**vra.

Cântico evangélico, ant.

Quem vi**ver** e ensi**nar** o Evan**ge**lho,
será **gran**de no meu **rei**no, diz Je**sus**.

Preces

Aclamemos o Deus todo-poderoso e previdente, que conhece todas as nossas necessidades, mas quer que busquemos, antes de tudo, o seu reino. Rezemos, dizendo:

R. **Senhor, venha a nós o vosso Reino e a sua justiça!**

Pai santo, que nos destes Jesus Cristo como Pastor de nossas almas, assisti os pastores da Igreja e o povo a eles confiado,
– para que não falte ao rebanho a solicitude dos seus pastores nem aos pastores a obediência de suas ovelhas. R.

Aumentai a caridade dos cristãos, para que ajudem os doentes com amor fraterno,
– e socorram neles o vosso próprio Filho, Jesus Cristo. R.

Fazei que ingressem na vossa Igreja os que ainda não creem no Evangelho,
– para que, pelo exemplo das boas obras, a façam crescer na caridade. R.

Dai a nós pecadores a contrição sincera das nossas culpas,
– e a reconciliação perfeita convosco e com a vossa Igreja. R.

(intenções livres)

Concedei a vida eterna aos nossos irmãos e irmãs que morreram,
– para que vivam eternamente na vossa presença. R.

Pai nosso...

Oração

Ó Deus de bondade, concedei que, formados pela observância da Quaresma e nutridos por vossa palavra, saibamos mortificar-nos para vos servir com fervor, sempre unânimes na oração. Por nosso Senhor Jesus Cristo, vosso Filho, na unidade do Espírito Santo.

QUINTA-FEIRA

Laudes

Leitura breve cf. 1Rs 8,51-53a

Nós somos, Senhor, teu povo e tua herança Teus olhos estejam abertos à súplica do teu servo e do teu povo, Israel, escutando-nos toda vez que te invocarmos. Pois tu nos separaste para ti como herança dentre todos os povos da terra.

Responsório breve

R. Nós **so**mos vosso **po**vo, ó Se**nhor**.
* Miseri**cór**dia, Se**nhor**, a vós cla**ma**mos! R. Nós **so**mos.
V. Cur**va**dos sob o **pe**so dos pe**ca**dos,
cho**ra**mos de tris**te**za. * Miseri**cór**dia.
Glória ao **Pai**. R. Nós **so**mos.

Cântico evangélico, ant.

Se eu ex**pul**so os de**mô**nios pela **for**ça de **Deus**,
o **rei**no dos **céus** já che**gou** até **vós**.

Preces

Louvemos a Cristo nosso Senhor, que se manifestou à humanidade como luz do mundo para que, seguindo-o, não andemos nas trevas mas tenhamos a luz da vida; e lhe peçamos:

R. **Senhor, que a vossa palavra ilumine os nossos passos!**

Deus de bondade, fazei-nos imitar hoje o vosso exemplo,
–para que recuperemos em vós, novo Adão, o que perdemos no primeiro Adão. R.

A vossa palavra seja luz dos nossos passos,
–para que, realizando sempre as obras da verdade, aumente cada vez mais o nosso amor por vós.

R. **Senhor, que a vossa palavra ilumine os nossos passos!**

Ensinai-nos a promover com retidão o bem de todos por causa do vosso nome,
–para que, por nosso intermédio, a Igreja ilumine cada vez melhor a família humana. R.

Alimentai sempre mais em nós a vossa amizade, por meio de uma sincera conversão,
–para que expiemos as ofensas cometidas contra a vossa sabedoria e bondade. R.

(intenções livres)

Pai nosso...

Oração

À medida que se aproxima a festa da salvação, nós vos pedimos, ó Deus, que nos preparemos com maior empenho para celebrar o mistério da Páscoa. Por nosso Senhor Jesus Cristo, vosso Filho, na unidade do Espírito Santo.

Hora Média

Ant. Por minha **vi**da, diz o Se**nhor**,
não quero a **mor**te do peca**dor**,
mas que ele **vol**te e tenha a **vi**da.

Leitura breve Dt 30,2-3a

Tu te converterás ao Senhor teu Deus com teus filhos, e obedecerás aos seus mandamentos com todo o teu coração e com toda a tua alma, conforme tudo o que hoje te ordeno. O Senhor teu Deus te fará voltar do cativeiro e se compadecerá de ti.

V. Desvi**ai** o vosso o**lhar** dos meus pe**ca**dos.
R. E apa**gai** todas as **mi**nhas transgres**sões**!

Oração como nas Laudes

Vésperas

Leitura breve Tg 4,7-8.10

Obedecei a Deus, mas resisti ao diabo, e ele fugirá de vós. Aproximai-vos de Deus, e ele se aproximará de vós. Purificai as mãos, ó pecadores, e santificai os corações, homens dúbios. Humilhai-vos diante do Senhor, e ele vos exaltará.

Responsório breve

R. Se**nhor**, aten**dei** minha **pre**ce,
* Meu cla**mor** chegue a **vós**! R. Se**nhor**.
V. Escu**tai**-me, no **di**a em que **cha**mo. * Meu cla**mor**.
Glória ao **Pai**. R. Se**nhor**.

Cântico evangélico, ant.

Bendito o **ven**tre que vos ge**rou** e os **sei**os que vos nu**tri**ram!
Antes ben**di**to quem ouve e **guar**da a Pa**la**vra santa de **Deus**!

Preces

Oremos a Cristo nosso Senhor, que nos deu o mandamento novo de nos amarmos uns aos outros como ele nos amou; e imploremos:

R. **Senhor, fazei crescer o amor em vosso povo!**

Bom Mestre, ensinai-nos a vos amar em nossos irmãos e irmãs,
– e a vos servir em cada um deles. R.

Vós, que na cruz pedistes ao Pai perdão para vossos algozes,
– ensinai-nos a amar os nossos inimigos e a orar pelos que nos perseguem. R.

Pela participação no mistério do vosso Corpo e Sangue, aumentai em nós a caridade, a fortaleza e a confiança;
– sustentai os fracos, consolai os tristes e dai esperança aos agonizantes. R.

Cristo, Luz do mundo, que na piscina de Siloé destes a vista ao cego de nascença,
– iluminai os catecúmenos pelo sacramento do batismo e pela palavra da vida. R.

(intenções livres)

Concedei a plenitude do vosso amor aos que morreram,
– e contai-nos também entre os vossos escolhidos. R.

Pai nosso...

Oração

À medida que se aproxima a festa da salvação, nós vos pedimos, ó Deus, que nos preparemos com maior empenho para celebrar o mistério da Páscoa. Por nosso Senhor Jesus Cristo, vosso Filho, na unidade do Espírito Santo.

SEXTA-FEIRA

Laudes

Leitura breve Is 53,11b-12

Meu Servo, o justo, fará justos inúmeros homens, carregando sobre si suas culpas. Por isso, compartilharei com ele multidões e ele repartirá suas riquezas com os valentes seguidores, pois entregou o corpo à morte, sendo contado como um malfeitor; ele, na verdade, resgatava o pecado de todos e intercedia em favor dos pecadores.

Responsório breve

R. **Vós** nos resga**tas**tes, ó Se**nhor**,
 * Para **Deus** o vosso **san**gue nos re**miu**. R. **Vós** nos;
V. Dentre **to**das as **tri**bos e **lín**guas,
 dentre os **po**vos da **ter**ra e na**ções**. * Para **Deus**.
 Glória ao **Pai**. R. **Vós** nos.

Cântico evangélico, ant.

É **este** o mai**or** manda**men**to:
ama**rás** o Se**nhor**, o teu **Deus**, de **to**do o **teu** cora**ção**.

Preces

Demos graças a Cristo nosso Senhor que, morrendo na cruz, nos deu a vida; e de coração lhe peçamos:

R. **Pela vossa morte, Senhor, fazei-nos viver!**

Cristo nosso Mestre e Salvador, que nos ensinastes a vossa verdade, e nos renovastes pela vossa gloriosa Paixão,
– não nos deixeis cair na infidelidade do pecado. R.

Ensinai-nos a praticar a abstinência,
– para socorrer com nossos bens os irmãos necessitados R.

Dai-nos a graça de viver santamente este dia de penitência quaresmal,
– e consagrá-lo a vós com obras de caridade fraterna. R.

Corrigi, Senhor, as nossas vontades rebeldes,
– e dai-nos um coração generoso e agradecido. R.

(intenções livres)

Pai nosso...

Oração

Infundi, ó Deus, vossa graça em nossos corações, para que, fugindo aos excessos humanos, possamos, com vosso auxilio, abraçar os vossos preceitos. Por nosso Senhor Jesus Cristo, vosso Filho, na unidade do Espírito Santo.

Hora Média

Ant. Por minha **vi**da, diz o Se**nhor**,
não quero a **mor**te do peca**dor**,
mas que ele **vol**te e tenha a **vi**da.

Leitura breve cf. Jr 3,12b-14a

Voltai, é o Senhor que chama, não desviarei de vós minha face, porque eu sou misericordioso, não estarei irado para sempre. Convertei-vos, filhos, que vos tendes afastado de mim, diz o Senhor.

V. Desvi**ai** o vosso o**lhar** dos meus pe**ca**dos.
R. E apa**gai** todas as **mi**nhas transgres**sões**!

Oração como nas Laudes.

Vésperas

Leitura breve Tg 5,16.19-20

Confessai uns aos outros os vossos pecados e orai uns pelos outros para alcançar a saúde. A oração fervorosa do justo tem grande poder. Meus irmãos, se alguém de vós se desviar da verdade e outro o reconduzir, saiba este que aquele que reconduz um pecador desencaminhado salvará da morte a alma dele e cobrirá uma multidão de pecados.

Responsório breve

R. Cur**ai**-me, Se**nhor**, ó Deus **San**to,
  * Pois pe**quei** contra **vós**. R. Cur**ai**-me.
V. Tende pie**da**de de **mim**, reno**vai**-me! * Pois pe**quei**.
  Glória ao **Pai**. R. Cu**rai**-me.

Cântico evangélico, ant.

Amar o **pró**ximo **co**mo a si **mes**mo
vale **mais** que qual**quer** sacri**fí**cio.

Preces

Elevemos nossas súplicas ao Senhor Jesus Cristo, que nos santificou com o seu sangue; e digamos:

R. **Senhor, tende compaixão do vosso povo!**

Jesus, Redentor nosso, pelos méritos da vossa Paixão, dai aos vossos fiéis o espírito de penitência, sustentai-os no combate contra o mal e reavivai a sua esperança,
–para que se disponham para celebrar mais santamente a vossa Ressurreição. R.

Fazei que os cristãos, exercendo sua missão profética, anunciem por toda parte o Evangelho do Reino,
–e o confirmem com seu testemunho de fé, esperança e caridade. R.

Confortai os aflitos com a força do vosso amor,
–e fazei que saibamos consolá-los com nossa solicitude fraterna. R.

Ensinai-nos a levar nossa cruz em união com os vossos sofrimentos,
–para que manifestemos em nós mesmos a vossa salvação. R.

(intenções livres)

Autor da vida, lembrai-vos daqueles que partiram deste mundo,
–e concedei-lhes a glória da ressurreição. R.

Pai nosso...

Oração

Infundi, ó Deus, vossa graça em nossos corações, para que, fugindo aos excessos humanos, possamos, com vosso auxílio, abraçar os vossos preceitos. Por nosso Senhor Jesus Cristo, vosso Filho, na unidade do Espírito Santo.

SÁBADO

Laudes

Leitura breve Is 1,16-18

Lavai-vos, purificai-vos. Tirai a maldade de vossas ações de minha frente. Deixai de fazer o mal! Aprendei a fazer o bem! Procurai o direito, corrigi o opressor. Julgai a causa do órfão, defendei a viúva. Vinde, debatamos – diz o Senhor. Ainda que vossos pecados sejam como púrpura, tornar-se-ão brancos como a neve. Se forem vermelhos como o carmesim, tornar-se-ão como lã.

Responsório breve

R. O **San**gue de Je**sus** nos puri**fi**ca,
* De **to**dos nossos **er**ros nos li**ber**ta. R. O **San**gue.
V. Vinde **ver** os grandes **fei**tos do Se**nhor**! * De **to**dos.
Glória ao **Pai**. R. O **San**gue.

Cântico evangélico, ant.

Bai**xan**do o o**lhar**, o publi**ca**no ba**ti**a no **pei**to arrepen**di**do,
supli**ca**va e pe**di**a humilde**men**te:
Ó meu **Deus**, tende pie**da**de, pois eu **sou** um peca**dor**!

Preces

Glorifiquemos a Cristo Senhor que instituiu o batismo para fazer de nós criaturas novas e nos preparou a mesa de sua Palavra e de seu Corpo; rezemos confiantes:

R. **Renovai-nos, Senhor, com a vossa graça!**

Jesus, manso e humilde de coração, revesti-nos de sentimentos de misericórdia, mansidão e humildade,
– e tornai-nos pacientes e compreensivos para com todos. R.

Ensinai-nos a ajudar os pobres e sofredores,
– e assim vos imitarmos, ó Bom Samaritano da humanidade. R.

A Santa Virgem Maria, vossa Mãe, interceda por todas aquelas que se consagraram ao vosso serviço,
– para que se dediquem cada vez melhor ao bem da Igreja. R.

Concedei-nos a vossa misericórdia,
– e fazei-nos experimentar a alegria do vosso perdão. R.

(intenções livres)

Pai nosso...

Oração

Ó Deus, alegrando-nos cada ano com a celebração da Quaresma, possamos participar com fervor dos sacramentos pascais e colher com alegria todos os seus frutos. Por nosso Senhor Jesus Cristo, na unidade do Espírito Santo.

Hora Média

Ant. Por minha **vi**da, diz o Se**nhor**,
não quero a **mor**te do peca**dor**,
mas que ele **vol**te e tenha a **vi**da.

Leitura breve Is 44,21-22

Lembra-te de que tu és meu servo; eu te criei, és meu servo, Israel, não me decepciones. Desmanchei como uma nuvem teus pecados, como a névoa desfiz tuas culpas; volta para mim, porque te resgatei!

V. Desvi**ai** o vosso o**lhar** dos meus pe**ca**dos.
R. E apa**gai** todas as **mi**nhas transgres**sões**!

Oração como nas Laudes.

4º DOMINGO DA QUARESMA

IV Semana do Saltério

I Vésperas

Hino, p. 271.

Ant. 1 **Ale**gres i**re**mos à casa de **Deus**.

Salmos e cântico do domingo da IV Semana, p. 1029.

Ant. 2 Des**per**ta, tu que **dor**mes, levan**ta**-te dos **mor**tos:
o **Cris**to te ilu**mi**na!

Ant. 3 Pelo a**mor** sem li**mi**tes com que **Deus** nos a**mou**,
deu-nos **vi**da em seu **Cris**to,
quando es**tá**vamos **mor**tos por **nos**sos peca**dos**

Leitura breve 2Cor 6,1-4a

Nós vos exortamos a não receberdes em vão a graça de Deus, pois ele diz: "No momento favorável, eu te ouvi e no dia da salvação, eu te socorri". É agora o momento favorável, é agora o dia da salvação. Não damos a ninguém nenhum motivo de escândalo, para que o nosso ministério não seja desacreditado. Mas em tudo nos recomendamos como ministros de Deus.

Responsório breve

R. Eis o **tem**po favo**rá**vel,
* Eis o **di**a da salva**ção**! R. Eis o **tem**po.
V. Reu**ni**-vos, resga**ta**dos das na**ções**,
vinde, aproxi**mai**-vos! * Eis o **di**a.
Glória ao **Pai**. R. Eis o **tem**po.

Cântico evangélico, ant.

Ano A Ó **Mes**tre, quem pe**cou** para **que** nascesse **ce**go?
Foi **e**le ou seus **pais**? Jesus lhes respon**deu**:
Não foi **e**le nem seus **pais**, mas **foi**, para que **ne**le, se tor**nas**sem mani**fes**tas as **o**bras do Se**nhor**.

Ano B Como Mo**isés** ergueu na **has**te a ser**pen**te no de**ser**to,
o Filho do **Ho**mem há de **ser** levan**ta**do numa **cruz**;
e, as**sim**, quem nele **crer**, não pe**re**ça para **sem**pre,
mas pos**su**a a vida e**ter**na.

Ano C Eu **vou** levan**tar**-me e vol**tar** para o meu **pai**,
e a ele vou di**zer**:
Meu **pai**, eu pe**quei** contra o **céu** e contra **ti**!
Não me**re**ço ser teu **fi**lho, quero **ser** teu empre**ga**do!

Preces

Demos glória a Deus Pai que cuida de todos nós; e lhe peçamos:

R. **Dai, Senhor, a salvação aos que remistes!**

Senhor Deus, doador de todo bem e fonte da verdade, cumulai com vossos dons o colégio universal dos bispos,
– e guardai os fiéis, a eles confiados, na doutrina dos Apóstolos. R.

Derramai a vossa caridade naqueles que comungam o mesmo pão da vida,

–para que se fortaleça a unidade de todos os fiéis no Corpo de Cristo vosso Filho.

R. **Dai, Senhor, a salvação aos que remistes!**

Fazei que nos despojemos do velho homem com seus atos,
–e nos revistamos do homem novo, à imagem de Cristo, vosso Filho. R.

Concedei aos fiéis um sincero espírito de penitência, para que obtenham o perdão de seus pecados,
–e se tornem participantes dos méritos da redenção de Cristo. R.

(intenções livres)

Dai a paz aos nossos irmãos e irmãs falecidos, para que vos louvem eternamente no céu,
–onde também nós esperamos glorificar-vos para sempre. R.

Pai nosso...

Oração

Ó Deus, que por vosso Filho realizais de modo admirável a reconciliação do gênero humano, concedei ao povo cristão correr ao encontro das festas que se aproximam, cheio de fervor e exultando de fé. Por nosso Senhor Jesus Cristo, vosso Filho, na unidade do Espírito Santo.

Laudes

Hino, p.272.

Ant. 1 Vós sois meu **Deus**, eu vos ben**di**go e agra**de**ço!
Vós sois meu **Deus,** eu vos e**xal**to!

Salmos e cântico do domingo da IV Semana, p. 1033.

Ant. 2 Vós **sois** pode**ro**so, Se**nhor**:
arran**cai**-nos das **mãos** vio**len**tas,
liber**tai**-nos, Se**nhor** nosso **Deus**!

Ant. 3 Lou**vai** o Senhor **Deus**, por seus **fei**tos gran**di**osos!

Leitura breve Ne 8,9b.10b

Este é um dia consagrado ao Senhor, vosso Deus! Não fiqueis tristes nem choreis. Pois este dia é santo para o nosso Senhor. Não fiqueis tristes, porque a alegria do Senhor será a vossa força.

Responsório breve

R. A alegria do **Senhor** é nossa **força** e am**pa**ro.
* Sois ben**di**to, Senhor **Deus**, de gera**ção** em gera**ção**.
R. A alegria.
V. Seja ben**di**to vosso **no**me glori**o**so,
que céu e **ter**ra vos **exal**tem, sem ces**sar**! * Sois ben**di**to.
Glória ao **Pai.** R. A ale**gri**a.

Cântico evangélico, ant.

Ano A O **ho**mem, cha**ma**do Je**sus**,
fez **bar**ro e un**giu** os meus **o**lhos.
Eu **fui**, me la**vei** e estou **ven**do.

Ano B Tanto **Deus** amou o **mun**do,
que nos **deu** seu Filho **ú**nico;
quem crê **ne**le não pe**re**ce, mas te**rá** a vida e**ter**na.

Ano C De**pres**sa, tra**zei**-me a **ves**te me**lhor**
e ves**ti** o meu **fi**lho!
O a**nel**, em seu **de**do e as san**dá**lias, nos **pés**!
Pois **es**te meu **fi**lho ha**vi**a mor**ri**do
e tor**nou** a vi**ver**.
Es**ta**va per**di**do e **foi** encon**tra**do.

Preces

Glorifiquemos a Deus, cuja bondade é infinita, e por Jesus Cristo, que vive eternamente intercedendo por nós junto ao Pai, rezemos; e digamos:

R. **Acendei em nós, Senhor, o fogo do vosso amor!**

Deus de misericórdia, fazei-nos viver hoje generosamente a prática do amor fraterno,
– para que todos sintam em nós os efeitos da vossa bondade. R.

Vós que na arca salvastes Noé das águas do dilúvio,
– salvai os catecúmenos nas águas do batismo. R.

Saciai-nos não apenas de pão,
– mas de toda palavra que sai de vossa boca. R.

Afastai todo sentimento de discórdia e divisão,
– para que reinem sempre entre nós a caridade e a paz. R.

(intenções livres)

Pai nosso...

Oração

Ó Deus, que por vosso Filho realizais de modo admirável a reconciliação do gênero humano, concedei ao povo cristão correr ao encontro das festas que se aproximam, cheio de fervor e exultando de fé. Por nosso Senhor Jesus Cristo, vosso Filho, na unidade do Espírito Santo.

Hora Média

Hino, p. 273.

Ant. Por minha **vi**da, diz o Se**nhor**,
não quero a **mor**te do peca**dor**,
mas que ele **vol**te e tenha a **vi**da.

Leitura breve Is 30,15.18

Eis o que diz o Senhor Deus, o Santo de Israel: "Sereis salvos, se buscardes a salvação e a paz; no silêncio e na esperança estará a vossa força". Por isso o Senhor está pronto a compadecer-se de vós, e, perdoando-vos, será glorificado na medida em que o Senhor é um Deus de justiça: felizes todos aqueles que esperam nele.

V. Desvi**ai** o vosso o**lhar** dos meus pe**ca**dos.
R. E apa**gai** todas as **mi**nhas transgres**sões**!

Oração como nas Laudes.

II Vésperas

Hino, p. 271.

Ant. 1 Ele **foi** por **Deus** constituído
o ju**iz** dos **vi**vos e dos **mor**tos.

Salmos e cântico do domingo da IV Semana, p. 1040.

Ant. 2 Feliz o **ho**mem cari**do**so e presta**ti**vo:
é inaba**lá**vel e ja**mais** vacila**rá**.

Ant. 3 Na pai**xão** de seu **Fi**lho Jesus **Cris**to,
Deus cum**priu** o a**nún**cio dos pro**fe**tas.

Leitura breve cf. 1Cor 9,24-25

Os que correm no estádio correm todos juntos, mas um só ganha o prêmio. Correi de tal maneira que conquisteis o prêmio. Todo atleta se sujeita a uma disciplina rigorosa em relação a tudo, e eles procedem assim, para receberem uma coroa corruptível. Quanto a nós, a coroa que buscamos é incorruptível.

Responsório breve

R. Em abun**dân**cia vós me **dais** muito vi**gor** para o com**ba**te.
* Ó **Deus** de **mi**nha vi**tó**ria! R. Em abun**dân**cia.
V. Vossa jus**ti**ça me ori**en**te. * Ó **Deus**.
Glória ao **Pai**. R. Em abun**dân**cia.

Cântico evangélico, ant.

Ano A Ja**mais** se ouviu di**zer** que al**guém**
abriu os **o**lhos a um **ce**go de nas**cen**ça,
a não **ser** Cristo Je**sus**.

Ano B Quem pra**ti**ca a ver**da**de se **põe** junto à **luz**.
E suas **o**bras de **fi**lhos de **Deus** se reve**lam**.

Ano C Meu **fi**lho, tu **sem**pre estás co**mi**go,
e **tu**do o que é **meu** é também **teu**;
era pre**ci**so feste**jar** e ale**grar**-nos,
pois teu ir**mão** estava **mor**to e revi**veu**,
estava per**di**do e, de **no**vo, foi a**cha**do.

Preces

Demos graças a Cristo, nosso Mestre e Senhor, que veio para servir e fazer o bem a todos; e supliquemos com humildade e confiança:

R. **Abençoai, Senhor, a vossa Igreja!**

Guiai, Senhor, os nossos bispos e presbíteros, que participam do vosso ministério de Chefe e Pastor da Igreja,
– afim de que eles, assistidos por vós, conduzam para o Pai a humanidade inteira. R.

Que os vossos anjos acompanhem os viajantes,
– para que evitem todos os perigos do corpo e da alma. R.

Ensinai-nos a servir a todos,
– afim de imitarmos a vós, que viestes para servir e não para ser servido. R.

Fazei reinar em toda a comunidade humana o espírito de fraternidade sincera,
– para que se tome, com a vossa presença, uma cidade forte e inabalável. R.

(intenções livres)

Sede misericordioso para com todos os que partiram desta vida,
– e acolhei-os na luz da vossa face.
R. **Abençoai, Senhor, a vossa Igreja!**

Pai nosso...

Oração

Ó Deus, que por vosso Filho realizais de modo admirável a reconciliação do gênero humano, concedei ao povo cristão correr ao encontro das festas que se aproximam, cheio de fervor e exultando de fé. Por nosso Senhor Jesus Cristo, vosso Filho, na unidade do Espírito Santo.

SEGUNDA-FEIRA

Laudes

Leitura breve Ex 19,4-6a

Vós vistes o que fiz aos egípcios, e como vos levei sobre asas de águia e vos trouxe a mim. Portanto, se ouvirdes a minha voz e guardardes a minha aliança, sereis para mim a porção escolhida dentre todos os povos, porque minha é toda a terra. E vós sereis para mim um reino de sacerdotes e uma nação santa.

Responsório breve

R. Feliz o **po**vo cujo **Deus** é o Se**nhor**!
* Cami**nhe**mos, olhos **fi**xos em Je**sus**! R. Feliz o **po**vo.
V. Deus **a**ma o di**rei**to e a jus**ti**ça. * Cami**nhe**mos.
Glória ao **Pai**. R. Feliz o **po**vo.

Cântico evangélico, ant.

Supli**ca**va ao Se**nhor** o ofici**al**:
Vinde **lo**go cu**rar** meu filho en**fer**mo.

Preces

Bendigamos a Deus Pai, que nos concede a graça de oferecer-lhe o sacrifício de louvor neste dia quaresmal; e o invoquemos:
R. **Iluminai-nos, Senhor, com a vossa Palavra!**

Deus todo-poderoso e cheio de misericórdia, concedei-nos o espírito de oração e penitência,
– e acendei em nossos corações a chama do amor por vós e por nossos irmãos e irmãs. R.

Ensinai-nos a cooperar convosco, para restaurar todas as coisas em Cristo,
– a fim de que na terra reinem a justiça e a paz. R.

Revelai-nos a íntima natureza e o valor de todas as criaturas,
– para que nos associemos a elas no cântico de louvor à vossa glória. R.

Perdoai-nos por termos ignorado muitas vezes a presença de Cristo nos pobres, nos infelizes e nos marginalizados,
– e porque não respeitamos vosso Filho nestes nossos irmãos e irmãs. R.

(intenções livres)

Pai nosso...

Oração

Ó Deus, que renovais o mundo com admiráveis sacramentos, fazei a vossa Igreja caminhar segundo a vossa vontade sem que jamais lhe faltem neste mundo os auxílios de que necessita. Por nosso Senhor Jesus Cristo, vosso Filho, na unidade do Espírito Santo.

Hora Média

Ant. Por minha **vi**da, diz o Se**nhor**,
não quero a **mor**te do peca**dor**,
mas que ele **vol**te e tenha a **vi**da.

Leitura breve Ez 18,23

Será que eu tenho prazer na morte do ímpio? – oráculo do Senhor Deus. Não desejo, antes, que mude de conduta e viva?

V. Desvi**ai** o vosso o**lhar** dos meus pe**ca**dos.
R. E apa**gai** todas as **mi**nhas transgres**sões**!

Oração como nas Laudes.

Vésperas

Leitura breve Rm 12,1-2

Pela misericórdia de Deus, eu vos exorto, irmãos, a vos oferecerdes em sacrifício vivo, santo e agradável a Deus: Este é o vosso culto espiritual. Não vos conformeis com o mundo, mas transformai-vos, renovando vossa maneira de pensar e de julgar, para que possais distinguir o que é da vontade de Deus, isto é, o que é bom, o que lhe agrada, o que é perfeito.

Responsório breve

R. Clamo de **to**do cora**ção**:
* Respon**dei**-me, ó Se**nhor**! R. Clamo.
V. Hei de fa**zer** vossa von**ta**de. * Respon**dei**-me.
Glória ao **Pai**. R. Clamo.

Cântico evangélico, ant.

O **pai** reconhe**ceu** que **fo**ra aquela **ho**ra
em que Je**sus** havia **di**to:
Vai em **paz**, teu filho **vi**ve!
Ele, en**tão**, acredi**tou** com **to**da a sua **ca**sa.

Preces

Demos glória a Deus nosso Pai, que pela palavra de seu Filho Jesus Cristo, prometeu ouvir a oração daqueles que se reúnem para orar em seu nome. Confiantes na sua promessa, digamos:

R. **Escutai, Senhor, a oração do vosso povo!**

Senhor, que levastes à perfeição por meio de Cristo a lei dada a Moisés no monte Sinai,
– fazei que a reconheçamos gravada em nossos corações e pratiquemos fielmente a aliança que fizestes conosco. R.

Concedei aos superiores a solicitude fraterna para com aqueles que lhes foram confiados,
– e despertai nos súditos o espírito de colaboração e obediência. R.

Fortalecei com a vossa assistência o espírito e o coração dos missionários
– e multiplicai, em toda a Igreja, os seus companheiros de evangelização. R.

Fazei que as crianças cresçam em idade e em graça,
– e os jovens progridam no amor de Cristo e na santidade de vida. R.

(intenções livres)

Lembrai-vos dos nossos irmãos e irmãs que adormeceram na fé em Cristo,
– e acolhei-os na alegria da vida eterna. R.
Pai nosso...

Oração

Ó Deus, que renovais o mundo com admiráveis sacramentos, fazei a vossa Igreja caminhar segundo a vossa vontade sem que jamais, lhe faltem neste mundo os auxílios de que necessita. Por nosso Senhor Jesus Cristo, vosso Filho, na unidade do Espírito Santo.

TERÇA-FEIRA

Laudes

Leitura breve Jl 2,12-13

Voltai para mim com todo o vosso coração, com jejuns, lágrimas e gemidos; rasgai o coração, e não as vestes; e voltai para o Senhor, vosso Deus; ele é benigno e compassivo, paciente e cheio de misericórdia, inclinado a perdoar o castigo.

Responsório breve

R. Cu**rai**-me, ó Deus **San**to,
* Pois pe**quei** contra **vós**! R. Cu**rai**-me.
V. Tende pie**da**de de **mim**, reno**vai**-me! * Pois pe**quei**.
Glória ao **Pai**. R. Cu**rai**-me.

Cântico evangélico, ant.

Jesus que me cu**rou** é quem man**dou**:
Toma teu **lei**to, ca**mi**nha e vai em **paz**!

Preces

Rendamos graças a Deus Pai, que nos deu o seu Filho Unigênito, a Palavra que se fez carne, para ser nosso alimento e nossa vida; e supliquemos:

R. **Que a palavra de Cristo habite em nossos corações!**

Concedei-nos escutar com mais frequência a vossa palavra, nesta quaresma,
– para louvarmos a Cristo, nossa Páscoa, com maior piedade e devoção, na grande solenidade que se aproxima. R.

Que o vosso Espírito Santo nos ensine,
– e nos faça testemunhas da vossa verdade e bondade para animar os que vacilam e os que erram.
R. **Que a palavra de Cristo habite em nossos corações!**

Fazei-nos viver mais profundamente o mistério de Cristo,
– e manifestá-lo mais claramente em nossa vida. R.

Purificai e renovai a vossa Igreja neste tempo de graça,
– para que ela proclame cada vez melhor a vossa vontade e a vossa salvação. R.

(intenções livres)

Pai nosso...

Oração

Ó Deus, que a fiel observância dos exercícios quaresmais prepare o coração dos vossos filhos e filhas para acolher com amor o mistério pascal e anunciar ao mundo a salvação. Por nosso Senhor Jesus Cristo, vosso Filho, na unidade do Espírito Santo.

Hora Média

Ant. Por minha **vi**da, diz o Se**nhor**,
não quero a **mor**te do peca**dor**,
mas que ele **vol**te e tenha a **vi**da.

Leitura breve Jr 3,25b

Nós ofendemos o Senhor, nosso Deus, nós e nossos pais, desde a juventude até ao dia de hoje, não escutamos a voz do Senhor, nosso Deus.

V. Desvi**ai** o vosso o**lhar** dos meus pe**ca**dos.
R. E apa**gai** todas as **mi**nhas transgres**sões**!

Oração como nas Laudes.

Vésperas

Leitura breve Tg 2,14.17.18b

Meus irmãos, que adianta alguém dizer que tem fé, quando não a põe em prática? A fé seria então capaz de salvá-lo? A fé, se não se traduz em obras, por si só está morta. Tu, mostra-me a tua fé sem as obras, que eu te mostrarei a minha fé pelas obras!

Responsório breve

R. Ilumi**nai**-me, Se**nhor**, conforme a **vos**sa pa**la**vra,
* Para que **eu** sempre **fa**ça a **vos**sa von**ta**de!
R. Ilumi**nai**-me.
V. Incli**nai** meu cora**ção** aos **vos**sos pre**cei**tos. * Para que **eu**.
Glória ao **Pai**. R. Ilumi**nai**-me.

Cântico evangélico, ant.

Eis que **ago**ra estás cu**ra**do; já não **vol**tes a pe**car**,
para **não** te aconte**cer** alguma **coi**sa bem pi**or**!

Preces

Demos glória ao Senhor Jesus Cristo que, exaltado na cruz, atraiu para si todo o gênero humano; e lhe supliquemos com piedade:

R. **Senhor, atraí tudo para vós!**

Senhor, iluminai com o mistério da vossa cruz o gênero humano,
–para que, atraídos por ela, vos reconheçamos como caminho, verdade e vida. R.

Dai água viva a todos os que estão sedentos de vós,
–para que saciem para sempre a sua sede. R.

Iluminai os intelectuais e os artistas,
–para que manifestem a todos os caminhos do vosso Reino. R.

Movei a consciência de todos aqueles a quem o pecado ou o escândalo afastou de vós,
–para que voltem à vida da graça e permaneçam no vosso amor. R.

(intenções livres)

Admiti na glória do céu os nossos irmãos e irmãs falecidos,
–para que se alegrem eternamente na companhia de Nossa Senhora e de todos os santos. R.

Pai nosso...

Oração

Ó Deus, que a fiel observância dos exercícios quaresmais prepare o coração dos vossos filhos e filhas para acolher com amor o mistério pascal e anunciar ao mundo a salvação. Por nosso Senhor Jesus Cristo, vosso Filho, na unidade do Espírito Santo.

QUARTA-FEIRA

Laudes

Leitura breve Dt 7,6b.8-9

O Senhor teu Deus te escolheu dentre todos os povos da terra, para seres o seu povo preferido, porque o Senhor vos amou e quis cumprir o juramento que fez a vossos pais. Foi por isso que o Senhor vos fez sair com mão poderosa, e vos resgatou da casa da escravidão, das mãos do Faraó, rei do Egito. Saberás, pois, que o Senhor teu Deus é o único Deus, um Deus fiel, que guarda a aliança e a misericórdia até mil gerações, para aqueles que o amam e observam seus mandamentos.

Responsório breve

R. **Deus** nos a**mou** por pri**mei**ro,
* Ele **fez** Ali**an**ça co**nos**co. R. **Deus** nos a**mou**.
V. Sem me**di**da é a **su**a ter**nu**ra. * Ele **fez**.
Glória ao **Pai**. R. **Deus** nos a**mou**.

Cântico evangélico, ant.

Quem es**cu**ta a minha pa**la**vra e crê no **Pai** que me envi**ou**,
tem a **vi**da eterna**men**te!

Preces

Demos graças a Deus Pai, e supliquemos que ele purifique e confirme os nossos corações na caridade, pela vinda e ação do Espírito Santo. Digamos, pois, cheios de confiança:

R. **Dai-nos, Senhor, o vosso Espírito Santo!**

Ensinai-nos a receber com um coração agradecido os bens que vós nos dais,
– e a aceitar com paciência os sofrimentos que pesam sobre nós. R.

Fazei que pratiquemos a caridade, não apenas nas grandes ocasiões,
– mas principalmente no cotidiano de nossas vidas. R.

Concedei que saibamos renunciar ao supérfluo,
– para podermos socorrer nossos irmãos e irmãs necessitados. R.

Dai-nos trazer sempre em nosso corpo a imagem da Paixão de vosso Filho,
– vós que nos destes a vida em seu corpo. R.

(intenções livres)

Pai nosso...

Oração

Ó Deus, que recompensais os méritos dos Justos e perdoais aos pecadores que fazem penitência, sede misericordioso para conosco: fazei que a confissão de nossas culpas alcance o vosso perdão. Por nosso Senhor Jesus Cristo, vosso Filho, na unidade do Espírito Santo.

Hora Média

Ant. Por minha **vi**da, diz o Se**nhor**,
não quero a **mor**te do peca**dor**,
mas que ele **vol**te e tenha a **vi**da.

Leitura breve Zc 1,3b-4b

Voltai-vos para mim, diz o Senhor dos exércitos, e eu me voltarei para vós, diz o Senhor dos exércitos. Não sejais como os vossos pais, aos quais os antigos profetas gritavam: Assim fala o Senhor dos exércitos: Abandonai vossos maus caminhos e vossos maus pensamentos; mas não me ouviram.

V. Desvi**ai** o vosso o**lhar** dos meus pe**ca**dos.
R. E apa**gai** todas as **mi**nhas transgres**sões**!

Oração como nas Laudes.

Vésperas

Leitura breve Fl 2,12b-15a

Trabalhai para a vossa salvação, com temor e tremor. Pois é Deus que realiza em vós tanto o querer como o fazer, conforme o seu desígnio benevolente. Fazei tudo sem reclamar ou murmurar, para que sejais livres de repreensão e ambiguidade, filhos de Deus sem defeito.

Responsório breve

R. Em **Deus**, cuja Pa**la**vra me entusi**as**ma,
* Em **Deus** eu me a**pói**o. R. Em **Deus**, cuja Pa**la**vra.
V. Nada **mais** me causa **me**do. * Em **Deus** eu me a**pói**o.
Glória ao **Pai**. R. Em **Deus**, cuja Pa**la**vra.

Cântico evangélico, ant.

Por mim **mes**mo eu não **fa**ço coisa al**gu**ma,
mas eu **jul**go de a**cor**do com o que **ou**ço;
e é **jus**to e verda**dei**ro o meu juízo.

Preces

Demos glória a Deus Pai, que no sangue de Cristo firmou uma nova Aliança com seu povo, e a renova pelo sacramento do altar. Peçamos com fé:

R. **Abençoai, Senhor, o vosso povo!**

Dirigi, Senhor, conforme a vossa vontade, as intenções dos povos e dos governantes,
– para que eles se empenhem sinceramente em promover o bem de todos. R.

Fortalecei a fidelidade daqueles que tudo abandonaram para seguir a Cristo;
– que eles deem a todos testemunho e exemplo da santidade da Igreja. R.

Vós, que criastes os homens e as mulheres à vossa imagem e semelhança,
– fazei que todos rejeitem qualquer desigualdade injusta. R.

Reconduzi à vossa amizade e verdade todos os que vivem afastados da fé,
– e ensinai-nos como ajudá-los eficazmente. R.

(intenções livres)

Concedei aos que morreram entrar na vossa glória
– para que vos louvem eternamente. R.

Pai nosso...

Oração

Ó Deus, que recompensais os méritos dos justos e perdoais aos pecadores que fazem penitência, sede misericordioso para conosco: fazei que a confissão de nossas culpas alcance o vosso perdão. Por nosso Senhor Jesus Cristo, vosso Filho, na unidade do Espírito Santo.

QUINTA-FEIRA

Laudes

Leitura breve cf. 1Rs 8,51-53a

Nós somos, Senhor, teu povo e tua herança. Teus olhos estejam abertos à súplica do teu servo e do teu povo, Israel, escutando-nos toda vez que te invocarmos. Pois tu nos separaste para ti como herança dentre todos os povos da terra.

Responsório breve

R. Nós **so**mos vosso **po**vo, ó Se**nhor**.
* Miseri**cór**dia, Se**nhor**, a vós cla**ma**mos! R. Nós **so**mos.
V. Cur**va**dos sob o **pe**so dos pe**ca**dos,
cho**ra**mos de tris**te**za. * Miseri**cór**dia.
Glória ao **Pai**. R. Nós **so**mos.

Cântico evangélico, ant.

O **meu** teste**mu**nho não **é** de um **ho**mem;
mas **is**to vos **di**go para **que** vos sal**veis**.

Preces

Celebremos a bondade de Deus, que se revelou em Cristo Jesus. E de todo o coração lhe supliquemos:

R. **Lembrai-vos, Senhor, de vossos filhos e filhas!**

Concedei-nos viver mais profundamente o mistério da Igreja;
– que ela seja para toda a humanidade o sacramento eficaz da salvação. R.

Deus, amigo do ser humano, ensinai-nos a trabalhar generosamente para o progresso da civilização,
– e a buscar em todas as coisas o vosso Reino. R.

Levai-nos a saciar nossa sede de justiça,
– na fonte de água viva que nos destes em Cristo. R.

Perdoai, Senhor, todos os nossos pecados,
– e dirigi nossos passos no caminho da justiça e da verdade.
R. **Lembrai-vos, Senhor, de vossos filhos e filhas!**

(intenções livres)

Pai nosso...

Oração

Nós vos pedimos, ó Deus de bondade, que, corrigidos pela penitência e renovados pelas boas obras, possamos perseverar nos vossos mandamentos e chegar purificados às festas pascais. Por nosso Senhor Jesus Cristo, vosso Filho, na unidade do Espírito Santo.

Hora Média

Ant. Por minha **vi**da, diz o Se**nhor**,
não quero a **mor**te do peca**dor**,
mas que ele **vol**te e tenha a **vi**da.

Leitura breve Dt 30,2-3a

Tu te converterás ao Senhor teu Deus com teus filhos, e obedecerás aos seus mandamentos com todo o teu coração e com toda a tua alma, conforme tudo o que hoje te ordeno. O Senhor teu Deus te fará voltar do cativeiro e se compadecerá de ti,

V. Desvi**ai** o vosso o**lhar** dos meus pe**ca**dos.
R. E apa**gai** todas as **mi**nhas transgres**sões**!
Oração como nas Laudes.

Vésperas

Leitura breve Tg 4,7-8.10

Obedecei a Deus, mas resisti ao diabo, e ele fugirá de vós. Aproximai-vos de Deus, e ele se aproximará de vós. Purificai as mãos, ó pecadores, e santificai os corações, homens dúbios. Humilhai-vos diante do Senhor, e ele vos exaltará.

Responsório breve

R. Se**nhor**, aten**dei** minha **pre**ce,
* Meu cla**mor** chegue a **vós**! R. Se**nhor**.
V. Escu**tai**-me, no **di**a em que **cha**mo. * Meu cla**mor**.
Glória ao **Pai**. R. Se**nhor**.

Cântico evangélico, ant.
As **o**bras que eu **fa**ço é que **dão** teste**mu**nho
que o **Pai** me envi**ou**.

Preces
Proclamemos a misericórdia de Deus, que nos ilumina com a graça do Espírito Santo, para que resplandeçam em nossas obras a justiça e a santidade; e supliquemos:
R. **Dai a vida, Senhor, ao povo que Cristo redimiu!**

Senhor, fonte e autor de toda santidade, fortalecei os bispos, os sacerdotes e os diáconos em sua união com Cristo por meio do mistério eucarístico,
– para que se renove sempre mais a graça que receberam pela imposição das mãos. R.

Ensinai os vossos fiéis a participarem de modo mais digno e ativo na mesa da Palavra e do Corpo de Cristo,
– para que mantenham na vida e nos costumes o que receberam pela fé e pelos sacramentos. R.

Ensinai-nos a reconhecer a dignidade de cada pessoa humana, redimida pelo Sangue de vosso Filho,
– e a respeitarmos a liberdade e a consciência de nossos irmãos e irmãs. R.

Fazei que todos os seres humanos saibam moderar seus desejos de bens temporais,
– e atendam às necessidades do próximo. R.

(intenções livres)

Tende piedade dos fiéis que hoje chamastes desta vida para vós,
– e concedei-lhes o dom da eterna bem-aventurança. R.

Pai nosso...

Oração

Nós vos pedimos, ó Deus de bondade, que, corrigidos pela penitência e renovados pelas boas obras, possamos perseverar nos vossos mandamentos e chegar purificados às festas pascais. Por nosso Senhor Jesus Cristo, vosso Filho, na unidade do Espírito Santo.

SEXTA-FEIRA

Laudes

Leitura breve Is 53,11b-12

Meu Servo, o justo, fará justos inúmeros homens, carregando sobre si suas culpas. Por isso, compartilharei com ele multidões e ele repartirá suas riquezas com os valentes seguidores, pois entregou o corpo à morte, sendo contado como um malfeitor; ele, na verdade, resgatava o pecado de todos e intercedia em favor dos pecadores.

Responsório breve

R. **Vós** nos resga**tas**tes, ó Se**nhor**,
* Para **Deus** o vosso **san**gue nos re**miu**. R. **Vós** nos.
V. Dentre **to**das as **tri**bos e **lín**guas,
dentre os **po**vos da **ter**ra e na**ções**. * Para **Deus**.
Glória ao **Pai**. R. **Vós** nos.

Cântico evangélico, ant.

Sa**beis** quem eu **sou** e de **on**de eu **vim**;
não **vim** de mim **mes**mo: meu **Pai** me envi**ou**.

Preces

Imploremos a Cristo Salvador, que nos remiu por sua morte e ressurreição; e digamos:

R. **Senhor, tende piedade de nós!**

Vós, que subistes a Jerusalém para sofrer a Paixão, e assim entrar na glória,
– conduzi vossa Igreja à Páscoa da eternidade. R.

Vós, que, elevado na cruz, deixastes a lança do soldado vos traspassar,
– curai as nossas feridas. R.

Vós, que transformastes o madeiro da cruz em árvore da vida,
– concedei os frutos dessa árvore aos que renasceram pelo batismo. R.

Vós, que, pregado na cruz, perdoastes o ladrão arrependido,
– perdoai-nos também a nós pecadores. R.

(intenções livres)

Pai nosso...

Oração

Ó Deus, que preparastes para a nossa fraqueza os auxílios necessários à nossa renovação, dai-nos recebê-los com alegria e vê-los frutificar em nossa vida. Por nosso Senhor Jesus Cristo, vosso Filho, na unidade do Espírito Santo.

Hora Média

Ant. Por minha **vi**da, diz o Se**nhor**,
não quero a **mor**te do peca**dor**,
mas que ele **vol**te e tenha a **vi**da.

Leitura breve cf. Jr 3,12b-14a

Voltai, é o Senhor que chama, não desviarei de vós minha face, porque eu sou misericordioso, não estarei irado para sempre. Convertei-vos, filhos, que vos tendes afastado de mim, diz o Senhor.

V. Desvi**ai** o vosso **olhar** dos meus pe**ca**dos.
R. E apa**gai** todas as **mi**nhas transgres**sões**!

Oração como nas Laudes.

Vésperas

Leitura breve Tg 5,16.19-20

Confessai uns aos outros os vossos pecados e orai uns pelos outros para alcançar a saúde. A oração fervorosa do justo tem grande poder. Meus irmãos, se alguém de vós se desviar da verdade e outro o reconduzir, saiba este que aquele que reconduz um pecador desencaminhado salvará da morte a alma dele e cobrirá uma multidão de pecados.

Responsório breve

R. Cu**rai**-me, Se**nhor**, ó Deus **san**to,
* Pois pe**quei** contra **vós**. R. Cu**rai**-me.
V. Tende pie**da**de de **mim**, reno**vai**-me!* Pois pe**quei**.
Glória ao **Pai**. R. Cu**rai**-me.

Cântico evangélico, ant.

Nin**guém** teve co**ra**gem de pren**dê**-lo,
pois a**in**da não che**ga**ra a sua **ho**ra.

Preces

Adoremos o Salvador do gênero humano, que morrendo destruiu a morte e ressuscitando renovou a vida; e peçamos com humildade:

R. **Santificai, Senhor, o povo que remistes com vosso sangue!**

Jesus, nosso Redentor, concedei que, pela penitência, nos associemos cada vez mais plenamente à vossa Paixão,
– a fim de alcançarmos a glória da ressurreição. R.

Acolhei-nos sob a proteção de Maria, vossa Mãe, consoladora dos aflitos,
– para podermos confortar os tristes com o mesmo auxílio que de vós recebemos. R.

Concedei-nos a graça de tomar parte na vossa Paixão por meio dos sofrimentos da vida,
– para que também em nós se manifeste a vossa salvação. R.

Senhor Jesus, que vos humilhastes na obediência até à morte e morte de cruz,
– ensinai-nos a ser obedientes e sofrer com paciência. R.

(intenções livres)

Tornai os corpos de nossos irmãos e irmãs falecidos semelhantes à imagem do vosso corpo glorioso,
– e fazei-nos dignos de participar um dia, com eles, da vossa glória. R.

Pai nosso...

Oração

Ó Deus, que preparastes para a nossa fraqueza os auxílios necessários à nossa renovação, dai-nos recebê-los com alegria e vê-los frutificar em nossa vida. Por nosso Senhor Jesus Cristo, vosso Filho, na unidade do Espírito Santo.

SÁBADO

Laudes

Leitura breve Is 1,16-18

Lavai-vos, purificai-vos. Tirai a maldade de vossas ações de minha frente. Deixai de fazer o mal! Aprendei a fazer o bem! Procurai o direito, corrigi o opressor. Julgai a causa do órfão, defendei a viúva. Vinde, debatamos – diz o Senhor. Ainda que vossos pecados sejam como púrpura, tornar-se-ão brancos como a neve. Se forem vermelhos como o carmesim, tornar-se-ão como lã.

Responsório breve

R. O **San**gue de Je**sus** nos puri**fi**ca,
* De **to**dos nossos **er**ros nos li**ber**ta. R. O **San**gue.
V. Vinde **ver** os grandes **fei**tos do Se**nhor**! * De **to**dos.
Glória ao **Pai**. R. O **San**gue.

Cântico evangélico, ant.

Nin**guém** jamais fa**lou** como **fa**la este **ho**mem!

Preces

Demos graças a Cristo nosso Salvador, sempre e em toda parte; e supliquemos com toda a confiança:

R. **Socorrei-me, Senhor, com a vossa graça!**

Ajudai-nos a conservar sem mancha os nossos corpos,
– para que sejam digna morada do Espírito Santo. R.

Despertai em nós, desde o amanhecer, o desejo de nos sacrificarmos pelos nossos irmãos,
– e de cumprirmos a vossa vontade em todas as atividades deste dia. R.

Ensinai-nos a procurar o pão da vida eterna,
– que vós mesmo nos ofereceis. R.

Interceda por nós a vossa Mãe, refúgio dos pecadores,
– para alcançarmos o perdão dos nossos pecados. R.

(intenções livres)

Pai nosso...

Oração

Ó Deus, na vossa misericórdia, dirigi os nossos corações, pois sem vosso auxílio não vos podemos agradar. Por nosso Senhor Jesus Cristo, vosso Filho, na unidade do Espírito Santo.

Hora Média

Ant. Por minha **vi**da, diz o Se**nhor**,
não quero a **mor**te do peca**dor**,
mas que ele **vol**te e tenha a **vi**da.

Leitura breve Is 44,21-22

Lembra-te de que tu és meu servo; eu te criei, és meu servo, Israel, não me decepciones. Desmanchei como uma nuvem teus pecados, como a névoa desfiz tuas culpas; volta para mim, porque te resgatei!

V. Desvi**ai** o vosso o**lhar** dos meus pe**ca**dos.
R. E apa**gai** todas as **mi**nhas transgres**sões**!

Oração como nas Laudes.

5º DOMINGO DA QUARESMA

I Semana do Saltério

I Vésperas

Hino, p. 271.

Ant. 1 Grava**rei** a minha **lei** dentro em **vo**sso cora**ção**;
vós se**reis** meu povo e**lei**to, e eu se**rei** o vosso **Deus**!

Salmos e cântico do domingo da I Semana, p. 759.

Ant. 2 Todas as **coi**sas consi**de**ro como **per**da,
compa**ran**do com a ci**ên**cia mais su**bli**me:
conhe**cer** a Jesus **Cris**to, meu Se**nhor**.

Ant. 3 Embora **fo**sse o próprio **Fi**lho,
apren**deu** a obedi**ên**cia atra**vés** do sofri**men**to.

Leitura breve 1Pd 1,18-21

Sabeis que fostes resgatados da vida fútil herdada de vossos pais, não por meio de coisas perecíveis, como a prata ou o ouro, mas pelo precioso sangue de Cristo, como de um cordeiro sem mancha nem defeito. Antes da criação do mundo, ele foi destinado para isso, e, neste final dos tempos, ele apareceu, por amor de vós. Por ele é que alcançastes a fé em Deus. Deus o ressuscitou dos mortos e lhe deu a glória, e assim, a vossa fé e esperança estão em Deus.

Responsório breve

R. Jesus, lem**brai**-vos de **mim**, ao che**gar** ao vosso **Rei**no.
* Vós que **não** rejei**tais** um cora**ção** opri**mi**do. R. Jesus.
V. **Vós** vos fi**zes**tes obedi**en**te até a **mor**te. * Vós que **não**. Glória ao **Pai**. R. Jesus.

Cântico evangélico, ant.

Ano A **Lá**zaro, nosso a**mi**go, está dor**min**do;
vamos **lá** para acor**dá**-lo de seu **so**no.

Ano B Se o grão de **tri**go não mor**rer**,
caindo em **ter**ra, fica **só**;
mas se mor**rer** dentro da **ter**ra,
dará **fru**tos abun**dan**tes.

Ano C En**tão**, o Se**nhor**, se incli**nan**do,
escre**vi**a com o **de**do no **chão**.
Quem de **vós** esti**ver** sem pe**ca**do,
por pri**mei**ro lhe a**ti**re uma **pe**dra.

Preces

Demos glória a Cristo Jesus, que se fez nosso mestre, exemplo e irmão; e supliquemos, dizendo:

R. **Renovai, Senhor, o vosso povo!**

Senhor Jesus, que vos tornastes semelhante a nós em tudo, exceto no pecado, ensinai-nos a alegrar-nos com os que se alegram e a chorar com os que choram,
– para que a nossa caridade aumente cada vez mais. R.

Ensinai-nos a matar a vossa fome nos que têm fome,
– e a saciar a vossa sede nos que têm sede. R.

Vós, que ressuscitastes Lázaro do sono da morte,
– fazei que voltem à vida, pela fé e a penitência, os que estão mortos pelo pecado. R.

R. **Renovai, Senhor, o vosso povo!**

Aumentai o número dos que querem seguir mais de perto o vosso caminho de perfeição,
– a exemplo da bem-aventurada Virgem Maria e dos Santos. R.

(intenções livres)

Concedei aos nossos irmãos e irmãs falecidos a glória da ressurreição,
– para que gozem eternamente do vosso amor. R.

Pai nosso...

Oração

Senhor nosso Deus, dai-nos por vossa graça caminhar com alegria na mesma caridade que levou o vosso Filho a entregar-se à morte no seu amor pelo mundo. Por nosso Senhor Jesus Cristo, vosso Filho, na unidade do Espírito Santo.

Laudes

Hino, p. 272.

Ant. 1 Para **mim**, ó meu **Deus**, fostes **sem**pre um so**cor**ro.

Salmos e cântico do domingo da I Semana, p. 764.

Ant. 2 Reno**vai** vossos pro**dí**gios e sal**vai**-nos!
Liber**tai**-nos do po**der** da morte e**ter**na!

Ant. 3 A **ho**ra já che**gou**:
Je**sus** o Filho do **Ho**mem, se**rá** glorifi**ca**do.

Leitura breve Lv 23,4-7

São estas as solenidades do Senhor em que convocareis santas assembleias no devido tempo: No dia catorze do primeiro mês, ao entardecer, é a Páscoa do Senhor. No dia quinze do mesmo mês é a festa dos Ázimos, em honra do Senhor. Durante sete dias comereis pães ázimos. No primeiro dia tereis uma santa assembleia, não fareis nenhum trabalho servil.

Responsório breve

R. Eis que os **di**as se apro**xi**mam,
em que **há** de ser en**tre**gue o **Fi**lho do **Ho**mem.
* Mas três **di**as de**pois**, ele **res**surgi**rá**. R. Eis que os **di**as.

V. Naqueles **dias** haveis de jejuar, de chorar.
* Mas três **dias**. Glória ao **Pai**. R. Eis que os **dias**.

Cântico evangélico, ant.

Ano A Eu sou a **ressurreição**, eu sou a **vida**, diz Jesus.
Quem crê em **mim**, mesmo de**pois**
de ter morrido, vive**rá**;
e quem **vive** e crê em **mim**,
não morre**rá** eterna**men**te.

Ano B Se al**guém** quer servir-me, en**tão** que me **si**ga.
E onde **eu** estiver, lá esta**rá** o meu **ser**vo.

Ano C Ao ou**vir** estas pa**la**vras,
foram sa**in**do um a **um**,
a come**çar** pelos mais **ve**lhos.
Jesus ficou so**zi**nho, e a mu**lher**, ali, no **mei**o.

Preces

Bendigamos o nosso Redentor que na sua bondade nos concede este tempo de salvação; e supliquemos:

R. **Criai em nós, Senhor, um espírito novo!**

Cristo, nossa vida, que pelo batismo nos sepultastes sacramentalmente convosco na morte para que também convosco ressuscitemos,
– ajudai-nos hoje a ser fiéis à vida nova que recebemos. R.

Senhor Jesus, que passastes pelo mundo fazendo o bem,
– tornai-nos solícitos pelo bem comum de toda a humanidade. R.

Ensinai-nos a trabalhar generosamente na construção da cidade terrena,
– e ao mesmo tempo buscar a cidade celeste. R.

Médico dos corpos e das almas, curai as feridas do nosso coração,
– para progredirmos continuamente no caminho da santidade. R.

(intenções livres)

Pai nosso...

Oração

Senhor nosso Deus, dai-nos por vossa graça caminhar com alegria na mesma caridade que levou o vosso Filho a entregar-se à morte no seu amor pelo mundo. Por nosso Senhor Jesus Cristo, vosso Filho, na unidade do Espírito Santo.

Hora Média

Hino, p.273.

Ant. Por minha **vi**da, diz o Se**nhor**,
não quero a **mor**te do peca**dor**,
mas que ele **vol**te e tenha a **vi**da.

Leitura breve 1Pd 4,13-14

Alegrai-vos por participar dos sofrimentos de Cristo, para que possais também exultar de alegria na revelação da sua glória. Se sofreis injúrias por causa do nome de Cristo, sois felizes, pois o Espírito da glória, o Espírito de Deus repousa sobre vós.

V. Desvi**ai** o vosso o**lhar** dos meus pe**ca**dos.
R. E apa**gai** todas as **mi**nhas transgres**sões**!

Oração como nas Laudes.

II Vésperas

Hino, p.271.

Ant. 1 Como a ser**pen**te no de**ser**to,
o Filho do **Ho**mem há de **ser** levan**ta**do numa **cruz**.

Salmos e cântico do domingo da I Semana, p.772.

Ant. 2 Senhor **Deus** do univer**so**,
prote**geis** e liber**tais**, acompa**nhais** e enfim sal**vais**.

Ant. 3 Foi fe**ri**do por **nos**sos pe**ca**dos,
esma**ga**do por **nos**sas mal**da**des;
por suas **cha**gas nós **fo**mos cu**ra**dos.

Leitura breve At 13,26-30a

Irmãos, a nós foi enviada esta mensagem de salvação. Os habitantes de Jerusalém e seus chefes não reconheceram a Jesus e, ao condená-lo, cumpriram as profecias que se leem todos os sábados. Embora não encontrassem nenhum motivo para a sua condenação, pediram a Pilatos que fosse morto. Depois de realizarem tudo o que a Escritura diz a respeito de Jesus, eles o tiraram da cruz e o colocaram num túmulo. Mas Deus o ressuscitou dos mortos.

Responsório breve

R. **Nós** vos bendi**ze**mos e ado**ra**mos,
* Ó Je**sus**, nosso Se**nhor**. R. **Nós** vos.
V. Por vossa **cruz** vós redi**mis**tes este **mun**do.* Ó Je**sus**.
Glória ao **Pai**. R. **Nós** vos.

Cântico evangélico, ant.

Ano A Eu **crei**o que és o **Cris**to, o **Fi**lho do Deus **vi**vo, que vieste a este **mun**do.

Ano B Quando eu **for** ele**va**do da **ter**ra,
atrai**rei** para **mim** todo **ser**.

Ano C Mu**lher**, onde es**tão** os **que** te acu**sa**vam?
Nin**guém** te conde**nou**? Nin**guém**, ó Se**nhor**!
Nem **eu** te con**de**no.
En**tão** podes **ir** e **não** peques **mais**!

Preces

Demos glória a Deus Pai, que fez de nós o seu povo eleito, renascido de uma semente incorruptível e eterna, por meio de seu Filho, a Palavra que se fez carne; e lhe supliquemos humildemente:

R. **Senhor, sede propício ao vosso povo!**

Deus de misericórdia, escutai as súplicas que vos dirigimos em favor do vosso povo,
– e fazei que ele deseje, sempre, mais a vossa palavra do que o alimento corporal. R.

Ensinai-nos a amar sinceramente e sem discriminação a gente de nossa terra e os povos de todas as raças,
– e a trabalhar pela felicidade e concórdia de toda a humanidade. R.

Acolhei com bondade os que se preparam para o renascimento espiritual do batismo,
– para que, como pedras vivas, eles construam a vossa casa espiritual que é a Igreja. R.

Vós, que pela pregação do profeta Jonas exortastes os ninivitas à penitência,
– convertei por vossa palavra os corações dos pecadores. R.

(intenções livres)

Ajudai os agonizantes a esperarem confiantemente o seu encontro com Cristo,
– para que se alegrem eternamente na visão da vossa face.
R. **Senhor, sede propício ao vosso povo!**
Pai nosso...

Oração

Senhor nosso Deus, dai-nos por vossa graça caminhar com alegria na mesma caridade que levou o vosso Filho a entregar-se à morte no seu amor pelo mundo. Por nosso Senhor Jesus Cristo, vosso Filho, na unidade do Espírito Santo.

Nos dias de semana desta 5ª Semana da Quaresma podem-se usar os hinos da Semana Santa, nas Laudes e nas Vésperas, p. 395-396.

SEGUNDA-FEIRA

Laudes

Leitura breve Jr 11,19-20

Eu era como manso cordeiro levado ao sacrifício, e não sabia que tramavam contra mim: "Vamos cortar a árvore em toda sua força, eliminá-lo do mundo dos vivos, para seu nome não ser mais lembrado." E tu, Senhor dos exércitos, que julgas com justiça e perscrutas os afetos do coração, concede que eu veja a vingança que tomarás contra eles, pois eu te confiei a minha causa.

Responsório breve

R. **Lem**bra-te de **Cris**to, ressusci**ta**do dentre os **mor**tos!
* Ele é **nos**sa salva**ção** e nossa **gló**ria para **sem**pre.
R. **Lem**bra-te.
V. Se com ele nós mor**re**mos, também, com **e**le vive**re**mos.
* Ele é Glória ao **Pai**. R. **Lem**bra-te.

Cântico evangélico, ant.

Quem me **se**gue não ca**mi**nha em meio às **tre**vas,
mas te**rá** a luz da **vi**da, diz **Je**sus.

Preces

Bendigamos a Jesus, nosso Salvador, que pela sua morte nos abriu o caminho da salvação; e oremos:

R. **Guiai-nos, Senhor, em vossos caminhos!**

Deus de misericórdia, que pelo batismo nos destes uma vida nova,
– fazei que dia a dia nos configuremos cada vez mais à vossa imagem. R.

Ensinai-nos a ser hoje alegria para os que sofrem,
– e a vos servir em cada irmão ou irmã que precise de nossa ajuda. R.

Ajudai-nos a praticar o que é bom, correto e verdadeiro a vossos olhos,
– e a sempre vos procurar com sinceridade de coração. R.

Perdoai-nos, Senhor, as faltas que cometemos contra a unidade de vossa família,
– e fazei que nos tornemos um só coração e uma só alma. R.

(intenções livres)

Pai nosso...

Oração

Ó Deus, que pela vossa graça inefável nos enriqueceis de todos os bens, concedei-nos passar da antiga à nova vida, preparando-nos assim, para o reino da glória. Por nosso Senhor Jesus Cristo, vosso Filho, na unidade do Espírito Santo.

Hora Média

Ant. Por minha **vi**da, diz o Se**nhor**,
não quero a **mor**te do peca**dor**,
mas que ele **vol**te e tenha a **vi**da.

Leitura breve Jr 18,20b

Lembra-te de que fui à tua presença, para interceder por eles e tentar afastar deles a tua ira.

V. Desvi**ai** o vosso o**lhar** dos meus pe**ca**dos.
R. E apa**gai** todas as **mi**nhas transgres**sões**!

Oração como nas Laudes.

Vésperas

Leitura breve Rm 5,8-9

A prova de que Deus nos ama é que Cristo morreu por nós, quando éramos ainda pecadores. Muito mais agora, que já estamos justificados pelo sangue de Cristo, seremos salvos da ira por ele.

Responsório breve

R. Jesus, lem**brai**-vos de **mim**, ao che**gar** a vosso **Rei**no!
* Vós que **não** rejei**tais** um cora**ção** opri**mi**do. R. Jesus.
V. **Vós** que vos fi**zes**tes obedi**en**te até a **mor**te.
* Vós que **não**. Glória ao **Pai**. **R.** Jesus.

Cântico evangélico, ant.

Não só **eu** dou teste**mu**nho de mim **mes**mo,
mas o **Pai** que me envi**ou** também o **dá**.

Preces

Invoquemos ao Senhor Jesus Cristo que fez de nós o seu povo libertando-nos do pecado; e oremos humildemente:

R. **Jesus, filho de Davi, tende piedade de nós!**

Ó Cristo, lembrai-vos da vossa santa Igreja, pela qual vos entregastes à morte para santificá-la na água da purificação espiritual e na palavra da vida:
–renovai-a sem cessar e purificai-a pela penitência. R.

Bom Mestre, mostrai aos jovens o caminho que escolhestes para cada um deles,
–para que sigam generosamente o vosso chamado e sejam felizes. R.

Vós, que tivestes compaixão de todos os doentes que vos procuraram, dai esperança aos nossos enfermos e curai-os,
–e fazei-nos solícitos e generosos para com todos os que sofrem. R.

Despertai em nós a consciência da dignidade de filhos de Deus que recebemos pelo batismo,
–e tornai-nos cada vez mais conformes à vossa vontade. R.

(intenções livres)

Dai aos nossos irmãos e irmãs falecidos a vossa paz e a glória eterna,
– e reuni-nos um dia com eles no vosso reino. R.
Pai nosso...

Oração

Ó Deus, que pela vossa graça inefável nos enriqueceis de todos os bens, concedei-nos passar da antiga à nova vida, preparando-nos assim, para o reino da glória. Por nosso Senhor Jesus Cristo, vosso Filho, ria unidade do Espírito Santo.

TERÇA-FEIRA

Laudes

Leitura breve Zc 12,10-11a

Derramarei sobre a casa de Davi e sobre os habitantes de Jerusalém um espírito de graça e de oração; eles olharão para mim. Ao que eles feriram de morte, hão de chorá-lo, como se chora a perda de um filho único, e hão de sentir por ele a dor que se sente pela morte de um primogênito. Naquele dia, haverá um grande pranto em Jerusalém.

Responsório breve

R. Levan**tai**-vos, ó Se**nhor**, por que dor**mis**?
* Vós, a**go**ra, nos dei**xas**tes e humi**lhas**tes!
R. Levan**tai**-vos.
V. Desper**tai**! Não nos dei**xeis** eterna**men**te! * Vós a**go**ra.
Glória ao **Pai**. R. Levan**tai**-vos.

Cântico evangélico, ant.

Quando ti**ver**des levan**ta**do o Filho do **Ho**mem,
conhece**reis** que "Eu **Sou**", diz o Se**nhor**.

Preces

Bendigamos a Cristo, que se deu a nós como pão descido do céu; e oremos, dizendo:

R. **Cristo, pão da vida e remédio que nos salva, dai-nos vossa força!**

Senhor, que nos alimentais na vossa ceia eucarística,
– dai-nos a plena participação nos frutos do sacrifício pascal.

R. **Cristo, pão da vida e remédio que nos salva, dai-nos vossa força!**

Ensinai-nos a acolher vossa palavra num coração bom e reto,
– para darmos frutos na paciência. R.

Fazei que colaboremos alegremente convosco na construção do mundo,
– a fim de que o anúncio da paz se difunda mais eficazmente pela ação da Igreja. R.

Reconhecemos, Senhor, que somos pecadores;
– apagai nossas culpas com a graça da vossa salvação. R.

(intenções livres)

Pai nosso...

Oração

Concedei-nos, ó Deus, perseverar no vosso serviço para que, em nossos dias, cresça em número e santidade o povo que vos serve. Por nosso Senhor Jesus Cristo, vosso Filho, na unidade do Espírito Santo.

Hora Média

Ant. Por minha **vi**da, diz o Se**nhor**,
não quero a **mor**te do peca**dor**,
mas que ele **vol**te e tenha a **vi**da.

Leitura breve 1Cor 1,22-24

Os judeus pedem sinais milagrosos, os gregos procuram sabedoria; nós, porém, pregamos Cristo crucificado, escândalo para os judeus e insensatez para os pagãos. Mas para os que são chamados, tanto judeus como gregos, esse Cristo é poder de Deus e sabedoria de Deus: Nós ofendemos o Senhor, nosso Deus, nós e nossos pais, desde a juventude até ao dia de hoje, não escutamos a voz do Senhor, nosso Deus.

V. Desvi**ai** o vosso o**lhar** dos meus pe**ca**dos.
R. E apa**gai** todas as **mi**nhas transgres**sões**!

Oração como nas Laudes.

Vésperas

Leitura breve 1Cor 1,27b-30

Deus escolheu o que o mundo considera como fraco, para assim confundir o que é forte; Deus escolheu o que para o mundo é sem importância e desprezado, o que não tem nenhuma serventia, para assim mostrar a inutilidade do que é considerado importante, para que ninguém possa gloriar-se diante dele. É graças a ele que vós estais em Cristo Jesus, o qual se tornou para nós, da parte de Deus: sabedoria, justiça, santificação e libertação.

Responsório breve

R. Ele não **ti**nha apa**rên**cia ou be**le**za,
* Por suas **cha**gas nós **fo**mos cu**ra**dos. R. Ele não **ti**nha.
V. Carre**gou** sobre **si** nossas **cul**pas. * Por suas **cha**gas .
Glória ao **Pai**. R. Ele não **ti**nha.

Cântico evangélico, ant.

Quem me envi**ou** está co**mi**go e ja**mais** me deixa **só**;
porque **sem**pre faço a**qui**lo que **é** de seu a**gra**do.

Preces

Imploremos a Cristo Senhor, que nos mandou vigiar e orar para não cairmos em tentação; e digamos confiantemente:

R. **Ouvi-nos, Senhor, e tende piedade!**

Cristo Jesus, que prometestes estar presente no meio daqueles que se reúnem para orar em vosso nome,
– ensinai-nos a orar sempre convosco ao Pai no Espírito Santo. R.

Celeste Esposo, purificai de todo pecado vossa amada Igreja,
– e fazei que ela viva sempre na esperança e na alegria do Espírito Santo. R.

Amigo do ser humano, tornai-nos solícitos pelo bem do próximo, como nos mandastes,
– a fim de que, por meio de nós, brilhe para todos a luz da vossa salvação. R.

Pai pacífico, dai ao mundo a vossa paz,
– para que em toda parte se faça mais sensível vossa presença salvadora. R.

(intenções livres)

Abri as portas da bem-aventurança eterna a todos os que morreram,
– e admiti-os na glória da eternidade .
R. **Ouvi-nos, Senhor, e tende piedade!**
Pai nosso...

Oração

Concedei-nos, ó Deus, perseverar no vosso serviço para que, em nossos dias, cresça em número e santidade o povo que vos serve. Por nosso Senhor Jesus Cristo, vosso Filho, na unidade do Espírito Santo.

QUARTA-FEIRA

Laudes

Leitura breve Is 50,5-7

O Senhor abriu-me os ouvidos; não lhe resisti nem voltei atrás. Ofereci as costas para me baterem e as faces para me arrancarem a barba: não desviei o rosto de bofetões e cusparadas. Mas o Senhor Deus é meu Auxiliador, por isso não me deixei abater o ânimo, conservei o rosto impassível como pedra, porque sei que não sairei humilhado.

Responsório breve

R. Foi le**va**do como o**ve**lha ao mata**dou**ro;
e, maltra**ta**do, não a**briu** a sua **bo**ca.
* De sua li**nha**gem quem **de**la cogi**tou**? R. Foi le**va**do.
V. Da **ter**ra dos vi**ven**tes foi cor**ta**do,
por **cau**sa da re**vol**ta do seu **po**vo. * De sua li**nha**gem.
Glória ao **Pai**. R. Foi le**va**do.

Cântico evangélico, ant

Se guar**dar**des minha pa**la**vra, diz Je**sus**,
real**men**te vós se**reis** os meus dis**cí**pulos;
have**reis** de conhe**cer** toda a ver**da**de
e a ver**da**de have**rá** de liber**tar**-vos.

Preces

Bendigamos o Autor da nossa salvação, que quis renovar o ser humano em si mesmo, para que as coisas antigas passassem e tudo se fizesse novo. Apoiados nesta esperança viva, roguemos:

R. **Senhor, renovai-nos com o vosso Espírito!**

Senhor, que nos prometestes um novo céu e uma nova terra, renovai-nos sem cessar por vosso Espírito Santo,
– para que gozemos eternamente da vossa presença na nova Jerusalém. R.

Concedei-nos colaborar convosco para infundir no mundo o vosso Espírito,
– e atrair mais eficazmente para a cidade terrena a justiça, a caridade e a paz. R.

Ensinai-nos a corrigir nossa fraqueza e negligência,
– e a procurar de todo o coração os bens eternos. R.

Livrai-nos, Senhor, de todo o mal,
– e preservai-nos do fascínio da vaidade, que obscurece a mente e oculta os verdadeiros valores. R.

(intenções livres)

Pai nosso...

Oração

Ó Deus de misericórdia, iluminai nossos corações purificados pela penitência. E ouvi com paternal bondade aqueles a quem dais o afeto filial. Por nosso Senhor Jesus Cristo, vosso Filho, na unidade do Espírito Santo.

Hora Média

Ant. Por minha **vi**da, diz o Se**nhor**,
não quero a **mor**te do peca**dor**,
mas que ele **vol**te e tenha a **vi**da.

Leitura breve Rm 15,3

Cristo não procurou a sua própria satisfação, mas, como está escrito: "Os ultrajes dos que te ultrajavam caíram sobre mim".

V. Desvi**ai** o vosso o**lhar** dos meus pe**ca**dos.
R. E apa**gai** todas as **mi**nhas transgres**sões**!

Oração como nas Laudes.

Vésperas

Leitura breve Ef 4,32-5,2

Sede bons uns para com os outros, sede compassivos; perdoai-vos mutuamente, como Deus vos perdoou por meio de Cristo. Sede imitadores de Deus, como filhos que ele ama. Vivei no amor, como Cristo nos amou e se entregou a si mesmo a Deus por nós, em oblação e sacrifício de suave odor.

Responsório breve

R. Não há mai**or** prova de a**mor**,
que dar a **vi**da pelo a**mi**go.
* Ninguém **ti**ra a minha **vi**da, eu a en**tre**go livre**men**te.
R. Não há mai**or**.
V. A mesma **coi**sa que vos **fiz**, vós de**veis** fazer tam**bém**.
* Ninguém **ti**ra. Glória ao **Pai**. R. Não há mai**or**.

Cântico evangélico, ant.

Por que que**reis** matar o **ho**mem que fa**lou** só a ver**da**de?

Preces

Aclamemos o Deus todo-poderoso e previdente, que conhece todas as nossas necessidades, mas quer que busquemos, antes de tudo, o seu reino. Rezemos, dizendo:

R. **Senhor, venha a nós o vosso Reino e a sua justiça!**

Pai santo, que nos destes Jesus Cristo como Pastor de nossas almas, assisti os pastores da Igreja e o povo a eles confiado,
– para que não falte ao rebanho a solicitude dos seus pastores nem aos pastores a obediência de suas ovelhas. R.

Aumentai a caridade dos cristãos, para que ajudem os doentes com amor fraterno,
– e socorram neles o vosso próprio Filho, Jesus Cristo. R.

Fazei que ingressem na vossa Igreja os que ainda não creem no Evangelho,
– para que, pelo exemplo das boas obras, a façam crescer na caridade. R.

Dai a nós pecadores a contrição sincera das nossas culpas,
– e a reconciliação perfeita convosco e com a vossa Igreja. R.

(intenções livres)

Concedei a vida eterna aos nossos irmãos e irmãs que morreram,
– para que vivam eternamente na vossa presença. R.
Pai nosso...

Oração

Ó Deus de misericórdia, iluminai nossos corações purificados pela penitência. E ouvi com paternal bondade aqueles a quem dais o afeto filial. Por nosso Senhor Jesus Cristo, vosso Filho, na unidade do Espírito Santo.

QUINTA-FEIRA

Laudes

Leitura breve Hb 2,9b-10

Vemos Jesus coroado de glória e honra, por ter sofrido a morte. Sim, pela graça de Deus em favor de todos, ele provou a morte. Convinha de fato que aquele, por quem e para quem todas as coisas existem, e que desejou conduzir muitos filhos à glória, levasse o iniciador da salvação deles à consumação, por meio de sofrimentos.

Responsório breve

R. **Lem**bra-te de **Cris**to, ressusci**ta**do dentre os **mor**tos!
* Ele é **nos**sa salva**ção** e nossa **gló**ria para **sem**pre.
R. **Lem**bra-te.
V. Se com **e**le nós mor**re**mos, também, com **e**le vive**re**mos.
* Ele é. Glória ao **Pai**. R. **Lem**bra-te.

Cântico evangélico, ant.

Quem é de **Deus** ouve a pa**la**vra de **Deus**;
vós não ou**vis** porque de **Deus** vós não **sois**.

Preces

Louvemos a Cristo nosso Senhor, que se manifestou à humanidade como luz do mundo para que, seguindo-o, não andemos nas trevas mas tenhamos a luz da vida; e lhe peçamos:

R. **Senhor, que a vossa palavra ilumine os nossos passos!**

Deus de bondade, fazei-nos imitar hoje o vosso exemplo,
– para que recuperemos em vós, novo Adão, o que perdemos no primeiro Adão. R.

A vossa palavra seja luz dos nossos passos,
– para que, realizando sempre as obras da verdade, aumente cada vez mais o nosso amor por vós.

R. **Senhor, que a vossa palavra ilumine os nossos passos!**

Ensinai-nos a promover com retidão o bem de todos por causa do vosso nome,
– para que, por nosso intermédio, a Igreja ilumine cada vez melhor a família humana. R.

Alimentai sempre mais em nós a vossa amizade, por meio de uma sincera conversão,
– para que expiemos as ofensas cometidas contra a vossa sabedoria e bondade. R.

(intenções livres)

Pai nosso...

Oração

Assisti, ó Deus, aqueles que vos suplicam e guardai com solicitude os que esperam em vossa misericórdia, para que, libertos de nossos pecados, levemos uma vida santa e sejamos herdeiros das vossas promessas. Por nosso Senhor Jesus Cristo, vosso Filho, na unidade do Espírito Santo.

Hora Média

Ant. Por minha **vi**da, diz o **Senhor,**
Não quero a **mor**te do peca**dor**,
mas que ele **vol**te e tenha a **vi**da.

Leitura breve Hb 7,26-27

Tal é precisamente o sumo sacerdote que nos convinha: santo, inocente, sem mancha, separado dos pecadores e elevado acima dos céus. Ele não precisa, como os sumos sacerdotes, oferecer sacrifícios a cada dia, primeiro por seus próprios pecados e depois pelos do povo. Ele já o fez uma vez por todas, oferecendo-se a si mesmo, Jesus Cristo nosso Senhor.

V. Desvi**ai** o vosso **olhar** dos meus pe**ca**dos.
R. E apa**gai** todas as **mi**nhas transgres**sões**!

Oração como nas Laudes.

Vésperas

Leitura breve Hb 13,12-15

Jesus sofreu do lado de fora da porta, para santificar o povo pelo seu próprio sangue. Vamos, portanto, sair ao seu encontro, fora do acampamento, carregando a sua humilhação. Porque não temos aqui cidade permanente, mas estamos à procura daquela que está para vir. Por meio de Jesus, ofereçamos a Deus um perene sacrifício de louvor, isto é, o fruto dos lábios que celebram o seu nome.

Responsório breve

R. **Nós** vos bendi**ze**mos e ado**ra**mos,
* Ó Je**sus**, nosso Se**nhor**. R. **Nós** vos.
V. Por vossa **cruz** vós redi**mis**tes este **mun**do. * Ó Je**sus**.
Glória ao **Pai**. R. **Nós** vos.

Cântico evangélico, ant.

Tu nem **tens** cinquenta **a**nos de exis**tên**cia,
como, **pois**, dizes ter **vis**to Abra**ão**?
Eu vos **di**go com cer**te**za, diz Je**sus**,
já bem **an**tes que Abra**ão** nascesse "Eu **Sou**".

Preces

Oremos a Cristo nosso Senhor, que nos deu o mandamento novo de nos amarmos uns aos outros como ele nos amou; e imploremos:

R. **Senhor, fazei crescer o amor em vosso povo!**

Bom Mestre, ensinai-nos a vos amar em nossos irmãos e irmãs,
– e a vos servir em cada um deles. R.

Vós, que na cruz pedistes ao Pai perdão para vossos algozes,
– ensinai-nos a amar os nossos inimigos e a orar pelos que nos perseguem. R.

Pela participação no mistério do vosso Corpo e Sangue, aumentai em nós a caridade, a fortaleza e a confiança;
– fortalecei os fracos, consolai os tristes e dai esperança aos agonizantes. R.

Cristo, Luz do mundo, que na piscina de Siloé destes a vista ao cego de nascença,
– iluminai os catecúmenos pelo sacramento do batismo e pela palavra da vida. R.

(intenções livres)

Concedei a plenitude do vosso amor aos que morreram,
– e contai-nos também entre os vossos escolhidos. R.
R. **Senhor, fazei crescer o amor em vosso povo!**
Pai nosso...

Oração

Assisti, ó Deus, aqueles que vos suplicam e guardai com solicitude os que esperam em vossa misericórdia, para que, libertos de nossos pecados, levemos uma vida santa e sejamos herdeiros das vossas promessas. Por nosso Senhor Jesus Cristo, vosso Filho, na unidade do Espírito Santo.

SEXTA-FEIRA

Laudes

Leitura breve Is 52,13-15

Ei-lo, o meu Servo será bem sucedido; sua ascensão será ao mais alto grau. Assim como muitos ficaram pasmados ao vê-lo – tão desfigurado ele estava que não parecia ser um homem ou ter aspecto humano – do mesmo modo ele espalhará sua fama entre os povos. Diante dele os reis se manterão em silêncio, vendo algo que nunca lhes foi narrado e conhecendo coisas que jamais ouviram.

Responsório breve

R. Ele não **ti**nha apar**ên**cia ou be**le**za,
* Por suas **cha**gas nós **fo**mos cu**ra**dos. R. Ele não **ti**nha.
V. Carre**gou** sobre **si** nossas **cul**pas. * Por suas **cha**gas.
Glória ao **Pai**. R. Ele não **ti**nha.

Cântico evangélico, ant.

Boas **o**bras sem **con**ta eu vos **fiz**;
por qual **de**las que**reis** me apedre**jar**?

Preces

Demos graças a Cristo nosso Senhor que, morrendo na cruz, nos deu a vida; e de coração lhe peçamos:

R. **Pela vossa morte, Senhor, fazei-nos viver!**

Cristo nosso Mestre e Salvador, que nos ensinastes a vossa verdade, e nos renovastes pela vossa gloriosa Paixão,
– não nos deixeis cair na infidelidade do pecado. R.

Ensinai-nos a praticar a abstinência,
– para socorrer com nossos bens os irmãos necessitados. R.

Dai-nos a graça de viver santamente este dia de penitência quaresmal,
– e consagrá-lo a vós com obras de caridade fraterna. R.

Corrigi, Senhor, as nossas vontades rebeldes,
– e dai-nos um coração generoso e agradecido. R.

(intenções livres)

Pai nosso...

Oração

Perdoai, ó Deus, nós vos pedimos, as culpas do vosso povo. E, na vossa bondade, desfazei os laços do pecado que em nossa fraqueza cometemos. Por nosso Senhor Jesus Cristo, vosso Filho, na unidade do Espírito Santo.

Hora Média

Ant. Por minha **vi**da, diz o Se**nhor**,
não quero a **mor**te do peca**dor**,
mas que ele **vol**te e tenha a **vi**da.

Leitura breve Is 53,4-5

A verdade é que ele tomava sobre si nossas enfermidades e sofria, ele mesmo, nossas dores; e nós pensávamos fosse um chagado, golpeado por Deus e humilhado! Mas ele foi ferido por causa de nossos pecados, esmagado por causa de nossos crimes; a punição a ele imposta era o preço da nossa paz, e suas feridas, o preço da nossa cura.

V. Desvi**ai** o vosso o**lhar** dos meus pe**ca**dos.
R. E apa**gai** todas as **mi**nhas transgres**sões**!

Oração como nas Laudes.

Vésperas

Leitura breve 1Pd 2,21 b-24

Cristo sofreu por vós deixando-vos um exemplo, a fim de que sigais os seus passos. Ele não cometeu pecado algum, mentira nenhuma foi encontrada em sua boca. Quando injuriado, não retribuía as injúrias; atormentado, não ameaçava; antes, colocava a sua causa nas mãos daquele que julga com justiça. Sobre a cruz, carregou nossos pecados em seu próprio corpo, a fim de que, mortos para os pecados, vivamos para a justiça. Por suas feridas fostes curados.

Responsório breve

R. Foi le**va**do como o**ve**lha ao mata**dou**ro;
e, maltra**ta**do, não a**briu** a sua **bo**ca.
* De sua li**nha**gem quem **de**la cogi**tou**? R. Foi le**va**do.
V. Da **ter**ra dos vi**ven**tes foi cor**ta**do,
por **cau**sa da re**vol**ta do seu **po**vo. * De sua li**nha**gem.
Glória ao **Pai**. R. Foi le**va**do.

Cântico evangélico, ant.

Se não credes em **mim**, crede, en**tão**, nestas **o**bras
que, em **no**me de **Deus**, reali**zo** entre **vós**.

Preces

Elevemos nossas súplicas ao Senhor Jesus Cristo, que nos santificou com o seu sangue; e digamos:

R. **Senhor, tende compaixão do vosso povo!**

Jesus, Redentor nosso, pelos méritos da vossa Paixão, dai aos vossos fiéis o espírito de penitência, sustentai-os no combate contra o mal e reavivai a sua esperança,
– a fim de que se disponham para celebrar mais santamente a vossa ressurreição. R.

Fazei que os cristãos, exercendo sua missão profética, anunciem por toda parte o Evangelho do Reino,
– e o confirmem com seu testemunho de fé, esperança e caridade. R.

Confortai os aflitos com a força do vosso amor,
– e fazei que saibamos consolá-los com nossa solicitude fraterna. R.

Ensinai-nos a levar nossa cruz em união com os vossos sofrimentos,
– para que manifestemos em nós mesmos a vossa salvação. R.

(intenções livres)

Autor da vida, lembrai-vos daqueles que partiram deste mundo,
– e concedei-lhes a glória da ressurreição. R.

Pai nosso...

Oração

Perdoai, ó Deus, nós vos pedimos, as culpas do vosso povo. E, na vossa bondade, desfazei os laços do pecado que em nossa fraqueza cometemos. Por nosso Senhor Jesus Cristo, vosso Filho, na unidade do Espírito Santo.

SÁBADO

Laudes

Leitura breve Is 65,1b-3a

Eu disse: "Eis-me aqui, eis-me aqui" a pessoas que não invocavam o meu nome. Estendi as mãos todo o dia para um povo indócil que anda por caminhos inconvenientes, atrás de seus caprichos; um povo que me provoca ira, à minha frente e sempre.

Responsório breve

R. Ele me **cha**ma e eu res**pon**do:
* Quero li**vrá**-lo e exal**tá**-lo. R. Ele me **cha**ma.
V. Na prova**ção** estou com **e**le. * Quero.
Glória ao **Pai**. R. Ele me **cha**ma.

Cântico evangélico, ant.

Jesus **Cris**to mor**reu** para u**nir** num só **cor**po
os **fi**lhos de **Deus** que es**ta**vam dis**per**sos.

Preces

Glorifiquemos a Cristo Senhor que instituiu o batismo para fazer de nós criaturas novas e nos preparou a mesa de sua Palavra e de seu Corpo; rezemos confiantes:

R. **Renovai-nos, Senhor, com a vossa graça!**

Jesus, manso e humilde decoração, revesti-nos de sentimentos de misericórdia, mansidão e humildade,
– e tornai-nos pacientes e compreensivos para com todos. R.

Ensinai-nos a ajudar os pobres e sofredores,
– e assim vos imitarmos, ó Bom Samaritano da humanidade. R.

A Santa Virgem Maria, vossa Mãe, interceda por todas aquelas que se consagraram ao vosso serviço,
– para que se dediquem cada vez melhor ao bem da Igreja. R.

Concedei-nos a vossa misericórdia,
– e fazei-nos experimentar a alegria do vosso perdão. R.

(intenções livres)

Pai nosso...

Oração

Ó Deus, vós sempre cuidais da salvação dos seres humanos e nesta Quaresma nos alegrais com graças mais copiosas. Considerai com bondade aqueles que escolhestes, para que a vossa proteção paterna acompanhe os que se preparam para o batismo e guarde os que já foram batizados. Por nosso Senhor Jesus Cristo, vosso Filho, na unidade do Espírito Santo.

Hora Média

Ant. Por minha **vi**da, diz o Se**nhor**,
não quero a **mor**te do peca**dor**,
mas que ele **vol**te, e tenha a **vi**da.

Leitura breve 1Jo 2,1b-2

Temos junto do Pai um Defensor: Jesus Cristo, o Justo. Ele é a vítima de expiação pelos nossos pecados, e não só pelos nossos, mas também pelos pecados do mundo inteiro.

V. Desvi**ai** o vosso o**lhar** dos meus pe**ca**dos.

R. E apa**gai** todas as **mi**nhas transgres**sões**!

Oração como nas Laudes.

TEMPO DA QUARESMA

II. SEMANA SANTA

Desde as I Vésperas do Domingo de Ramos da Paixão do Senhor até a Oração Média da Quinta-feira Santa inclusive.

Vésperas

Hino

Do Rei avança o estandarte,
fulge o mistério da Cruz,
onde por nós foi suspenso
o autor da vida, Jesus.

Do lado morto de Cristo,
ao golpe que lhe vibraram;
para lavar meu pecado
o sangue e água jorraram.

Árvore esplêndida e bela,
de rubra púrpura ornada,
de os santos membros tocar
digna, só tu foste achada.

Ó Cruz feliz, dos teus braços
do mundo o preço pendeu;
balança foste do corpo
que ao duro inferno venceu.

Salve, ó altar, salve vítima,
eis que a vitória reluz:
a vida em ti fere a morte,
morte que à vida conduz.

Salve, ó cruz, doce esperança,
concede aos réus remissão;
dá-nos o fruto da graça,
que floresceu na Paixão.

Louvor a vós, ó Trindade,
fonte de todo perdão,
aos que na Cruz foram salvos,
dai a celeste mansão.

Completas

HINO Ó Cristo, dia e esplendor, p. 751.

Laudes

Hino

O fel lhe dão por bebida
sobre o madeiro sagrado.
Espinhos, cravos e a lança
ferem seu corpo e seu lado.
No sangue e água que jorram,
mar, terra e céu são lavados.

Ó Cruz fiel, sois a árvore
mais nobre em meio às demais,
que selva alguma produz
com flor e frutos iguais.
Ó lenho e cravos tão doces,
um doce peso levais.

Árvore, inclina os teus ramos,
abranda as fibras mais duras.
A quem te fez germinar
minora tantas torturas.
Leito mais brando oferece
ao Santo Rei das alturas.

Só tu, ó Cruz, mereceste
suster o preço do mundo
e preparar para o náufrago
um porto, em mar tão profundo.
Quis o Cordeiro imolado
banhar-te em sangue fecundo.

Glória e poder à Trindade.
Ao Pai e ao Filho, louvor.
Honra ao Espírito Santo.
Eterna glória ao Senhor,
que nos salvou pela graça
e nos remiu pelo amor.

Hora Média

HINO próprio para o Domingo de Ramos da Paixão do Senhor como no Próprio, p. 400.

Nos outros dias desta semana, diz-se o hino que se encontra indicado à p. 273.

DOMINGO DE RAMOS DA PAIXÃO DO SENHOR

II Semana do Saltério

I Vésperas

Hino, p. 395.

Ant. 1 Tanto **tem**po eu es**ti**ve no **mei**o de **vós**
ensi**nan**do no **tem**plo, e **não** me pren**des**tes;
já se**rei** flage**la**do e pre**ga**do na **cruz**!

Salmos e cântico do domingo da II Semana, p. 849.

Ant. 2 O Se**nhor** é o meu au**xí**lio, não se**rei** envergo**nha**do!

Ant. 3 Jesus **Cris**to se humi**lhou** e se **fez** obedi**en**te,
obedi**en**te até à **mor**te, e **mor**te numa **cruz**.

Leitura breve 1Pd 1,18-21

Sabeis que fostes resgatados da vida fútil herdada de vossos pais, não por meio de coisas perecíveis, como a prata ou o ouro, mas pelo precioso sangue de Cristo, como de um cordeiro sem mancha nem defeito. Antes da criação do mundo, ele foi destinado para isso, e neste final dos tempos, ele apareceu, por amor de vós. Por ele é que alcançastes a fé em Deus. Deus o ressuscitou dos mortos e lhe deu a glória, e assim, a vossa fé e esperança estão em Deus.

Responsório breve

R. Jesus, lem**brai**-vos de **mim**, ao che**gar** a vosso **Rei**no!
* Vós que **não** rejei**tais** um cora**ção** opri**mi**do. R. Jesus.
V. **Vós** que vos fi**zes**tes obedi**en**te até a **mor**te.
* Vós que **não**. Glória ao **Pai**. R. Jesus.

Cântico evangélico, ant.

Ano A Dizei à **fi**lha de Si**ão**: Eis, teu **Rei** está che**gan**do! Vem
com **to**da humil**da**de, mon**ta**do num ju**men**to,
num jumen**ti**nho que é **cri**a de ani**mal** que leva **car**ga.

Ano B Muita **gen**te estendia suas **ves**tes no ca**mi**nho, muitos
outros punham **ra**mos,
que reco**lhi**am pelos **cam**pos.
E **to**dos acla**ma**vam: Ho**sa**na nas al**tu**ras!

Ano C Os discípulos puseram os seus **man**tos no ju**men**to
e Je**sus** nele mon**tou**.
E à me**di**da que pas**sa**va,
as pes**so**as esten**di**am suas **ves**tes no ca**mi**nho.

Preces

Adoremos a Cristo, que nas vésperas de sua Paixão, ao ver Jerusalém, chorou sobre ela, porque não quis receber a graça que lhe era oferecida. Arrependidos dos nossos pecados, peçamos:

R. **Senhor, tende piedade do vosso povo!**

Vós, que quisestes reunir os filhos de Jerusalém, como a galinha reúne os pintinhos debaixo de suas asas,
– ensinai todos a reconhecer o tempo de vossa visita. R.

Não abandoneis os fiéis que de vós se afastaram;
– convertei-nos e nos voltaremos para vós, Senhor nosso Deus. R.

Vós, que pela vossa Paixão reconciliastes o mundo com Deus,
– dai-nos viver sempre do Espírito que recebemos no batismo. R.

Concedei-nos a graça de imitar vossa Paixão, renunciando ao pecado com todas as nossas forças,
– para que, livres de todo mal, possamos celebrar santamente a vossa ressurreição. R.

(intenções livres)

Vós, que viveis e reinais na glória do Pai,
– lembrai-vos daqueles que hoje partiram deste mundo. R.

Pai nosso...

Oração

Deus eterno e todo-poderoso, para dar aos seres humanos um exemplo de humildade, quisestes que o nosso Salvador se fizesse homem e morresse na cruz. Concedei-nos aprender o ensinamento da sua Paixão e ressuscitar com ele em sua glória. Por nosso Senhor Jesus Cristo, vosso Filho, na unidade do Espírito Santo.

Laudes

Hino, p. 396.

Ant. 1 Uma **gran**de multi**dão** que viera para a **fes**ta
aclamava Jesus **Cris**to:
Ben**di**to o que nos **vem** em nome do Se**nhor**!
Hosana nas al**tu**ras!

Salmos e cântico do domingo da II Semana, p. 853.

Ant. 2 Com os **an**jos e as cria**tu**ras procla**me**mos nossa **fé**
e acla**me**mos Jesus **Cris**to,
vence**dor** da própria **mor**te:
"Ho**sa**na nas al**tu**ras"

Ant. 3 Ben**di**to o que nos **vem** em **no**me do Se**nhor**!
Na **ter**ra, paz aos **ho**mens. No **céu,** glória ao Se**nhor**!

Leitura breve Zc 9,9

Exulta, cidade de Sião! Rejubila, cidade de Jerusalém. Eis que vem teu rei ao teu encontro, ele é justo, ele salva; é humilde e vem montado num jumento, um potro, cria de jumenta.

Responsório breve

R. Ó **por**tas, levan**tai** vossos fron**tões**!
* A fim de **que** o Rei da **gló**ria possa en**trar**! R. Ó portas.
V. O Rei da **gló**ria é o Se**nhor**, Deus do uni**ver**so.
* A fim de **que** Glória ao **Pai**. R. Ó **por**tas.

Cântico evangélico, ant.

Ano A Com **pal**mas reful**gen**tes hon**re**mos Deus que **vem**!
Acor**ra**mos-lhe ao en**con**tro com **hi**nos e can**ções**, acla**man**do alegre**men**te: Ben**di**to sois, Se**nhor**!

Ano B Os que **i**am à sua **fren**te, e a**que**les que o se**gui**am
acla**ma**vam com Ho**sa**nas:
Ben**di**to o que **vem** em **no**me do **Se**nhor!
Ben**di**to é o **Rei**no de nosso pai Da**vi**!

Ano C Todo o **po**vo come**çou** alegre**men**te
a acla**mar**, louvando a **Deus** em alta **voz**:
Bendito o **Rei** que vem em **no**me do Se**nhor**!

Preces

Adoremos a Cristo que, ao entrar em Jerusalém, foi aclamado pela multidão como o Rei e Messias esperado. Também nós o louvemos com alegria:

R. **Bendito o que vem em nome do Senhor!**

Hosana a vós, Filho de Davi e Rei eterno,
– Hosana a vós, vencedor da morte e do inferno! R.

Vós, que subistes a Jerusalém para sofrer a Paixão, e assim entrar na glória,
– conduzi vossa Igreja à Páscoa da eternidade. R.

Vós, que transformastes o madeiro da cruz em árvore da vida,
– concedei de seus frutos aos que renasceram pelo batismo. R.

Cristo, nosso Salvador, que viestes para salvar os pecadores,
– conduzi para o vosso Reino os que creem em vós, em vós esperam e vos amam. R.

(intenções livres)

Pai nosso...

Oração

Deus eterno e todo-poderoso, para dar aos seres humanos um exemplo de humildade, quisestes que o nosso Salvador se fizesse homem e morresse na cruz. Concedei-nos aprender o ensinamento da sua Paixão e ressuscitar com ele em sua glória. Por nosso Senhor Jesus Cristo, vosso Filho, na unidade do Espírito Santo.

Hora Média

Hino

Todo o mundo fiel rejubile
na alegria de tal salvação:
destruindo a potência da morte,
Jesus Cristo nos traz redenção.

De oliveira com ramos e palmas,
todo o povo, com voz triunfal,
canta hosanas ao Rei de Israel,
de Davi descendente real.

Nós também, acorrendo ao encontro
de tal Rei, com hosanas de glória,
seguremos na mão nossas palmas
de alegria e de fé na vitória.

Por seus dons, nos caminhos da vida,
nos conduza e defenda o Senhor.
E possamos, em todos os tempos,
tributar-lhe o devido louvor.

Glória ao Pai e a Jesus, Filho único,
Deus de Deus, Luz da Luz, Sumo Bem,
com o Espírito, o Amor que consola,
pelos séculos dos séculos. Amém.

Ant. Como o **Pai** me co**nhe**ce, eu co**nhe**ço meu **Pai**;
minha **vi**da eu en**tre**go por **mi**nhas o**ve**lhas.

Leitura breve 1Pd 4,13-14

Alegrai-vos por participar dos sofrimentos de Cristo, para que possais também exultar de alegria na revelação da sua glória. Se sofreis injúrias por causa do nome de Cristo, sois felizes, pois o Espírito da glória, o Espírito de Deus repousa sobre vós.

V. O **Cris**to to**mou** sobre **si** nossas **do**res.
R. Carre**gou** em seu **cor**po os **nos**sos pe**ca**dos.

Oração como nas Laudes.

II Vésperas

Hino, p. 395.

Ant. 1 Deus **Pai** exal**tou** à sua di**rei**ta
o seu **Cris**to humi**lha**do e esma**ga**do.

Salmos e cântico do domingo da II Semana, p. 860.

Ant. 2 Pelo **san**gue de Je**sus**, purifi**ca**dos,
sir**va**mos ao Deus **vi**vo para **sem**pre!

Ant. 3 Carre**gou** sobre **si** nossas **cul**pas
em seu **cor**po no **le**nho da **cruz**,
para que, **mor**tos aos **nos**sos pe**ca**dos,
na jus**ti**ça de **Deus** nós vi**va**mos.

Leitura breve At 13,26-30a

Irmãos, a nós foi enviada esta mensagem de salvação. Os habitantes de Jerusalém e seus chefes não reconheceram a Jesus e, ao condená-lo, cumpriram as profecias que se leem todos os sábados. Embora não encontrassem nenhum motivo para a sua condenação, pediram a Pilatos que fosse morto. Depois de realizarem tudo o que a Escritura diz a respeito de Jesus, eles o tiraram da cruz e o colocaram num túmulo. Mas Deus o ressuscitou dos mortos.

Responsório breve

R. **Nós** vos bendi**ze**mos e ado**ra**mos,
*Ó Je**sus**, nosso Se**nhor**. R. **Nós** vos.
V. Por vossa **cruz** vós redi**mis**tes este **mun**do. *Ó **Jesus**.
Glória ao **Pai**. R. **Nós** vos.

Cântico evangélico, ant.

Ano A Está es**cri**to: O pas**tor** há de ser **mor**to,
e as o**ve**lhas have**rão** de disper**sar**-se.
Mas de**pois** que eu ti**ver** ressusci**ta**do,
esta**rei** antes de **vós** na Gali**lei**a;
lá have**reis** de me encon**trar**, diz o Se**nhor**.

Ano B Salve, ó **Cris**to, nosso **Rei**, salve, ó **Fi**lho de Da**vi**!
Anunci**a**do dos pro**fe**tas, Reden**tor** da humani**da**de!

Ano C Eu vos **di**go: É neces**sá**rio que se **cum**pra
a pa**la**vra da Escri**tu**ra a meu res**pei**to:
Em **mei**o aos malfei**to**res foi con**ta**do.
Pois a**qui**lo que foi **di**to a meu res**pei**to,
está **pró**ximo de **ser** reali**za**do.

Preces

Adoremos o Salvador do gênero humano, que subiu a Jerusalém para sofrer a Paixão e assim entrar na glória; e peçamos com humildade:

R. **Santificai, Senhor, o povo que remistes com vosso sangue!**

Jesus, nosso Redentor, concedei que, pela penitência, nos associemos cada vez mais plenamente à vossa Paixão,
– a fim de alcançarmos a glória da ressurreição. R.

Acolhei-nos sob a proteção de Maria, vossa Mãe, consoladora dos aflitos,
– para podermos confortar os tristes com o mesmo auxílio que de vós recebemos. R.

Olhai para aqueles que por nossa culpa desfalecem no caminho;
– ajudai-os e corrigi-nos, para que prevaleçam a justiça e a caridade. R.

Senhor Jesus, que vos humilhastes na obediência até à morte e morte de cruz,
– ensinai nos a ser obedientes e a sofrer com paciência. R.

(intenções livres)

Tornai os corpos de nossos irmãos e irmãs falecidos semelhantes à imagem do vosso corpo glorioso,
– e fazei-nos dignos de participar um dia, com eles, da vossa glória. R.

Pai nosso...

Oração

Deus eterno e todo-poderoso, para dar aos seres humanos um exemplo de humildade, quisestes que o nosso Salvador se fizesse homem e morresse na cruz Concedei-nos aprender o ensinamento da sua Paixão e ressuscitar com ele em sua glória. Por nosso Senhor Jesus Cristo, vosso Filho, na unidade do Espírito Santo.

SEGUNDA-FEIRA

Laudes

Hino, p. 396.

Ant. 1 A minha **al**ma está **tris**te até à **mor**te:
ficai **aqui** e co**mi**go vigi**ai**.

Salmos e cântico da Segunda-feira da II Semana, p. 866.

Ant. 2 É a**go**ra o julga**men**to deste **mun**do,
e seu **prín**cipe se**rá** lançado **fo**ra.

Ant. 3 O au**tor** de nossa **fé**, que a **le**va à perfei**ção**,
acei**tou** sofrer na **cruz**, despre**zan**do a igno**mí**nia; mas a**go**ra está na **gló**ria, à di**rei**ta de Deus **Pai**.

Leitura breve Jr 11,19-20

Eu era como manso cordeiro levado ao sacrifício, e não sabia que tramavam contra mim: "Vamos cortar a árvore em toda sua força, eliminá-lo do mundo dos vivos, para seu nome não ser mais lembrado". E tu, Senhor dos exércitos, que julgas com justiça e perscrutas os afetos do coração, concede que eu veja a vingança que tomarás contra eles, pois eu te confiei a minha causa.

Responsório breve

R. **Lem**bra-te de **Cris**to, ressusci**ta**do dentre os **mor**tos!
*Ele é **nos**sa salva**ção** e nossa **gló**ria para **sem**pre.
R. **Lem**bra-te.
V. Se com **e**le nós mor**re**mos, também com **e**le vive**re**mos.
*Ele é. Glória ao **Pai**. R. **Lem**bra-te.

Cântico evangélico, ant.

Ó Pai **jus**to, o mundo **não** te conhe**ceu**;
eu, po**rém**, te conhe**ci**, pois me envi**as**te.

Preces

Imploremos a Cristo Salvador, que nos remiu por sua morte e ressurreição; e digamos:

R. **Senhor, tende piedade de nós!**

Vós, que subistes a Jerusalém para sofrer a Paixão, e assim entrar na glória,
–conduzi vossa Igreja à Páscoa da eternidade. R.

Vós, que, elevado na cruz, deixastes a lança do soldado vos traspassar,
–curai as nossas feridas. R.

Vós, que transformastes o madeiro da cruz em árvore da vida,
–concedei de seus frutos aos que renasceram pelo batismo. R.

Vós, que, pregado na cruz, perdoastes o ladrão arrependido,
–perdoai-nos também a nós pecadores. R.

(intenções livres).

Pai nosso...

Oração

Concedei, ó Deus, ao vosso povo, que desfalece por sua fraqueza, recobrar novo alento pela Paixão do vosso Filho. Que convosco vive e reina, na unidade do Espírito Santo.

Hora Média

Ant. Como o **Pai** me co**nhe**ce, eu co**nhe**ço meu **Pai**;
minha **vi**da eu en**tre**go por **mi**nhas o**ve**lhas.

Leitura breve Jr 18,20b

Lembra-te de que fui à tua presença, para interceder por eles e tentar afastar deles a tua ira.

V. O **Cris**to to**mou** sobre **si** nossas **do**res.
R. Carre**gou** em seu **cor**po os **nos**sos pe**ca**dos.

Oração como nas Laudes.

Vésperas

Hino, p. 395.

Ant. 1 Não tem be**le**za nem apa**rên**cia
e o contem**pla**mos desfigu**ra**do.

Salmos e cântico da Segunda-feira da II Semana, p. 874.

Ant. 2 Suscita**rei** para meu **ser**vo multi**dões**,
pois entre**gou** a sua **vi**da até à **mor**te.

Ant. 3 O Pai nos **deu** todas as **gra**ças em seu **Fi**lho.
É **ne**le que nós **te**mos reden**ção**,
dos pe**ca**dos remis**são** pelo seu **san**gue.

Leitura breve Rm 5,8-9

A prova de que Deus nos ama é que Cristo morreu por nós, quando éramos ainda pecadores. Muito mais agora, que já estamos justificados pelo sangue de Cristo, seremos salvos da ira por ele.

Responsório breve

R. Jesus, lem**brai**-vos de **mim**, ao che**gar** a vosso **Rei**no!
* Vós que **não** rejei**tais** um cora**ção** opri**mi**do; R. Jesus.
V. **Vós** que vos fi**zes**tes obedi**en**te até a **mor**te.
* Vós que **não**. Glória ao **Pai**. R. Jesus.

Cântico evangélico, ant.
Como Moi**sés** ergueu na **has**te a ser**pen**te no de**ser**to,
o Filho do **Ho**mem há de **ser** levan**ta**do numa **cruz**;
e, as**sim**, quem nele **crer**, não pe**re**ça para **sem**pre,
mas pos**su**a a vida e**ter**na.

Preces

Adoremos o Salvador do gênero humano, que morrendo destruiu a morte e ressuscitando renovou a vida; e peçamos com humildade:

R. **Santificai, Senhor, o povo que remistes com vosso sangue!**

Jesus, nosso Redentor, concedei que, pela penitência, nos associemos cada vez mais plenamente à vossa Paixão,
– a fim de alcançarmos a glória da ressurreição. R.

Acolhei-nos sob a proteção de Maria, vossa Mãe, consoladora dos aflitos,
– para podermos confortar os tristes com o mesmo auxílio que de vós recebemos. R.

Concedei aos vossos fiéis a graça de tomar parte na vossa Paixão por meio dos sofrimentos da vida,
– para que também neles se manifeste a vossa salvação. R.

Senhor Jesus, que vos humilhastes na obediência até à morte e morte de cruz,
– ensinai-nos a ser obedientes e a sofrer com paciência. R.

(intenções livres)

Tornai os corpos de nossos irmãos e irmãs falecidos semelhantes à imagem do vosso corpo glorioso,
– e fazei-nos dignos de participar um dia, com eles, da vossa glória. R.

Pai nosso...

Oração

Concedei, ó Deus, ao vosso povo, que desfalece por sua fraqueza, recobrar novo alento pela Paixão do vosso Filho. Que convosco vive e reina, na unidade do Espírito Santo.

TERÇA-FEIRA

Laudes

Hino, p. 396.

Ant. 1 Fazei jus**ti**ça, meu **Deus**, e defen**dei**-me!
Do per**ver**so e menti**ro**so liber**tai**-me!

Salmos e cântico da Terça-feira da II Semana, p. 879.

Ant. 2 Defen**des**tes minha **cau**sa, ó Se**nhor**;
sois defen**sor** da minha **vi**da, ó meu **Deus**!

Ant. 3 É **jus**to o meu **ser**vo e a **mui**tos fará **jus**tos,
carre**gan**do os seus pe**ca**dos.

Leitura breve Zc 12,10-11a

Derramarei sobre a casa de Davi e sobre os habitantes de Jerusalém um espírito de graça e de oração; eles olharão para mim. Ao que eles feriram de morte, hão de chorá-lo, como se chora a perda de um filho único, e hão de sentir por ele a dor que se sente pela morte de um primogênito. Naquele dia, haverá um grande pranto em Jerusalém.

Responsório breve

R. Levan**tai**-vos, ó Se**nhor**, por que dor**mis**?
* Vós, a**go**ra, nos dei**xas**tes e humi**lhas**tes!
R. Levan**tai**-vos.
V. Desper**tai**! Não nos dei**xeis** eterna**men**te! * Vós **ago**ra.
Glória ao **Pai**. R. Levan**tai**-vos.

Cântico evangélico, ant.

Glori**fi**ca-me, **Pai,** em ti **mes**mo
com a **gló**ria que eu **tin**ha em **ti**
já bem **an**tes do i**ní**cio do **mun**do!

Preces

Imploremos a Cristo Salvador, que nos remiu por sua morte e ressurreição; e digamos:

R. **Senhor, tende piedade de nós!**

Vós, que subistes a Jerusalém para sofrer a Paixão, e assim entrar na glória,
– conduzi vossa Igreja à Páscoa da eternidade. R.

Vós, que, elevado na cruz, deixastes a lança do soldado vos traspassar,
– curai as nossas feridas.
R. **Senhor, tende piedade de nós!**
– Vós, que transformastes o madeiro da cruz em árvore da vida,
– concedei os frutos dessa árvore aos que renasceram pelo batismo. R.
Vós, que, pregado na cruz, perdoastes o ladrão arrependido,
– perdoai-nos também a nós pecadores. R.

(intenções livres)

Pai nosso...

Oração

Deus eterno e todo-poderoso, dai-nos celebrar de tal modo os mistérios da paixão do Senhor, que possamos alcançar vosso perdão. Por nosso Senhor Jesus Cristo, vosso Filho, na unidade do Espírito Santo.

Hora Média

Ant. Como o **Pai** me co**nhe**ce, eu co**nhe**ço meu **Pai**;
minha **vi**da eu en**tre**go por **mi**nhas o**ve**lhas.

Leitura breve 1Cor 1,22-24

Os judeus pedem sinais milagrosos, os gregos procuram sabedoria; nós, porém, pregamos Cristo crucificado, escândalo para os judeus e insensatez para os pagãos. Mas para os que são chamados, tanto judeus como gregos, esse Cristo é poder de Deus e sabedoria de Deus.

V. O **Cris**to to**mou** sobre **si** nossas **do**res.
R. Carre**gou** em seu **cor**po os **nos**sos pe**ca**dos.

Oração como nas Laudes.

Vésperas

Hino, p. 395.

Ant. 1 Supor**tei** dos mal**va**dos in**sul**to e ter**ror**;
o Se**nhor** é co**mi**go qual **for**te guer**rei**ro.

Salmos e cântico da Terça-feira da II Semana, p. 887.

Ant. 2 Libert**ai**-me, Sen**hor**, e to**mai**-me con**vos**co;
e **ve**nha o mais **for**te lu**tar** contra **mim**!

Ant. 3 Vós **fos**tes por **nós** imo**la**do;
para **Deus** nos re**miu** vosso **san**gue.

Leitura breve 1Cor 1,27b-30

Deus escolheu o que o mundo considera como fraco, para assim confundir o que é forte; Deus escolheu o que para o mundo é sem importância e desprezado, o que não tem nenhuma serventia, para assim mostrar a inutilidade do que é considerado importante, para que ninguém possa gloriar-se diante dele. É graças a ele que vós estais em Cristo Jesus, o qual se tornou para nós, da parte de Deus: sabedoria, justiça, santificação e libertação.

Responsório breve

R. Ele não **ti**nha apa**rên**cia ou be**le**za,
* Por suas **cha**gas nós **fo**mos cu**ra**dos. R. Ele não **ti**nha.

V. Carre**gou** sobre **si** nossas **cul**pas. * Por suas **cha**gas.
Glória ao **Pai**. R. Ele não **ti**nha.

Cântico evangélico, ant.

Eu **te**nho o po**der** de entre**gar** minha **vi**da
e de **no**vo assumi-**la**.

Preces

Adoremos o Salvador do gênero humano, que morrendo destruiu a morte e ressuscitando renovou a vida; e peçamos com humildade:

R. **Santificai, Senhor, o povo que remistes com vosso sangue!**

Jesus, nosso Redentor, concedei que, pela penitência, nos associemos cada vez mais plenamente à vossa Paixão,
– a fim de alcançarmos a glória da ressurreição. R.

Acolhei-nos sob a proteção de Maria, vossa Mãe, consoladora dos aflitos,
– para podermos confortar os tristes com o mesmo auxílio que de vós recebemos. R.

Concedei aos vossos féis a graça de tomar parte na vossa Paixão por meio dos sofrimentos da vida,
– para que também neles se manifeste a vossa salvação. R.

Senhor Jesus, que vos humilhastes na obediência até à morte e morte de cruz,
– ensinai-nos a ser obedientes e a sofrer com paciência.
R. **Santificai, Senhor, o povo que remistes com vosso sangue!**

(intenções livres)

Tornai os corpos de nossos irmãos e irmãs falecidos semelhantes à imagem do vosso corpo glorioso,
– e fazei-nos dignos de participar um dia, com eles, da vossa glória. R.

Pai nosso...

Oração

Deus eterno e todo-poderoso, dai-nos celebrar de tal modo os mistérios da paixão do Senhor, que possamos alcançar vosso perdão. Por nosso Senhor Jesus Cristo, vosso Filho, na unidade do Espírito Santo.

QUARTA-FEIRA

Laudes

Hino, p. 396.

Ant. 1 No meu **dia** de afli**ção**, minhas **mãos** buscam a **Deus**.

Salmos e cântico da Quarta-feira da II Semana, p. 892.

Ant. 2 Se mor**rer**mos com **Cris**to, nós **cre**mos
que com **Cris**to tam**bém** vive**re**mos.

Ant. 3 Jesus **Cris**to tor**nou**-se para **nós**
sabedo**ri**a de **Deus** a mais su**bli**me,
santi**da**de, jus**ti**ça e reden**ção**.

Leitura breve Is 50,5-7

O Senhor abriu-me os ouvidos; não lhe resisti nem voltei atrás. Ofereci as costas para me baterem e as faces para me arrancarem a barba: não desviei o rosto de bofetões e cusparadas. Mas o Senhor Deus é meu Auxiliador, por isso não me deixei abater o ânimo, conservei o rosto impassível como pedra, porque sei que não sairei humilhado.

Responsório breve

R. Foi le**va**do como o**ve**lha ao mata**dou**ro;
e, maltra**ta**do, não a**briu** a sua **bo**ca.
* De sua li**nha**gem quem **de**la cogi**tou**? R. Foi le**va**do.
V. Da **ter**ra dos vi**ven**tes foi cor**ta**do,
por **cau**sa da re**vol**ta do seu **po**vo. * De sua li**nha**gem.
Glória ao **Pai**. R. Foi le**va**do.

Cântico evangélico, ant.

O **san**gue de **Cris**to, que a si **mes**mo ofer**tou**-se
pelo Es**pí**rito **San**to como **hós**tia sem **man**cha,
puri**fi**ca noss'**al**ma das **o**bras da **mor**te,
para ser**vir** ao Deus **vi**vo.

Preces

Imploremos a Cristo Salvador, que nos remiu por sua morte e ressurreição; e digamos:

R. **Senhor, tende piedade de nós!**

Vós, que subistes a Jerusalém para sofrer a Paixão, e assim entrar na glória,
– conduzi vossa Igreja à Páscoa da eternidade. R.

Vós, que, elevado na cruz, deixastes a lança do soldado vos traspassar,
– curai as nossas feridas. R.

Vós, que transformastes o madeiro da cruz em árvore da vida,
– concedei de seus frutos aos que renasceram pelo batismo. R.

Vós, que, pregado na cruz, perdoastes o ladrão arrependido,
– perdoai-nos também a nós pecadores. R.

(intenções livres)

Pai nosso...

Oração

Ó Deus, que fizestes vosso Filho padecer o suplício da cruz para arrancar-nos à escravidão do pecado, concedei aos vossos servos e servas, a graça da ressurreição. Por nosso Senhor Jesus Cristo, vosso Filho, na unidade do Espírito Santo.

Hora Média

Ant. Como o **Pai** me co**nhe**ce, eu co**nhe**ço meu **Pai**;
minha **vi**da eu en**tre**go por **mi**nhas o**ve**lhas.

Leitura breve Rm 15,3

Cristo não procurou a sua própria satisfação, mas, como está escrito: "Os ultrajes dos que te ultrajavam caíram sobre mim"

V. O **Cris**to to**mou** sobre **si** nossas **do**res.
R. Carre**gou** em seu **cor**po os **nos**sos pe**ca**dos.

Oração como nas Laudes.

Vésperas

Hino, p. 395.

Ant. 1 Os **ím**pios dis**se**ram: Opri**ma**mos o homem **jus**to,
ele é, **con**tra as nossas **o**bras.

Salmos e cântico da Quarta-feira da II Semana, p. 901.

Ant. 2 Carre**gou** os pecados de **mui**tos
e pe**diu** em fa**vor** dos in**jus**tos.

Ant. 3 É no **Cris**to que nós **te**mos reden**ção**,
dos pe**ca**dos remis**são** pelo seu **san**gue.

Leitura breve Ef 4,32-5,2

Sede bons uns para com os outros, sede compassivos; perdoai-vos mutuamente, como Deus vos perdoou por meio de Cristo. Sede imitadores de Deus, como filhos que ele ama. Vivei no amor, como Cristo nos amou e se entregou a si mesmo a Deus por nós, em oblação e sacrifício de suave odor.

Responsório breve

R. Não há mai**or** prova de a**mor**, que dar a **vi**da pelo a**mi**go.
* Ninguém **ti**ra a minha **vi**da, eu a en**tre**go livre**men**te.
R. Não há mai**or**.
V. A mesma **coi**sa que vos **fiz**, vós de**veis** fazer tam**bém**.
* Ninguém **ti**ra. Glória ao **Pai**. R. Não há mai**or**.

Cântico evangélico, ant.
Diz o **Mestre** e Se**nhor**: o meu **tem**po é che**ga**do;
eu fa**rei** minha **Pás**coa com os **meus** em tua **ca**sa.

Preces
Adoremos o Salvador do gênero humano, que morrendo destruiu a morte e ressuscitando renovou a vida; e peçamos com humildade:

R. **Santificai, Senhor, o povo que remistes com vosso sangue!**

Jesus, nosso Redentor, concedei que, pela penitência, nos associemos cada vez mais plenamente à vossa Paixão,
– a fim de alcançarmos a glória da ressurreição. R.

Acolhei-nos sob a proteção de Maria, vossa Mãe, consoladora dos aflitos,
– para podermos confortar os tristes com o mesmo auxílio que de vós recebemos. R.

Concedei aos vossos fiéis a graça de tomar parte na vossa Paixão por meio dos sofrimentos da vida,
– a fim de que também neles se manifeste a vossa salvação. R.

Senhor Jesus, que vos humilhastes na obediência até à morte e morte de cruz,
– ensinai-nos a ser obedientes e a sofrer com paciência. R.

(intenções livres)

Tornai os corpos de nossos irmãos e irmãs falecidos semelhantes à imagem do vosso corpo glorioso,
– e fazei-nos dignos de participar um dia, com eles, da vossa glória. R.

Pai nosso...

Oração

Ó Deus, que fizestes vosso Filho padecer o suplício da cruz para arrancar-nos à escravidão do pecado, concedei aos vossos servos e servas, a graça da ressurreição. Por nosso Senhor Jesus Cristo, vosso Filho, na unidade do Espírito Santo.

QUINTA-FEIRA

Laudes

Hino, p. 396.

Ant. 1 Olhai, Se**nhor**, e contem**plai** meu sofri**men**to!
Escu**tai**-me e vinde **lo**go em meu au**xí**lio!

Salmos e cântico da Quinta-feira da II Semana, p. 906.

Ant. 2 Eis o **Deus**, meu Salva**dor**, eu con**fio** e nada temo!

Ant. 3 Deus nos **deu** de co**mer** a flor do **tri**go,
e com o **mel** que sai da **ro**cha nos far**tou**.

Leitura breve Hb 2,9b-10

Vemos Jesus coroado de glória e honra, por ter sofrido a morte. Sim, pela graça de Deus em favor de todos, ele provou a morte. Convinha de fato que aquele, por quem e para quem todas as coisas existem, e que desejou conduzir muitos filhos à glória, levasse o iniciador da salvação deles à consumação, por meio de sofrimentos.

Responsório breve

R. **Lem**bra-te de **Cris**to, ressusci**ta**do dentre os **mor**tos!
* Ele é **nossa** salva**ção** e nossa **gló**ria para **sem**pre.
R. **Lem**bra-te.
V. Se com ele nós mor**re**mos, também, com **e**le vive**re**mos.
* Ele é. Glória ao **Pai**. R. **Lem**bra-te.

Cântico evangélico, ant.

Ardente**men**te eu dese**jei** comer con**vos**co esta **Pás**coa
antes de **ir** sofrer a **mor**te.

Preces

A Cristo, eterno sacerdote, a quem o Pai ungiu com o Espírito Santo para anunciar aos cativos a libertação, supliquemos humildemente; e digamos:

R. **Senhor, tende piedade de nós!**

Vós, que subistes a Jerusalém para sofrer a Paixão, e assim entrar na glória,
– conduzi vossa Igreja à Páscoa da eternidade. R.

Vós, que, elevado na cruz, deixastes a lança do soldado vos traspassar,
– curai as nossas feridas. R.

Vós, que transformastes o madeiro da cruz em árvore da vida,
– concedei de seus frutos aos que renasceram pelo batismo. R.

Vós que, pregado na cruz, perdoastes o ladrão arrependido,
– perdoai-nos também a nós pecadores. R.

(intenções livres)

Pai nosso...

Oração

Senhor nosso Deus, amar-vos acima de tudo é ser perfeito; multiplicai em nós a vossa graça e concedei, aos que firmamos nossa esperança na morte do vosso Filho, alcançarmos por sua ressurreição aqueles bens que na fé buscamos. Por nosso Senhor Jesus Cristo, vosso Filho, na unidade do Espírito Santo.

Hora Média

Ant. Como o **Pai** me co**nhe**ce, eu co**nhe**ço meu **Pai**;
minha **vi**da eu en**tre**go por **mi**nhas o**ve**lhas.

Leitura breve Hb 7,26-27

Tal é precisamente o sumo-sacerdote que nos convinha: santo, inocente, sem mancha, separado dos pecadores e elevado acima dos céus. Ele não precisa, como os sumos-sacerdotes, oferecer sacrifícios a cada dia, primeiro por seus próprios pecados e depois pelos do povo. Ele já o fez uma vez por todas, oferecendo-se a si mesmo, Jesus Cristo nosso Senhor.

V. O **Cris**to to**mou** sobre **si** nossas **do**res.
R. Carre**gou** em seu **cor**po os **nos**sos pe**ca**dos.

Oração como nas Laudes.

TRÍDUO PASCAL
DA PAIXÃO E RESSURREIÇÃO DO SENHOR

QUINTA-FEIRA, NA CEIA DO SENHOR

Vésperas

Hoje rezam as Vésperas somente os que não participam da Missa vespertina da Ceia do Senhor.

Hino

Memória da morte
de Cristo Senhor,
Pão vivo, que ao homem
dá vida e valor, fazei-me viver
de vossa ternura,
sentindo nos lábios
a vossa doçura.

Fiel pelicano,
Jesus, meu Senhor,
lavai-me no sangue,
a mim pecador;
pois dele uma gota
já salva e redime
a todo o Universo
dos laços do crime.

Enfim, contemplando
na glória dos céus
o vosso semblante,
sem sombras nem véus,
irei bendizer-vos,
Jesus, Sumo Bem,
ao Pai e ao Espírito
nos séculos. Amém.

Ant. 1 O Primo**gê**nito dos **mor**tos e **Rei** dos reis da **ter**ra,
fez de **nós** para o seu **Pai** um **rei**no e sacer**dó**cio.

Salmos e cântico da Quinta-feira da II Semana, p. 914.

Ant. 2 O **Senhor** libertará o infe**liz** do prepo**ten**te,
e o **po**bre salva**rá** ao qual nin**guém** quer aju**dar**.

Ant. 3 Triun**fa**ram pelo **san**gue do Cor**dei**ro
e o teste**mu**nho que eles **de**ram da Pa**la**vra.

Leitura breve Hb 13,12-15

Jesus sofreu do lado de fora da porta, para santificar o povo pelo seu próprio sangue. Vamos, portanto, sair ao seu encontro, fora do acampamento, carregando a sua humilhação. Porque não temos aqui cidade permanente, mas estamos à procura daquela que está para vir. Por meio de Jesus, ofereçamos a Deus um perene sacrifício de louvor, isto é, o fruto dos lábios que celebram o seu nome.

Em lugar do responsório se diz:

Ant. Jesus **Cris**to se humi**lhou** e se **fez** obedi**en**te,
obedi**en**te até à **mor**te.

Cântico evangélico, ant.

Na **cei**a derra**dei**ra, **Jesus** tornou o **pão**,
deu **gra**ças e o par**tiu** e o **deu** a seus dis**cí**pulos.

Preces

Adoremos o nosso Salvador, que durante a última Ceia com os seus discípulos, na noite em que foi entregue, deixou à Igreja o memorial perene de sua Paixão e Ressurreição. Oremos, dizendo:

R. **Santificai, Senhor, o povo que remistes com vosso sangue!**

Jesus, nosso Redentor, concedei que, pela penitência, nos associemos cada vez mais plenamente à vossa Paixão,
– a fim de alcançarmos a glória da ressurreição. R.

Acolhei-nos sob a proteção de Maria, vossa Mãe, consoladora dos aflitos,
– para podermos confortar os tristes com o mesmo auxílio que de vós recebemos. R.

Concedei aos vossos fiéis a graça de tomar parte na vossa Paixão por meio dos sofrimentos da vida,
– para que também neles se manifeste a vossa salvação. R.

Senhor Jesus, que vos humilhastes na obediência até à morte e morte de cruz,
– ensinai-nos a ser obedientes e a sofrer com paciência. R.

R. **Santificai, Senhor, o povo que remistes com vosso sangue!**

(intenções livres)

Tornai os corpos de nossos irmãos e irmãs falecidos semelhantes à imagem do vosso corpo glorioso,
– e fazei-nos dignos de participar, um dia, com eles, da vossa glória. R.

Pai nosso...

Oração

Ó Deus, que para a vossa glória e nossa salvação constituístes Jesus Cristo sumo e eterno sacerdote, concedei ao vosso povo, resgatado por seu Sangue, que, ao celebrar o memorial de sua Paixão, receba a força redentora de sua cruz e ressurreição. Por nosso Senhor Jesus Cristo, vosso Filho, na unidade do Espírito Santo.

Completas de domingo, depois das II Vésperas, p. 1119.

Em lugar do responsório se diz:

Ant. Jesus **Cris**to se humi**lhou** e se **fez** obedi**en**te,
obedi**en**te até à **mor**te.

SEXTA-FEIRA DA PAIXÃO DO SENHOR

Laudes

Hino, p. 396.

Salmodia

Ant. 1 Deus não pou**pou** seu próprio **Fi**lho,
mas o entre**gou** por todos **nós**.

Salmo 50(51)

– [3] Tende pie**da**de, ó meu **Deus**, miseri**cór**dia! *
Na imensi**dão** de vosso amor, purificai-me!
– [4] La**vai**-me todo inteiro do pecado, *
e apa**gai** completamente a minha culpa! –

– 5 Eu reco**nhe**ço toda a minha iniquidade, *
o meu pe**ca**do está sempre à minha frente.
– 6 Foi contra **vós**, só contra vós, que eu pequei, *
e prati**quei** o que é mau aos vossos olhos!

– Mostrais as**sim** quanto sois justo na sentença, *
e quanto é **re**to o julgamento que fazeis.
– 7 Vede, Se**nhor**, que eu nasci na iniquidade *
e peca**dor** já minha mãe me concebeu.

– 8 Mas vós a**mais** os corações que são sinceros, *
na intimi**da**de me ensinais sabedoria.
– 9 Asper**gi**-me e serei puro do pecado, *
e mais **bran**co do que a neve ficarei.

– 10 Fazei-me ou**vir** cantos de festa e de alegria, *
e exulta**rão** estes meus ossos que esmagastes.
– 11 Desvi**ai** o vosso olhar dos meus pecados *
e apa**gai** todas as minhas transgressões!

– 12 Criai em **mim** um coração que seja puro, *
dai-me de **no**vo um espírito decidido.
– 13 Ó Se**nhor**, não me afasteis de vossa face, *
nem reti**reis** de mim o vosso Santo Espírito!

– 14 Dai-me de **no**vo a alegria de ser salvo *
e confir**mai**-me com espírito generoso!
– 15 Ensina**rei** vosso caminho aos pecadores, *
e para **vós** se voltarão os transviados.

– 16 Da **mor**te como pena, libertai-me, *
e minha **lín**gua exaltará vossa justiça!
– 17 Abri meus **lá**bios, ó Senhor, para cantar, *
e minha **bo**ca anunciará vosso louvor!

– 18 Pois não **são** de vosso agrado os sacrifícios, *
e, se o**fer**to um holocausto, o rejeitais.
– 19 Meu sacri**fí**cio é minha alma penitente, *
não despre**zeis** um coração arrependido!

– 20 Sede be**nig**no com Sião, por vossa graça, *
reconstru**í** Jerusalém e os seus muros!
– 21 E aceita**reis** o verdadeiro sacrifício, *
os holo**caus**tos e oblações em vosso altar!

Ant. Deus não pou**pou** seu próprio **Fi**lho,
mas o entre**gou** por todos **nós**.

Ant. 2 Jesus **Cris**to nos a**mou** até o **fim**
e la**vou** nossos pe**ca**dos com seu **san**gue.

Cântico Hab 3,2-4.13a.15-19

– 2 Eu ou**vi** vossa mensagem, ó Se**nhor**, *
e en**chi**-me de te**mor**.
– Manifes**tai** a vossa obra pelos tempos *
e tor**nai**-a conhecida.
– Ó Se**nhor**, mesmo na cólera, lembrai-vos *
de **ter** misericórdia!
– 3 Deus vi**rá** lá das montanhas de Temã, *
e o **San**to, de Farã.
– O céu se **en**che com a sua majestade, *
e a **ter**ra, com sua glória.
– 4 Seu esplen**dor** é fulgurante como o sol, *
saem **rai**os de suas mãos.
– Nelas se o**cul**ta o seu poder como num véu, *
seu po**der** vitorioso.
– 13 Para sal**var** o vosso povo vós saístes, *
para sal**var** o vosso Ungido.
– 15 E lan**ças**tes pelo mar vossos cavalos *
no turbi**lhão** das grandes águas.
– 16 Ao ou**vi**-lo, estremeceram-me as entranhas *
e tre**me**ram os meus lábios.
– A **cá**rie penetrou-me até os ossos, *
e meus **pas**sos vacilaram.
– Confi**an**te espero o dia da aflição, *
que vi**rá** contra o opressor.
– 17 A**in**da que a figueira não floresça *
nem a **vi**nha dê seus frutos,
– a oli**vei**ra não dê mais o seu azeite, *
nem os **cam**pos, a comida;
– mesmo que **fal**tem as ovelhas nos apriscos *
e o **ga**do nos currais:

– [18]mesmo as**sim** eu me alegro no Senhor, *
exulto em **Deus**, meu Salvador!
– [19]O meu **Deus** e meu Senhor é minha força *
e me faz **ágil** como a corça;
– para as al**tu**ras me conduz com segurança *
ao **cân**tico de salmos.

Ant. Jesus **Cris**to nos a**mou** até o **fim**
e la**vou** nossos pe**ca**dos com seu **san**gue.

Ant. 3 Ado**ra**mos, Se**nhor**, vosso ma**dei**ro,
vossa **ressurreição** nós cele**bra**mos.
A ale**gri**a che**gou** ao mundo in**tei**ro,
pela **cruz** que nós **ho**je vene**ra**mos.

Salmo 147(147B)

– [12]Glori**fi**ca o Se**nhor**, Jerusa**lém**! *
Ó Si**ão**, canta louvores ao teu Deus!
– [13]Pois refor**çou** com segurança as tuas portas, *
e os teus **fi**lhos em teu seio abençoou;
– [14]a **paz** em teus limites garantiu *
e te **dá** como alimento a flor do trigo.
– [15]Ele en**vi**a suas ordens para a terra, *
e a pa**la**vra que ele diz corre veloz;
– [16]ele **faz** cair a neve como lã *
e es**pa**lha a geada como cinza.
– [17]Como de **pão** lança as migalhas do granizo, *
a seu **fri**o as águas ficam congeladas.
– [18]Ele en**vi**a sua palavra e as derrete, *
sopra o **ven**to e de novo as águas correm.
– [19]A**nun**cia a Jacó sua palavra, *
seus pre**cei**tos e suas leis a Israel.
– [20]Nenhum **po**vo recebeu tanto carinho, *
a nenhum **ou**tro revelou os seus preceitos.

Ant. Ado**ra**mos, Se**nhor**, vosso ma**dei**ro,
vossa **ressurreição** nós cele**bra**mos.
A ale**gri**a che**gou** ao mundo in**tei**ro,
pela **cruz** que nós **ho**je vene**ra**mos.

Leitura breve Is 52,13-15

Ei-lo, o meu Servo será bem sucedido; sua ascensão será ao mais alto grau. Assim como muitos ficaram pasmados ao vê-lo – tão desfigurado ele estava que não parecia ser um homem ou ter aspecto humano – do mesmo modo ele espalhará sua fama entre os povos. Diante dele os reis se manterão em silêncio, vendo algo que nunca lhes foi narrado e conhecendo coisas que jamais ouviram.

Em lugar do responsório se diz:

Ant. Jesus **Cris**to se humi**lhou** e se **fez** obedi**en**te,
obedi**en**te até à **mor**te e **mor**te de **cruz**.

Cântico evangélico, ant.

A**ci**ma de **su**a ca**be**ça pu**se**ram es**cri**to o mo**ti**vo
da **cul**pa e do **cri**me de **Cris**to:
Je**sus** Naza**re**no, o **Rei** dos ju**deus**.

Preces

Adoremos com sincera piedade a Cristo, nosso Redentor, que por nós sofreu a Paixão e foi sepultado para ressuscitar ao terceiro dia; e peçamos humildemente:

R. **Senhor, tende piedade de nós!**

Cristo, nosso Mestre e Senhor, obediente até à morte por nosso amor,
– ensinai-nos a obedecer sempre à vontade do Pai. R.

Cristo, nossa vida, que morrendo na cruz, destruístes o poder da morte e do inferno,
– ensinai-nos a morrer convosco, para merecermos também ressuscitar convosco na glória. R.

Cristo, nosso Rei, que fostes desprezado como um verme e humilhado como a vergonha do gênero humano,
– ensinai-nos a imitar a vossa humildade salvadora. R.

Cristo, nossa salvação, que destes a vida por amor dos seres humanos, vossos irmãos e irmãs,
– fazei que nos amemos uns aos outros com a mesma caridade. R.

Cristo, nosso Salvador, que de braços abertos na cruz quisestes atrair para vós a humanidade inteira,
– reuni em vosso reino os filhos e as filhas de Deus dispersos pelo mundo. R.

(intenções livres)

Pai nosso...

Oração

Olhai com amor, ó Pai, esta vossa família, pela qual nosso Senhor Jesus Cristo livremente se entregou às mãos dos inimigos e sofreu o suplício da cruz. Por nosso Senhor Jesus Cristo, vosso Filho, na unidade do Espírito Santo.

Hora Média

Hino

Ó cruz, do mundo bênção,
ó divinal troféu:
da morte foste a porta
e agora és do céu.

Venceu o mal aquele
que tudo atrai a si:
qual vítima imolada
suspenso foi em ti.

Louvor, poder e glória
por ti, subam, ó cruz,
ao Deus que é uno e trino,
inacessível luz.

Ant. Da hora **se**xta à hora **no**na a terra **to**da escure**ceu**.

Salmodia

Salmo 39(40),2-14.17-18

– 2Esper**an**do, esperei no Se**nhor**, *
e incli**nan**do-se, ouviu meu clamor.
– 3Reti**rou**-me da cova da morte*
e de um **char**co de lodo e de lama.
– Colo**cou** os meus pés sobre a rocha, *
devol**veu** a firmeza a meus passos.

– [4]Canto **no**vo ele pôs em meus lábios, *
um poema em louvor ao Senhor.
– Muitos **ve**jam, respeitem, adorem *
e es**pe**rem em Deus, confiantes.
= [5]É fe**liz** quem a Deus se confia; †
quem não **se**gue os que adoram os ídolos *
e se **per**dem por falsos caminhos.

– [6]Quão i**men**sos, Senhor, vossos feitos!*
Mara**vi**lhas fizestes por nós!
– Quem a **vós** poderá comparar-se *
nos de**síg**nios a nosso respeito?
– Eu qui**se**ra, Senhor, publicá-los, *
mas são **tan**tos! Quem pode contá-los?

– [7]Sacri**fí**cio e oblação não quisestes, *
mas a**bris**tes, Senhor, meus ouvidos;
= não pe**dis**tes ofertas nem vítimas, †
holo**caus**tos por nossos pecados. *
[8]E en**tão** eu vos disse: "Eis que venho!"

= Sobre **mim** está escrito no livro: †
[9]"Com pra**zer** faço a vossa vontade, *
guardo em **meu** coração vossa lei!"
= [10]Boas-**no**vas de vossa Justiça †
anunci**ei** numa grande assembleia; *
vós sa**beis**: não fechei os meus lábios!

= [11]Procla**mei** toda a **vos**sa jus**ti**ça, †
sem re**tê**-la no meu coração; *
vosso au**xí**lio e lealdade narrei.
– Não ca**lei** vossa graça e verdade *
na pre**sen**ça da grande assembleia.

– [12]Não ne**gueis** para mim vosso amor!*
Vossa **gra**ça e verdade me guardem!
= [13]Pois des**gra**ças sem conta me cercam, †
minhas **cul**pas me agarram, me prendem, *
e as**sim** já nem posso enxergar.

= Meus pe**ca**dos são mais numerosos †
que os ca**be**los da minha cabeça; *
desfa**le**ço e me foge o alento!

– [14] Digna**i**-vos, Senhor, libertar-me, *
vinde **lo**go, Senhor, socorrer-me!

– [17] Mas se a**le**gre e em vós rejubile *
todo **ser** que vos busca, Senhor!
– Digam **sem**pre: "É grande o Senhor!" *
os que **bus**cam em vós seu auxílio.

= [18] Eu sou **po**bre, infeliz, desvalido, †
porém, **guar**da o Senhor minha vida, *
e por **mim** se desdobra em carinho.
– Vós me **sois** salvação e auxílio: *
vinde **lo**go, Senhor, não tardeis!

Salmo 53(54),3-6.8-9

– [3] Por vosso **no**me, sal**vai**-me, Se**nhor**: *
e **dai**-me a vossa justiça!
– [4] Ó meu **Deus**, atendei minha prece *
e escu**tai** as palavras que eu digo!

= [5] Pois contra **mim** orgulhosos se insurgem, †
e vio**len**tos perseguem-me a vida: *
não há lu**gar** para Deus aos seus olhos.
– [6] Quem me pro**te**ge e me ampara é meu Deus; *
é o Se**nhor** quem sustenta minha vida!

– [8] Quero ofer**tar**-vos o meu sacrifício *
de cora**ção** e com muita alegria;
– quero lou**var**, ó Senhor, vosso nome, *
quero can**tar** vosso nome que é bom!
– [9] Pois me li**vras**tes de toda a angústia, *
e humi**lha**dos vi meus inimigos!

Salmo 87(88)

– [2] A vós **cla**mo, Se**nhor**, sem ces**sar**, todo o **di**a, *
e de **noi**te se eleva até **vós** meu gemido.
– [3] Chegue a **mi**nha oração até a **vos**sa presença, *
incli**nai** vosso ouvido a meu **tris**te clamor!

– [4] Satu**ra**da de males se en**con**tra a minh'alma, *
minha **vi**da chegou junto às **por**tas da morte.

– 5 Sou con**ta**do entre aqueles que **des**cem à cova, *
toda **gen**te me vê como um **ca**so perdido!

– 6 O meu **lei**to já tenho no **rei**no dos mortos, *
como um **ho**mem caído que **jaz** no sepulcro,
– de quem **mes**mo o Senhor se esque**ceu** para sempre *
e exclu**iu** por completo da **su**a atenção.

– 7 Ó Se**nhor**, me pusestes na **co**va mais funda, *
nos lo**cais** tenebrosos da **som**bra da morte.
– 8 Sobre **mim** cai o peso do **vos**so furor, *
vossas **on**das enormes me **co**brem, me afogam.
– 9 Afas**tas**tes de **mim** meus pa**ren**tes e a**mi**gos, *
para **e**les torne-me ob**je**to de horror.
– Eu es**tou** aqui preso e não **pos**so sair, *
10 e meus **o**lhos se gastam de **tan**ta aflição.

– Clamo a **vós**, ó Senhor, sem ces**sar**, todo o dia, *
minhas **mãos** para vós se le**van**tam em prece.
– 11 Para os **mor**tos, acaso far**í**eis milagres? *
pode**ri**am as sombras er**guer**-se e louvar-vos?

– 12 No se**pul**cro haverá quem vos **can**te o amor*
e pro**cla**me entre os mortos a **vos**sa verdade?
– 13 Vossas **o**bras serão conhe**ci**das nas trevas, *
vossa **gra**ça, no reino onde **tu**do se esquece?

– 14 Quanto a **mim**, ó Senhor, clamo a **vós** na aflição, *
minha **pre**ce se eleva até **vós** desde a aurora.
– 15 Por que **vós**, ó Senhor, rejei**tais** a minh'alma? *
E por **que** escondeis vossa **fa**ce de mim?

– 16 Mori**bun**do e infeliz desde o **tem**po da infância, *
esgo**tei**-me ao sofrer sob o **vos**so terror.
– 17 Vossa **i**ra violenta ca**iu** sobre mim *
e o **vos**so pavor redu**ziu**-me a um nada!
– 18 Todo **di**a me cercam quais **on**das revoltas, *
todos **jun**tos me assaltam, me **pren**dem, me apertam.
– 19 Afas**tas**tes de mim os pa**ren**tes e amigos, *
e por **meus** familiares só **te**nho as trevas!

Ant. Da hora **sex**ta à hora **no**na a terra **to**da escure**ceu**.

Leitura breve Is 53,4-5

A verdade é que ele tomava sobre si nossas enfermidades e sofria, ele mesmo, nossas dores; e nós pensávamos fosse um chagado, golpeado por Deus e humilhado! Mas ele foi ferido por causa de nossos pecados, esmagado por causa de nossos crimes; a punição a ele imposta era o preço da nossa paz, e suas feridas, o preço da nossa cura.

V. Lem**brai**-vos de **mim**, Senhor Je**sus**,
R. Quando ti**ver**des che**ga**do em vosso **Rei**no.

Oração

Olhai com amor, ó Pai, esta vossa família pela qual nosso Senhor Jesus Cristo livremente se entregou às mãos dos inimigos e sofreu o suplício da cruz. Por Cristo, nosso Senhor.

Vésperas

Hoje rezam as Vésperas somente os que não participam da Ação litúrgica da Paixão do Senhor.

Hino, p. 395.

Salmodia

Ant. 1 **Olhai**, ó povos **to**dos, e **ve**de a minha **dor**!

Salmo 115(116B)

– 10 Guar**dei** a minha **fé**, mesmo di**zen**do: *
“É de**mais** o sofrimento em minha vida!”
– 11 Confi**ei**, quando dizia na aflição: *
“Todo **ho**mem é mentiroso! Todo homem!”

– 12 Que pode**rei** retribuir ao Senhor Deus *
por tudo a**qui**lo que ele fez em meu favor?
– 13 Elevo o **cá**lice da minha salvação, *
invo**can**do o nome santo do Senhor.

– 14 Vou cum**prir** minhas promessas ao Senhor *
na pre**sen**ça de seu povo reunido.
– 15 É sen**ti**da por demais pelo Senhor *
a **mor**te de seus santos, seus amigos.

=[16] Eis que **sou** o vosso servo, ó Senhor, †
vosso **ser**vo que nasceu de vossa serva; *
mas me que**bras**tes os grilhões da escravidão!

–[17] Por isso o**fer**to um sacrifício de louvor, *
invo**can**do o nome santo do Senhor.

–[18] Vou cum**prir** minhas promessas ao Senhor *
na pre**sen**ça de seu povo reunido;

–[19] nos **á**trios da casa do Senhor, *
em teu **mei**o, ó cidade de Sião!

Ant. O**lhai**, ó povos **to**dos, e **ve**de a minha **dor**!

Ant. 2 O a**len**to em **mim** já se ex**tin**gue,
o cora**ção** se com**pri**me em meu **pei**to.

Salmo 142(143),1-11

– [1] Ó Se**nhor**, escu**tai** minha **pre**ce, *
ó meu **Deus**, atendei minha súplica!

– Respon**dei**-me, ó vós, Deus fiel, *
escu**tai**-me por vossa justiça!

= [2] Não cha**meis** vosso servo a juízo, †
pois di**an**te da vossa presença *
não é **jus**to nenhum dos viventes.

– [3] O ini**mi**go persegue a minha alma, *
ele es**ma**ga no chão minha vida

– e me **faz** habitante das trevas, *
como a**que**les que há muito morreram.

– [4] Já em **mim** o alento se extingue, *
o cora**ção** se comprime em meu peito!

= [5] Eu me **lem**bro dos dias de outrora †
e re**pas**so as vossas ações, *
recor**dan**do os vossos prodígios.

= [6] Para **vós** minhas mãos eu estendo; †
minha **al**ma tem sede de vós, *
como a **ter**ra sedenta e sem água.

– [7] Escu**tai**-me depressa, Senhor, *
o es**pí**rito em mim desfalece!

= Não escon**dais** vossa face de mim! †
Se o fi**zer**des, já posso contar-me *
entre a**que**les que descem à cova!

– [8]Fazei-me **ce**do sentir vosso amor, *
porque em **vós** coloquei a esperança!
– Indi**cai**-me o caminho a seguir, *
pois a **vós** eu elevo a minha alma!
– [9]Liber**tai**-me dos meus inimigos, *
porque **sois** meu refúgio, Senhor!

– [10]Vossa von**ta**de ensinai-me a cumprir, *
porque **sois** o meu Deus e Senhor!
– Vosso Es**pí**rito bom me dirija *
e me **gui**e por terra bem plana!

– [11]Por vosso **no**me e por vosso amor *
conser**vai**, renovai minha vida!
– Pela **vos**sa justiça e clemência, *
arran**cai** a minha alma da angústia!

Ant. O **alen**to em **mim** já se ex**tin**gue,
o cora**ção** se com**pri**me em meu **pei**to.

Ant. 3 E, **ten**do to**ma**do o vi**na**gre,
Jesus **dis**se: Tudo es**tá** consu**ma**do!
E, incli**nan**do a ca**be**ça, entre**gou** o es**pí**rito.

Cântico — Fl 2,6-11

= [6]Embora **fos**se de di**vi**na condi**ção**, †
Cristo Je**sus** não se apegou ciosamente *
a ser i**gual** em natureza a Deus Pai.

(R. Jesus **Cris**to é Se**nhor** para a **gló**ria de Deus **Pai**!)

= [7]Po**rém** esvaziou-se de sua glória †
e assu**miu** a condição de um escravo, *
fa**zen**do-se aos homens semelhante. (R.)

= Reconhe**ci**do exteriormente como homem, †
[8]humil**hou**-se, obedecendo até à morte, *
até à **mor**te humilhante numa cruz. (R.)

= [9] Por isso **Deus** o exaltou sobremaneira †
e deu-lhe o **no**me mais excelso, mais sublime, *
e ele**va**do muito acima de outro nome. (R.)

= [10] Para **que** perante o nome de Jesus †
se **do**bre reverente todo joelho, *
seja nos **céus**, seja na terra ou nos abismos. (R.)

= [11] E toda **lín**gua reconheça, confessando, †
para a **gló**ria de Deus Pai e seu louvor: *
"Na ver**da**de Jesus Cristo é o Senhor!" (R.)

Ant. E, **ten**do to**ma**do o vi**na**gre,
Jesus **dis**se: Tudo es**tá** consu**ma**do!
E, incli**nan**do a ca**be**ça, entre**gou** o es**pí**rito.

Leitura breve 1Pd 2,21b-24

Cristo sofreu por vós deixando-vos um exemplo, a fim de que sigais os seus passos. Ele não cometeu pecado algum, mentira nenhuma foi encontrada em sua boca. Quando injuriado, não retribuía as injúrias; atormentado, não ameaçava; antes, colocava a sua causa nas mãos daquele que julga com justiça. Sobre a cruz, carregou nossos pecados em seu próprio corpo, a fim de que, mortos para os pecados, vivamos para a justiça. Por suas feridas fostes curados.

Em lugar do responsório se diz:

Ant. Jesus **Cris**to se humi**lhou** e se **fez** obedi**en**te,
obedi**en**te até à **mor**te, e **mor**te de **cruz**.

Cântico evangélico, ant.

Ini**mi**gos que nós **é**ramos de **Deus**,
reconcili**a**dos nós fi**ca**mos com Deus **Pai**
pela **mor**te de seu **Fi**lho, Jesus **Cris**to.

Preces

Recomenda-se usar hoje, como Preces das Vésperas, a Oração universal que se propõe para este dia no Missal Romano. Mas, se for preferível, podem-se dizer as Preces que a seguir se propõem, ou então, fazer um momento de oração em silêncio, depois de anunciar cada uma das intenções da Oração universal antes mencionada.

Comemorando piedosamente a morte de nosso Senhor Jesus Cristo, de onde brotou a vida do mundo, roguemos a Deus Pai:

R. **Pela morte de Cristo, vosso Filho, ouvi-nos, Senhor!**

Fortalecei, Senhor, a unidade da Igreja. R.

Protegei o Santo Padre N. R.

Santificai pelo Espírito Santo os ministros da Igreja
e todo o povo cristão. R.

Aumentai a fé e a sabedoria dos catecúmenos. R.

Congregai todos os cristãos na unidade. R.

Conduzi os judeus à plenitude da redenção. R.

Iluminai com a luz da vossa glória
os que não creem em Cristo. R.

Revelai aos ateus os sinais da vossa bondade
nas obras da criação R.

Dirigi o espírito e o coração dos governantes. R.

Confortai os atribulados. R.

(intenções livres)

Socorrei os que morreram. R.

Pai nosso...

Oração

Olhai com amor, ó Pai, esta vossa família, pela qual nosso Senhor Jesus Cristo livremente se entregou às mãos dos inimigos e sofreu o suplício da cruz. Por nosso Senhor Jesus Cristo, vosso Filho, na unidade do Espírito Santo.

Completas de domingo, depois das II Vésperas, p. 1119.

Em lugar do responsório se diz:

Ant. Jesus **Cris**to se humi**lhou** e se **fez** obedi**en**te,
obedi**en**te até à **mor**te, e **mor**te de **cruz**.

SÁBADO SANTO

Laudes

Hino

Chorando vos cantamos
um hino de louvor;
as faltas perdoai-nos,
de todos Redentor!

Vencestes o inimigo,
morrendo sobre a cruz:
marcada em nossas frontes,
é o sol que nos conduz.

Jamais venha lesar-nos
o antigo tentador:
lavou-nos no batismo
o sangue redentor.

Por nós descer quisestes
da morte à região:
aos pais que aguardavam
trouxestes salvação.

Vireis no fim dos tempos,
Senhor, Juiz e Rei,
então recompensando
quem segue a vossa lei.

Curai nossas feridas,
pedimo-vos, Senhor,
a vós e ao Pai louvando
e ao Espírito de amor.

Salmodia

Ant. 1 Lamenta**rão** a sua **mor**te
como a um **fi**lho primo**gê**nito,
pois foi **mor**to o Ino**cen**te,
Jesus **Cris**to, Senhor **nos**so.

Salmo 63(64)

– 2 Ó Deus, ouvi a minha **voz**, o meu la**men**to! *
salvai-me a **vi**da do inimigo aterrador!
– 3 Prote**gei**-me das intrigas dos perversos *
e do tu**mul**to dos obreiros da maldade!

– 4 Eles af**i**am suas línguas como espadas, *
lançam pa**la**vras venenosas como flechas,
– 5 para fe**rir** os inocentes às ocultas *
e atin**gi**-los de repente, sem temor.

– 6 Uns aos **ou**tros se encorajam para o mal *
e com**bi**nam às ocultas, traiçoeiros,
– onde **pôr** as armadilhas preparadas, *
comen**tan**do entre si: "Quem nos verá?"

– 7 Eles **tra**mam e disfarçam os seus crimes. *
É um a**bis**mo o coração de cada homem!
– 8 Deus, po**rém**, os ferirá com suas flechas, *
e cai**rão** todos feridos, de repente.

– 9 Sua **lín**gua os levará à perdição, *
e quem os **vir** meneará sua cabeça;
– 10 com te**mor** proclamará a ação de Deus, *
e tira**rá** uma lição de sua obra.

= 11 O homem **jus**to há de alegrar-se no Senhor †
e junto **d**ele encontrará o seu refúgio, *
e os de **r**eto coração triunfarão.

Ant. Lamenta**rão** a sua **mor**te como a um **fi**lho primo**gê**nito,
pois foi **mor**to o Ino**cen**te, Jesus **Cris**to, Senhor **nos**so.

Ant. 2 Das **por**tas do a**bis**mo li**vrai**-me, Se**nhor**!

Cântico Is 38,10-14.17-20

– 10 Eu di**zi**a: "É neces**sá**rio que eu me **vá** *
no apo**geu** de minha vida e de meus dias;
– para a man**são** triste dos mortos descerei, *
sem vi**ver** o que me resta dos meus anos".

= 11 Eu di**zi**a: "Não verei o Senhor Deus †
sobre a **ter**ra dos viventes nunca mais; *
nunca **mais** verei um homem neste mundo!" –

– [12]Minha mo**ra**da foi à força arrebatada, *
desar**ma**da como a tenda de um pastor.
– Qual tece**lão**, eu ia tecendo a minha vida, *
mas a**go**ra foi cortada a sua trama.

– [13]Vou me aca**ban**do de manhã até à tarde, *
passo a **noi**te a gemer até a aurora.
– Como um le**ão** que me tritura os ossos todos, *
assim eu **vou** me consumindo dia e noite.

– [14]O meu **gri**to é semelhante ao da andorinha, *
o meu ge**mi**do se parece ao da rolinha.
– Os meus **o**lhos já se cansam de elevar-se, *
de pe**dir**-vos: "Socorrei-me, Senhor Deus!"

– [17]Mas vós li**vras**tes minha vida do sepulcro, *
e lan**ças**tes para trás os meus pecados.
– [18]Pois a man**são** triste dos mortos não vos louva, *
nem a **mor**te poderá agradecer-vos;

– para quem **des**ce à sepultura é terminada *
a espe**ran**ça em vosso amor sempre fiel.
– [19]Só os **vi**vos é que podem vos louvar, *
como **ho**je eu vos louvo agradecido.

– O **pai** há de contar para seus filhos *
vossa ver**da**de e vosso amor sempre fiel.
= [20]Senhor, sal**vai**-me! Vinde logo em meu auxílio, †
e a vida in**tei**ra cantaremos nossos salmos, *
agrade**cen**do ao Senhor em sua casa.

Ant. Das **por**tas do a**bis**mo li**vrai**-me, Se**nhor**!

Ant. 3 Estive **mor**to e agora **vi**vo:
sou o Vi**ven**te pelos **sé**culos;
tenho as **cha**ves dos a**bis**mos
e a vi**tó**ria sobre a **mor**te.

Salmo 150

– [1]Lou**vai** o Senhor **Deus** no santu**á**rio, *
lou**vai**-o no alto céu de seu poder!
– [2]Lou**vai**-o por seus feitos grandiosos, *
lou**vai**-o em sua grandeza majestosa! –

– 3 Louv**ai**-o com o toque da trombeta, *
louv**ai**-o com a harpa e com a cítara!
– 4 Louv**ai**-o com a dança e o tambor, *
louv**ai**-o com as cordas e as flautas!

– 5 Louv**ai**-o com os címbalos sonoros, *
louv**ai**-o com os címbalos de júbilo!
– Louve a **Deus** tudo o que vive e que respira, *
tudo **can**te os louvores do Senhor!

Ant. Estive **mor**to e agora **vi**vo: sou o Vi**ven**te pelos **sé**culos;
tenho as **cha**ves dos a**bis**mos e a vi**tó**ria sobre a **mor**te.

Leitura breve Os 5,15d-6,2

Eis o que diz o Senhor: Em suas aflições me procurarão. Vinde, voltemos para o Senhor, ele nos feriu e há de trata-nos, ele nos machucou e há de curar-nos. Em dois dias, nos dará vida, e, ao terceiro dia, há de restaurar-nos, e viveremos em sua presença.

Em lugar do responsório se diz:

Ant. Jesus **Cris**to se humi**lhou** e se **fez** obedi**en**te,
obedi**en**te até à **mor**te, e **mor**te de **cruz**.
Por isso **Deus** o exal**tou** sobrema**nei**ra em sua **gló**ria,
e deu-lhe o **no**me mais su**bli**me,
muito a**ci**ma de outro **no**me.

Cântico evangélico, ant.

Salv**ai**-nos, Salva**dor** do univ**er**so!
Por vossa **cruz** e vosso **san**gue nos re**mis**tes:
aju**dai**-nos, vos pe**di**mos, nosso **Deus**!

Preces

Adoremos com sincera piedade a Cristo, nosso Redentor, que por nós sofreu a Paixão e foi sepultado para ressuscitar ao terceiro dia; e peçamos humildemente:

R. **Senhor, tende piedade de nós!**

Cristo, nosso Salvador, que junto à cruz e ao sepulcro quisestes ter presente vossa Mãe dolorosa,
– tornai-nos também participantes da vossa Paixão por meio dos sofrimentos da vida. R.

Cristo, nosso Senhor, que como grão de trigo caído na terra fizestes germinar para nós o admirável fruto da vida eterna,
–dai-nos a graça de morrer para o pecado e viver somente para Deus.

R. **Senhor, tende piedade de nós!**

Cristo, nosso Pastor, que jazendo no sepulcro quisestes vos ocultar da vista de todos,
–ensinai-nos a amar nossa vida escondida convosco em Deus Pai.

Cristo, novo Adão, que descestes ao reino dos mortos para libertar os justos que, desde a origem do mundo, lá estavam encarcerados,
–compadecei-vos dos que estão mortos no túmulo de seus pecados, para que, escutando a vossa voz, recuperem a vida. R.

Cristo, Filho do Deus vivo, que pelo batismo nos sepultastes convosco,
–tornai-nos cada vez mais semelhantes a vós, no mistério da vossa ressurreição, para que vivamos a vida nova da graça. R.

(intenções livres)

Pai nosso...

Oração

Pai cheio de bondade, vosso Filho unigênito desceu à mansão dos mortos e dela surgiu vitorioso: concedei aos vossos fiéis, sepultados com ele no batismo, que, pela força de sua ressurreição, participem da vida eterna, com ele. Que convosco vive e reina, na unidade do Espírito Santo.

Hora Média

Hino

Ó cruz, do mundo bênção,
ó divinal troféu:
da morte foste a porta,
e agora és do céu.

Venceu o mal aquele
que tudo atrai a si:
qual vítima imolada,
suspenso foi em ti.

Louvor, poder e glória
por ti, subam, ó cruz,
ao Deus que é uno e trino,
inacessível luz.

Ant. Arreba**tas**tes dos a**bis**mos minha **vi**da, ó Se**nhor**.

Salmodia

Salmo 26(27)

– 1 O Se**nhor** é minha **luz** e salva**ção**; *
de **quem** eu terei **me**do?
– O Se**nhor** é a proteção da minha vida; *
perante **quem** eu tremerei?

– 2 Quando a**van**çam os malvados contra mim, *
que**ren**do devorar-me,
– são **e**les, inimigos e opressores, *
que tro**pe**çam e sucumbem.

– 3 Se os ini**mi**gos se acamparem contra mim, *
não teme**rá** meu coração;
– se contra **mim** uma batalha estourar, *
mesmo as**sim** confia**rei**.

– 4 Ao Se**nhor** eu peço apenas uma coisa, *
e é só **is**to que eu desejo:
– habi**tar** no santuário do Senhor *
por **to**da a minha vida;
– sabore**ar** a suavidade do Senhor *
e contem**plá**-lo no seu templo.

– 5 Pois um a**bri**go me dará sob o seu teto *
nos **di**as da desgraça;
– no interi**or** de sua tenda há de esconder-me *
e prote**ger**-me sobre a rocha.

– 6 E a**go**ra minha fronte se levanta *
em **mei**o aos inimigos.
– Oferta**rei** um sacrifício de alegria, *
no **tem**plo do Senhor.
– Cantarei **sal**mos ao Senhor ao som da harpa *
e **hi**nos de louvor. –

– 7Ó Se**nhor**, ouvi a voz do meu apelo, *
atend**ei** por compaixão!
– 8Meu cora**ção** fala convosco confiante, *
e os meus **o**lhos vos procuram.
– Se**nhor**, é vossa face que eu procuro; *
não me escon**dais** a vossa face!

– 9Não afas**teis** em vossa ira o vosso servo, *
sois **vós** o meu auxílio!
– Não me esque**çais** nem me deixeis abandonado, *
meu **Deus** e Salvador!
– 10Se meu **pai** e minha mãe me abandonarem, *
o Se**nhor** me acolherá!

– 11Ensi**nai**-me, ó Senhor, vossos caminhos *
e mos**trai**-me a estrada certa!
– Por **cau**sa do inimigo, protegei-me, *
12não me entre**gueis** a seus desejos!
– Porque **fal**sas testemunhas se ergueram *
e vo**mi**tam violência.

– 13Sei que a bon**da**de do Senhor eu hei de ver *
na **ter**ra dos viventes.
– 14Es**pe**ra no Senhor e tem coragem, *
es**pe**ra no Senhor!

Salmo 29(30)

– 2Eu vos e**xal**to, ó Se**nhor**, pois me li**vras**tes, *
e não dei**xas**tes rir de mim meus inimigos!
– 3Se**nhor**, clamei por vós, pedindo ajuda, *
e vós, meu **Deus**, me devolvestes a saúde!
– 4Vós ti**ras**tes minha alma dos abismos *
e me sal**vas**tes, quando estava já morrendo!

– 5Cantai **sal**mos ao Senhor, povo fiel, *
dai-lhe **gra**ças e invocai seu santo nome!
– 6Pois sua **i**ra dura apenas um momento, *
mas sua bon**da**de permanece a vida inteira;
– se à **tar**de vem o pranto visitar-nos, *
de ma**nhã** vem saudar-nos a alegria.

– 7 Nos mo**men**tos mais felizes eu dizia: *
“Ja**mais** hei de sofrer qualquer desgraça!”
– 8 Honra e po**der** me concedia a vossa graça, *
mas escon**des**tes vossa face e perturbei-me.

– 9 Por **vós**, ó meu Senhor, agora eu clamo, *
e im**plo**ro a piedade do meu Deus:
– 10 “Que van**ta**gem haverá com minha morte, *
e que **lu**cro, se eu descer à sepultura?

– Por a**ca**so, pode o pó agradecer-vos *
e anunci**ar** vossa leal fidelidade?
– 11 Escu**tai**-me, Senhor Deus, tende piedade! *
Sede, Se**nhor**, o meu abrigo protetor!

– 12 Transfor**mas**tes o meu pranto em uma festa, *
meus far**ra**pos, em adornos de alegria,
= 13 para minh’**al**ma vos louvar ao som da harpa †
e ao in**vés** de se calar, agradecer-vos: *
Senhor meu **Deus**, eternamente hei de louvar-vos!

Salmo 75(76)

– 2 Em Ju**dá** o Senhor **Deus** é conhe**ci**do, *
e seu **no**me é grandioso em Israel.
– 3 Em Sa**lém** ele fixou a sua tenda, *
em Si**ão** edificou sua morada.

– 4 E a**li** quebrou os arcos e as flechas, *
os es**cu**dos, as espadas e outras armas.
– 5 Resplen**den**te e majestoso apareceis *
sobre **mon**tes de despojos conquistados.

= 6 Despo**jas**tes os guerreiros valorosos †
que já **dor**mem o seu sono derradeiro, *
inca**pa**zes de apelar para os seus braços.
– 7 Ante as **vos**sas ameaças, ó Senhor,*
estarre**ce**ram-se os carros e os cavalos.

– 8 Sois ter**rí**vel, real**men**te, Senhor **Deus**! *
E quem **po**de resistir à vossa ira?
– 9 Lá do **céu** pronunciastes a sentença, *
e a **ter**ra apavorou-se e emudeceu,

– 10 quando **Deus** se levantou para julgar*
e libertar os oprimidos desta terra.
– 11 Mesmo a revolta dos mortais vos dará glória, *
e os que sobraram do furor vos louvarão.
– 12 Ao vosso **Deus** fazei promessas e as cumpri; *
vós que o cercais, trazei ofertas ao Terrível;
– 13 ele esmaga os reis da terra em seu orgulho, *
e faz tremer os poderosos deste mundo!

Ant. Arrebatastes dos abismos minha vida, ó Senhor.

Leitura breve 1Jo 2,1b-2

Temos junto do Pai um Defensor: Jesus Cristo, o Justo. Ele é a vítima de expiação pelos nossos pecados, e não só pelos nossos, mas também pelos pecados do mundo inteiro.

V. É o Senhor quem dá a morte e dá a vida.
R. Faz descer à sepultura e faz voltar.

Oração

Pai cheio de bondade, vosso Filho unigênito desceu à mansão dos mortos e dela surgiu vitorioso: concedei aos vossos fiéis, sepultados com ele no batismo, que, pela força de sua ressurreição, participem da vida eterna, com ele. Que vive e reina para sempre.

Vésperas

Hino

Ó Cristo, concedei,
autor da salvação,
que os homens todos colham
os frutos da Paixão.

Na cruz vencendo a morte,
da vida sois Senhor;
calcais o vil demônio,
da morte causador.

Só uma vez morrendo,
da morte triunfais;
aos mortos visitando,
livrastes nossos pais.

Do Pai agora à destra,
ó vítima de amor,
ouvi aos que lavastes
no sangue redentor.

Saibamos erguer alto
o lábaro da cruz,
que aos filhos do pecado
tornou filhos da luz.

Rendamos todos glória
ao Pai e seu Amor,
ao Cristo, morto e vivo,
se eleva igual louvor.

Salmodia

Ant. 1 Ó **mor**te, eu se**rei** a tua **mor**te!
Ó in**fer**no, eu se**rei** tua ruína!

Salmo 115(116B)

– 10 Guar**dei** a minha **fé**, mesmo di**zen**do: *
"É de**mais** o sofrimento em minha vida!"
– 11 Confi**ei**, quando dizia na aflição: *
"Todo **ho**mem é mentiroso! Todo homem!"

– 12 Que pode**rei** retribuir ao Senhor Deus *
por tudo a**qui**lo que ele fez em meu favor?
– 13 Elevo o **cá**lice da minha salvação, *
invo**can**do o nome santo do Senhor.
– 14 Vou cum**prir** minhas promessas ao Senhor *
na pre**sen**ça de seu povo reunido. –

– 15 É sen**ti**da por demais pelo Senhor *
a **mor**te de seus santos, seus amigos.
= 16 Eis que **sou** o vosso servo, ó Senhor, †
vosso **ser**vo que nasceu de vossa serva; *
mas me que**bras**tes os grilhões da escravidão!

– 17 Por isso o**fer**to um sacrifício de louvor, *
invo**can**do o nome santo do Senhor.

– 18Vou cum**prir** minhas promessas ao Senhor *
na pre**sen**ça de seu povo reunido;
– 19nos **á**trios da casa do Senhor, *
em teu **mei**o, ó cidade de Sião!

Ant. Ó **mor**te, eu se**rei** a tua **mor**te!
Ó in**fer**no, eu se**rei** tua ruína!

Ant. 2 Jonas es**te**ve por três **dias** e três **noi**tes
no **ven**tre de um **pei**xe;
assim tam**bém** o Filho do **Ho**mem fica**rá**
no cora**ção** da nossa **ter**ra.

Salmo 142(143),1-11

– 1Ó Se**nhor**, escu**tai** minha **pre**ce, *
ó meu **Deus**, atendei minha súplica!
– Respon**dei**-me, ó vós, Deus fiel, *
escu**tai**-me por vossa justiça!

= 2Não cha**meis** vosso servo a juízo, †
pois di**an**te da vossa presença *
não é **jus**to nenhum dos viventes.

– 3O ini**mi**go persegue a minha alma, *
ele es**ma**ga no chão minha vida
– e me **faz** habitante das trevas, *
como a**que**les que há muito morreram.
– 4Já em **mim** o alento se extingue, *
o cora**ção** se comprime em meu peito!

= 5Eu me le**m**bro dos dias de outrora †
e re**pas**so as vossas ações, *
recor**dan**do os vossos prodígios.
= 6Para **vós** minhas mãos eu estendo; †
minha **al**ma tem sede de vós, *
como a **ter**ra sedenta e sem água.

– 7Escu**tai**-me depressa, Senhor, *
o es**pí**rito em mim desfalece!
= Não escon**dais** vossa face de mim! †
Se o fi**zer**des, já posso contar-me *
entre a**que**les que descem à cova! –

– [8] Fazei-me **ce**do sentir vosso amor, *
porque em **vós** coloquei a esperança!
– Indi**cai**-me o caminho a seguir, *
pois a **vós** eu elevo a minha alma!
– [9] Liber**tai**-me dos meus inimigos, *
porque **sois** meu refúgio, Senhor!

–[10] Vossa von**ta**de ensinai-me a cumprir, *
porque **sois** o meu Deus e Senhor!
– Vosso Es**pí**rito bom me dirija *
e me **gui**e por terra bem plana!

–[11] Por vosso **no**me e por vosso amor *
conser**vai**, renovai minha vida!
– Pela **vos**sa justiça e clemência, *
arran**cai** a minha alma da angústia!

Ant. Jonas es**te**ve por três **dias** e três **noi**tes
no **ven**tre de um **pei**xe;
assim tam**bém** o Filho do **Ho**mem fica**rá**
no cora**ção** da nossa **ter**ra.

Ant. 3 Destru**í** este **tem**plo, disse **Cris**to,
e em três **dias** have**rei** de reer**guê**-lo.
Ele fa**la**va do **tem**plo do seu **cor**po.

Cântico Fl 2,6-11

= [6] Embora **fos**se de di**vi**na condi**ção**, †
Cristo Je**sus** não se apegou ciosamente *
a ser **igual** em natureza a Deus Pai.

(R. Jesus **Cris**to é Se**nhor** para a **gló**ria de Deus **Pai**!)

= [7] Po**rém** esvaziou-se de sua glória †
e assu**miu** a condição de um escravo, *
fa**zen**do-se aos homens semelhante. (R.)

= Reconhe**ci**do exterior**men**te como homem, †
[8] humi**lhou**-se, obedecendo até à morte, *
até à **mor**te humilhante numa cruz. (R.)

= [9] Por isso **Deus** o exaltou sobremaneira †
e deu-lhe o **no**me mais excelso, mais sublime, *
e ele**va**do muito acima de outro nome. (R.)

= [10]Para **que** perante o nome de Jesus †
se **do**bre reverente todo joelho, *
seja nos **céus**, seja na terra ou nos abismos. (R.)

= [11]E toda **lín**gua reconheça, confessando, †
para a **gló**ria de Deus Pai e seu louvor: *
"Na ver**da**de Jesus Cristo é o Senhor!" (R.)

Ant. Destruí este **tem**plo, disse **Cris**to,
e em três **di**as have**rei** de reer**guê**-lo.
Ele fa**la**va do **tem**plo do seu **cor**po.

Leitura breve 1Pd 1,18-21

Sabeis que fostes resgatados da vida fútil herdada de vossos pais, não por meio de coisas perecíveis, como a prata ou o ouro, mas pelo precioso sangue de Cristo, como de um cordeiro sem mancha nem defeito. Antes da criação do mundo, ele foi destinado para isso, e neste final dos tempos, ele apareceu, por amor de vós. Por ele é que alcançastes a fé em Deus. Deus o ressuscitou dos mortos e lhe deu a glória, e assim, a vossa fé e esperança estão em Deus.

Em lugar do responsório se diz:

Ant. Jesus **Cris**to se humi**lhou** e se **fez** obedi**en**te,
obedi**en**te até à **mor**te, e **mor**te de **cruz**.
Por isso **Deus** o exal**tou** sobrema**nei**ra em sua **gló**ria, e
deu-lhe o **no**me mais su**bli**me,
muito a**ci**ma de outro **no**me.

Cântico evangélico, ant.

Agora **foi** glorifi**ca**do o Filho do **Ho**mem,
e Deus **Pai** nele **foi** glorifi**ca**do,
e em **bre**ve lhe da**rá** a sua **gló**ria.

Preces

Adoremos com sincera piedade a Cristo, nosso Redentor, que por nós sofreu a Paixão e foi sepultado para ressuscitar ao terceiro dia; e peçamos humildemente:

R. **Senhor, tende piedade de nós!**

Senhor Jesus, que do vosso lado aberto pela lança deixastes correr sangue e água, admirável sacramento de toda a Igreja,
– pelo mistério da vossa morte, sepultura e ressurreição, renovai a vida do povo de Deus: R.

Senhor Jesus, que vos compadecestes até dos que tinham esquecido vossas promessas de ressurreição,
– lembrai-vos daqueles que não acreditam no vosso triunfo sobre a morte e vivem sem esperança. R.

Cordeiro de Deus, vítima pascal, imolado por todos nós,
– atraí para vós a humanidade inteira. R.

Deus do universo, que dominais todos os confins da terra, e quisestes ser encerrado num sepulcro,
– livrai do inferno o gênero humano e dai-lhe a glória da imortalidade. R.

(intenções livres)

Cristo, Filho do Deus vivo, que pregado na cruz abristes as portas do paraíso para o ladrão arrependido,
– associai à glória da vossa ressurreição os nossos irmãos e irmãs falecidos, semelhantes a vós na morte e na ressurreição. R.

Pai nosso...

Oração

Pai cheio de bondade, vosso Filho unigênito desceu à mansão dos mortos e dela surgiu vitorioso: concedei aos vossos fiéis, sepultados com ele no batismo, que, pela força de sua ressurreição, participem da vida eterna, com ele. Que convosco vive e reina, na unidade do Espírito Santo.

Completas de domingo, depois das II Vésperas, p. 1119. Elas serão ditas somente por quem não participa da Vigília pascal.

Em lugar do responsório se diz:

Ant. Jesus **Cris**to se humi**lhou** e se **fez** obedi**en**te,
obedi**en**te até à **mor**te, e **mor**te de **cruz**.
Por isso **Deus** o exal**tou** sobrema**nei**ra em sua **gló**ria,
e deu-lhe o **no**me mais su**bli**me,
muito a**ci**ma de outro **no**me.

DOMINGO DA PÁSCOA
NA RESSURREIÇÃO DO SENHOR

Começa o Tempo pascal

Laudes

Hino

Desdobra-se no céu
a rutilante aurora.
Alegre, exulta o mundo;
gemendo, o inferno chora.

Pois eis que o Rei, descido
à região da morte,
àqueles que o esperavam
conduz à nova sorte.

Por sob a pedra posto,
por guardas vigiado,
sepulta a própria morte
Jesus ressuscitado.

Da região da morte
cesse o clamor ingente:
"Ressuscitou!" exclama
o Anjo refulgente.

Jesus, perene Páscoa,
a todos alegrai-nos.
Nascidos para a vida,
da morte libertai-nos.

Louvor ao que da morte
ressuscitado vem,
ao Pai e ao Paráclito
eternamente. Amém.

Ant. 1 O Se**nhor** ressusci**tou** e seu **po**vo ilumi**nou**,
ao qual re**miu** com o seu **san**gue. Ale**lui**a.

Salmo 62(63),2-9

– 2 Sois **vós**, ó Se**nhor**, o meu **Deus**! *
Desde a au**ro**ra ansioso vos busco!

= A minh'**al**ma tem sede de vós, †
minha **car**ne também vos deseja, *
como **ter**ra sedenta e sem água!

– 3 Venho, as**sim**, contemplar-vos no templo, *
para **ver** vossa glória e poder.
– 4 Vosso a**mor** vale mais do que a vida: *
e por **is**so meus lábios vos louvam.

– 5 Quero, **pois**, vos louvar pela vida *
e ele**var** para vós minhas mãos!
– 6 A minh'**al**ma será saciada, *
como em **gran**de banquete de festa;
– canta**rá** a alegria em meus lábios, *
ao can**tar** para vós meu louvor!

– 7 Penso em **vós** no meu leito, de noite, *
nas vi**gí**lias suspiro por vós!
– 8 Para **mim** fostes sempre um socorro; *
de vossas **a**sas à sombra eu exulto!
– 9 Minha **al**ma se agarra em vós; *
com po**der** vossa mão me sustenta.

Ant. O Se**nhor** ressusci**tou** e seu **po**vo ilumi**nou**,
ao qual re**miu** com o seu **san**gue. Ale**lui**a.

Ant. 2 Ressusci**tou** da sepul**tu**ra o Salva**dor**:
ao nosso **Deus** cantemos **hi**nos, ale**lui**a.

Cântico Dn 3,57-88.56

–57 **O**bras do Senhor, bendi**zei** o Senhor, *
lou**vai**-o e exaltai-o pelos **sé**culos sem fim!
–58 **Céus** do Senhor, bendi**zei** o Senhor! *
59 **An**jos do Senhor, bendi**zei** o Senhor!

(R. Lou**vai**-o e exal**tai**-o pelos **sé**culos sem **fim**!
Ou
R. A Ele **gló**ria e lou**vor** eterna**men**te!)

–60 **Á**guas do alto céu, ben**di**zei o Senhor! *
61 Po**tên**cias do Senhor, bendi**zei** o Senhor!
–62 **Lu**a e sol, bendi**zei** o Senhor! *
63 **As**tros e estrelas, ben**di**zei o Senhor! (R.)

– [64]**Chu**vas e orvalhos, bendi**zei** o Senhor! *
[65]**Bri**sas e ventos, bendi**zei** o Senhor!
– [66]**Fo**go e calor, bendi**zei** o Senhor! *
[67]**Fri**o e ardor, bendi**zei** o Senhor! (R.)

– [68]Or**va**lhos e garoas, bendi**zei** o Senhor! *
[69]Ge**a**da e frio, bendi**zei** o Senhor!
– [70]**Ge**los e neves, bendi**zei** o Senhor! *
[71]**Noi**tes e dias, bendi**zei** o Senhor! (R.)

– [72]**Lu**zes e trevas, bendi**zei** o Senhor! *
[73]**Rai**os e nuvens, bendi**zei** o Senhor
– [74]**I**lhas e terra, bendi**zei** o Senhor! *
Lou**vai**-o e exaltai-o pelos **sé**culos sem fim! (R.)

– [75]**Mon**tes e colinas, bendi**zei** o Senhor! *
[76]**Plan**tas da terra, bendi**zei** o Senhor!
– [77]**Ma**res e rios, bendi**zei** o Senhor! *
[78]**Fon**tes e nascentes, bendi**zei** o Senhor! (R.)

– [79]Ba**lei**as e peixes, bendi**zei** o Senhor! *
[80]**Pás**saros do céu, bendi**zei** o Senhor!
– [81]**Fe**ras e rebanhos, bendi**zei** o Senhor! *
[82]**Fi**lhos dos homens, bendi**zei** o Senhor! (R.)

– [83]**Fi**lhos de Israel, bendi**zei** o Senhor! *
Lou**vai**-o e exaltai-o pelos **sé**culos sem fim!
– [84]Sacer**do**tes do Senhor, bendi**zei** o Senhor! *
[85]**Ser**vos do Senhor, bendi**zei** o Senhor! (R.)

– [86]**Al**mas dos justos, bendi**zei** o Senhor! *
[87]**San**tos e humildes, bendi**zei** o Senhor!
– [88]**Jo**vens Misael, Ana**ni**as e Azarias, *
Lou**vai**-o e exaltai-o pelos **sé**culos sem fim! (R.)

– Ao **Pai** e ao Filho e ao Es**pí**rito Santo *
lou**ve**mos e exaltemos pelos **sé**culos sem fim!
– [56]Ben**di**to sois, Senhor, no firma**men**to dos céus! *
Sois **dig**no de louvor e de **gló**ria eternamente! (R.)

No fim deste cântico não se diz Glória ao Pai.

Ant. Ressusci**tou** da sepul**tu**ra o Salva**dor**:
ao nosso **Deus** cantemos **hi**nos, ale**lui**a.

Ant. 3 Ale**luia**, o Se**nhor** ressusci**tou**
como ha**vi**a anunci**a**do, ale**luia**!

Salmo 149

– 1 Can**tai** ao Senhor **Deus** um canto **no**vo, *
e o seu lou**vor** na assembleia dos fiéis!
– 2 A**le**gre-se Israel em Quem o fez, *
e Si**ão** se rejubile no seu Rei!
– 3 Com **dan**ças glorifiquem o seu nome, *
toquem **har**pa e tambor em sua honra!

– 4 Porque, de **fa**to, o Senhor ama seu povo *
e co**ro**a com vitória os seus humildes.
– 5 E**xul**tem os fiéis por sua glória, *
e can**tan**do se levantem de seus leitos,
– 6 com lou**vo**res do Senhor em sua boca *
e es**pa**das de dois gumes em sua mão,

– 7 para exer**cer** sua vingança entre as nações *
e infli**gir** o seu castigo entre os povos,
– 8 colo**can**do nas algemas os seus reis, *
e seus **no**bres entre ferros e correntes,
– 9 para apli**car**-lhes a sentença já escrita: *
Eis a **gló**ria para todos os seus santos.

Ant. Ale**luia**, o Se**nhor** ressusci**tou**
como ha**vi**a anunci**a**do, ale**lu**ia!

Leitura breve At 10,40-43

Deus ressuscitou Jesus no terceiro dia, concedendo-lhe manifestar-se não a todo o povo, mas às testemunhas que Deus havia escolhido: a nós, que comemos e bebemos com Jesus, depois que ressuscitou dos mortos. E Jesus nos mandou pregar ao povo e testemunhar que Deus o constituiu Juiz dos vivos e dos mortos. Todos os profetas dão testemunho dele: Todo aquele que crê em Jesus recebe, em seu nome, o perdão dos pecados.

Em lugar do responsório se diz:

Ant. Este é o **dia** que o Se**nhor** fez para **nós**;
ale**gre**mo-nos, e **ne**le exul**te**mos. Ale**lu**ia.

Cântico evangélico, ant.
Na ma**nhã** do dia da **Pás**coa, tendo o **sol** apare**ci**do,
as mu**lhe**res vão ao **tú**mulo. Ale**lui**a.

Preces
Oremos a Cristo, autor da vida, a quem Deus ressuscitou dos mortos e que pelo seu poder também nos ressuscitará; e digamos:
R. **Cristo, nossa vida, salvai-nos!**

Cristo, luz esplendorosa que brilhais nas trevas, Senhor da vida e Salvador da humanidade,
– fazei-nos viver todo este dia no louvor da vossa glória. R.

Senhor Jesus, que percorrestes o caminho da paixão e da cruz,
– concedei que, unidos a vós no sofrimento e na morte, também convosco ressuscitemos. R.

Filho do eterno Pai, nosso mestre e nosso irmão, que fizestes de nós, para Deus, sacerdotes e povo de reis,
– ensinai-nos a oferecer com alegria o nosso sacrifício de louvor. R.

Rei da glória, aguardamos na esperança o dia da vossa vinda gloriosa,
– para contemplarmos vossa face e sermos semelhantes a vós. R.

(intenções livres)

Pai nosso...

Oração

Ó Deus, por vosso Filho Unigênito, vencedor da morte, abristes hoje para nós as portas da eternidade. Concedei que, celebrando a ressurreição do Senhor, renovados pelo vosso Espírito, ressuscitemos na luz da vida nova. Por nosso Senhor Jesus Cristo, vosso Filho, na unidade do Espírito Santo.

Na despedida se diz:
Ide em paz e o Senhor vos acompanhe. Aleluia, aleluia.
R. Graças a Deus. Aleluia, aleluia.

Hora Média

Hino, p. 463.

Salmodia

Ant. Pelos **nos**sos pe**ca**dos se entre**gou**
e ressur**giu** para **nos** justifi**car**. Ale**lui**a.

Salmo 117(118)

I

– 1 Dai **gra**ças ao Se**nhor**, porque ele é **bom**! *
"E**ter**na é a sua misericórdia!"

– 2 A **ca**sa de Israel agora o diga: *
"E**ter**na é a sua misericórdia!"
– 3 A **ca**sa de Aarão agora o diga: *
"E**ter**na é a sua misericórdia!"
– 4 Os que **te**mem o Senhor agora o digam: *
"E**ter**na é a sua misericórdia!"

– 5 Na minha an**gús**tia eu clamei pelo Senhor, *
e o Se**nhor** me atendeu e libertou!
– 6 O Se**nhor** está comigo, nada temo; *
o que **po**de contra mim um ser humano?
– 7 O Se**nhor** está comigo, é o meu auxílio, *
hei de **ver** meus inimigos humilhados.

– 8 "É mel**hor** buscar refúgio no Senhor *
do que **pôr** no ser humano a esperança;
– 9 é mel**hor** buscar refúgio no Senhor *
do que con**tar** com os poderosos deste mundo!"

II

– 10 Povos pa**gãos** me rodearam todos **e**les, *
mas em **no**me do Senhor os derrotei;
– 11 de todo **la**do todos eles me cercaram, *
mas em **no**me do Senhor os derrotei;

= 12 como um en**xa**me de abelhas me atacaram, †
como um **fo**go de espinhos me queimaram, *
mas em **no**me do Senhor os derrotei. –

– 13 Empurraram-me, tentando derrubar-me, *
mas veio o Senhor em meu socorro.
– 14 O Senhor é minha força e o meu canto, *
e tornou-se para mim o Salvador.
– 15 "Clamores de alegria e de vitória *
ressoem pelas tendas dos fiéis.
= 16 A mão direita do Senhor fez maravilhas, †
a mão direita do Senhor me levantou, *
a mão direita do Senhor fez maravilhas!"

– 17 Não morrerei, mas, ao contrário, viverei *
para cantar as grandes obras do Senhor!
– 18 O Senhor severamente me provou, *
mas não me abandonou às mãos da morte.

III

– 19 Abri-me vós, abri-me as portas da justiça; *
quero entrar para dar graças ao Senhor!
– 20 "Sim, esta é a porta do Senhor, *
por ela só os justos entrarão!"
– 21 Dou-vos graças, ó Senhor, porque me ouvistes *
e vos tornastes para mim o Salvador!

– 22 "A pedra que os pedreiros rejeitaram *
tornou-se agora a pedra angular.
– 23 Pelo Senhor é que foi feito tudo isso: *
Que maravilhas ele fez a nossos olhos!
– 24 Este é o dia que o Senhor fez para nós, *
alegremo-nos e nele exultemos!

– 25 Ó Senhor, dai-nos a vossa salvação, *
ó Senhor, dai-nos também prosperidade!"
– 26 Bendito seja, em nome do Senhor, *
aquele que em seus átrios vai entrando!
– Desta casa do Senhor vos bendizemos. *
27 Que o Senhor e nosso Deus nos ilumine!

– Empunhai ramos nas mãos, formai cortejo, *
aproximai-vos do altar, até bem perto!
– 28 Vós sois meu Deus, eu vos bendigo e agradeço! *
Vós sois meu Deus, eu vos exalto com louvores!

– [29]Dai **gra**ças ao Senhor, porque ele é bom! *
“**E**terna é a sua misericórdia!”

Ant. Pelos **nos**sos pecados se entre**gou**
e ressur**giu** para **nos** justifi**car**. Ale**lui**a.

Leitura breve Ef 2,4-6

Deus é rico em misericórdia. Por causa do grande amor com que nos amou, quando estávamos mortos por causa das nossas faltas, ele nos deu a vida com Cristo. É por graça que vós sois salvos! Deus nos ressuscitou com Cristo e nos fez sentar nos céus em virtude de nossa união com Jesus Cristo.

V. Este é o **di**a que o Se**nhor** fez para **nós**. Ale**lui**a.
R. Ale**gre**mo-nos e **ne**le exul**te**mos. Ale**lui**a.

Oração

Ó Deus, por vosso Filho Unigênito, vencedor da morte, abristes hoje para nós as portas da eternidade. Concedei que, celebrando a ressurreição do Senhor, renovados pelo vosso Espírito, ressuscitemos na luz da vida nova. Por Cristo, nosso Senhor.

Vésperas

Hino

Às núpcias do Cordeiro
em brancas vestes vamos.
Transposto o mar Vermelho,
ao Cristo Rei cantamos.

Por nós no altar da cruz
seu corpo ofereceu.
Bebendo deste sangue,
nascemos para Deus.

Seu sangue em nossas portas
afasta o anjo irado.
Das mãos dum rei injusto
seu povo é libertado.

O Cristo, nossa Páscoa,
morreu como um Cordeiro.
Seu corpo é nossa oferta,
Pão vivo e verdadeiro.

Ó vítima verdadeira,
do inferno a porta abris,

livrais o povo escravo,
dais vida ao infeliz.

Da morte o Cristo volta,
a vida é seu troféu.
O inferno traz cativo
e a todos abre o céu.

Jesus, Pascal Cordeiro,
em vós se alegra o povo,
que, livre pela graça,
em vós nasceu de novo.

A glória seja ao Cristo
da morte vencedor.
Ao Pai e ao Santo Espírito
o nosso igual louvor.

Salmodia

Ant. 1 Maria Madalena com a **ou**tra Ma**ri**a
foram **ver** a sepul**tu**ra do Se**nhor**. Ale**lu**ia.

Salmo 109(110),1-5.7

– 1 Pa**la**vra do Se**nhor** ao meu Se**nhor**: *
"As**sen**ta-te ao lado meu direito,
– a**té** que eu ponha os inimigos teus *
como esca**be**lo por debaixo de teus pés!"

= 2 O Se**nhor** estenderá desde Sião †
vosso **ce**tro de poder, pois ele diz: *
"Do**mi**na com vigor teus inimigos;

= 3 Tu és **prín**cipe desde o dia em que nasceste; †
na **gló**ria e esplendor da santidade, *
como o or**va**lho, antes da aurora, eu te gerei!"

= 4 Jurou o Se**nhor** e manterá sua palavra: †
"Tu **és** sacerdote eternamente, *
se**gun**do a ordem do rei Melquisedec!" –

– 5 À vossa **des**tra está o Senhor, ele vos diz: *
“No dia da **i**ra esmagarás os reis da terra!
– 7 Bebe**rás** água corrente no caminho, *
por **is**so seguirás de fronte erguida!”

Ant. Ma**ri**a Mada**le**na com a **ou**tra Ma**ri**a
foram **ver** a sepul**tu**ra do Se**nhor**. Ale**lui**a.

Ant. 2 Vinde **ver** o lu**gar** onde es**ta**va o Se**nhor**
no se**pul**cro, ale**lui**a.

Salmo 113A(114)

– 1 Quando o **po**vo de Isra**el** saiu do Eg**i**to, *
e os **fi**lhos de Jacó, de um povo estranho,
– 2 Ju**dá** tornou-se o templo do Senhor, *
e Isra**el** se transformou em seu domínio.

– 3 O **mar**, à vista disso, pôs-se em fuga, *
e as **á**guas do Jordão retrocederam;
– 4 as mon**ta**nhas deram pulos como ovelhas, *
e as co**li**nas, parecendo cordeirinhos.

– 5 Ó **mar**, o que tens tu, para fugir? *
E tu, Jor**dão**, por que recuas desse modo?
– 6 Por que dais **pu**los como ovelhas, ó montanhas? *
E vós, co**li**nas, parecendo cordeirinhos?

– 7 Treme, ó **ter**ra, ante a face do Senhor, *
ante a **fa**ce do Senhor Deus de Jacó!
– 8 O ro**che**do ele mudou em grande lago, *
e da **pe**dra fez brotar águas correntes!

Ant. Vinde **ver** o lu**gar** onde es**ta**va o Se**nhor**
no se**pul**cro, ale**lui**a.

Ant. 3 Diz o Se**nhor**: Não tenhais **me**do!
Anunci**ai** a meus ir**mãos** que à Gali**lei**a se di**ri**jam;
lá todos **vós** me encontra**reis**. Ale**lui**a.

No cântico seguinte dizem-se os Aleluias entre parênteses somente quando se canta; na recitação, basta dizer o Aleluia no começo e no fim das estrofes.

Cântico cf. Ap 19,1-2.5-7

= Ale**lui**a, (Ale**lui**a!).
[1] Ao nosso **Deus** a salva**ção**, *
honra, **gló**ria e poder! (Aleluia!).
– [2] Pois são ver**da**de e justiça *
os ju**í**zos do Senhor.
R. Ale**lui**a, (Ale**lui**a!).

= Ale**lui**a, (Ale**lui**a!).
[5] Cele**brai** o nosso Deus, *
servi**do**res do Senhor! (Aleluia!).
– E vós **to**dos que o temeis, *
vós os **gran**des e os pequenos!
R. Ale**lui**a, (Ale**lui**a!).

= Ale**lui**a, (Ale**lui**a!).
[6] De seu **rei**no tomou posse *
nosso **Deus** onipotente! (Aleluia!).
– [7] Exul**te**mos de alegria, *
demos **gló**ria ao nosso Deus!
R. Ale**lui**a, (Ale**lui**a!).

= Ale**lui**a, (Ale**lui**a!).
Eis que as **núp**cias do Cordeiro *
redi**vi**vo se aproximam! (Aleluia!).
– Sua Es**po**sa se enfeitou, *
se ves**tiu** de linho puro.
R. Ale**lui**a, (Ale**lui**a!).

Ant. Diz o Se**nhor**: Não tenhais **me**do!
Anunci**ai** a meus ir**mãos** que à Gali**lei**a se di**ri**jam;
lá todos **vós** me encontra**reis**. Ale**lui**a.

Leitura breve Hb 10,12-14

Cristo, depois de ter oferecido um sacrifício único pelos pecados, sentou-se para sempre à direita de Deus. Não lhe resta mais senão esperar até que seus inimigos sejam postos debaixo de seus pés. De fato, com esta única oferenda, levou à perfeição definitiva os que ele santifica.

Em lugar do responsório se diz:

Ant. Este é o **dia** que o Se**nhor** fez para **nós**;
alegremo-nos e **ne**le exul**te**mos. Ale**lui**a.

Cântico evangélico, ant.

Na **tar**de da **Pás**coa, a **por**tas fe**cha**das,
Je**sus** aparece no **mei**o dos **seus**, reu**ni**dos com **me**do,
e lhes **diz**: Paz a **vós**! Ale**lui**a.

Preces

Oremos com alegria a Cristo nosso Senhor, que morreu, ressuscitou e agora, sem cessar, intercede por nós junto do Pai. Digamos cheios de confiança:

R. **Cristo, rei vitorioso, ouvi a nossa oração!**

Cristo, luz e salvação de todos os povos,
– derramai sobre nós, que proclamamos a vossa ressurreição, o fogo do vosso Espírito. R.

Que Israel, permanecendo fiel às promessas, caminhe firme na esperança,
– e toda a terra se encha do conhecimento de vossa glória. R.

Conservai-nos, Senhor, na comunhão dos vossos santos durante a nossa vida sobre a terra,
– e dai-nos a graça de podermos, um dia, descansar com eles dos nossos trabalhos. R.

Vós, que triunfastes admiravelmente sobre o poder do pecado e da morte,
– fazei-nos viver sempre para vós, vencedor imortal. R.

(intenções livres)

Cristo Salvador, que da humilhação na cruz fostes exaltado à direita do Pai,
– acolhei com bondade em vosso reino glorioso os nossos irmãos e irmãs que partiram desta vida. R.

Pai nosso...

Oração

Ó Deus, por vosso Filho Unigênito, vencedor da morte, abristes hoje para nós as portas da eternidade. Concedei que, celebrando a ressurreição do Senhor, renovados pelo vosso Espírito, ressuscitemos na luz da vida nova . Por nosso Senhor Jesus Cristo, vosso Filho, na unidade do Espírito Santo.

Na despedida se diz:

Ide em paz e o Senhor vos acompanhe. Aleluia, aleluia.
R. Graças a Deus. Aleluia, aleluia.

Aqui termina o Tríduo pascal

Durante a oitava da Páscoa se dizem as Completas de domingo, alternando os dois formulários, p. 1116 ou p. 1119.

Em lugar do responsório se diz:

Ant. Este é o **dia** que o Se**nhor** fez para **nós**;
ale**gre**mo-nos e **ne**le exul**te**mos. Ale**lui**a.

TEMPO PASCAL

I. ATÉ A ASCENSÃO DO SENHOR

Vésperas

Hino

Às núpcias do Cordeiro
em brancas vestes vamos.
Transposto o mar Vermelho,
ao Cristo Rei cantamos.

Por nós no altar da cruz
seu corpo ofereceu.
Bebendo deste sangue,
nascemos para Deus.

Seu sangue em nossas portas
afasta o anjo irado.
Das mãos dum rei injusto
seu povo é libertado.

O Cristo, nossa Páscoa,
morreu como um Cordeiro.
Seu corpo é nossa oferta,
Pão vivo e verdadeiro.

ó vítima verdadeira,
do inferno a porta abris,
livrais o povo escravo,
dais vida ao infeliz.

Da morte o Cristo volta,
a vida é seu troféu.
O inferno traz cativo
e a todos abre o céu.

Jesus, Pascal Cordeiro,
em vós se alegra o povo,
que, livre pela graça,
em vós nasceu de novo.

A glória seja ao Cristo
da morte vencedor.
Ao Pai e ao Santo Espírito
o nosso igual louvor.

Nos dias de semana após a oitava da Páscoa, pode ser este:

Eterno Rei e Senhor,
Filho do Pai muito amado,
à vossa imagem plasmastes
Adão, do barro formado.

Caiu o homem no mal,
pelo inimigo enganado.
Mas assumistes seu corpo
num seio virgem formado.

Unido a nós como homem,
vós nos unistes a Deus.
Pelo Batismo, nos destes
herdar o Reino dos céus.

Para salvar todo homem,
morrer na cruz aceitastes.
Preço do nosso resgate,
o vosso sangue doastes.

Mas ressurgis, recebendo
do Pai a glória devida.
Por vós, também ressurgidos,
teremos parte na vida.

Sede, Jesus, para nós,
gozo pascal, honra e glória.
Os que nasceram da graça,
uni à vossa vitória.

Glória a Jesus triunfante
que a própria morte venceu.
A ele, ao Pai e ao Espírito
louvor eterno no céu.

Durante a oitava da Páscoa, na despedida se diz:

Ide em paz e o Senhor vos acompanhe. Aleluia, aleluia.

R. Graças a Deus. Aleluia, aleluia.

Completetas

Hino

Ó Jesus Redentor,
do universo Senhor,
Verbo eterno do Pai,
Luz da Luz invisível,
que dos vossos remidos
vigilante cuidais.

Vós, artista do mundo,
e de todos os tempos
o sinal divisor,
no silêncio da noite
renovai nosso corpo
que lutando cansou.

Afastai o inimigo,
vós, que os fundos abismos
destruís, ó Jesus!
Não consiga o Maligno
seduzir os remidos
pelo sangue da Cruz.

Quando o corpo cansado
for de noite embalado
pelo sono e a calma,
de tal modo adormeça,
que ao dormir nossa carne
não cochile nossa alma.

Escutai-nos, ó Verbo,
por quem Deus fez o mundo,
e o conduz e mantém.
Com o Pai e o Espírito,
vós reinais sobre os vivos
pelos séculos. Amém.

A salmodia se diz com uma só antífona:

Ale**lui**a, ale**lui**a, ale**lui**a.

Durante a oitava da Páscoa se dizem as Completas de domingo, alternando os dois formulários, p. 1116 ou p. 1119.

Em lugar do responsório se diz:

Ant. Este é o **di**a que o Se**nhor** fez para **nós**;
alegr**e**mo-nos e **ne**le exul**te**mos. Ale**lui**a.

Laudes

Hino

Desdobra-se no céu
a rutilante aurora.
Alegre, exulta o mundo;
gemendo, o inferno chora.

Pois eis que o Rei, descido
à região da morte,
àqueles que o esperavam
conduz à nova sorte.

Por sob a pedra posto,
por guardas vigiado,
sepulta a própria morte
Jesus ressuscitado.

Da região da morte
cesse o clamor ingente:
"Ressuscitou!" exclama
o Anjo refulgente.

Jesus, perene Páscoa,
a todos alegrai-nos.
Nascidos para a vida,
da morte libertai-nos.

Louvor ao que da morte
ressuscitado vem,
ao Pai e ao Paráclito
eternamente. Amém.

Nos dias de semana após a oitava da Páscoa, pode ser este:

A fiel Jerusalém
canta um hino triunfal,
celebrando, jubilosa,
Jesus Cristo, a Luz pascal.

A serpente é esmagada
pelo Cristo, leão forte,
que ressurge e chama à vida
os cativos pela morte.

Ele vence, refulgindo
de grandeza e majestade.
Ele faz de céus e terra
uma pátria de unidade.

Nosso canto suplicante
pede ao Rei ressuscitado
que receba no seu Reino
o seu povo consagrado.

Ó Jesus, do vosso povo
sede o júbilo pascal.
Dai aos novos pela graça
a vitória triunfal.

Glória a vós, Jesus invicto,
sobre a morte triunfante.
Com o Pai e o Santo Espírito
sois luz nova e radiante.

Durante a oitava da Páscoa, na despedida se diz:

Ide em paz e o Senhor vos acompanhe. Aleluia, aleluia.
R. Graças a Deus. Aleluia, aleluia.

Hora Média

Hino

Vinde, servos suplicantes,
elevai a mente e a voz:
celebrai com vossos cantos,
o amor de Deus por nós.

Porque foi neste momento
que a sentença de um mortal
entregou à morte injusta
o Juiz universal.

E nós, súditos humildes,
por amor e por temor,
contra todo mau desígnio
do perverso tentador,

imploremos a clemência
de Deus Pai, eterno Bem,
do seu Filho, nosso Rei,
e do Espírito Santo. Amém.

A não ser que haja antífona própria, a salmodia da Hora Média se diz com esta única antífona:

Ale**lu**ia, ale**lu**ia, ale**lu**ia.

SEGUNDA-FEIRA NA OITAVA DA PÁSCOA

Laudes

Hino, antífonas, salmos e cântico, como no domingo da Páscoa, p. 446.

Leitura breve Rm 10,8b-10

A palavra está perto de ti, em tua boca e em teu coração. Essa palavra é a palavra da fé, que nós pregamos. Se, pois, com tua boca confessares Jesus como Senhor e, no teu coração, creres que Deus o ressuscitou dos mortos, serás salvo. É crendo no coração que se alcança a justiça e é confessando a fé com a boca que se consegue a salvação.

Em lugar do responsório se diz:

Ant. Este é o **di**a que o Se**nhor** fez para **nós**;
alegremo-nos e **ne**le exul**te**mos. Ale**lu**ia.

Cântico evangélico, ant.

Ide **lo**go di**zer** aos dis**cí**pulos: o Se**nhor** ressur**giu**. Ale**lu**ia.

Preces

Glorifiquemos a Cristo Jesus, constituído pelo Pai herdeiro de todos os povos; e rezemos:

R. **Salvai-nos, Senhor, pela vossa vitória!**

Cristo, que pela vossa ressurreição, rompestes as portas do inferno, destruindo o pecado e a morte,
– dai-nos, hoje e sempre, a vitória sobre o mal. R.

Vós, que expulsastes a morte, dando-nos vida nova,
– fazei-nos hoje caminhar na novidade dessa vida. R.

Vós, que nos fizestes passar da escravidão do pecado para a gloriosa liberdade de filhos de Deus,
– concedei a vida eterna a todos os que encontrarmos neste dia. R.

Vós, que confundistes os guardas de vosso sepulcro e alegrastes os discípulos com a vossa ressurreição,
– enchei de alegria pascal todos aqueles que vos amam e servem. R.

(intenções livres)

Pai nosso...

Oração

Ó Deus, que fazeis crescer a vossa Igreja dando-lhe sempre novos filhos e filhas, concedei que por toda a sua vida estes vossos servos e servas sejam fiéis ao sacramento do batismo que receberam professando a fé. Por nosso Senhor Jesus Cristo, vosso Filho, na unidade do Espírito Santo.

Hora Média

Hino, p. 463.

Salmodia

Ant. Pelos **nos**sos pe**ca**dos se entre**gou**
e ressur**giu** para **nos** justifi**car**. Ale**lui**a.

Salmo 8

– 2 Ó Se**nhor** nosso **Deus**, como é **gran**de *
vosso **no**me por todo o universo!

– Desdo**bras**tes nos céus vossa glória *
com gran**de**za, esplendor, majestade.

= 3 O per**fei**to louvor vos é dado †
pelos **lá**bios dos mais pequeninos, *
de cri**an**ças que a mãe amamenta.

– Eis a **for**ça que opondes aos maus, *
redu**zin**do o inimigo ao silêncio.

– 4Contem**plan**do estes céus que plasmastes *
e for**mas**tes com dedos de artista;
– vendo a **lu**a e estrelas brilhantes, *
5pergun**ta**mos: "Senhor, que é o homem,
– para **de**le assim vos lembrardes *
e o tra**tar**des com tanto carinho?"

– 6Pouco a**bai**xo de um deus o fizestes, *
coro**an**do-o de glória e esplendor;
– 7vós lhe **des**tes poder sobre tudo, *
vossas obras aos pés lhe pusestes:

– 8as o**ve**lhas, os bois, os rebanhos, *
todo o **ga**do e as feras da mata;
– 9passa**ri**nhos e peixes dos mares, *
todo **ser** que se move nas águas.

– 10Ó Se**nhor** nosso Deus, como é grande *
vosso **no**me por todo o universo!

Salmo 18(19)A

– 2Os céus pro**cla**mam a **gló**ria do Se**nhor**, *
e o firma**men**to, a obra de suas mãos;
– 3o dia ao **dia** transmite esta mensagem, *
a noite à **noi**te publica esta notícia.

– 4Não são dis**cur**sos nem frases ou palavras, *
nem são **vo**zes que possam ser ouvidas;
– 5seu som res**so**a e se espalha em toda a terra, *
chega aos con**fins** do universo a sua voz.

– 6Armou no **al**to uma tenda para o sol; *
ele des**pon**ta no céu e se levanta
– como um es**po**so do quarto nupcial, *
como um he**rói** exultante em seu caminho.

– 7De um ex**tre**mo do céu põe-se a correr *
e vai tra**çan**do o seu rastro luminoso,
– até que **pos**sa chegar ao outro extremo, *
e nada **po**de fugir ao seu calor.

Salmo 18B (19B)

– 8 A **lei** do Senhor **Deus** é per**fei**ta, *
conf**or**to para a **al**ma!
– O teste**mu**nho do Senhor é fiel, *
sabedo**ri**a dos humildes.
– 9 Os pre**cei**tos do Senhor são precisos, *
ale**gri**a ao coração.
– O manda**men**to do Senhor é brilhante, *
para os **o**lhos é uma luz.
– 10 É **pu**ro o temor do Senhor, *
imu**tá**vel para sempre.
– Os julga**men**tos do Senhor são corretos *
e **jus**tos igualmente.

– 11 Mais dese**já**veis do que o ouro são eles, *
do que o **ou**ro refinado.
– Suas pa**la**vras são mais doces que o mel, *
que o **mel** que sai dos favos.

– 12 E vosso **ser**vo, instruído por elas, *
se em**pe**nha em guardá-las.
– 13 Mas quem **po**de perceber suas faltas?*
Perdo**ai** as que não vejo!

– 14 E preser**vai** o vosso servo do orgulho: *
não do**mi**ne sobre mim!
– E assim **pu**ro, eu serei preservado *
dos de**li**tos mais perversos.

– 15 Que vos a**gra**de o cantar dos meus lábios *
e a **voz** da minha alma;
– que ela **che**gue até vós, ó Senhor,*
meu Ro**che**do e Redentor!

Ant. Pelos **nos**sos pe**ca**dos se entre**gou**
e ressur**giu** para **nos** justifi**car**. Ale**lui**a.

Leitura breve Cl 2,9.10a.12

Em Cristo habita corporalmente toda a plenitude da divindade. Dele também vós estais repletos. Com Cristo fostes sepultados no batismo; com ele também fostes ressuscitados por meio da fé no poder de Deus, que ressuscitou a Cristo dentre os mortos.

V. Este é o **dia** que o Se**nhor** fez para **nós**. Ale**lui**a.
R. Ale**gre**mo-nos e **ne**le exul**te**mos. Ale**lui**a.

Oração

Ó Deus, que fazei crescer a vossa Igreja dando-lhe sempre novos filhos e filhas, concedei que por toda a sua vida estes vossos servos e servas sejam fiéis ao sacramento do batismo que receberam professando a fé. Por Cristo, nosso Senhor.

Vésperas

Hino, antífonas, salmos e cântico, como no domingo da Páscoa, p. 453.

Leitura breve Hb 8,1b-3a

Temos um sumo-sacerdote tão grande, que se assentou à direita do trono da majestade, nos céus. Ele é ministro do Santuário e da Tenda verdadeira, armada pelo Senhor, e não por mão humana. Todo o sumo-sacerdote, com efeito, é constituído para oferecer dádivas e sacrifícios.

Em lugar do responsório se diz:

Ant. Este é o **dia** que o Se**nhor** fez para **nós**;
Ale**gre**mo-nos e **ne**le exul**te**mos. Ale**lui**a.

Cântico evangélico, ant.

Jesus **vem** ao en**con**tro das mu**lhe**res
e as sa**ú**da: Con**vos**co esteja a **paz**!
Abra**ça**ram seus **pés** e o ado**ra**ram. Ale**lui**a.

Preces

Invoquemos a Jesus Cristo, que vivificado pelo Espírito Santo, tornou-se fonte de vida para toda a humanidade; e digamos cheios de alegria:

R. **Senhor, renovai todas as coisas e dai-nos vida nova!**

Cristo, Salvador do mundo e Rei da nova criação, orientai toda a nossa vida para o reino da glória celeste,
–onde estais sentado à direita do Pai. R.

Senhor, que viveis na vossa Igreja até o fim dos tempos,
– conduzi-a pelo Espírito Santo ao conhecimento da verdade perfeita. R.

Fazei com que os doentes, sofredores e agonizantes sintam o vosso amor misericordioso;
– confortai-os e fortalecei-os com vossa bondade. R.

(intenções livres)

Cristo, luz que não se apaga, aceitai o louvor que vos oferecemos ao cair desta tarde,
– e fazei brilhar para os nossos irmãos e irmãs que partiram desta vida, a luz da vossa ressurreição. R.

Pai nosso...

Oração

Ó Deus, que fazeis crescer a vossa Igreja dando-lhe sempre novos filhos e filhas, concedei que por toda a sua vida estes vossos servos e servas sejam fiéis ao sacramento do batismo que receberam professando a fé. Por nosso Senhor Jesus Cristo, vosso Filho, na unidade do Espírito Santo.

Durante a oitava da Páscoa se dizem as Completas de domingo, alternando os dois formulários, p. 1116 ou p. 1119.

Em lugar do responsório se diz:

Ant. Este é o **dia** que o Se**nhor** fez para **nós**;
alegremo-nos e **ne**le exul**te**mos. Ale**lui**a.

TERÇA-FEIRA NA OITAVA DA PÁSCOA

Laudes

Hino. antífonas, salmos e cântico, como no domingo da Páscoa. p. 446.

Leitura breve At 13,30-33

Deus ressuscitou Jesus dos mortos e, durante muitos dias, ele foi visto por aqueles que o acompanharam desde a Galileia até Jerusalém. Agora eles são testemunhas de Jesus diante do povo. Por isso, nós vos anunciamos este Evangelho: a promessa que Deus fez aos antepassados, ele a cumpriu para nós, seus filhos, quando ressuscitou Jesus, como está escrito no salmo segundo: Tu és o meu filho, eu hoje te gerei.

Em lugar do responsório se diz:

Ant. Este é o **dia** que o Se**nhor** fez para **nós**;
alegremo-nos e **ne**le exul**te**mos. Ale**lui**a.

Cântico evangélico, ant.

Jesus **dis**se: Ma**ri**a! Ela **dis**se: Ó **Mes**tre!
E o Se**nhor**: Não me **to**ques!
Não su**bi** a meu **Pai**, que é tam**bém** vosso **Pai**. Ale**lui**a.

Preces

Exultemos de alegria em Cristo nosso Senhor, que, ressuscitado de entre os mortos, reconstituiu o templo do seu corpo; e lhe supliquemos:

R. **Ouvi-nos, Senhor, pela vossa ressurreição!**

Cristo, Salvador do mundo, que anunciastes às santas mulheres e aos apóstolos a alegria da ressurreição,
– fazei-nos testemunhas do vosso triunfo pascal. R.

Vós, que prometestes a todos a ressurreição, que nos fará nascer para uma vida nova,
– tornai-nos fiéis mensageiros do vosso evangelho. R.

Vós, que, aparecendo aos apóstolos depois da ressurreição, lhes comunicastes o Espírito Santo,
– renovai-nos com os dons do Espírito criador. R.

Vós, que prometestes permanecer com os vossos discípulos até o fim do mundo,
– ficai conosco hoje e sempre. R.

(intenções livres)

Pai nosso...

Oração

Ó Deus, que nos concedestes a salvação pascal, acompanhai o vosso povo com vossos dons celestes, para que, tendo conseguido a verdadeira liberdade, possa um dia alegrar-se no céu, como exulta agora na terra. Por nosso Senhor Jesus Cristo, vosso Filho, na unidade do Espírito Santo.

Hora Média

Hino, p. 463.

Salmodia

Ant. Pelos **nos**sos pe**ca**dos se entre**gou**
e ressur**giu** para **nos** justifi**car**. Ale**lui**a

Salmo 118(119),1-8
I (Aleph)

– 1 Feliz o **ho**mem sem pe**ca**do em seu ca**mi**nho, *
que na **lei** do Senhor Deus vai progredindo!
– 2 Feliz o **ho**mem que observa seus preceitos, *
e de **to**do o coração procura a Deus!

– 3 Que não pra**ti**ca a maldade em sua vida, *
mas vai an**dan**do nos caminhos do Senhor.
– 4 Os **vos**sos mandamentos vós nos destes, *
para **se**rem fielmente observados.

– 5 Oxa**lá** seja bem firme a minha vida *
em cum**prir** vossa vontade e vossa lei!
– 6 En**tão** não ficarei envergonhado *
ao repas**sar** todos os vossos mandamentos.

– 7 Quero lou**var**-vos com sincero coração, *
pois apren**di** as vossas justas decisões.
– 8 Quero guar**dar** vossa vontade e vossa lei; *
Se**nhor**, não me deixeis desamparado!

Salmo 15(16)

= 1 Guardai-me, ó **Deus**, porque em **vós** me refu**gio**! †
2 Digo ao Se**nhor**: "Somente vós sois meu Senhor: *
nenhum **bem** eu posso achar fora de vós!"

– 3 Deus me inspi**rou** uma admirável afeição *
pelos **san**tos que habitam sua terra.

– 4 Multi**pli**cam, no entanto, suas dores *
os que **cor**rem para deuses estrangeiros;
– seus sacri**fí**cios sanguinários não partilho, *
nem seus **no**mes passarão pelos meus lábios.–

– 5Ó Se**nhor**, sois minha herança e minha taça, *
meu des**ti**no está seguro em vossas mãos!
– 6Foi demar**ca**da para mim a melhor terra, *
e eu e**xul**to de alegria em minha herança!

– 7Eu ben**di**go o Senhor que me aconselha, *
e até de **noi**te me adverte o coração.
– 8Tenho **sem**pre o Senhor ante meus olhos, *
pois se o **te**nho a meu lado, não vacilo.

= 9Eis por **que** meu coração está em festa, †
minha **al**ma rejubila de alegria, *
e até meu **cor**po no repouso está tranquilo;

– 10pois não ha**veis** de me deixar entregue à morte, *
nem vosso a**mi**go conhecer a corrupção.

= 11Vós me ensi**nais** vosso caminho para a vida; †
junto a **vós**, felicidade sem limites, *
delícia e**ter**na e alegria ao vosso lado!

Salmo 22(23)

– 1O **Senhor** é o pas**tor** que me con**duz**; *
não me **fal**ta coisa alguma.
– 2Pelos **pra**dos e campinas verdejantes *
ele me **le**va a descansar.
– Para as **á**guas repousantes me encaminha, *
3e res**tau**ra as minhas forças.

– Ele me **gui**a no caminho mais seguro, *
pela **hon**ra do seu nome.
– 4Mesmo que eu **pas**se pelo vale tenebroso, *
nenhum **mal** eu temerei;
– estais co**mi**go com bastão e com cajado; *
eles me **dão** a segurança!

– 5Prepa**rais** à minha frente uma mesa, *
bem à **vis**ta do inimigo,
– e com **ó**leo vós ungis minha cabeça; *
o meu **cá**lice transborda.

– 6Felici**da**de e todo bem hão de seguir-me *
por **to**da a minha vida;

– e, na **ca**sa do Senhor, habitarei *
pelos **tem**pos infinitos.

Ant. Pelos **nos**sos pe**ca**dos se entre**gou**
e ressur**giu** para **nos** justifi**car**. Ale**lui**a.

Leitura breve cf. 1Pd 3,21-22a

O batismo é hoje a vossa salvação pois ele não serve para limpar o corpo da imundície, mas é um pedido a Deus para obter uma boa consciência, em virtude da ressurreição de Jesus Cristo que está à direita de Deus.

V. Este é o **dia** que o Se**nhor** fez para **nós**. Ale**lui**a.
R. Ale**gre**mo-nos e **ne**le exul**te**mos. Ale**lui**a.

Oração

Ó Deus, que nos concedestes a salvação pascal, acompanhai o vosso povo com vossos dons celestes, para que, tendo conseguido a verdadeira liberdade, possa um dia alegrar-se no céu, como exulta agora na terra. Por Cristo, nosso Senhor.

Vésperas

Hino, antífonas, salmos e cântico, como no domingo da Páscoa, p. 453.

Leitura breve 1Pd 2,4-5

Aproximai-vos do Senhor, pedra viva, rejeitada pelos homens, mas escolhida e honrosa aos olhos de Deus. Do mesmo modo, também vós, como pedras vivas, formai um edifício espiritual, um sacerdócio santo, a fim de oferecerdes sacrifícios espirituais, agradáveis a Deus, por Jesus Cristo.

Em lugar do responsório se diz:

Ant. Este é o **dia** que o Se**nhor** fez para **nós**;
ale**gre**mo-nos e **ne**le exul**te**mos. Ale**lui**a.

Cântico evangélico, ant.

Quando **jun**to ao se**pul**cro eu cho**ra**va,
vi Je**sus**, meu Se**nhor**. Ale**lui**a.

Preces

Aclamemos com alegria a Jesus Cristo, que morreu, foi sepultado e ressuscitou gloriosamente para uma vida nova; e digamos cheios de confiança:

R. **Cristo, rei da glória, ouvi a nossa oração!**

Pelos bispos, presbíteros e diáconos, para que desempenhem com generosidade o ministério que lhes foi confiado,
– e guiem o vosso povo no caminho do bem, nós vos pedimos, Senhor.

R. **Cristo, rei da glória, ouvi a nossa oração!**

Pelos teólogos e pelos que servem à Igreja no estudo da vossa Palavra,
– a fim de que procurem a verdade com pureza de coração, nós vos pedimos, Senhor. R.

Pelos fiéis da Igreja, para que combatendo o bom combate da fé até o fim de sua caminhada sobre a terra,
– recebam o prêmio que lhes está preparado desde a origem do mundo, nós vos pedimos, Senhor. R.

Vós, que na cruz destruístes a sentença que nos condenava,
– quebrai os laços da nossa escravidão e dissipai as nossas trevas. R.

(intenções livres)

Vós, que, descendo à mansão dos mortos, libertastes os justos que esperavam o Salvador,
– acolhei em vosso Reino nossos irmãos e irmãs falecidos. R.

Pai nosso...

Oração

Ó Deus, que nos concedestes a salvação pascal, acompanhai o vosso povo com vossos dons celestes, para que, tendo conseguido a verdadeira liberdade, possa um dia alegrar-se no céu, como exulta agora na terra. Por nosso Senhor Jesus Cristo, vosso Filho, na unidade do Espírito Santo.

QUARTA-FEIRA NA OITAVA DA PÁSCOA

Laudes

Hino, antífonas, salmos e cântico, como no domingo da Páscoa, p. 446.

Leitura breve Rm 6,8-11

Se morremos com Cristo, cremos que também viveremos com ele. Sabemos que Cristo ressuscitado dos mortos não morre mais; a morte já não tem poder sobre ele. Pois aquele que morreu, morreu para o pecado uma vez por todas; mas aquele que vive, é para Deus que vive. Assim, vós também considerai-vos mortos para o pecado e vivos para Deus, em Jesus Cristo.

Em lugar do responsório se diz:

Ant. Este é o **di**a que o Se**nhor** fez para **nós**;
alegremo-nos e **ne**le exul**te**mos. Ale**lui**a.

Cântico evangélico, ant.

E, come**çan**do por Moi**sés** e os pro**fe**tas,
lhes expli**ca**va a Escri**tu**ra a seu res**pei**to. Ale**lui**a.

Preces

Oremos a Jesus Cristo, que se entregou à morte por nossos pecados e ressuscitou para nossa justificação; e aclamemos:

R. **Salvai-nos, Senhor, pela vossa vitória!**

Cristo Salvador, que ressuscitando de entre os mortos nos restituístes a esperança da vida imortal,
– santificai neste dia os nossos corações com a graça do Espírito Santo. R.

Vós, que viveis e reinais gloriosamente na assembleia dos anjos e dos santos,
– recebei a adoração que vos prestamos em espírito e em verdade neste tempo santo da ressurreição. R.

Cristo Jesus, salvai-nos e derramai a vossa misericórdia sobre o povo que vive na esperança da ressurreição;
– conservai-nos, hoje e sempre, livres de todo o mal. R.

Cristo, rei da glória e nossa vida, reuni todos os fiéis na alegria que não tem fim,
– quando vierdes, no último dia, manifestar ao mundo a glória de vosso poder eterno. R.

(intenções livres)

Pai nosso...

Oração

Ó Deus, que nos alegrais todos os anos com a solenidade da ressurreição do Senhor, concedei-nos, pelas festas que celebramos nesta vida, chegar às eternas alegrias. Por nosso Senhor Jesus Cristo, vosso Filho, na unidade do Espírito Santo.

Hora Média

Hino, p. 463.

Salmodia

Ant. Pelos **nos**sos pe**ca**dos se entre**gou**
e ressur**giu** para **nos** justifi**car**. Ale**lui**a.

Salmo 118(119),9-16
II (Beth)

– 9Como um **jo**vem pode**rá** ter vida **pu**ra? *
Obser**van**do, ó Senhor, vossa palavra.
– 10De **to**do o coração eu vos procuro, *
não dei**xeis** que eu abandone a vossa lei!

– 11Conser**vei** no coração vossas palavras, *
a **fim** de que eu não peque contra vós.
– 12Ó Se**nhor**, vós sois bendito para sempre; *
os **vos**sos mandamentos ensinai-me!

– 13Com meus **lá**bios, ó Senhor, eu enumero *
os de**cre**tos que ditou a vossa boca.
– 14Se**guin**do vossa lei me rejubilo *
muito **mais** do que em todas as riquezas.

– 15Eu **que**ro meditar as vossas ordens, *
eu **que**ro contemplar vossos caminhos!
– 16Minha ale**gri**a é fazer vossa vontade; *
eu não **pos**so esquecer vossa palavra.

Salmo 27(28),1-3.6-9

– 1A vós eu **cla**mo, ó Se**nhor**, ó meu ro**che**do, *
não fiqueis **sur**do à minha **voz**!
– Se não me ou**vir**des, eu terei a triste sorte *
dos que **des**cem ao sepulcro!

– 2Escu**tai** o meu clamor, a minha súplica, *
quando eu **gri**to para vós;
– quando eu e**le**vo, ó Senhor, as minhas mãos *
para o **vos**so santuário. –

– 3 Não dei**xeis** que eu pereça com os malvados, *
com quem **faz** a iniquidade;
– eles **fa**lam sobre paz com o seu próximo, *
mas têm o **mal** no coração.

– 6 Bendito **se**ja o Senhor, porque ouviu *
o cla**mor** da minha súplica!
– 7 Minha **for**ça e escudo é o Senhor; *
meu cora**ção** nele confia.
– Ele aju**dou**-me e alegrou meu coração; *
eu canto em **fes**ta o seu louvor.

– 8 O Se**nhor** é a fortaleza do seu povo *
e a salva**ção** do seu Ungido.
– 9 Sal**vai** o vosso povo e libertai-o; *
abençoa**i** a vossa herança!
– Sede **vós** o seu pastor e o seu guia *
pelos **sé**culos eternos!

Salmo 115(116B)

–10 Guar**dei** a minha **fé**, mesmo di**zen**do: *
"É de**mais** o sofrimento em minha vida!"
–11 Confi**ei**, quando dizia na aflição: *
"Todo **ho**mem é mentiroso! Todo homem!"

–12 Que pode**rei** retribuir ao Senhor Deus *
por tudo a**qui**lo que ele fez em meu favor?
–13 Elevo o **cá**lice da minha salvação, *
invo**can**do o nome santo do Senhor.
–14 Vou cum**prir** minhas promessas ao Senhor *
na pre**sen**ça de seu povo reunido.

–15 É sen**ti**da por demais pelo Senhor *
a **mor**te de seus santos, seus amigos.
=16 Eis que **sou** o vosso servo, ó Senhor, †
vosso **ser**vo que nasceu de vossa serva; *
mas me que**bras**tes os grilhões da escravidão!

–17 Por isso o**fer**to um sacrifício de louvor, *
invo**can**do o nome santo do Senhor.

– [18]Vou cum**prir** minhas promessas ao Senhor *
na pre**sen**ça de seu povo reunido;
– [19]nos **á**trios da casa do Senhor, *
em teu **mei**o, ó cidade de Sião!

Ant. Pelos **nos**sos pe**ca**dos se entre**gou**
e ressur**giu** para **nos** justifi**car**. Ale**lui**a.

Leitura breve 1Jo 5,5-6a

Quem é o vencedor do mundo, senão aquele que crê que Jesus é o Filho de Deus? Este é o que veio pela água e pelo sangue: Jesus Cristo. Não veio somente com a água, mas com a água e o sangue.

V. Este é o **di**a que o Se**nhor** fez para **nós**. Ale**lui**a.
R. Ale**gre**mo-nos e **ne**le exul**te**mos. Ale**lui**a.

Oração

Ó Deus, que nos alegrais todos os anos com a solenidade da ressurreição do Senhor, concedei-nos, pelas festas que celebramos nesta vida, chegar às eternas alegrias. Por Cristo, nosso Senhor.

Vésperas

Hino, antífonas, salmos e cântico, como no domingo da Páscoa, p. 453.

Leitura breve Hb 7,24-27

Cristo, uma vez que permanece para a eternidade, possui um sacerdócio que não muda. Por isso ele é capaz de salvar para sempre aqueles que, por seu intermédio, se aproximam de Deus. Ele está sempre vivo para interceder por eles. Tal é precisamente o sumo-sacerdote que nos convinha: santo, inocente, sem mancha, separado dos pecadores e elevado acima dos céus. Ele não precisa, como os sumos-sacerdotes, oferecer sacrifícios em cada dia, primeiro por seus próprios pecados e depois pelos do povo. Ele já o fez uma vez por todas, oferecendo-se a si mesmo.

Em lugar do responsório se diz:

Ant. Este é o **di**a que o Se**nhor** fez para **nós**;
ale**gre**mo-nos e **ne**le exul**te**mos. Ale**lui**a.

Cântico evangélico, ant.

Jesus en**trou** para ce**ar** junto com **e**les;
tomou o **pão** durante a **cei**a e, dando **gra**ças,
o par**tiu** e deu a **e**les. Ale**lui**a.

Preces

Oremos a Cristo nosso Senhor, que ressuscitou de entre os mortos e está sentado à direita do Pai; e digamos confiantes:

R. **Cristo, rei da glória, ouvi a nossa oração!**

Lembrai-vos, Senhor, de todos os que se consagram ao vosso serviço,
– para que deem ao vosso povo o exemplo da verdadeira santidade. R.

Concedei aos governantes e legisladores o espírito de justiça e de paz,
– para que reine a concórdia em toda a comunidade humana. R.

Orientai os caminhos de toda a humanidade para a esperança da salvação,
– e aumentai os bens da terra para podermos socorrer todos os necessitados. R.

(intenções livres)

Cristo, nosso Salvador, que nos libertastes da escravidão do pecado e da morte,
– concedei a luz eterna aos nossos irmãos e irmãs falecidos. R.

Pai nosso...

Oração

Ó Deus, que nos alegrais todos os anos com a solenidade da ressurreição do Senhor, concedei-nos, pelas festas que celebramos nesta vida, chegar às eternas alegrias. Por nosso Senhor Jesus Cristo, vosso Filho, na unidade do Espírito Santo.

QUINTA-FEIRA NA OITAVA DA PÁSCOA

Laudes

Hino, antífonas, salmos e cântico, como no domingo da Páscoa, p. 446.

Leitura breve Rm 8,10-11

Se Cristo está em vós, embora vosso corpo esteja ferido de morte por causa do pecado, vosso espírito está cheio de vida, graças à justiça. E, se o Espírito daquele que ressuscitou Jesus dentre os mortos mora em vós, então aquele que ressuscitou Jesus Cristo dentre os mortos vivificará também vossos corpos mortais por meio do seu Espírito que mora em vós.

Em lugar do responsório se diz:

Ant. Este é o **dia** que o Se**nhor** fez para **nós**;
alegremo-nos e **ne**le exultemos. Ale**luia**.

Cântico evangélico, ant.

Je**sus** apa**re**ce no **mei**o dos **seus**
e lhes **diz**: Paz a **vós**! Ale**luia**.

Preces

Unidos num só coração e numa só alma, invoquemos a Cristo ressuscitado, sempre presente em sua Igreja; e digamos:

R. **Ficai conosco, Senhor!**

Senhor Jesus, vencedor do pecado e da morte, permanecei no meio de nós,
–vós, que viveis e reinais pelos séculos sem fim. R.

Vinde em nosso auxílio com vosso poder invencível,
–e revelai aos nossos corações a infinita bondade de Deus Pai. R.

Salvai o mundo da violência e da discórdia,
–porque só vós tendes poder para renovar e reconciliar. R.

Confirmai-nos na fé da vitória final,
–e fortalecei-nos na esperança da vossa vinda gloriosa. R.

(intenções livres)

Pai nosso...

Oração

Ó Deus, que reunistes povos tão diversos no louvor do vosso nome, concedei aos que renasceram nas águas do batismo ter no coração a mesma fé e na vida a mesma caridade. Por nosso Senhor Jesus Cristo, vosso Filho, na unidade do Espírito Santo.

Hora Média

Hino, p.463.

Salmodia

Ant. Pelos **nossos** pecados se entre**gou**
e ressur**giu** para **nos** justifi**car**. Ale**luia**.

Salmo 118(119),17-24
III (Ghimel)

– 17Sede **bom** com vosso **ser**vo, e vive**rei**, *
e guarda**rei** vossa palavra, ó Senhor.
– 18Abri meus **o**lhos, e então contemplarei *
as mara**vi**lhas que encerra a vossa lei!

– 19Sou a**pe**nas peregrino sobre a terra, *
de **mim** não oculteis vossos preceitos!
– 20Minha **al**ma se consome o tempo todo *
em dese**jar** as vossas justas decisões.

– 21Amea**çais** os orgulhosos e os malvados;*
maldito **se**ja quem transgride a vossa lei!
– 22Li**vrai**-me do insulto e do desprezo, *
pois eu **guar**do as vossas ordens, ó Senhor.

– 23Que os pode**ro**sos reunidos me condenem; *
o que me im**por**ta é o vosso julgamento!
– 24Minha ale**gri**a é a vossa Aliança, *
meus consel**hei**ros são os vossos mandamentos.

Salmo 29(30)

I

– 2Eu vos e**xal**to, ó Se**nhor**, pois me li**vras**tes, *
e não dei**xas**tes rir de mim meus inimigos!
– 3Se**nhor**, clamei por vós, pedindo ajuda, *
e vós, meu **Deus**, me devolvestes a saúde!
– 4Vós ti**ras**tes minha alma dos abismos *
e me sal**vas**tes, quando estava já morrendo!

– 5Cantai **sal**mos ao Senhor, povo fiel, *
dai-lhe **gra**ças e invocai seu santo nome!
– 6Pois sua **i**ra dura apenas um momento, *
mas sua bon**da**de permanece a vida inteira;
– se à **tar**de vem o pranto visitar-nos, *
de ma**nhã** vem saudar-nos a alegria.

II

– 7Nos mo**men**tos mais fe**li**zes eu di**zi**a: *
“Ja**mais** hei de sofrer qualquer desgraça!”

– 8 Honra e po**der** me concedia a vossa graça, *
mas escon**des**tes vossa face e perturbei-me.

– 9 Por **vós**, ó meu Senhor, agora eu clamo, *
e im**plo**ro a piedade do meu Deus:
– 10 "Que van**ta**gem haverá com minha morte, *
e que **lu**cro, se eu descer à sepultura?

– Por a**ca**so, pode o pó agradecer-vos *
e anunci**ar** vossa leal fidelidade?
– 11 Escu**tai**-me, Senhor Deus, tende piedade! *
Sede, Se**nhor**, o meu abrigo protetor!

– 12 Transfor**mas**tes o meu pranto em uma festa, *
meus far**ra**pos, em adornos de alegria,
= 13 para minh'**al**ma vos louvar ao som da harpa †
e ao in**vés** de se calar, agradecer-vos: *
Senhor meu **Deus**, eternamente hei de louvar-vos!

Ant. Pelos **nos**sos pe**ca**dos se entre**gou**
e ressur**giu** para **nos** justifi**car**. Ale**lui**a.

Leitura breve Tt 3,5b-7

Deus nos salvou quando renascemos e fomos renovados no batismo pelo Espírito Santo, que ele derramou abundantemente sobre nós por meio de nosso Salvador Jesus Cristo. Justificados assim, pela sua graça, nos tornamos na esperança herdeiros da vida eterna.

V. Este é o **di**a que o Se**nhor** fez para **nós**. Ale**lui**a.
R. Ale**gre**mo-nos e **ne**le exul**te**mos. Ale**lui**a.

Oração

Ó Deus, que reunistes povos tão diversos no louvor do vosso nome, concedei aos que renasceram nas águas do batismo ter no coração a mesma fé e na vida a mesma caridade. Por Cristo, nosso Senhor.

Vésperas

Hino, antífonas, salmos e cântico, como no domingo da Páscoa, p. 453.

Leitura breve 1Pd 3,18.21b-22

Cristo morreu, uma vez por todas, por causa dos pecados, o justo, pelos injustos, a fim de vos conduzir a Deus. Sofreu a morte, na sua existência humana, mas recebeu nova vida pelo Espírito. Pois o batismo não serve para limpar o corpo da imundície, mas é um pedido a Deus para obter uma boa consciência, em virtude da ressurreição de Jesus Cristo. Ele subiu ao céu e está à direita de Deus, submetendo-se a ele anjos, dominações e potestades.

Em lugar do responsório se diz:

Ant. Este é o **di**a que o Se**nhor** fez para **nós**;
alegre**gre**mo-nos e **ne**le exul**te**mos. Ale**lui**a.

Cântico evangélico, ant.

Olhai minhas **mãos** e **ve**de meus **pés**: sou **eu**, ale**lui**a.

Preces

Louvemos com alegria a Cristo Jesus, ressuscitado de entre os mortos como primícias dos que adormeceram na esperança da luz eterna; e rezemos:

R. **Senhor ressuscitado, ouvi a nossa oração!**

Lembrai-vos, Senhor, da vossa Igreja edificada sobre o fundamento dos apóstolos, e que se faz presente pelo mundo inteiro;
– abençoai todos aqueles que invocam o vosso nome. R.

Jesus Cristo, médico dos corpos e das almas,
– visitai-nos e salvai-nos pela vossa misericórdia. R.

Curai e reconfortai os doentes,
– e livrai-os de toda enfermidade. R.

Ajudai os aflitos e oprimidos,
– e sustentai os que padecem necessidade. R.

(intenções livres)

Vós, que pela cruz e ressurreição abristes para todos o caminho da imortalidade,
– concedei as alegrias do vosso reino aos nossos irmãos e irmãs falecidos. R.

Pai nosso...

Oração

Ó Deus, que reunistes povos tão diversos no louvor do vosso nome, concedei aos que renasceram nas águas do batismo ter no coração a mesma fé e na vida a mesma caridade. Por nosso Senhor Jesus Cristo, vosso Filho, na unidade do Espírito Santo.

SEXTA-FEIRA NA OITAVA DA PÁSCOA

Laudes

Hino, antífonas salmos e cântico, como no domingo da Páscoa. p. 446.

Leitura breve At 5,30-32

O Deus de nossos pais ressuscitou Jesus, a quem vós matastes, pregando-o numa cruz. Deus, por seu poder, o exaltou, tornando-o Guia Supremo e Salvador, para dar ao povo de Israel a conversão e o perdão dos seus pecados. E disso somos testemunhas, nós e o Espírito Santo, que Deus concedeu àqueles que lhe obedecem.

Em lugar do responsório se diz:

Ant. Este é o **dia** que o Se**nhor** fez para **nós**;
alegremo-nos e **ne**le exul**te**mos. Ale**lui**a.

Cântico evangélico, ant.

Je**sus** apare**ceu** terceira **vez** a seus dis**cí**pulos
de**pois** de haver **res**susci**ta**do, ale**lui**a.

Preces

Oremos a Deus Pai, que pela ressurreição de Jesus Cristo nos deu uma vida nova; e supliquemos humildemente:

R. **Iluminai-nos, Senhor, com a luz de Cristo!**

Deus de bondade e fidelidade, que criastes o universo e manifestastes a todas as gerações o vosso desígnio de salvação,
– escutai-nos, ó Pai clementíssimo. R.

Purificai os nossos corações com a luz da vossa verdade,
– para que todas as nossas obras sejam justas e agradáveis aos vossos olhos. R.

Fazei brilhar sobre nós a luz da vossa face,
– para que, libertos do pecado, nos saciemos com a riqueza de vossos dons. R.

Vós, que por Cristo nos reconciliastes convosco,
– fazei reinar a vossa paz em toda a terra. R.

(intenções livres)

Pai nosso...

Oração

Deus eterno e todo-poderoso, que no Sacramento pascal restaurastes vossa aliança, reconciliando convosco a humanidade, concedei-nos realizar em nossa vida o mistério que celebramos na fé. Por nosso Senhor Jesus Cristo, vosso Filho, na unidade do Espírito Santo

Hora Média

Hino, p. 463.

Salmodia

Ant. Pelos **nos**sos pe**ca**dos se entre**gou**
e ressur**giu** para **nos** justifi**car**. Ale**lui**a.

Salmo 118(119),25-32
IV (Daleth)

– 25 A minha **al**ma está pros**tra**da na po**ei**ra, *
vossa pa**la**vra me devolva a minha vida!
– 26 Eu vos nar**rei** a minha sorte e me atendestes, *
ensi**nai**-me, ó Senhor, vossa vontade!

– 27 Fa**zei**-me conhecer vossos caminhos, *
e en**tão** meditarei vossos prodígios!
– 28 A minha **al**ma chora e geme de tristeza, *
vossa pa**la**vra me console e reanime!

– 29 Afas**tai** me do caminho da mentira *
e **dai**-me a vossa lei como um presente!
– 30 Escol**hi** seguir a trilha da verdade, *
diante de **mim** eu coloquei vossos preceitos.

– 31 De cora**ção** quero apegar-me a, vossa lei; *
ó Se**nhor**, não me deixeis desiludido!
– 32 De **vos**sos mandamentos corro a estrada, *
porque **vós** me dilatais o coração.

Salmo 75(76)
I

– 2 Em Ju**dá** o Senhor **Deus** é conhe**ci**do, *
e seu **no**me é grandioso em Israel.

– [3] Em Sa**lém** ele fixou a sua tenda, *
em Si**ão** edificou sua morada.
– [4] E a**li** quebrou os arcos e as flechas, *
os es**cu**dos, as espadas e outras armas.
– [5] Resplen**den**te e majestoso apareceis *
sobre **mon**tes de despojos conquistados.

= [6] Despo**jas**tes os guerreiros valorosos †
que já **dor**mem o seu sono derradeiro, *
inca**pa**zes de apelar para os seus braços.
– [7] Ante as **vos**sas ameaças, ó Senhor,*
estarre**ce**ram-se os carros e os cavalos.

II

– [8] Sois ter**rí**vel, real**men**te, Senhor **Deus**! *
E quem **po**de resistir à vossa ira?
– [9] Lá do **céu** pronunciastes a sentença, *
e a **ter**ra apavorou-se e emudeceu,
–[10] quando **Deus** se levantou para julgar*
e liber**tar** os oprimidos desta terra.

–[11] Mesmo a re**vol**ta dos mortais vos dará glória, *
e os que so**bra**ram do furor vos louvarão.
–[12] Ao vosso **Deus** fazei promessas e as cumpri; *
vós que o cer**cais**, trazei ofertas ao Terrível;
–[13] ele es**ma**ga os reis da terra em seu orgulho, *
e faz tre**mer** os poderosos deste mundo!

Ant. Pelos **nos**sos pe**ca**dos se entre**gou**
e ressur**giu** para **nos** justifi**car**. Ale**lu**ia.

Leitura breve Gl 3,27-28

Vós todos que fostes batizados em Cristo vos revestistes de Cristo. O que vale não é mais ser judeu nem grego, nem escravo nem livre, nem homem nem mulher, pois todos vós sois um só, em Jesus Cristo.

V. Este é o **di**a que o Se**nhor** fez para **nós**. Ale**lu**ia.
R. Ale**gre**mo-nos e **ne**le exul**te**mos. Ale**lu**ia.

Oração

Deus eterno e todo-poderoso, que no Sacramento pascal restaurastes vossa aliança, reconciliando convosco a humanidade, concedei-nos realizar em nossa vida o mistério que celebramos na fé. Por Cristo, nosso Senhor.

Vésperas

Hino, antífonas, salmos e cântico, como no domingo da Páscoa, p. 453.

Leitura breve Hb 5,8-10

Mesmo sendo Filho, aprendeu o que significa a obediência a Deus por aquilo que ele sofreu. Mas, na consumação de sua vida, tornou-se causa de salvação eterna para todos os que lhe obedecem. De fato, ele foi por Deus proclamado sumo-sacerdote na ordem de Melquisedec.

Em lugar do responsório se diz:

Ant. Este é o **dia** que o Se**nhor** fez para **nós**;
alegre**gre**mo-nos e **ne**le exul**te**mos. Ale**lui**a.

Cântico evangélico, ant.

O dis**cí**pulo, a **quem** Jesus a**ma**va,
disse a **e**les: É o Se**nhor**, ale**lui**a.

Preces

Glorifiquemos a Cristo, caminho, verdade e vida; e o invoquemos, dizendo:

R. **Filho de Deus vivo, abençoai o vosso povo!**

Nós vos pedimos, Senhor Jesus Cristo, por todos os ministros da Igreja, que repartem o pão da vida entre os irmãos,
– para que sejam também eles alimentados e fortalecidos pelo mesmo pão que distribuem. R.

Nós vos pedimos por todo o povo cristão, para que viva sua vocação de maneira digna,
– e mantenha a unidade de espírito pelo vínculo da paz. R.

Nós vos pedimos por todos os que nos governam, para que exerçam suas funções com justiça e compreensão,
– e assim promovam a concórdia e a paz entre todos os povos. R.

(intenções livres)

Nós vos pedimos que nos torneis dignos de celebrar a vossa santa ressurreição em comunhão com os anjos e os santos,
– e também com nossos irmãos e irmãs falecidos, que confiamos à vossa infinita misericórdia.

R. **Filho de Deus vivo, abençoai o vosso povo!**

Pai nosso...

Oração

Deus eterno e todo-poderoso, que no Sacramento pascal restaurastes vossa aliança, reconciliando convosco a humanidade, concedei-nos realizar em nossa vida o mistério que celebramos na fé. Por nosso Senhor Jesus Cristo, vosso Filho, na unidade do Espírito Santo.

SÁBADO NA OITAVA DA PÁSCOA

Laudes

Hino, antífonas, salmos e cântico, como no domingo da Páscoa, p. 446.

Leitura breve Rm 14,7-9

Ninguém dentre nós vive para si mesmo ou morre para si mesmo. Se estamos vivos, é para o Senhor que vivemos; se morremos, é para o Senhor que morremos. Portanto, vivos ou mortos, pertencemos ao Senhor. Cristo morreu e ressuscitou exatamente para isto, para ser o Senhor dos mortos e dos vivos.

Em lugar do responsório se diz:

Ant. Este é o **dia** que o Se**nhor** fez para **nós**;
alegremo-nos e **ne**le exul**te**mos. Ale**lui**a.

Cântico evangélico, ant.

Na ma**nhã** do dia da **Pás**coa o Se**nhor** ressusci**tou**
e apare**ceu** primeira**men**te a Maria Mada**le**na. Ale**lui**a.

Preces

Roguemos com alegria a Cristo, pão da vida, que ressuscitará no último dia os que se alimentam à mesa de sua palavra e de seu corpo; e digamos:

R. **Dai-nos, Senhor, paz e alegria!**

Filho de Deus, que ressuscitastes gloriosamente dos mortos como Senhor da vida,
– abençoai e santificai a humanidade inteira. R.

Senhor Jesus, fonte de paz e de alegria para todos os que creem em vós,
– fazei-nos viver como filhos da luz na alegria do vosso triunfo pascal. R.

Confirmai a fé da vossa Igreja, peregrina sobre a terra,
– para que dê ao mundo o testemunho da vossa ressurreição. R.

Vós, que, depois de muitos sofrimentos, entrastes na glória do Pai,
– mudai em alegria a tristeza dos que choram. R.

(intenções livres)

Pai nosso...

Oração

Ó Deus, que pela riqueza da vossa graça multiplicais os povos que creem em vós, contemplai solícito aqueles que escolhestes e dai aos que renasceram pelo batismo a veste da imortalidade. Por nosso Senhor Jesus Cristo, vosso Filho, na unidade do Espírito Santo.

Hora Média

Hino, p. 463.

Salmodia

Ant. Pelos **nos**sos pe**ca**dos se entre**gou**
e ressur**giu** para **nos** justifi**car**. Ale**lui**a.

Salmo 118(119),33-40
V (He)

– 33 Ens**inai**-me a vi**ver** vossos pre**cei**tos; *
quero guar**dá**-los fielmente até o fim!
– 34 Dai-me o sa**ber**, e cumprirei a vossa lei, *
e de **to**do o coração a guardarei.
– 35 Guiai meus **pas**sos no caminho que traçastes, *
pois só **ne**le encontrarei felicidade.

–36 Incli**nai** meu coração às vossas leis, *
e **nun**ca ao dinheiro e à avareza.
–37 Desvi**ai** o meu olhar das coisas vãs, *
dai-me a vida pelos vossos mandamentos!
–38 Cumpri, Se**nhor**, vossa promessa ao vosso servo,*
vossa pro**mes**sa garantida aos que vos temem.

–39 Li**vrai**-me do insulto que eu receio, *
porque **vos**sos julgamentos são suaves.
–40 Como an**sei**o pelos vossos mandamentos!*
Dai-me a **vi**da, ó Senhor, porque sois justo!

Salmo 95(96)

I

= 1 Can**tai** ao Senhor **Deus** um canto **no**vo, †
2 can**tai** ao Senhor Deus, ó terra inteira! *
Can**tai** e bendizei seu santo nome!

= Dia após **di**a anunciai sua salvação, †
3 manifes**tai** a sua glória entre as nações, *
e entre os **po**vos do universo seus prodígios!

= 4 Pois Deus é **gran**de e muito digno de louvor, †
é mais ter**rí**vel e maior que os outros deuses, *
5 porque um **na**da são os deuses dos pagãos.

= Foi o Se**nhor** e nosso Deus quem fez os céus: †
6 diante **de**le vão a glória e a majestade, *
e o seu **tem**plo, que beleza e esplendor!

II

= 7 Ó fa**mí**lia das na**ções**, dai ao Se**nhor**, †
ó na**ções**, dai ao Senhor poder e glória, *
8 dai-lhe a **gló**ria que é devida ao seu nome!

= Ofere**cei** um sacrifício nos seus átrios, †
9 ado**rai**-o no esplendor da santidade, *
terra in**tei**ra, estremecei diante dele!

= 10 Publi**cai** entre as nações: "Reina o Senhor!" †
Ele fir**mou** o universo inabalável, *
e os **po**vos ele julga com justiça. –

– 11 O **céu** se rejubile e exulte a terra, *
aplauda o **mar** com o que vive em suas águas;
– 12 os **cam**pos com seus frutos rejubilem *
e ex**ul**tem as florestas e as matas
– 13 na pre**sen**ça do Senhor, pois ele vem, *
porque **vem** para julgar a terra inteira.
– Governa**rá** o mundo todo com justiça, *
e os **po**vos julgará com lealdade.

Ant. Pelos **nos**sos pe**ca**dos se entre**gou**
e ressur**giu** para **nos** justifi**car**. Ale**lu**ia.

Leitura breve 1Cor 15,20-22

Cristo ressuscitou dos mortos como primícias dos que morreram. Com efeito, por um homem veio a morte e é também por um homem que vem a ressurreição dos mortos. Como em Adão todos morrem, assim também em Cristo todos reviverão.

V. Este é o **di**a que o Se**nhor** fez para **nós**. Ale**lu**ia.
R. Ale**gre**mo-nos e **ne**le exul**te**mos. Ale**lu**ia.

Oração

Ó Deus, que pela riqueza da vossa graça multiplicais os povos que creem em vós, contemplai solícito aqueles que escolhestes e dai aos que renasceram pelo batismo a veste da imortalidade. Por Cristo, nosso Senhor.

DOMINGO NA OITAVA DA PÁSCOA

(2º DOMINGO DA PÁSCOA)

I Vésperas

Hino, antífonas, salmos e cântico, como no domingo da Páscoa, p. 453.

Leitura breve 1Pd 2,9-10

Vós sois a raça escolhida, o sacerdócio do Reino, a nação santa, o povo que ele conquistou para proclamar as obras admiráveis daquele que vos chamou das trevas para a sua luz maravilhosa. Vós sois aqueles que "antes não eram povo, agora porém são povo de Deus; os que não eram objeto de misericórdia, agora porém alcançaram misericórdia."

Em lugar do responsório se diz:

Ant. Este é o **dia** que o Se**nhor** fez para **nós**;
alegre**gre**mo-nos e **ne**le exul**te**mos. Ale**lui**a.

Cântico evangélico, ant.
Na oi**ta**va da **Pás**coa, a **por**tas fe**cha**das,
en**tran**do o Se**nhor** lhes fa**lou**: Paz a **vós**! Ale**lui**a.

Preces

Oremos a Jesus Cristo que, ressuscitando dos mortos, destruiu a morte e renovou a vida; e digamos cheios de confiança:

R. **Cristo, vivo para sempre, escutai a nossa prece!**

Vós que sois a pedra rejeitada pelos construtores, mas escolhida pelo Pai como pedra angular,
– fazei de nós pedras vivas na edificação de vossa Igreja. R

Vós, que sois a Testemunha fiel e verdadeira, o Primogênito dentre os mortos,
– concedei que a vossa Igreja possa dar sempre e em toda a terra o testemunho da vossa ressurreição. R.

Vós, que sois o Esposo único da Igreja, nascida de vosso lado aberto na cruz,
– fazei de nós testemunhas do vosso amor pela Igreja e por toda a humanidade. R.

Vós, que sois o Princípio e o Fim, que estivestes morto e agora viveis eternamente,
– concedei aos que foram batizados a perseverança até à morte, para que mereçam a coroa da vitória. R.

(intenções livres)

Vós, que sois a Luz que ilumina a santa cidade de Deus;
– iluminai com vosso esplendor os nossos irmãos e irmãs falecidos, para que reinem convosco eternamente. R.

Pai nosso...

Oração

Ó Deus de eterna misericórdia, que reacendeis a fé do vosso povo na renovação da festa pascal, aumentai a graça que nos destes. E fazei que compreendamos melhor o batismo que nos lavou, o espírito que nos deu vida nova, e o sangue que nos remiu. Por nosso Senhor Jesus Cristo, vosso Filho, na unidade do Espírito Santo.

Na despedida se diz:

Ide em paz e o Senhor vos acompanhe. Aleluia, aleluia.
R. Graças a Deus. Aleluia, aleluia.

Laudes

Hino, antífonas, salmos e cântico, como no domingo da Páscoa, p. 446.

Leitura breve At 10,40-43

Deus ressuscitou Jesus no terceiro dia, concedendo-lhe manifestar-se não a todo o povo, mas às testemunhas que Deus havia escolhido: a nós, que comemos e bebemos com Jesus, depois que ressuscitou dos mortos. E Jesus nos mandou pregar ao povo e testemunhar que Deus o constituiu Juiz dos vivos e dos mortos. Todos os profetas dão testemunho dele: Todo aquele que crê em Jesus recebe, em seu nome, o perdão dos pecados.

Em lugar do responsório se diz:

Ant. Este é o **di**a que o Se**nhor** fez para **nós**;
alegremo-nos e **ne**le exul**te**mos. Ale**lui**a.

Cântico evangélico, ant.

Com teu **de**do vem to**car** as minhas **mãos**,
co**lo**ca tua **mão** no lado a**ber**to,
e não **se**jas um in**cré**dulo, To**mé**,
mas tenhas **fé**, ale**lui**a.

Preces

Invoquemos a Deus Pai todo-poderoso, que ressuscitou nosso Rei e Salvador Jesus Cristo; e digamos com alegria:

R. **Iluminai-nos, Senhor, com a luz de Cristo!**

Pai santo, que fizestes vosso amado Filho Jesus passar das trevas da morte para a luz da glória,
– dai-nos chegar, um dia, à luz admirável do vosso reino eterno. R.

Vós, que nos salvastes pela fé,
– fazei-nos viver hoje fielmente segundo as promessas do nosso batismo. R.

Vós, que nos mandais buscar sempre as coisas do alto, onde Cristo está sentado à vossa direita,
– livrai-nos da sedução do pecado. R.

Fazei que a nossa vida, escondida em vós com Cristo, brilhe no mundo,
– para anunciar a todos os novos céus e a nova terra. R.

R. **Iluminai-nos, Senhor, com a luz de Cristo!**

(intenções livres)

Pai nosso...

Oração

Ó Deus de eterna misericórdia, que reacendeis a fé do vosso povo na renovação da festa pascal, aumentai a graça que nos destes. E fazei que compreendamos melhor o batismo que nos lavou, o espírito que nos deu vida nova, e o sangue que nos remiu. Por nosso Senhor Jesus Cristo, vosso Filho, na unidade do Espírito Santo.

Na despedida se diz:

Ide em paz e o Senhor vos acompanhe. Aleluia, aleluia.

R. Graças a Deus. Aleluia, aleluia.

Hora Média

Tudo como no domingo da Páscoa, p. 451, exceto a oração, como acima, nas Laudes.

II Vésperas

Hino, antífonas, salmos e cântico, como no domingo da Páscoa, p. 453.

Leitura breve Hb 10,12-14

Cristo, depois de ter oferecido um sacrifício único pelos pecados, sentou-se para sempre à direita de Deus. Não lhe resta mais senão esperar até que seus inimigos sejam postos debaixo de seus pés. De fato, com esta única oferenda, levou à perfeição definitiva os que ele santifica.

Em lugar do responsório se diz:

Ant. Este é o **di**a que o Se**nhor** fez para **nós**;
alegremo-nos e **ne**le exul**te**mos. Ale**lui**a.

Cântico evangélico, ant.

Acredi**tas**te, To**mé**, porque me **vis**te.
Fe**li**zes os que **cre**em sem ter **vis**to. Ale**lui**a.

Preces

Invoquemos a Deus Pai, que ressuscitou Jesus Cristo e o exaltou à sua direita; e peçamos humildemente:

R. **Protegei o vosso povo, Senhor, pela glória de Cristo!**

Pai santo, que pela vitória da cruz glorificastes Jesus sobre a terra,
– atraí para ele todas as coisas. R.

Por vosso Filho glorificado, enviai, Senhor, sobre a Igreja o Espírito Santo,
– para que ela seja sinal de unidade para todo o gênero humano. R.

Conservai na fé do seu batismo a vossa família, que fizestes renascer pela água e pelo Espírito Santo,
– para que alcance a vida eterna. R.

Por vosso Filho glorificado, dai alegria aos infelizes, libertai os prisioneiros, curai os doentes,
– e estendei à humanidade inteira os benefícios da vossa redenção. R.

(intenções livres)

Aos nossos irmãos e irmãs falecidos, que receberam na terra o Corpo e o Sangue de Cristo,
– dai-lhes a glória da ressurreição no último dia. R.

Pai nosso...

Oração

Ó Deus de eterna misericórdia, que reacendeis a fé do vosso povo na renovação da festa pascal, aumentai a graça que nos destes. E fazei que compreendamos melhor o batismo que nos lavou, o espírito que nos deu vida nova, e o sangue que nos remiu. Por nosso Senhor Jesus Cristo, vosso Filho, na unidade do Espírito Santo.

Na despedida se diz:

Ide em paz e o Senhor vos acompanhe. Aleluia, aleluia.
R. Graças a Deus. Aleluia, aleluia.

Termina aqui a Oitava da Páscoa.

SEGUNDA-FEIRA

Laudes

II Semana do Saltério

Leitura breve Rm 10,8b-10

A palavra está perto de ti, em tua boca e em teu coração. Essa palavra é a palavra da fé, que nós pregamos. Se, pois, com tua boca confessares Jesus como Senhor e, no teu coração, creres que Deus o ressuscitou dos mortos, serás salvo. É crendo no coração que se alcança a justiça e é confessando a fé com a boca que se consegue a salvação.

Responsório breve

R. O Se**nhor** ressur**giu** do se**pul**cro. * Ale**lui**a, ale**lui**a.
R. O Se**nhor**.
V. Foi sus**pen**so por **nós** numa **cruz**. * Ale**lui**a, ale**lui**a.
Glória ao **Pai**. R. O Se**nhor**.

Cântico evangélico, ant.

Jesus **dis**se: Em ver**da**de eu vos **di**go:
Quem não **nas**ce de **no**vo do **al**to,
o **rei**no de **Deus** não ve**rá**. Ale**lui**a.

Preces

Rezemos a Deus Pai, glorificado pela morte e ressurreição de seu Filho; e peçamos confiantes:

R. **Iluminai, Senhor, o nosso coração!**

Deus de eterna glória, que iluminastes o mundo com a luz de Cristo gloriosamente ressuscitado,
– iluminai-nos hoje com a luz da fé. R.

Vós, que, pela ressurreição de Cristo, abristes a todo ser humano as portas da eternidade
– ajudai-nos no trabalho deste dia, para que aumente em nós a esperança da vida eterna. R.

Vós, que, por vosso Filho ressuscitado, enviastes ao mundo o Espírito Santo,
– acendei em nossos corações o fogo do vosso amor. R.

Pelos méritos da cruz de Cristo, que morreu para libertar o mundo,
– dai à humanidade inteira a salvação e a paz. R.

(intenções livres)

Pai nosso...

Oração

Deus eterno e todo-poderoso, a quem ousamos chamar de Pai, dai-nos cada vez mais um coração de filhos, para alcançarmos a herança prometida. Por nosso Senhor Jesus Cristo, vosso Filho, na unidade do Espírito Santo.

Hora Média

Hino, p. 463.

Ant. Ale**lui**a, ale**lui**a, ale**lui**a.

Com esta única antífona se dizem os três salmos durante todo o Tempo pascal, a não ser que se indique antífona própria.

Leitura breve Cl 2,9.10a.12

Em Cristo habita corporalmente toda a plenitude da divindade. Dele também vós estais repletos. Com Cristo fostes sepultados no batismo; com ele também fostes ressuscitados por meio da fé no poder de Deus, que ressuscitou a Cristo dentre os mortos.

V. Os dis**cí**pulos fi**ca**ram muito a**le**gres, ale**lui**a,
R. Por **ve**rem o Se**nhor** ressusci**ta**do. Ale**lui**a.

Oração como nas Laudes.

Vésperas

Leitura breve Hb 8,1b-3a

Temos um sumo-sacerdote tão grande, que se assentou à direita do trono da majestade, nos céus. Ele é ministro do Santuário e da Tenda verdadeira, armada pelo Senhor, e não por mão humana. Todo sumo-sacerdote, com efeito, é constituído para oferecer dádivas e sacrifícios.

Responsório breve

R. Os dis**cí**pulos fi**ca**ram muito a**le**gres. * Ale**lui**a, ale**lui**a.
R. R. Os dis**cí**pulos.
V. Quando **vi**ram o Se**nhor** ressusci**ta**do. * Ale**lui**a, ale**lui**a.
Glória ao **Pai**. R. Os dis**cí**pulos.

Cântico evangélico, ant.
O que **nas**ce da **car**ne é **car**ne,
o que **nas**ce do Es**pí**rito é Es**pí**rito. Ale**lui**a.

Preces
Roguemos a Cristo, nosso Senhor, que iluminou o mundo com a glória de sua ressurreição; e digamos:

R. **Cristo, nossa vida, ouvi-nos!**

Senhor Jesus Cristo, que vos fizestes companheiro de viagem dos dois discípulos a caminho de Emaús,
– permanecei sempre com vossa Igreja, peregrina sobre a terra. R.

Não permitais que vossos fiéis sejam lentos para crerem,
– mas proclamem o vosso triunfo sobre a morte. R.

Olhai com bondade para aqueles que ainda não vos reconhecem no caminho de suas vidas,
– e mostrai-lhes o vosso rosto, para que também eles se salvem. R.

Vós, que pela cruz reconciliastes toda a humanidade, reunindo-a num só corpo,
– concedei a paz e a unidade a todas as nações. R.

(intenções livres)

Juiz dos vivos e dos mortos,
– concedei o perdão dos pecados a todos os que partiram desta vida e creram em vós. R.

Pai nosso...

Oração

Deus eterno e todo-poderoso, a quem ousamos chamar de Pai, dai-nos cada vez mais um coração de filhos, para alcançarmos a herança prometida. Por nosso Senhor Jesus Cristo, vosso Filho, na unidade do Espírito Santo.

TERÇA-FEIRA

Laudes

Leitura breve At 13,30-33
Deus ressuscitou Jesus dos mortos e, durante muitos dias, ele foi visto por aqueles que o acompanharam desde a Galileia até Jeru-

salém. Agora eles são testemunhas de Jesus diante do povo. Por isso, nós vos anunciamos este Evangelho: a promessa que Deus fez aos antepassados, ele a cumpriu para nós, seus filhos, quando ressuscitou Jesus, como está escrito no salmo segundo: Tu és o meu filho, eu hoje te gerei.

Responsório breve

R. O Se**nhor** ressur**giu** do se**pul**cro. * Ale**lui**a, ale**lui**a.
R. O Se**nhor**.
V. Foi sus**pen**so por **nós** numa **cruz**. * Ale**lui**a, ale**lui**a.
Glória ao **Pai**. R. O Se**nhor**.

Cântico evangélico, ant.

Sou o **Al**fa e o **Ô**mega, o pri**mei**ro e o **úl**timo,
o re**ben**to de Da**vi**, a es**tre**la da ma**nhã**. Ale**lui**a.

Preces

Demos graças a Deus, Pai de nosso Senhor Jesus Cristo, o Cordeiro sem mancha, que tira o pecado do mundo; e rezemos confiantes:

R. **Senhor, fonte da vida, dai-nos a vossa salvação!**

Deus, fonte da vida, lembrai-vos da morte e ressurreição do Cordeiro imolado na cruz,
– e ouvi as súplicas que ele vos dirige continuamente em nosso favor. R.

Purificai-nos, Senhor, de todo fermento de malícia e perversidade,
– para vivermos a páscoa de Cristo com os pães ázimos da sinceridade e da verdade. R.

Ajudai-nos a vencer neste dia o pecado da discórdia e da inveja,
– e tornai-nos mais atentos às necessidades dos nossos irmãos e irmãs. R.

Dai à nossa vida um autêntico espírito evangélico,
– para andarmos, hoje e sempre, pelo caminho dos vossos mandamentos. R.

(intenções livres)

Pai nosso...

Oração

Fazei-nos, ó Deus todo-poderoso, proclamar o poder do Cristo ressuscitado e, tendo recebido as primícias dos seus dons, consigamos possuí-los em plenitude. Por nosso Senhor Jesus Cristo, vosso Filho, na unidade do Espírito Santo.

Hora Média

Leitura breve cf. 1Pd 3,21-22a

O batismo é hoje a vossa salvação, pois ele não serve para limpar o corpo da imundície, mas é um pedido a Deus para obter uma boa consciência, em virtude da ressurreição de Jesus Cristo que está à direita de Deus.

V. Os discípulos ficaram muito alegres, aleluia,
R. Por verem o Senhor ressuscitado. Aleluia.

Oração como nas Laudes.

Vésperas

Leitura breve 1Pd 2,4-5

Aproximai-vos do Senhor, pedra viva, rejeitada pelos homens, mas escolhida e honrosa aos olhos de Deus. Do mesmo modo, também vós, como pedras vivas, formai um edifício espiritual, um sacerdócio santo, a fim de oferecerdes sacrifícios espirituais, agradáveis a Deus, por Jesus Cristo.

Responsório breve

R. Os discípulos ficaram muito alegres. *Aleluia, aleluia.
R. Os discípulos.
V. Quando viram o Senhor ressuscitado. *Aleluia, aleluia. Glória ao Pai. R. Os discípulos.

Cântico evangélico, ant.

Não nos ardia o coração,
quando Jesus pelo caminho nos falava? Aleluia.

Preces

Invoquemos a Cristo, que pela sua ressurreição confirmou a esperança do seu povo; e peçamos com muita fé:

R. **Cristo, vivo para sempre, escutai-nos!**

Senhor Jesus Cristo, de cujo lado aberto correu sangue e água,
–fazei da Igreja vossa esposa imaculada. R.

Pastor supremo da Igreja, que depois da ressurreição confiastes a Pedro o cuidado do vosso rebanho,

– protegei o nosso papa N. e confirmai-o na caridade a serviço do vosso povo. R.

Vós, que enchestes de peixes as redes de vossos discípulos que pescavam no lago de Tiberíades,
– enviai operários à vossa Igreja para que continuem seu trabalho apostólico. R.

Vós, que preparastes pão e peixes para vossos discípulos, na margem do lago,
– não permitais que nossos irmãos e irmãs morram de fome por nossa culpa. R.

(intenções livres)

Senhor Jesus, novo Adão, que nos dais a vida, tornai semelhantes à vossa imagem gloriosa os que já deixaram este mundo,
– para que participem plenamente da alegria perfeita no céu. R.

Pai nosso...

Oração

Fazei-nos, ó Deus todo-poderoso, proclamar o poder do Cristo ressuscitado e, tendo recebido as primícias dos seus dons, consigamos possuí-los em plenitude. Por nosso Senhor Jesus Cristo, vosso Filho, na unidade do Espírito Santo.

QUARTA-FEIRA

Laudes

Leitura breve — Rm 6,8-11

Se morremos com Cristo, cremos que também viveremos com ele. Sabemos que Cristo ressuscitado dos mortos não morre mais; a morte já não tem poder sobre ele. Pois aquele que morreu, morreu para o pecado uma vez por todas; mas aquele que vive, é para Deus que vive. Assim, vós também considerai-vos mortos para o pecado e vivos para Deus, em Jesus Cristo.

Responsório breve

R. O Se**nhor** ressur**giu** do se**pul**cro. * Ale**lui**a, ale**lui**a.
R. O Se**nhor**.
V. Foi sus**pen**so por **nós** numa **cruz**. * Ale**lui**a, ale**lui**a. Glória ao **Pai**. R. O Se**nhor**.

Cântico evangélico, ant.
Tanto **Deus** amou o **mun**do, que lhe **deu** seu Filho **ú**nico;
quem crê **ne**le não pe**re**ce, mas te**rá** a vida e**ter**na. Ale**lui**a.

Preces
Elevemos nossas preces a Deus Pai, que quis revelar aos apóstolos a glória de Cristo ressuscitado; e aclamemos:
R. **Iluminai-nos, Senhor, com a glória de Cristo!**

Nós vos louvamos, Senhor, fonte de luz e de glória,
– que nos chamastes à vossa luz admirável para alcançarmos a salvação. R.

Purificai e fortalecei com o poder do Espírito Santo a atividade da Igreja em toda a terra,
– para que melhorem as relações humanas entre todos os cidadãos do mundo. R.

Fazei que nos dediquemos de tal modo ao serviço do próximo,
– que possamos transformar a comunidade humana numa oferenda agradável aos vossos olhos. R.

Desde o amanhecer, cumulai-nos com os dons da vossa bondade,
– para vivermos na alegria de vosso louvor durante todo este dia. R.

(intenções livres)

Pai nosso...

Oração

Imploramos, ó Deus, a vossa clemência, ao recordar cada ano o mistério pascal que renova a dignidade humana, e nos traz a esperança da ressurreição: concedei-nos acolher sempre com amor o que celebramos com fé. Por nosso Senhor Jesus Cristo, vosso Filho, na unidade do Espírito Santo.

Hora Média

Leitura breve 1Jo 5,5-6a
Quem é o vencedor do mundo, senão aquele que crê que Jesus é o Filho de Deus? Este é o que veio pela água e pelo sangue: Jesus Cristo. Não veio somente com a água, mas com a água e o sangue.

V. Os discípulos ficaram muito alegres, aleluia.
R. Por verem o Senhor ressuscitado, aleluia.

Oração como nas Laudes.

Vésperas

Leitura breve Hb 7,24-27

Cristo, uma vez que permanece para a eternidade, possui um sacerdócio que não muda. Por isso ele é capaz de salvar para sempre aqueles que, por seu intermédio, se aproximam de Deus. Ele está sempre vivo para interceder por eles. Tal é precisamente o sumo-sacerdote que nos convinha: santo, inocente, sem mancha, separado dos pecadores e elevado acima dos céus. Ele não precisa, como os sumos-sacerdotes, oferecer sacrifícios em cada dia, primeiro por seus próprios pecados e depois pelos do povo. Ele já o fez uma vez por todas, oferecendo-se a si mesmo.

Responsório breve

R. Os discípulos ficaram muito alegres. * Aleluia, aleluia.
R. Os discípulos.
V. Quando viram o Senhor ressuscitado. * Aleluia, aleluia.
Glória ao Pai. R. Os discípulos.

Cântico evangélico, ant.

Quem pratica a verdade se põe junto à luz
e suas obras de filho de Deus se revelam. Aleluia.

Preces

Imploremos a Deus todo-poderoso, que em seu Filho ressuscitado, abriu-nos as portas da vida eterna; e digamos confiantes:

R. **Pela vitória de Cristo, salvai, Senhor, o vosso povo!**

Deus de nossos pais, que glorificastes vosso Filho Jesus, ressuscitando-o dos mortos,
– transformai os nossos corações para vivermos a vida nova da filiação divina. R.

Vós, que conduzistes as ovelhas desgarradas, que éramos, a Cristo, pastor e guia de nossas almas,
– conservai-nos fiéis ao evangelho, sob a orientação dos pastores da Igreja. R.

Vós, que escolhestes os primeiros discípulos de vosso Filho dentre o povo judeu,
– dai aos filhos de Israel fidelidade à Aliança para caminharem ao encontro da promessa feita a seus pais.

R. **Pela vitória de Cristo, salvai, Senhor, o vosso povo!**

Lembrai-vos de todos os abandonados, dos órfãos e das viúvas,
– e não deixeis que vivam sozinhos aqueles que vosso Filho, com sua morte, reconciliou convosco. R.

(intenções livres)

Vós, que chamastes para o reino celeste o primeiro mártir Santo Estêvão, depois que ele proclamou a glória de Jesus sentado à vossa direita,
– acolhei também na eternidade os nossos irmãos e irmãs que na fé e na caridade esperaram em vós. R.

Pai nosso...

Oração

Imploramos, ó Deus, a vossa clemência, ao recordar cada ano o mistério pascal que renova a dignidade humana, e nos traz a esperança da ressurreição: concedei-nos acolher sempre com amor o que celebramos com fé. Por nosso Senhor Jesus Cristo, vosso Filho, na unidade do Espírito Santo.

QUINTA-FEIRA

Laudes

Leitura breve Rm 8,10-11

Se Cristo está em vós, embora vosso corpo esteja ferido de morte por causa do pecado, vosso espírito está cheio de vida, graças à justiça. E, se o Espírito daquele que ressuscitou Jesus dentre os mortos mora em vós, então aquele que ressuscitou Jesus Cristo dentre os mortos vivificará também vossos corpos mortais por meio do seu Espírito que mora em vós.

Responsório breve

R. O Se**nhor** ressur**giu** do se**pul**cro. * Ale**luia**, ale**luia**.
R. O Se**nhor**.

V. Foi sus**pen**so por **nós** numa **cruz**. * Ale**luia**, ale**luia**. Glória ao **Pai**. R. O Se**nhor**.

Cântico evangélico, ant.
O **Pai** ama seu **Fi**lho Jesus **Cris**to
e **tu**do colo**cou** em suas **mãos**. Ale**luia**.

Preces
Invoquemos com toda a confiança a Deus Pai, que em Jesus Cristo deu aos seres humanos a certeza da ressurreição; e digamos:
R. **Que o Senhor Jesus seja a nossa vida!**

Pela coluna de fogo iluminastes, Senhor, vosso povo no deserto:
– por sua ressurreição, seja Cristo hoje para nós a luz da vida. R.

Pela voz de Moisés ensinastes, Senhor, o vosso povo no monte Sinai;
– por sua ressurreição seja Cristo hoje para nós a palavra da vida. R.

Com o maná alimentastes, Senhor, vosso povo peregrino;
– por sua ressurreição, seja Cristo hoje para nós o pão da vida. R.

Com a água do rochedo destes de beber, Senhor, ao vosso povo;
– pela ressurreição de Cristo, vosso Filho, concedei-nos hoje o Espírito que dá vida. R.

(intenções livres)

Pai nosso...

Oração
Concedei, ó Deus, que vejamos frutificar em toda a nossa vida as graças do mistério pascal, que instituístes na vossa misericórdia. Por nosso Senhor Jesus Cristo, vosso Filho, na unidade do Espírito Santo.

Hora Média

Leitura breve Tt 3,5b-7
Deus nos salvou quando renascemos e fomos renovados no batismo pelo Espírito Santo, que ele derramou abundantemente sobre nós por meio de nosso Salvador Jesus Cristo. Justificados assim, pela sua graça, nos tornamos na esperança herdeiros da vida eterna.

V. Os discípulos ficaram muito alegres, aleluia,
R. Por verem o Senhor ressuscitado. Aleluia.
Oração como nas Laudes.

Vésperas

Leitura breve 1Pd 3,18.21b-22

Cristo morreu, uma vez por todas, por causa dos pecados, o justo, pelos injustos, a fim de vos conduzir a Deus. Sofreu a morte, na sua existência humana, mas recebeu nova vida pelo Espírito. O batismo é hoje a vossa salvação. Pois ele não serve para limpar o corpo da imundície, mas é um pedido a Deus para obter uma boa consciência, em virtude da ressurreição de Jesus Cristo. Ele subiu ao céu e está à direita de Deus, submetendo-se a ele anjos, dominações e potestades.

Responsório breve

R. Os discípulos ficaram muito alegres. * Aleluia, aleluia.
R. Os discípulos.
V. Quando viram o Senhor ressuscitado. * Aleluia, aleluia.
Glória ao Pai. R. Os discípulos.

Cântico evangélico, ant.

Quem crê no Filho de Deus, tem a vida eterna. Aleluia.

Preces

Exultemos de alegria em Cristo nosso Senhor, a quem o Pai constituiu fundamento de nossa esperança e da ressurreição dos mortos. Aclamemos e peçamos:

R. **Cristo, rei da glória, ouvi-nos!**

Senhor Jesus, que por vosso sangue derramado na cruz e por vossa ressurreição entrastes no santuário celeste,
– conduzi-nos convosco à glória do Pai. R.

Senhor Jesus, que por vossa ressurreição fortalecestes a fé dos discípulos e os enviastes ao mundo para anunciar o evangelho,
– fazei que os bispos e os presbíteros sejam fiéis mensageiros da vossa Palavra. R.

Senhor Jesus, que por vossa ressurreição nos trouxestes a reconciliação e a paz,
– dai aos cristãos uma perfeita união na fé e na caridade. R.

Senhor Jesus, que por vossa ressurreição curastes o paralítico que estava à porta do Templo,
– olhai com bondade para os enfermos e manifestai neles a vossa glória. R.

(intenções livres)

Senhor Jesus, que por vossa ressurreição vos tornastes o primogênito dentre os mortos,
– concedei a participação na glória celeste àqueles que acreditaram e esperaram em vós. R.

Pai nosso...

Oração

Concedei, ó Deus, que vejamos frutificar em toda a nossa vida as graças do mistério pascal, que instituístes na vossa misericórdia. Por nosso Senhor Jesus Cristo, vosso Filho, na unidade do Espírito Santo.

SEXTA-FEIRA

Laudes

Leitura breve At 5,30-32

O Deus de nossos pais ressuscitou Jesus, a quem vós matastes, pregando-o numa cruz. Deus, por seu poder, o exaltou, tornando-o Guia Supremo e Salvador, para dar ao povo de Israel a conversão e o perdão dos seus pecados. E disso somos testemunhas, nós e o Espírito Santo, que Deus concedeu àqueles que lhe obedecem.

Responsório breve

R. O Se**nhor** ressur**giu** do se**pul**cro. * Ale**lui**a, ale**lui**a.
R. O Se**nhor**.
V. Foi sus**pen**so por **nós** numa **cruz**. * Ale**lui**a, ale**lui**a.
Glória ao **Pai**. R. O Se**nhor**.

Cântico evangélico, ant.

Jesus tomou os **pães**, e, **ten**do dado **gra**ças,
os **deu** para os pre**sen**tes. Ale**lui**a.

Preces

Rezemos a Deus Pai, que ressuscitou Jesus de entre os mortos e dará a vida também aos nossos corpos mortais, pelo Espírito Santo que habita em nós. Digamos com fé:

R. **Senhor, por vosso Espírito Santo, dai-nos a vida!**

Pai santo, que aceitastes o sacrifício de vosso Filho, ressuscitando-o de entre os mortos,
–recebei a oferenda que hoje vos apresentamos e conduzi-nos à vida eterna. R.

Abençoai, Senhor, nossos trabalhos deste dia,
–para que sirvam à vossa glória e à santificação de todos. R.

Fazei que nossas atividades de hoje contribuam para a construção de um mundo melhor,
–e que assim procedendo, possamos chegar ao vosso reino celeste. R.

Abri hoje nossos olhos e nosso coração para as necessidades de nossos irmãos e irmãs,
–a fim de que todos nos amemos e nos sirvamos uns aos outros. R.

(intenções livres)

Pai nosso...

Oração

Concedei, ó Deus, aos vossos servos e servas a graça da ressurreição, pois quisestes que o vosso Filho sofresse por nós o sacrifício da cruz para nos libertar do poder do inimigo. Por nosso Senhor Jesus Cristo, vosso Filho, na unidade do Espírito Santo.

Hora Média

Leitura breve Gl 3,27-28

Vós todos que fostes batizados em Cristo vos revestistes de Cristo. O que vale não é mais ser judeu nem grego, nem escravo nem livre, nem homem nem mulher, pois todos vós sois um só, em Jesus Cristo.

V. Os discípulos ficaram muito alegres, aleluia.
R. Por verem o Senhor ressuscitado, Aleluia.

Oração como nas Laudes.

Vésperas

Leitura breve Hb 5,8-10

Mesmo sendo Filho, aprendeu o que significa a obediência a Deus por aquilo que ele sofreu. Mas, na consumação de sua vida, tornou-se causa de salvação eterna para todos os que lhe obedecem. De fato, ele foi por Deus proclamado sumo-sacerdote na ordem de Melquisedec.

Responsório breve

R. Os discípulos ficaram muito **alegres**. * Ale**lui**a, ale**lui**a.
R. Os dis**cí**pulos.
V. Quando **vi**ram o Se**nhor** ressusci**ta**do. * Ale**lui**a, ale**lui**a.
Glória ao **Pai**. R. Os dis**cí**pulos.

Cântico evangélico , ant.

Jesus so**freu** a dura **cruz** e o in**fer**no derro**tou**;
reves**ti**do de po**der**, ressusci**tou** após três **di**as. Ale**lui**a.

Preces

Glorifiquemos a Cristo, fonte de vida e origem de todas as virtudes; e rezemos com amor e confiança:

R. **Firmai no mundo o vosso Reino, Senhor!**

Jesus Salvador, que experimentastes a morte em vossa carne, mas voltastes à vida pelo Espírito,
– fazei-nos morrer para o pecado e viver a vida nova do vosso Espírito Santo. R.

Vós, que enviastes os discípulos ao mundo inteiro para pregar o evangelho a toda criatura,
– sustentai, com a força do vosso Espírito, os mensageiros de vossa palavra. R.

Vós, que recebestes todo o poder no céu e na terra para dar testemunho da verdade,
– dirigi no espírito de verdade o coração daqueles que nos governam. R.

Vós, que fazeis novas todas as coisas e nos mandais esperar, vigilantes, a vinda do vosso reino,

– concedei que, quanto mais fervorosamente esperarmos os novos céus e a nova terra, tanto mais generosamente trabalhemos pela edificação do mundo presente.
R. **Firmai no mundo o vosso Reino, Senhor!**

(intenções livres)

Vós, que descestes à mansão dos mortos para lhes anunciar a alegria da salvação,
– sede a alegria e a esperança de todos os que partiram desta vida. R.

Pai nosso...

Oração

Concedei, ó Deus, aos vossos servos e servas a graça da ressurreição, pois quisestes que o vosso Filho sofresse por nós o sacrifício da cruz para nos libertar do poder do inimigo. Por nosso Senhor Jesus Cristo, vosso Filho, na unidade do Espírito Santo.

SÁBADO

Laudes

Leitura breve Rm 14,7-9

Ninguém dentre nós vive para si mesmo ou morre para si mesmo. Se estamos vivos, é para o Senhor que vivemos; se morremos, é para o Senhor que morremos. Portanto, vivos ou mortos, pertencemos ao Senhor. Cristo morreu e ressuscitou exatamente para isto, para ser o Senhor dos mortos e dos vivos.

Responsório breve

R. O Se**nhor** ressur**giu** do se**pul**cro. * Ale**luia**, ale**luia**.
R. O Se**nhor**.
V. Foi sus**pen**so por **nós** numa **cruz**. * Ale**luia**, ale**luia**.
Glória ao **Pai**. R. O Se**nhor**.

Cântico evangélico, ant.

Paz a **vós,** ale**luia**, não te**mais**, ale**luia**,
pois sou **eu**, ale**luia**.

Preces

Invoquemos a Cristo nosso Senhor, que nos deu a vida eterna; e peçamos de coração sincero:

R. **Enriquecei-nos, Senhor, com a graça da vossa ressurreição!**

Pastor eterno, olhai com bondade para o vosso rebanho que desperta do sono da noite,
– e alimentai-nos com as riquezas de vossa palavra e de vosso pão. R.

Não permitais que sejamos arrebatados pelo lobo que devora e traídos pelo mercenário que foge,
– mas fazei-nos ouvir com fidelidade a voz do Bom Pastor. R.

Vós, que estais sempre com os ministros do evangelho e confirmais a sua palavra com o poder da vossa graça,
– fazei que nossas palavras e ações neste dia proclamem fielmente a vossa ressurreição. R.

Sede vós mesmo aquela alegria que ninguém pode arrancar do nosso coração,
– para que, livres da tristeza que é fruto do pecado, busquemos sempre a felicidade da vida eterna. R.

(intenções livres)

Pai nosso...

Oração

Ó Deus, por quem fomos remidos e adotados como filhos, velai sobre nós em vosso amor de Pai e concedei aos que creem no Cristo a liberdade verdadeira e a herança eterna. Por nosso Senhor Jesus Cristo, vosso Filho, na unidade do Espírito Santo.

Hora Média

Leitura breve 1Cor 15,20-22

Cristo ressuscitou dos mortos como primícias dos que morreram. Com efeito, por um homem veio a morte e é também por um homem que vem a ressurreição dos mortos. Como em Adão todos morrem, assim também em Cristo todos reviverão.

V. Os discípulos ficaram muito alegres, aleluia.
R. Por verem o Senhor ressuscitado, Aleluia.

Oração como nas Laudes.

3º DOMINGO DA PÁSCOA

III Semana do Saltério

I Vésperas

Hino, p. 459.

Ant. 1 A **gló**ria do Se**nhor** vai a**lém** dos altos **céus**,
mas le**van**ta da po**ei**ra o indi**gen**te. Ale**lui**a.

Salmos e cântico do domingo da III Semana, p. 941.

Ant. 2 Vós que**bras**tes, ó Se**nhor**, minhas ca**dei**as,
por isso o**fer**to um sacri**fí**cio de lou**vor**. Ale**lui**a.

Ant. 3 Embora **fos**se o próprio **Fi**lho,
apren**deu** a obedi**ên**cia atra**vés** do sofri**men**to
e tor**nou**-se para a**que**les que o **se**guem,
uma **fon**te de e**ter**na salva**ção**. Ale**lui**a.

Leitura breve 1Pd 2,9-10

Vós sois a raça escolhida, o sacerdócio do Reino, a nação santa, o povo que ele conquistou para proclamar as obras admiráveis daquele que vos chamou das trevas para a sua luz maravilhosa. Vós sois aqueles que antes não eram povo, agora porém são povo de Deus; os que não eram objeto de misericórdia, agora porém alcançaram misericórdia.

Responsório breve

R. Os dis**cí**pulos fi**ca**ram muito a**le**gres. * Ale**lui**a, ale**lui**a.
R. Os discípulos.
V. Quando **vi**ram o Se**nhor** ressusci**ta**do. * Ale**lui**a, ale**lui**a.
Glória ao **Pai**. R. Os dis**cí**pulos.

Cântico evangélico, ant.

Ano A Ó Se**nhor**, ficai co**nos**co pois o **di**a já de**cli**na.
Ale**lui**a.

Ano B **Jesus** apa**re**ce no **mei**o dos **seus**
e lhes **diz**: Paz a **vós**! Ale**lui**a.

Ano C Trazei dos **pei**xes que apa**nhas**tes, disse **Cris**to.
Simão **Pe**dro trouxe a **re**de para a **ter**ra
cheia de **pei**xes muito **gran**des. Ale**lui**a.

Preces

Invoquemos a Cristo Jesus, nossa vida e ressurreição; e digamos com alegre confiança:

R. **Filho de Deus vivo, protegei o vosso povo!**

Nós vos pedimos, Senhor, pela santa Igreja católica;
– santificai-a e fortalecei-a, para que estabeleça o vosso reino em todas as nações da terra. R.

Nós vos pedimos, Senhor, por todos os doentes, os tristes, os prisioneiros e os exilados;
– dai-lhes conforto e ajuda. R.

Nós vos pedimos, Senhor, pelos que se afastaram de vossos caminhos;
– concedei-lhes a graça do vosso perdão, para que recomecem com alegria uma vida nova. R.

Salvador do mundo, que fostes crucificado mas ressuscitastes e haveis de voltar para julgar os vivos e os mortos,
– tende compaixão de nós pecadores. R.

(intenções livres)

Nós vos pedimos, Senhor, por todos os que vivem neste mundo,
– e pelos que dele partiram na esperança da ressurreição. R.

Pai nosso...

Oração

Ó Deus, que o vosso povo sempre exulte pela sua renovação espiritual, para que, tendo recuperado agora com alegria a condição de filhos de Deus, espere com plena confiança o dia da ressurreição. Por nosso Senhor Jesus Cristo, vosso Filho, na unidade do Espírito Santo.

Laudes

Hino, p. 462.

Ant. 1 Deus é **Rei** e se ves**tiu** de majes**ta**de. Ale**luia** †

Salmos e cântico do Domingo da III Semana, p. 945.

Ant. 2 As cria**tu**ras se**rão** liber**ta**das
na **gló**ria dos **fi**lhos de **Deus**. Ale**luia**.

Ant. 3 O **no**me do Se**nhor** foi exal**ta**do
na **ter**ra e a**lém** dos altos **céus**. Ale**lui**a.

Leitura breve At 10,40-43

Deus ressuscitou Jesus no terceiro dia, concedendo-lhe manifestar-se não a todo o povo, mas às testemunhas que Deus havia escolhido: a nós, que comemos e bebemos com Jesus, depois que ressuscitou dos mortos. E Jesus nos mandou pregar ao povo e testemunhar que Deus o constituiu Juiz dos vivos e dos mortos. Todos os profetas dão testemunho dele: Todo aquele que crê em Jesus recebe, em seu nome, o perdão dos pecados.

Responsório breve

R. Tende pie**da**de de **nós**, Cristo, **Fi**lho do Deus **vi**vo!
* Ale**lui**a, ale**lui**a. R. Tende pie**da**de.
V. Vós, que dos **mor**tos ressur**gis**tes. * Ale**lui**a.
Glória ao **Pai**. R. Tende pie**da**de.

Cântico evangélico, ant.

Ano A Era pre**ci**so que o **Cris**to so**fres**se
e três **di**as a**pós** ressur**gis**se. Ale**lui**a.

Ano B **Olhai** minhas **mãos** e meus **pés**, sou eu **mes**mo!
To**cai**-me e **ve**de. Ale**lui**a.

Ano C Veio Je**sus**, tomou o **pão** e o deu a **e**les,
igual**men**te fez com o **pei**xe.
Pela ter**cei**ra vez as**sim** se reve**lan**do,
Jesus mos**trou**-se aos dis**cí**pulos,
depois de **ressuscita**do dentre os **mor**tos. Ale**lui**a.

Preces

Oremos a Cristo, autor da vida, a quem Deus ressuscitou dos mortos e que pelo seu poder também nos ressuscitará; e digamos:

R. **Cristo, nossa vida, salvai-nos!**

Cristo, luz esplendorosa que brilhais nas trevas, Senhor da vida e Salvador da humanidade,
– fazei-nos viver todo este dia no louvor da vossa glória. R.

Senhor Jesus, que percorrestes o caminho da paixão e da cruz,
– concedei que, unidos a vós no sofrimento e na morte, também convosco ressuscitemos. R.

Filho do eterno Pai, nosso mestre e nosso irmão, que fizestes de nós, para Deus, sacerdotes e povo de reis,
– ensinai-nos a oferecer com alegria o nosso sacrifício de louvor. R.

Rei da glória, aguardamos na esperança o dia da vossa vinda gloriosa,
– para contemplarmos vossa face e sermos semelhantes a vós. R.

(intenções livres)

Pai nosso...

Oração
Ó Deus, que o vosso povo sempre exulte pela sua renovação espiritual, para que, tendo recuperado agora com alegria a condição de filhos de Deus, espere com plena confiança o dia da ressurreição. Por nosso Senhor Jesus Cristo, vosso Filho, na unidade do Espírito Santo.

Hora Média

Leitura breve   Ef 2,4-6
Deus é rico em misericórdia Por causa do grande amor com que nos amou, quando estávamos mortos por causa das nossas faltas, ele nos deu a vida com Cristo. E por graça que vós sois salvos! Deus nos ressuscitou com Cristo e nos fez sentar nos céus em virtude de nossa união com Jesus Cristo.

V. Os discípulos ficaram muito alegres, aleluia.
R. Por verem o Senhor ressuscitado, Aleluia.

Oração como nas Laudes.

II Vésperas

Hino, p. 459.

Ant. 1 O Senhor purificou-nos do pecado
e assentou-se à direita de Deus Pai. Aleluia.

Salmos e cântico do domingo da III Semana, p. 953.

Ant. 2 Enviou libertação para o seu povo. Aleluia.

Ant. 3 Aleluia, o Senhor tomou posse do seu reino:
exultemos de alegria, demos glória ao nosso Deus.
Aleluia.

Leitura breve Hb 10,12-14

Cristo, depois de ter oferecido um sacrifício único pelos pecados, sentou-se para sempre à direita de Deus. Não lhe resta mais senão esperar até que seus inimigos sejam postos debaixo de seus pés. De fato, com esta única oferenda, levou à perfeição definitiva os que ele santifica.

Responsório breve

R. O Se**nhor** ressur**giu**, de ver**da**de, * Ale**lui**a, ale**lui**a.
R. O Se**nhor**.
V. A Si**mão** ele **apare**ceu. * Ale**lui**a.
Glória ao **Pai**. R. O Se**nhor**.

Cântico evangélico, ant.

Ano A **Jesus** sentou-se à **me**sa com os **dois**,
tomou o **pão** durante a **ceia** e o par**tiu**,
e, dando **gra**ças, repar**tiu** e deu a **e**les.
Foi en**tão** que os seus **o**lhos se **abri**ram
e a Je**sus** reconhe**ce**ram, ale**lui**a.

Ano B Está es**cri**to que o **Cris**to de**via** so**frer**
e **res**susci**tar**, três **dias** de**pois**.
E **que**, em seu **no**me fossem **anuncia**dos
a **to**dos os **po**vos a mu**dan**ça de **vi**da
e o per**dão** dos pe**ca**dos. Ale**lui**a.

Ano C Tu me **a**mas, Simão **Pe**dro?
Ó Se**nhor**, tu sabes **tu**do, tu bem **sa**bes que eu te **a**mo!
E **Je**sus disse a **Pe**dro:
Apas**cen**ta as minhas **o**velhas. Ale**lui**a.

Preces

Oremos com alegria a Cristo nosso Senhor, que morreu, ressuscitou e agora, sem cessar, intercede por nós junto do Pai. Digamos cheios de confiança:

R. **Cristo, rei vitorioso, ouvi a nossa oração!**

Cristo, luz e salvação de todos os povos,
– derramai sobre nós, que proclamamos a vossa ressurreição, o fogo do vosso Espírito. R.

Que Israel, permanecendo fiel às promessas, caminhe firme na esperança,
– e toda a terra se encha do conhecimento de vossa glória. R.

Conservai-nos, Senhor, na comunhão dos vossos santos durante a nossa vida sobre a terra,
– e dai-nos a graça de podermos, um dia, descansar com eles dos nossos trabalhos. R.

Vós, que triunfastes admiravelmente sobre o poder do pecado e da morte,
– fazei-nos viver sempre para vós, vencedor imortal. R.

(intenções livres)

Cristo Salvador, que da humilhação na cruz fostes exaltado à direita do Pai,
– acolhei com bondade em vosso reino glorioso os nosso irmãos e irmãs que partiram desta vida. R.

Pai nosso...

Oração

Ó Deus, que o vosso povo sempre exulte pela sua renovação espiritual, para que, tendo recuperado agora com alegria a condição de filhos de Deus, espere com plena confiança o dia da ressurreição. Por nosso Senhor Jesus Cristo, vosso Filho, na unidade do Espírito Santo.

SEGUNDA-FEIRA

Laudes

Leitura breve Rm 10,8b-10

A palavra está perto de ti, em tua boca e em teu coração. Essa palavra é a palavra da fé, que nós pregamos. Se, pois, com tua boca confessares Jesus como Senhor e, no teu coração, creres que Deus o ressuscitou dos mortos, serás salvo. É crendo no coração que se alcança a justiça e é confessando a fé com a boca que se consegue a salvação.

Responsório breve

R. O Se**nhor** ressur**giu** do se**pul**cro. * Ale**lui**a, ale**lui**a.
R. O Se**nhor**.
V. Foi sus**pen**so por **nós** numa **cruz**. * Ale**lui**a, ale**lui**a.
Glória ao **Pai**. R. O Se**nhor**.

Cântico evangélico, ant.

Traba**lhai** não pelo **pão** que é pere**cí**vel,
mas por a**que**le que per**du**ra eterna**men**te. Ale**lui**a.

Preces

Glorifiquemos a Cristo Jesus, constituído pelo Pai herdeiro de todos os povos; e rezemos:

R. **Salvai-nos, Senhor, pela vossa vitória!**

Cristo, que pela vossa ressurreição, rompestes as portas do inferno, destruindo o pecado e a morte,
– dai-nos, hoje e sempre, a vitória sobre o mal. R.

Vós, que expulsastes a morte, dando-nos vida nova,
– fazei-nos hoje caminhar na novidade dessa vida. R.

Vós, que nos fizestes passar da escravidão do pecado para a gloriosa liberdade de filhos de Deus,
– concedei a vida eterna a todos os que encontrarmos neste dia. R.

Vós, que confundistes os guardas de vosso sepulcro e alegrastes os discípulos com a vossa ressurreição,
– enchei de alegria pascal todos aqueles que vos amam e servem. R.

(intenções livres)

Pai nosso...

Oração

Ó Deus, vós que mostrais aos que erram a luz da verdade para que possam voltar ao bom caminho, concedei a todos os que se gloriam da vocação cristã rejeitem o que se opõe a este nome e abracem quanto possa honrá-lo. Por nosso Senhor, Jesus Cristo, vosso Filho, na unidade do Espírito Santo.

Hora Média

Leitura breve Cl 2,9.10a.12

Em Cristo habita corporalmente toda a plenitude da divindade. Dele também vós estais repletos. Com Cristo fostes sepultados no batismo; com ele também fostes ressuscitados por meio da fé no poder de Deus, que ressuscitou a Cristo dentre os mortos.

V. Os dis**cí**pulos fi**ca**ram muito a**le**gres, aleluia.

R. Por **ve**rem o Se**nhor** ressusci**ta**do, Ale**lui**a.

Oração como nas Laudes.

Vésperas

Leitura breve Hb 8,1b-3a

Temos um sumo-sacerdote tão grande, que se assentou à direita do trono da majestade, nos céus. Ele é ministro do Santuário e da Tenda verdadeira, armada pelo Senhor, e não por mão humana. Todo sumo-sacerdote, com efeito, é constituído para oferecer dádivas e sacrifícios.

Responsório breve

R. Os dis**cí**pulos fi**ca**ram muito a**le**gres. * Ale**lui**a, ale**lui**a.
R. Os dis**cí**pulos.
V. Quando **vi**ram o Se**nhor** ressusci**ta**do. * Ale**lui**a, ale**lui**a.
Glória ao **Pai**. R. Os dis**cí**pulos.

Cântico evangélico, ant.

Eis a **o**bra que a**gra**da ao Se**nhor**:
a vossa **fé** no mensa**gei**ro que envi**ou**. Ale**lui**a.

Preces

Invoquemos a Jesus Cristo, que vivificado pelo Espírito Santo, tornou-se fonte de vida para toda a humanidade; e digamos cheios de alegria:

R. **Senhor, renovai todas as coisas e dai-nos vida nova!**

Cristo, Salvador do mundo e Rei da nova criação, orientai toda a nossa vida para o reino da glória celeste,
– onde estais sentado à direita do Pai. R.

Senhor, que viveis na vossa Igreja até o fim dos tempos,
– conduzi-a pelo Espírito Santo ao conhecimento da verdade perfeita. R.

Fazei com que os doentes, sofredores e agonizantes sintam o vosso amor misericordioso;
– confortai-os e fortalecei-os com vossa bondade. R.

(intenções livres)

Cristo, luz que não se apaga, aceitai o louvor que vos oferecemos ao cair desta tarde,
– e fazei brilhar, para os nossos irmãos e irmãs que partiram desta vida, a luz da vossa ressurreição.

R. **Senhor, renovai todas as coisas e dai-nos vida nova!**

Pai nosso...

Oração

Ó Deus, vós que mostrais aos que erram a luz da verdade para que possam voltar ao bom caminho, concedei a todos os que se gloriam da vocação cristã rejeitem o que se opõe a este nome e abracem quanto possa honrá-lo. Por nosso Senhor, Jesus Cristo, vosso Filho, na unidade do Espírito Santo.

TERÇA-FEIRA

Laudes

Leitura breve — At 13,30-33

Deus ressuscitou Jesus dos mortos e, durante muitos dias, ele foi visto por aqueles que o acompanharam desde a Galileia até Jerusalém. Agora eles são testemunhas de Jesus diante do povo. Por isso, nós vos anunciamos este Evangelho: a promessa que Deus fez aos antepassados, ele a cumpriu para nós, seus filhos, quando ressuscitou Jesus, como está escrito no salmo segundo: Tu és o meu filho, eu hoje te gerei.

Responsório breve

R. O Se**nhor** ressur**giu** do se**pul**cro. * Ale**lui**a, ale**lui**a.
R. Ó Se**nhor**.
V. Foi sus**pen**so por **nós** numa **cruz**. * Ale**lui**a, ale**lui**a.
Glória ao **Pai**. R. O Se**nhor**.

Cântico evangélico, ant.

Não foi Moi**sés**, mas o meu **Pai** é quem vos **dá**
o verda**dei**ro pão dos **céus**, diz o Se**nhor**. Ale**lui**a.

Preces

Exultemos de alegria em Cristo nosso Senhor, que, ressuscitado de entre os mortos, reconstituiu o templo do seu corpo; e lhe supliquemos:

R. **Ouvi-nos, Senhor, pela vossa ressurreição!**

Cristo, Salvador do mundo, que anunciastes às santas mulheres e aos apóstolos a alegria da ressurreição,
– fazei-nos testemunhas do vosso triunfo pascal. R.

Vós, que prometestes a todos a ressurreição, que nos fará nascer para uma vida nova,
– tornai-nos fiéis mensageiros do vosso evangelho. R.

Vós, que, aparecendo aos apóstolos depois da ressurreição, lhes comunicastes o Espírito Santo,
– renovai-nos com os dons do Espírito criador. R.

Vós, que prometestes permanecer com os vossos discípulos até o fim do mundo,
– ficai conosco hoje e sempre. R.

(intenções livres)

Pai nosso...

Oração

Ó Deus, que abris as portas do reino dos céus aos que renasceram pela água e pelo Espírito Santo, aumentai em vossos filhos e filhas a graça que lhes destes para que, purificados de todo pecado, obtenham os bens que prometestes. Por nosso Senhor Jesus Cristo, vosso Filho, na unidade do Espírito Santo.

Hora Média

Leitura breve — cf. 1Pd 3,21-22a

O batismo é hoje a vossa salvação pois ele não serve para limpar o corpo da imundície, mas é um pedido a Deus para obter uma boa consciência, em virtude da ressurreição de Jesus Cristo que está à direita de Deus.

V. Os discípulos fi**ca**ram muito a**le**gres, ale**lui**a.
R. Por **ve**rem o Se**nhor** ressusci**ta**do, Ale**lui**a.

Oração como nas Laudes.

Vésperas

Leitura breve — 1Pd 2,4-5

Aproximai-vos do Senhor, pedra viva, rejeitada pelos homens, mas escolhida e honrosa aos olhos de Deus. Do mesmo modo, também vós, como pedras vivas, formai um edifício espiritual, um sacerdócio santo, a fim de oferecerdes sacrifícios espirituais, agradáveis a Deus, por Jesus Cristo.

Responsório breve

R. Os dis**cí**pulos fi**ca**ram muito a**le**gres. * Ale**lui**a, ale**lui**a.
R. Os dis**cí**pulos.
V. Quando **vi**ram o Se**nhor** ressusci**ta**do. * Ale**lui**a, ale**lui**a.
Glória ao **Pai**. R. Os dis**cí**pulos.

Cântico evangélico, ant.

O **pão** que Deus **dá** para o **mun**do
é A**que**le que **des**ce dos **céus** e dá **vi**da ao **mun**do. Ale**lui**a.

Preces

Aclamemos com alegria a Jesus Cristo, que morreu, foi sepultado e ressuscitou gloriosamente para uma vida nova; e digamos cheios de confiança:

R. **Cristo, rei da glória, ouvi a nossa oração!**

Pelos bispos, presbíteros e diáconos, para que desempenhem com generosidade o ministério que lhes foi confiado,
– e guiem o vosso povo no caminho do bem, nós vos pedimos, Senhor. R.

Pelos teólogos e pelos que servem à Igreja no estudo da vossa Palavra,
– a fim de que procurem a verdade com pureza de coração, nós vos pedimos, Senhor. R.

Pelos fiéis da Igreja, para que combatendo o bom combate da fé até o fim de sua caminhada sobre a terra,
– recebam o prêmio que lhes está preparado desde a origem do mundo, nós vos pedimos, Senhor. R.

Vós, que na cruz destruístes a sentença que nos condenava,
– quebrai os laços da nossa escravidão e dissipai as nossas trevas. R.

(intenções livres)

Vós, que, descendo à mansão dos mortos, libertastes os justos que esperavam o Salvador,
– acolhei em vosso Reino nossos irmãos e irmãs falecidos. R.

Pai nosso...

Oração

Ó Deus, que abris as portas do reino dos céus aos que renasceram pela água e pelo Espírito Santo, aumentai em vossos filhos e filhas a graça que lhes destes para que, purificados de todo pecado, obtenham os bens que prometestes. Por nosso Senhor Jesus Cristo, vosso Filho, na unidade do Espírito Santo.

QUARTA-FEIRA

Laudes

Leitura breve Rm 6,8-11

Se morremos com Cristo, cremos que também viveremos com ele. Sabemos que Cristo ressuscitado dos mortos não morre mais; a morte já não tem poder sobre ele. Pois aquele que morreu, morreu para o pecado uma vez por todas; mas aquele que vive, é para Deus que vive. Assim, vós também considerai-vos mortos para o pecado e vivos para Deus, em Jesus Cristo.

Responsório breve

R. O Se**nhor** ressur**giu** do se**pul**cro. * Ale**lui**a, ale**lui**a.
R. O Se**nhor**.
V. Foi sus**pen**so por **nós** numa **cruz**. * Ale**lui**a, ale**lui**a.
Glória ao **Pai**. R. O Se**nhor**.

Cântico evangélico, ant.

Quem vê o **Fi**lho e nele **crê** este **tem** a vida e**ter**na,
e eu o fa**rei** ressusci**tar** n'último **di**a. Ale**lui**a.

Preces

Oremos a Jesus Cristo, que se entregou à morte por nossos pecados e ressuscitou para nossa justificação; e aclamemos:

R. **Salvai-nos, Senhor, pela vossa vitória!**

Cristo Salvador, que ressuscitando de entre os mortos nos restituístes a esperança da vida imortal,
– santificai neste dia os nossos corações com a graça do Espírito Santo. R.

Vós, que viveis e reinais gloriosamente na assembleia dos anjos e dos santos,
– recebei a adoração que vos prestamos em espírito e em verdade neste tempo santo da ressurreição.

R. **Salvai-nos, Senhor, pela vossa vitória!**

Cristo Jesus, salvai-nos e derramai a vossa misericórdia sobre o povo que vive na esperança da ressurreição,
– conservai-nos, hoje e sempre, livres de todo o mal. R.

Cristo, rei da glória e nossa vida, reuni todos os fiéis na alegria que não tem fim,
– quando vierdes, no último dia, manifestar ao mundo a glória de vosso poder eterno. R.

(intenções livres)

Pai nosso...

Oração

Permanecei, ó Pai, com vossa família e, na vossa bondade, fazei que participem eternamente da ressurreição do vosso Filho aqueles a quem destes a graça da fé. Por nosso Senhor Jesus Cristo, vosso Filho, na unidade do Espírito Santo.

Hora Média

Leitura breve 1Jo 5,5-6a

Quem é o vencedor do mundo, senão aquele que crê que Jesus é o Filho de Deus? Este é o que veio pela água e pelo sangue: Jesus Cristo. Não veio somente com a água, mas com a água e o sangue.

V. Os dis**cí**pulos fi**ca**ram muito a**le**gres, ale**lui**a.
R. Por **ve**rem o Se**nhor** ressusci**ta**do, Ale**lui**a.

Oração como nas Laudes.

Vésperas

Leitura breve Hb 7,24-27

Cristo, uma vez que permanece para a eternidade, possui um sacerdócio que não muda. Por isso ele é capaz de salvar para sempre aqueles que, por seu intermédio, se aproximam de Deus. Ele está sempre vivo para interceder por eles. Tal é precisamente o sumo-sacerdote que nos convinha: santo, inocente, sem mancha, separado dos pecadores e elevado acima dos céus. Ele não precisa, como os sumos-sacerdotes oferecer sacrifícios em cada dia, primeiro por seus próprios pecados e depois pelos do povo. Ele já o fez uma vez por todas, oferecendo-se a si mesmo.

Responsório breve

R. Os discípulos **ficaram** muito **alegres**. * Ale**luia**, ale**luia**.
R. Os dis**cí**pulos.
V. Quando **vi**ram o Se**nhor** ressusci**tado**. * Ale**luia**, ale**luia**.
Glória ao **Pai**. R. Os dis**cí**pulos.

Cântico evangélico, ant.

Todo a**que**le que o **Pai** me entre**gou** há de **vir** até **mim**, diz Je**sus**; e quem **vem** até **mim** nunca i**rei** rejei**tar**. Ale**luia**.

Preces

Oremos a Cristo nosso Senhor, que ressuscitou de entre os mortos e está sentado à direita do Pai; e digamos confiantes:

R. **Cristo, rei da glória, ouvi a nossa oração!**

Lembrai-vos, Senhor, de todos os que se consagram ao vosso serviço,
– para que deem ao vosso povo o exemplo da verdadeira santidade. R.

Concedei aos governantes e legisladores o espírito de justiça e de paz,
– para que reine a concórdia em toda a comunidade humana. R.

Orientai os caminhos de toda a humanidade para a esperança da salvação,
– e aumentai os bens da terra para podermos socorrer todos os necessitados. R.

(intenções livres)

Cristo, nosso Salvador, que nos libertastes da escravidão do pecado e da morte,
– concedei a luz eterna aos nossos irmãos e irmãs falecidos. R.

Pai nosso...

Oração

Permanecei, ó Pai, com vossa família e, na vossa bondade, fazei que participem eternamente da ressurreição do vosso Filho aqueles a quem destes a graça da fé. Por nosso Senhor Jesus Cristo, vosso Filho, na unidade do Espírito Santo.

QUINTA-FEIRA

Laudes

Leitura breve Rm 8,10-11

Se, porém, Cristo está em vós, embora vosso corpo esteja ferido de morte por causa do pecado, vosso espírito está cheio de vida, graças à justiça. E, se o Espírito daquele que ressuscitou Jesus dentre os mortos mora em vós, então aquele que ressuscitou Jesus Cristo dentre os mortos vivificará também vossos corpos mortais por meio do seu Espírito que mora em vós.

Responsório breve

R. O Se**nhor** ressur**giu** do se**pul**cro. * Ale**lui**a, ale**lui**a.
R. O Se**nhor**.
V. Foi sus**pen**so por **nós** numa **cruz**. * Ale**lui**a, ale**lui**a.
Glória ao **Pai**. R. O Se**nhor**.

Cântico evangélico, ant.

Diz Je**sus**: Em ver**da**de eu vos **di**go:
Quem tem **fé** e con**fi**a em **mim**, tem a **vi**da e**ter**na. Ale**lui**a.

Preces

Unidos num só coração e numa só alma, invoquemos a Cristo ressuscitado, sempre presente em sua Igreja; e digamos:

R. **Ficai conosco, Senhor!**

Senhor Jesus, vencedor do pecado e da morte, permanecei no meio de nós,
– vós, que viveis e reinais pelos séculos sem fim. R.

Vinde em nosso auxílio com vosso poder invencível,
– e revelai aos nossos corações a infinita bondade de Deus Pai. R.

Salvai o mundo da violência e da discórdia,
– porque só vós tendes poder para renovar e reconciliar. R.

Confirmai-nos na fé da vitória final,
– e fortalecei-nos na esperança da vossa vinda gloriosa. R.

(intenções livres)

Pai nosso...

Oração

Ó Deus eterno e onipotente, que nestes dias vos mostrais tão generoso, dai-nos sentir mais de perto o vosso amor paterno para que, libertados das trevas do erro, sigamos com firmeza a luz da verdade. Por nosso Senhor Jesus Cristo, vosso Filho, na unidade do Espírito Santo.

Hora Média

Leitura breve Tt 3,5b-7

Deus nos salvou quando renascemos e fomos renovados no batismo pelo Espírito Santo, que ele derramou abundantemente sobre nós por meio de nosso Salvador Jesus Cristo. Justificados assim, pela sua graça, nos tornamos na esperança herdeiros da vida eterna.

V. Os discípulos ficaram muito alegres, aleluia.
R. Por verem o Senhor ressuscitado, Aleluia.

Oração como nas Laudes.

Vésperas

Leitura breve 1Pd 3,18.21b-22

Cristo morreu, uma vez por todas, por causa dos pecados, o justo, pelos injustos, a fim de vos conduzir a Deus. Sofreu a morte, na sua existência humana, mas recebeu nova vida pelo Espírito. O batismo é hoje a vossa salvação. Pois ele não serve para limpar o corpo da imundície, mas é um pedido a Deus para obter uma boa consciência, em virtude da ressurreição de Jesus Cristo. Ele subiu ao céu e está à direita de Deus, submetendo-se a ele anjos, dominações e potestades.

Responsório breve

R. Os dis**cí**pulos fi**ca**ram muito a**le**gres. * Ale**lui**a, ale**lui**a.
R. Os dis**cí**pulos.
V. Quando **vi**ram o Se**nhor** ressusci**ta**do.* Ale**lui**a, ale**lui**a.
Glória ao **Pai**. R. Os dis**cí**pulos.

Cântico evangélico, ant.

Eu **sou** o pão da **vi**da que do **céu** desceu ao **mun**do;
quem **co**me deste **pão**, vive**rá** eterna**men**te.
Este **pão** que eu vos da**rei** é a **mi**nha própria **car**ne
para que o **mun**do tenha a **vi**da. Ale**lui**a.

Preces

Louvemos com alegria a Cristo Jesus, ressuscitado de entre os mortos como primícias dos que adormeceram na esperança da luz eterna; e rezemos:

R. **Senhor ressuscitado, ouvi a nossa oração!**

Lembrai-vos, Senhor, da vossa Igreja edificada sobre o fundamento dos apóstolos, e que se faz presente pelo mundo inteiro;
– abençoai todos aqueles que invocam o vosso nome. R.

Jesus Cristo, médico dos corpos e das almas,
– visitai-nos e salvai-nos pela vossa misericórdia. R.

Curai e reconfortai os doentes,
– e livrai-os de toda enfermidade. R.

Ajudai os aflitos e oprimidos,
– e sustentai os que padecem necessidade. R.

(intenções livres)

Vós, que pela cruz e ressurreição abristes para todos o caminho da imortalidade,
– concedei as alegrias do vosso reino aos nossos irmãos e irmãs falecidos. R.

Pai nosso...

Oração

Ó Deus eterno e onipotente; que nestes dias vos mostrais tão generoso, dai-nos sentir mais de perto o vosso amor paterno para que, libertados das trevas do erro, sigamos com firmeza a luz da verdade. Por nosso Senhor Jesus Cristo, vosso Filho, na unidade do Espírito Santo.

SEXTA-FEIRA

Laudes

Leitura breve At 5,30-32

O Deus de nossos pais ressuscitou Jesus, a quem vós matastes, pregando-o numa cruz. Deus, por seu poder, o exaltou, tornando-o Guia Supremo e Salvador, para dar ao povo de Israel a conversão

e o perdão dos seus pecados. E disso somos testemunhas, nós e o Espírito Santo, que Deus concedeu àqueles que lhe obedecem.

Responsório breve

R. O Se**nhor** ressur**giu** do se**pul**cro.* Ale**luia**, ale**luia**.
R. O Se**nhor**.
V. Foi sus**pen**so por **nós** numa **cruz**.* Ale**luia**, ale**luia**.
Glória ao **Pai**. R. O Se**nhor**.

Cântico evangélico, ant.

Quem **co**me a minha **car**ne e **be**be o meu **san**gue,
fica em **mim** e eu fico **ne**le. Ale**luia**.

Preces

Oremos a Deus Pai, que pela ressurreição de Jesus Cristo nos deu uma vida nova; e supliquemos humildemente:

R. **Iluminai-nos, Senhor, com a luz de Cristo!**

Deus de bondade e fidelidade, que criastes o universo e manifestastes a todas as gerações o vosso desígnio de salvação,
– escutai-nos, ó Pai clementíssimo. R.

Purificai os nossos corações com a luz da vossa verdade,
– para que todas as nossas obras sejam justas e agradáveis aos vossos olhos. R.

Fazei brilhar sobre nós a luz da vossa face,
– para que, libertos do pecado, nos saciemos com a riqueza de vossos dons. R.

Vós, que por Cristo nos reconciliastes convosco,
– fazei reinar a vossa paz em toda a terra. R.

(intenções livres)

Pai nosso...

Oração

Ó Deus todo-poderoso, concedei que, conhecendo a ressurreição do Senhor e a graça que ela nos trouxe, ressuscitemos para uma vida nova pelo amor do vosso Espírito. Por nosso Senhor Jesus Cristo, vosso Filho, na unidade do Espírito Santo.

Hora Média

Leitura breve Gl 3,27-28

Vós todos que fostes batizados em Cristo vos revestistes de Cristo. O que vale não é mais ser judeu nem grego, nem escravo nem livre, nem homem nem mulher, pois todos vós sois um só, em Jesus Cristo.

V. Os dis**cí**pulos fi**ca**ram muito a**le**gres, ale**lui**a.
R. Por **ve**rem o Se**nhor** ressusci**ta**do, Ale**lui**a.

Oração como nas Laudes.

Vésperas

Leitura breve Hb 5,8-10

Mesmo sendo Filho, aprendeu o que significa a obediência a Deus por aquilo que ele sofreu. Mas, na consumação de sua vida, tornou-se causa de salvação eterna para todos os que lhe obedecem. De fato, ele foi por Deus proclamado sumo-sacerdote na ordem de Melquisedec.

Responsório breve

R. Os dis**cí**pulos fi**ca**ram muito a**le**gres. * Ale**lui**a, ale**lui**a.
R. Os dis**cí**pulos.
V. Quando **vi**ram o Se**nhor** ressusci**ta**do. * Ale**lui**a, ale**lui**a.
Glória ao **Pai**. R. Os dis**cí**pulos.

Cântico evangélico, ant.

O **Senhor** crucifi**ca**do e por **nós** sacrifi**ca**do
dentre os **mor**tos ressur**giu** e a **to**dos nos re**miu**. Ale**lui**a.

Preces

Glorifiquemos a Cristo, caminho, verdade e vida; e o invoquemos, dizendo:

R. **Filho de Deus vivo, abençoai o vosso povo!**

Nós vos pedimos, Senhor Jesus Cristo, por todos os ministros da Igreja, que repartem o pão da vida entre os irmãos,
– para que sejam também eles alimentados e fortalecidos pelo mesmo pão que distribuem. R.

Nós vos pedimos por todo o povo cristão, para que viva sua vocação de maneira digna,

– e mantenha a unidade de espírito pelo vínculo da paz. R.

Nós vos pedimos por todos os que nos governam, para que exerçam suas funções com justiça e compreensão,
– e assim promovam a concórdia e a paz entre todos os povos. R.

(intenções livres)

Nós vos pedimos que nos torneis dignos de celebrar a vossa santa ressurreição em comunhão com os anjos e os santos,
– e também com nossos irmãos e irmãs falecidos, que confiamos à vossa infinita misericórdia. R.

Pai nosso...

Oração

Ó Deus todo-poderoso, concedei que, conhecendo a ressurreição do Senhor e a graça que ela nos trouxe; ressuscitemos para uma vida nova pelo amor do vosso Espírito. Por nosso Senhor Jesus Cristo, vosso Filho, na unidade do Espírito Santo.

SÁBADO

Laudes

Leitura breve Rm 14,7-9

Ninguém dentre nós vive para si mesmo ou morre para si mesmo. Se estamos vivos, é para o Senhor que vivemos; se morremos, é para o Senhor que morremos. Portanto, vivos ou mortos, pertencemos ao Senhor. Cristo morreu e ressuscitou exatamente para isto, para ser o Senhor dos mortos e dos vivos.

Responsório breve.

R. O Se**nhor** ressur**giu** do se**pul**cro. * Ale**lui**a, ale**lui**a.
R. O Se**nhor**.
V. Foi sus**pen**so por **nós** numa **cruz**. * Ale**lui**a, ale**lui**a.
Glória ao **Pai**. R. O Se**nhor**.

Cântico evangélico, ant

A **quem** nós i**re**mos, Se**nhor** Jesus **Cris**to?
Só **tu** tens pa**la**vras de **vi**da e**ter**na.
Nós **cre**mos sa**ben**do que **és** o Se**nhor**,
que **tu** és o **Cris**to, o **Fi**lho de **Deus**. Ale**lui**a.

Preces

Roguemos com alegria a Cristo, pão da vida, que ressuscitará no último dia os que se alimentam à mesa de sua palavra e de seu corpo; e digamos:

R. **Dai-nos, Senhor, paz e alegria!**

Filho de Deus, que ressuscitastes gloriosamente dos mortos como Senhor da vida,
–abençoai e santificai a humanidade inteira. R.

Senhor Jesus; fonte de paz e de alegria para todos os que creem em vós,
–fazei-nos viver como filhos da luz na alegria do vosso triunfo pascal. R.

Confirmai a fé da vossa Igreja, peregrina sobre a terra,
–para que dê ao mundo o testemunho da vossa ressurreição. R.

Vós, que, depois de muitos sofrimentos, entrastes na glória do Pai,
–mudai em alegria a tristeza dos que choram. R.

(intenções livres)

Pai nosso...

Oração

Ó Deus, que renovastes nas águas do batismo os que creem em vós, protegei os que renasceram no Cristo, para que vençam as ciladas do erro e permaneçam fiéis à vossa graça. Por nosso Senhor Jesus Cristo, vosso Filho, na unidade do Espírito Santo.

Hora Média

Leitura breve 1Cor 15,20-22

Cristo ressuscitou dos mortos como primícias dos que morreram. Com efeito, por um homem veio a morte e é também por um homem que vem a ressurreição dos mortos. Como em Adão todos morrem, assim também em Cristo todos reviverão.

V. Os discípulos ficaram muito alegres, ale**luia**.
R. Por **ve**rem o Se**nhor** ressusci**ta**do, Ale**luia**.

Oração como nas Laudes.

4º DOMINGO DA PÁSCOA

IV Semana do Saltério

I Vésperas

Hino, p. 459.

Ant. 1 A paz de **Cris**to habite em **vós**
e alegre os **vos**sos cora**ções**. Ale**lui**a.

Salmos e cântico do domingo da IV Semana, p. 1029.

Ant. 2 Para **Deus** nos re**miu** vosso **san**gue . Ale**lui**a.

Ant. 3 Era pre**ci**so que o **Cris**to so**fres**se
para en**trar** em sua **gló**ria. Ale**lui**a.

Leitura breve 1Pd 2,9-10

Vós sois a raça escolhida, o sacerdócio do Reino, a nação santa, o povo que ele conquistou para proclamar as obras admiráveis daquele que vos chamou das trevas para a sua luz maravilhosa. Vós sois aqueles que antes não eram povo, agora porém são povo de Deus; os que não eram objeto de misericórdia, agora porém alcançaram misericórdia.

Responsório breve

R. Os dis**cí**pulos fi**ca**ram muito a**le**gres. * Ale**lui**a, ale**lui**a.
R. Os dis**cí**pulos.
V. Quando **vi**ram o Se**nhor** ressusci**ta**do. * Ale**lui**a, ale**lui**a.
Glória ao **Pai.** R. Os dis**cí**pulos.

Cântico evangélico, ant.

Ano A Em ver**da**de, em ver**da**de, eu vos **di**go:
quem **en**tra no a**pris**co pela **por**ta,
esse **é** o pas**tor** das o**ve**lhas.
Cami**nhan**do ele à **fren**te, elas **se**guem,
pois co**nhe**cem sua **voz**. Ale**lui**a.

Ano B Eu **sou** o Bom Pas**tor**.
O Bom Pas**tor** dá a **vi**da por **su**as o**ve**lhas. Ale**lui**a.

Ano C Minhas o**ve**lhas reco**nhe**cem minha **voz**,
e eu, o Se**nhor** e Bom Pas**tor** as reco**nhe**ço. Ale**lui**a.

Preces

Oremos a Jesus Cristo que, ressuscitando dos mortos, destruiu a morte e renovou a vida; e digamos cheios de confiança:

R. **Cristo, vivo para sempre, escutai a nossa prece!**

Vós, que sois a pedra rejeitada pelos construtores, mas escolhida pelo Pai como pedra angular,
– fazei de nós pedras vivas na edificação de vossa Igreja. R.

Vós, que sois a Testemunha fiel e verdadeira, o Primogênito dentre os mortos,
– concedei que a vossa Igreja possa dar sempre e em toda a terra o testemunho da vossa ressurreição. R.

Vós, que sois o Esposo único da Igreja, nascida de vosso lado aberto na cruz,
– fazei de nós testemunhas do vosso amor pela Igreja e por toda a humanidade. R.

Vós, que sois o Princípio e o Fim, que estivestes morto e agora viveis eternamente,
– concedei aos que foram batizados a perseverança até à morte, para que mereçam a coroa da vitória. R.

(intenções livres)

Vós, que sois a Luz que ilumina a santa cidade de Deus,
– iluminai com vosso esplendor os nossos irmãos e irmãs falecidos, para que reinem convosco eternamente. R.

Pai nosso...

Oração

Deus eterno e todo-poderoso, conduzi-nos à comunhão das alegrias celestes, para que o rebanho possa atingir, apesar de sua fraqueza, a fortaleza do Pastor. Por nosso Senhor Jesus Cristo, vosso Filho, na unidade do Espírito Santo.

Laudes

Hino, p. 462.

Ant. 1 Não morre**rei**, mas ao con**trá**rio, vive**rei**
para can**tar** as grandes **o**bras do Se**nhor**! Ale**lui**a.

Salmos e cântico do domingo da IV Semana, p. 1033.

Ant. 2 Seja bendito o vosso **no**me,
nome **san**to e glori**o**so! Ale**lui**a.

Ant. 3 Vinde **to**dos, e dai **gló**ria ao nosso **Deus**:
Ele é a **Ro**cha, suas **o**bras são per**fei**tas,
seus ca**mi**nhos, todos **e**les, são jus**ti**ça. Ale**lui**a.

Leitura breve At 10,40-43

Deus ressuscitou Jesus no terceiro dia, concedendo-lhe manifestar-se não a todo o povo, mas às testemunhas que Deus havia escolhido: a nós, que comemos e bebemos com Jesus, depois que ressuscitou dos mortos. E Jesus nos mandou pregar ao povo e testemunhar que Deus o constituiu Juiz dos vivos e dos mortos. Todos os profetas dão testemunho dele: Todo aquele que crê em Jesus recebe, em seu nome, o perdão dos pecados.

Responsório breve

R. Tende pie**da**de de **nós**, Cristo, **Fi**lho do Deus **vi**vo!
* Ale**lui**a, ale**lui**a. R. Tende pie**da**de.
V. Vós, que dos **mor**tos ressur**gis**tes. * Ale**lui**a.
Glória ao **Pai**. R. Tende pie**da**de.

Cântico evangélico, ant.

Ano A Eu sou a **por**ta das o**ve**lhas;
quem en**trar**, por mim, no a**pris**co,
achará **pas**to e será **sal**vo. Ale**lui**a.

Ano B Eu **sou** o pas**tor** das o**ve**lhas,
o ca**mi**nho, a ver**da**de e a **vi**da.
Eu **sou** o Pas**tor**, Bom Pas**tor**,
eu co**nhe**ço as **mi**nhas o**ve**lhas
e elas co**nhe**cem a **mim**.
Bom Pas**tor**, dou a **vi**da por **e**las. Ale**lui**a.

Ano C Dou a **vi**da e**ter**na a **mi**nhas o**ve**lhas,
e ja**mais** pere**ce**rão,
e nin**guém** as rouba**rá** de minhas **mãos**. Ale**lui**a.

Preces

Invoquemos a Deus Pai todo-poderoso, que ressuscitou nosso Rei e Salvador Jesus Cristo; e digamos com alegria:

R. **Iluminai-nos, Senhor, com a luz de Cristo!**

Pai santo, que fizestes vosso amado Filho Jesus passar das trevas da morte para a luz da glória,
–dai-nos chegar, um dia, à luz admirável do vosso reino eterno.
R. **Iluminai-nos, Senhor, com a luz de Cristo!**

Vós, que nos salvastes pela fé,
–fazei-nos viver hoje fielmente segundo as promessas do nosso batismo. R.

Vós, que nos mandais buscar sempre as coisas do alto, onde Cristo está sentado à vossa direita,
–livrai-nos da sedução do pecado. R.

Fazei que a nossa vida, escondida em vós com Cristo, brilhe no mundo,
–para anunciar a todos os novos céus e a nova terra. R.

(intenções livres)

Pai nosso...

Oração

Deus eterno e todo-poderoso, conduzi-nos à comunhão das alegrias celestes, para que o rebanho possa atingir, apesar de sua fraqueza, a fortaleza do Pastor. Por nosso Senhor Jesus Cristo, vosso Filho, na unidade do Espírito Santo.

Hora Média

Leitura breve Ef 2,4-6

Deus é rico em misericórdia. Por causa do grande amor com que nos amou, quando estávamos mortos por causa das nossas faltas, ele nos deu a vida com Cristo. É por graça que vós sois salvos! Deus nos ressuscitou com Cristo e nos fez sentar nos céus em virtude de nossa união com Jesus Cristo.

V. Os discípulos fi**ca**ram muito **a**legres, ale**lui**a.
R. Por **ve**rem o Se**nhor** ressusci**ta**do, Ale**lui**a.

Oração como nas Laudes.

II Vésperas

Hino, p.459.

Ant. 1 Procu**rai** o que é do **al**to,
onde **Cris**to está na **gló**ria,
à di**rei**ta de Deus **Pai**. Ale**lui**a.

Salmos e cântico do domingo da IV. Semana, p. 1040.

Ant. 2 Uma **luz** brilha nas **tre**vas para os **jus**tos. Ale**lui**a.

Ant. 3 Ale**lui**a, ao nosso **Deus** a salva**ção**,
honra, **gló**ria e po**der**. Ale**lui**a.

Leitura breve Hb 10,12-14

Cristo, depois de ter oferecido um sacrifício único pelos pecados, sentou-se para sempre à direita de Deus. Não lhe resta mais senão esperar até que seus inimigos sejam postos debaixo de seus pés. De fato, com esta única oferenda, levou à perfeição definitiva os que ele santifica.

Responsório breve

R. O Se**nhor** ressur**giu**, de ver**da**de, * Ale**lui**a, ale**lui**a.
R. O Se**nhor**.
V. A Si**mão** ele **apare**ceu.* Ale**lui**a.
Glória ao **Pai**. R. O Se**nhor**.

Cântico evangélico, ant.

Ano A Eu **sou** o Bom Pas**tor** das o**ve**lhas;
eu **vim** para que **te**nham a **vi**da,·.
e a **te**nham em **gran**de abun**dân**cia. Ale**lui**a.

Ano B Tenho a**in**da outras o**ve**lhas que não **são** deste re**dil**;
também **e**las me ouvi**rão** e have**rei** de condu**zi**-las; e
have**rá** um só re**ba**nho que te**rá** um só pas**tor**. Ale**lui**a.

Ano C **A**quilo que o **Pai** deu a **mim** é mai**or** do que **tu**do; e
nin**guém** pode**rá** arreba**tar** da **mão** do meu **Pai**. Ale**lui**a.

Preces

Invoquemos a Deus Pai, que ressuscitou Jesus Cristo e o exaltou à sua direita; e peçamos humildemente:

R. **Protegei o vosso povo, Senhor, pela glória de Cristo!**

Pai santo, que pela vitória da cruz glorificastes Jesus sobre a terra,
– atraí para ele todas as coisas. R.

Por vosso Filho glorificado, enviai, Senhor, sobre a Igreja o Espírito Santo,
– para que ela seja sinal de unidade para todo o gênero humano. R.

Conservai na fé do seu batismo a vossa família, que fizestes renascer pela água e pelo Espírito Santo,
–para que alcance a vida eterna. R.

Por vosso Filho glorificado, dai alegria aos infelizes, libertai os prisioneiros, curai os doentes,
–e estendei à humanidade inteira os benefícios da vossa redenção. R.

(intenções livres)

Aos nossos irmãos e irmãs falecidos, que receberam na terra o Corpo e o Sangue de Cristo,
–dai-lhes a glória da ressurreição no último dia. R.

Pai nosso...

Oração

Deus eterno e todo-poderoso, conduzi-nos à comunhão das alegrias celestes, para que o rebanho possa atingir, apesar de sua fraqueza, a fortaleza do Pastor. Por nosso Senhor Jesus Cristo, vosso Filho, na unidade do Espírito Santo.

SEGUNDA-FEIRA

Laudes

Leitura breve Rm 10,8b-10

A palavra está perto de ti, em tua boca e em teu coração. Essa palavra é a palavra da fé, que nós pregamos. Se, pois, com tua boca confessares Jesus como Senhor e, no teu coração, creres que Deus o ressuscitou dos mortos, serás salvo. É crendo no coração que se alcança a justiça e é confessando a fé com a boca que se consegue a salvação.

Responsório breve

R. O Se**nhor** ressur**giu** do se**pul**cro. * Ale**luia**, ale**luia**.
R. O Se**nhor**.
V. Foi sus**pen**so por **nós** numa **cruz**. * Ale**lui**a, ale**luia**.
Glória ao **Pai**. R. O Se**nhor**.

Cântico evangélico, ant.

Eu **sou** o Bom Pas**tor** das o**ve**lhas,
meu re**ba**nho apas**cen**to e co**nhe**ço
e, por **e**las, eu **dou** minha **vi**da. Ale**lui**a.

Preces

Rezemos a Deus Pai, glorificado pela morte e ressurreição de seu Filho; e peçamos confiantes:

R. **Iluminai, Senhor, o nosso coração!**

Deus de eterna glória, que iluminastes o mundo com a luz de Cristo gloriosamente ressuscitado,
– iluminai-nos hoje com a luz da fé. R.

Vós, que, pela ressurreição de Cristo, abristes a todo ser humano as portas da eternidade
– ajudai-nos no trabalho deste dia, para que aumente em nós a esperança da vida eterna. R.

Vós, que, por vosso Filho ressuscitado, enviastes ao mundo o Espírito Santo,
– acendei em nossos corações o fogo do vosso amor. R.

Pelos méritos da cruz de Cristo, que morreu para libertar o mundo,
– dai à humanidade inteira a salvação e a paz. R.

(intenções livres)

Pai nosso...

Oração

Ó Deus, que pela humilhação do vosso Filho reerguestes o mundo decaído, enchei de santa alegria os vossos filhos e filhas que libertastes da escravidão do pecado e concedei-lhes a felicidade eterna. Por nosso Senhor Jesus Cristo, vosso Filho, na unidade do Espírito Santo.

Hora Média

Leitura breve Cl 2,9.10a.12

Em Cristo habita corporalmente toda a plenitude da divindade. Dele também vós estais repletos. Com Cristo fostes sepultados no batismo; com ele também fostes ressuscitados por meio da fé no poder de Deus, que ressuscitou a Cristo dentre os mortos.

V. Os discípulos ficaram muito alegres, aleluia.
R. Por verem o Senhor ressuscitado, Aleluia.
Oração como nas Laudes.

Vésperas

Leitura breve Hb 8,1b-3a

Temos um sumo-sacerdote tão grande, que se assentou à direita do trono da majestade, nos céus. Ele é ministro do Santuário e da Tenda verdadeira, armada pelo Senhor, e não por mão humana. Todo o sumo-sacerdote, com efeito, é constituído para oferecer dádivas e sacrifícios.

Responsório breve

R. Os discípulos ficaram muito alegres. * Aleluia, aleluia.
R. Os discípulos.
V. Quando viram o Senhor ressuscitado. * Aleluia, aleluia.
Glória ao Pai. R. Os discípulos.

Cântico evangélico, ant.

Tenho ainda outras ovelhas que não são deste redil;
também elas me ouvirão e haverei de conduzi-las;
e haverá um só rebanho que terá um só pastor. Aleluia.

Preces

Roguemos a Cristo, nosso Senhor, que iluminou o mundo com a glória de sua ressurreição; e digamos:

R. **Cristo, nossa vida, ouvi-nos!**

Senhor Jesus Cristo, que vos fizestes companheiro de viagem dos dois discípulos a caminho de Emaús,
–permanecei sempre com vossa Igreja, peregrina sobre a terra. R.

Não permitais que vossos fiéis sejam lentos para crerem,
–mas proclamem o vosso triunfo sobre a morte. R.

Olhai com bondade para aqueles que ainda não vos reconhecem no caminho de suas vidas,
–e mostrai-lhes o vosso rosto, para que também eles se salvem. R.

Vós, que pela cruz reconciliastes toda a humanidade, reunindo-a num só corpo,
– concedei a paz e a unidade a todas as nações. R.

(intenções livres)

Juiz dos vivos e dos mortos,
– concedei o perdão dos pecados a todos os que partiram desta vida e creram em vós. R.
Pai nosso...

Oração

Ó Deus, que pela humilhação do vosso Filho reerguestes o mundo decaído, enchei de santa alegria os vossos filhos e filhas que libertastes da escravidão do pecado e concedei-lhes a felicidade eterna. Por nosso Senhor Jesus Cristo, vosso Filho, na unidade do Espírito Santo.

TERÇA-FEIRA

Laudes

Leitura breve At 13,30-33

Deus ressuscitou Jesus dos mortos e, durante muitos dias, ele foi visto por aqueles que o acompanharam desde a Galileia até Jerusalém. Agora eles são testemunhas de Jesus diante do povo. Por isso, nós vos anunciamos este Evangelho: a promessa que Deus fez aos antepassados, ele a cumpriu para nós, seus filhos, quando ressuscitou Jesus, como está escrito no salmo segundo: Tu és o meu filho, eu hoje te gerei.

Responsório breve

R. O Se**nhor** ressur**giu** do se**pul**cro. * Ale**lui**a, ale**lui**a.
R. O Se**nhor**.
V. Foi sus**pen**so por **nós** numa **cruz**. * Ale**lui**a, ale**lui**a.
Glória ao **Pai**. R. O Se**nhor**.

Cântico evangélico, ant.

As **o**bras que eu **fa**ço em **no**me do **Pai**
é que **fa**lam por **mim** e **dão** teste**mu**nho. Ale**lui**a.

Preces

Demos graças a Deus, Pai de nosso Senhor Jesus Cristo, o Cordeiro sem mancha, que tira o pecado do mundo; e rezemos confiantes:

R. **Senhor, fonte da vida, dai-nos a vossa salvação!**

Deus, fonte da vida, lembrai-vos da morte e ressurreição do Cordeiro imolado na cruz,
– e ouvi as súplicas que ele vos dirige continuamente em nosso favor. R.

Purificai-nos, Senhor, de todo fermento de malícia e perversidade,
– para vivermos a páscoa de Cristo com os pães ázimos da sinceridade e da verdade. R.

Ajudai-nos a vencer neste dia o pecado da discórdia e da inveja,
– e tornai-nos mais atentos às necessidades dos nossos irmãos e irmãs. R.

Dai à nossa vida um autêntico espírito evangélico,
– para andarmos, hoje e sempre, pelo caminho dos vossos mandamentos. R.

(intenções livres)

Pai nosso...

Oração

Concedei, ó Deus todo-poderoso, que, celebrando o mistério da ressurreição do Senhor, possamos acolher com alegria a nossa redenção. Por nosso Senhor Jesus Cristo, vosso Filho, na unidade do Espírito Santo.

Hora Média

Leitura breve cf. 1Pd 3,21-22a

O batismo é hoje a vossa salvação pois ele não serve para limpar o corpo da imundície, mas é um pedido a Deus para obter uma boa consciência, em virtude da ressurreição de Jesus Cristo que está à direita de Deus.

V. Os dis**cí**pulos fi**ca**ram muito a**le**gres, ale**lui**a.
R. Por **ve**rem o Se**nhor** ressusci**ta**do, Ale**lui**a.

Oração como nas Laudes.

Vésperas

Leitura breve 1Pd 2,4-5

Aproximai-vos do Senhor, pedra viva, rejeitada pelos homens, mas escolhida e honrosa aos olhos de Deus. Do mesmo modo, também vós, como pedras vivas, formai um edifício espiritual, um sacerdócio santo, afim de oferecerdes sacrifícios espirituais, agradáveis a Deus, por Jesus Cristo.

Responsório breve

R. Os dis**cí**pulos fi**ca**ram muito a**le**gres. * Ale**lui**a, ale**lui**a.
R. Os dis**cí**pulos.
V. Quando **vi**ram o Se**nhor** ressusci**ta**do. * Ale**lui**a, ale**lui**a.
Glória ao **Pai**. R. Os dis**cí**pulos.

Cântico evangélico, ant.

Eu co**nhe**ço as **mi**nhas o**ve**lhas e **e**las me **ou**vem e **se**guem
e a **vi**da e**ter**na eu lhes **dou**. Ale**lui**a.

Preces

Invoquemos a Cristo, que pela sua ressurreição confirmou a esperança do seu povo; e peçamos com muita fé:

R. **Cristo, vivo para sempre, escutai-nos!**

Senhor Jesus Cristo, de cujo lado aberto correu sangue e água, ·
– fazei da Igreja vossa esposa imaculada. R.

Pastor supremo da Igreja, que depois da ressurreição confiastes a Pedro o cuidado do vosso rebanho,
– protegei o nosso papa N. e confirmai-o na caridade ao serviço do vosso povo. R.

Vós, que enchestes de peixes as redes de vossos discípulos que pescavam no lago de Tiberíades,
– enviai operários à vossa Igreja para que continuem seu trabalho apostólico. R.

Vós, que preparastes pão e peixes para vossos discípulos, na margem do lago,
– não permitais que nossos irmãos e irmãs morram de fome por nossa culpa. R.

(intenções livres)

Senhor Jesus, novo Adão, que nos dais a vida, tornai semelhantes à vossa imagem gloriosa os que já deixaram este mundo,
–para que participem plenamente da alegria perfeita no céu.
R. **Cristo, vivo para sempre, escutai-nos!**

Pai nosso...

Oração

Concedei, ó Deus todo-poderoso, que, celebrando o mistério da ressurreição do Senhor, possamos acolher com alegria a nossa redenção. Por nosso Senhor Jesus Cristo, vosso Filho, na unidade do Espírito Santo.

QUARTA-FEIRA

Laudes

Leitura breve Rm 6,8-11

Se morremos com Cristo, cremos que também viveremos com ele. Sabemos que Cristo ressuscitado dos mortos não morre mais; a morte já não tem poder sobre ele. Pois aquele que morreu, morreu para o pecado uma vez por todas; mas aquele que vive, é para Deus que vive. Assim, vós também considerai-vos mortos para o pecado e vivos para Deus, em Jesus Cristo.

Responsório breve

R. O Se**nhor** ressur**giu** do se**pul**cro. *Ale**lu**ia, ale**lu**ia.
R. O Se**nhor**.
V. Foi sus**pen**so por **nós** numa **cruz**. *Ale**lu**ia, ale**lu**ia.
Glória ao **Pai**. R. O Se**nhor**.

Cântico evangélico, ant.

Eu vim ao **mun**do como uma **luz**:
quem crê em **mim** não fica nas **tre**vas. Ale**lu**ia.

Preces

Elevemos nossas preces a Deus Pai, que quis revelar aos apóstolos a glória de Cristo ressuscitado; e aclamemos:

R. **Iluminai-nos, Senhor, com a glória de Cristo!**

Nós vos louvamos, Senhor, fonte de luz e de glória,
– que nos chamastes à vossa luz admirável para alcançarmos a salvação. R.

Purificai e fortalecei com o poder do Espírito Santo a atividade da Igreja em toda a terra,
– para que melhorem as relações humanas entre todos os cidadãos do mundo. R.

Fazei que nos dediquemos de tal modo ao serviço do próximo,
– que possamos transformar a comunidade humana numa oferenda agradável aos vossos olhos. R.

Desde o amanhecer, cumulai-nos com os, dons da vossa bondade,
– para vivermos na alegria de vosso louvor durante todo este dia. R.

(intenções livres)

Pai nosso...

Oração

Ó Deus, vida dos que têm fé em vós, glória dos humildes, e felicidade dos justos, atendei com bondade às nossas preces, e saciai sempre com vossa plenitude os que anseiam pelas riquezas que prometestes. Por nosso Senhor Jesus Cristo, vosso Filho, na unidade do Espírito Santo.

Hora Média

Leitura breve 1Jo5,5-6a

Quem é o vencedor do mundo, senão aquele que crê que Jesus é o Filho de Deus? Este é o que veio pela água e pelo sangue: Jesus Cristo. Não veio somente com a água, mas com a água e o sangue.

V. Os discípulos ficaram muito **alegres**, ale**lui**a.
R. Por **verem** o Se**nhor** ressusci**ta**do, Ale**lui**a.

Oração como nas Laudes.

Vésperas

Leitura breve Hb 7,24-27

Cristo, uma vez que permanece para a eternidade, possui um sacerdócio que não muda. Por isso ele é capaz de salvar para sempre aqueles que, por seu intermédio, se aproximam de Deus. Ele está sempre vivo para interceder por eles. Tal é precisamente o sumo-sacerdote que nos convinha: santo, inocente, sem mancha, separado dos pecadores e elevado acima dos céus. Ele não precisa, como os sumos-sacerdotes oferecer sacrifícios em cada dia, primeiro por seus próprios pecados e depois pelos do povo. Ele já o fez uma vez por todas, oferecendo-se a si mesmo.

Responsório breve

R. Os dis**cí**pulos fi**ca**ram muito a**le**gres. * Ale**lui**a, ale**lui**a.
R. Os dis**cí**pulos.
V. Quando **vi**ram o Se**nhor** ressusci**ta**do. * Ale**lui**a, ale**lui**a.
Glória ao **Pai**. R. Os dis**cí**pulos.

Cântico evangélico, ant.

Deus não man**dou** o seu Filho ao **mun**do
para jul**gá**-lo, mas sim sal**vá**-lo. Ale**lui**a.

Preces

Imploremos a Deus todo-poderoso, que em seu Filho ressuscitado, abriu-nos as portas da vida eterna; e digamos confiantes:

R. **Pela vitória de Cristo, salvai, Senhor, o vosso povo!**

Deus de nossos pais, que glorificastes vosso Filho Jesus, ressuscitando-o dos mortos,
– transformai os nossos corações para vivermos a vida nova da filiação divina. R.

Vós, que conduzistes as ovelhas desgarradas, que éramos, a Cristo, pastor e guia de nossas almas,
– conservai-nos fiéis ao evangelho, sob a orientação dos pastores da Igreja. R.

Vós, que escolhestes os primeiros discípulos de vosso Filho dentre o povo judeu,
– dai aos filhos de Israel fidelidade à Aliança, para caminharem ao encontro da promessa feita a seus pais. R.

Lembrai-vos de todos os abandonados, dos órfãos e das viúvas,
– e não deixeis que vivam sozinhos aqueles que vosso Filho, com sua morte, reconciliou convosco. R.

(intenções livres)

Vós, que chamastes para o reino celeste o primeiro mártir Santo Estêvão, depois que ele proclamou a glória de Jesus sentado à vossa direita,
– acolhei também na eternidade os nossos irmãos e irmãs que na fé e na caridade esperaram em vós. R.

Pai nosso...

Oração

Ó Deus, vida dos que têm fé em vós, glória dos humildes, e felicidade dos justos, atendei com bondade às nossas preces, e saciai sempre com vossa plenitude os que anseiam pelas riquezas que prometestes. Por nosso Senhor Jesus Cristo, vosso Filho, na unidade do Espírito Santo.

QUINTA-FEIRA

Laudes

Leitura breve Rm 8,10-11

Se Cristo está em vós, embora vosso corpo esteja ferido de morte por causa do pecado, vosso espírito está cheio de vida, graças à justiça. E, se o Espírito daquele que ressuscitou Jesus dentre os mortos mora em vós, então aquele que ressuscitou Jesus Cristo dentre os mortos vivificará também vossos corpos mortais por meio do seu Espírito que mora em vós.

Responsório breve

R. O Se**nhor** ressur**giu** do se**pul**cro. * Ale**lui**a, ale**lui**a.
R. O Se**nhor**.
V. Foi sus**pen**so por **nós** numa **cruz**. * Ale**lui**a, ale**lui**a. Glória ao **Pai**. R. O Se**nhor**.

Cântico evangélico, ant.

O dis**cí**pulo não é **mais** do que o **Mes**tre;
o que se **tor**na como o **Mes**tre é per**fei**to. Ale**lui**a.

Preces

Invoquemos com toda a confiança a Deus Pai, que em Jesus Cristo deu aos seres humanos a certeza da ressurreição; e digamos:

R. **Que o Senhor Jesus seja a nossa vida!**

Pela coluna de fogo iluminastes, Senhor, vosso povo no deserto:
– por sua ressurreição, seja Cristo hoje para nós a luz da vida. R.

Pela voz de Moisés ensinastes, Senhor, o vosso povo no monte Sinai;
– por sua ressurreição seja Cristo hoje para nós a palavra da vida. R.

Com o maná alimentastes, Senhor, vosso povo peregrino;
– por sua ressurreição, seja Cristo hoje para nós o pão da vida. R.

Com a água do rochedo destes de beber, Senhor, ao vosso povo;
– pela ressurreição de Cristo, vosso Filho, concedei-nos hoje o Espírito que dá vida. R.

(intenções livres)

Pai nosso...

Oração

Ó Deus, que restaurais a natureza humana dando-lhe uma dignidade ainda maior, considerai o mistério do vosso amor, conservando para sempre os dons da vossa graça naqueles que renovastes pelo sacramento de uma nova vida. Por nosso Senhor Jesus Cristo, vosso Filho, na unidade do Espírito Santo.

Hora Média

Leitura breve Tt 3,5b-7

Deus nos salvou quando renascemos e fomos renovados no batismo pelo Espírito Santo, que ele derramou abundantemente sobre nós por meio de nosso Salvador Jesus Cristo. Justificados assim, pela sua graça, nos tornamos na esperança herdeiros da vida eterna.

V. Os dis**cí**pulos fi**ca**ram muito **a**legres, ale**lui**a.

R. Por **ve**rem o Se**nhor** ressusci**ta**do, Ale**lui**a.

Oração como nas Laudes.

Vésperas

Leitura breve 1Pd 3,18.21b-22

Cristo morreu, uma vez por todas, por causa dos pecados,o justo, pelos injustos, a fim de vos conduzir a Deus. Sofreu a morte, na sua existência humana, mas recebeu nova vida pelo Espirito. O batismo é hoje a vossa salvação. Pois ele não serve para limpar o corpo da imundície, mas é um pedido a Deus para obter uma boa consciência, em virtude da ressurreição de Jesus Cristo. Ele subiu ao céu e está à direita de Deus, submetendo-se a ele anjos, dominações e potestades.

Responsório breve

R. Os dis**cí**pulos fi**ca**ram muito a**le**gres. * Ale**lui**a, ale**lui**a.
R. Os dis**cí**pulos.
V. Quando **vi**ram o Se**nhor** ressusci**ta**do. * Ale**lui**a, ale**lui**a.
Glória ao **Pai.** R. Os dis**cí**pulos.

Cântico evangélico, ant.

Eu **sou** o Pas**tor** das o**ve**lhas;
eu **vim** para que **te**nham a **vi**da
e a **te**nham em **gran**de abun**dân**cia. Ale**lui**a.

Preces

Exultemos de alegria em Cristo nosso Senhor, a quem o Pai constituiu fundamento de nossa esperança e da ressurreição dos mortos. Aclamemos e peçamos:

R. **Cristo, rei da glória, ouvi-nos!**

Senhor Jesus, que por vosso sangue derramado na cruz e por vossa ressurreição entrastes no santuário celeste,
– conduzi-nos convosco à glória do Pai. R.

Senhor Jesus, que por vossa ressurreição fortalecestes a fé dos discípulos e os enviastes ao mundo para anunciar o evangelho,
– fazei que os bispos e os presbíteros sejam fiéis mensageiros da vossa Palavra. R.

Senhor Jesus, que por vossa ressurreição nos trouxestes a reconciliação e a paz,
– dai aos cristãos uma perfeita união na fé e na caridade. R.

Senhor Jesus, que por vossa ressurreição curastes o paralítico que estava à porta do Templo,
– olhai com bondade para os enfermos e manifestai neles a vossa glória.
R. **Cristo, rei da glória, ouvi-nos!**

(intenções livres)

Senhor Jesus, que por vossa ressurreição vos tornastes o primogênito dentre os mortos,
– concedei a participação na glória celeste àqueles que acreditaram e esperaram em vós. R.

Pai nosso...

Oração

Ó Deus, que restaurais a natureza humana dando-lhe uma dignidade ainda maior, considerai o mistério do vosso amor, conser-vando para sempre os dons da vossa graça naqueles que renovastes pelo sacramento de uma nova vida. Por nosso Senhor Jesus Cristo, vosso Filho, na unidade do Espírito Santo.

SEXTA-FEIRA

Laudes

Leitura breve At 5,30-32

O Deus de nossos pais ressuscitou Jesus, a quem vós matastes, pregando-o numa cruz. Deus, por seu poder, o exaltou, tornando-o Guia Supremo e Salvador, para dar ao povo de Israel a conversão e o perdão dos seus pecados. E disso somos testemunhas, nós e o Espírito Santo, que Deus concedeu àqueles que lhe obedecem.

Responsório breve

R. O Se**nhor** ressur**giu** do se**pul**cro. * Ale**lui**a, ale**lui**a.
R. Se**nhor**.
V. Foi sus**pen**so por **nós** numa **cruz**. * Ale**lui**a, ale**lui**a.
Glória ao **Pai**. R. O Se**nhor**.

Cântico evangélico, ant.

Vou prepa**rar** para **vós** um **lugar**
e ao vol**tar** vou levar-vos co**mi**go,
para **que** onde es**tou** este**jais**
vós tam**bém** junto a **mim.** Ale**lui**a.

Preces

Rezemos a Deus Pai, que ressuscitou Jesus de entre os mortos e dará a vida também aos nossos corpos mortais, pelo Espírito Santo que habita em nós. Digamos com fé:

R. **Senhor, por vosso Espírito Santo, dai-nos a vida!**

Pai santo, que aceitastes o sacrifício de vosso Filho, ressuscitando-o de entre os mortos,

– recebei a oferenda que hoje vos apresentamos e conduzi-nos à vida eterna. R.

Abençoai, Senhor, nossos trabalhos deste dia,

– para que sirvam à vossa glória e à santificação de todos. R.

Fazei que nossas atividades de hoje contribuam para a construção de um mundo melhor,

– e que assim procedendo, possamos chegar ao vosso reino celeste. R.

Abri hoje nossos olhos e nosso coração para as necessidades de nossos irmãos e irmãs,

– a fim de que todos nos amemos e nos sirvamos uns aos outros. R.

(intenções livres)

Pai nosso...

Oração

Deus, a quem devemos a liberdade e a salvação, fazei que possamos viver por vossa graça e encontrar em vós a felicidade eterna, pois nos remistes com o sangue do vosso Filho. Que convosco vive e reina, na unidade do Espírito Santo.

Hora Média

Leitura breve Gl 3,27-28

Vós todos que fostes batizados em Cristo vos revestistes de Cristo. O que vale não é mais ser judeu nem grego, nem escravo nem livre, nem homem nem mulher, pois todos vós sois um só, em Jesus Cristo.

V. Os discípulos ficaram muito alegres, aleluia.

R. Por verem o Senhor ressuscitado, Aleluia.

Oração como nas Laudes.

Vésperas

Leitura breve Hb 5,8-10

Mesmo sendo Filho, aprendeu o que significa a obediência a Deus por aquilo que ele sofreu. Mas, na consumação de sua vida, tornou-se causa de salvação eterna para todos os que lhe obedecem. De fato, ele foi por Deus proclamado sumo sacerdote na ordem de Melquisedec.

Responsório breve

R. Os discípulos ficaram muito alegres. * Aleluia, aleluia.
R. Os discípulos.
V. Quando viram o Senhor ressuscitado. * Aleluia, aleluia.
Glória ao Pai. R. Os discípulos.

Cântico evangélico, ant.

O Bom Pastor deu sua vida
para salvar suas ovelhas. Aleluia.

Preces

Glorifiquemos a Cristo, fonte de vida e origem de todas as virtudes; e rezemos com amor e confiança:

R. **Firmai no mundo o vosso Reino, Senhor!**

Jesus Salvador, que experimentastes a morte em vossa carne, mas voltastes à vida pelo Espírito,
– fazei-nos morrer para o pecado e viver a vida nova do vosso Espírito Santo. R.

Vós, que enviastes os discípulos ao mundo inteiro para pregar o evangelho a toda criatura,
– sustentai com a força do vosso Espírito, os mensageiros de vossa palavra. R.

Vós, que recebestes todo o poder no céu e na terra para dar testemunho da verdade,
– dirigi no espírito de verdade o coração daqueles que nos governam. R.

Vós, que fazeis novas todas as coisas e nos mandais esperar, vigilantes, a vinda do vosso reino,

–concedei que, quanto mais fervorosamente esperarmos os novos céus e a nova terra, tanto mais generosamente trabalhemos pela edificação do mundo presente. R.

(intenções livres)

Vós, que descestes à mansão dos mortos para lhes anunciar a alegria da salvação,
–sede a alegria e a esperança de todos os que partiram desta vida. R.

Pai nosso...

Oração

Deus, a quem devemos a liberdade e a salvação, fazei que possamos viver por vossa graça e encontrar em vós a felicidade eterna, pois nos remistes com o sangue do vosso Filho. Que convosco vive e reina, na unidade do Espírito Santo.

SÁBADO

Laudes

Leitura breve Rm 14,7-9

Ninguém dentre nós vive para si mesmo ou morre para si mesmo. Se estamos vivos, é para o Senhor que vivemos; se morremos, é para o Senhor que morremos. Portanto, vivos ou mortos, pertencemos ao Senhor. Cristo morreu e ressuscitou exatamente para isto, para ser o Senhor dos mortos e dos vivos.

Responsório breve

R. O Se**nhor** ressur**giu** do se**pul**cro. *Ale**lu**ia, ale**lu**ia.
R. O Se**nhor**.
V. Foi sus**pen**so por **nós** numa **cruz**. *Ale**lu**ia, ale**lu**ia.
Glória ao **Pai**. R. O Se**nhor**.

Cântico evangélico, ant.

Quando vi**er** o su**pre**mo Pas**tor** de nossas **al**mas
recebe**reis** a co**roa** de **gló**ria impere**cí**vel. Ale**lu**ia.

Preces

Invoquemos a Cristo nosso Senhor, que nos deu a vida eterna; e peçamos de coração sincero:

R. **Enriquecei-nos, Senhor, com a graça da vossa ressurreição!**

Pastor eterno, olhai com bondade para o vosso rebanho que desperta do sono da noite,

– e alimentai-nos com as riquezas de vossa palavra e de vosso pão. R.

Não permitais que sejamos arrebatados pelo lobo que devora e traídos pelo mercenário que foge,

– mas fazei-nos ouvir com fidelidade a voz do Bom Pastor. R.

Vós, que estais sempre com os ministros do evangelho e confirmais a sua palavra com o poder da vossa graça,

– fazei que nossas palavras e ações neste dia proclamem fielmente a vossa ressurreição. R.

Sede vós mesmo aquela alegria que ninguém pode arrancar do nosso coração,

– para que, livres da tristeza que é fruto do pecado, busquemos sempre a felicidade da vida eterna. R.

(intenções livres)

Pai nosso...

Oração

Deus eterno e todo-poderoso, fazei-nos viver sempre mais o mistério pascal para que, renovados pelo santo batismo, possamos, por vossa graça, produzir muitos frutos e chegar às alegrias da vida eterna. Por nosso Senhor Jesus Cristo, vosso Filho, na unidade do Espírito Santo.

Hora Média

Leitura breve 1Cor 15,20-22

Cristo ressuscitou dos mortos como primícias dos que morreram. Com efeito, por um homem veio a morte e é também por um homem que vem a ressurreição dos mortos. Como em Adão todos morrem, assim também em Cristo todos reviverão.

V. Os discípulos ficaram muito alegres, aleluia.

R. Por verem o Senhor ressuscitado, Aleluia.

Oração como nas Laudes.

5º DOMINGO DA PÁSCOA

I Semana do Saltério

I Vésperas

Hino, p. 459.

Ant. 1 Minha oração suba a vós como incenso
e minhas mãos como oferta da tarde. Aleluia.

Salmos e cântico do Domingo da I Semana, p. 759.

Ant. 2 Da prisão me arrancastes, Senhor,
e, em louvor, bendirei vosso nome. Aleluia.

Ant. 3 Embora fosse o próprio Filho,
aprendeu a obediência através do sofrimento
e tornou-se, para aqueles que o seguem,
uma fonte de eterna salvação. Aleluia.

Leitura breve 1Pd 2,9-10

Vós sois a raça escolhida, o sacerdócio do Reino, a nação santa, o povo que ele conquistou para proclamar as obras admiráveis daquele que vos chamou das trevas para a sua luz maravilhosa. Vós sois aqueles que antes não eram povo, agora porém são povo de Deus; os que não eram objeto de misericórdia, agora porém alcançaram misericórdia.

Responsório breve

R. Os discípulos ficaram muito alegres. * Aleluia, aleluia.
R. Os discípulos.
V. Quando viram o Senhor ressuscitado. * Aleluia, aleluia.
Glória ao Pai. R. Os discípulos.

Cântico evangélico, ant.

Ano A Se eu for e tiver preparado
para vós um lugar, diz Jesus,
ao voltar, vou levar-vos comigo,
para que onde estou, estejais
vós, também, junto a mim. Aleluia.

Ano B Sou a videira e meu Pai é o lavrador.
Todo ramo que der fruto,
ele o poda, para que dê mais fruto. Aleluia.

Ano C O **Fi**lho do **Ho**mem foi **glo**rifi**ca**do
e **ne**le, Deus **Pai** foi **glo**rifi**ca**do. Ale**lui**a.

Preces

Invoquemos a Cristo Jesus, nossa vida e ressurreição; e digamos com alegre confiança:

R. **Filho de Deus vivo, protegei o vosso povo!**

Nós vos pedimos, Senhor, pela santa Igreja católica;
– santificai-a e fortalecei-a, para que estabeleça o vosso reino em todas as nações da terra. R.

Nós vos pedimos, Senhor, por todos os doentes, os tristes, os prisioneiros e os exilados;
– dai-lhes conforto e ajuda. R.

Nós vos pedimos, Senhor, pelos que se afastaram de vossos caminhos;
– concedei-lhes a graça do vosso perdão, para que recomecem com alegria uma vida nova. R.

Salvador do mundo, que fostes crucificado mas ressuscitastes e haveis de voltar para julgar os vivos e os mortos,
– tende compaixão de nós pecadores. R.

(intenções livres)

Nós vos pedimos, Senhor, por todos os que vivem neste mundo,
– e pelos que dele partiram na esperança da ressurreição. R.

Pai nosso...

Oração

Ó Deus, por quem fomos remidos e adotados como filhos e filhas, velai sobre nós em vosso amor de Pai e concedei aos que creem no Cristo a liberdade verdadeira e a herança eterna. Por nosso Senhor Jesus Cristo, vosso Filho, na unidade do Espírito Santo.

Laudes

Hino, p. 462.

Ant. 1 Quem tem **se**de recebe**rá**
gracios**amen**te a água da **vi**da. Ale**lui**a.

Salmos e cântico do Domingo da I Semana, p. 764.

Ant. 2 Ado**rai** o Se**nhor** que **fez** céu e **ter**ra,
as **fon**tes das **á**guas e o **mar**. Ale**luia**.

Ant. 3 **Exul**tem os **fiéis** por sua **gló**ria. Ale**luia**.

Leitura breve At 10,40-43

Deus ressuscitou Jesus no terceiro dia, concedendo-lhe manifestar-se não a todo o povo, mas às testemunhas que Deus havia escolhido: a nós, que comemos e bebemos com Jesus, depois que ressuscitou dos mortos. E Jesus nos mandou pregar ao povo e testemunhar que Deus o constituiu Juiz dos vivos e dos mortos. Todos os profetas dão testemunho dele: Todo aquele que crê em Jesus recebe, em seu nome, o perdão dos pecados.

Responsório breve

R. Tende pie**da**de de **nós**, Cristo, **Fi**lho do Deus **vi**vo!
* Aleluia, ale**lui**a. R. Tende pie**da**de.
V. Vós, que dos **mor**tos ressur**gis**tes. * Ale**lui**a.
Glória ao **Pai**. R. Tende pie**da**de.

Cântico evangélico, ant.

Ano A Eu **sou** o Ca**mi**nho, a Ver**da**de e a **Vi**da;
nin**guém** chega ao **Pai**,
se não **pas**sa por **mim**. Ale**luia**.

Ano B Quem em **mim** perma**ne**ce e no **qual** perma**ne**ço,
da**rá** muito **fru**to. Ale**luia**.

Ano C Eu vos **dou** neste mo**men**to o **meu** manda**men**to:
A**mai**-vos uns aos **ou**tros
como **eu** vos tenho a**ma**do. Ale**luia**.

Preces

Oremos a Cristo, autor da vida, a quem Deus ressuscitou dos mortos e que pelo seu poder também nos ressuscitará; e digamos:

R. **Cristo, nossa vida, salvai-nos!**

Cristo, luz esplendorosa que brilhais nas trevas, Senhor da vida e Salvador da humanidade,
– fazei-nos viver todo este dia no louvor da vossa glória. R.

Senhor Jesus, que percorrestes o caminho da paixão e da cruz,
– concedei que, unidos a vós no sofrimento e na morte, também convosco ressuscitemos. R.

Filho do eterno Pai, nosso mestre e nosso irmão, que fizestes de nós, para Deus, sacerdotes e povo de reis,
– ensinai-nos a oferecer com alegria o nosso sacrifício de louvor.
R. **Cristo, nossa vida, salvai-nos!**

Rei da glória, aguardamos na esperança o dia da vossa vinda gloriosa,
– para contemplarmos vossa face e sermos semelhantes a vós. R.

(intenções livres)

Pai nosso...

Oração

Ó Deus, por quem fomos remidos e adotados como filhos e filhas, velai sobre nós em vosso amor de Pai e concedei aos que creem no Cristo a liberdade verdadeira e a herança eterna. Por nosso Senhor Jesus Cristo, vosso Filho, na unidade do Espírito Santo.

Hora Média

Leitura breve Ef 2,4-6

Deus é rico em misericórdia. Por causa do grande amor com que nos amou, quando estávamos mortos por causa das nossas faltas, ele nos deu a vida com Cristo. E por graça que vós sois salvos! Deus nos ressuscitou com Cristo e nos fez sentar nos céus em virtude de nossa união com Jesus Cristo.

V. Os discípulos ficaram muito alegres, aleluia.
R. Por verem o Senhor ressuscitado, Aleluia.

Oração como nas Laudes.

II Vésperas

Hino, p. 459.

Ant. 1 O Se**nhor** ressusci**tou** cheio de **gló**ria
e assen**tou**-se à di**rei**ta de Deus **Pai**. Ale**lui**a.

Salmos e cântico do Domingo da I Semana, p. 772.

Ant. 2 Do im**pé**rio das **tre**vas arran**cou**-nos
e transpor**tou**-nos para o **rei**no de seu **Fi**lho. Ale**lui**a.

Ant. 3 Ale**lui**a, o Se**nhor** tomou **pos**se de seu **rei**no:
exul**te**mos de ale**gri**a, demos **gló**ria ao nosso **Deus**.
Ale**lui**a.

Leitura breve Hb 10,12-14

Cristo, depois de ter oferecido um sacrifício único pelos pecados, sentou-se para sempre à direita de Deus. Não lhe resta mais senão esperar até que seus inimigos sejam postos debaixo de seus pés. De fato, com esta única oferenda, levou à perfeição definitiva os que ele santifica.

Responsório breve

R. O Se**nhor** ressur**giu**, de ver**da**de, * Ale**lui**a, ale**lui**a.
R. O Se**nhor**.
V. A Si**mão** ele apare**ceu**. * Ale**lui**a.
Glória ao **Pai**. R. O Se**nhor**.

Cântico evangélico, ant.

Ano A Se**nhor** Jesus **Cris**to, mos**trai**-nos o **Pai** e **is**to nos **bas**ta!
Há tanto **tem**po estou con**vos**co,
e ainda **não** me conhe**ceis**?
Ó Fi**li**pe, quem me **vê**, igual**men**te vê meu **Pai**. Ale**lui**a.

Ano B O meu **Pai** recebe **gló**ria, ao produ**zir**des muito **fru**to
e ao vos fa**zer**des meus dis**cí**pulos. Ale**lui**a.

Ano C Nisto **to**dos sabe**rão** que vós **sois** os meus dis**cí**pulos,
se uns aos **ou**tros vos a**mar**des. Ale**lui**a.

Preces

Oremos com alegria a Cristo, nosso Senhor, que morreu, ressuscitou e agora, sem cessar, intercede por nós junto do Pai. Digamos cheios de confiança:

R. **Cristo, rei vitorioso, ouvi nossa oração!**

Cristo, luz e salvação de todos os povos,
– derramai sobre nós, que proclamamos a vossa ressurreição, o fogo do vosso Espírito. R.

Que Israel, permanecendo fiel às promessas, caminhe firme na esperança,
– e toda a terra se encha do conhecimento de vossa glória. R.

Conservai-nos, Senhor, na comunhão dos vossos santos durante a nossa vida sobre a terra,
– e dai-nos a graça de podermos, um dia, descansar com eles dos nossos trabalhos. R.

Vós, que triunfastes admiravelmente sobre o poder do pecado e da morte,
– fazei-nos viver sempre para vós, vencedor imortal.
R. **Cristo, rei vitorioso, ouvi nossa oração!**

(intenções livres)

Cristo Salvador, que da humilhação na cruz fostes exaltado à direita do Pai,
– acolhei com bondade em vosso reino glorioso os nossos irmãos e irmãs que partiram desta vida. R.

Pai nosso...

Oração

Ó Deus, por quem fomos remidos e adotados como filhos e filhas, velai sobre nós em vosso amor de Pai e concedei aos que creem no Cristo a liberdade verdadeira e a herança eterna. Por nosso Senhor Jesus Cristo, vosso Filho, na unidade do Espírito Santo.

SEGUNDA-FEIRA

Laudes

Leitura breve Rm 10,8b-10

A palavra está perto de ti, em tua boca e em teu coração. Essa palavra é a palavra da fé, que nós pregamos. Se, pois, com tua boca confessares Jesus como Senhor e, no teu coração; creres que Deus o ressuscitou dos mortos, serás salvo. É crendo no coração que se alcança a justiça e é confessando a fé com a boca que se consegue a salvação.

Responsório breve

R. O Se**nhor** ressur**giu** do se**pul**cro. *Ale**lui**a, ale**lui**a.
R. O Se**nhor**.
V. Foi sus**pen**so por **nós** numa **cruz**. * Ale**lui**a, ale**lui**a.
Glória ao **Pai**. R. O Se**nhor**.

Cântico evangélico, ant.

Quem me **a**ma é a**ma**do por meu **Pai**
e eu o **a**mo e a **e**le me re**ve**lo. Ale**lui**a.

Preces

Glorifiquemos a Cristo Jesus, constituído pelo Pai herdeiro de todos os povos; e rezemos:

R. **Salvai-nos, Senhor, pela vossa vitória!**

Cristo, que pela vossa ressurreição, rompestes as portas do inferno, destruindo o pecado e a morte,
– dai-nos, hoje e sempre, a vitória sobre o mal. R.

Vós, que expulsastes a morte, dando-nos vida nova,
– fazei-nos hoje caminhar na novidade dessa vida. R.

Vós, que fizestes passar todo o gênero humano da escravidão do pecado para a gloriosa liberdade de filhos de Deus,
– concedei a vida eterna a todos os que encontrarmos neste dia. R.

Vós, que confundistes os guardas de vosso sepulcro e alegrastes os discípulos com a vossa ressurreição,
– enchei de alegria pascal todos aqueles que vos amam e servem. R.

(intenções livres)

Pai nosso...

Oração

Ó Deus, que unis os corações dos vossos fiéis num só desejo, dai ao vosso povo amar o que ordenais e esperar o que prometeis, para que, na instabilidade deste mundo, fixemos os nossos corações onde se encontram as verdadeiras alegrias. Por nosso Senhor Jesus Cristo, vosso Filho, na unidade do Espírito Santo.

Hora Média

Leitura breve Cl 2,9.10a.12

Em Cristo habita corporalmente toda a plenitude da divindade. Dele também vós estais repletos. Com Cristo fostes sepultados no batismo; com ele também fostes ressuscitados por meio da fé no poder de Deus, que ressuscitou a Cristo dentre os mortos.

V. Os dis**cí**pulos fi**ca**ram muito a**le**gres, ale**lui**a.

R. Por **ve**rem o Se**nhor** ressusci**ta**do, Ale**lui**a.

Oração como nas Laudes.

Vésperas

Leitura breve Hb 8,1b-3a

Temos um sumo-sacerdote tão grande, que se assentou à direita do trono da majestade, nos céus. Ele é ministro do Santuário e da Tenda verdadeira, armada pelo Senhor, e não por mão humana. Todo o sumo-sacerdote, com efeito, é constituído para oferecer dádivas e sacrifícios.

Responsório breve

R. Os discípulos ficaram muito alegres. * Aleluia, aleluia.
R. Os discípulos.
V. Quando viram o Senhor ressuscitado. * Aleluia, aleluia.
Glória ao Pai. R. Os discípulos.

Cântico evangélico, ant.

O Espírito Santo, o Paráclito,
que o Pai vai mandar em meu nome
haverá de lembrar-vos de tudo
o que tenho falado entre vós
e tudo haverá de ensinar-vos. Aleluia.

Preces

Invoquemos a Jesus Cristo, que vivificado pelo Espírito Santo, tornou-se fonte de vida para toda a humanidade; e digamos cheios de alegria:

R. **Senhor, renovai todas as coisas e dai-nos vida nova!**

Cristo, Salvador do mundo e Rei da nova criação, orientai toda a nossa vida para o reino da glória celeste,
– onde estais sentado à direita do Pai. R.

Senhor, que viveis na vossa Igreja até o fim dos tempos,
– conduzi-a pelo Espírito Santo ao conhecimento da verdade perfeita. R.

Fazei que os doentes, sofredores e agonizantes sintam o vosso amor misericordioso;
– confortai-os e fortalecei-os com vossa bondade. R.

(intenções livres)

Cristo, luz que não se apaga, aceitai o louvor que vos oferecemos ao cair desta tarde,
– e fazei brilhar para os nossos irmãos e irmãs que partiram desta vida, a luz da vossa ressurreição. R.

Pai nosso...

Oração

Ó Deus, que unis os corações dos vossos fiéis num só desejo, dai ao vosso povo amar o que ordenais e esperar o que prometeis, para que, na instabilidade deste mundo, fixemos os nossos corações onde se encontram as verdadeiras alegrias. Por nosso Senhor Jesus Cristo, vosso Filho, na unidade do Espírito Santo.

TERÇA-FEIRA

Laudes

Leitura breve At 13,30-33

Deus ressuscitou Jesus dos mortos e, durante muitos dias, ele foi visto por aqueles que o acompanharam desde a Galileia até Jerusalém. Agora eles são testemunhas de Jesus diante do povo. Por isso, nós vos anunciamos este Evangelho: a promessa que Deus fez aos antepassados, ele a cumpriu para nós, seus filhos, quando ressuscitou Jesus, como está escrito no salmo segundo: Tu és o meu filho, eu hoje te gerei.

Responsório breve

R. O Se**nhor** ressur**giu** do se**pul**cro. * Ale**luia**, ale**luia**.
R. O Se**nhor**.
V. Foi sus**pen**so por **nós** numa **cruz**. * Ale**luia**, ale**luia**.
Glória ao **Pai**. R. O Se**nhor**.

Cântico evangélico, ant.

Eu vos **dei**xo a **paz**, ale**lui**a, eu vos **dou** minha **paz**. Ale**luia**.

Preces

Exultemos de alegria em Cristo, nosso Senhor, que, ressuscitando de entre os mortos, reconstruiu o templo do seu corpo; e lhe supliquemos:

R. **Ouvi-nos, Senhor, pela vossa ressurreição!**

Cristo, Salvador do mundo, que anunciastes às santas mulheres e aos apóstolos a alegria da ressurreição,
–fazei-nos testemunhas do vosso triunfo pascal. R.

Vós, que prometestes a todos a ressurreição, que nos fará nascer para uma vida nova,
–tornai-nos fiéis mensageiros do vosso evangelho. R.

Vós, que, aparecendo aos apóstolos depois da ressurreição, lhes comunicastes o Espírito Santo,
–renovai-nos com os dons do Espírito criador. R.

Vós, que prometestes permanecer com os vossos discípulos até o fim do mundo,
–ficai conosco hoje e sempre. R.

(intenções livres)

Pai nosso...

Oração

Ó Deus, que pela ressurreição do Cristo nos renovais para a vida eterna, dai ao vosso povo constância na fé e na esperança, para que jamais duvide das vossas promessas. Por nosso Senhor Jesus Cristo, vosso Filho, na unidade do Espírito Santo.

Hora Média

Leitura breve cf. 1Pd 3,21-22a

O batismo é hoje a vossa salvação pois ele não serve para limpar o corpo da imundície, mas é um pedido a Deus para obter uma boa consciência, em virtude da ressurreição de Jesus Cristo que está à direita de Deus.

V. Os dis**cí**pulos fi**ca**ram muito a**le**gres, ale**lui**a.
R. Por **ve**rem o Se**nhor** ressusci**ta**do, Ale**lui**a.

Oração como nas Laudes.

Vésperas

Leitura breve 1Pd 2,4-5

Aproximai-vos do Senhor, pedra viva, rejeitada pelos homens, mas escolhida e honrosa aos olhos de Deus. Do mesmo modo, também vós, como pedras vivas, formai um edifício espiritual, um sacerdócio santo, a fim de oferecerdes sacrifícios espirituais, agradáveis a Deus, por Jesus Cristo.

Responsório breve

R. Os discípulos ficaram muito **alegres**. * Ale**luia**, ale**luia**.
R. Os discípulos.
V. Quando **viram** o Se**nhor** ressusci**tado**. * Ale**luia**, ale**luia**.
Glória ao **Pai**. R. Os discípulos.

Cântico evangélico, ant.

Se me a**mais**, exultar**eis**
porque eu **vou** para o meu **Pai**. Ale**luia**.

Preces

Aclamemos com alegria a Jesus Cristo, que morreu, foi sepultado e ressuscitou gloriosamente para uma vida nova; e digamos cheios de confiança:

R. **Cristo, rei da glória, ouvi a nossa oração!**

Pelos bispos, presbíteros e diáconos, para que desempenhem com generosidade o ministério que lhes foi confiado,
– e guiem o vosso povo no caminho do bem, nós vos pedimos, Senhor. R.

Pelos teólogos e pelos que servem à Igreja no estudo da vossa Palavra,
– a fim de que procurem a verdade com pureza de coração, nós vos pedimos, Senhor. R.

Pelos fiéis da Igreja, para que combatendo o bom combate da fé até o fim de sua caminhada sobre a terra,
– recebam o prêmio que lhes está preparado desde a origem do mundo, nós vos pedimos, Senhor. R.

Vós, que na cruz destruístes a sentença que nos condenava,
– quebrai os laços da nossa escravidão e dissipai as nossas trevas. R.

(intenções livres)

Vós, que, descendo à mansão dos mortos, libertastes os justos que esperavam o Salvador,
– acolhei em vosso Reino nossos irmãos e irmãs falecidos. R.

Pai nosso...

Oração

Ó Deus, que pela ressurreição do Cristo nos renovais para a vida eterna, dai ao vosso povo constância na fé e na esperança, para que jamais duvide das vossas promessas. Por nosso Senhor Jesus Cristo, vosso Filho, na unidade do Espírito Santo.

QUARTA-FEIRA

Laudes

Leitura breve Rm 6,8-11

Se morremos com Cristo, cremos que também viveremos com ele. Sabemos que Cristo ressuscitado dos mortos não morre mais; a morte já não tem poder sobre ele. Pois aquele que morreu, morreu para o pecado uma vez por todas; mas aquele que vive, é para Deus que vive. Assim, vós também considerai-vos mortos para o pecado e vivos para Deus, em Jesus Cristo.

Responsório breve

R. O Se**nhor** ressur**giu** do se**pul**cro. * Ale**lui**a, ale**lui**a.
R. O Se**nhor**.
V. Foi sus**pen**so por **nós** numa **cruz**. * Ale**lui**a, ale**lui**a.
Glória ao **Pai**. R. O Se**nhor**.

Cântico evangélico, ant.

Sou a vi**dei**ra, ale**lui**a, e **vós** sois os **ra**mos. Ale**lui**a.

Preces

Oremos a Jesus Cristo, que se entregou à morte por nossos pecados e ressuscitou para nossa justificação; e aclamemos:

R. **Salvai-nos, Senhor, pela vossa vitória!**

Cristo Salvador, que ressuscitando de entre os mortos nos restituístes a esperança da vida imortal,
– santificai neste dia os nossos corações com a graça do Espírito Santo. R.

Vós, que sois glorificado nos céus pelos anjos e adorado na terra pelos seres humanos,

– recebei a adoração que vos prestamos em espírito e em verdade neste tempo santo da ressurreição.

R. **Salvai-nos, Senhor, pela vossa vitória!**

Cristo Jesus, salvai-nos e derramai a vossa misericórdia sobre o povo que vive na esperança da ressurreição,
– e conservai-nos, hoje e sempre, livres de todo o mal. R.

Cristo, rei da glória e nossa vida, quando vierdes no último dia,
– fazei que também nós apareçamos convosco na vossa glória. R.

(intenções livres)

Pai nosso...

Oração

Ó Deus, que amais e restituís a inocência, orientai para vós os nossos corações, para que jamais se afastem da luz da verdade os que tirastes das trevas da desgraça. Por nosso Senhor Jesus Cristo, vosso Filho, na unidade do Espírito Santo.

Hora Média

Leitura breve 1Jo 5,5-6a

Quem é o vencedor do inundo, senão aquele que crê que Jesus é o Filho de Deus? Este é o que veio pela água e pelo sangue: Jesus Cristo. Não veio somente com a água, mas com a água e o sangue.

V. Os dis**cí**pulos fi**ca**ram muito a**le**gres, ale**lui**a.

R. Por **ve**rem o Se**nhor** ressusci**ta**do, Ale**lui**a.

Oração como nas Laudes.

Vésperas

Leitura breve Hb 7,24-27

Cristo, uma vez que permanece para a eternidade, possui um sacerdócio que não muda. Por isso ele é capaz de salvar para sempre aqueles que, por seu intermédio, se aproximam de Deus. Ele está sempre vivo para interceder por eles. Tal é precisamente o sumo-sacerdote que nos convinha: santo, inocente, sem mancha, separado dos pecadores e elevado acima dos céus. Ele não precisa; como os sumos-sacerdotes oferecer sacrifícios em cada dia, primeiro por seus próprios pecados e depois pelos do povo. Ele já o fez uma vez por todas, oferecendo-se a si mesmo.

Responsório breve

R. Os discípulos ficaram muito alegres. *Aleluia, aleluia.
R. Os discípulos.
V. Quando viram o Senhor ressuscitado. *Aleluia, aleluia.
Glória ao Pai. R. Os discípulos.

Cântico evangélico, ant.

Se em **mim** permanecerdes e em **vós**, minha pa**la**vra,
o que pe**dir**des a meu **Pai** certa**men**te vos da**rá**. Ale**lui**a.

Preces

Oremos a Cristo, nosso Senhor, que ressuscitou de entre os mortos e está sentado à direita do Pai; e digamos confiantes:

R. **Cristo, rei da glória, ouvi a nossa oração!**

Lembrai-vos, Senhor, de todos os que se consagram ao vosso serviço,
–para que deem ao vosso povo o exemplo da verdadeira santidade. R.

Concedei aos governantes e legisladores o espírito de justiça e de paz,
–para que reine a concórdia em toda a comunidade humana. R.

Orientai os caminhos de toda a humanidade para a esperança da salvação,
–e aumentai os bens da terra para podermos socorrer todos os necessitados. R.

(intenções livres)

Cristo, nosso Salvador, que iluminastes o universo e chamastes para a vida toda a criatura marcada pela corrupção,
–concedei a luz eterna aos nossos irmãos e irmãs falecidos. R.

Pai nosso...

Oração

Ó Deus, que amais e restituís a inocência, orientai para vós os nossos corações, para que jamais se afastem da luz da verdade os que tirastes das trevas da desgraça. Por nosso Senhor Jesus Cristo, vosso Filho, na unidade do Espírito Santo.

QUINTA-FEIRA

Laudes

Leitura breve Rm 8,10-11

Se Cristo está em vós, embora vosso corpo esteja ferido de morte por causa do pecado, vosso espírito está cheio de vida, graças à justiça. E, se o Espírito daquele que ressuscitou Jesus dentre os mortos mora em vós, então aquele que ressuscitou Jesus Cristo dentre os mortos vivificará também vossos corpos mortais por meio do seu Espírito que mora em vós.

Responsório breve

R. O Se**nhor** ressur**giu** do se**pul**cro. * Ale**lui**a, ale**lui**a.
R. O Se**nhor**.
V. Foi sus**pen**so por **nós** numa **cruz**. * Ale**lui**a, ale**lui**a.
Glória ao **Pai**. R. O Se**nhor**.

Cântico evangélico, ant.

Se guar**dais** o meu pre**cei**to, fica**reis** no meu **amor**. Ale**lui**a.

Preces

Unidos num só coração e numa só alma, invoquemos a Cristo ressuscitado, sempre presente em sua Igreja; e digamos:

R. **Ficai conosco, Senhor!**

Senhor Jesus, vencedor do pecado e da morte, permanecei no meio de nós,
– vós, que viveis e reinais pelos séculos sem fim. R.

Vinde em nosso auxílio com vosso poder invencível,
– e revelai aos nossos corações a infinita bondade de Deus Pai. R.

Salvai o mundo da violência e da discórdia,
– porque só vós tendes poder para renovar e reconciliar. R.

Confirmai-nos na fé da vitória final,
– e fortalecei-nos na esperança da vossa vinda gloriosa. R.

(intenções livres)

Pai nosso...

Oração

Ó Deus, vossa graça nos santificou quando éramos pecadores e nos deu a felicidade, quando infelizes. Vinde em socorro das vossas criaturas e sustentai-nos com vossos dons, para que não falte a força da perseverança àqueles a quem destes a graça da fé. Por nosso Senhor Jesus Cristo, vosso Filho, na unidade do Espírito Santo.

Hora Média

Leitura breve Tt 3,5b-7

Deus nos salvou quando renascemos e fomos renovados no batismo pelo Espírito Santo, que ele derramou abundantemente sobre nós por meio de nosso Salvador Jesus Cristo.

Justificados assim, pela sua graça, nos tornamos na esperança herdeiros da vida eterna.

V. Os discípulos ficaram muito alegres, aleluia.
R. Por verem o Senhor ressuscitado, Aleluia.

Oração como nas Laudes.

Vésperas

Leitura breve 1Pd 3,18.21b-22

Cristo morreu, uma vez por todas, por causa dos pecados, o justo, pelos injustos, a fim de vos conduzir a Deus. Sofreu a morte, na sua existência humana, mas recebeu nova vida pelo Espírito. Pois o batismo não serve para limpar o corpo da imundície, mas é um pedido a Deus para obter uma boa consciência ao céu em virtude da ressurreição de Jesus Cristo. Ele subiu ao céu e está a direita de Deus, submetendo-se a ele anjos, dominações e potestades.

Responsório breve

R. Os dis**cí**pulos fi**ca**ram muito a**le**gres. *Ale**lu**ia, ale**lu**ia.
R. Os dis**cí**pulos.
V. Quando **vi**ram o **Senhor** ressusci**ta**do. * Ale**lu**ia, ale**lu**ia.
Glória ao **Pai**. R. Os dis**cí**pulos.

Cântico evangélico, ant.

Eu vos **di**go estas **coi**sas nesta **ho**ra
para **que** minha ale**gri**a esteja em **vós**
e a **vo**ssa ale**gri**a seja **ple**na. Ale**lu**ia.

Preces

Louvemos com alegria a Cristo Jesus, ressuscitado de entre os mortos como primícias dos que adormeceram na esperança da luz eterna; e rezemos:

R. **Senhor ressuscitado, ouvi a nossa oração!**

Lembrai-vos, Senhor, da vossa Igreja edificada sobre o fundamento dos apóstolos, e que se faz presente pelo mundo inteiro;
– abençoai todos aqueles que invocam o vosso nome. R.

Jesus Cristo, médico dos corpos e das almas,
– visitai-nos e salvai-nos pela vossa misericórdia. R.

Curai e reconfortai os doentes,
– e livrai-os de toda enfermidade. R.

Ajudai os aflitos e oprimidos,
– e sustentai os que padecem necessidade. R.

(intenções livres)

Vós, que pela cruz e ressurreição abristes para todos o caminho da imortalidade,
– concedei as alegrias do vosso reino aos nossos irmãos e irmãs falecidos. R.

Pai nosso...

Oração

Ó Deus, vossa graça nos santificou quando éramos pecadores e nos deu a felicidade, quando infelizes. Vinde em socorro das vossas criaturas e sustentai-nos com vossos dons, para que não falte a força da perseverança àqueles a quem destes a graça da fé. Por nosso Senhor Jesus Cristo, vosso Filho, na unidade do Espírito Santo.

SEXTA-FEIRA

Laudes

Leitura breve At 5,30-32

O Deus de nossos pais ressuscitou Jesus, a quem vós matastes, pregando-o numa cruz. Deus, por seu poder, o exaltou, tornando-o

Guia Supremo e Salvador, para dar ao povo de Israel a conversão e o perdão dos seus pecados. E disso somos testemunhas, nós e o Espírito Santo, que Deus concedeu àqueles que lhe obedecem.

Responsório breve

R. O Se**nhor** ressur**giu** do se**pul**cro. *Ale**lui**a, ale**lui**a.
R. O Se**nhor**.
V. Foi sus**pen**so por **nós** numa **cruz**. *Ale**lui**a, ale**lui**a.
Glória ao **Pai**. R. O Se**nhor**.

Cântico evangélico, ant.

O **meu** manda**men**to é **es**te:
A**mai**-vos como **eu** vos a**mei**. Ale**lui**a.

Preces

Oremos a Deus Pai, que pela ressurreição de Jesus Cristo nos deu uma vida nova; e supliquemos humildemente:

R. **Iluminai-nos, Senhor, com a luz de Cristo!**

Deus de bondade e fidelidade, que criastes o universo e manifestastes a todas as gerações o vosso desígnio de salvação,
–escutai-nos, ó Pai clementíssimo. R.

Purificai os nossos corações com a luz da vossa verdade,
–para que todas as nossas obras sejam justas e agradáveis aos vossos olhos. R.

Fazei brilhar sobre nós a luz da vossa face e dirigi os nossos passos no caminho da santidade,
–para que, libertos do pecado, nos saciemos com a riqueza de vossos dons. R.

Vós, que por Cristo nos reconciliastes convosco,
–fazei reinar vossa paz em toda a terra. R.

(intenções livres)

Pai nosso...

Oração

Amparai, ó Deus, nossos corações para vivermos dignamente os mistérios pascais, a fim de que esta celebração realizada com alegria nos proteja por sua força inesgotável e nos comunique a salvação. Por nosso Senhor Jesus Cristo, vosso Filho, na unidade do Espírito Santo.

Hora Média

Leitura breve Gl 3,27-28

Vós todos que fostes batizados em Cristo vos revestistes de Cristo. O que vale não é mais ser judeu nem grego, nem escravo nem livre, nem homem nem mulher, pois todos vós sois um só, em Jesus Cristo.

V. Os dis**cí**pulos fi**ca**ram muito a**le**gres, ale**lui**a.
R. Por **ve**rem o Se**nhor** ressusci**ta**do, Ale**lui**a.

Oração como nas Laudes.

Vésperas

Leitura breve Hb 5,8-10

Mesmo sendo Filho, aprendeu o que significa a obediência a Deus por aquilo que ele sofreu. Mas, na consumação de sua vida, tornou-se causa de salvação eterna para todos os que lhe obedecem. De fato, ele foi por Deus proclamado sumo sacerdote na ordem de Melquisedec.

Responsório breve

R. Os dis**cí**pulos fi**ca**ram muito a**le**gres. * Ale**lui**a, ale**lui**a.
R. Os dis**cí**pulos.
V. Quando **vi**ram o Se**nhor** ressusci**ta**do.* Ale**lui**a, ale**lui**a.
Glória ao **Pai**. R. Os dis**cí**pulos.

Cântico evangélico, ant.

Não há mai**or** prova de a**mor**
que dar a **vi**da pelo a**mi**go. Ale**lui**a.

Preces

Glorifiquemos a Cristo, caminho, verdade e vida; e o invoquemos, dizendo:

R. **Filho de Deus vivo, abençoai o vosso povo!**

Nós vos pedimos, Senhor Jesus Cristo, por todos os ministros da Igreja, que repartem o pão da vida entre os irmãos,
– para que sejam também eles alimentados e fortalecidos pelo mesmo pão que distribuem. R.

Nós vos pedimos por todo o povo cristão, para que viva sua vocação de maneira digna,

– e mantenha a unidade de espírito no vínculo da paz.

R. **Filho de Deus vivo, abençoai o vosso povo!**

Nós vos pedimos por todos os que nos governam, para que exerçam suas funções com justiça e compreensão,
– e assim promovam a concórdia e a paz entre todos os povos. R.

(intenções livres)

Nós vos pedimos que nos torneis dignos de celebrar a vossa santa ressurreição em comunhão com os anjos e santos,
– e também com nossos irmãos e irmãs falecidos, que confiamos à vossa infinita misericórdia. R.

Pai nosso...

Oração

Amparai, ó Deus, nossos corações para vivermos dignamente os mistérios pascais, a fim de que esta celebração realizada com alegria nos proteja por sua força inesgotável e nos comunique a salvação. Por nosso Senhor Jesus Cristo, vosso Filho, na unidade do Espírito Santo.

SÁBADO

Laudes

Leitura breve Rm 14,7-9

Ninguém dentre nós vive para si mesmo ou morre para si mesmo. Se estamos vivos, é para o Senhor que vivemos; se morremos, é para o Senhor que morremos. Portanto, vivos ou mortos, pertencemos ao Senhor. Cristo morreu e ressuscitou exatamente para isto, para ser o Senhor dos mortos e dos vivos.

Responsório breve

R. O Se**nhor** ressur**giu** do se**pul**cro. * Ale**lui**a, ale**lui**a.
R. O Se**nhor**.
V. Foi sus**pen**so por **nós** numa **cruz**. * Ale**lui**a, ale**lui**a.
Glória ao **Pai**. R. O Se**nhor**.

Cântico evangélico, ant.

Cristo mor**reu** e, dentre os **mor**tos, ressur**giu**:
para **ser** o Senhor dos **vi**vos e dos **mor**tos. Ale**lui**a.

Preces

Roguemos com alegria a Cristo, pão da vida, que ressuscitará no último dia os que se alimentam à mesa de sua palavra e de seu corpo; e digamos:

R. **Dai-nos, Senhor, paz e alegria!**

Filho de Deus, que ressuscitastes gloriosamente dos mortos como Senhor da vida,
– abençoai e santificai a humanidade inteira. R.

Senhor Jesus, fonte de paz e de alegria para todos os que creem em vós,
– fazei-nos viver como filhos da luz na alegria do vosso triunfo pascal. R.

Confirmai a fé da vossa Igreja, peregrina sobre a terra,
– para que dê ao mundo o testemunho da vossa ressurreição. R.

Vós, que, depois de muitos sofrimentos, entrastes na glória do Pai,
– mudai em alegria a tristeza dos que choram. R.

(intenções livres)

Pai nosso...

Oração

Deus eterno e todo-poderoso, vós nos fizestes participar de vossa própria vida pelo novo nascimento do batismo; conduzi à plenitude da glória aqueles a quem concedestes, pela justificação, o dom da imortalidade. Por nosso Senhor Jesus Cristo, vosso Filho, na unidade do Espírito Santo.

Hora Média

Leitura breve 1Cor 15,20-22

Cristo ressuscitou dos mortos como primícias dos que morreram. Com efeito, por um homem veio a morte e é também por um homem que vem a ressurreição dos mortos. Como em Adão todos morrem, assim também em Cristo todos reviverão.

V. Os dis**cí**pulos fi**ca**ram muito a**le**gres, ale**lui**a.
R. Por **ve**rem o Se**nhor** ressusci**ta**do, Ale**lui**a.

Oração como nas Laudes.

6º DOMINGO DA PÁSCOA

II Semana do Saltério

I Vésperas

Hino, p.459.

Ant. 1 Quem pratica a verdade se **põe** junto à **luz**. Aleluia.

Salmos e cântico do Domingo da II Semana, p.849.

Ant. 2 Vencido o domínio da **mor**te,
o Se**nhor** ressur**giu**, ale**lui**a.

Ant. 3 Era pre**ci**so que o **Cris**to so**fres**se
para en**trar**, dessa **for**ma, em sua **gló**ria. Ale**lui**a.

Leitura breve 1Pd 2,9-10

Vós sois a raça escolhida, o sacerdócio do Reino, a nação santa, o povo que ele conquistou para proclamar as obras admiráveis daquele que vos chamou das trevas para a sua luz maravilhosa. Vós sois aqueles que antes não eram povo, agora porém são povo de Deus; os que não eram objeto de misericórdia, agora porém alcançaram misericórdia.

Responsório breve

R. Os dis**cí**pulos fi**ca**ram muito a**le**gres. * Ale**lui**a, ale**lui**a.
R. Os discípulos.
V. Quando **vi**ram o Se**nhor** ressusci**ta**do. * Ale**lui**a, ale**lui**a.
Glória ao **Pai**. R. Os dis**cí**pulos.

Cântico evangélico, ant.

Ano A Roga**rei** ao meu **Pai**,
e have**rá** de envi**ar**-vos um **ou**tro Pa**rá**clito
que **fi**que con**vos**co para **sem**pre, aleluia.

Ano B Como o **Pai** sempre me **a**ma,
assim tam**bém** eu vos a**mei**;
permane**cei** no meu a**mor**. Ale**lui**a.

Ano C Quem me **a**ma real**men**te, guarda**rá** minha pa**la**vra
e meu **Pai** o ama**rá**, e a **e**le nós vi**re**mos
e **ne**le habita**re**mos. Ale**lui**a.

Preces

Oremos a Jesus Cristo que, ressuscitando dos mortos, destruiu a morte e renovou a vida; e digamos, cheios de confiança:

R. **Cristo, vivo para sempre, escutai a nossa prece!**

Vós, que sois a pedra rejeitada pelos construtores, mas escolhida pelo Pai como pedra angular,

– fazei de nós pedras vivas na edificação de vossa Igreja. R.

Vós, que sois a Testemunha fiel e verdadeira; o Primogênito dentre os mortos,

– concedei que a vossa Igreja possa dar sempre e em toda a terra o testemunho da vossa ressurreição. R.

Vós, que sois o Esposo único da Igreja, nascida de vosso lado aberto na cruz,

– fazei de nós testemunhas do vosso amor pela Igreja e por toda a humanidade. R.

Vós, que sois o Princípio e o Fim, que estivestes morto e agora viveis eternamente,

– concedei aos que foram batizados a perseverança até à morte, para que mereçam a coroa da vitória. R.

(intenções livres)

Vós, que sois a Luz que ilumina a santa cidade de Deus,

– iluminai com vosso esplendor os nossos irmãos e irmãs falecidos, para que reinem convosco eternamente. R.

Pai nosso...

Oração

Deus todo-poderoso, dai-nos celebrar com fervor estes dias de júbilo em honra do Cristo ressuscitado, para que nossa vida corresponda sempre aos mistérios que recordamos. Por nosso Senhor Jesus Cristo, vosso Filho, na unidade do Espírito Santo.

Laudes

Hino, p. 462.

Ant. 1 Este é o **dia** que o Se**nhor** fez para **nós**, ale**lui**a.

Salmos e cântico do Domingo da II Semana, p. 853.

Ant. 2 Sede ben**di**to no ce**les**te firma**men**to,
a vós lou**vor** eterna**men**te, ale**lui**a.

Ant. 3 Ado**rai** a Deus sen**ta**do no seu **tro**no
e acla**mai**-o com "A**mém**", com "Ale**lui**a".

Leitura breve At 10,40-43

Deus ressuscitou Jesus no terceiro dia, concedendo-lhe manifestar--se não a todo o povo, mas às testemunhas que Deus havia escolhido: a nós, que comemos e bebemos com Jesus, depois que ressuscitou dos mortos. E Jesus nos mandou pregar ao povo e testemunhar que Deus o constituiu Juiz dos vivos e dos mortos. Todos os profetas dão testemunho dele: Todo aquele que crê em Jesus recebe, em seu nome, o perdão dos pecados.

Responsório breve

R. Tende pie**da**de de **nós**, Cristo, **Fi**lho do Deus **vi**vo!
* Ale**lui**a, ale**lui**a. R. Tende pie**da**de.
V. Vós, que dos **mor**tos ressur**gis**tes. * Ale**lui**a.
Glória ao **Pai**. R. Tende pie**da**de.

Cântico evangélico, ant.

Ano A Não vos **dei**xo como **ór**fãos: Eu i**rei**, mas volta**rei**,
e o **vos**so cora**ção** have**rá** de se ale**grar**. Ale**lui**a.

Ano B Eu vos **di**go estas **coi**sas nesta **ho**ra
para **que** minha ale**gri**a esteja em **vós**
e a **vos**sa ale**gri**a seja **ple**na. Ale**lui**a.

Ano C O Es**pí**rito **San**to, o Pa**rá**clito,
que o **Pai** vai man**dar** em meu **no**me,
have**rá** de lem**brar**-vos de **tu**do
o que **te**nho fa**la**do, ale**lui**a.

Preces

Invoquemos a Deus Pai todo-poderoso, que ressuscitou nosso Rei e Salvador Jesus Cristo; e digamos com alegria:

R. **Iluminai-nos, Senhor, com a luz de Cristo!**

Pai santo, que fizestes vosso amado Filho Jesus passar das trevas da morte para a luz da glória,
– dai-nos chegar um dia à luz admirável do vosso reino eterno. R.

Vós, que nos salvastes pela fé,
– fazei-nos viver hoje fielmente segundo as promessas do nosso batismo. R.

Vós, que nos mandais buscar sempre as coisas do alto, onde Cristo está sentado à vossa direita,
– livrai-nos da sedução do pecado. R.

Fazei que a nossa vida, escondida em vós com Cristo, brilhe no mundo,
– para anunciar a todos os novos céus e a nova terra. R.

(intenções livres)

Pai nosso...

Oração

Deus todo-poderoso, dai-nos celebrar com fervor estes dias de júbilo em honra do Cristo ressuscitado, para que nossa vida corresponda sempre aos mistérios que recordamos. Por nosso Senhor Jesus Cristo, vosso Filho, na unidade do Espírito Santo.

Hora Média

Leitura breve Ef 2,4-6

Deus é rico em misericórdia. Por causa do grande amor com que nos amou, quando estávamos mortos por causa das nossas faltas, ele nos deu a vida com Cristo. É por graça que vós sois salvos! Deus nos ressuscitou com Cristo e nos fez sentar nos céus em virtude de nossa união com Jesus Cristo.

V. Os discípulos ficaram muito alegres, aleluia.
R. Por verem o Senhor ressuscitado, Aleluia.

Oração como nas Laudes.

II Vésperas

Hino, p. 459.

Ant. 1 O **Pai** ressusci**tou** Jesus **Cris**to dentre os **mor**tos fa**zen**do sen**tar**-se nos **céus**, à sua di**rei**ta, ale**lui**a.

Salmos e cântico do Domingo da II Semana, p. 860.

Ant. 2 Aos falsos **deu**ses renunci**as**tes
para ser**vir**des ao Deus vi**ven**te. Ale**lui**a.

Ant. 3 Ale**lui**a, ao nosso **Deus** a salva**ção**,
honra, **gló**ria e po**der**, ale**lui**a.

Leitura breve Hb 10,12-14

Cristo, depois de ter oferecido um sacrifício único pelos pecados, sentou-se para sempre à direita de Deus. Não lhe resta mais senão esperar até que seus inimigos sejam postos debaixo de seus pés. De fato, com esta única oferenda, levou à perfeição definitiva os que ele santifica.

Responsório breve

R. O Se**nhor** ressur**giu**, de ver**da**de, * Ale**lui**a, ale**lui**a.
R. O Se**nhor**.
V. A Si**mão** ele **apare**ceu. * Ale**lui**a.
Glória ao **Pai**. R. O Se**nhor**.

Cântico evangélico, ant.

Ano A A**que**le que me **a**ma, será a**ma**do por meu **Pai**,
e **eu** o ama**rei** e lhe **hei** de reve**lar**-me. Ale**lui**a.

Ano B O **meu** manda**men**to é **es**te:
A**mai**-vos como **eu** vos a**mei**!
Não **há** maior a**mor**,
que dar a **vi**da pelo a**mi**go. Ale**lui**a.

Ano C Eu vos **dei**xo a minha **paz**!
Que o **vos**so cora**ção**
não se per**tur**be, nem re**cei**e. Ale**lui**a.

Preces

Invoquemos a Deus Pai, que ressuscitou Jesus Cristo e o exaltou à sua direita; e peçamos humildemente:

R. **Protegei o vosso povo, Senhor, pela glória de Cristo!**

Pai santo, que pela vitória da cruz glorificastes Jesus sobre a terra,
– atraí para ele todas as coisas. R.

Por vosso Filho glorificado, enviai, Senhor, sobre a Igreja o Espírito Santo,
– para que ela seja sinal de unidade para todo o gênero humano. R.

Conservai na fé do seu batismo os novos filhos e filhas, que fizestes renascer pela água e pelo Espírito Santo,
– para que alcancem a vida eterna. R.

Por vosso Filho glorificado, dai alegria aos infelizes, libertai os prisioneiros, curai os doentes,
–e estendei à humanidade inteira os benefícios da vossa redenção. R.

(intenções livres)

Aos nossos irmãos e irmãs falecidos, que receberam na terra o Corpo e o Sangue de Cristo,
–dai-lhes a glória da ressurreição no último dia. R.

Pai nosso...

Oração

Deus todo-poderoso, dai-nos celebrar com fervor estes dias de júbilo em honra do Cristo ressuscitado, para que nossa vida corresponda sempre aos mistérios que recordamos. Por nosso Senhor Jesus Cristo, vosso Filho, na unidade do Espírito Santo.

SEGUNDA-FEIRA

Laudes

Leitura breve Rm 10,8b-10

A palavra está perto de ti, em tua boca e em teu coração. Essa palavra é a palavra da fé, que nós pregamos. Se, pois, com tua boca confessares Jesus como Senhor e, no teu coração, creres que Deus o ressuscitou dos mortos, serás salvo. É crendo no coração que se alcança a justiça e é confessando a fé com a boca que se consegue a salvação.

Responsório breve

R. O Se**nhor** ressur**giu** do se**pul**cro. * Ale**lui**a, ale**lui**a.
R. O Se**nhor**.
V. Foi sus**pen**so por **nós** numa **cruz**. * Ale**lui**a, ale**lui**a.
Glória ao **Pai**. R. O Se**nhor**.

Cântico evangélico, ant.

Deus nos **fez** renas**cer** para a **vi**va espe**ran**ça
e a he**ran**ça e**ter**na
pela **ressurrei**ção do Se**nhor** dentre os **mor**tos. Ale**lui**a.

Preces

Rezemos a Deus Pai, glorificado pela morte e ressurreição de seu Filho; e peçamos confiantes:

R. **Iluminai, Senhor, o nosso coração!**

Deus de eterna glória, que iluminastes o mundo com a luz de Cristo gloriosamente ressuscitado,
– iluminai-nos hoje com a luz da fé. R.

Vós, que, pela ressurreição de Cristo, abristes a todo ser humano as portas da eternidade,
– ajudai-nos no trabalho deste dia, para que aumente em nós a esperança da vida eterna. R.

Vós, que, por vosso Filho ressuscitado, enviastes ao mundo o Espírito Santo,
– acendei em nossos corações o fogo do vosso amor. R.

Pelos méritos da cruz de Cristo, que morreu para libertar o mundo,
– dai à humanidade inteira a salvação e a paz. R.

(intenções livres)

Pai nosso...

Oração

Concedei, ó Deus, que vejamos frutificar em toda a nossa vida as graças do mistério pascal, que instituístes na vossa misericórdia. Por nosso Senhor Jesus Cristo, vosso Filho, na unidade do Espírito Santo.

Hora Média

Leitura breve Cl 2,9.10a.12

Em Cristo habita corporalmente toda a plenitude da divindade. Dele também vós estais repletos. Com Cristo fostes sepultados no batismo; com ele também fostes ressuscitados por meio da fé no poder de Deus, que ressuscitou a Cristo dentre os mortos.

V. Os dis**cí**pulos fi**ca**ram muito a**le**gres, ale**lu**ia.

R. Por **ve**rem o Se**nhor** ressusci**ta**do, Ale**lu**ia.

Oração como nas Laudes.

Vésperas

Leitura breve Hb 8,1b-3a

Temos um sumo-sacerdote tão grande, que se assentou à direita do trono da majestade, nos céus. Ele é ministro do Santuário e da Tenda verdadeira, armada pelo Senhor, e não por mão humana. Todo o sumo-sacerdote, com efeito, é constituído para oferecer dádivas e sacrifícios.

Responsório breve

R. Os discípulos ficaram muito alegres. * Aleluia, aleluia.
R. Os discípulos.
V. Quando viram o Senhor ressuscitado. * Aleluia, aleluia.
Glória ao **Pai**. R. Os discípulos.

Cântico evangélico, ant.

O Espírito da verdade que procede do meu **Pai**
dará de **mim** seu teste**mu**nho
e vós tam**bém** o haveis de **dar**. Ale**lui**a.

Preces

Roguemos a Cristo, nosso Senhor, que iluminou o mundo com a glória de sua ressurreição; e digamos:

R. **Cristo, nossa vida, ouvi-nos!**

Senhor, Jesus Cristo, que vos fizestes companheiro de viagem dos dois discípulos a caminho de Emaús,
– permanecei sempre com vossa Igreja, peregrina sobre a terra. R.

Não permitais que vossos fiéis sejam lentos para crerem,
– mas fazei que proclamem o vosso triunfo sobre a morte. R.

Olhai com bondade para aqueles que ainda não vos reconhecem no caminho de suas vidas,
– e mostrai-lhes o vosso rosto, para que também eles se salvem. R.

Vós, que pela cruz reconciliastes toda a humanidade, reunindo-a num só corpo,
– concedei a paz e a unidade a todas as nações. R.

(intenções livres)

Juiz dos vivos e dos mortos,
– concedei o perdão dos pecados a todos os que partiram desta vida e creram em vós. R.

Pai nosso...

Oração

Concedei, ó Deus, que vejamos frutificar em toda a nossa vida as graças do mistério pascal, que instituístes na vossa misericórdia. Por nosso Senhor Jesus Cristo, vosso Filho, na unidade do Espírito Santo.

TERÇA-FEIRA

Laudes

Leitura breve At 13,30-33

Deus ressuscitou Jesus dos mortos e, durante muitos dias, ele foi visto por aqueles que o acompanharam desde a Galileia até Jerusalém. Agora eles são testemunhas de Jesus diante do povo. Por isso, nós vos anunciamos este Evangelho: a promessa que Deus fez aos antepassados, ele a cumpriu para nós, seus filhos, quando ressuscitou Jesus, como está escrito no salmo segundo: Tu és o meu filho, eu hoje te gerei.

Responsório breve

R. O Se**nhor** ressur**giu** do se**pul**cro. * Ale**lui**a, ale**lui**a.
R. O Se**nhor**.
V. Foi sus**pen**so por **nós** numa **cruz**. * Ale**lui**a, ale**lui**a.
Glória ao **Pai**. R. O Se**nhor**.

Cântico evangélico, ant.

Ainda um **pou**co e já o **mun**do não me **vê**;
vós, po**rém**, haveis de **ver**-me, pois eu **vi**vo
e igual**men**te vive**reis**, ale**lui**a.

Preces

Demos graças a Deus, Pai de nosso Senhor Jesus Cristo, o Cordeiro sem mancha, que tira o pecado do mundo; e rezemos confiantes:

R. **Senhor, fonte da vida, dai-nos a vossa salvação!**

Deus, fonte da vida, lembrai-vos da morte e ressurreição do Cordeiro imolado na cruz,
– e ouvi as súplicas que ele vos dirige continuamente em nosso favor. R.

Purificai-nos, Senhor, de todo fermento de malícia e perversidade,
– para vivermos a páscoa de Cristo com os pães ázimos da sinceridade e da verdade. R.

Ajudai-nos a vencer neste dia o pecado da discórdia e da inveja,
– e tornai-nos mais atentos às necessidades dos nossos irmãos e irmãs. R.

Dai à nossa vida um autêntico espírito evangélico,
– para andarmos, hoje e sempre, pelo caminho dos vossos mandamentos. R.

(intenções livres)

Pai nosso...

Oração

Ó Deus, que o vosso povo sempre exulte, pela sua renovação espiritual. Alegrando-nos hoje porque adotados de novo como filhos de Deus, esperemos confiantes e alegres o dia da ressurreição. Por nosso Senhor Jesus Cristo, vosso Filho, na unidade do Espírito Santo.

Hora Média

Leitura breve — cf. 1Pd 3,21-22a

O batismo é hoje a vossa salvação pois ele não serve para limpar o corpo da imundície, mas é um pedido a Deus para obter uma boa consciência, em virtude da ressurreição de Jesus Cristo que está à direita de Deus.

V. Os discípulos ficaram muito alegres, aleluia.
R. Por verem o Senhor ressuscitado, Aleluia.

Oração como nas Laudes.

Vésperas

Leitura breve — 1Pd 2,4-5

Aproximai-vos do Senhor, pedra viva, rejeitada pelos homens, mas escolhida e honrosa aos olhos de Deus. Do mesmo modo, também vós, como pedras vivas, formai um edifício espiritual, um sacerdócio santo, a fim de oferecerdes sacrifícios espirituais, agradáveis a Deus, por Jesus Cristo.

Responsório breve

R. Os discípulos ficaram muito alegres. * Aleluia, aleluia.
R. Os discípulos.
V. Quando viram o Senhor ressuscitado. * Aleluia, aleluia.
Glória ao Pai. R. Os discípulos.

Cântico evangélico, ant.

Em verdade, em verdade, eu vos digo:
é melhor para vós que eu me vá;
se eu não for não virá o Paráclito. Aleluia.

Preces

Invoquemos a Cristo, que pela sua ressurreição confirmou a esperança do seu povo; e peçamos com muita fé:

R. **Cristo, vivo para sempre, escutai-nos!**

Senhor Jesus Cristo, de cujo lado aberto correu sangue e água,
– fazei da Igreja vossa esposa imaculada. R.

Pastor supremo da Igreja, que depois da ressurreição confiastes a Pedro o cuidado do vosso rebanho,
– protegei o nosso papa N. e confirmai-o na caridade ao serviço do vosso povo. R.

Vós, que enchestes de peixes as redes de vossos discípulos que pescavam no lago de Tiberíades,
– enviai operários à vossa Igreja, para que continuem seu trabalho apostólico. R.

Vós, que preparastes pão e peixes para vossos discípulos, na margem do lago,
– não permitais que nossos irmãos e irmãs morram de fome por nossa culpa. R.

(intenções livres)

Senhor Jesus, novo Adão, que nos dais a vida, tornai semelhantes à vossa imagem gloriosa os que já deixaram este mundo,
– para que participem plenamente da alegria perfeita no céu. R.

Pai nosso...

Oração

Ó Deus, que o vosso povo sempre exulte, pela sua renovação espiritual. Alegrando-nos hoje porque adotados de novo como filhos de Deus, esperemos confiantes e alegres o dia da ressurreição. Por nosso Senhor Jesus Cristo, vosso Filho, na unidade do Espírito Santo.

QUARTA-FEIRA

Laudes

Leitura breve Rm 6,8-11

Se morremos com Cristo, cremos que também viveremos com ele. Sabemos que Cristo ressuscitado dos mortos não morre mais; a morte já não tem poder sobre ele. Pois aquele que morreu, morreu para o pecado uma vez por todas; mas aquele que vive, é para Deus que vive. Assim, vós também considerai-vos mortos para o pecado e vivos para Deus, em Jesus Cristo.

Responsório breve

R. O Se**nhor** ressur**giu** do se**pul**cro. * Ale**lui**a, ale**lui**a.
R. O Se**nhor**.
V. Foi sus**pen**so por **nós** numa **cruz**. * Ale**lui**a, ale**lui**a.
Glória ao **Pai**. R. O Se**nhor**.

Cântico evangélico, ant.

Tenho a**in**da muitas **coi**sas a di**zer**-vos,
mas a**go**ra não po**deis** compreen**dê**-las;
quando vi**er** o Es**pí**rito da ver**da**de,
toda a ver**da**de have**rá** de ensi**nar**-vos. Ale**lui**a.

Preces

Elevemos nossas preces a Deus Pai, que quis revelar aos apóstolos a glória de Cristo ressuscitado; e aclamemos:

R. **Iluminai-nos, Senhor, com a glória de Cristo!**

Nós vos louvamos, Senhor, fonte de luz e de glória,
– que nos chamastes à vossa luz admirável para alcançarmos a salvação. R.

Purificai e fortalecei com o poder do Espírito Santo a atividade da Igreja em toda a terra,
– para que melhorem as relações humanas entre todos os cidadãos do mundo. R.

Fazei que nos dediquemos de tal modo ao serviço do próximo,
– que possamos transformar a comunidade humana numa oferenda agradável aos vossos olhos. R.

Desde o amanhecer, cumulai-nos com os dons da vossa bondade,
– para vivermos na alegria do vosso louvor durante todo este dia.
R. **Iluminai-nos, Senhor, com a glória de Cristo!**

(intenções livres)

Pai nosso...

Oração

Ó Deus, ao celebrarmos solenemente a ressurreição do vosso Filho, concedei que nos alegremos com todos os santos, quando ele vier na sua glória. Por nosso Senhor Jesus Cristo, vosso Filho, na unidade do Espírito Santo.

Hora Média

Leitura breve 1Jo 5,5-6a

Quem é o vencedor do mundo, senão aquele que crê que Jesus é o Filho de Deus? Este é o que veio pela água e pelo sangue: Jesus Cristo. Não veio somente com a água, mas com a água e o sangue.

V. Os dis**cí**pulos fi**ca**ram muito a**le**gres, ale**lui**a.
R. Por **ve**rem o Se**nhor** ressusci**ta**do, Ale**lui**a.

Oração como nas Laudes.

Vésperas

Nas regiões onde a solenidade da Ascensão do Senhor é celebrada no domingo seguinte se diz:

Leitura breve Hb 7,24-27

Cristo, uma vez que permanece para a eternidade, possui um sacerdócio que não muda. Por isso ele é capaz de salvar para sempre aqueles que, por seu intermédio, se aproximam de Deus. Ele está sempre vivo para interceder por eles. Tal é precisamente o sumo-sacerdote que nos convinha: santo, inocente, sem mancha, separado dos pecadores e elevado acima dos céus. Ele não precisa, como os sumos-sacerdotes oferecer sacrifícios em cada dia, primeiro por seus próprios pecados e depois pelos do povo. Ele já o fez uma vez por todas, oferecendo-se a si mesmo.

Responsório breve

R. Os dis**cí**pulos fi**ca**ram muito a**le**gres. * Ale**lui**a, ale**lui**a.
R. Os dis**cí**pulos.
V. Quando **vi**ram o Se**nhor** ressusci**ta**do. * Ale**lui**a, ale**lui**a.
Glória ao **Pai**. R. Os dis**cí**pulos.

Cântico evangélico, ant.
O Espírito me **glorificará**,
pois haver**á** de rece**ber** do que é **meu**
e haver**á** de anunci**ar**-vos, ale**luia**.

Preces

Imploremos a Deus todo-poderoso, que, em seu Filho ressuscitado, nos abriu as portas da vida eterna; e digamos confiantes:

R. **Pela vitória de Cristo, salvai, Senhor, o vosso povo!**

Deus de nossos pais, que glorificastes vosso Filho Jesus, ressuscitando-o dos mortos,
– transformai os nossos corações para vivermos a vida nova da filiação divina. R.

Vós, que conduzistes as ovelhas desgarradas, que éramos, a Cristo, pastor e guia de nossas almas,
– conservai-nos fiéis ao evangelho, sob a orientação dos pastores da Igreja. R.

Vós, que escolhestes dentre o povo judeu os primeiros discípulos de vosso Filho,
– revelai aos filhos de Israel a promessa feita a seus antepassados. R.

Lembrai-vos de todos os abandonados, dos órfãos e das viúvas,
– e não deixeis que vivam sozinhos aqueles que vosso Filho, com sua morte, reconciliou conosco. R.

(intenções livres)

Vós, que chamastes para o reino celeste o primeiro mártir Santo Estêvão, depois que ele proclamou a glória de Jesus sentado à vossa direita,
– acolhei também na eternidade os nossos irmãos e irmãs que na fé e na caridade esperaram em vós. R.

Pai nosso...

Oração

Ó Deus, ao celebrarmos solenemente a ressurreição do vosso Filho, concedei que nos alegremos com todos os santos, quando ele vier na sua glória. Por nosso Senhor Jesus Cristo, vosso Filho, na unidade do Espírito Santo.

QUINTA-FEIRA

Nas regiões onde a solenidade da Ascensão do Senhor é celebrada no domingo seguinte:

Laudes

Leitura breve Rm 8,10-11

Se, porém, Cristo está em vós, embora vosso corpo esteja ferido de morte por causa do pecado, vosso espírito está cheio de vida, graças à justiça. E, se o Espírito daquele que ressuscitou Jesus dentre os mortos mora em vós, então aquele que ressuscitou Jesus Cristo dentre os mortos vivificará também vossos corpos mortais por meio do seu Espírito que mora em vós.

Responsório breve

R. O Se**nhor** ressur**giu** do se**pul**cro.* Ale**lui**a, ale**lui**a.
R. O Se**nhor**.
V. Foi sus**pen**so por **nós** numa **cruz**.* Ale**lui**a, ale**lui**a.
Glória ao **Pai**. R. O Se**nhor**.

Cântico evangélico, ant.

Um **pou**co de **tem**po e já **não** me ve**reis**;
de **no**vo um **pou**co e en**tão** me ve**reis**,
pois eu **vou** para o **Pai**, ale**lui**a.

Preces

Invoquemos com toda a confiança a Deus Pai, que em Jesus Cristo deu aos seus filhos e filhas a certeza da ressurreição; e digamos:

R. **Que o Senhor Jesus seja a nossa vida!**

Pela coluna de fogo iluminastes, Senhor, vosso povo no deserto;
– por sua ressurreição, seja Cristo hoje para nós a luz da vida. R.

Pela voz de Moisés ensinastes, Senhor, o vosso povo no monte Sinai;
– por sua ressurreição seja Cristo hoje para nós a palavra da vida. R.

Com o maná alimentastes, Senhor, vosso povo peregrino;
– por sua ressurreição, seja Cristo hoje para nós o pão da vida. R.

Com a água do rochedo destes de beber, Senhor, ao vosso povo;
– pela ressurreição de Cristo, vosso Filho, concedei-nos hoje o Espírito que dá vida. R.

(intenções livres)

Pai nosso...

Oração

Ó Deus, que fizestes o vosso povo participar da vossa redenção, concedei que nos alegremos constantemente com a ressurreição do Senhor. Que convosco vive e reina, na unidade do Espírito Santo.

Hora Média

Leitura breve Tt 3,5b-7

Deus nos salvou quando renascemos e fomos renovados no batismo pelo Espírito Santo, que ele derramou abundantemente sobre nós por meio de nosso Salvador Jesus Cristo. Justificados assim, pela sua graça, nos tornamos na esperança herdeiros da vida eterna.

V. Os discípulos ficaram muito **a**legres, ale**lu**ia.
R. Por **ve**rem o Se**nhor** ressusci**ta**do, Ale**lu**ia.

Oração como nas Laudes.

Vésperas

Leitura breve 1Pd 3,18.21b-22

Cristo morreu, uma vez por todas, por causa dos pecados, o justo, pelos injustos, a fim de vos conduzir a Deus. Sofreu a morte, na sua existência humana, mas recebeu nova vida pelo Espírito. Pois o batismo não serve para limpar o corpo da imundície, mas é um pedido a Deus para obter uma boa consciência, em virtude da ressurreição de Jesus Cristo. Ele subiu ao céu e está à direita de Deus, submetendo-se a ele anjos, dominações e potestades.

Responsório breve

R. Os dis**cí**pulos fi**ca**ram muito **a**legres. *Ale**lu**ia, ale**lu**ia.
R. Os dis**cí**pulos.
V. Quando **vi**ram o Se**nhor** ressusci**ta**do. *Ale**lu**ia, ale**lu**ia.
Glória ao **Pai**. R. Os dis**cí**pulos.

Cântico evangélico, ant.

Vossa tris**te**za vai mu**dar**-se em ale**gri**a;
e nin**guém** pode ti**rar** vossa ale**gri**a. Ale**lui**a.

Preces

Exultemos de alegria em Cristo, nosso Senhor, a quem o Pai constituiu fundamento de nossa esperança e da ressurreição dos mortos. Aclamemos e peçamos:

R. **Cristo, rei da glória, ouvi-nos!**

Senhor Jesus, que pelo vosso sangue derramado na cruz e por vossa ressurreição entrastes no santuário celeste,
– conduzi-nos convosco à glória do Pai. R.

Senhor Jesus, que por vossa ressurreição fortalecestes a fé dos discípulos e os enviastes ao mundo para anunciar o evangelho,
– fazei que os bispos e os presbíteros sejam fiéis mensageiros da vossa Palavra. R.

Senhor Jesus, que por vossa ressurreição nos trouxestes a reconciliação e a paz,
– dai aos cristãos uma perfeita união na fé e na caridade. R.

Senhor Jesus, que por vossa ressurreição curastes o paralítico que estava à porta do Templo,
– olhai com bondade para os enfermos e manifestai neles a vossa glória. R.

(intenções livres)

Senhor Jesus, que por vossa ressurreição vos tornastes o primogênito dentre os mortos,
– concedei a participação na glória celeste àqueles que acreditaram e esperaram em vós. R.

Pai nosso...

Oração

Ó Deus, que fizestes o vosso povo participar da vossa redenção, concedei que nos alegremos constantemente com a ressurreição do Senhor. Que convosco vive e reina, na unidade do Espírito Santo.

ASCENSÃO DO SENHOR

Solenidade

I Vésperas

Hino

Ó Jesus, redenção nossa,
nosso anelo e nosso amor,
novo Rei dos novos tempos
e dos seres Criador.

Que clemência vos venceu
para os crimes carregar,
e, na cruz sofrendo a morte,
doutra morte nos livrar?

À mansão dos mortos indo,
os cativos libertar,
e do Pai à mão direita
triunfante vos sentar?

Esta mesma piedade
nos liberte dos pecados,
e ao clarão de vossa face
nós seremos saciados.

Nosso prêmio no futuro,
nosso gozo sois também.
Sede sempre nossa glória
pelos séculos. Amém.

Salmodia

Ant. 1 Saí do **Pai** e vim ao **mun**do;
deixo o **mun**do e vou ao **Pai**. Ale**lui**a.

Salmo 112(113)

– [1] Lou**vai**, louvai, ó **ser**vos do Se**nhor**, *
lou**vai**, louvai o nome do Senhor!
– [2] Ben**di**to seja o nome do Senhor, *
a**go**ra e por toda a eternidade!
– [3] Do nas**cer** do sol até o seu ocaso, *
lou**va**do seja o nome do Senhor! –

– [4]O Se**nhor** está acima das nações, *
sua **gló**ria vai além dos altos céus.
= [5]Quem **po**de comparar-se ao nosso Deus, †
ao Se**nhor**, que no alto céu tem o seu trono *
[6]e se in**cli**na para olhar o céu e a terra?

– [7]Le**van**ta da poeira o indigente *
e do **li**xo ele retira o pobrezinho,
– [8]para fa**zê**-lo assentar-se com os nobres, *
assen**tar**-se com os nobres do seu povo.
– [9]Faz a es**té**ril, mãe feliz em sua casa, *
vi**ven**do rodeada de seus filhos.

Ant. Saí do **Pai** e vim ao **mun**do;
deixo o **mun**do e vou ao **Pai**. Aleluia.

Ant. 2 O Se**nhor** Jesus **Cris**to
fa**lou** com os **seus** pela **úl**tima **vez**;
ele**vou**-se aos **céus**
e sen**tou**-se à di**rei**ta de **Deus**. Ale**lui**a.

Salmo 116(117)

– [1]Cantai lou**vo**res ao Se**nhor**, todas as **gen**tes, *
povos **to**dos, feste**jai**-o!
– [2]Pois compro**va**do é seu amor para conosco, *
para **sem**pre ele é fiel!

Ant. O Se**nhor** Jesus **Cris**to
fa**lou** com os **seus** pela **úl**tima **vez**;
ele**vou**-se aos **céus**
e sen**tou**-se à di**rei**ta de **Deus**. Ale**lui**a.

Ant. 3 Ninguém ja**mais** subiu ao **céu**,
senão **quem** do céu des**ceu**:
o Filho do **Ho**mem, que é do **céu**. Ale**lui**a.

Cântico Ap 11,17-18; 12,10b-12a

– [11,17] Graças vos **da**mos, Senhor **Deus** onipo**ten**te, *
a vós que **sois**, a vós que éreis e sereis,
– porque assu**mis**tes o poder que vos pertence, *
e en**fim** tomastes posse como rei!

(R. **Nós** vos damos **gra**ças, nosso **Deus**!)

= 18 As **nações** se enfureceram revoltadas, †
mas che**gou** a vossa ira contra elas *
e o **tem**po de julgar vivos e mortos,
= e de **dar** a recompensa aos vossos servos, †
aos pro**fe**tas e aos que temem vosso nome, *
aos **san**tos, aos pequenos e aos grandes. (R.)

=12,10 Chegou a**go**ra a salvação e o poder †
e a rea**le**za do Senhor e nosso Deus, *
e o do**mí**nio de seu Cristo, seu Ungido.
– Pois foi ex**pul**so o delator que acusava *
nossos ir**mãos**, dia e noite, junto a Deus. (R.)

= 11 Mas o ven**ce**ram pelo sangue do Cordeiro †
e o teste**mu**nho que eles deram da Palavra, *
pois despre**za**ram sua vida até à morte.
– 12 Por isso, ó **céus**, cantai alegres e exultai *
e vós **to**dos os que neles habitais! (R.)

Ant. Ninguém ja**mais** subiu ao **céu**,
senão **quem** do céu des**ceu**:
o Filho do **Ho**mem, que é do **céu**. Ale**lui**a.

Leitura breve Ef 2,4-6

Deus é rico em misericórdia. Por causa do grande amor com que nos amou, quando estávamos mortos por causa das nossas faltas, ele nos deu a vida com Cristo. É por graça que vós sois salvos! Deus nos ressuscitou com Cristo e nos fez sentar nos céus em virtude de nossa união com Jesus Cristo.

Responsório breve

R. Por **en**tre aclama**ções** Deus se ele**vou**,
* Ale**lui**a, ale**lui**a. R. Por **en**tre.
V. O Se**nhor** subiu ao **to**que da trom**be**ta. * Ale**lui**a.
Glória ao **Pai**. R. Por **en**tre.

Cântico evangélico, ant.

Meu **Pai**, reve**lei** o teu **no**me à**que**les os **quais** tu me **des**te.
Agora eu te **pe**ço por eles;
não **pe**ço, po**rém**, pelo **mun**do, pois **ve**nho a **ti**, ale**lui**a.

Preces

Aclamemos a Jesus Cristo, que está sentado à direita do Pai na glória do céu; e digamos na alegria do Espírito:

R. **Cristo, rei da glória, nós vos louvamos!**

Rei da glória, que elevastes convosco a fragilidade da nossa carne para ser glorificada no céu,
–apagai a maldade da antiga culpa e devolvei-nos a dignidade original que havíamos perdido. R.

Vós, que descestes até nós pelo caminho do amor,
–pelo mesmo caminho, fazei-nos subir até vós. R.

Vós, que prometestes atrair para vós a humanidade inteira,
–não permitais que nenhum de nós fique separado da unidade do vosso corpo. R.

Fazei-nos desde agora viver de corpo e alma no céu,
–para onde subistes cheio de glória como Senhor do universo. R.

(intenções livres)

Senhor, a quem esperamos como juiz dos vivos e dos mortos,
–fazei que, um dia, juntamente com nossos irmãos e irmãs falecidos, possamos contemplar eternamente a vossa infinita misericórdia. R.

Pai nosso...

Oração

Ó Deus todo-poderoso, a ascensão do vosso Filho já é nossa vitória. Fazei-nos exultar de alegria e fervorosa ação de graças, pois, membros de seu corpo, somos chamados na esperança a participar da sua glória. Por nosso Senhor Jesus Cristo, vosso Filho, na unidade do Espírito Santo.

Laudes

Hino

Esperado com ânsia por todos,
hoje o dia sagrado brilhou
em que Cristo, esperança do mundo,
Deus e Homem, ao céu se elevou.

Triunfou sobre o príncipe do mundo,
vencedor num combate gigante,
e apresenta a Deus Pai, no seu rosto,
toda a glória da carne triunfante.

Dos fiéis ele é a esperança,
numa nuvem de luz elevado,
e de novo abre aos homens o céu
que seus pais lhes haviam fechado.

Ó imensa alegria de todos,
quando o Filho que a Virgem gerou,
logo após o flagelo e a cruz,
à direita do Pai se assentou.

Demos graças a tal defensor
que nos salva, que vida nos deu,
e consigo no céu faz sentar-se
nosso corpo no trono de Deus.

Com aqueles que habitam o céu
partilhamos tão grande alegria.
Cristo a eles se deu para sempre,
mas conosco estará cada dia.

Cristo, agora elevado às alturas,
nossa mente convosco elevai,
e, do alto, enviai-nos depressa
vosso Espírito, o Espírito do Pai.

Ant. 1 Ó **ho**mens gali**leus**, por que es**tais** a olhar os **céus**?
Je**sus** que aos céus su**biu**, da mesma **for**ma há de **vir**.
Ale**luia**.

Salmos e cântico do domingo da I Semana, p. 982.

Ant. 2 Exal**tai** o Rei dos **reis**, cantai **hi**nos ao Se**nhor**!
Ale**luia**.

Ant. 3 O Se**nhor** se ele**vou** à vista **de**les,
e uma **nu**vem o aco**lheu** na glória e**ter**na. Ale**luia**.

Leitura breve Hb 10,12-14

Cristo, depois de ter oferecido um sacrifício único pelos pecados, sentou-se para sempre à direita de Deus. Não lhe resta mais senão esperar até que seus inimigos sejam postos debaixo de seus pés.

De fato, com esta única oferenda, levou à perfeição definitiva os que ele santifica.

Responsório breve

R. Subindo o **Cris**to para o **al**to,
* Ale**lui**a, ale**lui**a. R. Subindo.
V. Levou ca**ti**vo o cati**vei**ro. * Ale**lui**a.
Glória ao **Pai**. R. Subindo.

Cântico evangélico, ant.

Eu **su**bo ao meu **Pai** e vosso **Pai**,
ao meu **Deus** e vosso **Deus**. Ale**lui**a.

Preces

Invoquemos com alegria o Senhor Jesus Cristo, que, elevado da terra, atrai para si todas as coisas; e o aclamemos:

R. **Cristo, rei da glória, nós, vos louvamos!**

Senhor Jesus, rei da glória, que, oferecido em sacrifício uma vez para sempre, subistes vitorioso para o céu, onde estais à direita do Pai,
– conduzi os homens e as mulheres à perfeição da caridade. R.

Sacerdote eterno e ministro da Nova Aliança, que viveis eternamente intercedendo por nós,
– salvai o povo que vos suplica. R.

Senhor, que voltastes à vida depois de sofrer a Paixão e durante quarenta dias aparecestes a vossos discípulos;
– confirmai, hoje, a nossa fé. R.

Senhor, que, neste dia, prometestes dar aos apóstolos o Espírito Santo, para que fossem testemunhas vossas até os confins da terra,
– fortalecei também, pela força do mesmo Espírito Santo, o nosso testemunho. R.

(intenções livres)

Pai nosso...

Oração

Ó Deus todo-poderoso, a ascensão do vosso Filho já é nossa vitória. Fazei-nos exultar de alegria e fervorosa ação de graças, pois, membros de seu corpo, somos chamados na esperança a participar da sua glória. Por nosso Senhor Jesus Cristo, vosso Filho, na unidade do Espírito Santo.

Hora Média

Salmodia

Ant. De um ex**tre**mo do **céu** põe-se a cor**rer**
e vai tra**çan**do seu **ras**tro lumi**no**so,
até que **pos**sa che**gar** ao outro ex**tre**mo. Ale**lui**a.

Salmo 8

– 2 Ó Se**nhor** nosso **Deus**, como é **gran**de *
vosso **no**me por todo o universo!

– Desdo**bras**tes nos céus vossa glória *
com gran**de**za, esplendor, majestade.
= 3 O per**fei**to louvor vos é dado †
pelos **lá**bios dos mais pequeninos, *
de cri**an**ças que a mãe amamenta.

– Eis a **for**ça que opondes aos maus, *
redu**zin**do o inimigo ao silêncio.
– 4 Contem**plan**do estes céus que plasmastes *
e for**mas**tes com dedos de artista;

– vendo a **lu**a e estrelas brilhantes, *
5 pergun**ta**mos: "Senhor, que é o homem,
– para **de**le assim vos lembrardes *
e o tra**tar**des com tanto carinho?"

– 6 Pouco a**bai**xo de um deus o fizestes, *
coro**an**do-o de glória e esplendor;
– 7 vós lhe **des**tes poder sobre tudo, *
vossas obras aos pés lhe pusestes:

– 8 as o**ve**lhas, os bois, os rebanhos, *
todo o **ga**do e as feras da mata;
– 9 passa**ri**nhos e peixes dos mares, *
todo **ser** que se move nas águas.

– 10 Ó Se**nhor** nosso Deus, como é grande *
vosso **no**me por todo o universo!

Salmo 18(19)A

– 2 Os céus pro**cla**mam a **glória** do Se**nhor**, *
e o firma**men**to, a obra de suas mãos;
– 3 o dia ao **dia** transmite esta mensagem, *
a noite à **noi**te publica esta notícia.

– 4 Não são dis**cur**sos nem frases ou palavras, *
nem são **vo**zes que possam ser ouvidas;
– 5 seu som res**so**a e se espalha em toda a terra, *
chega aos con**fins** do universo a sua voz.

– 6 Armou no **al**to uma tenda para o sol; *
ele des**pon**ta no céu e se levanta
– como um es**po**so do quarto nupcial, *
como um he**rói** exultante em seu caminho.

– 7 De um ex**tre**mo do céu põe-se a correr *
e vai tra**çan**do o seu rastro luminoso,
– até que **pos**sa chegar ao outro extremo, *
e nada **po**de fugir ao seu calor.

Salmo 18B(19B)

– 8 A **lei** do Senhor **Deus** é per**fei**ta, *
con**for**to para a **al**ma!
– O teste**mu**nho do Senhor é fiel, *
sabedo**ri**a dos humildes.
– 9 Os pre**cei**tos do Senhor são precisos, *
ale**gri**a ao coração.
– O manda**men**to do Senhor é brilhante, *
para os **o**lhos é uma luz.
– 10 É **pu**ro o temor do Senhor, *
imu**tá**vel para sempre.
– Os julga**men**tos do Senhor são corretos *
e **jus**tos igualmente.

– 11 Mais dese**já**veis do que o ouro são eles, *
do que o **ou**ro refinado.
– Suas pa**la**vras são mais doces que o mel, *
que o **mel** que sai dos favos. –

–12 E vosso **ser**vo, instruído por elas, *
se em**pe**nha em guardá-las.
–13 Mas quem **po**de perceber suas faltas?*
Perdo**ai** as que não vejo!

–14 E preser**vai** o vosso servo do orgulho: *
não do**mi**ne sobre mim!
– E assim **pu**ro, eu serei preservado *
dos de**li**tos mais perversos.

–15 Que vos a**gra**de o cantar dos meus lábios *
e a **voz** da minha alma;
– que ela **che**gue até vós, ó Senhor,*
meu Ro**che**do e Redentor!

Ant. De um ex**tre**mo do **céu** põe-se a cor**rer**
e vai tra**çan**do seu **ras**tro lumi**no**so,
até que **pos**sa che**gar** ao outro ex**tre**mo. Ale**lui**a.

Leitura breve Hb 8,1b-3a

Temos um sumo-sacerdote tão grande, que se assentou à direita do trono da majestade, nos céus. Ele é ministro do Santuário e da Tenda verdadeira, armada pelo Senhor, e não por mão humana. Todo o sumo-sacerdote, com efeito, é constituído para oferecer dádivas e sacrifícios.

V. O Se**nhor** pôs o seu **tro**no lá nos **céus**. Ale**lui**a.
R. E a**bran**ge o mundo in**tei**ro seu rei**na**do. Ale**lui**a.

Oração

Ó Deus todo-poderoso, a ascensão do vosso Filho já é nossa vitória. Fazei-nos exultar de alegria e fervorosa ação de graças, pois, membros de seu corpo, somos chamados na esperança a participar da sua glória. Por Cristo, nosso Senhor.

II Vésperas

Hino

Ó Jesus, redenção nossa,
nosso anelo e nosso amor,
novo Rei dos novos tempos
e dos seres Criador.

Que clemência vos venceu
para os crimes carregar,
e, na cruz sofrendo a morte,
doutra morte nos livrar?

À mansão dos mortos indo,
os cativos libertar,
e do Pai à mão direita
triunfante vos sentar?

Esta mesma piedade
nos liberte dos pecados,
e ao clarão de vossa face
nós seremos saciados.

Nosso prêmio no futuro,
nosso gozo sois também.
Sede sempre nossa glória
pelos séculos. Amém.

Salmodia

Ant. 1 Subiu aos **céus** e está sen**ta**do
à di**rei**ta de Deus **Pai**. Ale**lui**a.

Salmo 109(110),1-5.7

– 1 Pa**la**vra do Se**nhor** ao meu Se**nhor**: *
“As**sen**ta-te ao lado meu direito,
– a**té** que eu ponha os inimigos teus *
como esca**be**lo por debaixo de teus pés!”

= 2 O Se**nhor** estenderá desde Sião †
vosso **ce**tro de poder, pois ele diz: *
“Do**mi**na com vigor teus inimigos;

= 3 Tu és **prín**cipe desde o dia em que nasceste; †
na **gló**ria e esplendor da santidade, *
como o or**va**lho, antes da aurora, eu te gerei!”

= 4 Jurou o Se**nhor** e manterá sua palavra: †
“Tu **és** sacerdote eternamente, *
segundo a **or**dem do rei Melquisedec!”

– 5 À vossa **des**tra está o Senhor, ele vos diz: *
“No dia da **i**ra esmagarás os reis da terra!

– 7 Beb**erás** água corrente no caminho, *
por **is**so seguirás de fronte erguida!"

Ant. Subiu aos **céus** e está sen**ta**do
à di**rei**ta de Deus **Pai**. Ale**lui**a.

Ant. 2 Por **en**tre aclama**ções** Deus se ele**vou**.
O Se**nhor** subiu ao **to**que da trom**be**ta. Ale**lui**a.

Salmo 46(47)

– 2 Povos **to**dos do uni**ver**so, batei **pal**mas, *
gritai a **Deus** aclamações de alegria!
– 3 Porque su**bli**me é o Senhor, o Deus Altíssimo, *
o sobe**ra**no que domina toda a terra.

– 4 Os **po**vos sujeitou ao nosso jugo *
e colo**cou** muitas nações aos nossos pés.
– 5 Foi **e**le que escolheu a nossa herança, *
a **gló**ria de Jacó, seu bem-amado.

– 6 Por **en**tre aclamações Deus se elevou, *
o Se**nhor** subiu ao toque da trombeta.
– 7 Salmodi**ai** ao nosso Deus ao som da harpa, *
salmodi**ai** ao som da harpa ao nosso Rei! –

– 8 Porque **Deus** é o grande Rei de toda a terra, *
ao som da **har**pa acompanhai os seus louvores!
– 9 Deus **rei**na sobre todas as nações, *
está sen**ta**do no seu trono glorioso.

– 10 Os **che**fes das nações se reuniram *
com o **po**vo do Deus santo de Abraão,
– pois só **Deus** é realmente o Altíssimo, *
e os pode**ro**sos desta terra lhe pertencem!

Ant. Por **en**tre aclama**ções** Deus se ele**vou**.
O Se**nhor** subiu ao **to**que da trom**be**ta. Ale**lui**a.

Ant. 3 Agora **foi** glorifi**ca**do o Filho do **Ho**mem,
e Deus **Pai** nele **foi** glorifi**ca**do. Ale**lui**a.

Cântico Ap 11,17-18; 12,10b-12a

– 11,17 Graças vos **da**mos, Senhor **Deus** onipo**ten**te, *
a vós que **sois**, a vós que éreis e sereis,

– porque assu**mis**tes o poder que vos pertence, *
e en**fim** tomastes posse como rei!
(R. **Nós** vos damos **gra**ças, nosso **Deus**!)
= [18] As na**ções** se enfureceram revoltadas, †
mas che**gou** a vossa ira contra elas *
e o **tem**po de julgar vivos e mortos,
= e de **dar** a recompensa aos vossos servos, †
aos pro**fe**tas e aos que temem vosso nome, *
aos **san**tos, aos pequenos e aos grandes. (R.)
= [12,10] Chegou a**go**ra a salvação e o poder †
e a rea**le**za do Senhor e nosso Deus, *
e o do**mí**nio de seu Cristo, seu Ungido.
– Pois foi ex**pul**so o delator que acusava *
nossos ir**mãos**, dia e noite, junto a Deus. (R.)
= [11] Mas o ven**ce**ram pelo sangue do Cordeiro †
e o teste**mu**nho que eles deram da Palavra, *
pois despre**za**ram sua vida até à morte.
– [12] Por isso, ó **céus**, cantai alegres e exultai *
e vós **to**dos os que neles habitais! (R.)

Ant. Agora **foi** glorifi**ca**do o Filho do **Ho**mem,
e Deus **Pai** nele **foi** glorifi**ca**do. Ale**lui**a.

Leitura breve 1Pd 3,18.21b-22

Cristo morreu, uma vez por todas, por causa dos pecados, o justo, pelos injustos, a fim de vos conduzir a Deus. Sofreu a morte, na sua existência humana, mas recebeu nova vida pelo Espírito. Pois o batismo não serve para limpar o corpo da imundície, mas é um pedido a Deus para obter uma boa consciência, em virtude da ressurreição de Jesus Cristo. Ele subiu ao céu e está à direita de Deus, submetendo-se a ele anjos, dominações e potestades.

Responsório breve

R. Subo a meu **Pai** e vosso **Pai**.
* Ale**lui**a, ale**lui**a. R. Subo a meu.
V. Subo a meu **Deus** e vosso **Deus**. * Ale**lui**a.
Glória ao **Pai**. R. Subo a meu.

Cântico evangélico; ant.

Jes**us**, ó Rei da **gló**ria, Se**nhor** do uni**ver**so,
que, **ho**je glori**o**so, su**bis**tes para os **céus**:
Man**dai**-nos vosso Es**pí**rito Prome**ti**do pelo **Pai**
e **não** nos deixeis **ór**fãos. Ale**lui**a.

Preces

Aclamemos a Jesus Cristo, que está sentado à direita do Pai na glória do céu; e digamos na alegria do Espírito:

R. **Cristo, rei da glória, nós vos louvamos!**

Rei da glória, que elevastes convosco a fragilidade da nossa carne para ser glorificada no céu,
– apagai a maldade da antiga culpa e devolvei nos a dignidade original que havíamos perdido. R.

Vós, que descestes até nós pelo caminho do amor,
– pelo mesmo caminho, fazei-nos subir até vós. R.

Vós, que prometestes atrair para vós a humanidade inteira,
– não permitais que nenhum de nós fique separado da unidade do vosso corpo. R.

Fazei-nos desde agora viver de corpo e alma no céu,
– para onde subistes cheio de glória como Senhor do universo. R.

(intenções livres)

Senhor, a quem esperamos como juiz dos vivos e dos mortos,
– fazei que, um dia, juntamente com nossos irmãos e irmãs falecidos, possamos contemplar eternamente a vossa infinita misericórdia. R.

Pai nosso...

Oração

Ó Deus todo-poderoso, a ascensão do vosso Filho já é nossa vitória. Fazei-nos exultar de alegria e fervorosa ação de graças, pois, membros de seu corpo, somos chamados na esperança a participar da sua glória. Por nosso Senhor Jesus Cristo, vosso Filho, na unidade do Espírito Santo.

TEMPO PASCAL

II. DEPOIS DA ASCENSÃO DO SENHOR

Nos domingos e dias de semana, até as I Vésperas do domingo de Pentecostes, exclusive:

Vésperas

Hino

Oh vinde, Espírito Criador,
as nossas almas visitai
e enchei os nossos corações
com vossos dons celestiais.

Vós sois chamado o Intercessor,
do Deus excelso o dom sem par,
a fonte viva, o fogo, o amor,
a unção divina e salutar.

Sois doador dos sete dons,
e sois poder na mão do Pai,
por ele prometido a nós,
por nós seus feitos proclamais.

A nossa mente iluminai,
os corações enchei de amor,
nossa fraqueza encorajai,
qual força eterna e protetor.

Nosso inimigo repeli,
e concedei-nos vossa paz;
se pela graça nos guiais,
o mal deixamos para trás.

Ao Pai e ao Filho Salvador
por vós possamos conhecer.
Que procedeis do seu amor
fazei-nos sempre firmes crer.

Completetas

Hino

Ó Jesus Redentor,
do universo Senhor,
Verbo eterno do Pai,
Luz da Luz invisível,
que dos vossos remidos,
vigilante, cuidais.

Vós, artista do mundo,
e de todos os tempos
o sinal divisor,
no silêncio da noite
renovai nosso corpo
que lutando cansou.

Afastai o inimigo,
vós, que os fundos abismos
destruís, ó Jesus!
Não consiga o Maligno
seduzir os remidos
pelo sangue da Cruz.

Quando o corpo cansado
for de noite embalado
pelo sono e a calma,
de tal modo adormeça,
que, ao dormir nossa carne,
não cochile nossa alma.

Escutai-nos, ó Verbo,
por quem Deus fez o mundo,
e o conduz e mantém.
Com o Pai e o Espírito,
vós reinais sobre os vivos
pelos séculos. Amém.

A salmodia se diz com uma só antífona:

Ale**lui**a, ale**lui**a, ale**lui**a.

Laudes

Hino

Esperado com ânsia por todos,
hoje o dia sagrado brilhou
em que Cristo, esperança do mundo,
Deus e Homem, ao céu se elevou.

Triunfou sobre o príncipe do mundo,
vencedor num combate gigante,
e apresenta a Deus Pai, no seu rosto,
toda a glória da carne triunfante.

Dos fiéis ele é a esperança,
numa nuvem de luz elevado,
e de novo abre aos homens o céu
que seus pais lhes haviam fechado.

Ó imensa alegria de todos,
quando o Filho que a Virgem gerou,
logo após o flagelo e a cruz,
à direita do Pai se assentou.

Demos graças a tal defensor
que nos salva, que vida nos deu,
e consigo no céu faz sentar-se
nosso corpo no trono de Deus.

Com aqueles que habitam o céu
partilhamos tão grande alegria.
Cristo a eles se deu para sempre,
mas conosco estará cada dia.

Cristo, agora elevado às alturas,
nossa mente convosco elevai,
e, do alto, enviai-nos depressa
vosso Espírito, o Espírito do Pai.

Hora Média

Hino

Vinde, servos suplicantes,
elevai a mente e a voz:
celebrai com vossos cantos,
o amor de Deus por nós.

Porque foi neste momento
que a sentença de um mortal
entregou à morte injusta
o Juiz universal.

E nós, súditos humildes,
por amor e por temor,
contra todo mau desígnio
do perverso tentador,

imploremos a clemência
de Deus Pai, eterno Bem,
do seu Filho, nosso Rei,
e do Espírito Santo. Amém.

A não ser que haja antífona própria, a salmodia da Hora Média se diz com esta única antífona:

Ale**lui**a, ale**lui**a, ale**lui**a.

SEXTA-FEIRA

Laudes

HINO antes da Ascensão do Senhor, p. 462; depois da Ascensão do Senhor, p. 608.

Leitura breve — At 5,30-32

O Deus de nossos pais ressuscitou Jesus, a quem vós matastes, pregando-o numa cruz. Deus, por seu poder, o exaltou, tornando-o Guia Supremo e Salvador, para dar ao povo de Israel a conversão e o perdão dos seus pecados. E disso somos testemunhas, nós e o Espírito Santo, que Deus concedeu àqueles que lhe obedecem.

Responsório breve

R. O Se**nhor** ressur**giu** do se**pul**cro. * Ale**lui**a, ale**lui**a.
R. O Se**nhor**.
V. Foi sus**pen**so por **nós** numa **cruz**. * Ale**lui**a, ale**lui**a.
Glória ao **Pai**. R. O Se**nhor**.

Cântico evangélico, ant.

Contem**pla**mos Je**sus** coroado a**go**ra de **hon**ra e de **gló**ria,
por **ter** pade**ci**do a pai**xão** e a **mor**te. Ale**lui**a.

Preces

Antes da Ascensão do Senhor:

Rezemos a Deus Pai, que ressuscitou Jesus de entre os mortos e dará a vida também aos nossos corpos mortais, pelo Espírito Santo que habita em nós. Digamos com fé:

R. **Senhor, por vosso Espírito Santo, dai-nos a vida!**

Pai santo, que aceitastes o sacrifício de vosso Filho, ressuscitando-o de entre os mortos,
– recebei a oferenda que hoje vos apresentamos e conduzi-nos à vida eterna. R.

Abençoai, Senhor, nossos trabalhos deste dia,
– para que sirvam à vossa glória e à santificação de todos. R.

Fazei que nossas atividades de hoje contribuam para a construção de um mundo melhor,
– e que, assim procedendo, possamos chegar ao vosso reino celeste. R.

Abri hoje nossos olhos e nosso coração para as necessidades de nossos irmãos,
– a fim de que todos nos amemos e nos sirvamos uns aos outros. R.

(intenções livres)

Pai nosso...

Oração

Ó Deus, fazei que a pregação do Evangelho por toda a terra realize o que prometestes ao glorificar o vosso Verbo, para que possamos alcançar, vivendo plenamente como filhos e filhas, o que foi anunciado pela vossa palavra. Por nosso Senhor Jesus Cristo, vosso Filho, na unidade do Espírito Santo.

Depois da Ascensão do Senhor:

Glorifiquemos a Cristo, nosso Senhor, que subiu ao céu para enviar o Espírito Santo sobre os apóstolos; e peçamos:

R. **Enviai-nos, Senhor, o vosso Espírito!**

Senhor Jesus Cristo, que subistes ao céu, enviai-nos o Espírito prometido pelo Pai,
– para que sejamos revestidos de sua força. R.

Vós, que ensinastes os discípulos a serem prudentes como as serpentes e simples como as pombas,
– ensinai-nos, por vosso Espírito, a prudência e a simplicidade. R.

Vós, que estais à direita do Pai, intercedei por nós como nosso Sacerdote,
– e intercedei em nós como nossa Cabeça. R.

Dai-nos a graça de participar dos vossos sofrimentos através das tribulações da vida,
– para que também tenhamos parte em vossa glória. R.

Pai nosso...

Oração

Ó Deus, que pela ressurreição de Cristo nos restaurais para a vida eterna, elevai nossos corações ao nosso Salvador que está sentado à vossa direita, para que possais revestir com a feliz imortalidade, quando ele vier em sua glória, os que fizestes renascer pelo batismo. Por nosso Senhor Jesus Cristo, vosso Filho, na unidade do Espírito Santo.

Hora Média

Leitura breve Gl 3,27-28

Vós todos que fostes batizados em Cristo vos revestistes de Cristo. O que vale não é mais ser judeu nem grego, nem escravo nem livre, nem homem nem mulher, pois todos vós sois um só, em Jesus Cristo.

V. Os dis**cí**pulos fi**ca**ram muito a**le**gres, ale**lui**a.
R. Por **ve**rem o Se**nhor** ressusci**ta**do, Ale**lui**a.

Oração como nas Laudes.

Vésperas

HINO antes da Ascensão, p. 459; depois da Ascensão, p. 606.

Leitura breve Hb 5,8-10

Mesmo sendo Filho, aprendeu o que significa a obediência a Deus por aquilo que ele sofreu. Mas, na consumação de sua vida, tornou-se causa de salvação eterna para todos os que lhe obedecem. De fato, ele foi por Deus proclamado sumo sacerdote na ordem de Melquisedec.

Responsório breve

Antes da Ascensão:

R. Os discípulos ficaram muito **a**legres. * Ale**lui**a, ale**lui**a.
R. Os dis**cí**pulos.
V. Quando **vi**ram o Se**nhor** ressusci**ta**do. * Ale**lui**a, ale**lui**a.
Glória ao **Pai**. R. Os dis**cí**pulos.

Depois da Ascensão:

R. O Espírito **San**to, o Pa**rá**clito,
* Ale**lui**a, ale**lui**a. R. O Es**pí**rito.
V. Ele **vos** ensina**rá** todas as **coi**sas. * Ale**lui**a.
Glória ao **Pai**. R. O Es**pí**rito.

Cântico evangélico, ant.

Vosso **Pai** que está nos **céus** há de **dar** o bom Es**pí**rito para **a**queles que lhe **pe**dem. Ale**lui**a.

Preces

Antes da Ascensão do Senhor:

Glorifiquemos a Cristo, fonte de vida e origem de todas as virtudes; e rezemos com amor e confiança!

R. **Firmai no mundo o vosso reino, Senhor.**

Jesus Salvador, que experimentastes a morte em vossa carne, mas voltastes à vida pelo Espírito,
– fazei-nos morrer para o pecado e viver a vida nova do vosso Espírito Santo. R.

Vós, que enviastes os discípulos ao mundo inteiro para pregar o evangelho a toda criatura,
– sustentai com a força do vosso Espírito, os mensageiros de vossa palavra.

Vós, que recebestes todo o poder no céu e na terra para dar testemunho da verdade,
– dirigi no espírito de verdade o coração daqueles que nos governam. R.

Vós, que fazeis novas todas as coisas e nos mandais esperar vigilantes a vinda do vosso reino,
– concedei que, quanto mais fervorosamente esperarmos os novos céus e a nova terra, tanto mais generosamente trabalhemos pela edificação do mundo presente. R.

(intenções livres)

Vós, que descestes à mansão dos mortos para lhes anunciar a alegria da salvação,
– sede a alegria e a esperança de todos os que partiram desta vida. R.

Pai nosso...

Oração

Ó Deus, fazei que a pregação do Evangelho por toda a terra realize o que prometestes ao glorificar o vosso Verbo, para que possamos alcançar, vivendo plenamente como filhos e filhas, o que foi anunciado pela vossa palavra. Por nosso Senhor Jesus Cristo, vosso Filho, na unidade do Espírito Santo.

Depois da Ascensão do Senhor:

Louvemos a Cristo, que foi ungido pelo Espírito Santo; e roguemos:

R. **Vós, que estais à direita do Pai, intercedei por nós!**

Olhai, Senhor, para todos os que trazem o nome de cristãos,
– e fazei que, pelo Espírito Santo, sejam congregados na unidade. R.

Enviai, Senhor, vossa luz a todos os que sofrem perseguição por amor do vosso nome,
– para que saibam responder com sabedoria aos que os perseguem. R.

Fazei que todos vos reconheçam como a verdadeira Videira,
– para que, unidos a vós pelo Espírito, deem abundantes frutos de vida eterna. R.

Jesus Cristo, Rei e Salvador do gênero humano, que subistes ao céu entre aclamações de júbilo,
– fazei que o vosso reino se estenda a todos os povos. R.

(intenções livres)

A todos os que, pelo Batismo, participaram na vossa morte e ressurreição,
– fazei que, unidos a vós na morte, alcancem a verdadeira vida.
R. **Vós, que estais à direita do Pai, intercedei por nós!**
Pai nosso...

Oração

Ó Deus, que pela ressurreição de Cristo nos restaurais para a vida eterna, elevai nossos corações ao nosso Salvador que está sentado à vossa direita, para que possais revestir com a feliz imortalidade, quando ele vier em sua glória, os que fizestes renascer pelo batismo. Por nosso Senhor Jesus Cristo, vosso Filho, na unidade do Espírito Santo.

SÁBADO

Laudes

HINO antes da Ascensão do Senhor, p. 462; depois da Ascensão do Senhor, p. 608.

Leitura breve Rm 14,7-9

Ninguém dentre nós vive para si mesmo ou morre para si mesmo. Se estamos vivos, é para o Senhor que vivemos; se morremos, é para o Senhor que morremos. Portanto, vivos ou mortos, pertencemos ao Senhor. Cristo morreu e ressuscitou exatamente para isto, para ser o Senhor dos mortos e dos vivos.

Responsório breve

R. O Se**nhor** ressur**giu** do se**pul**cro.
* Ale**luia**, ale**luia**. R. O Se**nhor**.
V. Foi sus**pen**so por **nós** numa **cruz**.* Ale**luia**.
Glória ao **Pai**. R. O Se**nhor**.

Cântico evangélico, ant.

Em ver**da**de, em ver**da**de, eu vos **di**go:
Se pe**dir**des em meu **no**me a meu **Pai**,
dar-vos-**á** todas as **coi**sas, ale**luia**.

Preces

Antes da Ascensão do Senhor:

Invoquemos a Cristo, nosso Senhor, que nos deu a vida eterna; e peçamos de coração sincero:

R. **Enriquecei-nos, Senhor, com a graça da vossa ressurreição!**

Pastor eterno, olhai com bondade para o vosso rebanho que desperta do sono da noite,
– e alimentai-nos com as riquezas de vossa palavra e de vosso pão. R.

Não permitais que sejamos arrebatados pelo lobo que devora e traídos pelo mercenário que foge,
– mas fazei-nos ouvir com fidelidade a voz do Bom Pastor. R.

Vós que estais sempre com os ministros do evangelho e confirmais a sua palavra com o poder da vossa graça,
– fazei que nossas palavras e ações neste dia proclamem fielmente a vossa ressurreição. R.

Sede vós mesmo aquela alegria que ninguém pode arrancar do nosso coração,
– para que, livres da tristeza que é fruto do pecado, busquemos sempre a felicidade da vida eterna. R.

(intenções livres)

Pai nosso...

Oração

Ó Deus, inspirai aos nossos corações a prática das boas obras, para que, buscando sempre o que é melhor, vivamos constantemente o mistério pascal. Por nosso Senhor Jesus Cristo, vosso Filho, na unidade do Espírito Santo.

Depois da Ascensão do Senhor:

Glória e louvor a Cristo, que prometeu enviar aos apóstolos a força do Espírito Santo; e supliquemos:

R. **Enviai-nos, Senhor, vossa luz e vossa verdade!**

Verbo eterno, que sois a sabedoria e o esplendor da glória do Pai, enviai-nos vossa luz e vossa verdade,
– para que, em nossas palavras e ações, demos hoje testemunho de vós diante de nossos irmãos e irmãs. R.

Ensinai-nos a saborear e meditar sempre as realidades da vida segundo o Espírito,
– para que a morte não nos domine, mas tenhamos em vós vida plena e paz verdadeira.
R. **Enviai-nos, Senhor, vossa luz e vossa verdade!**

Enviai-nos vosso Espírito para que ajude a nossa fraqueza,
– e nos ensine a orar como convém. R.

Enchei-nos de amor e sabedoria,
– para que possamos nos ajudar uns aos outros a seguir vossos caminhos. R.

(intenções livres)

Pai nosso...

Oração

Ó Deus, vosso Filho, subindo ao céu, prometeu aos Apóstolos o Espírito Santo. Vós que lhes destes graças inumeráveis para que conhecessem a doutrina da salvação, concedei-nos também os dons do vosso Espírito. Por nosso Senhor Jesus Cristo, vosso Filho, na unidade do Espírito Santo.

Hora Média

Leitura breve 1Cor 15,20-22

Cristo ressuscitou dos mortos como primícias dos que morreram. Com efeito, por um homem veio a morte e é também por um homem que vem a ressurreição dos mortos. Como em Adão todos morrem, assim também em Cristo todos reviverão.

V. Os dis**cí**pulos fi**ca**ram muito a**le**gres, ale**lui**a.
R. Por **ve**rem o Se**nhor** ressusci**ta**do, Ale**lui**a.

Oração como nas Laudes.

7º DOMINGO DA PÁSCOA

III Semana do Saltério

No Brasil, Solenidade da Ascensão do Senhor. Tudo como nas p. 593 a605.

I Vésperas

Hino, p.606.

Ant. 1 A **glória** do Se**nhor** vai a**lém** dos altos **céus**
mas le**van**ta da po**ei**ra o indi**gen**te. Ale**lui**a.

Salmos e cântico do Domingo da III Semana, p. 1193.

Ant. 2 Vós que**bras**tes, ó Se**nhor**, minhas ca**dei**as,
por isso o**fer**to um sacri**fí**cio de lou**vor**. Ale**lui**a.

Ant. 1 Embora **fos**se o próprio **Fi**lho,
apren**deu** a obedi**ên**cia atra**vés** do sofri**men**to
e tor**nou**-se para a**que**les que o **se**guem
uma **fon**te de e**ter**na salva**ção**. Ale**lui**a.

Leitura breve 1Pd 2,9-10

Vós sois a raça escolhida, o sacerdócio do Reino, a nação santa, o povo que ele conquistou para proclamar as obras admiráveis daquele que vos chamou das trevas para a sua luz maravilhosa. Vós sois aqueles que antes não eram povo, agora porém são povo de Deus; os que não eram objeto de misericórdia, agora porém alcançaram misericórdia.

Responsório breve

R. O Es**pí**rito **San**to, o Pa**rá**clito,
*Ale**lui**a, ale**lui**a. R. O Espírito.
V. Ele **vos** ensina**rá** todas as **coi**sas. *Ale**lui**a.
Glória ao **Pai**. R. O Es**pí**rito.

Cântico evangélico, ant.

Ano A A **vi**da e**ter**na é esta: conhe**cer**-vos, ó **Pai**,
um só **Deus** verda**dei**ro e a **Je**sus, que envi**as**tes. Ale**lui**a.

Ano B Jesus **dis**se: ó Pai **san**to,
em teu **no**me guarda a**que**les,
que me **des**te e que são **teus**,
para que **e**les sejam **um**,
como **nós** somos **um**. Ale**lui**a.

Ano C Eu não **pe**ço só por **es**tes, também **pe**ço por a**que**les,
que **hão** de crer em **mim** atra**vés** de sua pa**la**vra. Ale**lui**a.

Preces

Bendigamos a Cristo, sobre quem desceu o Espírito Santo de forma visível; e rezemos em união com toda a Igreja, dizendo:

R. **Amém, aleluia!**

Enviai, Senhor, o Espírito Santo que prometestes,
– para que vossa Igreja sempre se renove e rejuvenesça. R.

Que todos os povos cantem a glória do vosso nome,
– e Israel volte a ser o povo escolhido. R.

Vós, que expulsastes os demônios e vencestes o mal,
– afastai do meio de nós todo escândalo e toda maldade. R.

Vós, que no dia de Pentecostes, com o dom das línguas, destruístes a confusão de Babel,
– fazei que, pela ação do Espírito Santo, todos os povos se reúnam na proclamação de uma só fé. R.

Que o vosso Espírito venha morar em nós,
– e dê a vida eterna a nossos corpos mortais. R.

(intenções livres)

Pai nosso...

Oração

Ó Deus, ouvi com bondade as nossas súplicas: assim como cremos que o Salvador da humanidade está convosco na glória, possamos sentir a sua presença até o fim dos tempos, como ele mesmo prometeu. Por nosso Senhor Jesus Cristo, vosso Filho, na unidade do Espírito Santo.

Laudes

Hino, p. 608.

Ant. 1 Deus é **Rei** e se ves**tiu** de majes**ta**de. Ale**lui**a.†

Salmos e cântico do domingo da III Semana, p. 945.

Ant. 2 As criaturas serão libertadas
na glória dos filhos de Deus. Aleluia.

Ant. 3 O nome do Senhor foi exaltado
na terra e além dos altos céus. Aleluia.

Leitura breve At 10,40-43

Deus ressuscitou Jesus no terceiro dia, concedendo-lhe manifestar-se não a todo o povo, mas às testemunhas que Deus havia escolhido: a nós, que comemos e bebemos com Jesus, depois que ressuscitou dos mortos. E Jesus nos mandou pregar ao povo e testemunhar que Deus o constituiu Juiz dos vivos e dos mortos. Todos os profetas dão testemunho dele: Todo aquele que crê em Jesus recebe, em seu nome, o perdão dos pecados.

Responsório breve

R. Tende piedade de nós, Cristo, Filho do Deus vivo!
* Aleluia, aleluia. R. Tende piedade.

V. Vós, que dos mortos ressurgistes. * Aleluia.
Glória ao Pai. R. Tende piedade.

Cântico evangélico, ant.

Ano A Ó meu Pai, eu te dei glória sobre a terra;
e agora terminei minha missão,
que me havias confiado, aleluia.

Ano B Agora eu vou para junto de ti
e estou a dizer estas coisas no mundo,
para que eles possuam minha plena alegria. Aleluia.

Ano C Eu lhes dei minha glória que tu mesmo me deste, para que sejam um como nós somos um: Aleluia.

Preces

Nós nos unimos na oração e no louvor de Deus com todos os que foram justificados pelo Espírito Santo; e digamos:

R. **Ajudai-nos, Senhor, com a força do vosso Espírito!**

Senhor Jesus, fazei que nos deixemos guiar todo este dia pelo Espírito Santo,
– e vivamos sempre como filhos de Deus. R.

Intercedei por nós junto do Pai, com o Espírito Santo,
– para que sejamos dignos de alcançar as vossas promessas. R.

Mudai nosso egoísmo em generosidade,
– para que tenhamos mais alegria em dar do que em receber.
R. **Ajudai-nos, Senhor, com a força do vosso Espírito!**

Dai nos o verdadeiro sentido de Deus,
– para progredirmos cada vez mais, por meio do Espírito Santo, no conhecimento do Pai e do Filho. R.

(intenções livres)

Pai nosso...

Oração

Ó Deus, ouvi com bondade as nossas súplicas: assim como cremos que o Salvador da humanidade está convosco na glória, possamos sentir a sua presença até o fim dos tempos, como ele mesmo prometeu. Por nosso Senhor Jesus Cristo, vosso Filho, na unidade do Espírito Santo.

Hora Média

Leitura breve Ef 2,4-6

Deus é rico em misericórdia. Por causa do grande amor com que nos amou, quando estávamos mortos por causa das nossas faltas, ele nos deu a vida com Cristo. É por graça que vós sois salvos! Deus nos ressuscitou com Cristo e nos fez sentar nos céus em virtude de nossa união com Jesus Cristo.

V. Os discípulos fi**ca**ram muito a**le**gres, ale**lui**a.
R. Por **ve**rem o Se**nhor** ressusci**ta**do, Ale**lui**a.

Oração como nas Laudes.

II Vésperas

Hino, p. 606.

Ant. 1 O Se**nhor** purifi**cou**-nos do pe**ca**do
e assen**tou**-se à di**rei**ta de Deus **Pai**. Ale**lui**a.

Salmos e cântico do Domingo da III Semana, p. 953.

Ant. 2 Envi**ou** liberta**ção** para o seu **po**vo. Ale**lui**a.

Ant. 3 Ale**lui**a, o Se**nhor** tomou **pos**se do seu **rei**no: exul**te**mos
de ale**gri**a, demos **gló**ria ao nosso **Deus**.
Ale**lui**a.

Leitura breve Hb 10,12-14

Cristo, depois de ter oferecido um sacrifício único pelos pecados, sentou-se para sempre à direita de Deus. Não lhe resta mais senão esperar até que seus inimigos sejam postos debaixo de seus pés. De fato, com esta única oferenda, levou à perfeição definitiva os que ele santifica.

Responsório breve

R. O Espírito **San**to, o Pa**rá**clito,
 * Ale**lui**a, ale**lui**a. R. O Es**pí**rito.
V. Ele **vos** ensina**rá** todas as **coi**sas. * Ale**lui**a.
 Glória ao **Pai**. R. O Es**pí**rito.

Cântico evangélico, ant.

Ano A Quando o Pa**rá**clito vi**er** que have**rei** de envi**ar**-vos,
 o Es**pí**rito da ver**da**de que procede do meu **Pai**,
 dará de **mim** seu teste**mu**nho. Ale**lui**a.

Ano B Como **tu** me envi**as**te ao **mun**do,
 assim tam**bém** os en**vi**o.
 E **eu** me con**sa**gro por **e**les para **que** eles **se**jam
 consa**gra**dos, tam**bém**, na ver**da**de. Ale**lui**a.

Ano C A**que**les que **tu** me **des**te, ó **Pai**,
 eu **que**ro que es**te**jam co**mi**go onde es**tou**
 e **ve**jam a **gló**ria que **des**te a **mim**. Ale**lui**a.

Preces

Nós não sabemos orar como convém, mas o Espírito Santo intercede por nós com gemidos inenarráveis. Por isso, digamos com toda confiança:

R. **Senhor, que o Espírito Santo interceda por nós!**

Cristo, Pastor eterno, concedei aos pastores da Igreja os dons de sabedoria e conselho,
– para que conduzam com segurança o vosso rebanho às fontes da salvação. R.

Vós, que habitais os céus e sois rico em misericórdia,
– socorrei os pobres e os humildes da terra. R.

Vós, que fostes concebido pelo poder do Espírito Santo no seio da Virgem Maria,
– dai a todas aquelas que se consagraram a vós na vida religiosa o espírito da verdadeira santidade. R.

Sumo e eterno Sacerdote, que louvais o Pai na unidade do Espírito Santo,
– associai todos os homens e mulheres ao vosso louvor para que glorifiquem a Deus eternamente.
R. **Senhor, que o Espírito Santo interceda por nós!**

(intenções livres)

Conduzi todos os que partiram desta vida à gloriosa liberdade dos filhos de Deus,
– e à completa redenção de seus corpos. R.

Pai nosso...

Oração

Ó Deus, ouvi com bondade as nossas súplicas: assim como cremos que o Salvador da humanidade está convosco na glória, possamos sentir a sua presença até o fim dos tempos, como ele mesmo prometeu. Por nosso Senhor Jesus Cristo, vosso Filho, na unidade do Espírito Santo.

SEGUNDA-FEIRA

Laudes

Leitura breve Rm 10,8b-10

A palavra está perto de ti, em tua boca e em teu coração. Essa palavra é a palavra da fé, que nós pregamos. Se, pois, com tua boca confessares Jesus como Senhor e, no teu coração, creres que Deus o ressuscitou dos mortos, serás salvo. É crendo no coração que se alcança a justiça e é confessando a fé com a boca que se consegue a salvação.

Responsório breve

R. O Se**nhor** ressur**giu** do se**pul**cro. * Ale**lui**a, ale**lui**a.
R. O Se**nhor**.
V. Foi sus**pen**so por **nós** numa **cruz**. * Ale**lui**a, ale**lui**a.
Glória ao **Pai**. R. O Se**nhor**.

Cântico evangélico, ant.

No **mun**do tereis **mui**tos sofri**men**tos;
mas, co**ra**gem, porque **eu** venci o **mun**do! Ale**lui**a.

Preces

Bendigamos a Jesus Cristo, que prometeu enviar o Espírito Santo da parte do Pai e em seu próprio nome; e o invoquemos, dizendo:

R. **Dai-nos, Senhor, o vosso Espírito Santo!**

Nós vos damos graças, Senhor Jesus Cristo, e por meio de vós bendizemos também o Pai e o Espírito Santo,
– e vos pedimos que neste dia, em todas as nossas palavras e ações, cumpramos a vossa vontade. R.

Concedei-nos os dons do Espírito Santo,
– para vivermos sempre como membros vivos do vosso Corpo. R.

Dai-nos a graça de nunca julgarmos ou desprezarmos nossos irmãos e irmãs,
– para que nos apresentemos confiantes na vossa presença, quando vierdes julgar os vivos e os mortos. R.

Enchei-nos de alegria e de paz na prática de nossa fé,
– e aumentai à nossa esperança pela força do Espírito Santo. R.

(intenções livres)

Pai nosso...

Oração

Nós vos pedimos, ó Deus, que venha a nós a força do Espírito Santo, para que realizemos fielmente a vossa vontade e a manifestemos por uma vida santa. Por nosso Senhor Jesus Cristo, vosso Filho, na unidade do Espírito Santo.

Hora Média

Leitura breve Cl 2,9.10a.12

Em Cristo habita corporalmente toda a plenitude da divindade. Dele também vós estais repletos. Com Cristo fostes sepultados no batismo; com ele também fostes ressuscitados por meio da fé no poder de Deus, que ressuscitou a Cristo dentre os mortos.

V. Os discípulos ficaram muito alegres, aleluia.

R. Por verem o Senhor ressuscitado, Aleluia.

Oração como nas Laudes.

Vésperas

Leitura breve Rm 8,14-17

Todos aqueles que se deixam conduzir pelo Espírito de Deus são filhos de Deus. De fato, vós não recebestes um espírito de escravos, para recairdes no medo, mas recebestes um espírito de filhos adotivos, no qual todos nós clamamos: Abá. – ó Pai! O próprio Espírito se une ao nosso espírito para nos atestar que somos filhos de Deus. E, se somos filhos, somos também herdeiros, herdeiros de Deus e co-herdeiros de Cristo; se realmente sofremos com ele, é para sermos também glorificados com ele.

Responsório breve

R. O Espírito **San**to, o Pa**rá**clito,
* Ale**lui**a, ale**lui**a. R. O Es**pí**rito.
V. Ele **vos** ensina**rá** todas as **coi**sas. * Ale**lui**a.
Glória ao **Pai**. R. O Es**pí**rito.

Cântico evangélico, ant.

O Es**pí**rito Pa**rá**clito fica**rá** em vosso **mei**o,
e em **vós** habita**rá**. Ale**lui**a.

Preces

Demos graças a Cristo, que enriqueceu os apóstolos e a Igreja inteira com os dons do Espírito Santo; e supliquemos unidos a todos os fiéis cristãos:

R. **Fortalecei, Senhor, a vossa Igreja!**

Senhor Jesus Cristo, mediador entre Deus e os homens, que escolhestes os sacerdotes como vossos colaboradores,
– fazei que, exercendo o ministério que lhes foi confiado, conduzam para o Pai a humanidade inteira. R.

Ensinai o pobre e o rico a se ajudarem mutuamente, pois de ambos vós sois Deus,
– e que o rico não se vanglorie de seus bens. R.

Difundi pela terra inteira a luz do vosso evangelho,
– para que todos os que forem iluminados por ela recebam o dom da fé. R.

Enviai o vosso Espírito consolador,
– para que enxugue as lágrimas de todos os que choram. R.

(intenções livres)

Purificai de toda culpa as almas dos que morreram,
– e acolhei-as no céu entre os vossos anjos e santos. R.

Pai nosso...

Oração

Nós vos pedimos, ó Deus, que venha a nós a força do Espírito Santo, para que realizemos fielmente a vossa vontade e a manifestemos por uma vida santa. Por nosso Senhor Jesus Cristo, vosso Filho, na unidade do Espírito Santo.

TERÇA-FEIRA

Laudes

Leitura breve At 13,30-33

Deus ressuscitou Jesus dos mortos e, durante muitos dias, ele foi visto por aqueles que o acompanharam desde a Galileia até Jerusalém. Agora eles são testemunhas de Jesus diante do povo. Por isso, nós vos anunciamos este Evangelho: a promessa que Deus fez aos antepassados, ele a cumpriu para nós, seus filhos, quando ressuscitou Jesus, como está escrito no salmo segundo: Tu és o meu filho, eu hoje te gerei.

Responsório breve

R. O Se**nhor** ressur**giu** do se**pul**cro. * Ale**lui**a, ale**lui**a.
R. O Se**nhor**.
V. Foi sus**pen**so por **nós** numa **cruz**.* Ale**lui**a, ale**lui**a.
Glória ao **Pai**. R. O Se**nhor**.

Cântico evangélico, ant.

O Se**nhor** ressusci**tou** como disse**ra**:
exul**te**mos de ale**gri**a todos **nós**,
pois ele **rei**na eterna**men**te, ale**lui**a.

Preces

Glorifiquemos a Cristo, nosso Senhor, que prometeu enviar o Espírito Santo que procede do Pai; e rezemos:

R. **Senhor Jesus Cristo, dai-nos o vosso Espírito!**

Senhor Jesus Cristo, que a vossa Palavra habite plenamente em nós,
– para sempre vos louvarmos com salmos, hinos e cânticos espirituais.
R. **Senhor Jesus Cristo, dai-nos o vosso Espírito!**

Vós, que, pelo Espírito Santo, nos tornastes filhos e filhas de Deus,
– ensinai-nos, pelo mesmo Espírito, a invocar junto convosco a Deus, nosso Pai. R.

Inspirai com a luz da sabedoria todas as nossas ações,
– a fim de que tudo quanto fizermos seja para a maior glória de Deus. R.

Vós, que sois compassivo e misericordioso,
– ajudai-nos a viver sempre em paz com todos. R.

(intenções livres)

Pai nosso...

Oração

Ó Deus de poder e misericórdia, fazei que o Espírito Santo, vindo habitar em nossos corações, nos torne um templo da sua glória. Por nosso Senhor Jesus Cristo, vosso Filho, na unidade do Espírito Santo.

Hora Média

Leitura breve cf. 1Pd 3,21-22a

O batismo é hoje a vossa salvação pois ele não serve para limpar o corpo da imundície, mas é um pedido a Deus para obter uma boa consciência, em virtude da ressurreição de Jesus Cristo que está à direita de Deus.

V. Os dis**cí**pulos fi**ca**ram muito a**le**gres, ale**lui**a.
R. Por **ve**rem o Se**nhor** ressusci**ta**do, Ale**lui**a.

Oração como nas Laudes.

Vésperas

Leitura breve Rm 8,26-27

O Espírito vem em socorro da nossa fraqueza. Pois nós não sabemos o que pedir, nem como pedir; é o próprio Espírito que intercede em nosso favor, com gemidos inefáveis. E aquele que penetra o íntimo dos corações sabe qual é a intenção do Espírito. Pois é sempre segundo Deus que o Espírito intercede em favor dos santos.

Responsório breve

R. O Espírito **San**to, o Pa**rá**clito,
* Ale**lui**a, ale**lui**a. R. O Es**pí**rito.
V. Ele **vos** ensina**rá** todas as **coi**sas.* Ale**lui**a.
Glória ao **Pai**. R. O Es**pí**rito.

Cântico evangélico, ant.

Recebe**reis** toda a **for**ça do Es**pí**rito
que have**rá** de des**cer** sobre **vós**;
e se**reis** teste**mu**nhas de **mim**
até os ex**tre**mos da **ter**ra, ale**lui**a.

Preces

Demos glória ao Senhor Jesus Cristo, que nos fez participantes do seu Espírito; e imploremos:

R. **Jesus Cristo, ouvi-nos!**

Derramai, Senhor, sobre a Igreja o Espírito Santo que procede do Pai,
– para que a purifique, fortaleça e faça crescer por toda a terra. R.

Dirigi, Senhor, com a assistência do vosso Espírito, a mente daqueles que nos governam,
– para que promovam fielmente o bem comum, de acordo com a vossa vontade. R.

Enviai o vosso Espírito, Pai dos pobres,
– para que conforte, com seu auxílio, todos os necessitados. R.

Nós vos pedimos por todos os ministros da Igreja,
– para que sejam fiéis administradores dos vossos mistérios. R.

(intenções livres)

Vós, que, pela vossa paixão, ressurreição e ascensão ao céu, abristes para todos as portas do paraíso,
– concedei a plenitude da redenção aos corpos e almas de nossos irmãos e irmãs que morreram. R.

Pai nosso...

Oração

Ó Deus de poder e misericórdia, fazei que o Espírito Santo, vindo habitar em nossos corações, nos torne um templo da sua glória. Por nosso Senhor Jesus Cristo, vosso Filho, na unidade do Espírito Santo.

QUARTA-FEIRA

Laudes

Leitura breve Rm 6,8-11

Se morremos com Cristo, cremos que também viveremos com ele. Sabemos que Cristo ressuscitado dos mortos não morre mais; a morte já não tem poder sobre ele. Pois aquele que morreu, morreu para o pecado uma vez por todas; mas aquele que vive, é para Deus que vive. Assim, vós também considerai-vos mortos para o pecado e vivos para Deus, em Jesus Cristo.

Responsório breve

R. O Se**nhor** ressur**giu** do se**pul**cro. * Ale**lui**a, ale**lui**a.
R. O Se**nhor**.
V. Foi sus**pen**so por **nós** numa **cruz**. * Ale**lui**a, ale**lui**a.
Glória ao **Pai**. R. O Se**nhor**.

Cântico evangélico, ant.

Demos **gra**ças a Deus **Pai**, que nos **deu**, em Jesus **Cris**to, a vi**tó**ria, ale**lui**a.

Preces

O Espírito Santo nos dá o testemunho de que somos filhos e filhas de Deus. Por isso, dando graças a Deus Pai, rezemos confiantes:

R. **Pai nosso, ouvi a oração de vossos filhos e filhas!**

Deus de paciência e de consolação, fazei que tenhamos uns para com os outros os mesmos sentimentos de Jesus Cristo,
– para que vos glorifiquemos com um só coração e uma só voz por toda a nossa vida. R.

Tornai-nos generosos e prestativos para com nossos irmãos e irmãs,
– para que nunca lhes falte a nossa ajuda e o nosso exemplo. R.

Não permitais que sejamos seduzidos pelo espírito do mundo, dominado pela maldade,
– mas fazei-nos sempre dóceis ao Espírito Santo que de vós procede. R.

Vós, que conheceis profundamente o coração humano,
– guiai-nos sempre pelo caminho da sinceridade e da verdade. R.

(intenções livres)

Pai nosso...

Oração

Ó Deus misericordioso, concedei que a vossa Igreja, reunida no Espírito Santo, se consagre ao vosso serviço num só coração e numa só alma. Por nosso Senhor Jesus Cristo, vosso Filho, na unidade do Espírito Santo.

Hora Média

Leitura breve 1Jo 5,5-6a

Quem é o vencedor do mundo, senão aquele que crê que Jesus é o Filho de Deus? Este é o que veio pela água e pelo sangue: Jesus Cristo. Não veio somente com a água, mas com a água e o sangue.

V. Os discípulos ficaram muito alegres, aleluia.
R. Por verem o Senhor ressuscitado, Aleluia.

Oração como nas Laudes.

Vésperas

Leitura breve 1Cor 2,9-10

O que Deus preparou para os que o amam é algo que os olhos jamais viram, nem os ouvidos ouviram, nem coração algum jamais pressentiu. A nós Deus revelou esse mistério através do Espírito. Pois o Espírito esquadrinha tudo, mesmo as profundezas de Deus.

Responsório breve

R. O Espírito Santo, o Paráclito,
* Aleluia, aleluia. R. O Espírito.
V. Ele vos ensinará todas as coisas. * Aleluia.
Glória ao Pai. R. O Espírito.

Cântico evangélico, ant.
O Se**nhor** vai bati**zar**-vos
no Divino Espírito **San**to e no **fo**go, ale**lui**a.

Preces

Com os apóstolos e todos aqueles que possuem as primícias do Espírito Santo, louvemos a Deus; e o invoquemos, dizendo:

R. **Senhor, ouvi-nos!**

Deus todo-poderoso, que glorificastes a Cristo no céu,
–fazei que todos reconheçam a sua presença na Igreja. R.

Pai santo, que dissestes de Cristo: Este é o meu Filho amado, escutai-o!,
–fazei que todos ouçam a sua voz e sejam salvos. R.

Enviai o Espírito Santo aos corações de vossos fiéis,
–para que sejam purificados e fortalecidos. R.

Mandai o vosso Espírito, para que dirija os acontecimentos do mundo,
–e renove a face da terra. R.

(intenções livres)

Nós vos confiamos todos aqueles que já partiram deste mundo,
–e vos pedimos que façais crescer em nós a esperança da ressurreição futura. R.

Pai nosso...

Oração

Ó Deus misericordioso, concedei que a vossa Igreja, reunida no Espírito Santo, se consagre ao vosso serviço num só coração e numa só alma. Por nosso Senhor Jesus Cristo; vosso Filho, na unidade do Espírito Santo.

QUINTA-FEIRA

Laudes

Leitura breve Rm 8,10-11

Se Cristo está em vós, embora vosso corpo esteja ferido de morte por causa do pecado, vosso espírito está cheio de vida, graças à justiça. E, se o Espírito daquele que ressuscitou Jesus dentre os mortos mora em vós, então aquele que ressuscitou Jesus Cristo dentre os mortos vivificará também vossos corpos mortais por meio do seu Espírito que mora em vós.

Responsório breve

R. O Se**nhor** ressur**giu** do se**pul**cro.* Ale**lui**a, ale**lui**a.
R. O Se**nhor**.
V. Foi sus**pen**so por **nós** numa **cruz**.* Ale**lui**a, ale**lui**a.
Glória ao **Pai**. R. O Se**nhor**.

Cântico evangélico, ant.

Ide ao **mun**do, ensi**nai** a **to**dos os **po**vos,
bati**zai**-os em **no**me do **Pai** e do **Fi**lho e do Es**pí**rito **San**to. Ale**lui**a.

Preces

Bendigamos a Cristo, nosso Senhor, pelo qual temos acesso a Deus Pai no Espírito Santo; e rezemos:

R. **Cristo, ouvi-nos!**

Enviai sobre nós o vosso Espírito,
– para que seja sempre o amigo e hóspede de nossas almas. R.

Vós, que ressuscitastes dos mortos e estais à direita de Deus,
– intercedei sempre por nós junto do Pai. R.

Conservai-nos sempre unidos a vós pelo Espírito Santo,
– para que nem a tribulação nem a perseguição nem os perigos jamais nos separem do vosso amor. R.

Dai-nos o vosso Espírito de caridade, para que nos amemos uns aos outros,
– assim como vós nos amastes, para a glória de Deus. R.

(intenções livres)

Pai nosso...

Oração

Nós vos pedimos, ó Deus, que o vosso Espírito nos transforme com a força dos seus dons, dando-nos um coração capaz de agradar-vos e de aceitar a vossa vontade. Por nosso Senhor Jesus Cristo, vosso Filho, na unidade do Espírito Santo.

Hora Média

Leitura breve Tt 3,5b-7

Deus nos salvou quando renascemos e fomos renovados no batismo pelo Espírito Santo, que ele derramou abundantemente sobre nós por meio de nosso Salvador Jesus Cristo. Justificados assim, pela sua graça, nos tornamos na esperança herdeiros da vida eterna.

V. Os dis**cí**pulos fi**ca**ram muito a**le**gres, ale**lui**a.
R. Por **ve**rem o Se**nhor** ressusci**ta**do, Ale**lui**a

Oração como nas Laudes.

Vésperas

Leitura breve 1Cor 6,19-20

Ignorais, por acaso, que o vosso corpo é santuário do Espírito Santo, que mora em vós e que vos é dado por Deus? E, portanto, ignorais também que vós não pertenceis a vós mesmos? De fato, fostes comprados, e por preço muito alto. Então, glorificai a Deus com o vosso corpo.

Responsório breve

R. O Espírito **San**to, o Pa**rá**clito,
*Ale**lui**a, ale**lui**a. R. O Espí**ri**to.
V. Ele **vos** ensina**rá** todas as **coi**sas. *Ale**lui**a.
Glória ao **Pai**. R. O Espí**ri**to.

Cântico evangélico, ant.

Quando vi**er** o Espí**ri**to da ver**da**de,
a **vós** ensina**rá** toda a ver**da**de,
e anuncia**rá** todas as **coi**sas que vi**rão**. Ale**lui**a.

Preces

Roguemos a Cristo, bendito para sempre, que envie o Espírito Santo sobre todos aqueles que foram salvos por sua morte e ressurreição; e digamos:

R. **Lançai o vosso olhar, Senhor, sobre todos os que remistes!**

Enviai, Senhor, à vossa Igreja o Espírito de unidade,
– para que desapareça todo sentimento de discórdia, ódio e divisão. R.

Vós, que libertastes a humanidade do poder do mal,
– libertai também o mundo dos sofrimentos que o afligem. R.

Vós, que, em perfeita união com o Espírito Santo, realizastes fielmente a obra da salvação,
– fazei que os sacerdotes encontrem na oração a luz e a força do Espírito para cumprirem o seu ministério com retidão. R.

Iluminai com o vosso Espírito todos os governantes,
– para que promovam generosamente o bem comum. R.

(intenções livres)

Vós, que viveis eternamente na glória do Pai,
– chamai os que morreram à alegria do vosso reino. R.

Pai nosso...

Oração

Nós vos pedimos, ó Deus, que o vosso Espírito nos transforme com a força dos seus dons, dando-nos um coração capaz de agradar-vos e de aceitar a vossa vontade. Por nosso Senhor Jesus Cristo, vosso Filho, na unidade do Espírito Santo.

SEXTA-FEIRA

Laudes

Leitura breve At 5,30-32

O Deus de nossos pais ressuscitou Jesus, a quem vós matastes, pregando-o numa cruz. Deus, por seu poder, o exaltou, tornando-o Guia Supremo e Salvador, para dar ao povo de Israel a conversão e o perdão dos seus pecados. E disso somos testemunhas, nós e o Espírito Santo, que Deus concedeu àqueles que lhe obedecem.

Responsório breve

R. O Se**nhor** ressurg**iu** do se**pul**cro. * Ale**lui**a, ale**lui**a.
R. O Se**nhor**.

V. Foi sus**pen**so por **nós** numa **cruz**. * Ale**lui**a, ale**lui**a.
Glória ao **Pai**. R. O Se**nhor**.

Cântico evangélico, ant.
Cristo Je**sus**, que estava **mor**to e de**pois** ressusci**tou**,
agora **vi**ve eterna**men**te à di**rei**ta de Deus **Pai**,
onde é **nos**so Interces**sor**. Ale**lui**a.

Preces

Honra e glória eterna sejam dadas a Deus Pai, que nos concede a esperança e a força do Espírito Santo. Rezemos com fé:

R. **Senhor, salvai-nos!**

Pai todo-poderoso, enviai o vosso Espírito para interceder por nós,
– porque não sabemos orar como convém. R.

Enviai a luz resplandecente do vosso Espírito,
– para que ilumine e purifique os nossos corações. R.

Não abandoneis, Senhor, a obra de vossas mãos,
– mas defendei-nos de nossas iniquidades. R.

Ensinai-nos a tratar com respeito e compreensão os que vacilam na fé,
– para que possamos ajudá-los com toda paciência e caridade. R.

(intenções livres)

Pai nosso...

Oração

Ó Deus, pela glorificação do Cristo e pela iluminação do Espírito Santo, abristes para nós as portas da vida eterna. Fazei que, participando de tão grandes bens, nos tornemos mais dedicados a vosso serviço e cresçamos constantemente na fé. Por nosso Senhor Jesus Cristo, vosso Filho, na unidade do Espírito Santo.

Hora Média

Leitura breve Gl 3,27-28

Vós todos que fostes batizados em Cristo vos revestistes de Cristo. O que vale não é mais ser judeu nem grego, nem escravo nem livre, nem homem nem mulher, pois todos vós sois um só, em Jesus Cristo.

V. Os dis**cí**pulos fi**ca**ram muito a**le**gres, ale**lui**a.
R. Por **ve**rem o Se**nhor** ressusci**ta**do, Ale**lui**a.

Oração como nas Laudes.

Vésperas

Leitura breve Gl 5,16.22a-23a.25

Procedei segundo o Espírito. Assim, não satisfareis aos desejos da carne. O fruto do Espírito é: caridade, alegria, paz, longanimidade, benignidade, bondade, lealdade, mansidão, continência. Se vivemos pelo Espírito, procedamos também segundo o Espírito, corretamente.

Responsório breve

R. O Espírito **San**to, o Pa**rá**clito,
* Ale**luia**, ale**luia**. R. O Espírito.
V. Ele **vos** ensina**rá** todas as **coi**sas.* Ale**luia**.
Glória ao **Pai**. R. O Espírito.

Cântico evangélico, ant.

Todos **e**les fi**ca**ram **uni**dos,
perseve**ran**do em co**mum** ora**ção**
com Ma**ri**a, a **Mãe** de Je**sus**. Ale**luia**.

Preces

Bendigamos a Deus Pai, de quem procede todo dom perfeito, e lhe peçamos que derrame cada vez mais sobre o mundo os dons do Espírito Santo. Rezemos confiantes:

R. **Desça sobre nós, Senhor, a graça do Espírito Santo!**

Senhor, que fizestes brilhar nas trevas a luz de Cristo,
– revelai aos que ainda não vos conhecem o esplendor da vossa verdade. R.

Vós, que ungistes a Cristo com o poder do Espírito Santo para realizar a obra da salvação da humanidade,
– dai-nos sentir continuamente a sua presença no mundo, fazendo o bem e curando a todos que o procuram. R.

Enviai o vosso Espírito Santo, luz dos corações,
– para confirmar os que vacilam na fé. R.

Enviai o vosso Espírito Santo, repouso dos que estão fatigados,
– para que alivie os sobrecarregados e reconforte os desanimados. R.

(intenções livres)

Recebei em vosso reino os nossos irmãos e irmãs falecidos, que esperaram em vós,
–para que, no último dia, alcancem a gloriosa ressurreição.
R. **Desça sobre nós, Senhor, a graça do Espírito Santo!**

Pai nosso...

Oração

Ó Deus, pela glorificação do Cristo e pela iluminação do Espírito Santo, abristes para nós as portas da vida eterna. Fazei que, participando de tão grandes bens, nos tornemos mais dedicados a vosso serviço e cresçamos constantemente na fé. Por nosso Senhor Jesus Cristo, vosso Filho, na unidade do Espírito Santo.

SÁBADO

Laudes

Leitura breve Rm 14,7-9

Ninguém dentre nós vive para si mesmo ou morre para si mesmo. Se estamos vivos, é para o Senhor que vivemos; se morremos, é para o Senhor que morremos. Portanto, vivos ou mortos, pertencemos ao Senhor. Cristo morreu e ressuscitou exatamente para isto, para ser o Senhor dos mortos e dos vivos.

Responsório breve

R. O Se**nhor** ressur**giu** do se**pul**cro. *Ale**luia**, ale**luia**.
R. O Se**nhor**.
V. Foi sus**pen**so por **nós** numa **cruz**. *Ale**luia**, ale**lui**a.
Glória ao **Pai**. R. O Se**nhor**.

Cântico evangélico, ant.

Eis que **eu** estou con**vos**co **to**dos os **dias**
a**té** o fim do **mun**do, lhes **diz** o Se**nhor**. Ale**luia**.

Preces

Nós, que fomos batizados no Espírito Santo, glorifiquemos o Senhor com todos os fiéis; e peçamos:

R. **Senhor Jesus, que o vosso Espírito nos santifique!**

Enviai sobre nós o Espírito Santo,
– para que vos proclamemos Rei e Senhor perante toda a humanidade. R.

Concedei-nos o dom de uma caridade sincera,
– para que nos amemos uns aos outros com amor fraterno. R.

Preparai com a vossa graça o coração dos fiéis,
– para que recebam com alegria e generosidade os dons do Espírito Santo. R.

Dai-nos a força do vosso Espírito Santo,
– para que ela cure nossas feridas e reanime a nossa fraqueza. R.

(intenções livres)

Pai nosso....

Oração

Concedei-nos, Deus todo-poderoso, conservar sempre em nossa vida e nossas ações a alegria das festas pascais que estamos para encerrar. Por nosso Senhor Jesus Cristo, vosso Filho, na unidade do Espírito Santo.

Hora Média

Leitura breve 1Cor 15,20-22

Cristo ressuscitou dos mortos como primícias dos que morreram. Com efeito, por um homem veio a morte e é também por um homem que vem a ressurreição dos mortos. Como em Adão todos morrem, assim também em Cristo todos reviverão.

V. Os discípulos ficaram muito alegres, aleluia.
R. Por verem o Senhor ressuscitado, Aleluia.

Oração como nas Laudes.

DOMINGO DE PENTECOSTES

Solenidade

I Vésperas

Hino

Oh vinde, Espírito Criador,
as nossas almas visitai
e enchei os nossos corações
com vossos dons celestiais.

Vós sois chamado o Intercessor,
do Deus excelso o dom sem par,
a fonte viva, o fogo, o amor,
a unção divina e salutar.

Sois doador dos sete dons,
e sois poder na mão do Pai,
por ele prometido a nós,
por nós seus feitos proclamais.

A nossa mente iluminai,
os corações enchei de amor,
nossa fraqueza encorajai,
qual força eterna e protetor.

Nosso inimigo repeli,
e concedei-nos vossa paz;
se pela graça nos guiais,
o mal deixamos para trás.

Ao Pai e ao Filho Salvador
por vós possamos conhecer.
Que procedeis do seu amor
fazei-nos sempre firmes crer.

Salmodia

Ant. 1 Chegando o **di**a de Pente**cos**tes,
cinquenta **di**as depois da **Pás**coa,
estavam **to**dos eles reu**ni**dos. Ale**lui**a.

Salmo 112(113)

– 1 Louvai, louvai, ó servos do Senhor, *
louvai, louvai o nome do Senhor!
– 2 Bendito seja o nome do Senhor, *
agora e por toda a eternidade!
– 3 Do nascer do sol até o seu ocaso, *
louvado seja o nome do Senhor!

– 4 O Senhor está acima das nações, *
sua glória vai além dos altos céus.
= 5 Quem pode comparar-se ao nosso Deus, †
ao Senhor, que no alto céu tem o seu trono *
6 e se inclina para olhar o céu e a terra?

– 7 Levanta da poeira o indigente *
e do lixo ele retira o pobrezinho,
– 8 para fazê-lo assentar-se com os nobres, *
assentar-se com os nobres do seu povo.
– 9 Faz a estéril, mãe feliz em sua casa, *
vivendo rodeada de seus filhos.

Ant. Chegando o **dia** de Pente**cos**tes,
cinquenta **di**as depois da **Pás**coa,
estavam **to**dos eles reu**ni**dos. Ale**lui**a.

Ant. 2 Línguas de **fo**go apare**ce**ram e pou**sa**ram sobre **e**les;
e rece**beu** cada um **de**les o Espírito de **Deus**. Ale**lui**a.

Salmo 146(147A)

= 1 Louvai o Senhor Deus, porque ele é bom, †
cantai ao nosso Deus, porque é suave: *
ele é digno de louvor, ele o merece!

– 2 O Senhor reconstruiu Jerusalém, *
e os dispersos de Israel juntou de novo;
– 3 ele conforta os corações despedaçados, *
ele enfaixa suas feridas e as cura;
– 4 fixa o número de todas as estrelas *
e chama a cada uma por seu nome. –

– [5]É **gran**de e onipotente o nosso Deus, *
seu sa**ber** não tem medidas nem limites.
– [6]O Senhor **Deus** é o amparo dos humildes, *
mas **do**bra até o chão os que são ímpios.
– [7]Ento**ai**, cantai a Deus ação de graças, *
to**cai** para o Senhor em vossas harpas!

– [8]Ele reves**te** todo o céu com densas nuvens, *
e a **chu**va para a terra ele prepara;
– faz cres**cer** a verde relva sobre os montes *
e as **plan**tas que são úteis para o homem;
– [9]ele **dá** aos animais seu alimento, *
e ao **cor**vo e aos seus filhotes que o invocam.

– [10]Não é a **for**ça do cavalo que lhe agrada, *
nem se de**lei**ta com os músculos do homem,
– [11]mas **agra**dam ao Senhor os que o respeitam, *
os que con**fi**am, esperando em seu amor!

Ant. Línguas de **fo**go apare**ce**ram e pou**sa**ram sobre **e**les;
e rece**beu** cada um **de**les o Es**pí**rito de **Deus**. Ale**lui**a.

Ant. 3 O Espí**ri**to que pro**ce**de do meu **Pai**
have**rá** de me dar **gló**ria, ale**lui**a.

Cântico — Ap 15,3-4

– [3]Como são **gran**des e admi**rá**veis vossas **o**bras, *
ó Se**nhor** e nosso Deus onipotente!
– Vossos ca**mi**nhos são verdade, são justiça, *
ó **Rei** dos povos todos do universo!

(R. São **gran**des vossas **o**bras, ó Se**nhor**!)

= [4]Quem, Se**nhor**, não haveria de temer-vos, †
e **quem** não honraria o vosso nome? *
Pois so**men**te vós, Senhor, é que sois santo! (R.)

= As nações **to**das hão de vir perante vós †
e, pros**tra**das, haverão de adorar-vos, *
pois vossas **jus**tas decisões são manifestas. (R.)

Ant. O Espí**ri**to que pro**ce**de do meu **Pai**
have**rá** de me dar **gló**ria, ale**lui**a.

Leitura breve Rm 8,11

Se o Espírito daquele que ressuscitou Jesus dentre os mortos mora em vós, então aquele que ressuscitou Jesus Cristo dentre os mortos vivificará também vossos corpos mortais por meio do seu Espírito que mora em vós.

Responsório breve

R. O Espírito **San**to, o Pa**rá**clito,
* Ale**luia**, ale**luia**. R. O Es**pí**rito.
V. Ele **vos** ensina**rá** todas as **coi**sas. * Ale**luia**.
Glória ao **Pai**. R. O Espí**ri**to.

Cântico evangélico, ant.

Vinde, Es**pí**rito de **Deus**,
e en**chei** os cora**ções** dos **fiéis** com vossos **dons**!
Acen**dei** neles o a**mor** como um **fo**go abrasa**dor**!
Vós que u**nis**tes tantas **gen**tes, tantas **lín**guas dife**ren**tes
numa **fé**, na uni**da**de e na **mes**ma cari**da**de. Ale**luia**.

Preces

Com grande alegria celebremos a glória de Deus que, ao chegar o dia de Pentecostes, deu aos apóstolos a plenitude do Espírito Santo. Cheios de fé e entusiasmo, supliquemos, dizendo:

R. **Enviai, Senhor, o vosso Espírito, e renovai a face da terra!**

Vós, que no princípio criastes o céu e a terra, e na plenitude dos tempos recriastes todas as coisas por meio de Jesus Cristo,
– renovai continuamente, pelo vosso Espírito, a face da terra e salvai a humanidade. R.

Vós, que infundistes o sopro da vida no rosto de Adão,
– enviai o vosso Espírito à Igreja para que, vivificada e rejuvenescida, comunique vossa vida ao mundo. R.

Iluminai todos os seres humanos com a luz do vosso Espírito, e afastai para longe as trevas do nosso tempo,
– para que o ódio se transforme em amor, o sofrimento em alegria e a guerra em paz. R.

Purificai o gênero humano com a água viva do Espírito, que brota do coração de Cristo,
– e curai as feridas de nossos pecados. R.

(intenções livres)

Vós, que, por meio do Espírito Santo, conduzis os homens e as mulheres à vida eterna,
– dai, pelo mesmo Espírito, aos que morreram, a alegria sem fim da vossa presença.
R. **Enviai, Senhor, o vosso Espírito, e renovai a face da terra!**

Pai nosso...

Oração

Deus eterno e todo-poderoso, quisestes que o mistério pascal se completasse durante cinquenta dias, até à vinda do Espírito Santo. Fazei que todas as nações dispersas pela terra, na diversidade de suas línguas, se unam no louvor do vosso nome. Por nosso Senhor Jesus Cristo, vosso Filho, na unidade do Espírito Santo.

Laudes

Hino

Na órbita do ano,
de fogo a flor viceja,
o Espírito Paráclito
descendo sobre a Igreja.

Da língua a forma assumem
as chamas eloquentes:
Na fala sejam prontos,
na caridade, ardentes.

Já todos falam línguas
de todas as nações,
que embriaguez presumem
as santas efusões.

Tais coisas sucederam
após a Páscoa santa:
Não mais do temor,
a lei do amor se implanta.

E agora, Deus piedoso,
vos pedimos inclinados,
os dons do vosso Espírito
na terra derramados.

Enchei os corações
da graça que redime.

Senhor, dai-nos a paz,
perdoai o nosso crime.

Louvor ao Pai e ao Filho,
e ao Espírito também,
Que o Filho envie o dom
do Espírito Santo. Amém.

Ant. 1 Como é **bom** e suave, Se**nhor**,
vosso Es**pí**rito em **nós**, ale**lu**ia.

Salmos e cântico do domingo da I Semana, p. 764.

Ant. 2 Vós, **fon**tes e **tu**do o que n'**á**gua se **mo**ve,
lou**vai** o Se**nhor**, cantai **hi**nos a **Deus**. Ale**lu**ia.

Ant. 3 Em várias **lín**guas procla**ma**vam os A**pós**tolos
as mara**vi**lhas que o Se**nhor** reali**zou**. Ale**lu**ia.

Leitura breve — At 5,30-32

O Deus de nossos pais ressuscitou Jesus, a quem vós matastes, pregando-o numa cruz. Deus, por seu poder, o exaltou, tornando--o Guia Supremo e Salvador, para dar ao povo de Israel a conversão e o perdão dos seus pecados. E disso somos testemunhas, nós e o Espírito Santo, que Deus concedeu àqueles que lhe obedecem.

Responsório breve

R. Ficaram **chei**os todos **e**les do Es**pí**rito de **Deus**.
* Ale**lu**ia, ale**lu**ia. R. Ficaram.
V. Come**ça**ram a fa**lar** em **lín**guas dife**ren**tes. * Ale**lu**ia.
Glória ao **Pai**. R. Ficaram.

Cântico evangélico, ant.

Rece**bei** o Es**pí**rito **San**to:
a **quem** perdo**ais** os pe**ca**dos,
os pe**ca**dos es**tão** perdo**a**dos. Ale**lu**ia.

Preces

Oremos a nosso Senhor Jesus Cristo, que pelo Espírito Santo nos reuniu na sua Igreja; e digamos com fé:

R. **Enviai, Senhor, o vosso Espírito, e renovai a face da terra!**

Senhor Jesus, que suspenso no madeiro da cruz deixastes correr de vosso lado aberto uma fonte de água viva,
– enviai-nos o Espírito que dá a vida. R.

Vós, que do céu fizestes descer sobre os discípulos o Dom do Pai,
– enviai o vosso Espírito para renovar o mundo.

R. **Enviai, Senhor, o vosso Espírito, e renovai a face da terra!**

Vós, que destes aos apóstolos o poder de perdoar pecados,
– enviai o vosso Espírito para ressuscitar e salvar toda a humanidade. R.

Vós, que prometestes o Espírito Santo para nos ensinar todas as coisas e recordar tudo o que nos dissestes,
– enviai-nos o mesmo Espírito para que ilumine a nossa fé. R.

Vós, que prometestes o Espírito da verdade para nos dar testemunho de vós,
– enviai-nos o mesmo Espírito, para que faça de nós testemunhas fiéis da vossa verdade. R.

(intenções livres)

Pai nosso...

Oração

Deus eterno e todo-poderoso, quisestes que o mistério pascal se completasse durante cinquenta dias, até à vinda do Espírito Santo. Fazei que todas as nações dispersas pela terra, na diversidade de suas línguas, se unam no louvor do vosso nome. Por nosso Senhor Jesus Cristo, vosso Filho, na unidade do Espírito Santo.

Hora Média

Hino

Vinde, servos suplicantes,
elevai a mente e a voz:
celebrai com vossos cantos,
o amor de Deus por nós.

Porque foi neste momento
que a sentença de um mortal
entregou à morte injusta
o Juiz universal.

E nós, súditos humildes,
por amor e por temor,
contra todo mau desígnio
do perverso tentador,

imploremos a clemência
de Deus Pai, eterno Bem,
do seu Filho, nosso Rei,
e do Espírito Santo. Amém.

Salmodia

Ant. Se**nhor**, aumen**tai** em **nós** vossa **fé**,
e a **luz** do Divino em **nós** acen**dei**. Ale**lui**a.

Salmo 117(118)

I

– [1] Dai **gra**ças ao Se**nhor**, porque ele é **bom**! *
“E**ter**na é a sua misericórdia!”

– [2] A **ca**sa de Israel agora o diga: *
“E**ter**na é a sua misericórdia!”

– [3] A **ca**sa de Aarão agora o diga: *
“E**ter**na é a sua misericórdia!”

– [4] Os que **te**mem o Senhor agora o digam: *
“E**ter**na é a sua misericórdia!”

– [5] Na minha an**gús**tia eu clamei pelo Senhor, *
e o Se**nhor** me atendeu e libertou!

– [6] O Se**nhor** está comigo, nada temo; *
o que **po**de contra mim um ser humano?

– [7] O Se**nhor** está comigo, é o meu auxílio, *
hei de **ver** meus inimigos humilhados.

– [8] “É me**lhor** buscar refúgio no Senhor *
do que **pôr** no ser humano a esperança;

– [9] é me**lhor** buscar refúgio no Senhor *
do que con**tar** com os poderosos deste mundo!”

II

– [10] Povos pa**gãos** me rode**a**ram todos **e**les, *
mas em **no**me do Senhor os derrotei;

– [11] de todo **la**do todos eles me cercaram, *
mas em **no**me do Senhor os derrotei; –

= 12 como um en**xa**me de abelhas me atacaram, †
como um **fo**go de espinhos me queimaram, *
mas em **no**me do Senhor os derrotei.

– 13 Empur**ra**ram-me, tentando derrubar-me, *
mas **vei**o o Senhor em meu socorro.
– 14 O Se**nhor** é minha força e o meu canto, *
e tor**nou**-se para mim o Salvador.

– 15 "Cla**mo**res de alegria e de vitória *
res**so**em pelas tendas dos fiéis.
= 16 A mão di**rei**ta do Senhor fez maravilhas, †
a mão di**rei**ta do Senhor me levantou, *
a mão di**rei**ta do Senhor fez maravilhas!"

– 17 Não morre**rei**, mas, ao contrário, viverei *
para can**tar** as grandes obras do Senhor!
– 18 O Se**nhor** severamente me provou, *
mas **não** me abandonou às mãos da morte.

III

– 19 Abri-me **vós**, abri-me as **por**tas da jus**ti**ça; *
quero en**trar** para dar graças ao Senhor!
– 20 "Sim, **es**ta é a porta do Senhor, *
por **e**la só os justos entrarão!"
– 21 Dou-vos **gra**ças, ó Senhor, porque me ouvistes *
e vos tor**nas**tes para mim o Salvador!

– 22 "A **pe**dra que os pedreiros rejeitaram *
tor**nou**-se agora a pedra angular.
– 23 Pelo Se**nhor** é que foi feito tudo isso: *
Que mara**vi**lhas ele fez a nossos olhos!
– 24 Este é o **di**a que o Senhor fez para nós, *
ale**gre**mo-nos e nele exultemos!

– 25 Ó Se**nhor**, dai-nos a vossa salvação, *
ó Se**nhor**, dai-nos também prosperidade!"
– 26 Ben**di**to seja, em nome do Senhor, *
a**que**le que em seus átrios vai entrando!
– Desta **ca**sa do Senhor vos bendizemos. *
27 Que o Se**nhor** e nosso Deus nos ilumine! –

– Empu**nhai** ramos nas mãos, formai cortejo, *
aproxi**mai**-vos do altar, até bem perto!
–[28] Vós sois meu **Deus,** eu vos bendigo e agradeço! *
Vós sois meu **Deus**, eu vos exalto com louvores!

–[29] Dai **gra**ças ao Senhor, porque ele é bom! *
"E**ter**na é a sua misericórdia!"

Ant. Se**nhor,** aumen**tai** em **nós** vossa **fé,**
e a **luz** do Divino em **nós** acen**dei**. Ale**lui**a.

Leitura breve Tt 3,5b-7

Ele salvou-nos quando renascemos e fomos renovados no batismo pelo Espírito Santo, que ele derramou abundantemente sobre nós por meio de nosso Salvador Jesus Cristo. Justificados assim, pela sua graça, nos tornamos na esperança herdeiros da vida eterna.

V. O Es**pí**rito **San**to have**rá** de ensi**nar**-vos, ale**lui**a.
R. Todas as **coi**sas que vos **dis**se e ensi**nei**, Ale**lui**a.

Oração

Concedei-nos, ó Deus onipotente, que brilhe sobre nós o esplendor da vossa claridade, e o fulgor da vossa luz confirme, com o dom do Espírito Santo, aqueles que renasceram pela vossa graça. Por Cristo, nosso Senhor.

II Vésperas

Hino

Oh vinde, Espírito Criador,
as nossas almas visitai
e enchei os nossos corações
com vossos dons celestiais.

Vós sois chamado o Intercessor,
do Deus excelso o dom sem par,
a fonte viva, o fogo, o amor,
a unção divina e salutar.

Sois doador dos sete dons,
e sois poder na mão do Pai,
por ele prometido a nós,
por nós seus feitos proclamais.

A nossa mente iluminai,
os corações enchei de amor,
nossa fraqueza encorajai,
qual força eterna e protetor.

Nosso inimigo repeli,
concedei-nos vossa paz;
se pela graça nos guiais,
o mal deixamos para trás.

Ao Pai e ao Filho Salvador
por vós possamos conhecer.
Que procedeis do seu amor
fazei-nos sempre firmes crer.

Salmodia

Ant. 1 O Espírito do Se**nhor** en**cheu** todo o uni**ver**so. Ale**lui**a.

Salmo 109(110),1-5.7

– 1 Pa**la**vra do Se**nhor** ao meu Se**nhor**: *
"As**sen**ta-te ao lado meu direito,
– **até** que eu ponha os inimigos teus *
como esca**be**lo por debaixo de teus pés!"

= 2 O Se**nhor** estenderá desde Sião †
vosso **ce**tro de poder, pois ele diz: *
"Do**mi**na com vigor teus inimigos;

= 3 Tu és **prín**cipe desde o dia em que nasceste; †
na **gló**ria e esplendor da santidade, *
como o or**va**lho, antes da aurora, eu te gerei!"

= 4 Jurou o Se**nhor** e manterá sua palavra: †
"Tu **és** sacerdote eternamente, *
segundo a **or**dem do rei Melquisedec!"

– 5 À vossa **des**tra está o Senhor, ele vos diz: *
"No dia da **i**ra esmagarás os reis da terra!
– 7 Bebe**rás** água corrente no caminho, *
por **is**so seguirás de fronte erguida!"

Ant. O Espírito do Se**nhor** en**cheu** todo o uni**ver**so. Ale**lui**a.

Ant. 2 Confir**mai** em nós, ó **Deus**, o que em **nós** realizastes
a par**tir** de vosso **tem**plo que es**tá** em Jerusa**lém**. Ale**lui**a.

Salmo 113A(114)

– 1 Quando o **po**vo de Israel saiu do E**gi**to, *
e os **fi**lhos de Jacó, de um povo estranho,
– 2 Ju**dá** tornou-se o templo do Senhor, *
e Isra**el** se transformou em seu domínio.

– 3 O **mar**, à vista disso, pôs-se em fuga, *
e as **á**guas do Jordão retrocederam;
– 4 as mon**ta**nhas deram pulos como ovelhas, *
e as co**li**nas, parecendo cordeirinhos.

– 5 Ó **mar**, o que tens tu, para fugir? *
E tu, Jor**dão**, por que recuas desse modo?
– 6 Por que dais **pu**los como ovelhas, ó montanhas? *
E vós, co**li**nas, parecendo cordeirinhos?

– 7 Treme, ó **ter**ra, ante a face do Senhor, *
ante a **fa**ce do Senhor Deus de Jacó!
– 8 O ro**che**do ele mudou em grande lago, *
e da **pe**dra fez brotar águas correntes!

Ant. Confir**mai** em nós, ó **Deus**, o que em **nós** realizas**tes**
a par**tir** de vosso **tem**plo que es**tá** em Jerusa**lém**. Ale**lui**a.

Ant. 3 Ficaram **chei**os todos **e**les do Espí**ri**to de **Deus**,
e come**ça**ram a fa**lar**. Ale**lui**a.

No cântico seguinte dizem-se os Aleluias entre parênteses somente quando se canta; na recitação, basta dizer o Aleluia no começo e no fim das estrofes.

Cântico — cf. Ap 19,1-2.5-7

= Ale**lui**a, (Ale**lui**a!).
1 Ao nosso **Deus** a salva**ção**, *
honra, **gló**ria e poder! (Aleluia!).
– 2 Pois são ver**da**de e justiça *
os ju**í**zos do Senhor.

R. Ale**lui**a, (Ale**lui**a!).

= Ale**lui**a, (Ale**lui**a!).
[5] Cele**brai** o nosso Deus, *
servi**do**res do Senhor! (Aleluia!).
– E vós **to**dos que o temeis, *
vós os **gran**des e os pequenos!

R. Ale**lui**a, (Ale**lui**a!).

= Ale**lui**a, (Ale**lui**a!).
[6] De seu **rei**no tomou posse *
nosso **Deus** onipotente! (Aleluia!).
– [7] Exul**te**mos de alegria, *
demos **gló**ria ao nosso Deus!

R. Ale**lui**a, (Ale**lui**a!).

= Ale**lui**a, (Ale**lui**a!).
Eis que as **núp**cias do Cordeiro *
redi**vi**vo se aproximam! (Aleluia!).
– Sua Es**po**sa se enfeitou, *
se ves**tiu** de linho puro.

R. Ale**lui**a, (Ale**lui**a!).

Ant. Ficaram **chei**os todos **e**les do Es**pí**rito de **Deus**,
e come**ça**ram a fa**lar**. Ale**lui**a.

Leitura breve — Ef 4,3-6

Aplicai-vos a guardar a unidade do espírito pelo vínculo da paz. Há um só Corpo e um só Espírito, como também é uma só a esperança à qual fostes chamados. Há um só Senhor, uma só fé, um só batismo, um só Deus e Pai de todos, que reina sobre todos, age por meio de todos e permanece em todos.

Responsório breve

R. O Es**pí**rito do Se**nhor** enche **to**do o uni**ver**so.
* Ale**lui**a, ale**lui**a. R. O Es**pí**rito.
V. Dá consis**tên**cia a **tu**do
e **tem** conheci**men**to de **tu**do o que se **diz**. * Ale**lui**a.
Glória ao **Pai**. R. O Es**pí**rito.

Cântico evangélico, ant.

Chegou **ho**je o grande **di**a do sa**gra**do Pente**cos**tes, ale**lui**a;
hoje o Es**pí**rito de **Deus** apare**ceu**
como num **fo**go aos dis**cí**pulos

e lhes **deu** os seus ca**ris**mas, os seus **dons** mais vari**a**dos,
envi**ou**-os pelo **mun**do, teste**mu**nhas do Evan**ge**lho:
O que **crer** e rece**ber** o ba**tis**mo do Se**nhor**
será **sal**vo, ale**lui**a.

Preces

Oremos a Deus Pai, que por Jesus Cristo reuniu a sua Igreja; e supliquemos com fé e alegria:

R. **Enviai, Senhor, o vosso Espírito, e renovai a face da terra!**

Fazei que todos os habitantes da terra, unidos num só batismo e no mesmo Espírito,
– sejam um só coração e uma só alma. R.

Vós, que enchestes o universo inteiro com o vosso Espírito,
– ajudai a humanidade na construção de um mundo novo de justiça e de paz. R.

Senhor Deus, Pai de todos os seres humanos, que quereis reunir numa só fé os vossos filhos e filhas dispersos,
– iluminai a terra inteira com a graça do Espírito Santo. R.

Vós, que renovais todas as coisas pelo vosso Espírito,
– dai saúde aos doentes, alegria aos tristes e a todos a salvação. R.

(intenções livres)

Vós, que pelo Espírito Santo ressuscitastes vosso Filho de entre os mortos,
– dai a vida eterna aos que partiram deste mundo. R.

Pai nosso...

Oração

Deus eterno e todo-poderoso, quisestes que o mistério pascal se completasse durante cinquenta dias, até à vinda do Espírito Santo. Fazei que todas as nações dispersas pela terra, na diversidade de suas línguas, se unam no louvor do vosso nome. Por nosso Senhor Jesus Cristo, vosso Filho, na unidade do Espírito Santo.

Na despedida se diz:

Ide em paz, e o Senhor vos acompanhe. Aleluia, aleluia.

R. Graças a Deus. Aleluia, aleluia.

Completas como à p. 1119.

SOLENIDADES DO SENHOR DURANTE O TEMPO COMUM

Domingo depois de Pentecostes

SANTÍSSIMA TRINDADE

Solenidade

I Vésperas

Hino

Ó Trindade imensa e una,
vossa força tudo cria;
vossa mão, que rege os tempos,
antes deles existia.

Vós, feliz, num gozo pleno,
totalmente vos bastais.
Pura, simples, generosa,
terra e espaços abraçais.

Pai, da graça fonte viva,
Luz da glória de Deus Pai,
Santo Espírito da vida,
que no Amor os enlaçais.

Só por vós, Trindade Santa,
suma origem, todo bem,
todo ser, toda beleza,
toda vida se mantém.

Nós os filhos adotivos,
pela graça consagrados,
nos tornemos templos vivos,
a vós sempre dedicados.

Ó Luz viva, reuni-nos
com os anjos, lá nos céus,
no louvor da vossa glória
que veremos, sem ter véus.

Salmodia

Ant. 1 Glória a **vós**, Trindade **San**ta,
um só **Deus** em três Pess**o**as
desde **sem**pre, neste ins**tan**te,
e nos **sé**culos sem **fim.**

Salmo 112(113)

– 1 Lou**vai**, louvai, ó **ser**vos do Se**nhor**, *
lou**vai**, louvai o nome do Senhor!
– 2 Ben**di**to seja o nome do Senhor, *
a**go**ra e por toda a eternidade!
– 3 Do nas**cer** do sol até o seu ocaso, *
lou**va**do seja o nome do Senhor!

– 4 O Se**nhor** está acima das nações, *
sua **gló**ria vai além dos altos céus.
= 5 Quem **po**de comparar-se ao nosso Deus, †
ao Se**nhor**, que no alto céu tem o seu trono *
6 e se in**cli**na para olhar o céu e a terra?

– 7 Le**van**ta da poeira o indigente *
e do **li**xo ele retira o pobrezinho,
– 8 para fa**zê**-lo assentar-se com os nobres, *
assen**tar**-se com os nobres do seu povo.
– 9 Faz a es**té**ril, mãe feliz em sua casa, *
vi**ven**do rodeada de seus filhos.

Ant. Glória a **vós**, Trindade **San**ta,
um só **Deus** em três Pess**o**as
desde **sem**pre, neste ins**tan**te,
e nos **sé**culos sem **fim.**

Ant. 2 Sede ben**di**ta, ó San**tís**sima Trin**da**de
e indi**vi**sa Uni**da**de
nós vos lou**va**mos, pois foi **gran**de para **nós**
vosso a**mor** e compai**xão**.

Salmo 147(147B)

– 12 Glori**fi**ca o Se**nhor**, Jerusa**lém**! *
Ó Si**ão**, canta louvores ao teu Deus!
– 13 Pois refor**çou** com segurança as tuas portas, *
e os teus **fi**lhos em teu seio abençoou;

– [14] a **paz** em teus limites garantiu *
e te **dá** como alimento a flor do trigo.

– [15] Ele en**vi**a suas ordens para a terra, *
e a pa**la**vra que ele diz corre veloz;
– [16] Ele **faz** cair a neve como lã *
e es**pa**lha a geada como cinza.

– [17] Como de **pão** lança as migalhas do granizo, *
a seu **fri**o as águas ficam congeladas.
– [18] Ele en**vi**a sua palavra e as derrete, *
sopra o **ven**to e de novo as águas correm.

– [19] Anun**ci**a a Jacó sua palavra, *
seus pre**cei**tos e suas leis a Israel.
– [20] Nenhum **po**vo recebeu tanto carinho, *
a nenhum **ou**tro revelou os seus preceitos.

Ant. Sede ben**di**ta, ó San**tís**sima Trin**da**de
e indi**vi**sa Uni**da**de
nós vos lou**va**mos, pois foi **gran**de para **nós**
vosso a**mor** e compai**xão**.

Ant. 3 Seja a **Deus** glória e lou**vor** na Uni**da**de da Trin**da**de:
Pai e **Fi**lho e Santo Es**pí**rito, pelos **sé**culos sem **fim**!

Cântico Ef 1,3-10

O plano divino da salvação

– [3] Ben**di**to e lou**va**do seja **Deus**, *
o **Pai** de Jesus Cristo, Senhor nosso,
– que do alto **céu** nos abençoou em Jesus Cristo *
com **bên**ção espiritual de toda sorte!

(R. Ben**di**to sejais **vós**, nosso **Pai**,
que **nos** abençoa**s**tes em **Cris**to!)

– [4] Foi em **Cris**to que Deus Pai nos escolheu, *
já bem **an**tes de o mundo ser criado,
– para que **fôs**semos, perante a sua face, *
sem **má**cula e santos pelo amor. (R.)

= [5] Por **li**vre decisão de sua vontade, †
predesti**nou**-nos, através de Jesus Cristo, *
a sermos **ne**le os seus filhos adotivos,
– [6] para o lou**vor** e para a glória de sua graça, *
que em seu **Fi**lho bem-amado nos doou. (R.)

– [7] É **ne**le que nós temos redenção, *
dos pe**ca**dos remissão pelo seu sangue.
= Sua **gra**ça transbordante e inesgotável †
[8] Deus der**ra**ma sobre nós com abundância, *
de sa**ber** e inteligência nos dotando. (R.)
– [9] E as**sim**, ele nos deu a conhecer *
o mis**té**rio de seu plano e sua vontade,
– que propu**se**ra em seu querer benevolente, *
[10] na pleni**tu**de dos tempos realizar:
– o de**síg**nio de, em Cristo, reunir *
todas as **coi**sas: as da terra e as do céu. (R)

Ant. Seja a **Deus** glória e lou**vor** na Uni**da**de da Trin**da**de:
Pai e **Fi**lho e Santo Es**pí**rito, pelos **sé**culos sem **fim!**

Leitura breve Rm 11,33-36

Ó profundidade da riqueza, da sabedoria e da ciência de Deus! Como são inescrutáveis os seus juízos e impenetráveis os seus caminhos! De fato, quem conheceu o pensamento do Senhor? Ou quem foi seu conselheiro? Ou quem se antecipou em dar-lhe alguma coisa, de maneira a ter direito a uma retribuição? Na verdade, tudo é dele, por ele, e para ele. A ele, a glória para sempre. Amém!

Responsório breve

R. Bendi**ga**mos ao **Pai** e ao **Fi**lho,
bendi**ga**mos ao Es**pí**rito **Santo**.
* Lou**ve**mos a **Deus** para **sem**pre. R. Bendi**ga**mos.
V. Só a **Deus** honra, **gló**ria e lou**vor**! * Louvemos.
Glória ao **Pai**. R. Bendi**ga**mos.

Cântico evangélico, ant.

Lou**vo**res e **gra**ças a **Deus**, verda**dei**ra e **u**na Trin**da**de.
Divin**da**de su**pre**ma e **ú**nica, indi**vi**sa e **san**ta Trin**da**de!

Preces

Deus Pai, por meio do Espírito Santo, vivificou o corpo de Cristo, seu Filho, e tornou-o fonte de vida para nós. Elevemos nossa aclamação ao Deus Uno e Trino; e digamos:

R. **Glória ao Pai e ao Filho e ao Espírito Santo!**

Deus Pai, todo-poderoso e eterno, em nome de vosso Filho enviai sobre a Igreja o Espírito Santo Consolador,
– para que a conserve na unidade do amor e na verdade perfeita.

R. **Glória ao Pai e ao Filho e ao Espírito Santo!**

Enviai, Senhor, operários à vossa messe, para que anunciem o evangelho a todos os povos e os batizem em nome do Pai e do Filho e do Espírito Santo,
– confirmando-os na fé. R.

Senhor, vinde em auxílio de todos os que são perseguidos pelo nome de vosso Filho,
– que prometeu o Espírito da verdade para falar por eles. R.

Pai todo-poderoso, dai a todos conhecerem que vós, o Verbo e o Espírito Santo sois um só Deus,
– para que vivam na fé, na esperança e na caridade. R.

(intenções livres)

Pai dos viventes, fazei que os nossos irmãos e irmãs falecidos participem da vossa glória,
– onde vosso Filho e o Espírito Santo reinam convosco eternamente. R.

Pai nosso...

Oração

Ó Deus, nosso Pai, enviando ao mundo a Palavra da verdade e o Espírito santificador, revelastes o vosso inefável mistério. Fazei que, professando a verdadeira fé, reconheçamos a glória da Trindade e adoremos a Unidade onipotente. Por nosso Senhor Jesus Cristo, vosso Filho, na unidade do Espírito Santo.

Laudes

Hino

Ó Trindade, num sólio supremo
que brilhais, num intenso fulgor.
Glória a vós, que o profundo dos seres
possuís e habitais pelo amor.

Ó Deus Pai, Criador do Universo,
sois a força que a todos dá vida;
aos que dela fizestes consortes,
dai a fé, que sustenta na lida.

Esplendor e espelho da luz
sois, ó Filho, que irmãos nos chamais;
dai-nos ser ramos verdes e vivos
da fecunda videira do Pai.

Piedade e amor, fogo ardente,
branda luz, poderoso clarão,
renovai nossa mente, ó Espírito,
e aquecei o fiel coração.

Ó Trindade feliz, doce hóspede,
atendei nossa humilde oração:
atraí-nos a vós, saciai-nos
com a glória da vossa visão.

Ant. 1 A vós **hon**ra e do**mí**nio, a vós **gló**ria e po**der**,
a vós **jú**bilo e lou**vor** pelos **sé**culos sem **fim**:
Ó San**tís**sima Trin**da**de!

Salmos e cântico do domingo da I Semana, p. 764.

Ant. 2 Com jus**ti**ça vos **lou**va, a**do**ra e ben**diz**
todo **ser** que cri**as**tes, Trin**da**de Fe**liz**!

Ant. 3 Dele **vem** todo **ser**, tudo e**xis**te por **e**le,
todo **ser** está **ne**le: Glória e**ter**na ao Se**nhor**!

Leitura breve 1Cor 12,4-6

Há diversidade de dons, mas um mesmo é o Espírito. Há diversidade de ministérios, mas um mesmo é o Senhor. Há diferentes atividades, mas um mesmo Deus que realiza todas as coisas em todos.

Responsório breve

R. A vós **gló**ria e lou**vor**,
* Ó Trin**da**de fe**liz**! R. A vós.
V. Seja a **vós** grati**dão**, por **to**dos os **sé**culos. * Ó Trin**da**de.
Glória ao **Pai**. R. A vós **gló**ria.

Cântico evangélico, ant.
Sede ben**di**ta, ó Trin**da**de indivi**sí**vel,
agora e **sem**pre e eterna**men**te pelos **sé**culos,
vós que cri**ais** e gover**nais** todas as **coi**sas.

Preces
Adoremos e glorifiquemos jubilosamente o Pai, o Filho e o Espírito Santo; e digamos:

R. **Glória ao Pai e ao Filho e ao Espírito Santo!**

Pai santo, concedei-nos o vosso Espírito Santo, porque não sabemos rezar como convém,
– para que ele venha em auxílio da nossa fraqueza e reze em nós como vos agrada. R.

Filho de Deus, que pedistes ao Pai para enviar o Espírito Consolador à vossa Igreja,
– fazei que este Espírito de verdade permaneça conosco para sempre. R.

Vinde, Espírito Santo, e concedei-nos vossos frutos: caridade, alegria, paz, paciência, benignidade, bondade,
– e também lealdade, mansidão, fé, modéstia, equilíbrio e castidade. R.

Pai todo-poderoso, que enviastes aos nossos corações o Espírito de vosso Filho que clama: Abá, meu Pai!,
– fazei que, guiados pelo mesmo Espírito, sejamos vossos herdeiros juntamente com Cristo, nosso irmão. R.

Cristo, que enviastes o Espírito Consolador que procede do Pai para dar testemunho de vós,
– tornai-nos vossas testemunhas diante dos homens. R.

(intenções livres)

Pai nosso...

Oração

Ó Deus, nosso Pai, enviando ao mundo a Palavra da verdade e o Espírito santificador, revelastes o vosso inefável mistério. Fazei que, professando a verdadeira fé, reconheçamos a glória da Trindade e adoremos a Unidade onipotente. Por nosso Senhor Jesus Cristo, vosso Filho, na unidade do Espírito Santo.

Hora Média

Salmos do domingo da I Semana, p. 768.

Ant. Nossa **gló**ria e nossa **hon**ra, espe**ran**ça e salva**ção**,
ó Trin**da**de Bea**tís**sima!

Leitura breve cf. Gl 4,4.5-6

Deus enviou o seu Filho, para que todos recebêssemos a filiação adotiva. E porque sois filhos, Deus enviou aos nossos corações o Espírito do seu Filho, que clama: Abá – ó Pai!

V. Ó Trin**da**de fe**liz**, glori**o**sa e ben**di**ta,
R. Ó Deus **Pai** e Deus **Fi**lho e Deus Es**pí**rito **San**to!

Oração como nas Laudes.

II Vésperas

HINO como nas I Vésperas, p. 652.

Salmodia

Ant. 1 Ó Trin**da**de e**ter**na e su**pre**ma,
Pai e **Fi**lho e Es**pí**rito **San**to!

Salmo 109(110),1-5.7

– 1 Pa**la**vra do Se**nhor** ao meu Se**nhor**: *
"Assen**ta**-te ao lado meu direito,
– a**té** que eu ponha os inimigos teus *
como esca**be**lo por debaixo de teus pés!"

= 2 O Se**nhor** estenderá desde Sião †
vosso **ce**tro de poder, pois ele diz: *
"Do**mi**na com vigor teus inimigos;

= 3 Tu és **prín**cipe desde o dia em que nasceste; †
na **gló**ria e esplendor da santidade, *
como o or**va**lho, antes da aurora, eu te gerei!"

= 4 Jurou o Se**nhor** e manterá sua palavra: †
"Tu **és** sacerdote eternamente, *
segundo a **or**dem do rei Melquisedec!"

– 5 À vossa **des**tra está o Senhor, ele vos diz: *
"No dia da **i**ra esmagarás os reis da terra!

– 7 Bebe**rás** água corrente no caminho, *
por **is**so seguirás de fronte erguida!"

Ant. Ó Trin**da**de e**ter**na e su**pre**ma,
Pai e **Fi**lho e Es**pí**rito **San**to!

Ant. 2 Li**vrai**-nos, sal**vai**-nos e **dai**-nos a **vi**da,
ó Trin**da**de Fe**liz**!

Salmo 113A(114)

– 1 Quando o **po**vo de Isra**el** saiu do E**gi**to, *
e os **fi**lhos de Jacó, de um povo estranho,
– 2 Ju**dá** tornou-se o templo do Senhor, *
e Isra**el** se transformou em seu domínio.

– 3 O **mar**, à vista disso, pôs-se em fuga, *
e as **á**guas do Jordão retrocederam;
– 4 as mon**ta**nhas deram pulos como ovelhas, *
e as co**li**nas, parecendo cordeirinhos.

– 5 Ó **mar**, o que tens tu, para fugir? *
E tu, Jor**dão**, por que recuas desse modo?
– 6 Por que dais **pu**los como ovelhas, ó montanhas? *
E vós, co**li**nas, parecendo cordeirinhos?

– 7 Treme, ó **ter**ra, ante a face do Senhor, *
ante a **fa**ce do Senhor Deus de Jacó!
– 8 O ro**che**do ele mudou em grande lago, *
e da **pe**dra fez brotar águas correntes!

Ant. Li**vrai**-nos, sal**vai**-nos e **dai**-nos a **vi**da,
ó Trin**da**de Fe**liz**!

Ant. 3 **San**to, Santo, **San**to, Senhor **Deus** onipo**ten**te,
Deus que **e**ra, Deus que **é** e se**rá** eterna**men**te.

No cântico seguinte dizem-se os Aleluias entre parênteses somente quando se canta; na recitação, basta dizer o Aleluia no começo e no fim das estrofes.

Cântico cf. Ap 19,1-2.5-7

= Ale**lui**a, (Ale**lui**a!).
1 Ao nosso **Deus** a salva**ção**, *
honra, **gló**ria e poder! (Aleluia!).
– 2 Pois são ver**da**de e justiça *
os juízos do Senhor.

R. Ale**lui**a, (Ale**lui**a!).

=Ale**lu**ia, (Ale**lu**ia!).
[5] Cele**brai** o nosso Deus, *
servi**do**res do Senhor! (Aleluia!).
– E vós **to**dos que o temeis, *
vós os **gran**des e os pequenos!

R. Ale**lu**ia, (Ale**lu**ia!).

= Ale**lu**ia, (Ale**lu**ia!).
[6] De seu **rei**no tomou posse *
nosso **Deus** onipotente! (Aleluia!).
– [7] Exul**te**mos de alegria, *
demos **gló**ria ao nosso Deus!

R. Ale**lu**ia, (Ale**lu**ia!).

= Ale**lu**ia, (Ale**lu**ia!).
Eis que as **núp**cias do Cordeiro *
redi**vi**vo se aproximam! (Aleluia!).
– Sua Es**po**sa se enfeitou, *
se ves**tiu** de linho puro.

R. Ale**lu**ia, (Ale**lu**ia!).

Ant. **San**to, Santo, **San**to, Senhor **Deus** onipo**ten**te,
Deus que **e**ra, Deus que **é** e se**rá** eterna**men**te.

Leitura breve Ef 4,3-6

Aplicai-vos a guardar a unidade do espírito pelo vínculo da paz. Há um só Corpo e um só Espírito, como também é uma só a esperança à qual fostes chamados. Há um só Senhor, uma só fé, um só batismo, um só Deus e Pai de todos, que reina sobre todos, age por meio de todos e permanece em todos.

Responsório breve

R. Bendi**ga**mos ao **Pai** e ao **Fi**lho,
bendi**ga**mos ao Es**pí**rito **San**to.
* Lou**ve**mos a **Deus** para **sem**pre. R. Bendi**ga**mos.
V. Só a **Deus** honra, **gló**ria e lou**vor**! * Lou**ve**mos.
Glória ao **Pai**. R. Bendi**ga**mos.

Cântico evangélico, ant.

Deus **Pai** não ge**ra**do, Deus **Fi**lho Unigênito,
Deus Es**pí**rito **San**to, di**vi**no Pa**rá**clito,
ó **San**ta, indi**vi**sa e **u**na Trin**da**de:

Com **to**das as **fi**bras da **al**ma e da **voz**,
vos lou**va**mos can**tan**do, na **fé** confes**san**do:
Glória a **vós** pelos **séculos**!

Preces

Deus Pai, por meio do Espírito Santo, vivificou o corpo de Cristo, seu Filho, e tornou-o fonte de vida para nós. Elevemos nossa aclamação ao Deus Uno e Trino; e digamos:

R. **Glória ao Pai e ao Filho e ao Espírito Santo!**

Deus Pai, todo-poderoso e eterno, em nome de vosso Filho enviai sobre a Igreja o Espírito Santo Consolador,
–para que a conserve na unidade do amor e na verdade perfeita. R.

Enviai, Senhor, operários à vossa messe, para que anunciem o evangelho a todos os povos e os batizem em nome do Pai e do Filho e do Espírito Santo,
–confirmando-os na fé. R.

Senhor, vinde em auxílio de todos os que são perseguidos pelo nome de vosso Filho,
–que prometeu o Espírito da verdade para falar por eles. R.

Pai todo-poderoso, dai a todos conhecerem que vós, o Verbo e o Espírito Santo sois um só Deus,
–para que vivam na fé, na esperança e na caridade. R.

(intenções livres)

Pai dos viventes, fazei que os nossos irmãos e irmãs falecidos participem da vossa glória,
–onde vosso Filho e o Espírito Santo reinam convosco eternamente. R.

Pai nosso...

Oração

Ó Deus, nosso Pai, enviando ao mundo a Palavra da verdade e o Espírito santificador, revelastes o vosso inefável mistério. Fazei que, professando a verdadeira fé, reconheçamos a glória da Trindade e adoremos a Unidade onipotente. Por nosso Senhor Jesus Cristo, vosso Filho, na unidade do Espírito Santo.

Quinta-feira depois da Santíssima Trindade

SANTÍSSIMO SACRAMENTO DO CORPO E SANGUE DE CRISTO

Solenidade

Onde não é de preceito a Solenidade do Santíssimo Sacramento do Corpo e Sangue de Cristo, seja transferida para o Domingo depois da Santíssima Trindade.

I Vésperas

Hino

Vamos todos louvar juntos
o mistério do amor,
pois o preço deste mundo
foi o sangue redentor,
recebido de Maria,
que nos deu o Salvador.

Veio ao mundo por Maria,
foi por nós que ele nasceu.
Ensinou sua doutrina,
com os homens conviveu.
No final de sua vida,
um presente ele nos deu.

Observando a Lei mosaica,
se reuniu com os irmãos.
Era noite. Despedida.
Numa ceia: refeição.
Deu-se aos doze em alimento,
pelas suas próprias mãos.

A Palavra do Deus vivo
transformou o vinho e o pão
no seu sangue e no seu corpo
para a nossa salvação.
O milagre nós não vemos,
basta a fé no coração.

Tão sublime sacramento
adoremos neste altar,
pois o Antigo Testamento
deu ao Novo seu lugar.
Venha a fé por suplemento
os sentidos completar.

Ao Eterno Pai cantemos
e a Jesus, o Salvador.
Ao Espírito exaltemos,
na Trindade, eterno amor.
Ao Deus Uno e Trino demos
a alegria do louvor.

Salmodia

Ant. 1 O Se**nhor** bom e cle**men**te
alimen**tou** os que o **te**mem,
e dei**xou**-nos a lem**bran**ça
de suas **gran**des mara**vi**lhas.

Salmo 110(111)

– 1 Eu agra**de**ço a Deus de **to**do o cora**ção** *
junto com **to**dos os seus justos reunidos!
– 2 Que grandi**o**sas são as obras do Senhor, *
elas me**re**cem todo o amor e admiração!

– 3 Que be**le**za e esplendor são os seus feitos! *
Sua jus**ti**ça permanece eternamente!
– 4 O Se**nhor** bom e clemente nos deixou *
a lem**bran**ça de suas grandes maravilhas.

– 5 Ele **dá** o alimento aos que o temem *
e ja**mais** esquecerá sua Aliança.
– 6 Ao seu **po**vo manifesta seu poder, *
dando a **e**le a herança das nações.

– 7 Suas **o**bras são verdade e são justiça, *
seus pre**cei**tos, todos eles, são estáveis,
– 8 confir**ma**dos para sempre e pelos séculos, *
reali**za**dos na verdade e retidão. –

= 9 Envi**ou** libertação para o seu povo, †
confir**mou** sua Aliança para sempre. *
Seu nome é **san**to e é digno de respeito.

= 10 Temer a **Deus** é o princípio do saber †
e é **sá**bio todo aquele que o pratica. *
Perma**ne**ça eternamente o seu louvor.

Ant. O Se**nhor** bom e cle**men**te
alimen**tou** os que o **te**mem,
e dei**xou**-nos a lem**bran**ça
de suas **gran**des mara**vi**lhas.

Ant. 2 O Se**nhor**, que traz a **paz** à sua Igr**e**ja,
nos **dá** como ali**men**to a flor do **tri**go.

Salmo 147(147B)

– 12 Glori**fi**ca o Se**nhor**, Jerusa**lém**! *
Ó Si**ão**, canta louvores ao teu Deus!

– 13 Pois refor**çou** com segurança as tuas portas, *
e os teus **fi**lhos em teu seio abençoou;

– 14 a **paz** em teus limites garantiu *
e te **dá** como alimento a flor do trigo.

– 15 Ele en**vi**a suas ordens para a terra, *
e a pa**la**vra que ele diz corre veloz;

– 16 ele **faz** cair a neve como lã *
e es**pa**lha a geada como cinza.

– 17 Como de **pão** lança as migalhas do granizo, *
a seu **fri**o as águas ficam congeladas.

– 18 Ele en**vi**a sua palavra e as derrete, *
sopra o **ven**to e de novo as águas correm.

– 19 Anun**ci**a a Jacó sua palavra, *
seus pre**cei**tos e suas leis a Israel.

– 20 Nenhum **po**vo recebeu tanto carinho, *
a nenhum **ou**tro revelou os seus preceitos.

Ant. O Se**nhor**, que traz a **paz** à sua Igr**e**ja,
nos **dá** como ali**men**to a flor do **tri**go.

Ant. 3 Em ver**da**de eu vos **di**go:
Não foi Moi**sés** quem deu ou**tro**ra
aquele **pão** que vem do **céu**,
porém meu **Pai** é quem vos **dá**
o verda**dei**ro pão do **céu**.

Cântico Ap 11,17-18; 12,10b-12a

– 11.17 Graças vos **da**mos, Senhor **Deus** onipo**ten**te, *
a vós que **sois**, a vós que éreis e sereis,
– porque assu**mis**tes o poder que vos pertence, *
e en**fim** tomastes posse como rei!

(R. **Nós** vos damos **gra**ças, nosso **Deus**!)

= 18 As na**ções** se enfureceram revoltadas, †
mas che**gou** a vossa ira contra elas *
e o **tem**po de julgar vivos e mortos,
= e de **dar** a recompensa aos vossos servos, †
aos pro**fe**tas e aos que temem vosso nome, *
aos **san**tos, aos pequenos e aos grandes. (R.)

= 12,10 Chegou a**go**ra a salvação e o poder †
e a rea**le**za do Senhor e nosso Deus, *
e o do**mí**nio de seu Cristo, seu Ungido.
– Pois foi ex**pul**so o delator que acusava *
nossos ir**mãos**, dia e noite, junto a Deus. (R.)

= 11 Mas o ven**ce**ram pelo sangue do Cordeiro †
e o teste**mu**nho que eles deram da Palavra, *
pois despre**za**ram sua vida até à morte.
– 12 Por isso, ó **céus**, cantai alegres e exultai *
e vós **to**dos os que neles habitais! (R.)

Ant. Em ver**da**de eu vos **di**go:
Não foi Moi**sés** quem deu ou**tro**ra
aquele **pão** que vem do **céu**,
porém meu **Pai** é quem vos **dá**
o verda**dei**ro pão do **céu**.

Leitura breve 1Cor 10,16-17

O cálice da bênção, o cálice que abençoamos, não é comunhão com o sangue de Cristo? E o pão que partimos, não é comunhão com o corpo de Cristo? Porque há um só pão, nós todos somos um só corpo, pois todos participamos desse único pão.

Responsório breve

R. Deus lhes **deu** para co**mer** o pão do **céu**,
* Ale**luia**, ale**luia**. R. Deus lhes **deu**.
V. O **ho**mem se nu**triu** do pão dos **an**jos. * Ale**luia**.
Glória ao **Pai**. R. Deus lhes **deu**.

Cântico evangélico, ant.

Quão su**a**ve é vosso Es**pí**rito, ó Se**nhor**, em nosso **mei**o!
Pois qui**ses**tes demons**trar** tal do**çu**ra a vossos **fi**lhos,
que os fa**min**tos saci**ais** com o **pão** que vem do **céu**
de sa**bor** delici**o**so,
e aos **ri**cos inso**len**tes despe**dis** de mãos va**zi**as.

Preces

Cristo nos convida a todos para a Ceia em que entrega seu corpo e sangue pela vida do mundo. Peçamos-lhe com amor e confiança:

R. **Cristo, pão do céu, dai-nos a vida eterna!**

Cristo, Filho do Deus vivo, que nos mandastes celebrar a ceia eucarística em memória de vós,
– fortalecei a Igreja com a fiel celebração de vossos mistérios. R

Cristo, sacerdote único do Deus Altíssimo, que confiastes aos sacerdotes a oferenda da Eucaristia,
– fazei que eles realizem em suas vidas o que celebram no sacramento. R

Cristo, maná descido do céu, que reunis num só corpo todos os que participam do mesmo pão,
– conservai na paz e na concórdia aqueles que creem em vós. R

Cristo, médico celeste, que no pão da vida nos ofereceis o remédio da imortalidade e o penhor da ressurreição,
– dai saúde aos doentes e perdão aos pecadores. R

(intenções livres)

Cristo, rei da eterna glória, que nos mandastes celebrar a eucaristia para anunciar a vossa morte até à vossa vinda no fim dos tempos,
– tornai participantes da vossa ressurreição todos os que morreram no vosso amor. R

Pai nosso...

Oração

Senhor Jesus Cristo, neste admirável sacramento, nos deixastes o memorial da vossa paixão. Dai-nos venerar com tão grande amor o mistério do vosso Corpo e do vosso Sangue, que possamos colher continuamente os frutos da vossa redenção. Vós, que viveis e reinais com o Pai, na unidade do Espírito Santo.

Laudes

Hino

Eis que o Verbo, habitando entre nós
sem do Pai ter deixado a direita,
chega ao fim de seus dias na terra,
completando uma obra perfeita.

Conhecendo o Senhor quem iria
entregá-lo na mão do homicida,
quis aos doze entregar-se primeiro,
qual perfeito alimento da vida.

E debaixo de duas espécies
o seu corpo e seu sangue nos deu:
alimento vital para o homem,
que se nutre do Corpo de Deus.

No presépio quis ser companheiro,
como pão numa ceia se deu.
Foi na cruz nosso preço e resgate,
e será nosso prêmio no céu.

Hóstia pura, trazeis salvação,
e do céu nos abristes a porta.
Inimigos apertam o cerco,
dai-nos força que anima e conforta.

Ao Deus Uno e Trino, o louvor,
toda a glória e poder sempiterno,
e a vida sem fim nos conceda
lá na Pátria, no reino eterno.

Ant. 1 Sacias**tes** vosso **po**vo com man**jar** digno de **an**jos
e lhe **des**tes pão do **céu**. Ale**lui**a.

Salmos e cântico do domingo da I Semana, p. 764.

Ant. 2 Os **san**tos sacer**do**tes ofe**re**cem ao Se**nhor**
pão e in**cen**so, ale**lui**a.

Ant. 3 Ao vence**dor** eu da**rei** o ma**ná** escon**di**do,
e da**rei** novo **no**me. Ale**lui**a.

Leitura breve Ml 1,11

Desde o nascer do sol até ao poente, grande é meu nome entre as nações, em todo o lugar se oferece um sacrifício e uma oblação pura ao meu nome, porque grande é o meu nome entre as nações, diz o Senhor dos exércitos.

Responsório breve

R. Da **ter**ra tira o **ho**mem seu sus**ten**to,
* Ale**lui**a, ale**lui**a. R. Da **ter**ra.
V. E o **vi**nho que a**le**gra o cora**ção**. * Ale**lui**a.
Glória ao **Pai**. R. Da **ter**ra.

Cântico evangélico, ant.

Eu **sou** o Pão **vi**vo des**ci**do do **céu**;
quem co**mer** deste **pão** vive**rá** para **sem**pre. Ale**lui**a.

Preces

Oremos, irmãos e irmãs, a Jesus Cristo, pão da vida; e digamos com alegria:

R. **Felizes os convidados para a ceia do Senhor!**

Cristo, Sacerdote da nova e eterna Aliança, que no altar da cruz oferecestes ao Pai um sacrifício perfeito,
– ensinai-nos a oferecer convosco este sacrifício santo. R.

Cristo, rei de paz e de justiça, que consagrastes o pão e o vinho como sinais da vossa oferenda,
– associai-nos ao vosso sacrifício, como oferenda agradável a Deus Pai. R.

Cristo, verdadeiro adorador do Pai, que do nascer ao pôr do sol sois oferecido pela Igreja como uma oblação pura,
– congregai na unidade do vosso corpo os que saciais com o mesmo pão. R.

Cristo, maná descido do céu, que alimentais a Igreja com o vosso corpo e o vosso sangue,
– fortificai-a na caminhada para o Pai. R.

Cristo, que estais à porta e bateis,
–entrai e vinde sentar à nossa mesa.
R. **Felizes os convidados para a ceia do Senhor.**

(intenções livres)

Pai nosso...

Oração

Senhor Jesus Cristo, neste admirável sacramento, nos deixastes o memorial da vossa paixão. Dai-nos venerar com tão grande amor o mistério do vosso Corpo e do vosso Sangue, que possamos colher continuamente os frutos da vossa redenção. Vós, que viveis e reinais com o Pai, na unidade do Espírito Santo.

Hora Média

Salmodia complementar, p.1135. Se esta solenidade é celebrada no Domingo, os salmos são do domingo da I Semana, p.768.

Ant. Na **Ceia** derra**dei**ra, Je**sus** tomou o **pão**,
deu **gra**ças e o par**tiu** e o **deu** a seus dis**cí**pulos.

Leitura breve Pr 9,1-2

A Sabedoria construiu sua casa, levantou sete colunas. Imolou suas vítimas, misturou o vinho e preparou a sua mesa.

V. Vós lhes **des**tes Pão dos **céus**, ale**lui**a.
R. Que con**tém** toda de**lí**cia, ale**lui**a.
Oração como nas Laudes.

II Vésperas

HINO como nas I Vésperas, p.663.

Salmodia

Ant. 1 Jesus **Cris**to, sacer**do**te eterna**men**te
se**gun**do a ordem do **rei** Melquise**dec**,
ofere**ceu** o pão e o **vi**nho, ale**lui**a.

Salmo 109(110),1-5.7

– 1 Pa**la**vra do Se**nhor** ao meu Se**nhor**: *
"Assen**ta**-te ao lado meu direito,
– a**té** que eu ponha os inimigos teus *
como esca**be**lo por debaixo de teus pés!" –

=[2] O **Se**nhor estenderá desde Sião †
vosso **ce**tro de poder, pois ele diz: *
"Do**mi**na com vigor teus inimigos;

=[3] Tu és **prín**cipe desde o dia em que nasceste; †
na **gló**ria e esplendor da santidade, *
como o or**va**lho, antes da aurora, eu te gerei!"

=[4] Jurou o Se**nhor** e manterá sua palavra: †
"Tu **és** sacerdote eternamente, *
segundo a **or**dem do rei Melquisedec!"

–[5] À vossa **des**tra está o Senhor, ele vos diz: *
"No dia da **i**ra esmagarás os reis da terra!

–[7] Bebe**rás** água corrente no caminho, *
por **is**so seguirás de fronte erguida!"

Ant. Jesus **Cris**to, sacer**do**te eterna**men**te
se**gun**do a ordem do **rei** Melquise**dec**,
ofere**ceu** o pão e o **vi**nho, ale**lui**a.

Ant. 2 Elevo o **cá**lice da **mi**nha salva**ção**
e vos o**fer**to um sacri**fí**cio de lou**vor**.

Salmo 115(116B)

–[10] Guar**dei** a minha **fé**, mesmo di**zen**do: *
"É de**mais** o sofrimento em minha vida!"

–[11] Confi**ei**, quando dizia na aflição: *
"Todo **ho**mem é mentiroso! Todo homem!"

–[12] Que pode**rei** retribuir ao Senhor Deus *
por tudo a**qui**lo que ele fez em meu favor?

–[13] Elevo o **cá**lice da minha salvação, *
invo**can**do o nome santo do Senhor.

–[14] Vou cum**prir** minhas promessas ao Senhor *
na pre**sen**ça de seu povo reunido.

–[15] É sen**ti**da por demais pelo Senhor *
a **mor**te de seus santos, seus amigos.

=[16] Eis que **sou** o vosso servo, ó Senhor, †
vosso **ser**vo que nasceu de vossa serva; *
mas me que**bras**tes os grilhões da escravidão! –

– 17Por isso **o**ferto um sacrifício de louvor, *
invo**can**do o nome santo do Senhor.
– 18Vou cum**prir** minhas promessas ao Senhor *
na pre**sen**ça de seu povo reunido;
– 19nos **á**trios da casa do Senhor, *
em teu **mei**o, ó cidade de Sião!

Ant. Elevo o **cá**lice da **mi**nha salva**ção**
e vos o**fer**to um sacri**fí**cio de lou**vor**.

Ant. 3 Ó Se**nhor**, sois o Ca**mi**nho, a Ver**da**de e a **V**ida.

No cântico seguinte dizem-se os Aleluias entre parênteses somente quando se canta; na recitação, basta dizer o Aleluia no começo e no fim das estrofes.

Cântico Ap19,1-2.5-7

= Ale**lui**a, (Ale**lui**a!).
1Ao nosso **Deus** a salva**ção**, *
honra, **gló**ria e poder! (Aleluia!).
– 2Pois são ver**da**de e justiça *
os juízos do Senhor.
R. Ale**lui**a, (Ale**lui**a!).

= Ale**lui**a, (Ale**lui**a!).
5Cele**brai** o nosso Deus, *
servi**do**res do Senhor! (Aleluia!).
– E vós **to**dos que o temeis, *
vós os **gran**des e os pequenos!
R. Ale**lui**a, (Ale**lui**a!).

= Ale**lui**a, (Ale**lui**a!).
= 6De seu **rei**no tomou posse *
nosso **Deus** onipotente! (Aleluia!).
– 7Exul**te**mos de alegria, *
demos **gló**ria ao nosso Deus!
R. Ale**lui**a, (Ale**lui**a!).

= Ale**lui**a, (Ale**lui**a!).
Eis que as **núp**cias do Cordeiro *
redi**vi**vo se aproximam! (Aleluia!).
– Sua Es**po**sa se enfeitou, *
se ves**tiu** de linho puro.
R. Ale**lui**a, (Ale**lui**a!).

Ant. Ó Se**nhor**, sois o Ca**mi**nho, a Ver**da**de e a **Vi**da.

Leitura breve 1Cor 11,23-25

O que eu recebi do Senhor foi isso que eu vos transmiti: Na noite em que foi entregue, o Senhor Jesus tomou o pão e, depois de dar graças, partiu-o e disse: Isto é o meu corpo que é dado por vós. Fazei-o em memória de mim. Do mesmo modo, depois da ceia, tomou também o cálice e disse: Este cálice é a nova aliança, em meu sangue. Todas as vezes que dele beberdes, fazei isto em minha memória.

Responsório breve

R. Deus lhes **deu** para co**mer** o pão do **céu**,
* Ale**lui**a, ale**lui**a. R. Deus lhes **deu**.
V. O **ho**mem se nu**triu** do pão dos **an**jos. * Ale**lui**a.
Glória ao **Pai**. R. Deus lhes **deu**.

Cântico evangélico, ant.

Ó ban**que**te tão sa**gra**do, em que **Cris**to é ali**men**to,
a me**mó**ria é cele**bra**da de seu **san**to sofri**men**to;
nossa **men**te se enri**que**ce com a **gra**ça em seu ful**gor**;
da fu**tu**ra glória e**ter**na nos é **da**do o pe**nhor**. Ale**lui**a.

Preces

Cristo nos convida a todos para a Ceia em que entrega seu corpo e sangue pela vida do mundo. Peçamos-lhe com amor e confiança:

R. **Cristo, pão do céu, dai-nos a vida eterna!**

Cristo, Filho do Deus vivo, que nos mandastes celebrar a ceia eucarística em memória de vós,
– fortalecei a Igreja com a fiel celebração de vossos mistérios. R.

Cristo, sacerdote único do Deus Altíssimo, que confiastes aos sacerdotes a oferenda da Eucaristia,
– fazei que eles realizem em suas vidas o que celebram no sacramento. R.

Cristo, maná descido do céu, que reunis num só corpo todos os que participam do mesmo pão,
– conservai na paz e na concórdia aqueles que creem em vós. R.

Cristo, médico celeste, que no pão da vida nos ofereceis o remédio da imortalidade e o penhor da ressurreição,
– dai saúde aos doentes e perdão aos pecadores.

R. **Cristo, pão do céu, dai-nos a vida eterna!**

(intenções livres)

Cristo, rei da eterna glória, que nos mandastes celebrar a eucaristia para anunciar a vossa morte até à vossa vinda no fim dos tempos,
– tornai participantes da vossa ressurreição, todos os que morreram no vosso amor. R.

Pai nosso...

Oração

Senhor Jesus Cristo, neste admirável sacramento, nos deixastes o memorial da vossa paixão. Dai-nos venerar com tão grande amor o mistério do vosso Corpo e do vosso Sangue, que possamos colher continuamente os frutos da vossa redenção. Vós, que viveis e reinais com o Pai, na unidade do Espírito Santo.

Sexta-feira após o 2º Domingo depois de Pentecostes

SAGRADO CORAÇÃO DE JESUS

Solenidade

I Vésperas

Hino

Ó Cristo, autor deste mundo,
que redimis terra e céus,
da luz do Pai sois a luz,
Deus verdadeiro de Deus.

O amor vos fez assumir
o nosso corpo mortal,
e, novo Adão, reparastes
do velho a culpa fatal.

O vosso amor, que criou
a terra, o mar e o céu,

do antigo mal condoído,
nossas cadeias rompeu.

Ninguém se afaste do amor
do vosso bom Coração.
Buscai, nações, nesta fonte
as graças da remissão.

Aberto foi pela lança
e, na paixão transpassado,
deixou jorrar água e sangue,
lavando nosso pecado.

Glória a Jesus, que derrama
graça do seu coração,
um com o Pai e o Espírito,
nos tempos sem sucessão.

Salmodia

Ant. 1 Com e**ter**na cari**da**de nos a**mou** o nosso **Deus**;
e exal**ta**do sobre a **ter**ra,
atra**iu**-nos para o **seu** compas**si**vo Cora**ção**.

Salmo 112(113)

– 1 Lou**vai**, louvai, ó **ser**vos do Se**nhor**, *
lou**vai**, louvai o nome do Senhor!
– 2 Ben**di**to seja o nome do Senhor, *
a**go**ra e por toda a eternidade!
– 3 Do nas**cer** do sol até o seu ocaso, *
lou**va**do seja o nome do Senhor!

– 4 O Se**nhor** está acima das nações, *
sua **gló**ria vai além dos altos céus.
= 5 Quem **po**de comparar-se ao nosso Deus, †
ao Se**nhor**, que no alto céu tem o seu trono *
6 e se in**cli**na para olhar o céu e a terra?

– 7 Le**van**ta da poeira o indigente *
e do **li**xo ele retira o pobrezinho,
– 8 para fa**zê**-lo assentar-se com os nobres, *
assen**tar**-se com os nobres do seu povo.
– 9 Faz a es**té**ril, mãe feliz em sua casa, *
vi**ven**do rodeada de seus filhos.

Ant. Com e**ter**na cari**da**de nos a**mou** o nosso **Deus**;
e exal**ta**do sobre a **ter**ra,
atra**iu**-nos para o **seu** compas**si**vo Cora**ção**.

Ant. 2 Apren**dei** de mim, que **sou**
de cora**ção** humilde e **man**so,
e acha**reis** paz e re**pou**so para os **vos**sos cora**ções**.

Salmo 145(146)

= 1 Ben**di**ze, minh'**al**ma, ao Se**nhor**! †
2 Bendi**rei** ao Senhor toda a vida, *
canta**rei** ao meu Deus sem cessar!

– 3 Não po**nhais** vossa fé nos que mandam, *
não há **ho**mem que possa salvar.
= 4 Ao fal**tar**-lhe o respiro ele volta †
para a **ter**ra de onde saiu; *
nesse **di**a seus planos perecem.

= 5 É fe**liz** todo homem que busca †
seu au**xí**lio no Deus de Jacó, *
e que **põe** no Senhor a esperança.
– 6 O Se**nhor** fez o céu e a terra, *
fez o **mar** e o que neles existe.

– O Se**nhor** é fiel para sempre, *
7 faz jus**ti**ça aos que são oprimidos;
– ele **dá** alimento aos famintos, *
é o Se**nhor** quem liberta os cativos.

= 8 O Se**nhor** abre os olhos aos cegos, †
o Se**nhor** faz erguer-se o caído, *
o Se**nhor** ama aquele que é justo.

= 9 É o Se**nhor** quem protege o estrangeiro, †
quem am**pa**ra a viúva e o órfão, *
mas con**fun**de os caminhos dos maus.

= 10 O Se**nhor** reinará para sempre! †
Ó Si**ão**, o teu Deus reinará *
para **sem**pre e por todos os séculos!

Ant. Aprendei de mim, que **sou**
de cora**ção** humilde e **man**so,
e acha**reis** paz e re**pou**so para os **vos**sos cora**ções**.

Ant. 3 Eu **sou** o Bom **Pas**tor das o**ve**lhas,
meu re**ba**nho co**nhe**ço e apas**cen**to,
e por **e**las eu **dou** minha **vi**da.

Cântico Ap 4,11; 5,9.10.12

– 4,11 Vós sois **dig**no, Se**nhor** nosso **Deus**, *
de rece**ber** honra, glória e poder!

(R. Po**der**, honra e **gló**ria ao Cor**dei**ro de **Deus**!)

= 5,9 Porque **to**das as coisas criastes, †
é por **vos**sa vontade que existem, *
e sub**sis**tem porque vós mandais. (R.)

= Vós sois **dig**no, Senhor nosso Deus, †
de o **li**vro nas mãos receber *
e de a**brir** suas folhas lacradas! (R.)

– Porque **fos**tes por nós imolado; *
para **Deus** nos remiu vosso sangue
– dentre **to**das as tribos e línguas, *
dentre os **po**vos da terra e nações. (R.)

= 10 Pois fi**zes**tes de nós, para Deus, †
sacer**do**tes e povo de reis, *
e i**re**mos reinar sobre a terra. (R.)

= 12 O Cor**dei**ro imolado é digno †
de rece**ber** honra, glória e poder, *
sabedo**ri**a, louvor, divindade! (R.)

Ant. Eu **sou** o Bom **Pas**tor das o**ve**lhas,
meu re**ba**nho co**nhe**ço e apas**cen**to,
e por **e**las eu **dou** minha **vi**da.

Leitura breve Ef 5,25b-27

Cristo amou a Igreja e se entregou por ela. Ele quis assim torná-la santa, purificando-a com o banho da água unida à Palavra. Ele quis apresentá-la a si mesmo esplêndida, sem mancha nem ruga, nem defeito algum, mas santa e irrepreensível.

Responsório breve

R. Jesus **Cris**to nos a**mou**
 * E em seu **san**gue nos la**vou**. R. Jesus **Cris**to.
V. Fez-nos **reis** e sacer**do**tes para **Deus**, o nosso **Pai**.
 * E em seu **san**gue. Glória ao **Pai**. R. Jesus **Cris**to.

Cântico evangélico, ant.

Vim tra**zer** fogo à **ter**ra;
e o que **que**ro se**não** que ele **se**ja ate**a**do?

Preces

Oremos, irmãos e irmãs, a Jesus Cristo, repouso de nossas almas; e lhe peçamos:

R. **Rei de bondade, tende compaixão de nós!**

Senhor Jesus, de cujo coração aberto pela lança, jorrou sangue e água para que a Igreja, vossa esposa, nascesse de vós,
– tornai-a santa e imaculada. R.

Senhor Jesus, templo santo de Deus, destruído pelo ser humano e novamente edificado por Deus,
– fazei da Igreja o tabernáculo do Altíssimo. R.

Senhor Jesus, rei e centro de todos os corações, que amais com amor eterno e atraís compassivo tudo para vós,
– renovai a vossa aliança com a humanidade inteira R.

Senhor Jesus, nossa paz e reconciliação, que morrendo na cruz vencestes o ódio e fizestes de todos uma nova criatura,
– abri-nos o caminho para o Pai. R.

Senhor Jesus, nossa vida e ressurreição, conforto e repouso dos corações atribulados,
– atraí para vós os pecadores. R.

(intenções livres)

Senhor Jesus, obediente até à morte de cruz, por causa do vosso infinito amor para conosco,
– ressuscitai a todos os que adormeceram na vossa paz. R.

Pai nosso...

Oração

Concedei, ó Deus todo-poderoso, que, alegrando-nos pela solenidade do Coração do vosso Filho, meditemos as maravilhas de seu amor e possamos receber, desta fonte de vida, uma torrente de graças. Por nosso Senhor Jesus Cristo, vosso Filho, na unidade do Espírito Santo.

Laudes

Hino

Jesus, autor da clemência,
gozo, esperança e perdão,
fonte de graça e doçura,
delícia do coração.

Do penitente esperança,
ao suplicante atendeis.
Sois bom com quem vos procura;
se vos achar, que sereis?

O vosso amor, ó Jesus,
doce alimento da mente,
sem dar fastio, sacia,
gerando fome crescente.

Ó muito amado Jesus,
da alma ansiosa esperança:
o coração, num clamor,
chama por vós, não descansa.

Ficai conosco, Senhor,
nova Manhã que fulgura
e vence as trevas da noite,
trazendo ao mundo a doçura.

Jesus, suprema clemência,
dos corações suavidade,
o vosso amor nos impele,
incompreendida Bondade.

Jesus, ó flor da Mãe Virgem,
encanto, amor, sumo Bem,
a vós louvor para sempre
no Reino eterno. Amém.

Ant. 1 Estando em **pé**, Jesus cla**ma**va em alta **voz**:
Quem tem **se**de venha a **mim**, venha be**ber**!

Salmos e cântico do domingo da I Semana, p. 764.

Ant. 2 Vinde a **mim**, todos **vós** que estais can**sa**dos
e pe**nais** a carre**gar** pesado **far**do,
e des**can**so eu vos da**rei**, diz o Se**nhor**.

Ant. 3 Meu **fi**lho, entrega a **mim** teu cora**ção**,
e teus **o**lhos sempre **guar**dem meus ca**mi**nhos.

Leitura breve Jr 31,33

Esta será a aliança que concluirei com a casa de Israel, depois desses dias, diz o Senhor: imprimirei minha lei em suas entranhas, e hei de inscrevê-la em seu coração; serei seu Deus e eles serão meu povo.

Responsório breve

R. Tomai meu **ju**go sobre **vós**,
* E a**pren**dei de **mim**. R. Tomai.
V. Pois eu **sou** de cora**ção** humilde e **man**so. * E a**pren**dei.
Glória ao **Pai**. R. Tomai meu **ju**go.

Cântico evangélico, ant.

Pelo a**mor** do Cora**ção** de nosso **Deus**,
o Se**nhor** nos visi**tou** e liber**tou**.

Preces

Oremos, irmãos e irmãs, a Jesus manso e humilde de coração; peçamos-lhe cheios de confiança:

R. **Rei de bondade, tende compaixão de nós!**

Jesus Cristo, em quem habita toda a plenitude da divindade,
– fazei-nos participantes da vossa natureza divina. R.

Jesus Cristo, em quem se encontram todos os tesouros da sabedoria e da ciência,
– revelai-nos, pelo ministério da Igreja, a infinita sabedoria de Deus. R.

Jesus Cristo, em quem o Pai colocou toda a sua afeição,
– ensinai-nos a ouvir fielmente a vossa palavra. R.

Jesus Cristo, de cuja plenitude todos nós recebemos,
– dai-nos sempre e cada vez mais a graça e a verdade do Pai. R.

Jesus Cristo, fonte de vida e santidade,
– tornai-nos santos e puros no amor. R.

(intenções livres)

Pai nosso...

Oração

Concedei, ó Deus todo-poderoso, que, alegrando-nos pela solenidade do Coração do vosso Filho, meditemos as maravilhas de seu amor e possamos receber, desta fonte de vida, uma torrente de graças. Por nosso Senhor Jesus Cristo, vosso Filho, na unidade do Espírito Santo.

Hora Média

Salmodia complementar, p. 1135.

Ant. Meu cora**ção** está esma**ga**do no meu **pei**to,
e meus **os**sos, todos **e**les, estre**me**cem.

Leitura breve Jr 32,40

Estabelecerei com eles um pacto eterno, a fim de que não se afastem de mim; para isso não cessarei de favorecê-los e infundirei em seus corações o temor de Deus.

V. Procu**rei** quem de **mim** tivesse **pe**na e não a**chei**.

R. E al**guém** que pu**des**se conso**lar**-me, e não ha**vi**a.

Oração como nas Laudes.

II Vésperas

HINO como nas I Vésperas, p. 674.

Salmodia

Ant. 1 Com vosso **ju**go tão su**a**ve domi**nai**, Senhor Je**sus**,
sobre os **vos**sos ini**mi**gos.

Salmo 109(110),1-5.7

– 1 Pa**la**vra do Se**nhor** ao meu Se**nhor**: *
"Assen**ta**-te ao lado meu direito,
– **até** que eu ponha os inimigos teus *
como esca**be**lo por debaixo de teus pés!"

= 2 O Se**nhor** estenderá desde Sião †
vosso **ce**tro de poder, pois ele diz: *
"Do**mi**na com vigor teus inimigos;

= 3 Tu és **prín**cipe desde o dia em que nasceste; †
na **gló**ria e esplendor da santidade, *
como o or**va**lho, antes da aurora, eu te gerei!" –

= 4 Jurou o Se**nhor** e manterá sua palavra: †
"Tu **és** sacerdote eternamente, *
se**gun**do a ordem do rei Melquisedec!"
– 5 À vossa **des**tra está o Senhor, ele vos diz: *
"No dia da **i**ra esmagarás os reis da terra!
– 7 Bebe**rás** água corrente no caminho, *
por **is**so seguirás de fronte erguida!"

Ant. Com vosso **ju**go tão su**a**ve domi**nai**, Senhor Je**sus**,
sobre os **vos**sos ini**mi**gos.

Ant. 2 O Se**nhor** bom e cle**men**te
alimen**tou** os que o **te**mem.

Salmo 110(111)

– 1 Eu agra**de**ço a Deus de **to**do o cora**ção** *
junto com **to**dos os seus justos reunidos!
– 2 Que grandi**o**sas são as obras do Senhor, *
elas me**re**cem todo o amor e admiração!

– 3 Que be**le**za e esplendor são os seus feitos! *
Sua jus**ti**ça permanece eternamente!
– 4 O Se**nhor** bom e clemente nos deixou *
a lem**bran**ça de suas grandes maravilhas.

– 5 Ele **dá** o alimento aos que o temem *
e ja**mais** esquecerá sua Aliança.
– 6 Ao seu **po**vo manifesta seu poder, *
dando a **e**le a herança das nações.

– 7 Suas **o**bras são verdade e são justiça, *
seus pre**cei**tos, todos eles, são estáveis,
– 8 confir**ma**dos para sempre e pelos séculos, *
reali**za**dos na verdade e retidão.

= 9 Envi**ou** libertação para o seu povo, †
confir**mou** sua Aliança para sempre. *
Seu nome é **san**to e é digno de respeito.

= 10 Temer a **Deus** é o princípio do saber †
e é **sá**bio todo aquele que o pratica. *
Perma**ne**ça eternamente o seu louvor.

Ant. O Se**nhor** bom e cle**men**te alimen**tou** os que o **te**mem.

Ant. 3 Eis **aqui** o Cor**dei**ro de **Deus**,
o que **ti**ra o pe**ca**do do **mun**do.

Cântico Fl 2,6-11

= [6]Embora **fo**sse de di**vi**na condi**ção**, †
Cristo Je**sus** não se apegou ciosamente *
a ser i**gual** em natureza a Deus Pai.

(R. Jesus **Cris**to é Se**nhor** para a **gló**ria de Deus **Pai**!)

= [7]Po**rém** esvaziou-se de sua glória †
e assu**miu** a condição de um escravo, *
fa**zen**do-se aos homens semelhante. (R.)

= [8]Reconhe**ci**do exteriormente como homem, †
humi**lhou**-se, obedecendo até à morte, *
até à **mor**te humilhante numa cruz. (R.)

= [9]Por isso **Deus** o exaltou sobremaneira †
e deu-lhe o **no**me mais excelso, mais sublime, *
e ele**va**do muito acima de outro nome. (R.)

= [10]Para **que** perante o nome de Jesus †
se **do**bre reverente todo joelho, *
seja nos **céus**, seja na terra ou nos abismos. (R.)

= [11]E toda **lín**gua reconheça, confessando, †
para a **gló**ria de Deus Pai e seu louvor: *
"Na ver**da**de Jesus Cristo é o Senhor!" (R.)

Ant. Eis **aqui** o Cor**dei**ro de **Deus**,
o que **ti**ra o pe**ca**do do **mun**do.

Leitura breve Ef 2,4-7

Deus é rico em misericórdia. Por causa do grande amor com que nos amou, quando estávamos mortos "por causa das nossas faltas, ele nos deu a vida com Cristo. É por graça que vós sois salvos! Deus nos ressuscitou com Cristo e nos fez sentar nos céus em virtude de nossa união com Jesus Cristo. Assim, pela bondade, que nos demonstrou em Jesus Cristo, Deus quis mostrar, através dos séculos futuros, a incomparável riqueza da sua graça.

Responsório breve

R. Jesus **Cris**to nos a**mou**
* E em seu **san**gue nos la**vou**. R. Jesus **Cris**to.

V. Fez-nos **reis** e sacer**do**tes para **Deus**, o nosso **Pai**.
* E em seu **san**gue nos la**vou**. Glória ao **Pai**.
R. Jesus **Cris**to nos a**mou**.

Cântico evangélico, ant.
O Se**nhor** nos aco**lheu** em seu re**ga**ço e Cora**ção**,
fi**el** ao seu a**mor**. Ale**lu**ia.

Preces
Oremos, irmãos e irmãs, a Jesus Cristo, repouso de nossas almas; e lhe peçamos:

R. **Rei de bondade, tende compaixão de nós!**

Senhor Jesus, de cujo coração aberto pela lança jorrou sangue e água para que a Igreja, vossa esposa, nascesse de vós,
– tornai-a santa e imaculada. R.

Senhor Jesus, templo santo de Deus, destruído pelo ser humano e novamente edificado por Deus,
– fazei da Igreja o tabernáculo do Altíssimo. R.

Senhor Jesus, rei e centro de todos os corações, que amais com amor eterno e atraís compassivo tudo para vós,
– renovai a vossa aliança com a humanidade inteira. R.

Senhor Jesus, nossa paz e reconciliação, que morrendo na cruz vencestes o ódio e fizestes de todos uma nova criatura,
– abri-nos o caminho para o Pai. R.

Senhor Jesus, nossa vida e ressurreição, conforto e repouso dos corações atribulados,
– atraí para vós os pecadores. R.

(intenções livres)

Senhor Jesus, obediente até à morte de cruz, por causa do vosso infinito amor para conosco,
– ressuscitai a todos os que adormeceram na vossa paz. R.

Pai nosso...

Oração

Concedei, ó Deus todo-poderoso, que, alegrando-nos pela solenidade do Coração do vosso Filho, meditemos as maravilhas de seu amor e possamos receber, desta fonte de vida, uma torrente de graças. Por nosso Senhor Jesus Cristo, vosso Filho, na unidade do Espírito Santo.

TEMPO COMUM

1ª SEMANA DO TEMPO COMUM

I Semana do Saltério

Onde a solenidade da Epifania do Senhor é celebrada no domingo que ocorre no dia 7 ou 8 de janeiro, o Ofício da Festa do Batismo do Senhor é celebrado na segunda-feira seguinte. Neste caso, o Tempo comum começa na terça-feira.

2º DOMINGO DO TEMPO COMUM

II Semana do Saltério

I Vésperas

Cântico evangélico, ant.

Ano A Eis a**qui** o Cor**dei**ro de **Deus**,
O que **ti**ra o pe**ca**do do **mun**do. A**le**luia.

Ano B Ao ou**vi**rem a pa**la**vra de Jo**ão**,
os dois dis**cí**pulos se**gui**ram a Je**sus**,
e dis**se**ram-lhe: Ó **Mes**tre, onde **mo**ras?
Vinde e **ve**de, disse a **e**les o Se**nhor**.

Ano C Cele**brou**-se um casa**men**to em Ca**ná** da Gali**lei**a,
e Je**sus** com sua **mãe** a**cha**vam-se pre**sen**tes.

Oração como nas Laudes.

Laudes

Cântico evangélico, ant.

Ano A Foi **es**te o teste**mu**nho que Jo**ão** deu do Se**nhor**:
O que vi**rá** depois de **mim**, já exis**ti**a antes de **mim**.

Ano B Os dis**cí**pulos foram **ver** onde **é** que ele mo**ra**va;
e fi**ca**ram com Je**sus** du**ran**te aquele **di**a.

Ano C Disse a **Mãe** de Je**sus** aos ser**ven**tes:
Fazei **tu**do o que **e**le dis**ser**!
E Je**sus** orde**nou** que en**ches**sem
a**que**las seis **ta**lhas com **á**gua,
que **foi** transfor**ma**da em **vi**nho.

Oração

Deus eterno e todo-poderoso, que governais o céu e a terra, escutai com bondade as preces do vosso povo e dai ao nosso tempo a vossa paz. Por nosso Senhor Jesus Cristo, vosso Filho, na unidade do Espírito Santo.

II Vésperas

Cântico evangélico, ant.

Ano A Do **céu**, o Es**pí**rito **San**to
em **for**ma de **pom**ba des**ceu**,
e **so**bre Je**sus** repou**sou**:
Eis quem ba**ti**za com o Es**pí**rito **San**to.

Ano B Disse An**dré** a Simão **Pe**dro:
Encon**tra**mos o Mes**si**as.
E a Je**sus** o condu**ziu**.

Ano C Nas **bo**das de Ca**ná** da Gali**lei**a,
Je**sus** inici**ou** os seus si**nais**,
e as**sim** manifes**tou** a sua **gló**ria,
e **ne**le acredi**ta**ram seus dis**cí**pulos.

3º DOMINGO DO TEMPO COMUM

III Semana do Saltério

I Vésperas

Cântico evangélico, ant.

Ano A Conver**tei**-vos, nos **diz** o Se**nhor**,
Está **pró**ximo o **Rei**no dos **céus**.

Ano B Dirigi**u**-se Je**sus** à Gali**lei**a,
o Evan**ge**lho de **Deus** anunci**an**do:
Conver**tei**-vos e **cre**de no Evan**ge**lho,
pois o **Rei**no de **Deus** está che**gan**do!

Ano C Je**sus**, então, vol**tou** pela **for**ça do Es**pí**rito.
Nas sina**go**gas ensi**na**va e **to**dos o acla**ma**vam.

Laudes

Cântico evangélico, ant.

Ano A Passando junto ao **mar** da Galileia,
viu Jesus os dois ir**mãos** André e **Pe**dro
a lan**çar** a rede ao **mar**, e os cha**mou**.
E, dei**xan**do sem de**mo**ra sua **re**de,
os dis**cí**pulos se**gui**ram a Je**sus**.

Ano B Disse a eles Je**sus**: Vinde co**mi**go,
e pesca**do**res de **ho**mens vos fa**rei**.

Ano C O Es**pí**rito de **Deus** repousa sobre **mim**,
e envi**ou**-me a anunci**ar** aos **po**bres o Evan**ge**lho.

Oração

Deus eterno e todo-poderoso, dirigi a nossa vida segundo o vosso amor, para que possamos, em nome do vosso Filho, frutificar em boas obras. Por nosso Senhor Jesus Cristo, vosso Filho, na unidade do Espírito Santo.

II Vésperas

Cântico evangélico, ant.

Ano A Jesus pre**ga**va a Boa-**no**va, o **Rei**no anunci**an**do,
e cu**ra**va toda es**pé**cie de do**en**ça entre o **po**vo.

Ano B Dei**xan**do suas **re**des, sem de**mo**ra,
se**gui**ram ao Se**nhor** e Reden**tor**.

Ano C Je**sus**, tendo fe**cha**do o **li**vro,
deu-o ao ser**ven**te e come**çou** a lhes di**zer**:
Em **mim** cumpriu-se **ho**je, a vossos **o**lhos,
a Escri**tu**ra que aca**bas**tes de ou**vir**.

4º DOMINGO DO TEMPO COMUM

IV Semana do Saltério

I Vésperas

Cântico evangélico, ant.

Ano A Jesus, **ven**do as multi**dões**, subiu ao **mon**te,
E a **e**le se ache**ga**ram seus dis**cí**pulos.

Ele, en**tão**, pôs-se a fa**lar** e os ensi**na**va:
Fe**li**zes os **po**bres em es**pí**rito,
porque **de**les é o **Rei**no dos **Céus**!

Ano B Todo o **po**vo se admi**ra**va da dou**tri**na de Je**sus**, porque ele ensi**na**va, possu**in**do autori**da**de.

Ano C Todos **e**les se admi**ra**vam
das pa**la**vras profe**ri**das pelos **lá**bios do Se**nhor**.

Laudes

Cântico evangélico, ant.

Ano A Fe**li**zes os **pu**ros em **seu** cora**ção**,
porque **e**les ve**rão** o seu **Deus** face a **fa**ce.

Ano B Pergun**ta**vam entre **si** admi**ra**dos: Que é **is**so?
Um **no**vo ensina**men**to! E com **que** autori**da**de!
Ele or**de**na aos maus es**pí**ritos que a **e**le obe**de**cem!

Ano C Eu vos **di**go com cer**te**za, diz Je**sus**:
Nenhum pro**fe**ta é bem a**cei**to em sua **pá**tria.

Oração

Concedei-nos, Senhor nosso Deus, adorar-vos de todo o coração, e amar todas as pessoas com verdadeira caridade. Por nosso Senhor Jesus Cristo, vosso Filho, na unidade do Espírito Santo.

II Vésperas

Cântico evangélico, ant.

Ano A Felizes a**que**les que pro**mo**vem a **paz**,
porque **fi**lhos de **Deus** serão **e**les cha**ma**dos!

Ano B Es**ta**va todo o **po**vo admi**ra**do,
e a **fa**ma de Je**sus** se espa**lhou**
por **to**da a regi**ão** da Gali**lei**a.

Ano C Expul**sa**ram a Je**sus** de sua ci**da**de
e que**ri**am lan**çá**-lo ao preci**pí**cio.
Mas **e**le, pas**san**do em seu **mei**o,
tran**qui**lo, se**guiu** o seu ca**mi**nho.

5º DOMINGO DO TEMPO COMUM

I Semana do Saltério

I Vésperas

Cântico evangélico, ant.

Ano A Vós **sois** o sal da **ter**ra; se o **sal** perde o sa**bor**,
com **que** será salgado?, diz Je**sus** a seus dis**cí**pulos.

Ano B À **tar**de, de**pois** de o sol se **pôr**,
trou**xe**ram-lhe **to**dos os en**fer**mos,
e **e**le curou **mui**tos que es**ta**vam
opri**mi**dos com as do**en**ças mais di**ver**sas.

Ano C Je**sus** subiu na **bar**ca e ao **po**vo ele ensi**na**va.

Laudes

Cântico evangélico, ant.

Ano A Vós **sois** a luz do **mun**do;
brilhe aos **ho**mens vossa **luz**.
Vendo **e**les vossas **o**bras, deem **gló**ria ao Pai ce**les**te!

Ano B Je**sus** levan**tou**-se bem **ce**do,
diri**giu**-se a um lu**gar** reti**ra**do,
e **aí** dedi**cou**-se à ora**ção**.

Ano C Ó **Mes**tre, traba**lha**mos toda a **noi**te
e **na**da conse**gui**mos apa**nhar**;
ao teu **man**do, lança**rei** de novo as **re**des.

Oração

Velai, ó Deus, sobre a vossa família, com incansável amor; e como só confiamos na vossa graça, guardai-nos sob a vossa proteção. Por nosso Senhor Jesus Cristo, vosso Filho, na unidade do Espírito Santo.

II Vésperas

Cântico evangélico, ant.

Ano A Que **bri**lhe a vossa **luz** como uma **lâm**pada
no cande**ei**ro colo**ca**da,
a **fim** de ilumi**nar** a todos **quan**tos
estão **den**tro de **ca**sa.

Ano B Diziam Si**mão** e os **seus** compa**nhei**ros:
Todo o **po**vo te **bus**ca!
Je**sus** respon**deu**:
Vamos a **ou**tros lu**ga**res, às al**dei**as vi**zi**nhas,
para a**li**, também, pre**gar**, pois para **is**so é que **vim**!

Ano C Afas**tai**-vos de **mim**, Senhor Je**sus**,
porque **eu** sou um **ho**mem peca**dor**!
Si**mão**, não tenhas **me**do, nem re**cei**o!
De **gen**te se**rás** um pesca**dor**!

6º DOMINGO DO TEMPO COMUM

II Semana do Saltério

I Vésperas

Cântico evangélico, ant.

Ano A Quem prati**car** e ensi**nar** a minha **Lei**,
no **Rei**no dos **céus** há de ser **gran**de.

Ano B Se **que**res, ó Se**nhor**, tu **po**des me cu**rar**!
Je**sus** lhe respon**deu**: Eu **que**ro, sê cu**ra**do!

Ano A Fe**li**zes de **vós**, que sois **po**bres,
porque **vos**so é o **Rei**no de **Deus**!
Fe**li**zes de **vós**, os fa**min**tos,
pois **to**dos se**reis** sacia**dos**!

Laudes

Cântico evangélico, ant.

Ano A Se **não** supe**rar** vossa jus**ti**ça
a **dos** fari**seus** e dos es**cri**bas,
no **Rei**no dos **céus** não entra**reis**!

Ano B Je**sus** teve **pe**na do le**pro**so,
esten**deu** sua **mão** e o to**cou**;
e ele **lo**go fi**cou** purifi**ca**do.

Ano C Fe**li**zes de **vós** que cho**rais**,
por**que** have**reis** de sor**rir**!

Oração

Ó Deus, que prometestes permanecer nos corações sinceros e retos, dai-nos, por vossa graça, viver de tal modo, que possais habitar em nós. Por nosso Senhor Jesus Cristo, vosso Filho, na unidade do Espírito Santo.

II Vésperas

Cântico evangélico, ant.

Ano A Se es**tás** para fa**zer** ao Se**nhor** a tua o**fer**ta,
e di**an**te do al**tar**
te lem**bra**res que o ir**mão** tem **al**go contra **ti**,
reconci**li**a-te com **e**le, e faze, en**tão**, a tua o**fer**ta!

Ano B Não digas **na**da a nin**guém**,
mas vai mos**trar**-te ao sacer**do**te
para ser**vir** de teste**mu**nho.
Mas o **ho**mem foi em**bo**ra
e come**çou** a divul**gar** e a espa**lhar** esta no**tí**cia.

Ano C Fe**li**zes haveis de **ser**,
quando os **ho**mens vos odi**a**rem
por **cau**sa do Filho do **Ho**mem.
Ale**grai**-vos naquele **di**a
e exul**tai**, porque será **gran**de
nos **céus** vossa recom**pen**sa!

7º DOMINGO DO TEMPO COMUM

III Semana do Saltério

I Vésperas

Cântico evangélico, ant.

Ano A Amai os **vo**ssos ini**mi**gos, diz Je**sus**.
Orai por **quem** vos perse**gue** e calu**ni**a,
e sereis **fi**lhos do **vo**sso Pai ce**les**te.

Ano B Trouxeram a Jesus um paralítico.
Vindo a **fé** daqueles **ho**mens, ele **dis**se:
Meu **fi**lho, estão perdo**a**dos teus pe**ca**dos.

Ano C Como **vós** dese**jais** que os **ou**tros vos **fa**çam,
fa**zei** vós tam**bém** o **mes**mo com **e**les.

Laudes

Cântico evangélico, ant.

Ano A O Pai **faz** seu sol nas**cer**
sobre os **maus** e sobre os **bons**,
e igual**men**te faz cho**ver**
sobre os **jus**tos e os in**jus**tos.

Ano B A **fim** de que sai**bais** que o **Fi**lho do **Ho**mem
sobre a **ter**ra tem po**der** de perdo**ar** os pe**ca**dos, disse a ele: Eu te **man**do:
Fica em **pé**, toma o teu **lei**to e **vai** para tua **ca**sa!

Ano C Não jul**gueis** e não se**reis** também jul**ga**dos;
na me**di**da em que jul**gar**des vosso ir**mão**,
também **vós**, pelo Se**nhor**, sereis jul**ga**dos.

Oração

Concedei, ó Deus todo-poderoso, que, procurando conhecer sempre o que é reto, realizemos vossa vontade em nossas palavras e ações. Por nosso Senhor Jesus Cristo, vosso Filho, na unidade do Espírito Santo.

II Vésperas

Cântico evangélico, ant.

Ano A Sede per**fei**tos, como o **vos**so Pai ce**les**te é per**fei**to.

Ano B En**tão** o para**lí**tico to**mou** a sua **ma**ca,
levan**tou**-se e camin**hou**, dando **gló**rias ao Se**nhor**. Vendo **is**to a multi**dão**, com te**mor**, louvou a **Deus**.

Ano C Perdo**ai**, e vos se**rá** perdo**a**do.
Dai aos **ou**tros, e a **vós** será **da**do.
Com a **mes**ma me**di**da com que a **ou**tros me**dir**des,
me**di**dos se**reis**.

8º DOMINGO DO TEMPO COMUM

IV Semana do Saltério

I Vésperas

Cântico evangélico, ant.

Ano A **Olhai** para as **a**ves do **céu**:
Não se**mei**am nem re**col**hem em ce**lei**ros,
e o **vos**so Pai ce**les**te as ali**men**ta.
Não va**leis** muito **mais** do que **e**las?

Ano B En**quan**to os con**vi**vas têm o es**po**so con**si**go,
não pode**rão** jeju**ar**, nos **diz** o Se**nhor**.

Ano C Tira pri**mei**ro a **tra**ve que es**tá** no teu **o**lho;
e ve**rás** clara**men**te a **fim** de ti**rar**
o **cis**co que es**tá** no **o**lho do ir**mão**.

Laudes

Cântico evangélico, ant.

Ano A Não fi**queis** preocu**pa**dos em di**zer**:
O que ha**ve**mos de co**mer** ou de be**ber**?
Pois bem **sa**be o vosso **Pai** que está nos **céus**,
que **vós** necessi**tais** de tudo **is**so.

Ano B Ao **teu** cora**ção** eu **hei** de fa**lar**:
Eu **vou** despo**sar**-te com **fi**deli**da**de,
e **tu** sabe**rás** quem **é** o Se**nhor**!

Ano C A boa **ár**vore não **po**de dar maus **fru**tos;
e a má **ár**vore não **po**de dar bons **fru**tos.

Oração

Fazei, ó Deus, que os acontecimentos deste mundo decorram na paz que desejais, e vossa Igreja vos possa servir, alegre e tranquila. Por nosso Senhor Jesus Cristo, vosso Filho, na unidade do Espírito Santo.

II Vésperas

Cântico evangélico, ant.

Ano A Diz Je**sus**: Procu**rai** em pri**mei**ro lu**gar**
o **Rei**no de **Deus** e a **su**a jus**ti**ça,
e **tu**do o **mais** vos se**rá** acrescen**ta**do.

Ano B Não se **põe** vinho **no**vo em odres **ve**lhos;
mas vinho **no**vo em odres **no**vos, diz Je**sus**.

Ano C O homem **bom** tira o que é **bom**
do te**sou**ro de bon**da**de
que ele **tem** no cora**ção**.
Por**que** a boca **fa**la do que es**tá** no cora**ção**.

9º DOMINGO DO TEMPO COMUM

I Semana do Saltério

I Vésperas

Cântico evangélico, ant.

Ano A Não é a**que**le que me **diz**: Senhor, Se**nhor**,
que no **Rei**no dos **céus** irá en**trar**,
mas quem **faz** a von**ta**de do meu **Pai**.

Ano B O **sá**bado foi **fei**to para o **ho**mem,
e **não** foi feito o **ho**mem para o **sá**bado.

Ano C Tendo ou**vi**do fa**lar** de **Jesus**, o **centurião** envi**ou** al**guns** anci**ãos** dos ju**deus**,
pe**din**do que viesse cu**rar**
o seu **ser**vo a quem **mui**to esti**ma**va.

Laudes

Cântico evangélico, ant.

Ano A Quem es**cu**ta minhas pa**la**vras
e as pra**ti**ca, é compa**ra**do
ao homem **sá**bio e previ**den**te
que cons**trói** a sua **ca**sa
sobre **ro**cha inaba**lá**vel.

Ano B Je**sus** respon**deu** aos fari**seus**:
O Filho do **Ho**mem é Se**nhor** até do **sá**bado.

Ano C Se**nhor**, eu não sou **dig**no
de que en**treis** em minha **ca**sa,
mas di**zei** uma pa**la**vra e meu **ser**vo será **sal**vo!

Oração

Ó Deus, cuja providência jamais falha, nós vos suplicamos humildemente: afastai de nós o que é nocivo, e concedei-nos tudo o que for útil. Por nosso Senhor Jesus Cristo, vosso Filho, na unidade do Espírito Santo.

II Vésperas

Cântico evangélico, ant.

Ano A As en**chen**tes e os **ven**tos inves**ti**ram
contra a **ca**sa do homem **sá**bio. E não **caiu**,
pois es**ta**va constru**í**da sobre a **ro**cha.

Ano B **Je**sus disse ao **ho**mem que **ti**nha a mão **se**ca:
Es**ten**de a tua **mão**! E **e**le a esten**deu**,
e sua **mão** foi cu**ra**da.

Ano C Je**sus** se admi**rou** da **fé** do centuri**ão**
e **dis**se: Eu vos **di**go que nem **mes**mo em Isra**el** en**con**-**trei** tamanha **fé**. E vol**tan**do para **ca**sa,
os envi**a**dos encon**tra**ram o empre**ga**do já cu**ra**do.

10º DOMINGO DO TEMPO COMUM

II Semana do Saltério

I Vésperas

Cântico evangélico, ant.

Ano A Sa**in**do da**li**,
Je**sus** viu um **ho**mem cha**ma**do Ma**teus**,
sen**ta**do à **ban**ca, co**bran**do im**pos**to,
e o cha**mou**: Vem co**mi**go! E **e**le o se**guiu**.

Ano B Se eu ex**pul**so os de**mô**nios pela **for**ça de **Deus**,
o **Rei**no dos **Céus** já che**gou** até **vós**.

Ano C Quando o Se**nhor** viu a vi**ú**va, fi**cou** compade**ci**do e **dis**se-lhe: Não **cho**res!

Laudes

Cântico evangélico, ant.

Ano A Cobra**do**res de im**pos**tos e muitos **ou**tros peca**do**res
assen**ta**ram-se à **me**sa com Je**sus** e seus dis**cí**pulos.

Ano B Quando um **ho**mem forte e ar**ma**do
monta **guar**da à sua **ca**sa,
todos seus **bens** ficam se**gu**ros.

Ano C Le**van**ta-te, **jo**vem, te or**de**no!
E sen**tou**-se o que es**ti**vera **mor**to.
E ele, en**tão**, pôs-se a fa**lar**.
E Je**sus** o entre**gou** à sua **mãe**.

Oração

Ó Deus, fonte de todo o bem, atendei ao nosso apelo e fazei-nos, por vossa inspiração, pensar o que é certo e realizá-lo com vossa ajuda. Por nosso Senhor Jesus Cristo, vosso Filho, na unidade do Espírito Santo.

II Vésperas

Cântico evangélico, ant.

Ano A Miseri**cór**dia é que eu **que**ro;
eu não **que**ro sacri**fí**cio.
Eu não **vim** chamar os **jus**tos,
vim cha**mar** os peca**do**res.

Ano B Quem **faz** a von**ta**de do meu **Pai**,
é meu ir**mão**, minha ir**mã** e minha **mãe**.

Ano C Um **gran**de pro**fe**ta sur**giu** entre **nós**,
e **Deus** visi**tou** o seu **po**vo, ale**lui**a.

11º DOMINGO DO TEMPO COMUM

III Semana do Saltério

I Vésperas

Cântico evangélico, ant.

Ano A Vendo a**que**las multi**dões** aba**ti**das e can**sa**das,
como o**ve**lhas sem pas**tor**, Jesus **te**ve compai**xão**.

Ano B O **Rei**no de **Deus** é como um **ho**mem
que na **ter**ra lan**çou** sua se**men**te.
Quer **dur**ma, quer **ve**le, noite e **di**a,
a se**men**te ger**mi**na e vai cres**cen**do.

Ano C A mul**her** peca**do**ra ba**nhou** com as **lá**grimas
os **pés** do Se**nhor** e os un**giu** com per**fu**me.

Laudes

Cântico evangélico, ant.

Ano A En**vian**do os doze A**pós**tolos,
o Se**nhor** recomen**dou**-lhes:
Ide às o**ve**lhas extravi**a**das da **ca**sa de Isra**el**.

Ano B O **Rei**no dos **céus**, diz Je**sus**,
se asse**me**lha a um **grão** de mos**tar**da;
este **grão** é a me**nor** das se**men**tes;
quando **cres**ce se **tor**na horta**li**ça,
a mai**or** entre **to**das as **ou**tras.

Ano C Seus **mui**tos pe**ca**dos es**tão** perdo**a**dos,
por**que** muito a**mou**.
A quem **pou**co se per**do**a, de**mons**tra pouco a**mor**.

Oração

Ó Deus, força daqueles que esperam em vós, sede favorável ao nosso apelo, e, como nada podemos em nossa fraqueza, dai-nos sempre o socorro da vossa graça, para que possamos querer e agir conforme vossa vontade, seguindo os vossos mandamentos. Por nosso Senhor Jesus Cristo, vosso Filho, na unidade do Espírito Santo.

II Vésperas

Cântico evangélico, ant.

Ano A O Evan**ge**lho do **Rei**no anunci**ai**.
Dai de **gra**ça o que de **gra**ça rece**bes**tes.

Ano B Je**sus** anunci**a**va a pa**la**vra
por **mei**o de **mui**tas pa**rá**bolas.
Po**rém**, estando a **sós** com os dis**cí**pulos,
expli**ca**va-lhes **to**das as **coi**sas.

Ano C Jesus **dis**se à mu**lher** peca**do**ra:
Vai em **paz**, tua **fé** te sal**vou**!

12º DOMINGO DO TEMPO COMUM

IV Semana do Saltério

I Vésperas

Cântico evangélico, ant.

Ano A O que eu **di**go a **vós** em se**gre**do,
publi**cai**-o **so**bre os te**lha**dos.

Ano B Sal**vai**-nos, ó Se**nhor**, que pere**ce**mos!
Orde**nai**, e volta**rá** a tranquili**da**de!

Ano C E **vós**, quem di**zeis** que eu **sou**?
Simão **Pe**dro en**tão** respon**deu**:
Tu **és** o Un**gi**do de **Deus**!

Laudes

Cântico evangélico, ant.

Ano A **Até** os ca**be**los de **vos**sa ca**be**ça
estão **to**dos con**ta**dos. Não te**mais**, diz Je**sus**.

Ano B O Se**nhor** se levan**tou**, repreen**deu** o mar e o **ven**to:
A**cal**ma-te e **ca**la-te! E se **fez** grande bo**nan**ça.

Ano C O **Fi**lho do **Ho**mem deve**rá** sofrer **mui**to,
se**rá** conde**na**do e na **cruz** morre**rá**;
e de**pois** de três **di**as ressusci**ta**rá.

Oração

Senhor, nosso Deus, dai-nos por toda a vida a graça de vos amar e temer, pois nunca cessais de conduzir os que firmais no vosso amor. Por nosso Senhor Jesus Cristo, vosso Filho, na unidade do Espírito Santo.

II Vésperas

Cântico evangélico, ant.

Ano A Quem de **mim** der teste**mu**nho ante os **ho**mens, darei **de**le o teste**mu**nho ante meu **Pai**.

Ano B Os dis**cí**pulos, com **me**do,
pergun**ta**vam uns aos **ou**tros:
Quem é **es**te? Até o **ven**to e o **mar** lhe obe**de**cem!

Ano C Quem qui**ser** me se**guir**, renun**cie** a si **mes**mo,
e, to**man**do sua **cruz**, acom**pa**nhe meus **pas**sos.

13º DOMINGO DO TEMPO COMUM

I Semana do Saltério

I Vésperas

Cântico evangélico, ant.

Ano A Quem não **to**ma sua **cruz** e não me **se**gue,
não é **di**gno de **mim**, diz o Se**nhor**.

Ano B Di**zi**a a mu**lher** para **si**:
se eu to**car**, nem que **se**ja na **or**la
de seu **man**to, eu **hei** de ser **sal**va.

Ano C As ra**po**sas pos**su**em as **to**cas,
e as **a**ves do **céu**, os seus **ni**nhos;
mas o **Fi**lho do **Ho**mem não **tem**
onde **pos**sa apoi**ar** a ca**be**ça.

Laudes

Cântico evangélico

Ano A Quem vos re**ce**be, a mim re**ce**be;
quem me re**ce**be, diz Je**sus**,
recebe o **Pai** que me envi**ou**.

Ano B Je**sus** disse, en**tão**, à mu**lher**:
Vai em **paz**, tua **fé** te sal**vou**!

Ano C **Dei**xa que os **mor**tos enter**rem** os **mor**tos!
Tu, po**rém**, vai e **pre**ga o **Rei**no de **Deus**.

Oração

Ó Deus, pela vossa graça, nos fizestes filhos da luz. Concedei que não sejamos envolvidos pelas trevas do erro, mas brilhe em nossas vidas a luz da vossa verdade. Por nosso Senhor Jesus Cristo, vosso Filho, na unidade do Espírito Santo.

II Vésperas

Cântico evangélico, ant.

Ano A Em ver**da**de eu vos **di**go: Quem **der**, em meu **no**me,
a um **des**tes peque**ni**nos nem que **se**ja um copo d'**á**gua,
por ser **e**le meu dis**cí**pulo, há de **ter** sua recom**pen**sa.

Ano B A cri**an**ça não mor**reu**, está dor**min**do.
To**mou**-a pela **mão** e excla**mou**:
Le**van**ta-te, me**ni**na, eu te or**de**no!

Ano C Quem **põe** a mão no a**ra**do e **o**lha para **trás**,
não **ser**ve para o **Rei**no de **Deus**, diz o Se**nhor**.

14º DOMINGO DO TEMPO COMUM

II Semana do Saltério

I Vésperas

Cântico evangélico, ant.

Ano A Eu te **lou**vo e ben**di**go, meu **Pai**,
dos **céus** e da **ter**ra Se**nhor**,
por**que** ocul**tas**te estas **coi**sas
aos **sá**bios e **aos** enten**di**dos
e **as** reve**las**te aos pe**que**nos!

Ano B Os ou**vin**tes se admi**ra**vam da dou**tri**na de Je**sus**,
e di**zi**am estupe**fa**tos: Não é **es**te o carpin**tei**ro?
Não é o **fi**lho de Ma**ri**a? De onde lhe **vem** este sa**ber**?

Ano C É **gran**de a co**lhei**ta, e os ope**rá**rios são **pou**cos.
Por **is**so, pe**di** ao Se**nhor** da co**lhei**ta
que **man**de ope**rá**rios à **sua** co**lhei**ta.

Laudes

Cântico evangélico, ant.

Ano A Tomai meu **ju**go sobre **vós**
e apren**dei** de mim que **sou**
de cora**ção** humilde e **man**so,
e acha**reis** paz e re**pou**so para os **vos**sos cora**ções**.

Ano B Eu vos **di**go com cer**te**za a todos **vós**:
o pro**fe**ta não é a**cei**to em sua **pá**tria.

Ano C Ao en**trar**des numa **ca**sa, di**zei** primeira**men**te:
A **paz** a esta **ca**sa!
E **so**bre aquela **ca**sa, vossa **paz** repousa**rá**.

Oração

Ó Deus, que pela humilhação do vosso Filho reerguestes o mundo decaído, enchei os vossos filhos e filhas de santa alegria, e dai aos que libertastes da escravidão do pecado o gozo das alegrias eternas. Por nosso Senhor Jesus Cristo, vosso Filho, na unidade do Espírito Santo.

II Vésperas

Cântico evangélico, ant.

Ano A O meu **ju**go é su**a**ve e é **le**ve o meu **far**do,
assim **diz** o Se**nhor**.

Ano B Sa**in**do Je**sus** de sua **ter**ra,
percor**ri**a as al**dei**as vi**zi**nhas
e pre**ga**va o Evan**ge**lho do **Rei**no.

Ano C Exul**tai** e ale**grai**-vos,
por**que** vossos **no**mes estão es**cri**tos no **céu**.

15º DOMINGO DO TEMPO COMUM

III Semana do Saltério

I Vésperas

Cântico evangélico, ant.

Ano A Je**sus** ensi**na**va ao povo em pa**rá**bolas:
Sa**iu** o semea**dor** a seme**ar** sua se**men**te.

Ano B Je**sus** chamou os **Do**ze, e **deu**-lhes po**der**
sobre os es**pí**ritos i**mun**dos.

Ano C Ama**rás** o Se**nhor**, o teu **Deus**,
de **to**do o **teu** cora**ção**,
e o teu **pró**ximo **co**mo a ti **mes**mo.

Laudes

Cântico evangélico, ant.

Ano A Jesus **dis**se aos dis**cí**pulos: Foi a **vós** conce**di**do
conhe**cer** os mis**té**rios do **Rei**no dos **céus**;
aos **ou**tros, po**rém**, não **é** conce**di**do,
se**não** em pa**rá**bolas.

Ano B Sa**in**do os dis**cí**pulos,
pre**ga**vam ao **po**vo que **se** conver**tes**se.

Ano C O **Bom** Sama**ri**tano, pas**san**do de vi**a**gem,
aproxi**mou**-se do fe**ri**do,
e, ao **vê**-lo, teve **pe**na e cu**rou** suas fe**ri**das.

Oração

Ó Deus, que mostrais a luz da verdade aos que erram para retomarem o bom caminho, dai a todos os que professam a fé rejeitar o que não convém ao cristão, e abraçar tudo o que é digno desse nome. Por nosso Senhor Jesus Cristo, vosso Filho, na unidade do Espírito Santo.

II Vésperas

Cântico evangélico, ant.

Ano A A se**men**te é a pa**la**vra de **Deus**;
quem se**mei**a, po**rém**, é o **Cris**to;
todo a**que**le que ou**vir** o Se**nhor**,
vive**rá** para **sem**pre, ale**lui**a.

Ano B Os dis**cí**pulos, par**tin**do, expul**sa**vam os de**mô**nios e
cur**a**vam os do**en**tes, un**gin**do-os com **ó**leo.

Ano C Qual **des**tes foi o **pró**ximo da**que**le que ca**iu**
nas **mãos** dos assal**tan**tes? E **e**le respon**deu**:
Foi a**que**le que o tra**tou** com a**mor** e compai**xão**. En**tão**
Jesus lhe **dis**se: Vai **tu** e faze o **mes**mo.

16º DOMINGO DO TEMPO COMUM

IV Semana do Saltério

I Vésperas

Cântico evangélico, ant.

Ano A Ajun**tai** primeiro o **joi**o,
atai-o em **fei**xes e quei**mai**-o,
mas o **tri**go, recol**hei**-o no meu ce**lei**ro, diz Je**sus**.

Ano B Os a**pós**tolos reu**ni**ram-se a Je**sus**,
e a **e**le rela**ta**ram tudo **quan**to
ha**vi**am eles **fei**to e ensi**na**do.

Ano C Jesus en**trou** em uma al**dei**a,
e **Mar**ta o hospe**dou** em sua **ca**sa, e o ser**vi**a.

Laudes

Cântico evangélico, ant.

Ano A O **Rei**no dos **Céus** é seme**lhan**te
ao fer**men**to que to**mou** uma mu**lher**
e colo**cou** em três me**di**das de fa**ri**nha,
até que **fos**se fermen**ta**da toda a **mas**sa.

Ano B Vinde a **sós** a um lu**gar** bem tran**qui**lo,
repou**sai** algum **tem**po co**mi**go.

Ano C Ma**ri**a, irmã de **Mar**ta, sen**ta**da aos pés do **Mes**tre,
escu**ta**va sua pa**la**vra.

Oração

Ó Deus, sede generoso para com os vossos filhos e filhas e multiplicai em nós os dons da vossa graça, para que, repletos de fé, esperança e caridade, guardemos fielmente os vossos mandamentos. Por nosso Senhor Jesus Cristo, vosso Filho, na unidade do Espírito Santo.

II Vésperas

Cântico evangélico, ant.

Ano A No fim do **mun**do, o Filho do **Ho**mem
separa**rá** do trigo o **joi**o.
Então os **jus**tos brilha**rão**
como o **sol** no firma**men**to.

Ano B Vendo a**que**las multi**dões**, Jesus **te**ve compai**xão**, porque **e**ram como o**ve**lhas
que er**ra**vam sem pas**tor**.

Ano C Ma**ri**a escol**heu** a **par**te me**lhor**
que **não** lhe se**rá** ti**ra**da ja**mais**.

17º DOMINGO DO TEMPO COMUM

I Semana do Saltério

I Vésperas

Cântico evangélico, ant.

Ano A O **Rei**no dos **Céus** é se**melhan**te
ao compra**dor** de raras **pé**rolas preci**o**sas:
quando en**con**tra a mais **be**la entre **to**das,
vende **tu**do o que pos**sui**, para com**prá**-la.

Ano B Jesus, **ven**do que acor**ri**a ao seu en**con**tro
uma **gran**de multi**dão**, disse a Fi**li**pe:
Onde **com**praremos **pão** sufici**en**te,
para **dar**mos de co**mer** a esse **po**vo?
Dizia **is**so apenas **pa**ra pô-lo à **pro**va;
pois bem sa**bi**a o que **e**le iria fa**zer**.

Ano C Es**tan**do **Je**sus a re**zar**,
um dis**cí**pulo pe**diu**-lhe, di**zen**do:
Ensi**nai**-nos, Se**nhor**, a re**zar**!

Laudes

Cântico evangélico, ant.

Ano A O **Rei**no dos **Céus** é **co**mo uma **re**de lan**ça**da ao **mar**.
Quando **e**la está **chei**a, se**pa**ram os **pei**xes:
Os **bons** eles **guar**dam, os **ruins** jogam **for**a.

Ano B O Se**nhor**, com cinco **pães** e com dois **pei**xes, saci**ou**
as quase **cin**co mil pessoas.

Ano C **Pe**di e recebe**reis**, procu**rai** e acha**reis**,
ba**tei** e será a**ber**ta a **por**ta, ale**lui**a.

Oração

Ó Deus, sois o amparo dos que em vós esperam e, sem vosso auxílio, ninguém é forte, ninguém é santo; redobrai de amor para conosco, para que, conduzidos por vós, usemos de tal modo os bens que passam, que possamos abraçar os que não passam. Por nosso Senhor Jesus Cristo, vosso Filho, na unidade do Espírito Santo.

II Vésperas

Cântico evangélico, ant.

Ano A Quem se **tor**na discípulo do **Rei**no dos **Céus**,
é qual **pai** de fa**mí**lia que **ti**ra da **ar**ca
coisas **no**vas e **ve**lhas.

Ano B Ao **ve**rem os si**nais** que Je**sus** havia **fei**to,
diziam entre **si**:
Este **ho**mem é o Pro**fe**ta que ao **mun**do deve **vir**!

Ano C Se **vós** que sendo **maus** sa**beis** dar de pre**sen**te
o que é **bom** a vossos **fi**lhos,
com **mui**to mais ra**zão** vosso **Pai** que está nos **céus**
há de **dar** o Espírito **San**to
para a**que**les que lhe **pe**dem.

18º DOMINGO DO TEMPO COMUM

II Semana do Saltério

I Vésperas

Cântico evangélico, ant.

Ano A Uma **gran**de multi**dão** es**ta**va com Je**sus**,
e não **ti**nha o que co**mer**.
Ele **dis**se aos seus dis**cí**pulos:
Tenho **pe**na deste **po**vo!

Ano B Traba**lhai**, não pelo **pão** que é pere**cí**vel,
mas por a**que**le que per**du**ra eterna**men**te.

Ano C Preca**vei**-vos da ava**re**za,
pois não **é** no muito **ter** que sal**vais** a vossa **vi**da.

Laudes

Cântico evangélico, ant.

Ano A O Se**nhor**, com cinco **pães** e com dois **pei**xes,
saci**ou** as quase **cin**co mil pes**so**as.

Ano B Em ver**da**de eu vos **di**go:
Não foi Moi**sés** que deu ou**tro**ra
aquele **pão** que vem do **céu**,
porém meu **Pai** é quem vos **dá**
o verda**dei**ro pão do **céu**.

Ano C Ajun**tai** vosso te**sou**ro no **céu,** diz o Se**nhor,**
onde a **tra**ça e a fer**ru**gem
não es**tra**gam nem cor**ro**em.

Oração

Manifestai, ó Deus, vossa inesgotável bondade para com os filhos e filhas que vos imploram e se gloriam de vos ter como criador e guia, restaurando para eles a vossa criação, e conservando-a renovada. Por nosso Senhor Jesus Cristo, vosso Filho, na unidade do Espírito Santo.

II Vésperas

Cântico evangélico, ant.

Ano A Todos co**me**ram e fi**ca**ram saci**a**dos
e a**in**da recol**he**ram doze **ces**tos,
re**ple**tos dos pe**da**ços que so**bra**ram.

Ano B Eu **sou** o pão da **vi**da, diz Je**sus**.
Quem vem a **mim,** nunca **mais** há de ter **fo**me;
quem crê em **mim,** nunca **mais** há de ter **se**de.

Ano C Ir**mãos**, se que**reis** real**men**te ser **ri**cos,
a**mai** as ri**que**zas que **são** verda**dei**ras.

19º DOMINGO DO TEMPO COMUM

II Semana do Saltério

I Vésperas

Cântico evangélico, ant.

Ano A Despe**di**da a multi**dão**, Je**sus** subiu ao **mon**te,
a **fim** de lá re**zar** sozi**nho** na mon**ta**nha;
e ca**in**do, já, a **tar**de, lá es**ta**va ele, **só**.

Ano B Nin**guém** pode**rá** vir até **mim**
se meu **Pai,** que me envi**ou**, não o atra**ir**;
e eu o **res**suscita**rei** no último **di**a.

Ano C Onde es**tá** o teu te**sou**ro, ali es**tá** teu cora**ção**.

Laudes

Cântico evangélico, ant.

Ano A Jesus **dis**se aos dis**cí**pulos que es**ta**vam apavo**ra**dos:
Co**ra**gem, confi**ai**! Sou **eu,** não tenhais **me**do!

Ano B Em ver**da**de eu vos **di**go: Quem **tem** fé em **mim,**
tem a **vi**da e**ter**na. Ale**lui**a.

Ano C Fe**li**zes os **ser**vos que o Se**nhor,** ao vol**tar,**
encon**trar** vigi**lan**tes.

Oração

Deus eterno e todo-poderoso, a quem ousamos chamar de Pai, dai-nos cada vez mais um coração de filhos, para alcançarmos um dia a herança prometida. Por nosso Senhor Jesus Cristo, vosso Filho, na unidade do Espírito Santo.

II Vésperas

Cântico evangélico, ant.

Ano A Senhor, man**dai**-me ao vosso en**con**tro,
camin**han**do sobre as **á**guas.
Esten**deu** Jesus a **mão**, segu**rou** Pedro e lhe **dis**se:
Ó **ho**mem de fé **fra**ca, por **que** tu duvi**das**te?

Ano B É **es**te o pão **vi**vo, des**ci**do dos **céus**,
para **que** todo a**que**le que **de**le co**mer**
não **mor**ra para **sem**pre.

Ano C Vossas cin**tu**ras es**te**jam cin**gi**das,
tende a**ce**sas nas **mãos** vossas **lâm**padas!

20º DOMINGO DO TEMPO COMUM

IV Semana do Saltério

I Vésperas

Cântico evangélico, ant.

Ano A A mu**lher** cana**nei**a cla**ma**va:
Minha **fi**lha es**tá** atormen**ta**da
por hor**rí**vel es**pí**rito ma**lig**no.
Tem pie**da**de, ó **Fi**lho de Da**vi**!

Ano B Eu **sou** o pão **vi**vo des**ci**do dos **céus**;
quem co**mer** deste **pão**, vive**rá** para **sem**pre.

Ano C Vim tra**zer** fogo à **ter**ra;
e o que **que**ro, se**não** que ele **se**ja ate**a**do?

Laudes

Cântico evangélico, ant.

Ano A A mu**lher** cana**nei**a chegou a Je**sus**
e ado**rou**-o, di**zen**do: Se**nhor**, aju**dai**-me!

Ano B Minha **car**ne real**men**te é co**mi**da,
o meu **san**gue é be**bi**da verda**dei**ra.
Quem **co**me a minha **car**ne e **be**be o meu **san**gue,
te**rá** a vida e**ter**na.

Ano C Devo **ser** bati**za**do num ba**tis**mo;
e como an**sei**o que **se**ja reali**za**do.

Oração

Ó Deus, preparastes para quem vos ama bens que nossos olhos não podem ver; acendei em nossos corações a chama da caridade para que, amando-vos em tudo e acima de tudo, corramos ao encontro das vossas promessas que superam todo desejo. Por nosso Senhor Jesus Cristo, vosso Filho, na unidade do Espírito Santo.

II Vésperas

Cântico evangélico, ant.

Ano A É **gran**de tua **fé**, ó mu**lher**!
Seja **fei**to as**sim** como **pe**des!

Ano B **Assim** como o **Pai** que **vive** e me envi**ou**
e eu **vivo** pelo **Pai**, quem de **mim** se alimen**tar**,
vive**rá** também por **mim**.

Ano C Pen**sais** que eu **vim** tra**zer** a paz à **ter**ra?
Eu vos **di**go que **não**! Vim tra**zer** a divi**são**.

21º DOMINGO DO TEMPO COMUM

I Semana do Saltério

I Vésperas

Cântico evangélico, ant.

Ano A Tu és o **Cris**to, o **Fi**lho do Deus **vi**vo!
Tu és fe**liz**, ó Si**mão** , filho de **Jo**nas!

Ano B Quem dá a **vi**da é o Es**pí**rito. Para **na**da serve a **car**ne;
as pa**la**vras que eu vos **dis**se são es**pí**rito, são **vi**da.

Ano C Esfor**çai**-vos por en**trar** pela **por**ta que é, es**trei**ta;
porque **mui**tos, eu vos **di**go, tenta**rão** entrar por ela,
porém **não** consegui**rão**.

Laudes

Cântico evangélico, ant.

Ano A Tu és **Pe**dro, e **so**bre esta **pe**dra
eu **irei** constru**ir** minha **Igre**ja.

Ano B Nin**guém** pode**rá** vir a **mim**,
se pelo **Pai** não lhe **for** conce**di**do.

Ano C Virão **mui**tos do Ori**en**te e do Oci**den**te
sentar-se à **me**sa do fes**tim** do Reino e**ter**no,
com Abra**ão** e com Isa**ac** e com Ja**có**.

Oração

Ó Deus, que unis os corações dos vossos fiéis num só desejo, dai ao vosso povo amar o que ordenais e esperar o que prometeis, para que, na instabilidade deste mundo, fixemos os nossos corações onde se encontram as verdadeiras alegrias. Por nosso Senhor Jesus Cristo, vosso Filho, na unidade do Espírito Santo.

II Vésperas

Cântico evangélico, ant.

Ano A O **que** ligares na **ter**ra, se**rá** ligado nos **céus**;
na **ter**ra o **que** desli**ga**res, nos **céus** se**rá** desli**ga**do.

Ano B A **quem** nós i**re**mos, Se**nhor** Jesus **Cris**to?
Só **tu** tens pa**la**vras de **vi**da e**ter**na.
Nós **cre**mos, sa**ben**do que **és** o Se**nhor**,
que **tu** és o **Cris**to, o **Fi**lho de **Deus**.

Ano C Há **úl**timos que vi**rão** a ser pri**mei**ros
e pri**mei**ros que vi**rão** a ser os **úl**timos.

22º DOMINGO DO TEMPO COMUM

II Semana do Saltério

I Vésperas

Cântico evangélico, ant.

Ano A **Je**sus come**çou** a mos**trar** aos dis**cí**pulos
que de**vi**a se**guir** para Jerusa**lém**,
sofrer **mui**to e ser **mor**to
e **ressusci**tar três **di**as de**pois**.

Ano B Prati**cai** os manda**men**tos do Se**nhor**,
porque **e**les vos da**rão** sabedo**ri**a
e inteli**gên**cia pe**ran**te os outros **po**vos.

Ano C Quando **fo**res convi**da**do para **núp**cias,
co**lo**ca-te no **úl**timo lu**gar**,
e **quem** te convi**dou**, possa di**zer**:
A**mi**go, vai che**gan**do mais a**ci**ma.
En**tão** serás hon**ra**do na pre**sen**ça
de **to**dos os que **fo**ram convi**da**dos.

Laudes

Cântico evangélico, ant.

Ano A Que pro**vei**to tem o **ho**mem,
se ga**nhar** o mundo in**tei**ro,
mas per**der** a sua **vi**da?

Ano B Aco**lhei** docil**men**te a Pa**la**vra,
semea**da** em **vós**, meus ir**mãos**:
ela **po**de sal**var** vossas **vi**das.

Ano C **Quem** se exal**tar**, se**rá** humi**lha**do;
e **quem** se humi**lhar**, se**rá** exal**ta**do.

Oração

Deus do universo, fonte de todo bem, derramai em nossos cora ções o vosso amor e estreitai os laços que nos unem convosco para alimentar em nós o que é bom e guardar com solicitude o que nos destes. Por nosso Senhor Jesus Cristo, vosso Filho, na unidade do Espírito Santo.

II Vésperas

Cântico evangélico, ant.

Ano A O **Fi**lho do **ho**mem há de **vir**,
reves**ti**do da **gló**ria do seu **Pai**,
acompa**nha**do de **to**dos os seus **an**jos,
e en**tão** paga**rá** a cada **um**
de a**cor**do com **seu** procedi**men**to.

Ano B Ou**vi** e compreen**dei** a tradi**ção**,
que o Se**nhor** e nosso **Deus** vos transmi**tiu**.

Ano C Quando **de**res um ban**que**te, con**vi**da à tua **me**sa
os **po**bres e alei**ja**dos que não **têm** com que pa**gar**-te;
e se**rás** recompen**sa**do quando os **jus**tos ressur**gi**rem.

23º DOMINGO DO TEMPO COMUM

III Semana do Saltério

I Vésperas

Cântico evangélico, ant.

Ano A Se o **teu** irmão pe**car**, corri**ge**-o a **sós**.
Se **e**le te ou**vir**, ga**nhas**te o teu ir**mão**.

Ano B Sa**in**do Je**sus** das **ter**ras de **Ti**ro,
trou**xe**ram a **e**le um **sur**do e **mu**do
e pe**di**ram a **e**le impu**ses**se suas **mãos**.

Ano C Se al**guém** vem a **mim**, mas **não** tem a**mor**
mais a **mim** que a si **mes**mo,
não pode **ser** meu dis**cí**pulo.

Laudes

Cântico evangélico, ant.

Ano A Se dois de **vós**, por sobre a **ter**ra,
se u**ni**rem para pe**dir** qualquer **coi**sa que quei**rais**,
será **da**do por meu **Pai** que está nos **céus**, diz o Se**nhor**.

Ano B **Olhan**do para o **céu**, Je**sus** deu um sus**pi**ro
e **dis**se ao surdo-**mu**do: "Efa**tá**", ou seja: "Abre-te!"

Ano C Quem não car**re**ga a sua **cruz**
e não **vem** atrás de **mim**,
não pode **ser** o meu dis**cí**pulo.

Oração

Ó Deus, pai de bondade, que nos redimistes e adotastes como filhos e filhas, concedei aos que creem no Cristo a verdadeira liberdade e a herança eterna. Por nosso Senhor Jesus Cristo, vosso Filho, na unidade do Espírito Santo.

II Vésperas

Cântico evangélico, ant.

Ano A Onde esti**ve**rem dois ou **três** reu**ni**dos em meu **no**me,
eu es**tou** no meio **de**les, diz Je**sus**, nosso Se**nhor**.

Ano B Ele **fez** tudo **bem**:
Fez os **sur**dos ou**vi**rem e os **mu**dos fa**la**rem.

Ano C Quem **não** renunci**ar** a tudo a**qui**lo que pos**sui**,
não pode**rá** ser meu dis**cí**pulo.

24º DOMINGO DO TEMPO COMUM

IV Semana do Saltério

I Vésperas

Cântico evangélico, ant.

Ano A Respon**deu** Jesus a **Pe**dro: Pedro, **de**ves perdo**ar**
não so**men**te sete **ve**zes, mas se**ten**ta vezes **se**te.

Ano B E **vós**, quem di**zeis** que eu **sou**?
Simão **Pe**dro respon**deu** a Je**sus**:
Tu **és** o Messias, ale**lui**a.

Ano C **Quem** dentre **vós**, que pos**sui** cem o**ve**lhas
e per**den**do uma **de**las, não **dei**xa no de**ser**to
as no**ven**ta e **no**ve, e **vai** procu**rar**
a que ele per**deu**, **até** encon**trá**-la?

Laudes

Cântico evangélico, ant.

Ano A Compade**ci**do, o pa**trão** sol**tou** seu empre**ga**do,
perdo**an**do a sua **dí**vida.

Ano B O **Fi**lho do **ho**mem deve**rá** sofrer **mui**to
ser **mor**to e em três **di**as deve**rá** ressur**gir**.

Ano C Em ver**da**de eu vos **di**go que have**rá**
ale**gri**a entre os **an**jos do Se**nhor**
por so**men**te um peca**dor** que se con**ver**te.

Oração

Ó Deus, criador de todas as coisas, volvei para nós o vosso olhar e, para sentirmos em nós a ação do vosso amor, fazei que vos sirvamos de todo o coração. Por nosso Senhor Jesus Cristo, vosso Filho, na unidade do Espírito Santo.

II Vésperas

Cântico evangélico, ant.

Ano A Servo **mau**, eu perdo**ei** a tua **dí**vida,
por**que** tu me pe**dis**te e supli**cas**te.
Não de**vi**as também **tu** compade**cer**-te
deste **teu** compa**nhei**ro de serviço,
assim como de **ti** eu tive **pe**na?

Ano B Quem per**der** a sua **vi**da por **mim** e o Evan**ge**lho,
vai sal**vá**-la, diz Je**sus**.

Ano C Qual a mu**lher** que tem dez **drac**mas,
e, per**den**do uma **de**las, não a**cen**de uma **lâm**pada
e a pro**cu**ra com cui**da**do a**té** que a en**con**tre?

25º DOMINGO DO TEMPO COMUM

I Semana do Saltério

I Vésperas

Cântico evangélico, ant.

Ano A Ide **vós**, desocu**pa**dos, traba**lhar** na minha **vi**nha,
e o que for **jus**to, eu vos da**rei**.

Ano B Quem qui**ser** ser o pri**mei**ro,
seja o **úl**timo de **to**dos, e de **to**dos servi**dor**.

Ano C Fazei a**mi**gos com as ri**que**zas da injus**ti**ça
para **que**, quando fal**ta**rem, vos re**ce**bam
nas e**ter**nas mora**di**as, diz Je**sus**.

Laudes

Cântico evangélico, ant.

Ano A O **Rei**no dos **Céus** pode **ser** compa**ra**do
a um **pai** de fa**mí**lia, que sa**iu** de ma**nhã**,
contra**tan**do ope**rá**rios para traba**lhar** em sua **vi**nha.

Ano B Todo a**que**le que me a**co**lhe,
não é a **mim** que ele a**co**lhe,
mas ao **Pai** que me envi**ou**.

Ano C Quem **é** fiel no **pou**co, é **fiel** também no **mui**to.

Oração

Ó Pai, que resumistes toda a lei no amor a Deus e ao próximo, fazei que, observando o vosso mandamento, consigamos chegar um dia à vida eterna. Por nosso Senhor Jesus Cristo, vosso Filho, na unidade do Espírito Santo.

II Vésperas

Cântico evangélico, ant.

Ano A Agora **cha**ma os ope**rá**rios, e **pa**ga o seu sa**lá**rio.

Ano B Quem a**co**lhe, em meu **no**me, uma cri**an**ça como **es**ta
é a **mim** que ele a**co**lhe.

Ano C Nin**guém** pode ser**vir** a dois se**nho**res:
não po**deis** servir a **Deus** e ao di**nhei**ro.

26º DOMINGO DO TEMPO COMUM

II Semana do Saltério

I Vésperas

Cântico evangélico, ant.

Ano A Quando o in**jus**to deixa a **su**a injus**ti**ça,
e pra**ti**ca o di**rei**to e a jus**ti**ça,
com cer**te**za vive**rá**, não morre**rá**.

Ano B Ninguém **po**de fa**zer** um mi**la**gre em meu **no**me
e **lo**go em se**gui**da falar **mal** também de **mim**.
Pois quem não **é** contra **nós** é a **nosso** fa**vor**.

Ano C Aca**bou** aconte**cen**do que o men**di**go fale**ceu**
e foi le**va**do pelos **an**jos para **jun**to de Abra**ão**.

Laudes

Cântico evangélico, ant.

Ano A Eu vos de**cla**ro esta ver**da**de:
Os publi**ca**nos e as mere**tri**zes
vos prece**de**r**ão** no Reino de **Deus**,
porque **e**les tiveram **fé**.

Ano B Quem vos **der** em meu **no**me,
nem que **se**ja um copo d' **á**gua,
porque **sois** de Jesus **Cris**to,
há de **ter** sua recom**pen**sa.

Ano C Re**cor**da-te, meu **fi**lho:
Rece**bes**te os bens em **vi**da,
enquanto **Lá**zaro, os **ma**les.
Tu és a**go**ra atormen**ta**do,
enquanto **e**le é conso**la**do.

Oração

Ó Deus, que mostrais vosso poder sobretudo no perdão e na misericórdia, derramai sempre em nós a vossa graça, para que, caminhando ao encontro das vossas promessas, alcancemos os bens que nos reservais. Por nosso Senhor Jesus Cristo, vosso Filho, na unidade do Espírito Santo.

II Vésperas

Cântico evangélico, ant.

Ano A Não é a**que**le que me **diz**: Senhor, Se**nhor**!
que no **Rei**no dos **Céus** irá en**trar**,
mas o que **faz** a von**ta**de do meu **Pai**.

Ano B É me**lhor** tu en**tra**res para a **vi**da alei**ja**do,
do que, **ten**do duas **mãos**, termi**na**res na geena.

Ano C Fe**li**zes de **vós** que sois **po**bres,
porque **vos**so é o **Rei**no de **Deus**!
Fe**li**zes de **vós** que cho**rais**,
por**que** have**reis** de sor**rir**.

27º DOMINGO DO TEMPO COMUM

III Semana do Saltério

II Vésperas

Cântico evangélico, ant.

Ano A Es**tan**do já **pró**ximo o **tem**po da **sa**fra,
o **do**no da **vi**nha man**dou** os empre**ga**dos
co**brar** os seus **fru**tos dos **a**gricul**to**res.

Ano B Che**gan**do os fari**seus**, pergun**ta**ram a Je**sus**
se é **lí**cito ao **ho**mem repudi**ar** sua mu**lher**.
Je**sus** lhes respon**deu**: o **ho**mem não se**pa**re
o que **foi** por Deus u**ni**do.

Ano C Os **Apóstolos** disseram a Je**sus**:
Ó Se**nhor**, aumen**tai** a nossa **fé**!

Laudes

Cântico evangélico, ant.

Ano A O **do**no da **vi**nha fa**rá** pere**cer**
os **maus** com ri**gor**, e have**rá** de arren**dar**
sua **vi**nha a **ou**tros, que no **tem**po de**vi**do
lhe en**tre**guem os **fru**tos.

Ano B Dei**xai** vir a **mim** as cri**an**ças,
pois **de**las é o **Rei**no dos **Céus**.

Ano C Se ti**ver**des a **fé** como um **grão** de mos**tar**da,
di**reis** à amo**rei**ra: Ar**ran**ca-te da**qui**,
e trans**plan**ta-te ao **mar**. Ela **há** de obede**cer**-vos.

Oração

Ó Deus eterno e todo-poderoso, que nos concedeis no vosso imenso amor de Pai mais do que merecemos e pedimos, derramai sobre nós a vossa misericórdia, perdoando o que nos pesa na consciência e dando-nos mais do que ousamos pedir. Por nosso Senhor Jesus Cristo, vosso Filho, na unidade do Espírito Santo.

II Vésperas

Cântico evangélico, ant.

Ano A A **pe**dra que os pe**drei**ros rejei**ta**ram,
tor**nou**-se agora a **pe**dra angu**lar**.
Pelo Se**nhor** é que foi **fei**to tudo **is**so:
Que mara**vi**lhas ele **fez** a nossos **o**lhos!

Ano B Quem **não** rece**ber** o **Rei**no de **Deus**
como **u**ma crian**ça**,
ja**mais** entra**rá** na **ca**sa do **Pai**.

Ano C Quando **vós** termi**nar**des **de fa**zer
tudo a**qui**lo que **foi** orde**na**do,
di**zei**: Somos **ser**vos i**nú**teis,
só cum**pri**mos o **nos**so de**ver**.

28º DOMINGO DO TEMPO COMUM

IV Semana do Saltério

I Vésperas

Cântico evangélico , ant.

Ano A O **Rei**no dos **Céus** pode **ser** compa**ra**do
a um **rei** que ce**le**bra as **bo**das do **fi**lho
e en**vi**a os seus **ser**vos a cha**mar** os con**vi**vas.

Ano B Só te **fal**ta uma **coi**sa: vai e **ven**de os teus **bens**,
doa **tu**do, então, aos **po**bres
e te**rás** no céu um te**sou**ro;
vem e **se**gue-me, de**pois**!

Ano C Vi**e**ram-lhe ao en**con**tro dez le**pro**sos,
que pa**ra**ram à dis**tân**cia e gri**ta**ram:
Jesus, **Mes**tre, compa**de**ce-te de **nós**!

Laudes

Cântico evangélico, ant.

Ano A **Di**zei aos convi**da**dos:
Prepa**rei** o meu ban**que**te, vinde à **fes**ta nupci**al**!

Ano B Eu vos **di**go: É di**fí**cil
um **ri**co en**trar** no **Rei**no de **Deus**!

Ano C Um **de**les, ao **ver**-se cu**ra**do,
vol**tou**, dando **gra**ças a **Deus**,
cla**man**do em voz **al**ta, ale**lui**a!

Oração

Ó Deus, sempre nos preceda e acompanhe a vossa graça para que estejamos sempre atentos ao bem que devemos fazer. Por nosso Senhor Jesus Cristo, vosso Filho, na unidade do Espírito Santo.

II Vésperas

Cântico evangélico, ant.

Ano A A **fes**ta das **bo**das es**tá** prepa**ra**da;
ne**nhum** convi**da**do, po**rém**, era **dig**no.
Saí pelas **ru**as e **en**cruzi**lha**das,
convi**dai** para as **bo**das todos **que** encon**trar**des.

Ano B Vós que **tu**do abando**nas**tes e me se**guis**tes,
rece**be**reis cem vezes **mais** e a vida e**ter**na.

Ano C Não **hou**ve quem vol**tas**se para a **Deus** glorifi**car**,
a não **ser** este estran**gei**ro? E **dis**se-lhe Je**sus**:
Le**van**ta-te e **vai**, pois sal**vou**-te a tua **fé**!

29º DOMINGO DO TEMPO COMUM

I Semana do Saltério

I Vésperas

Cântico evangélico, ant.

Ano A **Jesus**, nosso **Mes**tre,
sa**be**mos que **sois** verda**dei**ro e ensi**nais**
o ca**mi**nho de **Deus** con**for**me a ver**da**de.

Ano B Do **cá**lice que **eu** vou be**ber**, bebe**reis**;
e se**reis** batizados com o **mes**mo ba**tis**mo
com que se**rei** bati**za**do.

Ano C Je**sus** disse, en**tão**, aos **seus** segui**do**res:
É pre**ci**so orar **sem**pre, sem ja**mais** desis**tir**!

Laudes

Cântico evangélico, ant.

Ano A Do Ori**en**te ao Oci**den**te saibam **to**dos
que não **há** outro **Deus** além de **mim**.
Eu so**men**te sou o Se**nhor**, e não há **ou**tro.

Ano B Quem qui**ser** ser o mai**or**, seja o **vos**so servi**dor**.
Quem qui**ser** ser o **pri**meiro,
seja o es**cra**vo entre **to**dos.

Ano C Sim, **Deus** fará jus**ti**ça a seus e**lei**tos
que **cla**mam para **e**le, dia e **noi**te.

Oração

Deus eterno e todo-poderoso, dai-nos a graça de estar sempre ao vosso dispor, e vos servir de todo o coração. Por nosso Senhor Jesus Cristo, vosso Filho, na unidade do Espírito Santo.

II Vésperas

Cântico evangélico, ant.

Ano A Dai a **Cé**sar o que é de **Cé**sar, e a **Deus** o que é de **Deus**.

Ano B Veio o **Fi**lho do **Ho**mem
a **fim** de ser**vir**, e **não** ser ser**vi**do;
veio **dar** sua **vi**da em res**ga**te por **mui**tos.

Ano C Quando o **Fi**lho do **Ho**mem vi**er**,
acha**rá** ainda **fé** sobre a **ter**ra?

30º DOMINGO DO TEMPO COMUM

II Semana do Saltério

I Vésperas

Cântico evangélico, ant.

Ano A Ó **Mes**tre, di**zei**-nos:
qual **é** o mai**or** manda**men**to da **Lei**?
Respon**deu**-lhe **Je**sus e lhe **dis**se:
Ama**rás** o Se**nhor**, o teu **Deus**,
de **to**do o **teu** cora**ção**!

Ano B Es**tan**do a ca**mi**nho, rumo **a** Jeri**có**,
e ao sa**ir** da ci**da**de,
Jesus pergun**tou** a um **ce**go men**di**go:
Que **que**res que eu **fa**ça?
Ó **Mes**tre, fa**zei** que eu **tor**ne a enxer**gar**!

Ano C Man**ten**do-se à dis**tân**cia, com mo**dés**tia,
e bai**xan**do o o**lhar**, o publi**ca**no
ba**ti**a no **pei**to, arrepen**di**do;
supli**ca**va e pe**di**a humilde**men**te:
ó meu **Deus**, tende pie**da**de, pois eu **sou** peca**dor**!

Laudes

Cântico evangélico, ant.

Ano A Ama**rás** o teu **pró**ximo **co**mo a ti **mes**mo.

Ano B Ó **Filho** de Da**vi**, de **mim** tende pie**da**de!
O que **que**res que eu te **fa**ça?
Se**nhor**, que eu possa **ver**!

Ano C O publi**ca**no retor**nou** justifi**ca**do para **ca**sa;
e **não** o fari**seu** que a si **mes**mo exal**ta**va.

Oração

Deus eterno e todo-poderoso, aumentai em nós a fé, a esperança e a caridade e dai-nos amar o que ordenais para conseguirmos o que prometeis. Por nosso Senhor Jesus Cristo, vosso Filho, na unidade do Espírito Santo.

II Vésperas

Cântico evangélico, ant.

Ano A Ama**rás** o Se**nhor**, o teu **Deus**,
de **to**do o **teu** cora**ção**,
e o teu **pró**ximo **co**mo a ti **mes**mo.
Diz Je**sus**: Esses **dois** manda**men**tos
re**su**mem a **Lei** e os Pro**fe**tas.

Ano B Fa**lou** o Se**nhor** para o **ce**go:
Vai em **paz**, tua **fé** te sal**vou**!
Ele **lo**go tor**nou** a enxer**gar**
e se**gui**a a Je**sus** no ca**mi**nho.

Ano C **Quem** se exal**tar**, se**rá** humi**lha**do;
e **quem** se humi**lhar**, se**rá** exal**ta**do.

31º DOMINGO DO TEMPO COMUM

III Semana do Saltério

I Vésperas

Cântico evangélico, ant.

Ano A Todos **vós** sois ir**mãos**:
Vosso **Pai** é um **só**, que es**tá** lá nos **céus**.

Ano B Ama**rás** o Se**nhor**, o teu **Deus**, de **to**do o **teu** cora**ção**,
e o teu **pró**ximo **co**mo a ti **mes**mo.
Não há **ou**tro mai**or** manda**men**to.

Ano C Za**queu**, vem de**pres**sa, e **des**ce da **ár**vore!
porque **ho**je eu pre**ci**so fi**car** em tua **ca**sa.
Com **mui**ta ale**gri**a Za**queu** rece**beu**
a Je**sus** em sua **ca**sa.

Laudes

Cântico evangélico, ant.

Ano A **O** vosso **Mes**tre é um so**men**te.
É o **Cris**to Se**nhor** que está nos **céus**.

Ano B O Se**nhor** nosso **Deus** é um **só**,
e **não** há um **ou**tro além **de**le.
Ama**rás** o Se**nhor**, o teu **Deus**,
com **to**das as **for**ças da **al**ma.

Ano C A salva**ção** hoje en**trou** nesta **ca**sa,
pois também **es**te é **fi**lho de Abra**ão**.

Oração

Ó Deus de poder e misericórdia, que concedeis a vossos filhos e filhas a graça de vos servir como devem, fazei que corramos livremente ao encontro das vossas promessas. Por nosso Senhor Jesus Cristo, vosso Filho, na unidade do Espírito Santo.

II Vésperas

Cântico evangélico, ant.

Ano A Quem qui**ser** ser o mai**or**, seja o **vos**so servi**dor**.
Pois quem se exal**tar**, se**rá** humi**lha**do;
e quem se humi**lhar**, será exal**ta**do.

Ano B Jesus, **ven**do que o es**cri**ba fa**la**ra
com **sa**bedo**ri**a, lhe **dis**se:
Não estás **lon**ge do **Rei**no de **Deus**.

Ano C Veio o **Fi**lho do **Ho**mem bus**car**
e sal**var** o que es**ta**va per**di**do.

32º DOMINGO DO TEMPO COMUM

IV Semana do Saltério

I Vésperas

Cântico evangélico, ant.

Ano A Virgens pru**den**tes, vigi**lan**tes,
prepa**rai** as vossas **lâm**padas.
O Es**po**so está che**gan**do:
Ide **lo**go ao seu en**con**tro!

Ano B Sen**ta**do Je**sus** junto ao **co**fre de o**fer**tas,
viu a **po**bre vi**ú**va que lan**çou** duas mo**e**das,
em o**fer**ta ao Se**nhor**, dando **tu**do o que **ti**nha.

Ano C Os que **fo**rem jul**ga**dos ser **dig**nos
de ter **par**te no **mun**do fu**tu**ro,
sendo **fi**lhos da **res**surrei**ção**,
se**rão** seme**lhan**tes aos **an**jos,
serão **fi**lhos de **Deus**, diz Je**sus**.

Laudes

Cântico evangélico, ant.

Ano A No **mei**o da **noi**te ou**viu**-se um cla**mor**:
Vem che**gan**do o Es**po**so, sa**í**-lhe ao en**con**tro!

Ano B Eu vos **di**go que a **po**bre vi**ú**va
doou **mais** do que **to**dos os **ou**tros,
que lan**ça**ram di**nhei**ro no **co**fre.

Ano C Que os **mor**tos have**rão** de ressur**gir**,
Moi**sés** já nos mos**trou** no epi**só**dio
da sarça ar**den**te, quando **cha**ma o Se**nhor**:
Deus de Abra**ão**, Deus da Isa**ac**, Deus de Ja**có**.
O Se**nhor** é Deus dos **vi**vos, não dos **mor**tos.

Oração

Deus de poder e misericórdia, afastai de nós todo obstáculo para que, inteiramente disponíveis, nos dediquemos ao vosso serviço. Por nosso Senhor Jesus Cristo, vosso Filho, na unidade do Espírito Santo.

II Vésperas

Cântico evangélico, ant.

Ano A Eu vos **di**go esta ver**da**de:
Vigi**ai**, pois não sa**beis** nem o **di**a nem a **ho**ra!

Ano B Eu vos **di**go que a vi**ú**va, ao do**ar** da sua po**bre**za,
deu **quan**to possuía, doou **to**do o seu sus**ten**to.

Ano C O Se**nhor** é Deus de **vi**vos, não de **mor**tos;
pois todos **vi**vem para **e**le.

33º DOMINGO DO TEMPO COMUM

I Semana do Saltério

I Vésperas

Cântico evangélico, ant.

Ano A Confi**as**te-me **cin**co ta**len**tos;
Eis a**qui**, eu lu**crei** outros **cin**co.

Ano B Hão de **ver** o Filho do **ho**mem
que vi**rá** por sobre as **nu**vens
com po**der** e grande **gló**ria.

Ano C Quando ou**vir**des fa**lar** de re**vol**tas e **guer**ras,
não fi**queis** assus**ta**dos; pois se**rá** neces**sá**rio
que **is**to acon**te**ça bem **an**tes do **fim**.

Laudes

Cântico evangélico, ant.

Ano A Muito **bem**, servo **bom** e **fiel**,
porque **fos**te **fiel** sobre o **pou**co,
sobre o **mui**to te **co**loca**rei**.

Ano B O Se**nhor** manda**rá** os seus **an**jos
e **con**grega**rá** seus e**lei**tos
de **to**dos os **can**tos do **mun**do;
dos con**fins** mais dis**tan**tes da **ter**ra,
aos ex**tre**mos mais **al**tos dos **céus**.

Ano C Hei de **dar**-vos elo**quên**cia e pa**la**vras inspi**ra**das,
a que os **vos**sos adver**sá**rios nunca **hão** de resis**tir**.

Oração

Senhor nosso Deus, fazei que a nossa alegria consista em vos servir de todo o coração, pois só teremos felicidade completa, servindo a vós, criador de todas as coisas. Por nosso Senhor Jesus Cristo, vosso Filho, na unidade do Espírito Santo.

II Vésperas

Cântico evangélico, ant.

Ano A Muito **bem**, servo **bom**, fiel **fos**te no **pou**co,
vem en**trar** na ale**gri**a de Je**sus**, teu Se**nhor**!

Ano B O céu e a **ter**ra passa**rão**, diz o Se**nhor**;
porém, ja**mais** minhas pa**la**vras passa**rão**.

Ano C É na **vos**sa cons**tân**cia que salva**reis** vossas **vi**das.

34º Domingo do Tempo comum

NOSSO SENHOR JESUS CRISTO, REI DO UNIVERSO

Solenidade

I Vésperas

Hino

Cristo Rei, sois dos séculos Príncipe,
Soberano e Senhor das nações!
Ó Juiz, só a vós é devido
julgar mentes, julgar corações.

Multidões reverentes, no céu,
vos adoram e cantam louvores.
Nós também proclamamos que sois
Rei dos reis e Senhor dos senhores.

Rei da paz, imperai sobre as mentes,
desfazei seus desígnios perversos.
Por amor, reuni num rebanho
os errantes que andavam dispersos.

Para isso, de braços abertos,
vós pendeis do madeiro sagrado
e mostrais vosso bom coração
a sangrar, pela lança rasgado.

Para isso, no altar escondido
sob as formas de vinho e de pão,
através desse lado ferido,
para os filhos trazeis salvação.

Glória a vós, ó Senhor Jesus Cristo,
que no amor governais todo ser.
Seja a vós, com o Pai e o Espírito,
honra eterna, louvor e poder.

Salmodia

Ant. 1 Rei da **paz** será cha**ma**do, e seu **tro**no é inaba**lá**vel.

Salmo 112(113)

– 1 Louv**ai**, louvai, ó **ser**vos do Se**nhor**, *
louv**ai**, louvai o nome do Senhor!
– 2 Ben**di**to seja o nome do Senhor, *
ag**o**ra e por toda a eternidade!
– 3 Do nas**cer** do sol até o seu ocaso, *
louv**a**do seja o nome do Senhor!

– 4 O Se**nhor** está acima das nações, *
sua **gló**ria vai além dos altos céus.
= 5 Quem **po**de comparar-se ao nosso Deus, †
ao Se**nhor**, que no alto céu tem o seu trono *
6 e se in**cli**na para olhar o céu e a terra?

– 7 Le**van**ta da poeira o indigente *
e do **li**xo ele retira o pobrezinho,
– 8 para fa**zê**-lo assentar-se com os nobres, *
assen**tar**-se com os nobres do seu povo.
– 9 Faz a es**té**ril, mãe feliz em sua casa, *
viv**en**do rodeada de seus filhos.

Ant. Rei da **paz** será cha**ma**do, e seu **tro**no é inaba**lá**vel.

Ant. 2 O seu **rei**no é reino **eter**no,
e os **reis** de toda a **ter**ra
hão de ser**vi**-lo e obede**cer**-lhe.

Salmo 116(117)

– 1 Cantai louv**o**res ao Se**nhor**, todas as **gen**tes, *
povos **to**dos, feste**jai**-o!
– 2 Pois comprov**a**do é seu amor para co**nos**co, *
para **sem**pre ele é fiel!

Ant. O seu **rei**no é reino **eter**no,
e os **reis** de toda a **ter**ra
hão de ser**vi**-lo e obede**cer**-lhe.

Ant. 3 A **Cris**to foi **da**do o po**der** e a **hon**ra;
e **to**dos os **po**vos e **tri**bos e **lín**guas
have**rão** de ser**vi**-lo por **to**do o **sem**pre.

Cântico Ap 4,11; 5,9.10.12

– 4,11 Vós sois **digno**, Se**nhor** nosso **Deus**, *
de rece**ber** honra, glória e poder!

(R. Po**der**, honra e **gló**ria ao Cor**dei**ro de **Deus**!)

= 5,9 Porque **to**das as coisas criastes, †
é por **vos**sa vontade que existem, *
e sub**sis**tem porque vós mandais. (R.)

= Vós sois **dig**no, Senhor nosso Deus, †
de o **li**vro nas mãos receber *
e de a**brir** suas folhas lacradas! (R.)

– Porque **fos**tes por nós imolado; *
para **Deus** nos remiu vosso sangue
– dentre **to**das as tribos e línguas, *
dentre os **po**vos da terra e nações. (R.)

= 10 Pois fi**zes**tes de nós, para Deus, †
sacer**do**tes e povo de reis, *
e **ire**mos reinar sobre a terra. (R.)

= 12 O Cor**dei**ro imolado é digno †
de rece**ber** honra, glória e poder, *
sabedo**ri**a, louvor, divindade! (R.)

Ant. A **Cris**to foi **da**do o po**der** e a **hon**ra;
e **to**dos os **po**vos e **tri**bos e **lín**guas
have**rão** de ser**vi**-lo por **to**do o **sem**pre.

Leitura breve cf. Ef 1,20-23

Deus manifestou sua força em Cristo, quando o ressuscitou dos mortos e o fez sentar-se à sua direita nos céus, bem acima de toda a autoridade, poder, potência, soberania ou qualquer título que se possa nomear não somente neste mundo, mas ainda no mundo futuro. Sim, ele pôs tudo sob os seus pés e fez dele, que está acima de tudo, a Cabeça da Igreja, que é o seu corpo, a plenitude daquele que possui a plenitude universal.

Responsório breve

R. Vossa é a gran**de**za e o po**der**,
*Vosso é o **rei**no, ó Se**nhor**. R. Vossa.

V. Sobre **tu**do domi**nais**. * Vosso é o **rei**no.
Glória ao **Pai**. R. Vossa é a gran**de**za.

Cântico evangélico, ant.

O Senhor **Deus** vai dar-lhe o **tro**no de seu **pai**, o rei Da**vi**;
reina**rá** eterna**men**te sobre a **ca**sa de Ja**có**,
e sem **fim** será seu **rei**no. Ale**lui**a.

Preces

Irmãos e irmãs, oremos a Cristo Rei, que existe antes de todas as coisas criadas e em quem tudo subsiste; e o aclamemos, dizendo:

R. **Senhor, venha a nós o vosso Reino!**

Cristo, nosso Rei e nosso Pastor, reuni de todos os pontos da terra as ovelhas do vosso rebanho,
– e apascentai-as nos prados da vida eterna. R.

Salvador e Guia da humanidade, fazei de todos nós um só povo: curai os enfermos, procurai os que estão perdidos; conservai os fortes,
– chamai os que estão longe, congregai os dispersos, fortalecei os que vacilam. R.

Juiz eterno, colocai-nos à vossa direita no último dia, quando entregardes o Reino a Deus Pai,
– e dai-nos a posse do Reino preparado para nós desde a criação do mundo. R.

Príncipe da paz, fazei desaparecer do mundo a guerra e a violência,
– e concedei às nações a vossa paz. R.

Herdeiro universal dos povos, reuni na vossa Igreja a humanidade inteira com os bens que o Pai vos deu,
– para que todos vos reconheçam como Chefe na unidade do Espírito Santo. R.

(intenções Livres)

Cristo, Primogênito dentre os mortos e Primícias dos que adormeceram,
– acolhei na glória da ressurreição os nossos irmãos é irmãs que partiram desta vida. R.

Pai nosso...

Oração

Deus eterno e todo-poderoso que dispusestes restaurar todas as coisas no vosso amado Filho, Rei do universo, fazei que todas as criaturas, libertas da escravidão e servindo à vossa majestade, vos glorifiquem eternamente. Por nosso Senhor Jesus Cristo, vosso Filho, na unidade do Espírito Santo.

Laudes

Hino

Eterna imagem do Altíssimo,
sois Deus de Deus, Luz da Luz.
A vós a glória, o poder,
Redentor nosso, Jesus.

Centro e esperança da História,
antes dos tempos, sois vós.
Vós imperais sobre tudo,
reinai também sobre nós.

Da raça humana cabeça,
sois duma Virgem a flor,
pedra que, vindo do monte,
a terra inteira ocupou.

A raça humana, sujeita
a um tirano cruel,
por vós, quebrou as cadeias
e fez-se herdeira do céu.

Legislador, sacerdote,
na veste em sangue trazeis
escrito: "Chefe dos chefes
e Rei supremo dos reis".

Glória ao Deus Pai, ao Espírito
e a vós, ó Cristo Jesus,
que aos resgatados no sangue
levais ao Reino da luz.

Ant. 1 Sol nas**cen**te é **e**le cha**ma**do:
reina**rá** assen**ta**do em seu **tro**no
e de **paz** fala**rá** às na**ções**.

Salmos e cântico do domingo da I Semana, p. 764.

Ant. 2 Será **gran**de em toda a **ter**ra: será **e**le a nossa **paz**.

Ant. 3 O Se**nhor** lhe deu po**der**, deu-lhe **hon**ra e rea**le**za;
toda **lín**gua, povos, **tri**bos só a **e**le servi**rão**.

Leitura breve Ef 4,15,-16

Motivados pelo amor queremos ater-nos à verdade e crescer em tudo até atingirmos aquele que é a Cabeça, Cristo. Graças a ele, o corpo, coordenado e bem unido, por meio de todas as articulações que o servem, realiza o seu crescimento, segundo uma atividade à medida de cada membro, para a sua edificação no amor.

Responsório breve

R. Que vossos **san**tos com lou**vo**res vos ben**di**gam,
* Narrem a **gló**ria e o esplen**dor** do vosso **Rei**no!
R. Que vossos.
V. E **sai**bam procla**mar** vosso po**der**. * Narrem.
Glória ao **Pai**. R. Que vossos.

Cântico evangélico, ant.

Jesus **Cris**to, o Primo**gê**nito dos **mor**tos
e **Prín**cipe dos **reis** de toda a **ter**ra,
fez de **nós** para seu **Pai**, para seu **Deus**,
um **rei**no e sacer**dó**cio, ale**lui**a.

Preces

Irmãos e irmãs, oremos a Cristo Rei, que existe antes de todas as coisas criadas e em quem tudo subsiste; e o aclamemos, dizendo:

R. **Senhor, venha a nós o vosso Reino!**

Cristo Salvador, que sois nosso Deus e Senhor, nosso Rei e Pastor,
– conduzi o vosso povo pelos caminhos que conduzem à verdadeira vida. R.

Cristo, Bom Pastor, que destes a vida por vossas ovelhas,
– guiai-nos, para que nada nos falte. R.

Cristo, nosso Redentor, que fostes proclamado Rei da terra inteira,
– renovai em vós todas as coisas. R.

Cristo, Rei do universo, que viestes ao mundo para dar testemunho da verdade,
– fazei que a humanidade vos reconheça como Princípio e Fim de todas as coisas. R.

Cristo, nosso Mestre e Modelo, que nos fizestes sair das trevas para a vossa luz admirável,
–concedei que, hoje e sempre, levemos uma vida santa, pura e irrepreensível, na vossa presença.
R. **Senhor, venha a nós o vosso Reino!**
Pai nosso...

Oração

Deus eterno e todo-poderoso que dispusestes restaurar todas as coisas no vosso amado Filho, Rei do universo, fazei que todas as criaturas, libertas da escravidão e servindo à vossa majestade, vos glorifiquem eternamente. Por nosso, Senhor Jesus Cristo, vosso Filho, na unidade do Espírito Santo.

Hora Média

Salmos do domingo da I Semana, p. 768.

Ant. De Si**ão** brota**rá** água **vi**va
e o Se**nhor** reina**rá** sobre a **ter**ra.

Leitura breve Cl 1,16b-18

Tudo foi criado por meio dele e para ele. Ele existe antes de todas as coisas e todas têm nele a sua consistência. Ele é a Cabeça do corpo, isto é, da Igreja. Ele é o Princípio, o Primogênito dentre os mortos; de sorte que em tudo ele tem a primazia.

V. Salmodi**ai** ao som da **har**pa ao nosso **Rei**!
R. Porque **Deus** é o grande **Rei** de toda a **ter**ra.

Oração como nas Laudes.

II Vésperas

HINO Cristo Rei como nas I Vésperas, p. 726.

Salmodia

Ant. 1 Sobre o **tro**no de Da**vi** se assenta**rá**
e reina**rá** eterna**men**te, ale**lui**a.

Salmo 109(110),1-5.7

– [1]Pa**la**vra do Se**nhor** ao meu Se**nhor**: *
"As**sen**ta-te ao lado meu direito,

– **até** que eu ponha os inimigos teus *
como esca**be**lo por debaixo de teus pés!”

= 2 O Se**nhor** estenderá desde Sião †
vosso **ce**tro de poder, pois ele diz: *
“Do**mi**na com vigor teus inimigos;

= 3 tu és **prín**cipe desde o dia em que nasceste; †
na **gló**ria e esplendor da santidade, *
como o or**va**lho, antes da aurora, eu te gerei!”

= 4 Jurou o Se**nhor** e manterá sua palavra: †
“Tu **és** sacerdote eternamente, *
se**gun**do a ordem do rei Melquisedec!” –

– 5 À vossa **des**tra está o Senhor, ele vos diz: *
“No dia da **i**ra esmagarás os reis da terra!

– 7 Bebe**rás** água corrente no caminho, *
por **is**so seguirás de fronte erguida!”

Ant. Sobre o **tro**no de Da**vi** se assenta**rá**
e reina**rá** eterna**men**te, ale**lui**a.

Ant. 2 Vosso **Rei**no é reino e**ter**no,
e se es**ten**de vosso im**pé**rio atra**vés** das gera**ções**.

Salmo 144(145),1-13

– 1 Ó meu **Deus**, quero exal**tar**-vos, ó meu **Rei**, *
e bendi**zer** o vosso nome pelos séculos.

– 2 Todos os **di**as haverei de bendizer-vos, *
hei de lou**var** o vosso nome para sempre.

– 3 Grande é o Se**nhor** e muito digno de louvores, *
e nin**guém** pode medir sua grandeza.

– 4 Uma i**da**de conta à outra vossas obras *
e pu**bli**ca os vossos feitos poderosos;

– 5 proclamam **to**dos o esplendor de vossa glória *
e di**vul**gam vossas obras portentosas! *

– 6 Narram **to**dos vossas obras poderosas, *
e de **vos**sa imensidade todos falam.

– 7 Eles re**cor**dam vosso amor tão grandioso *
e e**xal**tam, ó Senhor, vossa justiça. –

– [8]Miseri**cór**dia e piedade é o Senhor, *
ele é a**mor**, é paciência, é compaixão.
– [9]O Se**nhor** é muito bom para com todos, *
sua ter**nu**ra abraça toda criatura.

– [10]Que vossas **o**bras, ó Senhor, vos glorifiquem, *
e os vossos **san**tos com louvores vos bendigam!
– [11]Narrem a **gló**ria e o esplendor do vosso reino *
e **sai**bam proclamar vosso poder!

– [12]Para espa**lhar** vossos prodígios entre os homens *
e o ful**gor** de vosso reino esplendoroso.
– [13]O vosso **rei**no é um reino para sempre, *
vosso po**der**, de geração em geração.

Ant. Vosso **Rei**no é reino e**ter**no,
e se es**ten**de vosso im**pé**rio atra**vés** das gera**ções**.

Ant. 3 Traz es**cri**to em seu **man**to re**al**:
Rei dos **reis** e Se**nhor** dos Se**nho**res.
Glória a **e**le e po**der** pelos **sé**culos!

No cântico seguinte dizem-se os Aleluias entre parênteses somente quando se canta; na recitação, basta dizer o Aleluia no começo e no fim das estrofes.

Cântico cf. Ap 19,1-7

= Ale**lui**a, (Ale**lui**a!).
[1]Ao nosso **Deus** a salva**ção**, *
honra, **gló**ria e poder! (Aleluia!).
– [2]Pois são ver**da**de e justiça *
os juízos do Senhor.

R. Ale**lui**a, (Ale**lui**a!).

= Ale**lui**a, (Ale**lui**a!).
[5]Cele**brai** o nosso Deus, *
servi**do**res do Senhor! (Aleluia!).
– E vós **to**dos que o temeis, *
vós os **gran**des e os pequenos!

R. Ale**lui**a, (Ale**lui**a!).

= Ale**lui**a, (Ale**lui**a!).
[6] De seu **rei**no tomou posse *
nosso **Deus** onipotente! (Aleluia!).
– [7] Exul**te**mos de alegria, *
demos **gló**ria ao nosso Deus!
R. Ale**lui**a, (Ale**lui**a!).

= Ale**lui**a, (Ale**lui**a!).
Eis que as **núp**cias do Cordeiro *
redi**vi**vo se aproximam! (Aleluia!).
– Sua Es**po**sa se enfeitou, *
se ves**tiu** de linho puro.
R. Ale**lui**a, (Ale**lui**a!).

Ant. Traz es**cri**to em seu **man**to **real**:
Rei dos **reis** e Se**nhor** dos Se**nho**res.
Glória a **e**le e po**der** pelos **sé**culos!

Leitura breve 1Cor 15,25-28

É preciso que Cristo reine até que todos os seus inimigos estejam debaixo de seus pés. O último inimigo a ser destruído é a morte. Com efeito, Deus pôs tudo debaixo de seus pés. Mas, quando ele disser: Tudo está submetido, é claro que estará excluído dessa submissão aquele que submeteu tudo a Cristo. E, quando todas as coisas estiverem submetidas a ele, então o próprio Filho se sub meterá àquele que lhe submeteu todas as coisas, para que Deus seja tudo em todos.

Responsório breve

R. Vosso **tro**no, ó **Deus**,
* É e**ter**no, sem **fim**. R. Vosso **tro**no.
V. Vosso **ce**tro **real** é si**nal** de jus**ti**ça. * É e**ter**no.
Glória ao **Pai**. R. Vosso **tro**no.

Cântico evangélico, ant.

Todo o po**der** foi-me **da**do no **céu** e na **ter**ra,
afir**mou** o Se**nhor**.

Preces

Irmãos e irmãs, oremos a Cristo Rei, que existe antes de todas as coisas criadas e em quem tudo subsiste; e o aclamemos, dizendo:

R. **Senhor, venha a nós o vosso Reino!**

Cristo, nosso Rei e nosso Pastor, reuni de todos os pontos da terra as ovelhas do vosso rebanho,
– e apascentai-as nos prados da vida eterna. R.

Salvador e Guia da humanidade, fazei de todos nós um só povo: curai os enfermos, procurai os que estão perdidos, conservai os fortes,
– chamai os que estão longe, congregai os dispersos, fortalecei os que vacilam. R.

Juiz eterno, colocai-nos à vossa direita no último dia, quando entregardes o Reino a Deus Pai,
– e dai-nos a posse do Reino preparado para nós desde a criação do mundo. R.

Príncipe da paz, fazei desaparecer do mundo a guerra e a violência,
– e concedei às nações a vossa paz. R.

Herdeiro universal dos povos, reuni na vossa Igreja a humanidade inteira com os bens que o Pai vos deu,
– para que todos vos reconheçam como Chefe na unidade do Espírito Santo. R.

(intenções livres)

Cristo, Primogênito dentre os mortos e Primícias dos que adormeceram,
– acolhei na glória da ressurreição os nossos irmãos e irmãs que partiram desta vida. R.

Pai nosso...

Oração

Deus eterno e todo-poderoso que dispusestes restaurar todas as coisas no vosso amado Filho, Rei do universo, fazei que todas as criaturas, libertas da escravidão e servindo à vossa majestade, vos glorifiquem eternamente. Por nosso Senhor Jesus Cristo, vosso Filho, na unidade do Espírito Santo.

ORDINÁRIO DA LITURGIA DAS HORAS

Laudes

V. Vinde, ó **Deus**, em meu au**xí**lio.
R. Socor**rei**-me sem de**mo**ra.
Glória ao **Pai** e ao **Fi**lho e ao Es**pí**rito **San**to.*
Como **e**ra no prin**cí**pio, a**go**ra e sempre. A**mém**. (Ale**luia**).

O Aleluia entre parênteses é omitido só na Quaresma.

Quando Laudes são celebradas como primeira ação litúrgica do dia, inicia-se com:

V. **Abri** os meus **lá**bios, ó Se**nhor**.
R. E minha **bo**ca anuncia**rá** vosso lou**vor**.

HINO

Em seguida, diz-se o hino correspondente ao Ofício do dia.

No início de cada Tempo indicam-se os hinos próprios para o Ofício dos domingos e dias de semana.

No Ofício dos domingos do Tempo Comum e dos dias de semana, o hino encontra-se no Saltério.

Nas solenidades e festas, o hino se encontra no Próprio ou no Comum. Não havendo hino próprio nas memórias dos Santos, toma-se o hino livremente do Comum ou do dia de semana correspondente.

SALMODIA

Terminado o hino, segue-se a salmodia, que consta de um salmo matutino, de um cântico do Antigo Testamento e de um salmo de louvor, cada qual com sua antífona correspondente.

No Ofício dos domingos do Advento, do Tempo de Natal, da Quaresma e em todo o Tempo pascal, as antífonas estão no Próprio e os salmos no Saltério.

No Tempo comum, rezam-se os salmos e o cântico do Saltério; não havendo antífonas próprias, rezam-se as do Saltério.

Têm antífonas próprias os domingos do Advento, Natal, como também os dias de semana de 17 a 24 de dezembro, os domingos da Quaresma e da Páscoa, os dias da Semana Santa, da oitava da Páscoa e de todo o Tempo pascal.

Nas solenidades e festas, nos dias da oitava de Natal, nos dias da oitava da Páscoa, os salmos e o cântico são do I Domingo do Saltério, e as antífonas do Próprio ou do Comum.

Nas memórias dos Santos, os salmos, o cântico e as antífonas são dos dias de semana, a não ser que haja salmos e antífonas próprios.

Terminada a salmodia, faz-se a leitura breve ou longa.

LEITURA BREVE

No Ofício dos domingos e dias de semana no Tempo do Advento, Natal, Quaresma e Páscoa, a leitura breve encontra-se no Próprio do Tempo; no Tempo comum, encontra-se no Saltério.

Nas solenidades e festas, a leitura breve encontra-se no Próprio ou no Comum.

Não havendo leitura breve própria para as memórias dos Santos, toma-se livremente do Comum ou do dia de semana.

LEITURA MAIS LONGA

Pode-se escolher à vontade uma leitura mais longa, principalmente na celebração com o povo, segundo a norma do n. 46 da Instrução.

Na celebração com o povo, conforme as circunstâncias, pode-se acrescentar uma breve homilia para explicar a leitura.

RESPOSTA À PALAVRA DE DEUS

Depois da leitura ou da homilia, se oportuno, pode-se guardar algum tempo de silêncio.

Em seguida, apresenta-se um canto responsorial ou responsório breve, que se encontra logo depois da leitura breve.

Outros cantos do mesmo gênero podem ser cantados em seu lugar, uma vez que sejam aprovados pela Conferência Episcopal.

CÂNTICO EVANGÉLICO (BENEDICTUS) Lc 1,68-79

Depois se diz o Cântico evangélico com a antífona correspondente.

A antífona para o Benedictus toma-se do Próprio; no Ofício dos dias de semana do Tempo comum, do Saltério. Nas solenidades e festas dos Santos, não havendo antífona própria, toma-se do Comum. Nas memórias, não havendo antífona própria, pode-se escolher, livremente, do dia de semana ou do Comum.

O Messias e seu Precursor

– 68 Bendito **se**ja o Senhor **Deus** de Isra**el**, *
porque a seu **po**vo visi**tou** e liber**tou**;
– 69 e fez sur**gir** um pode**ro**so Salva**dor** *
na **ca**sa de Da**vi**, seu servi**dor**,
– 70 como fa**la**ra pela **bo**ca de seus **san**tos, *
os pro**fe**tas desde os **tem**pos mais an**ti**gos,
– 71 para sal**var**-nos do po**der** dos ini**mi**gos *
e da **mão** de todos **quan**tos nos o**dei**am.

–72 Assim mos**trou** miseri**cór**dia a nossos **pais**, *
recor**dan**do a sua **san**ta Ali**an**ça
–73 e o jura**men**to a Abra**ão**, o nosso **pai**, *
de conce**der**-nos 74 que, li**ber**tos do ini**mi**go,
= a **e**le nós sir**va**mos sem te**mor** †
75 em santi**da**de e em jus**ti**ça diante **de**le, *
en**quan**to perdu**ra**rem nossos **di**as.
=76 Serás pro**fe**ta do Al**tís**simo, ó me**ni**no, †
pois **irás** andando à **fren**te do Se**nhor** *
para aplai**nar** e prepa**rar** os seus ca**mi**nhos,
–77 anunci**an**do ao seu **po**vo a salva**ção**, *
que es**tá** na remis**são** de seus pe**ca**dos,
–78 pela bon**da**de, e compai**xão** de nosso **Deus**, *
que sobre **nós** fará bri**lhar** o Sol nas**cen**te,
–79 para ilumi**nar** a quantos **ja**zem entre as **tre**vas *
e na **som**bra da **mor**te estão sen**ta**dos
– e **pa**ra diri**gir** os nossos **pas**sos, *
gui**an**do-os no ca**mi**nho da **paz**.
– Glória ao **Pai** e ao **Fi**lho e ao Es**pí**rito **San**to. *
Como era no princípio, a**go**ra e sempre. A**mém**.

GLÓRIA AO PAI

O Glória ao Pai se diz no fim de todos os salmos e cânticos, a não ser que se indique o contrário.

Para o canto, pode-se escolher outro Glória ao Pai que corresponda ao ritmo e aos acentos do salmo ou do cântico que precede:

1º **Comum** (e para o canto com 2 ou 4 acentos):

V. Glória ao **Pai** e ao **Fi**lho e ao Es**pí**rito **San**to.
R. Como **e**ra no prin**cí**pio, a**go**ra e sempre. A**mém**.

2º **Para o Canto** (com 3 acentos e estrofes de 2 versos)

– Glória ao **Pai** e ao **Fi**lho e ao Espírito **San**to. *
Como **e**ra no prin**cí**pio, agora e **sem**pre. A**mém.**

3º (Com 3 acentos e estrofes de 3 versos):

= Glória ao **Pai** e ao **Filho** e ao Espírito **Santo,** †
ao Deus que **é**, que **e**ra e que **vem,** *
pelos séculos dos séculos. **Amém.**

4º (Com 3 acentos e estrofes de 4 versos):

= Demos **glória** a Deus **Pai** onipo**ten**te
e a seu **Fi**lho, Jesus **Cris**to, Senhor **nos**so, †
e ao Es**pí**rito que ha**bi**ta em nosso **pei**to, *
pelos **sé**culos dos **sé**culos. A**mém**.

5º (Com 3 + 2 acentos):

= Glória ao **Pai** e ao **Fi**lho e ao Espírito **San**to
desde a**go**ra e para **sem**pre, †
ao Deus que **é**, que **e**ra e que **vem**, *
pelos **sé**culos. A**mém**.

Repete-se a antífona.

REFRÃO NOS CÂNTICOS (R.)

Para os cânticos do Antigo e do Novo Testamento é facultativo o refrão entre parênteses (R.). Pode ser usado quando se canta ou se recita o Ofício em comum.

PRECES PARA CONSAGRAR O DIA E O TRABALHO A DEUS

Terminado o cântico, fazem-se as Preces.

No Ofício dos domingos e dias de semana do Tempo do Advento, Natal, Quaresma, no Tríduo pascal, na oitava da Páscoa e no Tempo pascal, as preces encontram-se no Próprio do Tempo; para o Tempo comum, encontram-se no Saltério.

Nas solenidades e festas, as preces estão no Próprio ou no Comum.

Nas memórias dos Santos podem-se tomar livremente as preces do Comum ou do dia de semana, não havendo próprias.

Após as preces, todos rezam o Pai-nosso, que pode ser precedido de breve monição como a seguir:

1. E agora digamos juntos a oração que o Cristo Senhor nos ensinou: *Pai nosso...*
2. Nossa prece prossigamos, implorando a vinda do Reino de Deus: *Pai nosso...*
3. Recolhamos agora nossos louvores e pedidos com as palavras do próprio Cristo, e digamos: *Pai nosso...*
4. Confirmemos agora nossos louvores e pedidos pela oração do Senhor: *Pai nosso...*
5. Mais uma vez louvemos a Deus e roguemos com as mesmas palavras de Cristo: *Pai nosso...*

6. (Invocações dirigidas a Cristo) Lembrai-vos de nós, Senhor, quando vierdes em vosso Reino e ensinai-nos a dizer: *Pai nosso...*
7. E agora, obedientes à vontade de nosso Senhor Jesus Cristo, ousamos dizer: *Pai nosso...*
8. E agora, cumprindo a ordem do Senhor, digamos: *Pai nosso...*
9. Atentos ao modelo de oração dado por Cristo, nosso Senhor, digamos: *Pai nosso...*
10. Digamos agora, todos juntos, a oração que Cristo nos entregou como modelo de toda oração: *Pai nosso...*

Pai nosso que estais nos céus,
santificado seja o vosso nome;
venha a nós o vosso reino,
seja feita a vossa vontade,
assim na terra como no céu;
o pão nosso de cada dia nos dai hoje;
perdoai-nos as nossas ofensas,
assim como nós perdoamos
a quem nos tem ofendido,
e não nos deixeis cair em tentação,
mas livrai-nos do mal.

ORAÇÃO CONCLUSIVA

Depois do Pai-nosso diz-se imediatamente, sem o convite Oremos, a oração conclusiva. No Ofício dos dias de semana ela se encontra no Saltério e nos demais ofícios, no Próprio. A conclusão da oração é descrita adiante, no Ofício da Hora Média, p. 745.

Se um sacerdote ou diácono preside o Ofício, é ele quem despede o povo, dizendo:

O Senhor esteja convosco.
R. Ele está no meio de nós.

Abençoe-vos Deus todo-poderoso,
Pai e Filho e Espírito Santo..
R. Amém.

Pode usar também outra fórmula de bênção, como na Missa.

Havendo despedida, acrescenta-se:

Ide em **paz** e o Se**nhor** vos acom**pa**nhe.
R. **Graças** a **Deus.**

Do 1º ao 2º Domingo da Páscoa inclusive:

Ide em **paz**, e o Se**nhor** vos acom**pa**nhe. Ale**lui**a, ale**lui**a.
R. **Graças** a **Deus**. Ale**lui**a, ale**lui**a.

Não havendo sacerdote, ou diácono, e na recitação individual, conclui-se assim:

O Se**nhor** nos aben**çoe**, nos **li**vre de todo o **mal**
e nos con**du**za à vida e**ter**na.
R. Amém.

Hora Média

V. Vinde, ó **Deus,** em meu au**xí**lio.
R. R. Socor**rei**-me sem de**mo**ra.
Glória ao **Pai** e ao **Fi**lho e ao Es**pí**rito **Santo.** *
Como **e**ra no prin**cí**pio, a**go**ra e sempre. A**mém**. (Ale**lui**a).

O Aleluia entre parênteses é omitido só na Quaresma.

Depois se diz o hino correspondente. Na Quaresma e no Tempo pascal, o hino é próprio, p. 273 e 463. Não havendo hino próprio e no Tempo comum, se diz um dos seguintes:

Hino

Ó Deus, verdade e força
que o mundo governais,
da aurora ao meio-dia,
a terra iluminais.

De nós se afaste a ira,
discórdia e divisão.
Ao corpo dai saúde,
e paz ao coração.

Ouvi-nos, Pai bondoso,
por Cristo Salvador,
que vive com o Espírito
convosco pelo Amor.

Ou:

O louvor de Deus cantemos
com fervor no coração,

pois agora a hora sexta
nos convida à oração.

Nesta hora foi-nos dada
gloriosa salvação
pela morte do Cordeiro,
que na cruz trouxe o perdão.

Ante o brilho de tal luz
se faz sombra o meio-dia.
Tanta graça e tanto brilho
vinde haurir, com alegria.

Seja dada a glória ao Pai
e ao Unigênito também,
com o Espírito Paráclito,
pelos séculos. Amém.

Nesta Hora, não se faz menção das memórias dos Santos.

SALMODIA

Depois do hino, reza-se a salmodia com suas antífonas próprias. Propõem-se duas salmodias do Saltério: uma corrente e outra complementar.

A salmodia corrente consta de três salmos ou partes de salmos, distribuída ao longo do Saltério.

A Salmodia complementar consta de salmos invariáveis, escolhidos dentre os denominados salmos graduais, p. 1135.

Normalmente toma-se a salmodia corrente, mesmo nas festas.

Nas solenidades rezam-se os salmos da salmodia complementar; mas, no domingo, tomam-se os salmos do domingo da I Semana, p. 768.

No Tríduo pascal, nos dias da oitava da Páscoa e algumas solenidades do Senhor, propõem-se salmos especiais. Nas solenidades e no Tempo do Advento, Natal, Quaresma e Páscoa, as antífonas são próprias. No Tempo pascal, os salmos têm só uma antífona: Aleluia, Aleluia, Aleluia. Não havendo antífona própria e no Tempo comum, a salmodia é do Saltério.

LEITURA BREVE

Depois da salmodia, faz-se a leitura breve.

No Ofício dos domingos e dias de semana do Tempo do Advento, Natal, Quaresma e Páscoa, a leitura breve é do Próprio do Tempo; no Tempo comum é do Saltério.

Nas solenidades e festas, a leitura breve está no Próprio ou no Comum.

Depois da leitura breve, se for oportuno, pode-se guardar algum tempo de silêncio meditativo. Em seguida, se apresenta um brevíssimo responso, ou versículo, que é indicado no mesmo lugar da leitura breve.

ORAÇÃO CONCLUSIVA

Em seguida, diz-se a oração própria do dia, precedida do convite Oremos, e se acrescenta a conclusão correspondente, isto é:

Se a oração se dirige ao Pai:

Por Cristo, nosso Senhor.

Se se dirige ao Pai, com menção do Filho na parte final:

Que vive e reina para sempre.

Se se dirige ao Filho:

Vós, que viveis e reinais para sempre.

No fim da Oração responde-se:

Amém.

No Ofício dos domingos do Tempo comum, bem como nas solenidades e festas, a oração é própria do dia.

Nas memórias e nos Ofícios dos dias de semana, diz-se a oração da Hora correspondente, como no Saltério.

Depois, pelo menos na celebração comunitária, acrescenta-se a aclamação:

Bendigamos ao Se**nhor**.
R. **Graças** a **Deus**.

Vésperas

V. Vinde, ó **Deus**, em meu au**xí**lio.
R. Socor**rei**-me sem de**mo**ra.
Glória ao **Pai** e ao **Fi**lho e ao Es**pí**rito **San**to. *
Como **era** no prin**cí**pio, **a**gora e sempre. A**mém**. (Ale**lui**a).

O Aleluia entre parênteses é omitido só na Quaresma.

HINO

Em seguida, diz-se o hino correspondente.

No início de cada Tempo indicam-se os hinos próprios para o Ofício dos domingos e dias de semana.

No Ofício dos domingos do Tempo comum e dos dias de semana, o hino encontra-se no Saltério.

Nas solenidades e festas, o hino se encontra no Próprio ou no Comum. Não havendo hino próprio na memória dos Santos, toma-se o hino livremente do Comum ou do dia de semana correspondente.

SALMODIA

Terminado o hino, segue-se a salmodia que consta de dois salmos ou partes de salmos, e de um cântico do Novo Testamento, cada qual com sua antífona.

No Ofício dos domingos do Tempo do Advento, Natal, Quaresma e em todo o Tempo pascal, as antífonas estão no Próprio e os salmos no Saltério.

No Tempo comum, rezam-se os salmos e o cântico do Saltério; não havendo antífonas próprias, rezam-se as do Saltério.

Têm antífonas próprias: os domingos do Advento, Natal, como também os dias de semana de 17 a 24 de dezembro, os domingos da Quaresma e da Páscoa, os dias da Semana Santa e da oitava da Páscoa, e todo o Tempo pascal.

Nas solenidades, festas, Tríduo pascal e na oitava de Natal e da Páscoa, os salmos e as antífonas são do Próprio do Tempo ou do Comum.

Nas memórias dos Santos, os salmos, o cântico e as antífonas são do dia de semana corrente, a não ser que haja salmos e antífonas próprios.

Terminada a salmodia, faz-se a leitura breve ou longa.

LEITURA BREVE

No Ofício dos domingos e dias de semana no Tempo do Advento, Natal, Quaresma e Páscoa a leitura breve encontra-se no Próprio do Tempo; no Tempo Comum, encontra-se no Saltério corrente.

Nas solenidades e festas, a leitura breve encontra-se no Próprio ou no Comum.

Não havendo leitura breve própria para as memórias dos Santos, toma-se livremente do Comum ou do dia de semana.

LEITURA MAIS LONGA

Pode-se escolher à vontade uma leitura mais longa, principalmente na celebração com o povo, segundo a norma n. 46 da Instrução.

Na celebração com o povo, conforme as circunstâncias, pode-se acrescentar uma breve homilia para explicar a leitura.

RESPOSTA À PALAVRA DE DEUS

Depois da leitura ou da homilia, se for oportuno , pode-se guardar algum tempo de silêncio.

Em seguida, apresenta-se um canto responsorial ou responsório breve, que se encontra logo depois da leitura breve.

Outros cantos do mesmo gênero podem ser cantados em seu lugar, uma vez que sejam aprovados pela Conferência Episcopal.

CÂNTICO EVANGÉLICO (MAGNÍFICAT) Lc 1,46-55

Depois se diz o Cântico evangélico com a antífona correspondente.

No Ofício do Tempo do Advento, Natal, Quaresma, Páscoa e dos domingos do Tempo comum toma-se a antífona para o Magníficat do Próprio; no Ofício dos dias de semana, do Saltério. Nas solenidades e festas dos Santos, não havendo antífona própria, toma-se do Comum; nas memórias, pode-se escolher livremente a antífona do dia de semana ou do Comum.

A alegria da alma no Senhor

– 46 A minha **al**ma engran**de**ce ao Se**nhor**, *
47 e se ale**grou** o meu es**pí**rito em **Deus**, meu Salva**dor**,
– 48 pois ele **viu** a peque**nez** de sua **ser**va, *
desde **a**gora as gera**ções** hão de cha**mar**-me de ben**di**ta.

– 49 O Pode**ro**so fez em **mim** mara**vi**lhas *
e **San**to é o seu **no**me!
– 50 Seu a**mor**, de gera**ção** em gera**ção**,*
chega a **to**dos que o res**pei**tam.

– 51 Demons**trou** o po**der** de seu **bra**ço*
disper**sou** os orgu**lho**sos.
– 52 Derru**bou** os pode**ro**sos de seus **tro**nos *
e os hu**mil**des exal**tou**.

– 53 De **bens** saci**ou** os fa**min**tos *
e despe**diu**, sem nada, os **ri**cos.
– 54 Aco**lheu** Isra**el**, seu servi**dor**, *
fi**el** ao seu a**mor**,

– 55 como ha**vi**a prome**ti**do aos nossos **pais**, *
em fa**vor** de Abra**ão** e de seus **fi**lhos, para **sem**pre.

– Glória ao **Pai** e ao **Fi**lho e ao Es**pí**rito **San**to. *
Como **e**ra no prin**cí**pio, a**go**ra e sempre. A**mém**.

Glória ao Pai para o canto, como no Cântico Evangélico (Benedictus) das Laudes, p. 740.

Repete-se a antífona.

PRECES OU INTERCESSÕES

Terminado o cântico, fazem-se as preces ou intercessões.

No Ofício dos domingos e dias de semana do Tempo do Advento, Natal, Quaresma, no Tríduo pascal, na oitava da Páscoa e no Tempo pascal, as preces encontram-se no Próprio do Tempo; para o Tempo comum, encontram-se no Saltério.

Nas solenidades e festas, as preces estão no Próprio ou no Comum.

Nas memórias dos Santos podem-se tomar livremente as preces do Comum ou do dia de semana.

Após as preces, todos rezam o Pai-nosso, que pode ser precedido de breve monição, como à p. 741.

Pai nosso que estais nos céus,
santificado seja o vosso nome;
venha a nós o vosso reino,
seja feita a vossa vontade,
assim na terra como no céu;
o pão nosso de cada dia nos dai hoje;
perdoai-nos as nossas ofensas,
assim como nós perdoamos
a quem nos tem ofendido,
e não nos deixeis cair em tentação,
mas livrai-nos do mal.

ORAÇÃO CONCLUSIVA

Depois do Pai-nosso diz-se imediatamente, sem o convite Oremos, a oração conclusiva. No Ofício dos dias de semana do Tempo comum ela se encontra no Saltério corrente e nos outros Ofícios, no Próprio.

Se um sacerdote ou diácono preside o Ofício, é ele quem despede o povo, dizendo:

O Senhor esteja convosco.
R. Ele está no meio de nós,

Abençoe-vos Deus todo-poderoso,
Pai e Filho e Espírito Santo.
R. Amém.

Pode usar também outra fórmula de bênção, como na Missa

Havendo despedida, acrescenta-se:

Ide em **paz** e o Se**nhor** vos acom**pa**nhe.
R. **Graças** a **Deus**.

Do 1º ao 2º Domingo da Páscoa inclusive:

Ide em **paz** e o Se**nhor** vos acom**pa**nhe. Ale**lui**a, ale**lui**a.
R. **Graças** a **Deus**. Ale**lui**a, ale**lui**a.

Não havendo sacerdote, ou diácono, e na recitação individual, conclui-se assim:

O Se**nhor** nos aben**çoe**, nos **li**vre de todo o **mal**
e nos con**du**za à vida e**ter**na.
R. Amém.

Completas

V. Vinde, ó **Deus,** em meu au**xí**lio.
R. Socor**rei**-me sem de**mo**ra.
Glória ao **Pai** e ao **Fi**lho e ao Es**pí**rito **San**to.
Como **e**ra no prin**cí**pio, a**go**ra e sempre. A**mém**. (Ale**lui**a).

O Aleluia entre parênteses é omitido só na Quaresma.

Depois, recomenda-se o exame de consciência, que na celebração comunitária pode ser inserido num Ato penitencial como a seguir:

1. Após breve silêncio, todos juntos confessam, dizendo:

Confesso a Deus todo-poderoso
e a vós, irmãos (e irmãs),
que pequei muitas vezes
por pensamentos e palavras,
atos e omissões

e batendo no peito, dizem:

por minha culpa, minha tão grande culpa.

Em seguida, continuam:

E peço à Virgem Maria,
aos anjos e santos,
e a vós, irmãos (e irmãs),
que rogueis por mim a Deus, nosso Senhor.

Segue-se a absolvição de quem preside:

Deus todo-poderoso tenha compaixão de nós,
perdoe os nossos pecados
e nos conduza à vida eterna.

Todos:

Amém.

2. Ou quem preside diz:

Tende compaixão de nós, Senhor.

Todos respondem:

Porque somos pecadores.

Quem preside:

Manifestai, Senhor, a vossa misericórdia.

Todos:

E dai-nos a vossa salvação.

Segue-se a absolvição de quem preside:

Deus todo-poderoso tenha compaixão de nós,
perdoe os nossos pecados
e nos conduza à vida eterna.

Todos:

Amém.

3. Ou: Quem preside ou outra pessoa designada propõe as seguintes invocações ou outras semelhantes com Kyrie eléison (Senhor, tende piedade de nós):

Senhor,
que viestes salvar os corações arrependidos,
tende piedade de nós.

Todos:

Senhor, tende piedade de nós (Kyrie eléison).

Quem preside:

Cristo,
que viestes chamar os pecadores,
tende piedade de nós.

Todos:

Cristo, tende piedade de nós (Christe eléison).

O que preside:

Senhor,
que intercedeis por nós junto do Pai,
tende piedade de nós.

Todos:

Senhor, tende piedade de nós (Kyrie eléison);

Segue-se a absolvição de quem preside:

Deus todo-poderoso tenha compaixão de nós,
perdoe os nossos pecados
e nos conduza à vida eterna.
Todos:

Amém.

Hino

Fora do Tempo pascal:

Agora que o clarão da luz se apaga,
a vós nós imploramos, Criador:
com vossa paternal misericórdia,
guardai-nos sob a luz do vosso amor.

Os nossos corações sonhem convosco:
no sono, possam eles vos sentir.
Cantemos novamente a vossa glória
ao brilho da manhã que vai surgir.

Saúde concedei-nos nesta vida,
as nossas energias renovai;
da noite a pavorosa escuridão
com vossa claridade iluminai.

Ó Pai, prestai ouvido às nossas preces,
ouvi-nos por Jesus, nosso Senhor,
que reina para sempre em vossa glória,
convosco e o Espírito de Amor.

Ou:

Ó Cristo, dia e esplendor,
na treva o oculto aclarais.
Sois luz de luz, nós o cremos,
luz aos fiéis anunciais.

Guardai-nos, Deus, nesta noite,
velai do céu nosso sono;
em vós na paz descansemos
em um tranquilo abandono.

Se os olhos pesam de sono,
vele, fiel, nossa mente.
A vossa destra proteja
quem vos amou fielmente.

Defensor nosso, atendei-nos
freai os planos malvados.
No bem guiai vossos servos,
com vosso sangue comprados.

Ó Cristo, Rei piedoso,
a vós e ao Pai toda a glória,
com o Espírito Santo,
eterna honra e vitória.

Tempo pascal:

Ó Jesus Redentor,
do universo Senhor,
Verbo eterno do Pai,
Luz da Luz invisível,
que dos vossos remidos
vigilante cuidais.

Vós, artista do mundo
e de todos os tempos
o sinal divisor,
no silêncio da noite
renovai nosso corpo
que lutando cansou.

Afastai o inimigo,
vós, que os fundos abismos
destruís, ó Jesus!
Não consiga o maligno
seduzir os remidos
pelo sangue da Cruz.

Quando o corpo cansado
for de noite embalado
pelo sono e a calma,
de tal modo adormeça
que ao dormir nossa carne
não cochile nossa alma.

Escutai-nos, ó Verbo,
por quem Deus fez o mundo,
e o conduz e mantém.
Com o Pai e o Espírito,
vós reinais sobre os vivos
pelos séculos. Amém.

SALMODIA

Depois das I Vésperas dos domingos e solenidades, dizem-se os salmos 4 e 133(134), p. 1116 e 1117; e depois das II Vésperas, o salmo 90(91), p. 1119.

Também nos dias da oitava do Natal e da Páscoa se diz esta ou aquela das salmodias das Completas de domingo.

Nos outros dias, os salmos com suas antífonas encontram-se no Saltério. É permitido também substituir as Completas do dia por uma ou outra do domingo.

LEITURA BREVE

Depois da salmodia, faz-se a leitura breve, que se encontra também cada dia no lugar correspondente do Saltério.

Segue-se o responsório breve.

RESPONSÓRIO BREVE

Fora do Tempo pascal :

R. Se**nhor**, em vossas **mãos**,
* Eu en**tre**go o meu es**pí**rito. R. Se**nhor**.
V. Vós **sois** o Deus fi**el** que sal**vas**tes vosso **po**vo.
* Eu en**tre**go. Glória ao **Pai**. R. Se**nhor**.

No Tríduo pascal, em lugar do responsório breve se diz a antífona: Jesus Cristo se humilhou. Durante a oitava da Páscoa, em lugar do responsório breve, a antífona: Este é o dia, como no Próprio do Tempo.

Tempo pascal:

R. Se**nhor**, em vossas **mãos**, eu en**tre**go o meu es**pí**rito.
* Ale**lui**a, ale**lui**a. R. Se**nhor**.
V. Vós **sois** o Deus fi**el** que sal**vas**tes vosso **po**vo. * Ale**lui**a.
Glória ao **Pai**. R. Se**nhor**.

CÂNTICO EVANGÉLICO (NUNC DIMÍTTIS) Lc 2,29-32

Segue-se o Cântico de Simeão com sua antífona:

Ant. Salv**ai**-nos, Se**nhor**, quando vel**a**mos,
guar**dai**-nos tam**bém** quando dor**mi**mos!
Nossa **men**te vi**gie** com o **Cris**to,
nosso **cor**po re**pou**se em sua **paz**! (T. P. Ale**lui**a).

Cristo, luz das nações e glória de seu povo

– [29]Deixai, ag**o**ra, vosso **ser**vo ir em **paz**, *
con**for**me prome**tes**tes, ó Se**nhor**.

– [30]Pois meus **o**lhos viram **vos**sa salva**ção** *
[31]que prepa**ras**tes ante a **fa**ce das na**ções**:

– [32]uma **Luz** que brilha**rá** para os gen**ti**os *
e para a **gló**ria de Isra**el**, o vosso **po**vo.

– Glória ao **Pai** e ao **Fi**lho e ao Es**pí**rito **San**to. *
Como **e**ra no prin**cí**pio, **a**gora e sempre. A**mém**.

Repete-se a antífona.

ORAÇÃO CONCLUSIVA

Em seguida, se diz a oração própria para cada dia, como no Saltério, precedida do convite Oremos. No fim responde-se: Amém.

Segue-se a bênção, inclusive quando se reza sozinho:

O Senhor todo-poderoso nos conceda uma noite tranquila
e, no fim da vida, uma morte santa.
R. Amém.

Antífonas finais de Nossa Senhora

Por fim, canta-se ou reza-se uma das seguintes antífonas de Nossa Senhora:

Ó Mãe do Redentor, do céu ó porta,
ao povo que caiu, socorre e exorta,
pois busca levantar-se, Virgem pura,
nascendo o Criador da criatura:
tem piedade de nós e ouve, suave,
o anjo te saudando com seu Ave!

ou

Ave, Rainha do céu;
ave, dos anjos Senhora;
ave, raiz, ave, porta;
da luz do mundo és aurora.
Exulta, ó Virgem tão bela,
as outras seguem-te após;
nós te saudamos: adeus!
E pede a Cristo por nós!
Virgem Mãe, ó Maria!

ou

Salve, Rainha, Mãe de misericórdia,
vida, doçura, esperança nossa, Salve!
A vós bradamos, os degredados filhos de Eva,
a vós suspiramos gemendo e chorando
neste vale de lágrimas!
Eia, pois, Advogada nossa,
esses vossos olhos misericordiosos a nós volvei,
e depois deste desterro mostrai-nos Jesus,
bendito fruto do vosso ventre!
Ó clemente, ó piedosa,
ó doce sempre Virgem Maria.

ou

À vossa proteção recorremos, santa Mãe de Deus;
não desprezeis as nossas súplicas em nossas necessidades,
mas livrai-nos sempre de todos os perigos,
ó Virgem gloriosa e bendita.

No Tempo pascal:

Rainha do céu, alegrai-vos, aleluia,
pois o Senhor que merecestes trazer em vosso seio, aleluia,
ressuscitou, como disse, aleluia;
rogai a Deus por nós, aleluia.

Pode-se usar outro canto de Nossa Senhora, aprovado pela Conferência Episcopal.

SALTÉRIO

DISTRIBUÍDO EM QUATRO SEMANAS

É a seguinte a relação entre o ciclo de quatro semanas e o ano litúrgico:

O 1º domingo do Advento começa com a I Semana do Saltério. E assim se prossegue com as semanas seguintes do Saltério, até a festa do Batismo do Senhor, exclusive.

O 1º domingo da Quaresma começa com a I Semana do Saltério. Na Quarta-feira de Cinzas e nos dias seguintes tomam-se os salmos da IV Semana do Saltério. Após, a oitava da Páscoa, retoma-se a II Semana do Saltério, na segunda-feira após o 2º Domingo da Páscoa.

Na primeira semana do Tempo comum, toma-se a I Semana do Saltério. Na semana imediata após a solenidade de Pentecostes, toma-se a Semana do Saltério correspondente à semana do Tempo Comum, tendo-se em conta que depois de cada quatro semanas se volta à I do Saltério, a saber, na 5ª, na 9ª etc. semana do Tempo comum.

O sinal – (travessão) ao pé da página indica o fim de uma estrofe do salmo.

I SEMANA

I DOMINGO

I Vésperas

V. Vinde, ó **Deus**, em meu au**xí**lio.

R. Socor**rei**-me sem de**mo**ra.

Glória ao **Pai** e ao **Fi**lho e ao Es**pí**rito **San**to. *

Como **e**ra no prin**cí**pio, a**go**ra e sempre. A**mém**. (T.P. Ale**lui**a).

O Aleluia entre parênteses só se omite na Quaresma.

Hino

Nos domingos do Advento, Natal, Quaresma e Páscoa, o hino é próprio e encontra-se no Próprio do Tempo correspondente. Nos domingos do Tempo comum se diz:

Ó Deus, autor de tudo,
que a terra e o céu guiais,
de luz vestis o dia,
à noite o sono dais.

O corpo, no repouso,
prepara-se a lutar.
As mentes já se acalmam,
se faz sereno o olhar.

Senhor, vos damos graças
no ocaso deste dia.
A noite vem caindo,
mas vosso amor nos guia.

Sonora, a voz vos louve,
vos cante o coração.
O amor vos renda amor,
e a mente, adoração.

E assim, chegando a noite,
com grande escuridão,
a fé, em meio às trevas,
espalhe o seu clarão.

Ouvi-nos, Pai piedoso,
e Filho, Sumo Bem,
com vosso Santo Espírito
reinando sempre. Amém.

Ou:

Santo entre todos, já fulgura
o dia oitavo, resplendente,
que consagrais em vós, ó Cristo,
vós, o primeiro dos viventes.

Às nossas almas, por primeiro,
vinde trazer ressurreição,
e da segunda morte livres,
os nossos corpos surgirão.

Ao vosso encontro, sobre as nuvens,
em breve, ó Cristo, nós iremos.
Ressurreição e vida nova,
convosco sempre viveremos.

Dai-nos, à luz da vossa face,
participar da divindade,
vos conhecendo como sois,
Luz, verdadeira suavidade.

Por vós entregues a Deus Pai,
que seu Espírito nos dá,
à perfeição da caridade
o Trino Deus nos levará.

Salmodia

Nos domingos do Advento, Natal, Quaresma e Páscoa, as antífonas são próprias do Tempo correspondente.

Ant. 1 Minha ora**ção** suba a **vós** como in**cen**so, Se**nhor**!

Salmo 140(141),1-9

Oração nas dificuldades da vida

Da mão do anjo, subia até Deus a fumaça do incenso, com as orações dos santos (Ap 8,4).

– 1 Senhor, eu **cla**mo por **vós**, socor**rei**-me; *
quando eu **gri**to, escutai minha voz!
– 2 Minha ora**ção** suba a vós como incenso, *
e minhas **mãos**, como oferta da tarde!

– 3 Ponde uma **guar**da em minha boca, Senhor, *
e vi**gi**as às portas dos lábios! –

– [4]Meu **coração** não deixeis inclinar-se *
às obras **más** nem às tramas do crime;
– que eu não **se**ja aliado dos ímpios *
nem par**ti**lhe de suas delícias!

= [5]Se o **jus**to me bate, é um favor; †
porém ja**mais** os perfumes dos ímpios *
sejam **usa**dos na minha cabeça!
– Continua**rei** a orar fielmente, *
enquanto **e**les se entregam ao mal!

= [6]Seus ju**í**zes, que tinham ouvido †
as su**a**ves palavras que eu disse, *
do ro**che**do já foram lançados.
= [7]Como a **mó** rebentada por terra, †
os seus **os**sos estão espalhados *
e dis**per**sos à boca do abismo.

– [8]A vós, Se**nhor**, se dirigem meus olhos, *
em vós me a**bri**go: poupai minha vida!
– [9]Senhor, guar**dai**-me do laço que armaram *
e da arma**di**lha dos homens malvados!

– Glória ao **Pai** e ao **Fi**lho e ao Es**pí**rito **San**to. *
Como **e**ra no prin**cí**pio, a**go**ra e sempre. A**mém.**

Para o canto, outra doxologia, como no Ordinário, p. 740.

Habitualmente se diz o versículo Glória ao Pai no fim de todos os salmos e cânticos, a não ser que se indique o contrário.

Ant. Minha ora**ção** suba a **vós** como in**cen**so, Se**nhor**!

Ant. 2 Sois **vós** meu **abri**go, Se**nhor**,
minha he**ran**ça na **ter**ra dos **vi**vos.

Salmo 141(142)

Vós sois o meu refúgio, Senhor!

Tudo o que este salmo descreve se realizou no Senhor durante a sua Paixão (Sto. Hilário).

– [2]Em voz **al**ta ao Se**nhor** eu im**plo**ro, *
em voz **al**ta suplico ao Senhor!
= [3]Eu der**ra**mo na sua presença †
o la**men**to da minha aflição, *
diante **de**le coloco minha dor! –

– 4 Quando em **mim** desfalece a minh'alma, *
conhe**ceis**, ó Senhor, meus caminhos!
– Na es**tra**da por onde eu andava *
contra **mim** ocultaram ciladas.

– 5 Se me **vol**to à direita e procuro, *
não en**con**tro quem cuide de mim,
– e não **te**nho aonde fugir; *
não im**por**ta a ninguém minha vida!

= 6 A vós **gri**to, Senhor, a vós clamo †
e vos **di**go: "Sois vós meu abrigo, *
minha he**ran**ça na terra dos vivos".
– 7 Escu**tai** meu clamor, minha prece, *
porque **fui** por demais humilhado!

– 8 Arran**cai**-me, Senhor, da prisão, *
e em lou**vor** bendirei vosso nome!
– Muitos **jus**tos virão rodear-me *
pelo **bem** que fizestes por mim.

Ant. Sois **vós** meu a**bri**go, Se**nhor**,
minha he**ran**ça na **ter**ra dos **vi**vos.

Ant. 3 O Se**nhor** Jesus **Cris**to se humi**lhou**;
por isso **Deus** o exal**tou** eterna**men**te.

Nos cânticos que se seguem, o refrão entre parênteses é opcional.

Cântico Fl 2,6-1

Cristo, o Servo de Deus

= 6 Embora **fosse** de divina condi**ção**, †
Cristo Je**sus** não se apegou ciosamente *
a ser i**gual** em natureza a Deus Pai.

(R. Jesus **Cris**to é Se**nhor** para a **gló**ria de Deus **Pai**!)

= 7 Po**rém** esvaziou-se de sua glória †
e assu**miu** a condição de um escravo, *
fa**zen**do-se aos homens semelhante. (R.)

= Reconhe**ci**do exteriormente como homem, †
8 humi**lhou**-se, obedecendo até à morte, *
até à **mor**te humilhante numa cruz. (R.)

= 9Por isso **Deus** o exaltou sobremaneira †
e deu-lhe o **no**me mais excelso, mais sublime, *
e ele**va**do muito acima de outro nome. (R.)

= 10Para **que** perante o nome de Jesus †
se **do**bre reverente todo joelho, *
seja nos **céus**, seja na terra ou nos abismos. (R.)

= 11E toda **lín**gua reconheça, confessando, †
para a **gló**ria de Deus Pai e seu louvor: *
"Na ver**da**de Jesus Cristo é o Senhor!" (R.)

Ant. O Se**nhor** Jesus **Cris**to se humi**lhou**;
por isso **Deus** o exal**tou** eterna**men**te.

Leitura breve Rm 11,33-36

Nos domingos do Advento, Natal, Quaresma e Páscoa, a leitura breve, o responsório e as preces são do respectivo Tempo. Nos domingos do Tempo comum se diz:

Ó profundidade da riqueza, da sabedoria e da ciência de Deus! Como são inescrutáveis os seus juízos e impenetráveis os seus caminhos! De fato, quem conheceu o pensamento do Senhor? Ou quem foi seu conselheiro? Ou quem se antecipou em dar-lhe alguma coisa, de maneira a ter direito a uma retribuição? Na verdade, tudo é dele, por ele, e para ele. A ele, a glória para sempre. Amém!

Responsório breve

R. Quão nume**ro**sas, ó Se**nhor**, são vossas **o**bras
* E **que** sabedo**ri**a em todas **e**las! R. Quão nume**ro**sas.
V. Encheu-se a **ter**ra com as **vos**sas cria**tu**ras.
* E **que** sabedo**ri**a. Glória ao **Pai**. R. Quão nume**ro**sas.

Antífona do Magníficat como no Próprio.

Preces

Ao Deus único, Pai e Filho e Espírito Santo, demos glória; e peçamos humildemente:

R. **Ouvi, Senhor, a oração de vosso povo!**

Pai santo, Senhor todo-poderoso, fazei brotar a justiça na terra,
– para que o vosso povo se alegre na prosperidade e na paz. R.

Dai a todos os povos fazerem parte do vosso Reino,
– para que sejam salvos. R.

Concedei aos esposos a perseverança na harmonia e no cumprimento de vossa vontade,
– para que vivam sempre no amor mútuo. R.
Dignai-vos recompensar todos aqueles que nos fazem o bem,
– e dai-lhes a vida eterna. R.
(intenções livres)

Olhai com bondade os que morreram vítimas do ódio, da violência ou da guerra,
– e acolhei-os no repouso celeste. R.

Pai nosso...

Oração como no Próprio do Tempo.
A conclusão da Hora como no Ordinário.

Laudes

V. Vinde, ó **Deus**, em meu au**xí**lio.
R. Socor**rei**-me sem de**mo**ra.
Glória ao **Pai** e ao **Fi**lho e ao Es**pí**rito **San**to.
Como **e**ra no prin**cí**pio, a**go**ra e sempre. A**mém**. (Ale**lui**a).

O Aleluia entre parênteses só se omite na Quaresma.

Hino

Nos domingos do Advento, Natal, Quaresma e Páscoa, o hino é próprio e encontra-se no Próprio do Tempo correspondente. Nos domingos do Tempo comum se diz:

Ó Criador do universo,
a sombra e a luz alternais,
e, dando tempos ao tempo,
dos seres todos cuidais.

Qual pregoeiro do dia,
canta nas noites o galo.
Separa a noite e a noite,
brilhando a luz no intervalo.

Também por ele acordada,
a estrela d'alva, brilhante,
expulsa o erro e a treva
com sua luz radiante.

Seu canto os mares acalma,
ao navegante avigora;
a própria Pedra da Igreja
ouvindo o cântico chora.

Jesus, olhai os que tombam.
O vosso olhar nos redime:
se nos olhais, nos erguemos,
e prantos lavam o crime.

Ó luz divina, brilhai,
tirai do sono o torpor.
O nosso alento primeiro
entoe o vosso louvor.

Ó Cristo, Rei piedoso,
a vós e ao Pai, Sumo Bem,
glória e poder, na unidade
do Espírito Santo. Amém.

Salmodia

Ant. 1 Desde a au**ro**ra ansi**o**so vos **bus**co,
para **ver** vossa **gló**ria e po**der**.

Salmo 62(63),2-9

Sede de Deus

Vigia diante de Deus, quem rejeita as obras das trevas. (cf. 1Ts 5,5)

– [2]Sois **vós**, ó Se**nhor**, o meu **Deus**! *
Desde a au**ro**ra ansioso vos busco!
= A minh'**al**ma tem sede de vós, †
minha **car**ne também vos deseja, *
como **ter**ra sedenta e sem água!

– [3]Venho, as**sim**, contemplar-vos no templo, *
para **ver** vossa glória e poder.
– [4]Vosso a**mor** vale mais do que a vida: *
e por **is**so meus lábios vos louvam. –

– 5 Quero, **pois**, vos louvar pela vida *
e ele**var** para vós minhas mãos!
– 6 A minh'**al**ma será saciada, *
como em **gran**de banquete de festa;
– canta**rá** a alegria em meus lábios, *
ao can**tar** para vós meu louvor!

– 7 Penso em **vós** no meu leito, de noite, *
nas vi**gí**lias suspiro por vós!
– 8 Para **mim** fostes sempre um socorro; *
de vossas **a**sas à sombra eu exulto!
– 9 Minha **al**ma se agarra em vós; *
com po**der** vossa mão me sustenta.

Ant. Desde a au**ro**ra ansi**o**so vos **bus**co,
para **ver** vossa **gló**ria e po**der**.

Ant. 2 A **u**ma só **voz**, os três **jo**vens
can**ta**vam no **mei**o das **cha**mas:
Ben**di**to o Se**nhor**, ale**lu**ia!

Cântico Dn 3,57-88.56

Louvor das criaturas ao Senhor

Louvai o nosso Deus, todos os seus servos (Ap 19,5)

– 57 **O**bras do Senhor, bendi**zei** o Senhor, *
lou**vai**-o e exaltai-o pelos **sé**culos sem fim!
– 58 **Céus** do Senhor, bendi**zei** o Senhor! *
59 **An**jos do Senhor, bendi**zei** o Senhor!

– (R. Lou**vai**-o e exal**tai**-o pelos **sé**culos sem **fim**!
ou
R. A Ele **gló**ria e lou**vor** eterna**men**te!)

– 60 Águas do alto céu, bendi**zei** o Senhor! *
61 Po**tên**cias do Senhor, bendi**zei** o Senhor!
– 62 **Lu**a e sol, bendi**zei** o Senhor! *
63 **As**tros e estrelas, bendi**zei** o Senhor! (R.)

– 64 **Chu**vas e orvalhos, bendi**zei** o Senhor! *
65 **Bri**sas e ventos, bendi**zei** o Senhor!
– 66 **Fo**go e calor, bendi**zei** o Senhor! *
67 **Fri**o e ardor, bendi**zei** o Senhor! (R.)

– 68Orv**a**lhos e garoas, bendi**zei** o Senhor! *
69Ge**a**da e frio, bendi**zei** o Senhor!
– 70**G**elos e neves, bendi**zei** o Senhor! *
71**Noi**tes e dias, bendi**zei** o Senhor! (R.)

– 72**Lu**zes e trevas, bendi**zei** o Senhor! *
73**Rai**os e nuvens, bendi**zei** o Senhor
– 74**I**lhas e terra, bendi**zei** o Senhor! *
Lou**vai**-o e exaltai-o pelos **sé**culos sem fim! (R.)

– 75**Mon**tes e colinas, bendi**zei** o Senhor! *
76**Plan**tas da terra, bendi**zei** o Senhor!
– 77**Ma**res e rios, bendi**zei** o Senhor! *
78**Fon**tes e nascentes, bendi**zei** o Senhor! (R.)

– 79Ba**lei**as e peixes, bendi**zei** o Senhor! *
80**Pás**saros do céu, bendi**zei** o Senhor!
– 81**F**eras e rebanhos, bendi**zei** o Senhor! *
82**Fi**lhos dos homens, bendi**zei** o Senhor! (R.)

– 83**Fi**lhos de Israel, bendi**zei** o Senhor! *
Lou**vai**-o e exaltai-o pelos **sé**culos sem fim!
– 84Sacer**do**tes do Senhor, bendi**zei** o Senhor! *
85**Ser**vos do Senhor, bendi**zei** o Senhor! (R.)

– 86**Al**mas dos justos, bendi**zei** o Senhor! *
87**San**tos e humildes, bendi**zei** o Senhor!
– 88**Jo**vens Misael, Ana**ni**as e Azarias, *
Lou**vai**-o e exaltai-o pelos **sé**culos sem fim! (R.)

– Ao **Pai** e ao Filho e ao Es**pí**rito Santo *
lou**ve**mos e exaltemos pelos **sé**culos sem fim!
– 56Ben**di**to sois, Senhor, no firma**men**to dos céus! *
Sois **dig**no de louvor e de **gló**ria eternamente! (R.)

No fim deste cântico não se diz Glória ao Pai.

Ant. A **u**ma só **voz**, os três **jo**vens
can**ta**vam no **mei**o das **cha**mas:
Ben**di**to o Se**nhor**, ale**lui**a!

Ant. 3 Os **fi**lhos de Si**ão** reju**bi**lem no seu **Rei**. Ale**lu**ia.

Salmo 149

A alegria e o louvor dos santos

Os filhos da Igreja, novo povo de Deus, se alegrem no seu Rei, Cristo Jesus (Hesíquio).

– 1 Cantai ao Senhor **Deus** um canto **no**vo, *
e o seu lou**vor** na assembleia dos fiéis!
– 2 A**le**gre-se Israel em Quem o fez, *
e Si**ão** se rejubile no seu Rei!
– 3 Com **dan**ças glorifiquem o seu nome, *
toquem **har**pa e tambor em sua honra!
– 4 Porque, de **fa**to, o Senhor ama seu povo *
e co**ro**a com vitória os seus humildes.
– 5 E**xul**tem os fiéis por sua glória, *
e can**tan**do se levantem de seus leitos,
– 6 com lou**vo**res do Senhor em sua boca *
e es**pa**das de dois gumes em sua mão,
– 7 para exer**cer** sua vingança entre as nações *
e infli**gir** o seu castigo entre os povos,
– 8 colo**can**do nas algemas os seus reis, *
e seus **no**bres entre ferros e correntes,
– 9 para apli**car**-lhes a sentença já escrita: *
Eis a **gló**ria para todos os seus santos.

Ant. Os **fi**lhos de Si**ão** reju**bi**lem no seu **Rei**. Ale**lui**a.

Leitura breve — Ap 7,10b-12

Nos domingos do Advento, Natal, Quaresma e Páscoa, a leitura breve, o responsório e as preces são do respectivo Tempo. Nos domingos do Tempo comum se diz:

A salvação pertence ao nosso Deus, que está sentado no trono, e ao Cordeiro. O louvor, a glória e a sabedoria, a ação de graças, a honra, o poder e a força pertencem ao nosso Deus para sempre. Amém.

Responsório breve

R. Cristo, **Fi**lho do Deus **vi**vo,
* Tende **pe**na e compai**xão**! R. Cristo.
V. Glori**o**so estais sen**ta**do, à di**rei**ta de Deus **Pai**.
* Tende **pe**na. Glória ao **Pai**. R. Cristo.

Antífona do Benedictus como no Próprio do Tempo.

Preces

Louvemos a Cristo Senhor, luz que ilumina todo homem e sol que não tem ocaso; e aclamemos com alegria:

R. **Senhor, vós sois nossa vida e salvação!**

Criador do universo, nós vos agradecemos este dia que recebemos de vossa bondade,
–e em que celebramos a vossa ressurreição. R.

Que o vosso Espírito nos ensine hoje a cumprir vossa vontade,
–e vossa Sabedoria sempre nos conduza. R.

Dai-nos celebrar este domingo cheios de alegria,
–participando da mesa de vossa Palavra e de vosso Corpo. R.

Nós vos damos graças,
–por vossos inúmeros benefícios. R.

(intenções livres)

Pai nosso...

Oração como no Próprio do Tempo.
A conclusão da Hora como no Ordinário.

Hora Média

V. Vinde, ó **Deus**, em meu au**xí**lio.
R. Socor**rei**-me sem de**mo**ra.
Glória ao **Pai** e ao **Fi**lho e ao Es**pí**rito **San**to.
Como **e**ra no prin**cí**pio, a**go**ra e sempre. A**mém**. (Aleluia).

HINO como no Ordinário, p. 743.

Salmodia

No Tempo do Advento, Natal, Quaresma e Páscoa, as antífonas são próprias do Tempo correspondente.

Ant. 1 É mel**hor** buscar re**fú**gio no Se**nhor**,
pois e**ter**na é a **su**a miseri**cór**dia. Ale**lui**a.

Salmo 117(118)

Canto de alegria e salvação

Ele é a pedra, que vós, os construtores, desprezastes, e que se tornou a pedra angular (At 4,11).

I

– 1 Dai **gra**ças ao Se**nhor**, porque ele é **bom**! *
“E**ter**na é a sua misericórdia!” –

– 2 A **ca**sa de Israel agora o diga: *
“E**ter**na é a sua misericórdia!”
– 3 A **ca**sa de Aarão agora o diga: *
“E**ter**na é a sua misericórdia!”
– 4 Os que **te**mem o Senhor agora o digam: *
“E**ter**na é a sua misericórdia!”

– 5 Na minha an**gús**tia eu clamei pelo Senhor, *
e o Se**nhor** me atendeu e libertou!
– 6 O Se**nhor** está comigo, nada temo; *
o que **po**de contra mim um ser humano?
– 7 O Se**nhor** está comigo, é o meu auxílio, *
hei de **ver** meus inimigos humilhados.

– 8 “É mel**hor** buscar refúgio no Senhor *
do que **pôr** no ser humano a esperança;
– 9 é mel**hor** buscar refúgio no Senhor *
do que con**tar** com os poderosos deste mundo!”

Ant. É mel**hor** buscar re**fú**gio no Se**nhor**,
pois e**ter**na é a **su**a miseri**cór**dia. Ale**lui**a.

Ant. 2 O Se**nhor** é minha **for**ça e o meu **can**to, ale**lui**a.

II

– 10 Povos pa**gãos** me rodearam todos eles, *
mas em **no**me do Senhor os derrotei;
– 11 de todo **la**do todos eles me cercaram, *
mas em **no**me do Senhor os derrotei;

= 12 como um en**xa**me de abelhas me atacaram, †
como um **fo**go de espinhos me queimaram, *
mas em **no**me do Senhor os derrotei.

– 13 Empur**ra**ram-me, tentando derrubar-me, *
mas **vei**o o Senhor em meu socorro.
– 14 O Se**nhor** é minha força e o meu canto, *
e tor**nou**-se para mim o Salvador.

– 15 “Cla**mo**res de alegria e de vitória *
resso**em** pelas tendas dos fiéis.

= 16 A mão di**rei**ta do Senhor fez maravilhas, †
a mão di**rei**ta do Senhor me levantou, *
a mão di**rei**ta do Senhor fez maravilhas!” –

– [17] Não morre**rei**, mas, ao contrário, viverei *
para can**tar** as grandes obras do Senhor!
– [18] O Se**nhor** severamente me provou, *
mas **não** me abandonou às mãos da morte.

Ant. O Se**nhor** é minha **for**ça e o meu **can**to, ale**lui**a.

Ant. 3 Dou-vos **gra**ças, ó Se**nhor**,
porque me ou**vis**tes, ale**lui**a.

III

– [19] Abri-me **vós**, abri-me as portas da justiça; *
quero en**trar** para dar graças ao Senhor!
– [20] "Sim, **es**ta é a porta do Senhor, *
por **e**la só os justos entrarão!"
– [21] Dou-vos **gra**ças, ó Senhor, porque me ouvistes *
e vos tor**nas**tes para mim o Salvador!

– [22] "A **pe**dra que os pedreiros rejeitaram *
tor**nou**-se agora a pedra angular.
– [23] Pelo Se**nhor** é que foi feito tudo isso: *
Que mara**vi**lhas ele fez a nossos olhos!
– [24] Este é o **di**a que o Senhor fez para nós, *
ale**gre**mo-nos e nele exultemos!

– [25] Ó Se**nhor**, dai-nos a vossa salvação, *
ó Se**nhor**, dai-nos também prosperidade!"
– [26] Ben**di**to seja, em nome do Senhor, *
a**que**le que em seus átrios vai entrando!
– Desta **ca**sa do Senhor vos bendizemos. *
[27] Que o Se**nhor** e nosso Deus nos ilumine!

– Empu**nhai** ramos nas mãos, formai cortejo, *
aproxi**mai**-vos do altar, até bem perto!
– [28] Vós sois meu **Deus,** eu vos bendigo e agradeço! *
Vós sois meu **Deus**, eu vos exalto com louvores!
– [29] Dai **gra**ças ao Senhor, porque ele é bom! *
"Eterna é a sua misericórdia!"

Ant. Dou-vos **gra**ças, ó Se**nhor**,
porque me ou**vis**tes, ale**lui**a.

Leitura breve Gl 6,b-8

Nos domingos do Advento, Natal, Quaresma e Páscoa, a leitura breve e o versículo são do respectivo Tempo. No Tempo comum se diz:

O que o homem tiver semeado, é isso que vai colher. Quem semeia na sua própria carne, da carne colherá corrupção. Quem semeia no espírito, do espírito colherá a vida eterna.

V. É **e**terna, Se**nhor**, vossa pa**la**vra.
R. De gera**ção** em gera**ção**, vossa ver**da**de.

Oração como no Próprio do Tempo.
A conclusão da Hora como no Ordinário.

II Vésperas

V. Vinde, ó **Deus**, em meu au**xí**lio.
R. Socor**rei**-me sem de**mo**ra.
Glória ao **Pai** e ao **Fi**lho e ao Es**pí**rito **San**to.
Como **e**ra no prin**cí**pio, a**go**ra e sempre. A**mém**. (Ale**lui**a).

Hino

Nos domingos do Advento, Natal, Quaresma e Páscoa, o hino é próprio e encontra-se no Próprio do Tempo correspondente. Nos domingos do Tempo comum se diz:

Criador generoso da luz,
que criastes a luz para o dia,
com os raios primeiros da luz,
sua origem o mundo inicia.

Vós chamastes de "dia" o decurso
da manhã luminosa ao poente.
Eis que as trevas já descem à terra:
escutai nossa prece, clemente.

Para que sob o peso dos crimes
nossa mente não fique oprimida,
e, esquecendo as coisas eternas,
não se exclua do prêmio da vida.

Sempre à porta celeste batendo,
alcancemos o prêmio da vida,
evitemos do mal o contágio
e curemos da culpa a ferida.

Escutai-nos, ó Pai piedoso,
com o único Filho também,
que reinais com o Espírito Santo
pelos séculos dos séculos. Amém.

Salmodia

Nos domingos do Advento, Natal, Quaresma e Páscoa, as antífonas são próprias do Tempo correspondente.

Ant. 1 O Se**nhor** estende**rá** desde Si**ão**
o seu **ce**tro de po**der** vitori**o**so,
e reina**rá** eterna**men**te, ale**lui**a.

Salmo 109(110),1-5.7

O Messias, Rei e Sacerdote

É preciso que ele reine, até que todos os seus inimigos estejam debaixo de seus pés (1Cor 15,25).

– 1 Pa**la**vra do Se**nhor** ao meu Se**nhor**: *
"Assen**ta**-te ao lado meu direito,
– **até** que eu ponha os inimigos teus *
como esca**be**lo por debaixo de teus pés!"

= 2 O Se**nhor** estenderá desde Sião †
vosso **ce**tro de poder, pois ele diz: *
"Do**mi**na com vigor teus inimigos;

= 3 Tu és **prín**cipe desde o dia em que nasceste; †
na **gló**ria e esplendor da santidade, *
como o or**va**lho, antes da aurora, eu te gerei!"

= 4 Jurou o Se**nhor** e manterá sua palavra: †
"Tu **és** sacerdote eternamente, *
se**gun**do a ordem do rei Melquisedec!"

– 5 À vossa **des**tra está o Senhor, ele vos diz: *
"No dia da **i**ra esmagarás os reis da terra!
– 7 Bebe**rás** água corrente no caminho, *
por **is**so seguirás de fronte erguida!"

Ant. O Se**nhor** estende**rá** desde Si**ão**
o seu **ce**tro de po**der** vitori**o**so,
e reina**rá** eterna**men**te, ale**lui**a.

Ant. 2 Ante a **face** do Se**nhor** treme, ó **ter**ra, ale**luia**!

Salmo 113A(114)

Israel liberta-se do Egito

Sabei que também vós, que renunciastes a este mundo, saístes do Egito (Sto. Agostinho).

– 1 Quando o **po**vo de Isra**el** saiu do Egi**to**, *
e os **fi**lhos de Jacó, de um povo estranho,
– 2 Ju**dá** tornou-se o templo do Senhor, *
e Isra**el** se transformou em seu domínio.

– 3 O **mar**, à vista disso, pôs-se em fuga, *
e as **á**guas do Jordão retrocederam;
– 4 as mon**ta**nhas deram pulos como ovelhas, *
e as co**li**nas, parecendo cordeirinhos.

– 5 Ó **mar**, o que tens tu, para fugir? *
E tu, Jor**dão**, por que recuas desse modo?
– 6 Por que dais **pu**los como ovelhas, ó montanhas? *
E vós, co**li**nas, parecendo cordeirinhos?

– 7 Treme, ó **ter**ra, ante a face do Senhor, *
ante a **fa**ce do Senhor Deus de Jacó!
– 8 O ro**che**do ele mudou em grande lago, *
e da **pe**dra fez brotar águas correntes!

Ant. Ante a **face** do Se**nhor** treme, ó **ter**ra, ale**luia**!

Ant. 3 De seu **rei**no tomou **pos**se
nosso **Deus** onipo**ten**te. Ale**lu**ia.

Fora da Quaresma se diz o Cântico do Apocalipse, a seguir.

Neste cântico se dizem os Aleluias entre parênteses somente quando se canta; na recitação, basta dizer o Aleluia no começo e no fim das estrofes.

Cântico cf. Ap 19,1-2.5-7

= Ale**luia**, (Ale**luia**!).
1 Ao nosso **Deus** a salva**ção**, *
honra, **gló**ria e poder! (Aleluia!).
– 2 Pois são ver**da**de e justiça *
os juízos do Senhor.

R. Ale**luia**, (Ale**luia**!).

=Aleluia, (Aleluia!).
[5] Celebrai o nosso Deus, *
servidores do Senhor! (Aleluia!).
– E vós todos que o temeis, *
vós os grandes e os pequenos!

R. Aleluia, (Aleluia!).

= Aleluia, (Aleluia!).
[6] De seu reino tomou posse *
nosso Deus onipotente! (Aleluia!).
– [7] Exultemos de alegria, *
demos glória ao nosso Deus!

R. Aleluia, (Aleluia!).

= Aleluia, (Aleluia!).
Eis que as núpcias do Cordeiro *
redivivo se aproximam! (Aleluia!).
– Sua Esposa se enfeitou, *
se vestiu de linho puro.

R. Aleluia, (Aleluia!).

Ant. De seu reino tomou posse nosso Deus onipotente. Aleluia.

Nos domingos da Quaresma se diz o Cântico da Carta de São Pedro com a antífona própria.

Cântico 1Pd 2,21-24

A paixão voluntária de Cristo, Servo de Deus

=[21] O Cristo por nós padeceu, †
deixou-nos o exemplo a seguir. *
Sigamos, portanto, seus passos!
–[22] Pecado nenhum cometeu, *
nem houve engano em seus lábios.

(R. Por suas chagas nós fomos curados.)

=[23] Insultado, ele não insultava; †
ao sofrer e ao ser maltratado, *
ele não ameaçava vingança;
– entregava, porém, sua causa *.
Àquele que é justo juiz. (R.)

– [24]Carre**gou** sobre si nossas culpas *
em seu **cor**po, no lenho da cruz,
= para que, **mor**tos aos nossos pecados, †
na jus**ti**ça de Deus nós vivamos. *
Por suas **cha**gas nós fomos curados. (R.)

Leitura breve 2Cor 1,3-4

Nos domingos do Advento, Natal, Quaresma e Páscoa, a leitura breve, o responsório e as preces são do respectivo Tempo. Nos domingos do Tempo comum se diz:

Bendito seja o Deus e Pai de nosso Senhor Jesus Cristo, o Pai das misericórdias e Deus de toda consolação. Ele nos consola em todas as nossas aflições, para que, com a consolação que nós mesmos recebemos de Deus, possamos consolar os que se acham em toda e qualquer aflição.

Responsório breve

R. Ó Se**nhor**, vós sois ben**dito**
* No ce**les**te firma**men**to. R. Ó Se**nhor**.
V. Vós sois **dig**no de lou**vor** e de **gló**ria eterna**men**te.
* No ce**les**te. Glória ao **Pai**. R. Ó Se**nhor**.

Antífona do Magníficat como no Próprio.

Preces

Como membros de Cristo que é nossa cabeça, adoremos o Senhor; e aclamemos com alegria:

R. **Senhor, venha a nós o vosso Reino!**

Cristo, nosso Salvador, fazei de vossa Igreja instrumento de concórdia e unidade para o gênero humano,
– e sinal de salvação para todos os povos. R.

Assisti com vossa contínua presença o Santo Padre e o Colégio universal dos Bispos,
– e concedei-lhes o dom da unidade, da caridade e da paz. R.

Fazei-nos viver cada vez mais intimamente unidos a vós,
– para proclamarmos com o testemunho da vida a chegada do vosso Reino. R.

Concedei ao mundo a vossa paz,
– e fazei reinar em toda parte a segurança e a tranquilidade. R.

(intenções livres)

Dai aos que morreram a glória da ressurreição,
– e concedei que também nós um dia possamos participar com eles da felicidade eterna. R.

Pai nosso...

Oração como no Próprio do Tempo.
A conclusão da Hora como no Ordinário.

I SEGUNDA-FEIRA

Laudes

V. Vinde, ó **Deus**. Glória ao **Pai**. Como era. (Ale**luia**).

Hino

Clarão da glória do Pai,
ó Luz, que a Luz origina,
sois Luz da Luz, fonte viva,
sois Luz que ao dia ilumina.

Brilhai, ó Sol verdadeiro,
com vosso imenso esplendor,
e dentro em nós derramai
do Santo Espírito o fulgor.

Também ao Pai suplicamos,
ao Pai a glória imortal,
ao Pai da graça potente,
que a nós preserve do mal.

Na luta fortes nos guarde
vencendo o anjo inimigo.
Nas quedas, dê-nos a graça,
de nós afaste o perigo.

As nossas mentes governe
num corpo casto e sadio.
A nossa fé seja ardente,
e não conheça desvio.

O nosso pão seja o Cristo,
e a fé nos seja a bebida.
O Santo Espírito bebamos
nas fontes puras da vida.

Alegre passe este dia,
tão puro quanto o arrebol.
A fé, qual luz cintilante,
refulja em nós como o sol.

A aurora em si traz o dia.
Vós, como aurora, brilhai:
ó Pai, vós todo no Filho,
e vós, ó Verbo, no Pai.

Salmodia

Ant. 1 Eu di**ri**jo a minha **pre**ce a vós, Se**nhor**,
e de ma**nhã** já me escu**tais**.

T.P.: Sob a **vo**ssa prote**ção** se rego**zi**jem
os que **a**mam vosso **no**me, ale**lui**a.

Salmo 5,2-10.12-13

Oração da manhã para pedir ajuda

Aqueles que acolherem interiormente a Palavra de Cristo nele exultarão eternamente.

– 2 Escu**tai**, ó Senhor **Deus**, minhas pa**la**vras, *
atend**ei** o meu gemido!
– 3 Ficai a**ten**to ao clamor da minha prece, *
ó meu **Rei** e meu Senhor!

– 4 É a **vós** que eu dirijo a minha prece; *
de ma**nhã** já me escutais!
– Desde **ce**do eu me preparo para vós, *
e perma**ne**ço à vossa espera.

– 5 Não sois um **Deus** a quem agrade a iniquidade, *
não pode o **mau** morar convosco;
– 6 nem os **ím**pios poderão permanecer *
pe**ran**te os vossos olhos.

– 7 Detes**tais** o que pratica a iniquidade *
e destru**ís** o mentiroso.
– Ó Se**nhor**, abominais o sanguinário, *
o per**ver**so e enganador. –

– [8] Eu, po**rém**, por vossa graça generosa, *
posso en**trar** em vossa casa.
– E, vol**ta**do reverente ao vosso templo, *
com res**pei**to vos adoro.

– [9] Que me **pos**sa conduzir vossa justiça, *
por **cau**sa do inimigo!
– À minha **fren**te aplainai vosso caminho, *
e gui**ai** meu caminhar!

– [10] Não há, nos **lá**bios do inimigo, lealdade: *
seu cora**ção** trama ciladas;
– sua gar**gan**ta é um sepulcro escancarado *
e sua **lín**gua é lisonjeira.

– [12] Mas e**xul**te de alegria todo aquele *
que em **vós** se refugia;
– sob a **vos**sa proteção se regozijem, *
os que **a**mam vosso nome!

– [13] Porque ao **jus**to abençoais com vosso amor, *
e o prote**geis** como um escudo!

Ant. Eu di**ri**jo a minha **pre**ce a vós, Se**nhor**,
e de ma**nhã** já me escu**tais**.

T.P.: Sob a **vos**sa prote**ção** se rego**zi**jem
os que **a**mam vosso **no**me, ale**lui**a.

Ant. 2 Nós que**re**mos vos lou**var**, ó nosso **Deus**,
e cele**brar** o vosso **no**me glori**o**so.

T.P.: A vós, Se**nhor**, perten**ce** a rea**le**za ,
pois sobre a **ter**ra como **Rei**, vos ele**vais**. Ale**lu**ia...

Cântico 1Cr 29,10-13

Honra e glória, só a Deus

Bendito seja o Deus e Pai de Nosso Senhor Jesus Cristo (Ef 1,3).

=[10] Ben**di**to sejais **vós**, ó Senhor **Deus**, †
Senhor **Deus** de Israel, o nosso Pai, *
desde **sem**pre e por toda a eternidade!

=[11] A vós per**ten**cem a grandeza e o poder, †
toda a **gló**ria, esplendor e majestade, *
pois tudo é **vos**so: o que há no céu e sobre a terra! –

= A vós, Se**nhor**, também pertence a realeza, †
pois sobre a **ter**ra, como rei, vos elevais! *
12 Toda **gló**ria e riqueza vêm de vós!

= Sois o Se**nhor** e dominais o universo, †
em vossa **mão** se encontra a força e o poder, *
em vossa **mão** tudo se afirma e tudo cresce!

= 13 Agora, **pois**, ó nosso Deus, eis-nos aqui! †
e, agrade**ci**dos, nós queremos vos louvar *
e cele**brar** o vosso nome glorioso!

Ant. Nós que**re**mos vos lou**var**, ó nosso **Deus**,
e cele**brar** o vosso **no**me glori**o**so.

T.P.: A vós, Se**nhor**, per**ten**ce a rea**le**za ,
pois sobre a **ter**ra como **Rei**, vos ele**vais**. Ale**lui**a.

Ant. 3 Ado**rai** o Se**nhor** no seu **tem**plo sa**gra**do.

T.P.: O Se**nhor** reina**rá** para **sem**pre, ale**lui**a.

Salmo 28(29)

A voz poderosa de Deus

Do céu veio uma voz que dizia: Este é o meu Filho amado, no qual eu pus o meu agrado (Mt 3,17).

– 1 Filhos de **Deus**, tribu**tai** ao Se**nhor**, *
tribu**tai**-lhe a glória e o poder!
– 2 Dai-lhe a **gló**ria devida ao seu nome; *
ado**rai**-o com santo ornamento!

– 3 Eis a **voz** do Senhor sobre as águas, *
sua **voz** sobre as águas imensas!
= 4 Eis a **voz** do Senhor com poder! †
Eis a **voz** do Senhor majestosa, *
sua **voz** no trovão reboando!

– 5 Eis que a **voz** do Senhor quebra os cedros, *
o Se**nhor** quebra os cedros do Líbano.
– 6 Faz o **Lí**bano saltar qual novilho, *
e o Sari**on** como um touro selvagem!

= 7 Eis que a **voz** do Senhor lança raios, †
8 voz de **Deus** faz tremer o deserto, *
faz tre**mer** o deserto de Cades.

= 9 Voz de **Deus** que contorce os carvalhos, †
voz de **Deus** que devasta as florestas! *
No seu **tem**plo os fiéis bradam: "Glória!"
– 10 É o Se**nhor** que domina os dilúvios, *
o Se**nhor** reinará para sempre.
– 11 Que o Se**nhor** fortaleça o seu povo, *
e aben**ço**e com paz o seu povo!

Ant. Ado**rai** o Se**nhor** no seu **tem**plo sa**gra**do.

T.P.: O Se**nhor** reina**rá** para **sem**pre, ale**lui**a.

Leitura breve 2Ts 3,10b-13

Quem não quer trabalhar, também não deve comer. Ora, ouvimos dizer que entre vós há alguns que vivem à toa, muito ocupados em não fazer nada. Em nome do Senhor Jesus Cristo, ordenamos e exortamos a estas pessoas que, trabalhando, comam na tranquilidade o seu próprio pão. E vós mesmos, irmãos, não vos canseis de fazer o bem.

Responsório breve

R. O Se**nhor** seja ben**di**to,
* Bendito **se**ja eterna**men**te! R. O Se**nhor**.
V. Só o Se**nhor** faz mara**vi**lhas. * Bendito **se**ja.
Glória ao **Pai**. R. O Se**nhor**.

Cântico evangélico, ant.

Bendito **se**ja o Se**nhor**, nosso **Deus**!

Preces

Glorifiquemos a Cristo, em quem habita toda a plenitude da graça e do Espírito Santo; e imploremos com amor e confiança:

R. **Dai-nos, Senhor, o vosso Espírito!**

Concedei-nos que este dia seja agradável, pacífico e sem mancha,
– para que, ao chegar a noite, vos possamos louvar com alegria e pureza de coração. R.

Brilhe hoje sobre nós a vossa luz,
– e dirigi o trabalho de nossas mãos. R.

Mostrai-nos vosso rosto de bondade, para vivermos este dia em paz,
– e que a vossa mão poderosa nos proteja. R.

Olhai com benignidade aqueles que se confiaram às nossas orações,
–e enriquecei-os com todos os bens da alma e do corpo. R.

(intenções livres)

Pai nosso...

Oração

Inspirai, Senhor, as nossas ações e ajudai-nos a realizá-las, para que em vós comece e termine tudo aquilo que fizermos. Por nosso Senhor Jesus Cristo, vosso Filho, na unidade do Espírito Santo.

Hora Média

V. Vinde, ó **Deus**. Glória ao **Pai**. Como era. (Ale**lui**a).

HINO como no Ordinário. p. 743.

Salmodia

Ant. 1 A **lei** do Se**nhor** ale**gra** o cora**ção** e ilu**mi**na os **o**lhos.

Salmo 18B(19B)

Hino a Deus, Senhor da lei

Sede perfeitos como o vosso Pai celeste é perfeito (Mt 5,48).

– 8A **lei** do Senhor **Deus** é per**fei**ta, *
conf**or**to para a **al**ma!
– O teste**mu**nho do Senhor é fiel, *
sabedo**ri**a dos humildes.

– 9Os pre**cei**tos do Senhor são precisos, *
ale**gri**a ao coração.
– O manda**men**to do Senhor é brilhante, *
para os **o**lhos é uma luz.

– 10É **pu**ro o temor do Senhor, *
imu**tá**vel para sempre.
– Os julga**men**tos do Senhor são corretos *
e **jus**tos igualmente.

– 11Mais dese**já**veis do que o ouro são eles, *
do que o **ou**ro refinado.
– Suas pa**la**vras são mais doces que o mel, *
que o **mel** que sai dos favos. –

– 12 E vosso **ser**vo, instruído por elas, *
se em**pe**nha em guardá-las.
– 13 Mas quem **po**de perceber suas faltas?*
Perdo**ai** as que não vejo!

– 14 E preser**vai** o vosso servo do orgulho: *
não do**mi**ne sobre mim!
– E assim **pu**ro, eu serei preservado *
dos de**li**tos mais perversos.

– 15 Que vos a**gra**de o cantar dos meus lábios *
e a **voz** da minha alma;
– que ela **che**gue até vós, ó Senhor,*
meu Ro**che**do e Redentor!

Ant. A **lei** do Se**nhor** a**le**gra o cora**ção** e ilu**mi**na os **o**lhos.

Ant. 2 O Se**nhor** se ergue**rá** para jul**gar**
os **po**vos com jus**ti**ça e reti**dão**.

Salmo 7

Oração do justo caluniado

Eis que o Juiz está às portas (Tg 5,9).

I

– 2 Senhor meu **Deus**, em vós procuro o meu refúgio: *
vinde sal**var**-me do inimigo, libertai-me!
= 3 Não acon**te**ça que agarrem minha vida †
como um le**ão** que despedaça a sua presa, *
sem que nin**guém** venha salvar-me e libertar-me!

– 4 Senhor **Deus**, se algum mal eu pratiquei, *
se man**chei** as minhas mãos na iniquidade,
– 5 se **aca**so fiz o mal a meu amigo, *
eu que pou**pei** quem me oprimia sem razão;

= 6 que o ini**mi**go me persiga e me alcance, †
que es**ma**gue minha vida contra o pó, *
e ar**ras**te minha honra pelo chão!
– 7 Er**guei**-vos, ó Senhor, em vossa ira; *
levan**tai**-vos contra a fúria do inimigo! –

– Levan**tai**-vos, defendei-me no juízo, *
[8]porque **vós** já decretastes a sentença!
= Que vos cir**cun**de a assembleia das nações; †
to**mai** vosso lugar acima dela! *
[9]O Se**nhor** é o juiz dos povos todos.
– Jul**gai**-me, Senhor Deus, como eu mereço*
e se**gun**do a inocência que há em mim!
=[10]Ponde um **fim** à iniquidade dos perversos, †
e confir**mai** o vosso justo, ó Deus-justiça,*
vós que son**dais** os nossos rins e corações.

Ant. O Se**nhor** se ergue**rá** para jul**gar**
os **po**vos com jus**ti**ça e reti**dão**.

Ant. 3 Deus é ju**iz**, ele **jul**ga com jus**ti**ça,
e **sal**va os que têm **reto** cora**ção**.

II

–[11]O Deus **vi**vo é um es**cu**do prote**tor**, *
e salva a**que**les que têm reto coração.
–[12]Deus é ju**iz**, e ele julga com justiça, *
mas é um **Deus** que ameaça cada dia.
=[13]Se para **e**le o coração não converterem, †
prepara**rá** a sua espada e o seu arco, *
e contra **e**les voltará as suas armas.
–[14]Setas mor**tais** ele prepara e os alveja, *
e dis**pa**ra suas flechas como raios.
–[15]Eis que o **ím**pio concebeu a iniquidade, *
engravi**dou** e deu à luz a falsidade.
–[16]Um bu**ra**co ele cavou e aprofundou,*
mas ele **mes**mo nessa cova foi cair.
–[17]O mal que **fez** lhe cairá sobre a cabeça, *
recai**rá** sobre seu crânio a violência!
–[18]Mas eu da**rei** graças a Deus que fez justiça, *
e canta**rei** salmodiando ao Deus Altíssimo.

Ant. Deus é ju**iz**, ele **jul**ga com jus**ti**ça,
e **sal**va os que têm **reto** cora**ção**.

Leitura breve Tg 1,19b-20.26

Todo homem deve ser pronto para ouvir, mas moroso para falar e moroso para se irritar. Pois a cólera do homem não é capaz de realizar a justiça de Deus. Se alguém julga ser religioso e não refreia a sua língua, engana-se a si mesmo: a sua religião é vã.

V. Bendi**rei** o Senhor **Deus** em todo o **tem**po.
R. Seu lou**vor** estará **sem**pre em minha **bo**ca.

Oração

Ó Deus, senhor e guarda da vinha e da colheita, que repartis as tarefas e dais ajusta recompensa, fazei-nos carregar o peso do dia, sem jamais murmurar contra a vossa vontade. Por Cristo, nosso senhor.

Vésperas

V. Vinde, ó **Deus**. Glória ao **Pai**. Como **e**ra. (Ale**lui**a).

Hino

Ó Deus, organizando
o líquido elemento,
as águas dividistes
firmando o firmamento.

As nuvens fazem sombra,
os rios dão frescor;
assim tempera a água,
dos astros o calor.

Em nós vertei a graça,
a água benfazeja;
do fogo das paixões,
constante, nos proteja.

Que a fé encontre a luz
e espalhe o seu clarão;
que nada impeça a alma
no impulso da ascensão!

Ao Pai e ao Filho, glória;
ao Espírito também:
louvor, honra e vitória
agora e sempre. Amém.

Salmodia

Ant. 1 Os **o**lhos do Se**nhor** se **vol**tam para o **po**bre.

T.P.: Confi**ai**, diz o Se**nhor**, pois **eu** venci o **mun**do. Ale**lui**a.

Salmo 10(11)

Confiança inabalável em Deus

Bem-aventurados os que têm fome e sede de justiça porque serão saciados (Mt 5,6).

= 1 No Se**nhor** encontro a**bri**go; †
como, en**tão**, podeis dizer-me: *
"Voa aos **mon**tes, passarinho!

– 2 Eis os **ím**pios de arcos tensos, *
pondo as **fle**chas sobre as cordas,
– e alve**jan**do em meio à noite *
os de **re**to coração!

= 3 Quando os **pró**prios fundamentos †
do uni**ver**so se abalaram, *
o que **po**de ainda o justo?"

– 4 Deus es**tá** no templo santo, *
e no **céu** tem o seu trono;
– volta os **o**lhos para o mundo, *
seu o**lhar** penetra os homens.

– 5 Exa**mi**na o justo e o ímpio, *
e de**tes**ta o que ama o mal.
= 6 Sobre os **maus** fará chover †
fogo, en**xo**fre e vento ardente, *
como **par**te de seu cálice.

– 7 Porque **jus**to é nosso Deus, *
o Se**nhor** ama a justiça.
– Quem tem **re**to coração *
há de **ver** a sua face.

Ant. Os **o**lhos do Se**nhor** se **vol**tam para o **po**bre.

T.P.: Confi**ai**, diz o Se**nhor**, pois **eu** venci o **mun**do. Ale**lui**a.

Ant. 2 Fe**li**zes os de **pu**ro cora**ção**,
porque **e**les have**rão** de ver a **Deus**.

T.P.: O homem **jus**to mora**rá** na vossa **ca**sa
e no **vo**sso Monte **San**to habita**rá**. Ale**lui**a.

Salmo 14(15)

Quem é digno aos olhos de Deus?

Vós vos aproximastes do monte Sião e da Cidade do Deus vivo (Hb 12,22).

– 1 "Se**nhor**, quem mora**rá** em vossa **ca**sa *
e em **vo**sso Monte santo habitará?"

– 2 É a**que**le que caminha sem pecado *
e pra**ti**ca a justiça fielmente;
– que **pen**sa a verdade no seu íntimo *
3 e não **sol**ta em calúnias sua língua;

– que em **na**da prejudica o seu irmão, *
nem **co**bre de insultos seu vizinho;
– 4 que não **dá** valor algum ao homem ímpio, *
mas **hon**ra os que respeitam o Senhor;

– que sus**ten**ta o que jurou, mesmo com dano; *
5 não em**pres**ta o seu dinheiro com usura,
– nem se **dei**xa subornar contra o inocente. *
Ja**mais** vacilará quem vive assim!

Ant. Fe**li**zes os de **pu**ro cora**ção**,
porque **e**les have**rão** de ver a **Deus**.

T.P.: O homem **jus**to mora**rá** na vossa **ca**sa
e no **vo**sso Monte **San**to habita**rá**. Ale**lui**a.

Ant. 3 No seu **Fi**lho o **Pai** nos esco**lheu**,
para **ser**mos seus **fi**lhos ado**ti**vos.

T.P.: Quando eu **for** ele**va**do da **ter**ra,
atra**irei** para **mim** todo **ser**. Ale**lui**a.

Nos cânticos que se seguem, o refrão entre parênteses é opcional.

Cântico Ef 1,3-10

O plano divino da salvação

– 3 Ben**di**to e lou**va**do seja **Deus**, *
o **Pai** de Jesus Cristo, Senhor nosso,
– que do alto **céu** nos abençoou em Jesus Cristo *
com **bên**ção espiritual de toda sorte!

(R. **Bendito** sejais **vós**, nosso **Pai**,
que **nos** abençoastes em **Cristo**!)

– 4 Foi em **Cristo** que Deus Pai nos escolheu, *
já bem **antes** de o mundo ser criado,
– para que **fôssemos**, perante a sua face, *
sem **mácula** e santos pelo amor. (R.)

= 5 Por **livre** decisão de sua vontade, †
predesti**nou**-nos, através de Jesus Cristo, *
a sermos **nele** os seus filhos adotivos,
– 6 para o lou**vor** e para a glória de sua graça, *
que em seu **Filho** bem-amado nos doou. (R.)

– 7 É **nele** que nós temos redenção, *
dos pe**cados** remissão pelo seu sangue.
= Sua **graça** transbordante e inesgotável †
8 Deus der**rama** sobre nós com abundância, *
de sa**ber** e inteligência nos dotando. (R.)

– 9 E as**sim**, ele nos deu a conhecer *
o mis**té**rio de seu plano e sua vontade,
– que propu**se**ra em seu querer benevolente, *
10 na pleni**tu**de dos tempos realizar:
– o de**síg**nio de, em Cristo, reunir *
todas as **coi**sas: as da terra e as do céu. (R.)

Ant. No seu **Filho** o **Pai** nos escol**heu**,
para **ser**mos seus **fi**lhos ado**ti**vos.

T.P.: Quando eu **for** ele**va**do da **ter**ra,
atrai**rei** para **mim** todo **ser**. Ale**lui**a.

Leitura breve Cl 1,9b-11

Que chegueis a conhecer plenamente a vontade de Deus, com toda a sabedoria e com o discernimento da luz do Espírito. Pois deveis levar uma vida digna do Senhor, para lhe serdes agradáveis em tudo. Deveis produzir frutos em toda a boa obra e crescer no conhecimento de Deus, animados de muita força, pelo poder de sua glória, de muita paciência e constância, com alegria.

Responsório breve

R. Cu**rai**-me, Se**nhor**,
*Pois pe**quei** contra **vós**. R. Cu**rai**-me.
V. Eu vos **di**go: Meu **Deus**, tende **pe**na de **mim**!
*Pois pe**quei**. Glória ao **Pai**. R. Cu**rai**-me.

Cântico evangélico, ant.

A minh'**al**ma engran**de**ce o Se**nhor**,
porque o**lhou** para a **mi**nha humil**da**de.

Preces

Demos graças a Deus Pai que, lembrando a sua aliança, não cessa de nos fazer o bem. Cheios de confiança, elevemos a ele nossa oração, dizendo:

R. **Dai-nos, Senhor, vossos bens com fartura!**

Salvai, Senhor, o vosso povo,
–abençoai a vossa herança. R.

Congregai na unidade os que têm o nome de cristãos,
–para que o mundo acredite em Cristo, o Salvador que nos enviastes. R.

Concedei a vossa graça a todos os nossos amigos e conhecidos,
–para que em toda parte deem o testemunho de Cristo. R.

Manifestai o vosso amor aos agonizantes,
–e dai-lhes a vossa salvação. R.

(intenções livres)

Sede misericordioso para com os nossos irmãos e irmãs falecidos,
–e abri-lhes as portas do paraíso. R.

Pai nosso...

Oração

Este nosso serviço de louvor proclame, Senhor, vossa grandeza; e como, para nos salvar, olhastes com amor a humildade da Virgem Maria, assim elevai-nos à plenitude da redenção. Por nosso Senhor Jesus Cristo, vosso Filho, na unidade do Espírito Santo.

I TERÇA-FEIRA

Laudes

V. Vinde, ó **Deus**. Glória ao **Pai**. Como **era**.(Ale**luia**).

Hino

Já vem brilhante aurora
o sol anunciar.
De cor reveste as coisas,
faz tudo cintilar.

Ó Cristo, Sol eterno,
vivente para nós,
saltamos de alegria,
cantando para vós.

Do Pai Ciência e Verbo,
por quem se fez a luz,
as mentes, para vós,
levai, Senhor Jesus.

Que nós, da luz os filhos,
solícitos andemos.
Do Pai eterno a graça
nos atos expressemos.

Profira a nossa boca
palavras de verdade,
trazendo à alma o gozo
que vem da lealdade.

A vós, ó Cristo, a glória
e a vós, ó Pai, também,
com vosso Santo Espírito,
agora e sempre. Amém.

Salmodia

Ant. 1 Quem tem mãos **pu**ras e ino**cen**te cora**ção**
subi**rá** até o **mon**te do **Senhor**.

T.P.: A**que**le que des**ceu** ao nosso **meio**
é o **mes**mo que su**biu** aos altos **céus** Ale**luia**.

Salmo 23(24)

Entrada do Senhor no templo

Na Ascensão, as portas do céu se abriram para o Cristo (Sto. Irineu).

– 1 Ao Se**nhor** pertence a **ter**ra e o que ela en**cer**ra, *
o mundo in**tei**ro com os seres que o povoam;
– 2 porque **e**le a tornou firme sobre os mares, *
e sobre as **á**guas a mantém inabalável.

– 3 "Quem subi**rá** até o monte do Senhor, *
quem fica**rá** em sua santa habitação?"
= 4 "Quem tem mãos **pu**ras e inocente coração, †
quem não di**ri**ge sua mente para o crime, *
nem jura **fal**so para o dano de seu próximo.

– 5 Sobre **es**te desce a bênção do Senhor *
e a recom**pen**sa de seu Deus e Salvador".
– 6 "É as**sim** a geração dos que o procuram, *
e do **Deus** de Israel buscam a face".

= 7 "Ó **por**tas, levantai vossos frontões! †
Ele**vai**-vos bem mais alto, antigas portas, *
a fim de **que** o Rei da glória possa entrar!"

= 8 Di**zei**-nos: "Quem é este Rei da glória?" †
"É o Se**nhor**, o valoroso, o onipotente, *
o Se**nhor**, o poderoso nas batalhas!"

= 9 "Ó **por**tas, levantai vossos frontões! †
Ele**vai**-vos bem mais alto, antigas portas, *
a fim de **que** o Rei da glória possa entrar!"

= 10 Di**zei**-nos: "Quem é este Rei da glória?" †
"O Rei da **gló**ria é o Senhor onipotente, *
o Rei da **gló**ria é o Senhor Deus do universo!"

Ant. Quem tem mãos **pu**ras e ino**cen**te cora**ção**
subi**rá** até o **mon**te do Se**nhor**.

T.P.: A**que**le que des**ceu** ao nosso **mei**o
é o **mes**mo que su**biu** aos altos **céus** Ale**lui**a.

Ant. 2 Vossas **o**bras ce**le**brem a **Deus**
e e**xal**tem o **Rei** sempi**ter**no.

T.P.: Fazei **fes**ta e, a**le**gres, lou**vai** o Se**nhor**. Ale**lui**a.

Cântico Tb 13,2-8

Deus castiga e salva

Bendito seja Deus, Pai de Nosso Senhor Jesus Cristo. Em sua grande misericórdia nos fez nascer de novo, para uma esperança viva (1Pd 1,3).

– 2 Vós sois **gran**de, Se**nhor**, para **sem**pre, *
e o vosso **rei**no se estende nos séculos!
– Porque **vós** castigais e salvais, *
fazeis des**cer** aos abismos da terra,
– e de **lá** nos trazeis novamente: *
de vossa **mão** nada pode escapar.

– 3 Vós que **sois** de Israel, dai-lhe graças *
e por **en**tre as nações celebrai-o!
– O Se**nhor** dispersou-vos na terra *
4 para nar**rar**des sua glória entre os povos,
– e fa**zê**-los saber, para sempre, *
que não **há** outro Deus além dele.

– 5 Casti**gou**-nos por nossos pecados, *
seu a**mor** haverá de salvar-nos.
– 6 Compreen**dei** o que fez para nós, *
dai-lhe **gra**ças, com todo o respeito!
– Vossas **o**bras celebrem a Deus *
e e**xal**tem o Rei sempiterno!

– Nesta **ter**ra do meu cativeiro, *
have**rei** de honrá-lo e louvá-lo,
– pois mos**trou** o seu grande poder, *
sua **gló**ria à nação pecadora!
– Conver**tei**-vos, enfim, pecadores, *
diante **de**le vivei na justiça;

– e sa**bei** que, se ele vos ama, *
tam**bém** vos dará seu perdão!
– 7 Eu de**se**jo, de toda a minh'alma, *
ale**grar**-me em Deus, Rei dos céus.
– 8 Bendi**zei** o Senhor, seus eleitos, *
fazei **fes**ta e alegres louvai-o!

Ant. Vossas **o**bras ce**le**brem a **Deus**
e exa**l**tem o **Rei** sempi**ter**no.

T.P.: Fazei **fes**ta e, a**le**gres, lou**vai** o Se**nhor**. Ale**lu**ia.

Ant. 3 Ó **jus**tos, ale**grai**-vos no Se**nhor**!
Aos **re**tos fica **bem** glorifi**cá**-lo. †

T.P.: Trans**bor**da em toda a **ter**ra sua **gra**ça. Ale**lu**ia.

Salmo 32(33)

Hino à providência de Deus

Por ele foram feitas todas as coisas (Jo 1,3).

– 1 Ó **jus**tos, ale**grai**-vos no Se**nhor**! *
Aos **re**tos fica bem glorificá-lo.

– 2 †Dai **gra**ças ao Senhor ao som da harpa, *
na **li**ra de dez cordas celebrai-o!

– 3 Can**tai** para o Senhor um canto novo, *
com **ar**te sustentai a louvação!

– 4 Pois **re**ta é a palavra do Senhor, *
e **tu**do o que ele faz merece fé.

– 5 Deus **a**ma o direito e a justiça, *
trans**bor**da em toda a terra a sua graça.

– 6 A pa**la**vra do Senhor criou os céus, *
e o **so**pro de seus lábios, as estrelas.

– 7 Como num **o**dre junta as águas do oceano, *
e man**tém** no seu limite as grandes águas.

– 8 A**do**re ao Senhor a terra inteira, *
e o res**pei**tem os que habitam o universo!

– 9 Ele fa**lou** e toda a terra foi criada, *
ele orde**nou** e as coisas todas existiram.

– 10 O Se**nhor** desfaz os planos das nações *
e os pro**je**tos que os povos se propõem.

= 11 Mas os de**síg**nios do Senhor são para sempre, †
e os pensa**men**tos que ele traz no coração, *
de gera**ção** em geração, vão perdurar. –

– 12 Feliz o **po**vo cujo Deus é o Senhor, *
e a na**ção** que escolheu por sua herança!
– 13 Dos altos **céus** o Senhor olha e observa; *
ele se in**cli**na para olhar todos os homens.

– 14 Ele con**tem**pla do lugar onde reside *
e vê a **to**dos os que habitam sobre a terra.
– 15 Ele for**mou** o coração de cada um *
e por **to**dos os seus atos se interessa.

– 16 Um rei não **ven**ce pela força do exército, *
nem o guer**rei**ro escapará por seu vigor.
– 17 Não são ca**va**los que garantem a vitória; *
nin**guém** se salvará por sua força.

– 18 Mas o Se**nhor** pousa o olhar sobre os que o temem, *
e que con**fi**am esperando em seu amor,
– 19 para da **mor**te libertar as suas vidas *
e alimen**tá**-los quando é tempo de penúria.

– 20 No Se**nhor** nós esperamos confiantes, *
porque **e**le é nosso auxílio e proteção!
– 21 Por isso o **nos**so coração se alegra nele, *
seu santo **no**me é nossa única esperança.

– 22 Sobre **nós** venha, Senhor, a vossa graça, *
da mesma **for**ma que em vós nós esperamos!

Ant. Ó **jus**tos, ale**grai**-vos no Se**nhor**!
Aos **re**tos fica **bem** glorifi**cá**-lo.

T.P.: Trans**bor**da em toda a **ter**ra sua **gra**ça. Ale**lui**a.

Leitura breve Rm 13,11b.12-13a

Já é hora de despertar. Com efeito, agora a salvação está mais perto de nós do que quando abraçamos a fé. A noite já vai adiantada, o dia vem chegando: despojemo-nos das ações das trevas e vistamos as armas da luz. Procedamos honestamente, como em pleno dia.

Responsório breve

R. Ó meu **Deus**, sois o ro**che**do que me a**bri**ga,
* Meu es**cu**do e prote**ção**: em vós es**pe**ro! R. Ó meu **Deus**.
V. Minha **ro**cha, meu a**bri**go e Salva**dor**. * Meu escudo.
Glória ao **Pai**. R. Ó meu **Deus**.

Cântico evangélico, ant.

O Se**nhor** fez sur**gir** um pode**ro**so Salva**dor**,
como fa**la**ra pela **bo**ca de seus **san**tos e pro**fe**tas.

Preces

Irmãos e irmãs, chamados a participar de uma vocação celeste, bendigamos a Jesus Cristo, pontífice da nossa fé; e aclamemos:

R. **Senhor, nosso Deus e Salvador!**

Rei todo-poderoso, que pelo batismo nos conferistes um sacerdócio régio,
–fazei da nossa vida um contínuo sacrifício de louvor. R.

Ajudai-nos, Senhor, a guardar os vossos mandamentos,
–para que, pela força do Espírito Santo, permaneçamos em vós e vós permaneçais em nós. R.

Dai-nos a vossa sabedoria eterna,
–para que ela sempre nos acompanhe e dirija os nossos trabalhos. R.

Não permitais que neste dia sejamos motivo de tristeza para ninguém,
–mas causa de alegria para todos os que convivem conosco. R.

(intenções livres)

Pai nosso...

Oração

Acolhei, Senhor, as preces desta manhã, e por vossa bondade iluminai as profundezas de nosso coração, para que não se prendam por desejos tenebrosos os que foram renovados pela luz de vossa graça. Por nosso Senhor Jesus Cristo, vosso Filho, na unidade do Espírito Santo.

Hora Média

Vinde, ó **Deus**. Glória ao **Pai**. Como **era**. (Ale**luia**).

HINO como no Ordinário, p. 743.

Salmodia

Ant. 1 Feliz o **ho**mem que na **lei**
do Senhor **Deus** vai progre**din**do.

Salmo 118(119),1-8
I (Aleph)

Meditação sobre a Palavra de Deus na Lei

Isto é amar a Deus: observar os seus mandamentos (1Jo 5,3).

– 1 Feliz o **ho**mem sem pe**ca**do em seu ca**mi**nho, *
que na **lei** do Senhor Deus vai progredindo!
– 2 Feliz o **ho**mem que observa seus preceitos, *
e de **to**do o coração procura a Deus!

– 3 Que não pra**ti**ca a maldade em sua vida, *
mas vai an**dan**do nos caminhos do Senhor.
– 4 Os **vos**sos mandamentos vós nos destes, *
para **se**rem fielmente observados.

– 5 Oxa**lá** seja bem firme a minha vida *
em cum**prir** vossa vontade e vossa lei!
– 6 En**tão** não ficarei envergonhado *
ao repas**sar** todos os vossos mandamentos.

– 7 Quero lou**var**-vos com sincero coração, *
pois apren**di** as vossas justas decisões.
– 8 Quero guar**dar** vossa vontade e vossa lei; *
Se**nhor**, não me deixeis desamparado!

Ant. Feliz o **ho**mem que na **lei**
do Senhor **Deus** vai progre**din**do.

Ant. 2 Meu cora**ção**, por vosso au**xí**lio, reju**bi**le!

Salmo 12(13)

Lamentação do justo que confia em Deus

Que o Deus da esperança vos encha de alegria (Rm 15,13).

– 2 Até **quan**do, ó Se**nhor**, me esquece**reis**? *
Até **quan**do escondereis a vossa face?

= 3 Até **quan**do estará triste a minha alma? †
e o cora**ção** angustiado cada dia? *
Até **quan**do o inimigo se erguerá?

= 4 **Olhai**, Senhor, meu Deus, e respondei-me! †
Não dei**xeis** que se me apague a luz dos olhos *
e se **fe**chem, pela morte, adormecidos! –

= 5 Que o ini**mi**go não me diga: “Eu triunfei!” †
Nem **exul**te o opressor por minha queda,*
6 uma **vez** que confiei no vosso amor!
– Meu cora**ção**, por vosso auxílio, rejubile, *
e que eu vos **can**te pelo bem que me fizestes!

Ant. Meu cora**ção**, por vosso au**xí**lio, reju**bi**le!

Ant. 3 À humani**da**de, quando i**mer**sa no pe**ca**do,
o Se**nhor** manifes**tou** sua bon**da**de.

Salmo 13(14)

A insensatez dos ímpios

Onde se multiplicou o pecado, aí superabundou a graça (Rm 5,20).

– 1 Diz o insen**sa**to e seu **pró**prio cora**ção**: *
“Não há **Deus**! Deus não existe!”
– Corrom**pe**ram-se em ações abomináveis. *
Já não **há** quem faça o bem!

– 2 O Se**nhor**, ele se inclina lá dos céus *
sobre os **fi**lhos de Adão,
– para **ver** se resta um homem de bom senso *
que a**in**da busque a Deus.

– 3 Mas todos **e**les igualmente se perderam, *
corrom**pen**do-se uns aos outros;
– não e**xis**te mais nenhum que faça o bem, *
não e**xis**te um sequer.

– 4 Se**rá** que não percebem os malvados *
quando ex**plo**ram o meu povo?
– Eles de**vo**ram o meu povo como pão, *
e não in**vo**cam o Senhor.

– 5 Mas um **di**a vão tremer de tanto medo, *
porque **Deus** está com o justo.
– 6 Podeis **rir** da esperança dos humildes, *
mas o Se**nhor** é o seu refúgio!
– 7 Que **ve**nha, venha logo de Sião*
a salva**ção** de Israel! –

– Quando o Se**nhor** reconduzir do cativeiro *
os depor**ta**dos de seu povo,
– que **jú**bilo e que festa em Jacó, *
que ale**gri**a em Israel!

Ant. À humani**da**de, quando i**mer**sa no pe**ca**do,
o Se**nhor** manifes**tou** sua bon**da**de.

Leitura breve Pr 3,13-15

Feliz o homem que encontrou a sabedoria, o homem que alcançou a prudência! Ganhá-la vale mais do que a prata, e o seu lucro mais do que o ouro. É mais valiosa do que as pérolas; nada que desejas a iguala.

V. Vós a**mais** os cora**ções** que são sin**ce**ros.
R. Na intimi**da**de me ensi**nais** sabedo**ri**a.

Oração

Ó Deus, que revelastes a Pedro vosso plano de salvação para todos os povos, fazei que nossos trabalhos vos agradem e, pela vossa graça, sirvam ao vosso desígnio de amor e redenção. Por Cristo, nosso Senhor.

Vésperas

R. Vinde, ó **Deus**. Glória ao **Pai**. Como era. (Ale**lui**a).

Hino

Ó grande Autor da terra,
que, as águas repelindo,
do mundo o solo erguestes,
a terra produzindo,

de plantas revestida,
ornada pelas flores,
e dando muitos frutos,
diversos em sabores.

Lavai as manchas da alma
na fonte, pela graça.
O pranto em nossos olhos
as más ações desfaça.

Seguindo as vossas leis,
lutemos contra o mal,
felizes pelo dom
da vida perenal.

Ouvi-nos, Pai bondoso,
e vós, dileto Filho,
unidos pelo Espírito
na luz de eterno brilho.

Salmodia

Ant. 1 Ó **Senhor**, exaltai o vosso Ungido!

T.P.: Agora che**gou** o **rei**no de **Deus**
e o po**der** de seu **Cris**to, ale**lui**a.

Salmo 19(20)

Oração pela vitória do rei

Quem invocar o nome do Senhor, será salvo (At 2,21).

– 2 Que o Se**nhor** te es**cu**te no **di**a da afli**ção**, *
e o **Deus** de Jacó te pro**te**ja por seu nome!
– 3 Que do **seu** santuário te en**vi**e seu auxílio *
e te a**ju**de do alto, do **Mon**te de Sião!

– 4 Que de **to**dos os teus sacri**fí**cios se recorde, *
e os **teus** holocaustos a**cei**te com agrado!
– 5 A**ten**da os desejos que **tens** no coração; *
plena**men**te ele cumpra as **tu**as esperanças!

= 6 Com a **vos**sa vitória en**tão** exultaremos, †
levan**tan**do as bandeiras em **no**me do Senhor. *
Que o Se**nhor** te escute e a**ten**da os teus pedidos!

– 7 E a**go**ra estou certo de que **Deus** dará a vitória, *
que o Se**nhor** há de dar a vi**tó**ria a seu Ungido;
– que have**rá** de atendê-lo do ex**cel**so santuário, *
pela **for**ça e poder de sua **mão** vitoriosa.

– 8 Uns con**fi**am nos carros e **ou**tros nos cavalos; *
nós, po**rém**, somos fortes no **no**me do Senhor.
– 9 Todos **e**les, tombando, ca**í**ram pelo chão; *
nós fi**ca**mos de pé e as**sim** resistiremos. –

– 10 Ó Se**nhor**, dai vitória e sal**vai** o nosso rei, *
e escu**tai**-nos no dia em que **nós** vos invocarmos.

Ant. Ó Se**nhor**, exal**tai** o vosso Un**gi**do!

T.P.: A**go**ra che**gou** o **rei**no de **Deus**
e o po**der** de seu **Cris**to, ale**lui**a.

Ant. 2 Canta**re**mos cele**bran**do a vossa **for**ça.

T.P.: Rece**bes**tes, Se**nhor**, o po**der**,
e exer**ces**tes o **vos**so Rei**na**do. Ale**lui**a.

Salmo 20(21),2-8.14

Ação de graças pela vitória do Rei

O Cristo ressuscitado recebeu a vida para sempre (Sto. Irineu).

– 2 Ó Se**nhor**, em vossa **for**ça o rei se a**le**gra; *
quanto e**xul**ta de alegria em vosso auxílio!
– 3 O que so**nhou** seu coração, lhe concedestes; *
não recu**sas**tes os pedidos de seus lábios.

– 4 Com **bên**ção generosa o preparastes; *
de ouro **pu**ro coroastes sua fronte.
– 5 A **vi**da ele pediu e vós lhe destes *
longos **di**as, vida longa pelos séculos.

– 6 É **gran**de a sua glória em vosso auxílio; *
de esplen**dor** e majestade o revestistes.
– 7 Transfor**mas**tes o seu nome numa bênção, *
e o co**bris**tes de alegria em vossa face.

– 8 Por **is**so o rei confia no Senhor, *
e por **seu** amor fiel não cairá.
– 14 Levan**tai**-vos com poder, ó Senhor Deus, *
e canta**re**mos celebrando a vossa força!

Ant. Canta**re**mos cele**bran**do a vossa **for**ça.

T.P.: Rece**bes**tes, Se**nhor**, o po**der**,
e exer**ces**tes o **vos**so Rei**na**do. Ale**lui**a.

Ant. 3 Fi**zes**tes de **nós** para **Deus** sacer**do**tes e **po**vo de **reis**.

T.P.: Toda a **vos**sa cria**tu**ra vos **sir**va, ó Se**nhor**;
pois man**das**tes, e o uni**ver**so foi cri**a**do, ale**lui**a.

Cântico Ap 4,11; 5,9.10.12

Hino dos remidos

– 4,11 Vós sois **digno**, Se**nhor** nosso **Deus**, *
de rece**ber** honra, glória e poder!

(R. Po**der**, honra e **gló**ria ao Cor**dei**ro de **Deus**!)

= 5,9 Porque **to**das as coisas criastes, †
é por **vos**sa vontade que existem, *
e sub**sis**tem porque vós mandais. (R.)

= Vós sois **dig**no, Senhor nosso Deus, †
de o **li**vro nas mãos receber *
e de a**brir** suas folhas lacradas! (R.)

– Porque **fos**tes por nós imolado; *
para **Deus** nos remiu vosso sangue
– dentre **to**das as tribos e línguas, *
dentre os **po**vos da terra e nações. (R.)

= 10 Pois fi**zes**tes de nós, para Deus, †
sacer**do**tes e povo de reis, *
e i**re**mos reinar sobre a terra. (R.)

= 12 O Cor**dei**ro imolado é digno †
de rece**ber** honra, glória e poder, *
sabedo**ri**a, louvor, divindade! (R.)

Ant. Fi**zes**tes de **nós** para **Deus** sacer**do**tes e **po**vo de **reis**.

T.P.: Toda a **vos**sa cria**tu**ra vos **sir**va, ó Se**nhor**;
pois man**das**tes, e o uni**ver**so foi cri**a**do, ale**lu**ia.

Leitura breve 1Jo 3,1a.2

Vede que grande presente de amor o Pai nos deu: de sermos chamados filhos de Deus! E nós o somos! Caríssimos, desde já somos filhos de Deus, mas nem sequer se manifestou o que seremos! Sabemos que, quando Jesus se manifestar, seremos semelhantes a ele, porque o veremos tal como ele é.

Responsório breve

R. Vossa pa**la**vra, ó Se**nhor**,
* Perma**ne**ce eterna**men**te. R. Vossa pa**la**vra.
V. Vossa ver**da**de é para **sem**pre. *Perma**ne**ce.
Glória ao **Pai**. R. Vossa pa**la**vra.

Cântico evangélico, ant.

Exulte meu espírito em **Deus** meu Salva**dor**!

Preces

Louvemos o Senhor Jesus Cristo que vive no meio de nós, povo que ele conquistou; e supliquemos:

R. **Ouvi, Senhor, a nossa oração!**

Senhor, rei e dominador de todos os povos, vinde em ajuda de todas as nações e de seus governantes,
– para que busquem, na concórdia, o bem comum, de acordo com a vossa vontade. R.

Vós, que, subindo aos céus, levastes convosco os cativos,
– restituí a liberdade de filhos de Deus aos nossos irmãos e irmãs prisioneiros no corpo ou no espírito. R.

Concedei aos nossos jovens a realização de suas esperanças,
– para que saibam responder ao vosso chamado com grandeza de alma. R.

Fazei que as crianças imitem vosso exemplo,
– e cresçam sempre em sabedoria e em graça. R.

(intenções livres)

Acolhei os que morreram na glória do vosso Reino,
– onde também nós esperamos reinar convosco para sempre. R.

Pai nosso...

Oração

Nós vos damos graças, Senhor Deus todo-poderoso, que nos fizestes chegar a esta hora; aceitai bondoso, qual sacrifício vespertino, nossas mãos erguidas em oração, que confiantes vos apresentamos. Por nosso Senhor Jesus Cristo, vosso Filho, na unidade do Espírito Santo.

I QUARTA-FEIRA

Laudes

V. Vinde, ó **Deus**. Glória ao **Pai**. Como **era**. (Ale**luia**).

Hino

Ó noite, ó treva, ó nuvem,
não mais fiqueis aqui!

Já surge a doce aurora,
o Cristo vem: parti!

Rompeu-se o véu da terra,
cortado por um raio:
as coisas tomam cores,
já voltam do desmaio.

Assim também se apague
a noite do pecado,
e o Cristo em nossas almas
comece o seu reinado.

Humildes, vos pedimos
em nosso canto ou choro:
ouvi, ó Cristo, a prece,
que sobe a vós, em coro.

Os fogos da vaidade
a vossa luz desfaz.
Estrela da manhã,
quão doce vossa paz.

Louvor ao Pai, ó Cristo,
louvor a vós também;
reinais, no mesmo Espírito,
agora e sempre. Amém.

Salmodia

Ant. 1 Em vossa **luz** contem**pla**mos a **luz**.

T.P.: Em **vós** está a **fon**te da **vi**da! Ale**lui**a.

Salmo 35(36)

A malícia do pecador e a bondade de Deus

Quem me segue, não andará nas trevas, mas terá a luz da vida (Jo 8,12).

– 2 O pe**ca**do sus**sur**ra ao **ím**pio *
lá no **fun**do do seu coração;
– o te**mor** do Senhor, nosso Deus, *
não e**xis**te perante seus olhos.
– 3 Lison**jei**a a si mesmo, pensando: *
"Ninguém **vê** nem condena o meu crime!" –

– [4]Traz na **bo**ca maldade e engano; *
já não **quer** refletir e agir bem.
= [5]Arqui**te**ta a maldade em seu leito, †
nos ca**mi**nhos errados insiste *
e não **quer** afastar-se do mal. –

– [6]Vosso a**mor** chega aos céus, ó Senhor, *
chega às **nu**vens a vossa verdade.
– [7]Como as **al**tas montanhas eternas *
é a **vos**sa justiça, Senhor;
– e os **vos**sos juízos superam *
os a**bis**mos profundos dos mares.

– Os ani**mais** e os homens salvais: *
[8]quão preci**o**sa é, Senhor, vossa graça!
– Eis que os **fi**lhos dos homens se abrigam *
sob a **som**bra das asas de Deus.
– [9]Na abun**dân**cia de vossa morada, *
eles **vêm** saciar-se de bens.

– Vós lhes **dais** de beber água viva, *
na tor**ren**te das vossas delícias.
– [10]Pois em **vós** está a fonte da vida, *
e em vossa **luz** contemplamos a luz.
– [11]Conser**vai** aos fiéis vossa graça, *
e aos **re**tos, a vossa justiça!

– [12]Não me **pi**sem os pés dos soberbos, *
nem me ex**pul**sem as mãos dos malvados!
– [13]Os per**ver**sos, tremendo, caíram *
e não **po**dem erguer-se do chão.

Ant. Em vossa **luz** contem**pla**mos a **luz**.

T.P.: Em **vós** está a **fon**te da **vi**da! Ale**lu**ia.

Ant. 2 Vós sois **gran**de, Se**nhor**-Ado**nai**,
admi**rá**vel, de **for**ça inven**cí**vel!

T.P.: Envi**as**tes, Se**nhor**, vosso Es**pí**rito
e **tu**do pas**sou** a exis**tir**. Ale**lu**ia.

Cântico Jt 16,1-2.13-15

Deus, Criador do mundo e protetor do seu povo

Entoaram um cântico novo (Ap 5,9).

– 1 Can**tai** ao Se**nhor** com pan**dei**ros, *
entoai seu louvor com tambores!
– Ele**vai**-lhe um salmo festivo, *
invo**cai** o seu nome e exaltai-o!

– 2 É o Se**nhor** que põe fim às batalhas, *
o seu **no**me glorioso é "Senhor"!
– 13 Can**te**mos louvores a Deus, *
novo **hi**no ao Senhor entoemos!

– Vós sois **gran**de, Senhor-Adonai, *
admi**rá**vel, de força invencível!
– 14 Toda a **vos**sa criatura vos sirva, *
pois man**das**tes e tudo foi feito!

– Vosso **so**pro de vida enviastes, *
e eis que **tu**do passou a existir;
– não e**xis**te uma coisa ou pessoa, *
que re**sis**ta à vossa palavra!

– 15 Desde as **ba**ses, os montes se abalam, *
e as **á**guas também estremecem;
– como **ce**ra, derretem-se as pedras *
di**an**te da vossa presença.

– Mas a**que**les que a vós obedecem *
junto a **vós** serão grandes em tudo.

Ant. Vós sois **gran**de, Se**nhor**-Ado**nai**,
admi**rá**vel, de **for**ça inven**cí**vel!

T.P.: Envi**as**tes, Se**nhor**, vosso Es**pí**rito
e **tu**do pas**sou** a exis**tir**. Ale**lui**a.

Ant. 3 Gritai a **Deus** aclama**ções** de ale**gri**a!

T.P.: É **Deus** o grande **Rei** de toda a **ter**ra:
com **ar**te cele**brai** os seus lou**vo**res! Ale**lui**a.

Salmo 46(47)

O Senhor, Rei do universo

Está sentado à direita de Deus Pai, e o seu Reino não terá fim.

– 2 Povos **to**dos do uni**ver**so, batei **pal**mas, *
gritai a **Deus** aclamações de alegria!
– 3 Porque su**bli**me é o Senhor, o Deus Altíssimo, *
o sobe**ra**no que domina toda a terra.

– 4 Os **po**vos sujeitou ao nosso jugo *
e colo**cou** muitas nações aos nossos pés.
– 5 Foi **e**le que escolheu a nossa herança, *
a **gló**ria de Jacó, seu bem-amado.

– 6 Por **en**tre aclamações Deus se elevou, *
o Se**nhor** subiu ao toque da trombeta.
– 7 Salmodi**ai** ao nosso Deus ao som da harpa, *
salmodi**ai** ao som da harpa ao nosso Rei!

– 8 Porque **Deus** é o grande Rei de toda a terra, *
ao som da **har**pa acompanhai os seus louvores!
– 9 Deus **rei**na sobre todas as nações, *
está sen**ta**do no seu trono glorioso.

– 10 Os **che**fes das nações se reuniram *
com o **po**vo do Deus santo de Abraão,
– pois só **Deus** é realmente o Altíssimo, *
e os pode**ro**sos desta terra lhe pertencem!

Ant. Gritai a **Deus** aclama**ções** de ale**gri**a!

T.P.: É **Deus** o grande **Rei** de toda a **ter**ra:
com **ar**te cele**brai** os seus lou**vo**res! Ale**lui**a.

Leitura breve — Tb 4,14b-15a.16ab.19a

Meu filho, sê vigilante em todas as tuas obras e mostra-te prudente em tua conversação. Não faças a ninguém o que para ti não desejas. Dá de teu pão a quem tem fome, e de tuas vestes aos que estão despidos. Dá de esmola todo o teu supérfluo. Bendize o Senhor em todo o tempo, e pede-lhe para que sejam retos os teus caminhos e tenham êxito todos os teus passos e todos os teus projetos.

Responsório breve

R. Para os **vos**sos manda**men**tos,
* Incli**nai** meu cora**ção**! R. Para os **vos**sos.
V. Dai-me a **vi**da em vossa **Lei**! * Incli**nai**.
Glória ao **Pai**. R. Para os **vos**sos.

Cântico evangélico, ant.

Mos**trai**-nos, ó Se**nhor**, miseri**cór**dia,
recor**dan**do a vossa **san**ta Ali**an**ça.

Preces

Demos graças e louvores a Cristo pela sua admirável condescendência em chamar de irmãos àqueles que santificou. Por isso, supliquemos:

R. **Santificai, Senhor, os vossos irmãos e irmãs!**

Fazei que vos consagremos de coração puro o princípio deste dia em honra da vossa ressurreição,
– e que o santifiquemos com trabalhos que sejam do vosso agrado. R.

Vós, que nos dais este novo dia, como sinal do vosso amor, para nossa alegria e salvação,
– renovai-nos a cada dia para glória do vosso nome. R.

Ensinai-nos hoje a reconhecer vossa presença em todos os nossos irmãos e irmãs,
– e a vos encontrarmos sobretudo nos pobres e infelizes. R.

Concedei que durante todo este dia vivamos em paz com todos,
– e a ninguém paguemos o mal com o mal. R.

(intenções livres)

Pai nosso...

Oração

Deus, nosso Salvador, que nos gerastes filhos da luz, ajudai-nos a viver como seguidores da justiça e praticantes da verdade, para sermos vossas testemunhas diante dos homens. Por nosso Senhor Jesus Cristo, vosso Filho, na unidade do Espírito Santo.

Hora Média

V. Vinde, ó **Deus**. Glória ao **Pai**. Como **e**ra. (Ale**lui**a).

HINO como no Ordinário, p. 743.

Salmodia

Ant. 1 Ó Se**nhor**, vós sois ben**di**to para **sem**pre:
os **vo**ssos manda**men**tos ensi**nai**-me!

Salmo 118(119),9-16
II (Beth)

Meditação sobre a Palavra de Deus na Lei

Se me amais, guardareis os meus mandamentos (Jo 14,15).

– 9 Como um **jo**vem pode**rá** ter vida **pu**ra? *
Obser**van**do, ó Senhor, vossa palavra.
– 10 De **to**do o coração eu vos procuro, *
não dei**xeis** que eu abandone a vossa lei!

– 11 Conser**vei** no coração vossas palavras, *
a **fim** de que eu não peque contra vós.
– 12 Ó Se**nhor**, vós sois bendito para sempre; *
os **vos**sos mandamentos ensinai-me!

– 13 Com meus **lá**bios, ó Senhor, eu enumero *
os de**cre**tos que ditou a vossa boca.
– 14 Se**guin**do vossa lei me rejubilo *
muito **mais** do que em todas as riquezas.

– 15 Eu **que**ro meditar as vossas ordens, *
eu **que**ro contemplar vossos caminhos!
– 16 Minha ale**gri**a é fazer vossa vontade; *
eu não **pos**so esquecer vossa palavra.

Ant. Ó Se**nhor**, vós sois ben**di**to para **sem**pre:
os **vo**ssos manda**men**tos ensi**nai**-me!

Ant. 2 Fir**mai** os meus **pas**sos em **vos**sos ca**mi**nhos.

Salmo 16(17)

Dos ímpios salvai-me, Senhor

Nos dias de sua vida terrestre, dirigiu preces e súplicas... E foi atendido (Hb 5,7).

I

– 1 Ó Se**nhor**, ouvi a **mi**nha justa **cau**sa,*
escu**tai**-me e atendei o meu clamor!

– Inclinai o vosso ouvido à minha prece, *
pois não existe falsidade nos meus lábios!
– 2 De vossa face é que me venha o julgamento, *
pois vossos olhos sabem ver o que é justo.

= 3 Provai meu coração durante a noite, †
visitai-o, examinai-o pelo fogo, *
mas em mim não achareis iniquidade.
– 4 Não cometi nenhum pecado por palavras, *
como é costume acontecer em meio aos homens.

– Seguindo as palavras que dissestes, *
andei sempre nos caminhos da Aliança.
– 5 Os meus passos eu firmei na vossa estrada, *
e por isso os meus pés não vacilaram.

– 6 Eu vos chamo, ó meu Deus, porque me ouvis, *
inclinai o vosso ouvido e escutai-me!
= 7 Mostrai-me vosso amor maravilhoso, †
vós que salvais e libertais do inimigo *
quem procura a proteção junto de vós.

– 8 Protegei-me qual dos olhos a pupila *
e guardai-me, à proteção de vossas asas,

– 9 longe dos ímpios violentos que me oprimem, *
dos inimigos furiosos que me cercam.

Ant. Firmai os meus passos em vossos caminhos.

Ant. 3 Levantai-vos, ó Senhor, e salvai a minha vida!

II

– 10 A abundância lhes fechou o coração, *
em sua boca há só palavras orgulhosas.
– 11 Os seus passos me perseguem, já me cercam, *
voltam seus olhos contra mim: vão derrubar-me,
– 12 como um leão impaciente pela presa, *
um leãozinho espreitando de emboscada.

– 13 Levantai-vos, ó Senhor, contra o malvado, *
com vossa espada abatei-o e libertai-me!
– 14 Com vosso braço defendei-me desses homens, *
que já encontram nesta vida a recompensa. –

= Saci**ais** com vossos bens o ventre deles, †
e seus **fi**lhos também hão de saciar-se *
e ainda as **so**bras deixarão aos descendentes.
—15 Mas eu ve**rei**, justificado, a vossa face *
e ao desper**tar** me saciará vossa presença.

Ant. Levan**tai**-vos, ó Se**nhor**, e sal**vai** a minha **vi**da!

Leitura breve 1Pd 1,15-16

Como é santo aquele que vos chamou, tornai-vos santos, também vós, em todo o vosso proceder. Pois está na Escritura: Sede santos, porque eu sou santo.

V. Que se **vis**tam de ale**gri**a os vossos **san**tos,
R. E os **vos**sos sacer**do**tes, de jus**ti**ça.

Oração

Deus onipotente e misericordioso, que nos dais novo alento no meio deste dia, olhai com bondade os trabalhos começados e, perdoando nossas faltas, fazei que eles atinjam os fins que vos agradam. Por Cristo, nosso Senhor.

Vésperas

V. Vinde, ó **Deus**. Glória ao **Pai**. Como **era**. (Ale**luia**).

Hino

Santíssimo Deus do céu,
que o céu encheis de cor
e dais à luz beleza
de ígneo resplendor;

criais no quarto dia
a rota chamejante
do sol e das estrelas,
da lua fulgurante.

Assim, à luz e às trevas
limites vós fixais.
Dos meses o começo
marcastes com sinais.

Fazei a luz brilhar
em nosso coração.
Tirai da mente as trevas,
da culpa a servidão.

Ouvi-nos, Pai bondoso,
e vós, único Filho,
reinando com o Espírito
na luz de eterno brilho.

Salmodia

Ant. 1 O Se**nhor** é minha **luz** e salva**ção**;
de **quem** eu terei **me**do? †

T.P.: Deus **Pai** exal**tou** com po**der** o seu **Cris**to
e fez **de**le o Se**nhor**, Salva**dor**, ale**lui**a.

Salmo 26(27)

Confiança em Deus no perigo

I

Esta é a morada de Deus entre os homens (Ap 21,3).

– 1 O Se**nhor** é minha **luz** e salva**ção**; *
de **quem** eu terei **me**do?
– † O Se**nhor** é a proteção da minha vida; *
perante **quem** eu tremerei?

– 2 Quando a**van**çam os malvados contra mim, *
que**ren**do devorar-me,
– são **e**les, inimigos e opressores, *
que tro**pe**çam e sucumbem.

– 3 Se os ini**mi**gos se acamparem contra mim, *
não teme**rá** meu coração;
– se contra **mim** uma batalha estourar, *
mesmo as**sim** confia**rei**.

– 4 Ao Se**nhor** eu peço apenas uma coisa, *
e é só **is**to que eu desejo:
– habi**tar** no santuário do Senhor *
por **to**da a minha vida;
– sabore**ar** a suavidade do Senhor *
e contem**plá**-lo no seu templo.

– 5 Pois um a**bri**go me dará sob o seu teto *
nos **di**as da desgraça;
– no interi**or** de sua tenda há de esconder-me *
e prote**ger**-me sobre a rocha. –

– [6] E **ago**ra minha fronte se levanta *
em **mei**o aos inimigos.
– Oferta**rei** um sacrifício de alegria, *
no **tem**plo do Senhor.
– Cantarei **sal**mos ao Senhor ao som da harpa *
e **hi**nos de louvor.

Ant. O **Senhor** é minha **luz** e salva**ção**;
de **quem** eu terei **me**do?

T.P.: Deus **Pai** exal**tou** com po**der** o seu **Cris**to
e fez **de**le o Se**nhor**, Salva**dor**, ale**lui**a.

Ant. 2 Se**nhor**, é vossa **fa**ce que eu pro**cu**ro;
não me escon**dais** a vossa **fa**ce!

T.P.: Sei que a bon**da**de do Se**nhor** eu hei de **ver**
na **ter**ra dos vi**ven**tes. Ale**lui**a.

II

Alguns se levantaram e testemunharam falsamente contra Jesus (Mc 14,57).

– [7] Ó Se**nhor**, ouvi a **voz** do meu a**pe**lo, *
aten**dei** por compai**xão**!
– [8] Meu cora**ção** fala convosco confiante, *
e os meus **o**lhos vos procuram.
– Se**nhor**, é vossa face que eu procuro; *
não me escon**dais** a vossa face!

– [9] Não afas**teis** em vossa ira o vosso servo, *
sois **vós** o meu auxílio!
– Não me esque**çais** nem me deixeis abandonado, *
meu **Deus** e Salvador!
– [10] Se meu **pai** e minha mãe me abandonarem, *
o Se**nhor** me acolherá!

– [11] Ensi**nai**-me, ó Senhor, vossos caminhos *
e mos**trai**-me a estrada certa!
– Por **cau**sa do inimigo, protegei-me, *
[12] não me entre**gueis** a seus desejos!
– Porque **fal**sas testemunhas se ergueram *
e vo**mi**tam violência. –

– 13 Sei que a bon**da**de do Senhor eu hei de ver *
na **ter**ra dos viventes.
– 14 Es**pe**ra no Senhor e tem coragem, *
es**pe**ra no Senhor!

Ant. Se**nhor**, é vossa **fa**ce que eu pro**cu**ro;
não me escon**dais** a vossa **fa**ce!

T.P.: Sei que a bon**da**de do Se**nhor** eu hei de **ver**
na **ter**ra dos vi**ven**tes. Ale**lui**a.

Ant. 3 É o Primo**gê**nito de **to**da cria**tu**ra,
e em **tu**do Ele **tem** a prima**zi**a.

T.P.: Todas as **coi**sas vêm de **Cris**to, são por **e**le e nele e**xis**tem;
a ele **gló**ria pelos **sé**culos! Ale**lui**a.

Cântico cf. Cl 1,12-20

**Cristo, o Primogênito de toda a criatura
e o Primogênito dentre os mortos**

= 12 Demos **gra**ças a Deus **Pai** onipo**ten**te, †
que nos **cha**ma a partilhar, na sua luz, *
da he**ran**ça a seus santos reservada!

(R. Glória a **vós**, Primo**gê**nito dentre os **mor**tos!)

= 13 Do im**pé**rio das trevas arrancou-nos †
e transpor**tou**-nos para o reino de seu Filho, *
para o **rei**no de seu Filho bem-amado,
– 14 no **qual** nós encontramos redenção, *
dos pe**ca**dos remissão pelo seu sangue. (R.)

– 15 Do **Deus**, o Invisível, é a imagem, *
o Primo**gê**nito de toda criatura;
= 16 porque **ne**le é que tudo foi criado: †
o que há nos **céus** e o que existe sobre a terra, *
o vi**sí**vel e também o invisível. (R.)

= Sejam **Tro**nos e Poderes que há nos céus, †
sejam **e**les Principados, Potestades: *
por **e**le e para ele foram feitos;
– 17 antes de **to**da criatura ele existe, *
e é por **e**le que subsiste o universo. (R.)

=[18] Ele é a Ca**be**ça da Igreja, que é seu Corpo, †
é o prin**cí**pio, o Primogênito dentre os mortos, *
a **fim** de ter em tudo a primazia.
–[19] Pois foi do a**gra**do de Deus Pai que a plenitude *
habi**tas**se no seu Cristo inteiramente. (R.)

–[20] A**prou**ve-lhe também, por meio dele, *
reconcili**ar** consigo mesmo as criaturas,

= pacifi**can**do pelo sangue de sua cruz †
tudo a**qui**lo que por ele foi criado, *
o que há nos **céus** e o que existe sobre a terra. (R.)

Ant. É o Primo**gê**nito de **to**da cria**tu**ra,
e em **tu**do Ele **tem** a prima**zi**a.

T.P.: Todas as **coi**sas vêm de **Cris**to, são por **e**le e nele e**xis**tem;
a ele **gló**ria pelos **sé**culos! Ale**lui**a.

Leitura breve Tg 1,22.25

Sede praticantes da Palavra e não meros ouvintes, enganando-vos a vós mesmos. Aquele, porém, que se debruça sobre a Lei da liberdade, agora levada à perfeição, e nela persevera, não como um ouvinte distraído, mas praticando o que ela ordena, esse será feliz naquilo que faz.

Responsório breve

R. Liber**tai**-me, ó Se**nhor**,
* Ó meu **Deus**, tende pie**da**de! R. Liber**tai**-me.
V. Não jun**teis** a minha **vi**da à dos **maus** e sangui**ná**rios.
* Ó meu **Deus**. Glória ao **Pai**. R. Liber**tai**-me.

Cântico evangélico, ant.

O Pode**ro**so fez em **mim** mara**vi**lhas, e **san**to é seu **no**me.

Preces

Em tudo seja glorificado o nome do Senhor, que ama com infinito amor o povo que escolheu. Suba até ele a nossa oração:

R. **Mostrai-nos, Senhor, o vosso amor!**

Lembrai-vos, Senhor, da vossa Igreja;
– guardai-a de todo o mal e tornai-a perfeita em vosso amor. R.

Fazei que os povos vos reconheçam como único Deus verdadeiro,
– e em vosso Filho Jesus Cristo, o Salvador que enviastes. R.

Concedei todo o bem e prosperidade a nossos parentes;
–dai-lhes vossa bênção e a recompensa eterna. R.
R. **Mostrai-nos, Senhor, o vosso amor!**

Confortai os que vivem sobrecarregados no trabalho,
–e defendei a dignidade dos marginalizados. R.

(intenções livres)

Abri as portas da vossa misericórdia para aqueles que hoje partiram desta vida,
–e acolhei-os com bondade no vosso reino. R.

Pai nosso...

Oração

Acolhei, Senhor, as nossas súplicas e concedei-nos dia e noite a vossa proteção, a fim de que, nas mudanças do tempo, sempre nos sustente o vosso amor imutável. Por nosso Senhor Jesus Cristo, vosso Filho, na unidade do Espírito Santo.

I QUINTA-FEIRA

Laudes

V. Vinde, ó **Deus**. Glória ao **Pai**. Como **era**. (Ale**lui**a).

Hino

Já surge a luz dourada,
a treva dissipando,
que as almas do abismo
aos poucos vai levando.

Dissipa-se a cegueira
que a todos envolvia;
alegres caminhemos
na luz de um novo dia.

Que a luz nos traga paz,
pureza ao coração:
longe a palavra falsa,
o pensamento vão.

Decorra calmo o dia:
a mão, a língua, o olhar.
Não deixe nosso corpo
na culpa se manchar.

Do alto, nossos atos
Deus vê, constantemente;
solícito nos segue
da aurora ao sol poente.

A glória seja ao Pai,
ao Filho seu também;
ao Espírito igualmente,
agora e sempre. Amém.

Salmodia

Ant. 1 Des**per**tem a **har**pa e a **li**ra, eu **irei** acor**dar** a au**ro**ra.

T.P.: Ele**vai**-vos ó **Deus** sobre os **céus**, ale**lui**a.

Salmo 56(57)

Oração da manhã no tempo de aflição

Este salmo canta a Paixão do Senhor (Sto. Agostinho).

– 2 Pie**da**de, Se**nhor**, pie**da**de, *
pois em **vós** se abriga a minh'alma!
– De vossas **a**sas, à sombra, me achego, *
até que **pas**se a tormenta, Senhor!

– 3 Lanço um **gri**to ao Senhor Deus Altíssimo, *
a este **Deus** que me dá todo o bem.
= 4 Que me en**vi**e do céu sua ajuda †
e con**fun**da os meus opressores! *
Deus me en**vi**e sua graça e verdade!

– 5 Eu me en**con**tro em meio a leões, *
que, fa**min**tos, devoram os homens;
– os seus **den**tes são lanças e flechas, *
suas **lín**guas, espadas cortantes.

– 6 Ele**vai**-vos, ó Deus, sobre os céus, *
vossa **gló**ria refulja na terra!

– 7 Prepa**ra**ram um laço a meus pés, *
e as**sim** oprimiram minh'alma;
– uma **co**va me abriram à frente, *
mas na **co**va acabaram caindo.

– 8 Meu cora**ção** está pronto, meu Deus, *
está **pron**to o meu coração!

– [9]Vou can**tar** e tocar para vós: *
desp**er**ta, minh'alma, desperta!
– Des**per**tem a harpa e a lira, *
eu **irei** acordar a aurora!

– [10]Vou lou**var**-vos, Senhor, entre os povos, *
dar-vos **gra**ças, por entre as nações!
– [11]Vosso a**mor** é mais alto que os céus, *
mais que as **nu**vens a vossa verdade!

– [12]Ele**vai**-vos, ó Deus, sobre os céus, *
vossa **gló**ria refulja na terra!

Ant. Des**per**tem a **har**pa e a **li**ra,
eu **irei** acor**dar** a au**ro**ra.

T.P.: Ele**vai**-vos ó **Deus** sobre os **céus**, ale**lui**a.

Ant. 2 O meu **po**vo há de far**tar**-se de meus **bens**.

T.P.: O Se**nhor** redi**miu** o seu **po**vo, ale**lui**a.

Cântico Jr 31,10-14

A felicidade do povo libertado

Jesus iria morrer... para reunir os filhos de Deus dispersos (Jo 11,51.52).

– [10]Ouvi, na**ções**, a pa**la**vra do Se**nhor** *
e anunci**ai**-a nas ilhas mais distantes:
– "Quem disper**sou** Israel, vai congregá-lo, *
e o guarda**rá** qual pastor a seu rebanho!"

– [11]Pois, na ver**da**de, o Senhor remiu Jacó *
e o liber**tou** do poder do prepotente.
= [12]Volta**rão** para o monte de Sião, †
entre brados e cantos de alegria *
aflui**rão** para as bênçãos do Senhor:

– para o **tri**go, o vinho novo e o azeite; *
para o **ga**do, os cordeirinhos e as ovelhas.
– Terão a **al**ma qual jardim bem irrigado, *
de sede e **fo**me nunca mais hão de sofrer.

– [13]Então a **vir**gem dançará alegremente, *
também o **jo**vem e o velho exultarão;
– muda**rei** em alegria o seu luto, *
serei con**so**lo e conforto após a pena.

–[14] Saciarei os sacerdotes de delícias, *
e meu **po**vo há de fartar-se de meus bens!

Ant. O meu **po**vo há de far**tar**-se de meus **bens**.

T.P.: O Se**nhor** redi**miu** o seu **po**vo, ale**lui**a.

Ant. 3 Grande é o Se**nhor** e muito **dig**no de lou**vo**res
na ci**da**de onde ele **mo**ra. †

T.P.: Como é **gran**de o nosso **Deus**
desde **sem**pre e para **sem**pre! Ale**lui**a.

Salmo 47(48)

Ação de graças pela salvação do povo

Ele me levou em espírito a uma montanha grande e alta. Mostrou-me a cidade santa, Jerusalém (Ap 21,10).

– [2] Grande é o Se**nhor** e muito **dig**no de lou**vo**res *
na ci**da**de onde ele **mo**ra;
– [3] † seu monte **san**to, esta colina encantadora *
é a ale**gri**a do universo.

– Monte Si**ão**, no extremo norte situado, *
és a man**são** do grande Rei!
– [4] Deus reve**lou**-se em suas fortes cidadelas *
um re**fú**gio poderoso.

– [5] Pois **eis** que os reis da terra se aliaram, *
e todos **jun**tos avançaram;
– [6] mal a **vi**ram, de pavor estremeceram, *
deban**da**ram perturbados.

– [7] Como as **do**res da mulher sofrendo parto, *
uma an**gús**tia os invadiu,
– [8] seme**lhan**te ao vento leste impetuoso, *
que despe**da**ça as naus de Társis.

– [9] Como ou**vi**mos dos antigos, contemplamos: *
Deus ha**bi**ta esta cidade,
– a ci**da**de do Senhor onipotente, *
que ele a **guar**de eternamente! –

– [10]Recor**da**mos, Senhor Deus, vossa bondade *
em **mei**o ao vosso templo;
– [11]com vosso **no**me vai também vosso louvor *
aos con**fins** de toda a terra.

– Vossa di**rei**ta está repleta de justiça, *
[12]exulte o **mon**te de Sião!
– A**le**grem-se as cidades de Judá *
com os **vos**sos julgamentos!

– [13]Vinde a Si**ão**, fazei a volta ao seu redor *
e con**tai** as suas torres;
– [14]obser**vai** com atenção suas muralhas, *
visi**tai** os seus palácios,

– para con**tar** às gerações que hão de vir *
[15]como é **gran**de o nosso Deus!
– O nosso **Deus** é desde sempre e para sempre: *
será **e**le o nosso guia!

Ant. Grande é o Se**nhor** e muito **dig**no de lou**vo**res
na ci**da**de onde ele **mo**ra.

T.P.: Como é **gran**de o nosso **Deus**
desde **sem**pre e para **sem**pre! Ale**lui**a.

Leitura breve Is 66,1-2

Isto diz o Senhor: O céu é o meu trono e a terra é o apoio de meus pés. Que casa é esta que edificareis para mim, e que lugar é este para meu descanso? Tudo isso foi minha mão que fez, tudo isso é meu, diz o Senhor. Mas eu olho para este, para o pobrezinho de alma abatida, que treme ao ouvir a minha palavra.

Responsório breve

R. Clamo de **to**do o cora**ção**:
* Aten**dei**-me, ó Se**nhor**! R. Clamo.
V. Quero cum**prir** vossa von**ta**de. * Aten**dei**-me.
Glória ao **Pai**. R. Clamo de **to**do.

Cântico evangélico, ant.

Sir**va**mos ao Se**nhor** em jus**ti**ça e santi**da**de,
e de **nos**sos ini**mi**gos have**rá** de nos sal**var**.

Preces

Demos graças a Cristo que nos concede a luz deste novo dia; e lhe peçamos:
R. **Senhor, abençoai-nos e santificai-nos!**

Senhor, que vos entregastes como vítima pelos nossos pecados,
– aceitai os trabalhos que já começamos e os nossos planos de ação para hoje. R.

Senhor, que alegrais nossos olhos com a luz deste novo dia,
– sede vós mesmo a luz dos nossos corações. R.

Tornai-nos generosos para com todos,
– para sermos imagens fiéis da vossa bondade. R.

Fazei-nos desde a manhã sentir o vosso amor,
– para que a vossa alegria seja hoje a nossa força. R.
(intenções livres)

Pai nosso...

Oração

Deus eterno e todo-poderoso, ouvi as súplicas que vos dirigimos de manhã, ao meio-dia e à tarde; expulsai de nossos corações as trevas do pecado e fazei-nos alcançar a verdadeira luz, Jesus Cristo. Que convosco vive e reina, na unidade do Espírito Santo.

Hora Média

V. Vinde, ó **Deus**. Glória ao **Pai**. Como **era**. (Ale**lui**a).
HINO como no Ordinário, p. 743.

Salmodia

Ant. 1 Abri meus **o**lhos, e **então** contempla**rei**
as mara**vi**lhas que en**cer**ra a vossa **lei**.

Salmo 118(119),17-24
III (Ghimel)

Meditação sobre a Palavra de Deus na Lei

O meu alimento é fazer a vontade daquele que me enviou (Jo 4,34).

–17 Sede **bom** com vosso **ser**vo, e vive**rei**, *
e guarda**rei** vossa palavra, ó Senhor.
–18 Abri meus **o**lhos, e então contemplarei *
as mara**vi**lhas que encerra a vossa lei! –

– [19]Sou a**pe**nas peregrino sobre a terra, *
de **mim** não oculteis vossos preceitos!
– [20]Minha **al**ma se consome o tempo todo *
em dese**jar** as vossas justas decisões.

– [21]Amea**çais** os orgulhosos e os malvados;*
maldito **se**ja quem transgride a vossa lei!
– [22]Li**vrai**-me do insulto e do desprezo, *
pois eu **guar**do as vossas ordens, ó Senhor.

– [23]Que os pode**ro**sos reunidos me condenem; *
o que me im**por**ta é o vosso julgamento!
– [24]Minha ale**gri**a é a vossa Aliança, *
meus conse**lhei**ros são os vossos mandamentos.

Ant. Abri meus **o**lhos, e en**tão** contempla**rei**
as mara**vi**lhas que en**cer**ra a vossa **lei**.

Ant. 2 Vossa ver**da**de, ó Se**nhor**, me ori**en**te e me con**du**za.

Salmo 24(25)

Prece de perdão e confiança

A esperança não decepciona (Rm 5,5).

I

= [1]Senhor meu **Deus**, a vós e**le**vo a minha **al**ma, †
[2]em vós con**fi**o: que eu não seja envergonhado *
nem tri**un**fem sobre mim os inimigos!
– [3]Não se enver**go**nha quem em vós põe a esperança, *
mas sim, quem **ne**ga por um nada a sua fé.

– [4]Mos**trai**-me, ó Senhor, vossos caminhos, *
e fa**zei**-me conhecer a vossa estrada!
= [5]Vossa ver**da**de me oriente e me conduza, †
porque **sois** o Deus da minha salvação; *
em vós es**pe**ro, ó Senhor, todos os dias!

– [6]Recor**dai**, Senhor meu Deus, vossa ternura *
e a **vos**sa compaixão que são eternas!
– [7]Não recor**deis** os meus pecados quando jovem, *
nem vos lem**breis** de minhas faltas e delitos!
– De mim lem**brai**-vos, porque sois misericórdia *
e sois bon**da**de sem limites, ó Senhor! –

– 8 O Se**nhor** é piedade e retidão, *
e recon**duz** ao bom caminho os pecadores.
– 9 Ele di**ri**ge os humildes na justiça, *
e aos **po**bres ele ensina o seu caminho.

–10 Verdade e a**mor** são os caminhos do Senhor *
para quem **guar**da sua Aliança e seus preceitos.
–11 Ó Se**nhor**, por vosso nome e vossa honra, *
perdo**ai** os meus pecados que são tantos!

Ant. Vossa ver**da**de, ó Se**nhor**, me ori**en**te e me con**du**za.

Ant. 3 Vol**tai**-vos para **mim**, tende pie**da**de,
porque sou **po**bre, estou so**zi**nho e infe**liz**!

II

–12 Qual é o **ho**mem que res**pei**ta o Se**nhor**? *
Deus lhe en**si**na os caminhos a seguir.
–13 Será fe**liz** e viverá na abundância, *
e os seus **fi**lhos herdarão a nova terra.
–14 o Se**nhor** se torna íntimo aos que o temem *
e lhes **dá** a conhecer sua Aliança.

–15 Tenho os **o**lhos sempre fitos no Senhor, *
pois ele **ti**ra os meus pés das armadilhas.
–16 Vol**tai**-vos para mim, tende piedade,*
porque sou **po**bre, estou sozinho e infeliz!

–17 Alivi**ai** meu coração de tanta angústia, *
e liber**tai**-me das minhas aflições!
–18 Conside**rai** minha miséria e sofrimento *
e conce**dei** vosso perdão aos meus pecados!

–19 **Olhai** meus inimigos que são muitos, *
e com que **ó**dio violento eles me odeiam!
–20 Defen**dei** a minha vida e libertai-me; *
em vós con**fi**o, que eu não seja envergonhado!

–21 Que a reti**dão** e a inocência me protejam, *
pois em **vós** eu coloquei minha esperança!
–22 Liber**tai**, ó Senhor Deus, a Israel *
de **to**da sua angústia e aflição!

Ant. Vol**tai**-vos para **mim**, tende pie**da**de,
porque sou **po**bre, estou so**zi**nho e infe**liz**!

Leitura breve Am 5,8

Aquele que fez as estrelas das Plêiades e o Órion e transforma as trevas em manhã e, de noite, escurece o dia, aquele que reúne as águas do mar e as derrama pela face da terra, seu nome é Senhor.

V. Diante **de**le vão a **gló**ria e a majes**ta**de,
R. E o seu **tem**plo, que be**le**za e esplen**dor**!

Oração

Deus onipotente, em vós não há trevas nem escuridão; fazei que vossa luz resplandeça sobre nós e, acolhendo vossos preceitos com alegria, sigamos fielmente o vosso caminho. Por Cristo, nosso Senhor.

Vésperas

V. Vinde, ó **Deus**. Glória ao **Pai**. Como **e**ra. (Ale**lui**a).

Hino

Deus de supremo poder,
da água os seres gerastes.
Com uns enchestes os mares,
de outros o ar povoastes.

Uns mergulhastes nas águas,
outros soltastes no ar,
com o impulso que os leva
a toda a terra ocupar.

Dai graça a todos os servos,
no vosso sangue lavados,
para vencermos o tédio,
a morte e todo pecado.

Não nos deprimam as culpas,
nem nos inflame a vaidade;
não caia a mente abatida,
nem caia a mente elevada.

Ouvi-nos, Pai piedoso,
e vós, Imagem do Pai,
que com o Espírito Santo
eternamente reinais.

Salmodia

Ant. 1 Senhor meu **Deus**, clamei por **vós** e me cu**ras**tes!
A vós lou**vor** eterna**men**te!

T.P.: Transfor**mas**tes o meu **pran**to em uma **fes**ta, ale**lui**a.

Salmo 29(30)

Ação de graças pela libertação da morte

Cristo, após sua gloriosa ressurreição, dá graças ao Pai (Cassiodoro).

– 2 Eu vos e**xal**to, ó Se**nhor**, pois me li**vras**tes, *
e não dei**xas**tes rir de mim meus inimigos!
– 3 Se**nhor**, clamei por vós, pedindo ajuda, *
e vós, meu **Deus**, me devolvestes a saúde!
– 4 Vós ti**ras**tes minha alma dos abismos *
e me sal**vas**tes, quando estava já morrendo!

– 5 Cantai **sal**mos ao Senhor, povo fiel, *
dai-lhe **gra**ças e invocai seu santo nome!
– 6 Pois sua **i**ra dura apenas um momento, *
mas sua bon**da**de permanece a vida inteira;
– se à **tar**de vem o pranto visitar-nos, *
de ma**nhã** vem saudar-nos a alegria.

– 7 Nos mo**men**tos mais felizes eu dizia: *
"Ja**mais** hei de sofrer qualquer desgraça!"
– 8 Honra e po**der** me concedia a vossa graça, *
mas escon**des**tes vossa face e perturbei-me.

– 9 Por **vós**, ó meu Senhor, agora eu clamo, *
e im**plo**ro a piedade do meu Deus:
– 10 "Que van**ta**gem haverá com minha morte, *
e que **lu**cro, se eu descer à sepultura?

– Por a**ca**so, pode o pó agradecer-vos *
e anunci**ar** vossa leal fidelidade?
– 11 Escu**tai**-me, Senhor Deus, tende piedade! *
Sede, Se**nhor**, o meu abrigo protetor!

– 12 Transfor**mas**tes o meu pranto em uma festa, *
meus far**ra**pos, em adornos de alegria,

= 13 para minh'**al**ma vos louvar ao som da harpa †
e ao in**vés** de se calar, agradecer-vos: *
Senhor meu **Deus**, eternamente hei de louvar-vos!

Ant. Senhor meu **Deus**, clamei por **vós** e me cu**ras**tes!
A vós lou**vor** eterna**men**te!

T.P.: Transfor**mas**tes o meu **pran**to em uma **fes**ta, ale**lui**a.

Ant. 2 Feliz o **ho**mem a **quem** o Se**nhor**
não olha **mais** como **sen**do cul**pa**do!

T.P.: Fomos **re**conciliados com Deus **Pai**
pela **mor**te de seu **Fi**lho, ale**lui**a.

Salmo 31(32)

Feliz o homem que foi perdoado!

Davi declara feliz o homem a quem Deus credita a justiça independentemente das obras (Rm 4,6).

– 1 Feliz o **ho**mem que **foi** perdoado *
e cuja **fal**ta já foi encoberta!
= 2 Feliz o **ho**mem a quem o Senhor †
não olha **mais** como sendo culpado, *
e em cuja **al**ma não há falsidade!

= 3 Enquanto **eu** silenciei meu pecado, †
dentro de **mim** definhavam meus ossos *
e eu ge**mi**a por dias inteiros,
– 4 porque sen**ti**a pesar sobre mim *
a vossa **mão**, ó Senhor, noite e dia;
– e minhas **for**ças estavam fugindo, *
tal como a **sei**va da planta no estio.

– 5 Eu confes**sei**, afinal, meu pecado, *
e minha **fal**ta vos fiz conhecer.
– Disse: "**Eu** irei confessar meu pecado!" *
E perdo**as**tes, Senhor, minha falta.

– 6 Todo fi**el** pode, assim, invocar-vos, *
durante o **tem**po da angústia e aflição,
– porque, a**in**da que irrompam as águas, *
não pode**rão** atingi-lo jamais. –

– 7 Sois para **mim** proteção e refúgio; *
na minha an**gús**tia me haveis de salvar,
– e envolve**reis** a minha alma no gozo *
da salva**ção** que me vem só de vós.

= 8 "Vou ins**truir**-te e te dar um conselho; †
vou te **dar** um conselho a seguir, *
e sobre **ti** pousarei os meus olhos:

= 9 Não queiras **ser** semelhante ao cavalo, †
ou ao ju**men**to, animais sem razão; *
eles pre**ci**sam de freio e cabresto
– para do**mar** e amansar seus impulsos, *
pois de outro **mo**do não chegam a ti".

= 10 Muito so**frer** é a parte dos ímpios; †
mas quem con**fi**a em Deus, o Senhor, *
é envol**vi**do por graça e perdão.

= 11 Regozi**jai**-vos, ó justos, em Deus, †
e no Se**nhor** exultai de alegria! *
Corações **re**tos, cantai jubilosos!

Ant. Feliz o **ho**mem a **quem** o Se**nhor**
não olha **mais** como **sen**do cul**pa**do!

T.P.: Fomos **re**conciliados com Deus **Pai**
pela **mor**te de seu **Fi**lho, ale**lui**a.

Ant. 3 O Se**nhor** lhe deu o **rei**no, a **gló**ria e o po**der**;
as na**ções** hão de ser**vi**-lo

T.P.: Quem se**rá** igual a **vós**, entre os **for**tes, ó Se**nhor**?
Quem se**rá** igual a **vós**, tão **ilus**tre em santi**da**de? Ale**lui**a.

Cântico Ap 11,17-18; 12,10b-12a

O julgamento de Deus

– 11,17 Graças vos **da**mos, Senhor **Deus** onipo**ten**te, *
a vós que **sois**, a vós que éreis e sereis,
– porque assu**mis**tes o poder que vos pertence, *
e en**fim** tomastes posse como rei!

(R. **Nós** vos damos **gra**ças, nosso **Deus**!)

= [18] As **nações** se enfureceram revoltadas, †
mas che**gou** a vossa ira contra elas *
e o **tem**po de julgar vivos e mortos,
= e de **dar** a recompensa aos vossos servos, †
aos pro**fe**tas e aos que temem vosso nome, *
aos **san**tos, aos pequenos e aos grandes. (R.)

= [12,10] Chegou a**go**ra a salvação e o poder †
e a rea**le**za do Senhor e nosso Deus, *
e o do**mí**nio de seu Cristo, seu Ungido.
– Pois foi ex**pul**so o delator que acusava *
nossos ir**mãos**, dia e noite, junto a Deus. (R.)

= [11] Mas o venceram pelo sangue do Cordeiro †
e o teste**mu**nho que eles deram da Palavra, *
pois despre**za**ram sua vida até à morte.
– [12] Por isso, ó **céus**, cantai alegres e exultai *
e vós **to**dos os que neles habitais! (R.)

Ant. O Se**nhor** lhe deu o **rei**no, a **gló**ria e o po**der**;
as **nações** hão de ser**vi**-lo.

T.P.: Quem se**rá** igual a **vós**, entre os **for**tes, ó Se**nhor**?
Quem se**rá** igual a **vós**, tão **ilus**tre em santi**da**de? Ale**lui**a.

Leitura breve 1Pd 1,6-9

Isto é motivo de alegria para vós, embora seja necessário que agora fiqueis por algum tempo aflitos, por causa de várias provações. Deste modo, a vossa fé será provada como sendo verdadeira – mais preciosa que o ouro perecível, que é provado no fogo – e alcançará louvor, honra e glória, no dia da manifestação de Jesus Cristo. Sem ter visto o Senhor, vós o amais. Sem o ver ainda, nele acreditais. Isso será para vós fonte de alegria indizível e gloriosa, pois obtereis aquilo em que acreditais: a vossa salvação.

Responsório breve

R. O Se**nhor** nos saci**ou**
* Com a **fi**na flor do **tri**go. R. O Se**nhor**.
V. Com o **mel** que sai da **ro**cha, nos far**tou**, nos satis**fez**.
* Com a **fi**na. Glória ao **Pai**. R. O Se**nhor**.

Cântico evangélico, ant.

O Se**nhor** derru**bou** os pode**ro**sos de seus **tro**nos
e ele**vou** os hu**mil**des.

Preces

Louvemos a Deus, nosso auxílio e esperança; e lhe peçamos com humildade:

R. **Velai, Senhor, sobre os vossos filhos e filhas!**

Senhor nosso Deus, que firmastes com o vosso povo uma aliança eterna,
– fazei que nos recordemos sempre de vossas maravilhas. R.

Aumentai nos sacerdotes o espírito de caridade,
– e conservai os fiéis na unidade do espírito pelo vínculo da paz. R.

Fazei que edifiquemos sempre em união convosco a cidade terrena,
– para que não trabalhem em vão os que a constroem.

Enviai operários à vossa messe,
– para que vosso nome seja glorificado entre todos os povos. R.

(intenções livres)

Admiti no convívio dos vossos santos nossos parentes, amigos e benfeitores falecidos,
– e fazei que um dia nos encontremos com eles no vosso reino. R.

Pai nosso...

Oração

Ó Deus, que iluminais a noite e fazeis brilhar a luz depois das trevas, concedei-nos passar esta noite livres do tentador e, ao raiar um novo dia, dar-vos graças em vossa presença. Por nosso Senhor Jesus Cristo, vosso Filho, na unidade do Espírito Santo.

SEXTA-FEIRA

Laudes

V. Vinde, ó **Deus**. Glória ao **Pai**. Como **e**ra. (Ale**lui**a).

Hino

Sois do céu a glória eterna,
esperança dos mortais,
sois da casta Virgem prole,
Unigênito do Pai.

Dai àqueles que despertam
seja a mente vigilante.
Em louvor e ação de graças,
nossa voz seja vibrante.

Nasce o astro luminoso,
nova luz ele anuncia.
Foge a noite, foi a treva,
vossa luz nos alumia.

Nossa mente torne clara,
faça a noite cintilar,
purifique nosso íntimo
até a vida terminar.

Cresça a nossa fé primeira
dentro em nosso interior;
a esperança acompanhe,
e maior seja o amor.

A vós, Cristo, rei piedoso,
e a vós, Pai, glória também
com o Espírito Paráclito
pelos séculos. Amém.

Salmodia

Ant. 1 Aceita**reis** o verda**dei**ro sacri**fí**cio
no al**tar** do cora**ção** arrepen**di**do.

T.P.: Lem**brai**-vos de **mim**, Senhor meu **Deus**,
quando ti**ver**des che**ga**do em vosso **rei**no! Ale**lui**a.

Salmo 50(51)

Tende piedade, ó meu Deus!

Renovai o vosso espírito e a vossa mentalidade. Revesti o homem novo (Ef 4,23-24).

– 3 Tende pie**da**de, ó meu **Deus**, miseri**cór**dia! *
Na imensi**dão** de vosso amor, purificai-me!
– 4 La**vai**-me todo inteiro do pecado, *
e apa**gai** completamente a minha culpa!

– 5 Eu reco**nhe**ço toda a minha iniquidade, *
o meu pe**ca**do está sempre à minha frente.
– 6 Foi contra **vós**, só contra vós, que eu pequei, *
e prati**quei** o que é mau aos vossos olhos!

– Mostrais as**sim** quanto sois justo na sentença, *
e quanto é **re**to o julgamento que fazeis.
– 7 Vede, Se**nhor**, que eu nasci na iniquidade *
e peca**dor** já minha mãe me concebeu.

– 8 Mas vós a**mais** os corações que são sinceros, *
na intimi**da**de me ensinais sabedoria.
– 9 Asper**gi**-me e serei puro do pecado, *
e mais **bran**co do que a neve ficarei.

– 10 Fazei-me ou**vir** cantos de festa e de alegria, *
e exulta**rão** estes meus ossos que esmagastes.
– 11 Desvi**ai** o vosso olhar dos meus pecados *
e apa**gai** todas as minhas transgressões!

– 12 Criai em **mim** um coração que seja puro, *
dai-me de **no**vo um espírito decidido.
– 13 Ó Se**nhor**, não me afasteis de vossa face, *
nem reti**reis** de mim o vosso Santo Espírito!

– 14 Dai-me de **no**vo a alegria de ser salvo *
e confir**mai**-me com espírito generoso!
– 15 Ensina**rei** vosso caminho aos pecadores, *
e para **vós** se voltarão os transviados.

– 16 Da **mor**te como pena, libertai-me, *
e minha **lín**gua exaltará vossa justiça!

– [17]Abri meus **lá**bios, ó Senhor, para cantar, *
e minha **bo**ca anunciará vosso louvor!

– [18]Pois não **são** de vosso agrado os sacrifícios, *
e, se o**fer**to um holocausto, o rejeitais.
– [19]Meu sacri**fí**cio é minha alma penitente, *
não despre**zeis** um coração arrependido!

– [20]Sede be**nig**no com Sião, por vossa graça, *
reconstru**í** Jerusalém e os seus muros!
– [21]E aceita**reis** o verdadeiro sacrifício, *
os holo**caus**tos e oblações em vosso altar!

Ant. Aceita**reis** o verda**dei**ro sacri**fí**cio
no al**tar** do cora**ção** arrepen**di**do.

T.P.: Lem**brai**-vos de **mim**, Senhor meu **Deus**,
quando ti**ver**des che**ga**do em vosso **rei**no! Ale**lui**a.

Ant. 2 Se**rá** vitori**o**sa no Se**nhor**
e glori**o**sa toda a **ra**ça de Isra**el**.

T.P.: Senhor **Deus** de Isra**el**, ó Salva**dor**,
Deus escon**di**do real**men**te sois, Se**nhor**. Ale**lui**a. †

Cântico Is 45,15-25

Todos os povos se converterão ao Senhor

Ao nome de Jesus todo joelho se dobre (Fl 2,10)

– [15]Senhor **Deus** de Isra**el**, ó Salva**dor**, *
Deus escon**di**do, realmente, sois, Senhor!
= [16]Todos a**que**les que odeiam vosso nome, †
como a**que**les que fabricam os seus ídolos, *
serão co**ber**tos de vergonha e confusão.

– [17]Quem sal**vou** Israel foi o Senhor, *
e é para **sem**pre esta sua salvação.
– E não se**reis** envergonhados e humilhados, *
não o se**reis** eternamente pelos séculos!

– [18]Assim **fa**la o Senhor que fez os céus, *
o mesmo **Deus** que fez a terra e a fixou,
– e a cri**ou** não para ser como um deserto, *
mas a for**mou** para torná-la habitável: –

= "Somente **eu** sou o Senhor, e não há outro! †
19 Não fa**lei** às escondidas e em segredo, *
nem fa**lei** de algum lugar em meio às trevas;
– nem **dis**se à descendência de Jacó: *
'Procu**rai**-me e buscai-me inutilmente!'

– Eu, po**rém**, sou o Senhor, falo a verdade *
e anun**ci**o a justiça e o direito!
–20 Reu**ni**-vos, vinde todos, achegai-vos, *
pequeno **res**to que foi salvo entre as nações:

= como são **lou**cos os que levam os seus ídolos †
e os que **o**ram a uma estátua de madeira, *
a um **deus** que é incapaz de os salvar!
–21 Apresen**tai** as vossas provas e argumentos, *
delibe**rai** e consultai-vos uns aos outros:

– Quem pre**dis**se essas coisas no passado? *
Quem reve**lou** há tanto tempo tudo isso?
= Não fui **eu**, o Senhor Deus, e nenhum outro? †
Não e**xis**te outro deus fora de mim! *
Sou o Deus **jus**to e Salvador, e não há outro!

–22 Vol**tai**-vos para mim e sereis salvos, *
homens **to**dos dos confins de toda a terra!
– Porque **eu** é que sou Deus e não há outro, *
23 e isso eu **ju**ro por meu nome, por mim mesmo!

– É ver**da**de o que sai da minha boca, *
minha pa**la**vra é palavra irrevogável!
= Diante de **mim** se dobrará todo joelho, †
e por meu **no**me hão de jurar todas as línguas: *
–24 'Só no Se**nhor** está a justiça e a fortaleza!'

– Ao Se**nhor** hão de voltar envergonhados *
todos a**que**les que o detestam e o renegam.
–25 Mas se**rá** vitoriosa no Senhor *
e glori**o**sa toda a raça de Israel".

Ant. Se**rá** vitori**o**sa no Se**nhor** e glori**o**sa toda a **raça** de Isra**el**.

T.P.: Senhor **Deus** de Isra**el**, ó Salva**dor**,
Deus escon**di**do real**men**te sois, Se**nhor**. Ale**lui**a.

Ant. 3 Vinde **to**dos ao Se**nhor** com **can**tos de ale**gri**a!

T.P.: Ser**vi** ao Se**nhor** com ale**gri**a. Ale**lui**a.

Salmo 99(100)

A alegria dos que entram no templo

O Senhor ordena aos que foram salvos cantar um hino de vitória (Sto. Atanásio).

= 2 Acla**mai** o Se**nhor**, ó terra in**tei**ra, †
servi ao Senhor com alegria, *
ide a **e**le cantando jubilosos!

= 3 Sa**bei** que o Senhor, só ele, é Deus, †
Ele **mes**mo nos fez, e somos seus, *
nós **so**mos seu povo e seu rebanho.

= 4 En**trai** por suas portas dando graças, †
e em seus **á**trios com hinos de louvor; *
dai-lhe **gra**ças, seu nome bendizei!

= 5 Sim, é **bom** o Senhor e nosso Deus, †
sua bon**da**de perdura para sempre, *
seu a**mor** é fiel eternamente!

Ant. Vinde **to**dos ao Se**nhor** com **can**tos de ale**gri**a!

T.P.: Ser**vi** ao Se**nhor** com ale**gri**a. Ale**lui**a.

Leitura breve Ef 4,29-32

Nenhuma palavra perniciosa deve sair dos vossos lábios, mas sim alguma palavra boa, capaz de edificar oportunamente e de trazer graça aos que a ouvem. Não contristeis o Espírito Santo com o qual Deus vos marcou como com um selo para o dia da libertação. Toda a amargura, irritação, cólera, gritaria, injúrias, tudo isso deve desaparecer do meio de vós, como toda a espécie de maldade. Sede bons uns para com os outros, sede compassivos; perdoai-vos mutuamente, como Deus vos perdoou por meio de Cristo.

Responsório breve

R. Fazei-me **ce**do sen**tir**,
*Ó Se**nhor**, vosso a**mor**! R. Fazei-me.

V. Indi**cai**-me o ca**mi**nho, que eu **de**vo se**guir**.
*Ó Se**nhor**. Glória ao **Pai**. R. Fazei-me.

Cântico evangélico, ant.

O Se**nhor** visi**tou** o seu **po**vo e o liber**tou**.

Preces

Adoremos a Cristo, que por sua cruz trouxe a salvação do gênero humano; e rezemos, dizendo:

R. **Mostrai-nos, Senhor, a vossa misericórdia!**

Cristo, sol nascente e luz sem ocaso, iluminai os nossos passos,
– e, desde o amanhecer, afastai de nós toda inclinação para o mal. R.

Vigiai sobre nossos pensamentos, palavras e ações,
– para que vivamos todo este dia de acordo com a vossa vontade. R.

Desviai o vosso olhar dos nossos pecados,
– e apagai todas as nossas transgressões. R.

Pela vossa cruz e ressurreição,
– dai-nos a consolação do Espírito Santo. R.

(intenções livres)

Pai nosso...

Oração

Senhor nosso Deus, que dissipais as trevas da ignorância com a luz de Cristo, vossa Palavra, fortalecei a fé em nossos corações, para que nenhuma tentação apague a chama acesa por vossa graça. Por nosso Senhor Jesus Cristo, vosso Filho, na unidade do Espírito Santo.

Hora Média

Vinde, ó **Deus**. Glória ao **Pai**. Como era. (Ale**lui**a).

HINO como no Ordinário, p. 743.

Salmodia

Ant. 1 De **vos**sos manda**men**tos corro a es**tra**da,
porque **vós** me dila**tais** o cora**ção**.

Salmo 118(119),25-32
IV (Daleth)

Meditação sobre a Palavra de Deus na Lei

Ao entrar no mundo, afirma: Eu vim, ó Deus, para fazer a tua vontade (Hb 10,5.7).

–25 A minha **al**ma está pros**tra**da na po**ei**ra, *
vossa pa**la**vra me devolva a minha vida!
–26 Eu vos nar**rei** a minha sorte e me atendestes, *
ensi**nai**-me, ó Senhor, vossa vontade!

–27 Fa**zei**-me conhecer vossos caminhos, *
e en**tão** meditarei vossos prodígios!
–28 A minha **al**ma chora e geme de tristeza, *
vossa pa**la**vra me console e reanime!

–29 Afas**tai** me do caminho da mentira *
e **dai**-me a vossa lei como um presente!
–30 Escol**hi** seguir a trilha da verdade, *
diante de **mim** eu coloquei vossos preceitos.

–31 De cora**ção** quero apegar-me a, vossa lei; *
ó Se**nhor**, não me deixeis desiludido!
–32 De **vos**sos mandamentos corro a estrada, *
porque **vós** me dilatais o coração.

Ant. De **vos**sos manda**men**tos corro a es**tra**da,
porque **vós** me dila**tais** o cora**ção**.

Ant. 2 Confi**an**do no Se**nhor**, não vaci**lei**.

Salmo 25(26)

Prece confiante do Inocente

Em Cristo Deus nos escolheu para que sejamos santos e irrepreensíveis (Ef 1,4).

– 1 Fazei jus**ti**ça, Se**nhor**: sou ino**cen**te, *
e confi**an**do no Senhor não vacilei.
– 2 Pro**vai**-me, Senhor, e examinai-me *
son**dai** meu coração e o meu íntimo!

– 3 Pois tenho **sem**pre vosso amor ante meus olhos; *
vossa ver**da**de escolhi por meu caminho.

– 4Não me as**sen**to com os homens mentirosos, *
e não **que**ro associar-me aos impostores;
– 5eu de**tes**to a companhia dos malvados, *
e com os **ím**pios não desejo reunir-me.

– 6Eis que **la**vo minhas mãos como inocente *
e ca**mi**nho ao redor de vosso altar,
– 7cele**bran**do em alta voz vosso louvor, *
e as **vos**sas maravilhas proclamando.
– 8Se**nhor**, eu amo a casa onde habitais *
e o lu**gar** em que reside a vossa glória.

– 9Não jun**teis** a minha alma à dos malvados, *
nem minha **vi**da à dos homens sanguinários;
– 10eles **têm** as suas mãos cheias de crime; *
sua di**rei**ta está repleta de suborno.

– 11Eu, po**rém**, vou caminhando na inocência; *
liber**tai**-me, ó Senhor, tende piedade!
– 12Está **fir**me o meu pé na estrada certa; *
ao Se**nhor** eu bendirei nas assembleias.

Ant. Confi**an**do no Se**nhor**, não vaci**lei**.

Ant. 3 Confi**ou** no Senhor **Deus** meu cora**ção**,
e **e**le me aju**dou** e me ale**grou**.

Salmo 27(28)1-3.6-9

Súplica e ação de graças

Pai, eu te dou graças, porque me ouvistes (Jo 11,41).

– 1A vós eu **cla**mo, ó Se**nhor**, ó meu ro**che**do, *
não fiqueis **sur**do à minha **voz**!
– Se não me ou**vir**des, eu terei a triste sorte *
dos que **des**cem ao sepulcro!

– 2Escu**tai** o meu clamor, a minha súplica, *
quando eu **gri**to para vós;
– quando eu e**le**vo, ó Senhor, as minhas mãos *
para o **vos**so santuário.

– 3Não dei**xeis** que eu pereça com os malvados, *
com quem **faz** a iniquidade;

– eles **fa**lam sobre paz com o seu próximo, *
mas têm o **mal** no coração.

– 6 Bendito **se**ja o Senhor, porque ouviu *
o cla**mor** da minha súplica!
– 7 Minha **for**ça e escudo é o Senhor; *
meu cora**ção** nele confia.
– Ele aju**dou**-me e alegrou meu coração; *
eu canto em **fes**ta o seu louvor.

– 8 O Se**nhor** é a fortaleza do seu povo *
e a salva**ção** do seu Ungido.
– 9 Sal**vai** o vosso povo e libertai-o; *
abençoa**i** a vossa herança!
– Sede **vós** o seu pastor e o seu guia *
pelos **sé**culos eternos!

Ant. Confi**ou** no Senhor **Deus** meu cora**ção**,
e **e**le me aju**dou** e me ale**grou**.

Leitura breve 2Cor 13,4

É verdade que Cristo foi crucificado, em razão da sua fraqueza, mas está vivo, pelo poder de Deus. Nós também somos fracos nele, mas com ele viveremos, pelo poder de Deus para convosco.

V. A minha **al**ma está pros**tra**da na **poei**ra.
R. Vossa pa**la**vra me de**vol**va a minha vida!

Oração

Senhor Jesus Cristo, que, nesta hora, com o mundo envolto em trevas, fostes elevado na cruz, como vítima inocente para a salvação de todos, concedei-nos sempre vossa luz, que nos guie para a vida eterna. Vós, que viveis e reinais para sempre.

Vésperas

V. Vinde, ó **Deus**. Glória ao **Pai**. Como **era**. (Ale**luia**).

Hino

Deus, escultor do homem,
que a tudo, só, criastes,
e que do pó da terra
os animais formastes.

Sob o comando do homem
a todos colocastes,
para que a vós servissem
servindo a quem criastes.

Afastai, pois, os homens,
de uma fatal cilada;
que o Criador não perca
a criatura amada.

Dai-nos no céu o prêmio,
dando na terra a graça,
e assim chegar possamos
à paz que nunca passa.

A vós, Deus uno e trino,
em nosso amor cantamos;
nas criaturas todas
somente a vós buscamos.

Salmodia

Ant. 1 Cu**rai**-me, Se**nhor**: eu pe**quei** contra **vós**!

T.P.: Por nossa **cau**sa Jesus **Cris**to se fez **po**bre
e as**sim** com sua po**bre**za enrique**ceu**-nos. Ale**lu**ia.

Salmo 40(41)

Prece de um enfermo

Um de vós, que come comigo, vai me trair (Mc 14,18).

– 2 Fe**liz** de quem **pen**sa no **po**bre e no **fra**co: *
o Se**nhor** o liberta no **di**a do mal!
= 3 O Se**nhor** vai guardá-lo e sal**var** sua vida, †
o Se**nhor** vai torná-lo fe**liz** sobre a terra, *
e não **vai** entregá-lo à mer**cê** do inimigo.

– 4 Deus i**rá** ampará-lo em seu **lei**to de dor, *
e lhe **vai** transformar a do**en**ça em vigor.
– 5 Eu **di**go: "Meu Deus, tende **pe**na de mim, *
cu**rai**-me, Senhor, pois pe**quei** contra vós!"

– 6 O **meu** inimigo me **diz** com maldade: *
"Quando **há** de morrer e extin**guir**-se o seu nome?"

= 7 Se al**guém** me visita, é com **du**pla intenção: †
recolhe más notícias no **seu** coração, *
e, a**pe**nas saindo, ele **cor**re a espalhá-las.

– 8 Vati**ci**nam desgraças os **meus** inimigos, *
reu**ni**dos sussurram o **mal** contra mim:
– 9 "Uma **pes**te incurável ca**iu** sobre ele, *
e do **lei**to em que jaz nunca **mais** se erguerá!"
– 10 Até **mes**mo o amigo em quem **mais** confiava, *
que co**mi**a o meu pão, me cal**cou** sob os pés.

– 11 Vós ao **me**nos, Senhor, tende **pe**na de mim, *
levan**tai**-me: que eu possa pa**gar**-lhes o mal.
– 12 Eu, en**tão**, saberei que vós **sois** meu amigo, *
porque **não** triunfou sobre **mim** o inimigo.
– 13 Vós, po**rém**, me havereis de guar**dar** são e salvo *
e me **pôr** para sempre na **vos**sa presença.

– 14 Ben**di**to o Senhor, que é **Deus** de Israel, *
desde **sem**pre, agora e **sem**pre. Amém!

Ant. Cu**rai**-me, Se**nhor**: eu pe**quei** contra **vós**!

T.P.: Por nossa **cau**sa Jesus **Cris**to se fez **po**bre
e as**sim** com sua po**bre**za enrique**ceu**-nos. Ale**lu**ia.

Ant. 2 Co**nos**co es**tá** o Se**nhor** do uni**ver**so!
O **nos**so re**fú**gio é o **Deus** de Ja**có**!

T.P.: Um **rio** d'água **vi**va vem **tra**zer ale**gri**a
à Ci**da**de de **Deus**. Ale**lu**ia.

Salmo 45(46)

O Senhor é refúgio e vigor

Ele será chamado pelo nome de Emanuel, que significa: Deus está conosco (Mt 1,23).

– 2 O Se**nhor** para **nós** é re**fú**gio e vi**gor**, *
sempre **pron**to, mostrou-se um so**cor**ro na angústia;
– 3 As**sim** não tememos, se a **ter**ra estremece, *
se os **mon**tes desabam, ca**in**do nos mares,
– 4 se as **á**guas trovejam e as **on**das se agitam, *
se, em fe**roz** tempestade, as mon**ta**nhas se abalam: –

– 5Os **braços** de um rio vêm **trazer** alegria *
à Ci**da**de de Deus, à mo**ra**da do Altíssimo.
– 6Quem a **po**de abalar? Deus es**tá** no seu meio! *
Já bem **an**tes da aurora, ele **vem** ajudá-la.
– 7Os **po**vos se agitam, os **rei**nos desabam; *
tro**ve**ja sua voz e a **ter**ra estremece.
– 8Co**nos**co está o Se**nhor** do universo! *
O **nos**so refúgio é o **Deus** de Jacó!
– 9Vinde **ver**, contemplai os pro**dí**gios de Deus *
e a **o**bra estupenda que **fez** no universo:
= re**pri**me as guerras na **fa**ce da terra, †
10ele **que**bra os arcos, as **lan**ças destrói *
e **quei**ma no fogo os es**cu**dos e as armas:
– 11"Pa**rai** e sabei, conhe**cei** que eu sou Deus, *
que do**mi**no as nações, que do**mi**no a terra!"
– 12Co**nos**co es**tá** o Se**nhor** do uni**ver**so! *
O **nos**so re**fú**gio é o **Deus** de Ja**có**!

Ant. Co**nos**co es**tá** o Se**nhor** do uni**ver**so!
O **nos**so re**fú**gio é o **Deus** de Ja**có**!

T.P.: Um **rio** d'água **vi**va vem tra**zer** ale**gri**a
à Ci**da**de de **Deus**. Ale**lui**a.

Ant. 3 Os **po**vos **vi**rão ado**rar**-vos, Se**nhor**.

T.P.: Ao Se**nhor** quero can**tar** pois fez bri**lhar** a sua **gló**ria. Ale**lui**a.

Cântico — Ap 15,3-4

Hino de adoração

– 3Como são **gran**des e admi**rá**veis vossas **o**bras, *
ó Se**nhor** e nosso Deus onipotente!
– Vossos ca**mi**nhos são verdade, são justiça, *
ó **Rei** dos povos todos do universo!

– (R. São **gran**des vossas **o**bras, ó Se**nhor**!)

= 4Quem, Se**nhor**, não haveria de temer-vos, †
e **quem** não honraria o vosso nome? *
Pois so**men**te vós, Senhor, é que sois santo! (R.)

= As nações **to**das hão de vir perante vós †
e, pros**tra**das, haverão de adorar-vos, *
pois vossas **jus**tas decisões são manifestas. (R.)

Ant. Os **po**vos vi**rão** ado**rar**-vos, Se**nhor**.

T.P.: Ao Se**nhor** quero can**tar** pois fez bri**lhar** a sua **glória**. Ale**luia**.

Leitura breve Rm 15,1-3

Nós que temos convicções firmes devemos suportar as fraquezas dos menos fortes e não buscar a nossa própria satisfação. Cada um de nós procure agradar ao próximo para o bem, visando a edificação. Com efeito, Cristo também não procurou a sua própria satisfação, mas, como está escrito: Os ultrajes dos que te ultrajavam caíram sobre mim.

Responsório breve

R. Jesus **Cris**to nos **amou**.
* E em seu **san**gue nos la**vou**. R. Jesus **Cris**to.
V. Fez-nos **reis** e sacer**do**tes para **Deus**, o nosso **Pai**.
* E em seu **san**gue. Glória ao **Pai**. R. Jesus **Cris**to.

Cântico evangélico, ant.

O Se**nhor** nos acol**heu** a **nós**, seus servi**do**res,
fiel ao seu a**mor**.

Preces

Bendigamos a Deus, que ouve benignamente os desejos dos humildes e sacia de bens os famintos; e peçamos com fé:

R. **Mostrai-nos, Senhor, a vossa misericórdia!**

Senhor, Pai de bondade, nós vos pedimos por todos os membros sofredores de vossa Igreja,
– pelos quais vosso Filho Jesus Cristo ofereceu no madeiro da cruz o sacrifício vespertino. R.

Libertai os prisioneiros, dai a vista aos cegos,
– e protegei os órfãos e as viúvas. R.

Dai aos fiéis a vossa força,
– para que possam resistir às tentações do demônio. R.

Vinde, Senhor, em nosso auxílio, quando chegar a hora de nossa morte,
– para perseverarmos na vossa graça e partirmos deste mundo em paz. R.

(intenções livres)

Conduzi à luz em que habitais nossos irmãos e irmãs que morreram,
– para que vos possam contemplar eternamente. R.

Pai nosso...

Oração

Concedei-nos, Senhor, a sabedoria da cruz, para que, instruídos pela paixão de vosso Filho, sejamos capazes de sempre levar seu jugo suave. Por nosso Senhor Jesus Cristo, vosso Filho, na unidade do Espírito Santo.

I SÁBADO

Laudes

V. Vinde, ó **Deus**. Glória ao **Pai**. Como **era**. (Ale**luia**).

Hino

No céu refulge a aurora
e nasce um novo dia.
As trevas se dissipem:
a luz nos alumia.

Bem longe os fantasmas,
os sonhos e ilusões!
Do mal que vem das trevas
quebremos os grilhões.

Na aurora derradeira
possamos, preparados,
cantar de Deus a glória,
na sua luz banhados.

Louvor e glória ao Pai,
ao Filho seu também,
e ao Divino Espírito
agora e sempre. Amém.

Salmodia

Ant. 1 A vós di**ri**jo os meus **o**lhos já bem **an**tes da au**ro**ra.

T.P.: Dai-me a **vi**da, Se**nhor**, por vosso a**mor**. Ale**luia**.

Salmo 118(119),145-152
XIX (Coph)

Meditação sobre a Palavra de Deus na Lei

O *amor é o cumprimento perfeito da Lei* (Rm 13,10).

– 145 Clamo de **to**do o cora**ção**: Senhor, ou**vi**-me! *
Quero cum**prir** vossa vontade fielmente!
– 146 Clamo a **vós**: Senhor, salvai-me, eu vos suplico, *
e en**tão** eu guardarei vossa Aliança!

– 147 Chego **an**tes que a aurora e vos imploro, *
e es**pe**ro confiante em vossa lei.
– 148 Os meus **o**lhos antecipam as vigílias, *
para de **noi**te meditar vossa palavra.

– 149 Por vosso a**mor** ouvi atento a minha voz *
e dai-me a **vi**da, como é vossa decisão!
– 150 Meus opres**so**res se aproximam com maldade; *
como estão **lon**ge, ó Senhor, de vossa lei!

– 151 Vós estais **per**to, ó Senhor, perto de mim; *
todos os **vos**sos mandamentos são verdade!
– 152 Desde cri**an**ça aprendi vossa Aliança *
que fir**mas**tes para sempre, eternamente.

Ant. A vós di**ri**jo os meus **o**lhos já bem **an**tes da au**ro**ra.

T.P.: Dai-me a **vi**da, Se**nhor**, por vosso a**mor**. Ale**lui**a.

Ant. 2 O Se**nhor** é minha **for**ça, é a ra**zão** do meu can**tar**,
pois foi **e**le neste **di**a para **mim** liberta**ção**!

T.P.: Os que ven**ce**ram ento**a**vam o **Can**to de Moi**sés**,
o **ser**vo do Se**nhor**, e o **can**to do Cor**dei**ro. Ale**lui**a.

Cântico Ex 15,1-4b.8-13.17-18

Hino de vitória após a passagem do Mar Vermelho

Todos aqueles que saíram vitoriosos do confronto com a besta entoavam o cântico de Moisés, o servo de Deus (Ap 15,2-3).

– 1 Ao Se**nhor** quero can**tar**, pois fez bri**lhar** a sua **gló**ria: *
precipi**tou** no mar Vermelho o ca**va**lo e o cavaleiro!
– 2 O Se**nhor** é minha força, é a ra**zão** do meu cantar, *
pois foi **e**le neste dia para **mim** libertação! –

= Ele é meu **Deus** e o louvarei, Deus de meu **pai** e o honrarei.†
3O Se**nhor** é um Deus guerreiro, o seu **no**me é "Onipotente":*
4os sol**da**dos e os carros do Fara**ó** jogou no mar.

= 8Ao so**prar** a vossa ira, amonto**a**ram-se as águas, †
levan**ta**ram-se as ondas e for**ma**ram uma muralha, *
e i**mó**veis se fizeram, em meio ao **mar**, as grandes vagas.

= 9O ini**mi**go tinha dito: "Hei de se**gui**-los e alcançá-los! †
Reparti**rei** os seus despojos e minh'**al**ma saciarei; *
arranca**rei** da minha espada e minha **mão** os matará!"
– 10Mas so**prou** o vosso vento, e o **mar** os recobriu; *
afun**da**ram como chumbo entre as **á**guas agitadas.

= 11Quem se**rá** igual a vós, entre os **for**tes, ó Senhor? †
Quem se**rá** igual a vós, tão i**lus**tre em santidade, *
tão ter**rí**vel em proezas, em pro**dí**gios glorioso?

= 12Esten**des**tes vossa mão, e a **ter**ra os devorou; †
13mas o **po**vo libertado condu**zis**tes com carinho *
e o le**vas**tes com poder à vossa **san**ta habitação.

= 17Vós, Se**nhor**, o levareis e o planta**reis** em vosso monte, *
no lu**gar** que preparastes para a **vos**sa habitação,
no Santu**á**rio construído pelas **vos**sas próprias mãos. *
18O Se**nhor** há de reinar eterna**men**te, pelos séculos!

Ant. O Se**nhor** é minha **for**ça, é a ra**zão** do meu can**tar**, pois foi ele neste **di**a para **mim** liberta**ção**!

T.P.: Os que ven**ce**ram ento**a**vam o **Can**to de Moi**sés**,
o **ser**vo do Se**nhor**, e o **can**to do Cor**dei**ro. Ale**lui**a.

Ant. 3 Cantai lou**vo**res ao Se**nhor**, todas as **gen**tes! †

T.P.: Foi comprova**do** o seu a**mor** para co**nos**co, ale**lui**a.

Salmo 116(117)

Louvor ao Deus misericordioso

Eu digo:... os pagãos glorificam a Deus, em razão da sua misericórdia (Rm 15,8.9)

– 1Cantai lou**vo**res ao Se**nhor**, todas as **gen**tes, *
† povos **to**dos, feste**jai**-o!
– 2Pois compro**va**do é seu amor para co**nos**co, *
para **sem**pre ele é fiel!

Ant. Cantai lou**vo**res ao Se**nhor**, todas as **gen**tes!

T.P.: Foi compro**va**do o seu a**mor** para co**nos**co, ale**lui**a.

Leitura breve 2Pd 1,10-11

Irmãos, cuidai cada vez mais de confirmar a vossa vocação e eleição. Procedendo assim, jamais tropeçareis. Desta maneira vos será largamente proporcionado o acesso ao reino eterno de nosso Senhor e Salvador, Jesus Cristo.

Responsório breve

R. A vós **gri**to, ó Se**nhor**, a vós **cla**mo
* E vos **di**go: Sois **vós** meu a**bri**go! R. A vós **gri**to.
V. Minha he**ran**ça na **ter**ra dos **vi**vos. * E vos **di**go.
Glória ao **Pai**. R. A vós **gri**to.

Cântico evangélico, ant.

Ilumi**nai**, ó Se**nhor**, os que **ja**zem nas **tre**vas
e na **som**bra da **mor**te.

Preces

Bendigamos a Cristo que se fez em tudo semelhante a seus irmãos para ser um sumo-sacerdote fiel e misericordioso junto de Deus, em nosso favor. Peçamos-lhe, dizendo:

R. **Dai-nos, Senhor, as riquezas da vossa graça!**

Sol de justiça, que no batismo nos destes a luz da vida,
– nós vos consagramos este novo dia. R.

Nós vos bendiremos em cada momento deste dia,
– e glorificaremos vosso nome em todas as nossas ações. R.

Vós, que tivestes por mãe a Virgem Maria, sempre dócil à vossa palavra,
– dirigi hoje os nossos passos segundo a vossa vontade. R.

Concedei-nos que, enquanto peregrinamos em meio às coisas deste mundo passageiro, aspiremos à imortalidade celeste,
– e que, pela fé, esperança e caridade, saboreemos desde já as alegrias do vosso reino. R.

(intenções livres)

Pai nosso...

Oração

Fazei, Senhor, brilhar em nossos corações o esplendor da ressurreição, para que, livres das trevas da morte, cheguemos à luz da vida eterna. Por nosso Senhor Jesus Cristo, vosso Filho, na unidade do Espírito Santo.

Hora Média

V. Vinde, ó **Deus**. Glória ao **Pai**. Como **e**ra. (Ale**lui**a).

HINO como no Ordinário, p. 743.

Salmodia

Ant. 1 Gui**ai**-me no ca**mi**nho de **vos**sos manda**men**tos.

Salmo 118(119),33-40
V (He)

Meditação sobre a Palavra de Deus na Lei

Seja feita a tua vontade assim na terra como nos céus (Mt 6,10).

– 33 Ensi**nai**-me a vi**ver** vossos preceitos; *
quero guar**dá**-los fielmente até o fim!
– 34 Dai-me o sa**ber**, e cumprirei a vossa lei, *
e de **to**do o coração a guardarei.

– 35 Guiai meus **pas**sos no caminho que traçastes, *
pois só **ne**le encontrarei felicidade.
– 36 Incli**nai** meu coração às vossas leis, *
e **nun**ca ao dinheiro e à avareza.

– 37 Desvi**ai** o meu olhar das coisas vãs, *
dai-me a vida pelos vossos mandamentos!
– 38 Cumpri, Se**nhor**, vossa promessa ao vosso servo,*
vossa pro**mes**sa garantida aos que vos temem.

– 39 Li**vrai**-me do insulto que eu receio, *
porque **vos**sos julgamentos são suaves.
– 40 Como an**sei**o pelos vossos mandamentos!*
Dai-me a **vi**da, ó Senhor, porque sois justo!

Ant. Gui**ai**-me no ca**mi**nho de **vos**sos manda**men**tos.

Ant. 2 Aos que **bus**cam o Se**nhor** não falta **na**da.

Salmo 33(34)

O Senhor é a salvação dos justos

Vós provastes que o Senhor é bom (1Pd 2,3).

I

– 2 Bendi**rei** o Senhor **Deus** em todo **tem**po, *
seu lou**vor** estará sempre em minha boca,
– 3 Minha **al**ma se gloria no Senhor, *
que **ou**çam os humildes e se alegrem!

– 4 Co**mi**go engrandecei ao Senhor Deus, *
exal**te**mos todos juntos o seu nome!
– 5 Todas as **ve**zes que o busquei; ele me ouviu, *
e de **to**dos os temores me livrou.

– 6 Contem**plai** a sua face e alegrai-vos, *
e vosso **ros**to não se cubra de vergonha!
– 7 Este infe**liz** gritou a Deus, e foi ouvido, *
e o Se**nhor** o libertou de toda angústia.

– 8 O **an**jo do Senhor vem acampar *
ao re**dor** dos que o temem, e os salva.
– 9 Provai e **ve**de quão suave é o Senhor! *
Feliz o **ho**mem que tem nele o seu refúgio!

– 10 Respei**tai** o Senhor Deus, seus santos todos, *
porque **na**da faltará aos que o temem.
– 11 Os **ri**cos empobrecem, passam fome, *
mas aos que **bus**cam o Senhor não falta nada.

Ant. Aos que **bus**cam o Se**nhor** não falta **na**da.

Ant. 3 Procura a **paz** e vai com **e**la em seu ca**mi**nho.

II

– 12 Meus **fi**lhos, vinde a**go**ra e escu**tai**-me: *
vou ensi**nar**-vos o temor do Senhor Deus.
– 13 Qual o **ho**mem que não ama sua vida, *
procu**ran**do ser feliz todos os dias?

– 14 A**fas**ta a tua língua da maldade, *
e teus **lá**bios, de palavras mentirosas.
– 15 A**fas**ta-te do mal e faze o bem, *
procura a **paz** e vai com ela em seu caminho. –

– [16]O Se**nhor** pousa seus olhos sobre os justos, *
e seu ou**vi**do está atento ao seu chamado;
– [17]mas ele **vol**ta a sua face contra os maus, *
para da **ter**ra apagar sua lembrança.

– [18]Clamam os **jus**tos, e o Senhor bondoso escuta *
e de **to**das as angústias os liberta.
– [19]Do cora**ção** atribulado ele está perto *
e con**for**ta os de espírito abatido.

– [20]Muitos **ma**les se abatem sobre os justos, *
mas o Se**nhor** de todos eles os liberta.
– [21]Mesmo os seus **os**sos ele os guarda e os protege, *
e nenhum **de**les haverá de se quebrar.

– [22]A ma**lí**cia do iníquo leva à morte, *
e **quem** odeia o justo é castigado.
– [23]Mas o Se**nhor** liberta a vida dos seus servos, *
e casti**ga**do não será quem nele espera.

Ant. Procura a **paz** e vai com **e**la em seu ca**mi**nho.

Leitura breve Jr 17,9-10

Em tudo é enganador o coração, e isto é incurável; quem poderá conhecê-lo? Eu sou o Senhor, que perscruto o coração e provo os sentimentos, que dou a cada qual conforme o seu proceder e conforme o fruto de suas obras.

V. Perdo**ai** as minhas **fal**tas que não **ve**jo.
R. E preser**vai** o vosso **ser**vo do or**gu**lho!

Oração

Senhor nosso Deus, luz ardente de amor eterno, concedei que, inflamados na vossa caridade, num mesmo amor amemos a vós, acima de tudo, e aos irmãos e irmãs por vossa causa. Por Cristo, nosso Senhor.

II SEMANA

II DOMINGO

I Vésperas

V. Vinde, ó **Deus**. Glória ao **Pai**. Como **era**. (Ale**luia**).

Hino

Ó Deus, fonte de todas as coisas,
vós enchestes o mundo de dons
e, depois de criar o universo,
concluístes que tudo era bom.

Terminando tão grande trabalho,
decidistes entrar em repouso,
ensinando aos que cansam na luta,
que o descanso é também dom precioso.

Concedei aos mortais que suplicam,
os seus erros lavarem no pranto
e andarem nos vossos caminhos,
descobrindo da vida o encanto.

Deste modo, ao chegar para a terra
a aflição do temível Juiz,
possam todos, repletos de paz,
se alegrar pela vida feliz.

Esse dom concedei-nos, Deus Pai,
pelo Filho Jesus, Sumo Bem,
no Espírito Santo Paráclito,
que reinais para sempre. Amém.

Ou:

Salve o dia que é glória dos dias,
feliz dia, de Cristo vitória,
dia pleno de eterna alegria,
o primeiro.

Luz divina brilhou para os cegos;
nela o Cristo triunfa do inferno,
vence a morte, reconciliando
terra e céus.

A sentença eterna do Rei
tudo sob o pecado encerrou,
para que na fraqueza
brilhasse maior graça.

O poder e a ciência de Deus
misturaram rigor e clemência,
quando o mundo já estava caindo
nos abismos.

Surge livre o Reino da morte
quem o gênero humano restaura,
reconduz em seus ombros a ovelha
ao redil.

Reine a paz entre os anjos e os homens,
e no mundo a total plenitude.
Ao Senhor triunfante convém
toda a glória.

Mãe Igreja, tua voz faça coro
à harmonia da pátria celeste.
Cantem hoje Aleluias de glória
os fiéis.

Triunfando do império da morte,
triunfal alegria gozemos.
Paz na terra e nos céus alegria.
Assim seja.

Salmodia

Nos domingos do Advento, Natal, Quaresma e Páscoa, as antífonas são próprias do Tempo correspondente.

Ant. 1 Vossa pa**la**vra, Se**nhor**,
é uma **luz** para os meus **pas**sos. Ale**lui**a.

Salmo 118(119),105-112

XIV (Nun)

Meditação sobre a Palavra de Deus na Lei

Este é o meu mandamento: amai-vos uns aos outros (Jo 15,12).

– 105 Vossa pa**la**vra é uma **luz** para os meus **pas**sos, *
é uma **lâm**pada luzente em meu caminho.

– 106 Eu **fiz** um juramento e vou cumpri-lo: *
“Hei de guar**dar** os vossos justos julgamentos!”
– 107 Ó Se**nhor**, estou cansado de sofrer; *
vossa pa**la**vra me devolva a minha vida!
– 108 Que vos a**gra**de a oferenda dos meus lábios; *
ensi**nai**-me, ó Senhor, vossa vontade!
– 109 Constante**men**te está em perigo a minha vida, *
mas não es**que**ço, ó Senhor, a vossa lei.
– 110 Os peca**do**res contra mim armaram laços; *
eu, po**rém,** não reneguei vossos preceitos.
– 111 Vossa pa**la**vra é minha herança para sempre, *
porque **e**la é que me alegra o coração!
– 112 Acostu**mei** meu coração a obedecer-vos, *
a obede**cer**-vos para sempre, até o fim!

Ant. Vossa pa**la**vra, Se**nhor**,
é uma **luz** para os meus **pas**sos. Ale**lui**a.

Ant. 2 Junto a **vós**, felici**da**de sem li**mi**tes, ale**lui**a.

Salmo 15(16)

O Senhor é minha herança

Deus ressuscitou a Jesus, libertando-o das angústias da morte (At 2,24).

= 1 Guardai-me, ó **Deus**, porque em **vós** me refu**gi**o! †
2 Digo ao Se**nhor**: “Somente vós sois meu Senhor: *
nenhum **bem** eu posso achar fora de vós!”
– 3 Deus me inspi**rou** uma admirável afeição *
pelos **san**tos que habitam sua terra.
– 4 Multi**pli**cam, no entanto, suas dores *
os que **cor**rem para deuses estrangeiros;
– seus sacri**fí**cios sanguinários não partilho, *
nem seus **no**mes passarão pelos meus lábios.
– 5 Ó Se**nhor**, sois minha herança e minha taça, *
meu des**ti**no está seguro em vossas mãos!
– 6 Foi demar**ca**da para mim a melhor terra, *
e eu e**xul**to de alegria em minha herança! –

– 7 Eu ben**di**go o Senhor que me aconselha, *
e até de **noi**te me adverte o coração.
– 8 Tenho **sem**pre o Senhor ante meus olhos, *
pois se o **te**nho a meu lado, não vacilo.

= 9 Eis por **que** meu coração está em festa, †
minha **al**ma rejubila de alegria, *
e até meu **cor**po no repouso está tranquilo;
– 10 pois não ha**veis** de me deixar entregue à morte, *
nem vosso a**mi**go conhecer a corrupção.

= 11 Vós me ensi**nais** vosso caminho para a vida; †
junto a **vós**, felicidade sem limites, *
delícia e**ter**na e alegria ao vosso lado!

Ant. Junto a **vós**, felici**da**de sem li**mi**tes, ale**lui**a.

Ant. 3 Ao **no**me de Jesus, nosso Se**nhor**,
se **do**bre reve**ren**te todo joelho,
seja nos **céus**, seja na **ter**ra, ale**lui**a.

Cântico Fl 2,6-11

Cristo, o Servo de Deus

= 6 Embora **fos**se de di**vi**na condi**ção**, †
Cristo Je**sus** não se apegou ciosamente *
a ser **igual** em natureza a Deus Pai.

(R. Jesus **Cris**to é Se**nhor** para a **gló**ria de Deus **Pai**!)

= 7 Po**rém** esvaziou-se de sua glória †
e assu**miu** a condição de um escravo, *
fa**zen**do-se aos homens semelhante. (R.)

= Reconhe**ci**do exteriormente como homem, †
8 humi**lhou**-se, obedecendo até à morte, *
até à **mor**te humilhante numa cruz. (R.)

= 9 Por isso **Deus** o exaltou sobremaneira †
e deu-lhe o **no**me mais excelso, mais sublime, *
e ele**va**do muito acima de outro nome. (R.)

= 10 Para **que** perante o nome de Jesus †
se **do**bre reverente todo joelho, *
seja nos **céus**, seja na terra ou nos abismos. (R.)

= [11]E toda **lín**gua reconheça, confessando, †
para a **gló**ria de Deus Pai e seu louvor: *
"Na ver**da**de Jesus Cristo é o Senhor!" (R.)

Ant. Ao **no**me de Je**sus**, nosso Se**nhor**,
se **do**bre reve**ren**te todo joelho,
seja nos **céus**, seja na **ter**ra, ale**lui**a.

Leitura breve Cl 1,2b-6a

A vós, graça e paz da parte de Deus nosso Pai. Damos graças a Deus, Pai de nosso Senhor Jesus Cristo, sempre rezando por vós, pois ouvimos acerca da vossa fé em Cristo Jesus e do amor que mostrais para com todos os santos, animados pela esperança na posse do céu. Disso já ouvistes falar no Evangelho, cuja palavra de verdade chegou até vós. E como no mundo inteiro, assim também entre vós ela está produzindo frutos e se desenvolve.

Responsório breve

R. Do nas**cer** do sol **até** o seu o**ca**so,
*Louvado seja o **no**me do Se**nhor**! R. Do nas**cer**.
V. Sua **gló**ria vai a**lém** dos altos **céus**. *Lou**va**do.
Glória ao **Pai**. R. Do nas**cer**.

Antífona do Magníficat como no Próprio do Tempo.

Preces

Demos graças a Deus que auxilia e protege o povo que escolheu como sua herança para que viva feliz. Recordando seu amor, aclamemos dizendo:

R. **Senhor, nós confiamos em vós!**

Deus de bondade, nós vos pedimos pelo nosso Papa N. e pelo nosso bispo N.;
–protegei-os com o vosso poder e santificai-os com a vossa graça. R.

Confortai os doentes e tornai-os participantes da paixão de Cristo por seus sofrimentos,
–para que sintam continuamente a sua consolação. R.

Olhai com amor para os que não têm onde morar,
–e fazei que encontrem uma digna habitação. R.

Dignai-vos multiplicar e conservar os frutos da terra,
–para que a ninguém falte o pão de cada dia. R.

Ou:
(Defendei o nosso povo de todo mal,
– para que desfrute da vossa paz e prosperidade). R.
(intenções livres)

Envolvei com vossa misericórdia os que morreram,
– e dai-lhes um lugar no céu. R.

Pai nosso...
Oração como no Próprio do Tempo.

Laudes

V. Vinde, ó **Deus**. Glória ao **Pai**. Como era. (Ale**luia**).

Hino

Eis que da noite já foge a sombra
e a luz da aurora refulge, ardente.
Nós, reunidos, a Deus oremos
e invoquemos o Onipotente.

Deus, compassivo, nos salve a todos
e nos afaste de todo o mal.
O Pai bondoso, por sua graça,
nos dê o reino celestial.

Assim nos ouça o Deus Uno e Trino,
Pai, Filho e Espírito Consolador.
Por toda a terra vibram acordes
dum canto novo em seu louvor.

Salmodia

Ant. 1 Ben**di**to o que **vem** em **no**me do Se**nhor**! Ale**luia**.

Nos domingos do Advento, Natal, Quaresma e Páscoa, as antífonas são próprias do Tempo correspondente.

Salmo 117(118)

Canto de alegria e salvação

Ele é a pedra, que vós, os construtores, desprezastes, e que se tornou a pedra angular (At 4,11).

– [1] Dai **gra**ças ao Se**nhor**, porque ele é **bom**! *
“E**ter**na é a sua misericórdia!” –

– [2] A **ca**sa de Israel agora o diga: *
“E**ter**na é a sua misericórdia!”
– [3] A **ca**sa de Aarão agora o diga: *
“E**ter**na é a sua misericórdia!”
– [4] Os que **te**mem o Senhor agora o digam: *
“E**ter**na é a sua misericórdia!”

– [5] Na minha an**gús**tia eu clamei pelo Senhor, *
e o Se**nhor** me atendeu e libertou!
– [6] O Se**nhor** está comigo, nada temo; *
o que **po**de contra mim um ser humano?
– [7] O Se**nhor** está comigo, é o meu auxílio, *
hei de **ver** meus inimigos humilhados.

– [8] “É mel**hor** buscar refúgio no Senhor *
do que **pôr** no ser humano a esperança;
– [9] é mel**hor** buscar refúgio no Senhor *
do que con**tar** com os poderosos deste mundo!”

– [10] Povos pa**gãos** me rodearam todos eles, *
mas em **no**me do Senhor os derrotei;
– [11] de todo **la**do todos eles me cercaram, *
mas em **no**me do Senhor os derrotei;
= [12] como um en**xa**me de abelhas me atacaram, †
como um **fo**go de espinhos me queimaram, *
mas em **no**me do Senhor os derrotei.

– [13] Empur**ra**ram-me, tentando derrubar-me, *
mas **vei**o o Senhor em meu socorro.
– [14] O Se**nhor** é minha força e o meu canto, *
e tor**nou**-se para mim o Salvador.

– [15] “Cla**mo**res de alegria e de vitória *
res**so**em pelas tendas dos fiéis.
= [16] A mão di**rei**ta do Senhor fez maravilhas, †
a mão di**rei**ta do Senhor me levantou, *
a mão di**rei**ta do Senhor fez maravilhas!”

– [17] Não morre**rei**, mas, ao contrário, viverei *
para can**tar** as grandes obras do Senhor!
– [18] O Se**nhor** severamente me provou, *
mas **não** me abandonou às mãos da morte. –

– 19 Abri-me **vós**, abri-me as portas da justiça; *
quero en**trar** para dar graças ao Senhor!
– 20 “Sim, **es**ta é a porta do Senhor, *
por **e**la só os justos entrarão!”
– 21 Dou-vos **gra**ças, ó Senhor, porque me ouvistes *
e vos tor**nas**tes para mim o Salvador!

– 22 “A **pe**dra que os pedreiros rejeitaram *
tor**nou**-se agora a pedra angular.
– 23 Pelo Se**nhor** é que foi feito tudo isso: *
Que mara**vi**lhas ele fez a nossos olhos!
– 24 Este é o **di**a que o Senhor fez para nós, *
ale**gre**mo-nos e nele exultemos!

– 25 Ó Se**nhor**, dai-nos a vossa salvação, *
ó Se**nhor**, dai-nos também prosperidade!”
– 26 Ben**di**to seja, em nome do Senhor, *
a**que**le que em seus átrios vai entrando!
– Desta **ca**sa do Senhor vos bendizemos. *
27 Que o Se**nhor** e nosso Deus nos ilumine!

– Empu**nhai** ramos nas mãos, formai cortejo, *
aproxi**mai**-vos do altar, até bem perto!
– 28 Vós sois meu **Deus,** eu vos bendigo e agradeço! *
Vós sois meu **Deus**, eu vos exalto com louvores!
– 29 Dai **gra**ças ao Senhor, porque ele é bom! *
“Eterna é a sua misericórdia!”

Ant. Ben**di**to o que **vem** em **no**me do Se**nhor**! Ale**lui**a.

Ant. 2 Can**te**mos um **hi**no ao Se**nhor**, ale**lui**a.

Cântico Dn 3,52-57

Louvor das criaturas ao Senhor

O Criador é bendito para sempre (Rm 1,25).

– 52 Sede ben**di**to, Senhor **Deus** de nossos **pais**! *
A vós lou**vor**, honra e glória eternamente!
– Sede ben**di**to, nome santo e glorioso! *
A vós lou**vor**, honra e glória eternamente!

– 53 No templo **san**to onde refulge a vossa glória! *
A vós lou**vor**, honra e glória eternamente!

– 54 E em vosso **tro**no de poder vitorioso! *
A vós lou**vor**, honra e glória eternamente!

– 55 Sede ben**di**to, que sondais as profundezas! *
A vós lou**vor**, honra e glória eternamente!
– E superi**or** aos querubins vos assentais! *
A vós lou**vor**, honra e glória eternamente!

– 56 Sede ben**di**to no celeste firmamento! *
A vós lou**vor**, honra e glória eternamente!
– 57 Obras **to**das do Senhor, glorificai-o! *
A ele lou**vor**, honra e glória eternamente!

Ant. Can**te**mos um **hi**no ao Se**nhor**, ale**lui**a.

Ant. 3 Lou**vai** o Senhor **Deus**
por seus **fei**tos grandi**o**sos. Ale**lui**a.

Salmo 150

Louvai o Senhor

Salmodiai com o espírito e salmodiai com a mente, isto é: glorificai a Deus com a alma e com o corpo (Hesíquio).

– 1 **Louvai** o Senhor **Deus** no santu**á**rio, *
lou**vai**-o no alto céu de seu poder!
– 2 **Louvai**-o por seus feitos grandiosos, *
lou**vai**-o em sua grandeza majestosa!

– 3 **Louvai**-o com o toque da trombeta, *
lou**vai**-o com a harpa e com a cítara!
– 4 **Louvai**-o com a dança e o tambor, *
lou**vai**-o com as cordas e as flautas!

– 5 **Louvai**-o com os címbalos sonoros, *
lou**vai**-o com os címbalos de júbilo!
– Louve a **Deus** tudo o que vive e que respira, *
tudo **can**te os louvores do Senhor!

Ant. Lou**vai** o Senhor **Deus**
por seus **fei**tos grandi**o**sos. Ale**lui**a.

Leitura breve Ez 36,25-27

Derramarei sobre vós uma água pura, e sereis purificados. Eu vos purificarei de todas as impurezas e de todos os ídolos. Eu vos darei um coração novo e porei um espírito novo dentro de vós. Arrancarei do vosso corpo o coração de pedra e vos darei um coração de carne; porei o meu espírito dentro de vós e farei com que sigais a minha lei e cuideis de observar os meus mandamentos.

Responsório breve

R. Nós vos lou**va**mos, dando **gra**ças, ó Se**nhor**,
* Dando **gra**ças, invo**ca**mos vosso **no**me.
R. Nós vos lou**va**mos.
V. E publi**ca**mos os pro**dí**gios que fi**zes**tes.* Dando **gra**ças.
Glória ao **Pai**. R. Nós vos lou**va**mos.

Antífona do Benedictus como no Próprio do Tempo.

Preces

Demos graças a nosso Salvador, que veio a este mundo para ser Deus-conosco; e o aclamemos, dizendo:

R. **Cristo, rei da glória, sede nossa luz e alegria!**

Senhor Jesus Cristo, luz que vem do alto e primícias da ressurreição futura,
– dai-nos a graça de vos seguirmos, para que, livres das sombras da morte, caminhemos sempre na luz da vida. R.

Mostrai-nos vossa bondade, refletida em todas as criaturas,
– para contemplarmos em todas elas a vossa glória. R.

Não permitais, Senhor, que hoje sejamos vencidos pelo mal,
– mas tornai-nos vencedores do mal pelo bem. R.

Vós, que no Jordão fostes batizado por João Batista e ungido pelo Espírito Santo,
– santificai todas as nossas ações deste dia com a graça do mesmo Espírito. R.

(intenções livres)

Pai nosso...

Oração como no Próprio do Tempo.

Hora Média

V. Vinde, ó **Deus**. Glória ao **Pai**. Como era. (Ale**lui**a).

HINO como no Ordinário, p. 743.

Salmodia

Ant. 1 Pelos **pra**dos e cam**pi**nas verde**jan**tes,
o Se**nhor** me con**duz** a descan**sar**. Ale**lui**a.

Salmo 22(23)

O Bom Pastor

O Cordeiro será o seu pastor e os conduzirá às fontes de água da vida (Ap 7,17).

– 1 O Se**nhor** é o pas**tor** que me con**duz**; *
não me **fal**ta coisa alguma.
– 2 Pelos **pra**dos e campinas verdejantes *
ele me **le**va a descansar.
– Para as **á**guas repousantes me encaminha, *
3 e res**tau**ra as minhas forças.
– Ele me **gui**a no caminho mais seguro, *
pela **hon**ra do seu nome.
– 4 Mesmo que eu **pas**se pelo vale tenebroso, *
nenhum **mal** eu temerei;
– estais co**mi**go com bastão e com cajado; *
eles me **dão** a segurança!
– 5 Prepa**rais** à minha frente uma mesa, *
bem à **vis**ta do inimigo,
– e com **ó**leo vós ungis minha cabeça; *
o meu **cá**lice transborda.
– 6 Felici**da**de e todo bem hão de seguir-me *
por **to**da a minha vida;
– e, na **ca**sa do Senhor, habitarei *
pelos **tem**pos infinitos.

Ant. Pelos **pra**dos e cam**pi**nas verde**jan**tes,
o Se**nhor** me con**duz** a descan**sar**. Ale**lui**a.

Ant. 2 O **no**me do Se**nhor** é grandi**o**so em Isra**el**. Ale**lui**a.

Salmo 75(76)

Ação de graças pela vitória

Verão o Filho do Homem vindo sobre as nuvens do céu (Mt 24,30).

I

– [2] Em Ju**dá** o Senhor **Deus** é conhe**ci**do, *
e seu **no**me é grandioso em Israel.
– [3] Em Sa**lém** ele fixou a sua tenda, *
em Si**ão** edificou sua morada.
– [4] E a**li** quebrou os arcos e as flechas, *
os es**cu**dos, as espadas e outras armas.
– [5] Resplen**den**te e majestoso apareceis *
sobre **mon**tes de despojos conquistados.
= [6] Despo**jas**tes os guerreiros valorosos †
que já **dor**mem o seu sono derradeiro, *
inca**pa**zes de apelar para os seus braços.
– [7] Ante as **vos**sas ameaças, ó Senhor,*
estarre**ce**ram-se os carros e os cavalos.

Ant. O **no**me do Se**nhor** é grandi**o**so em Isra**el**. Ale**lui**a.

Ant. 3 A **ter**ra apavo**rou**-se e emude**ceu**,
quando **Deus** se levan**tou** para jul**gar**. Ale**lui**a.

II

– [8] Sois ter**rí**vel, real**men**te, Senhor **Deus**! *
E quem **po**de resistir à vossa ira?
– [9] Lá do **céu** pronunciastes a sentença, *
e a **ter**ra apavorou-se e emudeceu,
– [10] quando **Deus** se levantou para julgar *
e liber**tar** os oprimidos desta terra.
– [11] Mesmo a re**vol**ta dos mortais vos dará glória, *
e os que so**bra**ram do furor vos louvarão.
– [12] Ao vosso **Deus** fazei promessas e as cumpri; *
vós que o cer**cais**, trazei ofertas ao Terrível;
– [13] ele es**ma**ga os reis da terra em seu orgulho, *
e faz tre**mer** os poderosos deste mundo!

Ant. A **ter**ra apavo**rou**-se e emude**ceu**,
quando **Deus** se levan**tou** para jul**gar**. Ale**lui**a.

Leitura breve Rm 8,26

O Espírito vem em socorro da nossa fraqueza. Pois nós não sabemos o que pedir, nem como pedir; é o próprio Espírito que intercede em nosso favor, com gemidos inefáveis.

V. Que meu **grito**, ó Se**nhor**, chegue até **vós**.
R. Fazei-me **sá**bio, como **vós** o prome**tes**tes.
Oração como no Próprio do Tempo.

II Vésperas

V. Vinde, ó **Deus**. Glória ao **Pai**. Como **era**. (Ale**luia**).

Hino

Ó luz, ó Deus Trindade,
ó Unidade e fonte:
na luz do sol que morre,
a vossa em nós desponte.

A vós de madrugada,
de tarde vos cantamos;
a vós na eternidade,
louvar sem fim possamos.

Ao Pai e ao Filho glória,
ao Espírito também,
louvor, honra e vitória
agora e sempre. Amém.

Salmodia

Nos domingos do Advento, Natal, Quaresma e Páscoa, as antífonas são próprias do Tempo correspondente.

Ant. 1 Jesus **Cris**to é sacer**do**te eterna**men**te
segundo a ordem do **rei** Melquise**dec**. Ale**lui**a.

Salmo 109(110),1-5.7

O Messias, rei e sacerdote

É preciso que ele reine, até que todos os seus inimigos estejam debaixo de seus pés (1Cor 15,25).

– 1 Pa**la**vra do Se**nhor** ao meu Se**nhor**: *
“As**sen**ta-te ao lado meu direito,
– a**té** que eu ponha os inimigos teus *
como esca**be**lo por debaixo de teus pés!”

= 2 O Se**nhor** estenderá desde Sião †
vosso **ce**tro de poder, pois ele diz: *
“Do**mi**na com vigor teus inimigos; –

= [3] Tu és **prín**cipe desde o dia em que nasceste; †
na **gló**ria e esplendor da santidade, *
como o or**va**lho, antes da aurora, eu te gerei!"

= [4] Jurou o Se**nhor** e manterá sua palavra: †
"Tu **és** sacerdote eternamente, *
se**gun**do a ordem do rei Melquisedec!"

– [5] À vossa **des**tra está o Senhor, ele vos diz: *
"No dia da **i**ra esmagarás os reis da terra!
– [7] Beber**ás** água corrente no caminho, *
por **is**so seguirás de fronte erguida!"

Ant. Jesus **Cris**to é sacer**do**te eterna**men**te
se**gun**do a ordem do **rei** Melquise**dec**. Ale**lui**a.

Ant. 2 É nos **céus** que es**tá** o nosso **Deus**;
ele **faz** tudo a**qui**lo que **quer**. Ale**lui**a.

Salmo 113B(115)

Louvor ao Deus verdadeiro

Vós vos convertestes, abandonando os falsos deuses, para servir ao Deus vivo e verdadeiro (1Ts 1,9).

= [1] Não a **nós**, ó Se**nhor**, não a **nós**, †
ao vosso **no**me, porém, seja a glória, *
porque **sois** todo amor e verdade!
– [2] Por que **hão** de dizer os pagãos: *
"Onde es**tá** o seu Deus, onde está?"

– [3] É nos **céus** que está o nosso Deus, *
ele **faz** tudo aquilo que quer.
– [4] São os **deu**ses pagãos ouro e prata, *
todos **e**les são obras humanas.

– [5] Têm **bo**ca e não podem falar, *
têm **o**lhos e não podem ver;
– [6] têm na**riz** e não podem cheirar, *
tendo ou**vi**dos, não podem ouvir.

= [7] Têm **mãos** e não podem pegar, †
têm **pés** e não podem andar; *
nenhum **som** sua garganta produz.
– [8] Como **e**les, serão seus autores, *
que os fa**bri**cam e neles confiam.–

– [9]Confia, Israel, no Senhor. *
Ele **é** teu auxílio e escudo!
– [10]Confia, Aarão, no Senhor. *
Ele **é** teu auxílio e escudo!

– [11]Vós que o te**meis**, confiai no Senhor. *
Ele **é** vosso auxílio e escudo!
– [12]O Se**nhor** se recorda de nós, *
o Se**nhor** abençoa seu povo.
– O Se**nhor** abençoa Israel, *
o Se**nhor** abençoa Aarão;
– [13]aben**ço**a aqueles que o temem, *
aben**ço**a pequenos e grandes!

– [14]O Se**nhor** multiplique a vós todos, *
a vós **to**dos, também vossos filhos!
– [15]Abençoados sejais do Senhor, *
do Se**nhor** que criou céu e terra!

– [16]Os **céus** são os céus do Senhor, *
mas a **ter**ra ele deu para os homens.
– [17]Não vos **lou**vam os mortos, Senhor, *
nem a**que**les que descem ao silêncio.
– [18]Nós, os **vi**vos, porém, bendizemos *
ao Se**nhor** desde agora e nos séculos.

Ant. É nos **céus** que es**tá** o nosso **Deus**;
ele **faz** tudo a**qui**lo que **quer**. Ale**luia**.

Ant. 3 Cele**brai** o nosso **Deus**, servi**do**res do Se**nhor**,
vós, os **gran**des e os pe**que**nos! Ale**lui**a.

No cântico seguinte dizem-se os Aleluias entre parênteses somente quando se canta; na recitação, basta dizer o Aleluia no começo e no fim das estrofes.

Cântico cf. Ap 19,1-2.5-7

As núpcias do Cordeiro

= Ale**luia**, (Ale**luia**!).
[1]Ao nosso **Deus** a salva**ção**, *
honra, **gló**ria e poder! (Aleluia!).
– [2]Pois são ver**da**de e justiça *
os ju**í**zos do Senhor.
R. Ale**luia**, (Ale**luia**!).

= Aleluia, (Aleluia!).
5 Celebrai o nosso Deus, *
servidores do Senhor! (Aleluia!).
– E vós todos que o temeis, *
vós os grandes e os pequenos!

R. Aleluia, (Aleluia!).

= Aleluia, (Aleluia!).
6 De seu reino tomou posse *
nosso Deus onipotente! (Aleluia!).
– 7 Exultemos de alegria, *
demos glória ao nosso Deus!

R. Aleluia, (Aleluia!).

= Aleluia, (Aleluia!).
Eis que as núpcias do Cordeiro *
redivivo se aproximam! (Aleluia!).
– Sua Esposa se enfeitou, *
se vestiu de linho puro.

R. Aleluia, (Aleluia!).

Ant. Celebrai o nosso Deus, servidores do Senhor,
vós, os grandes e os pequenos! Aleluia.

Nos domingos da Quaresma se diz o Cântico da Carta de São Pedro com a antífona própria.

Cântico 1Pd 2,21-24

= 21 O Cristo por nós padeceu, †
deixou-nos o exemplo a seguir. *
Sigamos, portanto, seus passos!
– 22 Pecado nenhum cometeu, *
nem houve engano em seus lábios.

(R. Por suas chagas nós fomos curados.)

= 23 Insultado, ele não insultava; †
ao sofrer e ao ser maltratado, *
ele não ameaçava vingança;
– entregava, porém, sua causa *.
Àquele que é justo juiz. (R.)

– 24Carregou sobre si nossas culpas *
em seu **cor**po, no lenho da cruz,
= para que, **mor**tos aos nossos pecados, †
na jus**ti**ça de Deus nós vivamos. *
Por suas **cha**gas nós fomos curados. (R.)

Leitura breve 2Ts 2,13-14

Quanto a nós, devemos continuamente dar graças a Deus por vossa causa, irmãos amados do Senhor, pois Deus vos escolheu desde o começo, para serdes salvos pelo Espírito que santifica e pela fé na verdade. Deus vos chamou para que, por meio do nosso evangelho, alcanceis a glória de nosso Senhor Jesus Cristo.

Responsório breve

R. É **gran**de o Se**nhor**,
* E é **gran**de o seu po**der**. R. É **gran**de.
V. Seu sa**ber** é sem li**mi**tes. * E é **gran**de.
Glória ao **Pai**. R. É **gran**de.

Antífona do Magníficat como no Próprio do Tempo.

Preces

Louvor e honra a Cristo que vive eternamente para interceder por nós, e que dá a salvação àqueles que, por seu intermédio, se aproximam de Deus. Firmes nesta fé, imploremos:

R. **Lembrai-vos, Senhor, do vosso povo!**

Sol de justiça, ao cair desta tarde, nós vos pedimos por todos os homens e mulheres,
– para que vivam as alegrias da vossa luz que não se apaga. R.

Conservai a aliança que selastes com o vosso sangue,
– e santificai a vossa Igreja, para que seja imaculada. R.

Senhor, do lugar em que habitais,
– lembrai-vos desta vossa comunidade. R.

Dirigi no caminho da paz e do bom êxito os que se encontram em viagem,
– para que cheguem ao seu destino com saúde e alegria. R.

(intenções livres)

Recebei, Senhor, as almas dos nossos irmãos e irmãs que morreram,
– e concedei-lhes vosso perdão e a glória eterna. R.

Pai nosso...

Oração como no Próprio do Tempo.

II SEGUNDA-FEIRA

Laudes

V. Vinde, ó **Deus**. Glória ao **Pai**. Como **era**. (Ale**lui**a).

Hino

Doador da luz esplêndida,
pelo vosso resplendor,
ao passar da noite o tempo,
surge o dia em seu fulgor.

Verdadeira Estrela d'alva,
não aquela que anuncia
de outro astro a luz chegando
e a seu brilho se anuvia,

mas aquela luminosa,
mais que o sol em seu clarão,
mais que a luz e mais que o dia,
aclarando o coração.

Casta, a mente vença tudo,
que os sentidos pedem tanto;
vosso Espírito guarde puro
nosso corpo, templo santo.

A vós, Cristo, Rei clemente,
e a Deus Pai, Eterno Bem,
com o Espírito Paráclito,
honra e glória eterna. Amém.

Salmodia

Ant. 1 Quando te**rei** a ale**gri**a de **ver** vossa **fa**ce, Se**nhor**?

T.P.: As**sim** como a **cor**ça sus**pi**ra pelas **á**guas cor**ren**tes,
sus**pi**ra igual**men**te minh'**al**ma por **vós**, ó meu **Deus**!
Ale**lui**a.

Salmo 41(42)

Sede de Deus e saudades do templo

Quem tem sede, venha e quem quiser, receba de graça a água da vida (Ap 22,17).

– 2 As**sim** como a **cor**ça sus**pi**ra *
pelas **á**guas cor**ren**tes,
– sus**pi**ra igualmente minh'alma *
por **vós**, ó meu Deus!

– 3 Minha **al**ma tem sede de Deus, *
e de**se**ja o Deus vivo.
– Quando te**rei** a alegria de ver *
a **fa**ce de Deus?

– 4 O meu **pran**to é o meu alimento *
de **di**a e de noite,
– en**quan**to insistentes repetem: *
"Onde es**tá** o teu Deus?"

– 5 Re**cor**do saudoso o tempo *
em que **i**a com o povo.
– Pere**gri**no e feliz caminhando *
para a **ca**sa de Deus,
– entre **gri**tos, louvor e alegria *
da multi**dão** jubilosa.

– 6 Por **que** te entristeces, minh'alma, *
a ge**mer** no meu peito?
– Espera em **Deus**! Louvarei novamente *
o meu **Deus** Salvador!

– 7 Minh'**al**ma está agora abatida, *
e en**tão** penso em vós,
– do Jor**dão** e das terras do Hermon *
e do **mon**te Misar.

– 8 Como o a**bis**mo atrai outro abismo *
ao fra**gor** das cascatas,
– vossas **on**das e vossas torrentes *
sobre **mim** se lançaram.

– 9 Que o Se**nhor** me conceda de dia *
sua **gra**ça benigna

– e de **noi**te, cantando, eu bendigo *
ao meu **Deus**, minha vida.

– 10 Digo a **Deus**: "Vós que sois meu amparo, *
por **que** me esqueceis?
– Por que **an**do tão triste e abatido *
pela opres**são** do inimigo?"

– 11 Os meus **os**sos se quebram de dor, *
ao insul**tar**-me o inimigo;
– ao di**zer** cada dia de novo: *
"Onde es**tá** o teu Deus?"

– 12 Por **que** te entristeces, minh'alma, *
a ge**mer** no meu peito?
– Espera em **Deus**! Louvarei novamente *
o meu **Deus** Salvador!

Ant. Quando te**rei** a ale**gri**a de **ver** vossa **fa**ce, Se**nhor**?

T.P.: As**sim** como a **cor**ça sus**pi**ra pelas **á**guas cor**ren**tes,
sus**pi**ra igual**men**te minh'**al**ma por **vós**, ó meu **Deus**!
Ale**lu**ia.

Ant. 2 Mos**trai**-nos, ó Se**nhor**, vossa **luz**, vosso per**dão**!

T.P.: En**chei** Jerusa**lém** com vossos **fei**tos,
e se pro**cla**mem vossas **gran**des mara**vi**lhas. Ale**lu**ia.

Cântico Eclo 36,1-7.13-16

Súplica pela cidade santa, Jerusalém

A vida eterna é esta: que eles te conheçam a ti, o único Deus verdadeiro, e àquele que tu enviaste, Jesus Cristo (Jo 17,3).

– 1 Tende pie**da**de e compai**xão**, Deus do uni**ver**so, *
e mos**trai**-nos vossa luz, vosso perdão!
– 2 Espa**lhai** vosso temor sobre as nações, *
sobre os **po**vos que não querem procurar-vos,
– para que **sai**bam que só vós é que sois Deus, *
e pro**cla**mem vossas grandes maravilhas.

– 3 Levan**tai** a vossa mão contra os estranhos, *
para que **ve**jam como é grande a vossa força.
– 4 Como em **nós** lhes demonstrastes santidade, *
assim mos**trai**-nos vossa glória através deles,

– [5] para que **sai**bam e confessem como nós *
que não **há** um outro Deus, além de vós!

– [6] Reno**vai** vossos prodígios e portentos, *
[7] glorifi**cai** o vosso braço poderoso!
– [13] Reu**ni** todas as tribos de Jacó, *
e re**ce**bam, como outrora, a vossa herança.

= [14] Deste **po**vo que é vosso, tende pena, †
e de Isra**el** de quem fizestes primogênito, *
e a quem cha**mas**tes com o vosso próprio nome!
– [15] Apie**dai**-vos de Sião, vossa cidade, *
o lu**gar** santificado onde habitais!
– [16] En**chei** Jerusalém com vossos feitos, *
e vosso **po**vo, com a luz de vossa glória!

Ant. Mos**trai**-nos, ó Se**nhor**, vossa **luz**, vosso per**dão**!

T.P.: En**chei** Jerusa**lém** com vossos **fei**tos,
e se pro**cla**mem vossas **gran**des mara**vi**lhas. Ale**lui**a.

Ant. 3 Sede ben**di**to, Se**nhor**, no mais **al**to dos **céus**.

T.P.: A **gló**ria de **Deus** ilu**mi**na a **san**ta Ci**da**de celes**te**:
sua **luz** é o Cor**dei**ro. Ale**lui**a.

Salmo 18(19)A

Louvor ao Deus Criador

O sol que nasce do alto nos visitará para dirigir nossos passos no caminho da paz (Lc 1,78-79).

– [2] Os céus pro**cla**mam a **gló**ria do Se**nhor**, *
e o firma**men**to, a obra de suas mãos;
– [3] o dia ao **dia** transmite esta mensagem, *
a noite à **noi**te publica esta notícia.

– [4] Não são dis**cur**sos nem frases ou palavras, *
nem são **vo**zes que possam ser ouvidas;
– [5] seu som res**so**a e se espalha em toda a terra, *
chega aos con**fins** do universo a sua voz.

– [6] Armou no **al**to uma tenda para o sol; *
ele des**pon**ta no céu e se levanta
– como um es**po**so do quarto nupcial, *
como um he**rói** exultante em seu caminho. –

– [7]De um ex**tre**mo do céu põe-se a correr *
e vai tra**çan**do o seu rastro luminoso,
– até que **pos**sa chegar ao outro extremo, *
e nada **po**de fugir ao seu calor.

Ant. Sede ben**di**to, Se**nhor**, no mais **al**to dos **céus**.

T.P.: A **gló**ria de **Deus** ilu**mi**na a **san**ta Ci**da**de ce**les**te:
sua **luz** é o Cor**dei**ro. Ale**lui**a.

Leitura breve Jr 15,16

Quando encontrei tuas palavras, alimentei-me; elas se tornaram para mim uma delícia e a alegria do coração, o modo como invocar teu nome sobre mim, Senhor Deus dos exércitos.

Responsório breve

R. Ó **jus**tos, ale**grai**-vos no Se**nhor**!
* Aos **re**tos fica **bem** glorifi**cá**-lo. R. Ó **jus**tos.
V. Can**tai** para o Se**nhor** um canto **no**vo. * Aos **re**tos.
Glória ao **Pai**. R. Ó **jus**tos.

Cântico evangélico, ant.

Bendito **se**ja o Senhor **Deus**,
que visi**tou** e liber**tou** a nós que **so**mos o seu **po**vo.

Preces

Demos graças a nosso Salvador, que fez de nós um povo de reis e sacerdotes para oferecermos sacrifícios agradáveis a Deus. Por isso o invoquemos:

R. **Conservai-nos, Senhor, em vosso serviço!**

Cristo, sacerdote eterno, que nos tornastes participantes do vosso sacerdócio santo,
– ensinai-nos a oferecer sempre sacrifícios espirituais agradáveis a Deus. R.

Dai-nos os frutos do vosso Espírito:
– paciência, bondade, mansidão. R.

Fazei que vos amemos acima de todas as coisas e pratiquemos o bem,
– para que nossas obras vos glorifiquem. R.

Ajudai-nos a procurar sempre o bem dos nossos irmãos e irmãs,
– para que eles alcancem mais facilmente a salvação.
R. **Conservai-nos, Senhor, em vosso serviço!**
(intenções livres)

Pai nosso...

Oração

Senhor Deus todo-poderoso, que nos fizestes chegar ao começo deste dia, salvai-nos hoje com o vosso poder, para não cairmos em nenhum pecado e fazermos sempre a vossa vontade em nossos pensamentos, palavras e ações. Por nosso Senhor Jesus Cristo, vosso Filho, na unidade do Espírito Santo.

Hora Média

V. Vinde, ó **Deus**. Glória ao **Pai**. Como **e**ra. (Ale**lui**a).
HINO como no Ordinário, p. 743.

Salmodia

Ant. 1 Fe**li**zes os que **ou**vem a palavra do Se**nhor**
e a prati**cam** cada **di**a!

Salmo 118(119),41-48
VI (Váu)

Meditação sobre a Palavra de Deus na Lei

Minha mãe e meus irmãos são aqueles que ouvem a Palavra de Deus e a põem em prática (Lc 8,21).

–[41] Senhor, que **des**ça sobre **mim** a vossa **gra**ça *
e a **vos**sa salvação que prometestes!
–[42] Esta se**rá** minha resposta aos que me insultam: *
"Eu **con**to com a palavra do Senhor!"
–[43] Não reti**reis** vossa verdade de meus lábios, *
pois eu con**fio** em vossos justos julgamentos!
–[44] Cumpri**rei** constantemente a vossa lei: *
para **sem**pre, eternamente a cumprirei!
–[45] É **am**plo e agradável meu caminho, *
porque **bus**co e pesquiso as vossas ordens.
–[46] Quero fa**lar** de vossa lei perante os reis, *
e da**rei** meu testemunho sem temor. –

– 47 Muito me alegro com os vossos mandamentos, *
que eu amo, amo tanto, mais que tudo!
– 48 Elevarei as minhas mãos para louvar-vos *
e com prazer meditarei vossa vontade.

Ant. 1 Felizes os que ouvem a palavra do Senhor
e a praticam cada dia!

Ant. 2 Meu alimento é fazer a vontade do Pai.

Salmo 39(40),2-14.17-18

Ação de graças e pedido de auxílio

Tu não quiseste vítima nem oferenda, mas formaste-me um corpo (Hb 10,5).

I

– 2 Esperando, esperei no Senhor, *
e inclinando-se, ouviu meu clamor.
– 3 Retirou-me da cova da morte *
e de um charco de lodo e de lama.

– Colocou os meus pés sobre a rocha, *
devolveu a firmeza a meus passos.
– 4 Canto novo ele pôs em meus lábios, *
um poema em louvor ao Senhor.

– Muitos vejam, respeitem, adorem *
e esperem em Deus, confiantes.
= 5 É feliz quem a Deus se confia; †
quem não segue os que adoram os ídolos *
e se perdem por falsos caminhos.

– 6 Quão imensos, Senhor, vossos feitos! *
Maravilhas fizestes por nós!
– Quem a vós poderá comparar-se *
nos desígnios a nosso respeito?
– Eu quisera, Senhor, publicá-los, *
mas são tantos! Quem pode contá-los?

– 7 Sacrifício e ablação não quisestes, *
mas abristes, Senhor, meus ouvidos;
= não pedistes ofertas nem vítimas, †
holocaustos por nossos pecados. *
8 E então eu vos disse: "Eis que venho!" –

= Sobre **mim** está escrito no livro: †
[9] "Com pra**zer** faço a vossa vontade, *
guardo em **meu** coração vossa lei!"

Ant. Meu ali**men**to é fa**zer** a von**ta**de do **Pai**.

Ant. 3 Eu sou **po**bre, infe**liz**, desva**li**do,
porém, **guar**da o Se**nhor** minha **vi**da.

II

=[10] Boas-**no**vas de **vos**sa Jus**ti**ça †
anun**ciei** numa grande assembleia; *
vós sa**beis**: não fechei os meus lábios!

=[11] Procla**mei** toda a **vos**sa jus**ti**ça, †
sem re**tê**-la no meu coração; *
vosso au**xí**lio e lealdade narrei.

– Não ca**lei** vossa graça e verdade *
na pre**sen**ça da grande assembleia.

–[12] Não ne**gueis** para mim vosso amor!*
Vossa **gra**ça e verdade me guardem!

=[13] Pois des**gra**ças sem conta me cercam, †
minhas **cul**pas me agarram, me prendem, *
e as**sim** já nem posso enxergar.

= Meus pe**ca**dos são mais numerosos †
que os ca**be**los da minha cabeça; *
desfa**le**ço e me foge o alento!

–[14] Dig**nai**-vos, Senhor, libertar-me, *
vinde **lo**go, Senhor, socorrer-me!

–[17] Mas se a**le**gre e em vós rejubile *
todo **ser** que vos busca, Senhor!

– Digam **sem**pre: "É grande o Senhor!" *
os que **bus**cam em vós seu auxílio.

=[18] Eu sou **po**bre, infeliz, desvalido, †
porém, **guar**da o Senhor minha vida, *
e por **mim** se desdobra em carinho.

– Vós me **sois** salvação e auxílio: *
vinde **lo**go, Senhor, não tardeis!

Ant. Eu sou **po**bre, infe**liz**, desva**li**do,
porém, **guar**da o Se**nhor** minha **vi**da.

Leitura breve Jr 32,40

Estabelecerei com eles um pacto eterno, a fim de que não se afastem de mim; para isso não cessarei de favorecê-los e infundirei em seus corações o temor de Deus.

V. A minha **glória** e salva**ção** estão em **Deus**.

R. O meu re**fú**gio e rocha **fir**me é o Se**nhor**.

Oração

Ó Deus, senhor e guarda da vinha e da colheita, que repartis as tarefas e dais a justa recompensa, fazei-nos carregar o peso do dia, sem jamais murmurar contra a vossa vontade. Por Cristo, nosso Senhor.

Vésperas

V. Vinde, ó **Deus**. Glória ao **Pai**. Como era. (Ale**lui**a).

Hino

Fonte da luz, da luz origem,
as nossas preces escutai:
da culpa as trevas expulsando,
com vossa luz nos clareai.

Durante a faina deste dia
nos protegeu o vosso olhar.
De coração vos damos graças
em todo tempo e lugar.

Se o pôr do sol nos trouxe as trevas,
outro sol fulge, coruscante,
e envolve até os próprios anjos
com o seu brilho radiante.

Todas as culpas deste dia
apague o Cristo bom e manso,
e resplandeça o coração
durante as horas do descanso.

Glória a vós, Pai, louvor ao Filho,
poder ao Espírito também.
No resplendor do vosso brilho,
regeis o céu e a terra. Amém.

Salmodia

Ant. Sois tão **be**lo, o mais **be**lo entre os **fi**lhos dos **ho**mens!
Vossos **lá**bios es**pa**lham a **gra**ça, o en**can**to.

T.P.: Ben**di**to o que nos **vem** em **no**me do Se**nhor**! Ale**lui**a.

Salmo 44(45)

As núpcias do Rei

O noivo está chegando. Ide ao seu encontro! (Mt 25,6).

I

= 2 Trans**bor**da um poema do **meu** cora**ção**; †
vou can**tar**-vos, ó Rei, esta **mi**nha canção; *
minha **lín**gua é qual pena de um **á**gil escriba.

= 3 Sois tão **be**lo, o mais belo entre os **fi**lhos dos homens! †
Vossos **lá**bios espalham a **gra**ça, o encanto, *
porque **Deus**, para sempre, vos **deu** sua bênção.

– 4 Le**vai** vossa espada de **gló**ria no flanco, *
he**rói** valoroso, no **vos**so esplendor;
– 5 **saí** para a luta no **car**ro de guerra *
em de**fe**sa da fé, da jus**ti**ça e verdade!

= Vossa **mão** vos ensine va**len**tes proezas, †
6 vossas **fle**chas agudas a**ba**tam os povos *
e **fi**ram no seu cora**ção** o inimigo!

= 7 Vosso **tro**no, ó Deus, é e**ter**no, é sem fim; †
vosso **ce**tro real é si**nal** de justiça: *
8 Vós a**mais** a justiça e odi**ais** a maldade.

= É por **is**so que Deus vos un**giu** com seu óleo, †
deu-vos **mais** alegria que aos **vos**sos amigos. *
9 Vossas **ves**tes exalam preci**o**sos perfumes.

– De e**búr**neos palácios os **sons** vos deleitam. *
10 As **fi**lhas de reis vêm ao **vos**so encontro,
– e à **vos**sa direita se en**con**tra a rainha *
com **ves**te esplendente de **ou**ro de Ofir.

Ant. Sois tão **be**lo, o mais **be**lo entre os **fi**lhos dos **ho**mens!
Vossos **lá**bios es**pa**lham a **gra**ça, o en**can**to.

T.P.: Ben**di**to o que nos **vem** em **no**me do Se**nhor**! Ale**lui**a.

Ant. 2 Eis que **vem** o es**po**so che**gan**do:
Saí ao en**con**tro de **Cris**to!

T.P.: Fe**li**zes os que **são** convi**da**dos
para a **Cei**a nupci**al** do Cor**dei**ro! Ale**lui**a.

II

– [11]Escu**tai**, minha **fi**lha, o**lhai**, ouvi **is**to: *
"Esque**cei** vosso povo e a **ca**sa paterna!
– [12]Que o **Rei** se encante com **vos**sa beleza! *
Pres**tai**-lhe homenagem: é **vos**so Senhor!

– [13]O **po**vo de Tiro vos **traz** seus presentes, *
os **gran**des do povo vos **pe**dem favores.
– [14]Majes**to**sa, a princesa re**al** vem chegando, *
ves**ti**da de ricos bro**ca**dos de ouro.

– [15]Em **ves**tes vistosas ao **Rei** se dirige, *
e as **vir**gens amigas lhe **for**mam cortejo;
– [16]entre **can**tos de festa e com **gran**de alegria, *
in**gres**sam, então, no pa**lá**cio real".

– [17]Deixa**reis** vossos pais, mas te**reis** muitos filhos; *
fareis **de**les os reis sobe**ra**nos da terra.
– [18]Canta**rei** vosso nome de i**da**de em idade, *
para **sem**pre haverão de lou**var**-vos os povos!

Ant. Eis que **vem** o es**po**so che**gan**do:
Saí ao en**con**tro de **Cris**to!

T.P.: Fe**li**zes os que **são** convi**da**dos
para a **Cei**a nupci**al** do Cor**dei**ro! Ale**lui**a.

Ant. 3 Eis que **ago**ra se **cum**pre o de**síg**nio do **Pai**:
Reunir no seu Cristo o que estava disperso.

T.P.: Todos **nós** rece**be**mos de **su**a pleni**tu**de
graça após **gra**ça. Ale**lui**a.

Cântico Ef 1,3-10

O plano divino da salvação

– [3]Ben**di**to e lou**va**do seja **Deus**, *
o **Pai** de Jesus Cristo, Senhor nosso,
– que do alto **céu** nos abençoou em Jesus Cristo *
com **bên**ção espiritual de toda sorte!

(R. Ben**di**to sejais **vós**, nosso **Pai**,
que **nos** abençoastes em **Cristo**!)

– [4] Foi em **Cris**to que Deus Pai nos escolheu, *
já bem **an**tes de o mundo ser criado,
– para que **fô**ssemos, perante a sua face, *
sem **má**cula e santos pelo amor. (R.)

= [5] Por **li**vre decisão de sua vontade, †
predestin**ou**-nos, através de Jesus Cristo, *
a sermos **ne**le os seus filhos adotivos,
– [6] para o lou**vor** e para a glória de sua graça, *
que em seu **Fi**lho bem-amado nos doou. (R.)

– [7] É **ne**le que nós temos redenção, *
dos pe**ca**dos remissão pelo seu sangue.
= Sua **gra**ça transbordante e inesgotável †
[8] Deus der**ra**ma sobre nós com abundância, *
de sa**ber** e inteligência nos dotando. (R.)

– [9] E as**sim**, ele nos deu a conhecer *
o mis**té**rio de seu plano e sua vontade,
– que propu**se**ra em seu querer benevolente, *
[10] na pleni**tu**de dos tempos realizar:
– o de**síg**nio de, em Cristo, reunir *
todas as **coi**sas: as da terra e as do céu. (R)

Ant. Eis que a**go**ra se **cum**pre o de**síg**nio do **Pai**:
reu**nir** no seu **Cris**to o que es**ta**va dis**per**so.

T.P.: Todos **nós** rece**be**mos de **sua** pleni**tu**de
graça após **gra**ça. Ale**lui**a.

Leitura breve 1Ts 2,13

Agradecemos a Deus sem cessar por vós terdes acolhido a pregação da palavra de Deus, não como palavra humana, mas como aquilo que de fato é: Palavra de Deus, que está produzindo efeito em vós que abraçastes a fé.

Responsório breve

R. Ó Se**nhor**, suba à **vos**sa presen**ça**
* A **mi**nha ora**ção**, como in**cen**so. R. Ó Se**nhor**.
V. Minhas **mãos** como o**fer**ta da **tar**de. * A **mi**nha ora**ção**.
Glória ao **Pai**. R. Ó Se**nhor**.

Cântico evangélico, ant.

A minh'**al**ma vos engran**de**ça eterna**men**te, Senhor meu **Deus**.

Preces

Louvemos a Jesus Cristo, que alimenta e fortalece a sua Igreja. Oremos cheios de confiança, dizendo:

R. **Ouvi, Senhor, a oração do vosso povo!**

Senhor Jesus, fazei que todos os homens se salvem,
–e cheguem ao conhecimento da verdade. R.

Protegei o Santo Padre, o Papa N. e o nosso bispo N.;
–ajudai-os com o vosso poder. R.

Favorecei os que procuram trabalho justo e estável,
–para que vivam felizes e tranquilos. R.

Sede, Senhor, o refúgio dos pobres e oprimidos,
–ajudai-os na tribulação. R.

(intenções livres)

Nós vos recomendamos aqueles que durante a vida exerceram o ministério sagrado,
–para que vos louvem eternamente no céu. R.

Pai nosso...

Oração

Deus todo-poderoso, que a nós, servos inúteis, sustentastes nos trabalhos deste dia, aceitai este louvor, qual sacrifício vespertino, em ação de graças por vossos benefícios. Por nosso Senhor Jesus Cristo, vosso Filho, na unidade do Espírito Santo.

II TERÇA-FEIRA

Laudes

V. Vinde, ó **Deus**. Glória ao **Pai**. Como era. (Ale**lui**a).

Hino

Da luz Criador,
vós mesmo sois luz
e dia sem fim.

Vós nunca da noite
provastes as trevas:
Só Deus é assim.

A noite já foge
e o dia enfraquece
dos astros a luz.
A estrela da aurora,
surgindo formosa,
no céu já reluz.

Os leitos deixando,
a vós damos graças
com muita alegria,
porque novamente,
por vossa bondade,
o sol traz o dia.

Ó Santo, pedimos
que os laços do Espírito
nos prendam a vós,
e, assim, não ouçamos
as vozes da carne
que clamam em nós.

Às almas não fira
a flecha da ira
que traz divisões.
Livrai vossos filhos
da própria malícia
dos seus corações.

Que firmes na mente
e castos no corpo,
de espírito fiel,
sigamos a Cristo,
Caminho e Verdade,
doçura do céu.

O Pai piedoso
nos ouça, bondoso,
e o Filho também.

No laço do Espírito
unidos, dominam
os tempos. Amém.

Salmodia

Ant. 1 Envi**ai**-me, ó Se**nhor**, vossa **luz**, vossa ver**da**de!

T.P.: Aproxi**me**mo-nos do **Mon**te de **Sião**
e da Ci**da**de do Deus **vi**vo, ale**lui**a.

Salmo 42(43)

Saudades do templo

Eu vim ao mundo como luz (Jo 12,46).

– 1 Fazei jus**ti**ça, meu **Deus**, e defen**dei**-me *
contra a **gen**te impie**do**sa;
– do **ho**mem perverso e mentiroso *
liber**tai**-me, ó Senhor!

– 2 Sois **vós** o meu Deus e meu refúgio: *
por **que** me afastais?
– Por que **an**do tão triste e abatido *
pela opres**são** do inimigo?

– 3 Envi**ai** vossa luz, vossa verdade: *
elas se**rão** o meu guia;
– que me **le**vem ao vosso Monte santo, *
até a **vos**sa morada!

– 4 Então i**rei** aos altares do Senhor, *
Deus da **mi**nha alegria.
– Vosso lou**vor** cantarei, ao som da harpa, *
meu Se**nhor** e meu Deus!

– 5 Por **que** te entristeces, minh'alma, *
a ge**mer** no meu peito?
– Espera em **Deus**! Louvarei novamente *
o meu **Deus** Salvador!

Ant. Envi**ai**-me, ó Se**nhor,** vossa **luz,** vossa ver**da**de!

T.P.: Aproxi**me**mo-nos do **Mon**te de **Sião**
e da Ci**da**de do Deus **vi**vo, ale**lui**a.

Ant. 2 Salv**ai**-nos, ó Se**nhor**, todos os **di**as!
T.P.: Vós li**vras**tes, ó Se**nhor**, minha **vi**da do se**pul**cro. Ale**lui**a.

Cântico Is 38,10-14.17-20

Angústias de um agonizante e alegria da cura

Eu sou aquele que vive. Estive morto... Eu tenho a chave da morte (Ap 1,18).

–10 Eu di**zi**a: "É neces**sá**rio que eu me **vá** *
no apo**geu** de minha vida e de meus dias;
– para a man**são** triste dos mortos descerei, *
sem vi**ver** o que me resta dos meus anos".

=11 Eu di**zi**a: "Não verei o Senhor Deus †
sobre a **ter**ra dos viventes nunca mais; *
nunca **mais** verei um homem neste mundo!"

–12 Minha mo**ra**da foi à força arrebatada, *
desar**ma**da como a tenda de um pastor.
– Qual tece**lão**, eu ia tecendo a minha vida, *
mas a**go**ra foi cortada a sua trama.

–13 Vou me aca**ban**do de manhã até à tarde, *
passo a **noi**te a gemer até a aurora.
– Como um le**ão** que me tritura os ossos todos, *
assim eu **vou** me consumindo dia e noite.

–14 O meu **gri**to é semelhante ao da andorinha, *
o meu ge**mi**do se parece ao da rolinha.
– Os meus **o**lhos já se cansam de elevar-se, *
de pe**dir**-vos: "Socorrei-me, Senhor Deus!"

–17 Mas vós li**vras**tes minha vida do sepulcro, *
e lan**ças**tes para trás os meus pecados.
–18 Pois a man**são** triste dos mortos não vos louva, *
nem a **mor**te poderá agradecer-vos;

– para quem **des**ce à sepultura é terminada *
a espe**ran**ça em vosso amor sempre fiel.
–19 Só os **vi**vos é que podem vos louvar, *
como **ho**je eu vos louvo agradecido.

– O **pai** há de contar para seus filhos *
vossa ver**da**de e vosso amor sempre fiel.
=[20] Senhor, sal**vai**-me! Vinde logo em meu auxílio, †
e a vida in**tei**ra cantaremos nossos salmos, *
agrade**cen**do ao Senhor em sua casa.

Ant. Sal**vai**-nos, ó Se**nhor**, todos os **di**as!

T.P.: Vós li**vras**tes, ó Se**nhor**, minha **vi**da do se**pul**cro. Ale**lui**a.

Ant. 3 Ó Se**nhor**, convém can**tar** vosso lou**vor**
com um **hi**no em Si**ão**! †

T.P.: Visi**tais** a nossa **ter**ra e trans**bor**da de far**tu**ra. Ale**lui**a.

Salmo 64(65)

Solene ação de graças

Sião significa a cidade celeste (Orígenes).

– [2] Ó Se**nhor**, convém can**tar** vosso lou**vor** *
com um **hi**no em Si**ão**!
– [3] † E cum**prir** os nossos votos e promessas, *
pois ou**vis** a oração.

– Toda **car**ne há de voltar para o Senhor, *
por **cau**sa dos pecados.
– [4] E por **mais** que nossas **cul**pas nos o**pri**mam, *
perdo**ais** as nossas faltas.

– [5] É fe**liz** quem escolheis e convidais *
para mo**rar** em vossos átrios!
– Saciamo-nos dos bens de vossa casa *
e do **vos**so templo santo.

– [6] Vossa bon**da**de nos responde com prodígios, *
nosso **Deus** e Salvador!
– Sois a espe**ran**ça dos confins de toda a terra *
e dos **ma**res mais dis**tan**tes.

– [7] As mon**ta**nhas sustentais com vossa força: *
estais ves**ti**do de poder.
– [8] Acal**mais** o mar bravio e as ondas fortes *
e o tu**mul**to das nações. –

– [9]Os habi**tan**tes mais longínquos se admiram *
com as **vos**sas maravilhas.
– Os ex**tre**mos do nascente e do poente *
inun**dais** de alegria.

– [10]Visi**tais** a nossa terra com as chuvas, *
e trans**bor**da de fartura.
– Rios de **Deus** que vêm do céu derramam águas, *
e prepa**rais** o nosso trigo.

– [11]É as**sim** que preparais a nossa terra: *
vós a re**gais** e aplainais,
– os seus **sul**cos com a chuva amoleceis *
e abençoa**is** as sementeiras.

– [12]O ano **to**do coroais com vossos dons, *
os vossos **pas**sos são fecundos;
– trans**bor**da a fartura onde passais, *
[13]brotam **pas**tos no deserto.

– As co**li**nas se enfeitam de alegria, *
[14]e os **cam**pos, de rebanhos;
– nossos **va**les se revestem de trigais: *
tudo **can**ta de alegria!

Ant. Ó Se**nhor**, convém can**tar** vosso lou**vor**
com um **hi**no em Si**ão**!

T.P.: Visi**tais** a nossa **ter**ra e trans**bor**da de far**tu**ra. Ale**lui**a.

Leitura breve 1Ts 5,4-5

Vós, meus irmãos, não estais nas trevas, de modo que esse dia vos surpreenda como um ladrão. Todos vós sois filhos da luz e filhos do dia. Não somos da noite, nem das trevas.

Responsório breve

R. Por vosso a**mor**, ó Se**nhor**, ou**vi** minha **voz**,
* Confi**an**te eu con**fio** na **vos**sa pa**la**vra. R. Por vosso a**mor**.
V. Chego **an**tes que a au**ro**ra e clamo a **vós**. * Confi**an**te.
Glória ao **Pai**. R. Por vosso a**mor**.

Cântico evangélico, ant.

Salvai-nos, ó Senhor, da mão dos inimigos!

Preces

Bendigamos a Cristo, nosso Salvador, que pela sua ressurreição iluminou o mundo; e o invoquemos com humildade, dizendo:

R. **Guardai-nos, Senhor, em vossos caminhos!**

Senhor Jesus, nesta oração da manhã celebramos a vossa ressurreição,
– e vos pedimos que a esperança da vossa glória ilumine todo o nosso dia. R.

Recebei, Senhor, nossas aspirações e propósitos,
– como primícias deste dia. R.

Fazei-nos crescer hoje em vosso amor,
– a fim de que tudo concorra para o nosso bem e de todas as pessoas. R.

Fazei, Senhor, que a nossa vida brilhe como luz diante dos homens,
– para que vejam as nossas boas obras e glorifiquem a Deus Pai. R.

(intenções livres)

Pai nosso...

Oração

Senhor Jesus Cristo, luz verdadeira que iluminais a todos os seres humanos para salvá-los, concedei-nos a força de preparar diante de vós os caminhos da justiça e da paz. Vós, que sois Deus com o Pai, na unidade do Espírito Santo.

Hora Média

V. Vinde, ó **Deus**. Glória ao **Pai**. Como era. (Aleluia).

HINO como no Ordinário, p. 743.

Salmodia

Ant. 1 Nesta **terra** de exílio guardarei vossos preceitos.

Salmo 118(119),49-56
VII (Zain)

Meditação sobre a Palavra de Deus na Lei

A quem iremos, Senhor? Tu tens palavras de vida eterna (Jo 6,68).

– 49 Lem**brai**-vos da pro**mes**sa ao vosso **ser**vo,*
pela **qual** me cumulastes de esperança!
– 50 O que me a**ni**ma na aflição é a certeza: *
vossa pa**la**vra me dá a vida, ó Senhor.

– 51 Por **mais** que me insultem os soberbos, *
eu **não** me desviarei de vossa lei.
– 52 Recordo as **leis** que vós outrora proferistes, *
e esta lem**bran**ça me consola o coração.

– 53 Apo**de**ra-se de mim a indignação, *
vendo que os **ím**pios abandonam vossa lei.
– 54 As vossas **leis** são para mim como canções *
que me a**le**gram nesta terra de exílio.

– 55 Até de **noi**te eu relembro vosso nome *
e ob**ser**vo a vossa lei, ó meu Senhor!
– 56 Quanto a **mim**, uma só coisa me interessa: *
cum**prir** vossos preceitos, ó Senhor!

Ant. Nesta **ter**ra de **exí**lio guarda**rei** vossos pre**cei**tos.

Ant. 2 O Se**nhor** trará de **vol**ta os depor**ta**dos de seu **po**vo,
e exulta**re**mos de ale**gri**a.

Salmo 52(53)

A insensatez dos ímpios

Todos pecaram e estão privados da glória de Deus (Rm 3,23).

– 1 Diz o insen**sa**to em seu **pró**prio cora**ção**: *
"Não há **Deus**! Deus não e**xis**te!"
– 2 Corrom**pe**ram-se em ações abomináveis, *
já não **há** quem faça o bem!

– 3 Se**nhor**, ele se inclina lá dos céus *
sobre os **fi**lhos de Adão,
– para **ver** se resta um homem de bom senso *
que a**in**da busque a Deus. –

– 4 Mas todos **e**les igualmente se perderam, *
corrom**pen**do-se uns aos outros;
– não e**xis**te mais nenhum que faça o bem, *
não e**xis**te um sequer!

– 5 Se**rá** que não percebem os malvados*
quanto ex**plo**ram o meu povo?
– Eles de**vo**ram o meu povo como pão, *
e não in**vo**cam o Senhor.

– 6 Eis que se **põem** a tremer de tanto medo, *
onde não **há** o que temer;
– porque **Deus** fez dispersar até os ossos *
dos **que** te assediavam.

– Eles fi**ca**ram todos cheios de vergonha, *
porque **Deus** os rejeitou.
– 7 Que **ve**nha, venha logo de Sião *
a salva**ção** de Israel!
– Quando o Se**nhor** reconduzir do cativeiro *
os depor**ta**dos de seu povo,
– que **jú**bilo e que festa em Jacó, *
que ale**gri**a em Israel!

Ant. O Se**nhor** trará de **vol**ta os depor**ta**dos de seu **po**vo, e exul**ta**remos de ale**gri**a.

Ant. 3 Quem me pro**te**ge e me am**pa**ra é meu **Deus**,
é o Se**nhor** quem sus**ten**ta minha **vi**da.

Salmo 53(54),3-6.8-9

Pedido de auxílio

O profeta reza para escapar, em nome do Senhor, à maldade de seus perseguidores (Cassiodoro).

– 3 Por vosso **no**me, sal**vai**-me, Se**nhor**: *
e **dai**-me a vossa justiça!
– 4 Ó meu **Deus**, aten**dei** minha prece *
e escu**tai** as palavras que eu digo!

= 5 Pois contra **mim** orgulhosos se insurgem, †
e vio**len**tos perseguem-me a vida: *
não há lu**gar** para Deus aos seus olhos.

– [6]Quem me protege e me ampara é meu Deus; *
é o Se**nhor** quem sustenta minha vida!

– [8]Quero ofer**tar**-vos o meu sacrifício *
de cora**ção** e com muita alegria;
– quero lou**var**, ó Senhor, vosso nome, *
quero can**tar** vosso nome que é bom!
– [9]Pois me li**vras**tes de toda a angústia, *
e humi**lha**dos vi meus inimigos!

Ant. Quem me pro**te**ge e me am**pa**ra é meu **Deus**,
é o Se**nhor** quem sus**ten**ta minha **vi**da.

Leitura breve 1Cor 12,12-13

Como o corpo é um, embora tenha muitos membros, e como todos os membros do corpo, embora sejam muitos, formam um só corpo, assim também acontece com Cristo. De fato, todos nós, judeus ou gregos, escravos ou livres, fomos batizados num único Espírito, para formarmos um único corpo, e todos nós bebemos de um único Espírito.

V. Guar**dai**-me, Pai **san**to, em vosso **no**me,
R. Para **ser**mos per**fei**tos na uni**da**de!

Oração

Ó Deus, que revelastes a Pedro vosso plano de salvação para todos os povos, fazei que nossos trabalhos vos agradem e, pela vossa graça, sirvam ao vosso desígnio de amor e redenção. Por Cristo, nosso Senhor.

Vésperas

V. Vinde, ó **Deus**. Glória ao **Pai**. Como **e**ra. (Ale**lui**a).

Hino

Autor e origem do tempo,
por sábia ordem nos dais
o claro dia no trabalho,
e a noite, ao sono e à paz.

As mentes castas guardai
dentro da calma da noite
e que não venha a feri-las
do dardo mau o açoite.

Os corações libertai
de excitações persistentes.
Não quebre a chama da carne
a força viva das mentes.

Ouvi-nos, Pai piedoso,
e vós, ó Filho de Deus,
que com o Espírito Santo
reinais eterno nos céus.

Salmodia

Ant. 1 Não po**deis** servir a **Deus** e ao di**nhei**ro.

T.P.: Procu**rai** o que é do **al**to,
e **não** o que é da **ter**ra. Ale**lui**a.

Salmo 48(49)

A ilusão das riquezas

Dificilmente um rico entrará no Reino dos Céus (Mt 19,23).

I

– 2 Ouvi **is**to, povos **to**dos do uni**ver**so, *
muita aten**ção**, ó habitantes deste mundo;
– 3 pode**ro**sos e humildes, escutai-me, *
ricos e **po**bres, todos juntos, sede atentos!

– 4 Minha **bo**ca vai dizer palavras sábias, *
que medi**tei** no coração profundamente;
– 5 e, incli**nan**do meus ouvidos às parábolas, *
decifra**rei** ao som da harpa o meu enigma:

– 6 Por que te**mer** os dias maus e infelizes, *
quando a ma**lí**cia dos perversos me circunda?
– 7 Por que te**mer** os que confiam nas riquezas *
e se glo**ri**am na abundância de seus bens?

– 8 Ninguém se **li**vra de sua morte por dinheiro *
nem a **Deus** pode pagar o seu resgate.
– 9 A isen**ção** da própria morte não tem preço; *
não há ri**que**za que a possa adquirir,
– 10 nem dar ao **ho**mem uma vida sem limites *
e garan**tir**-lhe uma existência imortal. –

= 11 Morrem os **sábios** e os ricos igualmente; †
morrem os **lou**cos e também os insensatos, *
e deixam **tu**do o que possuem aos estranhos;
= 12 os seus se**pul**cros serão sempre as suas casas, †
suas mo**ra**das através das gerações, *
mesmo se **de**ram o seu nome a muitas terras.

– 13 Não dura **mui**to o homem rico e poderoso; *
é semel**han**te ao gado gordo que se abate.

Ant. Não po**deis** servir a **Deus** e ao di**nhei**ro.

T.P.: Procu**rai** o que é do **al**to,
e **não** o que é da **ter**ra. Ale**lui**a.

Ant. 2 Ajun**tai** vosso te**sou**ro no **céu**, diz o Se**nhor**.

T.P.: O Se**nhor** me arreba**tou** das mãos da **mor**te, ale**lui**a.

II

– 14 Este é o **fim** do que **espera** estulta**men**te, *
o fim da**que**les que se alegram com sua sorte;
= 15 são um re**ba**nho recolhido ao cemitério, †
e a própria **mor**te é o pastor que os apascenta; *
são empur**ra**dos e deslizam para o abismo.

– Logo seu **cor**po e seu semblante se desfazem, *
e entre os **mor**tos fixarão sua morada.
– 16 Deus, po**rém**, me salvará das mãos da morte *
e junto a **si** me tomará em suas mãos.

– 17 Não te inqui**e**tes, quando um homem fica rico *
e au**men**ta a opulência de sua casa;
– 18 pois, ao mor**rer**, não levará nada consigo, *
nem seu pres**tí**gio poderá acompanhá-lo.

– 19 Felici**ta**va-se a si mesmo enquanto vivo: *
"Todos te a**plau**dem, tudo bem, isto que é vida!"
– 20 Mas vai-se **e**le para junto de seus pais, *
que nunca **mais** e nunca mais verão a luz!

– 21 Não dura **mui**to o homem rico e poderoso: *
é semel**han**te ao gado gordo que se abate.

Ant. Ajun**tai** vosso te**sou**ro no **céu**, diz o Se**nhor**.

T.P.: O Se**nhor** me arreba**tou** das mãos da **mor**te, ale**lui**a.

Ant. 3 Toda **glória** ao Cor**dei**ro imo**la**do!
Toda **hon**ra e po**der** para **sem**pre!
T.P.: A vós per**ten**cem, ó Se**nhor**, a gran**de**za e o po**der**,
o esplen**dor** e a vi**tó**ria. Ale**lui**a.

Cântico Ap 4,11; 5,9.10.12

Hino dos remidos

–[4,11] Vós sois **dig**no, Se**nhor** nosso **Deus**, *
de rece**ber** honra, glória e poder!

(R. Po**der**, honra e **gló**ria ao Cor**dei**ro de **Deus**!)

=[5,9] Porque **to**das as coisas criastes, †
é por **vos**sa vontade que existem, *
e sub**sis**tem porque vós mandais. (R.)

= Vós sois **dig**no, Senhor nosso Deus, †
de o **li**vro nas mãos receber *
e de a**brir** suas folhas lacradas! (R.)

– Porque **fos**tes por nós imolado; *
para **Deus** nos remiu vosso sangue
– dentre **to**das as tribos e línguas, *
dentre os **po**vos da terra e nações. (R.)

= [10] Pois **fiz**estes de nós, para Deus, †
sacer**do**tes e povo de reis, *
e i**re**mos reinar sobre a terra. (R.)

= [12] O Cor**dei**ro imolado é digno †
de rece**ber** honra, glória e poder, *
sabedo**ri**a, louvor, divindade! (R.)

Ant. Toda **glória** ao Cor**dei**ro imo**la**do!
Toda **hon**ra e po**der** para **sem**pre!
T.P.: A vós per**ten**cem, ó Se**nhor**, a gran**de**za e o po**der**,
o esplen**dor** e a vi**tó**ria. Ale**lui**a.

Leitura breve Rm 3,23-25a

Todos pecaram e estão privados da glória de Deus, e a justificação se dá gratuitamente, por sua graça, em virtude da redenção realizada em Jesus Cristo. Deus destinou Jesus Cristo a ser, por seu próprio sangue, instrumento de expiação mediante a realidade da fé. Assim Deus mostrou sua justiça.

Responsório breve

R. Junto a **vós**, felici**da**de,
*Felici**da**de sem li**mi**tes! R. Junto a **vós**.
V. Delícia e**ter**na, ó Se**nhor**. *Felici**da**de.
Glória ao **Pai**. R. Junto a **vós**.

Cântico evangélico, ant.

Ó Se**nhor**, fazei co**nos**co mara**vi**lhas,
pois **san**to e pode**ro**so é vosso **no**me!

Preces

Louvemos a Cristo, pastor e guia de nossas almas, que ama e protege o seu povo; e, pondo nele toda a nossa esperança, supliquemos:

R. **Senhor, protegei o vosso povo!**

Pastor eterno, protegei o nosso Bispo N.,
–e todos os pastores da vossa Igreja. R.

Olhai com bondade para os que sofrem perseguição,
–e apressai-vos em libertá-los de seus sofrimentos. R.

Tende compaixão dos pobres e necessitados,
–e dai pão aos que têm fome. R.

Iluminai os que têm a responsabilidade de fazer as leis das nações,
–para que em tudo possam discernir com sabedoria e equidade. R.

(intenções livres)

Socorrei, Senhor, os nossos irmãos e irmãs falecidos, que remistes com vosso sangue,
–para que mereçam tomar parte convosco no banquete das núpcias eternas. R.

Pai nosso...

Oração

Ó Deus, senhor do dia e da noite, fazei brilhar sempre em nossos corações o sol da justiça, para que possamos chegar à luz em que habitais. Por nosso Senhor Jesus Cristo, vosso Filho, na unidade do Espírito Santo.

II QUARTA-FEIRA

Laudes

V. Vinde, ó **Deus**. Glória ao **Pai**. Como era. (Ale**lui**a).

Hino

Criador das alturas celestes,
vós fixastes caminhos de luz
para a lua, rainha da noite,
para o sol, que de dia reluz.

Vai-se a treva, fugindo da aurora,
e do dia se espalha o clarão.
Nova força também nos desperta
e nos une num só coração.

O nascer deste dia convida
a cantarmos os vossos louvores.
Do céu jorra uma paz envolvente,
harmonia de luz e de cores.

Ao clarão desta luz que renasce,
fuja a treva e se apague a ilusão.
A discórdia não trema nos lábios,
a maldade não turve a razão.

Quando o sol vai tecendo este dia,
brilhe a fé com igual claridade,
cresça a espera nos bens prometidos
e nos una uma só caridade.

Escutai-nos, ó Pai piedoso,
e vós, Filho, do Pai esplendor,
que reinais, com o Espírito Santo,
na manhã sem ocaso do amor.

Salmodia

Ant. 1 São **san**tos, ó Se**nhor**, vossos ca**mi**nhos;
haverá **deus** que se com**pa**re ao nosso **Deus**?

T.P.: As **á**guas, ó Se**nhor**, vos avis**ta**ram;
condu**zis**tes vosso **po**vo pelo **mar**. Ale**lui**a.

Salmo 76(77)

Lembrando as maravilhas do Senhor

Somos afligidos de todos os lados, mas não vencidos (2Cor 4,8)

2 – Quero cla**mar** ao Senhor **Deus** em alta **voz**, *
em alta **voz** eu clamo a Deus: que ele me ouça!
3 = No meu **di**a de aflição busco o Senhor; †
sem me can**sar** ergo, de noite, as minhas mãos, *
e minh'**al**ma não se deixa consolar.
4 – Quando me **lem**bro do Senhor, solto gemidos, *
e, ao recor**dá**-lo, minha alma desfalece.
5 – Não me dei**xas**tes, ó meu Deus, fechar os olhos, *
e, pertur**ba**do, já nem posso mais falar!
6 – Eu re**fli**to sobre os tempos de outrora, *
e dos **a**nos que passaram me recordo;
7 – meu cora**ção** fica a pensar durante a noite, *
e, de **tan**to meditar, eu me pergunto:
8 – Será que **Deus** vai rejeitar-nos para sempre? *
E nunca **mais** nos há de dar o seu favor?
9 – Por a**ca**so, seu amor foi esgotado? *
Sua pro**mes**sa, afinal, terá falhado?
10 – Será que **Deus** se esqueceu de ter piedade? *
Será que a **i**ra lhe fechou o coração?
11 – Eu con**fes**so que é esta a minha dor: *
"A mão de **Deus** não é a mesma: está mudada!"
12 – Mas, recor**dan**do os grandes feitos do passado, *
vossos pro**dí**gios eu relembro, ó Senhor;
13 – eu me**di**to sobre as vossas maravilhas *
e sobre as **o**bras grandiosas que fizestes.
14 – São **san**tos, ó Senhor, vossos caminhos! *
Haverá **deus** que se compare ao nosso Deus?
15 – Sois o **Deus** que operastes maravilhas, *
vosso po**der** manifestastes entre os povos.
16 – Com vosso **bra**ço redimistes vosso povo, *
os **fi**lhos de Jacó e de José.
17 – Quando as **á**guas, ó Senhor, vos avistaram, *
elas tre**me**ram e os abismos se agitaram

= 18 e as **nu**vens derramaram suas águas, †
a tempes**ta**de fez ouvir a sua voz, *
por todo **la**do se espalharam vossas flechas.

= 19 Ribom**bou** a vossa voz entre trovões, †
vossos **rai**os toda a terra iluminaram, *
a terra in**tei**ra estremeceu e se abalou.

= 20 **Abriu**-se em pleno mar vosso caminho †
e a vossa es**tra**da, pelas águas mais profundas; *
mas nin**guém** viu os sinais dos vossos passos.
– 21 Como um re**ba**nho conduzistes vosso povo *
e o gui**as**tes por Moisés e Aarão.

Ant. São **san**tos, ó Se**nhor**, vossos ca**mi**nhos;
haverá **deus** que se com**pa**re ao nosso **Deus**?

T.P.: As **á**guas, ó Se**nhor**, vos avis**ta**ram;
condu**zis**tes vosso **po**vo pelo **mar**. Ale**lui**a.

Ant. 2 **Exul**ta no Se**nhor** meu cora**ção**.
É **e**le quem e**xal**ta os humi**lha**dos.

T.P.: É o Se**nhor** quem dá a **mor**te e dá a **vi**da, ale**lui**a.

Cântico — 1Sm 2,1-10

Os humildes se alegram em Deus

Derrubou do trono os poderosos e elevou os humildes. Encheu de bens os famintos (Lc 1,52-53).

– 1 **Exul**ta no Se**nhor** meu cora**ção**, *
e se e**le**va a minha fronte no meu Deus;
– minha **bo**ca desafia os meus rivais *
porque me a**le**gro com a vossa salvação.

– 2 Não há **san**to como é santo o nosso Deus, *
ninguém é **for**te à semelhança do Senhor!
– 3 Não fa**leis** tantas palavras orgulhosas, *
nem pro**fi**ram arrogâncias vossos lábios!

– Pois o Se**nhor** é o nosso Deus que tudo sabe. *
Ele co**nhe**ce os pensamentos mais ocultos.
– 4 O arco dos **for**tes foi dobrado, foi quebrado, *
mas os **fra**cos se vestiram de vigor. –

– [5]Os saciados se empregaram por um pão, *
mas os **po**bres e os famintos se fartaram.
– Muitas **ve**zes deu à luz a que era estéril, *
mas a **mãe** de muitos filhos definhou.

– [6]É o Se**nhor** que dá a morte e dá a vida, *
faz des**cer** à sepultura e faz voltar;
– [7]é o Se**nhor** que faz o pobre e faz o rico, *
é o Se**nhor** que nos humilha e nos exalta.

– [8]O Se**nhor** ergue do pó o homem fraco, *
e do **li**xo ele retira o indigente,
– para fa**zê**-los assentar-se com os nobres *
num lu**gar** de muita honra e distinção.

– As co**lu**nas desta terra lhe pertencem, *
e sobre **e**las assentou o universo.
– [9]Ele **ve**la sobre os passos de seus santos, *
mas os **ím**pios se extraviam pelas trevas.

– [10]Ninguém tri**un**fa se apoiando em suas forças; *
os ini**mi**gos do Senhor serão vencidos;
– sobre **e**les faz troar o seu trovão, *
o Se**nhor** julga os confins de toda a terra.

– O Se**nhor** dará a seu Rei a realeza *
e exalta**rá** o seu Ungido com poder.

Ant. E**xul**ta no Se**nhor** meu cora**ção**.
É **e**le quem e**xal**ta os humi**lha**dos.

T.P.: É o Se**nhor** quem dá a **mor**te e dá a **vi**da, ale**lui**a.

Ant. 3 Deus é **Rei**! Exulte a **ter**ra de ale**gri**a! †

T.P.: Uma **luz** já se le**van**ta para os **jus**tos,
e a ale**gri**a para os **re**tos cora**ções**. Ale**lui**a.

Salmo 96(97)

A glória do Senhor como juiz

Este salmo expressa a salvação do mundo e a fé dos povos todos em Deus (Sto. Atanásio).

– [1]Deus é **Rei**! Exulte a **ter**ra de ale**gri**a, *
† e as **i**lhas numerosas rejubilem!

– 2 Treva e **nu**vem o rodeiam no seu trono, *
que se a**poi**a na justiça e no direito.
– 3 Vai um **fo**go caminhando à sua frente *
e de**vo**ra ao redor seus inimigos.

– 4 Seus re**lâm**pagos clareiam toda a terra; *
toda a **ter**ra, ao contemplá-los, estremece.
– 5 As mon**ta**nhas se derretem como cera *
ante a **fa**ce do Senhor de toda a terra;
– 6 e as**sim** proclama o céu sua justiça, *
todos os **po**vos podem ver a sua glória.

= 7 "Os que a**do**ram as estátuas se envergonhem †
e os que **põem** a sua glória nos seus ídolos; *
aos pés de **Deus** vêm se prostrar todos os deuses!"
= 8 Sião es**cu**ta transbordante de alegria, †
e e**xul**tam as cidades de Judá, *
porque são **jus**tos, ó Senhor, vossos juízos!

= 9 Porque **vós** sois o Altíssimo, Senhor, †
muito a**ci**ma do universo que criastes, *
e de **mui**to superais todos os deuses.
= 10 O Senhor **a**ma os que detestam a maldade, †
ele pro**te**ge seus fiéis e suas vidas, *
e da **mão** dos pecadores os liberta.
– 11 Uma **luz** já se levanta para os justos, *
e a ale**gri**a, para os retos corações.
– 12 Homens **jus**tos, alegrai-vos no Senhor, *
cele**brai** e bendizei seu santo nome!

Ant. Deus é **Rei**! Exulte a **ter**ra de ale**gri**a!

T.P.: Uma **luz** já se le**van**ta para os **jus**tos,
e a ale**gri**a para os **re**tos cora**ções**. Ale**lui**a.

Leitura breve Rm 8,35.37

Quem nos separará do amor de Cristo? Tribulação? Angústia? Perseguição? Fome? Nudez? Perigo? Espada? Mas, em tudo isso, somos mais que vencedores, graças àquele que nos amou!

Responsório breve

R. **Bendirei** o Senhor **Deus**,
* **Bendirei** em todo o **tem**po. R. **Bendirei**.
V. Seu lou**vor** em minha **bo**ca, seu lou**vor** eterna**men**te.
* **Bendirei**. Glória ao **Pai**. R. **Bendirei**.

Cântico evangélico, ant.

Sir**va**mos ao Se**nhor** em santi**da**de
en**quan**to perdu**ra**rem nossos **di**as.

Preces

Bendito seja Deus, nosso Salvador, que prometeu permanecer conosco todos os dias até o fim do mundo. Dando-lhe graças, peçamos:

R. **Ficai conosco, Senhor!**

Ficai conosco, Senhor, durante todo o dia,
– e que jamais se ponha em nossa vida o sol da vossa justiça. R.

Nós vos consagramos este dia como uma oferenda agradável,
– e nos comprometemos a praticar somente o bem. R.

Fazei, Senhor, que todo este dia transcorra como um dom da vossa luz,
– para que sejamos sal da terra e luz do mundo. R.

Que a caridade do Espírito Santo inspire nossos corações e nossas palavras,
– a fim de permanecermos sempre em vossa justiça e em vosso louvor. R.

(intenções livres)

Pai nosso...

Oração

Acendei, Senhor, em nossos corações a claridade de vossa luz, para que, andando sempre no caminho de vossos mandamentos, sejamos livres de todo erro. Por nosso Senhor Jesus Cristo, vosso Filho, na unidade do Espírito Santo.

Hora Média

V. Vinde, ó **Deus**. Glória ao **Pai**. Como **e**ra. (Ale**lui**a).

HINO como no Ordinário, p.743.

Salmodia

Ant. 1 Fico pen**san**do, ó Se**nhor**, nos meus ca**mi**nhos;
esco**lhi** por vossa **lei** guiar meus **pas**sos.

Salmo 118(119),57-64
VIII (Heth)

Meditação sobre a Palavra de Deus na Lei

Sois uma carta de Cristo, gravada não em tábuas de pedra, mas em vossos corações (2Cor 3,3).

–57 É esta a **par**te que esco**lhi** por minha he**ran**ça: *
observ**ar** vossas palavras, ó Senhor!
–58 De **to**do o coração eu vos suplico: *
pie**da**de para mim que o prometestes!

–59 Fico pen**san**do, ó Senhor, nos meus caminhos; *
esco**lhi** por vossa lei guiar meus passos.
–60 Eu me a**pres**so, sem perder um só instante, *
em prati**car** todos os vossos mandamentos.

–61 Mesmo que os **ím**pios me amarrem com seus laços, *
nem as**sim** hei de esquecer a vossa lei.
–62 Alta **noi**te eu me levanto e vos dou graças *
pelas **vos**sas decisões leais e justas.

–63 Sou a**mi**go dos fiéis que vos respeitam *
e da**que**les que observam vossas leis.
–64 Transborda em toda a terra o vosso amor; *
ensi**nai**-me, ó Senhor, vossa vontade!

Ant. Fico pen**san**do, ó Se**nhor**, nos meus ca**mi**nhos;
esco**lhi** por vossa **lei** guiar meus **pas**sos.

Ant. 2 O te**mor** e o tre**mor** me pe**ne**tram;
dig**nai**-vos me ou**vir**, respon**dei**-me!

Salmo 54(55),2-15.17-24

Oração depois da traição de um amigo

Jesus começou a sentir pavor e angústia (Mc 14,33).

I

– 2 Ó meu **Deus**, escu**tai** minha **pre**ce, *
não fu**jais** desta minha oração!

– 3 Dig**nai**-vos me ouvir, respondei-me: *
a an**gús**tia me faz delirar!
– 4 Ao cla**mor** do inimigo estremeço, *
e ao **gri**to dos ímpios eu tremo.
– Sobre **mim** muitos males derramam, *
contra **mim** furiosos investem.

– 5 Meu cora**ção** dentro em mim se angustia, *
e os ter**ro**res da morte me abatem;
– 6 o te**mor** e o tremor me penetram, *
o pa**vor** me envolve e deprime!
= 7 É por **is**so que eu digo na angústia: †
Quem me **de**ra ter asas de pomba *
e vo**ar** para achar um descanso!
– 8 Fugi**ri**a, então, para longe, *
e me **i**ria esconder no deserto.

– 9 Acha**ri**a depressa um refúgio *
contra o **ven**to, a procela, o tufão".
= 10 Ó Se**nhor**, confundi as más línguas; †
disper**sai**-as, porque na cidade *
só se **vê** violência e discórdia!

= 11 Dia e **noi**te circundam seus muros, †
12 dentro **de**la há maldades e crimes, *
a injus**ti**ça, a opressão moram nela!
– Vio**lên**cia, imposturas e fraudes *
já não **dei**xam suas ruas e praças.

Ant. O te**mor** e o tre**mor** me pe**ne**tram;
dig**nai**-vos me ou**vir**, respon**dei**-me!

Ant. 3 Eu, po**rém**, clamo a **Deus** em meu **pran**to,
e o Se**nhor** me have**rá** de sal**var**.

II

– 13 Se o ini**mi**go viesse insul**tar**-me, *
pode**ri**a aceitar certamente;
– se contra **mim** investisse o inimigo, *
pode**ri**a, talvez, esconder-me.

– 14 Mas és **tu**, companheiro e amigo, *
tu, meu **ín**timo e meu familiar,

– [15] com quem **ti**ve agradável convívio *
com o **po**vo, indo à casa de Deus!

– [17] Eu, po**rém**, clamo a Deus em meu pranto, *
e o Se**nhor** me haverá de salvar!
– [18] Desde a **tar**de, à manhã, ao meio-dia, *
faço ou**vir** meu lamento e gemido.

– [19] O Se**nhor** há de ouvir minha voz, *
liber**tan**do a minh'alma na paz,
– derro**tan**do os meus agressores, *
porque **mui**tos estão contra mim!

– [20] Deus me **ou**ve e haverá de humilhá-los, *
porque é **Rei** e Senhor desde sempre.
– Para os **ím**pios não há conversão, *
pois não **te**mem a Deus, o Senhor.

– [21] Erguem a **mão** contra os próprios amigos, *
vio**lan**do os seus compromissos;
– [22] sua **bo**ca está cheia de unção, *
mas o **seu** coração traz a guerra;
– suas pa**la**vras mais brandas que o óleo, *
na ver**da**de, porém, são punhais.

– [23] Lança **so**bre o Senhor teus cuidados, *
porque **e**le há de ser teu sustento,
– e ja**mais** ele irá permitir *
que o **jus**to para sempre vacile!

– [24] Vós, po**rém**, ó Senhor, os lançais *
no a**bis**mo e na cova da morte.
– Assas**si**nos e homens de fraude *
não ve**rão** a metade da vida.
– Quanto a **mim**, ó Senhor, ao contrário: *
ponho em **vós** toda a minha esperança!

Ant. Eu, po**rém**, clamo a **Deus** em meu **pran**to,
e o Se**nhor** me have**rá** de sal**var**.

Leitura breve Is 55,8-9

Meus pensamentos não são como os vossos pensamentos e vossos caminhos não são como os meus caminhos, diz o Senhor. Estão meus caminhos tão acima dos vossos caminhos e meus pensamentos acima dos vossos pensamentos, quanto está o céu acima da terra.

V. Senhor **Deus** do uni**ver**so, quem se**rá** igual a **vós**?
R. Ó Se**nhor**, sois pode**ro**so, irradi**ais** fideli**da**de.

Oração

Deus onipotente e misericordioso, que nos dais novo alento no meio deste dia, olhai com bondade os trabalhos começados e, perdoando nossas faltas, fazei que eles atinjam os fins que vos agradam. Por Cristo, nosso Senhor.

Vésperas

V. Vinde, ó **Deus**. Glória ao **Pai**. Como era. (Ale**lui**a).

Hino

Devagar, vai o sol se escondendo,
deixa os montes, o campo e o mar,
mas renova o presságio da luz,
que amanhã vai de novo brilhar.

Os mortais se admiram do modo
pelo qual, generoso Senhor,
destes leis ao transcurso do tempo,
alternância de sombra e fulgor.

Quando reina nos céus o silêncio
e declina o vigor para a lida,
sob o peso das trevas a noite
nosso corpo ao descanso convida.

De esperança e de fé penetrados,
saciar-nos possamos, Senhor,
de alegria na glória do Verbo
que é do Pai o eterno esplendor.

Este é o sol que jamais tem ocaso
e também o nascer desconhece.
Canta a terra, em seu brilho envolvida,
nele o céu em fulgor resplandece.

Dai-nos, Pai, gozar sempre da luz
que este mundo ilumina e mantém,
e cantar-vos, e ao Filho, e ao Espírito,
canto novo nos séculos. Amém.

Salmodia

Ant. 1 Aguar**de**mos a ben**di**ta espe**ran**ça
e a **vin**da glori**o**sa do Se**nhor**.

T.P.: Que o **vos**so cora**ção** não se per**tur**be:
crede em **mim** unica**men**te, ale**lui**a.

Salmo 61(62)

A paz em Deus

Que o Deus da esperança vos encha da alegria e da paz em vossa vida de fé (Rm 15,13).

– 2 Só em **Deus** a minha **al**ma tem re**pou**so, *
porque **de**le é que me vem a salvação!
– 3 Só **e**le é meu rochedo e salvação, *
a forta**le**za onde encontro segurança!

– 4 Até **quan**do atacareis um pobre homem, *
todos **jun**tos, procurando derrubá-lo,
– como a pa**re**de que começa a inclinar-se, *
ou um **mu**ro que está prestes a cair?

– 5 Combi**na**ram empurrar-me lá do alto, *
e se com**pra**zem em mentir e enganar,
– enquanto **e**les bendizem com os lábios, *
no cora**ção**, bem lá do fundo, amaldiçoam.

– 6 Só em **Deus** a minha alma tem repouso, *
porque **de**le é que me vem a salvação!
– 7 Só **e**le é meu rochedo e salvação, *
a forta**le**za, onde encontro segurança!

– 8 A minha **gló**ria e salvação estão em Deus; *
o meu re**fú**gio e rocha firme é o Senhor!
= 9 Povo **to**do, esperai sempre no Senhor, †
e **abri** diante dele o coração: *
nosso **Deus** é um refúgio para nós!

– 10 Todo **ho**mem a um sopro se assemelha, *
o filho do **ho**mem é mentira e ilusão;
– se su**bis**sem todos eles na balança, *
pesa**ri**am até menos do que o vento: –

– [11] Não confi**eis** na opressão e na violência *
nem vos ga**beis** de vossos roubos e enganos!
– E se cres**ce**rem vossas posses e riquezas, *
a **e**las não prendais o coração!
= [12] Uma pa**la**vra Deus falou, duas ouvi: †
"O po**der** e a bondade a Deus pertencem, *
pois pa**gais** a cada um conforme as obras".

Ant. Aguar**de**mos a ben**di**ta espe**ran**ça
e a **vin**da glori**o**sa do Se**nhor**.

T.P.: Que o **vos**so cora**ção** não se per**tur**be:
crede em **mim** unica**men**te, ale**lui**a.

Ant. 2 Que Deus nos **dê** a sua **gra**ça e sua **bên**ção,
e sua **fa**ce resplan**de**ça sobre **nós**! †

T.P.: Que as na**ções** vos glori**fi**quem, ó Se**nhor**,
e e**xul**tem pela **vos**sa salva**ção**! Ale**lui**a.

Salmo 66(67)

Todos os povos celebram o Senhor

Sabei que esta salvação de Deus já foi comunicada aos pagãos! (At 28,28).

– [2] Que Deus nos **dê** a sua **gra**ça e sua **bên**ção, *
e sua **fa**ce resplandeça sobre nós!
– [3] †Que na **ter**ra se conheça o seu caminho *
e a **su**a salvação por entre os povos.

– [4] Que as na**ções** vos glorifiquem, ó Senhor, *
que **to**das as nações vos glorifiquem!

– [5] **Exul**te de alegria a terra inteira, *
pois jul**gais** o universo com justiça;
– os **po**vos governais com retidão, *
e gui**ais**, em toda a terra, as nações.

– [6] Que as na**ções** vos glorifiquem, ó Senhor, *
que **to**das as nações vos glorifiquem!

– [7] A **ter**ra produziu sua colheita: *
o Se**nhor** e nosso Deus nos abençoa.
– [8] Que o Se**nhor** e nosso Deus nos abençoe, *
e o res**pei**tem os confins de toda a terra!

Ant. Que Deus nos **dê** a sua **gra**ça e sua **bên**ção,
e sua **fa**ce resplan**de**ça sobre **nós**!

T.P.: Que as na**ções** vos glorifi**quem**, ó Se**nhor**,
e e**xul**tem pela **vos**sa salva**ção**! Ale**lui**a.

Ant. 3 Em **Cris**to é que **tu**do foi cri**a**do,
e é por **e**le que sub**sis**te o uni**ver**so.

T.P.: O céu se **en**che com a **su**a majes**ta**de
e a **ter**ra com sua **gló**ria, ale**lui**a.

Cântico cf. Cl 1,12-20

Cristo, o Primogênito de toda a criatura e o Primogênito dentre os mortos

= 12 Demos **gra**ças a Deus **Pai** onipo**ten**te, †
que nos **cha**ma a partilhar, na sua luz, *
da he**ran**ça a seus santos reservada!

(R. Glória a **vós**, Primo**gê**nito dentre os **mor**tos!)

= 13 Do im**pé**rio das trevas arrancou-nos †
e transpor**tou**-nos para o reino de seu Filho, *
para o **rei**no de seu Filho bem-amado,
– 14 no **qual** nós encontramos redenção, *
dos pe**ca**dos remissão pelo seu sangue. (R.)

– 15 Do **Deus**, o Invisível, é a imagem, *
o Primo**gê**nito de toda criatura;
= 16 porque **ne**le é que tudo foi criado: †
o que há nos **céus** e o que existe sobre a terra, *
o vi**sí**vel e também o invisível. (R.)

= Sejam **Tro**nos e Poderes que há nos céus, †
sejam **e**les Principados, Potestades: *
por **e**le e para ele foram feitos;
– 17 antes de **to**da criatura ele existe, *
e é por **e**le que subsiste o universo. (R.)

= 18 Ele é a Ca**be**ça da Igreja, que é seu Corpo, †
é o prin**cí**pio, o Primogênito dentre os mortos, *
a **fim** de ter em tudo a primazia.
– 19 Pois foi do a**gra**do de Deus Pai que a plenitude *
habi**ta**sse no seu Cristo inteiramente. (R.)

–[20] Aprouve-lhe também, por meio dele, *
reconciliar consigo mesmo as criaturas,
= pacificando pelo sangue de sua cruz †
tudo aquilo que por ele foi criado, *
o que há nos céus e o que existe sobre a terra. (R.)

Ant. Em Cristo é que tudo foi criado,
e é por ele que subsiste o universo.

T.P.: O céu se enche com a sua majestade
e a terra com sua glória, aleluia.

Leitura breve 1Pd 5,5b-7

Revesti-vos todos de humildade no relacionamento mútuo, porque Deus resiste aos soberbos, mas dá a sua graça aos humildes. Rebaixai-vos, pois, humildemente, sob a poderosa mão de Deus, para que, na hora oportuna, ele vos exalte. Lançai sobre ele toda a vossa preocupação, pois é ele quem cuida de vós.

Responsório breve

R. Protegei-nos, Senhor
* Como a pupila dos olhos. R. Protegei-nos.
V. Guardai-nos, defendei-nos, sob a vossa proteção.
* Como a pupila. Glória ao Pai. R. Protegei-nos.

Cântico evangélico, ant.

Ó Senhor, manifestai o poder de vosso braço,
dispersai os soberbos e elevai os humildes.

Preces

Irmãos e irmãs caríssimos, exultemos em Deus nosso Salvador, cuja alegria é enriquecer-nos com seus dons; e peçamos com todo fervor:

R. **Dai-nos, Senhor, a vossa graça e a vossa paz!**

Deus eterno, para quem mil anos são o dia de ontem que passou,
– lembrai-nos sempre que a vida é como a erva que de manhã floresce e à tarde fica seca. R.

Alimentai o vosso povo com o maná, para que não passe fome,
– e dai-lhe a água viva para que nunca mais tenha sede. R.

Fazei que os vossos fiéis procurem e saboreiem as coisas do alto,
– e vos glorifiquem com o seu trabalho e o seu descanso. R.

Concedei, Senhor, bom tempo às colheitas,
– para que a terra produza muito fruto. R.

Ou:

(Livrai-nos, Senhor, de todos os perigos,
– e abençoai os nossos lares). R.

(intenções livres)

Dai aos que morreram contemplar a vossa face,
– e fazei-nos também participar, um dia, da mesma felicidade. R.

Pai nosso...

Oração

Ó Deus, vosso nome é santo e vossa misericórdia se celebra de geração em geração; atendei às súplicas do povo e concedei-lhe proclamar sempre a vossa grandeza. Por nosso Senhor Jesus Cristo, vosso Filho, na unidade do Espírito Santo.

II QUINTA-FEIRA

Laudes

V. Vinde, ó **Deus**. Glória ao **Pai**. Como era. (Ale**luia**).

Hino

Já o dia nasceu novamente.
Supliquemos, orando, ao Senhor
que nos guarde do mal neste dia
e por atos vivamos o amor.

Ponha freios à língua e a modere,
da discórdia evitando a paixão;
que nos vele o olhar e o defenda
da vaidade e de toda a ilusão.

Sejam puros os seres no íntimo,
dominando os instintos do mal.
Evitemos do orgulho o veneno,
moderando o impulso carnal.

Para que, no final deste dia,
quando a noite, em seu curso, voltar,
abstinentes e puros, possamos
sua glória e louvores cantar.

Glória ao Pai, ao seu Unigênito
e ao Espírito Santo também.
Suba aos Três o louvor do universo
hoje e sempre, nos séculos. Amém.

Salmodia

Ant. 1 Desper**tai** vosso po**der**, ó nosso **Deus**,
e vinde **lo**go nos tra**zer** a salva**ção**!

T.P.: Eu **sou** a vi**dei**ra e **vós** os **ra**mos. Ale**lui**a.

Salmo 79(80)

Visitai, Senhor, a vossa vinha

Vem, Senhor Jesus! (Ap 22,20).

– 2 Ó Pas**tor** de Isra**el**, prestai ou**vi**dos. *
Vós, que a Jo**sé** apascentais qual um rebanho!
= Vós, que **so**bre os querubins vos assentais, †
apare**cei** cheio de glória e esplendor *
3 ante Efra**im** e Benjamim e Manassés!
– Desper**tai** vosso poder, ó nosso Deus, *
e vinde **lo**go nos trazer a salvação!

= 4 Conver**tei**-nos, ó Senhor Deus do universo, †
e sobre **nós** iluminai a vossa face! *
Se vol**tar**des para nós, seremos salvos!

– 5 Até **quan**do, ó Senhor, vos irritais, *
ape**sar** da oração do vosso povo?
– 6 Vós nos **des**tes a comer o pão das lágrimas, *
e a be**ber** destes um pranto copioso.
– 7 Para os vi**zi**nhos somos causa de contenda, *
de zomba**ri**a para os nossos inimigos.

= 8 Conver**tei**-nos, ó Senhor Deus do universo, †
e sobre **nós** iluminai a vossa face! *
Se vol**tar**des para nós, seremos salvos!

– 9 Arran**cas**tes do Egito esta videira *
e expul**sas**tes as nações para plantá-la;
– 10 diante **de**la preparastes o terreno, *
lançou ra**í**zes e encheu a terra inteira. –

– 11 Os **mon**tes recobriu com sua sombra, *
e os **ce**dros do Senhor com os seus ramos;
– 12 até o **mar** se estenderam seus sarmentos, *
até o **ri**o os seus rebentos se espalharam.

– 13 Por que ra**zão** vós destruístes sua cerca, *
para que **to**dos os passantes a vindimem,
– 14 o java**li** da mata virgem a devaste, *
e os ani**mais** do descampado nela pastem?

= 15 Vol**tai**-vos para nós, Deus do universo! †
Olhai dos altos céus e observai. *
Visi**tai** a vossa vinha e protegei-a!

– 16 Foi a **vos**sa mão direita que a plantou; *
prote**gei**-a, e ao rebento que firmastes!
– 17 E a**que**les que a cortaram e a queimaram, *
vão pere**cer** ante o furor de vossa face.

– 18 Pousai a **mão** por sobre o vosso Protegido, *
o filho do **ho**mem que escolhestes para vós!
– 19 E nunca **mais** vos deixaremos, Senhor Deus! *
Dai-nos **vi**da, e louvaremos vosso nome!

= 20 Conver**tei**-nos, ó Senhor Deus do universo, †
e sobre **nós** iluminai a vossa face! *
Se vol**tar**des para nós, seremos salvos!

Ant. Desper**tai** vosso po**der,** ó nosso **Deus,**
e vinde **lo**go nos tra**zer** a salva**ção**!

T.P.: Eu **sou** a vi**dei**ra e **vós** os **ra**mos. Ale**lui**a.

Ant. 2 Publi**cai** em toda **ter**ra as mara**vi**lhas do Se**nhor**!

T.P.: Com ale**gri**a bebe**reis** das **á**guas abun**dan**tes
do mananci**al** do Salva**dor**. Ale**lui**a.

Cântico — Is 12,1-6

Exultação do povo redimido

Se alguém tem sede, venha a mim, e beba (Jo 7,37).

– 1 Dou-vos **gra**ças, ó Se**nhor**, porque, es**tan**do irri**ta**do, *
acal**mou**-se a vossa ira e en**fim** me consolastes.
– 2 Eis o **Deus**, meu Salvador, eu con**fi**o e nada temo; *
o Se**nhor** é minha força, meu lou**vor** é salvação. –

– 3 Com ale**gri**a bebereis no mananci**al** da salvação, *
4 e di**reis** naquele dia: "Dai lou**vo**res ao Senhor,
– invo**cai** seu santo nome, anunci**ai** suas maravilhas, *
entre os **po**vos proclamai que seu **no**me é o mais sublime.

– 5 Louvai can**tan**do ao nosso Deus, que fez pro**dí**gios e portentos, *
publi**cai** em toda a terra suas **gran**des maravilhas!
– 6 Exul**tai** cantando alegres, habi**tan**tes de Sião, *
porque é **gran**de em vosso meio o Deus **San**to de Israel!"

Ant. Publi**cai** em toda **ter**ra as mara**vi**lhas do Se**nhor**!

T.P.: Com ale**gri**a bebe**reis** das **á**guas abun**dan**tes
do mananci**al** do Salva**dor**. Ale**lui**a.

Ant. 3 Exul**tai** no Se**nhor,** nossa **for**ça! †

T.P.: O Se**nhor** nos saci**ou** com a flor do **tri**go, ale**lui**a.

Salmo 80(81)

Solene renovação da Aliança

Cuidai, irmãos, que não se ache em algum de vós um coração transviado pela incredulidade (Hb 3,12).

– 2 Exul**tai** no Se**nhor**, nossa **for**ça, *
† e ao **Deus** de Jacó aclamai!
– 3 Cantai **sal**mos, tocai tamborim, *
harpa e **li**ra suaves tocai!
– 4 Na lua **no**va soai a trombeta, *
na lua **che**ia, na festa solene!

– 5 Porque **is**to é costume em Jacó, *
um pre**cei**to do Deus de Israel;
– 6 uma **lei** que foi dada a José, *
quando o **po**vo saiu do Egito.

= Eis que **ou**ço uma voz que não conheço: †
7 "Alivi**ei** as tuas costas de seu fardo, *
cestos pe**sa**dos eu tirei de tuas mãos.
= 8 Na an**gús**tia a mim clamaste, e te salvei, †
de uma **nu**vem trovejante te falei, *
e junto às **á**guas de Meriba te provei. –

– 9 Ouve, meu **po**vo, porque vou te advertir! *
Isra**el**, ah! se quisesses me escutar:
– 10 Em teu **me**io não exista um deus estranho *
nem a**do**res a um deus desconhecido!

= 11 Porque eu **sou** o teu Deus e teu Senhor, †
que da **ter**ra do Egito te arranquei. *
Abre **bem** a tua boca e eu te sacio!

– 12 Mas meu **po**vo não ouviu a minha voz, *
Isra**el** não quis saber de obedecer-me.
– 13 Deixei, en**tão**, que eles seguissem seus caprichos, *
abando**nei**-os ao seu duro coração.

– 14 Quem me **de**ra que meu povo me escutasse! *
Que Isra**el** andasse sempre em meus caminhos!
– 15 Seus ini**mi**gos, sem demora, humilharia *
e volta**ri**a minha mão contra o opressor.

– 16 Os que o**dei**am o Senhor o adulariam, *
seria **es**te seu destino para sempre;
– 17 eu lhe da**ri**a de comer a flor do trigo, *
e com o **mel** que sai da rocha o fartaria".

Ant. Exul**tai** no **Senhor**, nossa **for**ça!

T.P.: O Se**nhor** nos saci**ou** com a flor do **tri**go, ale**lu**ia.

Leitura breve Rm 14,17-19

O Reino de Deus não é comida nem bebida, mas é justiça e paz e alegria no Espírito Santo. É servindo a Cristo, dessa maneira, que seremos agradáveis a Deus e teremos a aprovação dos homens. Portanto, busquemos tenazmente tudo o que contribui para a paz e a edificação de uns pelos outros.

Responsório breve

R. Penso em **vós** no meu **lei**to, de **noi**te,
* Nas vi**gí**lias, sus**pi**ro por **vós**. R. Penso em **vós**.
V. Para **mim** fostes **sem**pre um so**cor**ro! * Nas vi**gí**lias.
Glória ao **Pai**. R. Penso em **vós**.

Cântico evangélico, ant.

Anunci**ai** ao vosso **po**vo a salva**ção**
e perdo**ai**-nos, ó Se**nhor**, nossos pe**ca**dos!

Preces

Bendigamos a Deus, nosso Pai, que protege os seus filhos e filhas e não despreza as suas súplicas; e peçamos-lhe humildemente:

R. **Iluminai, Senhor, os nossos caminhos!**

Nós vos damos graças, Senhor, porque nos iluminastes por meio de vosso Filho Jesus Cristo;
– concedei-nos a sua luz ao longo de todo este dia. R.

Que a vossa Sabedoria hoje nos conduza,
– para que andemos sempre pelos caminhos de uma vida nova. R.

Ajudai-nos a suportar com paciência as dificuldades por amor de vós,
– a fim de vos servirmos cada vez melhor na generosidade de coração. R.

Dirigi e santificai nossos pensamentos, palavras e ações deste dia,
– e dai-nos um espírito dócil às vossas inspirações. R.

(intenções livres)

Pai nosso...

Oração

Senhor, luz verdadeira e fonte da luz, concedei-nos perseverar na meditação de vossa Palavra e viver iluminados pelo esplendor de vossa verdade. Por nosso Senhor Jesus Cristo, vosso Filho, na unidade do Espírito Santo.

Hora Média

V. Vinde, ó **Deus**. Glória ao **Pai**. Como **era**. (Ale**lui**a).

HINO como no Ordinário, p. 743.

Salmodia

Ant. 1 A **lei** de vossa **bo**ca, para **mim**,
vale **mais** do que mi**lhões** em ouro e **pra**ta.

Salmo 118(119),65-72
IX (Teth)

Meditação sobre a Palavra de Deus na Lei

O seu mandamento é vida eterna (Jo 12,50).

–65 Trata**s**tes com bon**da**de o vosso **ser**vo, *
como havíeis prometido, ó Senhor.

– 66 Dai-me bom **sen**so, retidão,sabedoria, *
pois tenho **fé** nos vossos santos mandamentos!
– 67 Antes de **ser** por vós provado, eu me perdera; *
mas a**go**ra sigo firme em vossa lei!
– 68 Porque sois **bom** e realizais somente o bem, *
ensi**nai**-me a fazer vossa vontade!
– 69 Forjam ca**lú**nias contra mim os orgulhosos, *
mas de **todo** o coração vos sou fiel!
– 70 Seus cora**ções** são insensíveis como pedra, *
mas eu en**con**tro em vossa lei minhas delícias.
– 71 Para **mim** foi muito bom ser humilhado, *
porque as**sim** eu aprendi vossa vontade!
– 72 A **lei** de vossa boca, para mim, *
vale **mais** do que milhões em ouro e prata.

Ant. A **lei** de vossa **bo**ca, para **mim**,
vale **mais** do que mi**lhões** em ouro e **pra**ta.

Ant. 2 É no Se**nhor** que eu con**fi**o e nada **te**mo:
Que pode**ri**a contra **mim** um ser mor**tal**?

Salmo 55(56),2-7b.9-14

Confiança na palavra do Senhor

Neste salmo se manifesta o Cristo em sua Paixão (S. Jerônimo).

= 2 Tende **pe**na e compai**xão** de mim,ó **Deus**, †
pois há **tan**tos que me calcam sob os pés, *
e agres**so**res me oprimem todo dia!
– 3 Meus ini**mi**gos de contínuo me espezinham, *
são nume**ro**sos os que lutam contra mim!
– 4 Quando o **me**do me invadir, ó Deus Altíssimo, *
porei em **vós** a minha inteira confiança.
= 5 Confio em **Deus** e louvarei sua promessa, †
é no Se**nhor** que eu confio e nada temo: *
que pode**ri**a contra mim um ser mortal?
– 6 Eles **fa**lam contra mim o dia inteiro, *
eles de**se**jam para mim somente o mal!
– 7b Armam ci**la**das e me espreitam reunidos, *
seguem meus **pas**sos, perseguindo a minha vida! –

= 9 Do meu ex**í**lio registrastes cada passo, †
em vosso **o**dre recolhestes cada lágrima, *
e ano**tas**tes tudo isso em vosso livro.
= 10 Meus ini**mi**gos haverão de recuar †
em qualquer **di**a em que eu vos invocar; *
tenho cer**te**za: o Senhor está comigo!

= 11 Confio em **Deus** e louvarei sua promessa; †
12 é no Se**nhor** que eu confio e nada temo: *
que pode**ri**a contra mim um ser mortal?
– 13 Devo cum**prir**, ó Deus, os votos que vos fiz *
e vos o**fer**to um sacrifício de louvor,

– 14 porque da **mor**te arrancastes minha vida *
e não dei**xas**tes os meus pés escorregarem,
– para que eu **an**de na presença do Senhor, *
na pre**sen**ça do Senhor na luz da vida.

Ant. É no Se**nhor** que eu con**fi**o e nada **te**mo:
Que pode**ri**a contra **mim** um ser mor**tal**?

Ant. 3 Vosso a**mor**, ó Se**nhor**, é mais **al**to que os **céus**.

Salmo 56(57)

Oração da manhã numa aflição

Este salmo canta a Paixão do Senhor (Sto. Agostinho).

– 2 Pie**da**de, Se**nhor**, pie**da**de, *
pois em **vós** se abriga a minh'alma!
– De vossas **a**sas, à sombra, me achego, *
até que **pas**se a tormenta, Senhor!

– 3 Lanço um **gri**to ao Senhor Deus Altíssimo, *
a este **Deus** que me dá todo o bem.
= 4 Que me en**vi**e do céu sua ajuda †
e con**fun**da os meus opressores! *
Deus me en**vi**e sua graça e verdade!

– 5 Eu me en**con**tro em meio a leões, *
que, fa**min**tos, devoram os homens;
– os seus **den**tes são lanças e flechas, *
suas **lín**guas, espadas cortantes. –

– [6] Ele**vai**-vos, ó Deus, sobre os céus, *
vossa **gló**ria refulja na terra!
– [7] Prepa**ra**ram um laço a meus pés, *
e as**sim** oprimiram minh'alma;
– uma **co**va me abriram à frente, *
mas na **co**va acabaram caindo.

– [8] Meu cora**ção** está pronto, meu Deus, *
está **pron**to o meu coração!
– [9] Vou can**tar** e tocar para vós: *
des**per**ta, minh'alma, desperta!
– Des**per**tem a harpa e a lira, *
eu **irei** acordar a aurora!

– [10] Vou lou**var**-vos, Senhor, entre os povos, *
dar-vos **gra**ças, por entre as nações!
– [11] Vosso a**mor** é mais alto que os céus, *
mais que as **nu**vens a vossa verdade!
– [12] Ele**vai**-vos, ó Deus, sobre os céus, *
vossa **gló**ria refulja na terra!

Ant. Vosso a**mor**, ó Se**nhor**, é mais **al**to que os **céus**.

Leitura breve Gl 5,16-17

Procedei segundo o Espírito. Assim, não satisfareis aos desejos da carne. Pois a carne tem desejos contra o espírito, e o espírito tem desejos contra a carne. Há uma oposição entre carne e espírito, de modo que nem sempre fazeis o que gostaríeis de fazer.

V. Senhor, sois **bom** e reali**zais** somente o **bem**.
R. Ensi**nai**-me a fa**zer** vossa von**ta**de!

Oração

Deus onipotente, em vós não há trevas nem escuridão; fazei que vossa luz resplandeça sobre nós e, acolhendo vossos preceitos com alegria, sigamos fielmente o vosso caminho. Por Cristo, nosso Senhor.

Vésperas

V. Vinde, ó **Deus**. Glória ao **Pai**. Como era. (Ale**lui**a).

Hino

Ó Deus, autor da luz
da aurora matutina,

mostrai-nos vossa glória,
que o dia já declina.

A tarde traz o ocaso,
o sol já vai morrendo,
e deixa o mundo às trevas,
às leis obedecendo.

Aos servos que vos louvam,
cansados do labor,
as trevas não envolvam,
pedimos, ó Senhor.

Assim, durante a noite,
guardados pela graça,
na luz da vossa luz,
a treva se desfaça.

Ouvi-nos, Pai bondoso,
e vós, Jesus, também.
A vós e ao Santo Espírito
louvor eterno. Amém.

Salmodia

Ant. 1 Fiz de **ti** uma **luz** para as **nações**:
levar**ás** a salva**ção** a toda a **ter**ra.

T.P.: Ele **foi** constituído por Deus **Pai**
juiz dos **vi**vos e dos **mor**tos, ale**lui**a.

Salmo 71(72)

O poder régio do Messias

Abriram seus cofres e ofereceram-lhe presentes: ouro, incenso e mirra (Mt 2,11).

I

– [1]Dai ao **Rei** vossos po**de**res, Senhor **Deus**, *
vossa jus**ti**ça ao descendente da realeza!
– [2]Com jus**ti**ça ele governe o vosso povo, *
com equi**da**de ele julgue os vossos pobres.

– [3]Das mon**ta**nhas venha a paz a todo o povo, *
e **des**ça das colinas a justiça!

= 4 Este **Rei** defenderá os que são pobres, †
os **fi**lhos dos humildes salvará, *
e por **ter**ra abaterá os opressores!
– 5 Tanto **tem**po quanto o sol há de viver, *
quanto a **lu**a através das gerações!
– 6 Virá do **al**to, como o orvalho sobre a relva, *
como a **chu**va que irriga toda a terra.
– 7 Nos seus **di**as a justiça florirá *
e grande **paz**, até que a lua perca o brilho!
– 8 De mar a **mar** estenderá o seu domínio, *
e desde o **ri**o até os confins de toda a terra!
– 9 Seus ini**mi**gos vão curvar-se diante dele, *
vão lam**ber** o pó da terra os seus rivais.
– 10 Os reis de **Tár**sis e das ilhas hão de vir *
e ofere**cer**-lhe seus presentes e seus dons;
– e tam**bém** os reis de Seba e de Sabá *
hão de tra**zer**-lhe oferendas e tributos.
– 11 Os **reis** de toda a terra hão de ado**rá**-lo, *
e **to**das as nações hão de servi-lo.

Ant. Fiz de **ti** uma **luz** para as na**ções**:
levar**ás** a salva**ção** a toda a **ter**ra.

T.P.: Ele **foi** constituído por Deus **Pai**
juiz dos **vi**vos e dos **mor**tos, ale**lui**a.

Ant. 2 O Se**nhor** fará jus**ti**ça para os **po**bres
e os salva**rá** da vio**lên**cia e opres**são**.

T.P.: Todos os **po**vos serão **ne**le abençoados, ale**lui**a.

II

– 12 Liberta**rá** o indi**gen**te que su**pli**ca, *
e o **po**bre ao qual ninguém quer ajudar.
– 13 Terá **pe**na do indigente e do infeliz, *
e a **vi**da dos humildes salvará.
– 14 Há de li**vrá**-los da violência e opressão, *
pois vale **mui**to o sangue deles a seus olhos!
= 15 Que ele **vi**va e tenha o ouro de Sabá! †
Hão de re**zar** também por ele sem cessar, *
bendi**zê**-lo e honrá-lo cada dia. –

– [16]Haverá grande fartura sobre a terra, *
até mesmo no mais alto das montanhas;
– as colheitas florirão como no Líbano, *
tão abundantes como a erva pelos campos!

– [17]Seja bendito o seu nome para sempre! *
E que dure como o sol sua memória!
– Todos os povos serão nele abençoados, *
todas as gentes cantarão o seu louvor!

– [18]Bendito seja o Senhor Deus de Israel, *
porque só ele realiza maravilhas!
– [19]Bendito seja o seu nome glorioso! *
Bendito seja eternamente! Amém, amém!

Ant. O Senhor fará justiça para os pobres
e os salvará da violência e opressão.

T.P.: Todos os povos serão nele abençoados, aleluia.

Ant. 3 Chegou agora a salvação e o reino do Senhor.

T.P.: Jesus Cristo ontem, hoje e eternamente, aleluia.

Cântico Ap 11,17-18; 12,10b-12a

O julgamento de Deus

– [11,17] Graças vos damos, Senhor Deus onipotente, *
a vós que sois, a vós que éreis e sereis,
– porque assumistes o poder que vos pertence, *
e enfim tomastes posse como rei!

(R. **Nós** vos damos **graças**, nosso **Deus**!)

= [18] As nações se enfureceram revoltadas, †
mas chegou a vossa ira contra elas *
e o tempo de julgar vivos e mortos,
= e de dar a recompensa aos vossos servos, †
aos profetas e aos que temem vosso nome, *
aos santos, aos pequenos e aos grandes. (R.)

= [12,10] Chegou agora a salvação e o poder †
e a realeza do Senhor e nosso Deus, *
e o domínio de seu Cristo, seu Ungido.
– Pois foi expulso o delator que acusava *
nossos irmãos, dia e noite, junto a Deus. (R.)

= 11 Mas o venceram pelo sangue do Cordeiro †
e o teste**mu**nho que eles deram da Palavra, *
pois despre**za**ram sua vida até à morte.
– 12 Por isso, ó **céus**, cantai alegres e exultai *
e vós **to**dos os que neles habitais! (R.)

Ant. Chegou a**go**ra a salva**ção** e o **rei**no do Se**nhor**.
T.P.: Jesus **Cris**to ontem, **ho**je e eterna**men**te, ale**lui**a.

Leitura breve 1Pd 1,22-23

Pela obediência à verdade, purificastes as vossas almas, para praticar um amor fraterno sem fingimento. Amai-vos, pois, uns aos outros, de coração e com ardor. Nascestes de novo, não de uma semente corruptível, mas incorruptível, mediante a palavra de Deus, viva e permanente.

Responsório breve

R. O Se**nhor** é o meu **Pas**tor:
* Não me **fal**ta coisa al**gu**ma. R. O Se**nhor**.
V. Pelos **pra**dos me con**duz**. * Não me **fal**ta.
Glória ao **Pai**. R. O Se**nhor**.

Cântico evangélico, ant.

O Se**nhor** saci**ou** com os seus **bens**
os fa**min**tos e se**den**tos de jus**ti**ça.

Preces

Elevemos os corações cheios de gratidão a nosso Senhor e Salvador, que abençoa o seu povo com toda sorte de bênçãos espirituais; e peçamos com fé:

R. **Abençoai, Senhor, o vosso povo!**

Deus de misericórdia, protegei o Santo Padre, o Papa N., e o nosso Bispo N.,
– e fortalecei-os para que guiem fielmente a vossa Igreja. R.

Protegei, Senhor, o nosso país,
– e afastai para longe dele todos os males. R.

Multiplicai, como rebentos de oliveira ao redor de vossa mesa, os filhos que querem se consagrar ao serviço do vosso reino,
– a fim de vos seguirem mais de perto na castidade, pobreza e obediência. R.

Conservai o propósito de vossas filhas que vos consagraram sua virgindade,
–para que sigam a vós, Cordeiro divino, aonde quer que vades.
R. **Abençoai, Senhor, o vosso povo!**

(intenções livres)

Que os nossos irmãos e irmãs falecidos descansem na vossa eterna paz,
–e confirmai a sua união conosco por meio da comunhão de bens espirituais. R.

Pai nosso...

Oração

Celebrando, Senhor, o louvor da tarde, pedimos à vossa bondade nos conceda meditar sempre a vossa lei e alcançar a luz da vida eterna. Por nosso Senhor Jesus Cristo, vosso Filho, na unidade do Espírito Santo.

II SEXTA-FEIRA

Laudes

V. Vinde, ó **Deus**. Glória ao **Pai**. Como era. (Ale**lu**ia).

Hino

Deus, que criastes a luz,
sois luz do céu radiosa.
O firmamento estendestes
com vossa mão poderosa.

A aurora esconde as estrelas,
e o seu clarão vos bendiz.
A brisa espalha o orvalho,
a terra acorda feliz.

A noite escura se afasta,
as trevas fogem da luz.
A estrela d'alva fulgura,
sinal de Cristo Jesus.

Ó Deus, sois dia dos dias,
sois luz da luz, na Unidade,
num só poder sobre os seres,
numa só glória, Trindade.

Perante vós, Salvador,
a nossa fronte inclinamos.
A vós, ao Pai e ao Espírito
louvor eterno cantamos.

Salmodia

Ant. 1 Ó Se**nhor**, não despre**zeis** um cora**ção** arrepen**di**do!

T.P.: Meu **fi**lho, tem **fé** e con**fi**a;
teus pe**ca**dos es**tão** perdo**a**dos. Ale**lui**a.

Salmo 50(51)

Tende piedade, ó meu Deus!

Renovai o vosso espírito e a vossa mentalidade. Revesti o homem novo (Ef 4,23-24).

– 3 Tende pie**da**de, ó meu **Deus**, miseri**cór**dia! *
Na imensi**dão** de vosso amor, purificai-me!
– 4 La**vai**-me todo inteiro do pecado, *
e apa**gai** completamente a minha culpa!

– 5 Eu reco**nhe**ço toda a minha iniquidade, *
o meu pe**ca**do está sempre à minha frente.
– 6 Foi contra **vós**, só contra vós, que eu pequei, *
e prati**quei** o que é mau aos vossos olhos!

– Mostrais as**sim** quanto sois justo na sentença, *
e quanto é **re**to o julgamento que fazeis.
– 7 Vede, Se**nhor**, que eu nasci na iniquidade *
e peca**dor** já minha mãe me concebeu.

– 8 Mas vós a**mais** os corações que são sinceros, *
na intimi**da**de me ensinais sabedoria.
– 9 Asper**gi**-me e serei puro do pecado, *
e mais **bran**co do que a neve ficarei.

– 10 Fazei-me ou**vir** cantos de festa e de alegria, *
e exulta**rão** estes meus ossos que esmagastes.

– [11]Desviai o vosso olhar dos meus pecados *
e apagai todas as minhas transgressões!
– [12]Criai em mim um coração que seja puro, *
dai-me de novo um espírito decidido.
– [13]Ó Senhor, não me afasteis de vossa face, *
nem retireis de mim o vosso Santo Espírito!
– [14]Dai-me de novo a alegria de ser salvo *
e confirmai-me com espírito generoso!
– [15]Ensinarei vosso caminho aos pecadores, *
e para vós se voltarão os transviados.
– [16]Da morte como pena, libertai-me, *
e minha língua exaltará vossa justiça!
– [17]Abri meus lábios, ó Senhor, para cantar, *
e minha boca anunciará vosso louvor!
– [18]Pois não são de vosso agrado os sacrifícios, *
e, se oferto um holocausto, o rejeitais.
– [19]Meu sacrifício é minha alma penitente, *
não desprezeis um coração arrependido!
– [20]Sede benigno com Sião, por vossa graça, *
reconstruí Jerusalém e os seus muros!
– [21]E aceitareis o verdadeiro sacrifício, *
os holocaustos e oblações em vosso altar!

Ant. Ó Senhor, não desprezeis um coração arrependido!

T.P.: Meu filho, tem fé e confia;
teus pecados estão perdoados. Aleluia.

Ant. 2 Ó Senhor, mesmo na cólera, lembrai-vos
de ter misericórdia!

T.P.: Para salvar o vosso povo,
vós saístes para salvar o vosso Ungido. Aleluia.

Cântico Hab 3,2-4.13a.15-19

Deus há de vir para julgar

Erguei a cabeça, porque vossa libertação está próxima (Lc 21,28).

– [2]Eu ouvi vossa mensagem, ó Senhor, *
e enchi-me de temor.

– Manifes**tai** a vossa obra pelos tempos *
e tor**nai**-a conhecida.

– Ó Se**nhor**, mesmo na cólera, lembrai-vos *
de **ter** misericórdia!

– 3 Deus vi**rá** lá das montanhas de Temã, *
e o **San**to, de Farã.

– O céu se **en**che com a sua majestade, *
e a **ter**ra, com sua glória.

– 4 Seu esplen**dor** é fulgurante como o sol, *
saem **rai**os de suas mãos.

– Nelas se o**cul**ta o seu poder como num véu, *
seu po**der** vitorioso.

– 13 Para sal**var** o vosso povo vós saístes, *
para sal**var** o vosso Ungido.

– 15 E lan**ças**tes pelo mar vossos cavalos *
no turbi**lhão** das grandes águas.

– 16 Ao ou**vi**-lo, estremeceram-me as entranhas *
e tre**me**ram os meus lábios.

– A **cá**rie penetrou-me até os ossos, *
e meus **pas**sos vacilaram.

– Confi**an**te espero o dia da aflição, *
que vi**rá** contra o opressor.

– 17 **Ain**da que a figueira não floresça *
nem a **vi**nha dê seus frutos,

– a oli**vei**ra não dê mais o seu azeite, *
nem os **cam**pos, a comida;

– mesmo que **fal**tem as ovelhas nos apriscos *
e o **ga**do nos currais:

– 18 mesmo as**sim** eu me alegro no Senhor, *
exulto em **Deus**, meu Salvador!

– 19 O meu **Deus** e meu Senhor é minha força *
e me faz **á**gil como a corça;

– para as al**tu**ras me conduz com segurança *
ao **cân**tico de salmos.

Ant. Ó Se**nhor**, mesmo na **có**lera, lem**brai**-vos
de **ter** miseri**cór**dia!

T.P.: Para sal**var** o vosso **po**vo,
vós sa**ís**tes para sal**var** o vosso Un**gi**do. Ale**lui**a.

Ant. 3 Glori**fi**ca o Se**nhor**, Jerusa**lém**:
ó Si**ão**, canta lou**vo**res ao teu **Deus**! †

T.P.: Ó Si**ão**, canta lou**vo**res ao teu **Deus**,
a **paz** ele ga**ran**te em teus li**mi**tes. Ale**lui**a.

Salmo 147(147B)

Restauração de Jerusalém

Vem! Vou mostrar-te a noiva, a esposa do Cordeiro! (Ap 21,9).

– 12 Glori**fi**ca o Se**nhor**, Jerusa**lém**! *
Ó Si**ão**, canta louvores ao teu Deus!

– 13 †Pois refor**çou** com segurança as tuas portas, *
e os teus **fi**lhos em teu seio abençoou;

– 14 a **paz** em teus limites garantiu *
e te **dá** como alimento a flor do trigo.

– 15 Ele en**vi**a suas ordens para a terra, *
e a pa**la**vra que ele diz corre veloz;

– 16 ele **faz** cair a neve como lã *
e es**pa**lha a geada como cinza.

– 17 Como de **pão** lança as migalhas do granizo, *
a seu **fri**o as águas ficam congeladas.

– 18 Ele en**vi**a sua palavra e as derrete, *
sopra o **ven**to e de novo as águas correm.

– 19 Anun**ci**a a Jacó sua palavra, *
seus pre**cei**tos e suas leis a Israel.

– 20 Nenhum **po**vo recebeu tanto carinho, *
a nenhum **ou**tro revelou os seus preceitos.

Ant. Glori**fi**ca o Se**nhor**, Jerusa**lém**:
ó Si**ão**, canta lou**vo**res ao teu **Deus!**

T.P.: Ó Si**ão**, canta lou**vo**res ao teu **Deus**,
a **paz** ele ga**ran**te em teus li**mi**tes. Ale**lui**a.

Leitura breve Ef 2,13-16

Agora, em Jesus Cristo, vós que outrora estáveis longe, vos tornastes próximos, pelo sangue de Cristo. Ele, de fato, é a nossa paz: do que era dividido, ele fez uma unidade. Em sua carne ele destruiu o muro de separação: a inimizade. Ele aboliu a Lei com seus mandamentos e decretos. Ele quis, assim, a partir do judeu e do pagão, criar em si um só homem novo, estabelecendo a paz. Quis reconciliá-los com Deus, ambos em um só corpo, por meio da cruz; assim ele destruiu em si mesmo a inimizade.

Responsório breve

R. Lanço um **gri**to ao Se**nhor**, Deus Al**tís**simo,
* Este **Deus** que me **dá** todo **bem**. R. Lanço um **gri**to.
V. Que me en**vi**e do **céu** sua a**ju**da! * Este **Deus**.
Glória ao **Pai**. R. Lanço um **gri**to.

Cântico evangélico, ant.

Pelo a**mor** do cora**ção** de nosso **Deus**,
o Sol nas**cen**te nos **veio** visi**tar**.

Preces

Adoremos a Jesus Cristo que, derramando seu sangue no sacrifício da cruz, ofereceu-se ao Pai pelo Espírito Santo, a fim de purificar nossa consciência das obras mortas do pecado; e digamos de coração sincero:

R. **Em vossas mãos, Senhor, está a nossa paz!**

Vós, que nos destes, em vossa bondade, o começo deste novo dia,
– dai-nos também a graça de começarmos a viver uma vida nova. R.

Vós, que tudo criastes com vosso poder, e tudo conservais com a vossa providência,
– ajudai-nos a descobrir a vossa presença em todas as criaturas. R.

Vós, que, pelo sangue derramado na cruz, selastes conosco uma nova e eterna aliança,
– fazei que, obedecendo sempre aos vossos mandamentos, permaneçamos fiéis a esta mesma aliança. R.

Vós, que, pregado na cruz, deixastes correr do vosso lado aberto sangue e água,
– por meio desta fonte de vida, lavai-nos de todo pecado e dai alegria à cidade de Deus. R.

(intenções livres)

Pai nosso...

Oração

Recebei, ó Deus todo-poderoso, o louvor desta manhã; e concedei que no céu, unidos a vossos santos, cantemos eternamente com maior entusiasmo a vossa grande glória. Por nosso Senhor Jesus Cristo, vosso Filho, na unidade do Espírito Santo.

Hora Média

V. Vinde, ó **Deus**. Glória ao **Pai**. Como **era**. (Ale**luia**).

HINO como no Ordinário, p. 743.

Salmodia

Ant. 1 Vosso a**mor** seja um con**so**lo para **mim**,
conf**or**me a vosso **ser**vo prome**tes**tes.

Salmo 118(119),73-80
X (Iod)

Meditação sobre a Palavra de Deus na Lei

Meu Pai, se este cálice não pode passar sem que eu o beba, seja feita a tua vontade! (Mt 26,42).

– 73Vossas **mãos** me mode**la**ram, me fi**ze**ram, *
fazei-me **sá**bio e aprenderei a vossa lei!
– 74Vossos fi**éis** hão de me ver com alegria, *
pois nas pa**la**vras que dissestes esperei.

– 75Sei que os **vos**sos julgamentos são corretos, *
e com jus**ti**ça me provastes, ó Senhor!
– 76Vosso a**mor** seja um consolo para mim, *
con**for**me a vosso servo prometestes.

– 77Venha a **mim** o vosso amor e viverei, *
porque **te**nho em vossa lei o meu prazer!
– 78Humilha**ção** para os soberbos que me oprimem! *
Eu, po**rém**, meditarei vossos preceitos. –

–[79] Que se **vol**tem para mim os que vos temem *
e co**nhe**cem, ó Senhor, vossa Aliança!
–[80] Meu cora**ção** seja perfeito em vossa lei, *
e não se**rei**, de modo algum, envergonhado!

Ant. Vosso a**mor** seja um con**so**lo para **mim**,
conf**or**me a vosso **ser**vo prome**tes**tes.

Ant. 2 Prote**gei**-me, ó meu **Deus**,
contra os **meus** persegui**do**res!

Salmo 58(59),2-5.10-11.17-18

Oração do justo perseguido

Essas palavras ensinam a todos o amor filial do Salvador para com seu Pai (Eusébio de Cesareia).

– [2] Liber**tai**-me do ini**mi**go, ó meu **Deus**, *
e prote**gei**-me contra os meus perseguidores!
– [3] Liber**tai**-me dos obreiros da maldade, *
defen**dei**-me desses homens sanguinários!

– [4] Eis que **fi**cam espreitando a minha vida, *
pode**ro**sos armam tramas contra mim.
= [5] Mas eu, Se**nhor**, não cometi pecado ou crime; †
eles in**ves**tem contra mim sem eu ter culpa: *
desper**tai** e vinde logo ao meu encontro!

=[10] Minha **for**ça, é a vós que me dirijo, †
porque **sois** o meu refúgio e proteção, *
[11] Deus cle**men**te e compassivo, meu amor!
– Deus vi**rá** com seu amor ao meu encontro, *
e hei de **ver** meus inimigos humilhados.

–[17] Eu, en**tão**, hei de cantar vosso poder, *
e de ma**nhã** celebrarei vossa bondade,
– porque **fos**tes para mim o meu abrigo, *
o meu re**fú**gio no dia da aflição.

=[18] Minha **for**ça, cantarei vossos louvores, †
porque **sois** o meu refúgio e proteção, *
Deus cle**men**te e compassivo, meu amor!

Ant. Prote**gei**-me, ó meu **Deus**,
contra os **meus** persegui**do**res!

Ant. 3 Feliz o **ho**mem que por **Deus** é corri**gi**do;
se ele **fe**re, também **cui**da da fe**ri**da.

Salmo 59(60)

Oração depois de uma derrota

No mundo tereis tribulações. Mas tende coragem! Eu venci o mundo! (Jo 16,33).

= 3 Rejei**tas**tes, ó **Deus**, vosso **po**vo †
e arra**sas**tes as nossas fileiras; *
vós es**tá**veis irado: voltai-vos!
– 4 Aba**las**tes, partistes a terra, *
repa**rai** suas brechas, pois treme.

– 5 Dura**men**te provastes o povo, *
e um **vi**nho atordoante nos destes.
– 6 Aos **fiéis** um sinal indicastes, *
e os pu**ses**tes a salvo das flechas.
– 7 Sejam **li**vres os vossos amados, *
vossa **mão** nos ajude: ouvi-nos!

= 8 Deus fa**lou** em seu santo lugar: †
"Exulta**rei**, repartindo Siquém, *
e o **va**le em Sucot medirei.
= 9 Gala**ad**, Manassés me pertencem, †
Efra**im** é o meu capacete, *
e Ju**dá**, o meu cetro real.

= 10 É Mo**ab** minha bacia de banho, †
sobre E**dom** eu porei meu calçado, *
vence**rei** a nação Filisteia!"

– 11 Quem me **le**va à cidade segura, *
e a E**dom** quem me vai conduzir,
– 12 se vós, **Deus**, rejeitais vosso povo *
e não **mais** conduzis nossas tropas?

– Dai-nos, **Deus**, vosso auxílio na angústia; *
nada **va**le o socorro dos homens!
– 13 Mas com **Deus** nós faremos proezas, *
e ele **vai** esmagar o opressor.

Ant. Feliz o **ho**mem que por **Deus** é corri**gi**do;
se ele **fe**re, também **cui**da da fe**ri**da.

Leitura breve Br 4,28-29

Como por livre vontade vos desviastes de Deus, agora, voltando, buscai-o com zelo dez vezes maior; aquele que trouxe sofrimento para vós, para vós trará, com a vossa salvação, eterna alegria.

V. No Se**nhor** se en**con**tra toda a **gra**ça.
R. No Se**nhor**, copi**o**sa reden**ção**.

Oração

Senhor Jesus Cristo, que, nesta hora, com o mundo envolto em trevas, fostes elevado na cruz, como vítima inocente para a salvação de todos, concedei-nos sempre vossa luz, que nos guie para a vida eterna. Vós, que viveis e reinais para sempre.

Vésperas

V. Vinde, ó **Deus**. Glória ao **Pai**. Como era. (Ale**lui**a).

Hino

Onze horas havendo passado,
chega a tarde e o dia termina;
entoemos louvores a Cristo,
que é imagem da glória divina.

Já passaram as lutas do dia,
o trabalho por vós contratado;
dai aos bons operários da vinha
dons de glória no Reino esperado.

Ó Senhor, aos que agora chamais
e que ireis premiar no futuro,
por salário, dai força na luta,
e, na paz, um repouso seguro.

Glória a vós, Cristo, Rei compassivo,
glória ao Pai e ao Espírito também.
Unidade e Trindade indivisa,
Deus e Rei pelos séculos. Amém.

Salmodia

Ant. 1 Liber**tai** minha **vi**da da **mor**te,
e meus **pés** do tro**pe**ço, Se**nhor**!

T.P.: O Se**nhor** liber**tou** minha **vi**da da **mor**te. Ale**lui**a.

Salmo 114(116A)

Ação de graças

É preciso que passemos por muitos sofrimentos para entrar no Reino de Deus (At 14,22).

– 1 Eu **a**mo o Se**nhor**, porque **ou**ve *
o **gri**to da minha oração.
– 2 Incli**nou** para mim seu ouvido, *
no **di**a em que eu o invoquei.

– 3 Pren**di**am-me as cordas da morte, *
aper**ta**vam-me os laços do abismo;
= inva**di**am-me angústia e tristeza: †
4 eu en**tão** invoquei o Senhor: *
"Sal**vai**, ó Senhor, minha vida!"

– 5 O Se**nhor** é justiça e bondade, *
nosso **Deus** é amor-compaixão.
– 6 É o Se**nhor** quem defende os humildes: *
eu es**ta**va oprimido, e salvou-me.
– 7 Ó minh'**al**ma, retorna à tua paz, *
o Se**nhor** é quem cuida de ti!

= 8 Liber**tou** minha vida da morte, †
enxu**gou** de meus olhos o pranto *
e li**vrou** os meus pés do tropeço.
– 9 Anda**rei** na presença de Deus, *
junto a **e**le na terra dos vivos.

Ant. Liber**tai** minha **vi**da da **mor**te,
e meus **pés** do tro**pe**ço, Se**nhor**!

T.P.: O Se**nhor** liber**tou** minha **vi**da da **mor**te. Ale**lui**a.

Ant. 2 Do Se**nhor** é que me **vem** o meu so**cor**ro,
do Se**nhor** que fez o **céu** e fez a **ter**ra.

T.P.: O Se**nhor** guarda seu **po**vo como a pu**pi**la de seus **o**lhos.
Ale**lui**a.

Salmo 120(121)

Deus protetor de seu povo

Nunca mais terão fome nem sede. Nem os molestará o sol nem algum calor ardente (Ap 7,16).

– 1 Eu le**van**to os meus **o**lhos para os **mon**tes: *
de **on**de pode vir o meu socorro?
– 2 "Do Se**nhor** é que me vem o meu socorro, *
do Se**nhor** que fez o céu e fez a terra!"

– 3 Ele não **dei**xa tropeçarem os meus pés, *
e não **dor**me quem te guarda e te vigia.
– 4 Oh! **não**! ele não dorme nem cochila, *
a**que**le que é o guarda de Israel!

– 5 O Se**nhor** é o teu guarda, o teu vigia, *
é uma **som**bra protetora à tua direita.
– 6 Não **vai** ferir-te o sol durante o dia, *
nem a **lu**a através de toda a noite.

– 7 O Se**nhor** te guardará de todo o mal, *
ele **mes**mo vai cuidar da tua vida!
– 8 Deus te **guar**da na partida e na chegada. *
Ele te **guar**da desde agora e para sempre!

Ant. Do Se**nhor** é que me **vem** o meu so**cor**ro,
do Se**nhor** que fez o **céu** e fez a **ter**ra.

T.P.: O Se**nhor** guarda seu **po**vo como a pu**pi**la de seus **o**lhos.
Ale**lui**a.

Ant. 3 Vossos ca**mi**nhos são ver**da**de, são jus**ti**ça,
ó **Rei** dos povos **to**dos do uni**ver**so!

T.P.: O Se**nhor** é minha **for**ça, é a ra**zão** do meu can**tar**,
pois foi **e**le neste **di**a para **mim** liberta**ção**. Ale**lui**a.

Cântico Ap 15,3-4

Hino de adoração

– 3 Como são **gran**des e admi**rá**veis vossas **o**bras, *
ó Se**nhor** e nosso Deus onipotente!
– Vossos ca**mi**nhos são verdade, são justiça, *
ó **Rei** dos povos todos do universo!

(R. São **gran**des vossas **o**bras, ó Se**nhor**!)

= [4]Quem, Se**nhor**, não haveria de temer-vos, †
e **quem** não honraria o vosso nome? *
Pois so**men**te vós, Senhor, é que sois santo! (R.)

= As nações **to**das hão de vir perante vós †
e, pros**tra**das, haverão de adorar-vos, *
pois vossas **jus**tas decisões são manifestas. (R.)

Ant. Vossos ca**mi**nhos são ver**da**de, são jus**ti**ça,
ó **Rei** dos povos **to**dos do uni**ver**so!

T.P.: O Se**nhor** é minha **for**ça, é a ra**zão** do meu can**tar**,
pois foi **e**le neste **dia** para **mim** liberta**ção**. Ale**lui**a.

Leitura breve 1Cor 2,7-10a

Falamos da misteriosa sabedoria de Deus, sabedoria escondida, que, desde a eternidade, Deus destinou para nossa glória. Nenhum dos poderosos deste mundo conheceu essa sabedoria. Pois, se a tivessem conhecido, não teriam crucificado o Senhor da glória. Mas, como está escrito, o que Deus preparou para os que o amam é algo que os olhos jamais viram, nem os ouvidos ouviram, nem coração algum jamais pressentiu. A nós Deus revelou esse mistério através do Espírito.

Responsório breve

R. O **Cris**to mor**reu** pelos **nos**sos pe**ca**dos;
* Pelos **ím**pios, o **jus**to e condu**ziu**-nos a **Deus**.
R. O **Cris**to.
V. Foi **mor**to na **car**ne, mas **vi**ve no Es**pí**rito. * Pelos **ím**pios.
Glória ao **Pai**. R. O **Cris**to.

Cântico evangélico, ant.

Ó Se**nhor**, sede fi**el** ao vosso a**mor**,
como ha**ví**eis prome**ti**do a nossos **pais**.

Preces

Bendigamos a Cristo nosso Senhor, que se compadeceu dos que choravam e enxugou suas lágrimas. Cheios de confiança lhe peçamos:

R. **Senhor, tende compaixão do vosso povo!**

Senhor Jesus Cristo, que consolais os humildes e os aflitos,
– olhai para as lágrimas dos pobres e oprimidos. R.

Deus de misericórdia, ouvi o gemido dos agonizantes,
– e enviai os vossos anjos para que os aliviem e confortem. R.

Fazei que todos os exilados sintam a ação da vossa providência,
– para que regressem à sua pátria e também alcancem, um dia, a pátria eterna. R.

Mostrai os caminhos do vosso amor aos que vivem no pecado,
– para que se reconciliem convosco e com a Igreja. R.

(intenções livres)

Salvai, na vossa bondade, os nossos irmãos e irmãs que morreram,
– e dai-lhes a plenitude da redenção. R.

Pai nosso...

Oração

Ó Deus, cuja inefável sabedoria maravilhosamente se revela no escândalo da cruz, concedei-nos de tal modo contemplar a bendita paixão de vosso Filho, que confiantes nos gloriemos sempre na sua cruz. Por nosso Senhor Jesus Cristo, vosso Filho, na unidade do Espírito Santo.

II SÁBADO

Laudes

V. Vinde, ó **Deus**. Glória ao **Pai**. Como era. (Ale**luia**).

Hino

Raiando o novo dia,
as vozes elevamos,
de Deus a graça e glória
em Cristo proclamamos.

Por ele o Criador
compôs a noite e o dia,

criando a lei eterna
que os dois alternaria.

A vós, Luz dos fiéis,
nenhuma lei domina.
Fulgis de dia e de noite,
clarão da luz divina.

Ó Pai, por vossa graça,
vivamos hoje bem,
servindo a Cristo e cheios
do vosso Espírito. Amém.

Salmodia

Ant. 1 Anunci**a**mos de ma**nhã** vossa bon**da**de,
e o **vos**so amor fi**el**, a noite in**tei**ra.

T.P.: Ale**gras**tes-me, Se**nhor**, com vossos **fei**tos,
reju**bi**lo de ale**gri**a em vossas **o**bras. Ale**lui**a.

Salmo 91(92)

Louvor ao Deus Criador

Louvores se proclamam pelos feitos do Cristo (Sto. Atanásio).

– [2]Como é **bom** agrade**cer**mos ao Se**nhor** *
e cantar **sal**mos de louvor ao Deus Altíssimo!
– [3]Anunci**ar** pela manhã vossa bondade, *
e o **vos**so amor fiel, a noite inteira,
– [4]ao som da **li**ra de dez cordas e da harpa, *
com **can**to acompanhado ao som da cítara.

– [5]Pois me ale**gras**tes, ó Senhor, com vossos feitos, *
e reju**bi**lo de alegria em vossas obras.
– [6]Quão i**men**sas, ó Senhor, são vossas obras, *
quão pro**fun**dos são os vossos pensamentos!

– [7]Só o **ho**mem insensato não entende, *
só o es**tul**to não percebe nada disso!
– [8]Mesmo que os **ím**pios floresçam como a erva, *
ou pros**pe**rem igualmente os malfeitores,
– são desti**na**dos a perder-se para sempre. *
[9]Vós, po**rém**, sois o Excelso eternamente! –

= 10Eis que os **vos**sos inimigos, ó Senhor, †
eis que os **vos**sos inimigos vão perder-se, *
e os malfei**to**res serão todos dispersados.

– 11Vós me **des**tes toda a força de um touro, *
e sobre **mim** um óleo puro derramastes;
– 12triun**fan**te, posso olhar meus inimigos, *
vitori**o**so, escuto a voz de seus gemidos.

– 13O **jus**to crescerá como a palmeira, *
flori**rá** igual ao cedro que há no Líbano;
– 14na **ca**sa do Senhor estão plantados, *
nos **á**trios de meu Deus florescerão.

– 15Mesmo no **tem**po da velhice darão frutos, *
cheios de **sei**va e de folhas verdejantes;
– 16e di**rão**: "É justo mesmo o Senhor Deus: *
meu Ro**che**do, não existe nele o mal!"

Ant. Anunci**a**mos de ma**nhã** vossa bon**da**de,
e o **vos**so amor fi**el**, a noite in**tei**ra.

T.P.: Ale**gras**tes-me, Se**nhor**, com vossos **fei**tos,
reju**bi**lo de ale**gri**a em vossas **o**bras. Ale**lui**a.

Ant. 2 Vinde **to**dos e dai **gló**ria ao nosso **Deus**!

T.P.: Sou **eu** que dou a **mor**te e dou a **vi**da;
se eu **fi**ro, também **cu**ro, ale**lui**a.

Cântico Dt 32,1-12

Os benefícios de Deus ao povo

Quantas vezes quis reunir teus filhos, como a galinha reúne os pintinhos debaixo das asas! (Mt 23,37).

– 1Ó **céus**, vinde, escu**tai**; eu vou fa**lar**, *
ouça a **ter**ra as palavras de meus lábios!
– 2Minha dou**tri**na se derrame como chuva, *
minha pa**la**vra se espalhe como orvalho,
– como tor**ren**tes que transbordam sobre a relva *
e agua**cei**ros a cair por sobre as plantas.

– 3O **no**me do Senhor vou invocar; *
vinde **to**dos e dai glória ao nosso Deus!

– [4] Ele é a **Ro**cha: suas obras são perfeitas, *
seus ca**mi**nhos todos eles são justiça;
– é **e**le o Deus fiel, sem falsidade, *
o Deus **jus**to, sempre reto em seu agir.

– [5] Os filhos **seus** degenerados o ofenderam, *
essa **ra**ça corrompida e depravada!
– [6] É as**sim** que agradeces ao Senhor Deus, *
povo **lou**co, povo estulto e insensato?
– Não é **e**le o teu Pai que te gerou, *
o Cria**dor** que te firmou e te sustenta?

– [7] Re**cor**da-te dos dias do passado *
e re**lem**bra as antigas gerações;
– per**gun**ta, e teu pai te contará, *
inter**ro**ga, e teus avós te ensinarão.

– [8] Quando o Al**tís**simo os povos dividiu *
e pela **ter**ra espalhou os filhos de Adão,
– as fron**tei**ras das nações ele marcou *
de a**cor**do com o número de seus filhos;
– [9] mas a **par**te do Senhor foi o seu povo, *
e Ja**có** foi a porção de sua herança.

– [10] Foi num de**ser**to que o Senhor achou seu povo, *
num lu**gar** de solidão desoladora;
– cer**cou**-o de cuidados e carinhos *
e o guar**dou** como a pupila de seus olhos.

– [11] Como a **á**guia, esvoaçando sobre o ninho, *
in**ci**ta os seus filhotes a voar,
– ele esten**deu** as suas asas e o tomou, *
e le**vou**-o carregado sobre elas.
– [12] O Se**nhor**, somente ele, foi seu guia, *
e ja**mais** um outro deus com ele estava.

Ant. Vinde **to**dos e dai **gló**ria ao nosso **Deus**!

T.P.: Sou **eu** que dou a **mor**te e dou a **vi**da;
se eu **fi**ro, também **cu**ro, ale**lui**a.

Ant. 3 Ó Se**nhor** nosso **Deus**, como é **gran**de
vosso **no**me por **to**do o uni**ver**so! †

T.P.: Coro**as**tes vosso **Cris**to de **gló**ria e esplen**dor**. Ale**lui**a.

Salmo 8

Majestade de Deus e dignidade do homem

Ele pôs tudo sob os seus pés e fez dele, que está acima de tudo, a Cabeça da Igreja (Ef 1,22).

– [2]Ó Se**nhor** nosso **Deus**, como é **gran**de *
vosso **no**me por todo o universo!

–† Desdo**bras**tes nos céus vossa glória *
com gran**de**za, esplendor, majestade.
= [3]O per**fei**to louvor vos é dado †
pelos **lá**bios dos mais pequeninos, *
de cri**an**ças que a mãe amamenta.

– Eis a **for**ça que opondes aos maus, *
redu**zin**do o inimigo ao silêncio.
– [4]Contem**plan**do estes céus que plasmastes *
e for**mas**tes com dedos de artista;

– vendo a **lu**a e estrelas brilhantes, *
[5]pergun**ta**mos: "Senhor, que é o homem,
– para **de**le assim vos lembrardes *
e o tra**tar**des com tanto carinho?"

– [6]Pouco a**bai**xo de um deus o fizestes, *
coro**an**do-o de glória e esplendor;
– [7]vós lhe **des**tes poder sobre tudo, *
vossas obras aos pés lhe pusestes:

– [8]as o**ve**lhas, os bois, os rebanhos, *
todo o **ga**do e as feras da mata;
– [9]passa**ri**nhos e peixes dos mares, *
todo **ser** que se move nas águas.

– [10]Ó Se**nhor** nosso Deus, como é grande *
vosso **no**me por todo o universo!

Ant. Ó Se**nhor** nosso **Deus**, como é **gran**de
vosso **no**me por **to**do o uni**ver**so!

T.P.: Coro**as**tes vosso **Cris**to de **gló**ria e esplen**dor**. Ale**lui**a.

Leitura breve Rm 12,14-16a

Abençoai os que vos perseguem, abençoai e não amaldiçoeis. Alegrai-vos com os que se alegram, chorai com os que choram.

Mantende um bom entendimento uns com os outros; não vos deixeis levar pelo gosto de grandeza, mas acomodai-vos às coisas humildes.

Responsório breve

R. A ale**gri**a canta**rá** sobre meus **lá**bios,
* E a minh'**al**ma liber**ta**da exulta**rá**. R. A ale**gri**a.
V. Tam**bém** celebra**rei** vossa jus**ti**ça. * E a minh'**al**ma.
Glória ao **Pai**. R. A ale**gri**a.

Cântico evangélico, ant.

Gui**ai** nossos **pas**sos no ca**mi**nho da **paz**!

Preces

Celebremos a bondade e a sabedoria de Jesus Cristo, que quer ser amado e servido em todos os nossos irmãos e irmãs, principalmente nos que sofrem; e lhe peçamos:

R. **Senhor, tornai-nos perfeitos na caridade!**

Recordamos, Senhor, nesta manhã, a vossa ressurreição,
– e vos pedimos que estendais à humanidade inteira os benefícios da vossa redenção. R.

Fazei, Senhor, que demos hoje bom testemunho de vós,
– e, por vosso intermédio, ofereçamos ao Pai um sacrifício santo e agradável. R.

Ensinai-nos, Senhor, a descobrir a vossa imagem em todos os seres humanos,
– e a vos servir em cada um deles. R.

Cristo, verdadeiro tronco da videira do qual somos os ramos,
– fortalecei a nossa união convosco para produzirmos muitos frutos e glorificarmos a Deus Pai. R.

(intenções livres)

Pai nosso...

Oração

Cantem vossa glória, Senhor, os nossos lábios, cantem nossos corações e nossa vida; e já que é vosso dom tudo o que somos, para vós se oriente também todo o nosso viver. Por nosso Senhor Jesus Cristo, vosso Filho, na unidade do Espírito Santo.

Hora Média

V. Vinde, ó **Deus**. Glória ao **Pai**. Como **era**. (Ale**luia**).

HINO como no Ordinário, p. 743.

Salmodia

Ant. 1 O céu e a **ter**ra passa**rão**, diz o Se**nhor**,
porém ja**mais** minhas pa**la**vras passa**rão**.

Salmo118(119),81-88
XI (Caph)

Meditação sobre a Palavra de Deus na Lei

Sua misericórdia se estende de geração em geração, a todos os que o respeitam (Lc 1,50).

– 81 Desfa**le**ço pela **vos**sa salva**ção**, *
vossa pa**la**vra é minha única esperança!
– 82 Os meus **o**lhos se gastaram desejando-a; *
até **quan**do esperarei vosso consolo?

– 83 Fiquei tos**ta**do como um odre no fumeiro, *
mesmo as**sim** não esqueci vossos preceitos.
– 84 Quantos **di**as restarão ao vosso servo? *
E **quan**do julgareis meus opressores?

– 85 Os so**ber**bos já cavaram minha cova; *
eles não **a**gem respeitando a vossa lei.
– 86 Todos os **vos**sos mandamentos são verdade; *
quando a ca**lú**nia me persegue, socorrei-me!

– 87 Eles **qua**se me arrancaram desta terra, *
mesmo as**sim** eu não deixei vossos preceitos!
– 88 **Segun**do o vosso amor, vivificai-me, *
e guarda**rei** vossa Aliança, ó Senhor!

Ant. O céu e a **ter**ra passa**rão**, diz o Se**nhor**,
porém ja**mais** minhas pa**la**vras passa**rão**.

Ant. 2 Sois, Se**nhor**, meu re**fú**gio e forta**le**za,
torre **for**te na pre**sen**ça do ini**mi**go.

Salmo 60(61)

Oração do exilado

Oração do justo que espera a vida eterna (Sto. Hilário).

– 2 Escu**tai**, ó Senhor **Deus**, minha ora**ção**, *
atendei à minha prece, ao meu clamor!
– 3 Dos con**fins** do universo a vós eu clamo, *
e em **mim** o coração já desfalece.

– Condu**zi**-me às alturas do rochedo, *
e dei**xai**-me descansar nesse lugar!
– 4 Porque **sois** o meu refúgio e fortaleza, *
torre **for**te na presença do inimigo.

– 5 Quem me **de**ra morar sempre em vossa casa *
e abri**gar**-me à proteção de vossas asas!
– 6 Pois ou**vis**tes, ó Senhor,minhas promessas, *
e me fi**zes**tes tomar parte em vossa herança.

– 7 Acrescen**tai** ao nosso rei dias aos dias, *
e seus **a**nos durem muitas gerações!
– 8 Reine **sem**pre na presença do Senhor, *
vossa ver**da**de e vossa graça o conservem!

– 9 Então **sem**pre cantarei o vosso nome *
e cumpri**rei** minhas promessas dia a dia.

Ant. Sois, Se**nhor**, meu re**fú**gio e forta**le**za,
torre **for**te na pre**sen**ça do ini**mi**go.

Ant. 3 Ó Sen**hor**, salvai-me a **vi**da do ini**mi**go aterra**dor**!

Salmo 63(64)

Pedido de ajuda contra os perseguidores

Este salmo se aplica de modo especial à Paixão do Senhor (Sto. Agostinho).

– 2 Ó Deus, ou**vi** a minha **voz**, o meu la**men**to! *
Salvai-me a **vi**da do inimigo aterrador!
– 3 Prote**gei**-me das intrigas dos perversos *
e do tu**mul**to dos obreiros da maldade! –

– 4 Eles **afi**am suas línguas como espadas, *
lançam pa**la**vras venenosas como flechas,
– 5 para fe**rir** os inocentes às ocultas *
e atin**gi**-los de repente, sem temor.

– 6 Uns aos **ou**tros se encorajam para o mal *
e com**bi**nam às ocultas, traiçoeiros,
– onde **pôr** as armadilhas preparadas, *
comen**tan**do entre si: "Quem nos verá?"

– 7 Eles **tra**mam e disfarçam os seus crimes. *
É um a**bis**mo o coração de cada homem!
– 8 Deus, po**rém**, os ferirá com suas flechas, *
e cai**rão** todos feridos, de repente.

– 9 Sua **lín**gua os levará à perdição, *
e quem os **vir** meneará sua cabeça;
– 10 com te**mor** proclamará a ação de Deus, *
e tira**rá** uma lição de sua obra.

= 11 O homem **jus**to há de alegrar-se no Senhor †
e junto **d**ele encontrará o seu refúgio, *
e os de **r**eto coração triunfarão.

Ant. Ó Sen**hor**, salvai-me a **vi**da do ini**mi**go aterra**dor**!

Leitura breve 1Rs 2,2b-3

Sê corajoso e porta-te como um homem. Observa os preceitos do Senhor, teu Deus, andando em seus caminhos, observando seus estatutos, seus mandamentos, seus preceitos e seus ensinamentos, como estão escritos na lei de Moisés. E assim serás bem sucedido em tudo o que fizeres e em todos os teus projetos.

V. Condu**zi**-me em vossa **lei**, vosso **ca**minho,
R. Pois só **ne**le encontra**rei** felici**da**de.

Oração

Senhor nosso Deus, luz ardente de amor eterno, concedei que, inflamados na vossa caridade, num mesmo amor amemos a vós, acima de tudo, e aos irmãos e irmãs por vossa causa. Por Cristo, nosso Senhor.

III SEMANA

III DOMINGO

I Vésperas

V. Vinde, ó **Deus**. Glória ao **Pai**. Como **era**. (Ale**luia**).

Hino

Ó Deus, autor de tudo,
que a terra e o céu guiais,
de luz vestis o dia,
à noite o sono dais.

O corpo, no repouso,
prepara-se a lutar.
As mentes já se acalmam,
se faz sereno o olhar.

Senhor, vos damos graças
no ocaso deste dia.
A noite vem caindo,
mas vosso amor nos guia.

Sonora, a voz vos louve,
vos cante o coração.
O amor vos renda amor,
e a mente, adoração.

E assim, chegando a noite,
com grande escuridão,
a fé, em meio às trevas,
espalhe o seu clarão.

Ouvi-nos, Pai piedoso,
e Filho, Sumo Bem,
com vosso Santo Espírito
reinando sempre. Amém.

Ou:

Santo entre todos, já fulgura
o dia oitavo, resplendente,
que consagrais em vós, ó Cristo,
vós, o primeiro dos viventes.

Às nossas almas, por primeiro,
vinde trazer ressurreição,
e da segunda morte livres,
os nossos corpos surgirão.

Ao vosso encontro, sobre as nuvens,
em breve, ó Cristo, nós iremos.
Ressurreição e vida nova,
convosco sempre viveremos.

Dai-nos, à luz da vossa face,
participar da divindade,
vos conhecendo como sois,
Luz, verdadeira suavidade.

Por vós entregues a Deus Pai,
que seu Espírito nos dá,
à perfeição da caridade
o Trino Deus nos levará.

Salmodia

Nos domingos do Advento, Natal, Quaresma e Páscoa, as antífonas são próprias do Tempo correspondente.

Ant. 1 Do nas**cer** do sol a**té** o seu o**ca**so,
louva**do** seja o **no**me do Se**nhor**!

Salmo 112(113)

O nome do Senhor é digno de louvor

Derrubou do trono os poderosos e elevou os humildes (Lc 1,52).

– 1 Lou**vai**, louvai, ó **ser**vos do Se**nhor**, *
louv**ai**, louvai o nome do Senhor!
– 2 Bendi**to** seja o nome do Senhor, *
agora e por toda a eternidade!
– 3 Do nas**cer** do sol até o seu ocaso, *
louva**do** seja o nome do Senhor!

– 4 O Se**nhor** está acima das nações, *
sua **gló**ria vai além dos altos céus.
= 5 Quem **po**de comparar-se ao nosso Deus, †
ao Se**nhor**, que no alto céu tem o seu trono *
6 e se in**cli**na para olhar o céu e a terra? –

– 7 Le**van**ta da poeira o indigente *
e do **li**xo ele retira o pobrezinho,
– 8 para fa**zê**-lo assentar-se com os nobres, *
assen**tar**-se com os nobres do seu povo.
– 9 Faz a es**té**ril, mãe feliz em sua casa, *
vi**ven**do rodeada de seus filhos.

Ant. Do nas**cer** do sol a**té** o seu o**ca**so,
lou**va**do seja o **no**me do Se**nhor**!

Ant. 2 Elevo o **cá**lice da **mi**nha salva**ção**,
invo**can**do o nome **san**to do Se**nhor**.

Salmo 115(116B)

Ação de graças no templo

"Por meio de Jesus, ofereçamos a Deus um perene sacrifício de louvor" (Hb 13,15).

– 10 Guar**dei** a minha **fé**, mesmo di**zen**do: *
"É de**mais** o sofrimento em minha vida!"
– 11 Confi**ei**, quando dizia na aflição: *
"Todo **ho**mem é mentiroso! Todo homem!"

– 12 Que pode**rei** retribuir ao Senhor Deus *
por tudo a**qui**lo que ele fez em meu favor?
– 13 Elevo o **cá**lice da minha salvação, *
invo**can**do o nome santo do Senhor.
– 14 Vou cum**prir** minhas promessas ao Senhor *
na pre**sen**ça de seu povo reunido.

– 15 É sen**ti**da por demais pelo Senhor *
a **mor**te de seus santos, seus amigos.
= 16 Eis que **sou** o vosso servo, ó Senhor, †
vosso **ser**vo que nasceu de vossa serva; *
mas me que**bras**tes os grilhões da escravidão!

– 17 Por isso o**fer**to um sacrifício de louvor, *
invo**can**do o nome santo do Senhor.
– 18 Vou cum**prir** minhas promessas ao Senhor *
na pre**sen**ça de seu povo reunido;
– 19 nos **á**trios da casa do Senhor, *
em teu **mei**o, ó cidade de Sião!

Ant. Elevo o **cálice** da **mi**nha salva**ção**,
invo**can**do o nome **san**to do Se**nhor**.

Ant. 3 O Se**nhor** Jesus **Cris**to se humi**lhou**,
por isso **Deus** o exal**tou** eterna**men**te.

Cântico Fl 2,6-11

Cristo, o Servo de Deus

= [6]Embora **fos**se de di**vi**na condi**ção**, †
Cristo Je**sus** não se apegou ciosamente *
a ser **igual** em natureza a Deus Pai.

(R. Jesus **Cris**to é Se**nhor** para a **gló**ria de Deus **Pai**!)

= [7]**Porém** esvaziou-se de sua glória †
e assu**miu** a condição de um escravo, *
fa**zen**do-se aos homens semelhante. (R.)

= [8]Reconhe**ci**do exteriormente como homem, †
humi**lhou**-se, obedecendo até à morte, *
até à **mor**te humilhante numa cruz. (R.)

= [9]Por isso **Deus** o exaltou sobremaneira †
e deu-lhe o **no**me mais excelso, mais sublime, *
e ele**va**do muito acima de outro nome. (R.)

= [10]Para **que** perante o nome de Jesus †
se **do**bre reverente todo joelho, *
seja nos **céus**, seja na terra ou nos abismos. (R.)

= [11]E toda **lín**gua reconheça, confessando, †
para a **gló**ria de Deus Pai e seu louvor: *
"Na ver**da**de Jesus Cristo é o Senhor!" (R.)

Ant. O Se**nhor** Jesus **Cris**to se humi**lhou**,
por isso **Deus** o exal**tou** eterna**men**te.

Leitura breve Hb 13,20-21

O Deus da paz, que fez subir dentre os mortos aquele que se tornou, pelo sangue de uma aliança eterna, o grande pastor das ovelhas, nosso Senhor Jesus, vos torne aptos a todo bem, para fazerdes a sua vontade; que ele realize em nós o que lhe é agradável, por Jesus Cristo, ao qual seja dada a glória pelos séculos dos séculos. Amém!

Responsório breve

R. Quão nume**ro**sas, ó Se**nhor**, são vossas **o**bras
* E **que** sabedo**ri**a em todas **e**las! R. Quão nume**ro**sas.
V. Encheu-se a **ter**ra com as **vos**sas cria**tu**ras.
* E **que** sabedo**ri**a. Glória ao **Pai**. R. Quão nume**ro**sas.

Antífona do Magníficat como no Próprio do Tempo.

Preces

Recordando a bondade de Cristo que, compadecido do povo faminto, realizou em favor dele maravilhas de amor, com gratidão elevemos a ele as nossas preces; e digamos:

R. **Mostrai-nos, Senhor, o vosso amor!**

Reconhecemos, Senhor, que todos os benefícios recebidos neste dia vieram de vossa bondade;
– que eles não voltem para vós sem produzir frutos em nosso coração. R.

Luz e salvação da humanidade, protegei aqueles que dão testemunho de vós em toda a terra,
– e acendei neles o fogo do vosso Espírito. R.

Fazei que todos os seres humanos respeitem a dignidade de seus irmãos e irmãs, de acordo com a vossa vontade,
– a fim de que, todos juntos, respondam com generosidade às mais urgentes necessidades do nosso tempo. R.

Médico das almas e dos corpos, aliviai os enfermos e assisti os agonizantes,
– e visitai-nos e confortai-nos com a vossa misericórdia. R.

(intenções livres)

Dignai-vos receber na companhia dos santos os nossos irmãos e irmãs que morreram,
– cujos nomes estão escritos no livro da vida. R.

Pai nosso...

Oração como no Próprio do Tempo.

Laudes

V. Vinde, ó **Deus**. Glória ao **Pai**. Como **era**. (Ale**lui**a).

Hino

Ó Criador do universo,
a sombra e a luz alternais,
e, dando tempo ao tempo,
dos seres todos cuidais.

Qual pregoeiro do dia,
canta nas noites o galo.
Separa a noite e a noite,
brilhando a luz no intervalo.

Também por ele acordada,
a estrela d'alva, brilhante,
expulsa o erro e a treva
com sua luz radiante.

Seu canto os mares acalma,
ao navegante avigora;
a própria Pedra da Igreja
ouvindo o cântico chora.

Jesus, olhai os que tombam.
O vosso olhar nos redime:
se nos olhais, nos erguemos,
e prantos lavam o crime.

Ó luz divina, brilhai,
tirai do sono o torpor.
O nosso alento primeiro
entoe o vosso louvor.

Ó Cristo, Rei piedoso,
a vós e ao Pai, Sumo Bem,
glória e poder, na unidade
do Espírito Santo. Amém.

Salmodia

Nos domingos do Advento, Natal, Quaresma e Páscoa, as antífonas são próprias do Tempo correspondente.

Ant. 1 Admi**rá**vel é o Se**nhor** nos altos **céus**! Ale**lui**a.

Salmo 92(93)

A grandeza do Deus Criador

O Senhor, nosso Deus, o Todo-poderoso passou a reinar. Fiquemos alegres e contentes, e demos glória a Deus! (Ap 19,6-7).

– [1]Deus é **Rei** e se ves**tiu** de majes**ta**de, *
revest**iu**-se de poder e de esplendor!

= Vós fir**mas**tes o universo inabalável, †
[2]vós fir**mas**tes vosso trono desde a origem, *
desde **sem**pre, ó Senhor, vós existis!

= [3]Levan**ta**ram as torrentes, ó Senhor, †
levan**ta**ram as torrentes sua voz, *
levan**ta**ram as torrentes seu fragor.

= [4]Muito **mais** do que o fragor das grandes águas, †
muito **mais** do que as ondas do oceano, *
pode**ro**so é o Senhor nos altos céus!

= [5]Verda**dei**ros são os vossos testemunhos, †
re**ful**ge a santidade em vossa casa *
pelos **sé**culos dos séculos, Senhor!

Ant. Admi**rá**vel é o Se**nhor** nos altos **céus**! Ale**lui**a.

Ant. 2 Sois **di**gno de lou**vor** e de **gló**ria eterna**men**te. Ale**lui**a.

Cântico Dn 3,57-88.56

Louvor das criaturas ao Senhor

Louvai o nosso Deus, todos os seus servos (Ap 19,5)

– [57]**O**bras do Senhor, bendi**zei** o Senhor, *
lou**vai**-o e exaltai-o pelos **sé**culos sem fim!
– [58]**Céus** do Senhor, bendi**zei** o Senhor! *
[59]**An**jos do Senhor, bendi**zei** o Senhor!

(R. Lou**vai**-o e exal**tai**-o pelos **sé**culos sem **fim**!
ou
R. A Ele **gló**ria e lou**vor** eterna**men**te!)

– [60]Águas do alto céu, bendi**zei** o Senhor! *
[61]Po**tên**cias do Senhor, bendi**zei** o Senhor!
– [62]**Lu**a e sol, bendi**zei** o Senhor! *
[63]**As**tros e estrelas, bendi**zei** o Senhor! (R.)

–64 **Chu**vas e orvalhos, bendi**zei** o Senhor! *
65 **Bri**sas e ventos, bendi**zei** o Senhor!
–66 **Fo**go e calor, bendi**zei** o Senhor! *
67 **Fri**o e ardor, bendi**zei** o Senhor! (R.)

–68 Or**va**lhos e garoas, bendi**zei** o Senhor! *
69 Ge**a**da e frio, bendi**zei** o Senhor!
–70 **Ge**los e neves, bendi**zei** o Senhor! *
71 **Noi**tes e dias, bendi**zei** o Senhor! (R.)

–72 **Lu**zes e trevas, bendi**zei** o Senhor! *
73 **Rai**os e nuvens, bendi**zei** o Senhor
–74 **I**lhas e terra, bendi**zei** o Senhor! *
Lou**vai**-o e exaltai-o pelos **sé**culos sem fim! (R.)

–75 **Mon**tes e colinas, bendi**zei** o Senhor! *
76 **Plan**tas da terra, bendi**zei** o Senhor!
–77 **Ma**res e rios, bendi**zei** o Senhor! *
78 **Fon**tes e nascentes, bendi**zei** o Senhor! (R.)

–79 Ba**lei**as e peixes, bendi**zei** o Senhor! *
80 **Pás**saros do céu, bendi**zei** o Senhor!
–81 **Fe**ras e rebanhos, bendi**zei** o Senhor! *
82 **Fi**lhos dos homens, bendi**zei** o Senhor! (R.)

–83 **Fi**lhos de Israel, bendi**zei** o Senhor! *
Lou**vai**-o e exaltai-o pelos **sé**culos sem fim!
–84 Sacer**do**tes do Senhor, bendi**zei** o Senhor! *
85 **Ser**vos do Senhor, bendi**zei** o Senhor! (R.)

–86 **Al**mas dos justos, bendi**zei** o Senhor! *
87 **San**tos e humildes, bendi**zei** o Senhor!
–88 **Jo**vens Misael, Ana**ni**as e Azarias, *
Lou**vai**-o e exaltai-o pelos **sé**culos sem fim! (R.)

– Ao **Pai** e ao Filho e ao Es**pí**rito Santo *
lou**ve**mos e exaltemos pelos **sé**culos sem fim!
–56 Ben**di**to sois, Senhor, no firma**men**to dos céus! *
Sois **dig**no de louvor e de **gló**ria eternamente! (R.)

No fim deste cântico não se diz o Glória ao Pai.

Ant. Sois **di**gno de lou**vor** e de **glória** eterna**men**te. Ale**lu**ia.

Ant. 3 Lou**vai** o Senhor **Deus** nos altos **céus**, ale**lu**ia.†

Salmo 148

Glorificação do Deus Criador

Ao que está sentado no trono e ao Cordeiro, o louvor e a honra, a glória e o poder para sempre (Ap 5,13).

– 1Lou**vai** o Senhor **Deus** nos altos **céus**, *
louv**ai**-o no excelso firmamento!
– 2Lou**vai**-o, anjos seus, todos louvai-o, *
lou**vai**-o, legiões celestiais!

– 3Lou**vai**-o, sol e lua, e bendizei-o, *
lou**vai**-o, vós estrelas reluzentes!
– 4Lou**vai**-o, céus dos céus, e bendizei-o, *
e vós, **á**guas que estais por sobre os céus.

– 5Louvem **to**dos e bendigam o seu nome, *
porque man**dou** e logo tudo foi criado.
– 6Institu**iu** todas as coisas para sempre, *
e deu a **tu**do uma lei que é imutável.

– 7Lou**vai** o Senhor Deus por toda a terra, *
grandes **pei**xes e abismos mais profundos;
– 8fogo e gra**ni**zo, e vós neves e neblinas, *
fura**cões** que executais as suas ordens.

– 9Montes **to**dos e colinas, bendizei-o, *
cedros **to**dos e vós, árvores frutíferas;
– 10feras do **ma**to e vós, mansos animais, *
todos os **rép**teis e os pássaros que voam.

– 11Reis da **ter**ra, povos todos, bendizei-o, *
e vós, **prín**cipes e todos os juízes;
– 12e vós, **jo**vens, e vós, moças e rapazes, *
anci**ãos** e criancinhas, bendizei-o!

– 13Louvem o **no**me do Senhor, louvem-no todos, *
porque so**men**te o seu nome é excelso!
– A majes**ta**de e esplendor de sua glória *
ultra**pas**sam em grandeza o céu e a terra.

– 14Ele exal**tou** seu povo eleito em poderio, *
ele é o mo**ti**vo de louvor para os seus santos.

– É um **hi**no para os filhos de Israel, *
este **po**vo que ele ama e lhe pertence.

Ant. Lou**vai** o Senhor **Deus** nos altos **céus**, ale**lui**a.

Leitura breve Ez 37,12b-14

Assim fala o Senhor Deus: Ó meu povo, vou abrir as vossas sepulturas e conduzir-vos para a terra de Israel; e quando eu abrir as vossas sepulturas e vos fizer sair delas, sabereis que eu sou o Senhor. Porei em vós o meu espírito para que vivais e vos colocarei em vossa terra. Então sabereis que eu, o Senhor, digo e faço - oráculo do Senhor.

Responsório breve

R. Cristo, **Fi**lho do Deus **vi**vo,
* Tende **pe**na e compai**xão**! R. Cristo.
V. Glori**o**so estais sen**ta**do, à di**rei**ta de Deus **Pai**.
* Tende **pe**na. Glória ao **Pai**. R. Cristo.

Antífona do Benedictus como no Próprio do Tempo.

Preces

Roguemos a Deus que enviou o Espírito Santo para ser Luz santíssima do coração de todos os fiéis; e digamos:

R. **Iluminai, Senhor, o vosso povo!**

Bendito sejais, Senhor Deus, nossa luz,
– que para vossa glória nos fizestes chegar a este novo dia. R.

Vós, que iluminastes o mundo com a ressurreição do vosso Filho,
– fazei brilhar, pelo ministério da Igreja, esta luz pascal sobre a humanidade inteira. R.

Vós, que, pelo Espírito da verdade, esclarecestes os discípulos de vosso Filho,
– enviai à vossa Igreja este mesmo Espírito, para que ela permaneça sempre fiel à vossa mensagem. R.

Luz dos povos, lembrai-vos daqueles que ainda vivem nas trevas,
– e abri-lhes os olhos do coração para que vos reconheçam como único Deus verdadeiro. R.

(intenções livres)

Pai nosso...

Oração como no Próprio do Tempo.

Hora Média

V. Vinde, ó **Deus**. Glória ao **Pai**. Como **era**. (Ale**lui**a).

HINO como no Ordinário, p. 743.

Salmodia

Ant. 1 Na minha an**gús**tia eu cla**mei** pelo Se**nhor**,
e o Se**nhor** me aten**deu**, ale**lui**a.

Salmo 117(118)

Canto de alegria e salvação

Ele é a pedra, que vós, os construtores, desprezastes, e que se tornou a pedra angular (At 4,11).

I

– 1 Dai **gra**ças ao Se**nhor**, porque ele é **bom**! *
“E**ter**na é a sua misericórdia!”

– 2 A **ca**sa de Israel agora o diga: *
“E**ter**na é a sua misericórdia!”
– 3 A **ca**sa de Aarão agora o diga: *
“E**ter**na é a sua misericórdia!”
– 4 Os que **te**mem o Senhor agora o digam: *
“E**ter**na é a sua misericórdia!”

– 5 Na minha an**gús**tia eu clamei pelo Senhor, *
e o Se**nhor** me atendeu e libertou!
– 6 O Se**nhor** está comigo, nada temo; *
o que **po**de contra mim um ser humano?
– 7 O Se**nhor** está comigo, é o meu auxílio, *
hei de **ver** meus inimigos humilhados.
– 8 É mel**hor** buscar refúgio no Senhor *
do que **pôr** no ser humano a esperança;
– 9 é mel**hor** buscar refúgio no Senhor *
do que con**tar** com os poderosos deste mundo!

Ant. Na minha an**gús**tia eu cla**mei** pelo Se**nhor**,
e o Se**nhor** me aten**deu**, ale**lui**a.

Ant. 2 A mão di**rei**ta do Se**nhor** me levan**tou**. ale**lui**a.

II

– [10] Povos pa**gãos** me rodearam todos eles, *
mas em **no**me do Senhor os derrotei;
– [11] de todo **la**do todos eles me cercaram, *
mas em **no**me do Senhor os derrotei;
= [12] como um en**xa**me de abelhas me atacaram, †
como um **fo**go de espinhos me queimaram, *
mas em **no**me do Senhor os derrotei.
– [13] Empur**ra**ram-me, tentando derrubar-me, *
mas **vei**o o Senhor em meu socorro.
– [14] O Se**nhor** é minha força e o meu canto, *
e tor**nou**-se para mim o Salvador.
– [15] "Cla**mo**res de alegria e de vitória *
res**so**em pelas tendas dos fiéis.
= [16] A mão di**rei**ta do Senhor fez maravilhas, †
a mão di**rei**ta do Senhor me levantou, *
a mão di**rei**ta do Senhor fez maravilhas!"
– [17] Não morre**rei**, mas, ao contrário, viverei *
para can**tar** as grandes obras do Senhor!
– [18] O Se**nhor** severamente me provou, *
mas **não** me abandonou às mãos da morte.

Ant. A mão di**rei**ta do Se**nhor** me levan**tou**. ale**luia**.

Ant. 3 Que o Se**nhor** e nosso **Deus** nos ilu**mi**ne, ale**luia**!

III

– [19] Abri-me **vós**, abri-me as **por**tas da jus**ti**ça; *
quero en**trar** para dar graças ao Senhor!
– [20] "Sim, **es**ta é a porta do Senhor, *
por **e**la só os justos entrarão!"
– [21] Dou-vos **gra**ças, ó Senhor, porque me ouvistes *
e vos tor**nas**tes para mim o Salvador!
– [22] "A **pe**dra que os pedreiros rejeitaram *
tor**nou**-se agora a pedra angular.
– [23] Pelo Se**nhor** é que foi feito tudo isso: *
Que mara**vi**lhas ele fez a nossos olhos!
– [24] Este é o **di**a que o Senhor fez para nós, *
ale**gre**mo-nos e nele exultemos! –

– 25 Ó Se**nhor**, dai-nos a vossa salvação, *
ó Se**nhor**, dai-nos também prosperidade!”
– 26 Ben**di**to seja, em nome do Senhor, *
a**que**le que em seus átrios vai entrando!
– Desta **ca**sa do Senhor vos bendizemos. *
27 Que o Se**nhor** e nosso Deus nos ilumine!

– Empu**nhai** ramos nas mãos, formai cortejo, *
aproxi**mai**-vos do altar, até bem perto!
– 28 Vós sois meu **Deus**, eu vos bendigo e agradeço! *
Vós sois meu **Deus**, eu vos exalto com louvores!
– 29 Dai **gra**ças ao Senhor, porque ele é bom! *
“E**ter**na é a sua misericórdia!”

Ant. Que o Se**nhor** e nosso **Deus** nos ilu**mi**ne, ale**lui**a!

Leitura breve Rm 8,22-23

Sabemos que toda a criação, até ao tempo presente, está gemendo como que em dores de parto. E não somente ela, mas nós também, que temos os primeiros frutos do Espírito, estamos interiormente gemendo, aguardando a adoção filial e a libertação para o nosso corpo.

V. Ben**di**ze, ó minha **al**ma, ao Se**nhor**!
R. Do se**pul**cro ele **sal**va tua **vi**da!

Oração como no Próprio do Tempo.

II Vésperas

V. Vinde, ó **Deus**. Glória ao **Pai**. Como **e**ra. (Ale**lui**a).

Hino

Criador generoso da luz,
que criastes a luz para o dia,
com os raios primeiros da luz,
sua origem o mundo inicia.

Vós chamastes de “dia” o decurso
da manhã luminosa ao poente.
Eis que as trevas já descem à terra:
escutai nossa prece, clemente.

Para que sob o peso dos crimes
nossa mente não fique oprimida,
e, esquecendo as coisas eternas,
não se exclua do prêmio da vida.

Sempre à porta celeste batendo,
alcancemos o prêmio da vida,
evitemos do mal o contágio
e curemos da culpa a ferida.

Escutai-nos, ó Pai piedoso,
com o único Filho também,
que reinais com o Espírito Santo
pelos séculos dos séculos. Amém.

Salmodia

Nos domingos do Advento, Natal, Quaresma e Páscoa, as antífonas são próprias do Tempo correspondente.

Ant. 1 Pa**la**vra do Se**nhor** ao meu Se**nhor**:
Assen**ta**-te ao **la**do meu di**rei**to. Ale**lui**a. †

Salmo 109(110),1-5.7

O Messias, Rei e Sacerdote

É preciso que ele reine, até que todos os seus inimigos estejam debaixo de seus pés (1Cor 15,25).

– 1 Pa**la**vra do Se**nhor** ao meu Se**nhor**: *
“As**sen**ta-te ao lado meu direito,
– † **até** que eu ponha os inimigos teus *
como esca**be**lo por debaixo de teus pés!”

= 2 O Se**nhor** estenderá desde Sião †
vosso **ce**tro de poder, pois ele diz: *
“Do**mi**na com vigor teus inimigos;

= 3 Tu és **prín**cipe desde o dia em que nasceste; †
na **gló**ria e esplendor da santidade, *
como o or**va**lho, antes da aurora, eu te gerei!”

= 4 Jurou o Se**nhor** e manterá sua palavra: †
“Tu **és** sacerdote eternamente, *
segundo a **or**dem do rei Melquisedec!”–

– 5 À vossa **des**tra está o Senhor, ele vos diz: *
“No dia da **i**ra esmagarás os reis da terra!
– 7 Bebe**rás** água corrente no caminho, *
por **is**so seguirás de fronte erguida!”

Ant. Pa**la**vra do Se**nhor** ao meu Se**nhor**:
Assen**ta**-te ao **la**do meu di**rei**to. Ale**lui**a.

Ant. 2 O Se**nhor** bom e cle**men**te nos dei**xou**
a lem**bran**ça de suas **gran**des mara**vi**lhas. Ale**lui**a.

Salmo 110(111)

As grandes obras do Senhor

Grandes e maravilhosas são as tuas obras, Senhor Deus todo--poderoso! (Ap 15,3).

– 1 Eu agra**de**ço a Deus de **to**do o cora**ção** *
junto com **to**dos os seus justos reunidos!
– 2 Que grandi**o**sas são as obras do Senhor, *
elas me**re**cem todo o amor e admiração!

– 3 Que be**le**za e esplendor são os seus feitos! *
Sua jus**ti**ça permanece eternamente!
– 4 O Se**nhor** bom e clemente nos deixou *
a lem**bran**ça de suas grandes maravilhas.

– 5 Ele **dá** o alimento aos que o temem *
e ja**mais** esquecerá sua Aliança.
– 6 Ao seu **po**vo manifesta seu poder, *
dando a **e**le a herança das nações.

– 7 Suas **o**bras são verdade e são justiça, *
seus pre**cei**tos, todos eles, são estáveis,
– 8 confir**ma**dos para sempre e pelos séculos, *
reali**za**dos na verdade e retidão.

= 9 Envi**ou** libertação para o seu povo, †
confir**mou** sua Aliança para sempre. *
Seu nome é **san**to e é digno de respeito.

= 10 Temer a **Deus** é o princípio do saber †
e é **sá**bio todo aquele que o pratica. *
Perma**ne**ça eternamente o seu louvor.

Ant. O Se**nhor** bom e cle**men**te nos dei**xou**
a lem**bran**ça de suas **gran**des mara**vi**lhas. Ale**lu**ia.

Ant. 3 De seu **rei**no tomou **pos**se
nosso **Deus** onipo**ten**te. Ale**lu**ia.

No cântico seguinte dizem-se os Aleluias entre parênteses somente quando se canta; na recitação, basta dizer o Aleluia no começo, entre as estrofes e no fim.

Cântico cf. Ap 19,1-2.5-7

= Ale**lu**ia, (Ale**lu**ia!).
1 Ao nosso **Deus** a salva**ção**, *
honra, **gló**ria e poder! (Aleluia!).
– 2 Pois são ver**da**de e justiça *
os juízos do Senhor.

R. Ale**lu**ia, (Ale**lu**ia!).

= Ale**lu**ia, (Ale**lu**ia!).
5 Cele**brai** o nosso Deus, *
servi**do**res do Senhor! (Aleluia!).
– E vós **to**dos que o temeis, *
vós os **gran**des e os pequenos!

R. Ale**lu**ia, (Ale**lu**ia!).

= Ale**lu**ia, (Ale**lu**ia!).
6 De seu **rei**no tomou posse *
nosso **Deus** onipotente! (Aleluia!).
– 7 Exul**te**mos de alegria, *
demos **gló**ria ao nosso Deus!

R. Ale**lu**ia, (Ale**lu**ia!).

= Ale**lu**ia, (Ale**lu**ia!).
Eis que as **núp**cias do Cordeiro *
redi**vi**vo se aproximam! (Aleluia!).
– Sua Es**po**sa se enfeitou, *
se ves**tiu** de linho puro.

R. Ale**lu**ia, (Ale**lu**ia!).

Ant. De seu **rei**no tomou **pos**se
nosso **Deus** onipo**ten**te. Ale**lu**ia.

Nos domingos da Quaresma se diz o Cântico da Carta de São Pedro com a antífona própria.

Cântico 1Pd 2,21-24

= [21]O **Cris**to por **nós** pade**ceu**, †
deixou-nos o exemplo a seguir. *
Sigamos, portanto, seus passos!
– [22]Pe**ca**do nenhum cometeu, *
nem **hou**ve engano em seus lábios.

(R. Por suas **cha**gas nós **fo**mos cu**ra**dos.)

= [23]Insul**ta**do, ele não insultava; †
ao so**frer** e ao ser maltratado, *
ele **não** ameaçava vingança;
– entre**ga**va, porém, sua causa *.
À**que**le que é justo juiz. (R.)

– [24]Carre**gou** sobre si nossas culpas *
em seu **cor**po, no lenho da cruz,
= para que, **mor**tos aos nossos pecados, †
na jus**ti**ça de Deus nós vivamos. *
Por suas **cha**gas nós fomos curados. (R.)

Leitura breve 1Pd 1,3-5

Bendito seja Deus, Pai de nosso Senhor Jesus Cristo. Em sua grande misericórdia, pela ressurreição de Jesus Cristo dentre os mortos, ele nos fez nascer de novo, para uma esperança viva, para uma herança incorruptível, que não estraga, que não se mancha nem murcha, e que é reservada para vós nos céus. Graças à fé, e pelo poder de Deus, vós fostes guardados para a salvação que deve manifestar-se nos últimos tempos.

Responsório breve

R. Ó Se**nhor**, vós sois ben**di**to
* No ce**les**te firma**men**to. R. Ó Se**nhor**.
V. Vós sois **di**gno de lou**vor** e de **gló**ria eterna**men**te.
* No ce**les**te. Glória ao **Pai**. R. Ó Se**nhor**.

Antífona do Magníficat como no Próprio do Tempo.

Preces

Com alegria, invoquemos a Deus Pai que, tendo no princípio criado o mundo, recriou-o pela redenção e não cessa de renová-lo por seu amor; e digamos:

R. **Renovai, Senhor, as maravilhas do vosso amor!**

Nós vos damos graças, Senhor Deus, porque revelais o vosso poder na criação inteira,
– e manifestais a vossa providência nos acontecimentos da história. R.

Por vosso Filho, que no triunfo da cruz anunciou a paz ao mundo,
– livrai-nos do desespero e do vão temor. R.

A todos os que amam a justiça e por ela trabalham,
– ajudai-os a colaborar com sinceridade na construção de uma sociedade renovada na verdadeira concórdia. R.

Socorrei os oprimidos, libertai os prisioneiros, consolai os aflitos, dai pão aos famintos, fortalecei os fracos,
– para que em todos eles se manifeste a vitória da cruz. R.

(intenções livres)

Vós, que ressuscitastes gloriosamente vosso Filho depois de morto e sepultado,
– concedei aos que morreram entrar juntamente com ele na vida eterna. R.

Pai nosso...

Oração como no Próprio do Tempo.

III SEGUNDA-FEIRA

Laudes

V. Vinde, ó **Deus**. Glória ao **Pai**. Como **era**. (Ale**luia**).

Hino

Clarão da glória do Pai,
ó Luz, que a Luz origina,
sois Luz da Luz, fonte viva,
sois Luz que ao dia ilumina.

Brilhai, ó Sol verdadeiro,
com vosso imenso esplendor,
e dentro em nós derramai
do Santo Espírito o fulgor.

Também ao Pai suplicamos,
ao Pai a glória imortal,
ao Pai da graça potente,
que a nós preserve do mal.

Na luta fortes nos guarde
vencendo o anjo inimigo.
Nas quedas, dê-nos a graça,
de nós afaste o perigo.

As nossas mentes governe
num corpo casto e sadio.
A nossa fé seja ardente,
e não conheça desvio.

O nosso pão seja o Cristo,
e a fé nos seja a bebida.
O Santo Espírito bebamos
nas fontes puras da vida.

Alegre passe este dia,
tão puro quanto o arrebol.
A fé, qual luz cintilante,
refulja em nós como o sol.

A aurora em si traz o dia.
Vós, como aurora, brilhai:
ó Pai, vós todo no Filho,
e vós, ó Verbo, no Pai.

Salmodia

Ant. 1 Fe**li**zes os que ha**bi**tam vossa **ca**sa, ó Se**nhor**!

T.P.: Meu cora**ção** e minha **car**ne reju**bi**lam
e ex**ul**tam de ale**gri**a no Deus **vi**vo. Ale**lui**a.

Salmo 83(84)

Saudades do templo do Senhor

Não temos aqui cidade permanente, mas estamos à procura daquela que está para vir (Hb 13,14).

– 2 Quão a**má**vel, ó Se**nhor**, é vossa **ca**sa, *
quanto a **a**mo, Senhor Deus do universo!
– 3 Minha **al**ma desfalece de saudades *
e an**sei**a pelos átrios do Senhor!
– Meu cora**ção** e minha carne rejubilam *
e e**xul**tam de alegria no Deus vivo!

= 4 Mesmo o par**dal** encontra abrigo em vossa casa, †
e a ando**ri**nha aí prepara o seu ninho, *
para **ne**le seus filhotes colocar:
– vossos al**ta**res, ó Senhor Deus do universo! *
vossos al**ta**res, ó meu Rei e meu Senhor!

– 5 Fe**li**zes os que habitam vossa casa; *
para **sem**pre haverão de vos louvar!
– 6 Fe**li**zes os que em vós têm sua força, *
e se de**ci**dem a partir quais peregrinos!

= 7 Quando **pas**sam pelo vale da aridez, †
o trans**for**mam numa fonte borbulhante, *
pois a **chu**va o vestirá com suas bênçãos.
– 8 Caminha**rão** com ardor sempre crescente *
e hão de **ver** o Deus dos deuses em Sião.

– 9 Deus do uni**ver**so, escutai minha oração! *
Incli**nai**, Deus de Jacó, o vosso ouvido!
– 10 Olhai, ó **Deus**, que sois a nossa proteção, *
vede a face do eleito, vosso Ungido!

– 11 Na ver**da**de, um só dia em vosso templo *
vale **mais** do que milhares fora dele!
– Prefiro es**tar** no limiar de vossa casa, *
a hospe**dar**-me na mansão dos pecadores!

– 12 O Senhor **Deus** é como um sol, é um escudo, *
e larga**men**te distribui a graça e a glória.
– O Se**nhor** nunca recusa bem algum *
à**que**les que caminham na justiça.

– 13 Ó Se**nhor**, Deus poderoso do universo, *
feli**z** quem põe em vós sua esperança!

Ant. Fe**li**zes os que ha**bi**tam vossa **ca**sa, ó Se**nhor**!

T.P.: Meu cora**ção** e minha **car**ne reju**bi**lam
e ex**ul**tam de ale**gri**a no Deus **vi**vo. Ale**lui**a.

Ant. 2 Vinde, su**ba**mos a mon**ta**nha do Se**nhor**!

T.P.: A **ca**sa do Se**nhor** foi ele**va**da;
a **e**la acorre**rão** todas as **gen**tes. Ale**lui**a.

Cântico Is 2,2-5

A montanha da casa do Senhor
é mais alta do que todas as montanhas

Todas as nações virão prostrar-se diante de Ti (Ap 15,4).

– 2 Eis que **vai** aconte**cer** no fim dos **tem**pos, *
que o **mon**te onde está a casa do Senhor
– será er**gui**do muito acima de outros montes, *
e ele**va**do bem mais alto que as colinas.

– Para ele acorrerão todas as gentes, *
3 muitos **po**vos chegarão ali dizendo:
– "Vinde, su**ba**mos a montanha do Senhor, *
vamos à **ca**sa do Senhor Deus de Israel,

– para que **e**le nos ensine seus caminhos, *
e tri**lhe**mos todos nós suas veredas.
– Pois de Si**ão** a sua Lei há de sair, *
Jerusa**lém** espalhará sua Palavra".

– 4 Será **e**le o Juiz entre as nações *
e o **ár**bitro de povos numerosos.
– Das es**pa**das farão relhas de arado *
e das **lan**ças forjarão as suas foices.

– Uma na**ção** não se armará mais contra a outra, *
nem have**rão** de exercitar-se para a guerra.
– 5 Vinde, ó **ca**sa de Jacó, vinde, achegai-vos, *
camin**he**mos sob a luz do nosso Deus!

Ant. Vinde, su**ba**mos a mon**ta**nha do Se**nhor**!

T.P.: A **ca**sa do Se**nhor** foi ele**va**da;
a **e**la acorre**rão** todas as **gen**tes. Ale**lui**a.

Ant. 3 Can**tai** ao Senhor **Deus**, bendi**zei** seu santo **no**me!
T.P.: Publi**cai** entre as na**ções**: Reina o Se**nhor**!

Salmo 95(96)

Deus, Rei e Juiz de toda a terra

Cantavam um cântico novo diante do trono, na presença do Cordeiro (cf. Ap 14,3).

= 1 Can**tai** ao Senhor **Deus** um canto **no**vo, †
cant**ai** ao Senhor Deus, ó terra inteira! *
2 Can**tai** e bendizei seu santo nome!

= Dia após **dia** anunciai sua salvação, †
3 manifes**tai** a sua glória entre as nações, *
e entre os **po**vos do universo seus prodígios!

= 4 Pois Deus é **gran**de e muito digno de louvor, †
é mais ter**rí**vel e maior que os outros deuses, *
5 porque um **na**da são os deuses dos pagãos.

= Foi o Se**nhor** e nosso Deus quem fez os céus: †
6 diante **de**le vão a glória e a majestade, *
e o seu **tem**plo, que beleza e esplendor!

= 7 Ó fa**mí**lia das nações, dai ao Senhor, †
ó na**ções**, dai ao Senhor poder e glória, *
8 dai-lhe a **gló**ria que é devida ao seu nome!

= Oferec**ei** um sacrifício nos seus átrios, †
9 ado**rai**-o no esplendor da santidade, *
terra in**tei**ra, estremecei diante dele!

= 10 Publi**cai** entre as nações: "Reina o Senhor!" †
Ele fir**mou** o universo inabalável, *
e os **po**vos ele julga com justiça.

– 11 O **céu** se rejubile e exulte a terra, *
aplauda o **mar** com o que vive em suas águas;

– 12 os **cam**pos com seus frutos rejubilem *
e **exul**tem as florestas e as matas

– 13 na pre**sen**ça do Senhor, pois ele vem, *
porque **vem** para julgar a terra inteira.

– Gover**na**rá o mundo todo com justiça, *
e os **po**vos julgará com lealdade.

Ant. Cantai ao Senhor **Deus,** bendizei seu santo **no**me!

T.P.: Publi**cai** entre as na**ções**: Reina o Se**nhor**!

Leitura breve Tg 2,12-13

Falai e procedei como pessoas que vão ser julgadas pela Lei da liberdade. Pensai bem: O juízo vai ser sem misericórdia para quem não praticou misericórdia; a misericórdia, porém, triunfa do juízo.

Responsório breve

R. O Se**nhor** seja ben**di**to,
* Bendito **se**ja eterna**men**te! R. O Se**nhor**.
V. Só o Se**nhor** faz mara**vi**lhas. * Bendito **se**ja.
Glória ao **Pai**. R. O Se**nhor**.

Cântico evangélico, ant.

Bendito **se**ja o Se**nhor** nosso **Deus**!

Preces

Roguemos a Deus Pai, que colocou os seres humanos no mundo para trabalharem em harmonia para sua glória; e peçamos com fervor:

R. **Senhor, ouvi-nos, para louvor da vossa glória!**

Deus, Criador do universo, nós vos bendizemos por tantos bens da criação que nos destes,
– e pela vida que nos conservastes até este dia. R.

Olhai para nós ao iniciarmos o trabalho cotidiano,
– para que, colaborando na vossa obra, tudo façamos de acordo com a vossa vontade. R.

Fazei que o nosso trabalho de hoje seja proveitoso para os nossos irmãos e irmãs,
– a fim de que todos juntos construamos uma sociedade mais justa e fraterna aos vossos olhos. R.

A nós e a todos os que neste dia se encontrarem conosco,
– concedei a vossa alegria e vossa paz. R.

(intenções livres)

Pai nosso...

Oração

Senhor nosso Deus, Rei do céu e da terra, dirigi e santificai nossos corações e nossos corpos, nossos sentimentos, palavras e ações, na fidelidade à vossa lei e na obediência à vossa vontade, para que, hoje e sempre, por vós auxiliados, alcancemos a liberdade e a salvação. Por nosso Senhor Jesus Cristo, vosso Filho, na unidade do Espírito Santo.

Hora Média

V. Vinde, ó **Deus**. Glória ao **Pai**. Como **e**ra. (Ale**lui**a).

HINO como no Ordinário, p. 743.

Salmodia

Ant. 1 Procu**rei** vossa von**ta**de, ó Se**nhor**;
por meio **de**la conser**vais** a minha **vi**da.

Salmo 118(119),89-96
XII (Lamed)
Meditação sobre a Palavra de Deus na Lei

Eu vos dou um novo mandamento: Amai-vos uns aos outros, como eu vos amei (cf. Jo 13,34).

– 89 É e**ter**na, ó Se**nhor**, vossa pa**la**vra, *
ela é tão **fir**me e estável como o céu.
– 90 De gera**ção** em geração vossa verdade *
perma**ne**ce como a terra que firmastes.

– 91 Porque man**das**tes, tudo existe até agora; *
todas as **coi**sas, ó Senhor, vos obedecem!
– 92 Se não **fos**se a vossa lei minhas delícias, *
eu já te**ri**a perecido na aflição!

– 93 Eu ja**mais** esquecerei vossos preceitos, *
por meio **de**les conservais a minha vida.
– 94 Vinde sal**var**-me, ó Senhor, eu vos pertenço!
Porque **sem**pre procurei vossa vontade.

– 95 Es**prei**tam-me os maus para perder-me, *
mas conti**nu**o sempre atento à vossa lei.
– 96 Vi que **to**da a perfeição tem seu limite, *
e só a **vos**sa Aliança é infinita.

Ant. Procu**rei** vossa von**ta**de, ó Se**nhor**;
por meio **de**la conser**vais** a minha **vi**da.

Ant. 2 Em vós con**fi**o, ó Se**nhor**, desde a **mi**nha juven**tu**de

Salmo 70(71)

Senhor, minha esperança desde a minha juventude!

Sede alegres por causa da esperança fortes nas tribulações (Rm 12,12).

I

– 1 Eu pro**cu**ro meu re**fú**gio em vós, Se**nhor**: *
que eu não **se**ja envergonhado para sempre!
– 2 Porque sois **jus**to, defendei-me e libertai-me!
Escu**tai** a minha voz, vinde salvar-me!

– 3 Sede uma **ro**cha protetora para mim, *
um a**bri**go bem seguro que me salve!
– Porque **sois** a minha força e meu amparo, *
o meu re**fú**gio, proteção e segurança!

– 4 Liber**tai**-me, ó meu Deus, das mãos do ímpio, *
das **gar**ras do opressor e do malvado!
– 5 Porque **sois**, ó Senhor Deus, minha esperança, *
em vós con**fio** desde a minha juventude!

= 6 Sois meu a**poi**o desde antes que eu nascesse, †
desde o **sei**o maternal, o meu amparo:*
para **vós** o meu louvor eternamente!

– 7 Muita **gen**te considera-me um prodígio, *
mas sois **vós** o meu auxílio poderoso!
– 8 Vosso lou**vor** é transbordante de meus lábios, *
cantam **e**les vossa glória o dia inteiro.

– 9 Não me dei**xeis** quando chegar minha velhice, *
não me fal**teis** quando faltarem minhas forças!
– 10 Porque **fa**lam contra mim os inimigos, *
fazem **pla**nos os que tramam minha morte
– 11 e dizem: "**Deus** o abandonou, vamos matá-lo; *
agar**rai**-o, pois não há quem o defenda!"

– 12 Não fi**queis** longe de mim, ó Senhor Deus! *
Apres**sai**-vos, ó meu Deus, em socorrer-me!
– 13 Que **se**jam humilhados e pereçam *
os que pro**cu**ram destruir a minha vida!
– Sejam co**ber**tos de infâmia e de vergonha *
os que de**se**jam a desgraça para mim!

Ant. Em vós confio, ó Se**nhor**, desde a **mi**nha juven**tu**de.

Ant. 3 Na ve**lhi**ce, com os **meus** cabelos **bran**cos,
eu vos su**pli**co, ó Se**nhor**, não me dei**xeis**!

II

– [14]Eu, po**rém**, sempre em **vós** confia**rei**, *
sempre **mais** aumentarei vosso louvor!
– [15]Minha **bo**ca anunciará todos os dias *
vossa jus**ti**ça e vossas graças incontáveis.
– [16]Canta**rei** vossos portentos, ó Senhor, *
lembra**rei** vossa justiça sem igual!

– [17]Vós me ensi**nas**tes desde a minha juventude, *
e até **ho**je canto as vossas maravilhas.
– [18]E na ve**lhi**ce, com os meus cabelos brancos, *
eu vos su**pli**co, ó Senhor, não me deixeis!

– [19]Ó meu **Deus**, vossa justiça e vossa força *
são tão **gran**des, vão além dos altos céus!
– Vós fi**zes**tes realmente maravilhas. *
Quem, Se**nhor**, pode convosco comparar-se?

= [20]Vós permi**tis**tes que eu sofresse grandes males, †
mas vi**reis** restituir a minha vida *
e ti**rar**-me dos abismos mais profundos.
– [21]Conforta**reis** a minha idade avançada, *
e de **no**vo me havereis de consolar.

– [22]En**tão**, vos cantarei ao som da harpa, *
cele**bran**do vosso amor sempre fiel;
– para lou**var**-vos tocarei a minha cítara, *
glorifi**can**do-vos, ó Santo de Israel!

– [23]A ale**gri**a cantará sobre meus lábios, *
e a minha **al**ma libertada exultará!
– [24]Igual**men**te a minha língua todo o dia, *
can**tan**do, exaltará vossa justiça!
– Pois fi**ca**ram confundidos e humilhados *
todos a**que**les que tramavam contra mim.

Ant. Na ve**lhi**ce, com os **meus** cabelos **bran**cos,
eu vos su**pli**co, ó Se**nhor**, não me dei**xeis**!

Leitura breve Rm 6,22

Agora libertados do pecado, e como escravos de Deus, frutificais para a santidade até a vida eterna, que é a meta final.

V. Vireis, ó **Deus**, restituir a minha **vi**da,
R. Para que, em **vós**, se reju**bi**le o vosso **po**vo.

Oração

Ó Deus, senhor e guarda da vinha e da colheita, que repartis as tarefas e dais a justa recompensa, fazei-nos carregar o peso do dia, sem jamais murmurar contra a vossa vontade. Por Cristo, nosso Senhor.

Vésperas

V. Vinde, ó **Deus**. Glória ao **Pai**. Como **e**ra. (Ale**lui**a).

Hino

Ó Deus, organizando
o líquido elemento,
as águas dividistes
firmando o firmamento.

As nuvens fazem sombra,
os rios dão frescor;
assim tempera a água,
dos astros o calor.

Em nós vertei a graça,
a água benfazeja;
do fogo das paixões,
constante, nos proteja.

Que a fé encontre a luz
e espalhe o seu clarão;
que nada impeça a alma
no impulso da ascensão!

Ao Pai e ao Filho, glória;
ao Espírito também:
louvor, honra e vitória
agora e sempre. Amém.

Salmodia

Ant. 1 Nossos **o**lhos estão **fi**tos no Se**nhor**,
até que **e**le tenha **pe**na de seus **ser**vos.

T.P.: O Se**nhor** há de **ser** tua **luz** sempi**ter**na
e teu **Deus** há de **ser** tua **gló**ria, ale**lui**a.

Salmo 122(123)

Deus, esperança do seu povo

Dois cegos... começaram a gritar: Senhor, Filho de Davi, tem piedade de nós! (Mt 20,30).

– [1]Eu le**van**to os meus **o**lhos para **vós**, *
que habi**tais** nos altos **céus.**
– [2]Como os **o**lhos dos escravos estão fitos *
nas **mãos** do seu senhor,

– como os **o**lhos das escravas estão fitos *
nas **mãos** de sua senhora,
– as**sim** os nossos olhos, no Senhor, *
até de **nós** ter piedade.

– [3]Tende pie**da**de, ó Senhor, tende piedade; *
já é de**mais** esse desprezo!
– [4]Estamos **far**tos do escárnio dos ricaços *
e do des**pre**zo dos soberbos!

Ant. Nossos **o**lhos estão **fi**tos no Se**nhor**,
até que **e**le tenha **pe**na de seus **ser**vos.

T.P.: O Se**nhor** há de **ser** tua **luz** sempi**ter**na
e teu **Deus** há de **ser** tua **gló**ria, ale**lui**a.

Ant. 2 O nosso au**xí**lio está no **no**me do Se**nhor**,
do Se**nhor** que fez o **céu** e fez a **ter**ra.

T.P.: O **la**ço arreben**tou**-se de re**pen**te
e **fo**mos liber**ta**dos, ale**lui**a.

Salmo 123(124)

O nosso auxílio está no nome do Senhor

O Senhor disse a Paulo: Não tenhas medo, porque eu estou contigo (At 18,9-10).

– 1 Se o Se**nhor** não esti**ve**sse ao nosso **la**do, *
que o **di**ga Israel neste momento;
– 2 se o Se**nhor** não estivesse ao nosso lado, *
quando os **ho**mens investiram contra nós,
– 3 com cer**te**za nos teriam devorado *
no fu**ror** de sua ira contra nós.

– 4 Então as **á**guas nos teriam submergido, *
a corren**te**za nos teria arrastado,
– 5 e en**tão**, por sobre nós teriam passado *
essas **á**guas sempre mais impetuosas.
– 6 Bendito **se**ja o Senhor, que não deixou *
ca**ir**mos como presa de seus dentes!

– 7 Nossa **al**ma como um pássaro escapou *
do **la**ço que lhe armara o caçador;
– o **la**ço arrebentou-se de repente, *
e as**sim** conseguimos libertar-nos.
– 8 O nosso au**xí**lio está no nome do Senhor, *
do Se**nhor** que fez o céu e fez a terra!

Ant. O nosso au**xí**lio está no **no**me do Se**nhor**,
do Se**nhor** que fez o **céu** e fez a **ter**ra.

T.P.: O **la**ço arreben**tou**-se de re**pen**te
e **fo**mos liber**ta**dos, ale**lui**a.

Ant. 3 No seu **Fi**lho, o **Pai** nos esco**lheu**
para **ser**mos seus **fi**lhos ado**ti**vos.

T.P.: Quando eu **for** elevado da **ter**ra
atra**irei** para **mim** todo **ser**. Ale**lui**a.

Cântico Ef 1,3-10

O plano divino da salvação

– 3 Ben**di**to e lou**va**do seja **Deus**, *
o **Pai** de Jesus Cristo, Senhor nosso,
– que do alto **céu** nos abençoou em Jesus Cristo *
com **bên**ção espiritual de toda sorte!

(R. Bendito sejais **vós**, nosso **Pai**,
que **nos** abençoastes em **Cris**to!)

– [4]Foi em **Cris**to que Deus Pai nos escolheu, *
já bem **an**tes de o mundo ser criado,
– para que **fôs**semos, perante a sua face, *
sem **má**cula e santos pelo amor. (R.)

= [5]Por **li**vre decisão de sua vontade, †
predestin**ou**-nos, através de Jesus Cristo, *
a sermos **ne**le os seus filhos adotivos,
– [6]para o lou**vor** e para a glória de sua graça, *
que em seu **Fi**lho bem-amado nos doou. (R.)

– [7]É **ne**le que nós temos redenção, *
dos pe**ca**dos remissão pelo seu sangue.
= Sua **gra**ça transbordante e inesgotável †
[8]Deus der**ra**ma sobre nós com abundância, *
de sa**ber** e inteligência nos dotando. (R.)

– [9]E as**sim**, ele nos deu a conhecer *
o mis**té**rio de seu plano e sua vontade,
– que propu**se**ra em seu querer benevolente, *
[10]na pleni**tu**de dos tempos realizar:
– o de**síg**nio de, em Cristo, reunir *
todas as **coi**sas: as da terra e as do céu. (R)

Ant. No seu **Fi**lho, o **Pai** nos escol**heu**
para **ser**mos seus **fi**lhos ado**ti**vos.

T.P.: Quando eu **for** elevado da **ter**ra
atrai**rei** para **mim** todo **ser**. Ale**lui**a.

Leitura breve — Tg 4,11-12

Não faleis mal dos outros, irmãos. Quem fala mal de seu irmão ou o julga, fala mal da Lei e julga-a. Ora, se julgas a Lei, não és cumpridor da Lei, mas sim, seu juiz. Um só é o legislador e juiz: aquele que é capaz de salvar e de fazer perecer. Tu, porém, quem és, para julgares o teu próximo?

Responsório breve

R. Cu**rai**-me, Se**nhor**, * Pois pe**quei** contra **vós**.
R. Cu**rai**-me.
V. Eu vos **di**go: Meu **Deus**, tende **pe**na de **mim**!
* Pois pe**quei**. Glória ao **Pai**. R. Cu**rai**-me.

Cântico evangélico, ant.

A minh'**al**ma engran**de**ce o Se**nhor**,
porque o**lhou** para a **mi**nha humil**da**de.

Preces

Jesus Cristo quer salvar todos os seres humanos; por isso o invoquemos de coração sincero; e digamos:

R. **Atraí, Senhor, todas as coisas para vós!**

Bendito sejais, Senhor, porque nos libertastes da escravidão do pecado pelo vosso sangue precioso;
– tornai-nos participantes da gloriosa liberdade dos filhos de Deus. R.

Concedei a vossa graça ao nosso bispo N. e a todos os bispos da Igreja,
– para que administrem os vossos mistérios com alegria e fervor. R.

Fazei que todos aqueles que se dedicam à busca da verdade possam encontrá-la,
– e, encontrando-a, se esforcem por buscá-la sempre mais. R.

Assisti, Senhor, os órfãos, as viúvas e todos os que vivem abandonados,
– para que, sentindo-vos próximo deles, unam-se mais plenamente a vós. R.

(intenções livres)

Recebei com bondade na Jerusalém celeste os nossos irmãos e irmãs que partiram desta vida,
– onde vós, com o Pai e o Espírito Santo, sereis tudo em todos. R.

Pai nosso...

Oração

Ó Deus, nosso Pai, luz que não se apaga: olhando para nós reunidos nesta oração vespertina, iluminai nossas trevas e perdoai nossas culpas. Por nosso Senhor Jesus Cristo, vosso Filho, na unidade do Espírito Santo.

III TERÇA-FEIRA

Laudes

V. Vinde, ó **Deus**. Glória ao **Pai**. Como **era**. (Ale**lui**a).

Hino

Já vem brilhante aurora
o sol anunciar.
De cor reveste as coisas,
faz tudo cintilar.

Ó Cristo, Sol eterno,
vivente para nós,
saltamos de alegria,
cantando para vós.

Do Pai Ciência e Verbo,
por quem se fez a luz,
as mentes, para vós,
levai, Senhor Jesus.

Que nós, da luz os filhos,
solícitos andemos.
Do Pai eterno a graça
nos atos expressemos.

Profira a nossa boca
palavras de verdade,
trazendo à alma o gozo
que vem da lealdade.

A vós, ó Cristo, a glória
e a vós, ó Pai, também,
com vosso Santo Espírito,
agora e sempre. Amém.

Salmodia

Ant. 1 Abençoa**stes**, ó Se**nhor**, a vossa **ter**ra,
perdoa**stes** o pe**ca**do ao vosso **po**vo.

T.P.: Vinde, Se**nhor**, restitu**ir** a nossa **vi**da
para que em **vós** se reju**bi**le o vosso **po**vo! Ale**lui**a.

Salmo 84(85)

A nossa salvação está próxima

No Salvador caído por terra, Deus abençoou a sua terra (Orígenes).

– 2 Favore**ces**tes, ó Se**nhor**, a vossa **ter**ra, *
libert**as**tes os cativos de Jacó.
– 3 Perd**oa**stes o pecado ao vosso povo, *
enco**bris**tes toda a falta cometida;
– 4 reti**ras**tes a ameaça que fizestes, *
acal**mas**tes o furor de vossa ira.

– 5 Reno**vai**-nos, nosso Deus e Salvador, *
esque**cei** a vossa mágoa contra nós!
– 6 Fica**reis** eternamente irritado? *
Guarda**reis** a vossa ira pelos séculos?
– 7 Não vi**reis** restituir a nossa vida, *
para que em **vós** se rejubile o vosso povo?
– 8 Mos**trai**-nos, ó Senhor, vossa bondade, *
conce**dei**-nos também vossa salvação!

– 9 Quero ou**vir** o que o Senhor irá falar: *
é a **paz** que ele vai anunciar;
– a **paz** para o seu povo e seus amigos, *
para os que **vol**tam ao Senhor seu coração.
– 10 Está **per**to a salvação dos que o temem, *
e a **gló**ria habitará em nossa terra.

– 11 A ver**da**de e o amor se encontrarão, *
a jus**ti**ça e a paz se abraçarão;
– 12 da **ter**ra brotará a fidelidade, *
e a jus**ti**ça olhará dos altos céus.

– 13 O Se**nhor** nos dará tudo o que é bom, *
e a nossa **ter**ra nos dará suas colheitas;
– 14 a jus**ti**ça andará na sua frente *
e a salva**ção** há de seguir os passos seus

Ant. Abençoa**stes**, ó Se**nhor**, a vossa **ter**ra,
perdo**astes** o pe**ca**do ao vosso **po**vo.

T.P.: Vinde, Se**nhor**, restitu**ir** a nossa **vi**da
para que em **vós** se reju**bi**le o vosso **po**vo! Ale**lui**a.

Ant. 2 Durante a **noi**te a minha **al**ma vos de**se**ja,
e meu es**pí**rito vos **bus**ca desde a au**ro**ra.

T.P.: Confi**a**mos no Se**nhor** e nos **deu** a sua **paz**. Ale**lui**a.

Cântico Is 26,1-4.7-9.12

Hino depois da vitória

A muralha da cidade tinha doze alicerces (cf. Ap 21,14).

– 1 Nossa ci**da**de inven**cí**vel é Si**ão**, *
sua mu**ra**lha e sua trincheira é o Salvador.
– 2 Abri as **por**tas, para que entre um povo justo, *
um povo **re**to que ficou sempre fiel.

– 3 Seu cora**ção** está bem firme e guarda a paz, *
guarda a **paz**, porque em vós tem confiança.
– 4 Tende **sem**pre confiança no Senhor, *
pois é **e**le nossa eterna fortaleza!

– 7 O ca**mi**nho do homem justo é plano e reto, *
porque **vós** o preparais e aplainais;
– 8 foi tri**lhan**do esse caminho de justiça *
que em **vós** sempre esperamos, ó Senhor!
– Vossa lem**bran**ça e vosso nome, ó Senhor, *
são o de**se**jo e a saudade de noss'alma!
– 9 Durante a **noi**te a minha alma vos deseja, *
e meu es**pí**rito vos busca desde a aurora.

– Quando os **vos**sos julgamentos se cumprirem, *
aprende**rão** todos os homens a justiça.
– 12 Ó Se**nhor** e nosso Deus, dai-nos a paz, *
pois a**gis**tes sempre em tudo o que fizemos!

Ant. Durante a **noi**te a minha **al**ma vos de**se**ja,
e meu es**pí**rito vos **bus**ca desde a au**ro**ra.

T.P.: Confi**a**mos no Se**nhor** e nos **deu** a sua **paz**. Ale**lui**a.

Ant. 3 Ó Se**nhor**, que vossa **fa**ce resplan**de**ça sobre **nós**!

T.P.: A **ter**ra produ**ziu** sua co**lhei**ta: a**le**grem-se os **po**vos. Ale**lui**a.

Salmo 66(67)

Todos os povos celebram o Senhor

Sabei que esta salvação de Deus já foi comunicada aos pagãos! (At 28,28).

– 2 Que Deus nos **dê** a sua **gra**ça e sua **bên**ção, *
e sua **fa**ce resplandeça sobre nós!
– 3 Que na **ter**ra se conheça o seu caminho *
e a **su**a salvação por entre os povos.

– 4 Que as na**ções** vos glorifiquem, ó Senhor, *
que **to**das as nações vos glorifiquem!

– 5 E**xul**te de alegria a terra inteira, *
pois jul**gais** o universo com justiça;
– os **po**vos governais com retidão, *
e gui**ais**, em toda a terra, as nações.

– 6 Que as na**ções** vos glorifiquem, ó Senhor, *
que **to**das as nações vos glorifiquem!
– 7 A **ter**ra produziu sua colheita: *
o Se**nhor** e nosso Deus nos abençoa.
– 8 Que o Se**nhor** e nosso Deus nos abençoe, *
e o res**pei**tem os confins de toda a terra!

Ant. Ó Se**nhor**, que vossa **fa**ce resplan**de**ça sobre **nós**!

T.P.: A **ter**ra produ**ziu** sua co**lhei**ta: a**le**grem-se os **po**vos. Ale**lui**a.

Leitura breve 1Jo 4,14-15

Nós vimos, e damos testemunho, que o Pai enviou o seu Filho como Salvador do mundo. Todo aquele que proclama que Jesus é o Filho de Deus, Deus permanece com ele, e ele com Deus.

Responsório breve

R. Ó meu **Deus**, sois o ro**che**do que me a**bri**ga,
* Meu es**cu**do e prote**ção**: em vós es**pe**ro! R. Ó meu **Deus**.
V. Minha **ro**cha, meu a**bri**go e Salva**dor**. * Meu es**cu**do.
Glória ao **Pai**. R. Ó meu **Deus**.

Cântico evangélico, ant.

O Se**nhor** fez sur**gir** um pode**ro**so Salva**dor**,
como fa**la**ra pela **bo**ca de seus **san**tos e pro**fe**tas.

Preces

Adoremos a Jesus Cristo que, pelo seu sangue derramado, conquistou o povo da nova Aliança; e supliquemos humildemente:

R. **Lembrai-vos, Senhor, do vosso povo!**

Cristo, nosso Rei e Redentor, ouvi o louvor da vossa Igreja, no princípio deste dia,
–e ensinai-a a glorificar continuamente a vossa majestade. R.

Cristo, nossa esperança e nossa força, ensinai-nos a confiar em vós,
–e nunca permitais que sejamos confundidos. R.

Vede nossa fraqueza e socorrei-nos sem demora,
–porque sem vós nada podemos fazer. R.

Lembrai-vos dos pobres e abandonados, para que este novo dia não seja um peso para eles,
–mas lhes traga conforto e alegria. R.

(intenções livres)

Pai nosso...

Oração

Deus todo-poderoso, autor da bondade e beleza das criaturas, concedei que em vosso nome iniciemos, alegres, este dia e que o vivamos no amor generoso e serviçal a vós e a nossos irmãos e irmãs. Por nosso Senhor Jesus Cristo, vosso Filho, na unidade do Espírito Santo.

Hora Média

V. Vinde, ó **Deus**. Glória ao **Pai**. Como **e**ra. (Ale**lui**a).

HINO como no Ordinário, p. 743.

Salmodia

Ant. 1 A pleni**tu**de da **lei** é o a**mor**.

Salmo 118(119),97-104
XIII (Mem)

Meditação sobre a Palavra de Deus na Lei

Este é o mandamento que dele recebemos: aquele que ama a Deus, ame também o seu irmão! (1Jo 4,21).

– 97 Quanto eu **a**mo, ó Se**nhor**, a vossa **lei**! *
Perma**ne**ço o dia in**tei**ro a meditá-la.

– 98 Vossa **lei** me faz mais sábio que os rivais, *
porque ela me acompanha eternamente.
– 99 Fiquei mais **sá**bio do que todos os meus mestres, *
porque me**di**to sem cessar vossa Aliança.
– 100 Sou mais pru**den**te que os próprios anciãos, *
porque **cum**pro, ó Senhor, vossos preceitos.
– 101 De **to**do mau caminho afasto os passos, *
para que eu **si**ga fielmente as vossas ordens.
– 102 De **vos**sos julgamentos não me afasto, *
porque vós **mes**mo me ensinastes vossas leis.
– 103 Como é **do**ce ao paladar vossa palavra, *
muito mais **do**ce do que o mel na minha boca!
– 104 De vossa **lei** eu recebi inteligência, *
por isso o**dei**o os caminhos da mentira.

Ant. A pleni**tu**de da **lei** é o a**mor**.

Ant. 2 Recor**dai**-vos deste **po**vo que ou**tro**ra adqui**ris**tes!

Salmo 73(74)

Lamentação sobre o templo devastado

Não tenhais medo dos que matam o corpo (Mt 10,28).

I

– 1 Ó Se**nhor**, por que ra**zão** nos rejei**tas**tes para **sem**pre *
e vos i**rais** contra as ovelhas do re**ba**nho que guiais?
= 2 Recor**dai**-vos deste povo que ou**tro**ra adquiristes, †
desta **tri**bo que remistes para **ser** a vossa herança, *
e do **mon**te de Sião que escol**hes**tes por morada!
– 3 Diri**gi**-vos até lá para **ver** quanta ruína: *
no santu**á**rio o inimigo destru**iu** todas as coisas;
– 4 e, ru**gin**do como feras, no lo**cal** das grandes festas, *
lá pu**se**ram suas bandeiras vossos **ím**pios inimigos.
– 5 Pare**ciam** lenhadores derru**ban**do uma floresta, *
– 6 ao que**bra**rem suas portas com mar**te**los e com malhos.
– 7 Ó Se**nhor**, puseram fogo mesmo em **vos**so santuário! *
Rebai**xa**ram, profanaram o lu**gar** onde habitais! –

– 8 Entre **si** eles diziam: "Destru**a**mos de uma vez!" *
E os **tem**plos desta terra incendi**a**ram totalmente.
– 9 Já não **ve**mos mais prodígios, já não **te**mos mais profetas, *
ninguém **sa**be, entre nós, até **quan**do isto será!

– 10 Até **quan**do, Senhor Deus, vai blasfe**mar** o inimigo? *
Porven**tu**ra ultrajará eterna**men**te o vosso nome?
– 11 Por que mo**ti**vo retirais a vossa **mão** que nos ajuda? *
Por que re**ten**des escondido vosso **bra**ço poderoso?
– 12 No en**tan**to, fostes vós o nosso **Rei** desde o princípio, *
e só **vós** realizais a salva**ção** por toda a terra.

Ant. Recor**dai**-vos deste **po**vo que ou**tro**ra adqui**ris**tes!

Ant. 3 Levan**tai**-vos, Senhor **Deus**,
e defen**dei** a vossa **cau**sa!

II

– 13 Com vossa **for**ça poderosa divi**dis**tes vastos **ma**res *
e que**bras**tes as cabeças dos dra**gões** nos oceanos.
– 14 Fostes **vós** que ao Leviatã esma**gas**tes as cabeças *
e o jo**gas**tes como pasto para os **mons**tros do oceano.
– 15 Vós fi**zes**tes irromper fontes de **á**guas e torrentes *
e fi**zes**tes que secassem grandes **ri**os caudalosos.

– 16 Só a **vós** pertence o dia, só a **vós** pertence a noite; *
vós cri**as**tes sol e lua, e os fi**xas**tes lá nos céus.
– 17 Vós mar**cas**tes para a terra o lu**gar** de seus limite. *
vós for**mas**tes o verão, vós cri**as**tes o inverno.

– 18 Recor**dai**-vos, ó Senhor, das blas**fê**mias do inimigo
e de um **po**vo insensato que mal**diz** o vosso nome!
– 19 Não entre**gueis** ao gavião a vossa **a**ve indefesa. *
não esque**çais** até o fim a humilha**ção** dos vossos pobres!

– 20 Recor**dai** vossa Aliança! A me**di**da transbordou, *
porque nos **an**tros desta terra só e**xis**te violência!
– 21 Que não se es**con**dam envergonhados o hu**mil**de e o pequeno, *
mas glori**fi**quem vosso nome o infe**liz** e o indigente!

– 22 Levan**tai**-vos, Senhor Deus, e defen**dei** a vossa causa! *
Recor**dai**-vos do insensato que blas**fe**ma o dia todo!
– 23 Escu**tai** o vozerio dos que **gri**tam contra vós, *
e o cla**mor** sempre crescente dos re**bel**des contra vós!

Ant. Levan**tai**-vos, Senhor **Deus**, e defen**de**i a vossa **cau**sa!

Leitura breve Dt 15,7-8

Se um dos teus irmãos, que mora em alguma de tuas cidades, na terra que o Senhor teu Deus te vai dar, cair na pobreza, não lhe endureças o teu coração nem lhe feches a mão. Ao contrário, abre a mão para o teu irmão pobre e empresta-lhe o bastante para a necessidade que o oprime.

V. Escu**tas**tes os de**se**jos dos pe**que**nos.
R. Seu cora**ção** fortale**ces**tes e os ou**vis**tes.

Oração

Ó Deus, que revelastes a Pedro vosso plano de salvação para todos os povos, fazei que nossos trabalhos vos agradem e, pela vossa graça, sirvam ao vosso desígnio de amor e redenção. Por Cristo, nosso Senhor.

Vésperas

V. Vinde, ó **Deus**. Glória ao **Pai**. Como **e**ra. (Ale**lu**ia).

Hino

Ó grande Autor da terra,
que, as águas repelindo,
do mundo o solo erguestes,
a terra produzindo,

de plantas revestida,
ornada pelas flores,
e dando muitos frutos,
diversos em sabores.

Lavai as manchas da alma
na fonte, pela graça.
O pranto em nossos olhos
as más ações desfaça.

Seguindo as vossas leis,
lutemos contra o mal,
felizes pelo dom
da vida perenal.

Ouvi-nos, Pai bondoso,
e vós, dileto Filho,
unidos pelo Espírito
na luz de eterno brilho.

Salmodia

Ant. 1 Deus nos **cer**ca de ca**ri**nho e prote**ção**.

T.P.: Paz a **vós**! Não te**mais**, pois sou **eu**, ale**luia**.

Salmo 124(125)

Deus, protetor de seu povo

A paz para o Israel de Deus (cf. Gl 6,16).

– 1 Quem con**fi**a no Se**nhor** é como o **mon**te de Si**ão**: *
nada o **po**de abalar, porque é **fir**me para sempre.
= 2 Tal e **qual** Jerusalém, toda cer**ca**da de montanhas, †
assim **Deus** cerca seu povo de ca**ri**nho e proteção, *
desde a**go**ra e para sempre, pelos **sé**culos afora.

= 3 O Se**nhor** não vai deixar prevale**cer** por muito tempo †
o do**mí**nio dos malvados sobre a **sor**te dos seus justos, *
para os **jus**tos não mancharem suas **mãos** na iniquidade.

= 4 Fazei o **bem**, Senhor, aos bons e aos que têm **re**to coração, †
5 mas os que **se**guem maus caminhos, casti**gai**-os com o maus! *
Que venha a **paz** a Israel! Que venha a **paz** ao vosso povo!

Ant. Deus nos **cer**ca de ca**ri**nho e prote**ção**.

T.P.: Paz a **vós**! Não te**mais**, pois sou **eu**, ale**luia**.

Ant. 2 Tor**nai**-nos, Se**nhor**, como crian**ças**,
para po**der**mos en**trar** em vosso **Rei**no!

T.P.: Con**fi**a no Se**nhor**, povo **san**to, ale**luia**.

Salmo 130(131)

Confia no Senhor como criança

Aprendei de mim, porque sou manso e humilde de coração (Mt 11,29).

– 1 Se**nhor**, meu cora**ção** não é orgu**lho**so, *
nem se e**le**va arrogante o meu olhar;
– não **an**do à procura de grandezas, *
nem **te**nho pretensões ambiciosas! –

– [2]Fiz ca**lar** e sossegar a minha alma; *
ela es**tá** em grande paz dentro de mim,
– como a cri**an**ça bem tranquila, amamentada *
no re**ga**ço acolhedor de sua mãe.

– [3]Con**fi**a no Senhor, ó Israel, *
desde a**go**ra e por toda a eternidade!

Ant. Tor**nai**-nos, Se**nhor**, como cri**an**ças,
para po**der**mos en**trar** em vosso **Reino**!

T.P.: Con**fi**a no Se**nhor**, povo **san**to, ale**lui**a.

Ant. 3 Fi**zes**tes de **nós** para **Deus** sacer**do**tes e **po**vo de **reis**.

T.P.: Que vos **sir**va toda a **vos**sa cria**tu**ra,
pois man**das**tes e o uni**ver**so foi cri**a**do. Ale**lui**a.

Cântico Ap 4,11; 5,9.10.12

Hino dos remidos

– [4,11]Vós sois **dig**no, Se**nhor** nosso **Deus**, *
de rece**ber** honra, glória e poder!

(R. Po**der**, honra e **gló**ria ao Cor**dei**ro de **Deus**!)

= Porque **to**das as coisas criastes, †
é por **vos**sa vontade que existem, *
e sub**sis**tem porque vós mandais. (R.)

= [5,9]Vós sois **dig**no, Senhor nosso Deus, †
de o **li**vro nas mãos receber *
e de a**brir** suas folhas lacradas! (R.)

– Porque **fos**tes por nós imolado; *
para **Deus** nos remiu vosso sangue
– dentre **to**das as tribos e línguas, *
dentre os **po**vos da terra e nações. (R.)

= [10]Pois fi**zes**tes de nós, para Deus, †
sacer**do**tes e povo de reis, *
e i**re**mos reinar sobre a terra. (R.)

= [12]O Cor**dei**ro imolado é digno †
de rece**ber** honra, glória e poder, *
sabedo**ri**a, louvor, divindade! (R.)

Ant. Fi**zes**tes de **nós** para **Deus** sacer**do**tes e **po**vo de **reis**.

T.P.: Que vos **sir**va toda a **vos**sa cria**tu**ra,
pois man**das**tes e o uni**ver**so foi criado Ale**lui**a.

Leitura breve Rm 12,9-12

O amor seja sincero. Detestai o mal, apegai-vos ao bem. Que o amor fraterno vos una uns aos outros com terna afeição, prevenindo-vos com atenções recíprocas. Sede zelosos e diligentes, fervorosos de espírito, servindo sempre ao Senhor, alegres por causa da esperança, fortes nas tribulações, perseverantes na oração.

Responsório breve

R. Vossa pa**la**vra, ó Se**nhor**,
* Perma**ne**ce eterna**men**te. R. Vossa pa**la**vra.
V. Vossa ver**da**de é para **sem**pre. * Perma**ne**ce.
Glória ao **Pai**. R. Vossa pa**la**vra.

Cântico evangélico, ant.

E**xul**te meu es**pí**rito em **Deus**, meu Salva**dor**!

Preces

Invoquemos a Deus, esperança do seu povo; e aclamemos com alegria:

R. **Senhor, sois a esperança do vosso povo!**

Nós vos damos graças, Senhor, porque nos enriquecestes em tudo, por Jesus Cristo,
– com o dom da palavra e do conhecimento. R.

Concedei a vossa sabedoria aos que governam as nações,
– para que o vosso conselho ilumine seus corações e seus atos. R.

Vós, que tornais os artistas capazes de exprimir a vossa beleza, por meio da sua sensibilidade e imaginação,
– fazei de suas obras uma mensagem de alegria e de esperança para o mundo. R.

Vós, que não permitis sermos tentados acima de nossas forças,
– fortalecei os fracos e levantai os caídos. R.

(intenções livres)

Vós, que, por vosso Filho, prometestes aos seres humanos ressuscitarem para a vida eterna no último dia,
– não esqueçais para sempre os que já partiram deste mundo. R.

Pai nosso...

Oração

Pai cheio de bondade, suba até vós nossa oração da tarde e desça sobre nós a vossa bênção, para que, agora e sempre, possamos alcançar a graça da salvação. Por nosso Senhor Jesus Cristo, vosso Filho, na unidade do Espírito Santo.

III QUARTA-FEIRA

Laudes

V. Vinde, ó **Deus**. Glória ao **Pai**. Como era. (Ale**lui**a).

Hino

Ó noite, ó treva, ó nuvem,
não mais fiqueis aqui!
Já surge a doce aurora,
o Cristo vem: parti!

Rompeu-se o véu da terra,
cortado por um raio:
as coisas tomam cores,
já voltam do desmaio.

Assim também se apague
a noite do pecado,
e o Cristo em nossas almas
comece o seu reinado.

Humildes, vos pedimos
em nosso canto ou choro:
ouvi, ó Cristo, a prece,
que sobe a vós, em coro.

Os fogos da vaidade
a vossa luz desfaz.
Estrela da manhã,
quão doce vossa paz.

Louvor ao Pai, ó Cristo,
louvor a vós também;
reinais, no mesmo Espírito,
agora e sempre. Amém.

Salmodia

Ant. 1 Ale**grai** vosso **ser**vo, Se**nhor**,
pois a **vós** eu e**le**vo a minh'**al**ma.

T.P.: As na**ções** que cri**as**tes vi**rão**
ado**rar** vosso **no**me, ale**lui**a.

Salmo 85(86)

Oração do pobre nas dificuldades

Bendito seja o Deus que nos consola em todas as nossas aflições (2Cor 1,3.4).

– 1 Incli**nai**, ó Se**nhor**, vosso ou**vi**do, *
escu**tai**, pois sou pobre e infeliz!
= 2 Prote**gei**-me, que sou vosso amigo, †
e sal**vai** vosso servo, meu Deus, *
que es**pe**ra e confia em vós!

– 3 Pie**da**de de mim, ó Senhor, *
porque **cla**mo por vós todo o dia!
– 4 Ani**mai** e alegrai vosso servo, *
pois a **vós** eu elevo a minh'alma.

– 5 Ó Se**nhor**, vós sois bom e clemente, *
sois per**dão** para quem vos invoca.
– 6 Escu**tai**, ó Senhor, minha prece, *
o la**men**to da minha oração!

– 7 No meu **di**a de angústia eu vos chamo, *
porque **sei** que me haveis de escutar.
– 8 Não e**xis**te entre os deuses nenhum *
que con**vos**co se possa igualar;
– não e**xis**te outra obra no mundo *
compa**rá**vel às vossas, Senhor!

– 9 As na**ções** que criastes virão *
ado**rar** e louvar vosso nome.
– 10 Sois tão **gran**de e fazeis maravilhas: *
vós so**men**te sois Deus e Senhor!

– 11 Ensi**nai**-me os vossos caminhos, *
e na **vos**sa verdade andarei;

– meu coração orientai para vós: *
que respeite, Senhor, vosso nome!

– 12 Dou-vos graças com toda a minh'alma, *
sem cessar louvarei vosso nome!
– 13 Vosso amor para mim foi imenso: *
retirai-me do abismo da morte!

= 14 Contra mim se levantam soberbos, †
e malvados me querem matar; *
não vos levam em conta, Senhor!

– 15 Vós, porém, sois clemente e fiel, *
sois amor, paciência e perdão.
= 16 Tende pena e olhai para mim! †
Confirmai com vigor vosso servo, *
de vossa serva o filho salvai.

– 17 Concedei-me um sinal que me prove *
a verdade do vosso amor.
– O inimigo humilhado verá *
que me destes ajuda e consolo.

Ant. Alegrai vosso servo, Senhor,
pois a vós eu elevo a minh'alma.

T.P.: As nações que criastes virão
adorar vosso nome, aleluia.

Ant. 2 Feliz de quem caminha na justiça,
diz a verdade e não engana o semelhante!

T.P.: Os nossos olhos verão o Cristo, Rei glorioso. Aleluia.

Cântico Is 33,13-16

Deus julgará com justiça

A promessa é para vós e vossos filhos, e para todos aqueles que estão longe (At 2,39).

– 13 Vós que estais longe, escutai o que eu fiz! *
Vós que estais perto, conhecei o meu poder!
– 14 Os pecadores em Sião se apavoraram, *
e abateu-se sobre os ímpios o terror:
– "Quem ficará junto do fogo que devora? *
Ou quem de vós suportará a eterna chama?" –

– 15 É a**que**le que caminha na justiça, *
diz a ver**da**de e não engana o semelhante;
– o que des**pre**za um benefício extorquido *
e re**cu**sa um presente que suborna;
– o que **fe**cha o seu ouvido à voz do crime *
e cerra os **o**lhos para o mal não contemplar.

– 16 Esse **ho**mem morará sobre as alturas, *
e seu re**fú**gio há de ser a rocha firme.
– O seu **pão** não haverá de lhe faltar, *
e a **á**gua lhe será assegurada.

Ant. Fe**liz** de quem ca**mi**nha na jus**ti**ça,
diz a ver**da**de e não en**ga**na o seme**lhan**te!

T.P.: Os **nos**sos **o**lhos ve**rão** o **Cris**to, **Rei** glori**o**so. Ale**lui**a.

Ant. 3 Acla**mai** ao Se**nhor** e nosso **Rei**!

T.P.: Todo **ho**mem há de **ver** a salva**ção** de nosso **Deus**. Ale**lui**a.

Salmo 97(98)

Deus, vencedor como juiz

Este salmo significa a primeira vinda do Senhor e a fé de todos os povos (Sto. Atanásio).

– 1 Can**tai** ao Senhor **Deus** um canto **no**vo, *
porque **e**le fez pro**dí**gios!
– Sua **mão** e o seu braço forte e santo *
alcan**ça**ram-lhe a vitória.

– 2 O Se**nhor** fez conhecer a salvação, *
e às na**ções**, sua justiça;
– 3 recor**dou** o seu amor sempre fiel *
pela **ca**sa de Israel.

– Os con**fins** do universo contemplaram *
a salva**ção** do nosso Deus.
– 4 Acla**mai** o Senhor Deus, ó terra inteira, *
ale**grai**-vos e exultai!

– 5 Cantai **sal**mos ao Senhor ao som da harpa *
e da **cí**tara suave!
– 6 Acla**mai**, com os clarins e as trombetas, *
ao Se**nhor**, o nosso Rei!

– 7 Aplauda o **mar** com todo ser que nele vive, *
o mundo in**tei**ro e toda gente!
– 8 As mon**ta**nhas e os rios batam palmas *
e e**xul**tem de alegria,
– 9 na pre**sen**ça do Senhor, pois ele vem, *
vem jul**gar** a terra inteira.
– Julga**rá** o universo com justiça *
e as na**ções** com equidade.

Ant. Acla**mai** ao Se**nhor** e nosso **Rei!**
T.P.: Todo **ho**mem há de **ver** a salva**ção** de nosso **Deus**. Ale**lui**a.

Leitura breve Jó 1,21; 2,10b

Nu eu saí do ventre de minha mãe e nu voltarei para lá. O Senhor deu, o Senhor tirou; como foi do agrado do Senhor, assim foi feito. Bendito seja o nome do Senhor! Se recebemos de Deus os bens, não deveríamos receber também os males?

Responsório breve

R. Para os **vos**sos manda**men**tos,
*Incli**nai** meu cora**ção**! R. Para os **vos**sos.
V. Dai-me a **vi**da em vossa **Lei**! *Incli**nai**.
Glória ao **Pai**. R. Para os **vos**sos.

Cântico evangélico, ant.

Mos**trai**-nos, ó Se**nhor**, miseri**cór**dia,
recor**dan**do vossa **san**ta Ali**an**ça.

Preces

Oremos a Cristo que nos alimenta e protege a Igreja, pela qual deu sua vida; e digamos com fé:

R. **Lembrai-vos, Senhor, da vossa Igreja!**

Bendito sejais, Senhor Jesus Cristo, Pastor da Igreja, que nos dais hoje luz e vida;
–ensinai-nos a vos agradecer tão precioso dom. R.

Velai com bondade sobre o rebanho reunido em vosso nome,
–para que não se perca nenhum daqueles que o Pai vos confiou. R.

Conduzi a Igreja pelo caminho dos vossos mandamentos,
– e que o Espírito Santo a mantenha sempre fiel. R.

Alimentai a Igreja com a vossa Palavra e o vosso Pão,
– para que, fortalecida por este alimento, ela vos siga com alegria. R.

(intenções livres)

Pai nosso...

Oração

Senhor, que nos criastes em vossa sabedoria e nos governais em vossa providência, iluminai nossos corações com a luz do vosso Espírito, para que por toda a vida vos sejamos dedicados. Por nosso Senhor Jesus Cristo, vosso Filho, na unidade do Espírito Santo.

Hora Média

V. Vinde, ó **Deus**. Glória ao **Pai**. Como era. (Ale**lui**a).

HINO como no Ordinário, p. 743.

Salmodia

Ant. 1 Quem me **se**gue não ca**mi**nha em meio às **tre**vas,
mas te**rá** a luz da **vi**da, diz Je**sus**.

Salmo 118(119),105-112
XIV (Nun)

Meditação sobre a Palavra de Deus na Lei

Outrora éreis trevas, mas agora sois luz no Senhor. Vivei como filhos da luz (Ef 5,8).

–[105] Vossa pa**la**vra é uma **luz** para os meus **pas**sos, *
é uma **lâm**pada luzente em meu caminho.
–[106] Eu **fiz** um juramento e vou cumpri-lo: *
"Hei de guar**dar** os vossos justos julgamentos!"

–[107] Ó Se**nhor**, estou cansado de sofrer; *
vossa pa**la**vra me devolva a minha vida!
–[108] Que vos a**gra**de a oferenda dos meus lábios; *
ensi**nai**-me, ó Senhor, vossa vontade!

–[109] Constante**men**te está em perigo a minha vida, *
mas não es**que**ço, ó Senhor, a vossa lei.

– 110 Os pecadores contra mim armaram laços; *
eu, porém, não reneguei vossos preceitos.
– 111 Vossa palavra é minha herança para sempre, *
porque ela é que me alegra o coração!
– 112 Acostumei meu coração a obedecer-vos, *
a obedecer-vos para sempre, até o fim!

Ant. Quem me segue não caminha em meio às trevas, mas terá a luz da vida, diz Jesus.

Ant. 2 Quanto a mim, eu sou um pobre e infeliz,
socorrei-me sem demora, ó meu Deus!

Salmo 69(70)

Ó Deus, vinde logo em meu auxílio!

Senhor, salvai-nos, pois estamos perecendo! (Mt 8,25).

– 2 Vinde, ó Deus, em meu auxílio, sem demora, *
apressai-vos, ó Senhor, em socorrer-me!
– 3 Que sejam confundidos e humilhados *
os que procuram acabar com minha vida!

– Que voltem para trás envergonhados *
os que se alegram com os males que eu padeço!
– 4 Que se retirem, humilhados, para longe, *
todos aqueles que me dizem: "É bem feito!"

– 5 Mas se alegrem e em vós se rejubilem *
todos aqueles que procuram encontrar-vos;
– e repitam todo dia: "Deus é grande!" *
os que buscam vosso auxílio e salvação.

– 6 Quanto a mim, eu sou um pobre e infeliz: *
socorrei-me sem demora, ó meu Deus!
– Sois meu Deus libertador e meu auxílio: *
não tardeis em socorrer-me, ó Senhor!

Ant. Quanto a mim, eu sou um pobre e infeliz,
socorrei-me sem demora, ó meu Deus!

Ant. 3 O Senhor não julgará pela aparência,
mas com toda a justiça e equidade.

Salmo 74(75)

O Senhor, Juiz supremo

Derrubou do trono os poderosos e elevou os humildes (Lc 1,52).

= 2 Nós vos louvamos, dando graças, ó Senhor, †
dando graças, invocamos vosso nome *
e publicamos os prodígios que fizestes!

– 3 "No momento que eu tiver determinado, *
vou julgar segundo as normas da justiça;
– 4 mesmo que a terra habitada desmorone, *
fui eu mesmo que firmei suas colunas!

– 5 "Ó orgulhosos, não sejais tão arrogantes! *
não levanteis vossa cabeça, ó insolentes!
– 6 Não levanteis a vossa fronte contra os céus, *
não faleis esses insultos contra Deus!"

– 7 Porque não vem do oriente o julgamento, *
nem do ocidente, do deserto ou das montanhas;
– 8 mas é Deus quem vai fazer o julgamento:*
o Senhor exalta a um e humilha a outro.

– 9 Em sua mão o Senhor Deus tem uma taça *
com um vinho de mistura inebriante;
– Deus lhes impõe que até o fim eles o bebam; *
todos os ímpios sobre a terra hão de sorvê-lo.

– 10 Eu, porém, exultarei eternamente, *
cantarei salmos ao Senhor Deus de Jacó.
– 11 "A força dos iníquos quebrarei, *
mas a fronte do homem justo exaltarei!"

Ant. O Senhor não julgará pela aparência,
mas com toda a justiça e equidade.

Leitura breve 1Cor 13,8-9.13

A caridade não acabará nunca. As profecias desaparecerão, as línguas cessarão, a ciência desaparecerá. Com efeito, o nosso conhecimento é limitado e a nossa profecia é imperfeita. Atualmente permanecem estas três coisas: fé, esperança, caridade. Mas a maior delas é a caridade.

V. Sobre **nós**, venha, Se**nhor**, a vossa **gra**ça.
R. Da mesma **for**ma que em **vós** nós espe**ra**mos.

Oração

Deus onipotente e misericordioso, que nos dais novo alento no meio deste dia, olhai com bondade os trabalhos começados e, perdoando nossas faltas, fazei que eles atinjam os fins que vos agradam. Por Cristo, nosso Senhor.

Vésperas

V. Vinde, ó **Deus**. Glória ao **Pai**. Como era. (Ale**lui**a).

Hino

Santíssimo Deus do céu,
que o céu encheis de cor
e dais à luz beleza
de ígneo resplendor;

criais no quarto dia
a rota chamejante
do sol e das estrelas,
da lua fulgurante.

Assim, à luz e às trevas
limites vós fixais.
Dos meses o começo
marcastes com sinais.

Fazei a luz brilhar
em nosso coração.
Tirai da mente as trevas,
da culpa a servidão.

Ouvi-nos, Pai bondoso,
e vós, único Filho,
reinando com o Espírito
na luz de eterno brilho.

Salmodia

Ant. 1 Os que em **lá**grimas se**mei**am, ceifa**rão** com ale**gri**a.

T.P.: Vossa tris**te**za vai mu**dar**-se em ale**gri**a, ale**lui**a.

Salmo 125(126)

Alegria e esperança em Deus

Assim como participais dos nossos sofrimentos, participais também da nossa consolação (2Cor 1,7).

– 1 Quando o Se**nhor** recondu**ziu** nossos ca**ti**vos, *
parecíamos so**nhar**;
– 2 en**cheu**-se de sorriso nossa boca, *
nossos **lá**bios, de canções.

– Entre os gen**ti**os se dizia: "Maravilhas *
fez com **e**les o Senhor!"
– 3 Sim, mara**vi**lhas fez conosco o Senhor, *
exul**te**mos de alegria!

– 4 Mu**dai** a nossa sorte, ó Senhor, *
como tor**ren**tes no deserto.
– 5 Os que **lan**çam as sementes entre lágrimas, *
ceifa**rão** com alegria.

– 6 Cho**ran**do de tristeza sairão, *
espa**lhan**do suas sementes;
– can**tan**do de alegria voltarão, *
carre**gan**do os seus feixes!

Ant. Os que em **lá**grimas se**mei**am, ceifa**rão** com ale**gri**a.

T.P.: Vossa tris**te**za vai mu**dar**-se em ale**gri**a, ale**lui**a.

Ant. 2 Ó Se**nhor**, constru**í** a nossa **ca**sa, vigi**ai** nossa ci**da**de!
T.P.: Quer vi**va**mos, quer mor**ra**mos, ao Se**nhor** perten**ce**mos.
Ale**lui**a.

Salmo 126(127)

O trabalho sem Deus é inútil

Vós sois a construção de Deus (1Cor 3,9).

– 1 Se o Se**nhor** não constru**ir** a nossa **ca**sa, *
em **vão** trabalharão seus construtores;
– se o Se**nhor** não vigiar nossa cidade, *
em **vão** vigiarão as sentinelas! –

– [2]É **inú**til levantar de madrugada, *
ou à **noi**te retardar vosso repouso,
– para ga**nhar** o pão sofrido do trabalho, *
que a seus a**ma**dos Deus concede enquanto dormem.

– [3]Os **fi**lhos são a bênção do Senhor, *
o **fru**to das entranhas, sua dádiva.
– [4]Como **fle**chas que um guerreiro tem na mão, *
são os **fi**lhos de um casal de esposos jovens.

– [5]Fe**liz** aquele pai que com tais flechas *
con**se**gue abastecer a sua aljava!
– Não se**rá** envergonhado ao enfrentar *
seus ini**mi**gos junto às portas da cidade.

Ant. Ó Se**nhor**, construí a nossa **ca**sa, vigi**ai** nossa ci**da**de!

T.P.: Quer vi**va**mos, quer mor**ra**mos, ao Se**nhor** perten**ce**mos. Ale**lui**a.

Ant. 3 É o Primo**gê**nito de **to**da cria**tu**ra
e em **tu**do ele **tem** a prima**zi**a.

T.P.: Todas as **coi**sas vêm de **Cris**to, são por **e**le e nele **exis**tem;
a ele **gló**ria pelos **sé**culos! Ale**lui**a.

Cântico cf. Cl 1,12-20

Cristo, o Primogênito de toda a criatura e o Primogênito dentre os mortos

= [12]Demos **gra**ças a Deus **Pai** onipo**ten**te, †
que nos **cha**ma a partilhar, na sua luz, *
da he**ran**ça a seus santos reservada!

(R. Glória a **vós**, Primogênito dentre os **mor**tos!)

= [13]Do im**pé**rio das trevas arrancou-nos †
e transpor**tou**-nos para o reino de seu Filho, *
para o **rei**no de seu Filho bem-amado,
– [14]no **qual** nós encontramos redenção, *
dos pe**ca**dos remissão pelo seu sangue. (R.)

– [15]Do **Deus**, o Invisível, é a imagem, *
o Primo**gê**nito de toda criatura;

=16 porque **ne**le é que tudo foi criado: †
o que há nos **céus** e o que existe sobre a terra, *
o vi**sí**vel e também o invisível. (R.)

= Sejam **Tro**nos e Poderes que há nos céus, †
sejam **e**les Principados, Potestades: *
por **e**le e para ele foram feitos;
–17 antes de **to**da criatura ele existe, *
e é por **e**le que subsiste o universo. (R.)

=18 Ele é a Ca**be**ça da Igreja, que é seu Corpo, †
é o prin**cí**pio, o Primogênito dentre os mortos, *
a **fim** de ter em tudo a primazia.
–19 Pois foi do a**gra**do de Deus Pai que a plenitude *
habi**tas**se no seu Cristo inteiramente. (R.)

–20 **Aprou**ve-lhe também, por meio dele, *
reconcili**ar** consigo mesmo as criaturas,
= pacifi**can**do pelo sangue de sua cruz †
tudo a**qui**lo que por ele foi criado, *
o que há nos **céus** e o que existe sobre a terra. (R.)

Ant. É o Primo**gê**nito de toda cria**tu**ra
e em **tu**do ele **tem** a prima**zi**a.
T.P.: Todas as **coi**sas vêm de **Cris**to, são por **e**le e nele e**xis**tem;
a ele **gló**ria pelos **sé**culos! Ale**lui**a.

Leitura breve Ef 3,20-21

A Deus, que tudo pode realizar superabundantemente, e muito mais do que nós pedimos ou concebemos, e cujo poder atua em nós, a ele a glória, na Igreja e em Jesus Cristo, por todas as gerações, para sempre. Amém.

Responsório breve

R. Liber**tai**-me, ó Se**nhor**,
* Ó meu **Deus**, tende pie**da**de! R. Liber**tai**-me.
V. Não jun**teis** a minha vida à dos **maus** e sangui**ná**rios.
* Ó meu **Deus**. Glória ao **Pai**. R. Liber**tai**-me.

Cântico evangélico, ant.

O Pode**ro**so fez em **mim** mara**vi**lhas, e **San**to é seu **no**me.

Preces

Bendigamos a Deus, que enviou seu Filho ao mundo como Salvador e Mestre do seu povo; e peçamos humildemente:

R. **Que vosso povo vos louve, Senhor!**

Nós vos damos graças, Senhor, porque nos escolhestes como primícias da salvação,
– e nos chamastes para tomar parte na glória de nosso Senhor Jesus Cristo. R.

A todos os que invocam o vosso santo nome, concedei que vivam unidos na verdade de vossa palavra,
– e sejam sempre fervorosos no vosso amor. R.

Criador de todas as coisas, vosso Filho quis trabalhar no meio de nós com suas próprias mãos;
– lembrai-vos de todos aqueles que trabalham para comer o pão com o suor do seu rosto. R.

Lembrai-vos também dos que se dedicam ao serviço do próximo,
– para que nem o fracasso nem a incompreensão dos outros os façam desistir de seus propósitos. R.

(intenções livres)

Concedei a vossa misericórdia aos nossos irmãos e irmãs falecidos,
– e não os deixeis cair em poder do espírito do mal. R.

Pai nosso...

Oração

Suba até vós, Deus de bondade, o clamor da Igreja suplicante e fazei que vosso povo, libertado de seus pecados, vos sirva com amor e nunca lhe falte a vossa proteção. Por nosso Senhor Jesus Cristo, vosso Filho, na unidade do Espírito Santo.

III QUINTA-FEIRA

Laudes

V. Vinde, ó **Deus**. Glória ao **Pai**. Como era. (Ale**lui**a).

Hino

Já surge a luz dourada,
a treva dissipando,
que as almas do abismo
aos poucos vai levando.

Dissipa-se a cegueira
que a todos envolvia;
alegres caminhemos
na luz de um novo dia.

Que a luz nos traga paz,
pureza ao coração:
longe a palavra falsa,
o pensamento vão.

Decorra calmo o dia:
a mão, a língua, o olhar.
Não deixe nosso corpo
na culpa se manchar.

Do alto, nossos atos
Deus vê, constantemente;
solícito nos segue
da aurora ao sol poente.

A glória seja ao Pai,
ao Filho seu também;
ao Espírito igualmente,
agora e sempre. Amém.

Salmodia

Ant. 1 Dizem **coi**sas glori**o**sas da Ci**da**de do Se**nhor**.

T.P.: Entre **rit**mos fes**ti**vos, a dan**çar**, nós canta**re**mos:
Estão em **ti** as nossas **fon**tes, ó Ci**da**de do Se**nhor**! Ale**lui**a.

Salmo 86(87)

Jerusalém, mãe de todos os povos

A Jerusalém celeste é livre, e é a nossa mãe (Gl 4,26).

– 1 O Se**nhor** ama a ci**da**de *
que fun**dou** no Monte santo;
– 2 ama as **por**tas de Sião *
mais que as **ca**sas de Jacó. –

– [3] Dizem **coi**sas gloriosas *
da Ci**da**de do Senhor:
– [4] "Lembro o E**gi**to e Babilônia *
entre os **meus** veneradores.

= Na Filis**tei**a ou em Tiro †
ou no pa**ís** da Etiópia, *
este ou a**que**le ali nasceu".

= [5] De Si**ão**, porém, se diz: †
"Nasceu **ne**la todo homem; *
Deus é **su**a segurança".

= [6] Deus a**no**ta no seu livro, †
onde ins**cre**ve os povos todos: *
"Foi a**li** que estes nasceram".

– [7] E por **i**sso todos juntos *
a can**tar** se alegrarão;
– e, dan**çan**do, exclamarão: *
"Estão em **ti** as nossas fontes!"

Ant. Dizem **coi**sas glori**o**sas da Ci**da**de do Se**nhor**.

T.P.: Entre **rit**mos fes**ti**vos, a dan**çar**, nós canta**re**mos:
Estão em **ti** as nossas **fon**tes, ó Ci**da**de do Se**nhor**! Ale**lui**a.

Ant. 2 O Se**nhor**, o nosso **Deus**, vem com po**der**,
e o **pre**ço da vi**tó**ria vem com **e**le.

T.P.: Como o pas**tor**, ele apas**cen**ta o seu re**ba**nho
e car**re**ga os cordei**ri**nhos nos seus **bra**ços. Ale**lui**a.

Cântico Is 40, 10-17

O Bom Pastor é o Deus Altíssimo e Sapientíssimo

Eis que venho em breve, para retribuir a cada um segundo as suas obras (Ap 22,12).

– [10] Olhai e **ve**de: o nosso **Deus** vem com po**der**, *
domina**rá** todas as coisas com seu braço.
– Eis que o **pre**ço da vitória vem com ele, *
e o pre**ce**dem os troféus que conquistou.

(R. Ben**di**to seja A**que**le que há de **vir**!)

– [11] Como o pas**tor**, ele apascenta o seu rebanho. *
Ele **to**ma os cordeirinhos em seus braços,

– leva ao **co**lo as ovelhas que amamentam, *
e re**ú**ne as dispersas com sua mão. (R.)

– [12]Quem, no **côn**cavo da mão, mediu o mar? *
Quem me**diu** o firmamento com seu palmo?
= Quem me**diu** com o alqueire o pó da terra? †
Quem pes**ou**, pondo ao gancho, as montanhas, *
e as co**li**nas, colocando-as na balança? (R.)

– [13]Quem instru**í**ra o espírito do Senhor? *
Que consel**hei**ro o teria orientado?
– [14]Com **quem** aprendeu ele a bem julgar, *
e os ca**mi**nhos da justiça a discernir?
– Quem as ve**re**das da prudência lhe ensinou *
ou os ca**mi**nhos da ciência lhe mostrou? (R.)

– [15]Eis as na**ções**: qual gota d'água na vasilha, *
um grão de a**rei**a na balança diante dele;
– e as **i**lhas pesam menos do que o pó *
perante **e**le, o Senhor onipotente. (R.)

– [16]Não basta**ri**a toda a lenha que há no Líbano *
para quei**mar** seus animais em holocausto.
– [17]As nações **to**das são um nada diante dele, *
a seus **o**lhos, elas são quais se não fossem. (R.)

Ant. O Se**nhor**, o nosso **Deus**, vem com po**der**,
e o **pre**ço da vi**tó**ria vem com **e**le.

T.P.: Como o pas**tor**, ele apas**cen**ta o seu re**ba**nho
e car**re**ga os cordei**ri**nhos nos seus **bra**ços. Ale**lui**a.

Ant. 3 Acla**mai** o Se**nhor** nosso **Deus**,
e ado**rai**-o com **to**do o res**pei**to!

T.P.: Como é **gran**de o Se**nhor** em Si**ão**!
Muito a**ci**ma dos **po**vos se e**le**va. Ale**lui**a.

Salmo 98(99)

Santo é o Senhor nosso Deus

Vós, Senhor, que estais acima dos Querubins, quando vos fizestes semelhante a nós, restaurastes o mundo decaído (Sto. Atanásio).

= [1]Deus é **Rei**: diante **de**le estreme**ça**m os **po**vos! †
Ele **rei**na entre os anjos: que a **ter**ra se abale! *
[2]Porque **gran**de é o Se**nhor** em Si**ão**! –

= Muito **a**cima de **to**dos os **po**vos se eleva; †
3 glori**fi**quem seu nome ter**rí**vel e grande, *
porque **e**le é santo e é forte!

= 4 Deus é **Rei** poderoso. Ele **a**ma o que é justo †
e ga**ran**te o direito, a jus**ti**ça e a **or**dem; *
tudo **is**so ele exerce em Jacó.

= 5 Exal**tai** o Se**nhor** nosso **Deus**, †
e pros**trai**-vos perante seus pés, *
pois é **san**to o Senhor nosso Deus!

= 6 Eis Moi**sés** e Aa**rão** entre os **seus** sacer**do**tes. †
E tam**bém** Samuel invo**ca**va seu nome, *
e ele **mes**mo, o Senhor, os ouvia.

= 7 Da co**lu**na de nuvem fa**la**va com eles. †
E guar**da**vam a lei e os pre**cei**tos divinos, *
que o Se**nhor** nosso Deus tinha dado.

= 8 Respon**dí**eis a **e**les, Se**nhor** nosso Deus, †
porque **é**reis um Deus paci**en**te com eles, *
mas sa**bí**eis punir seu pecado.

= 9 Exal**tai** o Se**nhor** nosso **Deus**, †
e pros**trai**-vos perante seu monte, *
pois é **san**to o Senhor nosso Deus!

Ant. Acla**mai** o Se**nhor** nosso **Deus**,
e ado**rai**-o com **to**do o res**pei**to!

T.P.: Como é **gran**de o Se**nhor** em Si**ão**!
Muito a**ci**ma dos **po**vos se e**le**va. Ale**lu**ia.

Leitura breve 1Pd 4,10-11

Como bons administradores da multiforme graça de Deus, cada um coloque à disposição dos outros o dom que recebeu. Se alguém tem o dom de falar, proceda como com palavras de Deus. Se alguém tem o dom do serviço, exerça-o como capacidade proporcionada por Deus, a fim de que, em todas as coisas, Deus seja glorificado, em virtude de Jesus Cristo.

Responsório breve

R. Clamo de **to**do o cora**ção**:
* Aten**dei**-me, ó Se**nhor**! R. Clamo.

V. Quero cum**prir** vossa von**ta**de. * Aten**dei**-me.
Glória ao **Pai**. R. Clamo de **to**do.

Cântico evangélico, ant.
Sir**va**mos ao Se**nhor** na jus**ti**ça e santi**da**de,
e de **nos**sos ini**mi**gos have**rá** de nos sal**var**.

Preces

Demos graças a Deus Pai, que no seu amor conduz e alimenta o seu povo; e digamos com alegria:

R. **Glória a vós, Senhor, para sempre!**

Pai clementíssimo, nós vos louvamos por vosso amor para conosco,
– porque nos criastes de modo admirável, e de modo ainda mais admirável nos renovastes. R.

No começo deste dia, infundi em nossos corações o desejo de vos servir,
– para que sempre vos glorifiquemos em todos os nossos pensamentos e ações. R.

Purificai os nossos corações de todo mau desejo,
– e fazei que estejamos sempre atentos à vossa vontade. R.

Dai-nos um coração aberto às dificuldades de nossos irmãos e irmãs,
– para que jamais lhes falte o nosso amor fraterno. R.

(intenções livres)

Pai nosso...

Oração

Deus eterno e todo-poderoso, sobre os povos que vivem na sombra da morte fazei brilhar o Sol da justiça, que nos visitou nascendo das alturas, Jesus Cristo nosso Senhor. Que convosco vive e reina, na unidade do Espírito Santo.

Hora Média

V. Vinde, ó **Deus**. Glória ao **Pai**. Como era. (Ale**lui**a).

HINO como no Ordinário, p. 743.

Salmodia

Ant. 1 Susten**tai**-me e vive**rei** como disses**tes**, ó Se**nhor**!

Salmo 118(119),113-120
XV (Samech)

Meditação sobre a Palavra de Deus na Lei

Felizes aqueles que ouvem a palavra de Deus e a põem em prática (Lc 11,28).

–113 Eu de**tes**to os cora**ções** que são fin**gi**dos, *
mas muito **a**mo, ó Senhor, a vossa lei!
–114 Vós **sois** meu protetor e meu escudo, *
vossa pa**la**vra é para mim a esperança.

–115 Longe de **mim**, homens perversos! Afastai-vos, *
quero guar**dar** os mandamentos do meu Deus!
–116 Susten**tai**-me e viverei, como dissestes; *
não po**deis** decepcionar minha esperança!

–117 Ampa**rai**-me, sustentai me e serei salvo, *
e **sem**pre exultarei em vossa lei!
–118 Despre**zais** os que abandonam vossas ordens, *
pois seus **pla**nos são engano e ilusão!

–119 Rejei**tais** os pecadores como lixo, *
por isso eu **a**mo ainda mais vossa Aliança!
–120 Perante **vós** sinto tremer a minha carne, *
porque **te**mo vosso justo julgamento!

Ant. Susten**tai**-me e vive**rei** como disses**tes**, ó Se**nhor**!

Ant. 2 Aju**dai**-nos, nosso **Deus** e Salva**dor**,
por vosso **no**me, perdo**ai** nossos pe**ca**dos!

Salmo 78(79),1-5.8-11.13

Lamentação sobre Jerusalém

Se tu também conhecesses... o que te pode trazer a paz (Lc 19,42).

= 1 Inva**di**ram vossa he**ran**ça os infi**éis**,†
profa**na**ram, ó Senhor, vosso templo, *
Jerusa**lém** foi reduzida a ruínas!

– 2 Lan**ça**ram aos abutres como pasto *
os ca**dá**veres dos vossos servidores;

e às **fe**ras da floresta entregaram *
os **cor**pos dos fiéis, vossos eleitos.
= 3 Derra**ma**ram o seu sangue como água †
em **tor**no das muralhas de Sião, *
e não **hou**ve quem lhes desse sepultura!
= 4 Nós nos tor**na**mos o opróbrio dos vizinhos, †
um ob**je**to de desprezo e zombaria *
para os **po**vos e àqueles que nos cercam.
= 5 Mas até **quan**do, ó Senhor, veremos isto? †
Conserva**reis** eternamente a vossa ira? *
Como **fo**go arderá a vossa cólera?
= 8 Não lem**breis** as nossas culpas do passado, †
mas venha **lo**go sobre nós vossa bondade, *
pois es**ta**mos humilhados em extremo.
= 9 Aju**dai**-nos, nosso Deus e Salvador! †
Por vosso **no**me e vossa glória, libertai-nos! *
Por vosso **no**me, perdoai nossos pecados!
– 10 Por que **há** de se dizer entre os pagãos: *
"Onde se en**con**tra o seu Deus? Onde ele está?"
= Diante **de**les possam ver os nossos olhos †
a vin**gan**ça que tirais por vossos servos, *
a vin**gan**ça pelo sangue derramado.
= 11 Até **vós** chegue o gemido dos cativos: †
liber**tai** com vosso braço poderoso*
os que **fo**ram condenados a morrer!
= 13 Quanto a **nós**, vosso rebanho e vosso povo, †
celebra**re**mos vosso nome para sempre, *
de gera**ção** em geração vos louvaremos.

Ant. Aju**dai**-nos, nosso **Deus** e Salva**dor**,
por vosso **no**me, perdo**ai** nossos pe**ca**dos!

Ant. 3 Vol**tai**-vos para **nós**, Deus do uni**ver**so,
olhai dos altos **céus** e obser**vai**,
visi**tai** a vossa **vi**nha e prote**gei**-a!

Salmo 79(80)

Visitai, Senhor, a vossa vinha

Vem, Senhor Jesus! (Ap 22,20).

– [2] Ó Pas**tor** de Isra**el**, prestai ou**vi**dos. *
Vós, que a Jo**sé** apascentais qual um rebanho!
= Vós, que **so**bre os querubins vos assentais, †
apare**cei** cheio de glória e esplendor *
[3] ante Efra**im** e Benjamim e Manassés!
– Desper**tai** vosso poder, ó nosso Deus, *
e vinde **lo**go nos trazer a salvação!

= [4] Conver**tei**-nos, ó Senhor Deus do universo, †
e sobre **nós** iluminai a vossa face! *
Se vol**tar**des para nós, seremos salvos!

– [5] Até **quan**do, ó Senhor, vos irritais, *
ape**sar** da oração do vosso povo?
– [6] Vós nos **des**tes a comer o pão das lágrimas, *
e a be**ber** destes um pranto copioso.
– [7] Para os vi**zi**nhos somos causa de contenda, *
de zomba**ri**a para os nossos inimigos.

= [8] Conver**tei**-nos, ó Senhor Deus do universo, †
e sobre **nós** iluminai a vossa face! *
Se vol**tar**des para nós, seremos salvos!

– [9] Arran**cas**tes do Egito esta videira *
e expul**sas**tes as nações para plantá-la;
– [10] diante **de**la preparastes o terreno, *
lançou ra**í**zes e encheu a terra inteira.

– [11] Os **mon**tes recobriu com sua sombra, *
e os **ce**dros do Senhor com os seus ramos;
– [12] até o **mar** se estenderam seus sarmentos, *
até o **ri**o os seus rebentos se espalharam.

– [13] Por que ra**zão** vós destruístes sua cerca, *
para que **to**dos os passantes a vindimem,
– [14] o java**li** da mata virgem a devaste, *
e os ani**mais** do descampado nela pastem? –

= [15]Vol**tai**-vos para nós, Deus do universo! †
Ol**hai** dos altos céus e observai. *
Visi**tai** a vossa vinha e protegei-a!

– [16]Foi a **vos**sa mão direita que a plantou; *
prote**gei**-a, e ao rebento que firmastes!
– [17]E a**que**les que a cortaram e a queimaram, *
vão pere**cer** ante o furor de vossa face.

– [18]Pousai a **mão** por sobre o vosso Protegido, *
o filho do **ho**mem que escolhestes para vós!
– [19]E nunca **mais** vos deixaremos, Senhor Deus! *
Dai-nos **vi**da, e louvaremos vosso nome!

= [20]Conver**tei**-nos, ó Senhor Deus do universo, †
e sobre **nós** iluminai a vossa face! *
Se vol**tar**des para nós, seremos salvos!

Ant. Vol**tai**-vos para **nós**, Deus do uni**ver**so,
ol**hai** dos altos **céus** e obser**vai**,
visi**tai** a vossa **vi**nha e prote**gei**-a!

Leitura breve Dt 4,7

Qual é a grande nação cujos deuses lhe são tão próximos como o Senhor nosso Deus, sempre que o invocamos?

V. Deus está **per**to da pes**so**a que o in**vo**ca.
R. Ele es**cu**ta os seus cla**mo**res e a **sal**va.

Oração

Deus onipotente, em vós não há trevas nem escuridão; fazei que vossa luz resplandeça sobre nós e acolhendo vossos preceitos com alegria, sigamos fielmente o vosso caminho. Por Cristo, nosso Senhor.

Vésperas

V. Vinde, ó **Deus**. Glória ao **Pai**. Como **era**. (Ale**lui**a).

Hino

Deus de supremo poder,
da água os seres gerastes.
Com uns enchestes os mares,
de outros o ar povoastes.

Uns mergulhastes nas águas,
outros soltastes no ar,
com o impulso que os leva
a toda a terra ocupar.

Dai graça a todos os servos,
no vosso sangue lavados,
para vencermos o tédio,
a morte e todo pecado.

Não nos deprimam as culpas,
nem nos inflame a vaidade;
não caia a mente abatida,
nem caia a mente elevada.

Ouvi-nos, Pai piedoso,
e vós, Imagem do Pai,
que com o Espírito Santo
eternamente reinais.

Salmodia

Ant. 1 **Exul**tem de ale**gri**a os vossos **san**tos
ao en**tra**rem, ó Se**nhor**, em vossa casa.

T.P.: O Se**nhor** lhe deu o **tro**no de seu **pai**, o Rei Da**vi**. Ale**lui**a.

Salmo 131(132)

As promessas do Senhor à casa de Davi

O Senhor Deus lhe dará o trono de seu pai Davi (Lc 1,32).

I

– 1 Recor**dai**-vos, ó Se**nhor**, do rei Da**vi** *
e de **quan**to vos foi ele dedicado;
– 2 do jura**men**to que ao Senhor havia feito *
e de seu **vo**to ao Poderoso de Jacó:
– 3 "Não entra**rei** na minha tenda, minha casa, *
nem subi**rei** à minha cama em que repouso,
– 4 não deixa**rei** adormecerem os meus olhos, *
nem cochi**la**rem em descanso minhas pálpebras,
– 5 até que eu **a**che um lugar para o Senhor, *
uma **ca**sa para o Forte de Jacó!" –

– 6Nós soubemos que a arca estava em Éfrata *
e nos campos de Iaar a encontramos:
– 7Entremos no lugar em que ele habita, *
ante o escabelo de seus pés o adoremos!

– 8Subi, Senhor, para o lugar de vosso pouso, *
subi vós, com vossa arca poderosa!
– 9Que se vistam de alegria os vossos santos, *
e os vossos sacerdotes, de justiça!
– 10Por causa de Davi, o vosso servo, *
não afasteis do vosso Ungido a vossa face!

Ant. Exultem de alegria os vossos santos
ao entrarem, ó Senhor, em vossa casa.

T.P.: O Senhor lhe deu o trono de seu pai, o Rei Davi. Aleluia.

Ant. 2 O Senhor escolheu Jerusalém
para ser sua morada entre os povos.

T.P.: Só Jesus é poderoso, Rei dos reis, Senhor dos fortes. Aleluia.

II

– 11O Senhor fez a Davi um juramento, *
uma promessa que jamais renegará:
– "Um herdeiro que é fruto do teu ventre *
colocarei sobre o trono em teu lugar!

– 12Se teus filhos conservarem minha Aliança *
e os preceitos que lhes dei a conhecer,
– os filhos deles igualmente hão de sentar-se *
eternamente sobre o trono que te dei!"

– 13Pois o Senhor quis para si Jerusalém *
e a desejou para que fosse sua morada:
– 14"Eis o lugar do meu repouso para sempre, *
eu fico aqui: este é o lugar que preferi!"

– 15"Abençoarei suas colheitas largamente, *
e os seus pobres com o pão saciarei!
– 16Vestirei de salvação seus sacerdotes, *
e de alegria exultarão os seus fiéis!"

– 17"De Davi farei brotar um forte Herdeiro, *
acenderei ao meu Ungido uma lâmpada.

– [18]Cobri**rei** de confusão seus inimigos, *
mas sobre **e**le brilhará minha coroa!”

Ant. O Se**nhor** escol**heu** Jerusa**lém**
para **ser** sua mo**ra**da entre os **po**vos.

T.P.: Só Je**sus** é pode**ro**so, Rei dos **reis**, Senhor dos **for**tes. Ale**luia**.

Ant. 3 O Se**nhor** lhe deu o **rei**no, a **gló**ria e o po**der**;
as na**ções** hão de ser**vi**-lo.

T.P.: Quem se**rá** igual a **vós**, entre os **for**tes, ó Se**nhor**?
Quem se**rá** igual a **vós**, tão i**lus**tre em santi**da**de? Ale**luia**.

Cântico Ap 11,17-18; 12.10b-12a

O julgamento de Deus

– [11.17] Graças vos **da**mos, Senhor **Deus** onipo**ten**te, *
a vós que **sois**, a vós que éreis e sereis,
– porque assu**mis**tes o poder que vos pertence, *
e en**fim** tomastes posse como rei!

(R. **Nós** vos damos **gra**ças, nosso **Deus**!)

= [18] As na**ções** se enfureceram revoltadas, †
mas che**gou** a vossa ira contra elas *
e o **tem**po de julgar vivos e mortos,
= e de **dar** a recompensa aos vossos servos, †
aos pro**fe**tas e aos que temem vosso nome, *
aos **san**tos, aos pequenos e aos grandes. (R.)

= [12.10] Chegou a**go**ra a salvação e o poder †
e a rea**le**za do Senhor e nosso Deus, *
e o do**mí**nio de seu Cristo, seu Ungido.
– Pois foi ex**pul**so o delator que acusava *
nossos ir**mãos**, dia e noite, junto a Deus. (R.)

= [11] Mas o ven**ce**ram pelo sangue do Cordeiro †
e o teste**mu**nho que eles deram da Palavra, *
pois despre**za**ram sua vida até à morte.
– [12] Por isso, ó **céus**, cantai alegres e exultai *
e vós **to**dos os que neles habitais! (R.)

Ant. O **Senhor** lhe deu o **reino,** a glória e o **poder;**
as na**ções** hão de ser**vi**-lo.

T.P.: Quem **será** igual a **vós**, entre os **for**tes, ó Se**nhor**?
Quem **será** igual a **vós**, tão **ilus**tre em santi**da**de? Ale**lui**a.

Leitura breve 1Pd 3,8-9

Sede todos unânimes, compassivos, fraternos, misericordiosos e humildes. Não pagueis o mal com o mal, nem ofensa com ofensa. Ao contrário, abençoai, porque para isto fostes chamados: para serdes herdeiros da bênção.

Responsório breve

R. O Se**nhor** nos saci**ou**
* Com a **fi**na flor do **tri**go. R. O Se**nhor**.
V. Com o **mel** que sai da **ro**cha nos far**tou**, nos satis**fez**.
* Com a **fi**na. Glória ao **Pai**. R. O Se**nhor**.

Cântico evangélico, ant.

O Se**nhor** derru**bou** os pode**ro**sos de seus **tro**nos
e ele**vou** os hu**mil**des.

Preces

Oremos a Cristo, pastor, protetor e consolador de seu povo; e digamos com toda a confiança:

R. **Senhor, nosso refúgio, escutai-nos!**

Bendito sejais, Senhor, que nos chamastes para fazer parte da vossa santa Igreja;
– conservai-nos sempre nela. R.

Vós, que confiastes ao nosso Papa N. a solicitude por todas as Igrejas,
– concedei-lhe uma fé inquebrantável, uma esperança viva e uma caridade generosa. R.

Dai aos pecadores a graça da conversão e aos que caíram o dom da fortaleza,
– e a todos concedei penitência e salvação. R.

Vós, que quisestes habitar num país estrangeiro,
– lembrai-vos daqueles que se encontram longe da família e da pátria. R.

(intenções livres)

A todos os mortos que depositaram sua esperança em vós,
– concedei-lhes a paz eterna. R.

Pai nosso...

Oração

Recebei, Senhor, a nossa ação de graças, neste dia que termina, e em vossa misericórdia perdoai-nos as faltas que por fragilidade cometemos. Por nosso Senhor Jesus Cristo, vosso Filho, na unidade do Espírito Santo.

III SEXTA-FEIRA

Laudes

V. Vinde, ó **Deus**. Glória ao **Pai**. Como **era**. (Ale**luia**).

Hino

Sois do céu a glória eterna,
esperança dos mortais,
sois da casta Virgem prole,
Unigênito do Pai.

Dai àqueles que despertam
seja a mente vigilante.
Em louvor e ação de graças,
nossa voz seja vibrante.

Nasce o astro luminoso,
nova luz ele anuncia.
Foge a noite, foi a treva,
vossa luz nos alumia.

Nossa mente torne clara,
faça a noite cintilar,
purifique nosso íntimo
até a vida terminar.

Cresça a nossa fé primeira
dentro em nosso interior;
a esperança acompanhe,
e maior seja o amor.

A vós, Cristo, rei piedoso,
e a vós, Pai, glória também
com o Espírito Paráclito
pelos séculos. Amém.

Salmodia

Ant. 1 Foi contra **vós**, só contra **vós** que eu pe**quei**.
Ó meu **Deus**, miseri**cór**dia e compai**xão**!

T.P.: Do meu pe**ca**do todo in**tei**ro,
ó Se**nhor** purifi**cai**-me! Ale**lui**a.

Salmo 50(51)

Tende piedade, ó meu Deus!

Renovai o vosso espírito e a vossa mentalidade. Revesti o homem novo (Ef 4,23-24).

– 3 Tende pie**da**de, ó meu **Deus**, miseri**cór**dia! *
Na imensi**dão** de vosso amor, purificai-me!
– 4 La**vai**-me todo inteiro do pecado, *
e apa**gai** completamente a minha culpa!
– 5 Eu reco**nhe**ço toda a minha iniquidade, *
o meu pe**ca**do está sempre à minha frente.
– 6 Foi contra **vós**, só contra vós, que eu pequei, *
e prati**quei** o que é mau aos vossos olhos!
– Mostrais as**sim** quanto sois justo na sentença, *
e quanto é **re**to o julgamento que fazeis.
– 7 Vede, Se**nhor**, que eu nasci na iniquidade *
e peca**dor** já minha mãe me concebeu.
– 8 Mas vós a**mais** os corações que são sinceros, *
na intimi**da**de me ensinais sabedoria.
– 9 Asper**gi**-me e serei puro do pecado, *
e mais **bran**co do que a neve ficarei.
– 10 Fazei-me ou**vir** cantos de festa e de alegria, *
e exulta**rão** estes meus ossos que esmagastes.
– 11 Desvi**ai** o vosso olhar dos meus pecados *
e apa**gai** todas as minhas transgressões! –

– [12]Criai em **mim** um coração que seja puro, *
dai-me de **no**vo um espírito decidido.
– [13]Ó Se**nhor**, não me afasteis de vossa face, *
nem reti**reis** de mim o vosso Santo Espírito!

– [14]Dai-me de **no**vo a alegria de ser salvo *
e confir**mai**-me com espírito generoso!
– [15]Ensina**rei** vosso caminho aos pecadores, *
e para **vós** se voltarão os transviados.

– [16]Da **mor**te como pena, libertai-me, *
e minha **lín**gua exaltará vossa justiça!
– [17]Abri meus **lá**bios, ó Senhor, para cantar, *
e minha **bo**ca anunciará vosso louvor!

– [18]Pois não **são** de vosso agrado os sacrifícios, *
e, se o**fer**to um holocausto, o rejeitais.
– [19]Meu sacri**fí**cio é minha alma penitente, *
não despre**zeis** um coração arrependido!

– [20]Sede be**nig**no com Sião, por vossa graça, *
reconstru**í** Jerusalém e os seus muros!
– [21]E aceita**reis** o verdadeiro sacrifício, *
os holo**caus**tos e oblações em vosso altar!

Ant. Foi contra **vós,** só contra **vós** que eu pe**quei.**
Ó meu **Deus,** miseri**cór**dia e compai**xão**!

T.P.: Do meu pe**ca**do todo in**tei**ro,
ó Se**nhor** purifi**cai**-me! Ale**lui**a.

Ant. 2 Conhe**ce**mos nossas **cul**pas, pois pe**ca**mos contra **vós**.

T.P.: Jesus to**mou** nossos pe**ca**dos sobre **si** em sua **cruz**. Ale**lui**a.

Cântico — Jr 14,17-21

Lamentação em tempo de fome e de guerra

O Reino de Deus está próximo. Convertei-vos e crede no Evangelho! (Mc 1,15).

– [17]Os meus **o**lhos, noite e **di**a, *
chorem **lá**grimas sem fim;

= pois so**freu** um golpe horrível, †
foi fe**ri**da gravemente *
a virgem **fi**lha do meu povo!

–[18] Se eu **sai**o para os campos, *
eis os **mor**tos à espada;
– se eu **en**tro na cidade, *
eis as **ví**timas da fome!

= Até o pro**fe**ta e o sacerdote †
peram**bu**lam pela terra *
sem sa**ber** o que se passa.
–[19] Rejei**tas**tes, por acaso, *
a Ju**dá** inteiramente?

– Por a**ca**so a vossa alma *
desgos**tou**-se de Sião?
– Por que fe**ris**tes vosso povo *
de um **mal** que não tem cura?

– Espe**rá**vamos a paz, *
e não che**gou** nada de bom;
– e o **tem**po de reerguer-nos, *
mas só **ve**mos o terror!

=[20] Conhe**ce**mos nossas culpas †
e as de **nos**sos ancestrais, *
pois pe**ca**mos contra vós!
– Por a**mor** de vosso nome, *
ó Se**nhor**, não nos deixeis!

–[21] Não dei**xeis** que se profane *
vosso **tro**no glorioso!
– Recor**dai**-vos, ó Senhor! *
Não rom**pais** vossa Aliança!

Ant. Conhe**ce**mos nossas **cul**pas, pois pe**ca**mos contra **vós**.

T.P.: Jesus to**mou** nossos pecados sobre **si** em sua **cruz**. Ale**lui**a.

Ant. 3 O Se**nhor**, somente ele é nosso **Deus**,
e nós **so**mos o seu **po**vo e seu re**ba**nho.

T.P.: Ide a **e**le can**tan**do jubi**lo**sos, ale**lui**a.

Salmo 99(100)

A alegria dos que entram no templo

O Senhor ordena aos que foram salvos que cantem o hino de vitória (Sto. Atanásio).

= 2 Aclamai o Senhor, ó terra inteira, †
servi ao Senhor com alegria, *
ide a ele cantando jubilosos!

= 3 Sabei que o Senhor, só ele, é Deus, †
Ele mesmo nos fez, e somos seus, *
nós somos seu povo e seu rebanho

= 4 Entrai por suas portas dando graças, †
e em seus átrios com hinos de louvor; *
dai-lhe graças, seu nome bendizei!

= 5 Sim, é bom o Senhor e nosso Deus, †
sua bondade perdura para sempre, *
seu amor é fiel eternamente!

Ant. O Senhor, somente ele é nosso Deus,
e nós somos o seu povo e seu rebanho.

T.P.: Ide a ele cantando jubilosos, aleluia.

Leitura breve 2Cor 12,9b-10

De bom grado, eu me gloriarei das minhas fraquezas, para que a força de Cristo habite em mim. Eis por que eu me comprazo nas fraquezas, nas injúrias, nas necessidades, nas perseguições e nas angústias sofridas por amor a Cristo. Pois, quando eu me sinto fraco, é então que sou forte.

Responsório breve

R. Fazei-me cedo sentir,
* Ó Senhor, vosso amor! R. Fazei-me.
V. Indicai-me o caminho, que eu devo seguir.
* Ó Senhor. Glória ao Pai. R. Fazei-me.

Cântico evangélico, ant.

O Senhor visitou o seu povo e o libertou.

Preces

Levantemos o nosso olhar para Cristo que nasceu, morreu e ressuscitou pelo seu povo; e peçamos com fé:

R. **Salvai, Senhor, os que remistes com o vosso sangue!**

Nós vos bendizemos, Jesus, Salvador da humanidade, que não hesitastes em sofrer por nós a paixão e a cruz,
– e nos remistes com o vosso sangue precioso. R.

Vós, que prometestes dar aos vossos fiéis a água que jorra para a vida eterna,
– derramai o vosso Espírito sobre todos os homens e mulheres. R.

Vós, que enviastes vossos discípulos para pregar o evangelho a todas as nações,
– ajudai-nos a proclamar pela terra inteira a vitória da vossa cruz. R.

Aos doentes e infelizes que associastes aos sofrimentos da vossa paixão,
– concedei-lhes força e paciência. R.

Pai nosso...

Oração

Pai todo-poderoso, derramai vossa graça em nossos corações para que, caminhando à luz dos vossos preceitos, sigamos sempre a vós, como Pastor e Guia. Por nosso Senhor Jesus Cristo, vosso Filho, na unidade do Espírito Santo.

Hora Média

V. Vinde, ó **Deus.** Glória ao **Pai**. Como era. (Ale**luia**).

HINO como no Ordinário, p. 743.

Salmodia

Ant. 1 Nós o **vi**mos despre**za**do e sem be**le**za,
homem das **do**res, habitu**a**do ao sofri**men**to.

Salmo 21(22)

Aflição do justo e sua libertação

Jesus deu um forte grito: Meu Deus, meu Deus, por que me abandonastes? (Mt 27,46).

I

– 2 Meu **Deus**, meu Deus,por **que** me abando**nas**tes? *
E ficais **lon**ge de meu grito e minha prece?

– 3Ó meu **Deus**, clamo de dia e não me ouvis, *
clamo de **noi**te e para mim não há resposta!
– 4Vós, no en**tan**to, sois o santo em vosso Templo, *
que habi**tais** entre os louvores de Israel.
– 5Foi em **vós** que esperaram nossos pais; *
espe**ra**ram e vós mesmo os libertastes.
– 6Seu cla**mor** subiu a vós e foram salvos; *
em vós confi**a**ram, e não foram enganados.

– 7 Quanto a **mim**, eu sou um verme e não um homem; *
sou o o**pró**brio e o desprezo das nações.
– 8 Riem de **mim** todos aqueles que me veem, *
torcem os **lá**bios e sacodem a cabeça:
– 9 "Ao Se**nhor** se confiou, ele o liberte *
e agora o **sal**ve, se é verdade que ele o ama!"

– 10 Desde a **mi**nha concepção me conduzistes, *
e no **sei**o maternal me agasalhastes.
– 11Desde **quan**do vim à luz vos fui entregue; *
desde o **ven**tre de minha mãe sois o meu Deus!
– 12 Não fi**queis** longe de mim, porque padeço; *
ficai **per**to, pois não há quem me socorra!

Ant. Nós o **vi**mos despre**za**do e sem be**le**za,
homem das **do**res, habitu**a**do ao sofri**men**to.

Ant. 2 Eles re**par**tem entre **si** as minhas **ves**tes,
e sor**tei**am entre **si** a minha **tú**nica.

II

– 13Por **tou**ros nume**ro**sos fui cer**ca**do, *
e as **fe**ras de Basã me rodearam; *
– 14escanca**ra**ram contra mim as suas bocas, *
como le**ões** devoradores a rugir.

– 15Eu me **sin**to como a água derramada, *
e meus **os**sos estão todos deslocados;
– como a **ce**ra se tornou meu coração
e **den**tro do meu peito se derrete.

= 16Minha gar**gan**ta está igual ao barro seco, †
minha **lín**gua está colada ao céu da boca, *
e por **vós** fui conduzido ao pó da morte! *

–17 Cães numerosos me rodeiam furiosos, *
e por um **ban**do de malvados fui cercado.

– Transpassaram minhas mãos e os meus pés *
18 e eu **pos**so contar todos os meus ossos.
= Eis que me **o**lham, e, ao ver-me, se deleitam! †
19 Eles re**par**tem entre si as minhas vestes *
e sor**tei**am entre si a minha túnica.

–20 Vós, po**rém**, ó meu Senhor, não fiqueis longe, *
ó minha **for**ça, vinde logo em meu socorro!
–21 Da es**pa**da libertai a minha alma, *
e das **gar**ras desses cães, a minha vida!

–22 Arran**cai**-me da goela do leão, *
e a mim tão **po**bre, desses touros que me atacam!
–23 Anuncia**rei** o vosso nome a meus irmãos *
e no **mei**o da assembleia hei de louvar-vos!

Ant. Eles re**par**tem entre **si** as minhas **ves**tes,
e sor**tei**am entre **si** a minha **tú**nica.

Ant. 3 Que se **pros**trem e a**do**rem o Se**nhor**,
todos os **po**vos e as fa**mí**lias das na**ções**!

III

=24 Vós que te**meis** ao Senhor **Deus**, dai-lhe lou**vo**res; †
glorifi**cai**-o, descendentes de Jacó, *
e respei**tai**-o toda a raça de Israel!

–25 Porque **Deus** não desprezou nem rejeitou *
a mi**sé**ria do que sofre sem amparo;
– não desvi**ou** do humilhado a sua face, *
mas o ou**viu** quando gritava por socorro.

–26 Sois meu lou**vor** em meio à grande assembleia; *
cumpro meus **vo**tos ante aqueles que vos temem!
=27 Vossos **po**bres vão comer e saciar-se, †
e os que pro**cu**ram o Senhor o louvarão: *
"Seus cora**ções** tenham a vida para sempre!"

–28 Lembrem-se **dis**so os confins de toda a terra, *
para que **vol**tem ao Senhor e se convertam,

– e se **pros**trem, adorando, diante dele *
todos os **po**vos e as famílias das nações.
– 29 Pois ao Se**nhor** é que pertence a realeza; *
ele do**mi**na sobre todas as nações.
– 30 Somente a **e**le adorarão os poderosos, *
e os que **vol**tam para o pó o louvarão.
– Para **e**le há de viver a minha alma, *
31 toda a **mi**nha descendência há de servi-lo;
– às fu**tu**ras gerações anunciará *
32 o po**der** e a justiça do Senhor;
– ao povo **no**vo que há de vir, ela dirá: *
"Eis a **o**bra que o Senhor realizou!"

Ant. Que se **pros**trem e a**do**rem o Se**nhor**,
todos os **po**vos e as fa**mí**lias das na**ções**!

Leitura breve Rm 3,21-22a

Agora, sem depender do regime da Lei, a justiça de Deus se manifestou, atestada pela Lei e pelos Profetas; justiça de Deus essa, que se realiza mediante a fé em Jesus Cristo, para todos os que têm a fé.

V. Os pre**cei**tos do Se**nhor** são pre**ci**sos, ale**gri**a ao cora**ção**.
R. O manda**men**to do Se**nhor** é bri**lhan**te, para os **o**lhos uma **luz**.

Oração

Senhor Jesus Cristo, que, nesta hora, com o mundo envolto em trevas, fostes elevado na cruz, como vítima inocente para a salvação de todos, concedei-nos sempre vossa luz, que nos guie para a vida eterna. Vós, que viveis e reinais para sempre.

Vésperas

V. Vinde, ó **Deus**. Glória ao **Pai**. Como **e**ra. (Ale**lu**ia).

Hino

Deus, escultor do homem,
que a tudo, só, criastes,
e que do pó da terra
os animais formastes.

Sob o comando do homem
a todos colocastes,
para que a vós servissem
servindo a quem criastes.

Afastai, pois, os homens,
de uma fatal cilada;
que o Criador não perca
a criatura amada.

Dai-nos no céu o prêmio,
dando na terra a graça,
e assim chegar possamos
à paz que nunca passa.

A vós, Deus uno e trino,
em nosso amor cantamos;
nas criaturas todas
somente a vós buscamos.

Salmodia

Ant. 1 O Se**nhor**, nosso **Deus,** é tão **gran**de,
e mai**or** do que **to**dos os **deu**ses.

T.P.: Sou **eu** o Se**nhor** que te **sal**va,
o **teu** Reden**tor**, ale**lui**a.

Salmo 134(135)

Louvor ao Senhor por suas maravilhas

Povo que ele conquistou, proclamai as obras admiráveis daquele que vos chamou das trevas para a sua luz maravilhosa (cf. 1Pd 2,9).

I

– 1 Lou**vai** o Se**nhor**, bendi**zei**-o; *
lou**vai** o Senhor, servos seus,
– 2 que cele**brais** o louvor em seu templo *
e habi**tais** junto aos átrios de Deus!

– 3 Lou**vai** o Senhor, porque é bom; *
can**tai** ao seu nome suave!
– 4 Escol**heu** para si a Jacó, *
prefe**riu** Israel por herança. –

– 5 Eu bem **sei** que o Senhor é tão grande, *
que é mai**or** do que todos os deuses.
= 6 Ele **faz** tudo quanto lhe agrada, †
nas al**tu**ras dos céus e na terra, *
no oce**a**no e nos fundos abismos.
= 7 Traz as **nu**vens do extremo da terra, †
trans**for**ma os raios em chuva, *
das ca**ver**nas libera os ventos.

– 8 No E**gi**to feriu primogênitos, *
desde **ho**mens até animais.
– 9 Fez mi**la**gres, prodígios, portentos, *
pe**ran**te Faraó e seus servos.
– 10 Aba**teu** numerosas nações *
e ma**tou** muitos reis poderosos:

= 11 a Se**on** que foi rei amorreu, †
e a **Og** que foi rei de Basã, *
como a **to**dos os reis cananeus.
– 12 Ele **deu** sua terra em herança, *
em he**ran**ça a seu povo, Israel.

Ant. 1 O Se**nhor**, nosso **Deus,** é tão **gran**de,
e mai**or** do que **to**dos os **deu**ses.

T.P.: Sou **eu** o Se**nhor** que te **sal**va,
o **teu** Reden**tor**, ale**luia**.

Ant. 2 Isra**el**, bendi**zei** o Se**nhor**,
can**tai** ao seu **no**me suave!

T.P.: Ben**di**to o **Rei**no que **vem** de Da**vi**, nosso **Pai**, ale**luia**.

II

– 13 Ó Se**nhor**, vosso **no**me é e**ter**no; *
para **sem**pre é a vossa lembrança!
– 14 O Se**nhor** faz justiça a seu povo *
e é bon**do**so com aqueles que o servem.

– 15 São os **deu**ses pagãos ouro e prata, *
todos **e**les são obras humanas.
– 16 Têm **bo**ca e não podem falar, *
têm **o**lhos e não podem ver; –

– 17 tendo ou**vi**dos, não podem ouvir, *
nem e**xis**te respiro em sua boca.
– 18 Como **e**les serão seus autores, *
que os fa**bri**cam e neles confiam!

– 19 Isra**el**, bendizei o Senhor; *
sacer**do**tes, louvai o Senhor;
– 20 le**vi**tas, cantai ao Senhor; *
fi**éis**, bendizei o Senhor!
– 21 Ben**di**to o Senhor de Sião, *
que ha**bi**ta em Jerusalém!

Ant. Isra**el**, bendi**zei** o Se**nhor**,
can**tai** ao seu **no**me su**a**ve!

T.P.: Ben**di**to o **Rei**no que **vem** de Da**vi**, nosso **Pai**, ale**lui**a.

Ant. 3 Os **po**vos vi**rão** ado**rar**-vos, Se**nhor**.

T.P.: Ao Se**nhor** quero can**tar**, pois fez bri**lhar** a sua **gló**ria. Ale**lui**a.

Cântico Ap 15,3-4

Hino de adoração

– 3 Como são **gran**des e admi**rá**veis vossas **o**bras, *
ó Se**nhor** e nosso Deus onipotente!
– Vossos ca**mi**nhos são verdade, são justiça, *
ó **Rei** dos povos todos do universo!

(R. São **gran**des vossas **o**bras, ó Se**nhor**!)

= 4 Quem, Se**nhor**, não haveria de temer-vos, †
e **quem** não honraria o vosso nome? *
Pois so**men**te vós, Senhor, é que sois santo! (R.)

= As nações **to**das hão de vir perante vós †
e, pros**tra**das, haverão de adorar-vos, *
pois vossas **jus**tas decisões são manifestas. (R.)

Ant. Os **po**vos vi**rão** ado**rar**-vos, Se**nhor**.

T.P.: Ao Se**nhor** quero can**tar**, pois fez bri**lhar** a sua **gló**ria. Ale**lui**a.

Leitura breve Tg 1,2-4

Meus irmãos, quando deveis passar por diversas provações, considerai isso motivo de grande alegria, por saberdes que a comprovação da fé produz em vós a perseverança. Mas é preciso que a perseverança gere uma obra de perfeição, para que vos torneis perfeitos e íntegros, sem falta ou deficiência alguma.

Responsório breve

R. Jesus **Cris**to nos a**mou**.
* E em seu **san**gue nos la**vou**. R. Jesus **Cris**to.
V. Fez-nos **reis** e sacer**do**tes para **Deus**, o nosso **Pai.**
* E em seu **san**gue. Glória ao **Pai.** R. Jesus **Cris**to.

Cântico evangélico, ant.

O Se**nhor** nos aco**lheu** a **nós**, seus servi**do**res,
fiel ao seu a**mor**.

Preces

Invoquemos o Senhor Jesus, a quem o Pai entregou à morte pelos nossos pecados e ressuscitou para nossa justificação; e digamos humildemente:

R. **Senhor, tende piedade do vosso povo!**

Ouvi, Senhor, as nossas súplicas e perdoai os pecados dos que se reconhecem culpados perante vós,
– e, em vossa bondade, dai-nos a reconciliação e a paz. R.

Vós, que dissestes por meio do apóstolo Paulo: "Onde o pecado foi grande, muito maior foi a graça",
– perdoai generosamente os nossos numerosos pecados. R.

Muito pecamos, Senhor, mas confiamos na vossa infinita misericórdia;
– convertei-nos inteiramente ao vosso amor. R.

Salvai, Senhor, o vosso povo de seus pecados,
– e sede bondoso para conosco. R.

(intenções livres)

Vós, que abristes as portas do paraíso para o ladrão arrependido que vos reconheceu como Salvador,
– não as fecheis para os nossos irmãos e irmãs que morreram. R.

Pai nosso...

Oração

Deus, nosso Pai, que destes Jesus Cristo, vosso Filho, como preço de nossa salvação, concedei-nos viver de tal modo, que, participando de sua paixão, compartilhemos de sua ressurreição. Por nosso Senhor Jesus Cristo, vosso Filho, na unidade do Espírito Santo.

III SÁBADO

Laudes

V. Vinde, ó **Deus**. Glória ao **Pai**. Como **era**. (Ale**luia**).

Hino

No céu refulge a aurora
e nasce um novo dia.
As trevas se dissipem:
a luz nos alumia.

Bem longe os fantasmas,
os sonhos e ilusões!
Do mal que vem das trevas
quebremos os grilhões.

Na aurora derradeira
possamos, preparados,
cantar de Deus a glória,
na sua luz banhados.

Louvor e glória ao Pai,
ao Filho seu também,
e ao Divino Espírito
agora e sempre. Amém.

Salmodia

Ant. 1 Vós estais **per**to, ó Se**nhor**, perto de **mim**;
todos os **vos**sos manda**men**tos são ver**da**de.

T.P.: As pa**la**vras que vos **dis**se são es**pí**rito, são **vi**da. Ale**luia**.

Salmo 118(119),145-152
XIX (Coph)

Meditação sobre a Palavra de Deus na Lei

O amor é o cumprimento perfeito da Lei (Rm 13,10).

– 145 Clamo de **to**do o cora**ção**: Senhor, ou**vi**-me! *
Quero cum**prir** vossa vontade fielmente!
– 146 Clamo a **vós**: Senhor, salvai-me, eu vos suplico, *
e en**tão** eu guardarei vossa Aliança!

– 147 Chego **an**tes que a aurora e vos imploro, *
e es**pe**ro confiante em vossa lei.
– 148 Os meus **o**lhos antecipam as vigílias, *
para de **noi**te meditar vossa palavra.

– 149 Por vosso a**mor** ouvi atento a minha voz *
e dai-me a **vi**da, como é vossa decisão!
– 150 Meus opres**so**res se aproximam com maldade; *
como estão **lon**ge, ó Senhor, de vossa lei!

– 151 Vós estais **per**to, ó Senhor, perto de mim; *
todos os **vos**sos mandamentos são verdade!
– 152 Desde cri**an**ça aprendi vossa Aliança *
que fir**mas**tes para sempre, eternamente.

Ant. Vós estais **per**to, ó Se**nhor,** perto de **mim**:
todos os **vos**sos manda**men**tos são ver**da**de.

T.P.: As pa**la**vras que vos **dis**se são es**pí**rito, são **vi**da. Ale**lui**a.

Ant. 2 Que a **vos**sa Sabedo**ri**a, ó Se**nhor**,
es**te**ja junto a **mim** no meu tra**ba**lho.

T.P.: Constru**ís**tes vosso **tem**plo e vosso al**tar**,
ó Se**nhor**, no Monte **San**to, ale**lui**a.

Cântico Sb 9,1-6.9-11

Senhor, dai-me a Sabedoria!

Eu vos darei palavras tão acertadas que nenhum dos inimigos vos poderá resistir (Lc 21,15).

– 1 Deus de meus **pais**, Senhor bon**do**so e compas**si**vo, *
vossa Pa**la**vra poderosa criou tudo,
– 2 vosso sa**ber** o ser humano modelou *
para ser **rei** da criação que é vossa obra,

– [3] reger o **mun**do com justiça, paz e ordem, *
e exer**cer** com retidão seu julgamento:

– [4] Dai-me **vos**sa sabedoria, ó Senhor, *
sabedo**ri**a que partilha o vosso trono.
– Não me exclu**ais** de vossos filhos como indigno: *
[5] sou vosso **ser**vo e minha mãe é vossa serva;

– sou homem **fra**co e de existência muito breve, *
inca**paz** de discernir o que é justo.
– [6] Até **mes**mo o mais perfeito dentre os homens *
não é **na**da, se não tem vosso saber.

– [9] Mas junto a **vós**, Senhor, está a sabedoria, *
que co**nhe**ce as vossas obras desde sempre;
= convosco es**ta**va ao criardes o universo, †
ela **sa**be o que agrada a vossos olhos, *
o que é **re**to e conforme às vossas ordens.

– [10] Envi**ai**-a lá de cima, do alto céu, *
mandai-a **vir** de vosso trono glorioso,
– para que es**te**ja junto a mim no meu trabalho *
e me en**si**ne o que agrada a vossos olhos!

= [11] Ela, que **tu**do compreende e tudo sabe, †
há de gui**ar** meus passos todos com prudência, *
com seu po**der** há de guardar a minha vida.

Ant. Que a **vos**sa Sabedo**ri**a, ó Se**nhor**,
es**te**ja junto a **mim** no meu tra**ba**lho.

T.P.: Construís**tes** vosso **tem**plo e vosso al**tar**,
ó Se**nhor**, no Monte **San**to, ale**lui**a.

Ant. 3 O Se**nhor** para **sem**pre é fi**el**.

T.P.: Sou o Ca**mi**nho, a Ver**da**de e a **Vi**da, ale**lui**a.

Salmo 116(117)

Louvor ao Deus misericordioso

Eu digo:... os pagãos glorificam a Deus, em razão da sua misericórdia (Rm 15,8.9).

– [1] Cantai lou**vo**res ao Se**nhor**, todas as **gen**tes, *
povos **to**dos, feste**jai**-o!
– [2] Pois compro**va**do é seu amor para co**nos**co, *
para **sem**pre ele é fiel!

Ant. O Se**nhor** para **sem**pre é **fiel**.

T.P.: Sou o Ca**mi**nho, a Ver**da**de e a **Vi**da, ale**lui**a.

Leitura breve Fl 2,14-15

Fazei tudo sem reclamar ou murmurar, para que sejais livres de repreensão e ambiguidade, filhos de Deus sem defeito, no meio desta geração depravada e pervertida, na qual brilhais como os astros no universo.

Responsório breve

R. A vós **gri**to, ó Se**nhor,** a vós **cla**mo
 * E vos **di**go: Sois **vós** meu **abri**go! R. A vós **gri**to.
V. Minha he**ran**ça na **ter**ra dos **vi**vos. * E vos **di**go.
 Glória ao **Pai.** R. A vós **gri**to.

Cântico evangélico, ant.

Ilumi**nai**, ó Se**nhor**, os que **ja**zem nas **tre**vas
e na **som**bra da **mor**te.

Preces

Invoquemos a Deus, que elevou a Virgem Maria, Mãe de Cristo, acima de todas as criaturas do céu e da terra; e digamos cheios de confiança:

R. **Interceda por nós a Mãe do vosso Filho.**

Pai de misericórdia, nós vos damos graças porque nos destes Maria como mãe e exemplo:
–por sua intercessão, santificai os nossos corações. R.

Vós, que fizestes de Maria a serva fiel e atenta à vossa Palavra,
–por sua intercessão, fazei de nós servos e discípulos de vosso Filho. R.

Vós, que fizestes de Maria a Mãe do vosso Filho por obra do Espírito Santo,
–por sua intercessão, concedei-nos os frutos do mesmo Espírito. R.

Vós, que destes força a Maria para permanecer junto da cruz, e a enchestes de alegria com a ressurreição de vosso Filho,
–por sua intercessão, confortai-nos nas tribulações e reavivai a nossa esperança. R.

(intenções livres)

Pai nosso...

Oração

Senhor nosso Deus, fonte de salvação, fazei que o testemunho de nossa vida exalte sempre a vossa glória e mereçamos cantar nos céus vosso louvor eternamente. Por nosso Senhor Jesus Cristo, vosso Filho, na unidade do Espírito Santo.

Hora Média

V. Vinde, ó **Deus.** Glória ao **Pai.** Como era. (Ale**luia**).

HINO como no Ordinário, p. 743.

Salmodia

Ant. 1 Assegu**rai** tudo o que é **bom**
ao vosso **ser**vo, ó Se**nhor**!

Salmo 118(119),121-128
XVI (Ain)

Meditação sobre a Palavra de Deus na Lei

Sua mãe conservava no coração todas essas coisas (Lc 2,51).

– 121 Prati**quei** a equi**da**de e a jus**ti**ça; *
não me entre**gueis** nas mãos daqueles que me oprimem!
– 122 Assegu**rai** tudo que é bom ao vosso servo, *
não permi**tais** que me oprimam os soberbos!

– 123 Os meus **o**lhos se gastaram de esperar-vos *
e de aguar**dar** vossa justiça e salvação.
– 124 Con**for**me o vosso amor, Senhor, tratai-me, *
e tam**bém** vossos desígnios ensinai-me!

– 125 Sou vosso **ser**vo: concedei-me inteligência, *
para que eu **pos**sa compreender vossa Aliança!
– 126 Já é **tem**po de intervirdes, ó Senhor; *
está **sen**do violada a vossa Lei!

– 127 Por isso **a**mo os mandamentos que nos destes, *
mais que o **ou**ro, muito mais que o ouro fino!
– 128 Por isso eu **si**go bem direito as vossas leis, *
detesto **to**dos os caminhos da mentira.

Ant. Assegu**rai** tudo o que é **bom** ao vosso **ser**vo, ó Se**nhor**!

Ant. 2 Contem**plai** o Se**nhor** e have**reis** de ale**grar**-vos.

Salmo 33(34)

O Senhor é a salvação dos justos

Provastes que o Senhor é bom (1Pd 2,3).

I

– 2 Bendi**rei** o Senhor **Deus** em todo **tem**po, *
seu lou**vor** estará sempre em minha boca,
– 3 Minha **al**ma se gloria no Senhor, *
que **ou**çam os humildes e se alegrem!

– 4 Co**mi**go engrandecei ao Senhor Deus, *
exal**te**mos todos juntos o seu nome!
– 5 Todas as **ve**zes que o busquei, ele me ouviu, *
e de **to**dos os temores me livrou.

– 6 Contem**plai** a sua face e alegrai-vos, *
e vosso **ros**to não se cubra de vergonha!
– 7 Este infe**liz** gritou a Deus, e foi ouvido, *
e o Se**nhor** o libertou de toda angústia.

– 8 O **an**jo do Senhor vem acampar *
ao re**dor** dos que o temem, e os salva.
– 9 Provai e **ve**de quão suave é o Senhor! *
Feliz o **ho**mem que tem nele o seu refúgio!

– 10 Respei**tai** o Senhor Deus, seus santos todos, *
porque **na**da faltará aos que o temem.
– 11 Os **ri**cos empobrecem, passam fome, *
mas aos que **bus**cam o Senhor não falta nada.

Ant. Contem**plai** o Se**nhor** e have**reis** de ale**grar**-vos.

Ant. 3 O Se**nhor** está bem **per**to do cora**ção** atribu**la**do.

II

– 12 Meus **fi**lhos, vinde a**go**ra e escu**tai**-me: *
vou ensi**nar**-vos o temor do Senhor Deus.
– 13 Qual o **ho**mem que não ama sua vida, *
procu**ran**do ser feliz todos os dias?

– 14 A**fas**ta a tua língua da maldade, *
e teus **lá**bios, de palavras mentirosas.
– 15 A**fas**ta-te do mal e faze o bem, *
procura a **paz** e vai com ela em seu caminho. –

– 16O **Senhor** pousa seus olhos sobre os justos, *
e seu ouvido está atento ao seu chamado;
– 17mas ele **vol**ta a sua face contra os maus, *
para da **ter**ra apagar sua lembrança.

– 18Clamam os **jus**tos, e o Senhor bondoso escuta *
e de **to**das as angústias os liberta.
– 19Do cora**ção** atribulado ele está perto *
e con**for**ta os de espírito abatido.

– 20Muitos **ma**les se abatem sobre os justos, *
mas o Se**nhor** de todos eles os liberta.
– 21Mesmo os seus **os**sos ele os guarda e os protege, *
e nenhum **de**les haverá de se quebrar.

– 22A ma**lí**cia do iníquo leva à morte, *
e **quem** odeia o justo é castigado.
– 23Mas o Se**nhor** liberta a vida dos seus servos, *
e casti**ga**do não será quem nele espera.

Ant. 3 O Se**nhor** está bem **per**to do cora**ção** atribu**la**do.

Leitura breve Gl 5,26; 6,2

Não busquemos vanglória, provocando-nos ou invejando-nos uns aos outros. Carregai os fardos uns dos outros: assim cumprireis a lei de Cristo.

V. Vinde e **ve**de como é **bom**, como é su**a**ve
os ir**mãos** viverem **jun**tos bem u**ni**dos.
R. Pois a **e**les o Se**nhor** dá sua **bên**ção
e a **vi**da pelos **sé**culos sem **fim**.

Oração

Senhor nosso Deus, luz ardente de amor eterno, concedei que, inflamados na vossa caridade, num mesmo amor amemos a vós, acima de tudo, e aos irmãos e irmãs por vossa causa. Por Cristo, nosso Senhor.

IV SEMANA

IV DOMINGO

I Vésperas

V. Vinde, ó **Deus**. Glória ao **Pai**. Como era. (Aleluia).

Hino

Ó Deus, fonte de todas as coisas,
vós enchestes o mundo de dons
e, depois de criar o universo,
concluístes que tudo era bom.

Terminando tão grande trabalho,
decidistes entrar em repouso,
ensinando aos que cansam na luta,
que o descanso é também dom precioso.

Concedei aos mortais que suplicam,
os seus erros lavarem no pranto
e andarem nos vossos caminhos,
descobrindo da vida o encanto.

Deste modo, ao chegar para a terra
a aflição do temível Juiz,
possam todos, repletos de paz,
se alegrar pela vida feliz.

Esse dom concedei-nos, Deus Pai,
pelo Filho Jesus, Sumo Bem,
no Espírito Santo Paráclito,
que reinais para sempre. Amém.

Ou:

Salve o dia que é glória dos dias,
feliz dia, de Cristo vitória,
dia pleno de eterna alegria,
o primeiro.

Luz divina brilhou para os cegos;
nela o Cristo triunfa do inferno,
vence a morte, reconciliando
terra e céus.

A sentença eterna do Rei
tudo sob o pecado encerrou,
para que na fraqueza brilhasse
maior graça.

O poder e a ciência de Deus
misturaram rigor e clemência,
quando o mundo já estava caindo
nos abismos.

Surge livre o Reino da morte
quem o gênero humano restaura,
reconduz em seus ombros a ovelha
ao redil.

Reine a paz entre os anjos e os homens,
e no mundo a total plenitude.
Ao Senhor triunfante convém
toda a glória.

Mãe Igreja, tua voz faça coro
à harmonia da pátria celeste.
Cantem hoje Aleluias de glória
os fiéis.

Triunfando do império da morte,
triunfal alegria gozemos.
Paz na terra e nos céus alegria.
Assim seja.

Salmodia

Nos domingos do Advento, Natal, Quaresma e Páscoa, as antífonas são próprias do Tempo correspondente.

Ant. 1 **Rogai** que viva em **paz** Jerusa**lém**.

Salmo 121(122)

Jerusalém, cidade santa

Vós vos aproximastes do monte Sião e da cidade do Deus vivo, a Jerusalém celeste (Hb 12,22).

– [1]Que ale**gri**a, quando **ou**vi que me disseram: *
“Vamos à **ca**sa do Se**nhor**!”

– [2] E **ago**ra nossos pés já se detêm, *
Jerusa**lém**, em tuas portas.

– [3] Jerusa**lém**, cidade bem edificada *
num con**jun**to harmonioso;
– [4] para **lá** sobem as tribos de Israel, *
as **tri**bos do Senhor.

– Para lou**var**, segundo a lei de Israel, *
o **no**me do Senhor.
– [5] A **se**de da justiça lá está *
e o **tro**no de Davi.

– [6] Ro**gai** que viva em paz Jerusalém, *
e em segu**ran**ça os que te amam!
– [7] Que a **paz** habite dentro de teus muros, *
tranquili**da**de em teus palácios!

– [8] Por a**mor** a meus irmãos e meus amigos, *
peço: "A **paz** esteja em ti!"
– [9] Pelo a**mor** que tenho à casa do Senhor, *
eu te de**se**jo todo bem

Ant. Ro**gai** que viva em **paz** Jerusa**lém**.

Ant. 2 Desde a au**ro**ra até à **noi**te
no Se**nhor** ponho a espe**ran**ça.

Salmo 129(130)

Das profundezas eu clamo

Ele vai salvar o seu povo dos seus pecados (Mt 1,21).

– [1] Das profun**de**zas eu **cla**mo a vós, Se**nhor**, *
[2] escu**tai** a minha **voz**!
– Vossos ou**vi**dos estejam bem atentos *
ao cla**mor** da minha prece!

– [3] Se le**var**des em conta nossas faltas, *
quem have**rá** de subsistir?
– [4] Mas em **vós** se encontra o perdão, *
eu vos **te**mo e em vós espero.

– [5] No Se**nhor** ponho a minha esperança, *
es**pe**ro em sua palavra.

– [6] A minh'**al**ma espera no Senhor *
mais que o vi**gi**a pela aurora.
– [7] Es**pe**re Israel pelo Senhor *
mais que o vi**gi**a pela aurora!
– Pois no Se**nhor** se encontra toda graça *
e copi**o**sa redenção.
– [8] Ele **vem** libertar a Israel *
de **to**da a sua culpa.

Ant. Desde a au**ro**ra até à **noi**te
no Se**nhor** ponho a espe**ran**ça.

Ant. 3 Ao **no**me de Je**sus** nosso Se**nhor**
se **do**bre reve**ren**te todo joelho
seja nos **céus**, seja na **ter**ra ou nos **abis**mos.

Cântico Fl 2,6-11

Cristo, o Servo de Deus

= [6] Embora **fos**se de divina condi**ção**, †
Cristo Je**sus** não se apegou ciosamente *
a ser i**gual** em natureza a Deus Pai.
(R. Jesus **Cris**to é Se**nhor** para a **gló**ria de Deus **Pai**!)
= [7] **Porém** esvaziou-se de sua glória †
e assu**miu** a condição de um escravo, *
fa**zen**do-se aos homens semelhante. (R.)
= Reconhe**ci**do exteriormente como homem, †
[8] humil**hou**-se, obedecendo até à morte, *
até à **mor**te humilhante numa cruz. (R.)
= [9] Por isso **Deus** o exaltou sobremaneira †
e deu-lhe o **no**me mais excelso, mais sublime, *
e ele**va**do muito acima de outro nome. (R.)
= [10] Para **que** perante o nome de Jesus †
se **do**bre reverente todo joelho, *
seja nos **céus**, seja na terra ou nos abismos. (R.)
= [11] E toda **lín**gua reconheça, confessando, †
para a **gló**ria de Deus Pai e seu louvor: *
"Na ver**da**de Jesus Cristo é o Senhor!" (R.)

Ant. Ao **no**me de Je**sus** nosso Se**nhor**
se **do**bre reve**ren**te todo joelho
seja nos **céus,** seja na **ter**ra ou nos a**bis**mos.

Leitura breve 2Pd 1,19-21

Assim se nos tornou ainda mais firme a palavra da profecia, que fazeis bem em ter diante dos olhos, como lâmpada que brilha em lugar escuro, até clarear o dia e levantar-se a estrela da manhã em vossos corações. Pois deveis saber, antes de tudo, que nenhuma profecia da Escritura é objeto de interpretação pessoal, visto que jamais uma profecia foi proferida por vontade humana. Mas foi sob o impulso do Espírito Santo que homens falaram da parte de Deus.

Responsório breve

R. Do nas**cer** do sol **até** o seu o**ca**so,
* Lou**va**do seja o **no**me do Se**nhor**! R. Do nas**cer**.
V. Sua **gló**ria vai a**lém** dos altos **céus**. * Lou**va**do.
Glória ao **Pai.** R. Do nas**cer**.

Antífona do Magníficat como no Próprio do Tempo.

Preces

Invoquemos a Jesus Cristo, alegria de todos os que nele esperam; e digamos:

R. **Ouvi-nos, Senhor, e atendei-nos!**

Testemunha fiel e primogênito dentre os mortos, que nos purificastes do pecado com o vosso sangue,
– fazei-nos sempre lembrar as vossas maravilhas. R.

Aqueles que escolhestes como mensageiros do vosso evangelho,
– tornai-os fiéis e zelosos administradores dos mistérios do reino. R.

Rei da paz, mandai o vosso Espírito sobre aqueles que governam os povos,
– a fim de que olhem com mais atenção para os pobres e necessitados. R.

Socorrei os que são vítimas da discriminação por causa da raça, cor, condição, língua ou religião,
– e fazei que sejam reconhecidos os seus direitos e a sua dignidade. R.

(intenções livres)

Aos que morreram em vosso amor, tornai participantes da felicidade eterna,
– juntamente com a Virgem Maria e todos os santos. R.

Pai nosso...

Oração como no Próprio do Tempo.

Laudes

V. Vinde, ó **Deus**. Glória ao **Pai**. Como era. (Ale**lui**a).

Hino

Eis que da noite já foge a sombra
e a luz da aurora refulge, ardente.
Nós, reunidos, a Deus oremos
e invoquemos o Onipotente.

Deus, compassivo, nos salve a todos
e nos afaste de todo o mal.
O Pai bondoso, por sua graça,
nos dê o reino celestial.

Assim nos ouça o Deus Uno e Trino,
Pai, Filho e Espírito Consolador.
Por toda a terra vibram acordes
dum canto novo em seu louvor.

Salmodia

Nos domingos do Advento, Natal, Quaresma e Páscoa, as antífonas são próprias do Tempo correspondente.

Ant. 1 Dai **gra**ças ao Se**nhor**, porque ele é **bom**!
Eterna é a **su**a miseri**cór**dia. Ale**luia**. †

Salmo 117(118)

Canto de alegria e salvação

Ele é a pedra, que vós, os construtores, desprezastes, e que se tornou a pedra angular (At 4,11).

– 1 Dai **gra**ças ao Se**nhor**, porque ele é **bom**! *
"E**ter**na é a sua misericórdia!" –

– 2 † A **ca**sa de Israel agora o diga: *
"E**ter**na é a sua misericórdia!"
– 3 A **ca**sa de Aarão agora o diga: *
"E**ter**na é a sua misericórdia!"
– 4 Os que **te**mem o Senhor agora o digam: *
"E**ter**na é a sua misericórdia!"

– 5 Na minha an**gús**tia eu clamei pelo Senhor, *
e o Se**nhor** me atendeu e libertou!
– 6 O Se**nhor** está comigo, nada temo; *
o que **po**de contra mim um ser humano?
– 7 O Se**nhor** está comigo, é o meu auxílio, *
hei de **ver** meus inimigos humilhados.

– 8 "É me**lhor** buscar refúgio no Senhor *
do que **pôr** no ser humano a esperança;
– 9 é me**lhor** buscar refúgio no Senhor *
do que con**tar** com os poderosos deste mundo!"

– 10 Povos pa**gãos** me rodearam todos eles, *
mas em **no**me do Senhor os derrotei;
– 11 de todo **la**do todos eles me cercaram, *
mas em **no**me do Senhor os derrotei;

= 12 como um en**xa**me de abelhas me atacaram, †
como um **fo**go de espinhos me queimaram, *
mas em **no**me do Senhor os derrotei.

– 13 Empur**ra**ram-me, tentando derrubar-me, *
mas **vei**o o Senhor em meu socorro.
– 14 O Se**nhor** é minha força e o meu canto, *
e tor**nou**-se para mim o Salvador.
– 15 "Cla**mo**res de alegria e de vitória *
ressoem pelas tendas dos fiéis.

= 16 A mão di**rei**ta do Senhor fez maravilhas, †
a mão di**rei**ta do Senhor me levantou, *
a mão di**rei**ta do Senhor fez maravilhas!"

– 17 Não morre**rei**, mas, ao contrário, viverei *
para can**tar** as grandes obras do Senhor!
– 18 O Se**nhor** severamente me provou, *
mas **não** me abandonou às mãos da morte. –

– 19Abri-me **vós**, abri-me as portas da justiça; *
quero en**trar** para dar graças ao Senhor!
– 20“Sim, **es**ta é a porta do Senhor, *
por **e**la só os justos entrarão!”
– 21Dou-vos **gra**ças, ó Senhor, porque me ouvistes *
e vos tor**nas**tes para mim o Salvador!
– 22“A **pe**dra que os pedreiros rejeitaram *
tor**nou**-se agora a pedra angular.
– 23Pelo Se**nhor** é que foi feito tudo isso: *
Que mara**vi**lhas ele fez a nossos olhos!
– 24Este é o **di**a que o Senhor fez para nós, *
ale**gre**mo-nos e nele exultemos!
– 25Ó Se**nhor**, dai-nos a vossa salvação, *
ó Se**nhor**, dai-nos também prosperidade!”
– 26Ben**di**to seja, em nome do Senhor, *
a**que**le que em seus átrios vai entrando!
– Desta **ca**sa do Senhor vos bendizemos. *
27Que o Se**nhor** e nosso Deus nos ilumine!
– Empu**nhai** ramos nas mãos, formai cortejo, *
aproxi**mai**-vos do altar, até bem perto!
– 28Vós sois meu **Deus,** eu vos bendigo e agradeço! *
Vós sois meu **Deus**, eu vos exalto com louvores!
– 29Dai **gra**ças ao Senhor, porque ele é bom! *
“E**ter**na é a sua misericórdia!”

Ant. Dai **gra**ças ao Se**nhor**, porque ele é **bom**!
E**ter**na é a **su**a miseri**cór**dia. Ale**lui**a.

Ant. 2 Obras **to**das do Se**nhor**, ale**lui**a,
bendi**zei** o Se**nhor,** ale**lui**a!

Cântico Dn 3,52-57

Louvor das criaturas ao Senhor

O Criador é bendito para sempre (Rm 1,25).

– 52Sede ben**di**to, Senhor **Deus** de nossos **pais**! *
A vós lou**vor**, honra e glória eternamente!
– Sede ben**di**to, nome santo e glorioso! *
A vós lou**vor**, honra e glória eternamente! –

–53 No templo **san**to onde refulge a vossa glória! *
A vós lou**vor**, honra e glória eternamente!
–54 E em vosso **tro**no de poder vitorioso! *
A vós lou**vor**, honra e glória eternamente!

–55 Sede ben**di**to, que sondais as profundezas! *
A vós lou**vor**, honra e glória eternamente!
– E superi**or** aos querubins vos assentais! *
A vós lou**vor**, honra e glória eternamente!

–56 Sede ben**di**to no celeste firmamento! *
A vós lou**vor**, honra e glória eternamente!
–57 Obras **to**das do Senhor, glorificai-o! *
A ele lou**vor**, honra e glória eternamente!

Ant. Obras **to**das do Se**nhor**, ale**lui**a,
ben**di**zei o Se**nhor**, ale**lui**a!

Ant. 3 Louve a **Deus** tudo o que **vi**ve e que res**pi**ra, ale**lui**a!

Salmo 150

Louvai o Senhor

Salmodiai com o espírito e salmodiai com a mente, isto é: glorificai a Deus com a alma e o corpo (Hesíquio).

– 1 Lou**vai** o Senhor **Deus** no santuário, *
lou**vai**-o no alto céu de seu poder!
– 2 Lou**vai**-o por seus feitos grandiosos, *
lou**vai**-o em sua grandeza majestosa!

– 3 Lou**vai**-o com o toque da trombeta, *
lou**vai**-o com a harpa e com a cítara!
– 4 Lou**vai**-o com a dança e o tambor, *
lou**vai**-o com as cordas e as flautas!

– 5 Lou**vai**-o com os címbalos sonoros, *
lou**vai**-o com os címbalos de júbilo!
– Louve a **Deus** tudo o que vive e que respira, *
tudo **can**te os louvores do Senhor!

Ant. Louve a **Deus** tudo o que **vi**ve e que res**pi**ra, ale**lui**a!

Leitura breve 2Tm 2,8.11-13

Lembra-te de Jesus Cristo, da descendência de Davi, ressuscitado dentre os mortos. Merece fé esta palavra: se com ele morremos, com ele viveremos. Se com ele ficamos firmes, com ele reinaremos. Se nós o negamos, também ele nos negará. Se lhe somos infiéis, ele permanece fiel, pois não pode negar-se a si mesmo.

Responsório breve

R. Nós vos lou**va**mos, dando **gra**ças, ó Se**nhor**,
* Dando **gra**ças, invo**ca**mos vosso **no**me.
R. Nós vos lou**va**mos.
V. E publi**ca**mos os pro**dí**gios que fi**zes**tes. * Dando **gra**ças.
Glória ao **Pai.** R. Nós vos lou**va**mos.

Antífona do Benedictus como no Próprio do Tempo.

Preces

Ao Deus de todo poder e bondade, que nos ama e sabe do que temos necessidade, abramos o coração com alegria; e o aclamemos com louvores, dizendo:

R. **Nós vos louvamos, Senhor, e em vós confiamos!**

Nós vos bendizemos, Deus todo-poderoso e Rei do universo, porque, mesmo sendo pecadores, viestes à nossa procura,
– para conhecermos vossa verdade e servirmos à vossa majestade. R.

Deus, que abristes para nós as portas da vossa misericórdia,
– não nos deixeis jamais afastar do caminho da vida. R.

Ao celebrar a ressurreição do vosso amado Filho,
– fazei que este dia transcorra para nós cheio de alegria espiritual. R.

Dai, Senhor, a vossos fiéis o espírito de oração e de louvor,
– para que vos demos graças sempre e em todas as coisas. R.

(intenções livres)

Pai nosso...

Oração como no Próprio do Tempo.

Hora Média

V. Vinde, ó **Deus**. Glória ao **Pai**. Como **era**. (Ale**lu**ia).

HINO como no Ordinário, p. 743.

Salmodia

Ant. 1 Quem co**mer** deste **pão** vive**rá** eterna**men**te. Ale**lu**ia.

Salmo 22(23)

O Bom Pastor

O Cordeiro será o seu pastor e os conduzirá até às fontes da água viva (Ap 7,17).

– 1 O S**enhor** é o pas**tor** que me con**duz**; *
não me **fal**ta coisa alguma.
– 2 Pelos **pra**dos e campinas verdejantes *
ele me **le**va a descansar.
– Para as **á**guas repousantes me encaminha, *
3 e res**tau**ra as minhas forças.

– Ele me **gui**a no caminho mais seguro, *
pela **hon**ra do seu nome.
– 4 Mesmo que eu **pas**se pelo vale tenebroso, *
nenhum **mal** eu temerei;
– estais co**mi**go com bastão e com cajado; *
eles me **dão** a segurança!

– 5 Prepa**rais** à minha frente uma mesa, *
bem à **vis**ta do inimigo,
– e com **ó**leo vós ungis minha cabeça; *
o meu **cá**lice transborda.

– 6 Felici**da**de e todo bem hão de seguir-me *
por **to**da a minha vida;
– e, na **ca**sa do Senhor, habitarei *
pelos **tem**pos infinitos.

Ant. Quem co**mer** deste **pão** vive**rá** eterna**men**te. Ale**lu**ia.

Ant. 2 O Se**nhor** há de **vir** para **ser** glorifi**ca**do
e admi**ra**do nos seus **san**tos. Ale**lu**ia.

Salmo 75(76)

Ação de graças pela vitória

Verão o Filho do Homem vindo sobre as nuvens do céu (Mt 24,30).

I

– 2 Em Ju**dá** o Senhor **Deus** é conhe**ci**do, *
e seu **no**me é grandioso em Israel.
– 3 Em Sa**lém** ele fixou a sua tenda, *
em Si**ão** edificou sua morada.

– 4 E a**li** quebrou os arcos e as flechas, *
os es**cu**dos, as espadas e outras armas.
– 5 Resplen**den**te e majestoso apareceis *
sobre **mon**tes de despojos conquistados.

= 6 Despo**jas**tes os guerreiros valorosos †
que já **dor**mem o seu sono derradeiro, *
inca**pa**zes de apelar para os seus braços.
– 7 Ante as **vos**sas ameaças, ó Senhor, *
estarre**ce**ram-se os carros e os cavalos.

Ant. O Se**nhor** há de **vir** para **ser** glorifi**ca**do
e admi**ra**do nos seus **san**tos. Ale**lui**a.

Ant. 3 Ao vosso **Deus** fazei pro**mes**sas e as cum**pri**;
ao Se**nhor** trazei o**fer**tas, ale**lui**a.

II

– 8 Sois ter**rí**vel, real**men**te, Senhor **Deus**! *
E quem **po**de resistir à vossa ira?
– 9 Lá do **céu** pronunciastes a sentença, *
e a **ter**ra apavorou-se e emudeceu,
– 10 quando **Deus** se levantou para julgar *
e liber**tar** os oprimidos desta terra.

– 11 Mesmo a re**vol**ta dos mortais vos dará glória, *
e os que so**bra**ram do furor vos louvarão.
– 12 Ao vosso **Deus** fazei promessas e as cumpri; *
vós que o cer**cais**, trazei ofertas ao Terrível;
– 13 ele es**ma**ga os reis da terra em seu orgulho, *
e faz tre**mer** os poderosos deste mundo!

Ant. Ao vosso **Deus** fazei pro**mes**sas e as cum**pri**;
ao Se**nhor** trazei o**fer**tas, ale**lui**a.

Leitura breve Dt 10,12

O que é que o Senhor teu Deus te pede? Apenas que o temas e andes em seus caminhos; que ames e sirvas ao Senhor teu Deus, com todo o teu coração e com toda a tua alma.

V. Se**nhor**, quem mora**rá** em vossa **ca**sa,
e em **vos**so Monte **san**to habita**rá**?
R. É a**que**le que ca**mi**nha sem pe**ca**do,
e que **pen**sa a ver**da**de no seu **ín**timo.

Oração como no Próprio do Tempo.

II Vésperas

V. Vinde, ó **Deus**. Glória ao **Pai**. Como **era**. (Ale**lui**a).

Hino

Ó luz, ó Deus Trindade,
ó Unidade e fonte:
na luz do sol que morre,
a vossa em nós desponte.

A vós de madrugada,
de tarde vos cantamos;
a vós na eternidade,
louvar sem fim possamos.

Ao Pai e ao Filho glória,
ao Espírito também,
louvor, honra e vitória
agora e sempre. Amém.

Salmodia

Nos domingos do Advento, Natal, Quaresma e Páscoa, as antífonas são próprias do Tempo correspondente.

Ant. 1 Na **gló**ria e esplen**dor** da santi**da**de,
eu te ge**rei** antes da au**ro**ra, ale**lui**a.

Salmo 109(110),1-5.7

O Messias, Rei e Sacerdote

É preciso que ele reine, até que todos os seus inimigos estejam debaixo de seus pés (1Cor 15,25).

– 1 Pa**la**vra do Se**nhor** ao meu Se**nhor**: *
"As**sen**ta-te ao lado meu direito,
– **até** que eu ponha os inimigos teus *
como esca**be**lo por debaixo de teus pés!"

= 2 O Se**nhor** estenderá desde Sião †
vosso **ce**tro de poder, pois ele diz: *
"Do**mi**na com vigor teus inimigos;

= 3 Tu és **prín**cipe desde o dia em que nasceste; †
na **gló**ria e esplendor da santidade, *
como o or**va**lho, antes da aurora, eu te gerei!"

= 4 Jurou o Se**nhor** e manterá sua palavra: †
"Tu **és** sacerdote eternamente, *
segundo a **or**dem do rei Melquisedec!"

– 5 À vossa **des**tra está o Senhor, ele vos diz: *
"No dia da **i**ra esmagarás os reis da terra!
– 7 Bebe**rás** água corrente no caminho, *
por **is**so seguirás de fronte erguida!"

Ant. Na **gló**ria e esplen**dor** da santi**da**de,
eu te ge**rei** antes da au**ro**ra, ale**lui**a.

Ant. 2 Fe**li**zes os fa**min**tos e se**den**tos de jus**ti**ça:
serão **to**dos saci**a**dos.

Salmo 111(112)

A felicidade do justo

Vivei como filhos da luz. E o fruto da luz chama-se: bondade, justiça, verdade (Ef 5,8-9).

– 1 Feliz o **ho**mem que res**pei**ta o Se**nhor** *
e que **a**ma com carinho a sua lei!
– 2 Sua descen**dên**cia será forte sobre a terra, *
abençoada a geração dos homens retos! –

– [3]Haverá **gló**ria e riqueza em sua casa, *
e perma**ne**ce para sempre o bem que fez.
– [4]Ele é cor**re**to, generoso e compassivo, *
como **luz** brilha nas trevas para os justos.
– [5]Feliz o **ho**mem caridoso e prestativo, *
que re**sol**ve seus negócios com justiça.
– [6]Porque ja**mais** vacilará o homem reto, *
sua lem**bran**ça permanece eternamente!
– [7]Ele não **te**me receber notícias más: *
confiando em **Deus**, seu coração está seguro.
– [8]Seu cora**ção** está tranquilo e nada teme, *
e con**fu**sos há de ver seus inimigos.
= [9]Ele re**par**te com os pobres os seus bens, †
perma**ne**ce para sempre o bem que fez, *
e cresce**rão** a sua glória e seu poder.
= [10]O **ím**pio, vendo isso, se enfurece, †
range os **den**tes e de inveja se consome; *
mas os de**se**jos do malvado dão em nada.

Ant. Fe**li**zes os fa**min**tos e se**den**tos de jus**ti**ça:
serão **to**dos saci**a**dos.

Ant. 3 Cele**brai** o nosso **Deus,** servi**do**res do Se**nhor**,
vós os **gran**des e os pe**que**nos! Ale**lui**a.

No cântico seguinte dizem-se os Aleluias entre parênteses somente quando se canta; na recitação, basta dizer o Aleluia no começo, entre as estrofes e no fim.

Cântico cf. Ap 19,1-2.5-7

As núpcias do Cordeiro

= Ale**lui**a, (Ale**lui**a!).
[1]Ao nosso **Deus** a salva**ção**, *
honra, **gló**ria e poder! (Aleluia!).
– [2]Pois são ver**da**de e justiça *
os juízos do Senhor.

R. Ale**lui**a, (Ale**lui**a!).

= Ale**lui**a, (Ale**lui**a!).
[5]Cele**brai** o nosso Deus, *

servidores do Senhor! (Aleluia!).
– E vós **to**dos que o temeis, *
vós os **gran**des e os pequenos!

R. Ale**lui**a, (Ale**lui**a!).

= Ale**lui**a, (Ale**lui**a!).
= 6 De seu **rei**no tomou posse *
nosso **Deus** onipotente! (Aleluia!).
– 7 Exul**te**mos de alegria, *
demos **gló**ria ao nosso Deus!

R. Ale**lui**a, (Ale**lui**a!).

= Ale**lui**a, (Ale**lui**a!).
Eis que as **núp**cias do Cordeiro *
redi**vi**vo se aproximam! (Aleluia!).
– Sua Es**po**sa se enfeitou, *
se ves**tiu** de linho puro.

R. Ale**lui**a, (Ale**lui**a!).

Ant. Cele**brai** o nosso **Deus,** servi**do**res do Se**nhor**,
vós os **gran**des e os pe**que**nos! Ale**lui**a.

Nos domingos da Quaresma se diz o Cântico da Carta de São Pedro com a antífona própria.

Cântico 1Pd 2,21-24

= 21 O **Cris**to por **nós** pade**ceu**, †
dei**xou**-nos o exemplo a seguir. *
Si**ga**mos, portanto, seus passos!
– 22 Pe**ca**do nenhum cometeu, *
nem **hou**ve engano em seus lábios.

(R. Por suas **cha**gas nós **fo**mos cu**ra**dos.)

= 23 Insul**ta**do, ele não insultava; †
ao so**frer** e ao ser maltratado, *
ele **não** ameaçava vingança;
– entre**ga**va, porém, sua causa *.
À**que**le que é justo juiz. (R.)

– 24 Carre**gou** sobre si nossas culpas *
em seu **cor**po, no lenho da cruz,

= para que, **mor**tos aos nossos pecados, †
na jus**ti**ça de Deus nós vivamos. *
Por suas **cha**gas nós fomos curados. (R.)

Leitura breve Hb 12,22-24

Vós vos aproximastes do monte Sião e da cidade do Deus vivo, a Jerusalém celeste; da reunião festiva de milhões de anjos; da assembleia dos primogênitos, cujos nomes estão escritos nos céus; de Deus, o Juiz de todos; dos espíritos dos justos, que chegaram à perfeição; de Jesus, mediador da nova aliança, e da aspersão do sangue mais eloquente que o de Abel.

Responsório breve

R. É **gran**de o Se**nhor**,
* E é **gran**de o seu po**der**. R. É **gran**de.
V. Seu sa**ber** é sem li**mi**tes. * E é **gran**de.
Glória ao **Pai**. R. É **gran**de.

Antífona do Magníficat como no Próprio do Tempo.

Preces

Alegramo-nos no Senhor, de quem procede todo bem. Por isso, peçamos de coração sincero:

R. **Ouvi, Senhor, a nossa oração!**

Pai e Senhor do universo, que enviastes vosso Filho ao mundo para que em toda parte fosse glorificado o vosso nome,
– confirmai o testemunho da vossa Igreja entre os povos. R.

Fazei-nos dóceis à pregação dos apóstolos,
– para vivermos de acordo com a verdade da nossa fé.

Vós, que amais os justos,
– fazei justiça aos oprimidos. R.

Libertai os prisioneiros e abri os olhos aos cegos,
– levantai os que caíram e protegei os estrangeiros. R.

(intenções livres)

Realizai a promessa feita aos que adormeceram na vossa paz,
– e fazei que alcancem, por vosso Filho, a santa ressurreição. R.

Pai nosso...

Oração como no Próprio do Tempo.

IV SEGUNDA-FEIRA

Laudes

V. Vinde, ó **Deus**. Glória ao **Pai**. Como era. (Ale**luia**).

Hino

Doador da luz esplêndida,
pelo vosso resplendor,
ao passar da noite o tempo,
surge o dia em seu fulgor.

Verdadeira Estrela d'alva,
não aquela que anuncia
de outro astro a luz chegando
e a seu brilho se anuvia,

mas aquela luminosa,
mais que o sol em seu clarão,
mais que a luz e mais que o dia,
aclarando o coração.

Casta, a mente vença tudo,
que os sentidos pedem tanto;
vosso Espírito guarde puro
nosso corpo, templo santo.

A vós, Cristo, Rei clemente,
e a Deus Pai, Eterno Bem,
com o Espírito Paráclito,
honra e glória eterna. Amém.

Salmodia

Ant. 1 Saci**ai**-nos de ma**nhã** com vosso a**mor**!

T.P.: Que a bon**da**de do Se**nhor** e nosso **Deus**
re**pou**se sobre **nós** e nos con**du**za. Ale**lui**a.

Salmo 89(90)

O esplendor do Senhor esteja sobre nós

Para o Senhor, um dia é como mil anos, e mil anos como um dia (2Pd 3,8).

– [1]Vós **fos**tes um re**fú**gio para **nós**, *
ó Se**nhor**, de geração em geração.
= [2]Já bem **an**tes que as montanhas fossem feitas †
ou a **ter**ra e o mundo se formassem, *
desde **sem**pre e para sempre vós sois Deus.

– [3]Vós fa**zeis** voltar ao pó todo mortal, *
quando di**zeis**: "Voltai ao pó, filhos de Adão!"
– [4]Pois mil **a**nos para vós são como ontem, *
qual vi**gí**lia de uma noite que passou.

– [5]Eles **pas**sam como o sono da manhã, *
[6]são **iguais** à erva verde pelos campos:
– De ma**nhã** ela floresce vicejante, *
mas à **tar**de é cortada e logo seca.

– [7]Por vossa **i**ra perecemos realmente, *
vosso fu**ror** nos apavora e faz tremer;
– [8]pu**ses**tes nossa culpa à nossa frente, *
nossos se**gre**dos ao clarão de vossa face.

– [9]Em vossa **i**ra se consomem nossos dias, *
como um **so**pro se acabam nossos anos.
– [10]Pode du**rar** setenta anos nossa vida, *
os mais **for**tes talvez cheguem a oitenta;
– a maior **par**te é ilusão e sofrimento: *
passam de**pres**sa e também nós assim passamos.

– [11]Quem ava**li**a o poder de vossa ira, *
o res**pei**to e o temor que mereceis?
– [12]Ensi**nai**-nos a contar os nossos dias, *
e dai ao **nos**so coração sabedoria!

– [13]Senhor, vol**tai**-vos! Até quando tardareis? *
Tende pie**da**de e compaixão de vossos servos!
– [14]Saci**ai**-nos de manhã com vosso amor, *
e exulta**re**mos de alegria todo o dia! –

–15 Ale**grai**-nos pelos dias que sofremos, *
pelos **a**nos que passamos na desgraça!
–16 Manifes**tai** a vossa obra a vossos servos, *
e a seus **fi**lhos revelai a vossa glória!

–17 Que a bon**da**de do Senhor e nosso Deus *
re**pou**se sobre nós e nos conduza!
– Tornai fe**cun**do, ó Senhor, nosso trabalho, *
fazei dar **fru**tos o labor de nossas mãos.

Ant. Saci**ai**-nos de ma**nhã** com vosso a**mor**!

T.P.: Que a bon**da**de do Se**nhor** e nosso **Deus**
re**pou**se sobre **nós** e nos con**du**za. Ale**lui**a.

Ant. 2 Lou**vo**res ao Se**nhor** dos con**fins** de toda a **ter**ra!

T.P.: Diante **de**les muda**rei** em luz as **tre**vas, ale**lui**a.

Cântico Is 42,10-16

Hino ao Deus vencedor e salvador

Cantavam um cântico novo diante do trono (Ap 14,3).

–10 Can**tai** ao Senhor **Deus** um canto **no**vo, *
louvor a **e**le dos confins de toda a terra!
– Louve ao Se**nhor** o oceano e o que há nele, *
louvem as **i**lhas com os homens que as habitam!
–11 Ergam um **can**to os desertos e as cidades, *
e as **ten**das de Cedar louvem a Deus!

– Habi**tan**tes dos rochedos, aclamai; *
dos altos **mon**tes sobem gritos de alegria!
–12 Todos **e**les deem glória ao Senhor, *
e nas **i**lhas se proclame o seu louvor!

–13 Eis o Se**nhor** como herói que vai chegando, *
como guer**rei**ro com vontade de lutar;
– solta seu **gri**to de batalha aterrador *
como va**len**te que enfrenta os inimigos.

–14 "Por muito **tem**po me calei, guardei silêncio, *
fiquei ca**la**do e, paciente, me contive;
– mas grito a**go**ra qual mulher que está em parto, *
ofe**gan**te e sem alento em meio às dores. –

– [15]As mon**ta**nhas e as colinas destruirei, *
farei se**car** toda a verdura que as reveste;
– muda**rei** em terra seca os rios todos, *
farei se**car** todos os lagos e açudes.

– [16]Conduzi**rei**, então, os cegos pela mão *
e os leva**rei** por um caminho nunca visto;
– hei de gui**á**-los por atalhos e veredas *
até en**tão** desconhecidos para eles.

– Diante **de**les mudarei em luz as trevas, *
farei **pla**nos os caminhos tortuosos.
– Tudo **i**sso hei de fazer em seu favor, *
e ja**mais** eu haverei de abandoná-los!"

Ant. Lou**vo**res ao Se**nhor** dos con**fins** de toda a **ter**ra!

T.P.: Diante **de**les muda**rei** em luz as **tre**vas, ale**lui**a.

Ant. 3 Lou**vai** o Se**nhor,** bendi**zei**-o,
vós que es**tais** junto aos **á**trios de **Deus!**

T..P: Ele **faz** tudo **quan**to lhe a**gra**da, ale**lui**a.

Salmo 134(135),1-12

Louvor ao Senhor por suas maravilhas

Povo que ele conquistou, proclamai as obras admiráveis daquele que vos chamou das trevas para a sua luz maravilhosa (cf. 1Pd 2,9).

– [1]Lou**vai** o Se**nhor**, bendi**zei**-o; *
lou**vai** o Senhor, servos seus,
– [2]que cele**brais** o louvor em seu templo *
e habi**tais** junto aos átrios de Deus!

– [3]**Louvai** o Senhor, porque é bom; *
can**tai** ao seu nome suave!
– [4]Esco**lheu** para si a Jacó, *
prefe**riu** Israel por herança.

– [5]Eu bem **sei** que o Senhor é tão grande, *
que é mai**or** do que todos os deuses.
= [6]Ele **faz** tudo quanto lhe agrada, †
nas al**tu**ras dos céus e na terra, *
no oce**a**no e nos fundos abismos. –

= 7 Traz as **nu**vens do extremo da terra, †
transfor**ma** os raios em chuva, *
das ca**ver**nas libera os ventos.

– 8 No E**gi**to feriu primogênitos, *
desde **ho**mens até animais.
– 9 Fez mi**la**gres, prodígios, portentos, *
pe**ran**te Faraó e seus servos.
– 10 Aba**teu** numerosas nações *
e ma**tou** muitos reis poderosos:

= 11 A Se**on** que foi rei amorreu, †
e a **Og** que foi rei de Basã, *
como a **to**dos os reis cananeus.
– 12 Ele **deu** sua terra em herança, *
em he**ran**ça a seu povo, Israel.

Ant. Lou**vai** o Se**nhor**, bendi**zei**-o,
vós que es**tais** junto aos **á**trios de **Deus**!

T.P: Ele **faz** tudo **quan**to lhe a**gra**da, ale**lui**a.

Leitura breve Jt 8,25-26a.27

Demos graças ao Senhor nosso Deus, que nos submete a provações, como fez com nossos pais. Lembrai-vos de tudo o que Deus fez a Abraão, de como provou Isaac, de tudo o que aconteceu a Jacó. Assim como os provou pelo fogo, para lhes experimentar o coração, assim também ele não se está vingando de nós. É antes para advertência que o Senhor açoita os que dele se aproximam.

Responsório breve

R. Ó **jus**tos, ale**grai**-vos no Se**nhor**!
* Aos **re**tos fica **bem** glorifi**cá**-lo. R. Ó **jus**tos.
V. Can**tai** para o Se**nhor** um canto **no**vo. * Aos **re**tos.
Glória ao **Pai**. R. Ó **jus**tos.

Cântico evangélico, ant.

Bendito **se**ja o Senhor **Deus**, que visi**tou** e liber**tou**
a nós que **so**mos o seu **po**vo!

Preces

Oremos a Cristo, que ouve e salva os que nele esperam; e o aclamemos:

R. **Nós vos louvamos, Senhor, e em vós esperamos!**

Nós vos damos graças, Senhor, que sois rico em misericórdia,
–pela imensa caridade com que nos amastes.
R. **Nós vos louvamos, Senhor, e em vós esperamos!**

Vós, que estais sempre agindo no mundo em união com o Pai,
–renovai todas as coisas pelo poder do Espírito Santo. R.

Abri os nossos olhos e os de nossos irmãos e irmãs,
–para que contemplemos hoje as vossas maravilhas. R.

Vós, que neste dia nos chamais para o vosso serviço,
–tornai-nos fiéis servidores da vossa graça em favor de nossos irmãos e irmãs. R.

(intenções livres)

Pai nosso...

Oração

Senhor nosso Deus, que confiastes ao ser humano a missão de guardar e cultivar a terra, e colocastes o sol a seu serviço, dai-nos a graça de neste dia trabalhar com ardor pelo bem dos nossos irmãos e irmãs para o louvor de vossa glória. Por nosso Senhor Jesus Cristo, vosso Filho, na unidade do Espírito Santo.

Hora Média

V. Vinde, ó **Deus**. Glória ao **Pai**. Como **era**. (Ale**lui**a).

HINO como no Ordinário, p. 743.

Salmodia

Ant. 1 Con**for**me a vossa **lei**, firmai meus **pa**ssos, ó Se**nhor**!

Salmo 118(119),129-136
XVII (Phe)

Meditação sobre a Palavra de Deus na Lei

O amor é o cumprimento perfeito da Lei (Rm 13,10).

– 129 Maravi**lho**sos são os **vos**sos teste**mu**nhos, *
eis por **que** meu coração os observa!
– 130 Vossa pa**la**vra, ao revelar-se, me ilumina, *
ela **dá** sabedoria aos pequeninos.

– 131 Abro a **bo**ca e aspiro largamente, *
pois estou **á**vido de vossos mandamentos.

– 132 Senhor, vol**tai**-vos para mim, tende piedade, *
como fa**zeis** para os que amam vosso nome!

– 133 Con**for**me a vossa lei firmai meus passos, *
para que **não** domine em mim a iniquidade!

– 134 Liber**tai**-me da opressão e da calúnia, *
para que eu **pos**sa observar vossos preceitos!

– 135 Fazei bri**lhar** vosso semblante ao vosso servo, *
e ensi**nai**-me vossas leis e mandamentos!

– 136 Os meus **o**lhos derramaram rios de pranto, *
porque os **ho**mens não respeitam vossa lei.

Ant. Con**for**me a vossa **lei**, firmai meus **pas**sos, ó Se**nhor**!

Ant. 2 Há um **só** legisla**dor** e um só ju**iz**;
quem és **tu** para jul**gar** o teu ir**mão**?

Salmo 81(82)

Admoestação aos juízes iníquos

Não queirais julgar antes do tempo. Aguardai que o Senhor venha (1Cor 4,5).

– 1 Deus se le**van**ta no con**se**lho dos juízes *
e pro**fe**re entre os deuses a sentença:

– 2 "Até **quan**do julgareis injustamente, *
favore**cen**do sempre a causa dos perversos?

– 3 Fazei jus**ti**ça aos indefesos e aos órfãos, *
ao **po**bre e ao humilde absolvei!

– 4 Liber**tai** o oprimido, o infeliz, *
da **mão** dos opressores arrancai-os!"

= 5 Mas **e**les não percebem nem entendem, †
pois ca**mi**nham numa grande escuridão, *
aba**lan**do os fundamentos do universo!

– 6 Eu **dis**se: "Ó juízes, vós sois deuses, *
sois **fi**lhos todos vós do Deus Altíssimo!

– 7 E, con**tu**do, como homens morrereis, *
cai**reis** como qualquer dos poderosos!"

– 8 Levan**tai**-vos, ó Senhor, julgai a terra! *
porque a **vós** é que pertencem as nações!

Ant. Há um **só** legisla**dor** e um só ju**iz**;
quem és **tu** para jul**gar** o teu ir**mão**?

Ant. 3 Cla**mei** pelo Se**nhor**, e **e**le me escu**tou**.

Salmo 119(120)

Desejo da paz

Sede fortes nas tribulações, perseverantes na oração (Rm 12,12).

– 1 Cla**mei** pelo Se**nhor** na minha an**gús**tia, *
e **e**le me escutou, quando eu dizia:
– 2 "Senhor, li**vrai**-me desses lábios mentirosos, *
e da **lín**gua enganadora libertai-me!

– 3 Qual **será** a tua paga, o teu castigo, *
ó **lín**gua enganadora, qual será?
– 4 Serão **fle**chas aguçadas de guerreiros, *
a**ce**sas em carvões incandescentes.

– 5 Ai de **mim**! sou exilado em Mosoc, *
devo acam**par** em meio às tendas de Cedar!
– 6 Já se pro**lon**ga por demais o meu desterro *
entre este **po**vo que não quer saber de paz!

– 7 Quando eu **fa**lo sobre paz, quando a promovo, *
é a **guer**ra que eles tramam contra mim!"

Ant. Cla**mei** pelo Se**nhor**, e **e**le me escu**tou**.

Leitura breve Sb 15,1.3

Tu, nosso Deus, és bom e verdadeiro, és paciente e tudo governas com misericórdia. Conhecer-te é a justiça perfeita, acatar teu poder é a raiz da imortalidade.

V. Vós, Se**nhor**, sois cle**men**te e **fiel**.
R. Sois a**mor**, paci**ên**cia e per**dão**.

Oração

Ó Deus, senhor e guarda da vinha e da colheita, que repartis as tarefas e dais a justa recompensa, fazei-nos carregar o peso do dia, sem jamais murmurar contra a vossa vontade. Por Cristo, nosso Senhor.

Vésperas

V. Vinde, ó **Deus**. Glória ao **Pai**. Como era. (Ale**lui**a).

Hino

Fonte da luz, da luz origem,
as nossas preces escutai:
da culpa as trevas expulsando,
com vossa luz nos clareai.

Durante a faina deste dia
nos protegeu o vosso olhar.
De coração damos graças
em todo tempo e lugar.

Se o pôr do sol nos trouxe as trevas,
outro sol fulge, coruscante,
e envolve até os próprios anjos
com o seu brilho radiante.

Todas as culpas deste dia
apague o Cristo bom e manso,
e resplandeça o coração
durante as horas do descanso.

Glória a vós, Pai, louvor ao Filho,
poder ao Espírito também.
No resplendor do vosso brilho,
regeis o céu e a terra. Amém.

Salmodia

Ant. 1 Demos **gra**ças ao Se**nhor**, porque e**ter**no é seu a**mor**!

T.P.: Quem **vi**ve em Jesus **Cris**to é uma **no**va cria**tu**ra. Ale**lui**a.

Salmo 135(136)

Hino pascal pelas maravilhas do Deus criador e libertador

Anunciar as maravilhas de Deus é louvá-lo (Cassiodoro).

I

– 1 Demos **gra**ças ao Se**nhor**, porque ele é **bom**: *
Porque e**ter**no é seu amor!
– 2 Demos **gra**ças ao Se**nhor**, Deus dos **deu**ses: *
Porque e**ter**no é seu a**mor**!

– [3]Demos **gra**ças ao Senhor dos senhores: *
Porque e**ter**no é seu amor!
– [4]Somente **e**le é que fez grandes maravilhas: *
Porque e**ter**no é seu amor!
– [5]Ele cri**ou** o firmamento com saber: *
Porque e**ter**no é seu amor!
– [6]Esten**deu** a terra firme sobre as águas: *
Porque e**ter**no é seu amor!

– [7]Ele cri**ou** os luminares mais brilhantes: *
Porque e**ter**no é seu amor!
– [8]Criou o **sol** para o dia presidir: *
Porque e**ter**no é seu amor!
– [9]Criou a **lu**a e as estrelas para a noite: *
Porque e**ter**no é seu amor!

Ant. Demos **gra**ças ao Se**nhor**, porque e**ter**no é seu a**mor**!

T.P.: Quem **vi**ve em Jesus **Cris**to é uma **no**va cria**tu**ra. Ale**lui**a.

Ant. 2 Como são **gran**des e admi**rá**veis vossas **o**bras,
ó Se**nhor** e nosso **Deus** onipo**ten**te!

T.P.: A**me**mos a **Deus**, pois Ele, o Se**nhor**,
nos a**mou** por pri**mei**ro, ale**lui**a.

II

– [10]Ele fe**riu** os primo**gê**nitos do E**gi**to: *
Porque e**ter**no é seu a**mor**!
– [11]E ti**rou** do meio deles Israel: *
Porque e**ter**no é seu amor!
– [12]Com mão **for**te e com braço estendido: *
Porque e**ter**no é seu amor!

– [13]Ele cor**tou** o mar Vermelho em duas partes: *
Porque e**ter**no é seu amor!
– [14]Fez pas**sar** no meio dele Israel: *
Porque e**ter**no é seu amor!
– [15]E afo**gou** o Faraó com suas tropas: *
Porque e**ter**no é seu amor!

– [16]Ele gui**ou** pelo deserto o seu povo: *
Porque e**ter**no é seu amor!

– 17 E **feriu** por causa dele grandes reis: *
Porque **eter**no é seu amor!
– 18 Reis pode**ro**sos fez morrer por causa dele: *
Porque **eter**no é seu amor!
– 19 A Se**on** que fora rei dos amorreus: *
Porque e**ter**no é seu amor!
– 20 E a **Og**, o soberano de Basã: *
Porque e**ter**no é seu amor!
– 21 Repar**tiu** a terra deles como herança: *
Porque e**ter**no é seu amor!
– 22 Como he**ran**ça a Israel, seu servidor: *
Porque e**ter**no é seu amor!
– 23 De nós, seu **po**vo humilhado, recordou-se: *
Porque e**ter**no é seu amor!
– 24 De **nos**sos inimigos libertou-nos: *
Porque e**ter**no é seu amor!
– 25 A **to**do ser vivente ele alimenta: *
Porque e**ter**no é seu amor!
– 26 Demos **gra**ças ao Senhor, o Deus dos céus: *
Porque e**ter**no é seu amor!

Ant. Como são **gran**des e admi**rá**veis vossas **o**bras,
ó Se**nhor** e nosso **Deus** onipo**ten**te!

T.P.: A**me**mos a **Deus**, pois Ele, o Se**nhor**,
nos a**mou** por pri**mei**ro, ale**lui**a.

Ant. 3 Na pleni**tu**de dos **tem**pos,
quis o **Pai** reu**nir** todas as **coi**sas no **Cris**to.

T.P.: Todos **nós** rece**be**mos de **su**a pleni**tu**de
graça após **gra**ça. Ale**lui**a.

Cântico Ef 1,3-10

O plano divino da salvação

– 3 Ben**di**to e lou**va**do seja **Deus**, *
o **Pai** de Jesus Cristo, Senhor nosso,
– que do alto **céu** nos abençoou em Jesus Cristo *
com **bên**ção espiritual de toda sorte!

(R. Bendito sejais **vós**, nosso **Pai**,
que **nos** abençoastes em **Cris**to!)

– [4]Foi em **Cris**to que Deus Pai nos escolheu, *
já bem **an**tes de o mundo ser criado,
– para que **fôs**semos, perante a sua face, *
sem **má**cula e santos pelo amor. (R.)

= [5]Por **li**vre decisão de sua vontade, †
predesti**nou**-nos, através de Jesus Cristo, *
a sermos **ne**le os seus filhos adotivos,
– [6]para o lou**vor** e para a glória de sua graça, *
que em seu **Fi**lho bem-amado nos doou. (R.)

– [7]É **ne**le que nós temos redenção, *
dos pe**ca**dos remissão pelo seu sangue.
= Sua **gra**ça transbordante e inesgotável †
[8]Deus der**ra**ma sobre nós com abundância, *
de sa**ber** e inteligência nos dotando. (R.)

– [9]E as**sim**, ele nos deu a conhecer *
o mis**té**rio de seu plano e sua vontade,
– que propu**se**ra em seu querer benevolente, *
[10]na pleni**tu**de dos tempos realizar:
– o de**síg**nio de, em Cristo, reunir *
todas as **coi**sas: as da terra e as do céu. (R)

Ant. Na pleni**tu**de dos **tem**pos,
quis o **Pai** **reunir** todas as **coi**sas no **Cris**to.

T.P.: Todos **nós** rece**be**mos de **su**a pleni**tu**de
graça após **gra**ça. Ale**lui**a.

Leitura breve 1Ts 3,12-13

O Senhor vos conceda que o amor entre vós e para com todos aumente e transborde sempre mais, a exemplo do amor que temos por vós. Que assim ele confirme os vossos corações numa santidade sem defeito aos olhos de Deus, nosso Pai, no dia da vinda de nosso Senhor Jesus, com todos os seus santos.

Responsório breve

R. Ó Se**nhor**, suba à **vos**sa presen**ça**
* A **mi**nha ora**ção**, como in**cen**so. R. Ó Se**nhor**.

V. Minhas **mãos** como o**fer**ta da **tar**de. * A **mi**nha ora**ção**.
Glória ao **Pai.** R. Ó Se**nhor**.

Cântico evangélico, ant.
A minh'**al**ma vos engran**de**ce
eterna**men**te, Senhor, meu **Deus**!

Preces

Oremos a Jesus Cristo, que nunca abandona os que nele confiam; e digamos humildemente:

R. **Senhor Deus, ouvi a nossa oração!**

Senhor Jesus Cristo, nossa luz, iluminai a vossa Igreja,
– a fim de que ela anuncie a todos os povos o grande mistério da piedade manifestado na vossa encarnação. R.

Protegei os sacerdotes e ministros da vossa Igreja,
– para que, pregando aos outros, sejam também eles fiéis ao vosso serviço. R.

Vós, que, pelo vosso sangue, destes a paz ao mundo,
– afastai o pecado da discórdia e o flagelo da guerra. R.

Dai a riqueza da vossa graça aos que vivem no matrimônio,
– para que sejam mais perfeitamente um sinal do mistério de vossa Igreja. R.

(intenções livres)

Concedei a todos os que morreram o perdão dos pecados,
– a fim de que por vossa misericórdia vivam na companhia dos santos. R.

Pai nosso...

Oração

Ficai conosco, Senhor Jesus, porque a tarde cai e sendo nosso companheiro na estrada, aquecei-nos os corações e reanimai nossa esperança, para vos reconhecermos com os irmãos nas Escrituras e no partir do pão. Vós, que sois Deus com o Pai, na unidade do Espírito Santo.

IV TERÇA-FEIRA

Laudes

V. Vinde, ó **Deus**. Glória ao **Pai**. Como **era**. (Ale**lui**a).

Hino

Da luz Criador,
vós mesmo sois luz
e dia sem fim.
Vós nunca da noite
provastes as trevas:
Só Deus é assim.

A noite já foge
e o dia enfraquece
dos astros a luz.
A estrela da aurora,
surgindo formosa,
no céu já reluz.

Os leitos deixando,
a vós damos graças
com muita alegria,
porque novamente,
por vossa bondade,
o sol traz o dia.

Ó Santo, pedimos
que os laços do Espírito
nos prendam a vós,
e, assim, não ouçamos
as vozes da carne
que clamam em nós.

Às almas não fira
a flecha da ira
que traz divisões.
Livrai vossos filhos
da própria malícia
dos seus corações.

Que firmes na mente
e castos no corpo,
de espírito fiel,

sigamos a Cristo,
Caminho e Verdade,
doçura do céu.

O Pai piedoso
nos ouça, bondoso,
e o Filho também.
No laço do Espírito
unidos, dominam
os tempos. Amém.

Salmodia

Ant. 1 Cant**a**rei os meus **hi**nos a **vós**, ó Se**nhor**;
de**se**jo tri**lhar** o ca**mi**nho do **bem**.

T.P.: Quem fi**zer** a von**ta**de do **Pai**,
no **rei**no dos **céus** entra**rá** Ale**lui**a.

Salmo 100(101)

Propósitos de um rei justo

Se me amais, guardai os meus mandamentos (Jo 14,15).

– 1 Eu **que**ro can**tar** o a**mor** e a jus**ti**ça, *
can**tar** os meus hinos a **vós**, ó Senhor!
– 2 De**se**jo trilhar o ca**mi**nho do bem, *
mas **quan**do vireis até **mim**, ó Senhor?
– Vive**rei** na pureza do **meu** coração, *
no **mei**o de toda a **mi**nha família.
– 3 Di**an**te dos olhos eu **nun**ca terei *
qual**quer** coisa má, injus**ti**ça ou pecado.
– De**tes**to o crime de **quem** vos renega; *
que **não** me atraia de **mo**do nenhum!
– 4 Bem **lon**ge de mim, cora**ções** depravados, *
nem **no**me eu conheço de **quem** é malvado.
– 5 Fa**rei** que se cale di**an**te de mim *
quem é **fal**so e às ocultas di**fa**ma seu próximo;
– o cora**ção** orgulhoso, o **olhar** arrogante *
não **vou** suportar e não **que**ro nem ver. –

– [6] Aos **fiéis** desta terra eu **vol**to meus olhos; *
que **e**les estejam bem **per**to de mim!
– A**que**le que vive fa**zen**do o bem *
se**rá** meu ministro, se**rá** meu amigo.

– [7] Na **mi**nha morada não **po**de habitar *
o **ho**mem perverso e a**que**le que engana;
– a**que**le que mente e que **faz** injustiça *
pe**ran**te meus olhos não **po**de ficar.

– [8] Em cada ma**nhã** have**rei** de acabar *
com **to**dos os ímpios que **vi**vem na terra;
– fa**rei** suprimir da ci**da**de de Deus *
a **to**dos aqueles que **fa**zem o mal.

Ant. Canta**rei** os meus **hi**nos a **vós**, ó Se**nhor**;
de**se**jo tri**lhar** o ca**mi**nho do **bem**.

T.P.: Quem fi**zer** a von**ta**de do **Pai**,
no **rei**no dos **céus** entra**rá** Ale**lu**ia.

Ant. 2 Senhor **Deus**, não nos ti**reis** vosso fa**vor**!

T.P.: Que os **po**vos da **ter**ra **apren**dam de **nós**
vosso a**mor**, ale**lu**ia.

Cântico Dn 3,26.27.29.34-41

Oração de Azarias na fornalha

Arrependei-vos e convertei-vos, para que vossos pecados sejam perdoados! (At 3,19).

– [26] Sede ben**di**to, Senhor **Deus** de nossos **pais**. *
Louvor e **gló**ria ao vosso nome para sempre!
– [27] Porque em **tu**do o que fizestes vós sois justo, *
reto no **agir**, e no julgar sois verdadeiro.

– [29] Sim, pe**ca**mos afastando-nos de vós, *
agimos **mal** em tudo aquilo que fizemos.
– [34] Não nos dei**xeis** eternamente, vos pedimos, *
por vosso **no**me: não rompais vossa Aliança!

– [35] Senhor **Deus**, não nos tireis vosso favor, †
por Abra**ão**, o vosso amigo, por Isaac, *
o vosso **ser**vo, e por Jacó, o vosso santo!

= 36 Pois a **e**les prometestes descendência †
numer**o**sa como os astros que há nos céus, *
incont**á**vel como a areia que há nas praias.

= 37 Eis, Se**nhor**, mais reduzidos nós estamos †
do que **to**das as nações que nos rodeiam; *
por nossos **cri**mes nos humilham em toda a terra!

– 38 Já não **te**mos mais nem chefe nem profeta; *
não há **mais** nem oblação nem holocaustos,

– não há lu**gar** de oferecer-vos as primícias, *
que nos **fa**çam alcançar misericórdia!

= 39 Mas aceit**ai** o nosso espírito abatido, †
e rece**bei** o nosso ânimo contrito *
40 como holo**caus**tos de cordeiros e de touros.

= Assim, **ho**je, nossa oferta vos agrade, †
pois não se**rão**, de modo algum, envergonhados *
os que **põem** a esperança em vós, Senhor!

= 41 De cora**ção** vos seguiremos desde agora, *
com res**pei**to procurando a vossa face!

Ant. Senhor **Deus**, não nos ti**reis** vosso fa**vor**!

T.P.: Que os **po**vos da **ter**ra a**pren**dam de **nós**
vosso **amor**, ale**luia**.

Ant. 3 Um canto **no**vo, meu **Deus**, vou can**tar**-vos.

T.P.: O Se**nhor** é meu re**fú**gio e o **meu** Liberta**dor**. Ale**luia**.

Salmo 143(144),1-10

Oração pela vitória e pela paz

Tudo posso naquele que me dá força (Fl 4,13)

= 1 Bendito **se**ja o Se**nhor**, meu ro**che**do, †
que ades**trou** minhas mãos para a luta, *
e os meus **de**dos treinou para a guerra!

– 2 Ele **é** meu amor, meu refúgio, *
liberta**dor**, fortaleza e abrigo.

– é meu es**cu**do: é nele que espero, *
ele sub**me**te as nações a meus pés. –

= 3 Que é o **ho**mem, Senhor, para vós? †
Por que **de**le cuidais tanto assim, *
e no **fi**lho do homem pensais?
– 4 Como o **so**pro de vento é o homem, *
os seus **di**as são sombra que passa.

– 5 Incli**nai** vossos céus e descei, *
tocai os **mon**tes, que eles fumeguem.
– 6 Fulmi**nai** o inimigo com raios, *
lançai **fle**chas, Senhor, dispersai-o!

= 7 Lá do **al**to estendei vossa mão, †
reti**rai**-me do abismo das águas, *
e sal**vai**-me da mão dos estranhos;
– 8 sua **bo**ca só tem falsidade, *
sua **mão** jura falso e engana.

– 9 Um canto **no**vo, meu Deus, vou cantar-vos, *
nas dez **cor**das da harpa louvar-vos,
– 10 a vós que **dais** a vitória aos reis *
e sal**vais** vosso servo Davi.

Ant. Um canto **no**vo, meu **Deus**, vou can**tar**-vos.

T.P.: O Se**nhor** é meu re**fú**gio e o **meu** Liberta**dor**. Ale**lui**a.

Leitura breve Is 55,1

Ó vós todos que estais com sede, vinde às águas; vós que não tendes dinheiro, apressai-vos, vinde e comei, vinde comprar sem dinheiro, tomar vinho e leite, sem nenhuma paga.

Responsório breve

R. Por vosso a**mor**, ó Se**nhor**, ou**vi** minha **voz**,
* Confi**an**te eu con**fi**o na **vos**sa pala**vra**. R. Por vosso a**mor**.
V. Chego **an**tes que a au**ro**ra e **cla**mo a **vós**. * Confi**an**te.
Glória ao **Pai**. R. Por vosso a**mor**.

Cântico evangélico, ant.

Sal**vai**-nos, ó Se**nhor**, da **mão** dos ini**mi**gos!

Preces

Concedendo-nos a alegria de louvá-lo nesta manhã, Deus fortalece a nossa esperança; por isso, dirijamos-lhe a nossa oração cheios de confiança:

R. **Ouvi-nos, Senhor, para a glória de vosso nome!**

Nós vos agradecemos, Deus e Pai de nosso Salvador Jesus Cristo,
–pelo conhecimento e pela imortalidade que recebemos por meio dele. R.

Concedei-nos a humildade de coração,
–para nos ajudarmos uns aos outros no amor de Cristo. R.

Derramai o Espírito Santo sobre nós, vossos servos,
–para que seja sincero o nosso amor fraterno. R.

Vós, que confiastes aos seres humanos a tarefa de governar o mundo,
–concedei que o nosso trabalho vos dê glória e santifique os nossos irmãos e irmãs. R.

(intenções livres)

Pai nosso...

Oração

Senhor, aumentai em nós o dom da fé, para que em nossos lábios vosso louvor seja perfeito e produza sempre a abundância de frutos celestes. Por nosso Senhor Jesus Cristo, vosso Filho, na unidade do Espírito Santo.

Hora Média

V. Vinde, ó **Deus**. Glória ao **Pai**. Como **era**. (Ale**lui**a).

HINO como no Ordinário, p. 743.

Salmodia

Ant. 1 Se compreen**der**des o que vos **di**go,
sereis fe**li**zes se o prati**car**des.

Salmo 118(119),137-144
XVIII (Sade)

Meditação sobre a Palavra de Deus na Lei

Feliz aquele que lê e aqueles que escutam as palavras desta profecia e também praticam o que nela está escrito (Ap 1,3).

–137 Vós sois **jus**to, na ver**da**de, ó Se**nhor**, *
e os **vos**sos julgamentos são corretos!
–138 Com jus**ti**ça ordenais vossos preceitos, *
com ver**da**de a toda prova os ordenais. –

–[139] O meu **ze**lo me devora e me consome, *
por esque**ce**rem vossa lei meus inimigos.
–[140] Vossa pa**la**vra foi provada e comprovada, *
por **is**so o vosso servo tanto a ama.

–[141] Embora eu **se**ja tão pequeno e desprezado, *
jamais es**que**ço vossas leis, vossos preceitos.
–[142] Vossa jus**ti**ça é justiça eternamente *
e vossa **lei** é a verdade inabalável.

–[143] An**gús**tia e sofrimento me assaltaram; *
minhas de**lí**cias são os vossos mandamentos.
–[144] Justiça e**ter**na é a vossa Aliança; *
aju**dai**-me a compreendê-la e viverei!

Ant. Se compreen**der**des o que vos **di**go,
sereis fe**li**zes se o prati**car**des.

Ant. 2 Chegue a **mi**nha ora**ção** até **vós**, ó Se**nhor**!

Salmo 87(88)

Prece de um homem gravemente enfermo

Esta é a vossa hora, a hora do poder das trevas (Lc 22,53).

I

– [2] A vós **cla**mo, Se**nhor**, sem ces**sar**, todo o **di**a, *
e de **noi**te se eleva até **vós** meu gemido.
– [3] Chegue a **mi**nha oração até a **vos**sa presença, *
incli**nai** vosso ouvido a meu **tris**te clamor!

– [4] Satu**ra**da de males se en**con**tra a minh'alma, *
minha **vi**da chegou junto às **por**tas da morte.
– [5] Sou con**ta**do entre aqueles que **des**cem à cova, *
toda **gen**te me vê como um **ca**so perdido!

– [6] O meu **lei**to já tenho no **rei**no dos mortos, *
como um **ho**mem caído que **jaz** no sepulcro,
– de quem **mes**mo o Senhor se esque**ceu** para sempre *
e exclu**iu** por completo da **su**a atenção.

– [7] Ó Se**nhor**, me pusestes na **co**va mais funda, *
nos lo**cais** tenebrosos da **som**bra da morte.
– [8] Sobre **mim** cai o peso do **vos**so furor, *
vossas **on**das enormes me **co**brem, me afogam.

Ant. Chegue a **mi**nha ora**ção** até **vós**, ó Se**nhor**!

Ant. 3 Clamo a **vós**, ó Se**nhor**, sem ces**sar** todo o **di**a,
oh! **não** escon**dais** vossa **fa**ce de **mim**!

II

– 9 Afas**tas**tes de **mim** meus pa**ren**tes e a**mi**gos, *
para **e**les tornei-me ob**je**to de horror.
– Eu es**tou** aqui preso e não **pos**so sair, *
10 e meus **o**lhos se gastam de **tan**ta aflição.

– Clamo a **vós**, ó Senhor, sem ces**sar**, todo o dia, *
minhas **mãos** para vós se le**van**tam em prece.
– 11 Para os **mor**tos, acaso faríeis milagres? *
pode**ri**am as sombras er**guer**-se e louvar-vos?

– 12 No se**pul**cro haverá quem vos **can**te o amor *
e pro**cla**me entre os mortos a **vos**sa verdade?
– 13 Vossas **o**bras serão conhe**ci**das nas trevas, *
vossa **gra**ça, no reino onde **tu**do se esquece?

– 14 Quanto a **mim**, ó Senhor, clamo a **vós** na aflição, *
minha **pre**ce se eleva até **vós** desde a aurora.
– 15 Por que **vós**, ó Senhor, rejei**tais** a minh'alma? *
E por **que** escondeis vossa **fa**ce de mim?

– 16 Mori**bun**do e infeliz desde o **tem**po da infância, *
esgo**tei**-me ao sofrer sob o **vos**so terror.
– 17 Vossa **i**ra violenta ca**iu** sobre mim *
e o **vos**so pavor redu**ziu**-me a um nada!

– 18 Todo **di**a me cercam quais **on**das revoltas, *
todos **jun**tos me assaltam, me **pren**dem, me apertam.
– 19 Afas**tas**tes de mim os pa**ren**tes e amigos, *
e por **meus** familiares só **te**nho as trevas!

Ant. Clamo a **vós**, ó Se**nhor**, sem ces**sar** todo o **di**a,
oh! **não** escon**dais** vossa **fa**ce de **mim**!

Leitura breve Dt 30,11.14

Este mandamento que hoje te dou não é difícil demais, nem está fora do teu alcance. Ao contrário, esta palavra está bem ao teu alcance, está em tua boca e em teu coração, para que a possas cumprir.

V. Vossa pa**la**vra é uma **luz** para os meus **pas**sos.
R. É uma **lâm**pada lu**zen**te em meu ca**mi**nho.

Oração

Ó Deus, que revelastes a Pedro vosso plano de salvação para todos os povos, fazei que nossos trabalhos vos agradem e pela vossa graça, sirvam ao vosso desígnio de amor e redenção. Por Cristo, nosso Senhor.

Vésperas

V. Vinde, ó **Deus**. Glória ao **Pai**. Como **e**ra. (Ale**lu**ia).

Hino

Autor e origem do tempo,
por sábia ordem nos dais
o claro dia no trabalho,
e a noite, o sono e à paz.

As mentes castas guardai
dentro da calma da noite
e que não venha a feri-las
do dardo mau o açoite.

Os corações libertai
de excitações persistentes.
Não quebre a chama da carne
a força viva das mentes.

Ouvi-nos, Pai piedoso,
e vós, ó Filho de Deus,
que com o Espírito Santo
reinais eterno nos céus.

Salmodia

Ant. 1 Se de **ti,** Jerusa**lém**, algum **di**a eu me esque**cer**,
que res**se**que a minha **mão**!

T.P.: Cantai **ho**je para **nós** algum **can**to de Si**ão**! Ale**lu**ia.

Salmo 136(137),1-6

Junto aos rios da Babilônia

Este cativeiro do povo deve-se entender como símbolo do nosso cativeiro espiritual (Sto. Hilário).

= [1]Junto aos **ri**os da Babi**lô**nia †
nos sen**tá**vamos chorando, *
com sau**da**des de Sião.
– [2]Nos sal**guei**ros por ali *
pendu**ra**mos nossas harpas.

– [3]Pois foi **lá** que os opressores *
nos pe**di**ram nossos cânticos;
– nossos **guar**das exigiam *
ale**gri**a na tristeza:
– "Cantai **ho**je para nós *
algum **can**to de Sião!"

= [4]Como ha**ve**mos de cantar †
os can**ta**res do Senhor *
numa **ter**ra estrangeira?
= [5]Se de **ti**, Jerusalém, †
algum **di**a eu me esquecer, *
que res**se**que a minha mão!

= [6]Que se **co**le a minha língua †
e se **pren**da ao céu da boca, *
se de **ti** não me lembrar!
– Se não **for** Jerusalém *
minha **gran**de alegria!

Ant. Se de **ti, **Jerusa**lém**, algum **di**a eu me esque**cer**,
que res**se**que a minha **mão**!

T.P.: Cantai **ho**je para **nós** algum **can**to de Si**ão**! Ale**lui**a.

Ant. 2 Pe**ran**te os vossos **an**jos vou can**tar**-vos, ó meu **Deus**!

T.P.: No **mei**o da des**gra**ça me fa**zeis** tornar à **vi**da. Ale**lui**a.

Salmo 137(138)

Ação de graças

Os reis da terra levarão à Cidade Santa a sua glória (cf. Ap 21,14).

– [1]Ó Se**nhor**, de cora**ção** eu vos dou **gra**ças, *
porque ou**vis**tes as palavras dos meus lábios!
– Pe**ran**te os vossos anjos vou cantar-vos *
[2]e **an**te o vosso templo vou prostrar-me. –

– Eu agra**de**ço vosso amor, vossa verdade, *
porque fi**zes**tes muito mais que prometestes;
– 3 naquele **di**a em que gritei, vós me escutastes *
e aumen**tas**tes o vigor da minha alma.

– 4 Os **reis** de toda a terra hão de louvar-vos, *
quando ou**vi**rem, ó Senhor, vossa promessa.
– 5 Hão de can**tar** vossos caminhos e dirão: *
"Como a **gló**ria do Senhor é grandiosa!"

– 6 Al**tís**simo é o Senhor, mas olha os pobres, *
e de **lon**ge reconhece os orgulhosos.
– 7 Se no **mei**o da desgraça eu caminhar, *
vós me fa**zeis** tornar à vida novamente;

– quando os **meus** perseguidores me atacarem *
e com **i**ra investirem contra mim,
– estende**reis** o vosso braço em meu auxílio *
e have**reis** de me salvar com vossa destra.

– 8 Comple**tai** em mim a obra começada; *
ó Se**nhor**, vossa bondade é para sempre!
– Eu vos **pe**ço: não deixeis inacabada *
esta **o**bra que fizeram vossas mãos!

Ant. Pe**ran**te os vossos **an**jos vou can**tar**-vos, ó meu **Deus**!

T.P.: No **mei**o da des**gra**ça me fa**zeis** tornar à **vi**da. Ale**lui**a.

Ant. 3 O Cor**dei**ro imo**la**do é **dig**no
de rece**ber** honra, **gló**ria e po**der**.

T.P.: A vós per**ten**cem a gran**de**za e o po**der**,
toda a **gló**ria e majes**ta**de, ale**lui**a.

Cântico Ap 4,11; 5,9.10.12

Hino dos remidos

– 4,11 Vós sois **dig**no, Se**nhor** nosso **Deus**, *
de rece**ber** honra, glória e poder!

(R. Po**der**, honra e **gló**ria ao Cor**dei**ro de **Deus**!)

= 5,9 Porque **to**das as coisas criastes, †
é por **vos**sa vontade que existem, *
e sub**sis**tem porque vós mandais. (R.)

= Vós sois **digno**, Senhor nosso Deus, †
de o **li**vro nas mãos receber *
e de **abrir** suas folhas lacradas! (R.)

– Porque **fos**tes por nós imolado; *
para **Deus** nos remiu vosso sangue
– dentre **to**das as tribos e línguas, *
dentre os **po**vos da terra e nações. (R.)

= 10 Pois fi**zes**tes de nós, para Deus, †
sacer**do**tes e povo de reis, *
e i**re**mos reinar sobre a terra. (R.)

= 12 O Cor**dei**ro imolado é digno †
de rece**ber** honra, glória e poder, * (R.)
sabedo**ri**a, louvor, divindade!

Ant. O Cor**dei**ro imo**la**do é **di**gno
de rece**ber** honra, **gló**ria e po**der**.

T.P.: A vós per**ten**cem a gran**de**za e o po**der**,
toda a **gló**ria e majes**ta**de, ale**lui**a.

Leitura breve Cl 3,16

Que a palavra de Cristo, com toda a sua riqueza, habite em vós. Ensinai e admoestai-vos uns aos outros com toda a sabedoria. Do fundo dos vossos corações, cantai a Deus salmos, hinos e cânticos espirituais, em ação de graças.

Responsório breve

R. Junto a **vós**, felici**da**de,
* Felici**da**de sem li**mi**tes! R. Junto a **vós**.
V. Delícia e**ter**na, ó Se**nhor**. * Felici**da**de.
Glória ao **Pai**. R. Junto a **vós**.

Cântico evangélico, ant.

Ó Se**nhor**, fazei co**nos**co mara**vi**lhas,
pois **san**to e pode**ro**so é vosso **No**me.

Preces

Exaltemos a Jesus Cristo, que dá ao seu povo força e poder; e lhe peçamos de coração sincero:

R. **Ouvi-nos, Senhor, e vos louvaremos para sempre!**

Jesus Cristo, nossa força, que nos chamastes ao conhecimento da verdade,
– concedei a vossos fiéis a perseverança na fé.
R. **Ouvi-nos, Senhor, e vos louvaremos para sempre!**

Dirigi, Senhor, segundo o vosso coração, todos os que nos governam,
– e inspirai-lhes bons propósitos, para que nos conduzam na paz. R.

Vós, que saciastes as multidões no deserto,
– ensinai-nos a repartir o pão com aqueles que têm fome. R.

Fazei que os governantes não se preocupem apenas com seu próprio país,
– mas respeitem as outras nações e sejam solícitos para com todas elas. R.

(intenções livres)

Ressuscitai para a vida eterna os nossos irmãos e irmãs que morreram,
– quando vierdes manifestar a vossa glória naqueles que creram em vós. R.

Pai nosso...

Oração

Diante de vossa face, imploramos, Senhor, que vossa bondade nos conceda meditar sempre no coração aquilo que vos dizemos com nossos lábios. Por nosso Senhor Jesus Cristo, vosso Filho, na unidade do Espírito Santo.

IV QUARTA-FEIRA

Laudes

V. Vinde, ó **Deus**. Glória ao **Pai**. Como era. (Ale**lu**ia).

Hino

Criador das alturas celestes,
vós fixastes caminhos de luz
para a lua, rainha da noite,
para o sol, que de dia reluz.

Vai-se a treva, fugindo da aurora,
e do dia se espalha o clarão.
Nova força também nos desperta
e nos une num só coração.

O nascer deste dia convida
a cantarmos os vossos louvores.
Do céu jorra uma paz envolvente,
harmonia de luz e de cores.

Ao clarão desta luz que renasce,
fuja a treva e se apague a ilusão.
A discórdia não trema nos lábios,
a maldade não turve a razão.

Quando o sol vai tecendo este dia,
brilhe a fé com igual claridade,
cresça a espera nos bens prometidos
e nos una uma só caridade.

Escutai-nos, ó Pai piedoso,
e vós, Filho, do Pai esplendor,
que reinais, com o Espírito Santo,
na manhã sem ocaso do amor.

Salmodia

Ant. 1 Meu cora**ção** está **pron**to, meu **Deus**,
está **pron**to o **meu** cora**ção**! †

T.P.: Ele**vai**-vos, ó **Deus**, sobre os **céus**. Ale**luia**.

Salmo 107(108)

Louvor a Deus e pedido de ajuda

Porque o filho de Deus foi exaltado acima dos céus, sua glória foi anunciada por toda a terra (Arnóbio).

– 2 Meu cora**ção** está **pron**to, meu **Deus**, *
está **pron**to o meu coração
– †Vou can**tar** e tocar para vós: *
des**per**ta, minh'alma, desperta!

– 3 Despertem a harpa e a lira, *
eu **irei** acordar a aurora!

– 4 Vou lou**var**-vos, Senhor, entre os povos, *
dar-vos **gra**ças por entre as nações!

– 5 Vosso a**mor** é mais alto que os céus, *
mais que as **nu**vens a vossa verdade!

– 6 Ele**vai**-vos, ó Deus, sobre os céus, *
vossa **gló**ria refulja na terra!

– 7 Sejam **li**vres os vossos amados, *
vossa **mão** nos ajude, ouvi-nos!

= 8 Deus fa**lou** em seu santo lugar: †
"Exulta**rei**, repartindo Siquém, *
e o **va**le em Sucot medirei.

= 9 Gala**ad**, Manassés me pertencem, †
Efra**im** é o meu capacete, *
e Ju**dá**, o meu cetro real.

= 10 É Mo**ab** minha bacia de banho, †
sobre E**dom** eu porei meu calçado, *
vence**rei** a nação filisteia!"

– 11 Quem me **le**va à cidade segura, *
e a E**dom** quem me vai conduzir,

– 12 se vós, **Deus**, rejeitais vosso povo *
e não **mais** conduzis nossas tropas?

– 13 Dai-nos, **Deus**, vosso auxílio na angústia, *
nada **va**le o socorro dos homens!

– 14 Mas com **Deus** nós faremos proezas, *
e ele **vai** esmagar o opressor.

Ant. Meu cora**ção** está **pron**to, meu **Deus**,
está **pron**to o **meu** cora**ção**!

T.P.: Ele**vai**-vos, ó **Deus**, sobre os **céus**. Ale**luia**.

Ant. 2 Deus me envol**veu** de salva**ção** qual uma **ve**ste,
e com o **man**to da justi**ça** me co**briu**.

T.P.: O Senhor **Deus** fará bro**tar** sua jus**ti**ça
e o lou**vor** perante os **po**vos, ale**luia**.

Cântico Is 61,10-62,5

A alegria do profeta sobre a nova Jerusalém

Vi a cidade Santa, a nova Jerusalém,... vestida qual esposa enfeitada para o seu marido (cf. Ap 21,2).

– 61,10 Eu e**xul**to de ale**gri**a no Se**nhor**, *
e minh'**al**ma rejubila no meu Deus.
– Pois me envol**veu** de salvação, qual uma veste, *
e com o **man**to da justiça me cobriu,
– como o **noi**vo que coloca o diadema, *
como a **noi**va que se enfeita com suas jóias.

– 11 Como a **ter**ra faz brotar os seus rebentos *
e o jar**dim** faz germinar suas sementes,
– o Senhor **Deus** fará brotar sua justiça *
e o lou**vor** perante todas as nações.

– 62,1 Por ti, Si**ão**, não haverei de me calar, *
nem por **ti**, Jerusalém, terei sossego,
– até que **bri**lhe a tua justiça como aurora *
e a **tu**a salvação como um farol.

– 2 Então os **po**vos hão de ver tua justiça, *
e os **reis** de toda terra, a tua glória;
– todos **e**les te darão um nome novo: *
enunci**a**do pelos lábios do Senhor.
– 3 Serás co**ro**a esplendorosa em sua mão, *
diadema **ré**gio entre as mãos do teu Senhor.

– 4 Nunca **mais** te chamarão "Desamparada", *
nem se di**rá** de tua terra "Abandonada";
– mas have**rão** de te chamar "Minha querida", *
e se di**rá** de tua terra "Desposada".
– Porque o Sen**hor** se agradou muito de ti, *
e tua **ter**ra há de ter o seu esposo.

– 5 Como um **jo**vem que desposa a bem-amada, *
teu Constru**tor**, assim também, vai desposar-te;
– como a es**po**sa é a alegria do marido, *
serás as**sim** a alegria do teu Deus.

Ant. Deus me envol**veu** de salva**ção** qual uma **ves**te,
e com o **man**to da jus**ti**ça me co**briu**.

T.P.: O Senhor **Deus** fará bro**tar** sua jus**ti**ça
e o lou**vor** perante os **po**vos, ale**luia**.

Ant. 3 Bendi**rei** ao Se**nhor** toda a **vi**da.

T.P.: Ó Si**ão**, o teu **Deus** reina**rá**,
reina**rá** para **sem**pre, ale**luia**.

Salmo 145(146)

Felicidade dos que esperam no Senhor

Louvamos o Senhor em nossa vida, isto é, em nosso proceder (Arnóbio).

= 1 Ben**di**ze, minh'**al**ma, ao Se**nhor**! †
2 Bendi**rei** ao Senhor toda a vida, *
canta**rei** ao meu Deus sem cessar!

– 3 Não po**nhais** vossa fé nos que mandam, *
não há **ho**mem que possa salvar.

= 4 Ao fal**tar**-lhe o respiro ele volta †
para a **ter**ra de onde saiu; *
nesse **di**a seus planos perecem.

= 5 É fe**liz** todo homem que busca †
seu au**xí**lio no Deus de Jacó, *
e que **põe** no Senhor a esperança.

– 6 O Se**nhor** fez o céu e a terra, *
fez o **mar** e o que neles existe.

– O Se**nhor** é fiel para sempre, *
7 faz jus**ti**ça aos que são oprimidos;

– ele **dá** alimento aos famintos, *
é o Se**nhor** quem liberta os cativos.

= 8 O Se**nhor** abre os olhos aos cegos, †
o Se**nhor** faz erguer-se o caído, *
o Se**nhor** ama aquele que é justo.

= 9 É o Se**nhor** quem protege o estrangeiro, †
quem am**pa**ra a viúva e o órfão, *
mas con**fun**de os caminhos dos maus. –

=10 O Se**nhor** reinará para sempre! †
Ó Si**ão**, o teu Deus reinará *
para **sem**pre e por todos os séculos!

Ant. Bendi**rei** ao Se**nhor** toda a **vi**da.

T.P.: Ó Si**ão**, o teu **Deus** reina**rá**,
reina**rá** para **sem**pre, ale**luia**.

Leitura breve Dt 4,39-40a

Reconhece, hoje, e grava-o em teu coração, que o Senhor é o Deus lá em cima do céu e cá embaixo na terra, e que não há outro além dele. Guarda suas leis e seus mandamentos que hoje te prescrevo.

Responsório breve

R. Bendi**rei** o Senhor **Deus**,
* Bendi**rei** em todo o **tem**po. R. Bendi**rei**.
V. Seu lou**vor** em minha **bo**ca, seu lou**vor** eterna**men**te.
* Bendi**rei**. Glória ao **Pai**. R. Bendi**rei**.

Cântico evangélico, ant.

Sir**va**mos ao Se**nhor** em santi**da**de,
en**quan**to perdu**ra**rem nossos **di**as.

Preces

Jesus Cristo, esplendor do Pai, nos ilumina com a sua palavra. Cheios de amor o invoquemos:

R. **Rei da eterna glória, ouvi-nos!**

Sois bendito, Senhor, autor e consumador da nossa fé,
– porque nos chamastes das trevas para a vossa luz admirável. R.

Vós, que abristes os olhos aos cegos e fizestes os surdos ouvirem,
– aumentai a nossa fé. R.

Fazei-nos, Senhor, permanecer firmes no vosso amor,
– e que nunca nos separemos uns dos outros. R.

Dai-nos força para resistir à tentação, paciência na tribulação,
– e sentimentos de gratidão na prosperidade. R.

(intenções livres)

Pai nosso...

Oração

Lembrai-vos, Senhor, de vossa santa aliança, consagrada pelo Sangue do Cordeiro, para que vosso povo obtenha o perdão dos pecados e avance continuamente no caminho da salvação. Por nosso Senhor Jesus Cristo, vosso Filho, na unidade do Espírito Santo.

Hora Média

V. Vinde, ó **Deus**. Glória ao **Pai**. Como **e**ra. (Ale**lu**ia).

HINO como no Ordinário, p. 743.

Salmodia

Ant. 1 Clamo de **to**do o cora**ção**: Senhor, ou**vi**-me,
pois es**pe**ro confi**an**te em vossa **lei**!

Salmo 118(119),145-152
XIX(Coph)

Meditação sobre a Palavra de Deus na Lei

Naquele que guarda a sua palavra, o amor de Deus é plenamente realizado (1Jo 2,5).

– 145 Clamo de **to**do o cora**ção**: Senhor, ou**vi**-me! *
Quero cum**prir** vossa vontade fielmente!
– 146 Clamo a **vós**: Senhor, salvai-me, eu vos suplico, *
e en**tão** eu guardarei vossa Aliança!

– 147 Chego **an**tes que a aurora e vos imploro, *
e es**pe**ro confiante em vossa lei.
– 148 Os meus **o**lhos antecipam as vigílias, *
para de **noi**te meditar vossa palavra.

– 149 Por vosso a**mor** ouvi atento a minha voz *
– e dai-me a **vi**da, como é vossa decisão!
– 150 Meus opres**so**res se aproximam com maldade; *
como estão **lon**ge, ó Senhor, de vossa lei!

– 151 Vós estais **per**to, ó Senhor, perto de mim; *
todos os **vos**sos mandamentos são verdade!
– 152 Desde cri**an**ça aprendi vossa Aliança *
que fir**mas**tes para sempre, eternamente.

Ant. Clamo de **to**do o cora**ção**: Senhor, ou**vi**-me,
pois es**pe**ro confi**an**te em vossa **lei**!

Ant. 2 Deus **sa**be o que **pen**sam os **ho**mens:
pois um **na**da é o **seu** pensa**men**to.

Salmo 93(94)

O Senhor faz justiça

O Senhor se vinga de tudo:... pois Deus não nos chamou à impureza, mas à santidade (cf. 1Ts 4,6-7).

I

– 1 Senhor **Deus** justi**cei**ro, bri**lhai**, *
reve**lai**-vos, ó Deus vingador!
– 2 Levan**tai**-vos, Juiz das nações, *
e pa**gai** seu salário aos soberbos!

– 3 Até **quan**do os injustos, Senhor, *
até **quan**do haverão de vencer?
– 4 Arro**gan**tes derramam insultos *
e se **ga**bam do mal que fizeram.

– 5 Eis que o**pri**mem, Senhor, vosso povo *
e hu**mi**lham a vossa herança;
– 6 estran**gei**ro e viúva trucidam, *
e assas**si**nam o pobre e o órfão!

– 7 Eles **di**zem: "O Senhor não nos vê*
e o **Deus** de Jacó não percebe!"
– 8 Enten**dei**, ó estultos do povo; *
insen**sa**tos, quando é que vereis?

– 9 O que **fez** o ouvido, não ouve? *
Quem os **o**lhos formou, não verá?
– 10 Quem e**du**ca as nações, não castiga? *
Quem os **ho**mens ensina, não sabe?
– 11 Ele **sa**be o que pensam os homens: *
pois um **na**da é o seu pensamento!

Ant. Deus **sa**be o que **pen**sam os **ho**mens:
pois um **na**da é o **seu** pensa**men**to.

Ant. 3 Para **mim** o Se**nhor**, com cer**te**za,
é re**fú**gio, é a**bri**go, é ro**che**do.

III

– 12É fe**liz**, ó Se**nhor**, quem for**mais** *
e edu**cais** nos caminhos da Lei,
– 13para **dar**-lhe um alívio na angústia, *
quando ao **ím**pio se abre uma cova.

– 14O Se**nhor** não rejeita o seu povo *
e não **po**de esquecer sua herança:
– 15volta**rão** a juízo as sentenças; *
quem é **re**to andará na justiça.

– 16Quem por **mim** contra os maus se levanta *
e a meu **la**do estará contra eles?
– 17Se o Se**nhor** não me desse uma ajuda, *
no si**lên**cio da morte estaria!

– 18Quando eu **pen**so: "Estou quase caindo!" *
Vosso a**mor** me sustenta, Senhor!
– 19Quando o **meu** coração se angustia, *
conso**lais** e alegrais minha alma.

= 20Pode a**ca**so juntar-se convosco †
o impos**tor** tribunal da injustiça, *
que age **mal**, tendo a lei por pretexto?
– 21Eles **po**dem agir contra o justo, *
conde**nan**do o inocente a morrer.

– 22Para **mim** o Senhor, com certeza, *
é re**fú**gio, é abrigo, é rochedo!
= 23O Se**nhor**, nosso Deus, os arrasa, †
faz vol**tar** contra eles o mal, *
24sua **pró**pria maldade os condena.

Ant. Para **mim** o Se**nhor**, com cer**te**za,
é re**fú**gio, é a**bri**go, é ro**che**do.

Leitura breve Cl 3,17

Tudo o que fizerdes, em palavras ou obras, seja feito em nome do Senhor Jesus Cristo. Por meio dele dai graças a Deus, o Pai.

V. Eu o**fer**to um sacri**fí**cio de lou**vor**,
R. Invo**can**do o nome **san**to do Se**nhor**.

Oração

Deus onipotente e misericordioso, que nos dais novo alento no meio deste dia, olhai com bondade os trabalhos começados e, perdoando nossas faltas, fazei que eles atinjam os fins que vos agradam. Por Cristo, nosso Senhor.

Vésperas

V. Vinde, ó **Deus**. Glória ao **Pai**. Como era. (Ale**lui**a).

Hino

Devagar, vai o sol se escondendo,
deixa os montes, o campo e o mar,
mas renova o presságio da luz,
que amanhã vai de novo brilhar.

Os mortais se admiram do modo
pelo qual, generoso Senhor,
destes leis ao transcurso do tempo,
alternância de sombra e fulgor.

Quando reina nos céus o silêncio
e declina o vigor para a lida,
sob o peso das trevas da noite
nosso corpo ao descanso convida.

De esperança e de fé penetrados,
saciar-nos possamos, Senhor,
de alegria na glória do Verbo
que é do Pai o eterno esplendor.

Este é o sol que jamais tem ocaso
e também o nascer desconhece.
Canta a terra, em seu brilho envolvida,
nele o céu em fulgor resplandece.

Dai-nos, Pai, gozar sempre da luz
que este mundo ilumina e mantém,
e cantar-vos, e ao Filho, e ao Espírito,
canto novo nos séculos. Amém.

Salmodia

Ant. 1 Vosso sa**ber** é por de**mais** maravi**lho**so, ó Se**nhor**.

T.P.: A **noi**te será **cla**ra como o **dia**, ale**lui**a.

Salmo 138(139),1-18.23-24

Deus tudo vê

Quem conheceu o pensamento do Senhor? Ou quem foi seu conselheiro? (Rm 11,34).

I

– 1 Se**nhor**, vós me son**dais** e conhe**ceis**, *
2 sa**beis** quando me sento ou me levanto;
= de **lon**ge penetrais meus pensamentos, †
3 perce**beis** quando me deito e quando eu ando, *
os meus ca**mi**nhos vos são todos conhecidos.

– 4 A pa**la**vra nem chegou à minha língua, *
e já, Se**nhor**, a conheceis inteiramente.
– 5 Por de**trás** e pela frente me envolveis; *
pu**ses**tes sobre mim a vossa mão.
– 6 Esta ver**da**de é por demais maravilhosa, *
é tão su**bli**me que não posso compreendê-la.

– 7 Em que lu**gar** me ocultarei de vosso espírito? *
E para **on**de fugirei de vossa face?
– 8 Se eu su**bir** até os céus, aí estais; *
se eu des**cer** até o abismo, estais presente.

– 9 Se a au**ro**ra me emprestar as suas asas, *
para eu vo**ar** e habitar no fim dos mares;
– 10 mesmo **lá** vai me guiar a vossa mão *
e segu**rar**-me com firmeza a vossa destra.

– 11 Se eu pen**sas**se: "A escuridão venha esconder-me *
e que a **luz** ao meu redor se faça noite!"
= 12 Mesmo as **tre**vas para vós não são escuras, †
a própria **noi**te resplandece como o dia, *
e a escuri**dão** é tão brilhante como a luz.

Ant. Vosso sa**ber** é por de**mais** maravi**lho**so, ó Se**nhor**.

T.P.: A **noi**te será **cla**ra como o **dia**, ale**lui**a.

Ant. 2 Eu, o Se**nhor**, vejo o mais **ín**timo
e co**nhe**ço os cora**ções**,
recom**pen**so a cada **um** conforme as **o**bras reali**za**das.

T.P.: Eu co**nhe**ço as **mi**nhas o**ve**lhas
e **e**las co**nhe**cem a **mim**. Ale**lui**a.

II

–13 Fostes **vós** que me for**mas**tes as en**tra**nhas, *
e no **sei**o de minha mãe vós me tecestes.

=14 Eu vos **lou**vo e vos dou graças, ó Senhor, †
porque de **mo**do admirável me formastes! *
Que pro**dí**gio e maravilha as vossas obras!

– Até o mais **ín**timo, Senhor, me conheceis; *
15 nenhuma se**quer** de minhas fibras ignoráveis,
– quando eu **e**ra modelado ocultamente, *
era for**ma**do nas entranhas subterrâneas.

–16 Ainda in**for**me, os vossos olhos me olharam, *
e por **vós** foram previstos os meus dias;
– em vosso **li**vro estavam todos anotados, *
antes **mes**mo que um só deles existisse.

–17 Quão inson**dá**veis são os vossos pensamentos! *
Incon**tá**vel, ó Senhor, é o seu número!
–18 Se eu os **con**to, serão mais que os grãos de areia; *
se chego ao **fim**, ainda falta conhecer-vos.

–23 Senhor, son**dai**-me, conhecei meu coração, *
exami**nai**-me e provai meus pensamentos!
–24 Vede **bem** se não estou no mau caminho, *
e condu**zi**-me no caminho para a vida!

Ant. Eu, o Se**nhor**, vejo o mais **ín**timo e co**nhe**ço os cora**ções**,
recom**pen**so a cada **um** conforme as **o**bras reali**za**das.

T.P.: Eu co**nhe**ço as **mi**nhas o**ve**lhas
e **e**las co**nhe**cem a **mim**. Ale**lui**a.

Ant. 3 Em **Cris**to é que **tu**do foi cri**a**do,
é por **e**le que sub**sis**te o uni**ver**so.

T.P.: O céu se **en**che com **sua** majes**ta**de
e a **ter**ra com sua **gló**ria, ale**lui**a.

Cântico cf. Cl 1,12-20

Cristo, o Primogênito de toda a criatura e o Primogênito dentre os mortos

= [12]Demos **graças** a Deus **Pai** onipotente, †
que nos **cha**ma a partilhar, na sua luz, *
da he**ran**ça a seus santos reservada!

(R. Glória a **vós**, Primogênito dentre os **mor**tos!)

= [13]Do im**pé**rio das trevas arrancou-nos †
e transpor**tou**-nos para o reino de seu Filho, *
para o **rei**no de seu Filho bem-amado,
– [14]no **qual** nós encontramos redenção, *
dos pe**ca**dos remissão pelo seu sangue. (R.)

– [15]Do **Deus**, o Invisível, é a imagem, *
o Primogênito de toda criatura;
= [16]porque **ne**le é que tudo foi criado: †
o que há nos **céus** e o que existe sobre a terra, *
o vi**sí**vel e também o invisível. (R.)

= Sejam **Tro**nos e Poderes que há nos céus, †
sejam **e**les Principados, Potestades: *
por **e**le e para ele foram feitos;
– [17]antes de **to**da criatura ele existe, *
e é por **e**le que subsiste o universo. (R.)

= [18]Ele é a Ca**be**ça da Igreja, que é seu Corpo, †
é o prin**cí**pio, o Primogênito dentre os mortos, *
a **fim** de ter em tudo a primazia.
– [19]Pois foi do a**gra**do de Deus Pai que a plenitude *
habi**tas**se no seu Cristo inteiramente. (R.)

– [20]A**prou**ve-lhe também, por meio dele, *
reconcili**ar** consigo mesmo as criaturas,
= pacifi**can**do pelo sangue de sua cruz †
tudo a**qui**lo que por ele foi criado, *
o que há nos **céus** e o que existe sobre a terra. (R.)

Ant. Em **Cris**to é que **tu**do foi criado,
e é por **e**le que sub**sis**te o uni**ver**so.

T.P.: O céu se **en**che com **sua** majes**ta**de
e a **ter**ra com sua **gló**ria, ale**lui**a.

Leitura breve 1Jo 2,3-6

Para saber que o conhecemos, vejamos se guardamos os seus mandamentos. Quem diz: "Eu conheço a Deus", mas não guarda os seus mandamentos, é mentiroso, e a verdade não está nele. Naquele, porém, que guarda a sua palavra, o amor de Deus é plenamente realizado. O critério para saber se estamos com Jesus é este: quem diz que permanece nele, deve também proceder como ele procedeu.

Responsório breve

R. Prote**gei**-nos, Se**nhor**,
* Como a pu**pi**la dos **o**lhos. R. Prote**gei**-nos.
V. Guar**dai**-nos, defen**dei**-nos, sob a **vos**sa prote**ção**.
* Como a pu**pi**la. Glória ao **Pai**. R. Prote**gei**-nos.

Cântico evangélico, ant.

Ó Se**nhor**, manifes**tai** o po**der** de vosso **bra**ço,
disper**sai** os so**ber**bos e ele**vai** os hu**mil**des!

Preces

Aclamemos ao Eterno Pai, cuja misericórdia para com o seu povo é sem limites; e digamos com alegria de coração:

R. **Senhor, alegrem-se todos os que em vós esperam!**

Senhor, que enviastes o vosso Filho não para julgar o mundo mas para salvá-lo,
– concedei que a sua morte gloriosa produza em nós muitos frutos. R.

Vós, que constituístes os sacerdotes como ministros de Cristo e dispensadores dos vossos mistérios,
– dai-lhes um coração fiel, ciência e caridade. R.

Àqueles que chamastes para uma vida de castidade perfeita por amor do reino dos céus,
– concedei-lhes a graça de seguirem fiel e generosamente as pegadas de vosso Filho. R.

Vós, que no princípio criastes o homem e a mulher,
– conservai todas as famílias no amor sincero. R.

(intenções livres)

Vós, que, pelo sacrifício de Cristo, tirastes o pecado do mundo,
– perdoai os pecados de todos os que morreram.
R. **Senhor, alegrem-se todos os que em vós esperam!**

Pai nosso...

Oração

Senhor, que aos famintos saciais de bens celestes, lembrai-vos de vossa misericórdia e concedei à nossa pobreza tornar-se rica de vossos dons. Por nosso Senhor Jesus Cristo, vosso Filho, na unidade do Espírito Santo.

IV QUINTA-FEIRA

Laudes

V. Vinde, ó **Deus**. Glória ao **Pai**. Como **era**. (Ale**luia**).
Hino

Já o dia nasceu novamente.
Supliquemos, orando, ao Senhor
que nos guarde do mal neste dia
e por atos vivamos o amor.

Ponha freios à língua e a modere,
da discórdia evitando a paixão;
que nos vele o olhar e o defenda
da vaidade e de toda a ilusão.

Sejam puros os seres no íntimo,
dominando os instintos do mal.
Evitemos do orgulho o veneno,
moderando o impulso carnal.

Para que, no final deste dia,
quando a noite, em seu curso, voltar,
abstinentes e puros, possamos
sua glória e louvores cantar.

Glória ao Pai, ao seu Unigênito
e ao Espírito Santo também.
Suba aos Três o louvor do universo
hoje e sempre, nos séculos. Amém.

Salmodia

Ant. 1 Fazei-me sentir vosso amor desde cedo!

T.P.: Ó Senhor, por vosso nome e vosso amor,
renovai a minha vida, aleluia.

Salmo 142(143),1-11
Prece na aflição

Ninguém é justificado por observar a Lei de Moisés, mas por crer em Jesus Cristo (Gl 2,16).

– ¹ Ó Senhor, escutai minha prece, *
ó meu Deus, atendei minha súplica!

– Respondei-me, ó vós, Deus fiel, *
escutai-me por vossa justiça!

= ² Não chameis vosso servo a juízo, †
pois diante da vossa presença *
não é justo nenhum dos viventes.

– ³ O inimigo persegue a minha alma, *
ele esmaga no chão minha vida

– e me faz habitante das trevas, *
como aqueles que há muito morreram.

– ⁴ Já em mim o alento se extingue, *
o coração se comprime em meu peito!

– ⁵ Eu me lembro dos dias de outrora †
e repasso as vossas ações, *
recordando os vossos prodígios.

= ⁶ Para vós minhas mãos eu estendo; †
minha alma tem sede de vós, *
como a terra sedenta e sem água.

– ⁷ Escutai-me depressa, Senhor, *
o espírito em mim desfalece!

= Não escondais vossa face de mim! †
Se o fizerdes, já posso contar-me *
entre aqueles que descem à cova!

– ⁸ Fazei-me cedo sentir vosso amor, *
porque em vós coloquei a esperança!

– Indi**cai**-me o caminho a seguir, *
pois a **vós** eu elevo a minha alma!
– [9]Liber**tai**-me dos meus inimigos, *
porque **sois** meu refúgio, Senhor!

– [10]Vossa von**ta**de ensinai-me a cumprir, *
porque **sois** o meu Deus e Senhor!
– Vosso Es**pí**rito bom me dirija *
e me **gui**e por terra bem plana!

– [11]Por vosso **no**me e por vosso amor *
conser**vai**, renovai minha vida!
– Pela **vos**sa justiça e clemência, *
arran**cai** a minha alma da angústia!

Ant. Fa**zei**-me sen**tir** vosso a**mor** desde **ce**do!

T.P.: Ó Se**nhor**, por vosso **no**me e vosso a**mor**,
reno**vai** a minha **vi**da, ale**lui**a.

Ant. 2 O Se**nhor** vai fa**zer** correr a **paz** como um **rio**
para a **no**va Si**ão**.

T.P.: Hei de **ver**-vos nova**men**te
e o **vos**so cora**ção** have**rá** de se ale**grar**. Ale**lui**a.

Cântico Is 66,10-14a

Consolação e alegria na Cidade Santa

A Jerusalém celeste é livre, e é a nossa mãe (Gl 4,26),

= [10]Ale**grai**-vos com Si**ão** †
e exul**tai** por sua causa, *
todos **vós** que a amais;
– tomai **par**te no seu júbilo, *
todos **vós** que a lamentais!

= [11]Pode**reis** alimentar-vos, †
saci**ar**-vos com fartura *
com seu **lei**te que consola;
– pode**reis** deliciar-vos *
nas ri**que**zas de sua glória.

= [12]Pois as**sim** fala o Senhor: †
"Vou fa**zer** correr a paz *
para **e**la como um rio,

– e as ri**que**zas das nações *
qual tor**ren**te a transbordar.

= Vós se**reis** amamentados †
e ao **co**lo carregados *
e afa**ga**dos com carícias;
–13 como a **mãe** consola o filho, *
em Si**ão** vou consolar-vos.

=14 Tudo **is**so vós vereis, †
e os **vos**sos corações *
de ale**gri**a pulsarão;
– vossos **mem**bros, como plantas, *
toma**rão** novo vigor.

Ant. O Se**nhor** vai fa**zer** correr a **paz** como um **rio**
para a **no**va Si**ão**.

T.P.: Hei de **ver**-vos nova**men**te
e o **vos**so cora**ção** have**rá** de se ale**grar**. Ale**lui**a.

Ant. 3 Can**tai** ao nosso **Deus**, porque é su**a**ve.

T.P.: O Se**nhor** reconstru**iu** Jerusa**lém**
e con**for**ta os cora**ções** despeda**ça**dos. Ale**lui**a.

Salmo 146(147A)

Poder e bondade de Deus

A vós, ó Deus, louvamos, a vós, Senhor, cantamos.

= 1 Lou**vai** o Senhor **Deus**, porque ele é **bom**, †
can**tai** ao nosso Deus, porque é suave: *
ele é **dig**no de louvor, ele o merece!

– 2 O Se**nhor** reconstruiu Jerusalém, *
e os dis**per**sos de Israel juntou de novo;
– 3 ele con**for**ta os corações despedaçados, *
ele en**fai**xa suas feridas e as cura;
– 4 fixa o **nú**mero de todas as estrelas *
e **cha**ma a cada uma por seu nome.

– 5 É **gran**de e onipotente o nosso Deus, *
seu sa**ber** não tem medidas nem limites.

– 6 O Senhor **Deus** é o amparo dos humildes, *
mas **do**bra até o chão os que são ímpios.
– 7 Ento**ai**, cantai a Deus ação de graças, *
to**cai** para o Senhor em vossas harpas!

– 8 Ele re**ves**te todo o céu com densas nuvens, *
e a **chu**va para a terra ele prepara;
– faz cres**cer** a verde relva sobre os montes *
e as **plan**tas que são úteis para o homem;
– 9 ele **dá** aos animais seu alimento, *
e ao **cor**vo e aos seus filhotes que o invocam.

– 10 Não é a **for**ça do cavalo que lhe agrada, *
nem se de**lei**ta com os músculos do homem,
– 11 mas **agra**dam ao Senhor os que o respeitam, *
os que con**fi**am, esperando em seu amor!

Ant. Can**tai** ao nosso **Deus**, porque é su**a**ve.
T.P.: O Se**nhor** reconstru**iu** Jerusa**lém**
e con**for**ta os cora**ções** despeda**ça**dos. Ale**lui**a.

Leitura breve — Rm 8,18-21

Eu entendo que os sofrimentos do tempo presente nem merecem ser comparados com a glória que deve ser revelada em nós. De fato, toda a criação está esperando ansiosamente o momento de se revelarem os filhos de Deus. Pois a criação ficou sujeita à vaidade, não por sua livre vontade, mas por sua dependência daquele que a sujeitou; também ela espera ser libertada da escravidão da corrupção e, assim, participar da liberdade e da glória dos filhos de Deus.

Responsório breve

R. Penso em **vós** no meu **lei**to, de **noi**te,
* Nas vigílias, sus**pi**ro por **vós**. R. Penso em **vós**.
V. Para **mim** fostes **sem**pre um so**cor**ro! * Nas vi**gí**lias.
Glória ao **Pai**. R. Penso em **vós**.

Cântico evangélico, ant.

Anunci**ai** ao vosso **po**vo a salva**ção**,
e perdo**ai**-nos, ó Se**nhor**, nossos pe**ca**dos!

Preces

Bendigamos a Deus, vida e salvação do seu povo; e o invoquemos, dizendo:

R. **Senhor, vós sois a nossa vida!**

Bendito sejais, Deus e Pai de nosso Senhor Jesus Cristo, que na vossa misericórdia nos fizestes renascer para uma viva esperança,
– mediante a ressurreição de Jesus Cristo dentre os mortos. R.

Vós, que em Cristo renovastes o homem, criado à vossa imagem,
– tornai-nos semelhantes à imagem do vosso Filho. R.

Derramai em nossos corações, feridos pelo ódio e pela inveja,
– a caridade do Espírito Santo. R.

Dai trabalho aos desempregados, alimento aos famintos, alegria aos tristes,
– e a toda a humanidade graça e salvação. R.

(intenções livres)

Pai nosso...

Oração

Concedei-nos, ó Senhor, conhecer profundamente o mistério da salvação, para que, sem temor e livres dos inimigos, vos sirvamos na justiça e santidade, todos os dias da vida. Por nosso Senhor Jesus Cristo, vosso Filho, na unidade do Espírito Santo.

Hora Média

V. Vinde, ó **Deus**. Glória ao **Pai**. Como **era**. (Ale**luia**).

HINO como no Ordinário, p. 743.

Salmodia

Ant. 1 Se me a**mais**, diz o Se**nhor**,
guarda**reis** os meus pre**cei**tos.

Salmo 118(119),153-160
XX (Res)

Meditação sobre a palavra de Deus na Lei

Tu tens palavras de vida eterna (Jo 6,69).

–153 Vede, Se**nhor**, minha mi**sé**ria, e li**vrai**-me, *
porque **nun**ca me esqueci de vossa lei!

–154 Defen**dei** a minha causa e libertai-me! *
Pela pa**la**vra que me destes, dai-me a vida!

–155 Como estão **lon**ge de salvar-se os pecadores, *
pois não pro**cu**ram, ó Senhor, vossa vontade!

–156 É infi**ni**ta, Senhor Deus, vossa ternura: *
con**for**me prometestes, dai-me a vida!

–157 Tantos **são** os que me afligem e perseguem, *
mas eu **nun**ca deixarei vossa Aliança!

–158 Quando **ve**jo os renegados, sinto nojo, *
porque **fo**ram infiéis à vossa lei.

–159 Quanto eu **a**mo, ó Senhor, vossos preceitos! *
vossa bon**da**de reanime a minha vida!

–160 Vossa pa**la**vra é fundada na verdade, *
os vossos **jus**tos julgamentos são eternos.

Ant. Se me a**mais**, diz o Se**nhor**,
guarda**reis** os meus pre**cei**tos.

Ant. 2 O Se**nhor** te aben**çoe**,
e **pos**sas ver a **paz** cada **di**a de tua **vi**da.

Salmo 127(128)

A paz do Senhor na família

De Sião, isto é, da sua Igreja, o Senhor te abençoe (Arnóbio).

– 1 Fe**liz** és tu se **te**mes o Se**nhor** *
e **tri**lhas seus ca**mi**nhos!

– 2 Do tra**ba**lho de tuas mãos hás de viver, *
serás fe**liz**, tudo irá bem!

– 3 A tua es**po**sa é uma videira bem fecunda *
no cora**ção** da tua casa;
– os teus **fi**lhos são rebentos de oliveira *
ao re**dor** de tua mesa.

– 4 Será as**sim** abençoado todo homem *
que **te**me o Senhor.

– 5 O Se**nhor** te abençoe de Sião, *
cada **di**a de tua vida;
– para que **ve**jas prosperar Jerusalém *
6 e os **fi**lhos dos teus filhos. –

– Ó Se**nhor**, que venha a paz a Israel, *
que venha a **paz** ao vosso povo!

Ant. O Se**nhor** te aben**ço**e,
e **pos**sas ver a **paz** cada **di**a de tua **vi**da.

Ant. 3 O Se**nhor** luta**rá** contra os **teus** ini**mi**gos.

Salmo 128(129)

A renovada esperança do povo oprimido

A Igreja fala dos sofrimentos que ela suporta (Sto. Agostinho).

– [1]Quanto **eu** fui perse**gui**do desde **jo**vem, *
que o **di**ga Israel neste momento!
– [2]Quanto **eu** fui perseguido desde jovem, *
mas **nun**ca me puderam derrotar!

– [3]**A**raram lavradores o meu dorso, *
ras**gan**do longos sulcos com o arado.
– [4]Mas o Se**nhor**, que sempre age com justiça, *
fez em pe**da**ços as correias dos malvados.

– [5]Que **vol**tem para trás envergonhados *
todos a**que**les que odeiam a Sião!
– [6]Sejam **e**les como a erva dos telhados, *
que bem **an**tes de arrancada já secou!

– [7]Esta ja**mais** enche a mão do ceifador *
nem o re**ga**ço dos que juntam os seus feixes;
= [8]para **es**tes nunca dizem os que passam: †
“Sobre **vós** desça a bênção do Senhor! *
Em **no**me do Senhor vos bendizemos!”

Ant. O Se**nhor** luta**rá** contra os **teus** ini**mi**gos.

Leitura breve — Sb 1,1-2

Amai a justiça, vós que governais a terra; tende bons sentimentos para com o Senhor e procurai-o com simplicidade de coração. Ele se deixa encontrar pelos que não exigem provas, e se manifesta aos que nele confiam.

V. Con**fi**a no Se**nhor** e faze o **bem**.
R. E, sobre a **ter**ra, habita**rás** em segu**ran**ça.

Oração

Deus onipotente, em vós não há trevas nem escuridão; fazei que vossa luz resplandeça sobre nós e, acolhendo vossos preceitos com alegria, sigamos fielmente o vosso caminho. Por Cristo, nosso Senhor.

Vésperas

V. Vinde, ó **Deus**. Glória ao **Pai**. Como era. (Ale**lu**ia).

Hino

Ó Deus, autor da luz
da aurora matutina,
mostrai-nos vossa glória,
que o dia já declina.

A tarde traz o ocaso,
o sol já vai morrendo,
e deixa o mundo às trevas,
às leis obedecendo.

Aos servos que vos louvam,
cansados do labor,
as trevas não envolvam,
pedimos, ó Senhor.

Assim, durante a noite,
guardados pela graça,
na luz da vossa luz,
a treva se desfaça.

Ouvi-nos, Pai bondoso,
e vós, Jesus, também.
A vós e ao Santo Espírito
louvor eterno. Amém.

Salmodia

Ant. 1 Ele **é** meu a**mor**, meu re**fú**gio,
meu es**cu**do: é **ne**le que espero.

T.P.: O Se**nhor** é meu re**fú**gio e o **meu** Liberta**dor**. Ale**lu**ia.

Salmo 143(144)

Oração pela vitória e pela paz

As suas mãos foram treinadas para a luta, quando venceu o mundo conforme disse: Eu venci o mundo (Sto. Hilário).

I

= 1 Bendito **se**ja o Se**nhor**, meu ro**che**do, †
que ades**trou** minhas mãos para a luta, *
e os meus **de**dos treinou para a guerra!

– 2 Ele **é** meu amor, meu refúgio, *
liberta**dor**, fortaleza e abrigo.
– É meu es**cu**do: é nele que espero, *
ele sub**me**te as nações a meus pés.

= 3 Que é o **ho**mem, Senhor, para vós? †
Por que **de**le cuidais tanto assim, *
e no **fi**lho do homem pensais?
– 4 Como o **so**pro de vento é o homem, *
os seus **di**as são sombra que passa.

– 5 Incli**nai** vossos céus e descei, *
tocai os **mon**tes, que eles fumeguem.
– 6 Fulmi**nai** o inimigo com raios, *
lançai **fle**chas, Senhor, dispersai-o!

= 7 Lá do **al**to estendei vossa mão, †
reti**rai**-me do abismo das águas, *
e sal**vai**-me da mão dos estranhos;
– 8 sua **bo**ca só tem falsidade, *
sua **mão** jura falso e engana.

Ant. Ele **é** meu a**mor**, meu re**fú**gio,
meu es**cu**do: é **ne**le que es**pe**ro.

T.P.: O Se**nhor** é meu re**fú**gio e o **meu** Liberta**dor**. Ale**lu**ia.

Ant. 2 Feliz o **po**vo que **tem** o Se**nhor** por seu **Deus**!

T.P.: Demos **gra**ças ao **Pai** que nos **deu** a vi**tó**ria
por **nos**so Se**nhor** Jesus **Cris**to, ale**lu**ia.

II

– [9] Um canto **no**vo, meu **Deus**, vou can**tar**-vos, *
nas dez **cor**das da harpa louvar-vos,
– [10] a vós que **dais** a vitória aos reis *
e sal**vais** vosso servo Davi.

– [11] Da es**pa**da maligna livrai-me *
e sal**vai**-me da mão dos estranhos;
– sua **bo**ca só tem falsidade, *
sua **mão** jura falso e engana.

– [12] Que nossos **fi**lhos, quais plantas viçosas, *
cresçam sa**di**os, e fortes floresçam!
– As nossas **fi**lhas, colunas robustas *
que um ar**tis**ta esculpiu para o templo.

– [13] Nossos ce**lei**ros transbordem de cheios, *
abaste**ci**dos de todos os frutos!
– Nossas o**ve**lhas em muitos milhares *
se multi**pli**quem nas nossas campinas!

= [14] O nosso **ga**do também seja gordo! †
Não haja **bre**chas em nossas muralhas, *
nem des**ter**ro ou gemido nas praças!
– [15] Feliz o **po**vo a quem isso acontece, *
e que **tem** o Senhor por seu Deus!

Ant. Feliz o **po**vo que **tem** o Se**nhor** por seu **Deus**!

T.P.: Demos **gra**ças ao **Pai** que nos **deu** a vi**tó**ria
por **nos**so Se**nhor** Jesus **Cris**to, ale**lu**ia.

Ant. 3 Chegou a**go**ra a salva**ção** e o po**der**
e a rea**le**za do Se**nhor** e nosso **Deus**.

T.P.: Jesus **Cris**to ontem, **ho**je e eterna**men**te, ale**lu**ia.

Cântico Ap 11,17-18; 12,10b-12a

O julgamento de Deus

– [11,17] Graças vos **da**mos, Senhor **Deus** onipo**ten**te, *
a vós que **sois**, a vós que éreis e sereis,
– porque assu**mis**tes o poder que vos pertence, *
e en**fim** tomastes posse como rei!

(R. **Nós** vos damos **gra**ças, nosso **Deus**!)

= [18] As **nações** se enfureceram revoltadas, †
mas che**gou** a vossa ira contra elas *
e o **tem**po de julgar vivos e mortos,
= e de **dar** a recompensa aos vossos servos, †
aos pro**fe**tas e aos que temem vosso nome, *
aos **san**tos, aos pequenos e aos grandes. (R.)

= [12.10] Chegou a**go**ra a salvação e o poder †
e a rea**le**za do Senhor e nosso Deus, *
e o do**mí**nio de seu Cristo, seu Ungido.
– Pois foi ex**pul**so o delator que acusava *
nossos ir**mãos**, dia e noite, junto a Deus. (R.)

= [11] Mas o ven**ce**ram pelo sangue do Cordeiro †
e o teste**mu**nho que eles deram da Palavra, *
pois despre**za**ram sua vida até à morte.
– [12] Por isso, ó **céus**, cantai alegres e exultai *
e vós **to**dos os que neles habitais! (R.)

Ant. Chegou a**go**ra a salva**ção** e o po**der**
e a rea**le**za do Se**nhor** e nosso **Deus**.

T.P.: Jesus **Cris**to ontem, **ho**je e eterna**men**te, ale**lui**a.

Leitura breve cf. Cl 1,23

Permanecei inabaláveis e firmes na fé, sem vos afastardes da esperança que vos dá o evangelho, que ouvistes, que foi anunciado a toda criatura debaixo do céu.

Responsório breve

R. O Se**nhor** é o meu **Pas**tor:
* Não me **fal**ta coisa al**gu**ma. R. O Se**nhor**.
V. Pelos **pra**dos me con**duz**. * Não me **fal**ta.
Glória ao **Pai**. R. O Se**nhor**.

Cântico evangélico, ant.

O Se**nhor** saci**ou** com os seus **bens**
os fa**min**tos e se**den**tos de jus**ti**ça.

Preces

Oremos a Cristo, luz dos povos e alegria de todo ser vivente; e digamos com fé:

R. **Senhor, dai-nos luz, paz e salvação!**

Luz sem ocaso e Palavra eterna do Pai, que viestes para salvar a humanidade inteira,
– iluminai os catecúmenos da Igreja com a luz da vossa verdade.
R. **Senhor, dai-nos luz, paz e salvação!**

Desviai, Senhor, o vosso olhar dos nossos pecados,
– porque em vós se encontra o perdão. R.

Vós quereis que os seres humanos, com a sua inteligência, investiguem os segredos da natureza;
– fazei que as ciências e as artes contribuam para a vossa glória e o bem-estar de todas as pessoas. R.

Protegei aqueles que se dedicam no mundo ao serviço de seus irmãos e irmãs,
– para que possam realizar o seu ideal com liberdade e sem atropelos. R.

(intenções livres)

Senhor, que tendes as chaves da morte e da vida,
– fazei entrar na vossa luz os nossos irmãos e irmãs que adormeceram na esperança da ressurreição. R.

Pai nosso...

Oração

Atendei, Senhor, benignamente nossas preces vespertinas, e concedei que, seguindo com perseverança os passos de vosso Filho, recolhamos os frutos da justiça e da paz. Por nosso Senhor Jesus Cristo, vosso Filho, na unidade do Espírito Santo.

IV SEXTA-FEIRA

Laudes

V. Vinde, ó **Deus**. Glória ao **Pai**. Como **era**. (Aleluia).

Hino

Deus, que criastes a luz, sois luz
do céu radiosa.
O firmamento estendestes
com vossa mão poderosa.

A aurora esconde as estrelas,
e o seu clarão vos bendiz.
A brisa espalha o orvalho,
a terra acorda feliz.

A noite escura se afasta,
as trevas fogem da luz.
A estrela d'alva fulgura,
sinal de Cristo Jesus.

Ó Deus, sois dia dos dias,
sois luz da luz, na Unidade,
num só poder sobre os seres,
numa só glória, Trindade.

Perante vós, Salvador,
a nossa fronte inclinamos.
A vós, ao Pai e ao Espírito
louvor eterno cantamos.

Salmodia

Ant. 1 Criai em **mim** um cora**ção** que seja **pu**ro,
dai-me de **no**vo um es**pí**rito deci**di**do!

T.P.: O **Cris**to por **nós** se entre**gou**
como o**fer**ta agra**dá**vel a **Deus**. Ale**lui**a.

Salmo 50(51)

Tende piedade, ó meu Deus!

Renovai o vosso espírito e a vossa mentalidade. Revesti o homem novo (Ef 4,23-24).

– 3 Tende pie**da**de, ó meu **Deus**, miseri**cór**dia! *
Na imensi**dão** de vosso amor, purificai-me!
– 4 La**vai**-me todo inteiro do pecado, *
e apa**gai** completamente a minha culpa!

– 5 Eu reco**nhe**ço toda a minha iniquidade, *
o meu pe**ca**do está sempre à minha frente.
– 6 Foi contra **vós**, só contra vós, que eu pequei, *
e prati**quei** o que é mau aos vossos olhos! –

– Mostrais as**sim** quanto sois justo na sentença, *
e quanto é **re**to o julgamento que fazeis.
– 7 Vede, Se**nhor**, que eu nasci na iniquidade *
e peca**dor** já minha mãe me concebeu.

– 8 Mas vós a**mais** os corações que são sinceros, *
na intimi**da**de me ensinais sabedoria.
– 9 Asper**gi**-me e serei puro do pecado, *
e mais **bran**co do que a neve ficarei.

– 10 Fazei-me ou**vir** cantos de festa e de alegria, *
e exulta**rão** estes meus ossos que esmagastes.
– 11 Desvi**ai** o vosso olhar dos meus pecados *
e apa**gai** todas as minhas transgressões!

– 12 Criai em **mim** um coração que seja puro, *
dai-me de **no**vo um espírito decidido.
– 13 Ó Se**nhor**, não me afasteis de vossa face, *
nem reti**reis** de mim o vosso Santo Espírito!

– 14 Dai-me de **no**vo a alegria de ser salvo *
e confir**mai**-me com espírito generoso!
– 15 Ensina**rei** vosso caminho aos pecadores, *
e para **vós** se voltarão os transviados.

– 16 Da **mor**te como pena, libertai-me, *
e minha **lín**gua exaltará vossa justiça!
– 17 Abri meus **lá**bios, ó Senhor, para cantar, *
e minha **bo**ca anunciará vosso louvor!

– 18 Pois não **são** de vosso agrado os sacrifícios, *
e, se o**fer**to um holocausto, o rejeitais.
– 19 Meu sacri**fí**cio é minha alma penitente, *
não despre**zeis** um coração arrependido!

– 20 Sede be**nig**no com Sião, por vossa graça, *
reconstru**í** Jerusalém e os seus muros!
– 21 E aceita**reis** o verdadeiro sacrifício, *
os holo**caus**tos e oblações em vosso altar!

Ant. Criai em **mim** um cora**ção** que seja **pu**ro,
dai-me de **no**vo um es**pí**rito deci**di**do!

T.P.: O **Cris**to por **nós** se entre**gou**
como o**fer**ta agra**dá**vel a **Deus**. Ale**lui**a.

Ant. 2 Jerusa**lém**, exulta alegre,
pois em **ti** serão u**ni**das as na**ções** ao teu Se**nhor**!

T.P.: Jerusa**lém**, cidade **san**ta, brilha**rás** qual luz ful**gen**te. Ale**luia**.

Cântico Tb 13,8-11.13-14ab.15-16ab

Ação de graças pela libertação do povo

Mostrou-me a cidade santa, Jerusalém... brilhando com a glória de Deus (Ap 21,10-11).

– 8 Dai **gra**ças ao Se**nhor**, vós **to**dos, seus e**lei**tos; *
celebrai dias de festa e ren**dei**-lhe homenagem.

– 9 Jerusalém, cidade santa, o Se**nhor** te castigou, *
por teu **mau** procedimento, pelo **mal** que praticaste.

– 10 Dá lou**vor** ao teu Senhor, pelas **tu**as boas obras, *
para que **e**le, novamente, arme, em **ti**, a sua tenda.

– Reúna em **ti** os deportados, ale**gran**do-os sem fim! *
ame em **ti** todo infeliz pelos **sé**culos sem fim!

= 11 Resplende**rás**, qual luz brilhante, até os ex**tre**mos desta terra; †
virão a **ti** nações de longe, dos lu**ga**res mais distantes, *
invo**can**do o santo **no**me, trazendo **dons** ao Rei do céu.

– Em **ti** se alegrarão as gera**ções** das gerações *
e o **no**me da Eleita dura**rá** por todo o sempre.

– 13 En**tão**, te alegrarás pelos **fi**lhos dos teus justos, *
todos u**ni**dos, bendizendo ao Se**nhor**, o Rei eterno.

– 14 Have**rão** de ser ditosos todos **quan**tos que te amam, *
encon**tran**do em tua paz sua **gran**de alegria.

= 15 Ó minh'**al**ma, vem bendizer ao Se**nhor**, o grande Rei, †
– 16 pois se**rá** reconstruída sua **ca**sa em Sião, *
que para **sem**pre há de ficar pelos **sé**culos, sem fim.

Ant. Jerusa**lém**, exulta a**le**gre,
pois em **ti** serão u**ni**das as na**ções** ao teu Se**nhor**!

T.P.: Jerusa**lém**, cidade **san**ta, brilha**rás** qual luz ful**gen**te. Ale**lui**a.

Ant. 3 Ó Si**ão**, canta lou**vo**res ao teu **Deus**;
ele en**vi**a suas **or**dens para a **ter**ra.

T.P.: Vi a **no**va Si**ão** vir des**cen**do dos **céus**. Ale**lui**a.

Salmo 147(147B)

Restauração de Jerusalém

Vou mostrar-te a noiva, a esposa do Cordeiro! (Ap 21,9).

– 12 Glori**fi**ca o Se**nhor**, Jerusa**lém**! *
Ó Si**ão**, canta louvores ao teu Deus!
– 13 Pois refor**çou** com segurança as tuas portas, *
e os teus **fi**lhos em teu seio abençoou;
– 14 a **paz** em teus limites garantiu *
e te **dá** como alimento a flor do trigo.
– 15 Ele en**vi**a suas ordens para a terra, *
e a pa**la**vra que ele diz corre veloz;
– 16 ele **faz** cair a neve como lã *
e es**pa**lha a geada como cinza.
– 17 Como de **pão** lança as migalhas do granizo, *
a seu **fri**o as águas ficam congeladas.
– 18 Ele en**vi**a sua palavra e as derrete, *
sopra o **ven**to e de novo as águas correm.
– 19 Anun**ci**a a Jacó sua palavra, *
seus pre**cei**tos e suas leis a Israel.
– 20 Nenhum **po**vo recebeu tanto carinho, *
a nenhum **ou**tro revelou os seus preceitos.

Ant. Ó Si**ão**, canta lou**vo**res ao teu **Deus**;
ele en**vi**a suas **or**dens para a **ter**ra.

T.P.: Vi a **no**va Si**ão** vir des**cen**do dos **céus**. Ale**lu**ia.

Leitura breve Gl 2,19b-20

Com Cristo, eu fui pregado na cruz. Eu vivo, mas não eu, é Cristo que vive em mim. Esta minha vida presente, na carne, eu a vivo na fé, crendo no Filho de Deus, que me amou e por mim se entregou.

Responsório breve

R. Lanço um **gri**to ao Se**nhor**, Deus Al**tís**simo,
* Este **Deus** que me **dá** todo **bem**. R. Lanço um **grito**.
V. Que me envie do **céu** sua aj**u**da! * Este **Deus**.
Glória ao **Pai**. R. Lanço um **grito**.

Cântico evangélico, ant.

Pelo **amor** do cora**ção** de nosso **Deus**,
o Sol nas**cen**te nos **vei**o visi**tar**.

Preces

Cheios de confiança em Deus, que ama e protege todos aqueles que redimiu por seu Filho Jesus Cristo, façamos nossa oração; e digamos:

R. **Confirmai, Senhor, o que em nós realizastes!**

Deus de misericórdia, dirigi nossos passos nos caminhos da santidade,
– para pensarmos somente o que é verdadeiro, justo e digno de ser amado. R.

Por amor do vosso nome, não nos abandoneis para sempre,
– mas lembrai-vos, Senhor, da vossa aliança. R.

De coração contrito e humilde, sejamos acolhidos por vós,
– pois não serão confundidos aqueles que em vós esperam. R.

Vós, que, em Cristo, nos chamastes para uma missão profética,
– dai-nos a graça de proclamarmos sem temor as maravilhas do vosso poder. R.

(intenções livres)

Pai nosso...

Oração

Derramai, Senhor, sobre o povo suplicante a abundância da vossa graça, para que, seguindo os vossos mandamentos, receba estímulo e ajuda na vida presente e felicidade sem fim na pátria futura. Por nosso Senhor Jesus Cristo, vosso Filho, na unidade do Espírito Santo.

Hora Média

V. Vinde, ó **Deus**. Glória ao **Pai**. Como **e**ra. (Ale**lui**a).

HINO como no Ordinário, p. 743.

Salmodia

Ant. 1 Os que amam vossa **lei**, ó **Senhor**, têm grande **paz**.

Salmo 118(119),161-168
XXI (Sin)

Meditação sobre a Palavra de Deus na Lei

Sede praticantes da Palavra e não meros ouvintes (Tg 1,22).

–161 Os pode**ro**sos me per**se**guem sem mo**ti**vo; *
meu cora**ção**, porém, só teme a vossa lei.
–162 Tanto me a**le**gro com as palavras que dissestes, *
quanto al**guém** ao encontrar grande tesouro.
–163 Eu o**dei**o e detesto a falsidade, *
porém **a**mo vossas leis e mandamentos!
–164 Eu vos **lou**vo sete vezes cada dia, *
porque **jus**tos são os vossos julgamentos.
–165 Os que **a**mam vossa lei têm grande paz, *
e não há **na**da que os faça tropeçar.
–166 Ó Se**nhor**, de vós espero a salvação, *
pois eu **cum**pro sem cessar vossos preceitos.
–167 Obe**de**ço fielmente às vossas ordens, *
e as es**ti**mo ardentemente mais que tudo.
–168 Serei fi**el** à vossa lei,vossa Aliança; *
os meus ca**mi**nhos estão todos ante vós.

Ant. Os que **a**mam vossa **lei,** ó Se**nhor**, têm grande **paz.**

Ant. 2 A multi**dão** dos **fiéis** era um **só** cora**ção**
e **u**ma só **al**ma.

Salmo 132(133)

Alegria da união fraterna

Amemo-nos uns aos outros, porque o amor vem de Deus (1Jo 4,7).

– 1 Vinde e **ve**de como é **bom**, como é su**a**ve *
os ir**mãos** viverem juntos bem unidos!
– 2 É como um **ó**leo perfumado na cabeça, *
que es**cor**re e vai descendo até à barba;
– vai des**cen**do até a barba de Aarão, *
e vai che**gan**do até à orla do seu manto. –

– [3]É também como o orvalho do Hermon, *
que cai suave sobre os montes de Sião.
– Pois a eles o Senhor dá sua bênção *
e a vida pelos séculos sem fim.

Ant. A multidão dos fiéis era um só coração
e uma só alma.

Ant. 3 Salvai-me, ó Senhor, das mãos do ímpio,
vós que sois a minha força e salvação!

Salmo 139(140),2-9.13-14

Tu és o meu refúgio

O Filho do Homem é entregue nas mãos dos pecadores (Mt 26,45).

– [2]Livrai-me, ó Senhor, dos homens maus, *
dos homens violentos defendei-me,
– [3]dos que tramam só o mal no coração *
e planejam a discórdia todo o dia!
– [4]Como a serpente eles afiam suas línguas, *
e em seus lábios têm veneno de uma víbora.

= [5]Salvai-me, ó Senhor, das mãos do ímpio,†
defendei-me contra o homem violento, *
contra aqueles que planejam minha queda!
= [6]Os soberbos contra mim armaram laços, †
estenderam-me uma rede sob os pés *
e puseram em meu caminho seus tropeços.

– [7]Mas eu digo ao Senhor: "Vós sois meu Deus, *
inclinai o vosso ouvido à minha prece!"
– [8]Senhor meu Deus, sois meu auxílio poderoso, *
vós protegeis minha cabeça no combate!
– [9]Não atendais aos maus desejos dos malvados! *
Senhor, fazei que os seus planos não se cumpram!

– [13]Sei que o Senhor fará justiça aos infelizes, *
defenderá a causa justa de seus pobres.
– [14]Sim, os justos louvarão o vosso nome, *
e junto a vós habitarão os homens retos.

Ant. Salvai-me, ó Senhor, das mãos do ímpio,
vós que sois a minha força e salvação!

Leitura breve 1Jo 3,16

Nisto conhecemos o amor: Jesus deu a sua vida por nós. Portanto, também nós devemos dar a vida pelos irmãos.

V. Dai **graças** ao Se**nhor** porque ele é **bom**.
R. Porque e**ter**na é a **su**a miseri**cór**dia.

Oração

Senhor Jesus Cristo, que, nesta hora, com o mundo envolto em trevas, fostes elevado na cruz, como vítima inocente para a salvação de todos, concedei-nos sempre vossa luz, que nos guie para a vida eterna. Vós, que viveis e reinais para sempre.

Vésperas

V. Vinde, ó **Deus**. Glória ao **Pai**. Como era. (Ale**lui**a).

Hino

Onze horas havendo passado,
chega a tarde e o dia termina;
entoemos louvores a Cristo,
que é imagem da glória divina.

Já passaram as lutas do dia,
o trabalho por vós contratado;
dai aos bons operários da vinha
dons de glória no Reino esperado.

Ó Senhor, aos que agora
chamais e que ireis premiar no futuro,
por salário, dai força na luta,
e, na paz, um repouso seguro.

Glória a vós, Cristo, Rei compassivo,
glória ao Pai e ao Espírito também.
Unidade e Trindade indivisa,
Deus e Rei pelos séculos. Amém.

Salmodia

Ant. 1 Todos os **dias** have**rei** de bendi**zer**-vos
e con**tar** as vossas **gran**des mara**vi**lhas.

T.P.: Tanto **Deus** amou o **mun**do que lhe **deu** seu Filho único.
Ale**lui**a.

Salmo 144(145)

Louvor à grandeza de Deus

Justo és tu, Senhor, aquele que é e que era, o Santo (Ap 16,5).

I

– 1 Ó meu **Deus**, quero exal**tar**-vos, ó meu **Rei**, *
e bendi**zer** o vosso nome pelos séculos.

– 2 Todos os **di**as haverei de bendizer-vos, *
hei de lou**var** o vosso nome para sempre.

– 3 Grande é o Se**nhor** e muito digno de louvores, *
e nin**guém** pode medir sua grandeza.

– 4 Uma **ida**de conta à outra vossas obras *
e pu**bli**ca os vossos feitos poderosos;

– 5 proclamam **to**dos o esplendor de vossa glória *
e di**vul**gam vossas obras portentosas!

– 6 Narram **to**dos vossas obras poderosas, *
e de **vos**sa imensidade todos falam.

– 7 Eles re**cor**dam vosso amor tão grandioso *
e e**xal**tam, ó Senhor, vossa justiça.

– 8 Miseri**cór**dia e piedade é o Senhor, *
ele é a**mor**, é paciência, é compaixão.

– 9 O Se**nhor** é muito bom para com todos, *
sua ter**nu**ra abraça toda criatura.

– 10 Que vossas **o**bras, ó Senhor, vos glorifiquem, *
e os vossos **san**tos com louvores vos bendigam!

– 11 Narrem a **gló**ria e o esplendor do vosso reino *
e **sai**bam proclamar vosso poder!

– 12 Para espa**lhar** vossos prodígios entre os homens *
e o ful**gor** de vosso reino esplendoroso.

– 13 O vosso **rei**no é um reino para sempre, *
vosso po**der**, de geração em geração.

Ant. Todos os **di**as have**rei** de bendi**zer**-vos
e con**tar** as vossas **gran**des mara**vi**lhas.

T.P.: Tanto **Deus** amou o **mun**do que lhe **deu** seu Filho **ú**nico.
Ale**lui**a.

Ant. 2 Todos os **o**lhos, ó Se**nhor**, em vós es**pe**ram,
estais **per**to de quem **pe**de vossa a**ju**da.

T.P.: Ao Se**nhor**, Rei e**ter**no, imor**tal** e invís**i**vel
honra, **gló**ria e po**der**. Ale**lui**a.

II

– [13b]O Se**nhor** é amor fi**el** em sua pa**la**vra, *
é santi**da**de em toda obra que ele faz.
– [14]Ele sus**ten**ta todo aquele que vacila *
e le**van**ta todo aquele que tombou.

– [15]Todos os **o**lhos, ó Senhor, em vós esperam *
e vós lhes **dais** no tempo certo o alimento;
– [16]vós a**bris** a vossa mão prodigamente *
e saci**ais** todo ser vivo com fartura.

– [17]É **jus**to o Senhor em seus caminhos, *
é **san**to em toda obra que ele faz.
– [18]Ele está **per**to da pessoa que o invoca, *
de todo a**que**le que o invoca lealmente.

– [19]O Se**nhor** cumpre os desejos dos que o temem, *
ele es**cu**ta os seus clamores e os salva.
– [20]O Senhor **guar**da todo aquele que o ama, *
mas dis**per**sa e extermina os que são ímpios.

= [21]Que a minha **bo**ca cante a glória do Senhor †
e que ben**di**ga todo ser seu nome santo *
desde a**go**ra, para sempre e pelos séculos.

Ant. Todos os **o**lhos, ó Se**nhor**, em vós es**pe**ram,
estais **per**to de quem **pe**de vossa a**ju**da.

T.P.: Ao Se**nhor**, Rei e**ter**no, imor**tal** e invís**i**vel
honra, **gló**ria e po**der**. Ale**lui**a.

Ant. 3 Vossos ca**mi**nhos são ver**da**de, são jus**ti**ça,
ó **Rei** dos povos **to**dos do univer**so**!

T.P.: O Se**nhor** é minha **for**ça, é a ra**zão** do meu can**tar**,
pois foi **e**le neste **di**a para **mim** liberta**ção**. Ale**lui**a.

Cântico Ap 15,3-4

Hino de adoração

– 3 Como são **gran**des e admi**rá**veis vossas **o**bras, *
ó Se**nhor** e nosso Deus onipotente!
– Vossos ca**mi**nhos são verdade, são justiça, *
ó **Rei** dos povos todos do universo!

(R. São **gran**des vossas **o**bras, ó Se**nhor**!)

= 4 Quem, Se**nhor**, não haveria de temer-vos, †
e **quem** não honraria o vosso nome? *
Pois so**men**te vós, Senhor, é que sois santo! (R.)

= As nações **to**das hão de vir perante vós †
e, pros**tra**das, haverão de adorar-vos, *
pois vossas **jus**tas decisões são manifestas. (R.)

Ant. Vossos ca**mi**nhos são ver**da**de, são jus**ti**ça,
ó **Rei** dos povos **to**dos do uni**ver**so!

T.P.: O Se**nhor** é minha **for**ça, é a ra**zão** do meu can**tar**,
pois foi **e**le neste **di**a para **mim** liberta**ção**. Ale**lui**a.

Leitura breve Rm 8,1-2

Não há mais condenação para aqueles que estão em Cristo Jesus. Pois a lei do Espírito que dá a vida em Jesus Cristo te libertou da lei do pecado e da morte.

Responsório breve

R. O **Cris**to mor**reu** pelos **nos**sos pe**ca**dos;
* Pelos **ím**pios, o **jus**to e condu**ziu**-nos a **Deus.**
R. O **Cris**to.

V. Foi **mor**to na **car**ne, mas **vi**ve no Espírito. * Pelos **ím**pios.
Glória ao **Pai**. R. O **Cris**to.

Cântico evangélico, ant.

Ó Se**nhor**, sede **fiel** ao vosso a**mor**,
como havíeis prome**ti**do a nossos **pais**!

Preces

Aclamemos a Cristo Jesus, esperança daqueles que conhecem o seu nome; e peçamos confiantes:

R. **Kyrie, eleison!** ou: **(Senhor, tende piedade de nós!)**

Cristo Jesus, vós conheceis a fragilidade da nossa natureza, sempre inclinada para o pecado;
– fortalecei-a com a vossa graça.

R. **Kyrie, eleison!** ou: **(Senhor, tende piedade de nós!)**

Tende compaixão da nossa fraqueza humana, sempre propensa ao mal;
– por vossa misericórdia, dai-nos o vosso perdão. R.

Vós aceitais, benigno, a penitência para reparar a ofensa;
– afastai de nós os castigos que merecemos pelos nossos pecados. R.

Vós, que perdoastes a pecadora arrependida e carregastes nos ombros a ovelha desgarrada,
– não nos recuseis a vossa misericórdia. R.

(intenções livres)

Vós, que, pelo sacrifício da cruz, abristes as portas do céu,
– acolhei na eternidade todos aqueles que nesta vida esperaram em vós. R.

Pai nosso...

Oração

Deus onipotente e misericordioso, que quisestes salvar o mundo pela paixão de vosso Cristo, concedei que vosso povo se ofereça a vós em sacrifício e seja saciado com vosso amor imenso. Por nosso Senhor Jesus Cristo, vosso Filho, na unidade do Espírito Santo.

IV SÁBADO

Laudes

V. Vinde, ó **Deus**. Glória ao **Pai**. Como **era**. Ale**lui**a.

Hino

Raiando o novo dia,
as vozes elevamos,
de Deus a graça e glória
em Cristo proclamamos.

Por ele o Criador
compôs a noite e o dia,
criando a lei eterna
que os dois alternaria.

A vós, Luz dos fiéis,
nenhuma lei domina.
Fulgis de dia e de noite,
clarão da luz divina.

Ó Pai, por vossa graça,
vivamos hoje bem,
servindo a Cristo e cheios
do vosso Espírito. Amém.

Salmodia

Ant. 1 Como é **bom** salmodi**ar**
em lou**vor** ao Deus Al**tís**simo!

T.P.: Quão i**men**sas, ó Se**nhor**, são vossas **o**bras, ale**lui**a.

Salmo 91(92)

Louvor ao Deus Criador

Louvores se proclamam pelos feitos do Cristo (Sto. Atanásio).

– 2 Como é **bom** agrade**cer**mos ao Se**nhor** *
e cantar **sal**mos de louvor ao Deus Altíssimo!
– 3 Anunci**ar** pela manhã vossa bondade, *
e o **vos**so amor fiel, a noite inteira,
– 4 ao som da **li**ra de dez cordas e da harpa, *
com **can**to acompanhado ao som da cítara.

– 5 Pois me ale**gras**tes, ó Senhor, com vossos feitos, *
e reju**bi**lo de alegria em vossas obras.
– 6 Quão i**men**sas, ó Senhor, são vossas obras, *
quão pro**fun**dos são os vossos pensamentos!

– 7 Só o **ho**mem insensato não entende, *
só o es**tul**to não percebe nada disso!
– 8 Mesmo que os **ím**pios floresçam como a erva, *
ou pros**pe**rem igualmente os malfeitores,
– são desti**na**dos a perder-se para sempre. *
9 Vós, po**rém**, sois o Excelso eternamente! –

= [10]Eis que os **vos**sos inimigos, ó Senhor, †
eis que os **vos**sos inimigos vão perder-se, *
e os malfei**to**res serão todos dispersados.

– [11]Vós me **des**tes toda a força de um touro, *
e sobre **mim** um óleo puro derramastes;
– [12]triun**fan**te, posso olhar meus inimigos, *
vitori**o**so, escuto a voz de seus gemidos.

– [13]O **jus**to crescerá como a palmeira, *
flori**rá** igual ao cedro que há no Líbano;
– [14]na **ca**sa do Senhor estão plantados, *
nos **á**trios de meu Deus florescerão.

– [15]Mesmo no **tem**po da velhice darão frutos, *
cheios de **sei**va e de folhas verdejantes;
– [16]e di**rão**: "É justo mesmo o Senhor Deus: *
meu Ro**che**do, não existe nele o mal!"

Ant. Como é **bom** salmodi**ar** em lou**vor** ao Deus Al**tís**simo!

T.P.: Quão i**men**sas, ó Se**nhor**, são vossas **o**bras, ale**lui**a.

Ant. 2 Dar-vos-**ei** um novo es**pí**rito e um **no**vo cora**ção**.

T.P.: Have**rei** de derra**mar** sobre **vós** uma água **pu**ra. Ale**lui**a.

Cântico — Ez 36,24-28

Deus renovará o seu povo

Eles serão o seu povo, e o próprio Deus estará com eles (Ap 21,3).

= [24]Have**rei** de reti**rar**-vos do **mei**o das na**ções**, †
have**rei** de reunir-vos de **to**dos os países, *
e de **vol**ta eu levarei a todos **vós** à vossa terra.

= [25]Have**rei** de derramar sobre **vós** uma água pura, †
e de **vos**sas imundícies se**reis** purificados; *
sim, se**rei**s purificados de **to**da idolatria.

= [26]Dar-vos-**ei** um novo espírito e um **no**vo coração; †
tira**rei** de vosso peito este **co**ração de pedra, *
no lu**gar** colocarei novo **co**ração de carne.

= [27]Have**rei** de derramar meu Es**pí**rito em vós †
e fa**rei** que caminheis obede**cen**do a meus preceitos, *
que obser**veis** meus mandamentos e guar**deis** a minha Lei. –

=[28] E ha**ve**reis de habitar aquela **ter**ra prometida, †
que nos **tem**pos do passado eu do**ei** a vossos pais, *
e se**reis** sempre o meu povo e eu se**rei** o vosso Deus!

Ant. Dar-vos-**ei** um novo es**pí**rito e um **no**vo cora**ção**.

T.P.: Have**rei** de derra**mar** sobre **vós** uma água **pu**ra. Ale**lui**a.

Ant. 3 O per**fei**to lou**vor** vos é **da**do
pelos **lá**bios dos **mais** peque**ni**nos.

T.P.: Tudo é **vos**so, mas **vós** sois de **Cris**to
e **Cris**to é de **Deus**, ale**lui**a.

Salmo 8

Majestade de Deus e dignidade do homem

Ele pôs tudo sob os seus pés e fez dele, que está acima de tudo, a Cabeça da Igreja (Ef 1,22).

– 2 Ó Se**nhor** nosso **Deus**, como é **gran**de *
vosso **no**me por todo o universo!

– Desdo**bras**tes nos céus vossa glória *
com gran**de**za, esplendor, majestade.

= 3 O per**fei**to louvor vos é dado †
pelos **lá**bios dos mais pequeninos, *
de cri**an**ças que a mãe amamenta.

– Eis a **for**ça que opondes aos maus, *
redu**zin**do o inimigo ao silêncio.

– 4 Contem**plan**do estes céus que plasmastes *
e for**mas**tes com dedos de artista;

– vendo a **lu**a e estrelas brilhantes, *
5 pergun**ta**mos: "Senhor, que é o homem,

– para **de**le assim vos lembrardes *
e o tra**tar**des com tanto carinho?"

– 6 Pouco a**bai**xo de um deus o fizestes, *
coro**an**do-o de glória e esplendor;

– 7 vós lhe **des**tes poder sobre tudo, *
vossas obras aos pés lhe pusestes:–

– [8]as o**ve**lhas, os bois, os rebanhos, *
todo o **ga**do e as feras da mata;
– [9]passa**ri**nhos e peixes dos mares, *
todo **ser** que se move nas águas.

– [10]Ó Se**nhor** nosso Deus, como é grande *
vosso **no**me por todo o universo!

Ant. O per**fei**to lou**vor** vos é **da**do
pelos **lá**bios dos **mais** peque**ni**nos.

T.P.: Tudo é **vos**so, mas **vós** sois de **Cris**to
e **Cris**to é de **Deus**, ale**lui**a.

Leitura breve 2Pd 3,13-15a

O que nós esperamos, de acordo com a sua promessa, são novos céus e uma nova terra, onde habitará a justiça. Caríssimos, vivendo nesta esperança, esforçai-vos para que ele vos encontre numa vida pura e sem mancha e em paz. Considerai também como salvação a longanimidade de nosso Senhor.

Responsório breve

R. A ale**gri**a canta**rá** sobre meus **lá**bios,
* E a minh'**al**ma liber**ta**da exulta**rá**. R. A ale**gri**a.
V. Tam**bém** celebra**rei** vossa jus**ti**ça. * E a minh'**al**ma. Glória ao **Pai**. R. A ale**gri**a.

Cântico evangélico, ant.

Gui**ai** nossos **pas**sos no ca**mi**nho da **paz.**

Preces

Adoremos a Deus, que por meio de seu Filho trouxe ao mundo vida e esperança; e peçamos humildemente:

R. **Senhor, ouvi-nos!**

Senhor, Pai de todos os seres humanos, que nos fizestes chegar ao princípio deste dia,
–dai-nos viver unidos a Cristo para louvor da vossa glória. R.

Conservai e aumentai em nós a fé, a esperança e a caridade,
–que derramastes em nossos corações. R.

Fazei que os nossos olhos estejam sempre voltados para vós,
–para correspondermos com generosidade e alegria ao vosso chamado. R.

Defendei-nos das ciladas e seduções do mal,
– e protegei os nossos passos de todo tropeço. R.

(intenções livres)

Pai nosso...

Oração

Deus onipotente e eterno, luz esplendorosa e dia que não termina, nós vos pedimos nesta manhã que, vencidas as trevas do pecado, nossos corações sejam iluminados com o fulgor da vossa vinda. Por nosso Senhor Jesus Cristo, vosso Filho, na unidade do Espírito Santo.

Hora Média

V. Vinde, ó **Deus**. Glória ao **Pai**. Como **era**. (Ale**luia**).

HINO como no Ordinário, p. 743.

Salmodia

Ant. 1 Esten**dei** a vossa **mão** para aju**dar**-me,
pois escol**hi** sempre se**guir** vossos pre**cei**tos.

Salmo 118(119),169-176
XXII (Táu)

Meditação sobre a Palavra de Deus na Lei

Sua misericórdia se estende de geração em geração, a todos os que o respeitam (Lc 1,50).

–169 Que o meu **gri**to, ó Se**nhor**, chegue até **vós**; *
fazei-me **sá**bio como vós o prometestes!
–170 Que a minha **pre**ce chegue até à vossa face; *
con**for**me prometestes, libertai-me!

–171 Que prorr**rom**pam os meus lábios em canções, *
pois me fi**zes**tes conhecer vossa vontade!
–172 Que minha **lín**gua cante alegre a vossa lei, *
porque **jus**tos são os vossos mandamentos!

–173 Esten**dei** a vossa mão para ajudar-me, *
pois escol**hi** sempre seguir vossos preceitos!
–174 Desejo a **vos**sa salvação ardentemente *
e en**con**tro em vossa lei minhas delícias! –

– 175 Possa eu vi**ver** e para sempre vos louvar; *
e que me a**ju**dem, ó Senhor, vossos conselhos!
– 176 Se eu me per**der** como uma ovelha, procurai-me, *
porque **nun**ca esqueci vossos preceitos!

Ant. Esten**dei** a vossa **mão** para aju**dar**-me,
pois escol**hi** sempre se**guir** vossos pre**cei**tos.

Ant. 2 Vosso **tro**no, ó **Deus**, é e**ter**no, sem **fim**.

Salmo 44(45)

As núpcias do Rei

O noivo está chegando. Ide ao seu encontro! (Mt 25,6).

I

= 2 Trans**bor**da um poema do **meu** cora**ção**; †
vou can**tar**-vos, ó Rei, esta **mi**nha canção; *
minha **lín**gua é qual pena de um **á**gil escriba.

= 3 Sois tão **be**lo, o mais belo entre os **fi**lhos dos homens! †
Vossos **lá**bios espalham a **gra**ça, o encanto, *
porque **Deus**, para sempre, vos **deu** sua bênção.

– 4 Le**vai** vossa espada de **gló**ria no flanco, *
he**rói** valoroso, no **vos**so esplendor;
– 5 sa**í** para a luta no **car**ro de guerra *
em de**fe**sa da fé, da jus**ti**ça e verdade!

= Vossa **mão** vos ensine va**len**tes proezas, †
6 vossas **fle**chas agudas a**ba**tam os povos *
e **fi**ram no seu cora**ção** o inimigo!

= 7 Vosso **tro**no, ó Deus, é e**ter**no, é sem fim; †
vosso **ce**tro real é si**nal** de justiça: *
8 Vós a**mais** a justiça e odi**ais** a maldade.

= É por **is**so que Deus vos un**giu** com seu óleo, †
deu-vos **mais** alegria que aos **vos**sos amigos. *
9 Vossas **ves**tes exalam preci**o**sos perfumes.

– De e**búr**neos palácios os **sons** vos deleitam. *
10 As **fi**lhas de reis vêm ao **vos**so encontro,
– e à **vos**sa direita se en**con**tra a rainha *
com **ves**te esplendente de **ou**ro de Ofir.

Ant. Vosso **tro**no, ó **Deus**, é **eter**no, sem **fim**.

Ant. 3 Vi a **no**va **Sião** descer do **céu**
como es**po**sa enfei**ta**da para o es**po**so.

II

– 11 Escu**tai**, minha **fi**lha, o**lhai**, ouvi **is**to: *
"Esque**cei** vosso povo e a **ca**sa paterna!
– 12 Que o **Rei** se encante com **vos**sa beleza! *
Pres**tai**-lhe homenagem: é **vos**so Senhor!

– 13 O **po**vo de Tiro vos **traz** seus presentes, *
os **gran**des do povo vos **pe**dem favores.
– 14 Majes**to**sa, a princesa re**al** vem chegando, *
ves**ti**da de ricos bro**ca**dos de ouro.

– 15 Em **ves**tes vistosas ao **Rei** se dirige, *
e as **vir**gens amigas lhe **for**mam cortejo;
– 16 entre **can**tos de festa e com **gran**de alegria, *
in**gres**sam, então, no pa**lá**cio real".

– 17 Deixa**reis** vossos pais, mas te**reis** muitos filhos; *
fareis **de**les os reis sobe**ra**nos da terra.
– 18 Canta**rei** vosso nome de i**da**de em idade, *
para **sem**pre haverão de lou**var**-vos os povos!

Ant. Vi a **no**va **Sião** descer do **céu**
como es**po**sa enfei**ta**da para o es**po**so.

Leitura breve Rm 15,5-7

O Deus que dá constância e conforto vos dê a graça da harmonia e concórdia, uns com os outros, como ensina Cristo Jesus. Assim, tendo como que um só coração e a uma só voz, glorificareis o Deus e Pai do Senhor nosso, Jesus Cristo. Por isso, acolhei-vos uns aos outros, como também Cristo vos acolheu, para a glória de Deus.

V. O Se**nhor** muito **a**ma o seu **po**vo.
R. E co**ro**a com vi**tó**ria os seus hu**mil**des.

Oração

Senhor nosso Deus, luz ardente de amor eterno, concedei que, inflamados na vossa caridade, num mesmo amor amemos a vós, acima de tudo, e aos irmãos e irmãs por vossa causa. Por Cristo, nosso Senhor.

COMPLETAS

DEPOIS DAS I VÉSPERAS DOS DOMINGOS E SOLENIDADES

Tudo como no Ordinário, p. 749, além do que segue:

Salmodia

Fora do Tempo pascal: Ant.1

Ant. 1 Ó Se**nhor**, tende pie**da**de, e escu**tai** minha ora**ção**!

No tempo pascal: Ant. Ale**lui**a, ale**lui**a, ale**lui**a.

Salmo 4

Ação de graças

O Senhor fez maravilhas naquele que ressuscitou dos mortos (Sto. Agostinho).

= [2]Quando eu **cha**mo, respon**dei**-me, ó meu Deus, minha jus**ti**ça! †
Vós que sou**bes**tes aliviar-me nos mo**men**tos de aflição, *
aten**dei**-me por piedade e escu**tai** minha oração!

– [3]Filhos dos **ho**mens, até quando fecha**reis** o coração? *
Por que a**mais** a ilusão e procu**rais** a falsidade?

– [4]Compreen**dei** que nosso Deus faz mara**vi**lhas por seu servo, *
e que o Se**nhor** me ouvirá quando lhe **fa**ço a minha prece!

– [5]Se fi**car**des revoltados, não pe**queis** por vossa ira; *
medi**tai** nos vossos leitos e ca**lai** o coração!

– [6]Sacrifi**cai** o que é justo, e ao Se**nhor** oferecei-o; *
confiai **sem**pre no Senhor, ele é a **ú**nica esperança!

– [7]Muitos **há** que se perguntam: "Quem nos **dá** felicidade?" *
Sobre **nós** fazei brilhar o esplen**dor** de vossa face!

– [8]Vós me **des**tes, ó Senhor, mais ale**gri**a ao coração, *
do que a **ou**tros na fartura do seu **tri**go e vinho novo.

– [9]Eu tran**qui**lo vou deitar-me e na **paz** logo adormeço, *
pois só **vós**, ó Senhor Deus, dais segu**ran**ça à minha vida!

Fora do Tempo pascal: Ant.

Ó Se**nhor**, tende pie**da**de, e escu**tai** minha ora**ção**!

Ant. 2 Bendi**zei** o Senhor **Deus** durante a **noi**te!

Salmo 133(134)

Oração da noite no templo

Louvai o nosso Deus, todos os seus servos e todos os que o temeis, pequenos e grandes! (Ap 19,5).

– 1 Vinde, a**go**ra, bendi**zei** ao Senhor **Deus,** *
vós **to**dos, servidores do Senhor,
– que cele**brais** a liturgia no seu templo, *
nos **á**trios da casa do Senhor.

– 2 Levan**tai** as vossas mãos ao santuário, *
bendi**zei** ao Senhor Deus a noite inteira!
– 3 Que o Se**nhor** te abençoe de Sião, *
o Se**nhor** que fez o céu e fez a terra!

Fora do Tempo pascal: Ant.

Bendi**zei** o Senhor **Deus** durante a **noi**te!

No Tempo pascal: Ant. Ale**luia**, ale**luia**, ale**luia**.

Leitura breve Dt 6,4-7

Ouve, Israel, o Senhor, nosso Deus, é o único Senhor. Amarás o Senhor teu Deus com todo o teu coração, com toda a tua alma e com todas as tuas forças. E trarás gravadas em teu coração todas estas palavras que hoje te ordeno. Tu as repetirás com insistência aos teus filhos e delas falarás quando estiveres sentado em tua casa, ou andando pelos caminhos, quando te deitares, ou te levantares.

Responsório breve

Fora do Tempo pascal:

R. Se**nhor**, em vossas **mãos**
* Eu en**tre**go o meu es**pí**rito. R. Se**nhor**.
V. Vós **sois** o Deus **fiel**, que sal**vas**tes vosso **po**vo.
* Eu en**tre**go. Glória ao **Pai**. R. Se**nhor**.

Durante a oitava da Páscoa, em vez do Responsório se diz a Antífona Este é o dia como no Próprio do Tempo, p. 462.

No Tempo pascal:

R. Se**nhor**, em vossas **mãos** eu en**tre**go o meu es**pí**rito.
* Ale**luia**, ale**luia**. R. Se**nhor**.
V. Vós **sois** o Deus fiel, que sal**vas**tes vosso **po**vo.
* Ale**luia**, ale**luia**. Glória ao **Pai**. R. Se**nhor**.

Cântico evangélico, Ant.
Sal**vai**-nos, Se**nhor**, quando ve**la**mos,
guar**dai**-nos tam**bém** quando dor**mi**mos!
Nossa **men**te vi**gie** com o **Cris**to,
nosso **cor**po re**pou**se em sua **paz**! (T.P. Ale**lui**a).

Cântico de Simeão Lc 2,29-32

Cristo, luz das nações e glória de seu povo

– 29Deixai, a**go**ra, vosso **ser**vo ir em **paz**, *
conf**or**me prometestes, ó Senhor.

– 30Pois meus **o**lhos viram vossa salvação, *
31que prepa**ra**stes ante a face das nações:

– 32uma **Luz** que brilhará para os gentios, *
e para a **gló**ria de Israel, o vosso povo.

Ant. Sal**vai**-nos, Se**nhor**, quando ve**la**mos,
guar**dai**-nos tam**bém** quando dor**mi**mos!
Nossa **men**te vi**gie** com o **Cris**to,
nosso **cor**po re**pou**se em sua **paz**! (T.P. Ale**lui**a).

Oração

Nos domingos e durante a oitava da Páscoa:

Ficai conosco, Senhor, nesta noite, e vossa mão nos levante amanhã cedo, para que celebremos com alegria a ressurreição de vosso Cristo. Que vive e reina para sempre.

Nas solenidades:

Visitai, Senhor, esta casa, e afastai as ciladas do inimigo; nela habitem vossos santos Anjos, para nos guardar na paz, e a vossa bênção fique sempre conosco. Por Cristo, nosso Senhor.

Conclusão da Hora e Antífona de Nossa Senhora como no Ordinário, p. 754.

DEPOIS DAS II VÉSPERAS DOS DOMINGOS E SOLENIDADES

Tudo como no Ordinário, p. 749, além do que segue:

Salmodia

Fora do Tempo pascal: Ant.

Não teme**rás** terror al**gum** durante a **noi**te:
o Se**nhor** te cobri**rá** com suas **a**sas.

No Tempo pascal: Ant. Ale**lui**a, ale**lui**a, ale**lui**a.

Salmo 90(91)

Sob a proteção do Altíssimo

Eu vos dei o poder de pisar em cima de cobras e escorpiões (Lc 10,19).

– 1 Quem ha**bi**ta ao a**bri**go do Al**tís**simo *
e vive à **som**bra do Senhor onipotente,
– 2 diz ao Se**nhor**: "Sois meu refúgio e proteção, *
sois o meu **Deus**, no qual confio inteiramente".

– 3 Do caça**dor** e do seu laço ele te livra. *
Ele te **sal**va da palavra que destrói.
– 4 Com suas **a**sas haverá de proteger-te, *
com seu es**cu**do e suas armas defender-te.

– 5 Não teme**rás** terror algum durante a noite, *
nem a **fle**cha disparada em pleno dia;
– 6 nem a **pes**te que caminha pelo escuro, *
nem a des**gra**ça que devasta ao meio-dia;

= 7 Podem ca**ir** muitos milhares a teu lado,†
podem ca**ir** até dez mil à tua direita: *
nenhum **mal** há de chegar perto de ti.

– 8 Os teus **o**lhos haverão de contemplar *
o cas**ti**go infligido aos pecadores;
– 9 pois fi**zes**te do Senhor o teu refúgio, *
e no Al**tís**simo encontraste o teu abrigo.

– 10 Nenhum **mal** há de chegar perto de ti, *
nem a des**gra**ça baterá à tua porta;

– [11]pois o Se**nhor** deu uma ordem a seus anjos *
para em **to**dos os caminhos te guardarem.
– [12]Have**rão** de te levar em suas mãos, *
para o teu **pé** não se ferir nalguma pedra.
– [13]Passa**rás** por sobre cobras e serpentes, *
pisa**rás** sobre leões e outras feras.
– [14]"Porque a **mim** se confiou, hei de livrá-lo *
e prote**gê**-lo, pois meu nome ele conhece.
– [15]Ao invo**car**-me hei de ouvi-lo e atendê-lo, *
e a seu **la**do eu estarei em suas dores.
= Hei de li**vrá**-lo e de glória coroá-lo, †
[16] vou conce**der**-lhe vida longa e dias plenos, *
e vou mos**trar**-lhe minha graça e salvação".

Fora do Tempo pascal: Ant.
Não teme**rás** terror al**gum** durante a **noi**te:
o Se**nhor** te cobri**rá** com suas **a**sas.
No Tempo pascal: Ant. Ale**lui**a, ale**lui**a, ale**lui**a.

Leitura breve Ap 22,4-5

Verão a sua face e o seu nome estará sobre suas frontes. Não haverá mais noite: não se precisará mais da luz da lâmpada, nem da luz do sol, porque o Senhor Deus vai brilhar sobre eles e eles reinarão por toda a eternidade.

Responsório breve

Fora do Tempo pascal:

R. Se**nhor**, em vossas **mãos**
*Eu en**tre**go o meu es**pí**rito. R. Se**nhor**.
V. Vós **sois** o Deus fi**el**, que salv**as**tes vosso **po**vo.
*Eu en**tre**go. Glória ao **Pai**. R. Se**nhor**.

No Tríduo pascal e durante a oitava da Páscoa, em vez do Responsório se diz a Antífona Jesus Cristo se humilhou, p. 418 ou Este é o dia, p. 462 como no Próprio do Tempo.

No Tempo pascal:

R. Se**nhor**, em vossas **mãos** eu en**tre**go o meu es**pí**rito.
*Ale**lui**a, ale**lui**a. R. Se**nhor**.
V. Vós **sois** o Deus fi**el**, que sal**vas**tes vosso **po**vo.
*Ale**lui**a, ale**lui**a. Glória ao **Pai**. R. Se**nhor**.

Cântico evangélico, Ant.

Sal**vai**-nos, Se**nhor**, quando ve**la**mos,
guar**dai**-nos tam**bém** quando dor**mi**mos!
Nossa **men**te vigie com o **Cris**to,
nosso **cor**po re**pou**se em sua **paz**! (T.P. Ale**lui**a).

Cântico de Simeão Lc 2,29-32

Cristo, luz das nações e glória de seu povo

– 29Deixai, a**go**ra, vosso **ser**vo ir em **paz,** *
conf**or**me prometestes, ó Senhor.

– 30Pois meus **o**lhos viram vossa salvação, *
31que prepa**ras**tes ante a face das nações:

– 32uma **Luz** que brilhará para os gentios, *
e para a **gló**ria de Israel, o vosso povo.

Ant. Sal**vai**-nos, Se**nhor**, quando ve**la**mos,
guar**dai**-nos tam**bém** quando dor**mi**mos!
Nossa **men**te vigie com o **Cris**to,
nosso **cor**po re**pou**se em sua **paz**! (T.P. Ale**lui**a).

Oração

Depois de celebrarmos neste dia a ressurreição do vosso Filho, nós vos pedimos, humildemente, Senhor, que descansemos seguros em vossa paz e despertemos alegres para cantar vosso louvor. Por Cristo, nosso Senhor.

No Tríduo Pascal e nas solenidades:

Visitai, Senhor, esta casa, e afastai as ciladas do inimigo; nela habitem vosso s santos Anjos, para nos guardar na paz, e a vossa bênção fique sempre conosco. Por Cristo, nosso Senhor.

Conclusão e Antífona de Nossa Senhora como no Ordinário, p. 754.

SEGUNDA-FEIRA

Tudo como no Ordinário, p. 749, além do que segue:

Salmodia

Fora do Tempo pascal: Ant.

Ó Se**nhor**, sois cle**men**te e **fiel**,
sois a**mor**, paci**ên**cia e per**dão**!

No Tempo pascal: Ant. Ale**lui**a, ale**lui**a, ale**lui**a.

Salmo 85(86)

Oração do pobre nas dificuldades

Bendito seja Deus que nos consola em todas as nossas aflições (2Cor 1,3.4).

– 1 Incli**nai**, ó Se**nhor**, vosso ou**vi**do, *
escu**tai**, pois sou pobre e infeliz!
= 2 Prote**gei**-me, que sou vosso amigo, †
e sal**vai** vosso servo, meu Deus, *
que es**pe**ra e confia em vós!

– 3 Pie**da**de de mim, ó Senhor, *
porque **cla**mo por vós todo o dia!
– 4 Ani**mai** e alegrai vosso servo, *
pois a **vós** eu elevo a minh'alma.

– 5 Ó Se**nhor**, vós sois bom e clemente, *
sois per**dão** para quem vos invoca.
– 6 Escu**tai**, ó Senhor, minha prece, *
o la**men**to da minha oração!

– 7 No meu **di**a de angústia eu vos chamo, *
porque **sei** que me haveis de escutar.
– 8 Não e**xis**te entre os deuses nenhum *
que con**vos**co se possa igualar;
– não e**xis**te outra obra no mundo *
compa**rá**vel às vossas, Senhor!

– 9 As na**ções** que criastes virão *
ado**rar** e louvar vosso nome.
– 10 Sois tão **gran**de e fazeis maravilhas: *
vós so**men**te sois Deus e Senhor!

– 11 Ensi**nai**-me os vossos caminhos, *
e na **vos**sa verdade andarei;
– meu cora**ção** orientai para vós: *
que res**pei**te, Senhor, vosso nome!

– 12 Dou-vos **gra**ças com toda a minh'alma, *
sem ces**sar** louvarei vosso nome!
– 13 Vosso a**mor** para mim foi imenso: *
reti**rai**-me do abismo da morte! –

= [14]Contra **mim** se levantam soberbos, †
e mal**va**dos me querem matar; *
não vos **le**vam em conta, Senhor!
– [15]Vós, po**rém**, sois clemente e fiel, *
sois a**mor**, paciência e perdão.
= [16]Tende **pe**na e olhai para mim! †
Confir**mai** com vigor vosso servo, *
de vossa **ser**va o filho salvai.
– [17]Conce**dei**-me um sinal que me prove *
a ver**da**de do vosso amor.
– O ini**mi**go humilhado verá *
que me **des**tes ajuda e consolo.

Fora do Tempo pascal: Ant.

Ó Se**nhor**, sois cle**men**te e fi**el**,
sois a**mor**, paci**ên**cia e per**dão**!

No Tempo pascal: Ant. Ale**lui**a, ale**lui**a, ale**lui**a.

Leitura breve 1Ts 5,9-10

Deus nos destinou para alcançarmos a salvação, por meio de nosso Senhor Jesus Cristo. Ele morreu por nós, para que, quer vigiando nesta vida, quer adormecidos na morte, alcancemos a vida junto dele.

Responsório breve

Fora do Tempo pascal:

R. Se**nhor**, em vossas **mãos**
* Eu en**tre**go o meu es**pí**rito. R. Se**nhor**.
V. Vós **sois** o Deus fi**el**, que sal**vas**tes vosso **po**vo.
* Eu en**tre**go. Glória ao **Pai**. R. Se**nhor**.

No Tempo pascal:

R. Se**nhor**, em vossas **mãos** eu en**tre**go o meu es**pí**rito.
* Ale**lui**a, ale**lui**a. R. Se**nhor**.
V. Vós **sois** o Deus fi**el**, que sal**vas**tes vosso **po**vo.
* Ale**lui**a, ale**lui**a. Glória ao **Pai**. R. Se**nhor**.

Cântico evangélico, Ant.

Sal**vai**-nos, Se**nhor**, quando ve**la**mos,
guar**dai**-nos tam**bém** quando dor**mi**mos!
Nossa **men**te vi**gi**e com o **Cris**to,
nosso **cor**po re**pou**se em sua **paz**! (T.P. Ale**lui**a).

Cântico de Simeão Lc 2,29-32

Cristo, luz das nações e glória de seu povo

–29 Deixai, **agora**, vosso **servo** ir em **paz**, *
conforme prometestes, ó Senhor.
–30 Pois meus **olhos** viram vossa salvação, *
31 que preparastes ante a face das nações:
–32 uma **Luz** que brilhará para os gentios, *
e para a **glória** de Israel, o vosso povo.

Ant. Sal**vai**-nos, Se**nhor**, quando ve**la**mos,
guar**dai**-nos tam**bém** quando dor**mi**mos!
Nossa **men**te vi**gi**e com o **Cris**to,
nosso **cor**po re**pou**se em sua **paz**! (T.P. Ale**luia**).

Oração

Concedei, Senhor, aos nossos corpos um sono restaurador, e fazei germinar para a messe eterna as sementes do Reino, que hoje lançamos com nosso trabalho. Por Cristo, nosso Senhor.

Conclusão e Antífona de Nossa Senhora como no Ordinário, p. 754.

TERÇA-FEIRA

Tudo como no Ordinário, p. 749, além do que segue:

Salmodia

Fora do Tempo pascal: Ant.

Não escon**dais** vossa **fa**ce de **mim**,
porque em **vós** colo**quei** a espe**ran**ça!

No Tempo pascal: Ant. Ale**lui**a, ale**lui**a, ale**lui**a.

Salmo 142(143),1-11

Prece na aflição

Ninguém é justificado por observar a Lei de Moisés, mas por crer em Jesus Cristo (Gl 2,16).

– 1 Ó Se**nhor**, escu**tai** minha **pre**ce, *
ó meu **Deus**, atendei minha súplica!
– Respon**dei**-me, ó vós, Deus fiel, *
escu**tai**-me por vossa justiça! –

= 2 Não chamei**s** vosso servo a juízo, †
pois di**an**te da vossa presença *
não é **jus**to nenhum dos viventes.

– 3 O ini**mi**go persegue a minha alma, *
ele es**ma**ga no chão minha vida
– e me **faz** habitante das trevas, *
como a**que**les que há muito morreram.
– 4 Já em **mim** o alento se extingue, *
o cora**ção** se comprime em meu peito!

– 5 Eu me l**em**bro dos dias de outrora †
e re**pas**so as vossas ações, *
recor**dan**do os vossos prodígios.
= 6 Para **vós** minhas mãos eu estendo; †
minha **al**ma tem sede de vós, *
como a **ter**ra sedenta e sem água.

– 7 Escu**tai**-me depressa, Senhor, *
o es**pí**rito em mim desfalece!
= Não escon**dais** vossa face de mim! †
Se o fi**zer**des, já posso contar-me *
entre a**que**les que descem à cova!

– 8 Fazei-me **ce**do sentir vosso amor, *
porque em **vós** coloquei a esperança!
– Indi**cai**-me o caminho a seguir, *
pois a **vós** eu elevo a minha alma!
– 9 Liber**tai**-me dos meus inimigos, *
porque **sois** meu refúgio, Senhor!

– 10 Vossa von**ta**de ensinai-me a cumprir, *
porque **sois** o meu Deus e Senhor!
– Vosso Es**pí**rito bom me dirija *
e me **gui**e por terra bem plana!

– 11 Por vosso **no**me e por vosso amor *
conser**vai**, renovai minha vida!
– Pela **vos**sa justiça e clemência, *
arran**cai** a minha alma da angústia!

Fora do Tempo pascal: Ant.
Não escon**dais** vossa **fa**ce de **mim**,
porque em **vós** colo**que**i a espe**ran**ça!

No Tempo pascal: Ant. Ale**lui**a, ale**lui**a, ale**lui**a.

Leitura breve 1Pd 5,8-9a

Sede sóbrios e vigilantes. O vosso adversário, o diabo, rodeia como um leão a rugir, procurando a quem devorar. Resisti-lhe, firmes na fé.

Responsório breve

Fora do Tempo pascal:

R. Se**nhor**, em vossas **mãos**
* Eu en**tre**go o meu es**pí**rito. R. Se**nhor**.
V. Vós **sois** o Deus fi**el**, que sal**vas**tes vosso **po**vo.
* Eu en**tre**go. Glória ao **Pai**. R. Se**nhor**.

No Tempo pascal:

R. Se**nhor**, em vossas **mãos** eu en**tre**go o meu es**pí**rito.
* Ale**lui**a, ale**lui**a. R. Se**nhor**.
V. Vós **sois** o Deus fi**el**, que sal**vas**tes vosso **po**vo.
* Ale**lui**a, ale**lui**a. Glória ao **Pai**. R. Se**nhor**.

Cântico evangélico, Ant.

Sal**vai**-nos, Se**nhor**, quando ve**la**mos,
guar**dai**-nos tam**bém** quando dor**mi**mos!
Nossa **men**te vi**gi**e com o **Cris**to,
nosso **cor**po re**pou**se em sua **paz**! (T.P. Ale**lui**a).

Cântico de Simeão Lc 2,29-32

Cristo, luz das nações e glória de seu povo

–29 Deixai, a**go**ra, vosso **ser**vo ir em **paz**, *
con**for**me prometestes, ó Senhor.

–30 Pois meus **o**lhos viram vossa salvação, *
31 que prepa**ras**tes ante a face das nações:

–32 uma **Luz** que brilhará para os gentios, *
e para a **gló**ria de Israel, o vosso povo.

Ant. Sal**vai**-nos, Se**nhor**, quando ve**la**mos,
guar**dai**-nos tam**bém** quando dor**mi**mos!
Nossa **men**te vi**gi**e com o **Cris**to,
nosso **cor**po re**pou**se em sua **paz**! (T.P. Ale**lui**a).

Oração

Iluminai, Senhor, esta noite e fazei-nos dormir tranquilamente, para que em vosso nome nos levantemos alegres ao clarear do novo dia. Por Cristo, nosso Senhor.

Conclusão e Antífona de Nossa Senhora como no Ordinário, p. 754.

QUARTA-FEIRA

Tudo como no Ordinário, p. 749, além do que segue:

Salmodia

Fora do Tempo pascal: Ant. 1

Ó Se**nhor**, sede a **mi**nha prote**ção**,
um a**bri**go bem se**gu**ro que me **sal**va!

No Tempo pascal: Ant. Ale**luia**, ale**luia**, ale**luia**.

Salmo 30(31),2-6

Súplica confiante do aflito

Pai, em tuas mãos entrego o meu espírito! (Lc 23,46).

– 2 Se**nhor**, eu ponho em **vós** minha espe**ran**ça; *
que eu não **fi**que envergonhado eternamente!
= Porque sois **jus**to, defendei-me e libertai-me, †
3 incli**nai** o vosso ouvido para mim: *
apres**sai**-vos, ó Senhor, em socorrer-me!

– Sede uma **ro**cha protetora para mim, *
um a**bri**go bem seguro que me salve!
– 4 Sim, sois **vós** a minha rocha e fortaleza; *
por vossa **hon**ra orientai-me e conduzi-me!
– 5 Reti**rai**-me desta rede traiçoeira, *
porque **sois** o meu refúgio protetor!

– 6 Em vossas **mãos**, Senhor, entrego o meu espírito, *
porque **vós** me salvareis. ó Deus fiel!

Fora do Tempo pascal: Ant. 1

Ó Se**nhor**, sede a **mi**nha prote**ção**,
um a**bri**go bem se**gu**ro que me **sal**va.

Ant. 2 Das profun**de**zas eu **cla**mo a vós, Se**nhor**! †

Salmo 129(130)

Das profundezas eu clamo a vós, Senhor!

Ele vai salvar o seu povo dos seus pecados (Mt 1,21).

– 1 Das profun**de**zas eu **cla**mo a vós, Se**nhor**, *
2 † escu**tai** a minha **voz**!
– Vossos ou**vi**dos estejam bem atentos *
ao cla**mor** da minha prece!

– 3 Se le**var**des em conta nossas faltas, *
quem have**rá** de subsistir?
– 4 Mas em **vós** se encontra o perdão, *
eu vos **te**mo e em vós espero.

– 5 No Se**nhor** ponho a minha esperança, *
es**pe**ro em sua palavra.
– 6 A minh'**al**ma espera no Senhor *
mais que o vi**gi**a pela aurora.

– 7 Es**pe**re Israel pelo Senhor *
mais que o vi**gi**a pela aurora!
– Pois no Se**nhor** se encontra toda graça *
e copi**o**sa redenção.

– 8 Ele **vem** libertar a Israel *
de **to**da a sua culpa.

Fora do Tempo pascal: Ant.

Das profun**de**zas eu **cla**mo a vós, Se**nhor**!

No Tempo pascal: Ant. Ale**lui**a, ale**lui**a, ale**lui**a.

Leitura breve Ef 4,26-27

Não pequeis. Que o sol não se ponha sobre o vosso ressentimento. Não vos exponhais ao diabo.

Responsório breve

Fora do Tempo pascal:

R. Se**nhor**, em vossas **mãos**
* Eu en**tre**go o meu es**pí**rito. R. Se**nhor**.
V. Vós **sois** o Deus fi**el**, que sal**vas**tes vosso **po**vo.
* Eu en**tre**go. Glória ao **Pai**. R. Se**nhor**.

No Tempo pascal:

R. Se**nhor**, em vossas **mãos** eu en**tre**go o meu es**pí**rito.
* Ale**lui**a, ale**lui**a. R. Se**nhor**.
V. Vós **sois** o Deus **fiel**, que sal**vas**tes vosso **po**vo.
* Ale**lui**a, ale**lui**a. Glória ao **Pai**. R. Se**nhor**.

Cântico evangélico, Ant.

Sal**vai**-nos, Se**nhor**, quando ve**la**mos,
guar**dai**-nos tam**bém** quando dor**mi**mos!
Nossa **men**te vi**gie** com o **Cris**to,
nosso **cor**po re**pou**se em sua **paz!** (T.P. Ale**lui**a).

Cântico de Simeão Lc 2,29-32

Cristo, luz das nações e glória de seu povo

– 29 Deixai, a**go**ra, vosso **ser**vo ir em **paz,** *
con**for**me prometestes, ó Senhor.

– 30 Pois meus **o**lhos viram vossa salvação, *
31 que prepa**ras**tes ante a face das nações:

– 32 uma **Luz** que brilhará para os gentios, *
e para a **gló**ria de Israel, o vosso povo.

Ant. Sal**vai**-nos, Se**nhor**, quando ve**la**mos,
guar**dai**-nos tam**bém** quando dor**mi**mos!
Nossa **men**te vi**gie** com o **Cris**to,
nosso **cor**po re**pou**se em sua **paz**! (T.P. Ale**lui**a).

Oração

Senhor Jesus Cristo, manso e humilde de coração, que tornais leve o fardo e suave o jugo dos que vos seguem, acolhei os propósitos e trabalhos deste dia e concedei-nos um repouso tranquilo, para amanhã vos servirmos com maior generosidade. Vós, que viveis e reinais para sempre.

Conclusão e Antífona de Nossa Senhora como no Ordinário, p. 754.

QUINTA-FEIRA

Tudo como no Ordinário, p. 749, além do que segue:

Salmodia

Fora do Tempo pascal: Ant.

Meu **cor**po no re**pou**so está tran**qui**lo.

No Tempo pascal: Ant. Ale**lui**a, ale**lui**a, ale**lui**a.

Salmo 15(16)

O Senhor é minha esperança

Deus ressuscitou a Jesus, libertando-o das angústias da morte (At 2,24).

= 1 Guardai-me, ó **Deus**, porque em **vós** me refu**gi**o! †
2 Digo ao Se**nhor**: "Somente vós sois meu Senhor: *
nenhum **bem** eu posso achar fora de vós!"

– 3 Deus me inspi**rou** uma admirável afeição *
pelos **san**tos que habitam sua terra.

– 4 Multi**pli**cam, no entanto, suas dores *
os que **cor**rem para deuses estrangeiros;
– seus sacri**fí**cios sanguinários não partilho, *
nem seus **no**mes passarão pelos meus lábios.

– 5 Ó Se**nhor**, sois minha herança e minha taça, *
meu des**ti**no está seguro em vossas mãos!
– 6 Foi demar**ca**da para mim a melhor terra, *
e eu e**xul**to de alegria em minha herança!

– 7 Eu ben**di**go o Senhor que me aconselha, *
e até de **noi**te me adverte o coração.
– 8 Tenho **sem**pre o Senhor ante meus olhos, *
pois se o **te**nho a meu lado, não vacilo.

= 9 Eis por **que** meu coração está em festa, †
minha **al**ma rejubila de alegria, *
e até meu **cor**po no repouso está tranquilo;

– 10 pois não ha**veis** de me deixar entregue à morte, *
nem vosso a**mi**go conhecer a corrupção.

= 11 Vós me ensi**nais** vosso caminho para a vida; †
junto a **vós**, felicidade sem limites, *
delícia e**ter**na e alegria ao vosso lado!

Fora do Tempo pascal: Ant.

Meu **cor**po no re**pou**so está tran**qui**lo.

No Tempo pascal: Ant. Ale**lui**a, ale**lui**a, ale**lui**a.

Leitura breve 1Ts 5,23

Que o próprio Deus da paz vos santifique totalmente, e que tudo aquilo que sois – espírito, alma, corpo – seja conservado sem mancha alguma para a vinda de nosso Senhor Jesus Cristo!

Responsório breve

Fora do Tempo pascal:

R. Se**nhor**, em vossas **mãos**
* Eu en**tre**go o meu es**pí**rito. R. Se**nhor**.
Vós **sois** o Deus fi**el**, que sal**vas**tes vosso **po**vo.
* Eu en**tre**go. Glória ao **Pai**. R. Se**nhor**.

No Tempo pascal:

R. Se**nhor**, em vossas **mãos** eu en**tre**go o meu es**pí**rito.
* Ale**lui**a, ale**lui**a. R. Se**nhor**.
V. Vós **sois** o Deus fi**el**, que sal**vas**tes vosso **po**vo.
* Ale**lui**a, ale**lui**a. Glória ao **Pai**. R. Se**nhor**.

Cântico evangélico, Ant.

Sal**vai**-nos, Se**nhor**, quando ve**la**mos,
guar**dai**-nos tam**bém** quando dor**mi**mos!
Nossa **men**te vi**gie** com o **Cris**to,
nosso **cor**po re**pou**se em sua **paz**! (T.P. Ale**lui**a).

Cântico de Simeão Lc 2,29-32

Cristo, luz das nações e glória de seu povo

– 29Deixai, **ago**ra, vosso **ser**vo ir em **paz**, *
conf**or**me prometestes, ó Senhor.

– 30Pois meus **o**lhos viram vossa salvação, *
31que prepa**ras**tes ante a face das nações:

– 32uma **Luz** que brilhará para os gentios, *
e para a **gló**ria de Israel, o vosso povo.

Ant. Sal**vai**-nos, Se**nhor**, quando ve**la**mos,
guar**dai**-nos tam**bém** quando dor**mi**mos!
Nossa **men**te vi**gie** com o **Cris**to,
nosso **cor**po re**pou**se em sua **paz**! (T.P. Ale**lui**a).

Oração

Senhor nosso Deus, após as fadigas de hoje, restaurai nossas energias por um sono tranquilo, a fim de que, por vós renovados, nos dediquemos de corpo e alma ao vosso serviço. Por Cristo, nosso Senhor.

Conclusão e Antífona de Nossa Senhora como no Ordinário, p. 754.

SEXTA-FEIRA

Tudo como no Ordinário, p. 749, além do que segue:

Salmodia

Fora do Tempo pascal: Ant.

De **di**a e de **noi**te eu **cla**mo por **vós**.

No Tempo pascal: Ant. Ale**lui**a, ale**lui**a, ale**lui**a.

Salmo 87(88)

Prece de um homem gravemente enfermo

Mas esta é a vossa hora, a hora do poder das trevas (Lc 22,53).

– 2 A vós **cla**mo, Se**nhor**, sem ces**sar**, todo o **di**a, *
e de **noi**te se eleva até **vós** meu gemido.
– 3 Chegue a **mi**nha oração até a **vos**sa presença, *
incli**nai** vosso ouvido a meu **tris**te clamor!

– 4 Satu**ra**da de males se en**con**tra a minh'alma, *
minha **vi**da chegou junto às **por**tas da morte.
– 5 Sou con**ta**do entre aqueles que **des**cem à cova, *
toda **gen**te me vê como um **ca**so perdido!

– 6 O meu **lei**to já tenho no **rei**no dos mortos, *
como um **ho**mem caído que **jaz** no sepulcro,
– de quem **mes**mo o Senhor se esque**ceu** para sempre *
e exclu**iu** por completo da **su**a atenção.

– 7 Ó Se**nhor**, me pusestes na **co**va mais funda, *
nos lo**cais** tenebrosos da **som**bra da morte.
– 8 Sobre **mim** cai o peso do **vos**so furor, *
vossas **on**das enormes me **co**brem, me afogam.

– 9 Afas**tas**tes de **mim** meus pa**ren**tes e a**mi**gos, *
para **e**les torne-me ob**je**to de horror.
– 10 Eu es**tou** aqui preso e não **pos**so sair, *
e meus **o**lhos se gastam de **tan**ta aflição. –

– Clamo a **vós**, ó Senhor, sem ces**sar**, todo o dia, *
minhas **mãos** para vós se le**van**tam em prece.
– 11 Para os **mor**tos, acaso faríeis milagres? *
pode**ri**am as sombras er**guer**-se e louvar-vos?
– 12 No se**pul**cro haverá quem vos **can**te o amor *
e pro**cla**me entre os mortos a **vos**sa verdade?
– 13 Vossas **o**bras serão conhe**ci**das nas trevas, *
vossa **gra**ça, no reino onde **tu**do se esquece?
– 14 Quanto a **mim**, ó Senhor, clamo a **vós** na aflição, *
minha **pre**ce se eleva até **vós** desde a aurora.
– 15 Por que **vós**, ó Senhor, rejei**tais** a minh'alma? *
E por **que** escondeis vossa **fa**ce de mim?
– 16 Mori**bun**do e infeliz desde o **tem**po da infância, *
esgo**tei**-me ao sofrer sob o **vos**so terror.
– 17 Vossa **i**ra violenta ca**iu** sobre mim *
e o **vos**so pavor redu**ziu**-me a um nada!
– 18 Todo **di**a me cercam quais **on**das revoltas, *
todos **jun**tos me assaltam, me **pren**dem, me apertam.
– 19 Afas**tas**tes de mim os pa**ren**tes e amigos, *
e por **meus** familiares só **te**nho as trevas!

Fora do Tempo pascal: Ant.

Ant. De **dia** e de **noi**te eu **cla**mo por **vós.**

No Tempo pascal: Ant. Ale**lu**ia, ale**lu**ia, ale**lu**ia.

Leitura breve
cf. Jr 14,9

Tu, Senhor, estás no meio de nós, e teu nome foi invocado sobre nós; não nos abandones, Senhor nosso Deus.

Responsório breve

Fora do Tempo pascal:

R. Se**nhor**, em vossas **mãos**
* Eu en**tre**go o meu es**pí**rito. R. Se**nhor**.
Vós **sois** o Deus **fiel**, que salv**as**tes vosso **po**vo.
* Eu en**tre**go. Glória ao **Pai**. R. Se**nhor**.

No Tempo pascal:

R. Senhor, em vossas mãos eu entrego o meu espírito.
* Aleluia, aleluia. R. Senhor.
V. Vós sois o Deus fiel, que salvastes vosso povo.
* Aleluia, aleluia. Glória ao Pai. R. Senhor.

Cântico evangélico, Ant.

Salvai-nos, Senhor, quando velamos,
guardai-nos também quando dormimos!
Nossa mente vigie com o Cristo,
nosso corpo repouse em sua paz! (T.P. Aleluia).

Cântico de Simeão Lc 2,29-32

Cristo, luz das nações e glória de seu povo

– 29 Deixai, agora, vosso servo ir em paz, *
conforme prometestes, ó Senhor.

– 30 Pois meus olhos viram vossa salvação, *
31 que preparastes ante a face das nações:

– 32 uma Luz que brilhará para os gentios, *
e para a glória de Israel, o vosso povo.

Ant. Salvai-nos, Senhor, quando velamos,
guardai-nos também quando dormimos!
Nossa mente vigie com o Cristo,
nosso corpo repouse em sua paz!

Oração

Concedei-nos, Senhor, de tal modo unir-nos ao vosso Filho morto e sepultado, que mereçamos ressurgir com ele para uma vida nova. Por Cristo, nosso Senhor.

Conclusão e Antífona de Nossa Senhora como no Ordinário, p. 754.

SALMODIA COMPLEMENTAR
PARA A HORA MÉDIA

Depois do V. Vinde, ó Deus, em meu auxílio, e do Hino correspondente, seguem-se os Salmos graduais com as antífonas próprias, indicadas no Próprio do Tempo ou no Próprio ou Comum dos Santos.

Salmo 122(123)

Deus, esperança do seu povo

Dois cegos... começaram a gritar: Senhor, Filho de Davi, tem piedade de nós! (Mt 20,30).

– 1 Eu lev**an**to os meus **o**lhos para **vós**, *
que habi**tais** nos altos **céus.**
– 2 Como os **o**lhos dos escravos estão fitos *
nas **mãos** do seu senhor,

– como os **o**lhos das escravas estão fitos *
nas **mãos** de sua senhora,
– as**sim** os nossos olhos, no Senhor, *
até de **nós** ter piedade.

– 3 Tende pie**da**de, ó Senhor, tende piedade; *
já é de**mais** esse desprezo!
– 4 Estamos **far**tos do escárnio dos ricaços *
e do des**pre**zo dos soberbos!

Salmo 123(124)

O nosso auxílio está no nome do Senhor

O Senhor disse a Paulo: Não tenhas medo, porque eu estou contigo (At 18,9-10).

– 1 Se o Se**nhor** não esti**ve**sse ao nosso **la**do, *
que o **di**ga Israel neste momento;
– 2 se o Se**nhor** não estivesse ao nosso lado, *
quando os **ho**mens investiram contra nós,
– 3 com cer**te**za nos teriam devorado *
no fu**ror** de sua ira contra nós.

– 4 Então as **á**guas nos teriam submergido, *
a corren**te**za nos teria arrastado,

– [5] e en**tão**, por sobre nós teriam passado *
essas **á**guas sempre mais impetuosas.
– [6] Bendito **se**ja o Senhor, que não deixou *
ca**ir**mos como presa de seus dentes!

– [7] Nossa **al**ma como um pássaro escapou *
do **la**ço que lhe armara o caçador;
– o **la**ço arrebentou-se de repente, *
e as**sim** conseguimos libertar-nos.
– [8] O nosso au**xí**lio está no nome do Senhor, *
do Se**nhor** que fez o céu e fez a terra!

Salmo 124(125)

Deus, protetor do seu povo

A paz para o Israel de Deus (cf. Gl 6,16).

– [1] Quem con**fi**a no Se**nhor** é como o **mon**te de Si**ão**: *
nada o **po**de abalar, porque é **fir**me para sempre.
= [2] Tal e **qual** Jerusalém, toda cer**ca**da de montanhas, †
assim **Deus** cerca seu povo de ca**ri**nho e proteção, *
desde a**go**ra e para sempre, pelos **sé**culos afora.

= [3] O Se**nhor** não vai deixar prevale**cer** por muito tempo †
o do**mí**nio dos malvados sobre a **sor**te dos seus justos, *
para os **jus**tos não mancharem suas **mãos** na iniquidade.

= [4] Fazei o **bem**, Senhor, aos bons e aos que têm **re**to coração, †
[5] mas os que **se**guem maus caminhos, casti**gai**-os com os maus! *
Que venha a **paz** a Israel! Que venha a **paz** ao vosso povo!

PRÓPRIO DOS SANTOS

NOVEMBRO

30 de novembro

SANTO ANDRÉ, APÓSTOLO

Festa

André, nascido em Betsaida, foi primeiramente discípulo de João Batista; seguiu depois a Cristo e levou à presença deste seu irmão Pedro. Junto com Filipe, apresentou a Cristo os pagãos e indicou o rapaz que levava pães e peixes. Narra-se que, depois de Pentecostes, pregou o Evangelho em muitas regiões e foi crucificado na Acaia.

Do Comum dos apóstolos, p. 1479, exceto o que segue:

Laudes

Hino

Pescavas outrora peixes,
aos homens pescas agora:
das ondas do mal, André,
retira-nos sem demora.

Irmão de Pedro no sangue,
também o foste na morte:
morrendo ambos na cruz,
tivestes o céu por sorte.

A iguais coroas chegastes,
seguindo idênticos trilhos:
a Igreja vos tem por pais,
a Cruz vos tem como filhos.

Primeiro a escutar o apelo,
ao Mestre, Pedro conduzes;
possamos ao céu chegar,
guiados por tuas luzes!

Do teu irmão companheiro,
mereces iguais louvores,
mas desse segues a voz,
pois é o pastor dos pastores.

Amigo de Cristo, dá-nos
correr contigo à vitória,
e um dia, chegando ao céu,
cantarmos de Deus a glória.

Ant. 1 **André**, que era ir**mão** de Simão **Pe**dro,
foi dos pri**mei**ros a se**guir** nosso Se**nhor**.

Salmos e cântico do domingo da I Semana, p. 764

Ant. 2 An**dré** era a**mi**go de **Cris**to e do**ou** sua **vi**da por **e**le.

Ant. 3 Disse An**dré** a seu ir**mão**: encon**tra**mos o Mes**si**as!
E a Je**sus** o condu**ziu**.

Leitura breve Ef 2,19-22

Já não sois mais estrangeiros nem migrantes, mas cidadãos dos santos. Sois da família de Deus. Vós fostes integrados no edifício que tem como fundamento os apóstolos e os profetas, e o próprio Jesus Cristo como pedra principal. É nele que toda a construção se ajusta e se eleva para formar um templo santo no Senhor. E vós também sois integrados nesta construção, para vos tornardes morada de Deus pelo Espírito.

Responsório breve

R. Fareis **de**les os **che**fes.
* Por **to**da a **ter**ra. R. Fareis.
V. Lembra**rão** vosso **no**me, Se**nhor**, para **sem**pre.
* Por **to**da. Glória ao **Pai.** R. Fareis **de**les.

Cântico evangélico, ant.

Salve **cruz** tão preci**o**sa!
Rece**bei** este dis**cí**pulo de Quem **foi** em ti sus**pen**so:
o meu **Mes**tre Jesus **Cris**to!

Preces

Irmãos caríssimos, tendo recebido dos apóstolos a herança celeste, agradeçamos a Deus nosso Pai por todos os seus dons; e aclamemos:

R. **O coro dos apóstolos vos louva, Senhor!**

Louvor a vós, Senhor, pela mesa do vosso Corpo e Sangue que recebemos por intermédio dos apóstolos;
– por ela somos alimentados e vivemos. R.

Louvor a vós, Senhor, pela mesa da vossa palavra, preparada para nós pelos apóstolos,
–por ela recebemos luz e alegria.

R. **O coro dos apóstolos vos louva, Senhor!**

Louvor a vós, Senhor, por vossa santa Igreja, edificada sobre o fundamento dos apóstolos;
–com ela formamos um só Corpo. R.

Louvor a vós, Senhor, pelos sacramentos do batismo e da penitência, que confiastes aos apóstolos;
–por eles somos lavados de todo pecado. R.

(intenções livres)

Pai nosso...

Oração

Nós vos suplicamos, ó Deus onipotente, que o apóstolo santo André, pregador do Evangelho e pastor da vossa Igreja, não cesse no céu de interceder por nós. Por nosso Senhor Jesus Cristo, vosso Filho, na unidade do Espírito Santo.

Hora Média

Salmos do dia de semana com a antífona do Tempo. Leitura breve do Comum dos Apóstolos, p. 1482.

Oração como nas Laudes.

Vésperas

HINO Exulte o céu, do Comum dos Apóstolos, p. 1483.

Ant. 1 **Je**sus viu a **Pe**dro e An**dré**
e os cha**mou** para **jun**to de **si**.

Salmos e cântico do Comum dos Apóstolos, p. 1484.

Ant. 2 Disse a **e**les o Se**nhor**: Vinde co**mi**go,
e pesca**do**res de **ho**mens vos fa**rei**.

Ant. 3 Dei**xa**ram suas **re**des e a **bar**ca,
e **lo**go eles se**gui**ram a Je**sus**.

Leitura breve Ef 4,11-13

Foi Cristo quem instituiu alguns como apóstolos, outros como profetas, outros ainda como evangelistas, outros, enfim, como pastores e mestres. Assim, ele capacitou os santos para o ministério, para edificar o corpo de Cristo, até que cheguemos todos juntos à unidade da fé e do conhecimento do Filho de Deus, ao estado do homem perfeito e à estatura de Cristo em sua plenitude.

Responsório breve

R. Anunci**ai** entre as nações
* A **gló**ria do Se**nhor**. R. Anunci**ai**.
V. E as suas mara**vi**lhas entre os **po**vos do uni**ver**so.
* A **gló**ria. Glória ao **Pai.** R. Anunci**ai**.

Cântico evangélico, ant.

Santo An**dré**, servo de **Cris**to, digno A**pós**tolo de **Deus;**
de São **Pe**dro sois ir**mão**, compa**nhei**ro em seu mar**tí**rio.

Preces

Irmãos, edificados sobre o fundamento dos apóstolos, roguemos a Deus Pai todo-poderoso em favor de seu povo santo; e digamos:

R. **Lembrai-vos, Senhor, da vossa Igreja!**

Vós quisestes, ó Pai, que o vosso Filho, ressuscitado dos mortos, aparecesse em primeiro lugar aos apóstolos;
– fazei de nós testemunhas do vosso Filho até os confins da terra. R.

Vós, que enviastes vosso Filho ao mundo para evangelizar os pobres,
– fazei que o Evangelho seja pregado a toda criatura. R.

Vós, que enviastes vosso Filho para semear a palavra do reino,
– concedei-nos colher na alegria os frutos da palavra semeada com o nosso trabalho. R.

Vós, que enviastes vosso Filho para reconciliar o mundo convosco pelo seu sangue,
– fazei que todos nós colaboremos na obra da reconciliação de toda a humanidade. R.

(intenções livres)

Vós, que glorificastes vosso Filho à vossa direita nos céus,
– recebei no reino da felicidade eterna os nossos irmãos e irmãs falecidos. R.

Pai nosso...

Oração

Nós vos suplicamos, ó Deus onipotente, que o apóstolo santo André, pregador do Evangelho e pastor da vossa Igreja, não cesse no céu de interceder por nós. Por nosso Senhor Jesus Cristo, vosso Filho, na unidade do Espírito Santo.

DEZEMBRO

3 de dezembro

SÃO FRANCISCO XAVIER, PRESBÍTERO

Memória

Nasceu na Espanha, em 1506; quando estudante em Paris, tornou-se companheiro de Santo Inácio. Foi ordenado sacerdote em Roma, em 1537, e dedicou-se às obras de caridade. Partindo em 1541 para o Oriente, durante dez anos evangelizou, incansavelmente, a Índia e o Japão, convertendo multidões à fé cristã. Morreu em 1552, na ilha chinesa de Sancião.

Do Comum dos pastores, p. 1523.

Oração

Ó Deus, que pela pregação de São Francisco Xavier conquistastes para vós muitos povos do Oriente, concedei a todos os fiéis o mesmo zelo, para que a santa Igreja possa alegrar-se com o nascimento de novos filhos em toda a terra. Por nosso Senhor Jesus Cristo, vosso Filho, na unidade do Espírito Santo.

4 de dezembro

SÃO JOÃO DAMASCENO, PRESBÍTERO E DOUTOR DA IGREJA

Nasceu em Damasco, na segunda metade do século VII, de família cristã. Muito instruído em filosofia, tornou-se monge no mosteiro de São Sabas, perto de Jerusalém, e foi ordenado sacerdote. Escreveu numerosas obras teológicas, sobretudo contra os iconoclastas. Morreu em meados do século VIII.

Do Comum dos pastores, p. 1523 e doutores da Igreja, p. 1533.

Oração

Concedei-nos, ó Deus, encontrar apoio nas orações do presbítero São João Damasceno, para que a verdadeira fé, por ele ensinada de modo tão eminente, seja sempre nossa luz e nossa força. Por nosso Senhor Jesus Cristo, vosso Filho, na unidade do Espírito Santo.

6 de dezembro

SÃO NICOLAU, BISPO

Bispo de Mira, na Lícia (hoje parte da Turquia), morreu em meados do século IV e, sobretudo a partir do século X, é venerado em toda a Igreja.

Do Comum dos pastores, p. 1523.

Oração

Deus de misericórdia, guardai-nos de todo perigo, pela intercessão de São Nicolau, para que se abra diante de nós, sem obstáculo, o caminho da salvação. Por nosso Senhor Jesus Cristo, vosso Filho, na unidade do Espírito Santo.

7 de dezembro

SANTO AMBRÓSIO, BISPO E DOUTOR DA IGREJA

Memória

Nasceu em Treves, pelo ano 340, de uma família romana, fez os seus estudos em Roma e iniciou em Sírmio a carreira da magistratura. Em 374, vivendo em Milão, foi inesperadamente eleito bispo da cidade e recebeu a ordenação no dia 7 de dezembro. Fiel cumpridor do seu dever, distinguiu-se sobretudo na caridade para com todos, como verdadeiro pastor e doutor dos fiéis. Protegeu corajosamente os direitos da Igreja; com seus escritos e atos defendeu a verdadeira doutrina da fé contra os Arianos. Morreu no Sábado Santo, dia 4 de abril de 397.

Do Comum dos pastores, p. 1523 e doutores da Igreja, p. 1533.

Laudes

Hino

Juntos cantemos louvores
ao forte e santo prelado.
Ele acalmou as procelas
da terra, em tempo agitado.

Nem cetros, nem a rainha
podem fazê-lo oscilar;
fechando as portas do templo,
impede o César de entrar.

Mestre profundo, ele explica
do Livro Santo os ensinos
e com brilhante eloquência
revela os dogmas divinos.

A fé lhe move o espírito:
que belos hinos produz!
Procura os corpos dos mártires,
irmãos na fé em Jesus.

Expulsa o lobo infernal,
com teus açoites na mão.
A luz da tua ciência
sempre nos dê proteção.

Louvor e glória à Trindade,
à qual, por tua oração,
eternamente louvemos
na sua eterna mansão.

Oração

Ó Deus, que fizestes o bispo Santo Ambrósio doutor da fé católica e exemplo de intrépido pastor, despertai na vossa Igreja homens segundo o vosso coração, que a governem com força e sabedoria. Por nosso Senhor Jesus Cristo, vosso Filho, na unidade do Espírito Santo.

8 de dezembro

IMACULADA CONCEIÇÃO DE NOSSA SENHORA

Solenidade

I Vésperas

Hino

Ó Virgem Mãe de Deus,
das virgens guardiã,
ó porta azul dos céus,
estrela da manhã.

És lírio entre os espinhos,
és pura sem igual,
brilhando nos caminhos
da culpa original.

Estrela na procela,
tu és nossa esperança:
o porto se revela
e a nau, segura, avança.

És torre inabalada,
farol que nos conduz,
trazendo, imaculada,
o bálsamo: Jesus.

A culpa onipresente
não mancha a tua aurora:
venceste a vil serpente.
Protege-nos agora!

És mãe, esposa e filha
do Deus que é uno e trino:
tão grande maravilha
cantamos neste hino.

Ant. 1 Po**rei** inimi**za**des entre **ti** e a mu**lher,**
entre a **tu**a descen**dên**cia e a que **de**la nasce**rá**.

Salmos e cântico do Comum de Nossa Senhora, p. 1459.

Ant. 2 O Se**nhor** me reves**tiu** de Salva**ção**,
e com o **man**to de jus**ti**ça me co**briu**.

Ant. 3 Ma**ri**a, a**le**gra-te, ó **chei**a de **gra**ça,
o Se**nhor** é con**ti**go.

Leitura breve Rm 8,29a.30a

Aqueles que Deus contemplou com seu amor desde sempre, a esses ele predestinou a serem conformes à imagem de seu Filho. E aqueles que Deus predestinou, também os chamou. E aos que chamou, também os tornou justos.

Responsório breve

R. Eu vos e**xal**to, ó Se**nhor**,
* Pois me li**vras**tes. R. Eu vos.
V. E não dei**xas**tes rir de **mim** meus ini**mi**gos. * Pois me.
Glória ao **Pai**. R. Eu vos e**xal**to.

Cântico evangélico, ant.

O Pode**ro**so fez em **mim** mara**vi**lhas:
as gera**ções** hão de cha**mar**-me de ben**di**ta.

Preces e Oração como nas II Vésperas, p. 1149.

Laudes

Hino

Irrompa nova alegria,
ressoem cantos de amor:
da velha Ana no seio
palpita a Mãe do Senhor.

Maria, glória do mundo,
de graça é plena e de luz:

por culpa alguma atingida
serás a Mãe de Jesus.

Nascemos todos manchados
pela culpa original:
somente tu e teu Filho
sois livres de todo mal.

Davi, num só arremesso,
derruba o gigante ao chão:
teu "Sim" atinge na fronte
a causa da perdição.

Ó pomba suave e humilde,
brilhante mais do que o sol:
da paz nos trazes o ramo,
voando em pleno arrebol.

Louvor e honra ao Deus trino,
que tanto e tanto te amou,
pois antes já do pecado
da culpa te preservou!

Ant. 1 Toda **san**ta e sem **man**cha de pe**ca**do,
mere**ces**tes ser a **Mãe** do Salva**dor**.

Salmos e cântico do domingo da I Semana, p. 764.

Ant. 2 Sois ben**di**ta do Se**nhor**, o Deus Al**tís**simo,
entre **to**das as mu**lhe**res sobre a **ter**ra.

Ant. 3 Nós vos se**gui**mos, ó **Vir**gem Imacu**la**da:
atraí-nos pela **vos**sa santi**da**de.

Leitura breve Is 43,1

E agora isto diz o Senhor que te criou, Jacó, que te formou, Israel: Não tenhas medo, porque eu te resgatei e te chamei pelo nome; tu és meu.

Responsório breve

R. **Exul**ta no Se**nhor** meu cora**ção**,
* Pois **e**le me ves**tiu** de forta**le**za. R. **Exul**ta.
V. E tor**nou** o meu ca**mi**nho sem pe**ca**do. * Pois **e**le.
Glória ao **Pai.** R. **Exul**ta.

Cântico evangélico, ant.

O Se**nhor** disse à ser**pen**te:
hei de **pôr** inimi**za**des entre **ti** e a mu**lher**,
entre a **tu**a descen**dên**cia e a que **de**la nasce**rá**.
Ela, po**rém**, esmaga**rá** tua ca**be**ça. Ale**lui**a.

Preces

Celebremos nosso Salvador, que se dignou nascer da Virgem Maria; e peçamos:

R. **Senhor, que a vossa Mãe interceda por nós!**

Sol de justiça, a quem a Virgem Imaculada precedeu como aurora resplandecente,
– concedei que caminhemos sempre à luz da vossa presença. R.

Salvador do mundo, que pelos méritos da redenção preservastes a vossa Mãe de toda a mancha de pecado,
– livrai-nos também de todo pecado.
R. **Senhor, que a vossa Mãe interceda por nós!**

Redentor nosso, que fizestes da Imaculada Virgem Maria o tabernáculo puríssimo da vossa presença e o sacrário do Espírito Santo,
– fazei de nós templos vivos do vosso Espírito. R.

Rei dos reis, que quisestes ter vossa Mãe convosco no céu em corpo e alma,
– fazei que aspiremos sempre aos bens do alto. R.

(intenções livres)

Pai nosso...

Oração

Ó Deus, que preparastes uma digna habitação para o vosso Filho pela Imaculada Conceição da Virgem Maria, preservando-a de todo o pecado em previsão dos méritos de Cristo, concedei-nos chegar até vós, purificados também de toda a culpa, por sua materna intercessão. Por nosso Senhor Jesus Cristo, vosso Filho, na unidade do Espírito Santo.

Hora Média

Salmodia complementar, p. 1135. Sendo domingo, os salmos são do domingo da I Semana, p. 768.

Ant. O Se**nhor** se agra**dou** muito de **ti;**
e se**rás** a ale**gri**a do teu **Deus.**

Leitura breve cf. Ef 1,11-12a

Em Cristo, em quem também nós recebemos a nossa parte, fomos predestinados, segundo o projeto daquele que conduz tudo conforme a decisão de sua vontade, a sermos, para o louvor de sua glória.

V. Meu cora**ção** e minha **car**ne reju**bi**lam.
R. E **exul**tam de ale**gri**a no Deus **vi**vo.

II Vésperas

HINO como nas I Vésperas, p. 1145.

Ant. 1 Toda **be**la sois, Ma**ri**a, sem a **man**cha origi**nal**!

Salmos e cântico do Comum de Nossa Senhora, p. 1468.

Ant. 2 Sois a **gló**ria de Si**ão**, a ale**gri**a de Israel
e a **flor** da humani**da**de!

Ant. 3 Vossa **ves**te resplan**de**ce de pu**re**za,
vossa **fa**ce, como o **sol,** nos ilu**mi**na.

Leitura breve Rm 5,20b-21

Onde se multiplicou o pecado, aí superabundou a graça. Enfim, como o pecado tem reinado pela morte, que a graça reine pela justiça, para a vida eterna, por Jesus Cristo, senhor nosso.

Responsório breve

R. Foi **nis**to que eu **vi**.
* Porque **vós** me escol**hes**tes. R. Foi **nis**to.
V. Porque **não** triun**fou** sobre **mim** o ini**mi**go.* Porque **vós**.
Glória ao **Pai**. R. Foi **nis**to.

Cântico evangélico, ant.

Ma**ri**a, a**le**gra-te, ó **chei**a de **gra**ça, o Se**nhor** é con**ti**go,
és ben**di**ta entre **to**das as mu**lhe**res da **ter**ra,
e ben**di**to é o **fru**to que nas**ceu** do teu **ven**tre. Ale**lui**a

Preces

Proclamemos a grandeza de Deus Pai todo-poderoso! Ele quis que Maria, Mãe de seu Filho, fosse celebrada por todas as gerações. Peçamos humildemente:

R. **Cheia de graça, intercedei por nós!**

Deus, autor de tantas maravilhas, que fizestes a Imaculada Virgem Maria participar em corpo e alma da glória celeste de Cristo,
– conduzi para a mesma glória os corações de vossos filhos. R.

Vós, que nos destes Maria por Mãe, concedei, por sua intercessão, saúde aos doentes, consolo aos tristes, perdão aos pecadores,
– e a todos a salvação e a paz. R.

Vós, que fizestes de Maria a Mãe da misericórdia,
– concedei a todos os que estão em perigo sentirem o seu amor materno. R.

Vós, que confiastes a Maria a missão da mãe de família no lar de Jesus e José,
– fazei que, por sua intercessão, todas as mães vivam em família o amor e a santidade. R.

(intenções livres)

Vós, que coroastes Maria como rainha do céu,
– fazei que nossos irmãos e irmãs falecidos se alegrem eternamente em vosso reino, na companhia dos santos. R.

Pai nosso...

Oração

Ó Deus, que preparastes uma digna habitação para o vosso Filho pela Imaculada Conceição da Virgem Maria, preservando-a de todo o pecado em previsão dos méritos de Cristo, concedei-nos chegar até vós, purificados também de toda a culpa, por sua materna intercessão. Por nosso Senhor Jesus Cristo, vosso Filho, na unidade do Espírito Santo.

10 de dezembro

SANTA JOANA FRANCISCA DE CHANTAL, RELIGIOSA

Nasceu em Dijon (França), no ano de 1572. Casou-se com o barão de Chantal, e foi mãe de seis filhos, os quais educou na piedade. Após a morte do marido, levou uma admirável vida de perfeição, sob a direção de S. Francisco de Sales, praticando especialmente a caridade para com os pobres e enfermos. Fundou a Ordem da Visitação, que governou com sabedoria. Morreu em 1641.

Do Comum das santas mulheres: religiosas, p. 1571.

Oração

Ó Deus, que ornastes de grandes méritos a santa Joana Francisca de Chantal nos diversos estados de vida, concedei-nos, por suas preces, corresponder fielmente à nossa vocação e ser em todas as circunstâncias um exemplo para todos. Por nosso Senhor Jesus Cristo, vosso Filho, na unidade do Espírito Santo.

11 de dezembro

SÃO DÂMASO I, PAPA

Nasceu na Espanha cerca do ano 305. Fez parte do clero de Roma e foi ordenado bispo da Igreja Romana no ano de 366, em tempos muito difíceis. Convocou vários sínodos contra os cismáticos e hereges, e foi grande promotor do culto dos Mártires, cujos sepulcros ornou com seus versos. Morreu em 384.

Do Comum dos pastores, p. 1523.

Oração

Concedei-nos, ó Deus, permanecer fiéis ao culto dos vossos mártires, promovido na vossa Igreja pelo papa São Dâmaso. Por nosso Senhor Jesus Cristo, vosso Filho, na unidade do Espírito Santo.

12 de dezembro

NOSSA SENHORA DE GUADALUPE

Padroeira da América Latina

Festa

Segundo arraigada tradição, a imagem da Virgem de Guadalupe apareceu impressa na manta do índio Juan Diego em 1531, na cidade do México. Por isso permaneceu alguns dias na capela episcopal do Bispo D. Frei Juan de Zumárraga e depois na Sé. Em 26 de dezembro do mesmo ano, foi solenemente levada para uma ermida aos pés do cerro de Tepeyac. Seu culto propagou-se rapidamente, muito contribuindo para a difusão da fé entre os indígenas. Após a construção sucessiva de três templos ao pé do mesmo cerro, edificou-se o atual, concluído em 1709 e elevado à categoria de Basílica por São Pio X em 1904.

Em 1754 Bento XIV confirmou o patrocínio da Virgem de Guadalupe sobre toda a Nova Espanha (do Arizona à Costa Rica) e concedeu a primeira Missa e Ofício próprios. Porto Rico proclamou-a sua Padroeira em 1758. Em 12 de outubro de 1892 houve a coroação pontifícia da imagem, concedida por Leão XIII, que no ano anterior aprovara um novo Ofício próprio. Em 1910 São Pio X proclamou-a Padroeira da América Latina; em 1935 Pio XI designou-a Padroeira das Ilhas Filipinas; e em 1945 Pio XII deu-lhe o título de “Imperatriz da América”.

A veneração da Virgem de Guadalupe, solícita a prestar auxílio e proteção em todas as tribulações, desperta no povo grande confiança filial; constitui, além disso, um estímulo à prática da caridade cristã, ao demonstrar a predileção de Maria pelos humildes e necessitados, bem como sua disposição em assisti-los.

Somente onde for solenidade:

I Vésperas

HINO Como foste a Belém dar à luz o teu Filho, como nas II Vésperas, p. 1156.

Salmodia

Ant. 1 Que é **isso** que **vem** do ser**tão**,
como **nu**vem de in**cen**so e de **mir**ra,
de toda **sor**te de ar**o**mas preci**o**sos?

Salmos e cântico do Comum de Nossa Senhora, p. 1459.

Ant. 2 As **flo**res apare**ce**ram no de**ser**to
e as co**li**nas se re**ves**tem de ale**gri**a.

Ant. 3 Tu se**rás** como um jar**dim** bem irri**ga**do,
uma **fon**te, cujas **á**guas nunca **fal**tam.

Leitura breve Ap 11,19-12,1

Abriu-se o Templo de Deus que está no céu e apareceu no Templo a arca da Aliança. Houve relâmpagos, vozes, trovões, terremotos e uma grande tempestade de granizo. Então apareceu no céu um grande sinal uma mulher vestida de sol, tendo a lua debaixo dos pés e sobre à cabeça uma coroa de doze estrelas.

Responsório breve

R. Ele **há** de transfor**mar** o de**ser**to num jar**dim**,
* E **fon**tes do ro**che**do o Se**nhor** fará bro**tar**. R. Ele **há**.
V. **Ali** haverá **jú**bilo e **can**tos de ale**gri**a. * E **fon**tes.
Glória ao **Pai**. R. Ele **há**.

Cânticos evangélicos, ant.

Estou mo**re**na, mas **be**la e for**mo**sa,
como as **ten**das que **há** em Que**dar**,
como as cor**ti**nas do **rei** Salo**mão**,
quei**ma**da que **sou** pelo **sol**.

Preces e Oração como nas II Vésperas, p. 1157.

Laudes

Hino

Virgem suma, sem nenhuma,
Do pecado corrupção:
És tão forte que da morte
Espedaças o grilhão.

Dá clemente que contente,
Tua festa celebrando,
Seja novo todo o povo,
Tua graça contemplando.

Possa até a nossa fé
Tua súplica aumentar.
Ao doente faze a mente
Na fortaleza firmar.

Mãe de Deus, dos filhos teus,
Esperança, luz e norte:
Vence a guerra que os aterra,
Fome, dor, peste e morte.

Ó dos presos e indefesos
Considera a dor e o tédio;
Aos gemidos dá ouvidos,
Aos doentes dá remédio.

Tua paz descanso traz,
Dias cheios de ventura;
Inimigos faze amigos,
A calma a todos procura.

Ó Maria, Virgem pia,
Venhas tu em nosso auxílio.
Cantaremos, louvaremos,
Eternamente o teu Filho.

O Pai é Deus, Deus o Filho,
Deus o Espírito também;
Trindade eterna, governa
O universo inteiro. Amém.

Salmodia

Ant. 1 Quem é **es**ta que apa**re**ce como a **luz** da alvo**ra**da,
e for**mo**sa como a **lu**a, fulgu**ran**te como o **sol,**
impo**nen**te como uma **tro**pa,
com ban**dei**ras desfral**da**das?

Salmos e cântico do domingo da I semana, p. 764.

Ant. 2 Tu és Ma**ri**a, sempre **Vir**gem, Mãe do **ver**dadeiro **Deus**,
Au**tor** de toda **vi**da.

Ant. 3 Como a águia estimula seus filhotes a voar,
voejando sobre o ninho,
assim ela leva os seus sobre as asas estendidas.

Leitura breve
cf. Eclo 50,5-10

Como era glorioso ao fazer a volta do santuário, ao sair da casa do Véu! Era como a estrela da manhã no meio da nuvem, como a lua cheia nos dias de festa; como o sol resplandecendo sobre o santuário do Altíssimo, como o arco-íris brilhando entre as nuvens de glória; como a flor das roseiras em dias de primavera, como o lírio junto às fontes das águas, como a vegetação do Líbano em dias de verão. Era como o fogo e o incenso no turíbulo, como um vaso de ouro maciço, ornado de toda espécie de pedras preciosas; como a oliveira carregada de frutos, como o cipreste, que se eleva até às nuvens.

Responsório breve
R. Eu levanto os meus olhos para os montes:
   * De onde pode vir o meu socorro? R. Eu levanto.
V. De manhã cedo, eu me acordo por vós,
   concedei-me um sinal que me prove. *De onde.
   Glória ao Pai. R. Eu levanto.

Cântico evangélico, ant.
Tu, Sião, que anuncias boas-novas,
vai subindo a um monte alto e dize às cidades de Judá:
Eis aí está o vosso Deus!
Qual pastor que apascenta seu rebanho,
ele vela sobre o povo.

Preces
Louvemos a Deus Pai todo-poderoso, o Criador que nos dá a vida; e peçamos:

R. **Senhor, por quem vivemos e somos, escutai as nossas preces.**

Bendito sejais, Senhor do universo, que em vossa imensa bondade nos enviastes a Mãe do vosso Filho,
– para chamar-nos à fé e fazer-nos ingressar em vosso povo santo.
R.

Nós vos bendizemos, Senhor, porque escondestes vossa mensagem aos sábios e prudentes deste mundo,
– e a revelastes aos pequeninos, considerados insignificantes e desprezíveis. R.

Concedei-nos ser, como Juan Diego, vossos dignos embaixadores,
– para levarmos a todos os homens e nações vossa mensagem de amor e de paz. R.

Vós, que, com a presença de Maria, fazeis as pedras brilharem como pérolas e os espinhos como ouro,
– fazei que o amor da Santíssima Virgem nos transforme em outros Cristos. R.

Dai que, à semelhança de Juan Diego, sejamos sempre fiéis ao culto divino e a vossos mandamentos,
– para que mereçamos também que Nossa Senhora venha ao nosso encontro na estrada desta vida. R.

(intenções livres)

Pai nosso...

Oração

Ó Deus, que nos destes a Santa Virgem Maria para amparar-nos como mãe solícita, concedei aos povos da América Latina, que hoje se alegram com sua proteção, crescer constantemente na fé e alcançar o desejado progresso no caminho da justiça e da paz. Por nosso Senhor Jesus Cristo, vosso Filho, na unidade do Espírito Santo.

Ant. Ela é mais **be**la do que o **sol**, supera **to**das as es**tre**las,
comparada com a **lu**a, ela **sai** vitori**o**sa.

Leitura breve Eclo 24,18.23

Cresci como a palmeira de Cades, como as roseiras de Jericó. Elevei-me como uma formosa oliveira nos campos. E minhas flores são frutos de glória e abundância.

V. Como **mir**ra que **flui** são teus **lá**bios.
R. Teu **no**me é um **ó**leo que es**cor**re.

Oração como nas Laudes.

II Vésperas

Hino

Como fostes a Belém dar à luz o teu Filho,
que é substância do Pai e de carne vestiste,
desces ao Tepeyac para gerar o índio
ao amor de uma pátria e à fé em Jesus Cristo.

Por rosas a brotar na brancura da neve,
tu pedes que se erga um templo na colina;
e dás-nos por teu ventre um duplo nascimento,
flor de pátria mestiça e fruto do Evangelho.

Crê Diego levar em sua manta rosas,
que lança como prova ante os olhos do bispo,
mas de uma Rosa só floresce a face escura,
sob o mesmo pincel que pinta em luz a aurora.

Dá-nos o trigo e a paz, Senhora e Filha nossa,
uma pátria que una ao lar o templo e a escola;
um pão que a todos farte e uma fé que os inflame,
por tuas mãos em prece e teus olhos de estrela.

Salmodia

Ant. 1 Por**que** eu escol**hi** e santifi**quei** este lu**gar**,
para que **ne**le o meu **no**me perma**ne**ça eterna**men**te,
meu cora**ção** e os meus **o**lhos nele **sem**pre fix**arei**.

Salmos e cântico do Comum de Nossa Senhora, p. 1468.

Ant. 2 Que **to**dos recon**he**çam, ó Se**nhor**,
que a**qui** se mani**fes**ta a vossa **for**ça,
que vossa **mão** reali**zou** este pro**dí**gio!

Ant. 3 O par**dal** encontrou **ca**sa para **si**
e a ando**ri**nha o seu **ni**nho,
para **ne**le seus fi**lho**tes colo**car**,
em teus al**ta**res, ó Se**nhor**!

Leitura breve Ap 21,2-3

Vi a cidade santa, a nova Jerusalém, que descia do céu, de junto de Deus, vestida qual esposa enfeitada para o seu marido. Então, ouvi uma voz forte que saía do trono e dizia: Esta é a morada de Deus entre os homens. Deus vai morar no meio deles. Eles serão o seu povo, e o próprio Deus estará com eles.

Responsório breve

R. Seus **filhos** se **levantarão,**
* Eles **hão** de cha**má**-la di**to**sa. R. Seus **fi**lhos.
V. Ele a**briu** os seus **lá**bios com sa**be**do**ri**a,
sua **lín**gua ensi**nou** com a**mor** e bon**da**de. * Eles **hão**.
Glória ao **Pai**. R. Seus **fi**lhos.

Cântico evangélico, ant.

Nem as **á**guas das tor**ren**tes, nem os **ri**os
conse**gui**ram apa**gar** o meu a**mor**.

Preces

Elevemos nossas preces a Deus que enviou a Santíssima Virgem Maria para nos dar forças e levar-nos até ele. Peçamos cheios de confiança:

R. **Concedei-nos vosso amor, auxílio e proteção.**

Vós, que fizestes surgir Nossa Senhora como sol sobre os montes para iluminar a santa Igreja,
– fazei que, por sua beleza e seu amor, reinem a justiça e a paz em todo o mundo. R.

Vós quisestes que a Mãe do vosso Filho imprimisse sua imagem com os nossos traços fisionômicos na manta do índio Juan Diego;
– fazei que imitemos suas virtudes e seu amor para com os pobres e desamparados. R.

Vós, que, por meio de Maria, transformastes a aridez do Tepeyac num jardim florido e perfumado,
– transformai, por meio dela, o nosso povo em floração fecunda de verdadeiros cristãos. R.

Fazei que aprendamos com Juan Diego a simplicidade e a humildade,
– a constância no sofrimento e a fidelidade à vossa Mãe. R.

(intenções livres)

Vós, que constituístes a Virgem Maria protetora de todos os que a invocam e nela confiam,
– por sua maternal intercessão, fazei brilhar a luz da vossa face sobre os nossos irmãos e irmãs que partiram desta vida. R.

Pai nosso...

Oração

Ó Deus, que nos destes a Santa Virgem Maria para amparar-nos como mãe solícita, concedei aos povos da América Latina, que hoje se alegram com sua proteção, crescer constantemente na fé e alcançar o desejado progresso no caminho da justiça e da paz. Por nosso Senhor Jesus Cristo, vosso Filho, na unidade do Espírito Santo.

13 de dezembro

SANTA LUZIA, VIRGEM E MÁRTIR

Memória

Morreu provavelmente em Siracusa, na perseguição de Diocleciano. Desde a Antiguidade seu culto estendeu-se por quase toda a Igreja, e o seu nome foi incluído no Cânon romano.

Do Comum dos Mártires, p. 1509 ou das Virgens, p. 1539.

Laudes

Cântico evangélico, ant.

Humilde **ser**va do Deus **vi**vo, ofere**ci**-lhe um sacri**fí**cio;
não me **res**ta nada **mais** que ofere**cer**-lhe minha **vi**da.

Oração

Ó Deus, que a intercessão da gloriosa virgem Santa Luzia reanime o nosso fervor, para que possamos hoje celebrar o seu martírio e contemplar um dia a sua glória. Por nosso Senhor Jesus Cristo, vosso Filho, na unidade do Espírito Santo.

Vésperas

Cântico evangélico, ant.

Ó **San**ta Lu**zi**a, es**po**sa de **Cris**to,
paci**en**te lu**tan**do, ga**nhas**tes a **vi**da;
ba**nha**da de **san**gue ven**ces**tes o **mun**do
e agora bri**lhais** entre os **co**ros dos **an**jos.

14 de dezembro

SÃO JOÃO DA CRUZ, PRESBÍTERO E DOUTOR DA IGREJA

Memória

Nasceu em Fontíveros (Espanha), cerca do ano de 1542. Depois de algum tempo passado na Ordem dos Carmelitas, tornou-se a partir de 1568 o primeiro dos frades na reforma de sua Ordem, persuadido por Santa Teresa de Jesus, tendo por isso suportado inúmeros sofrimentos e trabalhos. Morreu em Úbeda, no ano de 1591, com grande fama de santidade e sabedoria, de que dão testemunho as obras espirituais que escreveu.

Do Comum dos Pastores, p. 1523 e Doutores da Igreja, p.1533.

Oração

Ó Deus, que inspirastes ao presbítero São João da Cruz extraordinário amor pelo Cristo e total desapego de si mesmo, fazei que, imitando sempre o seu exemplo, cheguemos à contemplação da vossa glória. Por nosso Senhor Jesus Cristo, vosso Filho, na unidade do Espírito Santo.

21 de dezembro

SÃO PEDRO CANÍSIO, PRESBÍTERO E DOUTOR DA IGREJA

Para comemoração

Nasceu em Nimega (Holanda), no ano de 1521. Fez seus estudos em Colônia e ingressou na Companhia de Jesus, recebendo o sacerdócio em 1546. Enviado à Alemanha, trabalhou incansavelmente durante muitos anos, pela pregação e pelos escritos, na defesa e fortalecimento da fé católica. Publicou numerosas obras, dentre as quais destaca-se o seu “Catecismo”. Morreu em Friburgo (Suíça), no ano de 1597.

Laudes

Cântico evangélico, ant.

Quem é **sá**bio brilha**rá** como **luz** no firma**men**to;
quem en**si**na à multi**dão** os ca**mi**nhos da jus**ti**ça,
fulgi**rá** como as es**tre**las pelos **sé**culos e**ter**nos.

Oração

Ó Deus que, para a defesa da fé católica, destes ao presbítero São Pedro Canísio saber e coragem, concedei a todos os que vos procuram a graça de vos encontrar, e aos que creem em vós, a perseverança na fé. Por nosso Senhor Jesus Cristo, vosso Filho, na unidade do Espírito Santo.

Vésperas

Cântico evangélico, ant.

Ó **mes**tre da Ver**da**de! Ó **luz** da santa **I**gre**ja**!
São **Pe**dro Ca**ní**sio, cumpri**dor** da lei di**vi**na,
ro**gai** por nós a **Cris**to.

23 de dezembro

SÃO JOÃO CÂNCIO, PRESBÍTERO

Para comemoração

Nasceu na cidade de Kety, diocese de Cracóvia, em 1390; ordenado sacerdote, exerceu por muitos anos o magistério na Universidade de Cracóvia; depois foi pároco de Ilkus. A uma doutrina segura, muito bem transmitida, uniu as virtudes, sobretudo a piedade e a caridade para com o próximo, tornando-se modelo para os colegas e discípulos. Morreu em 1473.

Laudes

Cântico evangélico, ant.

Nisto **to**dos sabe**rão** que vós **sois** os meus dis**cí**pulos:
se uns aos **ou**tros vos a**mar**des.

Oração

Deus todo-poderoso, concedei-nos progredir no conhecimento do vosso mistério a exemplo de São João Câncio, a fim de que, praticando a caridade para com todos, possamos conseguir o vosso perdão. Por nosso Senhor Jesus Cristo, vosso Filho, na unidade do Espírito Santo.

Vésperas

Cântico evangélico, ant.

O que fi**zes**tes ao me**nor** dos meus ir**mãos**,
foi a mim **mes**mo que o fi**zes**tes, diz Je**sus**.
Vinde, ben**di**tos do meu **Pai**, e rece**bei** o Reino e**ter**no
prepa**ra**do para **vós** desde o i**ní**cio do uni**ver**so!

26 de dezembro

SANTO ESTÊVÃO, O PRIMEIRO MÁRTIR

Festa

Laudes

Hino

Cristo é a vida, que, vindo ao mundo,
remove a morte, serena a dor
e volta à destra do Pai de novo,
reinando em trono de resplendor.

Segue-o Estêvão, como diácono,
com belo título agraciado
da escolha feita, tirando a sorte
que o Santo Espírito tinha inspirado.

É lapidado e enfrenta a morte,
mas do inimigo tem compaixão:
entre as pedradas bendiz, e orando,
para os algozes pede perdão.

Da sociedade dos justos membro,
da clara pátria dos céus herdeiro,
primeiro mártir, escuta as preces,
alcança graças ao povo inteiro.

Teus companheiros na fé dos mártires
cantam louvores ao Deus Trindade
que em tua fronte, depois da luta,
pôs a coroa da santidade.

Ant. 1 O meu **cor**po é por **vós** lapi**da**do
e minh'**al**ma se a**bra**ça con**vos**co.

Salmos e cântico do domingo da I Semana, p. 764.

Ant. 2 Estêvão viu os **céus** se a**bri**rem e en**trou**;
fe**liz** é este **ho**mem para o **qual** os céus se a**bri**ram!

Ant. 3 Eis que **ve**jo os céus a**ber**tos
e Je**sus** sentado à **des**tra de Deus **Pai** onipo**ten**te.

Leitura breve At 6,2b-5a

Não está certo que nós deixemos a pregação da Palavra de Deus para servir às mesas. Irmãos, é melhor que escolhais entre vós sete homens de boa fama, repletos do Espírito e de sabedoria, e nós os encarregaremos dessa tarefa. Desse modo nós poderemos dedicar-nos inteiramente à oração e ao serviço da Palavra. A proposta agradou a toda a multidão.

Responsório breve

R. O Se**nhor** é a minha **for**ça.
* Ele **é** o meu **can**to. R. O Se**nhor.**
V. E tor**nou**-se para **mim** o Salva**dor**. * Ele **é**.
Glória ao **Pai**. R. O Se**nhor**.

Cântico evangélico, ant.

As **por**tas do **céu** se a**bri**ram para **San**to Estêvão en**trar**;
foi **e**le o pri**mei**ro dos **már**tires a **ser** coro**a**do no **céu.**

Preces

Irmãos, celebremos nosso Salvador, a Testemunha fiel, nos mártires que deram a vida pela palavra de Deus; e digamos:
R. **Vós nos remistes, Senhor, com vosso sangue!**

Por intercessão de vossos mártires que abraçaram livremente a morte para testemunharem a sua fé,
– dai-nos,Senhor, a verdadeira liberdade de espírito. R.

Por intercessão de vossos mártires, que proclamaram a fé derramando o próprio sangue,
– dai-nos, Senhor, pureza e constância na fé. R.

Por intercessão de vossos mártires que, carregando a cruz, seguiram vossos passos,
– dai-nos, Senhor, suportar com coragem as dificuldades da vida. R.

Por intercessão de vossos mártires, que lavaram suas vestes no sangue do Cordeiro,
– dai-nos, Senhor, vencer todas as seduções da carne e do mundo. R.

(intenções livres)

Pai nosso...

Oração

Ensinai-nos, ó Deus, a imitar o que celebramos, amando os nossos próprios inimigos, pois festejamos Santo Estêvão, vosso primeiro mártir, que soube rezar por seus perseguidores. Por nosso Senhor Jesus Cristo, vosso Filho, na unidade do Espírito Santo.

Hora Média

Salmos do dia de semana correspondente com sua antífona própria do Tempo.

Leitura breve Tg 1,12

Feliz o homem que suporta a provação. Porque, uma vez provado, receberá a coroa da vida, que o Senhor prometeu àqueles que o amam.

V. O Se**nhor** está co**mi**go, nada **te**mo.
R. Que pode**ri**a contra **mim** um ser mor**tal**?

Oração como nas Laudes.

Vésperas

Tudo como na oitava do Natal, a 26 de dezembro, p. 191.

Onde a festa de Santo Estêvão é celebrada como solenidade: hino, antífonas, leitura breve e responsório, como nas Laudes, p. 1161; salmos, cântico e preces, do Comum de um Mártir, p. 1515.

27 de dezembro

SÃO JOÃO, APÓSTOLO E EVANGELISTA

Festa

Laudes

Hino

Os serafins louvam aquele
a quem Cristo mais amou.
À sua voz, a nossa unimos
no mesmo canto de louvor.

João testemunha o que aprendeu:
Quem é o Verbo e de onde veio,
no seio virgem se escondendo,
mas sem deixar do Pai o seio.

Feliz João, a quem o Mestre
por livre escolha chamaria
a ver no monte a sua glória
e no horto ver a sua agonia.

De Deus contemplas os segredos,
sendo à altura arrebatado.
Vês os mistérios do Cordeiro,
e da Igreja, o povo amado.

Tu como virgem sucedeste
junto a Maria ao Filho amado.
Faze-nos filhos de tal Mãe,
do Mestre esconde-nos no lado.

Glória infinita seja ao Verbo
que se fez carne, como cremos.
A ele, ao Pai e ao Espírito
glória sem fim nos céus supremos.

Ant. 1 São **João** evange**lis**ta e a**pós**tolo
era a**ma**do e prefe**ri**do por Je**sus**.

Salmos e cântico do domingo da I Semana, p. 764.

Ant. 2 Je**sus**, na cruz mor**ren**do,
confi**ou** a Virgem **Mãe** ao dis**cí**pulo a**ma**do.

Ant. 3 O dis**cí**pulo a**ma**do disse aos **ou**tros:
É o Se**nhor!** Ale**lui**a.

Leitura breve — At 4,19-20

Pedro e João responderam: Julgai vós mesmos, se é justo diante de Deus que obedeçamos a vós e não a Deus! Quanto a nós, não nos podemos calar sobre o que vimos e ouvimos.

Responsório breve

R. Fareis **de**les os **che**fes
* Por **to**da a **ter**ra. R. Fareis.
V. Lembra**rão** vosso **no**me, Se**nhor,** para **sem**pre.
*Por **to**da. Glória ao **Pai.** R. Fareis **de**les.

Cântico evangélico, ant.

O **Ver**bo se fez **car**ne e habi**tou** entre **nós**,
e vimos sua **gló**ria. Ale**lui**a.

Preces

Irmãos, edificados sobre o fundamento dos apóstolos, roguemos a Deus Pai todo-poderoso em favor de seu povo santo; e digamos:

R. **Lembrai-vos, Senhor, da vossa Igreja!**

Vós quisestes, ó Pai, que o vosso Filho, ressuscitado dos mortos, aparecesse em primeiro lugar aos apóstolos;
– fazei de nós testemunhas do vosso Filho até os confins da terra. R.

Vós, que enviastes vosso Filho ao mundo para evangelizar os pobres,
– fazei que o Evangelho seja pregado a toda criatura. R.

Vós, que enviastes vosso Filho para semear a palavra do reino,
– concedei-nos colher na alegria os frutos da palavra semeada com o nosso trabalho. R.

Vós, que enviastes vosso Filho para reconciliar o mundo convosco pelo seu sangue,
– fazei que todos nós colaboremos na obra da reconciliação de toda a humanidade. R.

(intenções livres)

Pai nosso...

Oração

Ó Deus, que pelo apóstolo São João nos revelastes os mistérios do vosso Filho, tornai-nos capazes de conhecer e amar o que ele nos ensinou de modo incomparável. Por nosso Senhor Jesus Cristo, vosso Filho, na unidade do Espírito Santo.

Hora Média

Salmos do dia de semana correspondente com sua antífona própria do Tempo.

Leitura breve At 5,12a.14

Muitos sinais e maravilhas eram realizados entre o povo pelas mãos dos apóstolos. Crescia sempre mais o número dos que aderiam ao Senhor pela fé; era uma multidão de homens e mulheres.

V. Eles guar**da**vam os pre**cei**tos.
R. E as **or**dens do Se**nhor.**

Oração como nas Laudes.

Vésperas

Tudo como na Oitava do Natal, a 27 de dezembro, p. 193.

Onde a festa de São João Evangelista é celebrada como solenidade: hino, antífonas, leitura breve e responsório, como nas Laudes, p. 1163; salmos, cântico e preces, do Comum dos Apóstolos, p. 1484.

28 de dezembro

OS SANTOS INOCENTES, MÁRTIRES

Festa

Laudes

Hino

O tirano escutou, ansioso,
que em Belém novo Rei é nascido.
Vem da casa real de Davi,
vem reger o seu povo escolhido.

Clama, louco, ao ouvir a mensagem:
Eis às portas o meu sucessor
que me expulsa! Depressa, soldado,
cobre os berços de sangue e de dor.

A quem serve tão grande maldade?
A Herodes teria ajudado?
Dentre os mortos há um que lhe escapa,
dentre eles só Cristo é tirado.

Salve, flores primeiras dos mártires,
que, da aurora ao primeiro clarão,
o inimigo colheu, como a rosas
decepadas por um turbilhão.

Sois as belas primícias de Cristo,
ó rebanho infantil de imolados,
que brincais, como alegres crianças,
com coroas, nos átrios sagrados.

Glória a vós, ó Jesus, para nós
de uma Virgem nascido em Belém.
Glória ao Pai e ao Espírito Santo
pelos séculos dos séculos. Amém.

Ant. 1 Ves**ti**dos de **bran**co, co**mi**go anda**rão**,
porque **e**les são **dig**nos, fa**lou** o Se**nhor**.

Salmos e cântico do domingo da I Semana, p. 764.

Ant. 2 As cri**an**ças en**to**am lou**vor** ao Se**nhor**:
não pu**de**ram na **vi**da e o **fa**zem na **mor**te.

Ant. 3 O per**fei**to lou**vor** vos é **da**do
pelos **lá**bios dos **mais** peque**ni**nos,
de cri**an**ças que a **mãe** ama**men**ta.

Leitura breve Jr 31,15

Ouviu-se uma voz em Ramá, – voz de lamento, gemido e pranto – de Raquel chorando seus filhos, recusando-se a ser consolada pois eles não existem mais.

Responsório breve

R. Os **san**tos e os **jus**tos
* Vive**rão** eterna**men**te. R. Os **san**tos.
V. E a **su**a recom**pen**sa é o Se**nhor**.
* Vive**rão**. Glória ao **Pai**. R. Os **san**tos.

Cântico evangélico, ant.

Os me**ni**nos Ino**cen**tes deram a **vi**da pelo **Cris**to;
o rei in**jus**to e cru**el** mandou ma**tar** as crian**ci**nhas.
Sem ces**sar** louvam di**zen**do: Glória a **vós,** nosso Se**nhor**!

Preces

Celebremos a glória de Cristo, que venceu o tirano sem outra arma que a inocência das criancinhas; e aclamemos:

R. **O luminoso exército dos mártires vos louva, Senhor!**

Cristo, de quem os pequeninos Inocentes deram testemunho não pela palavra, mas pelo sangue,
– fazei-nos vossas testemunhas diante dos homens por palavras e por atos. R.

Vós, que tornastes dignos da palma do martírio aqueles que ainda não podiam lutar,
– não nos deixeis cair, a nós que recebemos tantos auxílios para vencer.

R. **O luminoso exército dos mártires vos louva, Senhor!**

Vós, que lavastes no vosso sangue as vestes dos Inocentes,
– purificai-nos de toda a iniquidade. R.

Vós, que fizestes entrar no céu as crianças mártires como primícias do vosso reino,
– não permitais que sejamos excluídos do banquete eterno. R.

Vós, que na infância conhecestes a perseguição e o exílio,
– protegei as crianças que sofrem por causa da fome, da guerra ou da desgraça. R.

(intenções livres)

Pai nosso...

Oração

Ó Deus, hoje os santos Inocentes proclamam vossa glória, não por palavras, mas pela própria morte; dai-nos também testemunhar com a nossa vida o que os nossos lábios professam. Por nosso Senhor Jesus Cristo, vosso Filho, na unidade do Espírito Santo.

Hora Média

Salmos do dia de semana correspondente com sua antífona própria do Tempo.

Leitura breve cf. Lm 2,11

Meus olhos estão machucados de lágrimas, fervem minhas entranhas, vendo desfalecerem tantas crianças pelas ruas da cidade.

V. Os **jus**tos vive**rão** eterna**men**te.
R. E a **su**a recom**pen**sa é o Se**nhor.**

Oração como nas Laudes.

Vésperas

Tudo como durante a oitava de Natal, a 28 de dezembro, p. 194.

Onde a festa dos santos Inocentes é celebrada como solenidade: hino, antífonas, leitura breve e responsório, como nas Laudes, p. 1166; salmos, cântico e preces, do Comum de vários mártires, p. 1499.

31 de dezembro

SÃO TOMÁS BECKET, BISPO E MÁRTIR

Para comemoração

Nasceu em Londres, em 1118. Pertencia ao clero de Cantuária e foi chanceler do Reino, sendo eleito bispo em 1162. Defendeu corajosamente os direitos da Igreja contra o rei Henrique II, o que lhe acarretou um exílio de seis anos na Gália. De volta à pátria, teve ainda muito que sofrer, até ser assassinado por guardas do rei em 1170.

Laudes

Cântico evangélico, ant.

Quem per**der** a sua **vi**da neste **mun**do,
vai ga**nhá**-la eterna**men**te para os **céus.**

Oração

Ó Deus, que destes a São Tomás Becket a grandeza de alma de sacrificar a vida pela justiça, concedei-nos, por sua intercessão, perder a vida pelo Cristo neste mundo, a fim de encontrá-la no céu. Por nosso Senhor Jesus Cristo, vosso Filho, na unidade do Espírito Santo.

Vésperas

Cântico evangélico, ant.

O **Rei**no ce**les**te é a mo**ra**da dos **san**tos,
sua **paz** para **sem**pre.

31 de dezembro

SÃO SILVESTRE I, PAPA

Para comemoração

Ordenado bispo da Igreja Romana em 314, governou a Igreja no tempo do imperador Constantino Magno, quando o cisma donatista e a heresia ariana provocavam graves danos ao povo cristão. Morreu em 335 e foi sepultado no cemitério de Priscila, na via Salária.

Laudes

Cântico evangélico, ant.

Não sois **vós** que fala**reis**,
é o Es**pí**rito do **Pai** que em **vós** há de fa**lar.**

Oração

Vinde, ó Deus, em auxílio do vosso povo para que, conduzido por vós nesta vida, mediante a intercessão do papa São Silvestre, possa chegar à vida eterna. Por nosso Senhor Jesus Cristo, vosso Filho, na unidade do Espírito Santo.

JANEIRO

2 de janeiro

SÃO BASÍLIO MAGNO E SÃO GREGÓRIO DE NAZIANZO, BISPOS E DOUTORES DA IGREJA

Memória

Basílio nasceu em Cesareia da Capadócia, em 330, de uma família cristã; possuidor de grande cultura e muita virtude, começou a levar vida eremítica, mas em 370 foi eleito bispo de sua cidade natal. Lutou contra os arianos; escreveu excelentes obras, sobretudo regras monásticas, observadas até hoje por muitíssimos monges do Oriente. Teve grande solicitude para com os pobres. Morreu no dia 12 de janeiro de 379. Gregório, nascido no mesmo ano de 330 nas proximidades de Nazianzo, empreendeu muitas viagens com o intuito de adquirir ciência. Acompanhou seu amigo Basílio à solidão, mas foi ordenado presbítero e bispo. Em 381 foi designado bispo de Constantinopla; contudo, devido a divisões existentes naquela Igreja, retirou-se para Nazianzo. Aí morreu no dia 25 de janeiro de 389 ou 390. Pela profundidade de sua doutrina e encanto da sua eloquência, foi cognominado "o teólogo".

Do Comum dos pastores, p. 1523, ou Comum dos doutores da Igreja, p. 1533.

Laudes

Cântico evangélico, ant.

Quem é **sábio** brilha**rá** como **luz** no firma**men**to;
quem en**si**na à multi**dão** os ca**mi**nhos da jus**ti**ça,
fulgi**rá** como as es**tre**las pelos **sé**culos e**ter**nos.

Oração

Ó Deus, que iluminastes a vossa Igreja com o exemplo e a doutrina de São Basílio e São Gregório de Nazianzo, fazei-nos buscar humildemente a vossa verdade e segui-la com amor em nossa vida. Por nosso Senhor Jesus Cristo, vosso Filho, na unidade do Espírito Santo.

Vésperas

Cântico evangélico, ant.

Quem vi**ver** e ensi**nar** o Evan**ge**lho,
será **gran**de no meu **Rei**no, diz Je**sus**.

7 de janeiro

SÃO RAIMUNDO DE PENYAFORT, PRESBÍTERO

Nasceu perto de Barcelona, cerca de 1175. Tornou-se cônego da Igreja de Barcelona, sendo depois recebido entre os Frades Pregadores. Por determinação do Papa Gregório IX publicou a coleção das Decretais. Eleito Mestre-geral de sua Ordem, governou-a com sabedoria e prudência. Dentre os seus escritos sobressai a “Suma Casuística”, para a correta e proveitosa administração do sacramento da Penitência. Morreu em 1275.

Do Comum dos Pastores, p. 1523.

Oração

Ó Deus, que inspirastes a São Raimundo de Penyafort grande amor pelos pecadores e prisioneiros, libertai-nos, por suas preces, da servidão do pecado, para que, de todo o coração, façamos o que vos agrada. Por nosso Senhor Jesus Cristo, vosso Filho, na unidade do Espírito Santo.

13 de janeiro

SANTO HILÁRIO, BISPO E DOUTOR DA IGREJA

Nasceu em Poitiers no início do século IV. Cerca do ano 350, foi eleito bispo de sua cidade natal. Lutou corajosamente contra a heresia dos arianos, sendo por isso exilado pelo imperador Constâncio. Escreveu várias obras cheias de sabedoria e doutrina, para defender a fé católica e interpretar a Sagrada Escritura. Morreu em 367.

Do Comum dos pastores: para bispos, p. 1523, e dos doutores da Igreja, p. 1533.

Oração

Concedei-nos, ó Deus todo-poderoso, conhecer e proclamar fielmente a divindade de vosso Filho, que foi defendida com firmeza pelo vosso bispo Santo Hilário. Por nosso Senhor Jesus Cristo, vosso Filho, na unidade do Espírito Santo.

17 de janeiro

SANTO ANTÃO, ABADE

Memória

Este insigne pai do monaquismo nasceu no Egito por volta do ano 250. Depois da morte dos pais, distribuiu seus bens aos pobres e retirou-se para o deserto, onde começou a levar vida de penitente. Teve numerosos discípulos e trabalhou em defesa da Igreja, estimulando os confessores da fé durante a perseguição de Diocleciano e apoiando Santo Atanásio na luta contra os arianos. Morreu em 356.

Do Comum dos santos homens: para religiosos, p. 1571.

Oração

Ó Deus, que chamastes ao deserto Santo Antão, pai dos monges, para vos servir por uma vida heroica, dai-nos, por suas preces, a graça de renunciar a nós mesmos e amar-vos acima de tudo. Por nosso Senhor Jesus Cristo, vosso Filho, na unidade do Espírito Santo.

20 de janeiro

SÃO FABIANO, PAPA E MÁRTIR

Foi eleito bispo da Igreja de Roma em 236. Recebeu a coroa do martírio em 250, no início da perseguição de Décio, segundo afirma São Cipriano. Foi sepultado no cemitério de Calisto.

Do Comum de um mártir, p. 1509, ou dos pastores: para papas, p. 1523.

Oração

Ó Deus, que sois a glória de vossos sacerdotes, concedei-nos, pelas preces de vosso mártir São Fabiano, progredir sem cessar na comunhão da fé e na dedicação em vos servir. Por nosso Senhor Jesus Cristo, vosso Filho, na unidade do Espírito Santo.

No mesmo dia 20 de janeiro

SÃO SEBASTIÃO, MÁRTIR

Morreu mártir em Roma no começo da perseguição de Diocleciano. Seu sepulcro, na via Ápia, *junto das Catacumbas,* já era venerado pelos fiéis desde a mais remota antiguidade.

Do Comum de um mártir, p. 1509.

Oração

Dai-nos, ó Deus, o espírito de fortaleza para que, sustentados pelo exemplo de São Sebastião, vosso glorioso mártir, possamos aprender com ele a obedecer mais a vós do que aos homens. Por nosso Senhor Jesus Cristo, vosso Filho, na unidade do Espírito Santo.

21 de janeiro

SANTA INÊS, VIRGEM E MÁRTIR

Memória

Sofreu o martírio em Roma na segunda metade do século III ou, mais provavelmente, no início do século IV. O papa São Dâmaso adornou o seu sepulcro com versos, e muitos Santos Padres, seguindo Santo Ambrósio, celebraram seus louvores.

Do Comum de um(a) mártir, p. 1509, ou, das virgens, p. 1539.

Laudes

Hino

Hoje é natal de Santa Inês,
virgem a Cristo dedicada,
que hoje ao céu entrega o espírito,
no próprio sangue consagrada.

Madura já para o martírio,
mas não ainda aos esponsais,
vai ao suplício tão alegre
qual noiva às festas nupciais.

Devendo aos deuses incensar,
diz sem nenhuma hesitação:
"Virgens a Cristo consagradas
lâmpadas tais não portarão.

Porque tal chama apaga a luz,
tal fogo a fé extinguirá.
Feri-me, e o sangue derramado
o seu braseiro apagará".

Ei-la ferida, e quanta glória
do Rei divino recebeu!
Com suas vestes se envolvendo,
cai sobre a terra e voa ao céu.

Jesus nascido de uma Virgem,
louvor a vós, ó Sumo Bem,
com o Pai Santo e o Espírito,
hoje e nos séculos. Amém.

Ant. 1 Meu Se**nhor** Jesus **Cris**to colo**cou**-me no **de**do
o **anel** nupci**al** e a co**roa** de **noi**va na **mi**nha ca**be**ça.

Salmos e cântico do domingo da I Semana, p. 764.

Ant. 2 Sou es**po**sa do Se**nhor** e Rei dos **an**jos;
ad**mi**ram sua be**le**za o sol e a **lua.**

Ant. 3 Ale**grai**-vos co**mi**go, por**que** rece**bi**,
na assem**blei**a dos **san**tos um **tro**no de **gló**ria!

Leitura breve 2Cor 1,3-5

Bendito seja o Deus e Pai de nosso Senhor Jesus Cristo, o Pai das misericórdias e Deus de toda consolação. Ele nos consola em todas as nossas aflições, para que, com a consolação que nós mesmos recebemos de Deus, possamos consolar os que se acham em toda e qualquer aflição. Pois, à medida que os sofrimentos de Cristo crescem para nós, cresce também a nossa consolação por Cristo.

Responsório breve

R. O Se**nhor** a sus**ten**ta
* Com a **luz** de sua **fa**ce. R. O Se**nhor**.
V. Quem a **po**de aba**lar**? Deus es**tá** junto a **e**la.
* Com a **luz**. Glória ao **Pai**. R. O Se**nhor**.

Cântico evangélico, ant.

Já con**tem**plo A**que**le a quem **tan**to eu bus**ca**va;
já pos**su**o A**que**le que há **tem**po espe**ra**va.
Estou u**ni**da no **céu** com A**que**le a quem **só**
eu a**mei** sobre a **ter**ra.

Oração

Deus eterno e todo-poderoso, que escolheis as criaturas mais frágeis para confundir os poderosos, dai-nos, ao celebrar o martírio de Santa Inês, a graça de imitar sua constância na fé. Por nosso Senhor Jesus Cristo, vosso Filho, na unidade do Espírito Santo.

Vésperas

HINO Hoje é natal, como nas Laudes, p. 1174.

Ant. 1 Nem amea**ças** nem ca**rí**cias
conse**gui**ram aba**lar** esta **Vir**gem do Se**nhor**.

Salmos e cântico do Comum de um (a) mártir, p. 1515.

Ant. 2 Sou fi**el** somente a **e**le e lhe en**tre**go a minha **vi**da.

Ant. 3 Ben**di**to sede, ó **Pai** de Jesus **Cris**to, meu Se**nhor**, que no **Fi**lho conce**des**tes a vi**tó**ria à vossa **ser**va.

Leitura breve 1Pd 4,13-14

Caríssimos, alegrai-vos por participar dos sofrimentos de Cristo, para que possais também exultar de alegria na revelação da sua glória. Se sofreis injúrias por causa do nome de Cristo, sois felizes, pois o Espírito da glória, o Espírito de Deus repousa sobre vós.

Responsório breve

R. O Se**nhor** a esco**lheu**,
* Entre **to**das prefe**ri**da. R. O Se**nhor**.
V. O Se**nhor** a fez mo**rar** em sua **san**ta habita**ção**.
* Entre **to**das. Glória ao **Pai**. R. O Se**nhor**.

Cântico evangélico, ant.

De mãos er**gui**das ao Se**nhor**, supli**ca**va Santa I**nês**:
Aju**dai**-me, ó Pai **san**to, agora es**tou** perto de **vós**!
Meu Se**nhor**, a quem a**mei**,
a quem bus**quei** com tanto ar**dor**.

Oração como nas Laudes.

22 de janeiro

SÃO VICENTE, DIÁCONO E MÁRTIR

Vicente, diácono da Igreja de Saragoça, morreu mártir em Valência (Espanha), durante a perseguição de Diocleciano, depois de ter sofrido cruéis tormentos. Seu culto logo se propagou por toda a Igreja.

Do Comum de um mártir, p. 1509.

Oração

Deus eterno e todo-poderoso, infundi em nossos corações o vosso Espírito para que sejam fortalecidos pelo intenso amor que levou o diácono São Vicente a vencer os tormentos do martírio. Por nosso Senhor Jesus Cristo, vosso Filho, na unidade do Espírito Santo.

24 de janeiro

SÃO FRANCISCO DE SALES, BISPO E DOUTOR DA IGREJA

Memória

Nasceu na Saboia em 1567. Ordenado sacerdote, trabalhou muito pela restauração da fé católica em sua pátria. Eleito bispo de Genebra, mostrou-se um verdadeiro pastor de seu clero e de seus fiéis, instruindo-os com seus escritos e obras, tomando-se modelo para todos. Morreu em

Lião a 28 de dezembro de 1622, mas foi sepultado definitivamente em Annecy, a 24 de janeiro do ano seguinte.

Do Comum dos pastores: para bispos, p. 1523, e dos doutores da Igreja, p. 1533.

Oração

Ó Deus, para a salvação da humanidade; quisestes que São Francisco de Sales se fizesse tudo para todos; concedei que, a seu exemplo, manifestemos sempre a mansidão do vosso amor no serviço a nossos irmãos. Por nosso Senhor Jesus Cristo, vosso Filho, na unidade do Espírito Santo.

25 de janeiro

CONVERSÃO DE SÃO PAULO, APÓSTOLO

Festa

Laudes

Hino

Ó Paulo, mestre dos povos,
ensina-nos teu amor:
correr em busca do prêmio,
chegar ao Cristo Senhor.

A vós, ó Trindade, glória,
poder e louvor também;
que sois eterna unidade
nos séculos, sempre. Amém.

Ant. 1 Sei em **quem** eu colo**quei** a minha **fé**
e estou **cer**to que ele **tem** poder divino
para guar**dar** até o **fim** o meu de**pó**sito,
que o Se**nhor**, justo Ju**iz**, me confi**ou**.

Salmos e cântico do domingo da I Semana, p. 764.

Ant. 2 A minha **gra**ça é em **ti** sufici**en**te:
pois na fra**que**za é que se **mos**tra o meu po**der**.

Ant. 3 A sua **gra**ça para **mim** não foi in**ú**til;
está co**mi**go e para **sem**pre fica**rá**.

Leitura breve At 26,16b-18

Levanta-te e te põe em pé, pois eu te apareci para fazer de ti ministro e testemunha do que viste e do que ainda te mostrarei. Eu te escolhi do meio do povo e dos pagãos, para os quais agora te envio, a fim de lhes abrires os olhos e para que eles se convertam das trevas para a luz, do poder de Satanás para Deus, e recebam a remissão dos pecados e a herança entre os santificados pela fé em mim.

Responsório breve

R. Instru**men**to esco**lhi**do,
 * A**pós**tolo **Pau**lo! R. Instru**men**to.
V. Prega**dor** da ver**da**de no **mun**do in**tei**ro. *A**pós**tolo.
 Glória ao **Pai**. R. Instru**men**to.

Cântico evangélico, ant.

A conver**são** de Paulo a**pós**tolo cele**bre**mos com fer**vor**;
até en**tão** persegui**dor**, Cristo o **fez** seu instru**men**to.

Preces

Irmãos caríssimos, tendo recebido dos apóstolos a herança celeste, agradeçamos a Deus, nosso Pai, por todos os seus dons; e aclamemos:

R. **O coro dos apóstolos vos louva, Senhor!**

Louvor a vós, Senhor, pela mesa do vosso Corpo e Sangue que recebemos por intermédio dos apóstolos;
– por ela somos alimentados e vivemos. R.

Louvor a vós, Senhor, pela mesa de vossa Palavra, preparada para nós pelos apóstolos;
– por ela recebemos luz e alegria. R.

Louvor a vós, Senhor, por vossa santa Igreja, edificada sobre o fundamento dos apóstolos;
– com ela formamos um só Corpo. R.

Louvor a vós, Senhor, pelos sacramentos do Batismo e da Penitência que confiastes aos apóstolos;
– por eles somos lavados de todo pecado. R.

(intenções livres)

Pai nosso...

Oração

Ó Deus, que instruístes o mundo inteiro pela pregação do apóstolo São Paulo, dai-nos, ao celebrar hoje sua conversão, caminhar para vós seguindo seus exemplos, e ser no mundo testemunhas do Evangelho. Por nosso Senhor Jesus Cristo, vosso Filho, na unidade do Espírito Santo.

Hora Média

Salmos do dia de semana corrente.

Ant. Quando **Sau**lo, ao meio-**di**a,
aproxi**mou**-se de Da**mas**co,
uma **luz** vinda do **céu** resplande**ceu** em volta **de**le.

Leitura breve 1Tm 1,14-15

Transbordou a graça de nosso Senhor com a fé e o amor que há em Cristo Jesus. Segura e digna de ser acolhida por todos é esta palavra: Cristo veio ao mundo para salvar os pecadores. E eu sou o primeiro deles!

V. Ó Se**nhor**, fazei bri**lhar** a minha **lâm**pada.
R. Ó meu **Deus**, ilumi**nai** as minhas **tre**vas!

Oração como nas Laudes.

Vésperas

Hino

Concelebre a Igreja, cantando,
de São Paulo a grandeza e esplendor.
De inimigo se fez um apóstolo
pelo grande poder do Senhor.

Contra o nome de Cristo lutara,
inflamado de grande furor,
mas ardeu maior chama em seu peito
anunciando de Cristo o amor.

Grande dom mereceu do Senhor:
no mais alto dos céus escutar
as palavras do grande mistério
que a ninguém é devido falar.

Espalhando as sementes do Verbo,
surgem messes com tais florações,
que o celeiro dos céus é repleto
com os frutos das boas ações.

Refulgindo, qual luz, ilumina
todo o orbe com tal claridade
que, dos erros a treva expulsando,
faz reinar, soberana, a verdade.

Glória ao Cristo, a Deus Pai e ao Espírito,
que governam a toda nação,
e doaram aos povos da terra
um tal vaso de sua eleição.

Ant. 1 De boa **men**te me glo**ri**o nas fra**que**zas,
para que a **for**ça do Se**nhor** habite em **mim**.

Salmos e cântico do Comum dos apóstolos, p. 1484.

Ant. 2 Paulo **plan**ta, Apolo **re**ga,
mas é **Deus** quem faz cres**cer**.

Ant. 3 Para **mim** viver é **Cris**to, e mor**rer** é uma van**ta**gem;
minha **gló**ria é a **cruz** do Se**nhor** Cristo Je**sus**.

Leitura breve 1Cor 15,9-10

Eu sou o menor dos apóstolos, nem mereço o nome de apóstolo, porque persegui a Igreja de Deus. É pela graça de Deus que eu sou o que sou. Sua graça para comigo não foi estéril: a prova é que tenho trabalhado mais do que os outros apóstolos – não propriamente eu, mas a graça de Deus comigo.

Responsório breve

R. Se**nhor**, eu vos dou **gra**ças
* De **to**do o cora**ção**! R. Se**nhor**.
V. Vou lou**var**-vos entre os **po**vos. * De **to**do.
Glória ao **Pai**. R. Se**nhor**.

Cântico evangélico, ant.

Paulo, a**pós**tolo do Se**nhor**,
da ver**da**de prega**dor** e dou**tor** dos povos **to**dos:
Oh, ro**gai** por todos **nós** junto a **Deus** que vos cha**mou**!

Preces

Irmãos, edificados sobre o fundamento dos apóstolos, roguemos a Deus Pai todo-poderoso em favor de seu povo santo; e digamos:

R. **Lembrai-vos, Senhor, da vossa Igreja!**

Vós quisestes, ó Pai, que o vosso Filho, ressuscitado dos mortos, aparecesse em primeiro lugar aos apóstolos;
– fazei de nós testemunhas do vosso Filho até os confins da terra. R.

Vós, que enviastes vosso Filho ao mundo para evangelizar os pobres,
– fazei que o Evangelho seja pregado a toda criatura. R.

Vós, que enviastes vosso Filho para semear a palavra do reino,
– concedei-nos colher na alegria os frutos da palavra semeada com nossos trabalho. R.

Vós, que enviastes vosso Filho para reconciliar o mundo convosco pelo seu sangue,
– fazei que todos nós colaboremos na obra da reconciliação de toda a humanidade. R.

(intenções livres)

Vós, que glorificastes vosso Filho à vossa direita nos céus,
– recebei no reino da felicidade eterna os nossos irmãos e irmãs falecidos. R.

Pai nosso...

Oração

Ó Deus, que instruístes o mundo inteiro pela pregação do apóstolo São Paulo, dai-nos, ao celebrar hoje sua conversão, caminhar para vós seguindo seus exemplos, e ser no mundo testemunhas do Evangelho. Por nosso Senhor Jesus Cristo, vosso Filho, na unidade do Espírito Santo.

26 de janeiro

SÃO TIMÓTEO E SÃO TITO, BISPOS

Memória

Timóteo e Tito, discípulos e colaboradores do apóstolo Paulo, governaram as Igrejas de Éfeso e de Creta, respectivamente. A eles é que foram dirigidas as Cartas chamadas "pastorais", em que se encontram excelentes recomendações para a formação dos pastores e dos fiéis.

Do Comum dos pastores: para bispos, p. 1523.

Laudes

Cântico evangélico, ant.
Pro**cla**ma em todo o **tem**po a pa**la**vra do Se**nhor**;
persu**a**de, repre**en**de e e**xor**ta com co**ra**gem,
com sa**ber** e paci**ên**cia!

Oração

Ó Deus, que ornastes São Timóteo e São Tito com as virtudes dos apóstolos, concedei-nos, pela intercessão de ambos, viver neste mundo com piedade e justiça, para chegar ao céu, nossa pátria. Por nosso Senhor Jesus Cristo, vosso Filho, na unidade do Espírito Santo.

Vésperas

Cântico evangélico, ant.
Na jus**ti**ça e pie**da**de vi**va**mos,
aguar**dan**do a ben**di**ta espe**ran**ça
e a **vin**da do **Cris**to Se**nhor**!

27 de janeiro

SANTA ÂNGELA MERÍCI, VIRGEM

Nasceu por volta do ano 1470, em Desenzano de Garde (Província de Veneza). Recebeu o hábito da Ordem Terceira de São Francisco e reuniu um grupo de moças que orientava na prática da caridade. Em 1535 fundou, em Bréscia, uma congregação feminina sob a invocação de Santa Úrsula, destinada à formação cristã de meninas pobres. Morreu em 1540.

Do Comum das virgens, p. 1539, ou, das santas mulheres: para uma educadora, p. 1574.

Oração

Ó Deus, que a santa virgem Ângela Merici nos recomende ao vosso amor de Pai, para que, seguindo seus exemplos de caridade e prudência, sejamos fiéis aos vossos ensinamentos, proclamando-os em nossa vida. Por nosso Senhor Jesus Cristo, vosso Filho, na unidade do Espírito Santo.

28 de janeiro

SANTO TOMÁS DE AQUINO, PRESBÍTERO E DOUTOR DA IGREJA

Memória

Nasceu por volta do ano 1225, da família dos Condes de Aquino. Estudou primeiramente no mosteiro de Monte Cassino e depois em Nápoles. Ingressou na Ordem dos Frades Pregadores e completou os estudos em Paris e em Colônia, tendo tido como professor Santo Alberto Magno. Escreveu muitas obras de grande erudição, e, como professor, lecionou disciplinas filosóficas e teológicas, o que lhe valeu grande reputação. Morreu nas proximidades de Terracina, a 7 de março de 1274. Sua memória é celebrada a 28 de janeiro, data em que seu corpo foi trasladado para Toulouse (França), em 1369.

Do Comum dos doutores da Igreja; p. 1533.

Laudes

Cântico evangélico, ant.

Ó Se**nhor**, sede ben**di**to!
Santo To**más**, por vosso a**mor**,
dedi**cou**-se ao es**tu**do, à ora**ção** e ao tra**ba**lho.

Oração

Ó Deus, que tornastes Santo Tomás de Aquino um modelo admirável, pela procura da santidade e amor à ciência sagrada, dai-nos compreender seus ensinamentos e seguir seus exemplos. Por nosso Senhor Jesus Cristo, vosso Filho, na unidade do Espírito Santo.

Vésperas

Cântico evangélico, ant.

Deu-lhe o Se**nhor** grande sa**ber**;
ele **sou**be assimi**lá**-lo e foi hu**mil**de ao transmi**ti**-lo.

31 de janeiro

SÃO JOÃO BOSCO, PRESBÍTERO

Memória

Nasceu perto de Castelnuovo, na diocese de Turim, em 1815. Teve uma infância sofrida. Ordenado sacerdote, consagrou todas as suas energias à educação da juventude, para formá-la na prática da vida cristã e no exercício de uma profissão. Com essa finalidade, fundou Congregações, sobretudo, a Sociedade São Francisco de Sales (Salesianos). Escreveu também diversos opúsculos para proteger e defender a religião católica. Morreu em 1888.

Do Comum dos pastores: para presbíteros, p.1523, ou, dos santos homens: para educadores, p.1574.

Oração

Ó Deus, que suscitastes São João Bosco para educador e pai dos adolescentes, fazei que, inflamados da mesma caridade, procuremos a salvação de nossos irmãos e irmãs, colocando-nos inteiramente ao vosso serviço. Por nosso Senhor Jesus Cristo, vosso Filho, na unidade do Espírito Santo.

FEVEREIRO

2 de fevereiro

APRESENTAÇÃO DO SENHOR

Festa

I Vésperas

(quando a festa ocorre em domingo)

HINO O que o coro dos profetas, como nas II Vésperas, p. 1190.

Salmodia

Ant. 1 Seus pais le**va**ram o Me**ni**no à Ci**da**de
e, no **tem**plo, apresen**ta**ram-no ao Se**nhor**.

Salmo 112(113)

– 1 Lou**vai**, louvai, ó **ser**vos do Se**nhor**, *
lou**vai**, louvai o nome do Senhor!
– 2 Ben**di**to seja o nome do Senhor, *
a**go**ra e por toda a eternidade!
– 3 Do nas**cer** do sol até o seu ocaso, *
lou**va**do seja o nome do Senhor!

– 4 O Se**nhor** está acima das nações, *
sua **gló**ria vai além dos altos céus.
= 5 Quem **po**de comparar-se ao nosso Deus, †
ao Se**nhor**, que no alto céu tem o seu trono *
6 e se in**cli**na para olhar o céu e a terra?

– 7 Le**van**ta da poeira o indigente *
e do **li**xo ele retira o pobrezinho,
– 8 para fa**zê**-lo assentar-se com os nobres, *
assen**tar**-se com os nobres do seu povo.
– 9 Faz a es**té**ril, mãe feliz em sua casa, *
vi**ven**do rodeada de seus filhos.

Ant. Seus pais le**va**ram o Me**ni**no à Ci**da**de
e, no **tem**plo, apresen**ta**ram-no ao Se**nhor**.

Ant. 2 A**dor**na tua **ca**sa, ó Si**ão**,
e re**ce**be o teu **Rei**, Cristo Je**sus**!

Salmo 147(147B)

– 12 Glori**fi**ca o Se**nhor**, Jerusa**lém**! *
Ó Si**ão**, canta louvores ao teu Deus!

– 13 Pois refor**çou** com segurança as tuas portas, *
e os teus **fi**lhos em teu seio abençoou;
– 14 a **paz** em teus limites garantiu *
e te **dá** como alimento a flor do trigo.

– 15 Ele en**vi**a suas ordens para a terra, *
e a pa**la**vra que ele diz corre veloz;
– 16 ele **faz** cair a neve como lã *
e es**pa**lha a geada como cinza.

– 17 Como de **pão** lança as migalhas do granizo, *
a seu **fri**o as águas ficam congeladas.
– 18 Ele en**vi**a sua palavra e as derrete, *
sopra o **ven**to e de novo as águas correm.

– 19 Anun**ci**a a Jacó sua palavra, *
seus pre**cei**tos e suas leis a Israel.
– 20 Nenhum **po**vo recebeu tanto carinho, *
a nenhum **ou**tro revelou os seus preceitos.

Ant. A**dor**na tua **ca**sa, ó Si**ão**,
e re**ce**be o teu **Rei**, Cristo Je**sus**!

Ant. 3 És fe**liz**, ó Sime**ão**:
rece**bes**te o Se**nhor** que seu **po**vo vem sal**var**!

Cântico Fl 2,6-11

= 6 Embora **fos**se de di**vi**na condi**ção**, †
Cristo Je**sus** não se apegou ciosamente *
a ser i**gual** em natureza a Deus Pai.

(R. Jesus **Cris**to é Se**nhor** para a **gló**ria de Deus **Pai**!)

= 7 Po**rém** esvaziou-se de sua glória †
e assu**miu** a condição de um escravo, *
fa**zen**do-se aos homens semelhante. (R.)

= 8 Reconhe**ci**do exteriormente como homem, †
humil**hou**-se, obedecendo até à morte, *
até à **mor**te humilhante numa cruz. (R.)

= 9Por isso **Deus** o exaltou sobremaneira †
e deu-lhe o **no**me mais excelso, mais sublime, *
e ele**va**do muito acima de outro nome. (R.)

= 10Para **que** perante o nome de Jesus †
se **do**bre reverente todo joelho, *
seja nos **céus**, seja na terra ou nos abismos. (R.)

= 11E toda **lín**gua reconheça, confessando, †
para a **gló**ria de Deus Pai e seu louvor: *
"Na ver**da**de Jesus Cristo é o Senhor!" (R.)

Ant. És fe**liz**, ó Sime**ão**:
rece**bes**te o Se**nhor** que seu **po**vo vem sal**var**!

Leitura breve Hb 10,5-7

Ao entrar no mundo, Cristo afirma: Tu não quiseste vítima nem oferenda, mas formaste-me um corpo. Não foram do teu agrado holocaustos nem sacrifícios pelo pecado. Por isso eu disse: Eis que eu venho. No livro está escrito a meu respeito: Eu vim, ó Deus, para fazer a tua vontade.

Responsório breve

R. O Se**nhor** manifes**tou**
* A **sua** salva**ção**. R. O Se**nhor**.
V. Que ha**vi**a prepa**ra**do, ante a **fa**ce das na**ções**.
* A **su**a. Glória ao **Pai**. R. O Se**nhor**.

Cântico evangélico, ant.

O anci**ão** toma o Me**ni**no nos seus **bra**ços,
mas o Me**ni**no é o Se**nhor** do anci**ão**;
uma **Vir**gem dá à **luz** ficando **vir**gem
e a**do**ra Aquele **mes**mo que ge**rou**.

Preces e Oração como nas II Vésperas, p. 1193.

Laudes

Hino

Sião, na espera do Senhor,
adorna o tálamo ditoso.
Na vigilante luz da fé,
acolhe a esposa e o esposo!

Ó ancião feliz, apressa-te,
cumpre a promessa da alegria,
revela a todos a luz nova
que para os povos se anuncia.

Os pais ao Templo levam Cristo,
no Templo, o Templo se oferece.
E quem à lei nada devia,
à lei dos homens obedece.

Oferta, ó Virgem, o teu Filho,
que é do Pai o Filho amado.
Nele oferece nosso preço,
pelo qual fomos resgatados.

No ritual do sacrifício
teu Filho, ó Virgem, oferece.
A salvação foi dada a todos,
grande alegria resplandece.

Louvor a vós, ó Jesus Cristo,
que hoje às nações vos revelais,
a vós, ao Pai e ao Espírito
glória nos séculos eternais.

Ant. 1 O **jus**to e pie**do**so Sime**ão**
espe**ra**va a reden**ção** de Isra**el**,
e o Es**pí**rito de **Deus** estava **ne**le.

Salmos e cântico do domingo da I Semana, p. 764.

Ant. 2 Sime**ão** toma o Me**ni**no nos seus **bra**ços
e dá **gra**ças, bendi**zen**do ao Se**nhor**.

Ant. 3 Uma **luz** que brilha**rá** para os gen**ti**os
e para a **gló**ria de Isra**el**, vosso **po**vo.

Leitura breve Ml 3,1

Eis que envio meu anjo, e ele há de preparar o caminho para mim; logo chegará ao seu templo o Dominador, que tentais encontrar, e o anjo da aliança, que desejais.

Responsório breve

R. No esplen**dor** do santo **tem**plo,
* Ado**rai** o Senhor **Deus**! R. No esplen**dor**.
V. Dai a **Deus** glória e lou**vor**! * Ado**rai**.
Glória ao **Pai**. R. No esplen**dor**.

Cântico evangélico, ant.

José e Maria levaram ao templo o Menino Jesus;
Simeão recebeu-o e, tomando-o nos braços,
bendisse o Senhor.

Preces

Adoremos nosso Salvador, que hoje foi apresentado no templo; e peçamos:

R. **Senhor, que os nossos olhos vejam a vossa salvação.**

Cristo Jesus, que quisestes ser apresentado no templo, segundo a lei,
– ensinai a nos oferecermos convosco no sacrifício da Igreja. R.

Consolador de Israel, a quem o justo Simeão acolheu no templo,
– ensinai-nos também a vos acolher na pessoa de nossos irmãos e irmãs. R.

Esperança das nações, de quem a profetisa Ana falava a todos os que esperavam a libertação de Israel,
– ensinai-nos a falar de vós, como convém, a todas as pessoas. R.

Pedra angular do reino de Deus, colocada como sinal de contradição,
– fazei que, pela fé e pela caridade, nós vos encontremos e em vós sejamos ressuscitados. R.

(intenções livres)

Pai nosso...

Oração

Deus eterno e todo-poderoso, ouvi as nossas súplicas. Assim como o vosso Filho único, revestido da nossa humanidade, foi hoje apresentado no Templo, fazei que nos apresentemos diante de vós com os corações purificados. Por nosso Senhor Jesus Cristo, vosso Filho, na unidade do Espírito Santo.

Hora Média

Antífonas e salmos do dia corrente.

Leitura breve Is 42,13

O Senhor sai a campo como um vencedor, provocando desafios como um guerreiro, ele dá o grito de guerra e a voz de comando, ele triunfará sobre seus inimigos.

V. Os con**fins** do uni**ver**so contem**pla**ram
a salva**ção** do nosso **Deus**.
R. Acla**mai** o Senhor **Deus**, ó terra in**tei**ra!

Oração como nas Laudes.

II Vésperas

Hino

O que o coro dos profetas
celebrou em profecia,
pela ação do Espírito Santo
realiza-se em Maria.

Ao Senhor de todo o mundo
esta Virgem concebeu,
deu à luz, e sempre virgem
integral permaneceu.

Simeão, no templo, exulta
tendo aos braços o Menino,
porque vê com os seus olhos
o Esperado, o Sol divino.

Mãe do Rei eterno, ouvi-nos,
acolhei do orante a prece,
vós que dais a clara luz
que no Filho resplandece.

Cristo, luz que nos abris
de Deus Pai as profundezas,
na mansão da luz eterna
vos cantemos as grandezas.

Salmodia

Ant. 1 O Es**pí**rito de **Deus** reve**la**ra a Sime**ão**
que, **an**tes de mor**rer**, ve**ri**a o Salva**dor**.

Salmo 109(110),1-5.7

– [1] Pa**la**vra do Se**nhor** ao meu Se**nhor**: *
“Assen**ta**-te ao lado meu direito,
– **a**té que eu ponha os inimigos teus *
como esca**be**lo por debaixo de teus pés!” –

= 2 O Se**nhor** estenderá desde Sião †
vosso **ce**tro de poder, pois ele diz: *
"Do**mi**na com vigor teus inimigos;

= 3 Tu és **prín**cipe desde o dia em que nasceste; †
na **gló**ria e esplendor da santidade, *
como o or**va**lho, antes da aurora, eu te gerei!"

= 4 Jurou o Se**nhor** e manterá sua palavra: †
"Tu **és** sacerdote eternamente, *
segundo a **or**dem do rei Melquisedec!"

– 5 À vossa **des**tra está o Senhor, ele vos diz: *
"No dia da **i**ra esmagarás os reis da terra!

– 7 Beber**ás** água corrente no caminho, *
por **is**so seguirás de fronte erguida!"

Ant. O Es**pí**rito de **Deus** reve**la**ra a Sime**ão**
que, **an**tes de mor**rer**, ve**ri**a o Salva**dor**.

Ant. 2 Oferec**e**ram ao Se**nhor** em sacri**fí**cio
duas pom**bi**nhas, de a**cor**do com a **lei**.

Salmo 129(130)

– 1 Das profun**de**zas eu **cla**mo a vós, Se**nhor**, *
2 escu**tai** a minha **voz**!

– Vossos ou**vi**dos estejam bem atentos *
ao cla**mor** da minha prece!

– 3 Se le**var**des em conta nossas faltas, *
quem have**rá** de subsistir?

– 4 Mas em **vós** se encontra o perdão, *
eu vos **te**mo e em vós espero.

– 5 No Se**nhor** ponho a minha esperança, *
es**pe**ro em sua palavra.

– 6 A minh'**al**ma espera no Senhor *
mais que o vi**gi**a pela aurora.

– 7 Es**pe**re Israel pelo Senhor *
mais que o vi**gi**a pela aurora!

– Pois no Se**nhor** se encontra toda graça *
e copi**o**sa redenção. –

– [8]Ele **vem** libertar a Israel *
de **to**da a sua culpa.

Ant. Ofereceram ao Se**nhor** em sacrifício
duas pom**bi**nhas, de a**cor**do com a **lei**.

Ant. 3 Os meus **o**lhos viram a **vos**sa salva**ção**,
que prepa**ras**tes ante a **fa**ce das na**ções**.

Cântico cf. Cl 1,12-20

= [12]Demos **gra**ças a Deus **Pai** onipo**ten**te, †
que nos **cha**ma a partilhar, na sua luz, *
da he**ran**ça a seus santos reservada!

(R. Glória a **vós**, Primo**gê**nito dentre os **mor**tos!)

= [13]Do im**pé**rio das trevas arrancou-nos †
e transpor**tou**-nos para o reino de seu Filho, *
para o **rei**no de seu Filho bem-amado,
– [14]no **qual** nós encontramos redenção, *
dos pe**ca**dos remissão pelo seu sangue. (R.)

– [15]Do **Deus**, o Invisível, é a imagem, *
o Primogênito de toda criatura;
= [16]porque **ne**le é que tudo foi criado: †
o que há nos **céus** e o que existe sobre a terra, *
o vi**sí**vel e também o invisível. (R.)

= Sejam **Tro**nos e Poderes que há nos céus, †
sejam **e**les Principados, Potestades: *
por **e**le e para ele foram feitos;
– [17]antes de **to**da criatura ele existe, *
e é por **e**le que subsiste o universo. (R.)

= [18]Ele é a Ca**be**ça da Igreja, que é seu Corpo, †
é o prin**cí**pio, o Primogênito dentre os mortos, *
a **fim** de ter em tudo a primazia.
– [19]Pois foi do a**gra**do de Deus Pai que a plenitude *
habi**ta**sse no seu Cristo inteiramente. (R.)

– [20]A**prou**ve-lhe também, por meio dele, *
reconcili**ar** consigo mesmo as criaturas,
= pacifi**can**do pelo sangue de sua cruz †
tudo a**qui**lo que por ele foi criado, *
o que há nos **céus** e o que existe sobre a terra. (R.)

Ant. Os meus **o**lhos viram a **vos**sa salva**ção**,
que prepa**ras**tes ante a **fa**ce das na**ções**.

Leitura breve Hb 4,15-16

Temos um sumo-sacerdote capaz de se compadecer de nossas fraquezas, pois ele mesmo foi provado em tudo como nós, com exceção do pecado. Aproximemo-nos então, com toda a confiança, do trono da graça, para conseguirmos misericórdia e alcançarmos a graça de um auxílio no momento oportuno.

Responsório breve

R. O Se**nhor** manifes**tou**
* A **sua** salva**ção**. R. O Se**nhor**.
V. Que ha**vi**a prepa**ra**do, ante a **fa**ce das na**ções**.
* A **sua**. Glória ao **Pai**. R. O Se**nhor**.

Cântico evangélico, ant.

Hoje a **Vir**gem Ma**ri**a apresen**tou**
o Me**ni**no Je**sus** no santo **tem**plo.
Sime**ão**, impe**li**do pelo Es**pí**rito,
rece**beu** o Me**ni**no nos seus **bra**ços
e deu **gra**ças, bendi**zen**do ao Se**nhor**.

Preces

Adoremos nosso Salvador, que hoje foi apresentado no templo; e peçamos:

R. **Senhor, que os nossos olhos vejam a vossa salvação.**

Cristo Salvador, luz que se revela às nações,
– iluminai aqueles que ainda não vos conhecem, para que creiam em vós R.

Redentor nosso, glória de Israel vosso povo,
– fazei vossa Igreja crescer entre as nações. R.

Jesus, desejado de todas as nações, os olhos do justo Simeão viram a vossa salvação;
– salvai a humanidade inteira. R.

Senhor, em cuja apresentação foi anunciada a Maria, vossa mãe, uma espada de dor,
– fortalecei aqueles que suportam provações por causa do serviço do vosso reino. R.

(intenções livres)

Cristo, felicidade dos santos, que Simeão viu antes de morrer, como era seu ardente desejo,
– mostrai-vos para sempre àqueles que têm sede de vos ver depois da morte.

R. **Senhor, que os nossos olhos vejam a vossa salvação.**

Pai nosso...

Oração

Deus eterno e todo-poderoso, ouvi as nossas súplicas. Assim como o vosso Filho único, revestido da nossa humanidade, foi hoje apresentado no Templo, fazei que nos apresentemos diante de vós com os corações purificados. Por nosso Senhor Jesus Cristo, vosso Filho, na unidade do Espírito Santo.

3 de fevereiro

SÃO BRÁS, BISPO E MÁRTIR

Foi bispo de Sebaste (Armênia) no século IV. Na Idade Média o seu culto propagou-se por toda a Igreja.

Do Comum de um mártir, p. 1509, ou, dos pastores: para bispos, p. 1523.

Oração

Ouvi, ó Deus, as preces do vosso povo, confiado no patrocínio de São Brás; concedei-nos a paz neste mundo e a graça de chegar à vida eterna. Por nosso Senhor Jesus Cristo, vosso Filho, na unidade do Espírito Santo.

No mesmo dia 3 de fevereiro

SANTO OSCAR, BISPO

Nasceu na França no princípio do século IX e foi educado no mosteiro de Córbia (Alemanha). Em 826 partiu para a Dinamarca a fim de pregar a fé cristã, não obtendo porém muito resultado; no entanto teve melhor êxito na Suécia. Foi eleito bispo de Hamburgo. O papa Gregório IV, depois de confirmar sua eleição, nomeou o legado pontifício para a Dinamarca e a Suécia. Encontrou muitas dificuldades no seu ministério de evangelização, mas superou-as com grande fortaleza de ânimo. Morreu em 865.

Do Comum dos pastores: para bispos, p. 1523.

Oração

Ó Deus, que enviastes o bispo Santo Oscar para iluminar muitos povos com a vossa palavra, concedei-nos por sua intercessão caminhar à luz da vossa verdade. Por nosso Senhor Jesus Cristo, vosso Filho, na unidade do Espírito Santo.

5 de fevereiro

SANTA ÁGUEDA, VIRGEM E MÁRTIR

Memória

Foi martirizada em Catânia, na Sicília, provavelmente na perseguição de Décio. O seu culto propagou-se desde a Antiguidade por toda a Igreja e seu nome foi incluído no Cânon romano.

Do Comum de um(a) mártir, p. 1509, ou das virgens, p. 1539. Na Quaresma, comemoração.

Laudes

Cântico evangélico, Ant.

Como se **fos**se a uma **fes**ta,
cami**nha**va a jovem **Á**gueda com ale**gri**a para o **cár**cere,
e pe**di**a ao Se**nhor**: Aju**dai**-me em minha **lu**ta!

Oração

Ó Deus, que Santa Águeda, virgem e mártir, agradável ao vosso coração pelo mérito da castidade e pela força do martírio, implore vosso perdão em nosso favor. Por nosso Senhor Jesus Cristo, vosso Filho, na unidade do Espírito Santo.

Vésperas

Cântico evangélico, Ant.

Jesus **Cris**to, meu bom **Mes**tre e meu Se**nhor**,
graças a **vós**, que me fi**zes**tes supe**rar**
as tor**tu**ras que so**fri** de meus al**go**zes!
Que eu al**can**ce a vossa **gló**ria imperecí**vel**!

6 de fevereiro

SÃO PAULO MIKI E SEUS COMPANHEIROS, MÁRTIRES

Memória

Paulo nasceu no Japão, entre os anos de 1564 e 1566. Ingressou na Companhia de Jesus e pregou, com muito fruto, o Evangelho entre os seus compatriotas. Tendo se tornado mais violenta a perseguição contra os católicos, foi preso com vinte e cinco companheiros. Depois de muito maltratados, foram levados a Nagasáki, onde os crucificaram a 5 de fevereiro de 1597.

Do Comum de vários mártires, p. 1493. Na Quaresma, comemoração.

Laudes

Na Quaresma, para comemoração:

Ant. Fe**li**zes de **vós**, os perse**gui**dos
por **cau**sa da jus**ti**ça do Se**nhor**,
porque o **Rei**no dos **céus** há de ser **vos**so!

Oração

Ó Deus, força dos santos, que em Nagasáki chamastes à verdadeira vida São Paulo Miki e seus companheiros pelo martírio da cruz, concedei-nos, por sua intercessão, perseverar até a morte na fé que professamos. Por nosso Senhor Jesus Cristo, vosso Filho, na unidade do Espírito Santo.

Vésperas

Na Quaresma, para comemoração:

Ant. A**le**grem-se nos **céus** eis a**mi**gos do Se**nhor**,
que se**gui**ram os seus **pas**sos;
derra**ma**ram o seu **san**gue por a**mor** a Jesus **Cris**to,
e com **e**le reina**rão**.

8 de fevereiro

SÃO JERÔNIMO EMILIANI

Nasceu na região de Veneza, em 1486. Seguiu a carreira militar, que mais tarde abandonou para se dedicar ao serviço dos pobres, depois de distribuir entre eles o que possuía. Fundou a Ordem dos Clérigos Regulares de Somasca, destinada a socorrer as crianças órfãs e os pobres. Morreu em Somasca, no território de Bérgamo (Itália), em 1537.

Do Comum dos santos homens: para educadores, p. 1574. Na Quaresma, comemoração.

Laudes

Na Quaresma, para comemoração:

Ant. Quem tem a**mor** no cora**ção** para os pe**que**nos,
sabe gui**ar** e ensi**nar** como um pas**tor**.

Oração

Ó Deus e Pai de misericórdia, que destes em São Jerônimo Emiliani um pai e protetor para os órfãos, fazei que ele interceda por nós, para conservarmos fielmente o espírito de adoção, pelo qual nos chamamos vossos filhos e na verdade o somos. Por nosso Senhor Jesus Cristo, vosso Filho, na unidade do Espírito Santo.

Vésperas

Na Quaresma, para comemoração:

Ant. Dei**xai** vir a **mim** as crian**ci**nhas,
pois **de**las é o **Rei**no do meu **Pai**.

10 de fevereiro

SANTA ESCOLÁSTICA, VIRGEM

Escolástica, irmã de São Bento, nasceu em Núrsia, na Úmbria (Itália), cerca do ano 480. Juntamente com seu irmão, consagrou-se a Deus e seguiu-o para Cassino, onde morreu por volta do ano 547.

Do Comum das virgens, p. 1539. Na Quaresma, comemoração.

Laudes

Cântico evangélico, Ant.
A **vir**gem pru**den**te en**trou** para as **bo**das
e **vi**ve com **Cris**to na **gló**ria ce**les**te.
Como o **sol**, ela **bri**lha entre os **co**ros das **vir**gens.

Oração

Celebrando a festa de Santa Escolástica, nós vos pedimos, ó Deus, a graça de imitá-la, servindo-vos com caridade perfeita e alegrando-nos com os sinais do vosso amor. Por nosso Senhor Jesus Cristo, vosso Filho, na unidade do Espírito Santo.

Vésperas

Na Quaresma, para comemoração:

Ant. Oh **vin**de, es**po**sa de **Cris**to, rece**bei** a co**ro**a da **gló**ria que o Se**nhor** prepa**rou** para **sem**pre.

11 de fevereiro

NOSSA SENHORA DE LOURDES

No ano de 1858, a Imaculada Virgem Maria apareceu a Bernadete Soubirous nas cercanias de Lourdes (França), na gruta de Massabielle. Por meio desta humilde jovem, Maria convida os pecadores à conversão, suscitando na Igreja grande zelo pela oração e pela caridade, sobretudo no que diz respeito ao serviço dos pobres e dos doentes.

Do Comum de Nossa Senhora, p.1462. Na Quaresma, comemoração.

Laudes

Cântico evangélico, Ant.

Au**ro**ra lumi**no**sa da **nos**sa salva**ção**,
de **vós,** Virgem Ma**ri**a, nas**ceu** o Sol da jus**ti**ça,
que nos **vei**o visi**tar** lá do **al**to, como **luz**,
que ilu**mi**na todo **ho**mem.

Oração

Ó Deus de misericórdia, socorrei a nossa fraqueza para que, ao celebrarmos a memória da Virgem Imaculada, Mãe de Deus, possamos, por sua intercessão, ressurgir de nossos pecados. Por nosso Senhor Jesus Cristo, vosso Filho, na unidade do Espírito Santo.

Vésperas

Cântico evangélico, Ant.

Maria, a**le**gra-te, ó **chei**a de **gra**ça, o Se**nhor** é con**ti**go!
És ben**di**ta entre **to**das as mu**lhe**res da **ter**ra,
e ben**di**to é o **fru**to que nas**ceu** de teu **ven**tre!

14 de fevereiro

SÃO CIRILO, MONGE, E SÃO METÓDIO, BISPO

Memória

Cirilo, natural de Tessalônica, recebeu uma excelente formação em Constantinopla. Juntamente com seu irmão, Metódio, dirigiu se para a Morávia, a fim de pregar a fé católica. Ambos compuseram os textos litúrgicos em língua eslava, escritos em letras que depois se chamaram "cirílicas". Chamados a Roma, ali morreu Cirilo, a 14 de fevereiro de 869. Metódio foi então ordenado bispo e partiu para a Panônia, onde exerceu intensa atividade evangelizadora. Muito sofreu por causa de pessoas invejosas, mas sempre contou com o apoio dos Pontífices Romanos. Morreu no dia 6 de abril de 885 em Velehrad (República Tcheca). O Papa São João Paulo II proclamou-os patronos da Europa junto com São Bento.

Do Comum dos pastores, p. 1523. Na Quaresma, comemoração.

Laudes

Cântico evangélico, Ant.

Durante **to**da a sua **vi**da, eles ser**vi**ram ao Se**nhor**
em santi**da**de e jus**ti**ça.

Oração

Ó Deus, pelos dois irmãos Cirilo e Metódio, levastes a luz do Evangelho aos povos eslavos; dai-nos acolher no coração a vossa Palavra e fazei de nós um povo unido na verdadeira fé e no fiel testemunho do Evangelho. Por nosso Senhor Jesus Cristo, vosso Filho, na unidade do Espírito Santo.

Vésperas

Cântico evangélico, Ant.

Eis a**qui** os homens **san**tos e a**mi**gos do Se**nhor**,
glori**o**sos pelo a**nún**cio do Evan**ge**lho da ver**da**de.

17 de fevereiro

OS SETE SANTOS FUNDADORES DOS SERVITAS

Os Sete santos fundadores nasceram em Florença. Levaram primeiramente vida eremítica no monte Senário, venerando de modo particular a

Santíssima Virgem Maria. Depois dedicaram-se à pregação por toda a Toscana e fundaram a Ordem dos Servos de Maria (Servitas), aprovada em 1304 pela Sé Apostólica. Celebra-se hoje a sua memória porque, segundo consta, neste dia morreu Santo Aleixo Falconieri, um dos sete, em 1310.

Do Comum dos santos homens: para religiosos, p. 1571. Na Quaresma, comemoração.

Laudes

Cântico evangélico, Ant.
Vinde e **ve**de como é **bom**, como é su**a**ve
os ir**mãos** viverem **jun**tos bem u**ni**dos!

Oração

Inspirai-nos, ó Deus, a profunda piedade dos Fundadores dos Servitas, que se distinguiram pela devoção à Virgem Maria e a vós conduziram o vosso povo. Por nosso Senhor Jesus Cristo, vosso Filho, na unidade do Espírito Santo.

Vésperas

Na Quaresma, para comemoração:

Ant. Onde u**ni**dos os ir**mãos** louvam a **Deus**,
ali tam**bém** o Se**nhor** dá sua **bên**ção.

21 de fevereiro

SÃO PEDRO DAMIÃO, BISPO E DOUTOR DA IGREJA

Nasceu em Ravena no ano de 1007. Terminados os estudos, dedicou-se ao ensino, que logo abandonou, para se tornar eremita em Fonte Avelana. Eleito prior do mosteiro, dedicou-se incansavelmente a promover a vida religiosa, não só ali, mas também em outras regiões da Itália. Numa época muito difícil, ajudou os Papas em vista da reforma da Igreja, com sua atividade, seus escritos e no desempenho de embaixadas. Foi nomeado cardeal e bispo de Óstia pelo Papa Estêvão IX. Logo depois de sua morte, ocorrida em 1072, começou a ser venerado como santo.

Do Comum dos pastores: para bispos, p. 1523, e dos doutores da Igreja, p. 1533. Na Quaresma, comemoração.

Laudes

Na Quaresma, para comemoração:

Ant. Quem é **sá**bio brilha**rá** como **luz** no firma**men**to;
quem en**si**na à multi**dão** os ca**mi**nhos da jus**ti**ça,
fulgi**rá** como as es**tre**las pelos **sé**culos e**ter**nos.

Oração

Ó Pai todo-poderoso, dai-nos seguir as exortações e o exemplo de São Pedro Damião, para que, nada antepondo a Cristo e servindo sempre à vossa Igreja, cheguemos às alegrias da luz eterna. Por nosso Senhor Jesus Cristo, vosso Filho, na unidade do Espírito Santo.

Vésperas

Na Quaresma, para comemoração:

Ant. Ó **mes**tre da Ver**da**de! Ó **luz** da santa **Igre**ja!
São **Pe**dro Da**mião** cumpri**dor** da lei di**vi**na,
ro**gai** por nós a **Cris**to.

22 de fevereiro

CÁTEDRA DE SÃO PEDRO, APÓSTOLO

Festa

Desde o século IV, a festa da Cátedra de Pedro é celebrada neste dia em Roma, como sinal da unidade da Igreja, fundada sobre o Apóstolo.

Laudes

Hino

Pedro, que rompes algemas
pelo poder do Senhor,
de toda a Igreja és mestre,
de mil rebanhos pastor:
protege, pois, cada ovelha,
retém do lobo o furor.

O que tu ligas na terra,
o céu ligado retém:
o que na terra desligas,
o céu desliga também.
Ao Deus trino que te assiste,
louvemos como convém!

Ant. 1 Je**sus** disse a Si**mão**: Não tenhas **me**do!
De **ho**mens tu se**rás** um pesca**dor**!

Salmos e cântico do domingo da I Semana, p. 764.

Ant. 2 Tu és o **Cris**to, o **Fi**lho do Deus **vi**vo!
Tu és fe**liz**, Simão **Pe**dro, és fe**liz**!

Ant. 3 O Se**nhor** disse a **Pe**dro:
Hei de **dar**-te as **cha**ves do **rei**no dos **céus**.

Leitura breve At 15,7b-9

Deus me escolheu, do vosso meio, para que os pagãos ouvissem de minha boca a palavra do Evangelho e acreditassem. Ora, Deus, que conhece os corações, testemunhou a favor deles, dando-lhes o Espírito Santo como o deu a nós. E não fez nenhuma distinção entre nós e eles, purificando o coração deles mediante a fé.

Responsório breve

R. Fareis **de**les os **che**fes
* Por **to**da a **ter**ra. R. Fareis.
V. Lembra**rão** vosso **no**me, Se**nhor**, para **sem**pre.
* Por **to**da. Glória ao **Pai**. R. Fareis **de**les.

Cântico evangélico, ant.

Disse o Se**nhor** a Simão **Pe**dro:
eu pe**di** em teu fa**vor**, que tua **fé** não desfa**le**ça.
Quando esti**ve**res conver**ti**do, forta**le**ce os teus ir**mãos**.

Preces

Irmãos caríssimos, tendo recebido dos apóstolos a herança celeste, agradeçamos a Deus, nosso Pai, por todos os seus dons; e aclamemos:

R. **O coro dos apóstolos vos louva, Senhor!**

Louvor a vós, Senhor, pela mesa do vosso Corpo e Sangue que recebemos por intermédio dos apóstolos;
– por ela somos alimentados e vivemos. R.

Louvor a vós, Senhor, pela mesa de vossa Palavra, preparada para nós pelos apóstolos;
– por ela recebemos luz e alegria. R.

Louvor a vós, Senhor, por vossa santa Igreja, edificada sobre o fundamento dos apóstolos;
– com ela formamos um só Corpo. R.

Louvor a vós, Senhor, pelos sacramentos do Batismo e da Penitência que confiastes aos apóstolos;
– por eles somos lavados de todo pecado. R.

(intenções livres)

Pai nosso...

Oração

Concedei, ó Deus todo-poderoso, que nada nos possa abalar, pois edificastes a vossa Igreja sobre aquela pedra que foi a profissão de fé do apóstolo Pedro. Por nosso Senhor Jesus Cristo, vosso Filho, na unidade do Espírito Santo.

Hora Média

Antífonas e salmos do dia de semana corrente.

Leitura breve 1Pd 5,1-2a

Exorto aos presbíteros que estão entre vós, eu, presbítero como eles, testemunha dos sofrimentos de Cristo e participante da glória que será revelada: Sede pastores do rebanho de Deus, confiado a vós.

V. Eles guar**da**vam os pre**cei**tos
R. E as **or**dens do Se**nhor**.

Oração como nas Laudes.

Vésperas

Hino

“Pescador de homens te faço!”
Ouviste, ó Pedro, de Deus:
redes e remos deixando,
ganhaste as chaves dos céus.

Negando Cristo três vezes,
três vezes clamas amor;
então, de todo o rebanho,
tornas-te mestre e pastor.

Ó Pedro, és pedra da Igreja,
que sobre ti se constrói,
que vence as forças do inferno,
e quais grãos de Cristo nos mói.

Quando no mar afundavas,
o Salvador deu-te as mãos;
com as palavras da vida
confirma agora os irmãos.

Pés para o alto apontando,
foste pregado na cruz;
cajado que une o rebanho,
barca que a todos conduz.

Ao Cristo Rei demos glória,
rendamos nosso louvor;
voltando à terra, ele encontre
um só rebanho e pastor.

Ant. 1 Tu me **a**mas, Simão **Pe**dro?
Ó Se**nhor**, tu sabes **tu**do, tu bem **sa**bes que eu te **a**mo!
Apas**cen**ta os meus cor**dei**ros.

Salmos e cântico do Comum dos apóstolos, p. 1484.

Ant. 2 Pedro no **cár**cere era guar**da**do.
E a **Igre**ja sem ces**sar** re**za**va a Deus por **e**le.

Ant. 3 Tu és **Pe**dro, e **so**bre esta **pe**dra
eu **irei** constru**ir** minha **Igre**ja.

Leitura breve 1Pd 1,3-5

Bendito seja Deus, Pai de nosso Senhor Jesus Cristo. Em sua grande misericórdia, pela ressurreição de Jesus Cristo dentre os mortos, ele nos fez nascer de novo, para uma esperança viva, para uma herança incorruptível, que não estraga, que não se mancha nem murcha, e que é reservada para vós nos céus. Graças à fé, e pelo poder de Deus, vós fostes guardados para a salvação que deve manifestar-se nos últimos tempos.

Responsório breve

R. Anunci**ai** entre as nações
* A **gló**ria do Sen**hor**. R. Anunci**ai**.
V. E as **su**as mara**vi**lhas entre os **po**vos do uni**ver**so.
* A **gló**ria. Glória ao **Pai**. R. Anunci**ai**.

Cântico evangélico, ant.

És pas**tor** das ovelhas de **Cris**to, dos a**pós**tolos o **che**fe;
a ti **fo**ram en**tre**gues as **cha**ves do **rei**no dos **céus**.

Preces

Irmãos, edificados sobre o fundamento dos apóstolos, roguemos a Deus Pai todo-poderoso em favor de seu povo santo; e digamos:

R. **Lembrai-vos, Senhor, da vossa Igreja!**

Vós quisestes, ó Pai, que o vosso Filho, ressuscitado dos mortos, aparecesse em primeiro lugar aos apóstolos;
– fazei de nós testemunhas do vosso Filho até os confins da terra. R.

Vós, que enviastes vosso Filho ao mundo para evangelizar os pobres,
– fazei que o Evangelho seja pregado a toda criatura. R.

Vós, que enviastes vosso Filho para semear a palavra do reino,
– concedei-nos colher na alegria os frutos da palavra semeada com o nosso trabalho. R.

Vós, que enviastes vosso Filho para reconciliar o mundo convosco pelo seu sangue,
– fazei que todos nós colaboremos na obra da reconciliação entre os homens. R.

(intenções livres)

Vós, que glorificastes vosso Filho à vossa direita nos céus,
– recebei no reino da felicidade eterna os nossos irmãos e irmãs falecidos. R.

Pai nosso...

Oração

Concedei, ó Deus todo-poderoso, que nada nos possa abalar, pois edificastes a vossa Igreja sobre aquela pedra que foi a profissão de fé do apóstolo Pedro. Por nosso Senhor Jesus Cristo, vosso Filho, na unidade do Espírito Santo.

23 de fevereiro

SÃO POLICARPO, BISPO E MÁRTIR

Memória

Policarpo, discípulo dos Apóstolos e bispo de Esmirna, deu hospedagem a Inácio de Antioquia; esteve em Roma para tratar com o papa Aniceto da questão relativa à data da Páscoa. Sofreu o martírio cerca do ano 155, queimado vivo no estádio da cidade.

Do Comum de um mártir, p. 1509, ou dos pastores: para bispos, p. 1523.
Na Quaresma, comemoração.

Laudes

Cântico evangélico, ant.

Há oi**ten**ta e seis **a**nos que eu **sir**vo a **Cris**to,
e **nun**ca ele **fez** algum **mal** para **mim**;
como **pos**so, então, maldi**zer** o meu **Rei**,
meu Se**nhor** e Salva**dor**?

Oração

Ó Deus, criador de todas as coisas, que colocastes o bispo São Policarpo nas fileiras dos vossos mártires, concedei-nos, por sua intercessão, participar com ele do cálice de Cristo, e ressuscitar para a vida eterna. Por nosso Senhor Jesus Cristo, vosso Filho, na unidade do Espírito Santo.

Vésperas

Cântico evangélico, ant.

Ben**di**to se**jais**, Se**nhor** onipo**ten**te,
que me **des**tes a be**ber** do **cá**lice de **Cris**to
e me **des**tes esta **gra**ça de tor**nar**-me vosso **már**tir!

MARÇO

4 de março

SÃO CASIMIRO

Para comemoração

Filho do rei da Polônia, nasceu em 1458. Praticou de modo excelente as virtudes cristãs, principalmente a castidade e a bondade para com os pobres. Tinha um grande zelo pela propagação da fé e uma singular devoção à sagrada Eucaristia e a Nossa Senhora. Morreu vítima de tuberculose, em 1484.

Laudes

Ant. Quem pra**ti**ca a ver**da**de, se **põe** junto à **luz**;
e suas **o**bras de **fi**lho de **Deus** se re**ve**lam.

Oração

Ó Deus todo-poderoso, a quem servir é reinar, dai-nos, pela intercessão de São Casimiro, a graça de vos servir com retidão e santidade. Por nosso Senhor Jesus Cristo, vosso Filho, na unidade do Espírito Santo.

Vésperas

Ant. Servo **bom** e **fiel**,
vem en**trar** na ale**gri**a de **Jesus**, teu Se**nhor**!

7 de março

SANTAS PERPÉTUA E FELICIDADE, MÁRTIRES

Memória

Sofreram o martírio em Cartago, no ano 203, durante a perseguição de Setímio Severo. Conserva-se ainda uma bela narração da sua morte, escrita em parte pelos próprios confessores da fé cartagineses e em parte por um escritor contemporâneo.

Laudes

Ant. Fe**li**zes de **vós**, os perse**gui**dos
por **cau**sa da jus**ti**ça do Se**nhor**,
porque o **Rei**no dos **céus** há de ser **vos**so!

Oração

Ó Deus, pelo vosso amor, as mártires Perpétua e Felicidade resistiram aos perseguidores e superaram as torturas do martírio; concedei-nos, por sua intercessão, crescer constantemente em vossa caridade. Por nosso Senhor Jesus Cristo, vosso Filho, na unidade do Espírito Santo.

Vésperas

Ant. A**le**grem-se nos **céus** os a**mi**gos do Se**nhor**,
que se**gui**ram os seus **pas**sos;
derra**ma**ram o seu **san**gue por a**mor** a Jesus **Cris**to,
e com **e**le reina**rão**.

8 de março

SÃO JOÃO DE DEUS, RELIGIOSO

Nasceu em Portugal no ano de 1495. Depois de uma vida cheia de perigos na carreira militar, o seu desejo de perfeição levou-o a entregar-se inteiramente ao serviço dos doentes. Fundou em Granada (Espanha) um hospital e associou à sua obra um grupo de companheiros que mais tarde constituíram a Ordem Hospitalar de São João de Deus. Distinguiu-se principalmente na caridade para com os pobres e os doentes. Morreu nesta mesma cidade, em 1550.

Laudes

Ant. Nisto **to**dos sabe**rão**
que vós **sois** os meus dis**cí**pulos:
se uns aos **ou**tros vos a**mar**des.

Oração

Ó Deus, que enchestes de misericórdia o coração de São João de Deus, fazei que, praticando as boas obras de caridade, nos encontremos entre os escolhidos quando chegar o vosso Reino. Por nosso Senhor Jesus Cristo, vosso Filho, na unidade do Espírito Santo.

Vésperas

Ant. O que **fizes**tes ao me**nor** dos meus ir**mãos**
foi a mim **mes**mo que o **fizes**tes, diz Je**sus**.
Vinde, ben**di**tos do meu **Pai**, e rece**bei** o Reino e**ter**no
prepa**ra**do para **vós** desde o i**ní**cio do uni**ver**so!

9 de março

SANTA FRANCISCA ROMANA, RELIGIOSA

Para comemoração

Nasceu em Roma, no ano de 1384. Casou-se muito jovem e teve três filhos. Viveu numa época de grandes calamidades; ajudou com seus bens os pobres e dedicou-se ao serviço dos doentes. Foi admirável na sua atividade em favor dos indigentes e na prática das virtudes, especialmente na humildade e na paciência. Em 1425, fundou a Congregação das Oblatas, sob a regra de São Bento. Morreu em 1440.

Laudes

Ant. Quem **faz** a von**ta**de do meu **Pai**,
é meu ir**mão**, minha ir**mã** e minha **mãe**.

Oração

Ó Deus, que nos destes em Santa Francisca Romana admirável modelo de esposa e de monja, fazei-nos sempre fiéis ao vosso serviço, para que possamos reconhecer e seguir a vossa vontade em todas as circunstâncias da vida. Por nosso Senhor Jesus Cristo, vosso Filho, na unidade do Espírito Santo.

Vésperas

Ant. Vós que **tu**do abandon**as**tes e me se**guis**tes,
recebe**reis** cem vezes **mais** a vida e**ter**na.

17 de março

SÃO PATRÍCIO, BISPO

Para comemoração

Nasceu na Grã-Bretanha, cerca de 385; ainda jovem, foi levado prisioneiro para a Irlanda e mandado pastorear ovelhas. Recuperando a liberdade, abraçou o estado clerical e foi eleito bispo da Irlanda. Evangelizou com grande zelo os habitantes daquela ilha, convertendo muitos à fé cristã e organizando aquela Igreja. Morreu nas cercanias de Down, em 461.

Laudes

Ant. Ide ao **mun**do, ensi**nai** a **to**dos os **po**vos,
batiz**ai**-os em **no**me do **Pai** e do **Fi**lho
e do Es**pí**rito **San**to.

Oração

Ó Deus, que na vossa providência, para anunciar o Evangelho aos povos da Irlanda, escolhestes o bispo São Patrício, concedei, por seus méritos e preces, que os cristãos anunciem a todos as maravilhas do vosso Reino. Por nosso Senhor Jesus Cristo, vosso Filho, na unidade do Espírito Santo.

Vésperas

Ant. Virão **mui**tos do Ori**en**te e do Oci**den**te
sentar-se à **me**sa com Abra**ão** no Reino e**ter**no.

18 de março

SÃO CIRILO DE JERUSALÉM, BISPO E DOUTOR DA IGREJA

Para comemoração

Nasceu de pais cristãos, no ano de 315. Sucedeu ao bispo Máximo na Sé de Jerusalém, em 348. Por causa de sua oposição aos arianos foi mais de uma vez condenado ao exílio. Sua atividade pastoral é testemunhada pelos sermões em que explicou aos fiéis a verdadeira doutrina da fé, a Sagrada Escritura e a Tradição. Morreu em 386.

Laudes

Ant. Quem é **sá**bio brilh**ará** como **luz** no firma**men**to;
quem en**si**na à multi**dão** os ca**mi**nhos da jus**ti**ça,
fulgi**rá** como as es**tre**las pelos **sé**culos e**ter**nos.

Oração

Ó Deus, que levastes vossa Igreja a penetrar mais profundamente nos mistérios da salvação pela catequese de São Cirilo de Jerusalém, concedei-nos, por suas preces, conhecer de tal modo o voso Filho, que tenhamos a vida em plenitude. Por nosso Senhor Jesus Cristo, vosso Filho, na unidade do Espírito Santo.

19 de março

SÃO JOSÉ, ESPOSO DE NOSSA SENHORA

Solenidade

I Vésperas

Hino

Celebre a José a corte celeste,
prossiga o louvor o povo cristão:
Só ele merece à Virgem se unir
em casta união.

Ao ver sua Esposa em Mãe transformar-se,
José quer deixar Maria em segredo.
Um anjo aparece: "É obra de Deus!"
Afasta-lhe o medo.

Nascido o Senhor, nos braços o estreitas.
A ti tem por guia, a Herodes fugindo.
Perdido no templo, és tu que o encontras,
chorando e sorrindo.

Convívio divino a outros, somente
após dura morte é dado gozar.
Mas tu, já em vida, abraças a Deus,
e o tens no teu lar!

Ó dai-nos, Trindade, o que hoje pedimos:
Um dia no céu, cantarmos também
o canto que canta o esposo da Virgem
sem mácula. Amém.

Ant. 1 Jacó foi o **pai** de José, o es**po**so da **Vir**gem Ma**ri**a,
da **qual** Jesus **Cris**to nas**ceu** (T.P. Ale**luia**).

Salmos e cântico do Comum dos santos homens, p. 1547.

Ant. 2 O **an**jo Gabri**el** foi envi**a**do
por **Deus** a Naza**ré** da Gali**lei**a,
a uma **vir**gem despo**sa**da com **José** (T.P. Ale**lu**ia).

Ant. 3 Ma**ri**a, a Mãe de **Cris**to, a es**po**sa de **José**,
conce**beu** do Espírito **San**to sem **te**rem convi**vi**do (T.P.)
Ale**luia**).

Leitura breve Cl 3,23-24

Tudo o que fizerdes, fazei-o de coração, como para o Senhor e não para os homens. Pois vós bem sabeis que recebereis do Senhor a herança como recompensa. Servi a Cristo, o Senhor!

Responsório breve

Na Quaresma:

R. O **jus**to como o **lí**rio brota**rá**. R. O **jus**to.
V. E flori**rá** ante o Se**nhor** eterna**men**te. R. O **jus**to.
Glória ao **Pai**. R. O **jus**to.

No Tempo pascal:

R. O **jus**to como o **lí**rio brota**rá**.
* Ale**lu**ia, ale**lu**ia. R. O **jus**to.
V. E flori**rá** ante o Se**nhor** eterna**men**te. *Ale**lu**ia.
Glória ao **Pai**. R. O **jus**to.

Cântico evangélico, ant.

Eis o **ser**vo **fi**el e pru**den**te,
a quem **Deus** confi**ou** a sua fa**mí**lia (T.P. Ale**luia**).

Preces

Invoquemos humildemente a Deus, fonte de toda a paternidade no céu e na terra; e digamos:

R. **Pai santo, que estais nos céus, ouvi-nos!**

Pai santo, que revelastes a São José o mistério de Cristo, escondido desde toda a eternidade,
– fazei-nos conhecer melhor o vosso Filho, Deus e Homem. R.

Pai celeste, que alimentais as aves do céu e vestis a erva dos campos,
– dai a todos os seres humanos o pão cotidiano do corpo e da alma. R.

Criador de todas as coisas, que nos confiastes a obra de vossas mãos,
– fazei que os operários possam honestamente usufruir a recompensa dos seus trabalhos. R.

Deus de toda justiça, que amais os justos,
– dai-nos, por intercessão de São José, a graça de caminhar na vida praticando o que vos agrada. R.

(intenções livres)

Concedei benignamente a vossa misericórdia aos agonizantes e aos que já partiram desta vida,
– por intercessão de vosso Filho, junto com sua mãe Maria e São José. R.

Pai nosso...

Oração

Deus todo-poderoso, pelas preces de São José, a quem confiastes as primícias da Igreja, concedei que ela possa levar à plenitude os mistérios da salvação. Por nosso Senhor Jesus Cristo, vosso Filho, na unidade do Espírito Santo.

Laudes

Hino

São José, do céu a glória,
esperança verdadeira
que reluz na nossa vida,
proteção de todo o mundo,
ouve os cantos e louvores
da Igreja agradecida.

A ti, filho de Davi,
como esposo de Maria
escolheu o Criador.

Quis que fosses pai do Verbo
e da nossa salvação
diligente servidor.

Reclinado no presépio,
o Esperado dos profetas,
Redentor do mundo inteiro,
tu contemplas, venturoso,
e, unido à Virgem Mãe,
o adoras por primeiro.

O Senhor e Deus do mundo,
Rei dos reis, a cujo aceno
se ajoelha o céu fulgente
e os infernos estremecem,
revestindo a nossa carne,
fez-se a ti obediente.

Glória eterna à Divindade,
Unidade na Trindade,
Deus imenso, Sumo Bem,
que te deu tão grande graça.
Por ti, dê-nos sua vida
e alegria eterna. Amém.

Ant. 1 Os pas**to**res vieram de**pres**sa
e encon**tra**ram Maria e José
e, no pre**sé**pio, o Me**ni**no dei**ta**do (T.P. Ale**lui**a).

Salmos e cântico do domingo da I Semana, p. 764.

Ant. 2 **José** e Ma**ri**a, a **Mãe** de Je**sus**,
se admi**ra**vam das **coi**sas que **de**le eram **di**tas
(T.P. Ale**lui**a).

Ant. 3 **José** levan**tou**-se de **noi**te,
to**mou** o Me**ni**no e sua **Mãe**,
e fu**giu** para a **ter**ra do E**gi**to;
ficou **lá** até a **mor**te de He**ro**des (T.P. Ale**lui**a).

Leitura breve Sm 7,28-29

Senhor Deus, tu és Deus e tuas palavras são verdadeiras. Pois que fizeste esta bela promessa ao teu servo, abençoa, então, a casa do teu servo, para que ela permaneça para sempre na tua presença.

Porque és tu, Senhor Deus, que falaste, e é graças à tua bênção que a casa do teu servo será abençoada para sempre.

Responsório breve

Na Quaresma:

R. Fez **dele** * O se**nhor** de sua **ca**sa. R. Fez **de**le.
V. E de **to**dos os seus **bens**, o despen**sei**ro. * O se**nhor**.
Glória ao Pai. R. Fez **de**le.

No Tempo pascal:

R. Fez **de**le o se**nhor** de sua **ca**sa.
* Ale**lui**a, ale**lui**a. R. Fez **de**le.
V. E de **to**dos os seus **bens**, o despen**sei**ro. * Ale**lui**a, ale**lui**a
Glória ao **Pai.** R. Fez **de**le.

Cântico evangélico, ant.

Jo**sé** foi habi**tar** em Naza**ré** da Gali**lei**a,
para cum**prir**-se a profe**ci**a: Naza**reu** será cha**ma**do
(T.P. Ale**lui**a).

Preces

Oremos humildemente ao Senhor, de quem procede toda perfeição e santidade dos justos; e digamos:

R. **Santificai-nos, Senhor, segundo a vossa justiça!**

Senhor Deus, que chamastes os nossos pais na fé para caminharem na vossa presença com um coração perfeito,
– fazei que, seguindo os seus passos, alcancemos a perfeição de acordo com a vossa vontade. R.

Vós, que escolhestes São José, homem justo, para cuidar de vosso Filho na infância e juventude,
– fazei que sirvamos em nossos irmãos e irmãs o Corpo místico de Cristo. R.

Vós, que destes a terra aos seres humanos para que a povoassem e dominassem,
– ensinai-nos a trabalhar corajosamente neste mundo, buscando sempre a vossa glória. R.

Pai de todos nós, lembrai-vos da obra de vossas mãos,
– e dai a todos trabalho e condições de vida digna. R.

(intenções livres)

Pai nosso...

Oração

Deus todo-poderoso, pelas preces de São José, a quem confiastes as primícias da Igreja, concedei que ela possa levar à plenitude os mistérios da salvação. Por nosso Senhor Jesus Cristo, vosso Filho, na unidade do Espírito Santo.

Hora Média

Salmodia complementar, p. 1135.

Ant. Ao vol**ta**rem, fi**cou** o Me**ni**no na ci**da**de de **Je**rusa**lém**, **sem** que seus **pais** o sou**bes**sem (T.P. Ale**lui**a).

Leitura breve cf. Sb 10,10

A sabedoria guiou, por caminhos retos, o justo que fugia do ódio do irmão, mostrou-lhe o reino de Deus e deu-lhe conhecimento das coisas santas; deu sucesso às suas tarefas e recompensa aos seus trabalhos.

V. Haverá **gló**ria e ri**que**za em sua **ca**sa (T.P. Ale**lui**a).
R. Perma**ne**ce para **sem**pre o bem que **fez** (T.P. Ale**lui**a).

Oração como nas Laudes.

II Vésperas

HINO Celebre a José, p. 1211.

Ant. 1 Após três **di**as encon**tra**ram, no **tem**plo, o Me**ni**no sen**ta**do entre os dou**to**res, ou**vin**do e interro**gan**do-os (T.P. Ale**lui**a).

Salmos e cântico do Comum dos santos homens, p. 1556.

Ant. 2 Ma**ri**a, sua **Mãe**, disse a Je**sus**:
Meu **fi**lho, por que a**gis**te assim co**nos**co?
Eu e teu **pai** te procu**rá**vamos a**fli**tos (T.P. Ale**lui**a).

Ant. 3 Jesus vol**tou** a Naza**ré** com os seus **pais** e **e**ra-lhes sub**mis**so (T.P. Ale**lui**a).

Leitura breve Cl 3,23-24

Tudo o que fizerdes, fazei-o de coração, como para o Senhor e não para os homens. Pois vós bem sabeis que recebereis do Senhor a herança como recompensa. Servi a Cristo, o Senhor!

Responsório breve

Na Quaresma:

R. O **jus**to como o **lí**rio brota**rá**. R. O **jus**to.
V. E flori**rá** ante o Se**nhor** eterna**men**te. R. O **jus**to.
Glória ao **Pai**. R. O **jus**to.

No Tempo pascal:

R. O **jus**to como o **lí**rio brota**rá**.
* Ale**lui**a, ale**lui**a. R. O **jus**to.
V. E flori**rá** ante o Se**nhor** eterna**men**te. * Ale**lui**a.
Glória ao **Pai**. R. O **jus**to.

Cântico evangélico, ant.

Ao come**çar** seu minis**té**rio, tinha Je**sus** uns trinta **a**nos, e era **ti**do pelo **po**vo como **fi**lho de José (T.P. Ale**lui**a).

Preces

Invoquemos humildemente a Deus, fonte de toda a paternidade no céu e na terra; e digamos:

R. **Pai santo, que estais nos céus, ouvi-nos!**

Pai santo, que revelastes a São José o mistério de Cristo, escondido desde toda a eternidade,
– fazei-nos conhecer melhor o vosso Filho, Deus e Homem. R.

Pai celeste, que alimentais as aves do céu e vestis a erva dos campos,
– dai a todos os seres humanos o pão do corpo e da alma. R.

Criador de todas as coisas, que nos confiastes a obra de vossas mãos,
– fazei que os operários possam honestamente usufruir a recompensa dos seus trabalhos. R.

Deus de toda justiça, que amais os justos,
– dai-nos, por intercessão de São José, a graça de caminhar na vida praticando o que vos agrada. R.

(intenções livres)

Concedei benignamente a vossa misericórdia aos agonizantes e aos que já partiram desta vida,
– por intercessão de vosso Filho, junto com sua mãe Maria e São José. R.

Pai nosso...

Oração

Deus todo-poderoso, pelas preces de São José, à quem confiastes as primícias da Igreja, concedei que ela possa levar à plenitude os mistérios da salvação. Por nosso Senhor Jesus Cristo, vosso Filho, na unidade do Espírito Santo.

23 de março

SÃO TURÍBIO DE MOGROVEJO, BISPO

Para comemoração

Nasceu na Espanha pelo ano de 1538, e estudou Direito em Salamanca. Eleito bispo de Lima em 1580, partiu para a América. Cheio de zelo apostólico, celebrou vários sínodos e concílios que muito incentivaram a vida cristã em todo o território. Defendeu corajosamente os direitos da Igreja, dedicou-se com grande solicitude ao rebanho que lhe fora confiado, visitando-o com frequência, e preocupando-se de modo especial com os índios. Morreu em 1606.

Laudes

Ant. Não sois **vós** que fala**reis**,
é o Es**pí**rito do **Pai** que em **vós** há de fa**lar**.

Oração

Ó Deus, que fizestes crescer a vossa Igreja pela solicitude pastoral de São Turíbio e seu zelo pela verdade, concedei ao vosso povo um contínuo aumento de fé e santidade. Por nosso Senhor Jesus Cristo, vosso Filho, na unidade do Espírito Santo.

Vésperas

Ant. Eis o **ser**vo fi**el** e pru**den**te,
a quem **Deus** confi**ou** sua fa**mí**lia,
para **dar**-lhes o **pão** a seu **tem**po.

25 de março

ANUNCIAÇÃO DO SENHOR

Solenidade

I Vésperas

Hino

Reconheça o mundo inteiro
ter chegado a salvação:
cessa o jugo do pecado,
aparece a Redenção.

Já se cumpre a profecia:
uma virgem dá à luz;
Gabriel vem a Maria,
anuncia-lhe Jesus.

Do Espírito concebe
a que nele acreditou,
e o que não cabe no mundo
no seu seio se encerrou.

O que o velho Adão manchara
vem lavar o novo Adão;
o que o orgulho destruíra
reconstrói pela Paixão.

Toda a glória seja ao Filho,
que por nós do Pai desceu,
quando à sombra do Paráclito
uma virgem concebeu.

Salmodia

Ant. 1 A **raiz** de Jes**sé** have**rá** de bro**tar**;
e have**rá** de sur**gir** uma **flor** de seu **ra**mo;
pousa**rá** sobre **e**le o Es**pí**rito **San**to (T.P. Ale**lui**a).

Salmo 112(113)

– 1 Lou**vai**, louvai, ó **ser**vos do Se**nhor**, *
lou**vai**, louvai o nome do Senhor!
– 2 Ben**di**to seja o nome do Senhor, *
a**go**ra e por toda a eternidade!

– 3 Do nas**cer** do sol até o seu ocaso, *
louv**a**do seja o nome do Senhor!
– 4 O Se**nhor** está acima das nações, *
sua **gló**ria vai além dos altos céus.
= 5 Quem **po**de comparar-se ao nosso Deus, †
ao Se**nhor**, que no alto céu tem o seu trono *
6 e se in**cli**na para olhar o céu e a terra?
– 7 Le**van**ta da poeira o indigente *
e do **li**xo ele retira o pobrezinho,
– 8 para fa**zê**-lo assentar-se com os nobres, *
assen**tar**-se com os nobres do seu povo.
– 9 Faz a es**té**ril, mãe feliz em sua casa, *
vi**ven**do rodeada de seus filhos.

Ant. 1 A ra**iz** de Jess**é** have**rá** de bro**tar**;
e have**rá** de sur**gir** uma **flor** de seu **ra**mo;
pousa**rá** sobre **e**le o Es**pí**rito **San**to (T.P. Ale**lui**a).

Ant. 2 O Se**nhor** vai dar-lhe o **tro**no de seu **pai**, o rei Da**vi**;
e reina**rá** eterna**men**te (T.P. Ale**lui**a).

Salmo 147(147B)

– 12 Glori**fi**ca o Se**nhor**, Jerusa**lém**! *
Ó Si**ão**, canta louvores ao teu Deus!
– 13 Pois refor**çou** com segurança as tuas portas, *
e os teus **fi**lhos em teu seio abençoou;
– 14 a **paz** em teus limites garantiu *
e te **dá** como alimento a flor do trigo.
– 15 Ele en**vi**a suas ordens para a terra, *
e a pa**la**vra que ele diz corre veloz;
– 16 Ele **faz** cair a neve como lã *
e es**pa**lha a geada como cinza.
– 17 Como de **pão** lança as migalhas do granizo, *
a seu **fri**o as águas ficam congeladas.
– 18 Ele en**vi**a sua palavra e as derrete, *
sopra o **ven**to e de novo as águas correm.
– 19 Anun**ci**a a Jacó sua palavra, *
seus pre**cei**tos e suas leis a Israel.

– [20]Nenhum **po**vo recebeu tanto carinho, *
a nenhum **ou**tro revelou os seus preceitos.

Ant. O Se**nhor** vai dar-lhe o **tro**no de seu **pai**, o rei Da**vi**;
e reina**rá** eterna**men**te (T.P. Ale**lui**a).

Ant. 3 Hoje o **Ver**bo Divi**no**, ge**ra**do pelo **Pai**
já bem **an**tes dos **tem**pos, humi**lhou** se a si **mes**mo
e por **nós** se fez **ho**mem (T.P. Ale**lui**a).

Cântico — Fl 2,6-11

= [6]Embora **fos**se de di**vi**na condi**ção**, †
Cristo Je**sus** não se apegou ciosamente *
a ser i**gual** em natureza a Deus Pai.

(R. Jesus **Cris**to é Se**nhor** para a **gló**ria de Deus **Pai**!)

= [7]Po**rém** esvaziou-se de sua glória †
e assu**miu** a condição de um escravo, *
fa**zen**do-se aos homens semelhante. (R.)

= Reconhe**ci**do exteriormente como homem, †
[8]humi**lhou**-se, obedecendo até à morte, *
até à **mor**te humilhante numa cruz. (R.)

= [9]Por isso **Deus** o exaltou sobremaneira †
e deu-lhe o **no**me mais excelso, mais sublime, *
e ele**va**do muito acima de outro nome. (R.)

= [10]Para **que** perante o nome de Jesus †
se **do**bre reverente todo joelho, *
seja nos **céus**, seja na terra ou nos abismos. (R.)

= [11]E toda **lín**gua reconheça, confessando, †
para a **gló**ria de Deus Pai e seu louvor: *
"Na ver**da**de Jesus Cristo é o Senhor!" (R.)

Ant. Hoje o **Ver**bo Divi**no**, ge**ra**do pelo **Pai**
já bem **an**tes dos **tem**pos, humi**lhou**-se a si **mes**mo
e por **nós** se fez **ho**mem (T.P. Ale**lui**a).

Leitura breve — 1Jo 1,1-2

O que era desde o princípio, o que nós ouvimos, o que vimos com os nossos olhos, o que contemplamos e as nossas mãos tocaram da Palavra da Vida, de fato, a Vida manifestou-se e nós a vimos, e somos testemunhas, e a vós anunciamos a Vida eterna, que estava junto do Pai e que se tomou visível para nós.

Responsório breve

Na Quaresma:

R. A **raiz** de Jessé germi**nou**.
A es**tre**la de Jacó despon**tou**. R. A raiz.
V. Da **Vir**gem nas**ceu** o Salva**dor**. * A estrela.
Glória ao **Pai**. R. A raiz.

No Tempo pascal:

R. A **raiz** de Jessé germi**nou**, a es**tre**la de **Jacó** despon**tou**.
Ale**luia**, ale**luia**. R. A raiz.
V. Da **Vir**gem nas**ceu** o Salva**dor**. * Ale**luia**.
Glória ao **Pai**. R. A raiz.

Cântico evangélico, ant.

Não **te**mas, Ma**ri**a: O Es**pí**rito **San**to vi**rá** sobre **ti**,
e o po**der** do Al**tís**simo te cobri**rá** com sua **som**bra (T.P. Ale**luia**).

Preces

Invoquemos com toda confiança o eterno Pai, que hoje por meio do anjo, anunciou a Maria a nossa salvação; e digamos:

R. **Dai-nos, Senhor, a vossa graça!**

Vós, que escolhestes a Virgem Maria para ser a Mãe do vosso Filho,
– compadecei-vos de todos os que esperam a sua redenção. R.

Vós, que, por meio do anjo Gabriel, anunciastes a Maria a alegria e a paz,
– dai ao mundo inteiro a alegria da salvação e a paz verdadeira. R.

Vós, que, pela aceitação de vossa serva e por obra do Espírito Santo, quisestes que vossa Palavra viesse morar entre nós,
– preparai os nossos corações para receber a Cristo do mesmo modo que a Virgem Maria o recebeu. R.

Vós, que elevais os humildes e saciais os que têm fome,
– animai os que estão abatidos, socorrei os necessitados e ajudai os agonizantes. R.

(intenções livres)

Deus de infinita bondade, que realizais maravilhas e para quem nada é impossível,
– salvai-nos, junto com os que já morreram, na ressurreição do último dia. R.

Pai nosso...

Oração

Ó Deus, quisestes que vosso Verbo se fizesse homem no seio da Virgem Maria; dai-nos participar da divindade do nosso Redentor, que proclamamos verdadeiro Deus e verdadeiro homem. Por nosso Senhor Jesus Cristo, vosso Filho, na unidade do Espírito Santo.

Laudes

Hino

Ó luz que o anjo traz à Virgem
da salvação és mensageira.
Vai se cumprir a profecia,
de gozo enchendo a terra inteira.

O que do Pai no eterno seio
eternamente foi gerado,
escolhe Mãe em nosso mundo,
sujeito ao tempo, que é criado.

Ele se esconde em carne humana,
preço de nossa salvação,
para que o sangue do inocente
trouxesse aos crimes o perdão.

Verdade, em carne concebida
dum seio virgem sob o véu,
a vossa luz é dada aos puros,
dai-nos tal luz, que vem do céu.

E vós, humilde coração,
Serva de Deus vos proclamais,
agora sois do céu Rainha,
sede a patrona dos mortais.

Glória e louvor a vós, Jesus,
da Virgem Mãe por nós nascido,
a vós, ao Pai e ao Espírito
louvor eterno é devido.

Ant. 1 O **an**jo Gabri**el** foi envi**a**do
à es**po**sa de Jo**sé**, Virgem Ma**ri**a (T.P. Ale**lu**ia).

Salmos e cântico do domingo da I Semana, p. 764.

Ant. 2 És ben**di**ta entre **to**das as mu**lhe**res da **ter**ra,
e ben**di**to é o **fru**to que nas**ceu** do teu **ven**tre
(T.P. Ale**lu**ia).

Ant. 3 A Santa **Vir**gem conce**beu**,
dando o **seu** consenti**men**to;
permane**cen**do sempre **vir**gem,
deu à **luz** o Salva**dor**
(T.P. Ale**lu**ia).

Leitura breve Fl 2,6-7

Jesus Cristo, existindo em condição divina, não fez do ser igual a Deus uma usurpação, mas ele esvaziou-se a si mesmo, assumindo a condição de escravo e tornando-se igual aos homens. E encontrou-se com aspecto humano.

Responsório breve

Na Quaresma:

R. Ma**ri**a, a**le**gra-te, ó **chei**a de **gra**ça;
* O Se**nhor** é con**ti**go. R. Ma**ri**a.
V. És ben**di**ta entre **to**das as mu**lhe**res,
e ben**di**to é o **fru**to do teu **ven**tre. * O Se**nhor**.
Glória ao **Pai.** R. Ma**ri**a.

No Tempo pascal:

R. Ma**ri**a, a**le**gra-te, ó **chei**a de **gra**ça, o Se**nhor** é con**ti**go.
* Ale**lu**ia, ale**lu**ia. R. Ma**ri**a.
V. És ben**di**ta entre **to**das as mu**lhe**res,
e ben**di**to é o **fru**to do teu **ven**tre. * Ale**lu**ia.
Glória ao **Pai.** R. Ma**ri**a.

Cântico evangélico, ant.

Pelo a**mor** infi**ni**to com que **Deus** nos a**mou**,
envi**ou**-nos seu **Fi**lho, numa **car**ne seme**lhan**te
à **car**ne do pe**ca**do (T.P. Ale**lu**ia).

Preces

A solenidade da Anunciação do Senhor, que hoje celebramos, marca o início da nossa salvação. Cheios de confiança, oremos a Deus Pai:

R. **Interceda por nós a santa Mãe de Deus!**

Assim como a Virgem Maria recebeu com alegria a mensagem do anjo,
– fazei, ó Deus, que recebamos com gratidão o nosso Salvador. R.

Assim como olhastes para a humildade de vossa serva,
– lembrai-vos e tende compaixão de todos nós, Pai de misericórdia. R.

Assim como Maria, a nova Eva, obedeceu plenamente à vossa Palavra divina,
– cumpra-se também em nós a vossa vontade. R.

Que a Santa Virgem Maria socorra os pobres, ajude os fracos, console os tristes,
– reze pelo povo, proteja o clero e interceda pelas mulheres em seu devotamento. R.

(intenções livres)

Pai nosso...

Oração

Ó Deus, quisestes que vosso Verbo se fizesse homem no seio da Virgem Maria; dai-nos participar da divindade do nosso Redentor, que proclamamos verdadeiro Deus e verdadeiro homem. Por nosso Senhor Jesus Cristo, vosso Filho, na unidade do Espírito Santo.

Hora Média

Salmodia complementar, p. 1135.

Ant. Eis que a **Vir**gem conceb**erá** um Men**i**no e o dará à **luz,**
e o seu **no**me é Emanu**el** (T.P. Ale**lui**a).

Leitura breve 1Jo 4,10

Nisto consiste o amor: não fomos nós que amamos a Deus, mas foi ele que nos amou e enviou o seu Filho como vítima de reparação pelos nossos pecados.

V. Eis a **ser**va do Sen**hor** (T.P. Ale**lui**a).
R. Rea**li**ze-se em **mim** a Pa**la**vra do Sen**hor** (T.P. Ale**lui**a).

II Vésperas

HINO Ave, do mar Estrela, do Comum de Nossa Senhora, p. 1467.

Salmodia

Ant. 1 O **an**jo do Se**nhor** anunci**ou** a Ma**ria**,
e **e**la conce**beu** do Es**pí**rito **San**to (T.P. Ale**lu**ia).

Salmo 109(110),1-5.7

– 1 Pa**la**vra do Se**nhor** ao meu Se**nhor**: *
"As**sen**ta-te ao lado meu direito,
– a**té** que eu ponha os inimigos teus *
como esca**be**lo por debaixo de teus pés!"

= 2 O Se**nhor** estenderá desde Sião †
vosso **ce**tro de poder, pois ele diz: *
"Do**mi**na com vigor teus inimigos;

= 3 Tu és **prín**cipe desde o dia em que nasceste; †
na **gló**ria e esplendor da santidade, *
como o or**va**lho, antes da aurora, eu te gerei!"

= 4 Jurou o Se**nhor** e manterá sua palavra: †
"Tu **és** sacerdote eternamente, *
segundo a **or**dem do rei Melquisedec!"

– 5 À vossa **des**tra está o Senhor, ele vos diz: *
"No dia da **i**ra esmagarás os reis da terra!
– 7 Bebe**rás** água corrente no caminho, *
por **is**so seguirás de fronte erguida!"

Ant. O **an**jo do Se**nhor** anunci**ou** a Ma**ria**,
e **e**la conce**beu** do Es**pí**rito **San**to (T.P. Ale**lui**a).

Ant. 2 Não **te**mas, ó Ma**ria**, por **Deus** agraci**a**da;
have**rás** de conce**ber** um Me**ni**no e o dar à **luz**;
seu **no**me há de **ser**: o **Fi**lho do Al**tís**simo
(T.P. Ale**lui**a).

Salmo 129(130)

– 1 Das profun**de**zas eu **cla**mo a vós, Se**nhor**, *
2 † escu**tai** a minha **voz**!
– Vossos ou**vi**dos estejam bem atentos *
ao cla**mor** da minha prece! –

– 3 Se le**var**des em conta nossas faltas, *
quem have**rá** de subsistir?
– 4 Mas em **vós** se encontra o perdão, *
eu vos **te**mo e em vós espero.

– 5 No Se**nhor** ponho a minha esperança, *
es**pe**ro em sua palavra.
– 6 A minh'**al**ma espera no Senhor *
mais que o vi**gi**a pela aurora.

– 7 Es**pe**re Israel pelo Senhor *
mais que o vi**gi**a pela aurora!
– Pois no Se**nhor** se encontra toda graça *
e copi**o**sa redenção.

– 8 Ele **vem** libertar a Israel *
de **to**da a sua culpa.

Ant. Não **te**mas, ó Ma**ri**a, por **Deus** agraciada;
have**rás** de conce**ber** um Me**ni**no e o dar à **luz**;
seu **no**me há de **ser**: o **Fi**lho do Al**tís**simo
(T.P. Ale**lui**a).

Ant. 3 Eis a **ser**va do Se**nhor**:
Realize-se em **mim** a Pa**la**vra do Se**nhor**
(T.P. Ale**lui**a).

Cântico cf. Cl 1,12-20

= 12 Demos **gra**ças a Deus **Pai** onipo**ten**te, †
que nos **cha**ma a partilhar, na sua luz, *
da he**ran**ça a seus santos reservada!

(R. Glória a **vós**, Primo**gê**nito dentre os **mor**tos!)

= 13 Do im**pé**rio das trevas arrancou-nos †
e transpor**tou**-nos para o reino de seu Filho, *
para o **rei**no de seu Filho bem-amado,
– 14 no **qual** nós encontramos redenção, *
dos pe**ca**dos remissão pelo seu sangue. (R.)

– 15 Do **Deus**, o Invisível, é a imagem, *
o Primo**gê**nito de toda criatura;
= 16 porque **ne**le é que tudo foi criado: †
o que há nos **céus** e o que existe sobre a terra, *
o vi**sí**vel e também o invisível. (R.)

= Sejam **Tro**nos e Poderes que há nos céus, †
sejam **e**les Principados, Potestades: *
por **e**le e para ele foram feitos;
– 17 antes de **to**da criatura ele existe, *
e é por **e**le que subsiste o universo. (R.)

= 18 Ele é a Ca**be**ça da Igreja, que é seu Corpo, †
é o prin**cí**pio, o Primogênito dentre os mortos, *
a **fim** de ter em tudo a primazia.
– 19 Pois foi do a**gra**do de Deus Pai que a plenitude *
habi**ta**sse no seu Cristo inteiramente. (R.)

– 20 A**prou**ve-lhe também, por meio dele, *
reconcili**ar** consigo mesmo as criaturas,
= pacifi**can**do pelo sangue de sua cruz †
tudo a**qui**lo que por ele foi criado, *
o que há nos **céus** e o que existe sobre a terra. (R.)

Ant. Eis a **ser**va do Se**nhor**:
Rea**li**ze-se em **mim** a Pa**la**vra do Se**nhor**
(T.P. Ale**lui**a).

Leitura breve 1Jo 1,1-2

O que era desde o princípio, o que nós ouvimos, o que vimos com os nossos olhos, o que contemplamos e as nossas mãos tocaram da Palavra da Vida; de fato, a Vida manifestou-se e nós a vimos, e somos testemunhas, e a vós anunciamos a Vida eterna, que estava junto do Pai e que se tornou visível para nós.

Responsório breve

Na Quaresma:

R. A Pa**la**vra se fez **car**ne
* E habi**tou** entre **nós**. R. A Pa**la**vra.
V. A Pa**la**vra, no prin**cí**pio, es**ta**va com **Deus**. * E habi**tou**.
Glória ao **Pai**. R. A Pa**la**vra.

No Tempo pascal:

R. A Pa**la**vra se fez **car**ne e habi**tou** entre **nós**.
* Ale**lui**a, ale**lui**a. R. A Pa**la**vra.
V. A Pa**la**vra, no prin**cí**pio, es**ta**va com **Deus**. * Ale**lui**a.
Glória ao **Pai**. R. A Pa**la**vra.

Cântico evangélico, ant.

Disse o **anjo** à **Vir**gem: Ma**ri**a, a**le**gra-te,
ó **chei**a de **gra**ça, o Se**nhor** é con**ti**go,
és ben**di**ta entre **to**das as mu**lhe**res da **ter**ra (T.P. Ale**lui**a).

Preces

Invoquemos com toda confiança o eterno Pai, que hoje, por meio do anjo, anunciou a Maria a nossa salvação; e digamos:

R. **Dai-nos, Senhor, a vossa graça!**

Vós, que escolhestes a Virgem Maria para ser a Mãe do vosso Filho,
– compadecei-vos de todos os que esperam a sua redenção. R.

Vós, que, por meio do anjo Gabriel, anunciastes a Maria a alegria e a paz
– dai ao mundo inteiro a alegria da salvação e a paz verdadeira. R.

Vós, que, pela aceitação de vossa serva e por obra do Espírito Santo, quisestes que vossa Palavra viesse morar entre nós,
– preparai os nossos corações para receber a Cristo do mesmo modo que a Virgem Maria o recebeu. R.

Vós, que elevais os humildes e saciais os que têm fome,
– animai os que estão abatidos, socorrei os necessitados e ajudai os agonizantes. R.

(intenções livres)

Deus de infinita bondade, que realizais maravilhas e para quem nada é impossível,
– salvai-nos, junto com os que já morreram, na ressurreição do último dia. R.

Pai nosso...

Oração

Ó Deus, quisestes que vosso Verbo se fizesse homem no seio da Virgem Maria; dai-nos participar da divindade do nosso Redentor, que proclamamos verdadeiro Deus e verdadeiro homem. Por nosso Senhor Jesus Cristo, vosso Filho, na unidade do Espírito Santo.

ABRIL

2 de abril

SÃO FRANCISCO DE PAULA, EREMITA

Nasceu em Paola, na Calábria (Itália), em 1416. Fundou uma Congregação eremítica, mais tarde transformada na Ordem dos Mínimos, confirmada pela Sé Apostólica, em 1506. Morreu em Tours (França), em 1507.

Do Comum dos santos homens: para religiosos, p. 1571. Na Quaresma, comemoração.

Laudes

Cântico evangélico, ant.

Eis que es**tou** ante a **por**ta ba**ten**do;
se al**guém** me a**brir** sua **por**ta,
entra**rei** e com **e**le cea**rei**
e **e**le igual**men**te co**mi**go (T.P. Ale**lui**a).

Oração

Ó Deus, que exaltais os humildes, vós elevastes à glória dos vossos santos São Francisco de Paula. Auxiliados por seus méritos e seguindo seu exemplo, possamos alcançar o prêmio que prometestes aos humildes. Por nosso Senhor Jesus Cristo, vosso Filho, na unidade do Espírito Santo.

Vésperas

Cântico evangélico, ant.

Quem qui**se**sse com**prar** o a**mor**,
mesmo em **tro**ca de **to**do o di**nhei**ro,
só te**ri**a des**pre**zo e re**pul**sa (T.P. Ale**lui**a).

4 de abril

SANTO ISIDORO, BISPO E DOUTOR DA IGREJA

Nasceu em Sevilha (Espanha) cerca do ano 560. Depois da morte do pai, foi educado por seu irmão São Leandro, a quem sucedeu na sede episcopal da sua cidade natal, onde desenvolveu uma grande atividade pastoral e literária. Escreveu muitos livros cheios de erudição, convocou e presidiu vários concílios na Espanha, nos quais foram tomadas muitas medidas sábias para o bem da Igreja. Morreu em 636.

Do Comum dos pastores, p. 1523, e dos doutores da Igreja, p. 1533. Na Quaresma, comemoração.

Laudes

Na Quaresma, para comemoração:

Ant. Quem é **sá**bio brilha**rá** como **luz** no firma**men**to;
quem en**si**na à multi**dão** os ca**mi**nhos da jus**ti**ça,
fulgi**rá** como as es**tre**las pelos **sé**culos e**ter**nos.

Oração

Ouvi, ó Deus, as nossas preces na comemoração de Santo Isidoro, para que sua intercessão ajude a Igreja, por ele alimentada com a vossa doutrina. Por nosso Senhor Jesus Cristo, vosso Filho, na unidade do Espírito Santo.

Vésperas

Na Quaresma, para comemoração:

Ant. Ó **mes**tre da Ver**da**de! Ó **luz** da santa **Igre**ja!
Ó **San**to Isi**do**ro, cumpri**dor** da lei di**vi**na,
ro**gai** por nós a **Cris**to.

5 de abril

SÃO VICENTE FERRER, PRESBÍTERO

Nasceu em Valência, na Espanha, em 1350. Foi admitido na Ordem dos Pregadores, onde ensinou Teologia. No exercício do ministério da pregação, percorreu muitas regiões, recolhendo abundantes frutos na defesa da verdadeira fé e na reforma dos costumes. Morreu em Vannes, na França, em 1419.

Do Comum dos pastores: para presbíteros, p. 1523. Na Quaresma, comemoração.

Na Quaresma, para comemoração:

Ant. Não sois **vós** que fala**reis**,
é o Es**pí**rito do **Pai** que em **vós** há de fa**lar**.

Oração

Ó Deus, que suscitastes na Igreja o vosso presbítero São Vicente Ferrer para a pregação do vosso Evangelho, dai-nos a alegria de contemplar no céu o Cristo, nosso Rei, cuja vinda como Juiz foi por ele anunciada. Por nosso Senhor Jesus Cristo, vosso Filho, na unidade do Espírito Santo.

Vésperas

Na Quaresma, para comemoração:

Ant. Fiz-me **tu**do para **to**dos, para **se**rem todos **sal**vos.

7 de abril

SÃO JOÃO BATISTA DE LA SALLE, PRESBÍTERO

Memória

Nasceu em Reims, na França, em 1651. Ordenado sacerdote, dedicou-se principalmente à educação das crianças e à fundação de escolas para os pobres. Com os companheiros que o ajudavam em sua obra, fundou uma Congregação, por cuja subsistência teve que enfrentar muitas provações. Morreu em Ruão (França), em 1719.

Do Comum dos pastores: para presbíteros, p. 1523; ou, dos santos homens: para educadores, p. 1574. Na Quaresma, comemoração:

Laudes

Na Quaresma, para comemoração:

Ant. Quem tem a**mor** no cora**ção** para os pe**que**nos,
sabe gui**ar** e ensi**nar** como um pas**tor**.

Oração

Ó Deus, que escolhestes São João Batista de la Salle para a educação cristã dos jovens, suscitai na vossa Igreja educadores que se consagrem inteiramente à formação humana e cristã da juventude. Por nosso Senhor Jesus Cristo, vosso Filho, na unidade do Espírito Santo.

Vésperas

Na Quaresma, para comemoração:

Ant. Dei**xai** vir a **mim** as crian**ci**nhas,
pois **de**las é o **Rei**no do meu **Pai**.

11 de abril

SANTO ESTANISLAU, BISPO E MÁRTIR

Memória

Nasceu em Szczepanów (Polônia), cerca do ano 1030. Fez seus estudos em Liège (Bélgica). Ordenado sacerdote, sucedeu a Lamberto como bispo de Cracóvia, em 1072. Governou sua Igreja como bom pastor, socorreu os pobres e todos os anos visitou o seu clero. O rei Boleslau, a quem tinha censurado, mandou matá-lo em 1097.

Do Comum de um mártir, p. 1509, ou, dos pastores: para bispos, p. 1523.
Na Quaresma, comemoração.

Laudes

Na Quaresma, para comemoração:

Ant. Quem per**der** a sua **vi**da neste **mun**do,
vai guar**dá**-la eterna**men**te para os **céus.**

Oração

Ó Deus, em cuja honra o bispo Santo Estanislau tombou sob a espada dos perseguidores, concedei-nos também perseverar firmes na fé até a morte. Por nosso Senhor Jesus Cristo, vosso Filho, na unidade do Espírito Santo.

Vésperas

Na Quaresma, para comemoração:

Ant. O **Rei**no ce**les**te é a mo**ra**da dos **san**tos,
sua **paz** para **sem**pre.

13 de abril

SÃO MARTINHO I, PAPA E MÁRTIR

Nasceu em Todi, na Úmbria (Itália), e fazia parte do clero romano. Em 649, foi eleito para a Cátedra de Pedro. Nesse mesmo ano celebrou um concílio em que foi condenado o erro dos monotelitas. Em 653 foi preso por ordem do imperador Constante e levado para Constantinopla, onde muito teve que sofrer; finalmente, transferido para o Quersoneso, aí morreu em 656.

Do Comum de um mártir p. 1509, ou dos pastores: para um papa, p. 1523. Na Quaresma, comemoração.

Laudes

Na Quaresma, para comemoração:

Ant. Quem per**der** a sua **vi**da neste **mun**do,
vai guar**dá**-la eterna**men**te para os **céus**.

Oração

Deus todo-poderoso, que destes força ao papa São Martinho para enfrentar as ameaças e vencer os tormentos, dai-nos também suportar as adversidades desta vida com inabalável fortaleza. Por nosso Senhor Jesus Cristo, vosso Filho, na unidade do Espírito Santo.

Vésperas

Na Quaresma, para comemoração:

Ant. O **Rei**no ce**les**te é a mo**ra**da dos **san**tos,
sua **paz** para **sem**pre.

21 de abril

SANTO ANSELMO, BISPO E DOUTOR DA IGREJA

Nasceu em Aosta, no Piemonte (Itália), em 1033. Entrou para a Ordem de São Bento no mosteiro de Le Bec, na França. Ensinou Teologia a seus irmãos de hábito, ao mesmo tempo em que ia progredindo com entusiasmo no caminho da perfeição. Transferido para a Inglaterra, foi eleito bispo de Cantuária. Combateu valorosamente pela liberdade da Igreja, o que lhe causou duas vezes o exílio. Escreveu muitas obras de grande valor teológico e místico. Morreu em 1109.

Do Comum dos pastores: para bispos, p. 1523, e dos doutores da Igreja, p. 1533.

Oração

Ó Deus, que concedestes ao bispo Santo Anselmo investigar e ensinar as profundezas de vossa sabedoria, fazei que a fé venha em auxílio de nossa inteligência, tornando suaves ao nosso coração as verdades que devemos crer. Por nosso Senhor Jesus Cristo, vosso Filho, na unidade do Espírito Santo.

23 de abril

SÃO JORGE, MÁRTIR

Já no século IV era venerado em Dióspolis, na Palestina, onde foi construída uma igreja em sua honra. Seu culto propagou-se pelo Oriente e Ocidente desde a Antiguidade.

Do Comum de um mártir no Tempo pascal, p. 1509.

Oração

Ó Deus, celebrando o vosso poder, nós vos pedimos que São Jorge seja tão pronto em socorrer-nos, como o foi em imitar a Paixão do Senhor. Por nosso Senhor Jesus Cristo, vosso Filho, na unidade do Espírito Santo.

24 de abril

SÃO FIDÉLIS DE SIGMARINGA, PRESBÍTERO E MÁRTIR

Nasceu em Sigmaringa (Alemanha), em 1578. Ingressou na Ordem dos Frades Menores Capuchinhos, aí levando uma vida de austeridade em vigílias e orações. Conhecida a sua assídua pregação da palavra de Deus, a Sagrada Congregação da Propagação da Fé confiou-lhe a missão de consolidar na Récia a verdadeira doutrina. Perseguido pelos hereges, sofreu o martírio em Seewis, na Suíça, em 1622.

Do Comum de um mártir no Tempo pascal, p. 1509, ou, dos pastores: para presbíteros, p. 1523.

Oração

Ó Deus, que destes a palma do martírio a São Fidélis quando, abrasado de amor, propagava a fé verdadeira, concedei, por sua intercessão, que, enraizados na caridade, confiemos na força da ressurreição do Cristo. Que convosco vive e reina, na unidade do Espírito Santo.

25 de abril

SÃO MARCOS, EVANGELISTA

Festa

Era primo de Barnabé. Acompanhou o apóstolo Paulo em sua primeira viagem, e depois também o seguiu até Roma. Foi discípulo de Pedro, de cuja pregação se fez intérprete no Evangelho que escreveu. Atribui-se a ele a fundação da Igreja de Alexandria.

Do Comum dos apóstolos no Tempo pascal, p. 1479, exceto o seguinte:

Laudes

Hino

Cantamos hoje alegremente,
ó São João Marcos, teu louvor,
pois tu trouxeste a toda gente
a Boa-nova do Senhor.

Por mestre a Pedro tu tiveste,
suas palavras recolhias,
e, se a Jesus não conheceste,
era a Jesus que nele ouvias.

Breve o Evangelho que escreveste,
tão dilatado em seu amor:
em poucas páginas puseste
as maravilhas do Senhor.

Deixa-te Paulo, e a Paulo segues,
vais imitando a sua lida;
perfeita é a cópia que consegues,
dando por Cristo a própria vida.

Filho de Deus O proclamemos,
por ti e Pedro alimentados,
e face a face O contemplemos,
ao céu um dia transportados.

Ant. 1 O **san**to Evange**lis**ta investi**gou**
o sa**ber** dos grandes **ho**mens do pas**sa**do,
e confir**mou** o que os pro**fe**tas predis**se**ram. Ale**lui**a.

Salmos e cântico do domingo da I Semana, p. 764.

Ant. 2 Deus cha**mou**-nos à **fé** na Ver**da**de
pelo a**nún**cio do **san**to Evan**ge**lho,
para ob**ter**mos a **gló**ria de **Cris**to. Ale**lui**a.

Ant. 3 Muitos lou**va**ram seu sa**ber**, que ja**mais** perece**rá**. Ale**lui**a.

Leitura breve 1Cor 15,1-2a.3-4

Irmãos, quero lembrar-vos o evangelho que vos preguei e que recebestes, e no qual estais firmes. Por ele sois salvos. Com efeito, eu vos transmiti em primeiro lugar aquilo que eu mesmo tinha recebido, a saber: que Cristo morreu por nossos pecados, segundo as Escrituras; que foi sepultado; que, ao terceiro dia, ressuscitou, segundo as Escrituras.

Responsório breve

R. Eles con**ta**ram as gran**de**zas do Se**nhor** e seu po**der**.
* Ale**lui**a, ale**lui**a. R. Eles con**ta**ram.
V. E as **su**as mara**vi**lhas que por **nós** reali**zou**. * Ale**lui**a.
Glória ao **Pai**. R. Eles con**ta**ram.

Cântico evangélico, ant.

Pela **gra**ça de Je**sus** nosso Se**nhor**,
aos **po**vos e na**ções** são envi**a**dos
evange**lis**tas e dou**to**res do Evan**ge**lho,
para aju**da**rem a cres**cer** a nossa **fé**. Ale**lui**a.

Preces

Invoquemos nosso Salvador que, destruindo a morte, iluminou a vida por meio do Evangelho; e, humildes, peçamos:

R. **Confirmai a vossa Igreja na fé e na caridade!**

Fizestes resplandecer admiravelmente a vossa Igreja por meio de santos e insignes doutores;
– que os cristãos se alegrem sempre com o mesmo esplendor. R.

Quando os santos pastores vos suplicavam, a exemplo de Moisés, perdoastes os pecados do povo;
– por intercessão deles, santificai a vossa Igreja mediante uma contínua purificação. R.

Tendo-os escolhido entre seus irmãos, consagrastes vossos santos enviando sobre eles o vosso Espírito;
– que o mesmo Espírito Santo inspire aqueles que governam vosso povo. R.

Sois vós a herança dos santos pastores;
– concedei que nenhum daqueles que foram resgatados pelo vosso sangue fique longe de vós.
R. **Confirmai a vossa Igreja na fé e na caridade!**

(intenções livres)

Pai nosso...

Oração

Ó Deus, que concedestes a São Marcos, vosso evangelista, a glória de proclamar a Boa-nova, dai-nos assimilar de tal modo seus ensinamentos, que sigamos fielmente os caminhos do Cristo. Que convosco vive e reina, na unidade do Espírito Santo.

Hora Média

Salmos do dia de semana corrente com a antífona do Tempo.

Leitura breve 1Ts 2,2b-4

Encontramos em Deus a coragem de vos anunciar o evangelho, em meio a grandes lutas. A nossa exortação não se baseia no erro, na ambiguidade ou no desejo de enganar. Ao contrário, uma vez que Deus nos achou dignos para que nos confiasse o Evangelho, falamos não para agradar aos homens, mas a Deus.

V. Eles guar**da**vam os pre**cei**tos, ale**lui**a,
R. E as **or**dens do Se**nhor**, ale**lui**a.

Oração como nas Laudes.

Vésperas

HINO Cantamos hoje, p. 1236.

Ant. 1 O Se**nhor** constitu**iu**-me mi**nis**tro do Evan**ge**lho pelo **dom** de sua **gra**ça. Ale**lui**a.

Salmos e cântico do Comum dos apóstolos, p. 1484.

Ant. 2 Tudo **fa**ço por **cau**sa do Evan**ge**lho,
para **de**le rece**ber** a minha **par**te. Ale**lui**a.

Ant. 3 A **mim** foi conce**di**da esta **gra**ça:
aos pa**gãos** anunci**ar** a Boa-**no**va
das ri**que**zas inson**dá**veis de Je**sus**. Ale**lui**a.

Leitura breve Cl 1,3-6a

Damos graças a Deus, Pai de nosso Senhor Jesus Cristo, sempre rezando por vós, pois ouvimos acerca da vossa fé em Cristo Jesus e do amor que mostrais para com todos os santos, animados pela esperança na posse do céu. Disso já ouvistes falar no Evangelho, cuja palavra de verdade chegou até vós. E como no mundo inteiro, assim também entre vós ela está produzindo frutos.

Responsório breve

R. Anunci**ai**, entre as na**ções**, a **gló**ria do Se**nhor**.
* Ale**luia**, ale**luia**. R. Anunci**ai**.

V. E entre os **po**vos do uni**ver**so, as **su**as mara**vi**lhas.
* Ale**luia**. Glória ao **Pai**. R. Anunci**ai**.

Cântico evangélico, ant.

A Pa**la**vra do Se**nhor** perma**ne**ce eterna**men**te;
e **es**ta é a Pa**la**vra que vos **foi** anunci**a**da. Ale**luia**.

Preces

Oremos a Deus Pai, fonte de toda luz, que nos chamou à verdadeira fé por meio do Evangelho de seu Filho; e peçamos em favor do seu povo santo, dizendo:

R. **Lembrai-vos, Senhor, da vossa Igreja!**

Deus Pai, que ressuscitastes dos mortos vosso Filho, o grande Pastor das ovelhas,
– fazei de nós testemunhas do vosso Filho até os confins da terra. R.

Vós, que enviastes vosso Filho ao mundo para evangelizar os pobres,
– fazei que o Evangelho seja pregado a toda criatura. R.

Vós, que enviastes vosso Filho para semear a palavra do reino,
– concedei-nos colher na alegria os frutos da palavra semeada com o nosso trabalho. R.

Vós, que enviastes vosso Filho para reconciliar o mundo convosco pelo seu sangue,
– fazei que todos nós colaboremos na obra da reconciliação de toda a humanidade. R.

(intenções livres)

Vós, que glorificastes vosso Filho à vossa direita nos céus,
– recebei no reino da felicidade eterna os nossos irmãos e irmãs falecidos. R.

Pai nosso...

Oração

Ó Deus, que concedestes a São Marcos, vosso evangelista, a glória de proclamar a Boa-nova, dai-nos assimilar de tal modo seus ensinamentos, que sigamos fielmente os caminhos do Cristo. Que convosco vive e reina, na unidade do Espírito Santo.

28 de abril

SÃO PEDRO CHANEL, PRESBÍTERO E MÁRTIR

Nasceu em Cuet (França), em 1803. Ordenado sacerdote, exerceu o ministério pastoral por poucos anos. Ingressou na Sociedade de Maria (Maristas), partiu como missionário para a Oceania. Apesar das grandes dificuldades que encontrou, conseguiu converter alguns pagãos ao cristianismo; isto provocou o ódio dos inimigos da fé cristã, que o levaram à morte na ilha de Futuna, em 1841.

Do Comum de um mártir no Tempo pascal, p. 1509.

Oração

Ó Deus, que para expandir a vossa Igreja coroastes São Pedro Chanel com o martírio, concedei-nos, neste tempo de alegria pascal, celebrar de tal modo a morte e ressurreição de Cristo, que nos tornemos testemunhas de uma vida nova. Por nosso Senhor Jesus Cristo, vosso Filho, na unidade do Espírito Santo.

29 de abril

SANTA CATARINA DE SENA, VIRGEM, E DOUTORA DA IGREJA

Memória

Nasceu em Sena (Itália), em 1347. Ainda adolescente, movida pelo desejo de perfeição, entrou na Ordem Terceira de São Domingos. Cheia de amor por Deus e pelo próximo, trabalhou incansavelmente pela paz e concórdia entre as cidades; defendeu com ardor os direitos e a liberdade do Romano Pontífice e promoveu a renovação da vida religiosa. Escreveu importantes obras de espiritualidade, cheias de boa doutrina e de inspiração celeste. Morreu em 1380.

Do Comum das virgens, p. 1539, exceto o seguinte:

Laudes

Hino

Louvamos-te, ó Catarina,
com o mais intenso louvor,
pois toda a Igreja ilumina
a tua glória e fulgor.

A mais sublime virtude
teus santos passos conduz;
tua alma, tão despojada,
segue o caminho da cruz.

Tu és estrela do mundo,
arauto vivo da paz;
tua presença, tão simples,
toda discórdia desfaz.

Com as mais candentes palavras
exiges paz e união,
pois fala o Espírito Santo
que habita em teu coração.

As tuas preces pedimos,
ó santa virgem de Deus:
dá que busquemos na terra
chegar ao Reino dos Céus.

Ao Pai e ao Espírito Santo,
honra, louvor e poder.
Também ao Filho, que homem
quis de uma Virgem nascer.

Cântico evangélico, ant.
A santa **vir**gem Cata**ri**na não ces**sa**va de re**zar**
que a paz vol**tas**se nova**men**te à **Igre**ja do Se**nhor**. Ale**lui**a.

Oração

Ó Deus, que inflamastes de amor Santa Catarina de Sena, na contemplação da paixão do Senhor e no serviço da Igreja, concedei-nos, por sua intercessão, participar do mistério de Cristo, e exultar em sua glória. Por nosso Senhor Jesus Cristo, vosso Filho, na unidade do Espírito Santo.

Vésperas

HINO Louvamos-te, ó Catarina, p. 1241.

Cântico evangélico, ant.

Em toda a **par**te e sem ces**sar**,
Cata**ri**na procu**ra**va e encon**tra**va o Se**nhor**;
e vi**vi**a unida a **e**le num a**mor** de intimi**da**de. Ale**lui**a.

30 de abril

SÃO PIO V, PAPA

Nasceu nas proximidades de Alessândria (Itália), em 1504. Entrou na Ordem dos Frades Pregadores e ensinou Teologia. Ordenado bispo e criado cardeal, foi eleito, em 1566, para a Cátedra de Pedro. Continuou decididamente a reforma da Igreja, iniciada no Concílio de Trento, promoveu a propagação da fé e reformou o culto divino. Morreu a 1º de maio de 1572.

Do Comum dos pastores: para papas, p. 1523.

Oração

Ó Deus, que suscitastes na Igreja o papa São Pio V, para defender a fé e restaurar a liturgia, concedei-nos, por sua intercessão, participar dos vossos mistérios com fé ardente a fecunda caridade. Por nosso Senhor Jesus Cristo, vosso Filho, na unidade do Espírito Santo.

MAIO

1º de maio

SÃO JOSÉ OPERÁRIO

Onde esta memória é celebrada com maior destaque, o que aqui falta toma-se de 19 de março, p. 1211.

Laudes

Hino

Anuncia a aurora o dia,
chama todos ao trabalho;
como outrora em Nazaré,
já se escutam serra e malho.

Salve, ó chefe de família!
Que mistério tão profundo
ver que ensinas teu ofício
a quem fez e salva o mundo!

Habitando agora o alto
com a Esposa e o Salvador,
vem e assiste aqui na terra
todo pobre e sofredor!

Ganhe o pobre um bom salário,
e feliz seja em seu lar;
gozem todos de saúde
com modéstia e bem-estar.

São José, roga por nós
à Trindade que é um só Deus;
encaminha os nossos passos,
guia a todos para os céus.

Leitura breve 2Sm 7,28-29

Senhor Deus, tu és Deus e tuas palavras são verdadeiras. Pois que fizeste esta bela promessa ao teu servo, abençoa, então, a casa do teu servo, para que ela permaneça para sempre na tua presença. Porque és tu, Senhor Deus, que falaste, e é graças à tua bênção que a casa do teu servo será abençoada para sempre.

Responsório breve

R. Fez **de**le o se**nhor** de sua **ca**sa.
* Ale**lui**a, ale**lui**a. R. Fez **de**le.
V. E de **to**dos os seus **bens,** o despen**sei**ro. * O se**nhor**.
Glória ao **Pai**. R. Fez **de**le.

Cântico evangélico, ant.

Homem fi**el** e exem**plar** carpin**tei**ro dedi**ca**do
em sua **vi**da de tra**ba**lho, São Jo**sé** é nosso mo**de**lo. Ale**lui**a.

Preces

Oremos humildemente ao Senhor, de quem procede toda perfeição e santidade dos justos; e digamos:

R. **Santificai-nos, Senhor, segundo a vossa justiça!**

Senhor Deus, que chamastes os nossos pais na fé para caminharem na vossa presença com um coração perfeito,
– fazei que, seguindo os seus passos, alcancemos a perfeição de acordo com a vossa vontade. R.

Vós, que escolhestes São José, homem justo, para cuidar de vosso Filho na infância e juventude,
– fazei que sirvamos em nossos irmãos e irmãs o Corpo místico de Cristo. R.

Vós, que destes a terra aos seres humanos para que a povoassem e dominassem,
– ensinai-nos a trabalhar corajosamente neste mundo, buscando sempre a vossa glória. R.

Pai de todos nós, lembrai-vos da obra de vossas mãos,
– e dai a todos trabalho e condições de vida digna. R.

(intenções livres)

Pai nosso...

Oração

Ó Deus, criador do universo, que destes aos homens a lei do trabalho, concedei-nos, pelo exemplo e a proteção de São José, cumprir as nossas tarefas e alcançar os prêmios prometidos. Por nosso Senhor Jesus Cristo, vosso Filho, na unidade do Espírito Santo.

Vésperas

Hino

Celebre a José a corte celeste,
prossiga o louvor o povo cristão:
Só ele merece à Virgem se unir
em casta união.

Ao ver sua Esposa em Mãe transformar-se,
José quer deixar Maria em segredo.
Um anjo aparece: “É obra de Deus!”
Afasta-lhe o medo.

Nascido o Senhor, nos braços o estreitas.
A ti tem por guia, a Herodes fugindo.
Perdido no templo, és tu que o encontras,
chorando e sorrindo.

Convívio divino a outros, somente
após dura morte é dado gozar.
Mas tu, já em vida, abraças a Deus,
e o tens no teu lar!

Ó dai-nos, Trindade, o que hoje pedimos:
Um dia no céu, cantarmos também
o canto que canta o esposo da Virgem
sem mácula. Amém.

Leitura breve Cl 3,23-24

Tudo o que fizerdes, fazei-o de coração, como para o Senhor e não para os homens. Pois vós bem sabeis que recebereis do Senhor a herança como recompensa. Servi a Cristo, o Senhor!

Responsório breve

R. O **jus**to como o **lí**rio brota**rá**.
* Ale**lui**a, ale**lui**a. R. O **jus**to.
V. E flori**rá** ante o Se**nhor** eterna**men**te. * Ale**lui**a.
Glória ao **Pai**. R. O **jus**to.

Cântico evangélico, ant.

Jesus **Cris**to quis ser **ti**do como **fi**lho de Jo**sé**,
o carpin**tei**ro, ale**lui**a.

Preces

Invoquemos humildemente a Deus, fonte de toda a paternidade no céu e na terra; e digamos:

R. **Pai santo, que estais nos céus, ouvi-nos!**

Pai santo, que revelastes a São José o mistério de Cristo, escondido desde toda a eternidade,
– fazei-nos conhecer melhor o vosso Filho, Deus e Homem, R.

Pai celeste, que alimentais as aves do céu e vestis a erva dos campos,
– dai a todos os seres humanos o pão do corpo e da alma. R.

Criador de todas as coisas, que nos confiastes a obra de vossas mãos,
– fazei que os operários possam honestamente usufruir a recompensa dos seus trabalhos. R.

Deus de toda justiça, que amais os justos,
– dai-nos, por intercessão de São José, a graça de caminhar na vida praticando o que vos agrada. R.

(intenções livres)

Concedei benignamente a vossa misericórdia aos agonizantes e aos que já partiram desta vida,
– por intercessão de vosso Filho, junto com sua mãe Maria e São José. R.

Pai nosso...

Oração

Ó Deus, criador do universo, que destes aos homens a lei do trabalho, concedei-nos, pelo exemplo e a proteção de São José, cumprir as nossas tarefas e alcançar os prêmios prometidos. Por nosso Senhor Jesus Cristo, vosso Filho, na unidade do Espírito Santo.

2 de maio

SANTO ATANÁSIO, BISPO E DOUTOR DA IGREJA

Memória

Nasceu em Alexandria no ano 295. No Concílio de Niceia, acompanhou o bispo Alexandre a quem sucedeu no episcopado. Lutou corajosamente contra os arianos; tendo por isso suportado muitos sofrimentos e foi várias vezes condenado ao exílio. Escreveu importantes obras doutrinais e em defesa da verdadeira fé. Morreu em 373.

Do Comum dos pastores: para bispos, p. 1523, e dos doutores da Igreja, p. 1533.

Oração

Deus eterno e todo-poderoso, que nos destes em Santo Atanásio um exímio defensor da divindade de vosso Filho, concedei-nos, por sua doutrina e proteção, crescer continuamente no vosso conhecimento e no vosso amor. Por nosso Senhor Jesus Cristo, vosso Filho, na unidade do Espírito Santo.

3 de maio

SÃO FILIPE E SÃO TIAGO, APÓSTOLOS

Festa

Filipe, nascido em Betsaida, foi primeiramente discípulo de João Batista e depois seguiu a Cristo. Tiago, primo do Senhor, filho de Alfeu, governou a Igreja de Jerusalém e escreveu uma Carta. Levou uma vida de muita austeridade e converteu muitos judeus à fé. Recebeu a coroa do martírio no ano 62.

Do Comum dos apóstolos, no Tempo pascal, p. 1479, exceto o seguinte:

Laudes

HINO O sol fulgura, do Comum dos apóstolos, p. 1480.

Ant. 1 Se**nhor**, mos**trai**-nos o **Pai**, e **is**to nos basta, ale**lui**a.

Salmos e cântico do domingo da I Semana, p. 764.

Ant. 2 Há tanto **tem**po estou con**vos**co,
e ainda **não** me conhe**ceis**?
Ó Fi**li**pe, quem me **vê**,
igual**men**te vê meu **Pai.** Ale**lui**a.

Ant. 3 Que o **vos**so cora**ção** não se per**tur**be nem re**cei**e:
crede em **Deus** e crede em **mim**,
pois são **mui**tas as mo**ra**das
que há na **ca**sa de meu **Pai.** Ale**lui**a.

Leitura breve Ef 2,19-22

Já não sois mais estrangeiros nem migrantes, mas concidadãos dos santos. Sois da família de Deus. Vós fostes integrados no edifício que tem como fundamento os apóstolos e os profetas, e o próprio Jesus Cristo como pedra principal. É nele que toda a construção se ajusta e se eleva para formar um templo santo no Senhor. E vós também sois integrados nesta construção, para vos tornardes morada de Deus pelo Espírito.

Responsório breve

R. Fareis **de**les os **che**fes por **to**da a **ter**ra.
  * Ale**lui**a, ale**lui**a. R. Fareis.
V. Lembra**rão** vosso **no**me, Se**nhor**, para **sem**pre.
  * Ale**lui**a. Glória ao **Pai.** R. Fareis **de**les.

Cântico evangélico, ant.

Fi**li**pe encon**trou** Natana**el** e lhe con**tou**:
Encon**tra**mos o Mes**si**as que Moi**sés** previu na **Lei**
e os pro**fe**tas predis**se**ram:
é o **fi**lho de Jo**sé**, é Je**sus** de Naza**ré**. Ale**lui**a.

Preces

Irmãos caríssimos, tendo recebido dos apóstolos a herança celeste, agradeçamos a Deus, nosso Pai, por todos os seus dons; e aclamemos:

R. **O coro dos apóstolos vos louva, Senhor!**

Louvor a vós, Senhor, pela mesa do vosso Corpo e Sangue que recebemos por intermédio dos apóstolos;
– por ela somos alimentados e vivemos. R.

Louvor a vós, Senhor, pela mesa de vossa Palavra, preparada para nós pelos apóstolos;
– por ela recebemos luz e alegria. R.

Louvor a vós, Senhor, por vossa santa Igreja, edificada sobre o fundamento dos apóstolos;
– com ela formamos um só Corpo. R.

Louvor a vós, Senhor, pelos sacramentos do Batismo e da Penitência que confiastes aos apóstolos;
– por eles somos lavados de todo pecado. R.

(intenções livres)

Pai nosso...

Oração

Ó Deus, vós nos alegrais cada ano com a festa dos apóstolos São Filipe e São Tiago. Concedei-nos, por suas preces, participar de tal modo da paixão e ressurreição do vosso Filho que vejamos eternamente a vossa face. Por nosso Senhor Jesus Cristo, vosso Filho, na unidade do Espírito Santo.

Hora média

Salmos do dia de semana corrente. Antífona do Tempo. Leitura breve do Comum dos apóstolos, p.1482. Oração como acima.

Vésperas

HINO Aos onze entristecia, do Comum dos apóstolos, p.1483.

Ant. 1 Ó Filipe, quem me **vê**,
igual**men**te vê meu **Pai**. Ale**lui**a.

Salmos e cântico do Comum dos apóstolos, p. 1484.

Ant. 2 Se **vós** me conhe**ceis**, conhe**ceis** também meu **Pai**.
Desde **ago**ra o conhe**ceis** e o **vis**tes, ale**lui**a.

Ant. 3 Se me a**mais**, obede**cei** meus manda**men**tos, ale**lui**a.

Leitura breve Ef 4,11-13

Cristo instituiu alguns como apóstolos, outros como profetas, outros ainda como evangelistas, outros, enfim, como pastores e mestres. Assim, ele capacitou os santos para o ministério, para edificar o corpo de Cristo, até que cheguemos todos juntos à unidade da fé e do conhecimento do Filho de Deus, ao estado do homem perfeito e à estatura de Cristo em sua plenitude.

Responsório breve

R. Anunci**ai** entre as na**ções** a **gló**ria do Se**nhor**.
* Ale**lui**a, ale**lui**a. R. Anunci**ai**.

V. E as **su**as mara**vi**lhas entre os **po**vos do uni**ver**so.
* Ale**lui**a. Glória ao **Pai**. R. Anunci**ai**.

Cântico evangélico, ant.

Se em **mim** permane**cer**des, e em **vós** minha pa**la**vra,
o que pe**dir**des a meu **Pai**, certa**men**te vos da**rá**. Ale**lui**a.

Preces

Irmãos, edificados sobre o fundamento dos apóstolos, roguemos a Deus Pai todo-poderoso em favor de seu povo santo; e digamos:

R. **Lembrai-vos, Senhor, da vossa Igreja!**

Vós quisestes, ó Pai, que o vosso Filho, ressuscitado dos mortos, aparecesse em primeiro lugar aos apóstolos;
– fazei de nós testemunhas do vosso Filho até os confins da terra. R.

Vós, que enviastes vosso Filho ao mundo para evangelizar os pobres,
– fazei que o Evangelho seja pregado a toda criatura.

R. **Lembrai-vos, Senhor, da vossa Igreja!**

Vós, que enviastes vosso Filho para semear a palavra do reino,
– concedei-nos colher na alegria os frutos da palavra semeada com o nosso trabalho. R.

Vós, que enviastes vosso Filho para reconciliar o mundo convosco pelo seu sangue,
– fazei que todos nós colaboremos na obra da reconciliação de toda a humanidade. R.

(intenções livres)

Vós, que glorificastes vosso Filho à vossa direita nos céus,
– recebei no reino da felicidade eterna os nossos irmãos e irmãs falecidos. R.

Pai nosso...

Oração

Ó Deus, vós nos alegrais cada ano com a festa dos apóstolos São Filipe e São Tiago. Concedei-nos, por suas preces, participar de tal modo da paixão e ressurreição do vosso Filho que vejamos eternamente a vossa face. Por nosso Senhor Jesus Cristo, vosso Filho, na unidade do Espírito Santo.

12 de maio

SÃO NEREU E SANTO AQUILES, MÁRTIRES

Eram soldados adscritos ao tribunal militar. Convertidos à fé cristã, abandonaram o exército. Por isso, foram condenados à morte provavelmente no tempo de Diocleciano. Seu sepulcro conserva-se no cemitério da via Ardeatina, onde há uma basílica edificada em sua honra.

Do Comum de vários mártires no Tempo pascal, p. 1493.

Oração

Ó Deus, ao proclamarmos o glorioso testemunho dos mártires São Nereu e Santo Aquiles, concedei-nos experimentar em nossa vida sua intercessão junto de vós. Por nosso Senhor Jesus Cristo, vosso Filho, na unidade do Espírito Santo.

No mesmo dia 12 de maio

SÃO PANCRÁCIO, MÁRTIR

Sofreu o martírio em Roma, provavelmente na perseguição de Diocleciano. O seu sepulcro conserva-se na via Aurélia, e sobre ele o papa Símaco edificou uma igreja.

Do Comum de um mártir, no Tempo pascal, p. 1509.

Oração

Alegre-se, ó Deus, a vossa Igreja, apoiada nos méritos de São Pancrácio e, por suas preces gloriosas, permaneça em vosso serviço e goze tranquilidade constante. Por nosso Senhor Jesus Cristo, vosso Filho, na unidade do Espírito Santo.

14 de maio

SÃO MATIAS, APÓSTOLO

Festa

Foi escolhido para completar o grupo dos Doze, em substituição de Judas, para ser, como os outros Apóstolos, testemunha da ressurreição do Senhor, como se lê nos Atos dos Apóstolos (1,15-26).

Do Comum dos apóstolos no Tempo pascal, p. 1479, exceto o seguinte:

Laudes

Cântico evangélico, ant.

Entre a**que**les que vi**ve**ram estes **a**nos com Je**sus**,
um se in**clu**a em nosso **nú**mero
e se **tor**ne teste**mu**nha do Se**nhor** ressusci**ta**do. Ale**lui**a.

Oração

Ó Deus, que associastes São Matias ao colégio apostólico, concedei por sua intercessão, que, fruindo da alegria de vosso amor, mereçamos ser contados entre os eleitos. Por nosso Senhor Jesus Cristo, vosso Filho, na unidade do Espírito Santo.

Hora Média

Salmos do dia de semana corrente, com a Antífona do Tempo. Leitura breve do Comum dos apóstolos, p. 1482. Oração como nas Laudes.

Vésperas

Cântico evangélico, ant.

Não fostes **vós** que me esco**lhes**tes, mas sim **eu** vos esco**lhi**
e vos **dei** esta mis**são** de produ**zir**des muito **fru**to,
e o vosso **fru**to perma**ne**ça. Ale**lui**a.

18 de maio

SÃO JOÃO I, PAPA E MÁRTIR

Nasceu na Toscana e foi eleito bispo da Igreja de Roma, em 523. O rei Teodorico enviou-o a Constantinopla como seu delegado junto ao imperador Justino; ao regressar, Teodorico, descontente com o resultado de sua missão diplomática, mandou prendê-lo e encarcerar em Ravena, onde morreu, em 526.

Do Comum de um mártir no Tempo pascal, p. 1509, ou, dos pastores: para papas, p. 1523.

Oração

Ó Deus, recompensa dos justos, que consagrastes este dia com o martírio do papa João I, ouvi as preces do vosso povo e concedei que, celebrando seus méritos, imitemos sua constância na fé. Por nosso Senhor Jesus Cristo, vosso Filho, na unidade do Espírito Santo.

20 de maio

SÃO BERNARDINO DE SENA, PRESBÍTERO

Nasceu em Massa Marítima, na Toscana (Itália), em 1380; entrou na Ordem dos Frades Menores, e foi ordenado presbítero. Percorreu toda a Itália, exercendo o ministério da pregação com grande proveito para as almas. Divulgou a devoção ao Santíssimo Nome de Jesus, e teve um papel importante na promoção dos estudos e da disciplina religiosa de sua Ordem, tendo também escrito alguns tratados teológicos. Morreu em Áquila no ano 1444.

Do Comum dos pastores: para presbíteros, p. 1523.

Oração

Ó Deus, que destes ao presbítero São Bernardino de Sena ardente amor pelo nome de Jesus, acendei sempre em nossos corações a chama da vossa caridade. Por nosso Senhor Jesus Cristo, vosso Filho, na unidade do Espírito Santo.

25 de maio

SÃO BEDA, O VENERÁVEL, PRESBÍTERO E DOUTOR DA IGREJA

Nasceu no território do mosteiro beneditino de Wearmouth (Inglaterra), em 673; foi educado por São Bento Biscop e ingressou no referido mosteiro, onde recebeu a ordenação de presbítero. Desempenhou o seu ministério dedicando-se ao ensino e à atividade literária. Escreveu obras de cunho teológico e histórico, seguindo a tradição dos Santos Padres e explicando a Sagrada Escritura. Morreu em 735.

Do Comum dos doutores da Igreja, p. 1533, ou, dos santos homens: para religiosos, p. 1571.

Oração

Ó Deus, que iluminais a vossa Igreja com a erudição do vosso presbítero São Beda, o Venerável, concedei-nos sempre a luz da sua sabedoria e o apoio de seus méritos. Por nosso Senhor Jesus Cristo, vosso Filho, na unidade do Espírito Santo.

No mesmo dia 25 de maio

SÃO GREGÓRIO VII, PAPA

Hildebrando nasceu na Toscana (Itália), cerca do ano 1028; foi educado em Roma e abraçou a vida monástica. Por diversas vezes foi legado dos papas de seu tempo para auxiliar na reforma da Igreja. Em 1073, eleito para a cátedra de São Pedro, com o nome de Gregório VII, continuou corajosamente a reforma começada. Muito combatido, principalmente pelo rei Henrique IV, foi desterrado para Salerno, onde morreu, em 1085.

Do Comum dos pastores: para papas, p. 1523.

Oração

Concedei-nos, ó Deus, o espírito de fortaleza e a sede de justiça que animaram o papa São Gregório VII, para que vossa Igreja rejeite o mal, pratique a justiça e viva em perfeita caridade. Por nosso Senhor Jesus Cristo, vosso Filho, na unidade do Espírito Santo.

No mesmo dia 25 de maio

SANTA MARIA MADALENA DE PAZZI, VIRGEM

Nasceu em Florença (Itália), no ano 1566. Teve uma piedosa educação e entrou na Ordem das Carmelitas; levou uma vida oculta de oração e abnegação, rezando assiduamente pela reforma da Igreja e dirigindo suas irmãs religiosas no caminho da perfeição. Recebeu de Deus muitos dons extraordinários. Morreu em 1607.

Do Comum das virgens, p. 1539, ou, das santas mulheres: para religiosas, p. 1571.

Oração

Ó Deus, que amais a virgindade e cumulastes de graças a Santa Maria Madalena de Pazzi, abrasada de amor por vós, fazei que, celebrando hoje sua festa, imitemos seus exemplos de caridade e pureza. Por nosso Senhor Jesus Cristo, vosso Filho, na unidade do Espírito Santo.

26 de maio

SÃO FILIPE NÉRI, PRESBÍTERO

Memória

Nasceu em Florença (Itália), em 1515. Indo para Roma, aí começou a dedicar-se ao apostolado da juventude, e estabeleceu uma associação em favor dos doentes pobres, levando uma vida de grande perfeição cristã. Foi ordenado presbítero em 1551 e fundou o Oratório que tinha por finalidade dedicar-se à instrução espiritual, ao canto e às obras de caridade. Notabilizou-se sobretudo por seu amor ao próximo, pela sua simplicidade evangélica e pela sua alegria no serviço de Deus. Morreu em 1595.

Do Comum dos pastores, p. 1523, ou, dos santos homens: para religiosos, p. 1571.

Oração

Ó Deus, que não cessais de elevar à glória da santidade os vossos servos fiéis e prudentes, concedei que nos inflame o fogo do Espírito Santo que ardia no coração de São Filipe Néri. Por nosso Senhor Jesus Cristo, vosso Filho, na unidade do Espírito Santo.

27 de maio

SANTO AGOSTINHO DE CANTUÁRIA, BISPO

Era do mosteiro de Santo André, em Roma, quando foi enviado por São Gregório Magno, em 597, à Inglaterra, para pregar o evangelho. Foi bem recebido e ajudado pelo rei Etelberto. Eleito bispo de Cantuária, converteu muitos à fé cristã e fundou várias Igrejas, principalmente no reino de Kent. Morreu a 26 de maio, cerca do ano 605.

Do Comum dos pastores: para bispos, p.1523.

Oração

Ó Deus, que conduzistes ao Evangelho os povos da Inglaterra pela pregação do bispo Santo Agostinho, concedei que os frutos do seu trabalho permaneçam na vossa Igreja com perene fecundidade. Por nosso Senhor Jesus Cristo, vosso Filho, na unidade do Espírito Santo.

31 de maio

VISITAÇÃO DE NOSSA SENHORA

Festa

Do Comum de Nossa Senhora, p. 1462, exceto o seguinte:

Laudes

Hino

Vem, Mãe Virgem gloriosa,
visitar-nos, como a João,
com o dom do Santo Espírito
na terrena habitação.

Vem, trazendo o Pequenino
para o mundo nele crer.
A razão dos teus louvores,
possam todos conhecer.

Aos ouvidos da Igreja
soe tua saudação,
e ao ouvi-la, se levante,
com intensa exultação,

percebendo que contigo
chega o Cristo, o Salvador,
desejado pelos povos
como Guia e bom Pastor.

Ergue os olhos, ó Maria,
para o povo dos cristãos.
Para aqueles que procuram
traze auxílio e proteção.

Esperança verdadeira,
alegria dos mortais,
nosso Porto, vem levar-nos
às mansões celestiais.

Mãe, contigo nossas almas
engrandecem o Senhor,
que dos homens e dos anjos
te fez digna do louvor.

Ant. 1 Levan**tou**-se Ma**ri**a e diri**giu**-se de**pres**sa
a uma ci**da**de de Ju**dá**, na regi**ão** monta**nho**sa.
(T.P. Ale**lui**a).

Salmos e cântico do domingo da I Semana, p. 982.

Ant. 2 Quando ou**viu** Isa**bel** a sauda**ção** de Ma**ri**a,
o me**ni**no sal**tou** de ale**gri**a em seu **sei**o,
e Isa**bel** ficou **chei**a do Es**pí**rito **San**to. (T.P. Ale**lui**a).

Ant. 3 És fe**liz** porque **cres**te, Maria,
pois em **ti** a Pala**vra** de **Deus** vai cum**prir**-se. (T.P. Ale**lui**a).

Leitura breve Jl 2,27-3,1

Sabereis que eu estou no meio de Israel e que eu sou o Senhor, vosso Deus, e que não há outro; e nunca mais deixarei meu povo envergonhado. Acontecerá, depois disto, que derramarei o meu espírito sobre todo o ser humano, e vossos filhos e filhas profetizarão.

Responsório breve

R. O **Senhor** a esco**lheu**, entre **to**das prefe**ri**da.
* Ale**luia**, ale**luia**. R. O Se**nhor.**
V. O Se**nhor** a fez mo**rar** em sua **san**ta habita**ção**.
* Ale**luia**, ale**luia**. Glória ao **Pai.** R. O Se**nhor**.

Cântico evangélico, ant.

Quando ou**viu** Isa**bel** a sauda**ção** de Maria,
excla**mou** em voz **al**ta: Não me**re**ço esta **hon**ra
que a **Mãe** do Se**nhor,** do meu **Deus,** venha a **mim!** Ale**lui**a.

Preces

Celebremos nosso Salvador, que se dignou nascer da Virgem Maria; e peçamos:

R. **Senhor, que a vossa Mãe interceda por nós!**

Sol de justiça, a quem a Virgem Imaculada precedeu como aurora resplandecente,
– concedei que caminhemos sempre à luz da vossa visitação. R.

Palavra eterna, que ensinastes vossa Mãe a escolher a melhor parte,
– ajudai-nos a imitá-la buscando o alimento da vida eterna. R.

Salvador do mundo, que pelos méritos da redenção preservastes a vossa Mãe de toda a mancha de pecado,
– livrai-nos também de todo pecado. R.

Redentor nosso, que fizestes da Imaculada Virgem Maria o tabernáculo puríssimo da vossa presença e o sacrário do Espírito Santo,
– fazei de nós templos vivos do vosso Espírito. R.

(intenções livres)

Pai nosso...

Oração

Ó Deus todo-poderoso, que inspirastes à Virgem Maria sua visita a Isabel, levando no seio o vosso Filho, fazei-nos dóceis ao Espírito Santo, para cantar com ela o vosso louvor. Por nosso Senhor Jesus Cristo, vosso Filho, na unidade do Espírito Santo.

Hora Média

Antífonas e salmos do dia de semana corrente.

Leitura breve Tb 12,6b

Bendizei a Deus e dai-lhe graças, diante de todos os viventes, pelos benefícios que vos concedeu. Bendizei e cantai o seu nome.

V. Felizes entranhas da **Vir**gem Maria. (T.P. Ale**lu**ia).
R. Que trou**xe**ram o **Fi**lho de **Deus**, Pai e**ter**no. (T.P. Ale**lui**a).

Oração como nas Laudes.

Vésperas

Hino

Eis que apressada sobes a montanha,
ó Virgem que o Senhor por Mãe escolhe!
Outra mãe vais servir, já tão idosa,
que nos braços te acolhe.

Mal ouve a tua voz, sente em seu seio
a alegria do filho que se agita
e então, Mãe do Senhor já te saúda,
entre todas bendita.

E bendita tu mesma te proclamas,
prorrompendo num hino de vitória,
onde ao sopro do Espírito engrandeces
a Deus, Senhor da História.

Contigo se alegrando, todo o povo
exulta e canta pela terra inteira,
de Deus, ó Mãe e Filha, Escrava, e Esposa,
dos homens Medianeira!

Trazendo o Cristo, quantos dons nos trazes,
ó Virgem que nos tiras da orfandade!
Ao Deus Trino contigo engrandecemos,
ó Mãe da Humanidade!

Ant. 1 Então Ma**ri**a entrou na **ca**sa de Zaca**ri**as
e sau**dou** a sua **pri**ma Isa**bel**. (T.P. Ale**lui**a).

Salmos e cântico do Comum de Nossa Senhora, p. 1468.

Ant. 2 Quando **ouvi** resso**ar** tua **voz** ao sau**dar**-me,
o me**ni**no sal**tou** de ale**gri**a em meu **sei**o. (T.P. Ale**lui**a).

Ant. 3 És ben**di**ta entre **to**das as mu**lhe**res da **ter**ra,
e ben**di**to é o **fru**to que nas**ceu** do teu **ven**tre.
(T.P. Ale**lui**a).

Leitura breve 1Pd 5,5b-7

Revesti-vos todos de humildade no relacionamento mútuo, porque Deus resiste aos soberbos, mas dá a sua graça aos humildes. Rebaixai-vos, pois, humildemente, sob a poderosa mão Deus, para que, na hora oportuna, ele vos exalte. Lançai sobre ele toda a vossa preocupação, pois é ele quem cuida de vós.

Responsório breve

R. Ma**ri**a, a**le**gra-te, ó **chei**a de **gra**ça;
o Se**nhor** é con**ti**go! R. Maria.
V. És ben**di**ta entre **to**das as mu**lhe**res da **ter**ra
e ben**di**to é o **fru**to que nas**ceu** do teu **ven**tre!
* O Se**nhor**. Glória ao **Pai.** R. Maria.

Cântico evangélico, ant.

Dora**van**te as gera**ções** hão de cha**mar**-me de ben**di**ta,
porque o Se**nhor** voltou os **o**lhos
para a humil**da**de de sua **ser**va. (T.P. Ale**lui**a).

Preces

Proclamemos a grandeza de Deus Pai todo-poderoso: Ele quis que Maria, Mãe de seu Filho, fosse celebrada por todas as gerações. Peçamos humildemente:

R. **Cheia de graça, intercedei por nós!**

Vós, que nos destes Maria por Mãe, concedei, por sua intercessão, saúde aos doentes, consolo aos tristes, perdão aos pecadores,
– e a todos a salvação e a paz. R.

Fazei, Senhor, que a vossa Igreja seja, na caridade, um só coração e uma só alma,
– e que todos os fiéis perseverem unânimes na oração com Maria, Mãe de Jesus. R.

Vós, que fizestes de Maria a Mãe da misericórdia,
– concedei a todos os que estão em perigo sentirem o seu amor materno.
R. **Cheia de graça, intercedei por nós!**

Vós, que confiastes a Maria a missão de mãe de família no lar de Jesus e José,
– fazei que, por sua intercessão, todas as mães vivam em família o amor e a santidade. R.

(intenções livres)

Vós, que coroastes Maria como rainha do céu,
– fazei que nossos irmãos e irmãs falecidos se alegrem eternamente em vosso reino, na companhia dos santos. R.
Pai nosso...

Oração

Ó Deus todo-poderoso, que inspirastes à Virgem Maria sua visita a Isabel, levando no seio o vosso Filho, fazei-nos dóceis ao Espírito Santo, para cantar com ela o vosso louvor. Por nosso Senhor Jesus Cristo, vosso Filho, na unidade do Espírito Santo.

Sábado depois do 2º Domingo
depois de Pentecostes

IMACULADO CORAÇÃO DA VIRGEM MARIA

Memória

Do Comum de Nossa Senhora, p. 1462, exceto o seguinte:

Laudes

Cântico evangélico, ant.
Meu cora**ção** e minha **car**ne reju**bi**lam
e ex**ul**tam de ale**gri**a no Deus **vi**vo.

Oração

Ó Deus, que preparastes morada digna do Espírito Santo no Imaculado Coração de Maria, concedei que por sua intercessão nos tornemos um templo da vossa glória. Por nosso Senhor Jesus Cristo, vosso Filho, na unidade do Espírito Santo.

JUNHO

1º de junho

SÃO JUSTINO, MÁRTIR

Memória

Justino, filósofo e mártir, nasceu no princípio do século II, em Flávia Neápolis (Nablus), na Samaria, de família pagã. Tendo-se convertido à fé cristã, escreveu diversas obras em defesa do cristianismo; mas se conservam apenas as duas *Apologias* e o *Diálogo com Trifão*. Abriu uma escola de filosofia em Roma, onde mantinha debates públicos. Sofreu o martírio, juntamente com seus companheiros, no tempo de Marco Aurélio, cerca do ano 165.

Do Comum de um mártir, p. 1509.

Laudes

Cântico evangélico, ant.

Em toda a **no**ssa ofe**ren**da, damos lou**vor** ao Cria**dor**
por seu **Fi**lho Jesus **Cris**to e o Es**pí**rito Di**vi**no. (T.P. Ale**lui**a).

Oração

Ó Deus, que destes ao mártir São Justino um profundo conhecimento de Cristo pela loucura da cruz, concedei-nos, por sua intercessão, repelir os erros que nos cercam e permanecer firmes na fé. Por nosso Senhor Jesus Cristo, vosso Filho, na unidade do Espírito Santo.

Vésperas

Cântico evangélico, ant.

De re**pen**te se acen**deu** na minh'**al**ma um fogo ar**den**te;
fui to**ma**do pelo a**mor** aos pro**fe**tas e aos **ho**mens
que de **Cris**to são a**mi**gos. (T.P. Ale**lui**a).

2 de junho

SANTOS MARCELINO E PEDRO, MÁRTIRES

O martírio dos dois, sofrido durante a perseguição de Diocleciano, é atestado pelo papa São Dâmaso que obteve essa informação do próprio carrasco. Foram decapitados num bosque, mas seus corpos foram transladados e sepultados no cemitério *Ad duas lauros,* na via Labicana. Sobre o sepulcro de ambos foi construída uma basílica depois que a Igreja obteve a paz.

Do Comum de vários mártires, p. 1493.

Oração

Ó Deus, que nos destes o apoio e a proteção do glorioso martírio dos santos Marcelino e Pedro, fazei que seu exemplo nos anime e sua oração nos sustente. Por nosso Senhor Jesus Cristo, vosso Filho, na unidade do Espírito Santo.

3 de junho

SÃO CARLOS LWANGA E SEUS COMPANHEIROS, MÁRTIRES

Memória

Entre os anos 1885 e 1887, muitos cristãos foram condenados à morte, em Uganda, por ordem do rei Mwanga, em ódio da religião. Alguns deles exerciam cargos no próprio palácio real, outros estavam a serviço do próprio rei. Entre eles distinguem-se Carlos Lwanga e seus vinte e um companheiros, pela sua inquebrantável adesão à fé católica. Uns foram decapitados e outros queimados vivos, por não terem consentido nos desejos impuros do rei.

Do Comum de vários mártires, p. 1493.

Oração

Ó Deus, que fizestes do sangue dos mártires semente de novos cristãos, concedei que o campo da vossa Igreja, regado pelo sangue de São Carlos e seus companheiros, produza sempre abundante colheita. Por nosso Senhor Jesus Cristo, vosso Filho, na unidade do Espírito Santo.

5 de junho

SÃO BONIFÁCIO, BISPO E MÁRTIR

Memória

Nasceu na Inglaterra, cerca de 673. Fez a profissão religiosa e viveu no mosteiro de Exeter. Em 719 partiu para a Alemanha, a fim de pregar o evangelho, obtendo excelentes resultados. Ordenado bispo, governou a Igreja de Mogúncia e, com a ajuda de vários colaboradores, fundou e restaurou diversas Igrejas na Baviera, na Turíngia e na Francônia. Realizou concílios e promulgou leis. Quando evangelizava os frisões, foi assassinado por pagãos em 754. Seu corpo foi sepultado no mosteiro de Fulda.

Do Comum de um mártir, p. 1509, ou dos pastores: para bispos, p. 1523.

Oração

Interceda por nós, ó Deus, o mártir São Bonifácio, para que guardemos fielmente e proclamemos em nossas obras a fé que ele ensinou com a sua palavra e testemunhou com o seu sangue. Por nosso Senhor Jesus Cristo, vosso Filho, na unidade do Espírito Santo.

6 de junho

SÃO NORBERTO, BISPO

Nasceu na Renânia, cerca do ano 1080. Era cônego da Igreja de Xanten e, tendo abandonado a vida mundana, abraçou o ideal religioso e foi ordenado presbítero em 1115. Na sua vida apostólica dedicou-se ao ministério da pregação, particularmente na França e na Alemanha. Juntamente com outros companheiros fundou a Ordem Premonstratense e organizou os seus primeiros mosteiros. Eleito bispo de Magdeburgo em 1126, empenhou-se com entusiasmo na reforma da vida cristã e na propagação do Evangelho entre as populações pagãs da vizinhança. Morreu em 1134.

Do Comum dos pastores: para bispos, p. 1523.

Oração

Ó Deus, que fizestes do bispo São Norberto fiel ministro da vossa Igreja pela oração e zelo pastoral, concedei por suas preces que o vosso povo encontre sempre pastores segundo o vosso coração, que o alimentem para a vida eterna. Por nosso Senhor Jesus Cristo, vosso Filho, na unidade do Espírito Santo.

8 de junho

SANTO EFRÉM, DIÁCONO E DOUTOR DA IGREJA

Nasceu em Nísibe, cerca de 306, de família cristã. Exerceu o ofício de diácono, para o qual fora ordenado, em sua cidade natal e em Edessa, onde fundou uma escola teológica. Sua vida de intensa ascese não o impediu de se consagrar ao ministério da pregação e de escrever diversas obras para combater os erros do seu tempo. Morreu em 373.

Do Comum dos doutores da Igreja, p. 1533.

Oração

Infundi, ó Deus, em nossos corações o Espírito Santo que inspirava ao diácono Efrém cantar os vossos mistérios e consagrar-se inteiramente ao vosso serviço. Por nosso Senhor Jesus Cristo, vosso Filho, na unidade do Espírito Santo.

9 de junho

SÃO JOSÉ DE ANCHIETA, PRESBÍTERO

Memória

Nasceu a 19 de março de 1534 em Tenerife, nas Ilhas Canárias. Tendo entrado na Companhia de Jesus, foi enviado às missões do Brasil. Ordenado sacerdote, dedicou toda a sua vida à evangelização das plagas brasileiras. Escreveu na língua dos indígenas uma gramática e, depois, um catecismo. Foi agraciado com o epíteto de "apóstolo do Brasil". Faleceu a 9 de junho de 1597.

Do Comum dos pastores: para presbíteros, p. 1523, ou dos santos homens: para religiosos, p. 1571.

Laudes

Cântico evangélico, ant.

Ide ao **mun**do e ensi**nai** a **to**dos os **po**vos,
bati**zan**do-os em **no**me do **Pai** e do **Fi**lho
e do Espírito **San**to. (T.P. Ale**lui**a).

Oração

Derramai, Senhor, sobre nós a vossa graça, a fim de que, a exemplo de São José de Anchieta, apóstolo do Brasil, sirvamos fielmente ao Evangelho, tornando-nos tudo para todos, e nos esforcemos em ganhar para vós nossos irmãos no amor de Cristo. Que convosco vive e reina, na unidade do Espírito Santo.

Vésperas

Cântico evangélico, ant.

Virão **mui**tos do Ori**en**te e do Oci**den**te
sentar-se à **me**sa com Abra**ão** no Reino e**ter**no. (T.P. Ale**lui**a).

11 de junho

SÃO BARNABÉ, APÓSTOLO

Memória

Era natural da ilha de Chipre e foi um dos primeiros fiéis de Jerusalém. Pregou o Evangelho em Antioquia e acompanhou São Paulo em sua primeira viagem apostólica. Tomou parte no Concílio de Jerusalém. Voltando à sua pátria para pregar o Evangelho, aí morreu.

Como na festa de São Marcos, dia 25 de abril, p. 1236, exceto o seguinte:

Laudes

Hino

Celebramos a bela vitória
do discípulo fiel, Barnabé,
que foi digno de grande coroa,
padecendo por causa da fé.

Deixa as lidas do campo, animado
pela fé que opera no amor,
para ver florescer novo povo
de cristãos, consagrado ao Senhor.

Vai contente à procura de Paulo,
companheiro na fé, no dever,
e com ele, ao aceno do Espírito,
muitas plagas irá percorrer.

Para si coisa alguma conserva,
e atrai muitos a Cristo Jesus,
até ser consagrado no sangue
e empunhar uma palma de luz.

Pela prece do servo fiel,
dai, ó Deus, que sigamos também
os caminhos da graça e da vida
e no céu vos louvemos. Amém.

Cântico evangélico, ant.
Barna**bé** conduziu **Pau**lo à **Igre**ja de Antio**quia**,
e a**li** anunci**a**ram a pa**la**vra do Se**nhor**
a uma **gran**de multi**dão**. (T.P. Ale**lui**a).

Oração

Ó Deus, que designastes São Barnabé, cheio de fé e do Espírito Santo, para converter as nações, fazei que a vossa Igreja anuncie por palavras e atos o Evangelho de Cristo que ele proclamou intrepidamente. Por nosso Senhor Jesus Cristo, vosso Filho, na unidade do Espírito Santo.

Vésperas

HINO Celebramos a bela vitória, como nas Laudes, p. 1265.

Cântico evangélico, ant.
A assem**blei**a se ca**lou**
e escu**tou** atenta**men**te a **Pau**lo e Barna**bé**,
que nar**ra**vam os pro**dí**gios e os si**nais** que Deus fi**ze**ra
entre os gen**ti**os por meio **de**les. (T.P. Ale**lui**a).

13 de junho

SANTO ANTÔNIO DE PÁDUA (LISBOA), PRESBÍTERO E DOUTOR DA IGREJA

Memória

Nasceu em Lisboa (Portugal), no final do século XII. Foi recebido entre os Cônegos Regulares de Santo Agostinho, mas pouco depois de sua ordenação sacerdotal transferiu-se para a Ordem dos Frades Menores com a intenção de dedicar-se à propagação da fé entre os povos da África. Foi entretanto na França e na Itália que ele exerceu com excelentes frutos o ministério da pregação, convertendo muitos hereges. Foi o primeiro professor de teologia na sua Ordem. Escreveu vários sermões, cheios de doutrina e de unção espiritual. Morreu em Pádua no ano de 1231.

Do Comum dos pastores: para presbíteros, p. 1523, ou, dos doutores da Igreja, p. 1533, ou, dos santos homens: para religiosos, p. 1571.

Oração

Deus eterno e todo-poderoso, que destes Santo Antônio ao vosso povo como insigne pregador e intercessor em todas as necessidades, fazei-nos, por seu auxílio, seguir os ensinamentos da vida cristã, e sentir a vossa ajuda em todas as provações. Por nosso Senhor Jesus Cristo, vosso Filho, na unidade do Espírito Santo.

19 de junho

SÃO ROMUALDO, ABADE

Nasceu em Ravena (Itália), nos meados do século X. Tendo abraçado a vida eremítica, por muitos anos percorreu vários lugares em busca de solidão, edificando pequeninos mosteiros. Lutou valorosamente contra o relaxamento de costumes dos monges de seu tempo, enquanto, por sua parte, progredia com empenho no caminho da santidade pelo perfeito exercício das virtudes. Morreu por volta de 1027.

Do Comum dos santos homens: para religiosos, p. 1571.

Oração

Ó Deus, que por São Romualdo renovastes na vossa Igreja a vida eremítica, concedei-nos renunciar a nós mesmos e, seguindo o Cristo, chegar com alegria ao Reino celeste. Por nosso Senhor Jesus Cristo, vosso Filho, na unidade do Espírito Santo.

21 de junho

SÃO LUÍS GONZAGA, RELIGIOSO

Memória

Nasceu em 1568 perto de Mântua, na Lombardia (Itália), filho dos príncipes de Castiglione. Sua mãe educou-o cristãmente e, desde cedo, manifestou grande desejo de abraçar a vida religiosa. Renunciando ao principado em favor de seu irmão, ingressou na Companhia de Jesus, em Roma. Durante os estudos de teologia, ocupando-se com o serviço dos doentes nos hospitais, contraiu uma doença que o levou à morte em 1591.

Do Comum dos santos homens: para religiosos, p. 1571.

Oração

Ó Deus, fonte dos dons celestes, reunistes no jovem Luís Gonzaga a prática da penitência e a admirável pureza de vida. Concedei-nos, por seus méritos e preces, imitá-lo na penitência, se não o seguimos na inocência. Por nosso Senhor Jesus Cristo, vosso Filho, na unidade o Espírito Santo.

22 de junho

SÃO PAULINO DE NOLA, BISPO

Nasceu em Bordéus (França), em 335. Dedicou-se à carreira política, casou-se e teve um filho. Desejando levar uma vida mais austera, recebeu o batismo e, renunciando a todos os seus bens, em 393 abraçou a vida monástica, indo estabelecer-se em Nola, na Campânia (Itália). Sagrado bispo da cidade, promoveu o culto de São Félix, ajudou os peregrinos e empenhou-se com generosidade em aliviar as necessidades do seu tempo. Compôs uma coleção de poemas, notáveis pela elegância de estilo. Morreu em 431.

Do Comum dos pastores: para bispos, p. 1523.

Oração

Ó Deus, que fizestes brilhar no bispo São Paulino de Nola o amor à pobreza e o zelo pastoral, concedei que, celebrando os seus méritos, imitemos sua caridade. Por nosso Senhor Jesus Cristo, vosso Filho, na unidade do Espírito Santo.

No mesmo dia 22 de junho

SÃO JOÃO FISHER, BISPO, E SANTO TOMÁS MORE, MÁRTIRES

João Fisher nasceu em 1469. Fez seus estudos em Cambridge (Inglaterra) e foi ordenado sacerdote. Eleito bispo de Rochester, viveu com muita austeridade e tornou-se ótimo pastor, visitando com frequência seus fiéis. Escreveu também diversas obras contra os erros de seu tempo.

Tomás More nasceu em 1477 e fez seus estudos em Oxford. Tendo contraído matrimônio, teve um filho e três filhas. Ocupou o cargo de chanceler do reino. Escreveu diversos livros sobre a arte de governar e em defesa da religião.

Ambos foram decapitados em 1535 por ordem do rei Henrique VIII, por terem se recusado a ceder na questão da anulação do seu casamento: João Fisher em 22 de junho e Tomás More em 6 de julho. Enquanto estava preso, o bispo João Fisher foi criado cardeal da Santa Romana Igreja pelo papa Paulo III.

Do Comum de vários mártires, p. 1493.

Oração

Ó Deus, que coroastes no martírio a profissão da verdadeira fé, concedei que, fortificados pela intercessão de São João Fisher e São Tomás More, confirmemos com o testemunho da nossa vida a fé que professamos com os lábios. Por nosso Senhor Jesus Cristo, vosso Filho, na unidade do Espírito Santo.

24 de junho

NASCIMENTO DE SÃO JOÃO BATISTA

Solenidade

I Vésperas

Hino

Doce, sonoro, ressoe o canto,
minha garganta faça o pregão.
Solta-me a língua, lava-me a culpa,
ó São João!

Anjo no templo, do céu descendo,
teu nascimento ao pai comunica,
de tua vida preclara fala,
teu nome explica.

Súbito mudo teu pai se torna,
pois da promessa, incréu, duvida:
apenas nasces, renascer fazes
a voz perdida.

Da mãe no seio, calado ainda,
o Rei pressentes num outro vulto.
E à mãe revelas o alto mistério
do Deus oculto.

Louvor ao Pai, ao Filho unigênito,
e a vós, Espírito, honra também:
dos dois provindes, com eles sois
um Deus. Amém.

Ant. 1 Isa**bel** deu à **luz** um grande **ho**mem:
João Ba**tis**ta, o precur**sor** do Salva**dor**.

Salmos e cântico do Comum dos santos homens, p. 1547.

Ant. 2 Do **ven**tre de uma es**té**ril anci**ã**
nasceu Jo**ão**, o Precur**sor** de Jesus **Cris**to.

Ant. 3 Entre a**que**les que nas**ce**ram de mu**lher**
não sur**giu** nin**guém** mai**or** que João Ba**tis**ta.

Leitura breve At 13,22-25

Conforme prometera, da descendência de Davi Deus fez surgir para Israel um Salvador, que é Jesus. Antes que ele chegasse, João pregou um batismo de conversão para todo o povo de Israel. Estando para terminar sua missão, João declarou: Eu não sou aquele que pensais que eu seja! Mas vede: depois de mim vem aquele, do qual nem mereço desamarrar as sandálias.

Responsório breve

R. Prepa**rai** o ca**mi**nho do Se**nhor**,
* As es**tra**das de **Deus** endirei**tai**! R. Prepa**rai**.
V. A**que**le que **vem** depois de **mim**,
bem **an**tes de **mim** já exis**ti**a.
* As es**tra**das. Glória ao **Pai**. R. Prepa**rai**.

Cântico evangélico, ant.

En**trou** Zaca**ri**as no **tem**plo de **Deus**,
e o **an**jo Gabri**el** apare**ceu**-lhe
à di**rei**ta do al**tar** do in**cen**so.

Preces

João Batista foi escolhido por Deus para anunciar à humanidade a chegada do reino de Cristo. Por isso, oremos com alegria, dizendo:

R. **Dirigi, Senhor, os nossos passos no caminho da paz!**

Vós, que chamastes João Batista desde o ventre materno para preparar os caminhos de vosso Filho,
– chamai-nos para seguir o Senhor com a mesma fidelidade com que João o precedeu. R.

Assim como destes a João Batista a graça de reconhecer o Cordeiro de Deus, fazei que vossa Igreja também o anuncie,
– e que os homens e as mulheres do nosso tempo o reconheçam. R.

Vós, que inspirastes a vosso profeta ser necessário ele diminuir para que Cristo crescesse,
– ensinai-nos a ceder lugar aos outros, para que vossa presença se manifeste em cada um de nós. R.

Vós, que quisestes proclamar a justiça mediante o martírio de João,
– tornai-nos testemunhas incansáveis da vossa verdade. R.

(intenções livres)

Lembrai-vos de todos aqueles que já partiram desta vida,
– recebei-os no reino da luz e da paz. R.

Pai nosso...

Oração

Ó Deus, que suscitastes São João Batista, a fim de preparar para o Senhor um povo perfeito, concedei à vossa Igreja as alegrias espirituais e dirigi nossos passos no caminho da salvação e da paz. Por nosso Senhor Jesus Cristo, vosso Filho, na unidade do Espírito Santo.

Laudes

Hino

Logo ao nasceres não trazes mancha,
João Batista, severo asceta,
Mártir potente, do ermo amigo,
grande profeta.

De trinta frutos uns se coroam;
a fronte de outros o dobro cinge.
Tua coroa, dando três voltas,
os cem atinge.

Assim cingido de tanto mérito,
retira as pedras do nosso peito,
torto caminho, chão de alto e baixo,
torna direito.

Faze que um dia, purificados,
vindo a visita do Redentor,
possa em noss'alma, que preparaste,
seus passos pôr.

A vós, Deus Único, o céu celebra,
Trino em pessoas canta também.
Mas nós na terra, impuros, pedimos
perdão. Amém.

Ant. 1 Será João o seu **no**me
e o **seu** nasci**men**to vai tra**zer**-te ale**gri**a
e a **mui**tos tam**bém**.

Salmos e cântico do domingo da I Semana, p. 764.

Ant. 2 Com o es**pí**rito e a **for**ça de E**li**as,
ele i**rá** à sua **fren**te prepa**rar**
um **po**vo conver**ti**do para **Deus**.

Ant. 3 Serás pro**fe**ta do Al**tís**simo, ó Me**ni**no,
pois i**rás** andando à **fren**te do Se**nhor**
para aplai**nar** e prepa**rar** os seus ca**mi**nhos.

Leitura breve Ml 3,23-24

Eis que eu vos enviarei o profeta Elias, antes que venha o dia do Senhor, dia grande e terrível; o coração dos pais há de voltar-se para os filhos, e o coração dos filhos para seus pais, para que eu não intervenha, ferindo de maldição a vossa terra.

Responsório breve

R. Será **gran**de aos **o**lhos de **Deus**,
* Será **chei**o do Espírito **San**to. R. Será **gran**de.
V. Ele i**rá** prepa**rar** para **Deus** um **po**vo vol**ta**do ao Se**nhor**.
* Será **chei**o. Glória ao **Pai**. R. Será **gran**de.

Cântico evangélico, ant.

Profeti**zan**do, Zaca**ri**as excla**mou**:
Bendito **se**ja o Senhor **Deus** de Isra**el**! †

Preces

Invoquemos a Cristo, que enviou João Batista como precursor, para preparar os seus caminhos; e digamos com toda confiança:

R. **Cristo, sol nascente, iluminai os nossos caminhos!**

Vós fizestes João Batista exultar de alegria no seio de Isabel;
– fazei que sempre nos alegremos com a vossa vinda a este mundo. R.

Vós nos indicastes o caminho da penitência pela palavra e pela vida de João Batista;
– convertei os nossos corações aos mandamentos do vosso reino. R.

Vós quisestes ser anunciado pela voz de um homem;
– enviai pelo mundo inteiro mensageiros do vosso Evangelho. R.

Vós quisestes ser batizado por João no rio Jordão, para que se cumprisse toda a justiça;
– fazei-nos trabalhar com empenho para estabelecer a justiça do vosso reino. R.

(intenções livres)

Pai nosso...

Oração

Ó Deus, que suscitastes São João Batista, a fim de preparar para o Senhor um povo perfeito, concedei à vossa Igreja as alegrias espirituais e dirigi nossos passos no caminho da salvação e da paz. Por nosso Senhor Jesus Cristo, vosso Filho, na unidade do Espírito Santo.

Hora Média

Salmos graduais, p. 1135. Sendo domingo, salmos do domingo da I Semana, p. 768.

Ant. Quando ou**vi** resso**ar** tua **voz** ao sau**dar**-me,
o me**ni**no sal**tou** de ale**gri**a em meu **sei**o. Ale**lui**a.

Leitura breve cf. Is 49,5a.6b

Diz-me o Senhor, ele que me preparou desde o nascimento para ser seu Servo: eu te farei luz das nações, para que minha salvação chegue até aos confins da terra.

V. O Se**nhor** me cha**mou** desde o **meu** nasci**men**to.
R. Desde o **sei**o ma**ter**no se lem**brou** do meu **no**me.

Oração como nas Laudes.

II Vésperas

HINO Doce, sonoro, como nas I Vésperas, p. 1269.

Ant. 1 Houve um **ho**mem envi**a**do por **Deus**,
e Jo**ão** era seu **no**me.

Salmos e cântico do Comum dos santos homens, p. 1556.

Ant. 2 Jo**ão** veio **dar** teste**mu**nho da Ver**da**de.

Ant. 3 Jo**ão** foi um **fa**cho que **ar**de e ilu**mi**na.

Leitura breve At 13,23-25

Conforme prometera, da descendência de Davi Deus fez surgir para Israel um Salvador, que é Jesus. Antes que ele chegasse, João pregou um batismo de conversão para todo o povo de Israel. Estando para terminar sua missão, João declarou: Eu não sou aquele que pensais que eu seja! Mas vede: depois de mim vem aquele, do qual nem mereço desamarrar as sandálias.

Responsório breve

V. Prepa**rai** o ca**mi**nho do Se**nhor**,
* As es**tra**das de **Deus** endirei**tai**! R. Prepa**rai**.
V. **A**que**le** que **vem** depois de **mim**,
bem **an**tes de **mim** já exis**ti**a
* As es**tra**das. Glória ao **Pai**. R. Prepa**rai**.

Cântico evangélico, ant.

O me**ni**no que nas**ceu** é **mais** do que um pro**fe**ta;
falou **de**le o Salva**dor**:
Entre a**que**les que nas**ce**ram de mu**lher**
não sur**giu** ninguém mai**or** que João Ba**tis**ta.

Preces

João Batista foi escolhido por Deus para anunciar à humanidade a chegada do reino de Cristo. Por isso, oremos com alegria, dizendo:

R. **Dirigi, Senhor, os nossos passos no caminho da paz!**

Vós, que chamastes João Batista desde o ventre materno para preparar os caminhos de vosso Filho,
– chamai-nos para seguir o Senhor com a mesma fidelidade com que João o precedeu. R.

Assim como destes a João Batista a graça de reconhecer o Cordeiro de Deus, fazei que vossa Igreja também o anuncie,
– e que os homens e as mulheres do nosso tempo o reconheçam. R.

Vós, que inspirastes a vosso profeta ser necessário ele diminuir para que Cristo crescesse,
– ensinai-nos a ceder lugar aos outros, para que vossa presença se manifeste em cada um de nós. R.

Vós, que quisestes proclamar a justiça mediante o martírio de João,
– tornai-nos testemunhas incansáveis da vossa verdade. R.

(intenções livres)

Lembrai-vos de todos aqueles que já partiram desta vida,
– e recebei-os no reino da luz e da paz. R.

Pai nosso...

Oração

Ó Deus, que suscitastes São João Batista, a fim de preparar para o Senhor um povo perfeito, concedei à vossa Igreja as alegrias espirituais e dirigi nossos passos no caminho da salvação e da paz. Por nosso Senhor Jesus Cristo, vosso Filho, na unidade do Espírito Santo.

27 de junho

SÃO CIRILO DE ALEXANDRIA, BISPO E DOUTOR DA IGREJA

Nasceu em 370 e levou vida monástica. Ordenado sacerdote, acompanhou seu tio, bispo de Alexandria, de quem foi sucessor no episcopado, em 412. Combateu energicamente as doutrinas de Nestório e teve um importante desempenho no Concílio de Éfeso. Escreveu muitas obras de grande erudição para explicar e defender a fé católica. Morreu em 444.

Do Comum dos pastores: para bispos, p. 1523, e dos doutores da Igreja, p. 1533.

Oração.

Ó Deus, que suscitastes em Alexandria o bispo São Cirilo para proclamar Maria Mãe de Deus, dai, aos que professam a maternidade divina, serem salvos pela encarnação do vosso Filho. Que convosco vive e reina, na unidade do Espírito Santo.

28 de junho

SANTO IRINEU, BISPO E MÁRTIR

Memória

Nasceu por volta do ano 130 e foi educado em Esmirna. Foi discípulo de São Policarpo, bispo desta cidade. No ano de 177, era presbítero em Lião (França) e, pouco tempo depois, foi nomeado bispo da mesma cidade. Escreveu diversas obras para defender a fé católica contra os erros dos gnósticos. Segundo a tradição, recebeu a coroa do martírio por volta do ano 200.

Do Comum de um mártir, p. 1509, ou, dos pastores: para bispos, p. 1523.

Laudes

Cântico evangélico, ant.

Hon**ran**do seu **no**me, "Iri**neu**" dedi**cou** sua **vi**da à **paz**
e lu**tou** pela **paz** das **Igre**jas.

Oração

Ó Deus, vós concedestes ao bispo Santo Irineu firmar a verdadeira doutrina e a paz da Igreja; pela intercessão de vosso servo, renovai em nós a fé e a caridade, para que nos apliquemos constantemente em alimentar a união e a concórdia. Por nosso Senhor Jesus Cristo, vosso Filho, na unidade do Espírito Santo.

Vésperas

Cântico evangélico, ant.

Por seu **Deus**, Santo Iri**neu** lu**tou** até à **mor**te;
supe**rou** as prova**ções**, pois Je**sus** foi sua **for**ça.

29 de junho

SÃO PEDRO E SÃO PAULO, APÓSTOLOS

Solenidade

I Vésperas

Hino

Ó áurea luz, ó esplendor de rosa,
o azul vestis de sangue e de fulgor,
quando, tombando, os príncipes sagrados,
abrem do céu a porta ao pecador.

Doutor das gentes e do Céu Porteiro,
luzeiros sois, Juízes das Nações;
um pela espada, o outro pela cruz,
sobem do céu às eternais mansões.

Ó feliz Roma, por precioso sangue
cingida assim de púrpura e nobreza;
não por ti mesma, mas por tal martírio,
o mundo inteiro excedes em beleza.

Dupla oliveira, Pedro, Paulo viestes
na eterna Roma uma fronde erguer:
numa só fé e caridade acesos,
após a morte, dai-nos reviver!

Dê-se à Trindade sempiterna glória,
honra, poder e júbilo também;
pois na Unidade tudo e a todos rege,
agora e sempre, eternamente. Amém.

Ant. 1 Tu és o **Cris**to, o **Fi**lho do Deus **vi**vo!
Tu és fe**liz**, ó Si**mão**, filho de **Jo**nas!

Salmos e cântico do Comum dos apóstolos, p. 1477.

Ant. 2 Tu és **Pe**dro, e **so**bre esta **pe**dra
eu **irei** constru**ir** a minha I**gre**ja.

Ant. 3 São **Pau**lo, A**pós**tolo das **Gen**tes,
vós **sois** instru**men**to esco**lhi**do,
prega**dor** da ver**da**de em todo o **mun**do.

Leitura breve Rm 1,1-3a.7

Paulo, servo de Jesus Cristo, apóstolo por vocação, escolhido para o Evangelho de Deus, que pelos profetas havia prometido, nas Escrituras, e que diz respeito a seu Filho: A vós todos que morais em Roma, amados de Deus e santos por vocação, graça e paz da parte de Deus, nosso Pai, e de nosso Senhor, Jesus Cristo.

Responsório breve

R. Os Apóstolos, com **gran**de co**ra**gem,
*Anunci**a**vam a Pa**la**vra de **Deus**. R. Os **Após**tolos.
V. Testemu**nha**vam a **ressurreição**
de **No**sso Se**nhor** Jesus **Cris**to.
*Anunci**a**vam. Glória ao **Pai**. R. Os **Após**tolos.

Cântico evangélico, ant.

Glori**o**sos A**pós**tolos de **Cris**to,
como em **vi**da os **uniu** grande a**fe**to,
assim na **mor**te não fi**ca**ram sepa**ra**dos.

Preces

Oremos a Cristo, que edificou sua Igreja sobre o alicerce dos apóstolos e dos profetas; e digamos com fé:

R. **Socorrei, Senhor, o vosso povo!**

Vós, que chamastes o pescador Simão para dele fazerdes pescador de homens,
– continuai chamando operários para que levem a vossa salvação à humanidade inteira. R.

Vós, que acalmastes a tempestade do mar para que a barca dos discípulos não afundasse,
– defendei a vossa Igreja de toda perturbação e fortalecei o Santo Padre. R.

Bom Pastor que, depois da ressurreição, reunistes ao redor de Pedro o rebanho que estava disperso,
– congregai o vosso povo num só rebanho e sob um só pastor. R.

Vós, que enviastes o apóstolo Paulo para evangelizar as nações pagãs,
– fazei que a palavra da salvação seja pregada a toda criatura. R.

(intenções livres)

Vós, que entregastes à Igreja as chaves do reino dos céus,
– abri as portas do céu a todos aqueles que, durante a vida, confiaram na vossa misericórdia. R.

Pai nosso...

Oração

Ó Deus, que hoje nos concedeis a alegria de festejar São Pedro e São Paulo, concedei à vossa Igreja seguir em tudo os ensinamentos destes Apóstolos que nos deram as primícias da fé. Por nosso Senhor Jesus Cristo, vosso Filho, na unidade do Espírito Santo.

Laudes

Hino

A paixão dos Apóstolos
este dia sagrou,
o triunfo de Pedro
para nós revelou,
e a coroa de Paulo
até aos céus exaltou.

A vitória da morte
os uniu, como irmãos
consagrados no sangue,
verdadeira oblação;
pela fé coroados,
ao Senhor louvarão.

Pedro foi o primeiro
por Jesus consagrado;
Paulo, arauto por graça,
vaso eleito chamado,
pela fé se igualava
ao que tem o Primado.

Com os pés para o alto
foi Simão levantado
sobre a cruz do martírio,
como o Mestre, elevado,
recordando a Palavra
que ele tinha falado.

Em tão nobre triunfo,
Roma foi elevada
ao mais alto dos cumes,
em tal sangue fundada;
por tão nobres profetas
a Jesus consagrada.

Para cá vem o mundo,
e se encontram os crentes,
feita centro dos povos,
nova mãe dos viventes,
como sede escolhida
pelo Mestre das gentes.

Redentor, vos pedimos
que possamos também
conviver com tais santos,
junto a vós, Sumo Bem,
e cantar vossa glória
pelos séculos. Amém.

Ant. 1 Sei em **quem** eu colo**quei** a minha **fé,**
e estou **cer**to que ele **tem** poder di**vi**no
para guar**dar** até o **fim** o meu de**pó**sito,
que o Se**nhor**, justo Ju**iz**, me confi**ou**.

Salmos e cântico do domingo da I Semana, p. 764.

Ant. 2 A sua **gra**ça para **mim** não foi i**nú**til;
está co**mi**go e para **sem**pre fica**rá**.

Ant. 3 Comba**ti** o bom com**ba**te, termi**nei** minha car**rei**ra,
conser**vei** a minha **fé**.

Leitura breve 1Pd 4,13-14

Caríssimos, alegrai-vos por participar dos sofrimentos de Cristo, para que possais também exultar de alegria na revelação da sua glória. Se sofreis injúrias por causa do nome de Cristo, sois felizes, pois o Espírito da glória, o Espírito de Deus repousa sobre vós.

Responsório breve

R. Por **Cris**to entre**ga**ram suas **vi**das,
* Pelo **no**me de Je**sus**, Nosso Se**nhor**. R. Por **Cris**to.

V. Saíram exul**tan**tes do Si**né**drio,
por ter **si**do achados **di**gnos de so**frer**. * Pelo **no**me.
Glória ao **Pai**. R. Por **Cris**to.

Cântico evangélico, ant.
Disse **Pe**dro a Je**sus**:
A **quem** nós i**re**mos, Se**nhor** Jesus **Cris**to?
Só **tu** tens pa**la**vras de **vi**da e**ter**na.
Nós **cre**mos, sa**ben**do que **és** o Se**nhor**,
que **tu** és o **Cris**to, o **Fi**lho de **Deus**!

Preces

Oremos a Cristo, que edificou sua Igreja sobre o alicerce dos apóstolos e dos profetas; e digamos com fé:

R. **Favorecei, Senhor, a vossa Igreja!**

Vós, que rezastes por Pedro para que sua fé não desfalecesse,
– confirmai na fé a vossa Igreja. R.

Vós, que, depois da ressurreição, aparecestes a Simão Pedro e vos revelastes a Paulo,
– iluminai nossa inteligência, para proclamarmos que estais vivo no meio de nós. R.

Vós, que escolhestes o apóstolo Paulo para anunciar o vosso nome aos povos pagãos,
– tornai-nos verdadeiros pregadores do vosso evangelho. R.

Vós, que, na vossa misericórdia, perdoastes as negações de Pedro,
– perdoai também as nossas faltas. R.

Pai nosso...

Oração

Ó Deus, que hoje nos concedeis a alegria de festejar São Pedro e São Paulo, concedei à vossa Igreja seguir em tudo os ensinamentos destes Apóstolos que nos deram as primícias da fé. Por nosso Senhor Jesus Cristo, vosso Filho, na unidade do Espírito Santo.

Hora Média

Salmos graduais, p. 1135. Se for domingo, salmos do domingo da I Semana, p. 768.

Ant. Subiu **Pe**dro ao ter**ra**ço para o**rar**,
quando **e**ra por **vol**ta da hora **sex**ta.

Leitura breve Gl 1,15-16a.17b-18a

Quando aquele que me separou desde o ventre materno e me chamou por sua graça se dignou revelar-me o seu Filho, para que eu o pregasse entre os pagãos, parti para a Arábia e, depois, voltei ainda a Damasco. Três anos mais tarde, fui a Jerusalém para conhecer Cefas.

V. Guar**da**vam os pre**cei**tos
R. E as **or**dens do Se**nhor**.

Oração como nas Laudes.

II Vésperas

Hino

Roma feliz, tornada cor de púrpura
destes heróis no sangue tão fecundo,
não por teus méritos, mas por estes santos,
que golpeaste com a cruz e a espada,
em formosura excedes todo o mundo.

E vós agora, gloriosos mártires,
heróis invictos da mansão de Deus,
Pedro feliz, e Paulo flor do mundo,
do mal livrai-nos pela vossa prece
e conduzi-nos para os altos céus.

Glória a Deus Pai nos infinitos séculos,
honra e império, ó Filho, a vós também,
poder, beleza ao vosso Santo Espírito,
laço de amor unindo o Pai e o Filho.
Glória à Trindade para sempre. Amém.

Ant. 1 Eu ro**guei** por ti, ó **Pe**dro,
que tua **fé** não desfa**le**ça.
Quando esti**ve**res conver**ti**do,
forta**le**ce os teus ir**mãos**.

Salmos e cântico do Comum dos apóstolos, p. 1484.

Ant. 2 De boa **men**te me glo**ri**o nas fra**que**zas,
para que a **for**ça do Se**nhor** habite em **mim**.

Ant. 3 És pas**tor** das ovelhas de **Cris**to, dos a**pós**tolos **che**fe;
a ti **fo**ram en**tre**gues as **cha**ves do **Rei**no dos **céus**.

Leitura breve 1Cor 15,3-5.8

Transmiti-vos, em primeiro lugar, aquilo que eu mesmo tinha recebido, a saber: que Cristo morreu por nossos pecados, segundo as Escrituras; que foi sepultado; que, ao terceiro dia, ressuscitou, segundo as Escrituras; e que apareceu a Cefas e, depois, aos Doze. Por último, apareceu também a mim.

Responsório breve

R. Os **Após**tolos, com **gran**de co**ra**gem,
* Anunci**a**vam a Pa**la**vra de **Deus**. R. Os **Após**tolos.
V. Testemu**nha**vam a **ressurreição**
de **N**osso Se**nhor** Jesus **Cris**to.
* Anunci**a**vam. Glória ao **Pai**. R. Os **Após**tolos.

Cântico evangélico, ant.

Se**nhor**, o **Após**tolo **Pe**dro,
e **Pau**lo, o dou**tor** das na**ções**,
transmi**ti**ram a **nós** vossa **lei**.

Preces

Oremos a Cristo, que edificou sua Igreja sobre o alicerce dos apóstolos e dos profetas; e digamos com fé:

R. **Socorrei, Senhor, o vosso povo!**

Vós, que chamastes o pescador Simão para dele fazerdes pescador de homens,
– continuai chamando operários para que levem a vossa salvação à humanidade inteira. R.

Vós, que acalmastes a tempestade do mar para que a barca dos discípulos não afundasse,
– defendei a vossa Igreja de toda perturbação e fortalecei o Santo Padre. R.

Bom Pastor que, depois da ressurreição, reunistes ao redor de Pedro o rebanho que estava disperso,
– congregai o vosso povo num só rebanho e sob um só pastor. R.

Vós, que enviastes o apóstolo Paulo para evangelizar as nações pagãs,
– fazei que a palavra da salvação seja pregada a toda criatura. R.

(intenções livres)

Vós, que entregastes à Igreja as chaves do reino dos céus,
– abri as portas do céu a todos aqueles que, durante a vida, confiaram na vossa misericórdia. R.

Pai nosso...

Oração

Ó Deus, que hoje nos concedeis a alegria de festejar São Pedro e São Paulo, concedei à vossa Igreja seguir em tudo os ensinamentos destes Apóstolos que nos deram as primícias da fé. Por nosso Senhor Jesus Cristo, vosso Filho, na unidade do Espírito Santo.

30 de junho

SANTOS PROTOMÁRTIRES DA IGREJA DE ROMA

Na primeira perseguição contra a Igreja, desencadeada pelo imperador Nero, depois do incêndio da cidade de Roma no ano 64, muitos cristãos foram martirizados com atrozes tormentos. Este fato é testemunhado pelo escritor pagão Tácito *(Annales 15,44)* e por São Clemente, bispo de Roma, na sua Carta aos Coríntios (cap. 5-6).

Do Comum de vários mártires, p. 1493.

Laudes

Cântico evangélico, ant.

A **gran**de multi**dão** dos **már**tires de **Cris**to
persis**ti**a no a**mor** e na fra**ter**na uni**ão**,
pois a **e**les ani**ma**va a mesma **fé** e o mesmo es**pí**rito.

Oração

Ó Deus, que consagrastes com o sangue dos mártires os fecundos primórdios da Igreja de Roma, dai que sua coragem no combate nos obtenha uma força inabalável e a alegria da vitória. Por nosso Senhor Jesus Cristo, vosso Filho, na unidade do Espírito Santo.

Vésperas

Cântico evangélico, ant.

A**ma**ram a **Cris**to na **vi**da, imi**ta**ram o **Cris**to na **mor**te, reina**rão** para **sem**pre com **e**le.

JULHO

3 de julho

SÃO TOMÉ, APÓSTOLO

Festa

Tomé tornou-se conhecido entre os apóstolos principalmente por sua incredulidade que desapareceu diante do Cristo ressuscitado; e com isso proclamou a fé pascal da Igreja: "Meu Senhor e meu Deus!". Nada de certo se sabe sobre sua vida, além dos indícios fornecidos pelo Evangelho. É de tradição ter ele evangelizado os povos da Índia. Desde o século VI comemora-se a 3 de julho a trasladação de seu corpo para Edessa.

Do Comum dos apóstolos, p. 1479, exceto o seguinte:

Laudes

Hino

Tu fulguras qual luzeiro
entre os doze, São Tomé;
oh! recebe prazenteiro
o louvor de nossa fé!

O Senhor te fez sentar
sobre um trono só de luz.
O amor levou-te a dar
tua vida por Jesus.

Relataram os irmãos
que o Senhor tornara à vida;
queres vê-lo e, com as mãos,
apalpar suas feridas.

Que alegria quando o viste
redivivo em seu fulgor;
e com fé o adoraste
como Deus e teu Senhor.

Entre nós, que não o vemos,
nossa fé por ti floresça,
e o amor com que o buscamos
dia a dia sempre cresça.

Seja ao Cristo honra e vitória!
Que a teus rogos ele dê
vê-lo vivo em sua glória
a quem anda à luz da fé!

Ant. 1 E **di**sse-lhe To**mé**:
Se**nhor**, não sa**be**mos a**on**de tu **vais**,
e **co**mo po**de**mos sa**ber** o ca**mi**nho?
Je**sus** respon**deu**:
Eu **sou** o Ca**mi**nho, a Ver**da**de e a **Vi**da.

Salmos e cântico do domingo da I Semana, p. 764.

Ant. 2 To**mé**, que tam**bém** é cha**ma**do de **Dí**dimo,
não es**ta**va com **e**les quando **veio** Je**sus**.
Disseram a **e**le: Nós **vi**mos Je**sus**. Ale**lui**a.

Ant. 3 Com teu **de**do vem to**car** as minhas **mãos**,
co**lo**ca a tua **mão** no lado a**ber**to,
e não **se**jas um in**cré**dulo, To**mé**,
mas tenhas **fé**, ale**lui**a, ale**lui**a.

Leitura breve Ef 2,19-22

Já não sois mais estrangeiros nem migrantes, mas concidadãos dos santos. Sois da família de Deus. Vós fostes integrados no edifício que tem como fundamento os apóstolos e os profetas, e o próprio Jesus Cristo como pedra principal. É nele que toda a construção se ajusta e se eleva para formar um templo santo no Senhor. E vós também sois integrados nesta construção, para vos tornardes morada de Deus pelo Espírito.

Responsório breve

R. Fareis **de**les os **che**fes
* Por **to**da a **ter**ra. R. Fareis.
V. Lembra**rão** vosso **no**me, Se**nhor**, para **sem**pre.
* Por **to**da. Glória ao **Pai**. R. Fareis.

Cântico evangélico, ant.

Acredi**tas**te, To**mé**, porque me **vis**te.
Fe**li**zes os que **cre**em sem ter **vis**to! Ale**lui**a.

PRECES do Comum dos apóstolos, p. 1482.

Oração

Deus todo-poderoso, concedei-nos celebrar com alegria a festa do apóstolo São Tomé, para que sejamos sempre sustentados por sua proteção e tenhamos a vida pela fé no Cristo que ele reconheceu como Senhor. Que convosco vive e reina, na unidade do Espírito Santo.

Vésperas

Hino, salmos e cântico do Comum dos apóstolos, p. 1483.

Antífonas como nas Laudes, p. 1286.

Leitura breve Ef 4,11-13

Foi Cristo quem instituiu alguns como apóstolos, outros como profetas, outros ainda como evangelistas, outros, enfim, como pastores e mestres. Assim, ele capacitou os santos para o ministério, para edificar o corpo de Cristo, até que cheguemos todos juntos à unidade da fé e do conhecimento do Filho de Deus, ao estado do homem perfeito e à estatura de Cristo em sua plenitude.

Responsório breve

R. Anunci**ai** entre as na**ções**
* A **gló**ria do Se**nhor**. R. Anunci**ai**.
V. E as **su**as mara**vi**lhas entre os **po**vos do uni**ver**so.
* A **gló**ria. Glória ao **Pai**. R. Anunci**ai**.

Cântico evangélico, ant.

Colo**quei** os meus **de**dos na **fen**da dos **cra**vos,
colo**quei** minhas **mãos** em **seu** lado a**ber**to
e excla**mei**: Meu Se**nhor** e meu **Deus**, ale**lu**ia!

PRECES do Comum dos apóstolos, p. 1487.

Oração

Deus todo-poderoso, concedei-nos celebrar com alegria a festa do apóstolo São Tomé, para que sejamos sempre sustentados por sua proteção e tenhamos a vida pela fé no Cristo que ele reconheceu como Senhor. Que convosco vive e reina, na unidade do Espírito Santo.

4 de julho

SANTA ISABEL DE PORTUGAL

Filha dos reis de Aragão, nasceu em 1271. Ainda muito jovem, foi dada em casamento ao rei de Portugal com quem teve dois filhos. Dedicou-se de modo particular à oração e às obras de misericórdia, e suportou muitas tristezas e dificuldades com grande fortaleza de ânimo. Depois da morte do marido, distribuiu os bens entre os pobres e tomou o hábito da Ordem Terceira de São Francisco. Morreu em 1336, quando intermediava um acordo de paz entre seu filho e seu genro.

Do Comum das santas mulheres: para aquelas que se dedicaram às obras de caridade, p. 1573.

Oração

Ó Deus, autor da paz e da caridade, que destes a Santa Isabel de Portugal a graça de reconciliar os desunidos, concedei-nos, por sua intercessão, trabalhar pela paz, para que possamos ser chamados filhos de Deus. Por nosso Senhor Jesus Cristo, vosso Filho, na unidade do Espírito Santo.

5 de julho

SANTO ANTÔNIO MARIA ZACARIA, PRESBÍTERO

Nasceu em Cremona, na Lombardia, em 1502; estudou medicina em Pádua e, recebido o sacerdócio, fundou a Congregação dos Clérigos de São Paulo, ou Barnabitas, que muito trabalhou pela reforma dos costumes dos fiéis. Morreu em 1539.

Do Comum dos pastores: para presbíteros, p. 1523, ou dos santos homens: para educadores, p. 1574, ou para religiosos, p. 1571.

Oração

Concedei-nos, ó Deus, aquele incomparável conhecimento de Jesus Cristo que destes ao apóstolo São Paulo, e que inspirou Santo Antônio Maria Zacaria, ao anunciar constantemente em vossa Igreja a palavra da salvação. Por nosso Senhor Jesus Cristo, vosso Filho, na unidade do Espírito Santo.

6 de julho

SANTA MARIA GORETTI, VIRGEM E MÁRTIR

Nasceu em Corinaldo, na Itália, em 1890, de família pobre. Sua meninice, passada nas proximidades de Netuno, foi dura, auxiliando a mãe nos cuidados da casa; sendo piedosa por índole, era assídua na oração. Em 1902, para defender sua castidade contra um agressor, preferiu morrer a desonrar-se e foi coberta de punhaladas.

Do Comum de um(a) mártir, p. 1509, ou das virgens, p. 1539.

Oração

Ó Deus, fonte de inocência e pureza, que ornastes Maria Goretti, ainda adolescente, com a graça do martírio e a coroastes no combate pela virgindade, dai-nos, por sua intercessão, guardar sempre os vossos mandamentos. Por nosso Senhor Jesus Cristo, vosso Filho, na unidade do Espírito Santo.

11 de julho

SÃO BENTO, ABADE

Memória

Nasceu em Núrcia, na Úmbria (Itália), por volta do ano 480; estudou em Roma; começou a praticar vida eremítica em Subiaco, onde reuniu um grupo de discípulos, indo mais tarde para Montecassino. Aí fundou um célebre mosteiro e escreveu a Regra que, difundida em muitos países, lhe valeu o título de patriarca do monaquismo do Ocidente. Morreu a 21 de março de 547. Contudo, desde fins do século VIII, sua memória começou a ser celebrada em muitas regiões no dia de hoje.

Do Comum dos santos homens: para religiosos, p. 1571, exceto o seguinte:

Laudes

Hino

Legislador, doutor prudente e venerável,
que sobre o mundo em altos méritos brilhais,
vinde de novo, ó São Bento, completá-lo,
com a fulgente luz de Cristo o clareai.

Por vós floriu algo de novo, admirável,
unindo os povos em real fraternidade.
Artista e mestre em decifrar as leis sagradas,
fazei cumpri-las com igual suavidade.

Livres e escravos, através da nova regra,
fazeis discípulos de Jesus pela oração.
E o trabalho, sustentado pela prece,
uniu a todos em um mesmo coração.

Guia fraterno, auxiliai todos os povos
a trabalharem, se ajudando mutuamente
na construção da paz feliz e dos seus frutos,
usufruindo dos seus dons eternamente.

Glória a Deus Pai e a seu Filho Unigênito,
e honra à Chama do divino Resplendor,
de cuja graça e glória eterna vós fizestes
razão primeira e objeto de louvor.

Cântico evangélico, ant.
Houve um **ho**mem vene**rá**vel por sua **vi**da
que foi "**Ben**to" pela **gra**ça e pelo **no**me.

Oração

Ó Deus, que fizestes o abade São Bento preclaro mestre na escola do vosso serviço, concedei que, nada preferindo ao vosso amor, corramos de coração dilatado no caminho dos vossos mandamentos. Por nosso Senhor Jesus Cristo, vosso Filho, na unidade do Espírito Santo.

Vésperas

Hino

Entre as coroas dadas pelo alto,
cujo louvor celebra o nosso canto
glorioso brilhas por merecer tanto,
grande São Bento!

Ainda jovem, te orna a santidade,
do mundo o gozo nada te roubou,
murcha a teus olhos deste mundo a flor,
olhas o alto.

Pátria e família deixas pela fuga,
e na floresta buscas teu sustento.
Ali rediges belo ensinamento
de vida santa.

Obediência à lei de Cristo ensinas
aos reis e povos, tudo o que lhe agrada.
Por tua prece, a nossa tenha entrada
aos bens do céu.

Glória a Deus Pai e ao Filho Unigênito,
e ao Santo Espírito honra e adoração.
Graças a ele, fulge o teu clarão
no céu. Amém.

Cântico evangélico, ant.

Sobre **es**te desce a **bên**ção do Senhor
e a recom**pen**sa de seu **Deus** e Salva**dor**,
porque **es**ta é a gera**ção** dos que o pro**cu**ram.

Oração como nas Laudes.

13 de julho

SANTO HENRIQUE

Nasceu na Baviera em 973; sucedeu a seu pai no governo do ducado e mais tarde foi eleito imperador. Distinguiu-se por seu zelo em promover a reforma da vida da Igreja e a atividade missionária. Fundou vários bispados e enriqueceu mosteiros. Morreu em 1024 e foi canonizado pelo papa Eugênio III, em 1146.

Do Comum dos santos homens, p. 1551.

Oração

Senhor Deus, que cumulastes de graça o imperador Henrique, elevando-o de modo admirável das preocupações do governo terrestre às coisas do céu, concedei, por suas preces, que vos busquemos de todo o coração entre as vicissitudes deste mundo. Por nosso Senhor Jesus Cristo, vosso Filho, na unidade do Espírito Santo.

14 de julho

SÃO CAMILO DE LELLIS, PRESBÍTERO

Nasceu em Chieti, nos Abruzos (Itália), em 1550; seguiu primeiramente a carreira militar e, quando se converteu, consagrou-se ao cuidado dos enfermos. Terminados os estudos e ordenado sacerdote, fundou uma Congregação destinada a construir hospitais e atender os doentes. Morreu em Roma, no ano 1614.

Do Comum dos santos homens: para aqueles que se dedicaram às obras de caridade, p. 1573.

Oração

Ó Deus, que inspirastes a São Camilo de Lellis extraordinária caridade para com os enfermos, dai-nos o vosso espírito de amor, para que, servindo-vos em nossos irmãos e irmãs, possamos partir tranquilos ao vosso encontro na hora de nossa morte. Por nosso Senhor Jesus Cristo, vosso Filho, na unidade do Espírito Santo.

15 de julho

SÃO BOAVENTURA, BISPO E DOUTOR DA IGREJA

Memória

Nasceu por volta de 1218, em Bagnorégio, na Etrúria (Itália). Estudou filosofia e teologia em Paris e, obtida a láurea de doutor, ensinou as mesmas disciplinas, com grande aproveitamento, aos seus irmãos da Ordem dos Frades Menores. Eleito ministro geral da Ordem, governou-a com prudência e sabedoria. Foi nomeado bispo de Albano e criado cardeal. Morreu em Lião (França), no ano de 1274. Escreveu muitas obras filosóficas e teológicas.

Do Comum dos pastores: para bispos, p. 1523, e dos doutores da Igreja, p. 1533.

Oração

Concedei-nos, Pai todo-poderoso, que, celebrando a festa de São Boaventura, aproveitemos seus preclaros ensinamentos e imitemos sua ardente caridade. Por nosso Senhor Jesus Cristo, vosso Filho, na unidade do Espírito Santo.

16 de julho

NOSSA SENHORA DO CARMO

A Sagrada Escritura celebra a beleza do Carmelo, onde o profeta Elias defendeu a pureza da fé de Israel no Deus vivo. No século XII, alguns eremitas foram viver nesse monte e, mais tarde, constituíram uma Ordem de vida contemplativa sob o patrocínio da Santa Mãe de Deus, Maria.

Do Comum de Nossa Senhora, p. 1462.

Laudes

Cântico evangélico, ant.

Bus**quei** sabedo**ri**a com **to**da a minha **al**ma,
e a pe**di** na ora**ção**;
em **mim** ela cres**ceu** como a **u**va tempo**rã**.

Oração

Venha, ó Deus, em nosso auxílio a gloriosa intercessão de Nossa Senhora do Carmo, para que possamos, sob sua proteção, subir ao monte que é Cristo. Que convosco vive e reina, na unidade do Espírito Santo.

Vésperas

Cântico evangélico, ant.

Ma**ri**a ou**vi**a, medi**ta**va e guar**da**va
a pa**la**vra de **Deus** no **seu** cora**ção**.

17 de julho

BEM-AVENTURADO INÁCIO DE AZEVEDO, PRESBÍTERO, E SEUS COMPANHEIROS, MÁRTIRES

Memória

Inácio de Azevedo nasceu no Porto (Portugal), de família ilustre, em 1526 ou 1527; entrou na Companhia de Jesus em 1548 e foi ordenado sacerdote em 1553. Mais tarde partiu para o Brasil, a fim de se consagrar ao apostolado missionário. Tendo voltado à pátria, conseguiu recrutar numerosos colaboradores para a sua obra evangelizadora e empreendeu a viagem de regresso; mas, interceptados ao largo das ilhas Canárias pelos corsários anticatólicos, ali sofreu o martírio no dia 15 de julho de 1570. Os trinta e nove companheiros que iam na mesma nau (trinta e um portugueses e oito espanhóis) foram também martirizados no mesmo dia ou no dia seguinte. Foram beatificados pelo papa Pio IX em 1854.

Do Comum de vários mártires, p. 1493.

Oração

Ó Deus, que escolhestes Inácio de Azevedo e seus trinta e nove companheiros para regarem com seu sangue as primeiras sementes do Evangelho lançadas na Terra de Santa Cruz, concedei-nos professar constantemente, para vossa maior glória, a fé que recebemos de nossos antepassados. Por nosso Senhor Jesus Cristo, vosso Filho, na unidade do Espírito Santo.

21 de julho

SÃO LOURENÇO DE BRÍNDISI, PRESBÍTERO E DOUTOR DA IGREJA

Nasceu em 1559; recebido entre os frades capuchinhos, ensinou teologia aos confrades e exerceu grandes cargos. Como pregador assíduo e eficaz, percorreu a Europa; também escreveu obras para a exposição da fé. Morreu em Lisboa em 1619.

Do Comum dos pastores: para presbíteros, p. 1523, e dos doutores da Igreja, p. 1533.

Oração

Ó Deus, que, para a vossa glória e a salvação da humanidade, destes a São Lourenço de Bríndisi o espírito de conselho e fortaleza, concedei-nos, pelo mesmo espírito, conhecer o que devemos praticar e, por suas preces, realizá-lo. Por nosso Senhor Jesus Cristo, vosso Filho, na unidad do Espírito Santo.

22 de julho

SANTA MARIA MADALENA

Memória

É mencionada entre os discípulos de Cristo, esteve presente ao pé da cruz e mereceu ser a primeira a ver o Redentor ressuscitado na madrugada do dia de Páscoa (Mc 16,9). Seu culto difundiu-se na Igreja ocidental, sobretudo a partir do século XII.

Do Comum das santas mulheres, p. 1562, exceto o seguinte:

Laudes

Hino

Luminosa, a aurora desperta
e o triunfo de Cristo anuncia.
Tu, porém, amorosa, procuras
ver e ungir o seu Corpo, ó Maria.

Quando o buscas, correndo ansiosa,
vês o anjo envolvido em luz forte;
ele diz que o Senhor está vivo
e quebrou as cadeias da morte.

Mas amor tão intenso prepara
para ti recompensa maior:
crês falar com algum jardineiro,
quando escutas a voz do Senhor.

Estiveste de pé junto à cruz,
com a Virgem das Dores unida;
testemunha e primeira enviada
és agora do Mestre da vida.

Bela flor de Mágdala, ferida
pelo amor da divina verdade,
faze arder o fiel coração
com o fogo de tal caridade.

Dai-nos, Cristo, imitarmos Maria
em amor tão intenso, também,
para um dia nos céus entoarmos
vossa glória nos séculos. Amém.

Ant. 1 No **dia** pri**mei**ro da se**ma**na,
Ma**ri**a Mada**le**na veio **ce**do,
quando a**in**da es**ta**va bem es**cu**ro,
para **ver** a sepul**tu**ra de Je**sus**.

Salmos e cântico do domingo da I Semana, p. 764.

Ant. 2 Meu cora**ção** ar**de** no **pei**to,
quero **ver** o meu Se**nhor**!
Eu pro**cu**ro e não en**con**tro
o lu**gar** onde o **pu**seram. Ale**lui**a.

Ant. 3 Cho**ran**do, Ma**ri**a incli**nou**-se
e o**lhou** para **den**tro do **tú**mulo;
viu dois **an**jos ves**ti**dos de **bran**co. Ale**lui**a.

Leitura breve Rm 12,1-2

Pela misericórdia de Deus, eu vos exorto, irmãos, a vos oferecerdes em sacrifício vivo, santo e agradável a Deus: Este é o vosso culto espiritual. Não vos conformeis com o mundo, mas transformai-vos, renovando vossa maneira de pensar e de julgar, para que possais distinguir o que é da vontade de Deus, isto é, o que é bom, o que lhe agrada, o que é perfeito.

Responsório breve

R. Já não **cho**res, Ma**ri**a:
* O Se**nhor** ressur**giu**. R. Já não **cho**res.
V. Anun**ci**a aos ir**mãos**: * O Se**nhor**.
Glória ao **Pai**. R. Já não **cho**res.

Cântico evangélico, ant.

Na ma**nhã** do dia da **Pás**coa, o Se**nhor** ressusci**tou**
e apare**ceu** primeira**men**te a Ma**ri**a Mada**le**na. Ale**lui**a.

PRECES do Comum das santas mulheres, p. 1564, ou do dia de semana.

Oração

Ó Deus, o vosso Filho confiou a Maria Madalena o primeiro anúncio da alegria pascal; dai-nos, por suas preces e a seu exemplo, anunciar também que o Cristo vive e contemplá-lo na glória de seu Reino. Por nosso Senhor Jesus Cristo, vosso Filho, na unidade do Espírito Santo.

Ou:

Por nosso…

Vésperas

Hino

Ó estrela feliz de Mágdala,
para ti nosso culto e louvor,
Jesus Cristo te uniu a si mesmo
por estreita aliança de amor.

Seu poder ele em ti revelou,
repelindo as potências do mal.
E na fé te ligaste ao Senhor
pelos laços de amor sem igual.

O amor te impeliu a segui-lo
com vibrante e fiel gratidão.
Em cuidados se fez manifesta
a ternura do teu coração.

Tu ficaste de pé com Maria
junto ao Cristo pendente da Cruz.
Com aromas ungiste seu corpo,
que verás ressurgido na luz.

Testemunha primeira, tu foste
anunciar que Jesus ressurgiu.
Guia o povo na Páscoa nascido
nos caminhos que Cristo seguiu.

Honra, glória e louvor à Trindade,
cujo amor fez prodígios em ti.
Contemplemos também sua face,
quando o dia da glória surgir.

Ant. 1 Jesus **dis**se a Ma**ri**a:
Mu**lher**, por que **cho**ras? A **quem** tu pro**cu**ras?

Salmos e cântico do Comum das santas mulheres, p. 1567.

Ant. 2 Le**va**ram o meu Se**nhor** e não **sei** onde o pu**se**ram.

Ant. 3 Jesus **dis**se: Ma**ri**a!
Ela **dis**se: Rab**bo**ni! Tradu**zi**do: Ó **Mes**tre!

Leitura breve Rm 8,28-30

Sabemos que tudo contribui para o bem daqueles que amam a Deus, daqueles que são chamados para a salvação, de acordo com o projeto de Deus. Pois aqueles que Deus contemplou com seu amor desde sempre, a esses ele predestinou a serem conformes à imagem de seu Filho, para que este seja o primogênito numa multidão de irmãos. E aqueles que Deus predestinou, também os chamou. E aos que chamou, também os tornou justos; e aos que tornou justos, também os glorificou.

Responsório breve

R. Já não **cho**res, Ma**ri**a:
* O Se**nhor** ressur**giu**. R. Já não **cho**res.
V. Anun**ci**a aos ir**mãos**: * O Se**nhor**.
Glória ao **Pai**. R. Já não **cho**res.

Cântico evangélico, ant.

Ma**ri**a anunci**ou** aos dis**cí**pulos: Eu **vi** o Se**nhor**, ale**lui**a!

PRECES como nas Vésperas do Comum das santas mulheres, p. 1569, ou do dia de semana.

Oração como nas Laudes.

23 de julho

SANTA BRÍGIDA, RELIGIOSA

Em 1303 nasceu na Suécia; ainda muito jovem, foi dada em casamento; teve oito filhos que educou com esmero. Ingressando na Ordem Terceira de São Francisco, depois da morte do marido intensificou sua vida ascética, embora vivendo no mundo. Fundou então uma ordem religiosa e, indo para Roma, tornou-se para todos exemplo de grandes virtudes. Por penitência, fez peregrinações; escreveu muitas obras em que falava de assuntos místicos, dos quais tinha muita experiência. Morreu em Roma em 1373.

Do Comum das santas mulheres: para religiosas, p. 1571.

Oração

Senhor nosso Deus, que revelastes a Santa Brígida os mistérios celestes, quando meditava a Paixão do vosso Filho, concedei-nos exultar de alegria na revelação de vossa glória. Por nosso Senhor Jesus Cristo, vosso Filho, na unidade do Espírito Santo.

25 de julho

SÃO TIAGO, APÓSTOLO

Festa

Nasceu em Betsaida; era filho de Zebedeu e irmão do apóstolo João. Esteve presente aos principais milagres realizados por Cristo. Foi morto por Herodes, cerca do ano 42. É venerado com grande devoção em Compostela (Espanha), onde se ergue uma célebre basílica dedicada a seu nome.

Do Comum dos apóstolos, p. 1479, exceto o seguinte:

Laudes

Hino

Ó São Tiago, vos trazemos
um canto alegre de louvor.
Da simples arte de pescar,
Jesus aos cimos vos levou.

Ao seu chamado obedecendo,
com vosso irmão tudo deixastes
e do seu Nome e do seu Verbo,
ardente arauto vos tornastes.

Ó testemunha fulgurante
da mão direita do Senhor,
vedes no monte a glória eterna,
no horto vedes a sua dor.

E quando a taça do martírio
chamou por vós, pronto atendestes,
como primeiro entre os apóstolos
pelo Senhor dela bebestes.

Fiel discípulo de Cristo,
da luz do céu semeador,
iluminai os corações
pela esperança, fé e amor.

Dai-nos seguir com prontidão
a Jesus Cristo e seus preceitos,
para podermos, junto a vós,
cantar-lhe o hino dos eleitos.

Ant. 1 Cami**nhan**do Je**sus**, viu Tiago e Jo**ão**,
os ir**mãos** Zebe**deus**, e tam**bém** os cha**mou**.

Salmos e cântico do domingo da I Semana, p. 764.

Ant. 2 E **lo**go dei**xan**do o **pai** e as **re**des, se**gui**ram Je**sus**.

Ant. 3 Bebe**reis** do meu **cá**lice que eu **de**vo be**ber**,
recebe**reis** o ba**tis**mo que **vou** rece**ber**.

Leitura breve Ef 2,19-22

Já não sois mais estrangeiros nem migrantes, mas concidadãos dos santos. Sois da família de Deus. Vós fostes integrados no edifício que tem como fundamento os apóstolos e os profetas, e o próprio

Jesus Cristo como pedra principal. É nele que toda a construção se ajusta e se eleva para formar um templo santo no Senhor. E vós também sois integrados nesta construção, para vos tornardes morada de Deus pelo Espírito.

Responsório breve

R. Fareis **de**les os **che**fes * Por **to**da a **ter**ra. R. Fareis.
V. Lembra**rão** vosso **no**me, Se**nhor**, para **sem**pre.
* Por **to**da. Glória ao **Pai**. R. Fareis.

Cântico evangélico, ant.

Je**sus** tomou a **Pe**dro e os ir**mãos** João e Ti**a**go
e os le**vou** a um alto **mon**te,
e **a**li, diante **de**les, fi**cou** transfigu**ra**do.

PRECES do Comum dos apóstolos, p. 1482.

Oração

Deus eterno e todo-poderoso, que pelo sangue de São Tiago consagrastes as primícias dos trabalhos dos Apóstolos, concedei que a vossa Igreja seja confirmada pelo seu testemunho e sustentada pela sua proteção. Por nosso Senhor Jesus Cristo, vosso Filho, na unidade do Espírito Santo.

Vésperas

HINO do Comum dos apóstolos, p. 1483.

Ant. 1 Je**sus** tomou con**si**go a **Pe**dro, Tiago e Jo**ão**,
e come**çou** a entriste**cer**-se e a fi**car** angusti**a**do.

Salmos e cântico do Comum dos apóstolos, p. 1484.

Ant. 2 Je**sus** então fa**lou** e disse a **e**les:
Orai e vigi**ai** aqui co**mi**go,
a **fim** de não ca**ir**des em tenta**ção**.

Ant. 3 Apode**rou**-se o rei He**ro**des
de alguns **mem**bros da I**gre**ja
a **fim** de maltra**tá**-los.
E man**dou** matar à es**pa**da Ti**a**go, irmão de Jo**ão**.

Leitura breve Ef 4,11-13

Foi Cristo quem instituiu alguns como apóstolos, outros como profetas, outros ainda como evangelistas, outros, enfim, como pastores e mestres. Assim, ele capacitou os santos para o ministério, para edificar o corpo de Cristo, até que cheguemos todos juntos à unidade da fé e do conhecimento do Filho de Deus, ao estado do homem perfeito e à estatura de Cristo em sua plenitude.

Responsório breve

R. Anunci**ai** entre as na**ções**
* A **gló**ria do Se**nhor**. R. Anunciai.
V. E as **su**as mara**vi**lhas entre os **po**vos do uni**ver**so.
* A **gló**ria. Glória ao **Pai**. R. Anunciai.

Cântico evangélico, ant.

Quem qui**ser** ser o mai**or**, seja o **vo**sso servi**dor**.
Quem qui**ser** ser o pri**mei**ro, seja o es**cra**vo entre **to**dos.

PRECES do Comum dos apóstolos, p. 1487.

Oração como nas Laudes.

26 de julho

SÃO JOAQUIM E SANT'ANA, PAIS DE NOSSA SENHORA

Memória

Segundo uma antiga tradição, já conhecida no século II, assim eram chamados os pais da Santíssima Virgem Maria. O culto a Sant'Ana, prestado no Oriente desde o século VI, difundiu-se pelo Ocidente no século X. Mais recentemente, São Joaquim passou também a ser venerado.

Do Comum dos santos homens, p. 1551, exceto o seguinte:

Laudes

Hino

A estrela d'alva já brilha,
já nova aurora reluz,
o sol nascente vem vindo
e banha o mundo de luz.

Cristo é o sol da justiça.
Maria, aurora radiante.
Da lei a treva expulsando,
ó Ana, vais adiante.

Ana, fecunda raiz,
que de Jessé germinou,

produz o ramo florido
do qual o Cristo brotou.

Mãe da Mãe santa de Cristo,
e tu, Joaquim, santo pai,
pelas grandezas da Filha,
nosso pedido escutai.

Louvor a vós, Jesus Cristo,
que de uma Virgem nascestes.
Louvor ao Pai e ao Espírito,
lá nas alturas celestes.

Leitura breve Is 55,3

Inclinai vosso ouvido e vinde a mim, ouvi e tereis vida; farei convosco um pacto eterno, manterei fielmente as graças concedidas a Davi.

Responsório breve

R. Pelo a**mor** do cora**ção** de nosso **Deus**,
* Visi**tou**-nos o Se**nhor,** o Sol nas**cen**te. R. Pelo a**mor**.
V. Fez sur**gir** a Jesus **Cris**to, o Salva**dor**,
descen**den**te da fa**mí**lia de Da**vi**. * Visi**tou**-nos.
Glória ao **Pai**. R. Pelo a**mor**.

Cântico evangélico, ant.

Bendito **se**ja o Senhor **Deus** de Isra**el**,
que fez sur**gir** um pode**ro**so Salva**dor**
na **ca**sa de Da**vi**, seu servi**dor**!

PRECES do Comum dos santos homens, p. 1553, ou do dia de semana.

Oração

Senhor Deus de nossos pais, que concedestes a São Joaquim e Sant'Ana a graça de darem a vida à Mãe de vosso Filho Jesus, fazei que, pela intercessão de ambos, alcancemos a salvação prometida a vosso povo. Por nosso Senhor Jesus Cristo, vosso Filho, na unidade do Espírito Santo.

Vésperas

Hino

Enquanto uma coroa em tua honra
celebra o teu louvor festivamente,
recebe, São Joaquim, pai venerável,
a voz dos corações em prece ardente.

Dos reis antepassados és linhagem:
Davi e Abraão, és deles filho.
Mas é por tua filha, a Soberana
do mundo, que adquires maior brilho.

Assim, a tua prole abençoada,
nascida de Sant'Ana em belo dia,
dos pais, todos os votos realiza
e traz ao mundo triste a alegria.

Louvor ao Pai do Filho incriado.
A vós, Filho de Deus, louvor também.
Igual louvor a vós, Espírito Santo,
agora e pelos séculos. Amém.

Leitura breve Rm 9,4-5

Eles são israelitas. A eles pertencem a filiação adotiva, a glória, as alianças, as leis, o culto, as promessas e também os patriarcas. Deles é que descende, quanto à sua humanidade, Cristo, o qual está acima de todos – Deus bendito para sempre! – Amém!

Responsório breve

R. Aco**l**he Isra**el**, seu servi**dor**,
* Fi**el** ao seu a**mor**. R. Aco**l**he.
V. Como ha**via** prome**ti**do a nossos **pais**. * Fiel.
Glória ao **Pai**. R. Aco**l**he.

Cântico evangélico, ant.

A i**lus**tre li**nha**gem de Jes**sé**
produ**ziu** o re**ben**to mais for**mo**so,
do qual sur**giu** a linda **flor** mais perfu**mo**sa.

PRECES do Comum dos santos homens, p. 1558, ou do dia de semana.

Oração como nas Laudes.

29 de julho

SANTA MARTA

Memória

Era irmã de Maria e de Lázaro. Quando recebia o Senhor em sua casa de Betânia, servia-o com muita solicitude. Com suas preces, obteve a ressurreição do irmão.

Do Comum das santas mulheres, p. 1562, exceto o seguinte:

Laudes

Hino

Santa Marta de Betânia,
hospedeira do Senhor,
hoje o Povo da Aliança
canta um hino em teu louvor.

Tua casa foi o abrigo
onde o Mestre repousou.
No calor de um lar amigo,
ele as forças renovou.

Pão e vinho lhe serviste,
quando tua irmã, Maria,
vida eterna em alimento
dos seus lábios recebia.

Reclamaste a sua ausência
junto a Lázaro doente,
proclamando assim a fé
no seu verbo onipotente.

Dele escutas a promessa:
Teu irmão ressurgirá.
E proclamas: Tu és o Cristo,
Deus conosco em ti está.

No milagre testemunhas
seu poder e seu amor:
teu irmão retorna à vida,
à palavra do Senhor.

Que possamos caminhar
com Jesus, na fé ardente,
e contigo contemplar
sua face eternamente.

Cântico evangélico, ant.

Disse **Mar**ta a Je**sus**: Eu **crei**o que és o **Cris**to,
o **Fi**lho do Deus **vi**vo, que vi**es**te a este **mun**do.

Oração

Pai todo-poderoso, cujo Filho quis hospedar-se em casa de Marta, concedei por sua intercessão que, servindo fielmente a Cristo em nossos irmãos e irmãs, sejamos recebidos por vós em vossa casa. Por nosso Senhor Jesus Cristo, vosso Filho, na unidade do Espírito Santo.

Vésperas

Hino

Ó Santa Marta, mulher feliz,
nós vos queremos felicitar.
Vós merecestes receber Cristo
por muitas vezes em vosso lar.

Vós recebestes tão grande Hóspede
com mil cuidados, nosso Senhor,
em muitas coisas sempre solícita
e impelida por terno amor.

Enquanto alegre servis a Cristo,
Maria e Lázaro, vossos irmãos,
podem atentos receber dele
a graça e vida por refeição.

Enquanto a vossa feliz irmã
com seus aromas a Cristo ungia,
serviço extremo vós dedicastes
a Quem à morte se dirigia.

Ó hospedeira feliz do Mestre,
nos corações acendei o amor,
para que sejam eternamente
lares amigos para o Senhor.

Seja à Trindade eterna glória!
E no céu queira nos hospedar
para convosco, no lar celeste,
louvor perene sem fim cantar.

Cântico evangélico, ant.

Je**sus** amava **Mar**ta, Ma**ri**a, sua ir**mã**,
e **Lá**zaro, seu ir**mão**.

Oração como nas Laudes.

30 de julho

SÃO PEDRO CRISÓLOGO, BISPO E DOUTOR DA IGREJA

Nasceu por volta do ano 380, em Forum de Cornélio (Ímola), na Emília, e ali fez parte de seu clero. Em 424, eleito bispo de Ravena, instruiu por sermões e atos seu rebanho, ao qual se dedicou sem medida. Morreu pelo ano de 450.

Do Comum dos pastores: para bispos, p. 1523, e dos doutores da Igreja, p. 1533.

Oração

Ó Deus, que fizestes do bispo São Pedro Crisólogo egrégio pregador do vosso Verbo encarnado, concedei-nos por suas preces meditar sempre os mistérios da salvação e anunciá-los em nossa vida, Por nosso Senhor Jesus Cristo, vosso Filho na unidade do Espírito Santo.

31 de julho

SANTO INÁCIO DE LOIOLA, PRESBÍTERO

Memória

Nasceu em Loiola na Cantábria (Espanha), em 1491; viveu primeiramente na corte e seguiu a carreira militar. Depois, consagrando-se totalmente ao Senhor, estudou teologia em Paris, onde reuniu os primeiros companheiros com quem mais tarde fundou, em Roma, a Companhia de Jesus. Exerceu intensa atividade apostólica não apenas com seus escritos, mas formando discípulos que muito contribuíram para a reforma da Igreja. Morreu em Roma no ano de 1556.

Do Comum dos pastores: para presbíteros, p. 1523, ou dos santos homens: para religiosos, p. 1571.

Laudes

Hino

Nosso canto celebre a Inácio,
de um exército de heróis comandante,
general que os soldados anima
com palavras e atos, constante.

O amor de Jesus, Cristo Rei,
sobre ele obteve vitória.
Depois disso, a sua alegria
foi buscar para Deus maior glória.

Ele aos seus companheiros reunido
num exército aguerrido e valente,
os direitos de Cristo defende
e dissipa as trevas da mente.

Pelo Espírito Santo inspirado
este grande e prudente doutor,
discernindo os caminhos do Reino,
salvação para o mundo indicou.

Desejando que a Igreja estendesse
os seus ramos a muitas nações,
aos rincões mais distantes da terra
os seus sócios envia às missões.

Seja glória e louvor à Trindade,
que nos dê imitarmos também
seu exemplo, buscando valentes,
maior glória de Deus sempre. Amém.

Cântico evangélico, ant.
Oxa**lá** eu possa **ter** uma pro**fun**da experi**ên**cia
do Se**nhor** e do po**der** de **su**a ressurrei**ção**,
e associ**ar**-me à sua Pai**xão**.

Oração

Ó Deus, que suscitastes em vossa Igreja Santo Inácio de Loiola para propagar a maior glória do vosso nome, fazei que, auxiliados por ele, imitemos seu combate na terra, para partilharmos no céu sua vitória. Por nosso Senhor Jesus Cristo, vosso Filho, na unidade do Espírito Santo.

Vésperas

HINO Nosso canto, como nas Laudes, p. 1306.

Cântico evangélico, ant.
Que pro**vei**to tem o **ho**mem,
se ga**nhar** o mundo in**tei**ro, mas per**der** a sua **vi**da?

AGOSTO

1º de agosto

SANTO AFONSO MARIA DE LIGÓRIO, BISPO E DOUTOR DA IGREJA

Memória

Nasceu em Nápoles em 1696; obteve o doutorado em Direito civil e eclesiástico, recebeu a ordenação sacerdotal e fundou a Congregação do Santíssimo Redentor. Com a finalidade de incrementar a vida cristã entre o povo, dedicou-se à pregação e escreveu vários livros, sobretudo de teologia moral, matéria na qual é considerado insigne mestre. Foi eleito bispo de Sant'Agata dei Goti, mas renunciou ao cargo pouco depois e morreu junto dos seus, em Nocera dei Pagani, na Campânia em 1787.

Do Comum dos pastores: para bispos, p. 1523, e dos doutores da Igreja, p. 1533.

Oração

Ó Deus, que suscitais continuamente em vossa Igreja novos exemplos de virtude, dai-nos seguir de tal modo os passos do bispo Santo Afonso no zelo pela salvação de todos, que alcancemos com ele a recompensa celeste. Por nosso Senhor Jesus Cristo, vosso Filho, na unidade do Espírito Santo.

2 de agosto

SANTO EUSÉBIO DE VERCELLI, BISPO

Nasceu na Sardenha, no princípio do século IV. Fazia parte do clero de Roma quando, em 345, foi eleito primeiro bispo de Vercelli. Propagou a religião cristã por meio da pregação e introduziu a vida monástica na sua diocese. Por causa da fé católica, foi exilado pelo imperador Constâncio, e suportou muitos sofrimentos. Tendo regressado à pátria, combateu valorosamente, para restaurar a fé, contra os arianos. Morreu em Vercelli, em 371.

Do Comum dos pastores: para bispos, p. 1523.

Oração

Fazei-nos, Senhor nosso Deus, proclamar a divindade de Cristo imitando a firmeza do bispo Santo Eusébio, para que, perseverando na fé que ele ensinou, possamos participar da vida do vosso Filho. Que convosco vive e reina, na unidade do Espírito Santo.

4 de agosto

SÃO JOÃO MARIA VIANNEY, PRESBÍTERO

Memória

Nasceu em Lião (França) no ano de 1786. Depois de superar muitas dificuldades, pôde ser ordenado sacerdote. Tendo-lhe sido confiada a paróquia de Ars, na diocese de Belley, o santo nela promoveu admiravelmente a vida cristã, através de uma pregação eficaz, com a mortificação, a oração e a caridade. Revelou especiais qualidades na administração do sacramento da penitência; por isso, acorriam fiéis de todas as partes para receber os santos conselhos que dava. Morreu em 1859.

Do Comum dos pastores: para presbíteros, p. 1523.

Oração

Deus de poder e misericórdia, que tornastes São João Maria Vianney um pároco admirável por sua solicitude pastoral, dai-nos, por sua intercessão e exemplo, conquistar no amor de Cristo os irmãos e irmãs para vós e alcançar com eles a glória eterna. Por nosso Senhor Jesus Cristo, vosso Filho, na unidade do Espírito Santo.

5 de agosto

DEDICAÇÃO DA BASÍLICA DE SANTA MARIA MAIOR

Depois do Concílio de Éfeso (431), em que a Mãe de Jesus foi proclamada Mãe de Deus, o papa Sixto III (432-440) erigiu em Roma, no monte Esquilino, uma basílica dedicada à Santa Mãe de Deus, chamada mais tarde Santa Maria Maior. É esta a mais antiga Igreja do Ocidente dedicada à Santíssima Virgem.

Do Comum de Nossa Senhora, p. 1462, exceto o seguinte:

Laudes

Cântico evangélico, ant.

Mãe de **Deus**, a mais **san**ta, sempre **Vir**gem Ma**ria**:
És ben**di**ta entre **to**das as mu**lhe**res da **ter**ra,
e ben**di**to é o **fru**to que nas**ceu** do teu **ven**tre!

Oração

Perdoai, Senhor, os nossos pecados, e como não vos podemos agradar por nossos atos, sejamos salvos pela intercessão da Virgem Maria, Mãe de Deus. Por nosso Senhor Jesus Cristo, vosso Filho, na unidade do Espírito Santo.

Vésperas

Cântico evangélico, ant.

Santa Ma**ria**, Mãe de **Deus**, rogai por **nós**, peca**do**res,
a**go**ra e na **ho**ra de **nos**sa morte. A**mém**.

6 de agosto

TRANSFIGURAÇÃO DO SENHOR

Festa

I Vésperas

(Quando a festa ocorre no domingo)

HINO Ó Luz da Luz, como nas II Vésperas, p. 1316.

Salmodia

Ant. 1 To**man**do seus dis**cí**pulos, Je**sus** subiu ao **mon**te
e a**li**, diante **de**les, fi**cou** transfigu**ra**do.

Salmo 112(113)

– 1 Lou**vai**, louvai, ó **ser**vos do Se**nhor**, *
lou**vai**, louvai o nome do Senhor!
– 2 Ben**di**to seja o nome do Senhor, *
a**go**ra e por toda a eternidade!
– 3 Do nas**cer** do sol até o seu ocaso, *
lou**va**do seja o nome do Senhor! –

– 4 O Se**nhor** está acima das nações, *
sua **gló**ria vai além dos altos céus.
= 5 Quem **po**de comparar-se ao nosso Deus, †
ao Se**nhor**, que no alto céu tem o seu trono *
6 e se in**cli**na para olhar o céu e a terra?

– 7 Le**van**ta da poeira o indigente *
e do **li**xo ele retira o pobrezinho,
– 8 para fa**zê**-lo assentar-se com os nobres, *
assen**tar**-se com os nobres do seu povo.
– 9 Faz a es**té**ril, mãe feliz em sua casa, *
vi**ven**do rodeada de seus filhos.

Ant. Seus pais le**va**ram o Me**ni**no à Ci**da**de
e, no **tem**plo, apresen**ta**ram-no ao Se**nhor**.

Ant. 2 A**dor**na tua **ca**sa, ó Si**ão**,
e re**ce**be o teu **Rei**, Cristo Je**sus**!

Salmo 116(117)

– 1 Cantai lou**vo**res ao Se**nhor**, todas as **gen**tes, *
povos **to**dos, feste**jai**-o!
– 2 Pois compro**va**do é seu amor para co**nos**co, *
para **sem**pre ele é fiel!

Ant. O Se**nhor** para **sem**pre é fi**el**.

Ant. 3 Se**nhor**, como é **bom** nós es**tar**mos a**qui**!
Se **que**res, fa**re**mos três **ten**das a**qui**;
será **tu**a a pri**mei**ra, de Moi**sés** a se**gun**da,
e a ter**cei**ra de E**li**as.

No cântico seguinte dizem-se os Aleluias entre parênteses somente quando se canta; na recitação, basta dizer o Aleluia no começo e no fim das estrofes.

Cântico cf. Ap 19,1-2.5-7

As núpcias do Cordeiro

= Ale**lui**a, (Ale**lui**a!).
1 Ao nosso **Deus** a salva**ção**, *
honra, **gló**ria e poder! (Aleluia!).
– 2 Pois são ver**da**de e justiça *
os juízos do Senhor.
R. Ale**lui**a, (Ale**lui**a!).

= Aleluia, (Aleluia!).
5Celebrai o nosso Deus, *
servidores do Senhor! (Aleluia!).
– E vós todos que o temeis, *
vós os grandes e os pequenos!
R. Aleluia, (Aleluia!).

= Aleluia, (Aleluia!).
= 6De seu reino tomou posse *
nosso Deus onipotente! (Aleluia!).
– 7Exultemos de alegria, *
demos glória ao nosso Deus!
R. Aleluia, (Aleluia!).

= Aleluia, (Aleluia!).
Eis que as núpcias do Cordeiro *
redivivo se aproximam! (Aleluia!).
– Sua Esposa se enfeitou, *
se vestiu de linho puro.
R. Aleluia, (Aleluia!).

Ant. Senhor, como é bom nós estarmos aqui!
Se queres, faremos três tendas aqui;
será tua a primeira, de Moisés a segunda,
e a terceira de Elias.

Leitura breve Fl 3,20-21

Nós somos cidadãos do céu. De lá aguardamos o nosso Salvador, o Senhor, Jesus Cristo. Ele transformará o nosso corpo humilhado e o tornará semelhante ao seu corpo glorioso, com o poder que tem de sujeitar a si todas as coisas.

Responsório breve

R. Glorioso aparecestes ante a face do Senhor.
* Aleluia, aleluia. R. Glorioso.
V. Foi por isso que o Senhor vos vestiu de majestade.
* Aleluia. Glória ao Pai. R. Glorioso.

Cântico evangélico, ant.

O Cristo Jesus é do Pai resplendor e expressão de seu ser.
O universo sustenta com o poder da palavra;
depois de lavados os nossos pecados,
mostrou hoje sua glória sobre a alta montanha.

Preces

Oremos a nosso Salvador, que maravilhosamente se transfigurou no monte diante de seus discípulos; e peçamos cheios de confiança:

R. **Ó Deus, iluminai as nossas trevas!**

Senhor Jesus Cristo, que, antes de sofrer a paixão; revelastes aos discípulos, em vosso corpo transfigurado, a glória da ressurreição, nós vos pedimos pela Santa Igreja que caminha nas estradas deste mundo,
– para que, mesmo no sofrimento, ela sempre se transfigure pela alegria de vossa vitória. R.

Senhor Jesus Cristo, que tomastes convosco Pedro, Tiago e João, e os levastes até o alto do monte, nós vos pedimos pelo nosso Papa N. e por todos os bispos,
– para que sirvam ao vosso povo na esperança da ressurreição. R.

Senhor Jesus Cristo, que no monte fizestes brilhar sobre Moisés e Elias o esplendor da vossa face, nós vos pedimos pelos judeus, o povo que escolhestes desde os tempos antigos,
– para que mereçam chegar à plenitude da redenção. R.

Senhor Jesus Cristo, que iluminastes a terra quando sobre vós se levantou a glória do Criador, nós vos pedimos por todos os homens e mulheres de boa vontade,
– para que sempre caminhem na claridade da vossa luz. R.

(intenções livres)

Senhor Jesus Cristo, que haveis de transfigurar estes nossos corpos mortais tornando-os semelhantes ao vosso corpo glorioso, nós vos pedimos pelos nossos irmãos e irmãs falecidos,
– para que entrem na glória do vosso reino. R.

Pai nosso...

Oração

Ó Deus, que na gloriosa Transfiguração de vosso Filho confirmastes os mistérios da fé pelo testemunho de Moisés e Elias, e manifestastes de modo admirável a nossa glória de filhos adotivos, concedei aos vossos servos e servas ouvir a voz do vosso Filho amado, e compartilhar da sua herança. Por nosso Senhor Jesus Cristo, vosso Filho, na unidade do Espírito Santo.

Laudes

Hino

Jesus, suave lembrança,
nome mais doce que o mel,
dais a perfeita alegria
ao coração do fiel.

Nada mais temo se canta,
nem pode ouvir-se nos céus,
nada mais doce se pensa
do que Jesus, Homem-Deus.

Jesus, doçura das mentes,
do coração claridade,
vós superais todo anseio,
fonte de eterna verdade.

Ao visitardes os seres,
neles reluz a verdade,
do mundo o brilho se apaga
e o amor ardente os invade.

Dai-nos perdão generoso,
conforme inspira o amor.
Dai-nos em vossa presença
ver vossa glória, Senhor.

Louvor ao Filho dileto,
do Pai eterno esplendor,
que pelo laço do Espírito
vive na glória do Amor.

Ant. 1 Neste **di**a, Jesus **Cris**to sobre o **mon**te
bri**lhou** em sua **fa**ce como o **sol**,
e suas **ves**tes eram **bran**cas como a **ne**ve.

Salmos e cântico do domingo da I Semana, p. 764.

Ant. 2 Hoje o Se**nhor** transfigu**rou**-se,
hoje ou**viu**-se a voz do **Pai**,
que dele **da**va teste**mu**nho.
E**li**as e Moi**sés**, entre **lu**zes fulgu**ran**tes,
conver**sa**vam com Je**sus** sobre o **fim** que o espe**ra**va.

Ant. 3 A **lei** foi-nos **da**da por Moi**sés**,
por E**li**as foi-nos **da**da a profe**ci**a;
hoje **am**bos foram **vis**tos glori**o**sos
sobre o **mon**te conver**san**do com Je**sus**.

Leitura breve Ap 21,10.23

O anjo levou-me em espírito a uma montanha grande e alta. Mostrou-me a cidade santa, Jerusalém, descendo do céu, de junto de Deus. A cidade não precisa de sol, nem de lua que a iluminem, pois a glória de Deus é a sua luz e a sua lâmpada é o Cordeiro.

Responsório breve

R. Coro**as**tes Je**sus** de **gló**ria e esplen**dor**.
* Ale**lui**a, ale**lui**a. R. Coro**as**tes.
V. A seus **pés** colo**cas**tes, Se**nhor**, vossas **o**bras.
* Ale**lui**a. Glória ao **Pai**. R. Coro**as**tes.

Cântico evangélico, ant.

Uma **voz** do **céu** resso**a**: Eis meu **Fi**lho muito a**ma**do,
nele es**tá** meu bem-que**rer**, escu**tai**-o, homens **to**dos.

Preces

Oremos ao nosso Salvador, que maravilhosamente se transfigurou no monte diante de seus discípulos; e peçamos cheios de confiança:

R. **Na vossa luz, Senhor, vejamos a luz!**

Pai clementíssimo, que transfigurastes vosso amado Filho no monte e vos manifestastes no meio da nuvem luminosa,
– fazei-nos ouvir fielmente a palavra de Cristo. R.

Senhor Deus, que saciais os vossos eleitos com a abundância da vossa casa e lhes dais a beber da torrente do vosso amor,
– concedei-nos encontrar no corpo de Cristo a fonte de vossa vida. R.

Senhor Deus, que fizestes resplandecer a luz no meio das trevas e iluminastes os corações para contemplar a vossa claridade no rosto de Jesus Cristo,
– tornai conhecida à humanidade inteira a vida imortal, por meio da pregação do Evangelho. R.

Pai de bondade, que no vosso infinito amor nos destes a graça de nos chamarmos e sermos realmente filhos de Deus,
– concedei que sejamos semelhantes a Cristo quando ele vier na sua glória.
R. **Na vossa luz, Senhor, vejamos a luz!**

Pai nosso...

Oração

Ó Deus, que na gloriosa Transfiguração de vosso Filho confirmastes os mistérios da fé pelo testemunho de Moisés e Elias, e manifestastes de modo admirável a nossa glória de filhos adotivos, concedei aos vossos servos e servas ouvir a voz do vosso Filho amado, e compartilhar da sua herança. Por nosso Senhor Jesus Cristo, vosso Filho, na unidade do Espírito Santo.

Hora Média

Salmos do dia da semana corrente.

Ant. Nosso **Deus** e Salva**dor** fez bri**lhar** pelo Evan**ge**lho
a luz e a **vi**da impere**cí**veis.

Leitura breve Ex 33,9.11

Logo que Moisés entrava na Tenda, a coluna de nuvem baixava e ficava parada à entrada, enquanto o Senhor falava com Moisés. O Senhor falava com Moisés face a face, como um homem fala com seu amigo.

V. Contem**plai** a sua **fa**ce e ale**grai**-vos.
R. E vosso **ros**to não se **cu**bra de ver**go**nha!

Oração como nas Laudes.

II Vésperas

Hino

Ó Luz da Luz nascida,
do mundo Redentor,
ouvi dos que suplicam
a prece e o louvor.

De rosto mais brilhante
que o sol no seu fulgor,
com veste igual à neve
de um branco resplendor.

A dignas testemunhas
no monte aparecestes,
Autor das criaturas
terrenas e celestes.

Antigas testemunhas
unis ao mundo novo
e dais a todos crerem
que sois o Deus do povo.

Do alto a voz paterna
seu Filho vos chamou.
Fiéis, as nossas mentes
vos chamam Rei, Senhor.

A carne dos perdidos
por nós vestindo outrora,
fazei-nos membros vivos
do vosso corpo, agora.

A vós, ó Filho amado,
a honra e o louvor.
De vós o Pai, no Espírito,
revela o esplendor.

Ant. 1 Jes**us** tomou a **Pe**dro e os ir**mãos** João e Tiago,
e os le**vou** a um alto **mon**te,
e, **ali** diante **de**les, fi**cou** transfigu**ra**do.

Salmo 109(110),1-5.7

– 1 Pa**la**vra do Se**nhor** ao meu Se**nhor**: *
"Ass**en**ta-te ao lado meu direito,
– **até** que eu ponha os inimigos teus *
como esca**be**lo por debaixo de teus pés!"

= 2 O Se**nhor** estenderá desde Sião †
vosso **ce**tro de poder, pois ele diz: *
"Do**mi**na com vigor teus inimigos;

= 3 Tu és **prín**cipe desde o dia em que nasceste; †
na **gló**ria e esplendor da santidade, *
como o or**va**lho, antes da aurora, eu te gerei!" –

= [4] Jurou o Se**nhor** e manterá sua palavra: †
"Tu **és** sacerdote eternamente, *
segundo a **or**dem do rei Melquisedec!"
– [5] À vossa **des**tra está o Senhor, ele vos diz: *
"No dia da **i**ra esmagarás os reis da terra!
– [7] Bebe**rás** água corrente no caminho, *
por **is**so seguirás de fronte erguida!"

Ant. Je**sus** tomou a **Pe**dro e os ir**mãos** João e Ti**a**go,
e os le**vou** a um alto **mon**te,
e, **a**li diante **de**les, fi**cou** transfigu**ra**do.

Ant. 2 Uma **nu**vem lumi**no**sa os co**briu** com sua **som**bra,
e uma **voz** se ouviu di**zen**do:
Eis meu **Fi**lho muito a**ma**do,
nele es**tá** meu bem-que**rer**!

Salmo 120(121)

– [1] Eu le**van**to os meus **o**lhos para os **mon**tes: *
de **on**de pode vir o meu socorro?
– [2] "Do Se**nhor** é que me vem o meu socorro, *
do Se**nhor** que fez o céu e fez a terra!"
– [3] Ele não **dei**xa tropeçarem os meus pés, *
e não **dor**me quem te guarda e te vigia.
– [4] Oh! **não**! ele não dorme nem cochila, *
a**que**le que é o guarda de Israel!
– [5] O Se**nhor** é o teu guarda, o teu vigia, *
é uma **som**bra protetora à tua direita.
– [6] Não **vai** ferir-te o sol durante o dia, *
nem a **lu**a através de toda a noite.
– [7] O Se**nhor** te guardará de todo o mal, *
ele **mes**mo vai cuidar da tua vida!
– [8] Deus te **guar**da na partida e na chegada. *
Ele te **guar**da desde agora e para sempre!

Ant. Uma **nu**vem lumi**no**sa os co**briu** com sua **som**bra,
e uma **voz** se ouviu di**zen**do:
Eis meu **Fi**lho muito a**ma**do,
nele es**tá** meu bem-que**rer**!

Ant. 3 Ao des**ce**rem da mon**ta**nha, orde**nou**-lhes o Se**nhor**:
Não con**teis** a mais nin**guém** a vi**são** que vós ti**ves**tes,
en**quan**to o Filho do **Ho**mem não ti**ver** ressusci**ta**do.
Ale**lui**a.

Cântico cf. 1Tm 3,16

R. **Louvai** o Senhor **Deus,** todos os **povos.**

– O **senhor** manifestado em nossa carne, *
justifi**ca**do pelo Espírito de Deus.

R. **Louvai** o Senhor **Deus,** todos os **povos.**

– Jesus **Cris**to contemplado pelos anjos,*
anunci**a**do aos povos todos e às nações.

R. **Louvai** o Senhor **Deus,** todos os **povos.**

– Foi **acei**to pela fé no mundo inteiro *
e, na **gló**ria de Deus Pai, foi exaltado.

R. **Louvai** o Senhor **Deus,** todos os **povos.**

Ant. Ao des**ce**rem da mon**ta**nha, orde**nou**-lhes o Se**nhor**:
Não con**teis** a mais nin**guém** a vi**são** que vós ti**ves**tes,
en**quan**to o Filho do **Ho**mem não ti**ver** ressusci**ta**do.
Ale**lui**a.

Leitura breve Rm 8,16-17

O próprio Espírito se une ao nosso espírito para nos atestar que somos filhos de Deus. E, se somos filhos, somos também herdeiros – herdeiros de Deus e co-herdeiros de Cristo; – se realmente sofremos com ele, é para sermos também glorificados com ele.

Responsório breve

R. Diante **de**le vão a **gló**ria e a majes**ta**de.
* Ale**lui**a, ale**lui**a. R. Diante **de**le.

V. E o seu **tem**plo, que beleza e esplen**dor**! * Ale**lui**a.
Glória ao **Pai**. R. Diante **de**le.

Cântico evangélico, ant.

Ao ou**vi**rem esta **voz**, os discípulos caíram
com o **ros**to sobre o **chão** e tiveram muito **me**do.
Jesus se aproxi**mou**, to**cou**-os e lhes **disse**:

Levan**tai**-vos, não te**mais**! Ale**lui**a.

Preces

Oremos a nosso Salvador, que maravilhosamente se transfigurou no monte diante de seus discípulos; e peçamos cheios de confiança:

R. **Ó Deus, iluminai as nossas trevas!**

Senhor Jesus Cristo, que, antes de sofrer a paixão, revelastes aos discípulos, em vosso corpo transfigurado, a glória da ressurreição, nós vos pedimos pela Santa Igreja que caminha nas estradas deste mundo,
– para que, mesmo no sofrimento, ela sempre se transfigure pela alegria de vossa vitória. R.

Senhor Jesus Cristo, que tomastes convosco Pedro, Tiago e João, e os levastes até o alto do monte, nós vos pedimos pelo nosso Papa N. e por todos os bispos,
– para que sirvam ao vosso povo na esperança da ressurreição. R.

Senhor Jesus Cristo, que no monte fizestes brilhar sobre Moisés e Elias o esplendor da vossa face, nós vos pedimos pelos judeus, o povo que escolhestes desde os tempos antigos,
– para que mereçam chegar à plenitude da redenção. R.

Senhor Jesus Cristo, que iluminastes a terra quando sobre vós se levantou a glória do Criador, nós vos pedimos por todos os homens e mulheres de boa vontade,
– para que sempre caminhem na claridade da vossa luz. R.

(intenções livres)

Senhor Jesus Cristo, que haveis de transfigurar os nossos corpos mortais tomando-os semelhantes ao vosso corpo glorioso, nós vos pedimos pelos nossos irmãos e irmãs falecidos,
– para que entrem na glória do vosso reino. R.

Pai nosso...

Oração

Ó Deus, que na gloriosa Transfiguração de vosso Filho confirmastes os mistérios da fé pelo testemunho de Moisés e Elias, e manifestastes de modo admirável a nossa glória de filhos adotivos, concedei aos vossos servos, e servas ouvir, a voz do vosso Filho amado, e compartilhar da sua herança. Por nosso Senhor Jesus Cristo, vosso Filho, na unidade do Espírito Santo.

7 de agosto

SÃO SISTO II, PAPA, E SEUS COMPANHEIROS, MÁRTIRES

Foi ordenado bispo de Roma no ano 257. No ano seguinte, quando celebrava a sagrada liturgia na catacumba de Calisto, foi preso pelos soldados, em virtude do edito do imperador Valeriano, e imediatamente executado, juntamente com quatro dos seus diáconos, no dia 6 de agosto. Recebeu sepultura no mesmo cemitério.

Do Comum de vários mártires, p. 1493.

Oração

Pai todo-poderoso, que concedestes a São Sisto e seus companheiros a graça de dar a vida por causa da vossa palavra e do testemunho de Jesus, pela força do Espírito Santo, fazei-nos dóceis para acolher a fé e fortes para proclamá-la. Por nosso Senhor Jesus Cristo, vosso Filho, na unidade do Espírito Santo.

No mesmo dia 7 de agosto

SÃO CAETANO, PRESBÍTERO

Nasceu em Vicenza no ano 1480. Estudou direito em Pádua e, depois de ter sido ordenado sacerdote, fundou em Roma a Congregação dos Clérigos Regulares com o fim de promover o apostolado, e propagou-a no território de Vicenza e no reino de Nápoles. Distinguiu-se por sua vida de oração e pela prática da caridade. Morreu em Nápoles no ano 1547.

Do Comum dos pastores: para presbíteros. p. 1523, ou, dos santos homens: para religiosos, p. 1571.

Oração

Ó Deus, que destes ao presbítero São Caetano a graça de imitar a vida apostólica, concedei-nos, por seu exemplo e suas preces, confiar sempre em vós e buscar continuamente o vosso Reino. Por nosso Senhor Jesus Cristo, vosso Filho, na unidade do Espírito Santo.

8 de agosto

SÃO DOMINGOS, PRESBÍTERO

Memória

Nasceu em Caleruega (Espanha) cerca do ano 1170. Estudou Teologia em Palência e foi nomeado cônego da Igreja de Osma. Por meio da sua pregação e do exemplo da sua vida combateu com grande êxito a heresia dos Albigenses. Para continuidade desta obra, reuniu companheiros e fundou a Ordem dos Pregadores. Morreu em Bolonha no dia 6 de agosto de 1221.

Do Comum dos pastores: para presbíteros, p. 1523, ou, dos santos homens: para religiosos, p. 1571, exceto o seguinte:

Laudes e Vésperas

Hino

Arauto do Evangelho,
sublime pregador,
Domingos traz no nome
o Dia do Senhor.

Qual lírio de pureza,
só teve uma paixão:
levar aos que se perdem
a luz da salvação.

Seus filhos nos envia,
por eles nos conduz;
as chamas da verdade
espalham sua luz.

Maria ele coroa
com rosas de oração;
por toda a terra ecoa
do anjo a saudação.

Com lágrimas e preces
pediu por todos nós.
Que Deus, que é uno e trino,
atenda à sua voz.

Oração

Ó Deus, que os méritos e ensinamentos de São Domingos venham em socorro da vossa Igreja, para que o grande pregador da vossa verdade seja agora nosso fiel intercessor. Por nosso Senhor Jesus Cristo, vosso Filho, na unidade do Espírito Santo.

10 de agosto

SÃO LOURENÇO, DIÁCONO E MÁRTIR

Festa

Era diácono da Igreja Romana e morreu mártir na perseguição de Valeriano, quatro dias depois do papa Sisto II e seus companheiros, os quatro diáconos romanos. O seu sepulcro encontra-se junto à Via Tiburtina, no Campo Verano. Constantino Magno erigiu uma basílica naquele lugar. O seu culto já se tinha difundido na Igreja no século IV.

Do Comum de um mártir, p. 1509, exceto o seguinte:

Laudes

Hino

No mártir São Lourenço
a fé, em luta armada,
venceu feroz batalha,
no sangue seu banhada.

Primeiro dos levitas
que servem no altar,
serviu em grau mais alto,
o mártir modelar.

Lutando com coragem,
não cinge a sua espada,
mas cinge, pela fé,
couraça mais sagrada.

Louvamos teu martírio,
Lourenço, santo irmão,
pedindo que da Igreja
escutes a oração.

Eleito cidadão
do céu, país da luz,
já cinges a coroa,
da glória, com Jesus.

Louvor ao Pai e ao Filho,
e ao seu eterno Amor.
Dos Três, por tuas preces,
vejamos o fulgor.

Ant. 1 Minha **al**ma se a**gar**ra em **vós**, ó meu **Deus**,
pois por **vós** foi quei**ma**do o meu **cor**po no **fo**go.

Salmos e cântico do domingo da I Semana, p. 764.

Ant. 2 O Se**nhor** envi**ou** o seu **an**jo,
liber**tou**-me do **mei**o das **cha**mas,
e as**sim** não sen**ti** seu ca**lor**.

Ant. 3 São Lou**ren**ço re**za**va, di**zen**do:
Dou-vos **gra**ças, Se**nhor**, pois me **des**tes
em **vos**sa mo**ra**da en**trar**!

Leitura breve 2Cor 1,3-5

Bendito seja o Deus e Pai de nosso Senhor Jesus Cristo, o Pai das misericórdias e Deus de toda consolação. Ele nos consola em todas as nossas aflições, para que, com a consolação que nós mesmos recebemos de Deus, possamos consolar os que se acham em toda e qualquer aflição. Pois, à medida que os sofrimentos de Cristo crescem para nós, cresce também a nossa consolação por Cristo.

Responsório breve

R. O Se**nhor** é minha **for**ça,
* Ele **é** o meu **can**to. R. O Se**nhor**.
V. E tor**nou**-se para **mim**, para **mim** o Salva**dor**.
* Ele **é**. Glória ao **Pai**. R. O Se**nhor**.

Cântico evangélico, ant.

Meu **ser**vo, não **te**mas, con**ti**go es**tou**!
Tu **po**des pas**sar** no **mei**o das **cha**mas:
nem **chei**ro de **fo**go em **ti** fica**rá**.

PRECES do Comum, p. 1510.

Oração

Ó Deus, o vosso diácono Lourenço, inflamado de amor por vós, brilhou pela fidelidade no vosso serviço e pela glória do martírio; concedei-nos amar o que ele amou e praticar o que ensinou. Por nosso Senhor Jesus Cristo, vosso Filho, na unidade do Espírito Santo.

Hora Média

Antífonas e salmos do dia de semana; leitura breve e versículo do Comum, p. 1514.

Vésperas

Hino

Louvemos a glória
do mártir de Cristo,
que os bens desprezou:
aos nus deu vestidos
e pão aos famintos,
servindo ao Senhor.

Do fogo a tortura
acende a fé pura
no seu coração.
A chama é vencida
por quem fez da vida
total doação.

O coro dos anjos
recebe sua alma
nos átrios dos céus.
De louros cingido,
de Deus ele alcance
perdão para os réus.

Com preces ardentes,
rogamos, ó mártir,
implora o perdão
da culpa dos servos
e firma em fé viva
o seu coração.

Ao Pai honra e glória,
louvor e vitória
ao Filho também,
no Espírito Santo.
Aos Três nosso canto
nos séculos. Amém.

Ant. 1 Lou**ren**ço en**trou** no com**ba**te dos **már**tires
e **deu** teste**mu**nho de **Cris**to Se**nhor**.

Salmos e cântico do Comum, p. 1515.

Ant. 2 São Lou**ren**ço excla**mou**: Que **gran**de ale**gri**a
eu **ter** mere**ci**do ser **hós**tia de **Cris**to!

Ant. 3 Dou-vos **gra**ças, Se**nhor**, pois me **des**tes
em **vos**sa mo**ra**da en**trar**!

Leitura breve 1Pd 4,13-14

Caríssimos, alegrai-vos por participar dos sofrimentos de Cristo, para que possais também exultar de alegria na revelação da sua glória. Se sofreis injúrias por causa do nome de Cristo, sois felizes, pois o Espírito da glória, o Espírito de Deus, repousa sobre vós.

Responsório breve

R. Na ver**da**de, ó Se**nhor**, vós nos pro**vas**tes,
* Mas final**men**te vós nos **des**tes um a**lí**vio. R. Na ver**da**de.
V. Depu**ras**tes-nos no **fo**go como a **pra**ta.* Mas final**men**te.
Glória ao **Pai**. R. Na ver**da**de.

Cântico evangélico, ant.

Di**zi**a São Lou**ren**ço em ora**ção**:
Minha **noi**te não co**nhe**ce escuri**dão**,
tudo **ne**la resplan**de**ce como a **luz**!

PRECES do Comum, p. 1518.

Oração como nas Laudes.

11 de agosto

SANTA CLARA, VIRGEM

Memória

Nasceu em Assis no ano 1193. Imitando o exemplo do seu concidadão Francisco, seguiu o caminho da pobreza, foi Mãe e Fundadora da Ordem das Damas Pobres (Clarissas). A sua vida foi de grande austeridade, mas rica em obras de caridade e de piedade. Morreu em 1253.

Do Comum das virgens, p. 1539, ou das santas mulheres: para religiosas, p. 1571.

Oração

Ó Deus, que na vossa misericórdia atraístes Santa Clara ao amor da pobreza, concedei, por sua intercessão, que, seguindo o Cristo com um coração de pobre, vos contemplemos um dia em vosso Reino. Por nosso Senhor Jesus Cristo, vosso Filho, na unidade do Espírito Santo.

13 de agosto

SÃO PONCIANO, PAPA, E SANTO HIPÓLITO PRESBÍTERO, MÁRTIRES

Ponciano foi ordenado bispo de Roma no ano 231. Desterrado para a Sardenha, juntamente com o presbítero Hipólito, pelo imperador Maximino, no ano 235, aí morreu, depois de ter abdicado do seu pontificado. Seu corpo foi sepultado no cemitério de Calisto, e o de Hipólito no cemitério que está junto à Via Tiburtina. A Igreja Romana presta culto a ambos os mártires já desde o princípio do século IV.

Do Comum de vários mártires, p. 1493, ou, dos pastores, p. 1523.

Oração

Ó Deus, que a admirável constância dos mártires Ponciano e Hipólito faça crescer em nós o vosso amor e mantenha em nossos corações uma fé sempre firme. Por nosso Senhor Jesus Cristo, vosso Filho, na unidade do Espírito Santo.

14 de agosto

SÃO MAXIMILIANO MARIA KOLBE, PRESBÍTERO E MÁRTIR

Memória

Maximiliano Maria Kolbe nasceu na Polônia no dia 8 de janeiro de 1894. Ainda adolescente, ingressou na Ordem dos Frades Menores Conventuais e foi ordenado sacerdote em Roma, no ano de 1918. Animado de filial piedade para com a Virgem Mãe de Deus, fundou uma confraria religiosa com o nome de "Milícia de Maria Imaculada", que se propagou de modo extraordinário tanto em sua pátria como em outras regiões. Chegando ao Japão como missionário, aplicou-se em difundir a fé cristã sob os auspícios e patrocínio da mesma Virgem Imaculada. Finalmente, regressando à Polônia, tendo padecido, por ocasião da guerra que então grassava terríveis atrocidades no campo de concentração de Auschwitz, distrito de Cracóvia; consumou sua fecunda vida num holocausto de caridade, a 14 de agosto de 1941.

Do Comum de um mártir, p. 1509, ou, dos pastores: para presbíteros, p. 1523, exceto o seguinte:

Laudes

Cântico evangélico, ant.

O **Cris**to há de **ser** engrande**ci**do no meu **cor**po
pela **vi**da ou pela **mor**te.
Para **mim** viver é **Cris**to e mor**rer** torna-se **lu**cro.

Oração

Ó Deus, inflamastes São Maximiliano Maria, presbítero e mártir, com amor à Virgem e lhe destes grande zelo pastoral e dedicação ao próximo. Concedei-nos, por sua intercessão, que trabalhemos intensamente pela vossa glória no serviço do próximo, para que nos tornemos semelhantes ao vosso Filho até a morte. Por nosso Senhor Jesus Cristo, vosso Filho, na unidade do Espírito Santo.

Vésperas

Cântico evangélico, ant.

Eis **co**mo conhe**ce**mos o a**mor** de Deus por **nós**:
Ele **deu** por nós sua **vi**da.
Também **nós** devemos **dar** pelos ir**mãos** a nossa **vi**da.

Oração como nas Laudes.

15 de agosto

ASSUNÇÃO DE NOSSA SENHORA

Solenidade

(No Brasil esta solenidade é celebrada no domingo depois do dia 15, caso o dia 15 não caia em um domingo).

I Vésperas

Hino

Nova estrela do céu, gáudio da terra,
ó Mãe do Sol, geraste o Criador;
estende a tua mão ao que ainda erra,
levanta o pecador.

Deus fez de ti escada luminosa:
por ela o abismo galga o próprio céu;
dá subirmos contigo, ó gloriosa,
envolva-nos teu véu!

Os anjos apregoam-te Rainha,
e apóstolos, profetas, todos nós:
No mais alto da Igreja estás sozinha,
da Divindade após.

Louvor rendamos à Trindade eterna,
que a ti como Rainha hoje coroa.
Toma o teu cetro, pois, reina e governa,
Mãe que acolhe e perdoa!

Ant. 1 Cristo Jes**us** subiu aos **céus**.
e prepa**rou**, no Reino e**ter**no,
um lu**gar** para sua **Mãe**, a santa **Vir**gem, ale**lui**a.

Salmos e cântico do Comum de Nossa Senhora, p. 1459.

Ant. 2 A **por**ta do **céu** foi fe**cha**da por **E**va;
por Ma**ri**a ela a**briu**-se, aos **ho**mens de **no**vo.
Ale**lui**a.

Ant. 3 A **Vir**gem Maria foi **ho**je ele**va**da a**ci**ma dos **céus**.
Vinde **to**dos, louvemos o **Cris**to Se**nhor**.
Seu **Rei**no se esten**de** por **to**dos os **sé**culos.

Leitura breve Rm 8,30

Aqueles que Deus predestinou, também os chamou. E aos que chamou, também os tornou justos; e aos que tornou justos, também os glorificou.

Responsório breve

R. Ma**ri**a foi as**sun**ta ao **céu**,
* Os **an**jos se a**le**gram, lou**van**do. R. Ma**ri**a.
V. Ben**di**zem o Se**nhor**, jubi**lo**sos. * Os **an**jos.
Glória ao **Pai**. R. Ma**ri**a.

Cântico evangélico, ant.

As gera**ções** hão de cha**mar**-me de ben**di**ta,
pois mara**vi**lhas fez em **mim** o Pode**ro**so. Ale**lui**a.

Preces

Proclamemos a grandeza de Deus Pai todo-poderoso. Ele quis que Maria, Mãe de seu Filho, fosse celebrada por todas as gerações. Peçamos humildemente:

R. **Cheia de graça, intercedei por nós!**

Deus, autor de tantas maravilhas, que fizestes a Imaculada Virgem Maria participar em corpo e alma da glória celeste de Cristo,
– conduzi para a mesma glória os corações de vossos filhos. R.

Vós, que nos destes Maria por Mãe, concedei, por sua intercessão, saúde aos doentes, consolo aos tristes, perdão aos pecadores,
– e a todos a salvação e a paz. R.

Vós, que fizestes de Maria a cheia de graça,
– concedei a todos a abundância da vossa graça. R.

Fazei, Senhor, que a vossa Igreja seja, na caridade, um só coração e uma só alma,
– e que todos os fiéis perseverem unânimes na oração com Maria, Mãe de Jesus. R.

(intenções livres)

Vós, que coroastes Maria como rainha do céu,
– fazei que nossos irmãos falecidos se alegrem eternamente em vosso reino, na companhia dos santos. R.

Pai nosso...

Oração

Deus eterno e todo-poderoso, que elevastes à glória do céu em corpo e alma a Imaculada Virgem Maria, Mãe do vosso Filho, dai-nos viver atentos às coisas do alto a fim de participarmos da sua glória. Por nosso Senhor Jesus Cristo, vosso Filho, na unidade do Espírito Santo.

Laudes

Hino

De sol, ó Virgem, vestida,
de branca lua calçada;
de doze estrelas-coroas
Coroada.

A terra toda te canta,
da morte Dominadora.
No céu a ti temos, todos,
Protetora.

Fiel, conserva os fiéis,
procura a ovelha perdida.
Brilha na treva da morte,
Luz e Vida.

Ao pecador auxilia,
ao triste, ao fraco e ao pobre.
Com o teu manto materno
Todos cobre!

Louvor à excelsa Trindade.
Que dê a coroa a quem
ele fez Mãe e Rainha
nossa. Amém.

Ant. 1 Ben**di**ta se**jais**, ó **Vir**gem Ma**ri**a,
por **vós** veio ao **mun**do o **Deus** Salva**dor**!
A**go**ra go**zais** na **gló**ria com **Deus**.

Salmos e cântico do domingo da I Semana, p. 764.

Ant. 2 A **Vir**gem Ma**ri**a foi **ho**je ele**va**da a**ci**ma dos **an**jos:
Ale**gre**mo-nos **to**dos, lou**van**do o Se**nhor**!

Ant. 3 O Se**nhor** engrande**ceu**
de tal ma**nei**ra o vosso **no**me,
que o lou**vor** que mere**ceis**
nunca **ces**se em nossos **lá**bios.

Leitura breve cf. Is 61,10

Exulto de alegria no Senhor e minh'alma regozija-se em meu Deus; ele me vestiu com as vestes da salvação, envolveu-me com o manto da justiça e adornou-me qual noiva com suas joias.

Responsório breve

R. Hoje a **Vir**gem Ma**ri**a
* Su**biu** para os **céus**. R. Hoje a **Vir**gem.
V. E tri**un**fa com **Cris**to sem **fim**, pelos **sé**culos.* Su**biu**.
Glória ao **Pai**. R. Hoje a **Vir**gem.

Cântico evangélico, ant.

Resplen**den**te de be**le**za, fulgu**ran**te como a au**ro**ra,
ó **Fi**lha de Si**ão**, vós su**bis**tes para os **céus**.

Preces

Celebremos nosso Salvador, que se dignou nascer da Virgem Maria; e peçamos:

R. **Senhor, que a vossa Mãe interceda por nós!**

Palavra eterna do Pai, que escolhestes Maria como arca incorruptível para vossa morada,
– livrai-nos da corrupção do pecado. R.

Redentor nosso, que fizestes da Imaculada Virgem Maria o tabernáculo puríssimo da vossa presença e o sacrário do Espírito Santo,
– fazei de nós templos vivos do vosso Espírito. R.

Rei dos reis, que quisestes ter vossa Mãe convosco no céu em corpo e alma,
– fazei que aspiremos sempre os bens do alto. R.

Senhor do céu e da terra, que colocastes Maria como rainha à vossa direita,
– dai-nos a alegria de participar um dia com ela da mesma glória. R.

(intenções livres)

Pai nosso...

Oração

Deus eterno e todo-poderoso, que elevastes à glória do céu em corpo e alma a Imaculada Virgem Maria, Mãe do vosso Filho, dai-nos viver atentos às coisas do alto a fim de participarmos da sua glória. Por nosso Senhor Jesus Cristo, vosso Filho, na unidade do Espírito Santo.

Hora Média

Salmos graduais, p. 1135. Sendo domingo, os salmos são do domingo da I Semana, p. 768.

Ant. Louvemos Maria, Rainha dos **céus**,
pois **de**la nos **vei**o o **Sol** da justiça.

Leitura breve Ap 12,1

Apareceu no céu um grande sinal: uma mulher vestida de sol, tendo a lua debaixo dos pés e sobre a cabeça uma coroa de doze estrelas.

V. A **Mãe** do Se**nhor** foi **ho**je exal**ta**da
R. A**ci**ma dos **an**jos no **Rei**no ce**les**te.

Oração como nas Laudes.

II Vésperas

HINO Nova estrela no céu, como nas I Vésperas, p. 1329.

Ant. 1 Ma**ri**a foi **ho**je ele**va**da aos **céus**,
os **an**jos se a**le**gram, lou**van**do o Se**nhor**.

Salmos e cântico do Comum de Nossa Senhora, p. 1468.

Ant. 2 Maria **Vir**gem foi as**sun**ta à ce**les**te habita**ção**,
onde o **Rei** está num **tro**no ador**na**do de es**tre**las.

Ant. 3 Sois ben**di**ta por **Deus**, entre **to**das, Ma**ri**a,
pois de **vós** recebemos o **Fru**to da **Vi**da.

Leitura breve 1Cor 15,22-23

Como em Adão todos morrem, assim também em Cristo todos reviverão. Porém, cada qual segundo uma ordem determinada: Em primeiro lugar, Cristo, como primícias; depois, os que pertencem a Cristo, por ocasião da sua vinda.

Responsório breve

R. Foi exal**ta**da a **Vir**gem Ma**ri**a,
*A**ci**ma dos **co**ros dos **an**jos. R. Foi exal**ta**da.
V. Ben**di**to o Se**nhor** que a ele**vou**! *A**ci**ma.
Glória ao **Pai**. R. Foi exal**ta**da.

Cântico evangélico, ant.

Hoje a **Vir**gem Ma**ri**a su**biu** para os **céus**,
ale**gre**mo-nos **to**dos,
pois **rei**na com **Cris**to sem **fim**, pelos **sé**culos.

Preces

Proclamemos a grandeza de Deus Pai todo-poderoso: Ele quis que Maria, Mãe de seu Filho, fosse celebrada por todas as gerações. Peçamos humildemente:

R. **Cheia de graça, intercedei por nós!**

Deus, autor de tantas maravilhas, que fizestes a Imaculada Virgem Maria participar em corpo e alma da glória celeste de Cristo,
–conduzi para a mesma glória os corações de vossos filhos. R.

Vós, que nos destes Maria por Mãe, concedei, por sua intercessão, saúde aos doentes, consolo aos tristes, perdão aos pecadores,
–e a todos a salvação e a paz. R.

Vós, que fizestes de Maria a cheia de graça,
–concedei a todos a abundância da vossa graça. R.

Fazei, Senhor, que a vossa Igreja seja, na caridade, um só coração e uma só alma,
–e que todos os fiéis perseverem unânimes na oração com Maria, Mãe de Jesus. R.

(intenções livres)

Vós, que coroastes Maria como rainha do céu,
–fazei que nossos irmãos falecidos se alegrem eternamente em vosso reino, na companhia dos santos. R.

Pai nosso...

Oração

Deus eterno. e todo-poderoso, que elevastes à glória do céu em corpo e alma a Imaculada Virgem Maria, Mãe do vosso Filho, dai-nos viver atentos às coisas do alto a fim de participarmos da sua glória. Por nosso Senhor Jesus Cristo, vosso Filho, na unidade do Espírito Santo.

No fim das Completas convém dizer a antífona: Ave, Rainha do céu, p. 765.

16 de agosto

SANTO ESTÊVÃO DA HUNGRIA

Nasceu na Panônia cerca do ano 969; tendo recebido o batismo, foi coroado rei da Hungria no ano 1000. No governo do seu reino foi justo pacífico e piedoso, observando com toda a diligência as leis da Igreja e procurando sempre o bem dos súditos. Fundou vários episcopados e auxiliou com o máximo zelo a vida da Igreja. Morreu em Alba Real (Szekesfehérvar) no ano 1038.

Do Comum dos santos homens, p. 1551.

Oração

Deus todo-poderoso, concedei à vossa Igreja a gloriosa proteção de Santo Estêvão, rei da Hungria, que propagou o vosso Evangelho quando reinava na terra. Por nosso Senhor Jesus Cristo, vosso Filho, na unidade do Espírito Santo.

19 de agosto

SÃO JOÃO EUDES, PRESBÍTERO

Nasceu na diocese de Séez (França) no ano 1601. Recebeu a ordenação sacerdotal e dedicou-se durante vários anos à pregação nas paróquias. Fundou duas Congregações: uma destinada à formação sacerdotal dos seminaristas e outra para educação das mulheres cuja vida cristã corria perigo. Fomentou com particular zelo a devoção aos Corações de Jesus e de Maria. Morreu em 1680.

Do Comum dos pastores: para presbíteros, p. 1523, ou dos santos homens: para religiosos, p. 1571.

Oração

Ó Deus, que escolhestes o presbítero São João Eudes para anunciar as incomparáveis riquezas de Cristo, dai-nos seguir seus conselhos e exemplos, a fim de conhecer-vos melhor e viver fielmente à luz do Evangelho. Por nosso Senhor Jesus Cristo, vosso Filho, na unidade do Espírito Santo.

20 de agosto

SÃO BERNARDO, ABADE E DOUTOR DA IGREJA

Memória

Nasceu no ano 1090 perto de Dijon (França) e recebeu uma piedosa educação. Admitido, no ano 1111, entre os Monges Cistercienses, foi eleito, pouco tempo depois, abade do mosteiro de Claraval. Com a sua atividade e exemplo exerceu uma notável influência na formação espiritual dos seus irmãos religiosos. Por causa dos cismas que ameaçavam a Igreja, percorreu a Europa para restabelecer a paz e a unidade. Escreveu muitas obras de teologia e ascética. Morreu em 1153.

Do Comum dos doutores da Igreja, p.1533, ou, dos santos homens: para religiosos, p.1571, exceto o seguinte:

Laudes

HINO Bernardo, luz celeste, como nas Vésperas, abaixo.

Cântico evangélico, ant.

São Ber**nar**do, ilumi**na**do pela **luz** do Verbo e**ter**no,
irra**di**a em toda a **Igre**ja a luz da **fé** e da dou**tri**na.

Oração

Ó Deus, que fizestes do abade São Bernardo, inflamado de zelo por vossa casa, uma luz que brilha e ilumina a Igreja, dai-nos, por sua intercessão, o mesmo fervor para caminharmos sempre como filhos da luz. Por nosso Senhor Jesus Cristo, vosso Filho, na unidade do Espírito Santo.

Vésperas

Hino

Bernardo, luz celeste,
que agora festejamos,
transforma em dons divinos
os hinos que cantamos.

O Cristo no teu peito,
sol vivo que flameja,
te faz coluna, escudo,
doutor da sua Igreja.

O Espírito em teus lábios
pôs fontes de verdade
e mel que se derrama
por toda a humanidade.

Ninguém com mais ternura
nos fala de Maria:
busquemos na procela
a Estrela que nos guia!

De claustros tu semeias
a Europa e o mundo inteiro,
os papas te consultam,
dos reis és conselheiro.

Ao Deus, que é uno e trino,
as vozes elevemos,
e um dia, face a face,
contigo contemplemos.

Cântico evangélico, ant.
Doutor me**lí**fluo, São Ber**nar**do, do Es**po**so sois a**mi**go,
sois can**tor** da Virgem **Mãe**, sois i**lus**tre em Clara**val**,
e pas**tor** dos mais in**sig**nes.
Oração como nas Laudes.

21 de agosto

SÃO PIO X, PAPA

Memória

Nasceu na aldeia de Riese, na região de Veneza (Itália), em 1835. Depois de ter desempenhado santamente o ministério sacerdotal, foi sucessiva mente bispo de Mântua, patriarca de Veneza, e papa, eleito no ano 1903. Adotou como lema do seu pontificado "Restaurar todas as coisas em Cristo", ideal que de fato orientou a sua ação pontifícia, na simplicidade de espírito, pobreza e fortaleza, dando assim um novo incremento à vida cristã na Igreja. Teve também de combater energicamente contra os erros que nela se infiltravam. Morreu no dia 20 de agosto de 1914.

Do Comum dos pastores: para papas, p. 1523.

Oração

Ó Deus, que, para defender a fé católica e restaurar todas as coisas em Cristo, cumulastes o papa São Pio X de sabedoria divina e coragem apostólica, fazei-nos alcançar o prêmio eterno, dóceis às suas instruções e seus exemplos. Por nosso Senhor Jesus Cristo, vosso Filho, na unidade do Espírito Santo.

22 de agosto

NOSSA SENHORA RAINHA

Memória

Do Comum de Nossa Senhora, p. 1462, exceto o seguinte:

Laudes

Hino

Filha de reis, estirpe de Davi,
como é gloriosa a luz em que fulguras!
Sobre as regiões celestes elevada,
Virgem Maria, habitas nas alturas.

No coração, ó Virgem, preparaste,
para o Senhor dos céus, habitação.
E no sagrado templo do teu seio
Deus toma um corpo e faz-se nosso irmão,

perante quem o mundo se ajoelha
a quem a terra adora, reverente,
a quem pedimos venha em nosso auxílio,
radiosa luz, que as trevas afugente.

Tal nos conceda o Pai de toda a luz
e o Filho que por nós de ti nasceu,
com o Espírito, Sopro que dá vida,
reinando pelos séculos, no céu.

Cântico evangélico, ant.
Ex**cel**sa Rainha do **mun**do, Ma**ri**a, ó **Vir**gem per**pé**tua,
ge**ras**tes o **Cris**to, Se**nhor**, de **to**dos o **Deus** Salva**dor**.

Oração

Ó Deus, que fizestes a Mãe do vosso Filho nossa Mãe e Rainha, dai-nos, por sua intercessão, alcançar o Reino do céu e a glória prometida aos vossos filhos e filhas. Por nosso Senhor Jesus Cristo, vosso Filho, na unidade do Espírito Santo.

Vésperas

Hino

Sob o peso dos pecados,
oprimidos, te invocamos.
Junto a ti, do céu Rainha;
um refúgio procuramos.

Tu, da vida eterna porta,
ouve o povo em seu clamor.
Restitui a esperança
que a mãe Eva nos tirou.

Ó Princesa e mãe do Príncipe,
pela tua intercessão,
dá-nos ter a vida eterna,
e no tempo a conversão.

Quando oras, ó santíssima,
os eleitos também oram.
O Senhor, por tuas preces,
dá a graça aos que lhe imploram.

Ó Rainha e Mãe de todos,
dos teus filhos ouve a voz,
e, depois da vida frágil,
a paz reine sobre nós.

Honra e glória ao Pai, ao Filho
e ao Espírito também,
que de glória te vestiram
no esplendor dos céus. Amém.

Cântico evangélico, ant.

Sois fe**liz** porque **cres**tes, Ma**ri**a,
na pa**la**vra que Deus vos fa**lou**:
para **sem**pre com **Cris**to rei**nais**.

Oração como nas Laudes.

No fim das Completas convém dizer à antífona: Ave, Rainha do céu, p. 755.

23 de agosto

SANTA ROSA DE LIMA, VIRGEM
Padroeira da América Latina

Festa

Nasceu em Lima (Peru) no ano 1586; já durante o tempo que viveu em sua casa se dedicou de modo invulgar à prática das virtudes cristãs; mas quando tomou o hábito da Ordem Terceira de São Domingos fez os maiores progressos no caminho da penitência e da contemplação mística. Morreu no dia 24 de agosto de 1617.

Do Comum das virgens, p. 1539, ou, das santas mulheres: para religiosas, p. 1571, exceto o seguinte:

Laudes

Hino

Quando, Senhor, no horizonte
fazes despontar o dia,
reacende as lembranças
daquele que em ti confia.

Por nossas mãos sofredoras
vão passar as ilusões;
acolhe tu nossas preces,
dons dos nossos corações.

Ó Santa Rosa de Lima,
dá-nos viver para o Amado
que, quando estavas na terra,
já te havia desposado.

Não esqueças quem caminha
seguindo as tuas pegadas;
possamos chegar um dia
do céu às muitas moradas.

Louvem ao Pai nossos lábios,
e ao Filho e ao Espírito Santo;
que a Trindade nos abrigue
e nos cubra com seu manto.

Oração

Ó Deus, que inspirastes Santa Rosa de Lima, inflamada de amor, a deixar o mundo, a servir os pobres e a viver em austera penitência, concedei-nos, por sua intercessão, seguir na terra os vossos caminhos e gozar no céu as vossas delícias. Por nosso Senhor Jesus Cristo, vosso Filho, na unidade do Espírito Santo.

Hora Média

Antífonas e salmos do dia de semana. Leitura breve e versículo do Comum das virgens, p. 1542, ou, das santas mulheres: para religiosas, p. 1565. Oração como acima.

Vésperas

Hino

As rosas da terra
aplaudam esta Rosa;
o sol e as estrelas
a chamam formosa.

Pois Rosa de graça,
florindo entre dores,
cilícios usavas
pelos pecadores.

Ó Rosa vermelha,
ó Rosa de Lima,
chorar nossas faltas
a todos ensina.

Sobre toda a América,
Trindade divina,
derrame-se o orvalho
de Rosa de Lima.

24 de agosto

SÃO BARTOLOMEU, APÓSTOLO

Festa

Nasceu em Caná. O apóstolo Filipe conduziu-o a Jesus. Diz uma tradição que depois da Ascensão do Senhor pregou o Evangelho na Índia e aí recebeu a coroa do martírio.

Do Comum dos apóstolos, p. 1479, exceto o seguinte:

Laudes

Hino

Brilhando entre os apóstolos,
do céu nos esplendores,
Bartolomeu, atende
pedidos e louvores!

Ao ver-te o Nazareno,
te amou com grande afeto,
sentido num relance
teu coração tão reto.

Messias esboçado
no Antigo Testamento,
a ti se manifesta
na luz desse momento.

E tanto a ti se une
em íntima aliança,
que a ti manda o martírio,
a cruz que o céu alcança.

Tu pregas o Evangelho,
proclamas o homem novo:
se o Mestre é tua vida,
dás vida a todo o povo.

Ao Cristo celebremos,
por toda a nossa vida,
pois leva-nos à Pátria,
à Terra Prometida.

Oração

Ó Deus, fortalecei em nós aquela fé que levou São Bartolomeu a seguir de coração o vosso Filho, e fazei que, pelas preces do Apóstolo, a vossa Igreja se torne sacramento da salvação para todos os povos. Por nosso Senhor Jesus Cristo, vosso Filho, na unidade do Espírito Santo.

Hora Média

Antífonas e salmos do dia de semana. Leitura breve do Comum dos apóstolos, p.1482. Oração como acima.

25 de agosto

SÃO LUÍS DE FRANÇA

Nasceu em 1214 e subiu ao trono de França aos vinte e dois anos de idade. Contraiu matrimônio e teve onze filhos a quem ele próprio deu uma excelente educação. Distinguiu-se pelo seu espírito de penitência e oração e pelo seu amor aos pobres. Na administração do reino foi notável o seu zelo pela paz entre os povos, e mostrou-se tão diligente na promoção material dos seus súditos como na sua promoção espiritual. Empreendeu duas cruzadas para libertar o sepulcro de Cristo e morreu perto de Cartago no ano 1270.

Do Comum dos santos homens, p. 1551.

Oração

Ó Deus, que transferistes São Luís dos cuidados de um reino terrestre à glória do Reino do Céu, concedei-nos, por sua intercessão, desempenhar nossas tarefas de cada dia, e trabalhar para a vinda do vosso Reino. Por nosso Senhor Jesus Cristo, vosso Filho, na unidade do Espírito Santo.

No mesmo dia 25 de agosto

SÃO JOSÉ DE CALASANZ, PRESBÍTERO

Nasceu em Aragão (Espanha) no ano 1557 e recebeu uma excelente, formação cultural. Foi ordenado sacerdote e, depois de ter exercido o ministério na sua pátria, partiu para Roma, onde se dedicou à educação das crianças pobres e fundou uma Congregação (Escolas Pias) cujos membros (Escolápios) deviam dedicar-se a esta nobre missão. Teve de sofrer duras provações e foi nomeadamente vítima de invejas e calúnias. Morreu em Roma no ano 1648.

Do Comum dos santos homens: para educador. p. 1574, ou, dos pastores: para presbíteros, p. 1523.

Oração

Ó Deus, que ornastes de bondade e paciência o presbítero São José Calasanz, inspirando-lhe consagrar toda a sua vida à instrução e formação da juventude, concedei-nos, ao venerá-lo como mestre da sabedoria cristã, imitá-lo no serviço da verdade. Por nosso Senhor Jesus Cristo, vosso Filho, na unidade do Espírito Santo.

27 de agosto

SANTA MÔNICA

Memória

Nasceu em Tagaste (África) no ano 331, de uma família cristã. Ainda muito jovem foi dada em matrimônio a um homem chamado Patrício. Teve vários filhos, entre os quais Agostinho, por cuja conversão derramou muitas lágrimas e orou insistentemente a Deus. Exemplo de mãe verdadeiramente santa, alimentou a sua fé com uma vida de intensa oração e enriqueceu-a com suas virtudes. Morreu em Óstia no ano 387.

Do Comum das santas mulheres, p. 1562.

Laudes

Cântico evangélico, ant

Vós a ou**vis**tes, ó Se**nhor**, e acei**tas**tes suas **lá**grimas
que, de **tan**tas derra**ma**das em con**tí**nua ora**ção**,
rega**ri**am toda a **ter**ra.

Oração

Ó Deus, consolação dos que choram, que acolhestes misericordioso as lágrimas de santa Mônica pela conversão de seu filho Agostinho, dai-nos, pela intercessão de ambos, chorar os nossos pecados e alcançar o vosso perdão. Por nosso Senhor Jesus Cristo, vosso Filho, na unidade do Espírito Santo.

Vésperas

Cântico evangélico, ant.

Santa **Mô**nica, **mãe** de Agos**ti**nho,
de tal **mo**do vi**vi**a no **Cris**to,
que, es**tan**do a**in**da no **mun**do,
sua **vi**da e sua **fé** se tor**na**ram
o lou**vor** mais per**fei**to de **Deus**.

28 de agosto

SANTO AGOSTINHO, BISPO E DOUTOR DA IGREJA

Memória

Nasceu em Tagaste (África) no ano 354. Depois de uma juventude perturbada, quer intelectualmente quer moralmente, converteu-se à fé e foi batizado em Milão por Santo Ambrósio no ano 387. Voltou à sua terra e aí levou uma vida de grande ascetismo. Eleito bispo de Hipona, durante trinta e quatro anos foi perfeito modelo do seu rebanho e deu-lhe uma sólida formação cristã por meio de numerosos sermões e escritos, com os quais combateu fortemente os erros do seu tempo e ilustrou sabiamente a fé Católica. Morreu no ano 430.

Do Comum dos pastores: para bispos, p. 1523, e dos doutores da Igreja, p. 1533, exceto o seguinte:

Laudes

Hino

Fulge nos céus o grande sacerdote,
brilha e corusca a estrela dos doutores,
e do Universo em todos os quadrantes
da luz da fé espalha os esplendores.

Sião feliz, por filho tão notável
bendize a Deus, Senhor da salvação,
que o une a si de modo admirável
e o faz brilhar na luz do seu clarão.

Firmou a fé e, sempre vigilante,
venceu do erro as armas com destreza.
Purificou costumes degradantes
pela doutrina exposta com clareza.

A todo o clero brilhas como exemplo,
da grei de Cristo, ó guarda vigilante,
Por tua prece, torna-nos benigna
do Deus supremo a face fascinante.

Glória e louvor aos Três, de quem na terra
sondar quiseste a grande profundeza.
Seu esplendor, agora, eternamente
bebes, na fonte eterna da beleza.

Cântico evangélico, ant.

De vós **mes**mo nos pro**vém** esta atra**ção**,
que lou**var**-vos, ó Se**nhor**, nos dê pra**zer**,
pois, Se**nhor**, vós nos fi**zes**tes para **vós**;
e inqui**e**to está o **nos**so cora**ção**,
en**quan**to não re**pou**se em vós, Se**nhor**.

Oração

Renovai, ó Deus, na vossa Igreja aquele espírito com o qual cumulastes o bispo Santo Agostinho para que, repletos do mesmo espírito, só de vós tenhamos sede, fonte da verdadeira sabedoria, e só a vós busquemos, autor do amor eterno. Por nosso Senhor Jesus Cristo, vosso Filho, na unidade do Espírito Santo.

Vésperas

HINO Fulge nos céus, como nas Laudes.

Cântico evangélico, ant.

Muito **tar**de vos a**mei**, ó Be**le**za sempre an**ti**ga,
ó Be**le**za sempre **no**va, muito **tar**de vos a**mei**!
Vós cha**mas**tes e gri**tas**tes, e rom**pes**tes-me a sur**dez**!

29 de agosto

MARTÍRIO DE SÃO JOÃO BATISTA

Memória

Laudes

Hino

Logo ao nasceres não trazes mancha,
João Batista, severo asceta,
mártir potente, do ermo amigo,
grande Profeta.

De trinta frutos uns se coroam.
A fronte de outros o dobro cinge.
Tua coroa, dando três voltas,
os cem atinge.

Assim cingido de tanto mérito,
retira as pedras do nosso peito,
torto caminho, chão de alto e baixo,
torna direito.

Faze que um dia, purificados,
vindo a visita do Redentor,
possa em noss'alma, que preparaste,
seus passos pôr.

A vós, Deus Único, o céu celebra,
Trino em pessoas canta também.
Mas nós na terra, impuros, pedimos
perdão. Amém.

Ant. 1 O Se**nhor** esten**deu** sua **mão**
e to**cou** minha **bo**ca e meus **lá**bios;
fez de **mim** o pro**fe**ta dos **po**vos.

Salmos e cântico do domingo da I Semana, p. 764.

Ant. 2 He**ro**des tinha **me**do de Jo**ão**
e o guar**da**va sob a **su**a prote**ção**,
pois sa**bi**a que ele **e**ra justo e **san**to.

Ant. 3 He**ro**des gos**ta**va de ou**vir** João Ba**tis**ta,
e em **mui**to se**gui**a o que **e**le di**zi**a.

Leitura breve Is 49,1b-2

O Senhor chamou-me antes de eu nascer, desde o ventre de minha mãe ele tinha na mente o meu nome; fez de minha palavra uma espada afiada, protegeu-me à sombra de sua mão e fez de mim uma flecha aguçada, escondida em sua aljava.

Responsório breve

R. Envi**as**tes mensa**gei**ros a Jo**ão**,
* E ele **deu** teste**mu**nho da ver**da**de. R. Envi**as**tes.
V. Foi um **fa**cho que **ar**de e ilu**mi**na. * E ele **deu**.
Glória ao **Pai**. R. Envi**as**tes.

Cântico evangélico, ant.

O a**mi**go do Es**po**so, que es**pe**ra para ou**vi**-lo,
é to**ma**do de ale**gri**a ao ou**vir** a voz do Es**po**so:
eis a **mi**nha ale**gri**a, ale**gri**a sem li**mi**tes.

Preces

Invoquemos a Cristo, que enviou João Batista como precursor, para preparar os seus caminhos; e digamos com toda confiança:

R. **Cristo, sol nascente, iluminai os nossos caminhos!**

Vós fizestes João Batista exultar de alegria no seio de Isabel;
– fazei que sempre nos alegremos com a vossa vinda a este mundo. R.

Vós nos indicastes o caminho da penitência pela palavra e pela vida de João Batista;
– convertei os nossos corações aos mandamentos do vosso reino. R.

Vós quisestes ser anunciado pela voz de um homem;
– enviai pelo mundo inteiro mensageiros do vosso evangelho. R.

Vós quisestes ser batizado por João no rio Jordão, para que se cumprisse toda a justiça;
– fazei-nos trabalhar com empenho para estabelecer a justiça do vosso reino. R.

(intenções livres)

Pai nosso...

Oração

Ó Deus, quisestes que São João Batista fosse o precursor do nascimento e da morte do vosso Filho; como ele tombou na luta pela justiça e a verdade, fazei-nos também lutar corajosamente para testemunhar a vossa palavra. Por nosso Senhor Jesus Cristo, vosso Filho, na unidade do Espírito Santo.

Vésperas

Hino

Predecessor fiel da graça,
bondoso anjo da verdade,
clarão de Cristo, ele anuncia
a Luz da eterna claridade.

Das profecias o precônio
que ele cantara, austero e forte,
com vida e atos confirmou
pelo sinal da santa morte.

Quem para o mundo ia nascer
ele precede, ao vir primeiro,
mostrando Aquele que viria
dar o batismo verdadeiro.

E cuja morte inocente,
que a vida ao mundo conquistou,
fora predita pelo sangue
que João Batista derramou.

Ó Pai clemente, concedei-nos
seguir os passos de São João,
para fruirmos para sempre
o dom de Cristo, em profusão.

Ant. 1 Não **te**mas diante **de**les, pois con**ti**go eu es**tou**,
assim diz o Se**nhor**.

Salmos e cântico do Comum de um mártir, p. 1515.

Ant. 2 He**ro**des man**dou** um car**ras**co
decapi**tar** a Jo**ão** na pri**são**.

Ant. 3 Os dis**cí**pulos de Jo**ão** le**va**ram o seu **cor**po
e o pu**se**ram no se**pul**cro.

Leitura breve

At 13,23-25

Conforme prometera, da descendência de Davi Deus fez surgir para Israel um Salvador, que é Jesus. Antes que ele chegasse, João pregou um batismo de conversão para todo o povo de Israel. Estando para terminar sua missão, João declarou: Eu não sou aquele que pensais que eu seja! Mas vede: depois de mim vem aquele, do qual nem mereço desamarrar as sandálias.

Responsório breve

R. O a**mi**go do Es**po**so se a**le**gra,
* Ou**vin**do a **voz** do Es**po**so. R. O a**mi**go.
V. Eis **mi**nha per**fei**ta ale**gri**a! * Ou**vin**do.
Glória ao **Pai**. R. O a**mi**go.

Cântico evangélico, ant.

O Messias não sou **eu**, fui man**da**do à sua **fren**te;
é pre**ci**so que ele **cres**ça; eu, po**rém**, que dimi**nu**a.

Preces

João Batista foi escolhido por Deus para anunciar à humanidade a chegada do reino de Cristo. Por isso, oremos com alegria, dizendo:

R. **Dirigi, Senhor, os nossos passos no caminho da paz!**

Vós, que chamastes João Batista desde o ventre materno para preparar os caminhos de vosso Filho,
– chamai-nos para seguir o Senhor com a mesma fidelidade com que João o precedeu. R.

Assim como destes a João Batista a graça de reconhecer o Cordeiro de Deus, fazei que vossa Igreja também o anuncie,
– e que os homens e as mulheres do nosso tempo o reconheçam. R.

Vós, que inspirastes a vosso profeta ser necessário ele diminuir para que Cristo crescesse,
– ensinai-nos a ceder lugar aos outros, para que vossa presença se manifeste em cada um de nós. R.

Vós, que quisestes proclamar a justiça mediante o martírio de João,
– tornai-nos testemunhas incansáveis da vossa verdade. R.

(intenções livres)

Lembrai-vos de todos aqueles que já partiram desta vida,
– recebei-os no reino da luz e da paz. R.

Pai nosso...

Oração

Ó Deus, quisestes que São João Balista fosse o precursor do nascimento e da morte do vosso Filho; como ele tombou na luta pela justiça e a verdade, fazei-nos também lutar corajosamente para testemunhar a vossa palavra. Por nosso Senhor Jesus Cristo, vosso Filho, na unidade do Espírito Santo.

SETEMBRO

3 de setembro

SÃO GREGÓRIO MAGNO, PAPA E DOUTOR DA IGREJA

Memória

Nasceu em Roma por volta do ano 540. Tendo tomado a carreira política, chegou a ser nomeado prefeito de Roma. Abraçou depois a vida monástica, foi ordenado diácono e desempenhou o cargo de legado pontifício em Constantinopla. No dia 3 de setembro do ano 590 foi elevado à Cátedra de Pedro, cargo que exerceu como verdadeiro bom pastor no governo da Igreja, no cuidado dos pobres, na propagação e consolidação da fé. Escreveu muitas obras de Moral e Teologia. Morreu a 12 de março do ano 604.

Do Comum dos pastores: para papas, p. 1523, e dos doutores da Igreja, p. 1533, exceto o seguinte:

Laudes

Hino

Dos Anglos outrora apóstolo,
dos anjos agora irmão,
à grei que a Igreja congrega
estende, Gregório, a mão.

Calcando riqueza e glória,
do mundo o falso esplendor,
tu, pobre, seguiste o Pobre
de toda a terra Senhor.

Supremo Pastor, o Cristo,
confia-te a sua grei:
de Pedro recebe o cargo
quem segue de Pedro a lei.

Da Bíblia com seus mistérios
descobres a solução:
a própria Verdade te ergue
à luz da contemplação.

De todos os servos servo,
da Igreja papa e doutor,
não deixes os que te seguem
nas garras do tentador.

Por ti os mais belos cânticos
puderam vir até nós;
em honra ao Deus uno e trino,
ergamos juntos a voz.

Cântico evangélico, ant.
Pastor ex**í**mio, São Gre**gó**rio nos dei**xou** um grande e**xem**plo de uma **vi**da de pas**tor** e uma **re**gra a seus ir**mãos**.

Oração

Ó Deus, que cuidais do vosso povo com indulgência e o governais com amor, dai, pela intercessão de São Gregório Magno, o espírito de sabedoria àqueles a quem confiastes o governo da vossa Igreja, a fim de que o progresso das ovelhas contribua para a alegria dos pastores. Por nosso Senhor Jesus Cristo, vosso Filho, na unidade do Espírito Santo.

Vésperas

HINO Dos Anglos outrora, como nas Laudes, p. 1351.

Cântico evangélico, ant.
São Gre**gó**rio prati**ca**va tudo a**qui**lo que pre**ga**va
e se **fez** exemplo **vi**vo dos mis**té**rios que ensi**na**va.

8 de setembro

NATIVIDADE DE NOSSA SENHORA

Festa

Laudes

Hino

Dona e Senhora da terra,
do céu Rainha sem par,
Virgem Mãe que um Deus encerra,
suave Estrela do mar!

Tua beleza fulgura,
cingida embora de véus,
pois nos trouxeste, tão pura,
o próprio Filho de Deus.

Hoje é o teu dia: nasceste;
vieste sem mancha à luz:
com teu natal tu nos deste
o do teu Filho Jesus.

Em ti celeste e terrena,
o nosso olhar se compraz,
Rainha santa e serena,
que a todos trazes a paz.

Louvado o Deus trino seja,
suba ao céu nosso louvor,
pois quis tornar Mãe da Igreja
a própria Mãe do Senhor.

Ant. 1 É **ho**je o nasci**men**to da **Vir**gem glori**o**sa,
descen**den**te de Abra**ão** e da **tri**bo de Ju**dá**,
nobre **Fi**lha de Da**vi**.

Salmos e cântico do domingo da I Semana, p. 764.

Ant. 2 Ao nas**cer** a santa **Vir**gem,
ilumi**nou**-se o mundo in**tei**ro:
feliz es**tir**pe, raiz **san**ta, e ben**di**to é o seu **Fru**to.

Ant. 3 Com ale**gri**a cele**bre**mos o nasci**men**to de Ma**ri**a,
para que **e**la inter**ce**da por nós **to**dos junto ao **Cris**to.

Leitura breve Is 11,1-3a

Nascerá uma haste do tronco de Jessé e, a partir da raiz, surgirá o rebento de uma flor; sobre ele repousará o espírito do Senhor: espírito de sabedoria e discernimento, espírito de conselho e fortaleza, espírito de ciência e temor de Deus; no temor do Senhor encontra ele seu prazer.

Responsório breve

R. O Se**nhor** a escol**heu**,
* Entre **to**das prefe**ri**da. R. O Se**nhor** a escol**heu**.
V. O Se**nhor** a fez mo**rar** em sua **san**ta habita**ção**.
* Entre **to**das. Glória ao **Pai**. R. O Se**nhor** a escol**heu**.

Cântico evangélico, ant.

Vosso na**tal**, ó Mãe de **Deus**, ale**grou** o mundo in**tei**ro:
de vós nas**ceu** o Sol da jus**ti**ça, Jesus **Cris**to, nosso **Deus**,
que nos **trou**xe a grande **bên**ção; dissol**ven**do a maldi**ção**
e humi**lhan**do a própria **mor**te, deu-nos **vi**da sempi**ter**na.

PRECES, do Comum, p. 1463.

Oração

Abri, ó Deus, para os vossos servos e servas os tesouros da vossa graça: e assim como a maternidade de Maria foi a aurora da salvação, a festa do seu nascimento aumente em nós a vossa paz. Por nosso Senhor Jesus Cristo, vosso Filho, na unidade do Espírito Santo.

Hora Média

Salmos do dia de semana corrente.

Ant. Nas**ci**da de **reis**, re**ful**ge Ma**ri**a;
pe**ça**mos, de**vo**tos, com **to**do o fer**vor**,
que a**ju**de a nós **to**dos com **ro**gos e **pre**ces.

Leitura breve — Jt 13,18b-19

Bendito é o Senhor Deus, que criou o céu e a terra, e te levou a decepar a cabeça do chefe de nossos inimigos! Porque nunca o teu louvor se afastará do coração dos homens, que se lembrarão do poder de Deus para sempre.

V. Fe**li**zes as en**tra**nhas da **Vir**gem Ma**ri**a:
R. Trou**xe**ram o **Fi**lho de **Deus**, Pai e**ter**no.

Oração como nas Laudes.

Vésperas

Hino

Ó florão da humana raça,
virginal Mãe de Jesus,
tu, aos filhos da desgraça,
vens fazer filhos da luz

Já trazendo a realeza
ao nascer do rei Davi,
vês crescer tua nobreza,
quando Deus nasce de ti.

Tua luz venceu a treva
do pecado original,
transformando os filhos de Eva
em nação sacerdotal.

Tua prece nos consiga
de Deus Pai pleno perdão,
e, calcada a culpa antiga,
a divina comunhão.

Ao Deus trino, Virgem pura,
erga o homem seu louvor;
restauraste a criatura,
dando à luz o Criador.

Ant. 1 A **Vir**gem Ma**ri**a nas**ceu**, bro**tou** da ra**iz** de Jes**sé**;
pelo Es**pí**rito **San**to de **Deus** tor**nou**-se a **Mãe** do Se**nhor**.

Salmos e cântico do Comum de Nossa Senhora, p. 1468.

Ant. 2 É **ho**je o nasci**men**to de Ma**ri**a, a Virgem **san**ta.
Deus o**lhou** sua be**le**za e visi**tou** sua humil**da**de.

Ant. 3 Santa Ma**ri**a, Mãe de **Deus**, sois ben**di**ta e vene**rá**vel;
ao cele**brar**mos vossa **fes**ta, interce**dei** por todos **nós**
junto ao **Cris**to, vosso **Fi**lho.

Leitura breve Rm 9,4-5

Eles são israelitas. A eles pertencem a filiação adotiva, a glória, as alianças, as leis, o culto, as promessas e também os patriarcas. Deles é que descende, quanto à sua humanidade, Cristo, o qual está acima de todos – Deus bendito para sempre! – Amém!

Responsório breve

R. Ma**ri**a, a**le**gra-te, ó **chei**a de **gra**ça;
* O Se**nhor** é con**ti**go! R. Maria.
V. És ben**di**ta entre **to**das as mu**lhe**res,
e ben**di**to é o **fru**to do teu **ven**tre. * O Se**nhor**.
Glória ao **Pai**. R. Maria.

Cântico evangélico, ant.

Cele**bre**mos o na**tal** glori**o**so de Ma**ri**a!
Deus o**lhou** sua humil**da**de, quando o **an**jo lhe fa**lou**,
e **e**la conce**beu** o Reden**tor** da humani**da**de.

PRECES, do Comum, p. 1471.

Oração

Abri, ó Deus, para os vossos servos e servas os tesouros da vossa graça: e assim como a maternidade de Maria foi a aurora da salvação, a festa do seu nascimento aumente em nós a vossa paz. Por nosso Senhor Jesus Cristo, vosso Filho, na unidade do Espírito Santo.

13 de setembro

SÃO JOÃO CRISÓSTOMO, BISPO E DOUTOR DA IGREJA

Memória

Nasceu em Antioquia, cerca do ano 349. Depois de ter recebido uma excelente educação, dedicou-se à vida ascética; e, tendo sido ordenado sacerdote, consagrou-se com grande fruto ao ministério da pregação. Eleito bispo de Constantinopla no ano 397, revelou grande zelo e competência nesse cargo pastoral, atendendo em particular à reforma dos costumes, tanto do clero como dos fiéis. A oposição da corte imperial e de outros inimigos pessoais levou-o por duas vezes ao exílio. Perseguido por tantas tribulações, morreu em Comana (Ponto, Ásia Menor) no dia 14 de setembro do ano 407. A sua notável diligência e competência na arte de falar e escrever, para expor a doutrina católica e formar os fiéis na vida cristã, mereceu-lhe o apelativo de Crisóstomo, "boca de ouro".

Do Comum dos pastores: para bispos, p. 1523, e dos doutores da Igreja, p. 1533.

Laudes e Vésperas

Hino

"Boca de Ouro", dos teus lábios fluem
as torrentes que os vícios eliminam,
rico e nobre verberam, e a todo o povo
as verdades ensinam.

Egrégio arauto, êmulo de Paulo,
que por amor a todos se fez tudo,
espelho de virtudes, resplandeces,
jamais calado e mudo.

Nem mesmo o imperador pôde dobrar-te:
iras não temes nem desejas glória;
ganhas no exílio a púrpura de mártir,
a palma da vitória.

Na terra o sacerdócio engrandeceste,
este poder que aos anjos não foi dado:
eis-te agora nos céus, no meio deles,
e por eles louvado.

Venham em nosso auxílio as tuas preces,
e que ao Reino do céu chegar possamos,
enquanto unindo à tua as nossas vozes,
ao Deus trino louvamos.

Oração

Ó Deus, força dos que em vós esperam, que fizestes brilhar na vossa Igreja o bispo São João Crisóstomo por admirável eloquência e grande coragem nas provações, dai-nos seguir os seus ensinamentos, e robustecer-nos com sua invencível fortaleza. Por nosso Senhor Jesus Cristo, vosso Filho, na unidade do Espírito Santo.

14 de setembro

EXALTAÇÃO DA SANTA CRUZ

Festa

I Vésperas

(Quando a festa cai no domingo)

HINO Do Rei avança o estandarte, como nas II Vésperas, p. 1364.

Salmodia

Ant. 1 O Se**nhor** crucifi**ca**do dentre os **mor**tos ressur**giu**,
e a **to**dos nos re**miu**. Ale**lui**a.

Salmo 146(147 A)

= [1]**Louvai** o Senhor **Deus**, porque ele é **bom**, †
cantai ao nosso Deus, porque é suave: *
ele é **digno** de louvor, ele o merece!

– [2]O Se**nhor** reconstruiu Jerusalém, *
e os dis**per**sos de Israel juntou de novo;
– [3]ele con**for**ta os corações despedaçados, *
ele en**fai**xa suas feridas e as cura;
– [4]fixa o **nú**mero de todas as estrelas *
e **cha**ma a cada uma por seu nome.

– [5]É **gran**de e onipotente o nosso Deus, *
seu sa**ber** não tem medidas nem limites.
– [6]O Senhor **Deus** é o amparo dos humildes, *
mas **do**bra até o chão os que são ímpios.
– [7]Ento**ai**, cantai a Deus ação de graças, *
to**cai** para o Senhor em vossas harpas!

– [8]Ele re**ves**te todo o céu com densas nuvens, *
e a **chu**va para a terra ele prepara;
– faz cres**cer** a verde relva sobre os montes *
e as **plan**tas que são úteis para o homem;
– [9]ele **dá** aos animais seu alimento, *
e ao **cor**vo e aos seus filhotes que o invocam.
– [10]Não é a **for**ça do cavalo que lhe agrada, *
nem se de**lei**ta com os músculos do homem,
– [11]mas **agra**dam ao Senhor os que o respeitam, *
os que con**fi**am, esperando em seu amor!

Ant. O Se**nhor** crucifi**ca**do dentre os **mor**tos ressur**giu**,
e a **to**dos nos re**miu**. Ale**lui**a.

Ant. 2 No **mei**o da ci**da**de de Si**ão** ele**va**-se a **ár**vore da **vi**da;
suas **fo**lhas dão sa**ú**de para os **po**vos. Ale**lui**a.

Salmo 147(147 B)

– [12]Glori**fi**ca o Se**nhor**, Jerusa**lém**! *
Ó Si**ão**, canta louvores ao teu Deus!

– [13]Pois refor**çou** com segurança as tuas portas, *
e os teus **fi**lhos em teu seio abençoou;

– [14] a **paz** em teus limites garantiu *
e te **dá** como alimento a flor do trigo.

– [15] Ele en**vi**a suas ordens para a terra, *
e a pa**la**vra que ele diz corre veloz;
– [16] ele **faz** cair a neve como lã *
e es**pa**lha a geada como cinza.
– [17] Como de **pão** lança as migalhas do granizo, *
a seu **fri**o as águas ficam congeladas.
– [18] Ele en**vi**a sua palavra e as derrete, *
sopra o **ven**to e de novo as águas correm.

– [19] Anun**ci**a a Jacó sua palavra, *
seus pre**cei**tos e suas leis a Israel.
– [20] Nenhum **po**vo recebeu tanto carinho, *
a nenhum **ou**tro revelou os seus preceitos.

Ant. No **mei**o da ci**da**de de Si**ão** ele**va**-se a **ár**vore da **vi**da;
suas **fo**lhas dão sa**ú**de para os **po**vos. Ale**lui**a.

Ant. 3 Nós de**ve**mos glori**ar**-nos na **Cruz** de Jesus **Cris**to.

Cântico Fl 2,6-11

= [6] Embora **fos**se de di**vi**na condi**ção**, †
Cristo Je**sus** não se apegou ciosamente *
a ser **igual** em natureza a Deus Pai.
(R. Jesus **Cris**to é Se**nhor** para a **gló**ria de Deus **Pai**!)

= [7] Po**rém** esvaziou-se de sua glória †
e assu**miu** a condição de um escravo, *
fa**zen**do-se aos homens semelhante. (R.)

= Reconhe**ci**do exteriormente como homem, †
[8] humi**lhou**-se, obedecendo até à morte, *
até à **mor**te humilhante numa cruz. (R.)

= [9] Por isso **Deus** o exaltou sobremaneira †
e deu-lhe o **no**me mais excelso, mais sublime, *
e ele**va**do muito acima de outro nome. (R.)

= [10] Para **que** perante o nome de Jesus †
se **do**bre reverente todo joelho, *
seja nos **céus**, seja na terra ou nos abismos. (R.)

= [11] E toda **lín**gua reconheça, confessando, †
para a **gló**ria de Deus Pai e seu louvor: *
"Na ver**da**de Jesus Cristo é o Senhor!" (R.)

Ant. Nós de**ve**mos glori**ar**-nos na **Cruz** de Jesus **Cris**to.

Leitura breve 1Cor 1,23-24

Nós pregamos Cristo crucificado, escândalo para os judeus e insensatez para os pagãos. Mas para os que são chamados, tanto judeus como gregos, esse Cristo é poder de Deus e sabedoria de Deus.

Responsório breve

R. O si**nal** da santa **Cruz** 'stará no **céu**,
* Quando o Se**nhor** Jesus vi**er** para jul**gar**. R. O si**nal**.
V. Levan**tai** vossa ca**be**ça e **olhai**,
pois a **vos**sa reden**ção** se apro**xi**ma. * Quando o Se**nhor**.
Glória ao **Pai**. R. O si**nal**.

Cântico evangélico, ant.

Era pre**ci**so que o **Cris**to so**fres**se
e **res**susci**tas**se dos **mor**tos,
para en**trar** em sua **gló**ria, ale**lui**a.

Preces

Oremos ao nosso Redentor que nos remiu pela sua Cruz; e digamos com toda a confiança:

R. **Elevai-nos pela cruz até o vosso Reino!**

Cristo, que vos humilhastes assumindo a condição de um escravo e fazendo-se aos homens semelhante,
– dai aos membros da Igreja a graça de imitarem a vossa humildade. R.

Cristo, que fostes obediente até à morte e morte humilhante numa cruz,
– concedei a vossos servos e servas a força de vos imitar na obediência e na paciência. R.

Cristo, que fostes exaltado por Deus e recebestes um nome que está acima de todo nome,
– concedei aos vossos fiéis o dom da perseverança até o fim. R.

Cristo, a cujo nome todo joelho se dobra no céu, na terra e nos abismos,
– derramai sobre a humanidade o vosso espírito de caridade, para que todos vos adorem na paz. R.

(intenções livres)

Cristo, a quem toda língua proclama Senhor para a glória de Deus Pai,
– recebei no reino da felicidade eterna os nossos irmãos e irmãs que morreram. R.

Pai nosso...

Oração

Ó Deus, que para salvar a todos dispusestes que o vosso Filho morresse na cruz, a nós, que conhecemos na terra este mistério, dai-nos colher no céu os frutos da redenção. Por nosso Senhor Jesus Cristo, vosso Filho, na unidade do Espírito Santo.

Laudes

Hino

Por toda a terra fulgura
a silhueta da Cruz,
de onde pendeu inocente
o próprio Cristo Jesus.

Mais altaneira que os cedros,
ergue-se a Cruz triunfal:
não traz um fruto de morte,
dá vida a todo mortal.

Que o Rei da vida nos guarde
sob o estandarte da cruz,
broquel que a todos protege,
farol que a todos conduz.

De coração celebremos
a Cruz de nosso Senhor:
Moisés de braços abertos,
orando em nosso favor.

A Cruz de Cristo abraçando,
reinar possamos nos céus,
com o Pai, o Espírito e o Filho,
Trindade Santa, um só Deus.

Ant. 1 Sujei**tou**-se à santa **Cruz**
quem ven**ceu** a própria **mor**te,
e, ves**ti**do de po**der**, ressur**giu** após três **di**as.

Salmos e cântico do domingo da I Semana, p. 764.

Ant. 2 Como **bri**lha a Cruz ben**di**ta do Se**nhor**!
De seus **bra**ços o **cor**po está pen**den**te;
ele **la**va com seu **san**gue nossas **cha**gas.

Ant. 3 Fulgu**ran**te resplan**de**ce a santa **Cruz**:
por ela o **mun**do recu**pe**ra a salva**ção**,
reina a **cruz**, tri**un**fa a **cruz**, vence ao pe**ca**do. Ale**lui**a.

Leitura breve Hb 2,9b-10

Nós vemos a Jesus coroado de glória e honra, por ter sofrido a morte. Sim, pela graça de Deus em favor de todos, ele provou a morte. Convinha de fato que aquele, por quem e para quem todas as coisas existem, e que desejou conduzir muitos filhos à glória, levasse o iniciador da salvação deles à consumação, por meio de sofrimentos.

Responsório breve

R. **Nós** vos bendi**ze**mos e ado**ra**mos,
* Ó Je**sus**, nosso Se**nhor**. R. **Nós** vos.
V. Por vossa **cruz** vós redi**mis**tes este **mun**do. * Ó Je**sus**.
Glória ao **Pai**. R. **Nós** vos.

Cântico evangélico, ant.

Ado**ra**mos, Se**nhor**, vosso Ma**dei**ro;
vossa **ressurreição** nós cele**bra**mos.
A ale**gri**a che**gou** ao mundo in**tei**ro
pela **Cruz** que nós **ho**je vene**ra**mos.

Preces

Oremos ao nosso Redentor que nos remiu pela sua Cruz; e digamos com toda confiança:

R. **Salvai-nos, Senhor, pela vossa Santa Cruz!**

Filho de Deus, que pela imagem da serpente de bronze curastes o povo de Israel,
– protegei-nos neste dia contra o veneno do pecado. R.

Filho do homem, que fostes erguido na cruz como a serpente foi levantada por Moisés no deserto,
– elevai-nos até à felicidade do vosso Reino. R.

Filho unigênito do Pai, que fostes entregue à morte para que todo aquele que acredita em vós não pereça,
– dai a vida eterna aos que procuram a vossa face. R.

Filho bem-amado do Pai, que fostes enviado ao mundo não para condená-lo mas para salvá-lo,
– concedei o dom da fé aos nossos familiares e amigos para que sejam salvos. R.

Filho do Pai eterno, que viestes trazer o fogo à terra e quisestes vê-lo aceso,
– fazei que, praticando a verdade, nos aproximemos da luz. R.

Pai nosso...

Oração

Ó Deus, que para salvar a todos dispusestes que o vosso Filho morresse na cruz, a nós, que conhecemos na terrá este mistério, dai-nos colher no céu os frutos da redenção. Por nosso Senhor Jesus Cristo, vosso Filho, na unidade do Espírito Santo.

Hora Média

Salmos do dia de semana corrente.

Ant. Sal**vai**-nos, Salva**dor** do mundo in**tei**ro,
que nos re**mis**tes pelo **San**gue e pela **Cruz**!
Aju**dai**-nos, vos pe**di**mos, nosso **Deus**!

Leitura breve Ef 1,7-8a

Em Cristo, pelo seu sangue, nós somos libertados. Nele, as nossas faltas são perdoadas, segundo a riqueza da sua graça, que Deus derramou profusamente sobre nós.

V. Toda a **ter**ra vos a**do**re com res**pei**to,
R. E pro**cla**me o lou**vor** de vosso **no**me.

Oração como nas Laudes.

II Vésperas

Hino

Do Rei avança o estandarte,
fulge o mistério da Cruz,
onde por nós foi suspenso
o autor da vida, Jesus.

Do lado morto de Cristo,
ao golpe que lhe vibraram,
para lavar meu pecado
o sangue e água jorraram.

Árvore esplêndida e bela,
de rubra púrpura ornada,
de os santos membros tocar
digna, só tu foste achada,

Ó Cruz feliz, dos teus braços
do mundo o preço pendeu;
balança foste do corpo
que ao duro inferno venceu.

Salve, ó altar, salve vítima,
eis que a vitória reluz:
a vida em ti fere a morte,
morte que à vida conduz.

Salve, ó Cruz, doce esperança,
concede aos réus remissão;
dá-nos o fruto da graça,
que floresceu na Paixão.

Louvor a vós, ó Trindade,
fonte de todo perdão,
aos que na Cruz foram salvos,
dai a celeste mansão.

Salmodia

Ant. 1 Grande **o**bra de bon**da**de:
a **mor**te foi ven**ci**da quando a **Cruz** matou a **Vi**da.

Salmo 109(110),1-5.7

– 1 Pa**la**vra do Se**nhor** ao meu Se**nhor**: *
“As**sen**ta-te ao lado meu direito,
– a**té** que eu ponha os inimigos teus *
como esca**be**lo por debaixo de teus pés!”

= 2 O Se**nhor** estenderá desde Sião †
vosso **ce**tro de poder, pois ele diz: *
“Do**mi**na com vigor teus inimigos;

= 3 Tu és **prín**cipe desde o dia em que nasceste; †
na **gló**ria e esplendor da santidade, *
como o or**va**lho, antes da aurora, eu te gerei!”

= 4 Jurou o Se**nhor** e manterá sua palavra: †
“Tu **és** sacerdote eternamente, *
segundo a **or**dem do rei Melquisedec!”

– 5 À vossa **des**tra está o Senhor, ele vos diz: *
“No dia da **i**ra esmagarás os reis da terra!
– 7 Bebe**rás** água corrente no caminho, *
por **is**so seguirás de fronte erguida!”

Ant. Grande **o**bra de bon**da**de:
a **mor**te foi ven**ci**da quando a **Cruz** matou a **Vi**da.

Ant. 2 Ado**ra**mos, Se**nhor**, a vossa **Cruz**,
e a pai**xão** glori**o**sa recor**da**mos.
Vós que so**fres**tes por **nós**, tende pie**da**de!

Salmo 115(116B)

– 10 Guar**dei** a minha **fé**, mesmo di**zen**do: *
“É de**mais** o sofrimento em minha vida!”
– 11 Confi**ei**, quando dizia na aflição: *
“Todo **ho**mem é mentiroso! Todo homem!”

– 12 Que pode**rei** retribuir ao Senhor Deus *
por tudo a**qui**lo que ele fez em meu favor?
– 13 Elevo o **cá**lice da minha salvação, *
invo**can**do o nome santo do Senhor.
– 14 Vou cum**prir** minhas promessas ao Senhor *
na pre**sen**ça de seu povo reunido. –

– [15]É sen**ti**da por demais pelo Senhor *
a **mor**te de seus santos, seus amigos.
= [16]Eis que **sou** o vosso servo, ó Senhor, †
vosso **ser**vo que nasceu de vossa serva; *
mas me que**bras**tes os grilhões da escravidão!

– [17]Por isso o**fer**to um sacrifício de louvor, *
invo**can**do o nome santo do Senhor.
– [18]Vou cum**prir** minhas promessas ao Senhor *
na pre**sen**ça de seu povo reunido;
– [19]nos **á**trios da casa do Senhor, *
em teu **mei**o, ó cidade de Sião!

Ant. Ado**ra**mos, Se**nhor**, a vossa **Cruz**,
e a pai**xão** glori**o**sa recor**da**mos.
Vós que so**fres**tes por **nós**, tende pie**da**de!

Ant. 3 **Nós** vos ado**ra**mos, Jesus **Cris**to, e vos bendi**ze**mos, pois
re**mis**tes todo o **mun**do pela **vos**sa santa **Cruz**!

Cântico Ap 4,11; 5,9.10.12

Hino dos remidos

– [4,11]Vós sois **dig**no, Se**nhor** nosso **Deus**, *
de rece**ber** honra, glória e poder!

(R. Po**der**, honra e **gló**ria ao Cor**dei**ro de **Deus**!)

= [5,9]Porque **to**das as coisas criastes, †
é por **vos**sa vontade que existem, *
e sub**sis**tem porque vós mandais. (R.)

= Vós sois **dig**no, Senhor nosso Deus, †
de o **li**vro nas mãos receber *
e de a**brir** suas folhas lacradas! (R.)

– Porque **fos**tes por nós imolado; *
para **Deus** nos remiu vosso sangue
– dentre **to**das as tribos e línguas, *
dentre os **po**vos da terra e nações. (R.)

= [10]Pois fi**zes**tes de nós, para Deus, †
sacer**do**tes e povo de reis, *
e i**re**mos reinar sobre a terra. (R.)

= [12]O Cor**dei**ro imolado é digno †
de rece**ber** honra, glória e poder, *
sabedo**ri**a, louvor, divindade! (R.)

Ant. **Nós** vos ado**ra**mos, Jesus **Cris**to, e vos bendi**ze**mos,
pois re**mis**tes todo o **mun**do pela **vos**sa santa **Cruz**!

Leitura breve 1Cor 1,23-24

Nós pregamos Cristo crucificado, escândalo para os judeus e insensatez para os pagãos. Mas para os que são chamados, tanto judeus como gregos, esse Cristo é poder de Deus e sabedoria de Deus.

Responsório breve

R. Ó **Cruz** gloriosa,
* Em **ti** triun**fou** o Se**nhor**, Rei dos **an**jos. R. Ó **Cruz**.
V. E la**vou** nossas **cha**gas em seu **san**gue preci**o**so. * Em **ti**.
Glória ao **Pai**. R. Ó **Cruz**.

Cântico evangélico, ant.

Ó **Cruz** de vi**tó**ria, si**nal** admi**rá**vel,
fa**zei**-nos che**gar** ao tri**un**fo da **gló**ria!

Preces

Oremos ao nosso Redentor que nos remiu pela sua Cruz; e digamos com toda a confiança:

R. **Elevai-nos pela cruz até o vosso Reino!**

Cristo, que vos humilhastes assumindo a condição de um escravo e fazendo-se aos homens semelhante,
– dai aos membros da Igreja a graça de imitarem a vossa humildade. R.

Cristo, que fostes obediente até à morte e morte humilhante numa cruz,
– concedei a vossos servos e servas a força de vos imitar na obediência e na paciência. R.

Cristo, que fostes exaltado por Deus e recebestes um nome que está acima de todo nome,
– concedei aos vossos fiéis o dom da perseverança até o fim. R.

Cristo, a cujo nome todo joelho se dobra no céu, na terra e nos abismos,
– derramai sobre a humanidade o vosso espírito de caridade, para que todos vos adorem na paz. R.

(intenções livres)

Cristo, a quem toda língua proclama Senhor para a glória de Deus Pai,
– recebei no reino da felicidade eterna os nossos irmãos e irmãs que morreram.
R. **Elevai-nos pela cruz até o vosso Reino!**
Pai nosso...

Oração

Ó Deus, que para salvar a todos dispusestes que o vosso Filho morresse na cruz, a nós, que conhecemos na terra este mistério, dai-nos colher no céu os frutos da redenção. Por nosso Senhor Jesus Cristo, vosso Filho, na unidade do Espírito Santo.

15 de setembro

NOSSA SENHORA DAS DORES

Memória

Do Comum de Nossa Senhora, p. 1462, exceto o seguinte:

Laudes

Hino

Faze, ó Mãe, fonte de amor,
que eu sinta em mim tua dor,
para contigo chorar.

Faze arder meu coração,
partilhar tua paixão
e teu Jesus consolar.

Ó santa Mãe, por favor,
faze que as chagas do amor
em mim se venham gravar.

O que Jesus padeceu
venha a sofrer também eu,
causa de tanto penar.

Ó dá me, enquanto viver,
com Jesus Cristo sofrer,
contigo sempre chorar!

Quero ficar junto à cruz,
velar contigo a Jesus,
e o teu pranto enxugar.

Quando eu da terra partir,
para o céu possa subir,
e então contigo reinar.

Ant. 1 Minha **al**ma se a**gar**ra em **vós**, ó Se**nhor**!

Salmos e cântico do domingo da I Semana, p. 764.

Ant. 2 Ale**grai**-vos na me**di**da em que **sois** partici**pan**tes
da Pai**xão** de Jesus **Cris**to.

Ant. 3 Aprouve ao **Pai** reconcili**ar** consigo **mes**mo
todas as **coi**sas pelo **san**gue de Je**sus**.

Leitura breve Cl 1,24-25

Alegro-me, agora, de tudo o que já sofri por vós e procuro completar na minha própria carne o que falta das tribulações de Cristo, em solidariedade com o seu corpo, isto é, a Igreja. A ela eu sirvo, exercendo o cargo que Deus me confiou de vos transmitir a palavra de Deus em sua plenitude.

Responsório breve

R. Por **vós**, Virgem Ma**ri**a,
* Consi**ga**mos a salva**ção**. R. Por **vós**.
V. Pelas **cha**gas de Je**sus**. * Consi**ga**mos.
Glória ao **Pai**. R. Por **vós**.

Cântico evangélico; ant.

Mãe das **Do**res, ale**grai**-vos, que de**pois** de tantas **lu**tas
estais na **gló**ria junto ao **Fi**lho e sois **Rai**nha do uni**ver**so.

PRECES, do Comum, p. 1463.

Oração

Ó Deus, quando o vosso Filho foi exaltado, quisestes que sua Mãe estivesse de pé junto à cruz, sofrendo com ele. Dai à vossa Igreja, unida a Maria na paixão de Cristo, participar da ressurreição do Senhor. Que convosco vive e reina, na unidade do Espírito Santo.

Vésperas

Hino

Virgem Mãe tão santa e pura,
vendo eu a tua amargura,
possa contigo chorar.

Que do Cristo eu traga a morte,
sua paixão me conforte,
sua cruz possa abraçar!

Em sangue as chagas me lavem
e no meu peito se gravem,
para não mais se apagar.

No julgamento consegue
que às chamas não seja entregue
quem soube em ti se abrigar.

Que a santa cruz me proteja,
que eu vença a dura peleja,
possa do mal triunfar!

Vindo, ó Jesus, minha hora,
por essas dores de agora,
no céu mereça um lugar.

Ant. 1 É **Cris**to a nossa **paz** pois nos **trou**xe pela **cruz**
a **paz** com nosso **Deus**.

Salmos e cântico do Comum de Nossa Senhora, p. 1468.

Ant. 2 Aproxi**me**mo-nos, ir**mãos**, da Ci**da**de do Deus **vi**vo,
e de Je**sus**, o media**dor** de uma **no**va Ali**an**ça.

Ant. 3 É em **Cris**to que nós **te**mos reden**ção**,
dos pe**ca**dos remis**são** pelo seu **san**gue.

Leitura breve 2Tm 2,10-12a

Suporto qualquer coisa pelos eleitos; para que eles também alcancem a salvação, que está em Cristo Jesus, com a glória eterna. Merece fé esta palavra: se com ele morremos, com ele viveremos. Se com ele ficamos firmes, com ele reinaremos.

Responsório breve

R. Es**ta**va Ma**ri**a, a Rainha do **céu** e a Se**nho**ra do **mun**do,
* Junto à **Cruz** do Se**nhor**. R. Es**ta**va.

V. Quão **feliz** é a**que**la que, **sem** ter mor**ri**do,
mere**ceu** do mar**tí**rio a **pal**ma da **gló**ria.
* Junto à **Cruz**. Glória ao **Pai**. R. Es**ta**va.

Cântico evangélico, ant.

Je**sus**, vendo sua **Mãe** em **pé** junto à **cruz**
e o dis**cí**pulo a**ma**do, fa**lou** à sua **Mãe**:
Mu**lher**, eis teu **fi**lho!
E **dis**se ao dis**cí**pulo: Eis a**qui** tua **Mãe**!

PRECES, do Comum, p. 1471.

Oração

Ó Deus, quando o vosso Filho foi exaltado, quisestes que sua Mãe estivesse de pé junto à cruz, sofrendo com ele. Dai à vossa Igreja, unida a Maria na paixão de Cristo, participar da ressurreição do Senhor. Que convosco vive e reina, na unidade do Espírito Santo.

16 de setembro

SÃO CORNÉLIO, PAPA, E SÃO CIPRIANO, BISPO, MÁRTIRES

Memória

Cornélio foi ordenado bispo da Igreja de Roma no ano 251. Teve de combater o cisma dos Novacianos e, com a ajuda de São Cipriano, conseguiu consolidar a sua autoridade. Foi desterrado pelo imperador Galo e morreu no exílio, perto de Cívitavecchia, no ano 253. O seu corpo foi trasladado para Roma e sepultado no cemitério de Calisto.
Cipriano nasceu em Cartago cerca do ano 210, de uma família pagã. Tendo-se convertido à fé e, ordenado sacerdote, foi eleito bispo daquela cidade no ano 249. Em tempos muito difíceis, governou sabiamente, com suas obras e escritos, a Igreja que lhe foi confiada. Na perseguição de Valeriano, sofreu primeiramente o exílio, e depois o martírio no dia 14 de setembro do ano 258.

Do Comum de vários mártires, p. 1493, ou, dos pastores, p. 1523.

Laudes

Cântico evangélico, ant.

Oh! **mor**te preci**o**sa que com**prou** a eterni**da**de
pelo **pre**ço de seu **san**gue!

Oração

Ó Deus, que em São Cornélio e São Cipriano destes ao vosso povo pastores dedicados e mártires invencíveis, fortificai, por suas preces, nossa fé e coragem, para que possamos trabalhar incansavelmente pela unidade da Igreja. Por nosso Senhor Jesus Cristo, vosso Filho, na unidade do Espírito Santo.

Vésperas

Cântico evangélico, ant.

Quão fe**liz** é nossa **Igre**ja, ilus**tra**da pelo **san**gue,
pelo **san**gue glori**o**so destes **már**tires de **Cris**to!

17 de setembro

SÃO ROBERTO BELARMINO, BISPO E DOUTOR DA IGREJA

Nasceu no ano de 1542 em Montepulciano, na Toscana (Itália). Entrou na Companhia de Jesus em Roma e foi ordenado sacerdote. Sustentou célebres disputas em defesa da fé católica e ensinou Teologia no Colégio Romano. Eleito cardeal e nomeado bispo de Cápua, contribuiu com a sua atividade junto das Congregações Romanas para a resolução de numerosos problemas. Morreu em Roma no ano 1621.

Do Comum dos pastores: para bispos, p. 1523, e dos doutores da Igreja, p. 1533.

Oração

Ó Deus, que, para sustentar a fé católica da vossa Igreja, destes ao bispo São Roberto Belarmino ciência e força admirável, concedei, por sua intercessão, que o vosso povo se alegre de conservá-la sempre integralmente. Por nosso Senhor Jesus Cristo, vosso Filho, na unidade do Espírito Santo.

19 de setembro

SÃO JANUÁRIO, BISPO E MÁRTIR

Foi bispo de Benevento. Durante a perseguição de Diocleciano, sofreu o martírio juntamente com outros companheiros, em Nápoles, onde é especialmente venerado.

Do Comum de um mártir, p. 1509, ou, dos pastores: para bispos, p. 1523.

Oração

Ó Deus, que nos concedeis celebrar a memória do vosso mártir São Januário, dai que nos alegremos com ele na eterna bem-aventurança. Por nosso Senhor Jesus Cristo, vosso Filho, na unidade do Espírito Santo.

20 de setembro

SANTO ANDRÉ KIM TAEGÓN, PRESBÍTERO, E PAULO CHÓNG HASANG, E SEUS COMPANHEIROS, MÁRTIRES

Memória

No início do século XVIII, a fé cristã entrou pela primeira vez em terras da Coreia, por iniciativa de alguns leigos, de cujo esforço, sem pastores, surgiu uma comunidade forte e fervorosa. Só em 1836 os primeiros missionários, vindos da França, entraram furtivamente no país. Nesta comunidade, floresceram, com as perseguições de 1839, 1846 e 1866, cento e três mártires, entre os quais sobressaem o primeiro sacerdote e ardoroso pastor de almas André Kim Taegón e o insigne apóstolo leigo Paulo Chóng Hasang, a que se juntaram muitos leigos, homens e mulheres, casados e solteiros, velhos, jovens e crianças. Todos eles consagraram com seu testemunho e sangue as primícias da Igreja coreana.

Do Comum de vários mártires, p. 1493.

Oração

Ó Deus, criador e salvador de todas as raças, por vossa bondade, chamastes à fé a muitos irmãos na região da Coreia e os fizestes crescer pelo testemunho glorioso dos mártires André, Paulo seus companheiros. Concedei que, pelo exemplo e intercessão deles, possamos perseverar até a morte na observância de vossos mandamentos. Por nosso Senhor Jesus Cristo, vosso Filho, na unidade do Espírito Santo.

21 de setembro

SÃO MATEUS, APÓSTOLO E EVANGELISTA

Festa

Nasceu em Cafarnaum, e exercia a profissão de cobrador de impostos quando Jesus o chamou. Escreveu o Evangelho em língua hebraica e, segundo uma tradição, pregou no Oriente.

Do Comum dos apóstolos, p. 1479, exceto o seguinte:

Laudes

Hino

Tu, que hoje reinas na glória,
cumprida a tua missão,
lembras um Deus que ainda chama,
que nos convida ao perdão.

Levi, da banca do imposto,
chama-te o Cristo que passa:
reserva-te outras riquezas,
infensas ao fogo e à traça.

Por seu apelo movido,
a tudo dizes adeus;
serás apóstolo agora,
terás por nome Mateus.

Entesourando as palavras
e as ações do teu Senhor,
seu testemunho rediges:
a Boa-Nova do amor;

Mas, ao pregar Jesus Cristo
sobretudo entre o teu povo,
em odre antigo colocas
vinho melhor, vinho novo.

Ó evangelista e apóstolo,
agora mártir Mateus,
dá que possamos contigo
reinar na glória de Deus.

Cântico evangélico, ant.
Je**sus** viu um **ho**mem cha**ma**do Ma**teus**,
sen**ta**do à **ban**ca co**bran**do im**pos**to,
e o cha**mou**: Vem co**mi**go! E ele o se**guiu**.

Oração

Ó Deus, que na vossa inesgotável misericórdia escolhestes o publicano Mateus para torná-lo Apóstolo, dai-nos, por sua oração e exemplo, a graça de vos seguir e permanecer sempre convosco. Por nosso Senhor Jesus Cristo, vosso Filho, na unidade do Espírito Santo.

Hora Média

Antífonas e salmos do dia de semana corrente. Leitura breve do Comum dos apóstolos, p. 1482. Oração como acima.

Vésperas

Cântico evangélico, ant.
Miseri**cór**dia é que eu **que**ro; eu não **que**ro sacri**fí**cio;
eu não **vim** chamar os **jus**tos, vim cha**mar** os peca**do**res.

26 de setembro

SÃO COSME E SÃO DAMIÃO, MÁRTIRES

Segundo uma tradição imemorial, confirmada por referências literárias muito antigas, sabemos que o seu sepulcro se encontra em Cirro na Síria, onde foi erigida em sua honra uma basílica. Daí o seu culto passou a Roma e propagou-se por toda a Igreja.

Do Comum de vários mártires, p. 1493.

Oração

Ó Deus, a comemoração dos mártires Cosme e Damião proclame a vossa grandeza, pois na vossa admirável providência lhes destes a glória eterna, e os fizestes nossos protetores. Por nosso Senhor Jesus Cristo, vosso Filho, na unidade do Espírito Santo.

27 de setembro

SÃO VICENTE DE PAULO, PRESBÍTERO

Memória

Nasceu na Aquitânia em 1581. Completados os estudos e ordenado sacerdote, exerceu o ministério paroquial em Paris. Fundou a Congregação da Missão (Lazaristas), destinada à formação do clero e ao serviço dos pobres. Com a ajuda de Santa Luísa de Marillac instituiu também a Congregação das Filhas da Caridade. Morreu em Paris no ano 1660.

Do Comum dos pastores: para presbíteros, p. 1523, ou, dos santos homens: para os que se dedicaram às obras de caridade, p. 1573, exceto o seguinte:

Laudes

Cântico evangélico, ant.

São Vi**cen**te se tor**nou** o con**so**lo dos que **so**frem,
dos **ór**fãos defen**sor** e a**poi**o das vi**ú**vas.

Oração

Ó Deus, que, para socorro dos pobres e formação do clero, enriquecestes o presbítero São Vicente de Paulo com as virtudes apostólicas, fazei-nos, animados pelo mesmo espírito, amar o que ele amou e praticar o que ensinou. Por nosso Senhor Jesus Cristo, vosso Filho, na unidade do Espírito Santo.

Vésperas

Cântico evangélico, ant.

O que fi**zes**tes ao me**nor** dos meus ir**mãos**,
foi a mim **mes**mo que o fi**zes**tes, diz Je**sus**.

28 de setembro

SÃO VENCESLAU, MÁRTIR

Nasceu na Boêmia, cerca do ano 907; de uma sua tia paterna recebeu uma sólida formação cristã e assumiu o governo do seu ducado por volta de 925. Suportou muitas dificuldades no governo e na formação cristã de seus súditos. Traído por seu irmão Boleslau, foi morto por uns sicários no ano 935. Foi logo venerado como mártir e escolhido pela Boêmia como seu patrono principal.

Do Comum de um mártir, p. 1509.

Oração

Ó Deus, que inspirastes ao rei e mártir São Venceslau preferir o Reino do céu ao da terra, dai que, por suas preces, saibamos renunciar a nós mesmos e seguir-vos de todo o coração. Por nosso Senhor Jesus Cristo, vosso Filho, na unidade do Espírito Santo.

No mesmo dia 28 de setembro

SÃO LOURENÇO RUIZ, E SEUS COMPANHEIROS, MÁRTIRES

No século XVII, entre os anos de 1633 e 1637, dezesseis mártires, Lourenço Ruiz e seus Companheiros, derramaram seu sangue por amor de Cristo, em Nagasaki, no Japão. Todos pertenciam à Ordem de São Domingos ou a ela estavam ligados. Dentre esses mártires, nove eram presbíteros, dois religiosos, duas virgens e três leigos, sendo um deles Lourenço Ruiz, pai de família, natural das Ilhas Filipinas. Em época e condições diversas, pregaram a fé cristã nas Ilhas Filipinas, em Formosa e no Japão. Manifestaram de modo admirável a universalidade do cristianismo e, como infatigáveis missionários, espalharam copiosamente, pelo exemplo da vida e pela morte, a semente da futura cristandade.

Do Comum de vários mártires, p. 1493.

Oração

Concedei-nos, Senhor Deus, a paciência dos vossos mártires Lourenço e companheiros em vosso serviço e na ajuda ao próximo, porque são felizes em vosso reino os que sofrem perseguição por amor à justiça. Por nosso Senhor Jesus Cristo, vosso Filho, na unidade do Espírito Santo.

29 de setembro

SÃO MIGUEL, SÃO GABRIEL E SÃO RAFAEL, ARCANJOS

Festa

Laudes

Hino

Ó Cristo, Luz de Deus Pai,
vida e vigor que buscamos

dos vossos anjos, adiante;
de coração vos louvamos.
Doce cantar alternando,
nosso louvor elevamos.

À celestial legião
também cantamos louvor,
e destacamos seu Chefe
com sua força e vigor:
Miguel, invicto pisando
o vil dragão tentador.

Ó Cristo, Rei compassivo,
de nós lançai todo mal.
Em corpo e alma guardados
por Guardião sem igual,
em vosso amor concedei-nos
o Reino celestial.

Glória cantando ao Pai,
ao Filho glória também.
Ao que procede dos dois
a mesma glória convém,
pois são os três um só Deus
por todo o sempre. Amém.

Ant. 1 Louvemos o Se**nhor**, a **quem** os anjos **lou**vam,
os queru**bins** e os sera**fins**
cantam: **San**to, Santo, **San**to.

Salmos e cântico do domingo da I Semana, p. 764.

Ant. 2 Vós, **an**jos do Se**nhor**, bendi**zei**-o para **sem**pre.

Ant. 3 Deus **san**to, Se**nhor**, os **an**jos vos **lou**vam
nas al**tu**ras, di**zen**do a **u**ma só **voz**:
A vós, **Deus**, o lou**vor**.

Leitura breve Gn 28,12-13a

Jacó viu em sonho uma escada apoiada no chão, com a outra ponta tocando o céu e os anjos de Deus subindo e descendo por ela. No alto da escada estava o Senhor que lhe dizia: Eu sou o Senhor, Deus de Abraão, teu pai, e Deus de Isaac.

Responsório breve

R. Aparecendo um outro **anjo**,
* Ficou de **pé** junto ao al**tar**. R. Apare**cen**do.
V. Segu**ran**do em suas **mãos** um tu**rí**bulo de **ou**ro.
* Ficou de **pé**. Glória ao **Pai**. R. Apare**cen**do.

Cântico evangélico, ant.

Em ver**da**de eu vos **di**go:
Ve**reis** o céu a**ber**to e os **an**jos do Se**nhor**
su**bi**rem e des**ce**rem ser**vin**do ao **Fi**lho do **Ho**mem.

Preces

Irmãos e irmãs, louvemos o Senhor em cuja presença estão multidões de anjos que o servem dia e noite, cantando a uma só voz; aclamemos com alegria, dizendo:

R. **Bendizei ao Senhor, todos os seus anjos!**

Deus santo, que mandastes vossos anjos para nos protegerem em todos os caminhos,
– conduzi-nos hoje pelos vossos caminhos sem mancha de pecado. R.

Pai de bondade; cuja face os anjos contemplam dia e noite no céu,
– fazei que procuremos sem cessar a vossa face. R.

Deus eterno, cujos filhos serão como anjos no céu,
– dai-nos a pureza de coração e de corpo. R.

Deus todo-poderoso, enviai o grande príncipe Miguel para ajudar o vosso povo,
– a fim de defendê-lo na luta contra Satanás e seus anjos. R.

(intenções livres)

Pai nosso...

Oração

Ó Deus, que organizais de modo admirável o serviço dos Anjos e dos homens, fazei que sejamos protegidos na terra por aqueles que vos servem no céu. Por nosso Senhor Jesus Cristo, vosso Filho, na unidade do Espírito Santo.

Hora Média

Salmos do dia de semana corrente.

Ant. São Gabri**el**, a quem eu **vi** numa vi**são**,
veio de**pres**sa, me to**cou** e me instru**iu**.

Leitura breve Dn 9,22-23

O anjo Gabriel falou comigo nestes termos: Daniel, eu vim para te esclarecer. Quando começavas a rezar, foi proclamada uma palavra, e eu estou aqui para comunicá-la, porque és um predileto. Portanto, presta atenção à palavra e procura compreender a visão.

V. Bendi**zei** ao Senhor **Deus** os seus po**de**res,
R. Seus mi**nis**tros que fa**zeis** sua von**ta**de.

Oração como nas Laudes.

Vésperas

Hino

Lá do alto enviai-nos, ó Cristo,
vosso anjo da paz, São Miguel.
Sua ajuda fará vosso povo
crescer mais, prosperando, fiel.

Gabriel, o anjo forte na luta,
nosso tempo sagrado visite,
lance fora o antigo inimigo
e, propício, conosco habite.

Enviai-nos dos céus Rafael,
o bom anjo que cura os doentes,
para a todos os males sarar
e guiar nossos atos e as mentes.

Cristo, glória dos coros celestes,
vossos anjos nos venham guiar,
para, unidos a eles um dia,
glória eterna ao Deus Trino cantar.

Salmodia

Ant. 1 Rei dos **an**jos, desdo**bras**tes
vossa **gló**ria além dos **céus**.

Salmo 8

– [2]Ó Se**nhor** nosso **Deus**, como é **gran**de *
vosso **no**me por todo o universo!
– Desdo**bras**tes nos céus vossa glória *
com gran**de**za, esplendor, majestade.
= [3]O per**fei**to louvor vos é dado †
pelos **lá**bios dos mais pequeninos, *
de cri**an**ças que a mãe amamenta.
– Eis a **for**ça que opondes aos maus, *
redu**zin**do o inimigo ao silêncio.
– [4]Contem**plan**do estes céus que plasmastes *
e for**mas**tes com dedos de artista;
– vendo a **lu**a e estrelas brilhantes, *
[5]pergun**ta**mos: "Senhor, que é o homem,
– para **de**le assim vos lembrardes *
e o tra**tar**des com tanto carinho?"
– [6]Pouco a**bai**xo de um deus o fizestes, *
coro**an**do-o de glória e esplendor;
– [7]vós lhe **des**tes poder sobre tudo, *
vossas obras aos pés lhe pusestes:
– [8]as o**ve**lhas, os bois, os rebanhos, *
todo o **ga**do e as feras da mata;
– [9]passa**ri**nhos e peixes dos mares, *
todo **ser** que se move nas águas.
– [10]Ó Se**nhor** nosso Deus, como é grande *
vosso **no**me por todo o universo!

Ant. Rei dos **an**jos, desdo**bras**tes
vossa **gló**ria além dos **céus**.

Ant. 2 Pe**ran**te os vossos **an**jos vou can**tar**-vos, ó meu **Deus**.

Salmo 137(138)

– [1]Ó Se**nhor**, de cora**ção** eu vos dou **gra**ças, *
porque ou**vis**tes as palavras dos meus lábios!
– Pe**ran**te os vossos anjos vou cantar-vos *
[2]e **an**te o vosso templo vou prostrar-me.
– Eu agra**de**ço vosso amor, vossa verdade, *
porque fi**zes**tes muito mais que prometestes;
– [3]naquele **di**a em que gritei, vós me escutastes *
e aumen**tas**tes o vigor da minha alma. –

– [4] Os **reis** de toda a terra hão de louvar-vos, *
quando ou**vi**rem, ó Senhor, vossa promessa.
– [5] Hão de can**tar** vossos caminhos e dirão: *
"Como a **gló**ria do Senhor é grandiosa!"

– [6] Al**tís**simo é o Senhor, mas olha os pobres, *
e de **lon**ge reconhece os orgulhosos.
– [7] Se no **mei**o da desgraça eu caminhar, *
vós me fa**zeis** tornar à vida novamente;

– quando os **meus** perseguidores me atacarem *
e com **i**ra investirem contra mim,
– estende**reis** o vosso braço em meu auxílio *
e have**reis** de me salvar com vossa destra.

– [8] Comple**tai** em mim a obra começada; *
ó Se**nhor**, vossa bondade é para sempre!
– Eu vos **pe**ço: não deixeis inacabada *
esta **o**bra que fizeram vossas mãos!

Ant. Pe**ran**te os vossos **an**jos vou can**tar**-vos, ó meu **Deus**.

Ant. 3 Vi di**an**te do **tro**no de **Deus**
um Cor**dei**ro de **pé** imo**la**do,
e ou**vi** o can**tar** de mi**lha**res
de **an**jos que es**ta**vam em **vol**ta.

Cântico cf. Cl 1,12-20

=[12] Demos **gra**ças a Deus **Pai** onipo**ten**te, †
que nos **cha**ma a partilhar, na sua luz, *
da he**ran**ça a seus santos reservada!

(R. Glória a **vós**, Primogênito dentre os **mor**tos!)

=[13] Do im**pé**rio das trevas arrancou-nos †
e transpor**tou**-nos para o reino de seu Filho, *
para o **rei**no de seu Filho bem-amado,
–[14] no **qual** nós encontramos redenção, *
dos pe**ca**dos remissão pelo seu sangue. (R.)

–[15] Do **Deus**, o Invisível, é a imagem, *
o Primo**gê**nito de toda criatura;
=[16] porque **ne**le é que tudo foi criado: †
o que há nos **céus** e o que existe sobre a terra, *
o vi**sí**vel e também o invisível. (R.)

= Sejam **Tro**nos e Poderes que há nos céus, †
sejam **e**les Principados, Potestades: *
por **e**le e para ele foram feitos;
– [17]antes de **to**da criatura ele existe, *
e é por **e**le que subsiste o universo. (R.)

= [18]Ele é a Ca**be**ça da Igreja, que é seu Corpo, †
é o prin**cí**pio, o Primogênito dentre os mortos, *
a **fim** de ter em tudo a primazia.
– [19]Pois foi do a**gra**do de Deus Pai que a plenitude *
habi**tas**se no seu Cristo inteiramente. (R.)

– [20]A**prou**ve-lhe também, por meio dele, *
reconcili**ar** consigo mesmo as criaturas,
= pacifi**can**do pelo sangue de sua cruz †
tudo a**qui**lo que por ele foi criado, *
o que há nos **céus** e o que existe sobre a terra. (R.)

Ant. Vi di**an**te do **tro**no de **Deus**
um Cor**dei**ro de **pé** imo**la**do,
e ou**vi** o can**tar** de mi**lha**res
de **an**jos que es**ta**vam em **vol**ta.

Leitura breve Ap 1,4b-5.6b

A vós, graça e paz, da parte daquele que é, que era e que vem; da parte dos sete espíritos que estão diante do trono de Deus; e da parte de Jesus Cristo, a testemunha fiel, o primeiro a ressuscitar dentre os mortos, o soberano dos reis da terra. A ele, que nos ama, que por seu sangue nos libertou dos nossos pecados, a glória e o poder.

Responsório breve

R. Subiu a fu**ma**ça do in**cen**so
* À pre**sen**ça de **Deus**. R. Subiu a fu**ma**ça.
V. Com as **pre**ces dos **san**tos. * À pre**sen**ça.
Glória ao **Pai**. R. Subiu a fu**ma**ça.

Cântico evangélico, ant.

O **an**jo Gabri**el** a Ma**ri**a anunci**ou**:
Have**rás** de conce**ber** um Me**ni**no e dar à **luz**,
e a **e**le chama**rás** com o **no**me de Je**sus**.

Preces

Peçamos ao Senhor que nos torne cada vez mais atentos em ouvir a sua palavra, como os anjos que fazem a sua vontade; e digamos:
R. **Nós vos rogamos, Senhor, ouvi-nos!**

Que as nossas orações, como suave perfume,
– subam à vossa presença pelas mãos dos anjos. R.

Que as nossas oferendas sejam levadas ao vosso altar celeste,
– pelas mãos do vosso santo anjo. R.

Que junto com a multidão dos anjos, possamos anunciar:
– glória a Deus nas alturas e paz na terra aos homens por ele amados. R.

Que no fim da nossa peregrinação terrestre os anjos nos recebam,
– e nos conduzam à pátria celeste. R.

(intenções livres)

Que o arcanjo São Miguel conduza para a luz santa em que habitais,
– as almas de todos os fiéis defuntos. R.

Pai nosso...

Oração

Ó Deus, que organizais de modo admirável o serviço dos Anjos e dos homens, fazei que sejamos protegidos na terra por aqueles que vos servem no céu. Por nosso Senhor Jesus Cristo, vosso Filho, na unidade do Espírito Santo.

30 de setembro

SÃO JERÔNIMO, PRESBÍTERO E DOUTOR DA IGREJA

Memória

Nasceu em Estridão (Dalmácia) cerca do ano 340. Estudou em Roma e aí foi batizado. Tendo abraçado a vida ascética, partiu para o Oriente e foi ordenado sacerdote. Regressou a Roma e foi secretário do papa Dâmaso. Nesta época começou a revisão das traduções latinas da Sagrada Escritura e promoveu a vida monástica. Mais tarde estabeleceu-se em Belém, onde continuou a tomar parte muito ativa nos problemas e necessidades da Igreja. Escreveu muitas obras, principalmente comentários à Sagrada Escritura. Morreu em Belém no ano 420.

Do Comum dos doutores da Igreja, p. 1533, exceto o seguinte:

Laudes e Vésperas

Hino

Tradutor e exegeta da Bíblia,
foste um sol que a Escritura ilumina;
nossas vozes, Jerônimo, escuta:
nós louvamos-te a vida e a doutrina.

Relegando os autores profanos,
o mistério divino abraçaste,
qual leão, derrubando os hereges,
as mensagens da fé preservaste.

Estudaste a palavra divina
nos lugares da própria Escritura,
e, bebendo nas fontes o Cristo,
deste a todos do mel a doçura.

Aspirando ao silêncio e à pobreza,
no presépio encontraste um abrigo;
deste o véu a viúvas e virgens,
Paula e Eustáquia levaste contigo.

Pelo grande doutor instruídos,
proclamamos, fiéis, o Deus trino;
e ressoem por todos os tempos
as mensagens do livro divino.

Oração

Ó Deus, que destes ao presbítero São Jerônimo profundo amor pela Sagrada Escritura, concedei ao vosso povo alimentar-se cada vez mais da vossa palavra e nela encontrar a fonte da vida. Por nosso Senhor Jesus Cristo, vosso Filho, na unidade do Espírito Santo.

OUTUBRO

1º de outubro

SANTA TERESINHA DO MENINO JESUS, VIRGEM

Memória

Nasceu em Alençon (França) no ano 1873. Entrou ainda muito jovem no mosteiro das Carmelitas de Lisieux e exercitou-se de modo singular na humildade, na simplicidade evangélica e confiança em Deus, virtudes que também procurou inculcar especialmente nas noviças do seu mosteiro. Morreu a 30 de setembro de 1897, oferecendo a sua vida pela salvação das almas e pela Igreja.

Do Comum das virgens, p. 1539, exceto o seguinte:

Laudes

Cântico evangélico, ant.

Em ver**da**de eu vos **di**go: Se **não** vos mu**dar**des
e **não** vos tor**nar**des **iguais** a cri**an**ças,
no **Rei**no dos **céus** não ha**veis** de en**trar**.

Oração

Ó Deus, que preparais o vosso Reino para os pequenos e humildes, dai-nos seguir confiantes o caminho de Santa Teresinha, para que, por sua intercessão, nos seja revelada a vossa glória. Por nosso Senhor Jesus Cristo, vosso Filho, na unidade do Espírito Santo.

Vésperas

Cântico evangélico, ant.

Ale**grai**-vos é exul**tai**, diz o Se**nhor**,
pois no **céu** estão es**cri**tos vossos **no**mes.

2 de outubro

SANTOS ANJOS DA GUARDA

Memória

Laudes

Hino

Ó Deus, criando o mundo,
poder manifestais;
porém, ao governá-lo,
o vosso amor mostrais.

Aos que hoje vos suplicam
estai sempre presente:
que a luz da nova aurora
renove a nossa mente.

O mesmo anjo que um dia
por guarda nos foi dado
consiga a vida toda
livrar-nos do pecado.

Em nós ele extermine
as forças do inimigo;
que a fraude em nosso peito
jamais encontre abrigo.

Mandai para bem longe
a peste, a fome, a guerra:
haja entre nós justiça,
a paz brote da terra.

Salvai por vosso Filho
a nós, no amor ungidos,
sejamos pelos anjos
Deus trino, protegidos!

Ant. 1 O Se**nhor** envia**rá** o seu **an**jo junto a **ti**,
para gui**ar** o teu ca**mi**nho.

Salmos cântico do domingo da I Semana, p. 764.

Ant. 2 Ben**di**to seja **Deus**, que seu **an**jo envi**ou**
e liber**tou** seus servi**do**res, que **ne**le confi**a**ram.

Ant. 3 Lou**vai**-o, anjos **seus**, todos lou**vai**-o,
lou**vai**-o, legi**ões** celesti**ais**!

Leitura breve Ex 23,20-21a

Vou enviar um anjo que vá à tua frente, que te guarde pelo caminho e te conduza ao lugar que te preparei. Respeita-o e ouve a sua voz.

Responsório breve

R. Pe**ran**te vossos **an**jos
* Vou lou**var**-vos, ó Se**nhor**! R. Pe**ran**te.
V. E can**tar** o vosso **no**me. * Vou lou**var**-vos.
Glória ao **Pai**. R. Pe**ran**te.

Cântico evangélico, ant.

Todos **e**les são es**pí**ritos servi**do**res,
envi**a**dos ao ser**vi**ço e prote**ção**
da**que**les que herda**rão** a salva**ção**.

Preces

Irmãos e irmãs, louvemos o Senhor em cuja presença estão multidões de anjos que o servem dia e noite, cantando a uma só voz; aclamemos com alegria, dizendo:

R. **Bendizei ao Senhor, todos os seus anjos!**

Deus santo, que mandastes vossos anjos para nos protegerem em todos os caminhos,
– conduzi-nos hoje pelos vossos caminhos sem mancha de pecado. R.

Pai de bondade, cuja face os anjos contemplam dia e noite no céu,
– fazei que procuremos sem cessar a vossa face. R.

Deus eterno, cujos filhos serão como anjos no céu,
– dai-nos a pureza de coração e de corpo. R.

Deus todo-poderoso, enviai o grande príncipe Miguel para ajudar o vosso povo,
– a fim de defendê-lo na luta contra Satanás e seus anjos. R.

(intenções livres)

Pai nosso...

Oração

Ó Deus, que na vossa misteriosa providência mandais os vossos Anjos para guardar-nos, concedei que nos defendam de todos os perigos e gozemos eternamente do seu convívio. Por nosso Senhor Jesus Cristo, vosso Filho, na unidade do Espírito Santo.

Hora Média

Leitura breve At 12,7

Eis que apareceu o anjo do Senhor e uma luz iluminou a cela. O anjo tocou o ombro de Pedro, acordou-o e disse: Levanta-te depressa! As correntes caíram-lhe das mãos.

V. O Se**nhor** envi**ou** o seu **an**jo,
R. E li**vrou**-me das **mãos** de He**ro**des.

Oração como nas Laudes.

Vésperas

Hino

Aos anjos cantemos, que guardem a todos,
que aos homens, tão frágeis, Deus Pai quis juntar;
e assim assistidos, na terra lutando,
no rude combate não venham tombar.

Pois eis que um dos anjos, roído de orgulho,
os planos divinos não quis aceitar:
E aos homens, chamados à pátria celeste;
na mesma revolta deseja arrastar.

Ó Anjo da Guarda, vem logo assistir-nos,
cumprir, vigilante, tão grande missão:
afasta da terra pecados, doenças,
conserva nos lares a paz e a união!

Louvor seja dado ao Deus uno e trino,
à suma Trindade, por mando de quem
os anjos governam, dirigem o mundo,
e à pátria onde vivem nos levam também.

Salmodia

Ant. 1 O **an**jo do Se**nhor** vem acam**par**
ao re**dor** dos que o **te**mem, e os **sal**va.

Salmo 33(34)

I

– 2 Bendi**rei** o Senhor **Deus** em todo **tem**po, *
seu lou**vor** estará sempre em minha boca,
– 3 Minha **al**ma se gloria no Senhor, *
que **ou**çam os humildes e se alegrem!

– 4 Co**mi**go engrandecei ao Senhor Deus, *
exal**te**mos todos juntos o seu nome!
– 5 Todas as **ve**zes que o busquei, ele me ouviu, *
e de **to**dos os temores me livrou.

– 6 Contem**plai** a sua face e alegrai-vos, *
e vosso **ros**to não se cubra de vergonha!
– 7 Este infe**liz** gritou a Deus, e foi ouvido, *
e o Se**nhor** o libertou de toda angústia.

– 8 O **an**jo do Senhor vem acampar *
ao re**dor** dos que o temem, e os salva.
– 9 Provai e **ve**de quão suave é o Senhor! *
Feliz o **ho**mem que tem nele o seu refúgio!

– 10 Respei**tai** o Senhor Deus, seus santos todos, *
porque **na**da faltará aos que o temem.
– 11 Os **ri**cos empobrecem, passam fome, *
mas aos que **bus**cam o Senhor não falta nada.

Ant. O **an**jo do Se**nhor** vem acam**par**
ao re**dor** dos que o **te**mem, e os **sal**va.

Ant. 2 Que **vi**va o Se**nhor**, pois seu **an**jo me guar**dou**!

II

– 12 Meus **fi**lhos, vinde a**go**ra e escu**tai**-me: *
vou ensi**nar**-vos o temor do Senhor Deus.
– 13 Qual o **ho**mem que não ama sua vida, *
procu**ran**do ser feliz todos os dias?

– 14 A**fas**ta a tua língua da maldade, *
e teus **lá**bios, de palavras mentirosas.
– 15 A**fas**ta-te do mal e faze o bem, *
procura a **paz** e vai com ela em seu caminho. –

– [16]O **Senhor** pousa seus olhos sobre os justos, *
e seu ouvido está atento ao seu chamado;
– [17]mas ele **vol**ta a sua face contra os maus, *
para da **ter**ra apagar sua lembrança.

– [18]Clamam os **jus**tos, e o Senhor bondoso escuta *
e de **to**das as angústias os liberta.
– [19]Do cora**ção** atribulado ele está perto *
e con**for**ta os de espírito abatido.

– [20]Muitos **ma**les se abatem sobre os justos, *
mas o Se**nhor** de todos eles os liberta.
– [21]Mesmo os seus **os**sos ele os guarda e os protege, *
e nenhum **de**les haverá de se quebrar.

– [22]A ma**lí**cia do iníquo leva à morte, *
e **quem** odeia o justo é castigado.
– [23]Mas o Se**nhor** liberta a vida dos seus servos, *
e casti**ga**do não será quem nele espera.

Ant. Que **vi**va o Se**nhor**, pois seu **an**jo me guar**dou**!

Ant. 3 Bendi**zei** o Deus do **céu** e dai-lhe **gló**ria
na presen**ça** de **to**do ser viv**en**te,
porque mos**trou** o seu **amor** para con**vos**co.

Cântico Ap 11,17-18; 12,10b-12a

– [11.17] Graças vos **da**mos, Senhor **Deus** onipo**ten**te, *
a vós que **sois**, a vós que éreis e sereis,
– porque assu**mis**tes o poder que vos pertence, *
e en**fim** tomastes posse como rei!

(R. **Nós** vos damos **gra**ças, nosso **Deus**!)

= [18] As na**ções** se enfureceram revoltadas, †
mas che**gou** a vossa ira contra elas *
e o **tem**po de julgar vivos e mortos,
= e de **dar** a recompensa aos vossos servos, †
aos pro**fe**tas e aos que temem vosso nome, *
aos **san**tos, aos pequenos e aos grandes. (R.)

= [12.10] Che**gou** a**go**ra a salvação e o poder †
e a rea**le**za do Senhor e nosso Deus, *
e o do**mí**nio de seu Cristo, seu Ungido.

– Pois foi ex**pul**so o delator que acusava *
nossos ir**mãos**, dia e noite, junto a Deus. (R.)

= 11 Mas o venceram pelo sangue do Cordeiro †
e o teste**mu**nho que eles deram da Palavra, *
pois despre**za**ram sua vida até à morte.

– 12 Por isso, ó **céus**, cantai alegres e exultai *
e vós **to**dos os que neles habitais! (R.)

Ant. Bendi**zei** o Deus do **céu** e dai-lhe **gló**ria
na pre**sen**ça de **to**do ser vi**ven**te,
porque mos**trou** o seu a**mor** para con**vos**co.

Leitura breve Ap 8,3-4

Veio um anjo que se colocou perto do altar, com um turíbulo de ouro. Ele recebeu uma grande quantidade de incenso, para oferecê-lo com as orações de todos os santos, no altar de ouro que está diante do trono. E da mão do anjo subia até Deus a fumaça do incenso com as orações dos santos.

Responsório breve

R. O Se**nhor** deu uma **or**dem a seus **an**jos
* Para em **to**dos os ca**mi**nhos te guar**da**rem. R. O Se**nhor**.

V. Eles **hão** de te le**var** em suas **mãos**. * Para em **to**dos.
Glória ao **Pai**. R. O Se**nhor**.

Cântico evangélico, ant.

Os **an**jos das cri**an**ças sempre **ve**em
a **fa**ce do meu **Pai** que está nos **céus**.

Preces

Peçamos ao Senhor que, juntamente com os anjos, que fazem a sua vontade, nos disponha cada vez melhor a ouvir a sua palavra; e lhe demos graças, dizendo:

R. **Com os anjos cantamos o hino da vossa glória!**

Senhor, que fizestes dos anjos mensageiros das vossas maravilhas,
– fazei de nós, com a sua ajuda, testemunhas da vossa grandeza diante de todos. R.

Senhor altíssimo, a quem os anjos proclamam santo sem cessar,
– fazei que na Igreja ressoe continuamente o vosso louvor. R.

Senhor, que mandastes os anjos para guardarem os vossos servos em todos os seus caminhos,
– dai a todos os que viajam um feliz regresso aos seus lares. R.

Vós, que enviastes os anjos a anunciar a paz aos seres humanos,
– fazei que eles inspirem sentimentos de paz a todos os governantes e seus povos. R.

(intenções livres)

Quando enviardes os anjos no último dia para convocar os eleitos, de todos os pontos da terra,
– fazei que todos os vossos filhos e filhas sejam contados entre os eleitos. R.

Pai nosso...

Oração

Ó Deus, que na vossa misteriosa providência mandais os vossos Anjos para guardar-nos, concedei que nos defendam de todos os perigos e gozemos eternamente do seu convívio. Por nosso Senhor Jesus Cristo, vosso Filho, na unidade do Espírito Santo.

4 de outubro

SÃO FRANCISCO DE ASSIS

Memória

Nasceu em Assis (Itália), no ano 1182. Depois de uma juventude leviana, converteu-se a Cristo, renunciou a todos os bens paternos e entregou-se inteiramente a Deus. Abraçou a pobreza para seguir mais perfeitamente o exemplo de Cristo, e pregava a todos o amor de Deus. Formou os seus companheiros com normas excelentes, inspiradas no Evangelho, que foram aprovadas pela Sé Apostólica. Fundou também uma Ordem de religiosas (Clarissas) e uma Ordem de Penitentes Seculares; e promoveu a pregação da fé entre os infiéis. Morreu em 1226.

Do Comum dos santos homens: para religiosos, p. 1571, exceto o seguinte:

Laudes

Hino

No céu Francisco fulgura,
cheio de glória e de luz,
trazendo em seu corpo as chagas,
sinais de Cristo e da Cruz.

Seguindo o Cristo na terra,
pobre de Cristo se faz,
na cruz com Cristo pregado,
torna-se arauto da paz.

Pelo martírio ansiando,
tomou a cruz do Senhor;
do que beijou no leproso
contempla agora o esplendor.

Despindo as vestes na praça,
seu pai na terra esqueceu,
reza melhor o Pai-nosso,
junta tesouros no céu.

Tendo de Cristo a pureza,
mais do que o sol reluzia,
e, como o sol à irmã lua,
Clara em seu rastro atraía.

Ao Pai e ao Espírito glória
e ao que nasceu em Belém.
Deus trino a todos conceda
os dons da cruz: Paz e Bem.

Cântico evangélico, ant.

Fran**cis**co, o **po**bre e hu**mil**de,
entra **ri**co no **Rei**no dos **céus**,
acla**ma**do com **hi**nos ce**les**tes.

Oração

Ó Deus, que fizestes São Francisco de Assis assemelhar-se ao Cristo por uma vida de humildade e pobreza, concedei que, trilhando o mesmo caminho, sigamos fielmente o vosso Filho, unindo-nos convosco na perfeita alegria. Por nosso Senhor Jesus Cristo, vosso Filho, na unidade do Espírito Santo.

Vésperas

HINO No céu Francisco fulgura, como nas Laudes, p. 1393.

Cântico evangélico, ant.

Bem **lon**ge de **mim** glori**ar**-me
senão na **Cruz** do Se**nhor** Jesus **Cris**to,
pois **tra**go em meu **cor**po suas **cha**gas.

5 de outubro

SÃO BENEDITO, O NEGRO, RELIGIOSO

Benedito, cognominado o Mouro, ou "o Negro" no Brasil; nasceu na Sicília. Filho de escravos vindos da Etiópia para San Fratello, na Sicília, vendeu seus bens e fez-se eremita franciscano nas vizinhanças de Palermo. Mais tarde, obedecendo a uma determinação do Papa Pio VI, obrigando todos os seguidores da Regra de São Francisco a viverem em conventos de sua Ordem, abandonou o eremitério. No convento, dedicou-se a trabalhos humildes. Chegou a exercer o cargo de Superior, mesmo não sendo sacerdote e, mais tarde, vemo-lo novamente trabalhando na cozinha. Morreu em 1589. Seu culto logo se espalhou pela Itália, Espanha, Portugal, Brasil e México. O papa Pio VIII inscreveu-o no rol dos santos.

Do Comum dos santos homens: para religiosos, p. 1571.

Laudes

Cântico evangélico, ant.

Eu te **lou**vo e ben**di**go, meu **Pai**,
dos **céus** e da **ter**ra Se**nhor**,
por**que** reve**las**te aos pe**que**nos
os mis**té**rios o**cul**tos do **Rei**no!

Oração

Ó Deus, que em São Benedito, o Negro, manifestais as vossas maravilhas, chamando à vossa Igreja homens de todos os povos, raças e nações, concedei, por sua intercessão, que todos, feitos vossos filhos e filhas pelo batismo, convivam como verdadeiros irmãos. Por nosso Senhor Jesus Cristo, vosso Filho, na unidade do Espírito Santo.

Vésperas

Cântico evangélico, ant.

Servo **bom** e fiel, vem en**trar** na ale**gri**a de **Je**sus, teu Se**nhor**!

6 de outubro

SÃO BRUNO, PRESBÍTERO

Nasceu em Colônia (Alemanha), cerca do ano 1035. Educado em Paris e ordenado sacerdote, ensinou Teologia; mas, aspirando à vida solitária, retirou-se e fundou o mosteiro dos Cartuxos. Chamado a Roma pelo Papa Urbano II, ajudou-o nos difíceis problemas da Igreja. Morreu em Esquilace (Calábria) no ano 1101.

Do Comum dos pastores: para presbíteros, p. 1523 ou, dos santos homens: para religiosos, p. 1571.

Oração

Ó Deus, que chamastes São Bruno a vos servir na solidão, dai que, por suas preces, estejamos sempre voltados para vós, em meio à agitação do mundo. Por nosso Senhor Jesus Cristo, vosso Filho, na unidade do Espírito Santo.

7 de outubro

NOSSA SENHORA DO ROSÁRIO

Memória

Esta comemoração foi instituída pelo Papa São Pio V no aniversário da vitória obtida pelos cristãos na batalha naval de Lepanto, atribuída ao auxílio da Santa Mãe de Deus, invocada com a oração do Rosário (1571). A celebração deste dia é um convite a todos os fiéis para que meditem os mistérios de Cristo, em companhia da Virgem Maria, que foi associada de modo muito especial à Encarnação, à Paixão e à Ressurreição do Filho de Deus.

Do Comum de Nossa Senhora, p. 1461 exceto o seguinte:

Laudes

Hino

Na terra recordamos
teu gozo e tua dor,
Mãe, que contemplamos
em glória e resplendor.

Ave, quando concebes,
visitas, dás à luz,

e levas e recebes
no templo o teu Jesus.

Ave, pela agonia,
flagelo, espinho e cruz:
a dor da profecia
à glória te conduz.

Ave, sobre o teu Filho,
o Espírito nos vem;
deixando o nosso exílio,
ao céu sobes também.

Cento e cinquenta rosas,
nações, vinde colher;
coroas luminosas
à Virgem Mãe tecer.

Louvor ao Pai e ao Filho
e ao Espírito também;
dos três, divino auxílio
ao nosso encontro vem.

Ant. 1 De Ma**ri**a nasceu Je**sus**,
que é cha**ma**do também o **Cris**to.

Salmos e cântico do domingo da I Semana, p. 764.

Ant. 2 Ó **Mãe**, junto con**vos**co bendi**ze**mos o Se**nhor**,
que ao mor**rer** vos confi**ou** a nós **to**dos como **fi**lhos.

Ant. 3 Sobre os **an**jos se e**le**va a **Vir**gem Ma**ri**a,
no **céu** coroada com **do**ze es**tre**las.

Leitura breve cf. Is 1,10

Exulto de alegria no Senhor e minh'alma regozija-se em me Deus; ele me vestiu com as vestes da salvação, envolveu-me com o manto da justiça e adornou-me qual noiva com suas joias.

Responsório breve

R. Ma**ri**a, ale**gra**-te, ó **chei**a de **gra**ça;
* O Se**nhor** é con**ti**go! R. Maria.

V. És ben**di**ta entre **to**das as mu**lhe**res,
e ben**di**to é o **fru**to do teu **ven**tre. * O Se**nhor**.
Glória ao **Pai**. R. Maria.

Cântico evangélico, ant.

Mãe fe**liz**, Virgem **pu**ra e in**tac**ta,
glori**o**sa **Rai**nha do **mun**do
cele**bran**do a can**tar** vossa **fes**ta,
todos **nós** vosso au**xí**lio sin**ta**mos.

PRECES do Comum de Nossa Senhora, p. 1463.

Oração

Derramai, ó Deus, a vossa graça em nossos corações, para que, conhecendo pela mensagem do Anjo a encarnação do Cristo vosso Filho, cheguemos, por sua paixão e cruz, à glória da ressurreição. Por nosso Senhor Jesus Cristo, vosso Filho, na unidade do Espírito Santo.

Vésperas

HINO Na terra recordamos, como nas Laudes, p. 1396.

Ant. 1 O **an**jo Gabri**el** anunci**ou** a Ma**ri**a.
E **e**la conce**beu** do Es**pí**rito **San**to.

Salmos e cântico do Comum de Nossa Senhora, p. 1468.

Ant. 2 Junto à **cruz** de Je**sus** estava em **pé** sua **Mãe**.

Ant. 3 Ale**grai**-vos, Virgem **Mãe**,
Jesus **Cris**to ressur**giu** do se**pul**cro, ale**lui**a.

Leitura breve — Gl 4,4-5

Quando se completou o tempo previsto, Deu enviou o seu Filho, nascido de uma mulher, nascido sujeito à Lei, a fim de resgatar os que eram sujeitos à Lei e para que todos recebêssemos a filiação adotiva.

Responsório breve

R. Ma**ri**a, a**le**gra-te, ó **chei**a de **gra**ça;
*O Se**nhor** é con**ti**go! R. Maria.
V. És ben**di**ta entre **to**das as mu**lhe**res,
e ben**di**to é o **fru**to do teu **ven**tre, *O Se**nhor**.
Glória ao **Pai**. R.. Maria.

Cântico evangélico, ant.

Maria guar**da**va no **seu** cora**ção**
as pa**la**vras e os **fa**tos, e **ne**les pen**sa**va.

PRECES do Comum de Nossa Senhora, p. 1471.

Oração como nas Laudes.

9 de outubro

SÃO DIONÍSIO, BISPO, E SEUS COMPANHEIROS, MÁRTIRES

Segundo uma tradição referida por São Gregório de Tours, Dionísio veio de Roma para a Gália (França) nos meados do século III. Foi o primeiro bispo de Paris e morreu mártir perto desta cidade, juntamente com dois membros do seu clero.

Do Comum de vários mártires, p. 1493.

Oração

Ó Deus, que mandastes São Dionísio e seus companheiros anunciar aos gentios a vossa glória e os fortalecestes no martírio, concedei que, seguindo seu exemplo, saibamos nos desprender das glórias do mundo, sem temer as suas ciladas. Por nosso Senhor Jesus Cristo, vosso Filho, na unidade do Espírito Santo.

No mesmo dia 9 de outubro

SÃO JOÃO LEONARDI, PRESBÍTERO

Nasceu em Luca (Toscana) no ano 1541. Estudou Farmácia, mas abandonou esta profissão e ordenou-se sacerdote. Dedicou-se à pregação, instruindo em especial as crianças na doutrina cristã. Em 1574 fundou a Ordem dos Clérigos Regulares da Mãe de Deus, pela qual teve de sofrer muitas tribulações. Instituiu também uma associação de sacerdotes para a propagação da fé que lhe valeu ser merecidamente o criador do Instituto que, ampliado pelos Sumos Pontífices, recebeu o nome "De Propaganda Fide". Com a sua caridade e prudência restaurou a disciplina em várias Congregações religiosas. Morreu em Roma no ano 1609.

Do Comum dos pastores: para presbíteros, p. 1523, ou, dos santos homens: para aqueles que se dedicaram às obras de caridade, p. 1573.

Oração

Ó Deus, fonte de todos os bens, que anunciastes o Evangelho aos povos por meio do presbítero São João Leonardi, fazei que, por suas preces, a verdadeira fé se propague sempre e por toda parte. Por nosso Senhor Jesus Cristo, vosso Filho, na unidade do Espírito Santo.

12 de outubro

NOSSA SENHORA DA CONCEIÇÃO APARECIDA, PADROEIRA DO BRASIL

Solenidade

Na segunda quinzena de outubro de 1717, três pescadores, Filipe Pedroso, Domingos Garcia e João Alves, ao lançarem sua rede para pescar nas águas do Rio Paraíba, colheram a Imagem de Nossa Senhora da Conceição, no lugar denominado Porto do Itaguassu. Filipe Pedroso levou-a para sua casa conservando-a consigo até 1732, quando a entregou a seu filho Atanásio Pedroso. Este construiu um pequeno oratório onde colocou a Imagem da Virgem que ali permaneceu até 1743. Todos os sábados, a vizinhança reunia-se no pequeno oratório para rezar o terço. Devido à ocorrência de milagres, a devoção a Nossa Senhora começou a se divulgar, com o nome dado pelo povo de Nossa Senhora Aparecida. Em 26 de julho de 1745 foi inaugurada a primeira Capela. Como esta, com o passar dos anos, não comportasse mais o número de devotos, iniciou- se em 1842 a construção de um novo templo inaugurado a 8 de dezembro de 1888. Em 1893, o Bispo diocesano de São Paulo, Dom Lino Deodato Rodrigues de Carvalho, elevou-o à dignidade de "Episcopal Santuário de Nossa Senhora da Conceição Aparecida". A 8 de setembro de 1904, por ordem do Papa Pio X, a Imagem milagrosa foi solenemente coroada, e a 29 de abril de 1908 foi concedido ao Santuário o título de Basílica menor. O Papa Pio XI declarou e proclamou Nossa Senhora Aparecida Padroeira do Brasil a 16 de julho de 1930, "para promover o bem espiritual dos fiéis e aumentar cada vez mais a devoção à Imaculada Mãe de Deus". A 5 de março de 1967 o Papa Paulo VI ofereceu a "Rosa de Ouro" à Basílica de Aparecida. Em 1952 iniciou-se a construção da nova Basílica Nacional de Nossa Senhora Aparecida, solenemente dedicada pelo Papa São João Paulo II a 4 de julho de 1980.

I Vésperas

Hino

Maria, Mãe dos mortais,
as nossas preces acolhes;
escuta, pois, nossos ais,
e sempre, sempre nos olhes.

Vem socorrer, se do crime
o laço vil nos envolve.
Com tua mão que redime
a nossa culpa dissolve.

Vem socorrer, se do mundo
o brilho vão nos seduz
a abandonar num segundo
a estrada que ao céu conduz.

Vem socorrer, quando a alma
e o corpo a doença prostrar.
Vejamos com doce calma
a eternidade chegar.

Tenham teus filhos, na morte,
tua assistência materna.
E seja assim nossa sorte,
o prêmio da Vida eterna.

Jesus, ao Pai seja glória.
Seja ao Espírito também.
E a vós, ó Rei da vitória,
Filho da Virgem. Amém.

Ant. 1 Ben**di**ta se**jais**, ó **Vir**gem Ma**ri**a:
trou**xes**tes no **ven**tre o que **fez** o uni**ver**so!

Salmos e cântico do Comum de Nossa Senhora, p. 1459.

Ant. 2 Vós **des**tes a **vi**da a **Quem** vos cri**ou**,
e **Vir**gem se**reis** para **sem**pre, ó Ma**ri**a.

Ant. 3 Sois ben**di**ta por **Deus** entre **to**das, Ma**ri**a,
pois de **vós** rece**be**mos o **Fru**to da **Vi**da.

Leitura breve Gl 4,4-5

Quando se completou o tempo previsto, Deus enviou o seu Filho, nascido de uma mulher, nascido sujeito à Lei, a fim de resgatar os que eram sujeitos à Lei e para que todos recebêssemos a filiação adotiva.

Responsório breve

R. Maria, alegra-te, ó **cheia** de **graça**;
* O Se**nhor** é con**ti**go! R. Maria.
V. És ben**di**ta entre **to**das as mu**lhe**res,
e ben**di**to é o **fru**to do teu **ven**tre, * O Se**nhor**.
Glória ao **Pai**. R.. Ma**ri**a.

Cântico evangélico, ant.

Sou mo**re**na, tão **be**la e for**mo**sa, **fi**lhas de **Jerusalém**!
Por **is**so o Rei me a**mou** e fez-me en**trar** em sua mo**ra**da.

Preces

Proclamemos a grandeza de Deus Pai todo-poderoso! Ele quis que Maria, Mãe de seu Filho, fosse celebrada por todas as gerações. Peçamos humildemente:

R. **Nossa Senhora Aparecida, rogai a Deus por nós!**

Deus, autor de tantas maravilhas, que fizestes a Imaculada Virgem Maria participar em corpo e alma da glória celeste de Cristo,
– conduzi para a mesma glória os corações dos vossos filhos. R.

Vós, que nos destes Maria por Mãe,
– concedei, por sua intercessão, saúde aos doentes, consolo aos tristes, perdão aos pecadores. R.

Vós, que fizestes de Maria a cheia de graça,
– concedei a todos a abundância da vossa graça. R.

Fazei, Senhor, que a vossa Igreja seja, na caridade, um só coração e uma só alma,
– e que todos os fiéis perseverem unânimes na oração com Maria, Mãe de Jesus. R.

(intenções livres)

Vós, que coroastes Maria como rainha do céu,
– fazei que nossos irmãos e irmãs falecidos se alegrem eternamente no vosso reino, na companhia dos santos. R.

Pai nosso...

Oração

Ó Deus todo-poderoso, ao rendermos culto à Imaculada Conceição de Maria, Mãe de Deus e Senhora nossa, concedei que o povo brasileiro, fiel à sua vocação e vivendo na paz e na justiça, possa chegar um dia à pátria definitiva. Por nosso Senhor Jesus Cristo, vosso Filho, na unidade do Espírito Santo.

Laudes

Hino

Ó Virgem a quem veneramos
com piedade enternecida
e a quem alegres chamamos
Aparecida!

Quem poderia narrar
o teu amor sempre novo
e as graças que concedeste
ao nosso povo?

Por tantas e tantas graças
bem mereces a coroa
com que a fronte te cingimos,
ó Mãe tão boa!

As agruras desta vida
sofrendo com paciência,
possamos gozar no céu
tua clemência.

Ao Deus uno e trino glória
e todo louvor convém;
só ele governa o mundo
e o céu. Amém.

Ant. 1 Disse o **an**jo à **Vir**gem:
Ma**ri**a, a**le**gra-te, ó **chei**a de **gra**ça,
o Se**nhor** é con**ti**go,
és ben**di**ta entre **to**das as mu**lhe**res da **ter**ra!

Salmos e cântico do domingo da I Semana, p. 764.

Ant. 2 Não **te**mas, ó Ma**ri**a, por **Deus** agraci**a**da;
have**rás** de conce**ber** um Me**ni**no e dar à **luz**;
seu **no**me há de **ser**: o **Fi**lho do Al**tís**simo.

Ant. 3 A Santa **Vir**gem conce**beu**,
dando o **seu** consenti**men**to;
permane**cen**do sempre **vir**gem,
deu à **luz** o Salva**dor**.

Leitura breve Is 61,10-11

Exulto de alegria no Senhor e minh'alma regozija-se em meu Deus; ele me vestiu com as vestes da salvação, envolveu-me com o manto da justiça e adornou-me como um noivo com sua coroa, ou uma noiva com suas joias. Assim como a terra faz brotar a planta e o jardim faz germinar a semente, assim o Senhor Deus fará germinar a justiça e a sua glória diante de todas as nações.

Responsório breve

R. O Se**nhor** a esco**lheu**,
* Entre **to**das prefe**ri**da. R. O Se**nhor**.
V. O Se**nhor** a fez mo**rar** em sua **san**ta habita**ção**. * Entre **to**das.
Glória ao **Pai**. R. O Se**nhor** a esco**lheu**.

Cântico evangélico, ant.

Ben**di**ta se**jais**, ó **Vir**gem Ma**ri**a,
por **vós** veio ao **mun**do o **Deus** Salva**dor**!
Da **gló**ria fe**liz** do Se**nhor** onde es**tais**,
ro**gai** ao **Fi**lho por **nós**, vossos **fi**lhos!

Preces

Celebremos nosso Salvador, que se dignou nascer da Virgem Maria; e peçamos:

R. **Senhor, que a vossa Mãe interceda por nós!**

Sol de justiça, a quem a Virgem Imaculada precedeu como aurora resplandecente,
– concedei que caminhemos sempre à luz da vossa presença. R.

Salvador do mundo, que pelos méritos da redenção preservastes a vossa Mãe de toda mancha de pecado.
– livrai-nos também de todo pecado. R.

Redentor nosso, que fizestes da Imaculada Virgem Maria o tabernáculo puríssimo da vossa presença e o sacrário do Espírito Santo,
– fazei de nós templos vivos do vosso Espírito. R.

Rei dos reis, que quisestes ter vossa Mãe convosco no céu em corpo e alma,
– fazei que aspiremos sempre aos bens do alto. R.

Pai nosso...

Oração

Ó Deus todo-poderoso, ao rendermos culto à Imaculada Conceição de Maria, Mãe de Deus e Senhora nossa, concedei que o povo brasileiro, fiel à sua vocação e vivendo na paz e na justiça, possa chegar um dia à pátria definitiva. Por nosso Senhor Jesus Cristo, vosso Filho, na unidade do Espírito Santo.

Hora Média

Salmos graduais. Sendo domingo, os salmos do domingo da I Semana, p. 768.

Ant. Sois a **gló**ria de Si**ão**, a ale**gri**a de Isra**el**
e a **flor** da humani**da**de.

Leitura breve Jt 13,18-19

Ó filha, tu és bendita pelo Deus Altíssimo, mais que todas as mulheres da terra! E bendito é o Senhor Deus, que criou o céu e a terra, e te levou a decepar a cabeça do chefe de nossos inimigos! Porque nunca o teu louvor se afastará do coração dos homens, que se lembrarão do poder de Deus para sempre.

V. Virgem Ma**ri**a, glori**o**sa Ra**i**nha do **mun**do,
R. Ro**gai** por nós **to**dos ao **Cris**to Se**nhor**!

Oração como nas Laudes.

II Vésperas

Hino

Ave, do mar Estrela,
bendita Mãe de Deus,
fecunda e sempre Virgem,
portal feliz dos céus.

Ouvindo aquele Ave
do anjo Gabriel,
mudando de Eva o nome,
trazei-nos paz do céu.

Ao cego iluminai,
ao réu livrai também;
de todo mal guardai-nos
e dai-nos todo o bem.

Mostrai ser nossa Mãe,
levando a nossa voz
a Quem, por nós nascido,
dignou-se vir de vós.

Suave mais que todas,
ó Virgem sem igual,
fazei-nos mansos, puros,
guardai-nos contra o mal.

Oh! dai-nos vida pura,
guiai-nos para a luz,
e um dia, ao vosso lado,
possamos ver Jesus.

Louvor a Deus, o Pai,
e ao Filho, Sumo Bem,
com seu Divino Espírito
agora e sempre. Amém.

Ant. 1 És fe**liz** porque **cres**te, Ma**ri**a,
pois em **ti** a Pa**la**vra de **Deus**
vai cum**prir**-se con**for**me ele **dis**se.

Salmos e cântico do Comum de Nossa Senhora, p.1468.

Ant. 2 És ben**di**ta entre **to**das as mu**lhe**res da **ter**ra,
e ben**di**to é o **fru**to que nas**ceu** de teu **ven**tre!

Ant. 3 Toda **san**ta e sem **man**cha de pe**ca**do,
mere**ces**te ser a **Mãe** do Salva**dor**.

Leitura breve Ap 21,2-3

Vi a cidade santa, a nova Jerusalém, que descia do céu, de junto de Deus, vestida qual esposa enfeitada para o seu marido. Então, ouvi uma voz forte que saía do trono e dizia: Esta é a morada de Deus entre os homens. Deus vai morar no meio deles. Eles serão o seu povo, e o próprio Deus estará com eles.

Responsório breve

R. Sois fe**liz**, Virgem Ma**ri**a,
*E mere**ceis** todo lou**vor**! R. Sois fe**liz**.

V. Pois de **vós** se levan**tou** o Sol bri**lhan**te da jus**ti**ça
que é **Cris**to, nosso **Deus**. * E mere**ceis**.
Glória ao **Pai**. R. Sois fe**liz**.

Cântico evangélico, ant.

Por**que** eu esco**lhi** e santifi**quei** este lu**gar**,
para que **ne**le o meu **no**me perma**ne**ça eterna**men**te,
meu cora**ção** e os meus **o**lhos nele **sem**pre fixa**rei**.

Preces

Proclamemos a grandeza de Deus Pai todo-poderoso: Ele quis que Maria, Mãe de seu Filho, fosse celebrada por todas as gerações. Peçamos humildemente:

R. **Nossa Senhora Aparecida, rogai a Deus por nós!**

Vós, que fizestes de Maria a Mãe da misericórdia,
– concedei a todos os que estão em perigo sentirem o seu amor materno. R.

Vós, que confiastes a Maria a missão de mãe de família no lar de Jesus e José,
– fazei que, por sua intercessão, todas as mães vivam em família o amor e a santidade. R.

Vós, que destes a Maria a força para ficar de pé junto à cruz, e a enchestes de alegria com a ressurreição de vosso Filho,
– socorrei os atribulados e confortai-os na esperança. R.

Vós, que fizestes de Maria a serva fiel e atenta à vossa Palavra,
– fazei de nós, por sua intercessão, servos e discípulos de vosso Filho. R.

(intenções livres)

Vós, que coroastes Maria como rainha do céu,
– fazei que nossos irmãos e irmãs falecidos se alegrem eternamente em vosso reino na companhia dos santos. R.

Pai nosso...

Oração

Ó Deus todo-poderoso, ao rendermos culto à Imaculada Conceição de Maria, Mãe de Deus e Senhora nossa, concedei que o povo brasileiro, fiel à sua vocação e vivendo na paz e na justiça, possa chegar um dia à pátria definitiva. Por nosso Senhor Jesus Cristo, vosso Filho, na unidade do Espírito Santo.

14 de outubro

SÃO CALISTO I, PAPA E MÁRTIR

Diz-se que foi escravo; tendo alcançado a liberdade, foi ordenado diácono pelo papa Zeferino, a quem sucedeu na Cátedra de Pedro. Combateu contra os hereges adocianistas e modalistas. Recebeu a coroa do martírio no ano 222, e foi sepultado na Via Aurélia.

Do Comum de um mártir, p. 1509, ou, dos pastores: para papas, p. 1523.

Oração

Ó Deus, ouvi com bondade as preces do vosso povo e dai-nos o auxílio do papa São Calisto, cujo martírio hoje celebramos. Por nosso Senhor Jesus Cristo, vosso Filho, na unidade do Espírito Santo.

15 de outubro

SANTA TERESA DE JESUS, VIRGEM E DOUTORA DA IGREJA

Memória

Nasceu em Ávila (Espanha) no ano 1515. Tendo entrado na Ordem das Carmelitas, fez grandes progressos no caminho da perfeição e teve revelações místicas. Ao empreender a reforma da Ordem teve de sofrer muitas tribulações, mas tudo suportou com coragem invencível. A doutrina profunda que escreveu nos seus livros é fruto das suas experiências místicas. Morreu em Alba de Tormes (Salamanca) no ano 1582.

Do Comum das virgens, p. 1539, exceto o seguinte:

Laudes

Hino

Deixando teus pais, Teresa,
quiseste aos mouros pregar,
trazê-los todos ao Cristo,
ou teu sangue derramar.

Pena porém mais suave
o Esposo a ti reservou:
tombares de amor ferida,
ao dardo que te enviou.

Acende, pois, nossas almas,
na chama do eterno amor:
jamais vejamos do inferno
o fogo devorador.

Louvamos contigo ao Filho,
que ao trino Deus nos conduz,
ele é o Jesus de Teresa,
Tu, Teresa de Jesus!

Oração

Ó Deus, que pelo Espírito Santo fizestes surgir Santa Teresa para recordar à Igreja o caminho da perfeição, dai-nos encontrar sempre alimento em sua doutrina celeste e sentir em nós o desejo da verdadeira santidade. Por nosso Senhor Jesus Cristo, vosso Filho, na unidade do Espírito Santo.

Vésperas

Hino

Este é o dia em que Teresa,
qual pomba de branca alvura,
à terra tão pouco presa,
o templo do céu procura.

As falas do Espírito escuta:
Amada, vem do Carmelo!
Esquece, irmã, tua gruta,
que o meu amor é mais belo.

Cantemos o Esposo amado,
que vem desposar Teresa
com seu anel de noivado
e a lâmpada sempre acesa.

16 de outubro

SANTA EDVIGES, RELIGIOSA

Nasceu na Baviera (Alemanha), cerca do ano 1174; foi dada por esposa ao príncipe da Silésia e teve sete filhos. Levou uma vida de fervorosa piedade e dedicou-se generosamente à assistência aos pobres e doentes, para os quais fundou vários albergues. Quando morreu seu marido, entrou no mosteiro de Trebniz (Polônia) e aí morreu em 1243.

Do Comum das santas mulheres: para as que se dedicaram às obras de caridade, p. 1573, ou, para religiosas, p. 1571.

Oração

Nós vos pedimos, ó Deus onipotente, que a intercessão de santa Edviges nos obtenha a graça de imitar o que nela admiramos, pois a humildade da sua vida serve de exemplo para todos. Por nosso Senhor Jesus Cristo, vosso Filho, na unidade do Espírito Santo.

No mesmo dia 16 de outubro

SANTA MARGARIDA MARIA ALACOQUE, VIRGEM

Nasceu em 1647 na diocese de Autun (França). Acolhida entre as Irmãs da Visitação de Paray-le-Monial, progredia de modo admirável no caminho da perfeição. Teve revelações místicas, particularmente sobre a devoção ao Coração de Jesus, e contribuiu muito para introduzir o seu culto na Igreja. Morreu a 17 de outubro de 1690.

Do Comum das virgens, p. 1539, ou, das santas mulheres: para religiosas, p. 1571.

Oração

Ó Deus, derramai em nós o espírito com que enriquecestes Santa Margarida Maria, para que, conhecendo o amor de Cristo, que supera todo conhecimento, possamos gozar a vossa plenitude. Por nosso Senhor Jesus Cristo, vosso Filho, na unidade do Espírito Santo.

17 de outubro

SANTO INÁCIO DE ANTIOQUIA, BISPO E MÁRTIR

Memória

Inácio foi o sucessor de Pedro no governo da Igreja de Antioquia. Condenado às feras, foi conduzido a Roma e aí, no tempo do imperador Trajano, recebeu a gloriosa coroa do martírio, no ano 107. Durante a viagem escreveu sete cartas a várias Igrejas, nas quais se refere, com profunda sabedoria e erudição, a Cristo, à organização da Igreja e aos princípios fundamentais da vida cristã. A sua memória era celebrada neste dia, já no século IV, em Antioquia.

Do Comum de um mártir, p. 1509, ou, dos pastores, p. 1523, exceto o seguinte:

Laudes

Cântico evangélico, ant.

Eu pro**cu**ro A**que**le que por **nós** deu a **vi**da,
e de**se**jo A**que**le que por **nós** ressur**giu**.

Oração

Deus eterno e todo-poderoso, que ornais a vossa Igreja com o testemunho dos mártires, fazei que a gloriosa paixão que hoje celebramos, dando a Santo Inácio de Antioquia a glória eterna, nos conceda contínua proteção. Por nosso Senhor Jesus Cristo, vosso Filho, na unidade do Espírito Santo.

Vésperas

Cântico evangélico, ant.

Eu de**se**jo o Pão de **Deus**,
que é a **car**ne de Je**sus** descen**den**te de Da**vi**;
eu de**se**jo esta be**bi**da
que é o **san**gue de Je**sus**, cari**da**de incorrup**tí**vel.

18 de outubro

SÃO LUCAS, EVANGELISTA

Festa

Nascido numa família pagã e convertido à fé, acompanhou o Apóstolo Paulo de cuja pregação é reflexo o Evangelho que escreveu. Transmitiu noutro livro, intitulado *Atos dos Apóstolos,* os primeiros passos da vida da Igreja até à primeira estadia de Paulo em Roma.

Laudes

Hino

Cantamos, hoje, Lucas, teu martírio,
teu sangue derramado por Jesus,
os dois livros que trazes nos teus braços
e o teu halo de luz.

Levado pelo Espírito, escreveste
tudo o que disse e fez o Bom Pastor,
pois aos sermões de Cristo acrescentaste
os seus gestos de amor.

De Pedro e Paulo registraste os atos,
e do povo fiel a comunhão,
quando unidos em preces pelas casas,
iam partindo o pão.

De Paulo foste o amigo e companheiro,
ouviste de seu peito as pulsações;
faze vibrar no mesmo amor de Cristo
os nossos corações.

Médico santo, cura os nossos males,
leva ao aprisco o pobre pecador;
dá que no céu sejamos acolhidos
pelo próprio Senhor.

Ant. 1 O **san**to Evange**lis**ta investi**gou**
o sa**ber** dos grandes **ho**mens do pas**sa**do
e confir**mou** o que os pro**fe**tas predis**se**ram.

Salmos e cântico do domingo da I Semana, p. 764.

Ant. 2 Deus cha**mou**-nos à **fé** na Ver**da**de,
pelo a**nún**cio do **san**to Evan**ge**lho,
para ob**ter**mos a **gló**ria de **Cris**to.

Ant. 3 Muitos lou**va**ram seu sa**ber**, que ja**mais** perece**rá**.

Leitura breve 1Cor 15,1-2a.3-4

Irmãos, quero lembrar-vos o evangelho que vos preguei e que recebestes, e no qual estais firmes. Por ele sois salvos, se o estais guardando tal qual ele vos foi pregado por mim. Com efeito, transmiti-vos, em primeiro lugar, aquilo que eu mesmo tinha recebido, a saber: que Cristo morreu por nossos pecados, segundo as Escrituras; que foi sepultado; que, ao terceiro dia, ressuscitou, segundo as Escrituras.

Responsório breve

R. Eles con**ta**ram as gran**de**zas
* Do Se**nhor** e seu po**der**. R. Eles con**ta**ram.
V. E as suas maravilhas que por **nós** reali**zou**. * Do Se**nhor**.
Glória ao **Pai**. R. Eles con**ta**ram.

Cântico evangélico, ant.

São **Lu**cas transmitiu-nos o Evangelho do Se**nhor**,
e anunci**ou**-nos Jesus **Cris**to, Sol nas**cen**te lá do **al**to.

Preces

Invoquemos nosso Salvador que, destruindo a morte, iluminou a vida por meio do Evangelho; e peçamos humildemente:

R. **Confirmai a vossa Igreja na fé e na caridade!**

Fizestes resplandecer admiravelmente a vossa Igreja por meio de santos e insignes doutores;
– que os cristãos se alegrem sempre com o mesmo esplendor. R.

Quando os santos pastores vos suplicavam, a exemplo de Moisés, perdoastes os pecados do povo;
– por intercessão deles, santificai a vossa Igreja mediante uma contínua purificação. R.

Tendo-os escolhido entre seus irmãos, consagrastes vossos santos enviando sobre eles o vosso Espírito;
– que o mesmo Espírito Santo inspire aqueles que governam vosso povo. R.

Sois vós a herança dos santos pastores;
– concedei que nenhum daqueles que foram resgatados pelo vosso sangue fique longe de vós. R.

(intenções livres)

Pai nosso...

Oração

Ó Deus, que escolhestes São Lucas para revelar em suas palavras e escritos o mistério do vosso amor para com os pobres, concedei aos que já se gloriam do vosso nome perseverar num só coração e numa só alma, e a todos os povos do mundo ver a vossa salvação. Por nosso Senhor Jesus Cristo, vosso Filho, na unidade do Espírito Santo.

Hora Média

Antífonas e salmos do dia de semana corrente.

Leitura breve 1Ts 2,2b-4

Encontramos em Deus a coragem de vos anunciar o evangelho, em meio a grandes lutas. A nossa exortação não se baseia no erro, na ambiguidade ou no desejo de enganar. Ao contrário, uma vez que Deus nos achou dignos para que nos confiasse o evangelho, falamos não para agradar aos homens, mas a Deus, que examina os nossos corações.

V. Eles guar**da**vam os pre**cei**tos,
R. E as **or**dens do Se**nhor**.

Oração como nas Laudes.

Vésperas

HINO Cantamos hoje, como nas Laudes, p. 1412.

Ant. 1 O Se**nhor** constitu**iu**-me mi**nis**tro do Evan**ge**lho,
pelo **dom** da sua **gra**ça.

Salmos e cântico do Comum dos apóstolos, p. 1484.

Ant. 2 Tudo **fa**ço por **cau**sa do Evan**ge**lho,
para **de**le rece**ber** a minha **par**te.

Ant. 3 A **mim** foi conce**di**da esta **gra**ça:
aos pa**gãos** anunci**ar** a Boa-**no**va
das ri**que**zas inson**dá**veis de Je**sus**.

Leitura breve Cl 1,3-6a

Damos graças a Deus, Pai de nosso Senhor Jesus Cristo, sempre rezando por vós, pois ouvimos acerca da vossa fé em Cristo Jesus e do amor que mostrais para com todos os santos, animados pela esperança na posse do céu. Disso já ouvistes falar no Evangelho, cuja palavra de verdade chegou até vós. E como no mundo inteiro, assim também entre vós ela está produzindo frutos e se desenvolve.

Responsório breve

R. Anunciai, entre as nações,
 * A glória do Senhor. R. Anunciai.
V. E entre os povos do universo, as suas maravilhas.
 * A glória. Glória ao Pai. R. Anunciai.

Cântico evangélico, ant.

Este **san**to Evange**lis**ta,
que de **Cris**to a mansi**dão** descre**veu**-nos no Evan**ge**lho,
com jus**ti**ça hoje re**ce**be os lou**vo**res da **Igre**ja.

Preces

Oremos à Deus Pai, fonte de toda luz, que nos chamou à verdadeira fé por meio do Evangelho de seu Filho; e peçamos em favor do seu povo santo, dizendo:

R. **Lembrai-vos, Senhor, da vossa Igreja!**

Deus Pai, que ressuscitastes dos mortos vosso Filho, o grande Pastor das ovelhas,
– fazei de nós testemunhas do vosso Filho até os confins da terra. R.

Vós, que enviastes vosso Filho ao mundo para evangelizar os pobres,
– fazei que o Evangelho seja pregado a toda criatura. R.

Vós, que enviastes vosso Filho para semear a palavra do reino,
– concedei-nos colher na alegria os frutos da palavra semeada com o nosso trabalho. R.

Vós, que enviastes vosso Filho para reconciliar o mundo convosco pelo seu sangue,
– fazei que todos nós colaboremos na obra de reconciliação de toda a humanidade. R.

(intenções livres)

Vós, que glorificastes vosso Filho à vossa direita nos céus,
– recebei-no reino da felicidade eterna os nossos irmãos e irmãs falecidos. R.

Pai nosso...

Oração

Ó Deus, que escolhestes São Lucas para revelar em suas palavras e escritos o mistério do vosso amor para com os pobres, concedei aos que já se gloriam do vosso nome perseverar num só coração e numa só alma, e a todos os povos do mundo ver a vossa salvação. Por nosso Senhor Jesus Cristo, vosso Filho, na unidade do Espírito Santo.

19 de outubro

SÃO JOÃO DE BRÉBEUF E SANTO ISAAC JOGUES, PRESBÍTEROS, E SEUS COMPANHEIROS, MÁRTIRES

Entre os anos 1642 e 1649, oito membros da Companhia de Jesus (seis sacerdotes e dois irmãos coadjutores), que evangelizavam a parte setentrional da América, foram mortos, depois de terríveis tormentos, pelos indígenas hurões e iroqueses. Isaac Jogues foi martirizado no dia 18 de outubro de 1647 e João de Brébeuf no dia 16 de março de 1648.

Do Comum de vários mártires, p. 1493, ou, dos pastores, p. 1523.

Oração

Ó Deus, que consagrastes os primórdios da Igreja na América Setentrional, com a pregação e o sangue dos vossos mártires João, Isaac e seus companheiros, concedei que, por sua intercessão, floresçam sempre e por toda a parte as comunidades cristãs. Por nosso Senhor Jesus Cristo, vosso Filho, na unidade do Espírito Santo.

No mesmo dia 19 de outubro

SÃO PAULO DA CRUZ, PRESBÍTERO

Nasceu em Ovada, na Ligúria (Itália), no ano 1694; durante a juventude ajudou a seu pai no comércio. Aspirando à vida de perfeição, renunciou a tudo e dedicou-se ao serviço dos pobres e dos enfermos e associou a si para o mesmo fim vários colaboradores. Ordenado sacerdote, trabalhou cada vez mais intensamente pela salvação das almas, estabelecendo casas da Congregação que tinha fundado (Passionistas), exercendo a atividade apostólica e mortificando-se com duras penitências. Morreu em Roma no dia 18 de outubro de 1775.

Do Comum dos pastores: para presbíteros, p. 1523, ou, dos santos homens: para religiosos, p. 1571.

Oração

Ó Deus, o presbítero São Paulo, que fez da cruz o seu único amor, nos obtenha a vossa graça para que, estimulados pelo seu exemplo, abracemos com coragem a nossa cruz. Por nosso Senhor Jesus Cristo, vosso Filho, na unidade do Espírito Santo.

23 de outubro

SÃO JOÃO DE CAPISTRANO, PRESBÍTERO

Nasceu em Capistrano, nos Abruzos (Itália), no ano 1386. Estudou Direito em Perúgia e exerceu durante algum tempo a profissão de juiz. Entrou na Ordem dos Frades Menores e foi ordenado sacerdote. Desenvolveu uma incansável atividade apostólica em toda a Europa, trabalhando na reforma dos costumes entre os cristãos e na luta contra as heresias. Morreu em Vilach (Áustria) no ano 1456.

Do Comum dos pastores: para presbíteros, p. 1523.

Oração

Ó Deus, que suscitastes o presbítero São João de Capistrano para confortar o povo cristão aflito, colocai-nos sob a vossa proteção e guardai a vossa Igreja em constante paz. Por nosso Senhor Jesus Cristo, vosso Filho, na unidade do Espírito Santo.

24 de outubro

SANTO ANTÔNIO MARIA CLARET, BISPO

Nasceu em Sallent (Espanha) no ano 1807. Ordenado sacerdote, percorreu a Catalunha pregando ao povo durante vários anos. Fundou a Congregação dos Missionários Filhos do Coração Imaculado de Maria (Claretianos). Nomeado bispo para a ilha de Cuba, aí alcançou singulares méritos, trabalhando pela salvação das almas. Depois de regressar à Espanha, ainda teve de suportar muitos trabalhos em favor da Igreja. Morreu em Fontfroide (França) no ano 1870.

Do Comum dos pastores: para bispos, p. 1523.

Oração

Ó Deus, que fortalecestes o bispo Santo Antônio Maria claret com caridade e paciência admiráveis para propagar o Evangelho entre os povos, dai que por sua intercessão busquemos o que é vosso, e nos apliquemos com todo o empenho em conquistar nossos irmãos para Cristo. Que convosco vive e reina, na unidade do Espírito Santo.

28 de outubro

SÃO SIMÃO E SÃO JUDAS, APÓSTOLOS

Festa

O nome de Simão figura em undécimo lugar na lista dos Apóstolos. Dele se sabe apenas que nasceu em Caná e que tinha o denominativo de "Zelotes".

Judas, de sobrenome Tadeu, é o Apóstolo que na Última Ceia perguntou ao Senhor por que razão se manifestava aos seus discípulos e não ao mundo (Jo 14,22).

Do Comum dos apóstolos, p. 1479, exceto o seguinte:

Laudes

Hino

Um hino a vós, apóstolos,
de júbilo e vitória.
Unidos pela graça,
também o sois na glória.

Simão, ardente impulso
levou-te a palmilhar
os passos de Jesus,
e o nome seu pregar.

De Cristo em carne e espírito
irmão e servo, ó Judas,
pregando e escrevendo
aos teus irmãos ajudas.

Sois vítima e testemunha
da fé que proclamastes.
Provando-lhe a verdade,
o sangue derramastes.

Ó astros luminosos,
ao céu todos guiai;
por ásperos caminhos,
inteira a fé guardai.

Ao Pai, ao Filho, ao Espírito
a honra e o louvor.
Possamos para sempre
gozar do seu amor.

Oração

Ó Deus, que, pela pregação dos Apóstolos, nos fizestes chegar ao conhecimento do vosso Evangelho, concedei, pelas preces de São Simão e São Judas, que a vossa Igreja não cesse de crescer, acolhendo com amor novos fiéis. Por nosso Senhor Jesus Cristo, vosso Filho, na unidade do Espírito Santo.

Hora Média

Antífonas e salmos do dia de semana corrente. Leitura breve, do Comum dos apóstolos, p. 1482. Oração como acima.

NOVEMBRO

1º de novembro

TODOS OS SANTOS

Solenidade

No Brasil esta solenidade é celebrada no domingo seguinte, caso o dia 1º não caia em domingo. Quando, porém, o dia 2 de novembro cair em domingo, celebra-se a solenidade de Todos os Santos dia 1º de novembro.

I Vésperas

Hino

Redentor de todos, Cristo,
vossos servos conservais,
abrandado pela Virgem
com suas preces maternais.

Multidões celestiais
dos espíritos amigos,
ontem, hoje e no futuro
defendei-nos do inimigo.

Do eternal Juiz profetas
e apóstolos do Senhor,
nos salvai com vossos rogos,
escutai nosso clamor.

Santos mártires de Deus,
confessores luminosos,
vossas preces nos conduzam
para o céu, vitoriosos.

Santos monges e eremitas,
santos coros virginais,
dai-nos sermos os convivas
do Senhor, com quem reinais.

Nossa voz à vossa unimos,
dando graças ao Senhor.
E paguemos, na alegria,
nossa dívida em louvor.

Salmodia

Ant. 1 A luz **e**terna brilha**rá** aos vossos **san**tos,
e a **vi**da para **sem**pre, ale**lui**a.

Salmo 112(113)

– 1 Lou**vai**, louvai, ó **ser**vos do Se**nhor**, *
lou**vai**, louvai o nome do Senhor!
– 2 Ben**di**to seja o nome do Senhor, *
agora e por toda a eternidade!
– 3 Do nas**cer** do sol até o seu ocaso, *
lou**va**do seja o nome do Senhor!

– 4 O Se**nhor** está acima das nações, *
sua **gló**ria vai além dos altos céus.
= 5 Quem **po**de comparar-se ao nosso Deus, †
ao Se**nhor**, que no alto céu tem o seu trono *
6 e se in**cli**na para olhar o céu e a terra?

– 7 Le**van**ta da poeira o indigente *
e do **li**xo ele retira o pobrezinho,
– 8 para fa**zê**-lo assentar-se com os nobres, *
assen**tar**-se com os nobres do seu povo.
– 9 Faz a es**té**ril, mãe feliz em sua casa, *
vi**ven**do rodeada de seus filhos.

Ant. 1 A luz **e**terna brilha**rá** aos vossos **san**tos,
e a **vi**da para **sem**pre, ale**lui**a.

Ant. 2 Jerusa**lém**, cidade **san**ta, exulta**rás** pelos teus **fi**lhos,
pois se**rão** abençoa**dos** e reu**ni**dos no Se**nhor**.
Ale**lui**a.

Salmo 147(147B)

– 12 Glori**fi**ca o Se**nhor**, Jerusa**lém**! *
Ó Si**ão**, canta louvores ao teu Deus!

– 13 Pois refor**çou** com segurança as tuas portas, *
e os teus **fi**lhos em teu seio abençoou;
– 14 a **paz** em teus limites garantiu *
e te **dá** como alimento a flor do trigo.

– 15 Ele en**vi**a suas ordens para a terra, *
e a pa**la**vra que ele diz corre veloz;

– 16 ele **faz** cair a neve como lã *
e es**pa**lha a geada como cinza.
– 17 Como de **pão** lança as migalhas do granizo, *
a seu **fri**o as águas ficam congeladas.
– 18 Ele en**vi**a sua palavra e as derrete, *
sopra o **ven**to e de novo as águas correm.
– 19 Anun**ci**a a Jacó sua palavra, *
seus pre**cei**tos e suas leis a Israel.
– 20 Nenhum **po**vo recebeu tanto carinho, *
a nenhum **ou**tro revelou os seus preceitos.

Ant. Jerusa**lém**, cidade **san**ta, exulta**rás** pelos teus **fi**lhos,
pois se**rão** abençoados e reu**ni**dos no Se**nhor**.
Ale**lu**ia.

Ant. 3 Os **santos** can**ta**vam um **cân**tico **no**vo
À**que**le que es**tá** em seu **tro**no e ao Cor**dei**ro;
na **ter**ra in**tei**ra resso**a**vam suas **vo**zes. Ale**lu**ia.

No cântico seguinte dizem-se os Aleluias entre parênteses somente quando se canta; na recitação, basta dizer o Aleluia no começo, entre as estrofes e no fim.

Cântico cf. Ap 19,1-7

= Ale**lu**ia, (Ale**lu**ia!).
1 Ao nosso **Deus** a salva**ção**, *
honra, **gló**ria e poder! (Aleluia!)
– 2 Pois são ver**da**de e justiça *
os juízos do Senhor.
R. Ale**lu**ia, (Ale**lu**ia!).

= Ale**lu**ia, (Ale**lu**ia!).
5 Cele**brai** o nosso Deus, *
servi**do**res do Senhor! (Aleluia!).
– E vós **to**dos que o temeis, *
vós os **gran**des e os pequenos!
R. Ale**lu**ia, (Ale**lu**ia!).

= Ale**lu**ia, (Ale**lu**ia!).
6 De seu **rei**no tomou posse *
nosso Deus onipotente! (Aleluia!).
– 7 Exul**te**mos de alegria,*
demos **gló**ria ao nosso Deus!
R. Ale**lu**ia, (Ale**lu**ia!).

= Ale**lui**a, (Ale**lui**a!).
Eis que as **núp**cias do Cordeiro *
redi**vi**vo se aproximam! (Aleluia!).
– Sua Es**po**sa se enfeitou, *
se vestiu de linho puro.
R. Al**elui**a, (Ale**lui**a!).

Ant. Os **san**tos can**ta**vam um **cân**tico **no**vo
À**que**le que es**tá** em seu **tro**no e ao Cor**dei**ro;
na **ter**ra in**tei**ra resso**a**vam suas **vo**zes. Ale**lui**a.

Leitura breve Hb 12,22-24

Vós vos aproximastes do monte Sião e da cidade do Deus vivo, a Jerusalém celeste; da reunião festiva de milhões de anjos; da assembleia dos primogênitos, cujos nomes estão escritos nos céus; de Deus, o Juiz de todos; dos espíritos dos justos, que chegaram à perfeição; de Jesus, mediador da nova aliança, e da aspersão do sangue mais eloquente que o de Abel.

Responsório breve

R. Os **jus**tos se a**le**gram
* Na pre**sen**ça do Se**nhor**. R. Os **jus**tos.
V. Reju**bi**lam satis**fei**tos, e **exul**tam de ale**gri**a.
* Na pre**sen**ça. Glória ao **Pai**. R. Os **jus**tos.

Cântico evangélico, ant.

A vós, Se**nhor**, louva o **co**ro glori**o**so dos A**pós**tolos,
a vós pro**cla**ma a multi**dão** ilumi**na**da dos Pro**fe**tas,
de **vós** dá teste**mu**nho o e**xér**cito dos **már**tires,
e u**nâ**nimes con**fes**sam os **san**tos e os e**lei**tos,
ó San**tís**sima Trin**da**de, um só **Deus** em três pesso**as**!

Preces

Repletos de alegria, invoquemos a Deus, recompensa e glória de todos os santos e santas; e digamos:

R. **Salvai-nos, Senhor, por intercessão de vossos santos!**

Deus de infinita sabedoria que, por Cristo, constituístes os apóstolos como fundamentos da fé da Igreja,
– conservai-nos fiéis à fé que eles nos ensinaram. R.

Vós, que destes aos mártires a coragem do testemunho até derramarem o próprio sangue,
– tornai os cristãos testemunhas fiéis do vosso Filho.
R. **Salvai-nos, Senhor, por intercessão de vossos santos!**

Vós que concedestes às santas Virgens o dom inestimável de imitar a Cristo virgem,
– fazei que todos reconheçam a virgindade consagrada a vós como autêntico sinal do reino dos céus. R.

Vós, que manifestais em todos os santos e santas a vossa presença, o vosso rosto e a vossa palavra,
– dai-nos a graça de nos sentirmos mais próximos de vós quando os honramos. R.

(intenções livres)

Concedei aos que morreram viver eternamente no céu com a Virgem Maria, São José e todos os santos e santas,
– e, por intercessão deles, fazei-nos participar da sua companhia. R.

Pai nosso...

Oração

Deus eterno e todo-poderoso, que nos dais celebrar numa só festa os méritos de todos os Santos, concedei-nos, por intercessores tão numerosos, a plenitude da vossa misericórdia. Por nosso Senhor Jesus Cristo, vosso Filho, na unidade do Espírito Santo.

Laudes

Hino

Jesus, que o mundo salvastes,
dos que remistes cuidai.
E vós, Mãe santa de Deus,
por nós a Deus suplicai.

Os coros todos dos Anjos,
patriarcal legião,
Profetas de tantos méritos,
pedi por nós o perdão.

Ó Precursor do Messias,
ó Ostiário dos céus,
com os Apóstolos todos,
quebrai os laços dos réus.

Santa Assembleia dos Mártires;
vós, Confessores, Pastores,
Virgens prudentes e castas,
rogai por nós pecadores.

Que os monges peçam por nós
e todos que o céu habitam:
ida eterna consigam
os que na terra militam.

Honra e louvor tributemos
ao Pai e ao Filho também,
com seu Amor, um só Deus,
por todo o sempre. Amém.

Ant. 1 O **Rei**no ce**les**te é a mo**ra**da dos **san**tos,
sua **paz** para **sem**pre. Ale**lui**a.

Salmos e cântico do domingo da I Semana, p. 764.

Ant. 2 Vós, **san**tos do Se**nhor**, bendi**zei**-o para **sem**pre!

Ant. 3 É o mo**ti**vo de lou**vor** para os seus **san**tos,
é um **hi**no para os **fi**lhos de Isra**el**,
este **po**vo que ele **a**ma e lhe perten**ce**.

Leitura breve Ef 1,17-18

Que o Deus de nosso Senhor Jesus Cristo, o Pai a quem pertence a glória, vos dê um espírito de sabedoria que vo-lo revele e faça verdadeiramente conhecer. Que ele abra o vosso coração à sua luz, para que saibais qual a esperança que o seu chamamento vos dá, qual a riqueza da glória que está na vossa herança com os santos.

Responsório breve

R. Os **jus**tos se a**le**gram
* Na presen**ça** do Se**nhor**. R. Os **jus**tos.
V. Reju**bi**lam satis**fei**tos e e**xul**tam de ale**gri**a.
* Na presen**ça**. Glória ao **Pai**. R. Os **jus**tos.

Cântico evangélico, ant.

Os **jus**tos brilha**rão** como o **sol** no **Rei**no de seu **Pai**, ale**lui**a.

Preces

Repletos de alegria, invoquemos a Deus, recompensa e glória de todos os santos e santas; e digamos:

R. **Salvai-nos, Senhor, por intercessão de vossos santos!**

Deus, fonte de santidade, que fizestes brilhar nos vossos santos e santas as maravilhas da vossa graça multiforme;
– concedei-nos celebrar neles a vossa bondade infinita. R.

Deus eterno e misericordioso, que mostrastes nos vossos santos e santas as imagens mais perfeitas do vosso Filho,
– fazei que, por eles, sejamos conduzidos a uma vida de maior união com Cristo. R.

Rei dos céus, que por meio dos fiéis seguidores de Cristo nos estimulais a buscar a cidade futura,
– ensinai-nos a seguir, com os vossos santos e santas, o melhor caminho para chegar à pátria eterna. R.

Deus eterno, que pelo sacrifício eucarístico de vosso Filho nos unis mais intimamente aos habitantes do céu,
– fazei que os celebremos devotamente em espírito e verdade. R.

Pai nosso...

Oração

Deus eterno e todo-poderoso, que nos dais celebrar numa só festa os méritos de todos os Santos, concedei-nos, por intercessores tão numerosos, a plenitude da vossa misericórdia. Por nosso Senhor Jesus Cristo, vosso Filho, na unidade do Espírito Santo.

Hora Média

Salmos graduais, p. 1135. Se for domingo, salmos do domingo da I Semana, p. 768.

Ant. Os **po**vos ensinam, narran**do** a **sa**bedo**ri**a dos **san**tos;
seu lou**vor** toda a **I**gre**ja** pro**cla**ma.

Leitura breve 1Pd 1,15-16

Como é santo aquele, que vos chamou, tornai-vos santos, também vós, em todo o vosso proceder. Pois está na Escritura: Sede santos, porque eu sou santo.

V. Homens **jus**tos, ale**grai**-vos no Se**nhor**.
R. Cele**brai** é bendi**zei** seu santo **no**me!

Oração como nas Laudes.

II Vésperas

HINO Redentor de todos, como nas I Vésperas, p. 1420.

Ant. 1 Vi uma **gran**de multi**dão**, que nin**guém** pode con**tar**,
de **to**das as na**ções**, de **pé** em frente ao **tro**no.

Salmo 109(110),1-5.7

– 1 Pa**la**vra do Se**nhor** ao meu Se**nhor**: *
"Assen**ta**-te ao lado meu direito,
– a**té** que eu ponha os inimigos teus *
como esca**be**lo por debaixo de teus pés!"

= 2 O Se**nhor** estenderá desde Sião †
vosso **ce**tro de poder, pois ele diz: *
"Do**mi**na com vigor teus inimigos;

= 3 tu és **prín**cipe desde o dia em que nasceste; †
na **gló**ria e esplendor da santidade, *
como o or**va**lho, antes da aurora, eu te gerei!"

= 4 Jurou o Se**nhor** e manterá sua palavra: †
"Tu **és** sacerdote eternamente, *
se**gun**do a ordem do rei Melquisedec!"

– 5 À vossa **des**tra está o Senhor, ele vos diz: *
"No dia da **i**ra esmagarás os reis da terra!
– 7 Bebe**rás** água corrente no caminho, *
por **is**so seguirás de fronte erguida!"

Ant. Vi uma **gran**de multi**dão**, que nin**guém** pode con**tar**,
de **to**das as na**ções**, de **pé** em frente ao **tro**no.

Ant. 2 Deus pro**vou** os seus **elei**tos e os a**chou** dignos de **si**;
por **is**so obte**rão** da **mão** do Senhor **Deus**
um **rei**no glori**o**so.

Salmo 115(116 B)

– 10 Guar**dei** a minha **fé**, mesmo di**zen**do: *
"É de**mais** o sofrimento em minha vida!"
– 11 Confi**ei**, quando dizia na aflição: *
"Todo **ho**mem é mentiroso! Todo homem!" –

– [12]Que poderei retribuir ao Senhor Deus *
por tudo aquilo que ele fez em meu favor?
– [13]Elevo o cálice da minha salvação, *
invocando o nome santo do Senhor.

– [14]Vou cumprir minhas promessas ao Senhor *
na presença de seu povo reunido.

– [15]É sentida por demais pelo Senhor *
a morte de seus santos, seus amigos.
= [16]Eis que sou o vosso servo, ó Senhor, †
vosso servo que nasceu de vossa serva; *
mas me quebrastes os grilhões da escravidão!

– [17]Por isso oferto um sacrifício de louvor, *
invocando o nome santo do Senhor.
– [18]Vou cumprir minhas promessas ao Senhor *
na presença de seu povo reunido;
– [19]nos átrios da casa do Senhor, *
em teu meio, ó cidade de Sião!

Ant. Deus provou os seus eleitos e os achou dignos de si;
por isso obterão da mão do Senhor Deus
um reino glorioso.

Ant. 3 Para Deus nos remiu vosso sangue
dentre todas as tribos e línguas,
dentre os povos da terra e nações,
e fizestes de nós para Deus
sacerdotes e povo de reis.

Cântico Ap 4,11; 5,9.10.12

Hino dos remidos

– [4,11] Vós sois digno, Senhor nosso Deus, *
de receber honra, glória e poder!

(R. Poder, honra e glória ao Cordeiro de Deus!)

= [5,9] Porque todas as coisas criastes, †
é por vossa vontade que existem, *
e subsistem porque vós mandais. (R.)

= Vós sois digno, Senhor nosso Deus, †
de o livro nas mãos receber *
e de abrir suas folhas lacradas! (R.)

– Porque **fos**tes por nós imolado; *
para **Deus** nos remiu vosso sangue
– dentre **to**das as tribos e línguas, *
dentre os **po**vos da terra e nações. (R.)

= 10 Pois fi**zes**tes de nós, para Deus, †
sacer**do**tes e povo de reis, *
e **i**remos reinar sobre a terra. (R.)

= 12 O Cor**dei**ro imolado é digno †
de rece**ber** honra, glória e poder, *
sabedo**ri**a, louvor, divindade! (R.)

Ant. Para **Deus** nos re**miu** vosso **san**gue
dentre **to**das as **tri**bos e **lín**guas,
dentre os **po**vos da **terra** e **nações**,
e fi**zes**tes de **nós** para **Deus**
sacer**do**tes e **po**vo de **reis**.

Leitura breve 2Cor 6,16b; 7,1

Vós sois templo de Deus vivo, como disse o próprio Deus: Eu habitarei no meio deles e andarei entre eles. Serei o seu Deus e eles serão o meu povo. Caríssimos, nós que recebemos essas promessas, purifiquemo-nos de toda mancha da carne e do espírito, completando a nossa santificação, no temor de Deus.

Responsório breve

R. Vós **san**tos e **elei**tos,
* Ale**grai**-vos no Se**nhor**! R. Vós **san**tos.

V. Porque **Deus** vos esco**lheu** para **ser**des sua he**ran**ça.
* Ale**grai**-vos. Glória ao **Pai**. R. Vós **san**tos.

Cântico evangélico, ant.

Oh, **quão** glorioso é o **Rei**no
onde **go**zam os **san**tos com **Cris**to.
Ves**ti**dos de **bran**cas rou**pa**gens,
seguem **sem**pre o Cor**dei**ro onde **for**.

Preces

Repletos de alegria, invoquemos a Deus, recompensa e glória de todos os santos e santas e digamos:

R. **Salvai-nos, Senhor, por intercessão de vossos santos!**

Deus de infinita sabedoria que, por Cristo, constituístes os apóstolos como fundamentos da fé da Igreja,
–conservai-nos fiéis à fé que eles nos ensinaram.

R. **Salvai-nos, Senhor, por intercessão de vossos santos!**

Vós, que destes aos mártires a coragem do testemunho até derramarem o próprio sangue,
–tornai os cristãos testemunhas fiéis do vosso Filho. R.

Vós, que concedestes às santas Virgens o dom inestimável de imitar a Cristo virgem,
–fazei que todos reconheçam a virgindade consagrada a vós como autêntico sinal do reino dos céus. R.

Vós, que manifestais em todos os santos e santas a vossa presença, o vosso rosto e a vossa palavra,
–dai-nos a graça de nos sentirmos mais próximos de vós quando os honramos. R.

(intenções livres)

Concedei aos que morreram viver eternamente no céu com a Virgem Maria, São José e todos os santos e santas,
–e, por intercessão deles, fazei-nos participar da sua companhia. R.

Pai nosso...

Oração

Deus eterno e todo-poderoso, que nos dais celebrar numa só festa os méritos de todos os Santos, concedei-nos, por intercessores tão numerosos, a plenitude da vossa misericórdia. Por nosso Senhor Jesus Cristo, vosso Filho, na unidade do Espírito Santo.

2 de novembro

COMEMORAÇÃO DE TODOS OS FIÉIS DEFUNTOS

Mesmo quando o dia 2 de novembro for domingo, celebra-se a Comemoração de todos os fiéis defuntos.

Como no Ofício dos fiéis defuntos, p.1576, exceto o seguinte:

Oração

Ó Deus, escutai com bondade as nossas preces e aumentai a nossa fé no Cristo ressuscitado, para que seja mais viva a nossa esperança na ressurreição dos vossos filhos e filhas. Por nosso Senhor Jesus Cristo, vosso Filho, na unidade do Espírito Santo.

4 de novembro

SÃO MARTINHO DE LIMA, RELIGIOSO

Nasceu em Lima (Peru) de pai espanhol e mãe negra, no ano 1579. Aprendeu desde muito jovem o ofício de barbeiro e enfermeiro; e, quando entrou na Ordem dos Pregadores, dedicou-se de modo singular à enfermagem em favor dos pobres. Levou uma vida de constante mortificação e profunda humildade, e cultivou uma especialíssima devoção à Eucaristia. Morreu em 1639.

Do Comum dos santos homens: para religiosos, p. 1571, exceto o seguinte:

Laudes

Cântico evangélico, ant.

Bendito **se**ja o Senhor **Deus**, que liber**tou** todos os **po**vos,
e das **tre**vas cha**mou** para sua **luz** maravi**lho**sa.

Oração

Ó Deus, que conduzistes São Martinho de Lima à glória do céu pelos caminhos da humanidade, dai-nos seguir de tal modo seus exemplos na terra, que sejamos com ele exaltados no céu. Por nosso Senhor Jesus Cristo, vosso Filho, na unidade do Espírito Santo.

Vésperas

Cântico evangélico, ant.

Glorifi**que**mos o Se**nhor**, que exal**tou** com dons ce**les**tes
seu servo hu**mil**de São Mar**ti**nho.

4 de novembro

SÃO CARLOS BORROMEU, BISPO

Memória

Nasceu em Arona (Lombardia) no ano 1538; depois de ter conseguido o doutoramento *In utroque iure*, foi nomeado cardeal por Pio IV, seu tio, e eleito bispo de Milão. Foi um verdadeiro pastor da Igreja no exercício desta missão: visitou várias vezes toda a diocese, convocou sínodos e desenvolveu a mais intensa atividade, em todos os setores, para a salvação das almas, promovendo por todos os meios a renovação da vida cristã. Morreu no dia 3 de novembro de 1584.

Do Comum dos pastores: para bispos, p.1523.

Oração

Ó Deus, conservai no vosso povo o espírito que animava São Carlos Borromeu, para que a vossa Igreja, continuamente renovada e sempre fiel ao Evangelho, possa mostrar ao mundo a verdadeira face do Cristo. Que convosco vive e reina, na unidade do Espírito Santo.

9 de novembro

DEDICAÇÃO DA BASÍLICA DO LATRÃO

Festa

Segundo uma tradição que remonta ao século XII, celebra-se neste dia o aniversário da dedicação da basílica do Latrão, construída pelo imperador Constantino. Inicialmente foi uma festa exclusivamente da cidade de Roma; mais tarde, estendeu-se à Igreja de Rito romano, com o fim de honrar a basílica que é chamada "mãe e cabeça de todas as igrejas da Urbe e do Orbe" e como sinal de amor e unidade para com a Cátedra de Pedro que, como escreveu Santo Inácio de Antioquia, "preside a assembleia universal da caridade".

Do Comum da dedicação de uma igreja, p.1450, exceto o seguinte:

Hora Média

Antífonas e salmos do dia de semana corrente. O restante do Comum, p.1453.

10 de novembro

SÃO LEÃO MAGNO, PAPA E DOUTOR DA IGREJA

Memória

Nasceu na Toscana (Itália) e no ano 440 foi elevado à Cátedra de Pedro, cargo que exerceu como verdadeiro pastor e pai. Trabalhou intensamente pela integridade da fé, defendeu com ardor a unidade da Igreja, empenhou-se por todos os meios possíveis em evitar as incursões dos bárbaros ou mitigar os seus efeitos. Por toda esta atividade extraordinária mereceu com toda a justiça ser apelidado "Magno". Morreu no ano 461.

Do Comum dos pastores: para papas, p. 1523, e dos doutores da Igreja, p. 1533, exceto o seguinte:

Laudes

Cântico evangélico, ant.

São **Pe**dro, persis**tin**do na fir**me**za de uma **ro**cha,
que de **Cris**to rece**beu**, não solta o **le**me desta **bar**ca
que é a **Igre**ja do Se**nhor**.

Oração

Ó Deus, que jamais permitis que as potências do mal prevaleçam contra a vossa Igreja, fundada sobre a rocha inabalável dos Apóstolos, dai-lhe, pelos méritos do papa São Leão, permanecer firme na verdade e gozar paz para sempre. Por nosso Senhor Jesus Cristo, vosso Filho, na unidade do Espírito Santo.

Vésperas

Cântico evangélico, ant.

Pedro a**fir**ma cada **di**a na **Igre**ja univer**sal**:
Tu és o **Cris**to, o Mes**si**as, és o **Fi**lho do Deus **vi**vo.

11 de novembro

SÃO MARTINHO, BISPO

Memória

Nasceu na Panônia cerca do ano 316, de pais pagãos. Depois de receber o batismo e de renunciar à carreira militar, fundou um mosteiro em Ligugé (França), onde levou vida monástica sob a direção de Santo Hilário. Foi depois ordenado sacerdote e, mais tarde, eleito bispo de Tours. Foi modelo insigne de bom pastor. Fundou outros mosteiros, dedicou-se à formação do clero e à evangelização dos pobres. Morreu no ano 397.

Do Comum dos pastores: para bispos, p. 1523.

Laudes

Hino

Teus monges todos choravam:
ias, Martinho, morrer.
"Se ao povo sou necessário,
já não recuso viver!"

Aos nossos bispos concede
toda a união, toda a paz;
aumenta a glória da Igreja,
calcando aos pés Satanás.

Ressuscitaste três mortos,
do caos venceste o terror;
partindo ao meio o teu manto,
vestiste o próprio Senhor.

Enfrentarias a luta,
armado apenas da cruz,
mas de ti foge o demônio:
todo o teu ser era luz.

Tu proclamaste o Deus trino,
e a Jesus, Filho de Deus.
A mesma fé professando,
cantar possamos nos céus.

Ant. 1 Sacer**do**te de **Deus**, São Mar**ti**nho,
para **vós** se a**bri**ram os **céus** e o **Rei**no ce**les**te do **Pai**.

Salmos e cântico do domingo da I Semana, p. 764.

Ant. 2 Com os **o**lhos e as **mãos** vol**ta**dos para os **céus**,
seu es**pí**rito incan**sá**vel não ces**sa**va de re**zar**.

Ant. 3 Mar**ti**nho é rece**bi**do alegre**men**te
no **sei**o de Abra**ão**, o nosso **pai**;
Mar**ti**nho, que era **po**bre e hu**mil**de,
carre**ga**do de ri**que**za entra nos **céus**.

Leitura breve Hb 13,7-8

Lembrai-vos de vossos dirigentes, que vos pregaram a palavra de Deus, e, considerando o fim de sua vida, imitai-lhes a fé. Jesus Cristo é o mesmo ontem e hoje e por toda a eternidade.

Responsório breve

R. Colo**cas**tes senti**ne**las
 * Vigi**an**do vosso **po**vo. R. Colo**cas**tes.

V. Anun**ci**am, dia e **noi**te, vosso **no**me, ó Se**nhor**.
 * Vigi**an**do. Glória ao **Pai**. R. Colo**cas**tes.

Cântico evangélico, ant.

Ó fe**liz** e santo **ho**mem, vossa **al**ma está no **céu**.
Os **an**jos se a**le**gram, reju**bi**lam os ar**can**jos;
os **san**tos vos a**cla**mam e as **vir**gens vos con**vi**dam:
Ficai co**nos**co para **sem**pre!

Oração

Ó Deus, que fostes glorificado pela vida e a morte do bispo São Martinho, renovai em nossos corações as maravilhas da vossa graça, de modo que nem a morte nem a vida nos possam separar do vosso amor. Por nosso Senhor Jesus Cristo, vosso Filho, na unidade do Espírito Santo.

Vésperas

Hino

Ao fiel confessor do Senhor
canta a terra com grande alegria.
Mereceu penetrar, glorioso,
nas alturas do céu, neste dia.

Piedoso, prudente e humilde,
casto e sóbrio, constante na paz,
foi até o momento supremo,
que do corpo a morada desfaz.

Vão, por isso, ao sepulcro do santo
implorar a saúde os doentes
e, invocando o Senhor em seu nome,
são curados e voltam contentes.

Nós, agora, cantamos um hino
ao seu nome, em alegre coral.
Seu convívio possamos um dia
partilhar no festim eternal.

Salvação e poder à Trindade
que as alturas celestes habita,

e governa e dirige este mundo
com ciência e bondade infinita.

Ant. 1 Homem **di**gno de lou**vor**:
Nem tra**ba**lho o derro**tou** nem a **tum**ba o fez tre**mer**;
nem mor**rer** o apavo**rou** e a vi**ver** não recu**sou**.

Salmos e cântico do Comum dos pastores, p. 1529.

Ant. 2 Ó Se**nhor**, se ao vosso **po**vo sou **ain**da neces**sá**rio,
não re**cu**so o tra**ba**lho: vossa von**ta**de seja **fei**ta.

Ant. 3 O **bis**po Mar**ti**nho, a **gló**ria do **cle**ro,
par**tiu** deste **mun**do e **vi**ve com **Cris**to.

Leitura breve 1Pd 5,1-4

Exorto aos presbíteros que estão entre vós, eu, presbítero como eles, testemunha dos sofrimentos de Cristo e participante da glória que será revelada: Sede pastores do rebanho de Deus, confiado a vós; cuidai dele, não por coação, mas de coração generoso; não por torpe ganância, mas livremente; não como dominadores daqueles que vos foram confiados, mas antes, como modelos do rebanho. Assim, quando aparecer o pastor supremo, recebereis a coroa permanente da glória.

Responsório breve

R. Eis o a**mi**go dos ir**mãos**,
*Que inter**ce**de pelo **po**vo. R. Eis o a**mi**go.
V. Dedi**cou** a sua **vi**da em fa**vor** de seus ir**mãos**.
*Que inter**ce**de. Glória ao **Pai**. R. Eis o a**mi**go.

Cântico evangélico, ant.

Ó **bis**po fe**liz**, que a**ma**va o **Cris**to com **to**das as **for**ças,
sem te**mer** os se**nho**res e os **gran**des do **mun**do!
Ó **al**ma san**tís**sima, que **sem** ter so**fri**do da es**pa**da a tor**tu**ra,
mere**ceu** plena**men**te a **pal**ma do **már**tir!

Oração como nas Laudes.

12 de novembro

SÃO JOSAFÁ, BISPO E MÁRTIR

Memória

Nasceu na Ucrânia, cerca do ano 1580, de pais ortodoxos. Abraçou a fé católica e entrou na Ordem de São Basílio. Ordenado sacerdote e eleito bispo de Polock, dedicou-se com grande empenho à causa da unidade da Igreja, pelo que foi perseguido pelos seus inimigos e morreu mártir em 1623.

Do Comum de um mártir, p. 1509, ou, dos pastores: para bispos, p. 1523.

Oração

Suscitai, ó Deus, na vossa Igreja o Espírito que impeliu o bispo São Josafá a dar a vida por suas ovelhas, e concedei que, por sua intercessão, fortificados pelo mesmo Espírito, estejamos prontos a dar a nossa vida pelos nossos irmãos. Por nosso Senhor Jesus Cristo, vosso Filho, na unidade do Espírito Santo.

15 de novembro

SANTO ALBERTO MAGNO, BISPO E DOUTOR DA IGREJA

Nasceu em Lauingen, junto ao Danúbio na Baviera (Alemanha), cerca do ano 1206. Fez os seus estudos em Pádua e em Paris. Entrou na Ordem dos Pregadores e exerceu o magistério em vários lugares com grande competência. Ordenado bispo de Ratisbona, pôs todo o seu empenho em estabelecer a paz entre povos e cidades. É autor de muitas e importantes obras, tanto de ciências sagradas como naturais. Morreu em Colônia no ano 1280.

Do Comum dos pastores: para bispos, p. 1523, e dos doutores da Igreja, p. 1533, exceto o seguinte:

Oração

Ó Deus, quisestes que o bispo Santo Alberto fosse grande, porque soube conciliar a sabedoria humana e a verdadeira fé; dai-nos, na escola de tão grande mestre, conhecer-vos e amar-vos mais profundamente, na medida em que progredimos nas ciências. Por nosso Senhor Jesus Cristo, vosso Filho, na unidade do Espírito Santo.

16 de novembro

SANTA MARGARIDA DA ESCÓCIA

Nasceu na Hungria cerca do ano 1046, quando seu pai aí vivia exilado. Foi dada em matrimônio a Malcom III, rei da Escócia, e teve oito filhos.

Foi exemplo admirável de mãe e de rainha. Morreu em Edimburgo no ano 1093.

Do Comum das santas mulheres: para as que se dedicaram às obras de caridade, p. 1573.

Oração

Ó Deus, que tornastes Santa Margarida da Escócia admirável por sua imensa caridade para com os pobres, dai-nos ser, por sua intercessão e exemplo, um reflexo da vossa bondade. Por nosso Senhor Jesus Cristo, vosso Filho, na unidade do Espírito Santo.

No mesmo dia 16 de novembro

SANTA GERTRUDES, VIRGEM

Nasceu em Eisleben (Turíngia) no ano 1256. Era muito jovem ainda quando foi acolhida no mosteiro cisterciense de Helfta, onde se entregou com grande diligência ao estudo, dedicando-se especialmente à literatura e à filosofia. Mais tarde consagrou-se exclusivamente a Deus e progrediu de modo admirável no caminho da perfeição, levando uma vida extraordinária de oração e contemplação. Morreu a 17 de novembro de 1301.

Do Comum das virgens, p. 1539, ou, das santas mulheres: para religiosas, p. 1571.

Oração

Ó Deus, que preparastes para vós uma agradável morada no coração da virgem Santa Gertrudes, iluminai, por suas preces, as trevas do nosso coração, para que experimentemos em nós a alegria da vossa presença e a força da vossa graça. Por nosso Senhor Jesus Cristo, vosso Filho, na unidade do Espírito Santo.

17 de novembro

SANTA ISABEL DA HUNGRIA

Memória

Era filha de André II, rei da Hungria, tendo nascido no ano 1207. Ainda muito jovem foi dada em matrimônio a Luís IV, landgrave da Turíngia, e teve três filhos. Dedicou-se a uma vida de intensa meditação das realidades celestes e de caridade para com o próximo. Depois da morte de seu marido, renunciou aos seus títulos e bens e construiu um hospital onde ela mesma servia os enfermos. Morreu em Marburgo no ano 1231.

Do Comum das santas mulheres: para as que se dedicaram às obras de caridade, p. 1573.

Oração

Ó Deus, que destes a Santa Isabel da Hungria reconhecer e venerar o Cristo nos pobres, concedei-nos, por sua intercessão, servir os pobres e aflitos com incansável caridade. Por nosso Senhor Jesus Cristo, vosso Filho, na unidade do Espírito Santo.

18 de novembro

DEDICAÇÃO DAS BASÍLICAS DE SÃO PEDRO E DE SÃO PAULO, APÓSTOLOS

Já no século XII se celebrava, na basílica vaticana de São Pedro e na de São Paulo na Via Ostiense, o aniversário das respectivas dedicações, feitas pelos papas Silvestre e Siríaco no século IV. Esta comemoração estendeu-se posteriormente a todas as igrejas do Rito romano. Assim como no aniversário da basílica de Santa Maria Maior (5 de agosto) se celebra a Maternidade da Santíssima Virgem Mãe de Deus, assim neste dia se veneram os dois príncipes dos Apóstolos de Cristo.

Do Comum dos apóstolos, p. 1479, exceto o seguinte:

Laudes

Hino

Ó Pedro, pastor piedoso,
desfaze o grilhão dos réus:
com tua palavra podes
abrir e fechar os céus.

Ó Paulo, mestre dos povos,
ensina-nos teu amor:
Correr em busca do prêmio,
chegar ao Cristo Senhor.

A vós, ó Trindade, glória,
poder e louvor também;
que sois eterna unidade
nos séculos, sempre. Amém.

Cântico evangélico, ant.

Se**nhor**, o **após**tolo **Pe**dro, e **Pau**lo, o dou**tor** das **na**ções, transmi**ti**ram a **nós** vossa **lei**.

Oração

Ó Deus, guardai sob a proteção dos apóstolos Pedro e Paulo a vossa Igreja, que deles recebeu a primeira semente do Evangelho, e concedei que por eles receba até o fim dos tempos a graça que a faz crescer. Por nosso Senhor Jesus Cristo, vosso Filho, na unidade do Espírito Santo.

Vésperas

HINO Ó Pedro, pastor piedoso, como nas Laudes, p. 1439.

Cântico evangélico, ant.

Os **cor**pos dos **san**tos re**pou**sam na **paz**;
vive**rão** para **sem**pre seus **no**mes na **gló**ria.

19 de novembro

SÃO ROQUE GONZÁLEZ SANTO AFONSO: RODRÍGUEZ E SÃO JOÃO DEL CASTILLO, PRESBÍTEROS E MÁRTIRES.

Memória.

Roque González de Santa Cruz nasceu em 1576 na cidade de Assunção (Paraguai). Era já sacerdote quando entrou na Companhia de Jesus em 1609, e durante quase vinte anos procurou civilizar os índios que habitavam nas florestas daquelas regiões, agrupando-os nas "Reduções" e instruindo-os na fé, e nos costumes cristãos. Foi morto traiçoeiramente pela fé a 15 de novembro de 1628, juntamente com Afonso Rodríguez, espanhol. Dois dias mais tarde, em outra "Redução", sofreu cruel martírio João dei Castillo, também espanhol, que tinha sido ardente defensor dos índios contra os seus opressores. Estes três sacerdotes jesuítas, martirizados na região do Rio da Prata, foram canonizados pelo Papa São João Paulo II em 1988.

Do Comum de vários mártires, p. 1493, ou, dos pastores, p. 1523.

Oração

Senhor, que a vossa palavra cresça nas terras onde os vossos mártires a semearam e seja multiplicada em frutos de justiça e de paz. Por nosso Senhor Jesus Cristo, vosso Filho, na unidade do Espírito Santo.

21 de novembro

APRESENTAÇÃO DE NOSSA SENHORA

Memória

Neste dia da dedicação (ano 54) da igreja de Santa Maria a Nova, construída perto do templo de Jerusalém, celebramos, juntamente com os cristãos da Igreja Oriental, a "dedicação" que Maria fez de si mesma a Deus, já desde a infância, movida pelo Espírito Santo que a encheu de graça desde a sua Imaculada Conceição.

Do Comum de Nossa Senhora, p. 1462, exceto o seguinte:

Laudes

Hino

Do Rei Esposa e Filha,
real Virgem Maria,
eleita desde sempre
por Deus, que tudo cria.

Donzela Imaculada,
morada do Senhor,
o Espírito, enviado
do céu, vos consagrou.

Sinal de caridade,
que espelha todo o bem.
Aurora da luz nova,
como arca, Deus contém.

Delícias vos envolvem
na Casa do Senhor,
ó ramo de Jessé,
da graça dando a flor.

Ó pedra preciosa,
estrela reluzente,
do Espírito os templos vivos,
fazei-nos transparentes.

Ó Virgem singular,
louvor ao Deus Trindade,
que a vós deu os tesouros
de sua santidade.

Cântico evangélico, ant.

És fe**liz** porque **cres**te, Ma**ri**a,
pois em **ti** a pa**la**vra de **Deus**
vai se cum**prir**, qual foi **di**to, ale**lui**a.

Oração

Ao celebrarmos, ó Deus, a gloriosa memória da Santa Virgem Maria, concedei-nos, por sua intercessão, participar da plenitude da vossa graça. Por nosso Senhor Jesus Cristo, vosso Filho, na unidade do Espírito Santo.

Vésperas

Cântico evangélico, ant

Santa Ma**ri**a, sempre **Vir**gem, Mãe de **Deus**, Senhora **nos**sa;
sois o **tem**plo do Se**nhor**, santu**á**rio do Es**pí**rito!
Mais que **to**das agra**das**tes a Je**sus**, nosso Se**nhor**.

22 de novembro

SANTA CECÍLIA, VIRGEM E MÁRTIR

Memória

O culto de Santa Cecília, que deu o nome a uma basílica construída em Roma no século V, difundiu-se amplamente a partir da narração do seu Martírio em que ela é exaltada como exemplo perfeitíssimo de mulher cristã, que abraçou a virgindade e sofreu o martírio por amor de Cristo.

Do Comum de uma mártir, p. 1509, ou, das virgens, p. 1539, exceto o seguinte:

Laudes

Cântico evangélico, ant.

Bem **ce**do, ao rom**per** da au**ro**ra,
Ce**cí**lia fa**lou** em voz **al**ta:

Ó sol**da**dos de **Cris**to Je**sus**,
despo**jai**-vos das **o**bras das **tre**vas,
reves**ti**-vos das **ar**mas da **luz**!

Oração

Ó Deus, sede favorável às nossas súplicas e dignai-vos atender às nossas preces pela intercessão de Santa Cecília. Por nosso Senhor Jesus Cristo, vosso Filho, na unidade do Espírito Santo.

Vésperas

Cântico evangélico, ant.

A **vir**gem Santa Ce**cí**lia sempre tra**zi**a
o Evan**ge**lho de Jesus **Cris**to no cora**ção**;
sempre o**ra**va, dia e **noi**te, e com Deus fa**la**va.

23 de novembro

SÃO CLEMENTE I, PAPA E MÁRTIR

Depois de Pedro, Clemente foi o terceiro a governar a Igreja de Roma, em fins do século I. Escreveu uma importante carta aos coríntios para restabelecer entre eles a paz e a concórdia.

Do Comum de um mártir, p. 1509, ou, dos pastores: para papas, p. 1523.

Oração

Deus eterno e todo-poderoso, admirável na força dos vossos santos, dai-nos comemorar com alegria a festa do papa São Clemente, sacerdote e mártir do vosso Filho, que testemunhou com o seu sangue o mistério que celebrava e confirmou suas palavras com o exemplo de sua vida. Por nosso Senhor Jesus Cristo, vosso Filho, na unidade do Espírito Santo.

No mesmo dia 23 de novembro

SÃO COLUMBANO, ABADE

Nasceu na Irlanda na primeira metade do século VI, e estudou ciências sagradas e humanas. Tendo abraçado a vida monástica, partiu para a França, onde fundou muitos mosteiros que governou com austera disciplina. Obrigado a exilar-se, foi para a Itália, onde fundou o mosteiro de

Bobbio. Depois de ter exercido tão intensa atividade para promover a vida cristã e religiosa do seu tempo, morreu no ano 615.

Do Comum dos pastores, p. 1523, ou, dos santos homens: para religiosos, p. 1571.

Oração

Ó Deus, que reunistes admiravelmente em São Columbano a solicitude pela pregação do Evangelho e o zelo pela vida monástica, concedei que, por sua intercessão e exemplo, vos procuremos acima de tudo e nos empenhemos no crescimento do vosso povo. Por nosso Senhor Jesus Cristo, vosso Filho, na unidade do Espírito Santo.

24 de novembro

SANTO ANDRÉ DUNG-LAC, PRESBÍTERO, E SEUS COMPANHEIROS, MÁRTIRES

No extremo oriente da Ásia, nas regiões do Vietnã de hoje, o Evangelho já vinha sendo anunciado desde o século XVI. Contudo, de 1625 a 1886, excetuados breves períodos de paz, os governantes dessas regiões tudo fizeram para despertar o ódio contra a religião cristã e os discípulos de Cristo. Quanto mais perseguidos, maior o fervor cristão, tendo como resultado um elevadíssimo número de mártires. O Papa João Paulo II, no dia 19 de junho de 1988, inscreveu 117 deles no rol dos santos mártires. Entre eles, contam-se 11 missionários dominicanos espanhóis, 10 franceses e 96 mártires vietnamitas. Oito são bispos, 50 sacerdotes e 59 leigos, de diversas idades e condições sociais, na maioria pais e mães de família e, alguns, catequistas, seminaristas e militares.

Do Comum de vários mártires, p. 1493.

Oração

Ó Deus, fonte e origem de toda paternidade, que destes aos santos mártires André e seus companheiros serem fiéis à cruz do vosso Filho até a efusão do sangue, concedei, por sua intercessão, que, propagando o vosso amor entre os irmãos, possamos ser chamados vossos filhos e filhas e realmente o sejamos. Por nosso Senhor Jesus Cristo, vosso Filho, na unidade do Espírito Santo.

COMUNS

As antífonas do Cântico evangélico indicadas para as I Vésperas das solenidades podem também ser ditas nas Vésperas das memórias dos Santos.

COMUM DA DEDICAÇÃO DE UMA IGREJA

I Vésperas

HINO, Jerusalém gloriosa, como nas II Vésperas, p. 1453.

Salmodia

Antífona 1

Fora da Quaresma:

Jerusa**lém** está em **fes**ta:
ruas e **pra**ças reju**bi**lam de ale**gri**a. Ale**lui**a.

Na Quaresma:

No **tem**plo de **Deus** os **fiéis** bradam "**Gló**ria"!

Salmo 146(147A)

= 1 Lou**vai** o Senhor **Deus**, porque ele é **bom**, †
cant**ai** ao nosso Deus, porque é suave: *
ele é **di**gno de louvor, ele o merece!

– 2 O Se**nhor** reconstruiu Jerusalém, *
e os dis**per**sos de Israel juntou de novo;
– 3 ele con**for**ta os corações despedaçados, *
ele en**fai**xa suas feridas e as cura;
– 4 fixa o **nú**mero de todas as estrelas *
e **cha**ma a cada uma por seu nome.

– 5 É **gran**de e onipotente o nosso Deus, *
seu sa**ber** não tem medidas nem limites.
– 6 O Senhor **Deus** é o amparo dos humildes, *
mas **do**bra até o chão os que são ímpios.
– 7 Ento**ai**, cantai a Deus ação de graças, *
to**cai** para o Senhor em vossas harpas!

– 8 Ele re**ves**te todo o céu com densas nuvens, *
e a **chu**va para a terra ele prepara;
– faz cres**cer** a verde relva sobre os montes *
e as **plan**tas que são úteis para o homem;
– 9 ele **dá** aos animais seu alimento, *
e ao **cor**vo e aos seus filhotes que o invocam. –

– 10Não é a **for**ça do cavalo que lhe agrada, *
nem se de**lei**ta com os músculos do homem,
– 11mas **agra**dam ao Senhor os que o respeitam, *
os que con**fi**am, esperando em seu amor!

Fora da Quaresma:

Jerusa**lém** está em **fes**ta:
ruas e **pra**ças reju**bi**lam de ale**gri**a. Ale**lui**a.

Na Quaresma:

No **tem**plo de **Deus** os fi**éis** bradam "**Gló**ria!"

Antífona 2

O Se**nhor** refor**çou** as tuas **por**tas,
e os teus **fi**lhos em teu **sei**o abençoo**u**. (T.P. Ale**lui**a).

Salmo 147(147B)

– 12Glori**fi**ca o Se**nhor**, Jerusa**lém**! *
Ó Si**ão**, canta louvores ao teu Deus!

– 13Pois refor**çou** com segurança as tuas portas, *
e os teus **fi**lhos em teu seio abençoou;
– 14a **paz** em teus limites garantiu *
e te **dá** como alimento a flor do trigo.

– 15Ele en**vi**a suas ordens para a terra, *
e a pa**la**vra que ele diz corre veloz;
– 16ele **faz** cair a neve como lã *
e es**pa**lha a geada como cinza.

– 17Como de **pão** lança as migalhas do granizo, *
a seu **fri**o as águas ficam congeladas.
– 18Ele en**vi**a sua palavra e as derrete, *
sopra o **ven**to e de novo as águas correm.

– 19Anun**ci**a a Jacó sua palavra, *
seus pre**cei**tos e suas leis a Israel.
– 20Nenhum **po**vo recebeu tanto carinho, *
a nenhum **ou**tro revelou os seus preceitos.

Ant. O Se**nhor** refor**çou** as tuas **por**tas,
e os teus **fi**lhos em teu **sei**o abençoo**u**. (T.P. Ale**lui**a).

Antífona 3

Fora da Quaresma:

Os **san**tos se **ale**gram na Ci**da**de do Se**nhor**;
os **an**jos cantam **hi**nos de lou**vor** ante seu **tro**no. Ale**lu**ia.

No cântico seguinte dizem-se os Aleluias entre parênteses somente quando se canta; na recitação, basta dizer o Aleluia no começo, entre as estrofes e no fim.

Cântico cf. Ap 19,1-2.5-7

= Ale**lu**ia, (Ale**lu**ia!).
1 Ao nosso **Deus** a salva**ção**, *
honra, **gló**ria e poder! (Aleluia!).
– 2 Pois são ver**da**de e justiça *
os juízos do Senhor.

R. Ale**lu**ia, (Ale**lu**ia!).

= Ale**lu**ia, (Ale**lu**ia!).
5 Cele**brai** o nosso Deus, *
servi**do**res do Senhor! (Aleluia!).
– E vós **to**dos que o temeis, *
vós os **gran**des e os pequenos!

R. Ale**lu**ia, (Ale**lu**ia!).

= 6 De seu **rei**no tomou posse *
nosso **Deus** onipotente! (Aleluia!).
– 7 Exul**te**mos de alegria, *
demos **gló**ria ao nosso Deus!

R. Ale**lu**ia, (Ale**lu**ia!).

= Ale**lu**ia, (Ale**lu**ia!).
Eis que as **núp**cias do Cordeiro *
redi**vi**vo se aproximam! (Aleluia!).
– Sua Es**po**sa se enfeitou, *
se ves**tiu** de linho puro.

R. Ale**lu**ia, (Ale**lu**ia!).

Ant. Os **san**tos se **ale**gram na Ci**da**de do Se**nhor**;
os **an**jos cantam **hi**nos de lou**vor** ante seu **tro**no.
Ale**lu**ia.

Na Quaresma:

Seja **glória** a vós Deus **Pai**, pelo **Cris**to na **Igre**ja.

Cântico cf. Cl 1,12-20

= 12 Demos **gra**ças a Deus **Pai** onipo**ten**te, †
que nos **cha**ma a partilhar, na sua luz, *
da he**ran**ça a seus santos reservada!

(R. Glória a **vós**, Primogênito dentre os **mor**tos!)

= 13 Do im**pé**rio das trevas arrancou-nos †
e transpor**tou**-nos para o reino de seu Filho, *
para o **rei**no de seu Filho bem-amado,
– 14 no **qual** nós encontramos redenção, *
dos pe**ca**dos remissão pelo seu sangue. (R.)

– 15 Do **Deus**, o Invisível, é a imagem, *
o Primo**gê**nito de toda criatura;
= 16 porque **ne**le é que tudo foi criado: †
o que há nos **céus** e o que existe sobre a terra, *
o vi**sí**vel e também o invisível. (R.)

= Sejam **Tro**nos e Poderes que há nos céus, †
sejam **e**les Principados, Potestades: *
por **e**le e para ele foram feitos;
– 17 antes de **to**da criatura ele existe, *
e é por **e**le que subsiste o universo. (R.)

= 18 Ele é a Ca**be**ça da Igreja, que é seu Corpo, †
é o prin**cí**pio, o Primogênito dentre os mortos, *
a **fim** de ter em tudo a primazia.
– 19 Pois foi do a**gra**do de Deus Pai que a plenitude *
habi**ta**sse no seu Cristo inteiramente. (R.)

– 20 **Aprou**ve-lhe também, por meio dele, *
reconcili**ar** consigo mesmo as criaturas,
= pacifi**can**do pelo sangue de sua cruz †
tudo a**qui**lo que por ele foi criado, *
o que há nos **céus** e o que existe sobre a terra.

Ant. Seja **glória** a vós, Deus **Pai**, pelo **Cris**to na **Igre**ja.

Leitura breve Ef 2,19-22

Já não sois mais estrangeiros nem migrantes, mas concidadãos dos santos. Sois da família de Deus. Vós fostes integrados no edifício que tem como fundamento os apóstolos e os profetas, e o próprio Jesus Cristo como pedra principal. É nele que toda a construção se ajusta e se eleva para formar um templo santo no Senhor. E vós também sois integrados nesta construção, para vos tornardes morada de Deus pelo Espírito.

Responsório breve

Fora do Tempo pascal:

R. Refu**l**ge, ó Se**nhor**, * A santi**da**de em vossa **ca**sa. R. Refu**l**ge.
V. Pelos **sé**culos dos **sé**culos. * A santi**da**de.
Glória ao **Pai**. R. Refu**l**ge.

No Tempo pascal:

R. Refu**l**ge, ó Se**nhor**, a santi**da**de em vossa **ca**sa.
* Ale**luia**, Ale**luia**. R. Refu**l**ge.
V. Pelos **sé**culos dos **sé**culos. * Ale**luia**.
Glória ao **Pai**. R. Refu**l**ge.

Cântico Evangélico, ant.

Ale**grai**-vos com **Sião** e exul**tai** por sua **cau**sa,
todos **vós** que a a**mais** (T.P. Ale**luia**).

Preces como nas II Vésperas, p. 1458.

Oração como nas Laudes.

Laudes

Hino

Do Pai eterno talhado,
Jesus, à terra baixado,
tornou-se pedra angular;
na qual o povo escolhido
e o das ilações convertido
vão afinal se encontrar.

Eis que a Deus é consagrada
para ser sua morada
triunfal Jerusalém,
onde em louvor ao Deus trino
sobem dos homens o hino,
os Aleluias e o Amém.

No vosso altar reluzente
permanecei Deus, presente,
sempre a escutar nossa voz;
acolhei todo pedido,
acalmai todo gemido
dos que recorrem a vós.

Sejamos nós pedras vivas,
umas das outras cativas,
que ninguém possa abalar;
com vossos santos um dia,
a exultar de alegria
no céu possamos reinar.

Ant. 1 Minha **ca**sa é **ca**sa de oração (T.P. Ale**lui**a).

Salmos e cântico do domingo da I Semana, p. 764.

Ant. 2 Sede ben**di**to, Senhor **Deus** de nossos **pais**,
no templo **san**to onde re**ful**ge a vossa **gló**ria!
(T.P. Ale**lui**a).

Ant. 3 Lou**vai** o Se**nhor** na assem**blei**a dos **san**tos!
(T.P. Ale**lui**a).

Leitura breve Is 56,7

Eu os conduzirei ao meu santo monte e os alegrarei em minha casa de oração; aceitarei com agrado em meu altar seus holocaustos e vítimas, pois minha casa será chamada casa de oração para todos os povos.

Responsório breve

Fora do Tempo pascal:

R. **Gran**de é o Se**nhor**,
*E muito **dig**no de lou**vor**. R. **Gran**de.
V. No Monte **san**to, na ci**da**de onde ele **mo**ra.
*E muito **dig**no. Glória ao **Pai**. R. **Gran**de.

No Tempo pascal:

R. **Gran**de é o Se**nhor**, e muito **dig**no de lou**vor**.
*Ale**lui**a, ale**lui**a. R. **Gran**de.
V. No Monte **san**to, na ci**da**de onde ele **mo**ra. *Ale**lui**a.
Glória ao **Pai**. R. **Gran**de.

Cântico evangélico, ant.

Za**queu**, desce de**pres**sa,
porque **ho**je vou fi**car** em tua **ca**sa!
Ele des**ceu** rapida**men**te
e o rece**beu** com ale**gri**a em sua **ca**sa.
Hoje en**trou** a salva**ção** nesta **ca**sa (T.P. Ale**lui**a).

Preces

Como pedras vivas, edificadas sobre Cristo, pedra angular, peçamos cheios de fé a Deus Pai todo-poderoso em favor de sua amada Igreja, dizendo:

R. **Esta é a casa de Deus e a porta do céu!**

Pai do céu, que sois o agricultor da vinha que Cristo plantou na terra, purificai, guardai e fazei crescer a vossa Igreja,
– para que, sob o vosso olhar, ela se espalhe por toda a terra. R.

Pastor eterno, protegei e aumentai o vosso rebanho,
– para que todas as ovelhas se congreguem na unidade, sob um só pastor, Jesus Cristo, vosso Filho. R.

Semeador providente, semeai a palavra em vosso campo,
– para que dê frutos abundantes para a vida eterna. R.

Sábio construtor, santificai a Igreja, vossa casa e vossa família,
– para que ela apareça no mundo como cidade celeste, Jerusalém nova e Esposa sem mancha. R.

(intenções livres)

Pai nosso...

Oração

Na própria igreja dedicada:

Ó Deus, que nos fazeis reviver cada ano a dedicação desta igreja, ouvi as preces do vosso povo, e concedei que celebremos neste lugar um culto perfeito e alcancemos a plena salvação. Por nosso Senhor Jesus cristo, vosso Filho, na unidade do Espírito Santo.

Em outra igreja:

Ó Deus, que edificais o vosso templo eterno com pedras vivas e escolhidas, difundi na vossa Igreja o Espírito que lhe destes, para que o vosso povo cresça sempre mais construindo a Jerusalém celeste. Por nosso Senhor Jesus Cristo, vosso Filho, na unidade do Espírito Santo.

Ou:

Ó Deus, que chamastes Igreja o vosso povo, concedei aos que se reúnem em vosso nome temer-vos, amar-vos e seguir-vos, até alcançar, guiados por vós, as promessas eternas. Por nosso Senhor Jesus Cristo, vosso Filho, na unidade do Espírito Santo.

Hora Média

Se as solenidades caem no domingo, tomam-se os salmos do I Domingo, p. 768. Nos outros casos, tomam-se os salmos graduais da Salmodia complementar, p. 1135.

Ant. Re**ful**ge a santi**da**de em vossa **ca**sa
pelos **sé**culos dos **sé**culos, Se**nhor**! (T.P. Ale**lui**a).

Leitura breve 2 Cor 6,16

Vós sois templo do Deus vivo, como disse o próprio Deus: Eu habitarei no meio deles e andarei entre eles. Serei o seu Deus e eles serão o meu povo.

V. Ro**gai** que viva em **paz** Jerusa**lém** (T.P. Ale**lui**a).
R. E em segu**ran**ça os que te **a**mam (T.P. Ale**lui**a).

Oração como nas Laudes.

II Vésperas

Hino

Jerusalém gloriosa,
visão bendita de paz,
de pedras vivas erguida,
por entre os astros brilhais
qual noiva, de anjos cingida,
que seu caminho perfaz.

Já vem do céu preparada
para o festim nupcial,
e ao Senhor será dada
no esplendor virginal.
As suas praças e muros
são do mais puro metal.

Pérolas brilham nas portas
desta cidade sem par,

e pela força dos méritos
vem no seu seio habitar
quem pelo nome de Cristo
soube sofrer e lutar.

Ásperas pedras, talhadas
por um perito no ofício,
com marteladas polidas,
constroem todo o edifício,
umas às outras unidas,
sem qualquer fenda ou orifício.

Ao Pai louvor seja dado,
ao Filho glória também,
com o Espírito sagrado
que dum e doutro provém.
Honra e poder são devidos
aos Três nos séculos. Amém.

Salmodia

Ant. 1 O Se**nhor** tornou **san**ta a sua mo**ra**da:
Quem a **po**de aba**lar**? Ele ha**bi**ta em seu **mei**o
(T.P. Ale**lui**a).

Salmo 45(46),

– 2 O Se**nhor** para **nós** é re**fú**gio e vi**gor**, *
sempre **pron**to, mostrou-se um so**cor**ro na angústia;
– 3 **Assim** não tememos, se a **ter**ra estremece, *
se os **mon**tes desabam, ca**in**do nos mares,
– 4 se as **á**guas trovejam e as **on**das se agitam, *
se, em fe**roz** tempestade, as mon**ta**nhas se abalam:

– 5 Os **bra**ços de um rio vêm tra**zer** alegria *
à Ci**da**de de Deus, à mo**ra**da do Altíssimo.
– 6 Quem a **po**de abalar? Deus es**tá** no seu meio! *
Já bem **an**tes da aurora, ele **vem** ajudá-la.
– 7 Os **po**vos se agitam, os **rei**nos desabam; *
tro**ve**ja sua voz e a **ter**ra estremece.

– 8 Co**nos**co está o Se**nhor** do universo! *
O **nos**so refúgio é o **Deus** de Jacó! –

– 9 Vinde **ver**, contemplai os pro**dí**gios de Deus *
e a **o**bra estupenda que **fez** no universo:
= re**pri**me as guerras na face da terra, †
10 ele **que**bra os arcos, as **lan**ças destrói *
e **quei**ma no fogo os es**cu**dos e as armas:
– 11 "Pa**rai** e sabei, conhe**cei** que eu sou Deus, *
que do**mi**no as nações, que do**mi**no a terra!"

– 12 Co**nos**co es**tá** o Se**nhor** do uni**ver**so! *
O **nos**so re**fú**gio é o **Deus** de Ja**có**!

Ant. O Se**nhor** tornou **san**ta a sua mo**ra**da:
Quem a **po**de aba**lar**? Ele ha**bi**ta em seu **mei**o
(T.P. Ale**lui**a).

Ant. 2 A**le**gres i**re**mos à **ca**sa de **Deus**! (T.P. Ale**lui**a).

Salmo 121(122)

– 1 Que ale**gri**a, quando ou**vi** que me dis**se**ram: *
"Vamos à **ca**sa do Se**nhor**!"
– 2 E a**go**ra nossos pés já se detêm, *
Jerusa**lém**, em tuas portas.

– 3 Jerusa**lém**, cidade bem edificada *
num con**jun**to harmonioso;
– 4 para **lá** sobem as tribos de Israel, *
as **tri**bos do Senhor.

– Para lou**var**, segundo a lei de Israel, *
o **no**me do Senhor.
– 5 A **se**de da justiça lá está *
e o **tro**no de Davi.

– 6 Ro**gai** que viva em paz Jerusalém, *
e em segu**ran**ça os que te amam!
– 7 Que a **paz** habite dentro de teus muros, *
tranquili**da**de em teus palácios!

– 8 Por a**mor** a meus irmãos e meus amigos, *
peço: "A **paz** esteja em ti!"
– 9 Pelo a**mor** que tenho à casa do Senhor, *
eu te de**se**jo todo bem!

Ant. 2 A**le**gres i**re**mos à **ca**sa de **Deus**! (T.P. Ale**lui**a).

Antífona 3

Fora da Quaresma:

Santos **to**dos de **Deus**, ento**ai** seu lou**vor**! (T.P. Ale**lui**a).

No cântico seguinte dizem-se os Aleluias entre parênteses somente quando se canta; na recitação, basta dizer o Aleluia no começo, entre as estrofes e no fim.

Cântico cf. Ap 19,1-7

= Ale**lui**a, (Ale**lui**a!).
1 Ao nosso **Deus** a salva**ção**, *
honra, **gló**ria e poder! (Aleluia!).
– 2 Pois são ver**da**de e justiça *
os juízos do Senhor.

R. Ale**lui**a, (Ale**lui**a!).

= Ale**lui**a, (Ale**lui**a!).
5 Cele**brai** o nosso Deus, *
servi**do**res do Senhor! (Aleluia!).
– E vós **to**dos que o temeis, *
vós os **gran**des e os pequenos!

R. Ale**lui**a, (Ale**lui**a!).

= Ale**lui**a, (Ale**lui**a!).
6 De seu **rei**no tomou posse *
nosso **Deus** onipotente! (Aleluia!).
– 7 Exul**te**mos de alegria, *
demos **gló**ria ao nosso Deus!

R. Ale**lui**a, (Ale**lui**a!).

= Ale**lui**a, (Ale**lui**a!).
Eis que as **núp**cias do Cordeiro *
redi**vi**vo se aproximam! (Aleluia!).
– Sua Es**po**sa se enfeitou, *
se vestiu de linho puro.

R. Ale**lui**a, (Ale**lui**a!).

Ant. Santos **to**dos de **Deus,** ento**ai** seu lou**vor**!
(T.P. Ale**lui**a).

Na Quaresma :

As nações **to**das hão de **vir** perante **vós**,
e pros**tra**das have**rão** de ado**rar**-vos.

Cântico Ap 15,3-4

– [3] Como são **gran**des e admi**rá**veis vossas **o**bras, *
ó Se**nhor** e nosso Deus onipotente!
– Vossos ca**mi**nhos são verdade, são justiça, *
ó **Rei** dos povos todos do universo!

(R. São **gran**des vossas **o**bras, ó Se**nhor**!)

= [4] Quem, Se**nhor**, não haveria de temer-vos, †
e **quem** não honraria o vosso nome? *
Pois so**men**te vós, Senhor, é que sois santo! (R.)

= As nações **to**das hão de vir perante vós †
e, pros**tra**das, haverão de adorar-vos, *
pois vossas **jus**tas decisões são manifestas. (R.)

Ant. As nações **to**das hão de **vir** perante **vós,**
e, pros**tra**das, have**rão** de ado**rar**-vos

Leitura breve Ap 21,1a.2-3,22.27

Vi a cidade santa, a nova Jerusalém, que descia do céu, de junto de Deus, vestida qual esposa enfeitada para o seu marido. Então, ouvi uma voz forte que saía do trono e dizia: Esta é a morada de Deus entre os homens. Deus vai morar no meio deles. Eles serão o seu povo, e o próprio Deus estará com eles. Não vi templo na cidade, pois o seu Templo é o próprio Senhor, o Deus Todo-poderoso, e o Cordeiro. Nunca mais entrará nela o que é impuro, nem alguém que pratica a abominação e a mentira. Entrarão nela somente os que estão inscritos no livro da vida do Cordeiro.

Responsório breve

Na Quaresma:

R. Fe**li**zes, ó Se**nhor**,
* Os que ha**bi**tam vossa **ca**sa! R. Felizes.
V. Para **sem**pre have**rão** de vos lou**var**. * Os que ha**bi**tam. Glória ao **Pai**. R. Felizes.

No Tempo pascal:

R. Fe**li**zes, ó Se**nhor**, os que ha**bi**tam vossa **ca**sa!
* Ale**lui**a, ale**lui**a. R. Felizes.
V. Para **sem**pre have**rão** de vos lou**var**. * Ale**lui**a.
Glória ao **Pai**. R. Felizes.

Cântico evangélico, ant.

O Se**nhor** santifi**cou** sua mo**ra**da;
pois a**qui** o seu **no**me é invo**ca**do,
e **Deus** se faz pre**sen**te em nosso **mei**o (T.P. Ale**lui**a).

Preces

Oremos a nosso Salvador, que entregou sua vida para reunir num só povo os filhos de Deus dispersos; e digamos:

R. **Lembrai-vos, Senhor, da vossa igreja!**

Senhor Jesus, que edificastes a vossa casa sobre a rocha firme,
–consolidai e robustecei a fé e a esperança de vossa Igreja. R.

Senhor Jesus, de cujo lado aberto jorraram sangue e água,
–renovai a vossa Igreja pelos sacramentos da nova e eterna aliança. R.

Senhor Jesus, que estais no meio daqueles que se reúnem em vosso nome,
–escutai a oração de toda a vossa Igreja. R.

Senhor Jesus, que vindes com o Pai morar naqueles que vos amam,
–tornai a vossa Igreja perfeita na caridade. R.

(intenções livres)

Senhor Jesus, que nunca rejeitais quem se aproxima de vós,
–fazei entrar na casa do Pai todos os que já morreram. R.

Pai nosso...

Oração como nas Laudes.

COMUM DE NOSSA SENHORA

I Vésperas

Hino

Maria, Mãe dos mortais,
as nossas preces acolhes;
escuta, pois, nossos ais,
e sempre, sempre nos olhes.

Vem socorrer, se do crime
o laço vil nos envolve.
Com tua mão que redime
a nossa culpa dissolve.

Vem socorrer, se do mundo
o brilho vão nos seduz
a abandonar num segundo
a estrada que ao céu conduz.

Vem socorrer, quando a alma
e o corpo a doença prostrar.
Vejamos com doce calma
a eternidade chegar.

Tenham teus filhos na morte,
tua assistência materna.
E seja assim nossa sorte,
o prêmio da Vida eterna.

Jesus, ao Pai seja glória.
Seja ao Espírito também.
E a vós, ó Rei da vitória,
Filho da Virgem. Amém.

Salmodia

Ant. 1 Ben**di**ta se**jais**, ó **Vir**gem Ma**ria**;
trou**xes**tes no **ven**tre a Quem **fez** o univer**so**!
(T.P. Ale**lui**a).

Salmo 112(113)

– 1 Lou**vai**, louvai, ó **ser**vos do Se**nhor**, *
lou**vai**, louvai o nome do Senhor!
– 2 Ben**di**to seja o nome do Senhor, *
ag**o**ra e por toda a eternidade!
– 3 Do nas**cer** do sol até o seu ocaso, *
lou**va**do seja o nome do Senhor!
– 4 O Se**nhor** está acima das nações, *
sua **gló**ria vai além dos altos céus.
= 5 Quem **po**de comparar-se ao nosso Deus, †
ao Se**nhor**, que no alto céu tem o seu trono *
6 e se in**cli**na para olhar o céu e a terra? –

– 7 **Levanta** da poeira o indigente *
e do **li**xo ele retira o pobrezinho,
– 8 para fa**zê**-lo assentar-se com os nobres, *
assen**tar**-se com os nobres do seu povo.
– 9 Faz a es**té**ril, mãe feliz em sua casa, *
vi**ven**do rodeada de seus filhos.

Ant. Ben**di**ta se**jais**, ó **Vir**gem Ma**ri**a;
trou**xes**tes no **ven**tre a Quem **fez** o uni**ver**so!
(T.P. Ale**lui**a).

Ant. 2 Vós **des**tes a **vi**da a **Quem** vos cri**ou**,
e **Vir**gem se**reis** para **sem**pre, ó Ma**ri**a (T.P. Ale**lui**a).

Salmo 147(147B)

– 12 Glori**fi**ca o Se**nhor**, Jerusa**lém**! *
Ó Si**ão**, canta louvores ao teu Deus!
– 13 Pois refor**çou** com segurança as tuas portas, *
e os teus **fi**lhos em teu seio abençoou;
– 14 a **paz** em teus limites garantiu *
e te **dá** como alimento a flor do trigo.

– 15 Ele en**vi**a suas ordens para a terra, *
e a pa**la**vra que ele diz corre veloz;
– 16 Ele **faz** cair a neve como lã *
e es**pa**lha a geada como cinza.

– 17 Como de **pão** lança as migalhas do granizo, *
a seu **fri**o as águas ficam congeladas.
– 18 Ele en**vi**a sua palavra e as derrete, *
sopra o **ven**to e de novo as águas correm.

– 19 **Anun**cia a Jacó sua palavra, *
seus pre**cei**tos e suas leis a Israel.
– 20 Nenhum **po**vo recebeu tanto carinho, *
a nenhum **ou**tro revelou os seus preceitos.

Ant. Vós **des**tes a **vi**da a **Quem** vos cri**ou**,
e **Vir**gem se**reis** para **sem**pre, ó Ma**ri**a (T.P. Ale**lui**a).

Ant. 3 Sois ben**di**ta por **Deus** entre **to**das, Ma**ri**a,
pois de **vós** rece**be**mos o **Fru**to da **Vi**da (T.P. Ale**lui**a).

Cântico Ef 1,3-10

– 3 Bendito e louvado seja **Deus**, *
o **Pai** de Jesus Cristo, Senhor nosso,
– que do alto **céu** nos abençoou em Jesus Cristo *
com **bên**ção espiritual de toda sorte!

(R. Ben**di**to sejais **vós**, nosso **Pai**,
que **nos** abençoa**as**tes em **Cris**to!)

– 4 Foi em **Cris**to que Deus Pai nos escolheu, *
já bem **an**tes de o mundo ser criado,
– para que **fôs**semos, perante a sua face, *
sem **má**cula e santos pelo amor. (R.)

= 5 Por **li**vre decisão de sua vontade, †
predesti**nou**-nos, através de Jesus Cristo, *
a sermos **ne**le os seus filhos adotivos,
– 6 para o lou**vor** e para a glória de sua graça, *
que em seu **Fi**lho bem-amado nos doou. (R.)

– 7 É **ne**le que nós temos redenção, *
dos pe**ca**dos remissão pelo seu sangue.
= Sua **gra**ça transbordante e inesgotável †
8 Deus der**ra**ma sobre nós com abundância, *
de sa**ber** e inteligência nos dotando. (R.)

– 9 E as**sim**, ele nos deu a conhecer *
o mis**té**rio de seu plano e sua vontade,
– que propu**se**ra em seu querer benevolente, *
10 na pleni**tu**de dos tempos realizar:
– o de**síg**nio de, em Cristo, reunir *
todas as **coi**sas: as da terra e as do céu. (R.)

Ant. Sois ben**di**ta por **Deus** entre **to**das, Ma**ri**a,
pois de **vós** rece**be**mos o **Fru**to da **Vi**da (T.P. Ale**lui**a).

Leitura breve Gl 4,4-5

Quando se completou o tempo previsto, Deus enviou o seu Filho, nascido de uma mulher, nascido sujeito à Lei, a fim de resgatar os que eram sujeitos à Lei e para que todos recebêssemos a filiação adotiva.

Responsório breve

Na Quaresma:

R. Depois do **par**to, ó **Ma**ria,
* Virgem **per**mane**ces**tes. R. Depois do **par**to.
V. Rogai por **nós**, Mãe de **Deus**! * Virgem.
Glória ao **Pai**. R. Depois do **par**to.

No Tempo pascal:

R. Depois do **par**to, ó **Ma**ria, Virgem **per**mane**ces**tes.
* Ale**lui**a, ale**lui**a. R. Depois do **par**to.
V. Rogai por **nós**, Mãe de **Deus**! * Ale**lui**a.
Glória ao **Pai**. R. Depois do **par**to.

Cântico evangélico, ant.

O Pode**ro**so fez em **mim** mara**vi**lhas
e **o**lhou para a humil**da**de de sua **ser**va (T.P. Ale**lui**a).

Ou:

Dora**van**te as gera**ções** hão de cha**mar**-me de ben**di**ta,
porque o Se**nhor** voltou os **o**lhos
para a humil**da**de de sua **ser**va (T.P.Ale**lui**a).

Preces como nas II Vésperas, p. 1471.

Oração como nas Laudes.

Laudes

Hino

Senhora gloriosa,
bem mais que o sol brilhais.
O Deus que vos criou
ao seio amamentais.

O que Eva destruiu,
no Filho recriais;
do céu abris a porta
e os tristes abrigais.

Da luz brilhante porta,
sois pórtico do Rei.
Da Virgem veio a vida.
Remidos, bendizei!

Ao Pai e ao Espírito,
poder, louvor, vitória,
e ao Filho, que gerastes
e vos vestiu de glória.

Ant. 1 Ben**di**ta se**jais**, ó **Vir**gem **Maria**,
por **vós** veio ao **mun**do o **Deus** Salva**dor**!
Da **gló**ria fe**liz** do Se**nhor** onde es**tais**
ro**gai** junto ao **Fi**lho por **nós**, vossos **fi**lhos!
(T.P. Ale**luia**).

Salmos e cântico do domingo da I Semana, p. 764.

Ant. 2 Sois a **gló**ria de Si**ão**, a ale**gri**a de Isra**el**
e a **flor** da humani**da**de! (T.P. Ale**luia**).

Ant. 3 Exul**tai** e ale**grai**-vos, ó **Vir**gem **Maria**,
pois trou**xes**tes o **Cris**to Je**sus** Salva**dor**!
(T.P. Ale**luia**).

Leitura breve cf. Is 61,10

Exulto de alegria no Senhor e minh'alma regozija-se em meu Deus; ele me vestiu com as vestes da salvação, envolveu-me com o manto da justiça e adornou-me qual noiva com suas joias.

Responsório breve

Na Quaresma:

R. O Se**nhor** a escol**heu**,
* Entre **to**das prefe**ri**da. R. O Se**nhor**.
V. O Se**nhor** a fez mo**rar** em sua **san**ta habita**ção**.
* Entre **to**das. Glória ao **Pai**. R. O Se**nhor**.

No Tempo pascal:

R. O Se**nhor** a escol**heu**, entre **to**das prefe**ri**da.
* Ale**luia**, ale**luia**. R. O Se**nhor**.
V. O Se**nhor** a fez mo**rar** em sua **san**ta habita**ção**.
* Ale**luia**. Glória ao **Pai**. R. O Se**nhor**.

Cântico evangélico, ant.

A **por**ta do **céu** foi fe**cha**da por Eva;
por Maria ela **abriu**-se aos **ho**mens de **no**vo (T.P. Ale**luia**).

Preces

Celebremos nosso Salvador, que se dignou nascer da Virgem Maria; e peçamos:

R. **Senhor, que a vossa Mãe interceda por nós!**

Sol de justiça, a quem a Virgem Imaculada precedeu como aurora resplandecente,
– concedei que caminhemos sempre à luz da vossa presença.

R. **Senhor, que a vossa Mãe interceda por nós!**

Palavra eterna do Pai, que escolhestes Maria como arca incorruptível para vossa morada,
– livrai-nos da corrupção do pecado. R.

Salvador do mundo, que tivestes vossa Mãe junto à cruz,
– concedei-nos, por sua intercessão, a graça de participar generosamente nos vossos sofrimentos. R.

Jesus de bondade, que pregado na cruz, destes Maria por Mãe a João,
– fazei que vivamos também como seus filhos e filhas. R.

(intenções livres)

Ou:

Celebremos nosso Salvador, que se dignou nascer da Virgem Maria; e peçamos:

R. **Senhor, que a vossa Mãe interceda por nós!**

Salvador do mundo, que pelos méritos da redenção preservastes a vossa Mãe de toda a mancha de pecado,
– livrai-nos também de todo pecado. R.

Redentor nosso, que fizestes da Imaculada Virgem Maria o tabernáculo puríssimo da vossa presença e o sacrário do Espírito Santo,
– fazei de nós templos vivos do vosso Espírito. R.

Palavra eterna, que ensinastes vossa Mãe a escolher a melhor parte,
– ajudai-nos a imitá-la buscando o alimento da vida eterna. R.

Rei dos reis, que quisestes ter vossa Mãe convosco no céu em corpo e alma,
– fazei que aspiremos sempre aos bens do alto. R.

Senhor do céu e da terra, que colocastes Maria como Rainha à vossa direita,
– dai-nos a alegria de participar um dia com ela da mesma glória. R.

(intenções livres)

Pai nosso...

Oração

Tempo Comum:

Senhor nosso Deus, concedei-nos sempre saúde de alma e corpo, e fazei que, pela intercessão da Virgem Maria, libertos das tristezas presentes, gozemos as alegrias eternas. Por nosso Senhor Jesus Cristo, vosso Filho, na unidade do Espírito Santo.

Ou:

Perdoai, ó Deus, os pecados dos vossos filhos e filhas, e salvai-nos pela intercessão da Virgem Maria, uma vez que não podemos agradar-vos apenas com os nossos méritos. Por nosso Senhor Jesus Cristo, vosso Filho, na unidade do Espírito Santo.

Ou:

Ó Deus de misericórdia, socorrei a nossa fraqueza e concedei-nos ressurgir dos nossos pecados pela intercessão da Mãe de Jesus Cristo, cuja memória hoje celebramos. Por nosso Senhor Jesus Cristo, vosso Filho, na unidade do Espírito Santo.

Ou:

Valha-nos , ó Deus, a intercessão da sempre Virgem Maria, para que, livres de todos os perigos, vivamos em vossa paz. Por nosso Senhor Jesus Cristo, vosso Filho, na unidade do Espírito Santo.

Ou:

Fazei, ó Deus, que, ao celebrarmos a memória da Virgem Maria, possamos também, por sua intercessão, participar da plenitude da vossa graça. Por nosso Senhor Jesus Cristo, vosso Filho, na unidade do Espírito Santo.

Ou:

Ó Deus todo-poderoso, pela intercessão de Maria, nossa Mãe, socorrei os fiéis que se alegram com a sua proteção, livrando-os de todo mal neste mundo e dando-lhes a alegria do céu. Por nosso Senhor Jesus Cristo, vosso Filho, na unidade do Espírito Santo.

Advento:

Ó Deus, que pela anunciação do anjo dipusestes que o vosso Verbo se encarnasse no seio da Virgem Maria, concedei-nos o auxílio,da sua intercessão, pois cremos que és a Mãe de Deus. Por nosso Senhor Jesus Cristo, vosso Filho, na unidade do Espírito Santo.

Tempo de Natal:

Ó Deus que, pela virgindade fecunda de Maria, destes à humanidade a salvação eterna, fazei-nos sentir sempre a sua intercessão, pois ela nos trouxe o Autor da vida. Que convosco vive e reina, na unidade do Espírito Santo.

Na Quaresma:

Derramai, ó Deus, a vossa graça em nossos corações para que, conhecendo pela mensagem do Anjo a encarnação do vosso Filho, cheguemos, por sua paixão e cruz, à glória da ressurreição. Por nosso Senhor Jesus Cristo, vosso Filho, na unidade do Espírito Santo.

Ou:

Perdoai, ó Deus, os pecados dos vossos filhos e filhas, e salvai-nos pela intercessão da Virgem Maria, uma vez que não podemos agradar-vos apenas com os nossos méritos. Por nosso Senhor Jesus Cristo, vosso Filho, na unidade do Espírito Santo.

Tempo Pascal:

Ó Deus, que vos dignastes alegrar o mundo com a ressurreição do vosso Filho, concedei-nos, por sua Mãe, a Virgem Maria, o júbilo da vida eterna. Por nosso Senhor Jesus Cristo, vosso Filho, na unidade do Espírito Santo.

Ou:

Ó Deus, que destes o Espírito Santo aos Apóstolos quando perseveravam em oração com Maria, a mãe de Jesus, concedei-nos, por sua intercessão, fiéis ao vosso serviço, irradiar a glória do vosso nome em palavras e exemplos. Por nosso Senhor Jesus Cristo, vosso Filho, na unidade do Espírito Santo.

Hora Média

Se as solenidades caírem em domingo, tomam-se os salmos do I Domingo, p. 768. Nos outros casos, tomam-se os salmos graduais da Salmodia complementar, p. 1135.

Ant. A **Mãe** de **Jesus** disse a eles:
Fazei **tu**do o que **e**le dis**ser** (T.P. Ale**lui**a).

Leitura breve Zc 9,9

Exulta, cidade de Sião! Rejubila, cidade de Jerusalém. Eis que vem teu rei ao teu encontro; ele é justo, ele salva.

V. Como é **gran**de a **gló**ria da **Mãe** (T.P. Ale**luia**),
R. Que nos **trou**xe o **Rei** do uni**ver**so! (T.P. Ale**luia**).

Oração como nas Laudes.

II Vésperas

Hino

Ave, do mar Estrela,
bendita Mãe de Deus,
fecunda e sempre Virgem,
portal feliz dos céus.

Ouvindo aquele Ave
do anjo Gabriel
mudando de Eva o nome,
trazei-nos paz do céu.

Ao cego iluminai,
ao réu livrai também;
de todo mal guardai-nos
e dai-nos todo o bem.

Mostrai ser nossa Mãe,
levando a nossa voz
a Quem, por nós nascido,
dignou-se vir de vós.

Suave mais que todas,
ó Virgem sem igual,
fazei-nos mansos, puros,
guardai-nos contra o mal.

Oh! dai-nos vida pura,
guiai-nos para a luz,
e um dia, ao vosso lado,
possamos ver Jesus.

Louvor a Deus, o Pai,
e ao Filho, Sumo Bem,
com seu Divino Espírito
agora e sempre. Amém.

Salmodia

Ant. 1 Maria, **alegra**-te, ó **cheia** de **graça**,
o Se**nhor** é con**ti**go! (T.P. Ale**lui**a).

Salmo 121(122)

– [1]Que ale**gri**a, quando ou**vi** que me dis**se**ram: *
"Vamos à **ca**sa do Se**nhor**!"
– [2]E **ago**ra nossos pés já se detêm, *
Jerusa**lém**, em tuas portas.

– [3]Jerusa**lém**, cidade bem edificada *
num con**jun**to harmonioso;
– [4]para **lá** sobem as tribos de Israel, *
as **tri**bos do Senhor.

– Para lou**var**, segundo a lei de Israel, *
o **no**me do Senhor.
– [5]A **se**de da justiça lá está *
e o **tro**no de Davi.

– [6]**Rogai** que viva em paz Jerusalém, *
e em segu**ran**ça os que te amam!
– [7]Que a **paz** habite dentro de teus muros, *
tranquili**da**de em teus palácios!

– [8]Por a**mor** a meus irmãos e meus amigos, *
peço: "A **paz** esteja em ti!"
– [9]Pelo a**mor** que tenho à casa do Senhor, *
eu te de**se**jo todo bem!

Ant. 1 Maria, **alegra**-te, ó **cheia** de **graça**,
o Se**nhor** é con**ti**go! (T.P. Ale**lui**a).

Ant. 2 Eis a **ser**va do Se**nhor**:
rea**li**ze-se em **mim** a Pa**la**vra do Se**nhor**
(T.P. Ale**lui**a).

Salmo 126(127)

– [1]Se o Se**nhor** não constru**ir** a nossa **ca**sa, *
em **vão** trabalharão seus construtores;
– se o Se**nhor** não vigiar nossa cidade, *
em **vão** vigiarão as sentinelas! –

– 2 É **inú**til levantar de madrugada, *
ou à **noi**te retardar vosso repouso,
– para ga**nhar** o pão sofrido do trabalho, *
que a seus a**ma**dos Deus concede enquanto dormem.

– 3 Os **fi**lhos são a bênção do Senhor, *
o **fru**to das entranhas, sua dádiva.
– 4 Como **fle**chas que um guerreiro tem na mão, *
são os **fi**lhos de um casal de esposos jovens.

– 5 Fe**liz** aquele pai que com tais flechas *
con**se**gue abastecer a sua aljava!
– Não se**rá** envergonhado ao enfrentar *
seus ini**mi**gos junto às portas da cidade.

Ant. Eis a **ser**va do Se**nhor**:
realize-se em **mim** a Pa**la**vra do Se**nhor** (T.P. Ale**lui**a).

Ant. 3 És ben**di**ta entre **to**das as mu**lhe**res da **ter**ra,
e ben**di**to é o **fru**to que nas**ceu** do teu **ven**tre!
(T.P. Ale**lui**a).

Cântico Ef 1,3-10

– 3 Ben**di**to e louvado seja **Deus**, *
o **Pai** de Jesus Cristo, Senhor nosso,
– que do alto **céu** nos abençoou em Jesus Cristo *
com **bên**ção espiritual de toda sorte!

(R. Ben**di**to sejais **vós**, nosso **Pai**,
que **nos** abençoa**stes** em **Cris**to!)

– 4 Foi em **Cris**to que Deus Pai nos escolheu, *
já bem **an**tes de o mundo ser criado,
– para que **fôs**semos, perante a sua face, *
sem **má**cula e santos pelo amor. (R.)

= 5 Por **li**vre decisão de sua vontade, †
predesti**nou**-nos, através de Jesus Cristo, *
a sermos **ne**le os seus filhos adotivos,
– 6 para o lou**vor** e para a glória de sua graça, *
que em seu **Fi**lho bem-amado nos doou. (R.)

– [7]É **ne**le que nós temos redenção, *
dos pe**ca**dos remissão pelo seu sangue.
= Sua **gra**ça transbordante e inesgotável †
[8]Deus der**ra**ma sobre nós com abundância, *
de sa**ber** e inteligência nos dotando. (R.)

– [9]E as**sim**, ele nos deu a conhecer *
o mis**té**rio de seu plano e sua vontade,
– que propu**se**ra em seu querer benevolente, *
[10]na pleni**tu**de dos tempos realizar:
– o de**síg**nio de, em Cristo, reunir *
todas as **coi**sas: as da terra e as do céu. (R)

Ant. És ben**di**ta entre **to**das as mu**lhe**res da **ter**ra,
e ben**di**to é o **fru**to que nas**ceu** do teu **ven**tre!
(T.P. Ale**lui**a).

Leitura breve Gl 4,4-5

Quando se completou o tempo previsto, Deus enviou o seu Filho, nascido de uma mulher, nascido sujeito à Lei, a fim de resgatar os que eram sujeitos à Lei e para que todos recebêssemos a filiação adotiva.

Responsório breve

Na Quaresma:

R. **Maria**, alegra-te, ó **chei**a de **gra**ça;
* O Se**nhor** é con**ti**go! R. Maria.
V. És ben**di**ta entre **to**das as mu**lhe**res da **ter**ra
e ben**di**to é o **fru**to que nas**ceu** do teu **ven**tre! * O Se**nhor**.
Glória ao **Pai**. R. Maria.

No Tempo Pascal:

R. Ma**ri**a, ale**gra**-te, ó **chei**a de **gra**ça;
o Se**nhor** é contigo!
* Ale**lui**a, ale**lui**a. R. Maria.
V. És ben**di**ta entre **to**das as mu**lhe**res da **ter**ra
e ben**di**to é o **fru**to que nas**ceu** do teu **ven**tre!
* Ale**lui**a. Glória ao **Pai**. R. Maria.

Cântico evangélico, ant.

É fe**liz** porque **cres**te, Ma**ri**a,
pois em **ti** a Pala**vra** de **Deus**
vai cum**prir**-se con**for**me ele **dis**se (T.P. Ale**lui**a).

Preces

Proclamemos a grandeza de Deus Pai todo-poderoso: Ele quis que Maria, Mãe de seu Filho, fosse celebrada por todas as gerações. Peçamos humildemente:

R. **Cheia de graça, intercedei por nós!**

Deus, autor de tantas maravilhas, que fizestes a Imaculada Virgem Maria participar em corpo e alma da glória celeste de Cristo,
– conduzi para a mesma glória os corações de vossos filhos e filhas. R.

Vós, que nos destes Maria por Mãe, concedei, por sua intercessão, saúde aos doentes, consolo aos tristes, perdão aos pecadores,
– e a todos a salvação e a paz. R.

Vós, que fizestes de Maria a cheia de graça,
– concedei a todos a abundância da vossa graça. R.

Fazei, Senhor, que a vossa Igreja seja, na caridade, um só coração e uma só alma,
– e que todos os fiéis perseverem unânimes na oração com Maria, Mãe de Jesus. R.

(intenções livres)

Vós, que coroastes Maria como Rainha do céu,
– fazei que nossos irmãos e irmãs falecidos se alegrem eternamente em vosso reino, na companhia dos santos. R.

Ou:

Proclamemos a grandeza de Deus Pai todo-poderoso! Ele quis que Maria, Mãe de seu Filho, fosse celebrada por todas as gerações. Peçamos humildemente:

R. **Cheia de graça, intercedei por nós!**

Vós, que fizestes de Maria a Mãe da misericórdia,
– concedei a todos os que estão em perigo sentirem o seu amor materno R.

Vós, que confiastes a Maria a missão de mãe de família no lar de Jesus e José,
– fazei que, por sua intercessão, todas as mães vivam em família o amor e a santidade. R.

Vós, que destes a Maria força para ficar de pé junto à cruz, e a enchestes de alegria com a ressurreição de vosso Filho,
– socorrei os atribulados e confortai-os na esperança.
R. **Cheia de graça, intercedei por nós!**

Vós, que fizestes de Maria a serva fiel e atenta à vossa palavra,
– fazei de nós, por sua intercessão, servos e discípulos de vosso Filho. R.

(intenções livres)

Vós, que coroastes Maria como Rainha do céu,
– fazei que nossos irmãos e irmãs falecidos se alegrem eternamente em vosso reino, na companhia dos santos. R.

Pai nosso...

Oração como nas Laudes.

MEMÓRIA DE SANTA MARIA NO SÁBADO

Nos sábados do Tempo comum, sendo permitida a celebração de memória facultativa, pode-se fazer, com o mesmo rito, a memória de Santa Maria no Sábado.

Laudes

Hino

Senhora gloriosa,
bem mais que o sol brilhais.
O Deus que vos criou
ao seio amamentais.

O que Eva destruiu,
no Filho recriais;
do céu abris a porta
e os tristes abrigais.

Da luz brilhante porta,
sois pórtico do Rei.
Da Virgem veio a vida.
Remidos, bendizei!

Ao Pai e ao Espírito,
poder, louvor, vitória,
e ao Filho, que gerastes
e vos vestiu de glória.

Ou:

Da caridade Estrela fúlgida
para os celestes habitantes
Para os mortais és da esperança
a fonte de águas borbulhantes.

Nobre Senhora, és poderosa
do Filho sobre o coração;
por ti, quem ora, confiante,
dele consegue a salvação.

Tua bondade não apenas
atende à voz dos suplicantes,
mas se antecipa, carinhosa,
aos seus desejos hesitantes.

Misericórdia é o teu nome,
suma grandeza em ti fulgura.
Com água viva de bondade,
sacias toda a criatura.

Glória a Deus Pai e ao Santo Espírito,
glória ao teu Filho Redentor,
que te envolveram com o manto
da sua graça e seu amor.

Ou ainda: Ave, do mar Estrela, como nas II Vésperas do Comum de Nossa Senhora , p. 1467.

Antífonas e salmos do sábado corrente.

Pode-se escolher uma das seguintes leituras breves com seu responsório breve.

Leitura breve Gl 4,4-5

Quando se completou o tempo previsto, Deus enviou o seu Filho; nascido de uma mulher, nascido sujeito à Lei, a fim de resgatar os que eram sujeitos à Lei; para que todos recebêssemos a filiação adotiva.

Responsório breve

R. Depois do **par**to, ó Ma**ri**a, * Virgem **per**mane**ces**tes.
R. Depois do **par**to.
V. Rogai por **nós**, Mãe de **Deus**! * Virgem.
Glória ao **Pai**. R. Depois do **par**to.

Ou: cf. Is 61,10

Exulto de alegria no Senhor e minh'alma regozija-se em meu Deus; ele me vestiu com as vestes da salvação, envolveu-me com o manto da justiça, qual noiva com suas joias.

Responsório breve

R. O Se**nhor** a esco**lheu**,
* Entre **to**das prefe**ri**da. R. O Se**nhor**.
V. O Se**nhor** a fez mo**rar** em sua **san**ta habita**ção**.
* Entre **to**das. Glória ao **Pai**. R. O Se**nhor**.

Ou: Ap 12,1

Apareceu no céu um grande sinal: uma mulher vestida de sol, tendo a lua debaixo dos pés e sobre a cabeça um a coroa de doze estrelas.

Responsório breve

R. Ma**ri**a, a**le**gra-te, ó **chei**a de **gra**ça;
* O Se**nhor** é con**ti**go! R. Ma**ri**a.
V. És ben**di**ta entre **to**das as mu**lhe**res da **ter**ra
e ben**di**to é o **fru**to que nas**ceu** do teu **ven**tre!
* O Se**nhor**. Glória ao **Pai**. R. Ma**ri**a.

Cântico evangélico, ant.

Pode-se escolher uma das seguintes antífonas:

1 Cele**bre**mos devota**men**te a me**mó**ria da Virgem **San**ta;
para que **e**la rogue por **nós** junto ao **Cris**to Senhor Je**sus**.

2 Ó Ma**ri**a, sempre **vir**gem, Mãe de **Deus**,
sois ben**di**ta do Se**nhor**, o Deus Al**tís**simo,
entre **to**das as mu**lhe**res sobre a **ter**ra!

3 Nossa **vi**da per**di**da por **vós** nos é **da**da,
ó **Vir**gem sem **man**cha!
Pois do **céu** conce**bes**tes o **Fi**lho de **Deus**,
e **des**tes ao **mun**do Jesus Salva**dor**.

4 Ma**ri**a, a**le**gra-te, ó **chei**a de **gra**ça.
O Se**nhor** é con**ti**go,
és ben**di**ta entre **to**das as mu**lhe**res da **ter**ra!

5 Virgem **Santa** e Imaculada,
eu não **sei** com que louvores poderei engrandecer-vos!
Pois de **vós** nós recebemos Jesus **Cristo**, o Redentor.

6 Sois a **glória** de **Sião**, a alegria de Israel
e a **flor** da humanidade!

Preces

Celebremos nosso Salvador, que se dignou nascer da Virgem Maria; e peçamos:

R. **Senhor, que a vossa Mãe interceda por nós!**

Sol de justiça, a quem a Virgem Imaculada precedeu como aurora resplandecente,
– concedei que caminhemos sempre à luz da vossa presença. R.

Palavra eterna do Pai, que escolhestes Maria como arca incorruptível para vossa morada,
– livrai-nos da corrupção do pecado. R.

Salvador do mundo, que tivestes vossa Mãe junto à cruz,
– concedei-nos, por sua intercessão, a graça de participar generosamente nos vossos sofrimentos. R.

Jesus de bondade, que, pregado na cruz, destes Maria por Mãe a João,
– fazei que vivamos também como seus filhos. R.

(intenções livres)

Ou:

Celebremos nosso Salvador, que se dignou nascer da Virgem Maria; e peçamos:

R. **Senhor, que a vossa Mãe interceda por nós!**

Salvador do mundo, que pelos méritos da redenção preservastes a vossa Mãe de toda a mancha de pecado,
– livrai-nos também de todo pecado. R.

Redentor nosso, que fizestes da Imaculada Virgem Maria o tabernáculo puríssimo da vossa presença e o sacrário do Espírito Santo,
– fazei de nós templos vivos do vosso Espírito. R.

Palavra eterna, que ensinastes vossa Mãe a escolher a melhor parte,
– ajudai-nos a imitá-la buscando o alimento da vida eterna. R.

Rei dos reis, que quisestes ter vossa Mãe convosco no céu em corpo e alma,
– fazei que aspiremos sempre aos bens do alto.

R. **Senhor, que a vossa Mãe interceda por nós!**

Senhor do céu e da terra, que colocastes Maria como rainha à vossa direita,
– dai-nos a alegria de participar um dia com ela da mesma glória. R.

(intenções livres)

Pai nosso...

Oração

Diz-se, à escolha, uma das orações seguintes:

1 Senhor nosso Deus, concedei-nos sempre saúde de alma e corpo, e fazei que, pela intercessão da Virgem Maria, libertos das tristezas presentes, gozemos as alegrias eternas. Por nosso Senhor Jesus Cristo, vosso Filho, na unidade do Espírito Santo.

2 Perdoai, ó Deus, os pecados dos vossos filhos e filhas, e salvai-nos pela intercessão da Virgem Maria, uma vez que não podemos agradar-vos apenas com os nossos méritos. Por nosso Senhor Jesus Cristo, vosso Filho, na unidade do Espírito Santo.

3 Ó Deus de misericórdia, socorrei a nossa fraqueza e concedei-nos ressurgir dos nossos pecados pela intercessão da Mãe de Jesus Cristo, cuja memória hoje celebramos. Por nosso Senhor Jesus Cristo, vosso Filho, na unidade do Espírito Santo.

4 Valha-nos, ó Deus, a intercessão da sempre Virgem Maria, para que, livres de todos os perigos, vivamos em vossa paz. Por nosso Senhor Jesus Cristo, vosso Filho, na unidade do Espírito Santo.

5 Fazei, ó Deus, que, ao celebrarmos a memória da Virgem Maria, possamos também, por sua intercessão, participar da plenitude da vossa graça. Por nosso Senhor Jesus Cristo, vosso Filho, na unidade do Espírito Santo.

6 Ó Deus todo-poderoso, pela intercessão de Maria, nossa Mãe, socorrei os fiéis que se alegram com a sua proteção, livrando-os de todo mal neste mundo e dando-lhes a alegria do céu. Por nosso Senhor Jesus Cristo, vosso Filho, na unidade do Espírito Santo.

COMUM DOS APÓSTOLOS

I Vésperas

HINO Exulte o céu, como nas II Vésperas, p. 1483.

Salmodia

Ant. 1 Jesus cha**mou** os seus dis**cí**pulos,
escolheu **do**ze dentre **e**les
e lhes **deu** o nome de A**pós**tolos (T.P. Ale**lui**a).

Salmo 116(117)

– 1 Cantai louvores ao Se**nhor**, todas as **gen**tes, *
povos **to**dos, feste**jai**-o!
– 2 Pois comprovado é seu amor para co**nos**co, *
para **sem**pre ele é fiel!

Ant. Jesus cha**mou** os seus dis**cí**pulos,
escolheu **do**ze dentre **e**les
e lhes **deu** o nome de A**pós**tolos (T.P. Ale**lui**a).

Ant. 2 Dei**xan**do suas **re**des, se**gui**ram o Se**nhor**
(T.P. Ale**lui**a).

Salmo 147(147 B)

– 12 Glori**fi**ca o Se**nhor**, Jerusa**lém**! *
Ó Si**ão**, canta louvores ao teu Deus!
– 13 Pois refor**çou** com segurança as tuas portas, *
e os teus **fi**lhos em teu seio abençoou;
– 14 a **paz** em teus limites garantiu *
e te **dá** como alimento a flor do trigo.
– 15 Ele en**vi**a suas ordens para a terra, *
e a pa**la**vra que ele diz corre veloz;
– 16 ele **faz** cair a neve como lã *
e es**pa**lha a geada como cinza.
– 17 Como de **pão** lança as migalhas do granizo, *
a seu **fri**o as águas ficam congeladas.
– 18 Ele en**vi**a sua palavra e as derrete, *
sopra o **ven**to e de novo as águas correm. –

– [19] Anun**ci**a a Jacó sua palavra, *
seus pre**cei**tos e suas leis a Israel.
– [20] Nenhum **po**vo recebeu tanto carinho, *
a nenhum **ou**tro revelou os seus preceitos.

Ant. Dei**xan**do suas **re**des, se**gui**ram o Se**nhor**
(T.P. Ale**lui**a).

Ant. 3 Vós **sois** os meus a**mi**gos, pois guar**das**tes meu **amor**
(T.P. Ale**lui**a).

Cântico Ef 1,3-10

– [3] Ben**di**to e lou**va**do seja **Deus**, *
o **Pai** de Jesus Cristo, Senhor nosso,
– que do alto **céu** nos abençoou em Jesus Cristo *
com **bên**ção espiritual de toda sorte!

(R. Ben**di**to sejais **vós**, nosso **Pai**,
que **nos** abençoas**tes** em **Cris**to!)

– [4] Foi em **Cris**to que Deus Pai nos escolheu, *
já bem **an**tes de o mundo ser criado,
– para que **fôs**semos, perante a sua face, *
sem **má**cula e santos pelo amor. (R.)

= [5] Por **li**vre decisão de sua vontade, †
predesti**nou**-nos, através de Jesus Cristo, *
a sermos **ne**le os seus filhos adotivos,
– [6] para o lou**vor** e para a glória de sua graça, *
que em seu **Fi**lho bem-amado nos doou. (R.)

– [7] É **ne**le que nós temos redenção, *
dos pe**ca**dos remissão pelo seu sangue.
= Sua **gra**ça transbordante e inesgotável †
[8] Deus der**ra**ma sobre nós com abundância, *
de sa**ber** e inteligência nos dotando. (R.)

– [9] E as**sim**, ele nos deu a conhecer *
o mis**té**rio de seu plano e sua vontade,
– que propu**se**ra em seu querer benevolente, *
[10] na pleni**tu**de dos tempos realizar:
– o de**síg**nio de, em Cristo, reunir *
todas as **coi**sas: as da terra e as do céu. (R)

Ant. Vós **sois** os meus a**mi**gos, pois guar**das**tes meu a**mor**
(T.P. Ale**lui**a).

Leitura breve At 2,42-45

Todos eram perseverantes em ouvir o ensinamento dos apóstolos, na comunhão fraterna, na fração do pão e nas orações. E todos estavam cheios de temor por causa dos numerosos prodígios e sinais que os apóstolos realizavam. Todos os que abraçavam a fé viviam unidos e colocavam tudo em comum; vendiam suas propriedades e seus bens e repartiam o dinheiro entre todos, conforme a necessidade de cada um.

Responsório breve

Na Quaresma:

R. Nisto **to**dos sabe**rão**
    * Que vós **sois** os meus dis**cí**pulos. R. Nisto **to**dos.
V. Se uns aos **ou**tros vos a**mar**des. * Que vós **sois**.
    Glória ao **Pai.** R. Nisto **to**dos.

No Tempo pascal:

R. Nisto **to**dos sabe**rão** que vós **sois** os meus dis**cí**pulos.
    * Ale**lui**a, ale**lui**a. R. Nisto **to**dos.
V. Se uns aos **ou**tros vos a**mar**des. * Ale**lui**a.
    Glória ao **Pai.** R. Nisto **to**dos.

Cântico evangélico, ant.

Não fostes **vós** que me esco**lhes**tes,
mas, sim, **eu** vos esco**lhi** e vos **dei** esta mis**são**:
de produ**zir**des muito **fru**to e o vosso **fru**to perma**ne**ça
(T.P. Ale**lui**a).

Preces como nas II Vésperas, p. 1487.

Oração como no Próprio dos Santos.

Laudes

Hino

Fora do Tempo pascal:

Do supremo Rei na corte sois
ministros, que Jesus
instruiu e fez Apóstolos,
sal da terra e sua luz.

A feliz Jerusalém,
cuja lâmpada é o Cordeiro,
vos possui, quais joias raras,
fundamento verdadeiro.

A Igreja vos celebra
como esposa do Senhor.
Vossa voz a trouxe à vida,
vosso sangue a consagrou.

Quando os tempos terminarem
e o Juiz vier julgar,
sobre tronos gloriosos
havereis de vos sentar.

Sem cessar, a vossa prece
nos dê força e proteção.
Das sementes que espalhastes
brote a flor e nasça o grão.

Glória a Cristo, que de vós
fez do Pai os enviados,
e vos deu o seu Espírito,
por quem fostes consagrados.

No Tempo pascal:

O sol fulgura sobre o mundo
com o clarão da luz pascal,
quando os Apóstolos veem Cristo
com sua vista corporal.

Na carne fúlgida de Cristo
veem das chagas o esplendor
e para todos anunciam:
Ressurgiu Cristo em seu fulgor.

Ó Jesus Cristo, Rei clemente,
nos corações vinde habitar,
para que possam, todo o tempo,
vossos louvores entoar.

Sede, Jesus, de nossas almas
gozo pascal, perene glória.
Aos renascidos pela graça
dai partilhar vossa vitória.

Glória a Jesus, por quem a morte
foi para sempre destruída.
Pelos Apóstolos abriu
estrada nova para a vida.

Ant. 1 O **meu** manda**men**to é **es**te:
amai-vos como **eu** vos a**mei**! (T.P. Ale**lui**a).

Salmos e cântico do domingo da I Semana, p. 764.

Ant. 2 Não há mai**or** prova de a**mor**,
que dar a **vi**da pelo a**mi**go (T.P. Ale**lui**a).

Ant. 3 Vós se**reis** os meus a**mi**gos,
se se**guir**des meus pre**cei**tos (T.P. Ale**lui**a).

Leitura breve Ef 2,19-22

Já não sois mais estrangeiros nem migrantes, mas concidadãos dos santos. Sois da família de Deus. Vós fostes integrados no edifício que tem como fundamento os apóstolos e os profetas, e o próprio Jesus Cristo como pedra principal. É nele que toda a construção se ajusta e se eleva para formar um templo santo no Senhor. E vós também sois integrados nesta construção, para vos tornardes morada de Deus pelo Espírito.

Responsório breve

Fora do Tempo pascal:

R. Fareis **de**les os **che**fes
* Por **to**da a **ter**ra. R. Fareis.
V. Lembra**rão** vosso **no**me, Se**nhor**, para **sem**pre.
* Por **to**da. Glória ao **Pai**. R. Fareis **de**les.

No Tempo pascal:

R. Fareis **de**les os **che**fes por **to**da a **ter**ra.
* Ale**lui**a, ale**lui**a. R. Fareis.
V. Lembra**rão** vosso **no**me, Se**nhor**, para **sem**pre.
* Ale**lui**a. Glória ao **Pai**. R. Fareis **de**les.

Cântico evangélico, ant.

Jerusa**lém**, ó ci**da**de ce**les**te,
teus ali**cer**ces são os **do**ze A**pós**tolos,
tua **luz**, teu ful**gor** é o Cor**dei**ro! (T.P. Ale**lui**a).

Preces

Irmãos caríssimos, tendo recebido dos apóstolos a herança celeste, agradeçamos a Deus, nosso Pai, todos os seus dons; e aclamemos:

R. **O coro dos apóstolos vos louva, Senhor!**

Louvor a vós, Senhor, pela mesa do vosso Corpo e Sangue que recebemos por intermédio dos apóstolos;
– por ela somos alimentados e vivemos. R.

Louvor a vós, Senhor, pela mesa de vossa Palavra, preparada para nós pelos apóstolos;
– por ela recebemos luz e alegria. R.

Louvor a vós, Senhor, por vossa santa Igreja, edificada sobre o fundamento dos apóstolos;
– com ela formamos um só Corpo. R.

Louvor a vós, Senhor, pelos sacramentos do Batismo e da Penitência que confiastes aos apóstolos;
– por eles somos lavados de todo pecado. R.

(intenções livres)

Pai nosso...

Oração como no Próprio dos Santos.

Hora Média

Ant. Eis que **eu** estou con**vos**co em **to**dos os **di**as
até o fim do **mun**do, é o que **diz** o Se**nhor** (T.P. Ale**lui**a).

Leitura breve At 5,12a.14

Muitos sinais e maravilhas eram realizados entre o povo pelas mãos dos apóstolos. Crescia sempre mais o número dos que aderiam ao Senhor pela fé; era uma multidão de homens e mulheres.

V. Eles guar**da**vam os pre**cei**tos (T.P. Ale**lui**a).
R. E as **or**dens do Se**nhor** (T.P. Ale**lui**a).

Oração como no Próprio dos Santos.

II Vésperas

Hino

Fora do Tempo pascal:

Exulte o céu com louvores,
e a terra cante vitória.
Dos enviados de Cristo
os astros narram a glória.

Ó vós, juízes dos tempos,
luz verdadeira do mundo,
dos corações que suplicam
ouvi o grito profundo.

Dizendo só uma palavra,
os céus fechais ou abris.
Mandai que sejam desfeitos
de nossa culpa os ardis.

À vossa voz obedecem
enfermidade e saúde.
Sarai nossa alma tão frágil
e dai-nos paz e virtude.

E quando o Cristo vier
no fim dos tempos julgar,
das alegrias eternas
possamos nós partilhar.

Louvor e glória ao Deus vivo,
que em vós nos deu sua luz,
o Evangelho da vida
que para o céu nos conduz.

No Tempo pascal:

Aos Onze entristecia
do seu Senhor a sorte,
por ímpios condenado
a dura, acerba morte.

Àquelas que o buscavam
prediz o Anjo de neve:
"Na Galileia o Cristo
vos saudará em breve".

Mas, quando ansiosas correm,
levando aos Onze a nova,
o Cristo aparecendo,
viver de novo prova.

Os Onze tomam logo
da Galileia a estrada;
contemplam do Senhor
a face desejada.

Jesus, nós vos pedimos,
sejais nossa alegria.
A morte morre em nós,
a vida principia.

Louvor ao que da morte
ressuscitado vem,
ao Pai e ao Paráclito
eternamente. Amém.

Salmodia

Ant. 1 Vós fi**cas**tes a meu **la**do quando **vei**o a prova**ção** (T.P. Ale**lui**a).

Salmo 115(116B)

–10 Guar**dei** a minha **fé**, mesmo di**zen**do: *
“É de**mais** o sofrimento em minha vida!”
–11 Confi**ei**, quando dizia na aflição: *
“Todo **ho**mem é mentiroso! Todo homem!”

–12 Que pode**rei** retribuir ao Senhor Deus *
por tudo a**qui**lo que ele fez em meu favor?
–13 Elevo o **cá**lice da minha salvação, *
invo**can**do o nome santo do Senhor.
–14 Vou cum**prir** minhas promessas ao Senhor *
na pre**sen**ça de seu povo reunido.

–15 É sen**ti**da por demais pelo Senhor *
a **mor**te de seus santos, seus amigos.
=16 Eis que **sou** o vosso servo, ó Senhor, †
vosso **ser**vo que nasceu de vossa serva; *
mas me que**bras**tes os grilhões da escravidão! –

– [17]Por isso **ofer**to um sacrifício de louvor, *
invo**can**do o nome santo do Senhor.
– [18]Vou cum**prir** minhas promessas ao Senhor *
na pre**sen**ça de seu povo reunido;
– [19]nos **á**trios da casa do Senhor, *
em teu **mei**o, ó cidade de Sião!

Ant. Vós fi**cas**tes a meu **la**do quando **vei**o a prova**ção**
(T.P. Ale**lui**a).

Ant. 2 Eu es**tou** em vosso **mei**o como a**que**le que vos **ser**ve
(T.P. Ale**lui**a).

Salmo 125(126)

– [1]Quando o Se**nhor** recondu**ziu** nossos ca**ti**vos, *
pare**cí**amos so**nhar**;
– [2]en**cheu**-se de sorriso nossa boca, *
nossos **lá**bios, de canções.

– Entre os gen**ti**os se dizia: "Maravilhas *
fez com **e**les o Senhor!"
– [3]Sim, mara**vi**lhas fez conosco o Senhor, *
exul**te**mos de alegria!

– [4]**Mu**dai a nossa sorte, ó Senhor, *
como tor**ren**tes no deserto.
– [5]Os que **lan**çam as sementes entre lágrimas, *
cei**fa**rão com alegria.

– [6]Cho**ran**do de tristeza sairão, *
espa**lhan**do suas sementes;
– can**tan**do de alegria voltarão, *
carre**gan**do os seus feixes!

Ant. Eu es**tou** em vosso **mei**o como a**que**le que vos **ser**ve
(T.P. Ale**lui**a).

Ant. 3 Não vos **cha**mo mais meus **ser**vos,
mas vos **cha**mo meus a**mi**gos,
pois vos **dei** a conhe**cer**
o que o **Pai** me reve**lou**. (T.P. Ale**lui**a).

Cântico Ef 1,3-10

– 3 Bendito e louvado seja **Deus**, *
o **Pai** de Jesus Cristo, Senhor nosso,
– que do alto **céu** nos abençoou em Jesus Cristo *
com **bên**ção espiritual de toda sorte!

(R. Ben**di**to sejais **vós**, nosso **Pai**,
que **nos** abençoastes em **Cris**to!)

– 4 Foi em **Cris**to que Deus Pai nos escolheu, *
já bem **an**tes de o mundo ser criado,
– para que **fôs**semos, perante a sua face, *
sem **má**cula e santos pelo amor. (R.)

= 5 Por **li**vre decisão de sua vontade, †
predestin**ou**-nos, através de Jesus Cristo, *
a sermos **ne**le os seus filhos adotivos,
– 6 para o lou**vor** e para a glória de sua graça, *
que em seu **Fi**lho bem-amado nos doou. (R.)

– 7 É **ne**le que nós temos redenção, *
dos pe**ca**dos remissão pelo seu sangue.
= Sua **gra**ça transbordante e inesgotável †
8 Deus der**ra**ma sobre nós com abundância, *
de sa**ber** e inteligência nos dotando. (R.)

– 9 E as**sim**, ele nos deu a conhecer *
o mis**té**rio de seu plano e sua vontade,
– que propu**se**ra em seu querer benevolente, *
10 na pleni**tu**de dos tempos realizar:
– o de**síg**nio de, em Cristo, reunir *
todas as **coi**sas: as da terra e as do céu. (R)

Ant. Não vos **cha**mo mais meus **ser**vos,
mas vos **cha**mo meus **ami**gos,
pois vos **dei** a conhe**cer**
o que o **Pai** me reve**lou**. (T.P. Ale**lu**ia).

Leitura breve Ef 4,11-13

Cristo instituiu alguns como apóstolos, outros como profetas, outros ainda como evangelistas, outros, enfim, como pastores e mestres. Assim, ele capacitou os santos para o ministério, para edificar o corpo de Cristo, até que cheguemos todos juntos à unidade da fé e do conhecimento do Filho de Deus, ao estado do homem perfeito e à estatura de Cristo em sua plenitude.

Responsório breve

Fora do Tempo pascal:

R. Anunci**ai** entre as na**ções**
 * A **gló**ria do Se**nhor**. R. Anunci**ai**.
V. E as **su**as mara**vi**lhas entre os **po**vos do uni**ver**so.
 * A **gló**ria. Glória ao **Pai**. R. Anunci**ai**.

No Tempo pascal:

R. Anunci**ai** entre as na**ções** a **gló**ria do Se**nhor**.
 * Ale**lui**a, ale**lui**a. R. Anunci**ai**.
V. E as **su**as mara**vi**lhas entre os **po**vos do uni**ver**so.
 * Ale**lui**a. Glória ao **Pai.** R. Anunci**ai**.

Cântico evangélico, ant.

Quando o **Fi**lho do **Ho**mem, na **no**va cria**ção**,
vier em sua **gló**ria, com **e**le reina**reis**
e em vossos **tro**nos julga**reis** as doze **tri**bos de Isra**el**
(T.P. Ale**lui**a).

Preces

Irmãos, edificados sobre o fundamento dos apóstolos, roguemos a Deus Pai todo-poderoso em favor de seu povo santo; e digamos:

R. **Lembrai-vos, Senhor, da vossa Igreja!**

Vós quisestes, ó Pai, que o vosso Filho, ressuscitado dos mortos, aparecesse em primeiro lugar aos apóstolos;
– fazei de nós testemunhas do vosso Filho até os confins da terra. R.

Vós, que enviastes vosso Filho ao mundo para evangelizar os pobres,
– fazei que o Evangelho seja pregado a toda criatura. R.

Vós, que enviastes vosso Filho para semear a palavra do reino,
– concedei-nos colher na alegria os frutos da palavra semeada com o nosso trabalho. R.

Vós, que enviastes vosso Filho para reconciliar o mundo convosco pelo seu sangue,
– fazei que todos nós colaboremos na obra da reconciliação de toda a humanidade. R.

(intenções livres)

Vós, que glorificastes vosso Filho à vossa direita nos céus,
– recebei no reino da felicidade eterna os nossos irmãos e irmãs falecidos.

R. **Lembrai-vos, Senhor, da vossa Igreja!**

Pai nosso...

Oração como no Próprio dos Santos.

COMUM DOS MÁRTIRES

PARA VÁRIOS MÁRTIRES

I Vésperas

HINO Dos que partilham a glória, como nas II vésperas, p. 1498.

Salmodia

Ant. 1 Vio**lên**cia e tor**tu**ra so**fre**ram os **már**tires:
testemunhas de **Cris**to até a vi**tó**ria (T.P. Ale**lui**a).

Salmo 117(118)

I

– 1 Dai **gra**ças ao Se**nhor**, porque ele é **bom**! *
"E**ter**na é a sua misericórdia!"
– 2 A **ca**sa de Israel agora o diga: *
"E**ter**na é a sua misericórdia!"
– 3 A **ca**sa de Aarão agora o diga: *
"E**ter**na é a sua misericórdia!"
– 4 Os que **te**mem o Senhor agora o digam: *
"E**ter**na é a sua misericórdia!"
– 5 Na minha an**gús**tia eu clamei pelo Senhor, *
e o Se**nhor** me atendeu e libertou!
– 6 O Se**nhor** está comigo, nada temo; *
o que **po**de contra mim um ser humano?

– 7 O Se**nhor** está comigo, é o meu auxílio, *
hei de **ver** meus inimigos humilhados.
– 8 "É me**lhor** buscar refúgio no Senhor *
do que **pôr** no ser humano a esperança;
– 9 é me**lhor** buscar refúgio no Senhor *
do que con**tar** com os poderosos deste mundo!"

– 10 Povos pa**gãos** me rodearam todos eles, *
mas em **no**me do Senhor os derrotei;
– 11 de todo **la**do todos eles me cercaram, *
mas em **no**me do Senhor os derrotei;

= 12 como um en**xa**me de abelhas me atacaram, †
como um **fo**go de espinhos me queimaram, *
mas em **no**me do Senhor os derrotei.

– 13 Empur**ra**ram-me, tentando derrubar-me, *
mas **vei**o o Senhor em meu socorro.
– 14 O Se**nhor** é minha força e o meu canto, *
e tor**nou**-se para mim o Salvador.
– 15 "Cla**mo**res de alegria e de vitória *
resso**em** pelas tendas dos fiéis.

= 16 A mão di**rei**ta do Senhor fez maravilhas, †
a mão di**rei**ta do Senhor me levantou, *
a mão di**rei**ta do Senhor fez maravilhas!"

– 17 Não morre**rei**, mas, ao contrário, viverei *
para can**tar** as grandes obras do Senhor!
– 18 O Se**nhor** severamente me provou, *
mas **não** me abandonou às mãos da morte.

Ant. Violê**n**cia e tor**tu**ra so**fre**ram os **már**tires:
teste**mu**nhas de **Cri**sto até a **vi**tória (T.P. Ale**lui**a).

Ant. 2 Triun**fa**ram os **san**tos e en**tra**ram no **Rei**no;
rece**be**ram de **Deus** a co**ro**a de **gló**ria (T.P. Ale**lui**a).

II

– 19 Abri-me **vós**, abri-me as portas da justiça; *
quero en**trar** para dar graças ao Senhor!
– 20 "Sim, **es**ta é a porta do Senhor, *
por **e**la só os justos entrarão!"

– 21 Dou-vos **gra**ças, ó Senhor, porque me ouvistes *
e vos tor**nas**tes para mim o Salvador!
– 22 "A **pe**dra que os pedreiros rejeitaram *
tor**nou**-se agora a pedra angular.
– 23 Pelo Se**nhor** é que foi feito tudo isso: *
Que mara**vi**lhas ele fez a nossos olhos!
– 24 Este é o **di**a que o Senhor fez para nós, *
ale**gre**mo-nos e nele exultemos!

– 25 Ó Se**nhor**, dai-nos a vossa salvação, *
ó Se**nhor**, dai-nos também prosperidade!"
– 26 Ben**di**to seja, em nome do Senhor, *
a**que**le que em seus átrios vai entrando!
– Desta **ca**sa do Senhor vos bendizemos. *
27 Que o Se**nhor** e nosso Deus nos ilumine!

– Empu**nhai** ramos nas mãos, formai cortejo, *
aproxi**mai**-vos do altar, até bem perto!
– 28 Vós sois meu **Deus,** eu vos bendigo e agradeço! *
Vós sois meu **Deus**, eu vos exalto com louvores!
– 29 Dai **gra**ças ao Senhor, porque ele é bom! *
"E**ter**na é a sua misericórdia!"

Ant. Triun**fa**ram os **san**tos e en**tra**ram no **Rei**no;
rece**be**ram de **Deus** a co**ro**a de **gló**ria (T.P. Ale**lui**a).

Ant. 3 Os **már**tires, **mor**tos por **Cris**to,
vivem **sem**pre com **e**le nos **céus** (T.P. Ale**lui**a).

Cântico 1Pd 2,21-24

= 21 O **Cris**to por **nós** pade**ceu**, †
dei**xou**-nos o exemplo a seguir. *
Si**ga**mos, portanto, seus passos!
– 22 Pe**ca**do nenhum cometeu, *
nem **hou**ve engano em seus lábios.

(R. Por suas **cha**gas nós **fo**mos cu**ra**dos.)

= 23 Insul**ta**do, ele não insultava; †
ao so**frer** e ao ser maltratado, *
ele **não** ameaçava vingança;
– entre**ga**va, porém, sua causa *
À**que**le que é justo juiz. (R.)

–[24] Carregou sobre si nossas culpas *
em seu **corpo**, no lenho da cruz,
= para que, **mor**tos aos nossos pecados, †
na jus**ti**ça de Deus nós vivamos. *
Por suas **cha**gas nós fomos curados. (R.)

Ant. Os **már**tires, **mor**tos por **Cris**to,
vivem **sem**pre com ele nos **céus** (T.P. Ale**lui**a).

Fora do Tempo pascal

Leitura breve Rm 8,35.37-39

Quem nos separará do amor de Cristo? Tribulação? Angústia? Perseguição? Fome? Nudez? Perigo? Espada? Mas, em tudo isso, somos mais que vencedores, graças àquele que nós amou! Tenho a certeza que nem a morte, nem a vida, nem os anjos, nem os poderes celestiais, nem o presente nem o futuro, nem as forças cósmicas, nem a altura, nem a profundeza, nem outra criatura qualquer será capaz de nos separar do amor de Deus por nós, manifestado em Cristo Jesus, nosso Senhor.

Responsório breve

R. As **al**mas dos **jus**tos
* Es**tão** protegi**das** nas **mãos** do Se**nhor**. R. As **al**mas.
V. O tor**men**to da **mor**te não **há** de to**cá**-las. * Es**tão** protegi**das**.
Glória ao **Pai**. R. As **al**mas.

Cântico evangélico, ant.

O **Rei**no dos **céus** vos per**ten**ce,
pois **des**tes a **vi**da por **Cris**to;
la**vas**tes as **ves**tes no **san**gue
e che**gas**tes ao **prê**mio da **gló**ria.

Preces

Nesta hora em que o Rei dos mártires ofereceu sua vida na última Ceia e a entregou na cruz, demos-lhe graças; dizendo:

R. **Nós vos louvamos e bendizemos, Senhor!**

Nós vos agradecemos, ó Salvador, fonte e exemplo de todo martírio, porque nos amastes até o fim: R.

Porque viestes chamar os pecadores arrependidos para o prêmio da vida eterna:

R. **Nós vos louvamos e bendizemos, Senhor!**

Porque destes à vossa Igreja, como sacrifício para a remissão dos pecados, o Sangue da nova e eterna Aliança: R.

Porque a vossa graça nos mantém até hoje perseverantes na fé: R.

(intenções livres)

Porque associastes à vossa morte, neste dia, muitos de nossos irmãos e irmãs: R.

Pai nosso...

Não havendo Oração própria, como nas Laudes, p. 1495.

No Tempo pascal

Leitura breve Ap 3,10-12

Porque guardaste a minha ordem de perseverar, também eu te vou guardar da hora da provação, que está para vir sobre todo o universo, para pôr à prova os habitantes da terra. Eu venho logo! Guarda bem o que recebeste, para que ninguém roube a tua coroa. Do vencedor vou fazer uma coluna no templo do meu Deus, e daí não sairá. Nela gravarei o nome do meu Deus, e o nome da cidade do meu Deus, a nova Jerusalém, que desce do céu, de junto do meu Deus. E gravarei nela também o meu novo nome.

Responsório breve

R. Vós **san**tos e **elei**tos, ale**grai**-vos no Se**nhor**!
 * Ale**luia**, ale**luia**. R. Vós **santos**.
V. Porque **Deus** vos escol**heu** para **ser**des sua he**ran**ça.
 * Ale**luia**. Glória ao **Pai**. R. Vós **san**tos.

Cântico evangélico, ant.

A luz e**ter**na brilha**rá** aos vossos **san**tos,
e a **vi**da para **sem**pre, ale**lui**a.

Preces

Nesta hora em que o Rei dos mártires ofereceu sua vida na última Ceia e a entregou na cruz, demos-lhe graças, dizendo:

R. **Nós vos louvamos e bendizemos, Senhor!**

Nós vos agradecemos, ó Salvador, fonte e exemplo de todo martírio, porque nos amastes até o fim: R.

Porque viestes chamar os pecadores arrependidos para o prêmio da vida eterna: R.

Porque destes à vossa Igreja, como sacrifício para a remissão dos pecados, o Sangue da nova e eterna Aliança: R.

Porque a vossa graça nos mantém até hoje perseverantes na fé: R.

(intenções livres)

Porque associastes à vossa morte, neste dia, muitos de nossos irmãos e irmãs: R.

Pai nosso...

Não havendo Oração própria, como nas Laudes, p. 1497.

Laudes

Hino

De Cristo o dom eterno,
dos mártires vitória,
alegres celebremos
com cânticos de glória.

São príncipes da Igreja,
na luta triunfaram.
Do mundo sendo luzes,
à glória já chegaram.

Venceram os terrores,
as penas desprezaram.
Na morte coroados,
à luz feliz chegaram.

Por ímpios torturados,
seu sangue derramaram.
Mas, firmes pela fé,
na vida eterna entraram.

Invictos na esperança,
guardando a fé constantes,
no pleno amor de Cristo
já reinam triunfantes.

Já têm no Pai a glória,
no Espírito a energia,
e exultam pelo Filho,
repletos de alegria.

Pedimos, Redentor,
unidos ser também
dos mártires à glória
no vosso Reino. Amém.

Ant. 1 Os **már**tires de **Cris**to, em seus tor**men**tos,
contem**pla**vam os **céus** e supli**ca**vam:
Ó Se**nhor**, dai-nos a **for**ça nesta **hora!** (T.P. A**le**luia).

Salmos e cântico do domingo da I Semana, p. 764.

Na Quaresma:

Ant. 2 Vós **már**tires de **Deus**, bendi**zei**-o para **sem**pre.

No Tempo Pascal:

Ant. 2 Espí**ri**tos ce**les**tes e **san**tos do Se**nhor**,
can**tai** com ale**gri**a um **hi**no ao nosso **Deus.** Ale**lu**ia.

Ant. 3 Vós **már**tires **to**dos em **co**ro,
lou**vai** o Se**nhor** nas al**tu**ras! (T.P. Ale**lu**ia).

Fora do Tempo pascal

Leitura breve 2Cor 1,3-5

Bendito seja o Deus e Pai de nosso Senhor Jesus Cristo, o Pai das misericórdias e Deus de toda consolação. Ele nos consola em todas as nossas aflições, para que, com a consolação que nós mesmos recebemos de Deus, possamos consolar os que se acham em toda e qualquer aflição. Pois, à medida que os sofrimentos de Cristo crescem para nós, cresce também a nossa consolação por Cristo.

Responsório breve

R. Os **san**tos e os **jus**tos
* Vive**rão** eterna**men**te. R. Os **san**tos.
V. E a **su**a recom**pen**sa é o Se**nhor**. * Vive**rão**.
Glória ao **Pai**. R. Os **san**tos.

Cântico evangélico, ant.
Felizes de **vós**, os perse**gui**dos
por **cau**sa da jus**ti**ça do Se**nhor**,
porque o **Rei**no dos **céus** há de ser **vos**so!

Preces

Irmãos, celebremos nosso Salvador, a Testemunha fiel, nos mártires que deram a vida pela palavra de Deus; e digamos:

R. **Com vosso sangue nos remistes, Senhor!**

Por intercessão de vossos mártires que abraçaram livremente a morte para testemunharem a sua fé,
– dai-nos, Senhor, a verdadeira liberdade de espírito. R.

Por intercessão de vossos mártires, que proclamaram a fé derramando o próprio sangue,
– dai-nos, Senhor, pureza e constância na fé. R.

Por intercessão de vossos mártires que, carregando a cruz, seguiram vossos passos,
– dai-nos, Senhor, suportar com coragem as dificuldades da vida R.

Por intercessão de vossos mártires, que lavaram suas vestes no sangue do Cordeiro,
– dai-nos, Senhor, vencer todas as ciladas da carne e do mundo. R.

(intenções livres)

Pai nosso...

Oração

Não havendo oração própria, diz-se uma das seguintes:

Deus todo-poderoso, que destes aos santos N. e N. a graça de sofrer pelo Cristo, ajudai também a nossa fraqueza, para que possamos viver firmes em nossa fé, como eles não hesitaram em morrer por vosso amor. Por nosso Senhor Jesus Cristo, vosso Filho, na unidade do Espírito Santo.

Ou:

Ó Deus, ao comemorarmos todos os anos a paixão dos mártires N. e N., dai-nos a alegria de ver atendidas as nossas preces, para imitarmos sua firmeza na fé. Por nosso Senhor Jesus Cristo, vosso Filho, na unidade do Espírito Santo.

Para virgens mártires:

Ó Deus, que hoje nos alegrais com a comemoração de vossas santas N. e N., concedei que sejamos ajudados pelos seus méritos e iluminados pelos seus exemplos de castidade e fortaleza. Por nosso Senhor Jesus Cristo, vosso Filho, na unidade do Espírito Santo.

Para santas mulheres:

Ó Deus, cuja força se manifesta na fraqueza, fazei que, ao celebrarmos a glória das santas N. e N., que de vós receberam a força para vencer, obtenhamos, por sua intercessão, a graça da vitória. Por nosso Senhor Jesus Cristo, vosso Filho, na unidade do Espírito Santo.

No Tempo pascal

Leitura breve 1Jo 5,3-5

Isto é amar a Deus: observar os seus mandamentos. E os seus mandamentos não são pesados, pois todo o que nasceu de Deus vence o mundo. E esta é a vitória que venceu o mundo: a nossa fé. Quem é o vencedor do mundo, senão aquele que crê que Jesus é o Filho de Deus?

Responsório breve

R. Uma e**ter**na ale**gri**a coroa**rá** sua ca**be**ça.
* Ale**lui**a, ale**lui**a. R. Uma e**ter**na.
V. Ale**gri**a e rego**zi**jo eles **hão** de alcan**çar**.
* Ale**lui**a. Glória ao **Pai**. R. Uma e**ter**na.

Cântico evangélico, ant.

Santos **to**dos do Se**nhor**, ale**grai**-vos e exul**tai**,
porque a **vos**sa recom**pen**sa
nos **céus** é muito **gran**de. Ale**lui**a.

Preces

Irmãos, celebremos nosso Salvador, a Testemunha fiel, nos mártires que deram a vida pela palavra de Deus; e digamos:

R. **Com vosso sangue nos remistes, Senhor!**

Por intercessão de vossos mártires que abraçaram livremente a morte para testemunharem a sua fé,
– dai-nos, Senhor, a verdadeira liberdade de espírito. R.

Por intercessão de vossos mártires, que proclamam a fé derramando o próprio sangue,
– dai-nos, Senhor, pureza e constância na fé. R.

Por intercessão de vossos mártires que, carregando a cruz, seguiram vossos passos,
– dai-nos, Senhor, suportar com coragem as dificuldades da vida. R.

Por intercessão de vossos mártires, que lavaram suas vestes no sangue do Cordeiro,
– dai-nos, Senhor, vencer todas as ciladas da carne e do mundo. R.

(intenções livres)

Pai nosso...

Oração

Não havendo oração própria, diz-se uma das seguintes:

Ó Deus, força na fé e auxílio na fraqueza, associai-nos à paixão e ressurreição do vosso Filho, pelo exemplo e preces dos mártires N. e N., para gozarmos eternamente com eles a perfeita alegria da vossa presença. Por nosso Senhor Jesus Cristo, vosso Filho, na unidade do Espírito Santo.

Ou:

Alegre-nos, ó Pai, o triunfo de vossos mártires N. e N. aos quais destes a graça de proclamar a paixão e ressurreição do vosso Filho, derramando o sangue em morte gloriosa. Por nosso Senhor Jesus Cristo, vosso Filho, na unidade do Espírito Santo.

Para virgens mártires:

Ó Deus, que hoje nos alegrais com a comemoração de vossas santas N. e N., concedei que sejamos ajudados pelos seus méritos e iluminados pelos seus exemplos de castidade e fortaleza. Por nosso Senhor Jesus Cristo, vosso Filho, na unidade do Espírito Santo.

Para santas mulheres:

Ó Deus, cuja força se manifesta na fraqueza, fazei que, ao celebrarmos a glória das santas N. e N., que de vós receberam a força para vencer, obtenhamos por sua intercessão, a graça da vitória. Por nosso Senhor Jesus Cristo, vosso Filho, na unidade do Espírito Santo.

Hora Média

Ant. Vós lhes **des**tes, ó Se**nhor**, um nome **san**to e glori**o**so e a co**ro**a de jus**ti**ça (T.P. Ale**lui**a).

Leitura breve

Fora do Tempo pascal: cf. Hb 11,33

Os santos, pela fé, conquistaram reinos, praticaram a justiça, foram contemplados com promessas em Cristo Jesus nosso Senhor.

No Tempo pascal: Ap 3,21

Ao vencedor farei sentar-se comigo no meu trono, como também eu venci e estou sentado com meu Pai no seu trono.

V. Vossa tris**te**za breve**men**te (T.P. Ale**lui**a).
R. Vai mu**dar**-se em ale**gri**a (T.P. Ale**lui**a).

Oração como nas Laudes.

II Vésperas

Hino

Dos que partilham a glória dos santos,
queremos juntos cantar os louvores
e celebrar as ações gloriosas
da nobre estirpe de tais vencedores.

Temeu o mundo e os (as) lançou na prisão,
por desprezarem os seus atrativos
como de terra sem água e sem flores,
e vos seguiram, Jesus, Rei dos vivos.

Por vós, contenda feroz enfrentaram
sem murmurar, nem queixar-se de ofensa,
de coração silencioso e espírito
bem consciente, em fiel paciência.

Que verbo ou voz poderá descrever
o prêmio eterno que aos mártires dais?
Louros vermelhos, brilhantes de sangue,
são seus ornatos, troféus imortais.

A vós, ó Deus Uno e Trino, pedimos:
dai-nos a paz, a ventura e o bem,
lavai a culpa, afastai todo o mal.
Vós que reinais pelos séculos. Amém.

Salmodia

Ant. 1 Os **cor**pos dos **san**tos re**pou**sam na **paz**;
viv**erão** para **sem**pre seus **no**mes na **gló**ria
(T.P. Ale**luia**).

Salmo 114(116A)

– 1 Eu **a**mo o Se**nhor**, porque **ou**ve *
o **gri**to da minha oração.
– 2 Incli**nou** para mim seu ouvido, *
no **di**a em que eu o invoquei.

– 3 Pren**di**am-me as cordas da morte, *
aper**ta**vam-me os laços do abismo;
= 4 inva**di**am-me angústia e tristeza: †
eu en**tão** invoquei o Senhor: *
"Sal**vai**, ó Senhor, minha vida!"

– 5 O Se**nhor** é justiça e bondade, *
nosso **Deus** é amor-compaixão.
– 6 É o Se**nhor** quem defende os humildes: *
eu es**ta**va oprimido, e salvou-me.
– 7 Ó minh'**al**ma, retorna à tua paz, *
o Se**nhor** é quem cuida de ti!

= 8 Liber**tou** minha vida da morte, †
enxu**gou** de meus olhos o pranto *
e li**vrou** os meus pés do tropeço.
– 9 Anda**rei** na presença de Deus, *
junto a **e**le na terra dos vivos.

Ant. Os **cor**pos dos **san**tos re**pou**sam na **paz**;
vi**verão** para **sem**pre seus **no**mes na **gló**ria
(T.P. Ale**luia**).

Ant. 2 Fi**éis** teste**mu**nhas são **es**tes
pois **de**ram por **Deus** suas **vi**das (T.P. Ale**luia**).

Salmo 115(116B)

– [10]Guar**dei** a minha **fé**, mesmo di**zen**do: *
“É de**mais** o sofrimento em minha vida!”
– [11]Confi**ei**, quando dizia na aflição: *
“Todo **ho**mem é mentiroso! Todo homem!”

– [12]Que pode**rei** retribuir ao Senhor Deus *
por tudo a**qui**lo que ele fez em meu favor?
– [13]Elevo o **cá**lice da minha salvação, *
invo**can**do o nome santo do Senhor.
– [14]Vou cum**prir** minhas promessas ao Senhor *
na pre**sen**ça de seu povo reunido.

– [15]É sen**ti**da por demais pelo Senhor *
a **mor**te de seus santos, seus amigos.
= [16]Eis que **sou** o vosso servo, ó Senhor, †
vosso **ser**vo que nasceu de vossa serva; *
mas me que**bras**tes os grilhões da escravidão!

– [17]Por isso o**fer**to um sacrifício de louvor, *
invo**can**do o nome santo do Senhor.
– [18]Vou cum**prir** minhas promessas ao Senhor *
na pre**sen**ça de seu povo reunido;
– [19]nos **á**trios da casa do Senhor, *
em teu **mei**o, ó cidade de Sião!

Ant. Fi**éis** teste**mu**nhas são **es**tes
pois **de**ram por **Deus** suas **vi**das (T.P. Ale**lui**a).

Ant. 3 Eis os **már**tires **for**tes e **fiéis**;
pela Ali**an**ça do Se**nhor** deram a **vi**da,
lavando as **ves**tes no **san**gue do Cor**dei**ro.
(T.P. Ale**lui**a).

Cântico Ap 4,11; 5,9. 10.12

– [4,11]Vós sois **dig**no, Se**nhor** nosso **Deus**, *
de rece**ber** honra, glória e poder!

(R. Po**der**, honra e **gló**ria ao Cor**dei**ro de **Deus**!)

= Porque **to**das as coisas criastes, †
é por **vos**sa vontade que existem, *
e sub**sis**tem porque vós mandais. (R.)

= 5,9 Vós sois **digno**, Senhor nosso Deus, †
de o **li**vro nas mãos receber *
e de a**brir** suas folhas lacradas! (R.)

– Porque **fos**tes por nós imolado; *
para **Deus** nos remiu vosso sangue
– dentre **to**das as tribos e línguas, *
dentre os **po**vos da terra e nações. (R.)

= 10 Pois fi**zes**tes de nós, para Deus, †
sacer**do**tes e povo de reis, *
e **ire**mos reinar sobre a terra. (R.)

= 12 O Cor**dei**ro imolado é digno †
de rece**ber** honra, glória e poder, *
sabedo**ri**a, louvor, divindade! (R.

Ant. Eis os **már**tires **for**tes e **fiéis**;
pela Ali**an**ça do Se**nhor** deram a **vi**da,
lavando as **ves**tes no **san**gue do Cor**dei**ro.
(T.P. Ale**lui**a).

Fora do Tempo pascal

Leitura breve 1Pd 4,13-14

Alegrai-vos por participar dos sofrimentos de Cristo, para que possais também exultar de alegria na revelação da sua glória. Se sofreis injúrias por causa do nome de Cristo, sois felizes, pois o Espírito da glória, o Espírito de Deus repousa sobre vós.

Responsório breve

R. Regozij**ai**-vos no Se**nhor**,
* Ó **jus**tos, exul**tai**! R. Regozi**jai**-vos.
V. Corações **re**tos, ale**grai**-vos! * Ó **jus**tos.
Glória ao **Pai**. R. Regozi**jai**-vos.

Cântico evangélico, ant.

A**le**grem-se nos **céus** os a**mi**gos do Se**nhor**,
que se**gui**ram os seus **pas**sos;
derra**ma**ram o seu **san**gue por **a**mor a Jesus **Cris**to,
e com **e**le reina**rão**.

Preces

Nesta hora em que o Rei dos mártires ofereceu sua vida na última Ceia e a entregou na cruz, demos-lhe graças, dizendo:

R. **Nós vos louvamos e bendizemos, Senhor!**

Nós vos agradecemos, ó Salvador, fonte e exemplo de todo martírio, porque nos amastes até o fim: R.

Porque viestes chamar os pecadores arrependidos para o prêmio da vida eterna: R.

Porque destes à vossa Igreja, como sacrifício para a remissão dos pecados, o Sangue da nova e eterna Aliança: R.

Porque a vossa graça nos mantém até hoje perseverantes na fé: R.

(intenções livres)

Porque associastes à vossa morte, neste dia, muitos de nossos irmãos: R.

Pai nosso...

Não havendo Oração própria, como nas Laudes, p. 1495.

No Tempo pascal

Leitura breve Ap 7,14b-17

Esses são os que vieram da grande tribulação. Lavaram e alvejaram as suas roupas no sangue do Cordeiro. Por isso, estão diante do trono de Deus e lhe prestam culto, dia e noite, no seu templo. E aquele que está sentado no trono os abrigará na sua tenda. Nunca mais terão fome nem sede. Nem os molestará o sol nem algum calor ardente. Porque o Cordeiro, que está no meio do trono, será o seu pastor e os conduzirá às fontes da água da vida. E Deus enxugará as lágrimas de seus olhos.

Responsório breve

R. Os **jus**tos brilha**rão** como o **sol** ante o Se**nhor**.
* Ale**luia**, ale**luia**. R. Os **jus**tos.

V. E os de **re**to cora**ção** hão de **fi**car muito a**le**gres.
* Ale**luia**. Glória ao **Pai**. R. Os **jus**tos.

Cântico evangélico, ant.

Ó **San**tos, alegrai-vos na pre**sen**ça: do Cor**dei**ro;
pois o **Rei**no do Se**nhor** para **vós** foi prepa**ra**do
desde a o**ri**gem do uni**ver**so. Ale**lui**a!

Preces

Nesta hora em que o Rei dos mártires ofereceu sua vida na última Ceia e a entregou na cruz, demos-lhe graças, dizendo:

R. **Nós vos louvamos e bendizemos, Senhor!**

Nós vos agradecemos, ó Salvador, fonte e exemplo de todo martírio, porque nos amastes até o fim: R.

Porque viestes chamar os pecadores arrependidos para o prêmio da vida eterna: R.

Porque destes à vossa Igreja, como sacrifício para a remissão dos pecados, o Sangue da nova e eterna Aliança: R.

Porque a vossa graça nos mantém até hoje perseverantes na fé: R.

(intenções livres)

Porque associastes à vossa morte, neste dia, muitos de nossos irmãos e irmãs: R.

Pai nosso...

Não havendo Oração própria, como nas Laudes, p. 1497.

PARA UM(A) MÁRTIR

I Vésperas

HINO Ó Deus, dos vossos heróis, como nas II Vésperas p. 1514, ou Da Mãe Autor p. 1515.

Salmodia

Ant. 1 Quem de **mim** der teste**mu**nho ante os **ho**mens,
darei **de**le o teste**mu**nho ante meu **Pai** (T.P. Ale**lui**a).

Salmo 117(118)

I

– 1 Dai **gra**ças ao Se**nhor**, porque ele é **bom**! *
“E**ter**na é a sua misericórdia!”

– 2 A **ca**sa de Israel agora o diga: *
“E**ter**na é a sua misericórdia!”
– 3 A **ca**sa de Aarão agora o diga: *
“E**ter**na é a sua misericórdia!”
– 4 Os que **te**mem o Senhor agora o digam: *
“E**ter**na é a sua misericórdia!”

– 5 Na minha an**gús**tia eu clamei pelo Senhor, *
e o Se**nhor** me atendeu e libertou!
– 6 O Se**nhor** está comigo, nada temo; *
o que **po**de contra mim um ser humano?
– 7 O Se**nhor** está comigo, é o meu auxílio, *
hei de **ver** meus inimigos humilhados.

– 8 É me**lhor** buscar refúgio no Senhor *
do que **pôr** no ser humano a esperança;
– 9 é me**lhor** buscar refúgio no Senhor *
do que con**tar** com os poderosos deste mundo!

– 10 Povos pa**gãos** me rodearam todos eles, *
mas em **no**me do Senhor os derrotei;
– 11 de todo **la**do todos eles me cercaram, *
mas em **no**me do Senhor os derrotei;

= 12 como um en**xa**me de abelhas me atacaram, †
como um **fo**go de espinhos me queimaram, *
mas em **no**me do Senhor os derrotei.

– 13 Empur**ra**ram-me, tentando derrubar-me, *
mas **vei**o o Senhor em meu socorro.
– 14 O Se**nhor** é minha força e o meu canto, *
e tor**nou**-se para mim o Salvador.
– 15 “Cla**mo**res de alegria e de vitória *
res**so**em pelas tendas dos fiéis.

= 16 A mão di**rei**ta do Senhor fez maravilhas, †
a mão di**rei**ta do Senhor me levantou, *
a mão di**rei**ta do Senhor fez maravilhas!” –

– 17 Não morre**rei**, mas, ao contrário, viverei *
para can**tar** as grandes obras do Senhor!
– 18 O Se**nhor** severamente me provou, *
mas **não** me abandonou às mãos da morte.

Ant. Quem de **mim** der teste**mu**nho ante os **ho**mens,
darei **de**le o teste**mu**nho ante meu **Pai.** (T.P. Ale**lui**a).

Ant. 2 Quem me **se**gue não ca**mi**nha em meio às **tre**vas,
mas te**rá** a luz da **vi**da, diz Je**sus.** (T.P. Ale**lui**a).

II

– 19 Abri-me **vós**, abri-me as **por**tas da jus**ti**ça; *
quero en**trar** para dar graças ao Senhor!
– 20 "Sim, **es**ta é a porta do Senhor, *
por **e**la só os justos entrarão!"
– 21 Dou-vos **gra**ças, ó Senhor, porque me ouvistes *
e vos tor**nas**tes para mim o Salvador!

– 22 "A **pe**dra que os pedreiros rejeitaram *
tor**nou**-se agora a pedra angular.
– 23 Pelo Se**nhor** é que foi feito tudo isso: *
Que mara**vi**lhas ele fez a nossos olhos!
– 24 Este é o **di**a que o Senhor fez para nós, *
ale**gre**mo-nos e nele exultemos!

– 25 Ó Se**nhor**, dai-nos a vossa salvação, *
ó Se**nhor**, dai-nos também prosperidade!"
– 26 Ben**di**to seja, em nome do Senhor, *
a**que**le que em seus átrios vai entrando!
– Desta **ca**sa do Senhor vos bendizemos. *
27 Que o Se**nhor** e nosso Deus nos ilumine!

– Empu**nhai** ramos nas mãos, formai cortejo, *
aproxi**mai**-vos do altar, até bem perto!
– 28 Vós sois meu **Deus**, eu vos bendigo e agradeço! *
Vós sois meu **Deus**, eu vos exalto com louvores!
– 29 Dai **gra**ças ao Senhor, porque ele é bom! *
"E**ter**na é a sua misericórdia!"

Ant. Quem me **se**gue não ca**mi**nha em meio às **tre**vas,
mas te**rá** a luz da **vi**da, diz Je**sus** (T.P. Ale**lui**a).

Ant. 3 Como são **gran**des em **nós** os sofri**men**tos de **Cris**to,
assim, por **e**le, é **gran**de o con**so**lo que **te**mos.
(T.P. Ale**lui**a).

Cântico 1Pd 2,21-24

=[21] O **Cris**to por **nós** pade**ceu**, †
dei**xou**-nos o exemplo a seguir. *
Si**ga**mos, portanto, seus passos!
–[22] Pe**ca**do nenhum cometeu, *
nem **hou**ve engano em seus lábios.

(R. Por suas **cha**gas nós **fo**mos cu**ra**dos.)

=[23] Insul**ta**do, ele não insultava; †
ao so**frer** e ao ser maltratado, *
ele **não** ameaçava vingança;
– entre**ga**va, porém, sua causa *.
À**que**le que é justo juiz. (R.)

–[24] Carre**gou** sobre si nossas culpas *
em seu **cor**po, no lenho da cruz,
= para que, **mor**tos aos nossos pecados, †
na jus**ti**ça de Deus nós vivamos. *
Por suas **cha**gas nós fomos curados. (R.)

Ant. Como são **gran**des em **nós** os sofri**men**tos de **Cris**to,
assim, por **e**le, é **gran**de o con**so**lo que **te**mos.
(T.P. Ale**lui**a).

Fora do Tempo pascal

Leitura breve Rm 8,35.37-39

Quem nos separará do amor de Cristo? Tribulação? Angústia? Perseguição? Fome? Nudez? Perigo? Espada? Mas, em tudo isso, somos mais que vencedores, graças àquele que nos amou! Tenho a certeza que nem a morte, nem a vida, nem os anjos, nem os poderes celestiais, nem o presente nem o futuro, nem as forças cósmicas, nem a altura, nem a profundeza, nem outra criatura qualquer será capaz de nos separar do amor de Deus por nós, manifestado em Cristo Jesus, nosso Senhor.

Responsório breve

Para um santo mártir:

R. De esplen**dor** e de **gló**ria,
* Ó Se**nhor,** o coro**as**tes. R. De esplen**dor**.
V. Vossas **o**bras aos **pés** lhe pu**ses**tes, Se**nhor.**
* Ó Se**nhor.** Glória ao **Pai.** R. De esplen**dor**.

Para uma santa mártir:

R. O Se**nhor** a esco**lheu**,
* Entre **to**das prefe**ri**da. R. O Se**nhor**.
V. O Se**nhor** a fez mo**rar** em sua **san**ta habita**ção**.
* Entre **to**das. Glória ao **Pai.** R. O Se**nhor**.

Cântico evangélico, ant.

Para um santo mártir:

Por seu **Deus**, são (sto) N. lu**tou** até à **mor**te;
supe**rou** as prova**ções**, pois Je**sus** foi sua **for**ça.

Para uma santa mártir:

Santa N. foi **for**te no Se**nhor**;
ja**mais** a sua **luz** have**rá** de se apa**gar**.

Preces

Nesta hora em que o Rei dos mártires ofereceu sua vida na última Ceia e a entregou na cruz, demos-lhe graças, dizendo:

R. **Nós vos louvamos e bendizemos, Senhor!**

Nós vos agradecemos, ó Salvador, fonte e exemplo de todo martírio, porque nos amastes até o fim: R.

Porque viestes chamar os pecadores arrependidos para o prêmio da vida eterna: R.

Porque destes à vossa Igreja, como sacrifício para a remissão dos pecados, o Sangue da nova e eterna Aliança: R.

Porque a vossa graça nos mantém até hoje perseverantes na fé: R.

(intenções livres)

Porque associastes à vossa morte, neste dia, muitos de nossos irmãos: R.

Pai nosso...

Não havendo Oração própria, como nas Laudes, p. 1511.

No Tempo pascal

Leitura breve Ap 3,10-12

Porque guardaste a minha ordem de perseverar, também eu te vou guardar da hora da provação, que está para vir sobre todo o universo, para pôr à prova os habitantes da terra. Eu venho logo! Guarda bem o que recebeste, para que ninguém roube a tua coroa. Do vencedor vou fazer uma coluna no templo do meu Deus, e daí não sairá. Nela gravarei o nome do meu Deus, e o nome da cidade do meu Deus, a nova Jerusalém, que desce do céu, de junto do meu Deus. E gravarei nela também o meu novo nome.

Responsório breve

R. Vós **san**tos e e**lei**tos, ale**grai**-vos no Se**nhor**!
 * Ale**lui**a, ale**lui**a. R. Vós **san**tos.
V. Porque **Deus** vos esco**lheu** para **ser**des sua he**ran**ça.
 * Ale**lui**a. Glória ao **Pai.** R. Vós **san**tos.

Cântico evangélico, ant.

A luz e**ter**na brilha**rá** aos vossos **san**tos,
e a **vi**da para **sem**pre, ale**lui**a.

Preces

Nesta hora em que o Rei dos mártires ofereceu sua vida na última Ceia e a entregou na cruz, demos-lhe graças, dizendo:

R. **Nós vos louvamos e bendizemos, Senhor!**

Nós vos agradecemos, ó Salvador, fonte e exemplo de todo martírio, porque nos amastes até o fim: R.

Porque viestes chamar os pecadores arrependidos para o prêmio da vida eterna: R.

Porque destes à vossa Igreja, como sacrifício para a remissão dos pecados, o Sangue da nova e eterna Aliança: R.

Porque a vossa graça nos mantém até hoje perseverantes na fé: R.

(intenções livres)

Porque associastes à vossa morte, neste dia, muitos de nossos irmãos e irmãs. R.

Pai nosso...

Não havendo Oração própria, como nas Laudes, p. 1513.

Laudes

Hino

Ó mártir de Deus, que seguindo
o Filho divino, com amor,
venceste o poder inimigo
e gozas no céu, vencedor.

Na graça da tua oração,
das culpas apaga o sinal,
afasta o desgosto da vida,
afasta o contágio do mal.

Desfeitos os laços do corpo,
triunfas com Cristo nos céus:
Dos laços do mundo nos livra
por causa do Filho de Deus.

Louvor a Deus Pai com o Filho,
e ao Sopro de vida também.
Os Três, com coroa de glória,
no céu te cingiram. Amém.

Para uma virgem mártir:

Do casto sois modelo,
do mártir, fortaleza;
a ambos dais o prêmio:
ouvi-nos com presteza.

Louvamos esta virgem
tão grande e de alma forte,
por duas palmas nobre,
feliz por dupla sorte.

Fiel no testemunho,
do algoz o braço armou,
e a vós, na confiança,
o espírito entregou.

Vencendo assim as chagas
e o seu perseguidor,
e o mundo lisonjeiro,
a fé nos ensinou.

Por sua intercessão,
as culpas perdoai.
E, livres do pecado,
na graça nos guardai.

Jesus, da Virgem Filho,
louvor a vós convém,
ao Pai e ao Espírito
nos séculos. Amém.

Ant. 1 Vosso a**mor** vale **mais** do que a **vi**da,
e por **is**so meus **lá**bios vos **lou**vam (T.P. Ale**lui**a).

Salmos e cântico do domingo da I Semana, p. 764.

Ant. 2 Vós, **már**tires de **Deus**, bendi**zei**-o para **sem**pre!
(T.P. Ale**lui**a).

Ant. 3 Eu fa**rei** do vence**dor** uma co**lu**na no meu **tem**plo
(T.P. Ale**lui**a).

Fora do Tempo pascal

Leitura breve 2Cor 1,3-5

Bendito seja o Deus e Pai de nosso Senhor Jesus Cristo, o Pai das misericórdias e Deus de toda consolação. Ele nos consola em todas as nossas aflições, para que, com a consolação que nós mesmos recebemos de Deus, possamos consolar os que se acham em toda e qualquer aflição. Pois, à medida que os sofrimentos de Cristo crescem para nós, cresce também a nossa consolação por Cristo.

Responsório breve

R. O Se**nhor** é minha **for**ça,
* Ele **é** o meu **can**to. R. O Se**nhor**.
V. E tor**nou**-se para **mim** o Salva**dor**. * Ele **é**.
Glória ao **Pai**. R. O Se**nhor**.

Cântico evangélico, ant.

Quem per**der** a sua **vi**da neste **mun**do,
vai guar**dá**-la eterna**men**te para os **céus**.

Preces

Irmãos, celebremos nosso Salvador, a Testemunha fiel, nos mártires que deram a vida pela palavra de Deus; e digamos:

R. **Com vosso sangue nos remistes, Senhor!**

Por intercessão de vossos mártires que abraçaram livremente a morte para testemunharem a sua fé,
– dai-nos, Senhor, a verdadeira liberdade de espírito. R.

Por intercessão de vossos mártires, que proclamaram a fé, derramando o próprio sangue,
– dai-nos, Senhor, pureza e constância na fé. R.

Por intercessão de vossos mártires que, carregando a cruz, seguiram vossos passos,
– dai-nos, Senhor, suportar com coragem as dificuldades da vida. R.

Por intercessão de vossos mártires, que lavaram suas vestes no sangue do Cordeiro,
– dai-nos, Senhor, vencer todas as ciladas da carne e do mundo. R.

(intenções livres)

Pai nosso...

Oração

Não havendo oração própria, diz-se uma das seguintes:

Deus onipotente e misericordioso, destes a são (sto.) N. superar as torturas do martírio. Concedei que, celebrando o dia do seu triunfo, passemos invictos por entre as ciladas do inimigo, graças à vossa proteção. Por nosso Senhor Jesus Cristo, vosso Filho, na unidade do Espírito Santo.

Ou:

Deus eterno e todo-poderoso, que destes a são (sto.) N. a graça de lutar pela justiça até a morte, concedei-nos, por sua intercessão, suportar por vosso amor as adversidades; e correr ao encontro de vós que sois a nossa vida. Por nosso Senhor Jesus Cristo, vosso Filho, na unidade do Espírito Santo.

Para uma virgem mártir:

Ó Deus, que hoje nos alegrais com a comemoração de santa N., concedei que sejamos ajudados pelos seus méritos e iluminados pelos seus exemplos de castidade e fortaleza. Por nosso Senhor Jesus Cristo, vosso Filho, na unidade do Espírito Santo.

Para uma santa mulher:

Ó Deus, cuja força se manifesta na fraqueza, fazei que, ao celebrarmos a glória de santa N., que de vós recebeu a força para vencer, obtenhamos, por sua intercessão, a graça da vitória. Por nosso Senhor Jesus Cristo, vosso Filho, na unidade do Espírito Santo.

No Tempo pascal

Leitura breve 1Jo 5,3-5

Isto é amar a Deus: observar os seus mandamentos. E os seus mandamentos não são pesados, pois todo o que nasceu de Deus vence o mundo. E esta é a vitória que venceu o mundo: a nossa fé. Quem é o vencedor do mundo, senão aquele que crê que Jesus é o Filho de Deus?

Responsório breve

R. Uma e**ter**na ale**gri**a coroa**rá** sua ca**be**ça.
 * Ale**lui**a, ale**lui**a. R. Uma e**ter**na.
V. Ale**gri**a e rego**zi**jo eles **hão** de alcan**çar**.
 * Ale**lui**a. Glória ao **Pai**. R. Uma e**ter**na.

Cântico evangélico, ant.

Santos **to**dos do Se**nhor**, ale**grai**-vos e exul**tai**,
porque a **vos**sa recom**pen**sa nos **céus** é muito **gran**de.
Ale**lui**a.

Preces

Irmãos, celebremos nosso Salvador, a Testemunha fiel, nos mártires que deram a vida pela palavra de Deus; e digamos:

R. **Com vosso sangue nos remistes, Senhor!**

Por intercessão de vossos mártires que abraçaram livremente a morte para testemunharem a sua fé,
– dai-nos, Senhor, a verdadeira liberdade de espírito. R.

Por intercessão de vossos mártires, que proclamaram a fé, derramando o próprio sangue,
– dai-nos, Senhor, pureza e constância na fé. R.

Por intercessão de vossos mártires que, carregando a cruz, seguiram vossos passos,

– dai-nos, Senhor, suportar com coragem as dificuldades da vida. R.

Por intercessão de vossos mártires, que lavaram suas vestes no sangue do Cordeiro,
– dai-nos, Senhor, vencer todas as ciladas da carne e do mundo. R.

(intenções livres)

Pai nosso...

Oração

Não havendo oração própria, diz-se uma das seguintes:

Ó Deus, que exaltastes são (sto.) N. com a vitória do martírio, para a glória da vossa Igreja, dai-nos seguir seus passos na imitação da paixão do Senhor e conquistar a eterna alegria. Por nosso Senhor Jesus Cristo, vosso Filho, na unidade do Espírito Santo.

Ou:

Ó Deus, celebrando o vosso poder, nós vos pedimos que são (sto.) N. seja tão pronto em socorrer-nos, como o foi em imitar a paixão do Senhor. Que convosco vive e reina, na unidade do Espírito Santo.

Para uma virgem mártir:

Ó Deus, que hoje nos alegrais com a comemoração de santa N., concedei que sejamos ajudados pelos seus méritos e iluminados pelos seus exemplos de castidade e fortaleza. Por nosso Senhor Jesus Cristo, vosso Filho, na unidade do Espírito Santo.

Para uma santa mulher:

Ó Deus, cuja força se manifesta na fraqueza, fazei que, ao celebrarmos a glória de santa N., que de vós recebeu a força para vencer, obtenhamos, por sua intercessão, a graça da vitória. Por nosso Senhor Jesus Cristo, vosso Filho, na unidade do Espírito Santo.

Hora Média

Ant. Vós lhe **des**tes, ó Se**nhor**, um nome **san**to e glori**o**so,
e a co**ro**a da justi**ça** (T.P. Ale**lui**a).

Leitura breve

Fora do Tempo pascal: Tg 1,12

Feliz o homem que suporta a provação. Porque, uma vez provado, receberá a coroa da vida, que o Senhor prometeu àqueles que o amam.

Tempo pascal: Ap 3,21

Ao vencedor farei sentar-se comigo no meu trono, como também eu venci e estou sentado com meu Pai no seu trono.

V. O Se**nhor** está co**mi**go, nada **te**mo (T.P. Ale**lui**a).
R. Que pode**ri**a contra **mim** um ser mor**tal**? (T.P. Ale**lui**a).

Oração como nas Laudes.

II Vésperas

Hino

Ó Deus, dos vossos heróis
coroa, prêmio e destino,
livrai do peso da culpa
quem canta ao(à) mártir um hino.

Seus lábios deram a prova
da fé do seu coração.
Seguindo a Cristo, o encontra
do sangue pela efusão.

Do mundo a vã alegria
julgou fugaz, transitória,
chegando assim, jubiloso(a),
ao gozo eterno da glória.

Passou por duros tormentos
com força e muito valor.
Por vós vertendo seu sangue,
possui os dons do Senhor.

Ó Deus dos fortes, rogamos:
por essa imensa vitória,
livrai da culpa os cativos,
mostrando em nós vossa glória,

para podermos, no céu,
com ele (ela) o prêmio gozar
e, para sempre felizes,
vossos louvores cantar.

Louvor e glória a Deus Pai,
com o seu Filho também,
e o Divino Paráclito
agora e sempre. Amém.

Para uma virgem mártir:

Da Mãe Autor, da Virgem Filho,
que a Virgem trouxe e deu à luz,
ouvi os cantos da vitória
de outra virgem, ó Jesus.

Por dupla sorte contemplada,
sua fraqueza superou:
na virgindade vos seguindo,
por vós seu sangue derramou.

Sem temer a morte nem suplícios,
em duras penas mereceu,
pelo seu sangue derramado,
subir radiante para o céu.

Ó Deus santíssimo, atendei-nos
por sua prece e intercessão.
E os corações purificados
glória sem fim vos cantarão.

Salmodia

Ant. 1 Quem qui**ser** me se**guir** renun**cie** a si **mes**mo,
e, to**man**do sua **cruz**, acom**pa**nhe meus **pas**sos
(T.P. Ale**lui**a).

Salmo 114(116A)

– [1]Eu **a**mo o Se**nhor**, porque **ou**ve *
o **gri**to da minha oração.
– [2]Incli**nou** para mim seu ouvido, *
no **di**a em que eu o invoquei.

– [3]Pren**di**am-me as cordas da morte, *
aper**ta**vam-me os laços do abismo;
= inva**di**am-me angústia e tristeza: †
[4]eu en**tão** invoquei o Senhor: *
"Sal**vai**, ó Senhor, minha vida!" –

– [5] O Se**nhor** é justiça e bondade, *
nosso **Deus** é amor-compaixão.
– [6] É o Se**nhor** quem defende os humildes: *
eu es**ta**va oprimido, e salvou-me.
– [7] Ó minh'**al**ma, retorna à tua paz, *
o Se**nhor** é quem cuida de ti!

= [8] Liber**tou** minha vida da morte, †
enxu**gou** de meus olhos o pranto *
e li**vrou** os meus pés do tropeço.
– [9] Anda**rei** na presença de Deus, *
junto a **e**le na terra dos vivos.

Ant. Quem qui**ser** me se**guir** renun**cie** a si **mes**mo,
e to**man**do sua **cruz**, acom**pa**nhe meus **pas**sos
(T.P. Ale**lui**a).

Ant. 2 Se al**guém** me ser**vir**, o meu **Pai** o honra**rá**
(T.P. Ale**lui**a).

Salmo 115(116 B)

– [10] Guar**dei** a minha **fé**, mesmo di**zen**do: *
"É de**mais** o sofrimento em minha vida!"
– [11] Confi**ei**, quando dizia na aflição: *
"Todo **ho**mem é mentiroso! Todo homem!"

– [12] Que pode**rei** retribuir ao Senhor Deus *
por tudo a**qui**lo que ele fez em meu favor?
– [13] Elevo o **cá**lice da minha salvação, *
invo**can**do o nome santo do Senhor.
– [14] Vou cum**prir** minhas promessas ao Senhor *
na pre**sen**ça de seu povo reunido.

– [15] É sen**ti**da por demais pelo Senhor *
a **mor**te de seus santos, seus amigos.
= [16] Eis que **sou** o vosso servo, ó Senhor, †
vosso **ser**vo que nasceu de vossa serva; *
mas me que**bras**tes os grilhões da escravidão!

– [17] Por isso o**fer**to um sacrifício de louvor, *
invo**can**do o nome santo do Senhor.

– 18 Vou cum**prir** minhas promessas ao Senhor *
na pre**sen**ça de seu povo reunido;
– 19 nos **á**trios da casa do Senhor, *
em teu **mei**o, ó cidade de Sião!

Ant. Se al**guém** me ser**vir**, o meu **Pai** o honra**rá**
(T.P. Ale**lui**a).

Ant. 3 Quem per**der** sua **vi**da por **mim**
vai guar**dá**-la nos **céus** para **sem**pre (T.P. Ale**lui**a).

Cântico Ap 4,11; 5,9.10.12

– 4,11 Vós sois **dig**no, Se**nhor** nosso **Deus**, *
de rece**ber** honra, glória e poder!

(R. Po**der**, honra e **gló**ria ao Cor**dei**ro de **Deus**!)

= 5,9 Porque **to**das as coisas criastes, †
é por **vos**sa vontade que existem, *
e sub**sis**tem porque vós mandais. (R.)

= Vós sois **dig**no, Senhor nosso Deus, †
de o **li**vro nas mãos receber *
e de a**brir** suas folhas lacradas! (R.)

– Porque **fos**tes por nós imolado; *
para **Deus** nos remiu vosso sangue
– dentre **to**das as tribos e línguas, *
dentre os **po**vos da terra e nações. (R.)

= 10 Pois fi**zes**tes de nós, para Deus, †
sacer**do**tes e povo de reis, *
e i**re**mos reinar sobre a terra. (R.)

= 12 O Cor**dei**ro imolado é digno †
de rece**ber** honra, glória e poder, *
sabedo**ri**a, louvor, divindade! (R.)

Ant. Quem per**der** sua **vi**da por **mim**
vai guar**dá**-la nos **céus** para **sem**pre (T.P. Ale**lui**a).

Fora do Tempo pascal

Leitura breve 1Pd 4,13-14

Alegrai-vos, caríssimos, por participar dos sofrimentos de Cristo, para que possais também exultar de alegria na revelação da sua glória. Se sofreis injúrias por causa do nome de Cristo, sois felizes, pois o Espírito da glória, o Espírito de Deus repousa sobre vós.

Responsório breve

R. Na ver**da**de, ó Se**nhor,** vós nos pro**vas**tes,
* Mas final**men**te vós nos **des**tes um al**í**vio. R. Na ver**da**de.
V. Depu**ras**tes-nos no **fo**go como a **pra**ta.* Mas final**men**te.
Glória ao **Pai**. R. Na ver**da**de.

Cântico evangélico, ant.

O **Rei**no ce**les**te é a mo**ra**da dos **san**tos, sua **paz** para **sem**pre.

Preces

Nesta hora em que o Rei dos mártires ofereceu sua vida na última Ceia e a entregou na cruz, demos-lhe graças, dizendo:

R. **Nós vos louvamos e bendizemos, Senhor!**

Nós vos agradecemos, ó Salvador, fonte e exemplo de todo martírio, porque nos amastes até o fim: R.

Porque viestes chamar os pecadores arrependidos para o prêmio da vida eterna: R.

Porque destes à vossa Igreja, como sacrifício para a remissão dos pecados, o Sangue da nova e eterna Aliança: R.

Porque a vossa graça nos mantém até hoje perseverantes na fé: R.

(intenções livres)

Porque associastes à vossa morte, neste dia, muitos de nossos irmãos e irmãs: R.

Pai nosso...

Não havendo Oração própria, como nas Laudes, p. 1511.

No Tempo pascal

Leitura breve Ap 7,14b-17

Esses são os que vieram da grande tribulação. Lavaram e alvejaram as suas roupas no sangue do Cordeiro. Por isso, estão diante do trono de Deus e lhe prestam culto, dia e noite, no seu templo. E aquele que está sentado no trono os abrigará na sua tenda. Nunca mais terão fome nem sede. Nem os molestará o sol nem algum calor ardente. Porque o Cordeiro, que está no meio do trono, será o seu pastor e os conduzirá às fontes da água da vida. E Deus enxugará as lágrimas de seus olhos.

Responsório breve

R. Os **jus**tos brilha**rão** como o **sol** ante o Se**nhor**.
* Ale**lui**a, ale**lui**a. R. Os **jus**tos.
V. E os de **re**to cora**ção** hão de fi**car** muito a**le**gres.
* Ale**lui**a. Glória ao **Pai**. R. Os **jus**tos.

Cântico evangélico, ant.

Se o grão de **tri**go não mor**rer** caindo em **ter**ra, fica **só**;
mas se mor**rer** dentro da **ter**ra, dará **fru**tos abun**dan**tes
(T.P. Ale**lui**a).

Preces

Nesta hora em que o Rei dos mártires ofereceu sua vida na última Ceia e a entregou na cruz, demos-lhe graças, dizendo:

R. **Nós vos louvamos e bendizemos, Senhor!**

Nós vos agradecemos, ó Salvador, fonte e exemplo de todo martírio, porque nos amastes até o fim: R.

Porque viestes chamar os pecadores arrependidos para o prêmio da vida eterna: R.

Porque destes à vossa Igreja, como sacrifício para a remissão dos pecados, o Sangue da nova e eterna Aliança: R.

Porque a vossa graça nos mantém até hoje perseverantes na fé: R.

(intenções livres)

Porque associastes à vossa morte, neste dia, muitos de nossos irmãos e irmãs: R.

Pai nosso...

Não havendo Oração própria, como nas Laudes, p. 1513.

COMUM DOS PASTORES

I Vésperas

HINO Claro espelho p. 1527 ou Trouxe o ano p. 1528, como nas II Vésperas.

Salmodia

Ant. 1 Hei de **dar**-vos pas**to**res que **se**jam
se**gun**do o **meu** cora**ção**;
sabia**men**te have**rão** de gui**ar**-vos (T.P. Ale**luia**).

Salmo 112(113)

– 1 Lou**vai**, louvai, ó **ser**vos do Se**nhor**, *
lou**vai**, louvai o nome do Senhor!
– 2 Ben**di**to seja o nome do Senhor, *
a**go**ra e por toda a eternidade!
– 3 Do nas**cer** do sol até o seu ocaso, *
lou**va**do seja o nome do Senhor!
– 4 O Se**nhor** está acima das nações, *
sua **gló**ria vai além dos altos céus.
= 5 Quem **po**de comparar-se ao nosso Deus, †
ao Se**nhor**, que no alto céu tem o seu trono *
6 e se in**cli**na para olhar o céu e a terra?
– 7 Le**van**ta da poeira o indigente *
e do **li**xo ele retira o pobrezinho,
– 8 para fa**zê**-lo assentar-se com os nobres, *
assen**tar**-se com os nobres do seu povo.
– 9 Faz a es**té**ril, mãe feliz em sua casa, *
vi**ven**do rodeada de seus filhos.

Ant. Hei de **dar**-vos pas**to**res que **se**jam
se**gun**do o **meu** cora**ção**;
sabia**men**te have**rão** de gui**ar**-vos (T.P. Ale**lui**a).

Ant. 2 Eu se**rei** o Bom Pas**tor** de meu re**ba**nho:
procura**rei** a o**ve**lha extravi**a**da,
trarei de **vol**ta a per**di**da e afas**ta**da (T.P. Ale**lu**ia).

Salmo 145(146)

= 1 Ben**di**ze, minh'**al**ma, ao Se**nhor**! †
2 Bendi**rei** ao Senhor toda a vida, *
canta**rei** ao meu Deus sem cessar!

– 3 Não po**nhais** vossa fé nos que mandam, *
não há **ho**mem que possa salvar.

– 4 Ao fal**tar**-lhe o respiro ele volta †
para a **ter**ra de onde saiu; *
nesse **di**a seus planos perecem.

= 5 É fe**liz** todo homem que busca †
seu au**xí**lio no Deus de Jacó, *
e que **põe** no Senhor a esperança.

– 6 O Se**nhor** fez o céu e a terra, *
fez o **mar** e o que neles existe.

– O Se**nhor** é fiel para sempre, *
7 faz jus**ti**ça aos que são oprimidos;
– ele **dá** alimento aos famintos, *
é o Se**nhor** quem liberta os cativos.

= 8 O Se**nhor** abre os olhos aos cegos, †
o Se**nhor** faz erguer-se o caído, *
o Se**nhor** ama aquele que é justo.

= 9 É o Se**nhor** quem protege o estrangeiro, †
quem am**pa**ra a viúva e o órfão, *
mas con**fun**de os caminhos dos maus.

= 10 O Se**nhor** reinará para sempre! †
Ó Si**ão**, o teu Deus reinará *
para **sem**pre e por todos os séculos!

Ant. Eu se**rei** o Bom Pas**tor** de meu re**ba**nho:
procura**rei** a o**ve**lha extravi**a**da,
trarei de **vol**ta a per**di**da e afas**ta**da (T.P. Ale**lui**a).

Ant. 3 O Bom Pas**tor** deu a **vi**da pelas **su**as o**ve**lhas
(T.P. Ale**lui**a).

Cântico Ef 1,3-10

– 3 Ben**di**to e lou**va**do seja **Deus**, *
o **Pai** de Jesus Cristo, Senhor nosso,

– que do alto **céu** nos abençoou em Jesus Cristo *
com **bên**ção espiritual de toda sorte!

(R. Ben**di**to sejais **vós**, nosso **Pai**,
que **nos** abençoa**s**tes em **Cris**to!)

– 4 Foi em **Cris**to que Deus Pai nos escolheu, *
já bem **an**tes de o mundo ser criado,
– para que **fôs**semos, perante a sua face, *
sem **má**cula e santos pelo amor. (R.)

= 5 Por **li**vre decisão de sua vontade, †
predesti**nou**-nos, através de Jesus Cristo, *
a sermos **ne**le os seus filhos adotivos,
– 6 para o lou**vor** e para a glória de sua graça, *
que em seu **Fi**lho bem-amado nos doou. (R.)

– 7 É **ne**le que nós temos redenção, *
dos pe**ca**dos remissão pelo seu sangue.
= Sua **gra**ça transbordante e inesgotável †
8 Deus der**ra**ma sobre nós com abundância, *
de sa**ber** e inteligência nos dotando. (R.)

– 9 E as**sim**, ele nos deu a conhecer *
o mis**té**rio de seu plano e sua vontade,
– que propu**se**ra em seu querer benevolente, *
10 na pleni**tu**de dos tempos realizar:
– o de**síg**nio de, em Cristo, reunir *
todas as **coi**sas: as da terra e as do céu. (R.)

Ant. O Bom Pas**tor** deu a **vi**da pelas **su**as ove**lhas**
(T.P. Ale**lui**a).

Leitura breve 1Pd 5,1-4

Exorto aos presbíteros que estão entre vós, eu, presbítero como eles, testemunha dos sofrimentos de Cristo e participante da glória que será revelada: Sede pastores do rebanho de Deus, confiado a vós; cuidai dele, não por coação, mas de coração generoso; não por torpe ganância, mas livremente; não como dominadores daqueles que vos foram confiados, mas, antes, como modelos do rebanho. Assim, quando aparecer o pastor supremo, recebereis a coroa permanente da glória.

Responsório breve

Fora do Tempo pacal:

R. Sacer**do**tes do Se**nhor**,
 * Bendi**zei** o Se**nhor**. R. Sacer**do**tes.
V. Vós, **san**tos e hu**mil**des de cora**ção**, louvai a **Deus**.
 * Bendi**zei**. Glória ao **Pai**. R. Sacer**do**tes.

Tempo pascal:

R. Sacer**do**tes do Se**nhor**, bendi**zei** o Se**nhor**.
 * Ale**luia**, ale**luia**. R. Sacer**do**tes.
V. Vós, **san**tos e hu**mil**des de cora**ção**, louvai a **Deus**.
 * Ale**luia**. Glória ao **Pai**. R. Sacer**do**tes.

Cântico evangélico, ant.

Para um papa ou bispo:

Sacer**do**te do Al**tís**simo, e**xem**plo de vir**tu**de,
bom pas**tor** do povo **san**to, agra**das**tes ao **Senhor**
(T.P. Ale**luia**).

Para um presbítero:

Fiz-me **tu**do para **to**dos, para **se**rem todos **sal**vos
(T.P. Ale**luia**).

Preces como nas II Vésperas, p. 1532.

Oração como nas Laudes.

Laudes

Hino

Para um pastor:

Hoje cantamos o triunfo
do guia sábio e bom pastor;
que já reina entre os eleitos
a testemunha do Senhor.

Para um papa:

Sentado à cátedra de Pedro,
de imensa grei mestre e pastor,
abriu do Reino eterno a porta,
guardando as chaves do Senhor.

Para um bispo:

Foi sacerdote, guia e mestre
do povo santo do Senhor.
Como prelado e como sábio,
da vida o dom lhe preparou.

Para um presbítero:

Foi guia e mestre mui brilhante,
da vida santa deu lição;
buscou a Deus ser agradável,
mantendo puro o coração.

Oremos para que, bondoso, peça
perdão para os faltosos,
e sua prece nos conduza
do céu aos cumes luminosos.

Poder, louvor, honra e glória
ao Deus eterno e verdadeiro,
que, em suas leis, rege e sustenta,
governa e guia o mundo inteiro.

Para vários pastores:

Estes felizes sacerdotes
e consagrados ao Senhor,
a Deus o povo consagraram,
pastoreando-o com amor.

Guardando as bênçãos recebidas,
cingindo os rins de fortaleza,
sempre constantes, mantiveram
nas mãos as lâmpadas acesas.

Quando o Senhor bateu à porta,
eles, de pé e vigilantes,
foram correndo ao seu encontro,
e o receberam exultantes.

A vós, louvor e glória eterna,
sumo esplendor da Divindade
e Rei dos reis, agora e sempre,
hoje e por toda a eternidade.

Ant. 1 Vós **sois** a luz do **mundo**.
Não se **po**de escon**der** uma ci**da**de situada
sobre o **ci**mo da mon**ta**nha. (T.P. Ale**luia**).

Salmos e cântico do domingo da I Semana p. 764.

Ant. 2 Brilhe aos **ho**mens vossa **luz;**
vendo **e**les vossas **o**bras,
deem **gló**ria ao Pai ce**les**te. (T.P. Ale**luia**).

Ant. 3 A pa**la**vra do Se**nhor** é viva e efi**caz;**
é cor**tan**te e pene**tran**te como es**pa**da de dois **gu**mes
(T.P. Ale**luia**).

Leitura breve Hb 13,7-9a

Lembrai-vos de vossos dirigentes, que vos pregaram a palavra de Deus, e, considerando o fim de sua vida, imitai-lhes a fé. Jesus Cristo é o mesmo, ontem e hoje e por toda a eternidade. Não vos deixeis enganar por qualquer espécie de doutrina estranha.

Responsório breve

Fora do Tempo pascal:

R. Colo**cas**tes senti**ne**las
* Vigi**an**do vosso **po**vo. R. Colo**cas**tes.
V. Anun**ci**am, dia e **noi**te, vosso **no**me, ó Se**nhor**.
* Vigi**an**do. Glória ao **Pai**. R. Colo**cas**tes.

Tempo pascal:

R. Colo**cas**tes senti**ne**las vigi**an**do vosso **po**vo.
* Ale**lui**a, ale**lui**a. R. Colo**cas**tes.
V. Anun**ci**am, dia e **noi**te, vosso **no**me, ó Se**nhor**.
* Ale**lui**a. Glória ao **Pai**. R. Colo**cas**tes.

Cântico evangélico, ant.

Não sois **vós** que fala**reis**,
é o Es**pí**rito do **Pai** que em **vós** há de fa**lar.**

Preces

Agradeçamos a Cristo, o bom Pastor que deu a vida por suas ovelhas; e lhe peçamos:

R. **Apascentai, Senhor, o vosso rebanho!**

Cristo, quisestes mostrar vosso amor e misericórdia nos santos pastores;
– por meio deles, sede sempre misericordioso para conosco. R.

Através dos vossos representantes na terra; continuais a ser o Pastor das nossas almas;
–não vos canseis de nos dirigir por intermédio de nossos pastores.

R. **Apascentai, Senhor, o vosso rebanho!**

Em vossos santos, que guiam os povos, sois o médico dos corpos e das almas;
–não cesseis de exercer para conosco o ministério da vida e da santidade. R.

Pela sabedoria e caridade dos santos, instruístes o vosso rebanho;
–guiados pelos nossos pastores, fazei-nos crescer na santidade. R.

(intenções livres)

Pai nosso...

Oração

Não havendo oração própria, diz-se uma das seguintes:

Para um papa:

Deus eterno e todo-poderoso, quisestes que são (sto.) N. governasse todo o vosso povo, servindo-o pela palavra e pelo exemplo. Guardai, por suas preces, os pastores de vossa Igreja e as ovelhas a eles confiadas, guiando-os no caminho da salvação eterna. Por nosso Senhor Jesus Cristo, vosso Filho, na unidade do Espírito Santo.

Para um bispo:

Ó Deus, que aos vossos pastores associastes são (sto.) N., animado de ardente caridade e da fé que vence o mundo, dai-nos, por sua intercessão, perseverar na caridade e na fé, para participarmos de sua glória. Por nosso Senhor Jesus Cristo, vosso Filho, na unidade do Espírito Santo.

Para um fundador de Igreja:

Ó Deus, que pela pregação de são (sto.) N. chamastes os nossos pais à luz do Evangelho, fazei-nos, por sua intercessão, crescer continuamente na graça e no conhecimento de nosso Senhor Jesus Cristo. Que convosco vive e reina, na unidade do Espírito Santo.

Para um pastor:

Ó Deus, luz dos que creem e pastor de nossas almas, que colocastes são (sto.) N. à frente da vossa Igreja, para formar os fiéis pela palavra e pelo exemplo, concedei-nos, por sua intercessão, guardar a fé que ensinou pela palavra e seguir o caminho que mostrou com sua vida. Por nosso Senhor Jesus Cristo, vosso Filho, na unidade do Espírito Santo.

Ou:

Ó Deus, que enriquecestes são (sto.) N. com o espírito de verdade e de amor para apascentar o vosso povo, concedei-nos, celebrando sua festa, seguir sempre mais o seu exemplo, sustentados por sua intercessão. Por nosso Senhor Jesus Cristo, vosso Filho, na unidade do Espírito Santo.

Para um missionário:

Ó Pai, pela vossa misericórdia, são (sto.) N. anunciou as insondáveis riquezas de Cristo. Concedei-nos, por sua intercessão, crescer no vosso conhecimento e viver na vossa presença segundo o Evangelho, frutificando em boas obras. Por nosso Senhor Jesus Cristo, vosso Filho, na unidade do Espírito Santo.

Hora Média

Ant. Quem vos recebe, a mim re**ce**be;
quem me recebe, ao Pai re**ce**be (T.P. Ale**lui**a).

Leitura breve 1Tm 1,12

Agradeço àquele que me deu força, Cristo Jesus, nosso Senhor, a confiança que teve em mim ao designar-me para o seu serviço.

V. Eu **não** me envergonho do Evan**ge**lho (T.P. Ale**lui**a).
R. É a **for**ça de **Deus** para sal**var**-nos (T.P. Ale**lui**a).

Oração como nas Laudes.

II Vésperas

Hino

Para um pastor:

Claro espelho de virtude,
homem santo, bom pastor,
ouve o hino que, em ti,
louva os prodígios do Senhor,

que, Pontífice perpétuo,
os mortais a Deus uniu,
e, por nova Aliança,
nova paz nos garantiu.

Previdente, ele te fez
do seu dom o servidor,
para dar ao Pai a glória
e a seu povo vida e amor.

Para um papa:

Tendo em mãos do céu as chaves,
governastes com amor
o rebanho de São Pedro
nos caminhos do Senhor.

Para um bispo:

Consagrado pelo Espírito,
que de força te vestiu,
deste o pão da salvação
às ovelhas do redil.

Para um presbítero:

Atingindo alto cume
por palavras e por vida,
doutor foste e sacerdote,
hóstia a Deus oferecida.

Não te esqueças, pede a Deus,
tu que ao céu foste elevado:
que as ovelhas busquem todas
do Pastor o verde prado.

Glória à Trina Divindade,
que, num servo tão fiel,
recompensa os ministérios
com o júbilo do céu.

Para vários pastores:

Trouxe o ano novamente,
uma data de alegria.
Os pastores das ovelhas
celebramos neste dia.

No cuidado do rebanho
não se poupam ao labor
e às pastagens verdejantes
o conduzem com amor.

Para longe os lobos tangem,
lançam fora o ladrão vil,
alimentam as ovelhas,
nunca deixam o redil.

Ó pastores dos rebanhos,
hoje em glória triunfal,
para nós pedi a graça
ante o justo tribunal.

Cristo, eterno Rei Pastor,
glória a vós e ao Pai também,
com o Espírito Paráclito
pelos séculos. Amém.

Salmodia

Ant. 1 Sou mi**nis**tro do Evan**ge**lho pela **gra**ça do Se**nhor.**
(T.P. Ale**lui**a).

Salmo 14(15)

– 1 "Se**nhor**, quem mora**rá** em vossa **ca**sa *
e em **vos**so Monte santo habitará?"

– 2 É a**que**le que caminha sem pecado *
e pra**ti**ca a justiça fielmente;

– 3 que **pen**sa a verdade no seu íntimo *
e não **sol**ta em calúnias sua língua;

– que em **na**da prejudica o seu irmão, *
nem **co**bre de insultos seu vizinho;

– 4 que não **dá** valor algum ao homem ímpio, *
mas **hon**ra os que respeitam o Senhor;

– que sus**ten**ta o que jurou, mesmo com dano; *
5 não em**pres**ta o seu dinheiro com usura,

– nem se **dei**xa subornar contra o inocente. *
Ja**mais** vacilará quem vive assim!

Ant. Sou mi**nis**tro do Evan**ge**lho pela **gra**ça do Se**nhor.**
(T.P. Ale**lui**a).

Ant. 2 Eis o **ser**vo **fiel** e pru**den**te,
a quem **Deus** con**fiou** sua fa**mí**lia. (T.P. Ale**lui**a).

Salmo 111(112)

– 1 Feliz o **ho**mem que res**pei**ta o Se**nhor** *
e que **a**ma com carinho a sua lei!
– 2 Sua descen**dên**cia será forte sobre a terra, *
abençoada a geração dos homens retos!

– 3 Haverá **gló**ria e riqueza em sua casa, *
e perma**ne**ce para sempre o bem que fez.
– 4 Ele é cor**re**to, generoso e compassivo, *
como **luz** brilha nas trevas para os justos.

– 5 Feliz o **ho**mem caridoso e prestativo, *
que re**sol**ve seus negócios com justiça.
– 6 Porque ja**mais** vacilará o homem reto, *
sua lem**bran**ça permanece eternamente!

– 7 Ele não **te**me receber notícias más: *
confiando em **Deus**, seu coração está seguro.
– 8 Seu cora**ção** está tranquilo e nada teme, *
e con**fu**sos há de ver seus inimigos.

= 9 Ele re**par**te com os pobres os seus bens, †
perma**ne**ce para sempre o bem que fez, *
e cresce**rão** a sua glória e seu poder.

= 10 O **ím**pio, vendo isso, se enfurece, †
range os **den**tes e de inveja se consome; *
mas os de**se**jos do malvado dão em nada.

Ant. Eis o **ser**vo **fiel** e pru**den**te,
a quem **Deus** confi**ou** sua fa**mí**lia (T.P. Ale**lui**a).

Ant. 1 Minhas o**ve**lhas ouvi**rão** a minha **voz**,
e have**rá** um só re**ba**nho e um só **pas**tor
(T.P. Ale**lui**a).

Cântico — Ap 15,3-4

– 3 Como são **gran**des e admi**rá**veis vossas **o**bras, *
ó Se**nhor** e nosso Deus onipotente!
– Vossos ca**mi**nhos são verdade, são justiça, *
ó **Rei** dos povos todos do universo!

(R. São **gran**des vossas **o**bras, ó Se**nhor**!)

= 4 Quem, Se**nhor**, não haveria de temer-vos, †
e **quem** não honraria o vosso nome? *
Pois so**men**te vós, Senhor, é que sois santo! (R.)

= As nações **to**das hão de vir perante vós †
e, pros**tra**das, haverão de adorar-vos, *
pois vossas **jus**tas decisões são manifestas. (R.)

Ant. Minhas o**ve**lhas ouvi**rão** a minha **voz,**
e have**rá** um só re**ba**nho e um só pas**tor** (T.P. Ale**lui**a).

Leitura breve 1Pd 5,1-4

Exorto aos presbíteros que estão entre vós, eu, presbítero como eles, testemunha dos sofrimentos de Cristo e participante da glória que será revelada: Sede pastores do rebanho de Deus, confiado a vós; cuidai dele, não por coação, mas de coração generoso; não por torpe ganância, mas livremente; não como dominadores daqueles que vos foram confiados, mas, antes, como modelos do rebanho. Assim, quando aparecer o pastor supremo, recebereis a coroa permanente da glória.

Responsório breve

Fora do Tempo pascal:

R. Eis o a**mi**go dos ir**mãos,**
* Que inter**ce**de pelo **po**vo. R. Eis o a**mi**go.
V. Dedi**cou** a sua **vi**da em fa**vor** de seus ir**mãos.**
* Que inter**ce**de. Glória ao **Pai**. R. Eis o a**mi**go.

Tempo pascal:

R. Eis o a**mi**go dos ir**mãos,** que inter**ce**de pelo **po**vo.
* Ale**lui**a, ale**lui**a. R. Eis o a**mi**go.
V. Dedi**cou** a sua **vi**da em fa**vor** de seus ir**mãos.**
* Ale**lui**a. Glória ao **Pai**. R. Eis o a**mi**go.

Cântico evangélico, ant.

Eis o **ser**vo **fi**el e pru**den**te,
a quem **Deus** confi**ou** sua fa**mí**lia,
para **dar**-lhes o **pão** a seu **tem**po (T.P. Ale**lui**a).

ou:

Eu te dou **gra**ças, ó **Cris**to, Bom Pas**tor**,
que me gui**as**te à **gló**ria do teu **Rei**no!
O re**ba**nho que a **mim** tu confi**as**te
esteja a**qui** onde es**tou** na tua **gló**ria! (T.P. Ale**lui**a).

Preces

Rendamos a devida glória a Cristo, constituído Pontífice em favor dos homens nas suas relações com Deus; e lhe peçamos humildemente:

R. **Senhor, salvai o vosso povo!**

Fizestes resplandecer admiravelmente a vossa Igreja por meio de santos e insignes Pastores;
–que os cristãos se alegrem sempre com o mesmo esplendor. R.

Quando os santos Pastores vos suplicavam, a exemplo de Moisés, perdoastes os pecados do povo;
–por intercessão deles, santificai a vossa Igreja mediante uma contínua purificação. R.

Tendo-os escolhido entre seus irmãos, consagrastes vossos santos, enviando sobre eles o vosso Espírito;
–que o mesmo Espírito Santo inspire aqueles que governam vosso povo. R.

Sois vós a herança dos santos Pastores;
–concedei que nenhum daqueles que foram resgatados pelo vosso sangue fique longe de vós. R.

(intenções livres)

Por meio dos Pastores da Igreja, dais a vida eterna a vossas ovelhas, e não permitis que ninguém as arrebate de vossas mãos;
–salvai os que adormeceram em vós, pelos quais destes a vida. R.

Pai nosso...

Oração como nas Laudes.

COMUM DOS DOUTORES DA IGREJA

Como no Comum dos pastores, p. 1520, exceto o seguinte:

I Vésperas

HINO Eterno Sol, como nas II Vésperas, p. 1535.

Leitura breve Tg 3,17-18

A sabedoria que vem do alto é, antes de tudo, pura, depois pacífica, modesta, conciliadora, cheia de misericórdia e de bons frutos, sem parcialidade e sem fingimento. O fruto da justiça é semeado na paz, para aqueles que promovem a paz.

Responsório breve

Fora do Tempo pascal:

R. O **justo** * Tem nos **lá**bios o que é **sá**bio. R. O **jus**to.
V. Sua **lín**gua tem pa**la**vras de jus**ti**ça.
* Tem nos **lá**bios. Glória ao **Pai**. R. O **jus**to.

Tempo pascal:

R. O **justo** * Tem nos **lá**bios o que é **sá**bio.
* Ale**lui**a, ale**lui**a. R. O **jus**to.
V. Sua **lín**gua tem pa**la**vras de jus**ti**ça.
* Ale**lui**a. Glória ao **Pai**. R. O **jus**to.

Cântico evangélico, ant.

Quem vi**ver** e ensi**nar** o Evan**ge**lho,
será **gran**de no meu **Rei**no, diz Je**sus** (T.P. Ale**lui**a).

Oração como nas Laudes.

Laudes

Hino

Doutor eterno, vos louvamos, Cristo
que revelais a salvação aos povos.
Só vós, Senhor, tendes palavras vivas
que nos dão vida e geram homens novos.

Nós proclamamos, Bom pastor do orbe,
que vós, do alto, confirmais a Esposa
e suas palavras, pelas quais, constante,
está no mundo como luz radiosa.

Também nos destes refulgentes servos,
que resplandecem como estrelas de ouro,
e nos explicam a doutrina santa
da vida eterna, singular tesouro.

Por isso, ó Mestre, a vossa glória soa,
pois dos doutores pela voz nos dais
maravilhosos bens do Santo Espírito,
mostrando a luz com que no céu brilhais.

Implore o justo, celebrado agora,
que o vosso povo possa andar também
pelos caminhos de uma luz crescente,
até vos ver na plena luz. Amém.

Leitura breve Sb 7,13-14

Aprendi a Sabedoria sem maldade e reparto-a sem inveja; não escondo a sua riqueza. É um tesouro inesgotável para os homens; os que a adquirem atraem a amizade de Deus, porque recomendados pelos dons da instrução.

Responsório breve

Fora do Tempo pascal:

R. Que os **po**vos da **ter**ra pro**cla**mem
*A **sa**bedo**ri**a dos **san**tos. R. Que os **po**vos.
V. E a **Igre**ja anun**cie**, can**tan**do,
os lou**vo**res que **e**les me**re**cem.
*A **sa**bedo**ri**a. Glória ao **Pai**. R. Que os **po**vos.

Tempo pascal:

R. Que os **po**vos da **ter**ra pro**cla**mem a **sa**bedo**ri**a dos **san**tos.
*Ale**lui**a, ale**lui**a. R. Que os **po**vos.
V. E a **Igre**ja anun**cie**, can**tan**do,
os lou**vo**res que **e**les me**re**cem.
*Ale**lui**a. Glória ao **Pai**. R. Que os **po**vos.

Cântico evangélico, ant.

Quem é **sá**bio brilha**rá** como **luz** no firma**men**to;
quem en**si**na à multi**dão** os ca**mi**nhos da jus**ti**ça,
fulgi**rá** como as es**tre**las pelos **sé**culos e**ter**nos.
(T.P. Ale**lui**a).

Oração

Não havendo oração própria, diz-se a seguinte:

Ó Deus que marcastes pela vossa doutrina a vida de são (sto.) N, concedei-nos, por sua intercessão, que sejamos fiéis à mesma doutrina, e a proclamemos em nossas ações. Por nosso Senhor Jesus Cristo, vosso Filho, na unidade do Espírito Santo.

II Vésperas

Hino

Eterno Sol, que envolveis
a criação de esplendor,
a vós, Luz pura das mentes,
dos corações o louvor.

Pelo poder do Espírito,
lâmpadas vivas brilharam.
Da salvação os caminhos
a todo o mundo apontaram.

Por estes servos da graça
fulgiu com novo esplendor
o que a palavra proclama
e que a razão demonstrou.

Tem parte em suas coroas,
pela doutrina mais pura,
este varão que louvamos
e como estrela fulgura.

Por seu auxílio pedimos:
dai-nos, ó Deus, caminhar
na direção da verdade
e assim a vós alcançar,

Ouvi-nos, Pai piedoso,
e vós, ó Filho, também,
com o Espírito Santo,
Rei para sempre. Amém.

Leitura breve Tg 3,17-18

A sabedoria que vem do alto é, antes de tudo, pura, depois pacífica, modesta, conciliadora, cheia de misericórdia e de bons frutos, sem parcialidade e sem fingimento. O fruto da justiça é semeado na paz, para aqueles que promovem a paz.

Responsório

Fora do Tempo pascal:

R. No **mei**o da assem**blei**a
* Fa**lou** palavras **sá**bias. R. No **mei**o.

V. Deus o en**cheu** com seu Es**pí**rito de sa**ber** e inteli**gên**cia.
* Fa**lou**. Glória ao **Pai**. R. No **mei**o da assem**blei**a * Fa**lou**
palavras **sá**bias.

Tempo pascal:

R. No **mei**o da assem**blei**a fa**lou** palavras **sá**bias.
* Ale**lui**a, ale**lui**a. R. No **mei**o.
V. Deus o en**cheu** com seu Es**pí**rito de sa**ber** e inteli**gên**cia.
* Ale**lui**a. Glória ao **Pai**. R. No **mei**o.

Cântico evangélico, ant.

Ó **mes**tre da Ver**da**de! Ó **luz** da santa **Igre**ja!
São (Sto.) N., cumpri**dor** da lei di**vi**na,
ro**gai** por nós a **Cris**to.

Oração como nas Laudes.

COMUM DAS VIRGENS

I Vésperas

HINO Jesus, coroa das virgens, como nas II Vésperas, p. 1543.

Salmodia

Ant. 1 Vinde, **fi**lhas, ao en**con**tro do Se**nhor**,
e sobre **vós** há de bri**lhar** a sua **luz**.

Salmo 112(113)

– 1 Lou**vai**, louvai, ó **ser**vos do Se**nhor**, *
lou**vai**, louvai o nome do Senhor!
– 2 Ben**di**to seja o nome do Senhor, *
a**go**ra e por toda a eternidade!
– 3 Do nas**cer** do sol até o seu ocaso, *
lou**va**do seja o nome do Senhor!
– 4 O Se**nhor** está acima das nações, *
sua **gló**ria vai além dos altos céus.
= 5 Quem **po**de comparar-se ao nosso Deus, †
ao Se**nhor**, que no alto céu tem o seu trono *
6 e se in**cli**na para olhar o céu e a terra? –

– 7 **Levanta** da poeira o indigente *
e do **li**xo ele retira o pobrezinho,
– 8 para fa**zê**-lo assentar-se com os nobres, *
assen**tar**-se com os nobres do seu povo.
– 9 Faz a es**té**ril, mãe feliz em sua casa, *
vi**ven**do rodeada de seus filhos.

Ant. Vinde, **fi**lhas, ao en**con**tro do Se**nhor**,
e sobre **vós** há de bri**lhar** a sua **luz**. (T.P. Ale**lui**a).

Ant. 2 De **to**do o cora**ção** vos segui**re**mos,
com res**pei**to procu**ran**do a vossa **fa**ce;
ó Se**nhor**, não seja **vã** nossa espe**ran**ça!
(T.P. Ale**lui**a).

Salmo 147(147B)

– 12 Glori**fi**ca o Se**nhor**, Jerusa**lém**! *
Ó Si**ão**, canta louvores ao teu Deus!
– 13 Pois refor**çou** com segurança as tuas portas, *
e os teus **fi**lhos em teu seio abençoou;
– 14 a **paz** em teus limites garantiu *
e te **dá** como alimento a flor do trigo.

– 15 Ele en**vi**a suas ordens para a terra, *
e a pa**la**vra que ele diz corre veloz;
– 16 ele **faz** cair a neve como lã *
e es**pa**lha a geada como cinza.

– 17 Como de **pão** lança as migalhas do granizo, *
a seu **fri**o as águas ficam congeladas.
– 18 Ele en**vi**a sua palavra e as derrete, *
sopra o **ven**to e de novo as águas correm.

– 19 Anun**ci**a a Jacó sua palavra, *
seus pre**cei**tos e suas leis a Israel.
– 20 Nenhum **po**vo recebeu tanto carinho, *
a nenhum **ou**tro revelou os seus preceitos.

Ant. De **to**do o cora**ção** vos segui**re**mos,
com res**pei**to procu**ran**do a vossa **fa**ce;
ó Se**nhor**, não seja **vã** nossa espe**ran**ça! (T.P. Ale**lui**a).

Ant. 3 Ale**grai**-vos, ó **vir**gens de **Cris**to,
no **go**zo das **bo**das e**ter**nas! (T.P. Ale**lui**a).

Cântico Ef 1,3-10

– 3 Ben**di**to e lou**va**do seja **Deus**, *
o **Pai** de Jesus Cristo, Senhor nosso,
– que do alto **céu** nos abençoou em Jesus Cristo *
com **bên**ção espiritual de toda sorte!

(R. Ben**di**to sejais **vós**, nosso **Pai**,
que **nos** abençoastes em **Cris**to!)

– 4 Foi em **Cris**to que Deus Pai nos escolheu, *
já bem **an**tes de o mundo ser criado,
– para que **fôs**semos, perante a sua face, *
sem **má**cula e santos pelo amor. (R.)

= 5 Por **li**vre decisão de sua vontade, †
predesti**nou**-nos, através de Jesus Cristo, *
a sermos **ne**le os seus filhos adotivos,
– 6 para o lou**vor** e para a glória de sua graça, *
que em seu **Fi**lho bem-amado nos doou. (R.)

– 7 É **ne**le que nós temos redenção, *
dos pe**ca**dos remissão pelo seu sangue.
= Sua **gra**ça transbordante e inesgotável †
8 Deus der**ra**ma sobre nós com abundância, *
de sa**ber** e inteligência nos dotando. (R.)

– 9 E as**sim**, ele nos deu a conhecer *
o mis**té**rio de seu plano e sua vontade,
– que propu**se**ra em seu querer benevolente, *
10 na pleni**tu**de dos tempos realizar:
– o de**síg**nio de, em Cristo, reunir *
todas as **coi**sas: as da terra e as do céu. (R)

Ant. Ale**grai**-vos, ó **vir**gens de **Cris**to,
no **go**zo das **bo**das e**ter**nas! (T.P. Ale**lui**a).

Leitura breve 1Cor 7,32b.34a

O homem não casado é solícito pelas coisas do Senhor e procura agradar ao Senhor. Do mesmo modo, a mulher não casada e a jovem solteira têm zelo pelas coisas do Senhor e procuram ser santas de corpo e espírito.

Responsório breve

Fora do Tempo pascal:

R. O Senhor é minha herança,
* É a parte que escolhi. R. O Senhor.
V. O Senhor é muito bom para quem confia nele.
* É a parte. Glória ao Pai. R. O Senhor.

Tempo pascal:

R. O Senhor é minha herança, é a parte que escolhi.
* Aleluia, aleluia. R. O Senhor.
V. O Senhor é muito bom para quem confia nele.
* Aleluia. Glória ao Pai. R. O Senhor.

Cântico evangélico, ant.

Para uma virgem e mártir:

A virgem fiel, hóstia pura ofertada,
já segue o Cordeiro por nós imolado (T.P. Aleluia).

Para uma virgem:

A virgem prudente que estava aguardando,
com lâmpada acesa, o Esposo chegar,
com ele entrou para as bodas eternas (T.P. Aleluia).

Para várias virgens:

Virgens prudentes, vigilantes,
preparai as vossas lâmpadas;
o Esposo está chegando; ide logo ao seu encontro
(T.P. Aleluia).

Preces como nas II Vésperas, p.1546.

Oração como nas Laudes.

Laudes

Hino

Para uma virgem:

Com tua lâmpada acesa,
viste chegar o Senhor:
do Esposo sentas-te à mesa,
cheia de graça e esplendor.

Para uma eterna aliança,
põe-te no dedo um anel;
cessam a fé e a esperança:
Belém se torna Betel.

Dá que aprendamos contigo
ter sempre os olhos nos céus:
calcar o mundo inimigo,
buscar a glória de Deus.

Jesus nos dê, por Maria,
que como Mãe te acolheu,
tê-lo na terra por guia,
ao caminhar para o céu.

Ao Pai e ao Espírito glória,
ao Filho o mesmo louvor,
pois virginal é a vitória
da que desposa o Senhor.

Para várias virgens: HINO Jesus, coroa das virgens, como nas II Vésperas, p. 1543.

Ant. 1 Eu me de**ci**do livre**men**te pelo **Cris**to
com ar**den**te cora**ção** eu quero a**má**-lo
e de**se**jo estar com **e**le para **sem**pre (T.P. Ale**lui**a).

Salmos e cântico do domingo da I Semana, p. 764.

Ant. 2 Bendi**zei** o Se**nhor,** santas **vir**gens,
que vos **cha**ma ao a**mor** indi**vi**so
e co**ro**a em **vós** os seus **dons!** (T.P. Ale**lui**a).

Ant. 3 E**xul**tem os **fiéis** em sua **gló**ria,
pois a **car**ne e o **san**gue supe**ra**ram
e alcan**ça**ram a vi**tó**ria sobre o **mun**do (T.P. Ale**lui**a).

Leitura breve Ct 8,7

Águas torrenciais jamais apagarão o amor, nem rios poderão afogá-lo. Se alguém oferecesse todas as riquezas de sua casa para comprar o amor, seria tratado com desprezo.

Responsório breve

Fora do Tempo pascal:

R. Se**nhor**, é vossa **fa**ce que eu pro**cu**ro.
* Meu cora**ção** fala con**vos**co confi**an**te. R. Senhor.

V. Se**nhor**, não me escon**dais** a vossa **fa**ce!
* Meu cora**ção**. Glória ao **Pai**. R. Se**nhor**.

Tempo pascal:

R. Se**nhor**, é vossa **fa**ce que eu pro**cu**ro.
Meu cora**ção** fala con**vos**co confi**an**te.
* Ale**lui**a, ale**lui**a. R. Se**nhor**.
V. Se**nhor**, não me escon**dais** a vossa **fa**ce! * Ale**lui**a.
Glória ao **Pai**. R. Senhor.

Cântico evangélico, ant.

Para uma virgem e mártir:

To**mas**tes vossa **cruz** como o **Cris**to, ó santa **vir**gem.
Na virgin**da**de e no mar**tí**rio imi**tas**tes vosso Es**po**so
(T.P. Ale**lui**a).

Para uma virgem:

A **vir**gem pru**den**te en**trou** para as **bo**das
e **vi**ve com **Cris**to na **gló**ria ce**les**te.
Como o **sol**, ela **bri**lha entre os **co**ros das **vir**gens
(T.P. Ale**lui**a).

Para várias virgens:

Santas **vir**gens do Se**nhor**, bendi**zei**-o para **sem**pre!
(T.P. Ale**lui**a).

Preces

Glorifiquemos a Cristo, esposo e prêmio das virgens; e lhe supliquemos com fé:

R. **Jesus, prêmio das virgens, ouvi-nos!**

Cristo, amado pelas santas virgens como único Esposo,
– concedei que nada nos separe do vosso amor. R.

Coroastes Maria, vossa Mãe, como Rainha das virgens;
– concedei-nos, por sua intercessão, que vos sirvamos sempre de coração puro. R.

Por intercessão de vossas servas, que a vós se consagraram de todo o coração para serem santas de corpo e de alma,
– concedei que jamais a instável figura deste mundo nos afaste de vós. R.

Senhor Jesus, esposo por cuja vinda as virgens prudentes esperaram sem desanimar,
– concedei que vos aguardemos vigilantes na esperança.
R. **Jesus, prêmio das virgens, ouvi-nos!**

Por intercessão de santa N., uma das virgens sábias e prudentes,
– concedei-nos sabedoria e uma vida sem mancha. R.

(intenções livres)

Pai nosso...

Oração

Não havendo oração própria, diz-se uma das seguintes:

Ó Deus, que prometestes habitar nos corações puros, dai-nos, pela intercessão da virgem santa N., viver de tal modo, que possais fazer em nós vossa morada. Por nosso Senhor Jesus Cristo, vosso Filho, na unidade do Espírito Santo.

Ou:

Atendei, ó Deus, nossa oração para que, recordando as virtudes da virgem santa N., mereçamos permanecer e crescer sempre mais no vosso amor. Por nosso Senhor Jesus Cristo, vosso Filho, na unidade do Espírito Santo.

Para várias virgens:

Ó Deus, mostrai-nos sempre mais a vossa misericórdia, e, ao celebrarmos com alegria a festa das virgens santa N. e santa N., concedei-nos também o seu eterno convívio. Por nosso Senhor Jesus Cristo, vosso Filho, na unidade do Espírito Santo.

Hora Média

Ant. Susten**tai**-me e vive**rei**, como dis**ses**tes;
não po**deis** decepcio**nar** minha espe**ran**ça! (T.P. Ale**lui**a).

Leitura breve 1Cor 7,25

A respeito das pessoas solteiras, não tenho nenhum mandamento do Senhor. Mas, como alguém que, por misericórdia de Deus, merece confiança, dou uma opinião.

V. Eis a **vir**gem previ**den**te e vigi**lan**te em alta **noi**te.
(T.P. Ale**lui**a).
R. Vai, com **su**as compa**nhei**ras, ao en**con**tro do Se**nhor**.
(T.P. Ale**lui**a).

Oração como nas Laudes.

II Vésperas

Hino

Jesus, coroa das virgens,
por Virgem Mãe concebido,
perdoai os nossos pecados,
atendei o nosso pedido!

Por entre as virgens passando,
entre alvos lírios pousais,
e a todas elas saudando
o prêmio eterno entregais.

Por toda a parte onde fordes,
as virgens seguem cantando,
e os mais suaves louvores
vão pelo céu ressoando.

Nós vos pedimos a graça
de um coração sem pecado,
qual diamante sem jaça,
por vosso amor transformado.

Ao Pai e ao Espírito unido,
vos adoramos, ó Filho:
por Virgem Mãe concebido,
das virgens todas auxílio.

Salmodia

Ant. 1 Consa**grei**-me total**men**te
a vós, Se**nhor** divino Es**po**so!
Agora **vou** ao vosso en**con**tro,
tendo a**ce**sa a minha **lâm**pada (T.P. Ale**lui**a).

Salmo 121(122)

– 1 Que ale**gri**a, quando ou**vi** que me dis**se**ram: *
“Vamos à **ca**sa do Se**nhor**!”
– 2 E a**go**ra nossos pés já se detêm, *
Jerusa**lém**, em tuas portas.

– 3 Jerusa**lém**, cidade bem edificada *
num con**jun**to harmonioso;
– 4 para **lá** sobem as tribos de Israel, *
as **tri**bos do Senhor. –

– Para lou**var**, segundo a lei de Israel, *
o **no**me do Senhor.
– 5 A **se**de da justiça lá está *
e o **tro**no de Davi.

– 6 Ro**gai** que viva em paz Jerusalém, *
e em segu**ran**ça os que te amam!
– 7 Que a **paz** habite dentro de teus muros, *
tranquili**da**de em teus palácios!

– 8 Por a**mor** a meus irmãos e meus amigos, *
peço: "A **paz** esteja em ti!"
– 9 Pelo a**mor** que tenho à casa do Senhor, *
eu te de**se**jo todo bem!

Ant. Consa**grei**-me total**men**te
a vós, Se**nhor** divino Es**po**so!
Agora **vou** ao vosso en**con**tro,
tendo a**ce**sa a minha **lâm**pada (T.P. Ale**lui**a).

Ant. 2 Fe**li**zes os **pu**ros em **seu** cora**ção**,
porque **e**les ve**rão** o seu **Deus** face a **fa**ce (T.P. Ale**lui**a).

Salmo 126(127)

– 1 Se o Se**nhor** não constru**ir** a nossa **ca**sa, *
em **vão** trabalharão seus construtores;
– se o Se**nhor** não vigiar nossa cidade, *
em **vão** vigiarão as sentinelas!

– 2 É i**nú**til levantar de madrugada, *
ou à **noi**te retardar vosso repouso,
– para ga**nhar** o pão sofrido do trabalho, *
que a seus a**ma**dos Deus concede enquanto dormem.

– 3 Os **fi**lhos são a bênção do Senhor, *
o **fru**to das entranhas, sua dádiva.
– 4 Como **fle**chas que um guerreiro tem na mão, *
são os **fi**lhos de um casal de esposos jovens.

– 5 Fe**liz** aquele pai que com tais flechas *
con**se**gue abastecer a sua aljava!
– Não se**rá** envergonhado ao enfrentar *
seus ini**mi**gos junto às portas da cidade.

Ant. Felizes os **puros** em **seu** cora**ção**,
porque **e**les ve**rão** o seu **Deus** face a **fa**ce
(T.P. Ale**lui**a).

Ant. 3 A **mi**nha fir**me**za é a **for**ça de **Cris**to;
o **meu** funda**men**to é a **Pe**dra angu**lar** (T.P. Ale**lui**a).

Cântico Ef 1,3-10

– 3 Ben**di**to e lou**va**do seja **Deus**, *
o **Pai** de Jesus Cristo, Senhor nosso,
– que do alto **céu** nos abençoou em Jesus Cristo *
com **bên**ção espiritual de toda sorte!

(R. Ben**di**to sejais **vós**, nosso **Pai**,
que **nos** abençoastes em **Cris**to!)

– 4 Foi em **Cris**to que Deus Pai nos escolheu, *
já bem **an**tes de o mundo ser criado,
– para que **fôs**semos, perante a sua face, *
sem **má**cula e santos pelo amor. (R.)

= 5 Por **li**vre decisão de sua vontade, †
predesti**nou**-nos, através de Jesus Cristo, *
a sermos **ne**le os seus filhos adotivos,
– 6 para o lou**vor** e para a glória de sua graça, *
que em seu **Fi**lho bem-amado nos doou. (R.)

– 7 É **ne**le que nós temos redenção, *
dos pe**ca**dos remissão pelo seu sangue.
= Sua **gra**ça transbordante e inesgotável †
8 Deus der**ra**ma sobre nós com abundância, *
de sa**ber** e inteligência nos dotando. (R.)

– 9 E as**sim**, ele nos deu a conhecer *
o mis**té**rio de seu plano e sua vontade,
– que propu**se**ra em seu querer benevolente, *
10 na pleni**tu**de dos tempos realizar:
– o de**síg**nio de, em Cristo, reunir *
todas as **coi**sas: as da terra e as do céu. (R)

Ant. A **mi**nha fir**me**za é a **for**ça de **Cris**to;
o **meu** funda**men**to é a **Pe**dra angu**lar** (T.P. Ale**lui**a).

Leitura breve 1Cor 7,32b.34a

O homem não casado é solícito pelas coisas do Senhor e procura agradar ao Senhor. Do mesmo modo, a mulher não casada e a jovem solteira têm zelo pelas coisas do Senhor e procuram ser santas de corpo e espírito.

Responsório breve

Fora do Tempo pascal:

R. As **vir**gens a**mi**gas ao **Rei** se di**ri**gem,
* Entre **can**tos de **fes**ta e com **gran**de ale**gria**. R. As **vir**gens.
V. In**gres**sam, en**tão**, no pa**lá**cio do **Rei.**
* Entre **can**tos. Glória ao **Pai.** R. As **vir**gens.

Tempo pascal:

R. As **vir**gens a**mi**gas ao **Rei** se di**ri**gem,
entre **can**tos de **fes**ta e com **gran**de ale**gri**a.
* Ale**lui**a, ale**lui**a. R. As **vir**gens.
V. In**gres**sam, en**tão**, no pa**lá**cio do **Rei**.
* Ale**lui**a. Glória ao **Pai**. R. As **vir**gens.

Cântico evangélico, ant.

Para uma virgem mártir:

Duas vi**tó**rias cele**bre**mos neste **mes**mo sacri**fí**cio:
a virgin**da**de consa**gra**da e a **gló**ria do mar**tí**rio (T.P. Ale**lui**a).

Para uma virgem:

Oh! **vin**de, es**po**sa de **Cris**to, rece**bei** a co**ro**a da **gló**ria
que o Se**nhor** prepa**rou** para **sem**pre (T.P. Ale**lui**a).

Para várias virgens:

E **es**ta a gera**ção** dos que pro**cu**ram o Se**nhor;**
dos que **bus**cam vossa **fa**ce, nosso **Deus** onipo**ten**te
(T.P. Ale**lui**a).

Preces

Com alegria, celebremos a Cristo, que louvou quem guarda a virgindade por causa do reino dos céus; e lhe peçamos:

R. **Jesus, rei das virgens, ouvi-nos!**

Cristo, que chamastes à vossa presença de único Esposo a Igreja como virgem casta,
– tornai-a santa e imaculada. R.

Cristo, ao vosso encontro as santas virgens saíram com lâmpadas acesas;
– não permitais que venha a faltar o óleo da fidelidade nas lâmpadas de vossas servas consagradas. R.

Senhor, em vós a Igreja virgem guardou sempre uma fé íntegra e pura;
– concedei a todos os cristãos a integridade e a pureza da fé. R.

Dais ao vosso povo regozijar-se com a festa da santa virgem N.;
– que ele possa sempre alegrar-se com a sua intercessão. R.

(intenções livres)

Recebestes as santas virgens para a ceia de vossas núpcias eternas;
– admiti com bondade no banquete celeste os nossos irmãos e irmãs falecidos. R.

Pai nosso...

Oração como nas Laudes.

COMUM DOS SANTOS HOMENS

I Vésperas

HINO Ó Jesus, Redentor nosso, ou, Celebremos os servos de Cristo, como nas II Vésperas p.1554 e 1555.

Salmodia

Ant. 1 Santos **to**dos do Se**nhor**,
cantai um **hi**no ao nosso **Deus**! (T.P. Ale**luia**).

Salmo 112(113)

– [1]Lou**vai**, louvai, ó **ser**vos do Se**nhor**, *
lou**vai**, louvai o nome do Senhor!
– [2]Ben**di**to seja o nome do Senhor, *
a**go**ra e por toda a eternidade!

– 3 Do nas**cer** do sol até o seu ocaso, *
louv**a**do seja o nome do Senhor!
– 4 O Se**nhor** está acima das nações, *
sua **gló**ria vai além dos altos céus.
= 5 Quem **po**de comparar-se ao nosso Deus, †
ao Se**nhor**, que no alto céu tem o seu trono *
6 e se in**cli**na para olhar o céu e a terra?
– 7 Le**van**ta da poeira o indigente *
e do **li**xo ele retira o pobrezinho,
– 8 para fa**zê**-lo assentar-se com os nobres, *
assen**tar**-se com os nobres do seu povo.
– 9 Faz a es**té**ril, mãe feliz em sua casa, *
vi**ven**do rodeada de seus filhos.

Ant. Santos **to**dos do Se**nhor**,
cantai um **hi**no ao nosso **Deus**! (T.P. Ale**lui**a).

Ant. 2 Fe**li**zes os fa**min**tos e se**den**tos de jus**ti**ça:
serão **to**dos saci**a**dos (T.P. Ale**lui**a).

Salmo 145(146)

= 1 Ben**di**ze, minh'**al**ma, ao Se**nhor**! †
2 Bendi**rei** ao Senhor toda a vida, *
canta**rei** ao meu Deus sem cessar!
– 3 Não po**nhais** vossa fé nos que mandam, *
não há **ho**mem que possa salvar.
= 4 Ao fal**tar**-lhe o respiro ele volta †
para a **ter**ra de onde saiu; *
nesse **di**a seus planos perecem.
= 5 É fe**liz** todo homem que busca †
seu au**xí**lio no Deus de Jacó, *
e que **põe** no Senhor a esperança.
– 6 O Se**nhor** fez o céu e a terra, *
fez o **mar** e o que neles existe.
– O Se**nhor** é fiel para sempre, *
7 faz jus**ti**ça aos que são oprimidos;
– ele **dá** alimento aos famintos, *
é o Se**nhor** quem liberta os cativos. –

= [8]O **Senhor** abre os olhos aos cegos, †
o Se**nhor** faz erguer-se o caído, *
o Se**nhor** ama aquele que é justo.

= [9]É o Se**nhor** quem protege o estrangeiro, †
quem am**pa**ra a viúva e o órfão, *
mas con**fun**de os caminhos dos maus.

= [10]O Se**nhor** reinará para sempre! †
Ó Si**ão**, o teu Deus reinará *
para **sem**pre e por todos os séculos!

Ant. Felizes os fa**min**tos e se**den**tos de jus**ti**ça:
serão **to**dos saci**a**dos (T.P. Ale**lu**ia).

Ant. 3 Bendito seja **Deus**, que nos cha**mou** a sermos **san**tos
e sem **man**cha pelo a**mor**! (T.P. Ale**lui**a).

Cântico — Ef 1,3-10

– [3]Ben**di**to e lou**va**do seja **Deus**, *
o **Pai** de Jesus Cristo, Senhor nosso,
– que do alto **céu** nos abençoou em Jesus Cristo *
com **bên**ção espiritual de toda sorte!

(R. Ben**di**to sejais **vós**, nosso **Pai**,
que **nos** abençoastes em **Cris**to!)

– [4]Foi em **Cris**to que Deus Pai nos escolheu, *
já bem **an**tes de o mundo ser criado,
– para que **fôs**semos, perante a sua face, *
sem **má**cula e santos pelo amor. (R.)

= [5]Por **li**vre decisão de sua vontade, †
predesti**nou**-nos, através de Jesus Cristo, *
a sermos **ne**le os seus filhos adotivos,
– [6]para o lou**vor** e para a glória de sua graça, *
que em seu **Fi**lho bem-amado nos doou. (R.)

– [7]É **ne**le que nós temos redenção, *
dos pe**ca**dos remissão pelo seu sangue.
= Sua **gra**ça transbordante e inesgotável †
[8]Deus der**ra**ma sobre nós com abundância, *
de sa**ber** e inteligência nos dotando. (R.)

– [9] E **assim**, ele nos deu a conhecer *
o mis**té**rio de seu plano e sua vontade,
– que propu**se**ra em seu querer benevolente, *
[10] na pleni**tu**de dos tempos realizar:
– o de**síg**nio de, em Cristo, reunir *
todas as **coi**sas: as da terra e as do céu. (R.)

Ant. Ben**di**to seja **Deus,** que nos cha**mou** a sermos **san**tos
e sem **man**cha pelo a**mor**! (T.P. Ale**lui**a).

Leitura breve Fl 3,7-8

As coisas, que eram vantagens para mim, considerei-as como perda, por causa de Cristo. Na verdade, considero tudo como perda diante da vantagem suprema que consiste em conhecer a Cristo Jesus, meu Senhor. Por causa dele eu perdi tudo. Considero tudo como lixo, para ganhar Cristo e ser encontrado unido a ele.

Responsório breve

Fora do Tempo pascal:

R. O Se**nhor** amou seu **san**to
* E o or**nou** com sua **gló**ria. R. O Se**nhor**.
V. O Se**nhor** o reves**tiu** com o **man**to da vi**tó**ria.
* E o or**nou**. Glória ao **Pai**. R. O Se**nhor**.

Tempo pascal:

R. O Se**nhor** amou seu **san**to e o or**nou** com sua **gló**ria.
* Ale**lui**a, ale**lui**a. R. O Se**nhor**.
V. O Se**nhor** o reves**tiu** com o **man**to da vi**tó**ria.
* Ale**lui**a. Glória ao **Pai**. R. O Se**nhor**.

Cântico evangélico, ant.

Para um santo:

O homem **sá**bio e previ**den**te
constru**iu** a sua **ca**sa sobre a **ro**cha inaba**lá**vel. (T.P. Ale**lui**a).

Para vários santos:

Os **o**lhos do Se**nhor** estão vol**ta**dos
aos que es**pe**ram confi**an**do em seu a**mor** (T.P. Ale**lui**a).

Preces como nas II Vésperas, p. 1558.

Oração como nas Laudes.

Laudes

Hino

Para um santo:

Jesus, coroa celeste,
Jesus, verdade sem véu,
ao servo que hoje cantamos
destes o prêmio do céu.

Dai que por nós interceda
em fraternal comunhão,
e nossas faltas consigam
misericórdia e perdão.

Bens e honrarias da terra
sem valor ele julgou;
vãs alegrias deixando,
só as do céu abraçou.

Que sois, Jesus, Rei supremo,
jamais cessou de afirmar;
com seu fiel testemunho
soube o demônio esmagar.

Cheio de fé e virtude,
os seus instintos domou,
e a recompensa divina,
servo fiel, conquistou.

A vós, Deus uno, Deus trino,
sobe hoje nosso louvor,
ao celebrarmos o servo
de quem Jesus é o Senhor.

Para vários santos:

Ó fiéis seguidores de Cristo,
a alegria da glória feliz,
como prêmio do vosso martírio,
para sempre no céu possuís.

Escutai, com ouvidos benignos,
os louvores que a vós entoamos.
Nós, ainda exilados da Pátria,
vossa glória, num hino, cantamos.

Pelo amor de Jesus impelidos,
dura cruz sobre os ombros levastes.
Pressurosos, ardentes de amor
e submissos, a fé preservastes.

Desprezastes o ardil do demônio
e os enganos do mundo também.
Testemunhas de Cristo na vida,
vós subistes dos astros além.

E agora, na glória celeste,
sede atentos à voz da oração
dos que querem seguir vossos passos
e vos clamam com seu coração.

Glória seja à Divina Trindade
para que nos conduza também
pela ajuda e as preces dos mártires
às moradas celestes. Amém.

Ant. 1 O Se**nhor** lhe deu a **gló**ria
e, em seu **Rei**no, um grande **no**me (T.P. Ale**lui**a).

Salmos e cântico do domingo da I Semana, p. 764.

Ant. 2 Vós, **ser**vos do Se**nhor**, bendi**zei**-o para **sem**pre!
(T.P. Ale**lui**a).

Ant. 3 E**xul**tem os **fiéis** em sua **gló**ria,
e can**tan**do se le**van**tem de seus **lei**tos (T.P. Ale**lui**a).

Leitura breve Rm 12,1-2

Pela misericórdia de Deus, eu vos exorto, irmãos, a vos oferecerdes em sacrifício vivo, santo e agradável a Deus: Este é o vosso culto espiritual. Não vos conformeis com o mundo, mas transformai-vos, renovando vossa maneira de pensar e de julgar, para que possais distinguir o que é da vontade de Deus, isto é, o que é bom, o que lhe agrada, o que é perfeito.

Responsório breve

Fora do Tempo pascal:

R. Ele **tem** o cora**ção**
* Na **lei** do seu Se**nhor**. R. Ele **tem**.

V. Os seus **passos** não va**ci**lam.
* Na **lei**. Glória ao **Pai**. R. Ele **tem**.

Tempo pascal:

R. Ele **tem** o cora**ção** na **lei** do seu Se**nhor**.
* Ale**luia**, ale**luia**. R. Ele **tem**.
V. Os seus **pas**sos não va**ci**lam.
* Ale**luia**; ale**luia**. Glória ao **Pai**.
R. Ele **tem** o cora**ção** na **lei** do seu Se**nhor**.

Cântico evangélico, ant.

Quem pra**ti**ca a ver**da**de, se **põe** junto à **luz**;
e suas **o**bras de **fi**lho de **Deus** se revelam (T.P. Ale**luia**).

Para vários santos:

Fe**li**zes a**que**les que **bus**cam a **paz**!
Fe**li**zes os **pu**ros em **seu** cora**ção**,
porque **e**les ve**rão** o seu **Deus** face a **face** (T.P. Ale**luia**).

Preces

Glorifiquemos, irmãos, a Cristo, nosso Deus, pedindo-lhe que nos ensine a servi-lo em santidade e justiça diante dele enquanto perdurarem nossos dias; e aclamemos:

R. **Senhor, só vós sois santo!**

Senhor Jesus, que quisestes ser igual a nós em tudo, menos no pecado,
– tende piedade de nós. R.

Senhor Jesus, que nos chamastes à perfeição da caridade,
– santificai-nos sempre mais. R.

Senhor Jesus, que nos mandastes ser sal da terra e luz do mundo,
– iluminai a nossa vida. R.

Senhor Jesus, que viestes ao mundo para servir e não para ser servido,
– ensinai-nos a vos servir humildemente em nossos irmãos. R.

Senhor Jesus, esplendor da glória do Pai e perfeita imagem do ser divino,
– dai-nos contemplar a vossa face na glória eterna. R.

(intenções livres)

Pai nosso...

Oração

Não havendo oração própria, diz-se uma das seguintes:

Ó Deus, só vós sois .santo e sem vós ninguém pode ser bom. Pela intercessão de são (sto.) N., dai-nos viver de tal modo, que não sejamos despojados da vossa glória. Por nosso. Senhor Jesus Cristo, vosso Filho, na unidade do Espírito Santo.

Ou:

Ó Deus, que o exemplo de vossos santos nos leve a uma vida mais perfeita e, celebrando a memória de são (sto) N., imitemos constantemente suas ações. Por nosso Senhor Jesus Cristo, vosso Filho, na unidade do Espírito Santo.

Para vários santos:

Deus eterno e todo-poderoso, que pela glorificação dos santos continuais manifestando o vosso amor por nós, concedei que sejamos ajudados por sua intercessão e animados pelo seu exemplo, na imitação fiel do vosso Filho. Que convosco vive e reina, na unidade do Espírito Santo.

Hora Média

Ant. Quem fi**zer** a von**ta**de do **Pai,**
no **Rei**no dos **céus** entra**rá** (T.P. Ale**lui**a).

Leitura breve 1Cor 9,26-27b

Eu corro, mas não à toa. Eu luto, mas não como quem dá murros no ar. Trato duramente o meu corpo e o subjugo, para não acontecer que, depois de ter proclamado a boa-nova aos outros, eu mesmo seja reprovado.

V. É fe**liz,** ó Se**nhor,** quem for**mais** (T.P. Ale**lui**a).
R. E edu**cais** nos ca**mi**nhos da **Lei** (T.P. Ale**lui**a).

Oração como nas Laudes

II Vésperas

Hino

Para um santo:

Ó Jesus, Redentor nosso,
coroais os vossos santos;
ouvi hoje, compassivo,
nossas preces, nossos cantos.

Hoje, o santo confessor
vosso nome fez brilhar,
e a Igreja, anualmente,
vem seus feitos celebrar.

Caminhou com passo firme
pela vida transitória,
e seguiu a vossa estrada
que nos leva para a glória.

Desprendendo o coração
de alegrias passageiras,
frui agora, junto aos anjos,
as delícias verdadeiras.

O perdão de nossas culpas
nos alcance a sua prece.
Nos seus passos conduzi-nos
para a luz que não perece.

Glória a Cristo, Rei clemente,
e a Deus Pai louvor também.
Honra e graças ao Espírito
pelos séculos. Amém.

Para vários santos:

Celebremos os servos de Cristo
de fé simples e santas ações;
hoje a terra, se unindo às alturas,
faz subir seu louvor em canções.

Caminharam isentos de culpa,
puros, mansos, humildes e castos;
suas almas, partindo da terra,
livres voam e sobem aos astros.

Rejubilam no céu, protegendo
o infeliz e seu pranto enxugando,
dão aos corpos doentes saúde,
as feridas das almas curando.

Nosso canto celebra os louvores
dos fiéis servidores de Deus;
queiram eles nos dar sua ajuda
e guiar-nos também para os céus.

Ao Deus Uno beleza e poder
e louvor nas alturas convém.
Glória Àquele que rege o Universo
e o conduz por leis sábias. Amém.

Salmodia

Ant. 1 Supe**rou** as prova**ções** e triun**fou**:
glória e**ter**na seja a **e**le tribu**ta**da (T.P. Ale**lu**ia).

Salmo 14(15)

– 1 "Se**nhor**, quem mora**rá** em vossa **ca**sa *
e em **vos**so Monte santo habitará?"
– 2 É a**que**le que caminha sem pecado *
e pra**ti**ca a justiça fielmente;
– 3 que **pen**sa a verdade no seu íntimo *
e não **sol**ta em calúnias sua língua;

– que em **na**da prejudica o seu irmão, *
nem **co**bre de insultos seu vizinho;
– 4 que não **dá** valor algum ao homem ímpio, *
mas **hon**ra os que respeitam o Senhor;

– que sus**ten**ta o que jurou, mesmo com dano; *
5 não em**pres**ta o seu dinheiro com usura,
– nem se **dei**xa subornar contra o inocente. *
Ja**mais** vacilará quem vive assim!

Ant. Supe**rou** as prova**ções** e triun**fou**:
glória e**ter**na seja a **e**le tribu**ta**da (T.P. Ale**lu**ia).

Ant. 2 Deus mani**fes**ta em seus **san**tos sua **gra**ça e seu a**mor**,
e prote**ge** os seus e**lei**tos (T.P. Ale**lu**ia).

Salmo 111(112)

– 1 Feliz o **ho**mem que res**pei**ta o Se**nhor** *
e que **a**ma com carinho a sua lei!
– 2 Sua descen**dên**cia será forte sobre a terra, *
abençoa**da** a geração dos homens retos!

– 3 Haverá **gló**ria e riqueza em sua casa, *
e perma**ne**ce para sempre o bem que fez.
– 4 Ele é cor**re**to, generoso e compassivo, *
como **luz** brilha nas trevas para os justos. –

– [5] Feliz o **ho**mem caridoso e prestativo, *
que re**sol**ve seus negócios com justiça.
– [6] Porque ja**mais** vacilará o homem reto, *
sua lem**bran**ça permanece eternamente!

– [7] Ele não **te**me receber notícias más: *
confiando em **Deus**, seu coração está seguro.
– [8] Seu cora**ção** está tranquilo e nada teme, *
e con**fu**sos há de ver seus inimigos.

= [9] Ele re**par**te com os pobres os seus bens, †
perma**ne**ce para sempre o bem que fez, *
e cresce**rão** a sua glória e seu poder.

= [10] O **ím**pio, vendo isso, se enfurece, †
range os **den**tes e de inveja se consome; *
mas os de**se**jos do malvado dão em nada.

Ant. Deus mani**fes**ta em seus **san**tos sua **gra**ça e seu a**mor**,
e pro**te**ge os seus e**lei**tos (T.P. Ale**lui**a).

Ant. 3 Os **san**tos can**ta**vam um **cân**tico **no**vo
À**que**le que es**tá** em seu **tro**no, e ao Cor**dei**ro;
na **ter**ra in**tei**ra resso**a**vam suas **vo**zes (T.P. Ale**lui**a).

Cântico Ap 15,3-4

– [3] Como são **gran**des e admi**rá**veis vossas **o**bras, *
ó Se**nhor** e nosso Deus onipotente!
– Vossos ca**mi**nhos são verdade, são justiça, *
ó **Rei** dos povos todos do universo!

(R. São **gran**des vossas **o**bras, ó Se**nhor**!)

= [4] Quem, Se**nhor**, não haveria de temer-vos, †
e **quem** não honraria o vosso nome? *
Pois so**men**te vós, Senhor, é que sois santo! (R.)

= As nações **to**das hão de vir perante vós †
e, pros**tra**das, haverão de adorar-vos, *
pois vossas **jus**tas decisões são manifestas.

Ant. Os **san**tos can**ta**vam um **cân**tico **no**vo
À**que**le que es**tá** em seu **tro**no, e ao Cor**dei**ro;
na **ter**ra in**tei**ra resso**a**vam suas **vo**zes (T.P. Ale**lui**a).

Leitura breve Rm 8,28-30

Sabemos que tudo contribui para o bem daqueles que amam a Deus, daqueles que são chamados para a salvação, de acordo com o projeto de Deus. Pois aqueles que Deus contemplou com seu amor desde sempre, a esses ele predestinou a serem conformes à imagem de seu Filho, para que este seja o primogênito numa multidão de irmãos. E aqueles que Deus predestinou, também os chamou. E aos que chamou, também os tornou justos; e aos que tornou justos, também os glorificou.

Responsório breve

Fora do Tempo pascal:

R. É **jus**to o nosso **Deus**,
* Ele **a**ma a jus**ti**ça. R. É **jus**to.
V. Quem tem **re**to cora**ção** há de **ver** a sua **fa**ce.
* Ele **a**ma. Glória ao **Pai.** R. É **jus**to.

Tempo pascal:

R. É **jus**to o nosso **Deus**, ele **a**ma a jus**ti**ça.
* Ale**lui**a, ale**lui**a. R. É **jus**to.
V. Quem tem **re**to cora**ção** há de **ver** a sua **fa**ce.
* Ale**lui**a. Glória ao **Pai**. R. É **jus**to.

Cântico evangélico, ant.

Servo **bom** e **fiel**,
vem en**trar** na ale**gri**a de Je**sus**, teu Se**nhor**! (T.P. Ale**lui**a).

Para vários santos:

Fiéis até à **mor**te,
rece**be**ram do Se**nhor** a co**ro**a da jus**ti**ça (T.P. Ale**lui**a).

Preces

Peçamos a Deus Pai, fonte de toda a santidade, que, pela intercessão e exemplo dos santos, nos conduza a uma vida mais perfeita; e digamos:

R. **Fazei-nos santos, porque vós sois santo!**

Pai santo, que nos destes a graça de nos chamarmos e sermos realmente vossos filhos,
– fazei que a santa Igreja proclame as vossas maravilhas por toda a terra. R.

Pai santo, inspirai os vossos servos a viver dignamente, segundo a vossa vontade,
– e ajudai-nos a dar abundantes frutos de boas obras. R.

Pai santo, que nos reconciliastes convosco por meio de Cristo,
– conservai-nos na unidade por amor de vosso nome. R.

Pai santo, que nos convidastes para tomar parte no banquete celeste,
– pela comunhão do pão descido do céu, dai-nos alcançar a perfeição da caridade. R.

(intenções livres)

Pai santo, perdoai as faltas de todos os pecadores,
– e acolhei na luz da vossa face todos os que morreram. R.

Pai nosso...

Oração como nas Laudes.

COMUM DAS SANTAS MULHERES

I Vésperas

HINO Louvor à mulher forte, ou, Ó Cristo, autor dos seres, como nas II Vésperas, p. 1565.

Salmodia

Ant. 1 Ben**di**to seja o **no**me do Se**nhor**,
que em suas **san**tas reve**lou** o seu a**mor**!

Salmo 112(113)

– 1 Lou**vai**, louvai, ó **ser**vos do Se**nhor**, *
lou**vai**, louvai o nome do Senhor!
– 2 Ben**di**to seja o nome do Senhor, *
agora e por toda a eternidade!
– 3 Do nas**cer** do sol até o seu ocaso, *
lou**va**do seja o nome do Senhor!
– 4 O Se**nhor** está acima das nações, *
sua **gló**ria vai além dos altos céus.

– [5] Quem **po**de comparar-se ao nosso Deus, †
ao Se**nhor**, que no alto céu tem o seu trono *
[6] e se in**cli**na para olhar o céu e a terra?
– [7] Le**van**ta da poeira o indigente *
e do **li**xo ele retira o pobrezinho,
– [8] para fa**zê**-lo assentar-se com os nobres, *
assen**tar**-se com os nobres do seu povo.
– [9] Faz a es**té**ril, mãe feliz em sua casa, *
vi**ven**do rodeada de seus filhos.

Ant. Ben**di**to seja o **no**me do Se**nhor**,
que em suas **san**tas reve**lou** o seu a**mor**! (T.P. Ale**lui**a).

Ant. 2 Glori**fi**ca o Se**nhor**, Jerusa**lém**,
que os teus **fi**lhos em teu **se**io abençoo**u** (T.P. Ale**lui**a).

Salmo 147(147B)

– [12] Glori**fi**ca o Se**nhor**, Jerusa**lém**! *
Ó Si**ão**, canta louvores ao teu Deus!
– [13] Pois refor**çou** com segurança as tuas portas, *
e os teus **fi**lhos em teu seio abençoou;
– [14] a **paz** em teus limites garantiu *
e te **dá** como alimento a flor do trigo.
– [15] Ele en**vi**a suas ordens para a terra, *
e a pa**la**vra que ele diz corre veloz;
– [16] ele **faz** cair a neve como lã *
e es**pa**lha a geada como cinza.
– [17] Como de **pão** lança as migalhas do granizo, *
a seu **fri**o as águas ficam congeladas.
– [18] Ele en**vi**a sua palavra e as derrete, *
sopra o **ven**to e de novo as águas correm.
– [19] Anun**ci**a a Jacó sua palavra, *
seus pre**cei**tos e suas leis a Israel.
– [20] Nenhum **po**vo recebeu tanto carinho, *
a nenhum **ou**tro revelou os seus preceitos.

Ant. Glori**fi**ca o Se**nhor**, Jerusa**lém**,
que os teus **fi**lhos em teu **se**io abençoo**u** (T.P. Ale**lui**a).

Ant. 3 O **Senhor** se agra**dou** muito de **ti**,
e se**rás** a ale**gria** do teu **Deus** (T.P. Ale**luia**).

Cântico Ef 1,3-10

– [3] Ben**di**to e lou**va**do seja **Deus**, *
o **Pai** de Jesus Cristo, Senhor nosso,
– que do alto **céu** nos abençoou em Jesus Cristo *
com **bên**ção espiritual de toda sorte!

(R. Ben**di**to sejais **vós**, nosso **Pai**,
que **nos** abençoastes em **Cris**to!)

– [4] Foi em **Cris**to que Deus Pai nos escolheu, *
já bem **an**tes de o mundo ser criado,
– para que **fôs**semos, perante a sua face, *
sem **má**cula e santos pelo amor. (R.)

= [5] Por **li**vre decisão de sua vontade, †
predesti**nou**-nos, através de Jesus Cristo, *
a sermos **ne**le os seus filhos adotivos,
– [6] para o lou**vor** e para a glória de sua graça, *
que em seu **Fi**lho bem-amado nos doou. (R.)

– [7] É **ne**le que nós temos redenção, *
dos pe**ca**dos remissão pelo seu sangue.
= Sua **gra**ça transbordante e inesgotável †
[8] Deus der**ra**ma sobre nós com abundância, *
de sa**ber** e inteligência nos dotando. (R.)

– [9] E as**sim**, ele nos deu a conhecer *
o mis**té**rio de seu plano e sua vontade,
– que propu**se**ra em seu querer benevolente, *
[10] na pleni**tu**de dos tempos realizar:
– o de**síg**nio de, em Cristo, reunir *
todas as **coi**sas: as da terra e as do céu. (R)

Ant. O **Senhor** se agra**dou** muito de **ti**,
e se**rás** a ale**gria** do teu **Deus** (T.P. Ale**luia**).

Leitura breve Fl 3,7-8

Estas coisas, que eram vantagens para mim, considerei-as como perda, por causa de Cristo. Na verdade, considero tudo como perda diante da vantagem suprema que consiste em conhecer a Cristo

Jesus, meu Senhor. Por causa dele eu perdi tudo. Considero tudo como lixo, para ganhar Cristo e ser encontrado unido a ele.

Responsório breve

Fora do Tempo pascal:

R. **Exul**to de ale**gria**
 * Em **vos**so grande a**mor.** R. Exulto.
V. Pois o**lhas**tes, ó Se**nhor**, para as **mi**nhas afli**ções**.
 * Em **vos**so. Glória ao **Pai.** R. Exulto.

Tempo pascal:

R. **Exul**to de ale**gria** em **vos**so grande a**mor**.
 * Ale**luia**, ale**luia**. R. Exulto.
V. Pois o**lhas**tes, ó Se**nhor**, para as **mi**nhas afli**ções**.
 * Ale**luia**. Glória ao **Pai**. R. Exulto.

Cântico evangélico, ant.

A vós o **fru**to e a co**lhei**ta que plan**ta**ram vossas **mãos!**
E, nas **nos**sas assem**blei**as, o lou**vor** tão mere**ci**do (T.P. Ale**luia**).

Para várias santas:

Glori**ai**-vos em seu **no**me que é **san**to,
exulte o cora**ção** que busca a **Deus**! (T.P. Ale**luia**).

Preces como nas II Vésperas, p. 1569.

Oração como nas Laudes.

Laudes

Hino

Para uma santa mulher:

Na nobre serva de Cristo
com grande esplendor brilhou
da mulher forte a beleza,
que a Santa Bíblia cantou.

Viveu a fé, a esperança
e a caridade integral,
raiz das obras perfeitas
de puro amor fraternal.

Por suas preces movido,
Jesus, salvai os culpados,
e assim a vós louvaremos
de corações renovados.

Glória e poder a Deus Pai,
do qual o mundo provém,
a vós, ó Cristo, e ao Espírito,
agora e sempre. Amém.

Para várias santas mulheres:

Nas nobres servas de Cristo
com grande esplendor brilhou
da mulher forte a beleza,
que a Santa Bíblia cantou.

Não teve o mundo em seus laços
as que só Deus procuraram,
e o odor de Jesus Cristo
por toda parte espalharam.

A alma e o corpo domando
pelo jejum e a oração,
os bens que passam deixaram
por uma eterna mansão.

Louvor e poder a Deus Pai,
que o mundo inteiro governa
e reserva para os seus
a glória da vida eterna.

Ant. 1 Minh'**al**ma se agarra em **vós,**
com po**der** vossa **mão** me sus**ten**ta (T.P. Ale**lui**a).

Salmos e cântico do domingo da I Semana, p. 764.

Ant. 2 A **mão** do Se**nhor** vos dá **for**ça,
vós se**reis** para **sem**pre ben**di**ta! (T.P. Ale**lui**a).

Ant. 3 E**xul**to de ale**gri**a pelo **vos**so grande a**mor**!
(T.P. Ale**lui**a).

Leitura breve Rm 12,1-2

Pela misericórdia de Deus, eu vos exorto, irmãos, a vos oferecerdes em sacrifício vivo, santo e agradável a Deus: Este é o vosso culto espiritual. Não vos conformeis com o mundo, mas transformai-vos, renovando vossa maneira de pensar e de julgar, para que possais distinguir o que é da vontade de Deus, isto é, o que é bom, o que lhe agrada, o que é perfeito.

Responsório breve

Fora do Tempo pascal:

R. O Se**nhor** a sus**ten**ta
*Com a **luz** de sua **fa**ce. R. O Se**nhor**.
V. Quem a **po**de aba**lar**? Deus es**tá** junto a **e**la.
*Com a **luz.** Glória ao **Pai.** R. O Se**nhor**.

Tempo pascal:

R. O Se**nhor** a sus**ten**ta com a **luz** de sua **fa**ce.
*Ale**lui**a, ale**lui**a. R. O Se**nhor**.
V. Quem a **po**de aba**lar**? Deus es**tá** junto a **e**la.
*Ale**lui**a. Glória ao **Pai**. R. O Se**nhor**.

Cântico evangélico, ant.

O **Rei**no dos **céus** é seme**lhan**te
ao compra**dor** de raras **pé**rolas preci**o**sas;
quando en**con**tra a mais **be**la entre **to**das,
vende **tu**do o que pos**sui** para com**prá**-la (T.P. Ale**lui**a).

Preces

Juntamente com todas as santas mulheres, louvemos, irmãos, nosso Salvador; e peçamos:

R. **Vinde, Senhor Jesus!**

Senhor Jesus, que perdoastes à mulher pecadora todos os seus pecados porque ela muito amou,
–perdoai-nos também os nossos muitos pecados. R.

Senhor Jesus, a quem as santas mulheres serviam em vossas jornadas,
–concedei-nos seguir fielmente os vossos passos. R.

Senhor Jesus, Mestre a quem Maria escutava, enquanto Marta vos servia,
–concedei-nos também vos servirmos na fé e na caridade. R.

Senhor Jesus, que chamastes irmão, irmã e mãe a todos aqueles que cumprem a vontade do Pai,
–fazei que sempre vos agrademos em palavras e ações. R.

(intenções livres)

Pai nosso...

Oração

Não havendo oração própria, diz-se uma das seguintes:

Ó Deus, que nos alegrais cada ano com a festa de santa N., fazei-nos, venerando sua memória, seguir o exemplo de sua vida. Por nosso Senhor Jesus Cristo, vosso Filho, na unidade do Espírito Santo.

Ou:

Concedei-nos, ó Deus, a sabedoria e o amor que inspirastes à vossa filha santa N., para que, seguindo seu exemplo de fidelidade, nos dediquemos ao vosso serviço, e vos agrademos pela fé e pelas obras. Por nosso Senhor Jesus Cristo, vosso Filho, na unidade do Espírito Santo.

Para várias santas mulheres:

Ó Deus todo-poderoso, pelas preces das santas N. e N., que nos deixaram em suas vidas um exemplo admirável, concedei-nos os auxílios celestes. Por nosso Senhor Jesus Cristo, vosso Filho, na unidade do Espírito Santo.

Hora Média

Ant. Meu cora**ção** e minha **car**ne reju**bi**lam
e e**xul**tam de ale**gri**a no Deus **vi**vo (T.P. Ale**lui**a).

Leitura breve 1Cor 9,26-27a

Por isso, eu corro, mas não à toa. Eu luto, mas não como quem dá murros no ar. Trato duramente o meu corpo e o subjugo.

V. Encon**trei** o grande a**mor** da minha **vi**da (T.P. Ale**lui**a).
R. Vou guar**dá**-lo para **sem**pre junto a **mim** (T.P. Ale**lui**a).

Oração como nas Laudes.

II Vésperas

Hino

Para uma santa mulher:

Louvor à mulher forte,
firme de coração.
Em glória e santidade
refulge o seu clarão.

Calcando aos pés o mundo
das coisas transitórias,
por santo amor ferida,
caminha para a glória.

Domina por jejuns
da carne a rebeldia.
O pão da prece nutre
sua alma de alegria.

Só vós fazeis prodígios,
ó Cristo, Rei dos fortes.
A prece desta santa
na luta nos conforte.

Jesus, a vós a glória!
A nós guiai também,
com vossa humilde serva,
à vida eterna. Amém.

Para várias santas mulheres:

Ó Cristo, autor dos seres,
que a tudo governais,
daqueles que vos louvam
as culpas apagais.

Guardais em vasos frágeis
as pedras preciosas.
Mulheres muito fracas
tornastes valorosas.

Sensíveis, delicadas,
mas fortes pelo amor,
recebem a coroa
no Reino do Senhor.

Ao Pai e ao Filho glória,
e ao seu Amor também,
poder, louvor, vitória
agora e sempre. Amém.

Salmodia

Ant. 1 Vossa **ser**va, ó Se**nhor**,
exul**tou** de ale**gri**a pela **vos**sa salva**ção** (T.P. Ale**lui**a).

Salmo 121(122)

– [1] Que alegria, quando ouvi que me disseram: *
"Vamos à casa do Senhor!"
– [2] E agora nossos pés já se detêm, *
Jerusalém, em tuas portas.

– [3] Jerusalém, cidade bem edificada *
num conjunto harmonioso;
– [4] para lá sobem as tribos de Israel, *
as tribos do Senhor.

– Para louvar, segundo a lei de Israel, *
o nome do Senhor.
– [5] A sede da justiça lá está *
e o trono de Davi.

– [6] Rogai que viva em paz Jerusalém, *
e em segurança os que te amam!
– [7] Que a paz habite dentro de teus muros, *
tranquilidade em teus palácios!

– [8] Por amor a meus irmãos e meus amigos, *
peço: "A paz esteja em ti!"
– [9] Pelo amor que tenho à casa do Senhor, *
eu te desejo todo bem!

Ant. Vossa serva, ó Senhor,
exultou de alegria pela vossa salvação (T.P. Aleluia).

Ant. 2 Como alicerce sobre a rocha inabalável,
foi a palavra do Senhor em sua vida (T.P. Aleluia).

Salmo 126(127)

– [1] Se o Senhor não construir a nossa casa, *
em vão trabalharão seus construtores;
– se o Senhor não vigiar nossa cidade, *
em vão vigiarão as sentinelas!

– [2] É inútil levantar de madrugada, *
ou à noite retardar vosso repouso,
– para ganhar o pão sofrido do trabalho, *
que a seus amados Deus concede enquanto dormem. –

– [3]Os **filhos** são a bênção do Senhor, *
o **fru**to das entranhas, sua dádiva.
– [4]Como **fle**chas que um guerreiro tem na mão, *
são os **fi**lhos de um casal de esposos jovens.

– [5]Fe**liz** aquele pai que com tais flechas *
con**se**gue abastecer a sua aljava!
– Não se**rá** envergonhado ao enfrentar *
seus ini**mi**gos junto às portas da cidade.

Ant. Como ali**cer**ce sobre a **ro**cha inaba**lá**vel,
foi a pa**la**vra do Se**nhor** em sua **vi**da (T.P. Ale**lu**ia).

Ant. 3 A **mão** do Se**nhor** vos dá **for**ça.
vós se**reis** para **sem**pre ben**di**ta! (T.P. Ale**lu**ia).

Cântico Ef 1,3-10

– [3]Ben**di**to e lou**va**do seja **Deus**, *
o **Pai** de Jesus Cristo, Senhor nosso,
– que do alto **céu** nos abençoou em Jesus Cristo *
com **bên**ção espiritual de toda sorte!

(R. Ben**di**to sejais **vós**, nosso **Pai**,
que **nos** abençoa**s**tes em **Cris**to!)

– [4]Foi em **Cris**to que Deus Pai nos escolheu, *
já bem **an**tes de o mundo ser criado,
– para que **fôs**semos, perante a sua face, *
sem **má**cula e santos pelo amor. (R.)

= [5]Por **li**vre decisão de sua vontade, †
predesti**nou**-nos, através de Jesus Cristo, *
a sermos **ne**le os seus filhos adotivos,
– [6]para o lou**vor** e para a glória de sua graça, *
que em seu **Fi**lho bem-amado nos doou. (R.)

– [7]É **ne**le que nós temos redenção, *
dos pe**ca**dos remissão pelo seu sangue.
= Sua **gra**ça transbordante e inesgotável †
[8]Deus der**ra**ma sobre nós com abundância, *
de sa**ber** e inteligência nos dotando. (R.)

– [9]E as**sim**, ele nos deu a conhecer *
o mis**té**rio de seu plano e sua vontade,
– que propusera em seu querer benevolente, *

10 na pleni**tu**de dos tempos realizar:
– o de**síg**nio de, em Cristo, reunir *
todas as **coi**sas: as da terra e as do céu. (R.)

Ant. A **mão** do Se**nhor** vos dá **for**ça.
vós se**reis** para **sem**pre ben**di**ta! (T.P. Ale**lui**a).

Leitura breve Rm 8,28-30

Sabemos que tudo contribui para o bem daqueles que amam a Deus, daqueles que são chamados para a salvação, de acordo com o projeto de Deus. Pois aqueles que Deus contemplou com seu amor desde sempre, a esses ele predestinou a serem conformes à imagem de seu Filho, para que este seja o primogênito numa multidão de irmãos. E aqueles que Deus predestinou, também os chamou. E aos que chamou, também os tomou justos; e aos que tornou justos, também os glorificou.

Responsório breve

Fora do Tempo pascal:

R. O Se**nhor** a escol**heu**,
* Entre **to**das prefe**ri**da. R. O Se**nhor**.
V. O Se**nhor** a fez mo**rar** em sua **san**ta habita**ção**.
* Entre **to**das. Glória ao **Pai**. R. O Se**nhor**.

Tempo pascal:

R. O Se**nhor** a escol**heu**, entre **to**das prefe**ri**da.
* Ale**lui**a, ale**lui**a. R. O Se**nhor**.
V. O Se**nhor** a fez mo**rar** em sua **san**ta habita**ção**.
* Ale**lui**a. Glória ao **Pai**. R. O Se**nhor**.

Cântico evangélico, ant.

E**xul**ta no Se**nhor** meu cora**ção**
e minh'**al**ma se e**le**va para **Deus**,
porque me a**le**gro com a **vos**sa salva**ção**.

Preces

Por intercessão das santas mulheres, peçamos ao Senhor em favor da Igreja; e digamos:

R. **Lembrai-vos, Senhor, da vossa Igreja!**

Por intercessão das santas mártires, que venceram a morte do corpo com o vigor do espírito,
– concedei à vossa Igreja a fortaleza nas provações.

R. **Lembrai-vos, Senhor, da vossa Igreja!**

Por intercessão das santas casadas, que progrediram em graça na vida matrimonial,
– concedei à vossa Igreja a fecundidade apostólica. R.

Por intercessão das santas viúvas, que superaram e santificaram sua solidão mediante a oração e a hospitalidade,
– concedei à vossa Igreja que manifeste perante o mundo o mistério da vossa caridade. R.

Por intercessão das santas mães, que geraram filhos para o Reino de Deus e para a sociedade humana,
– concedei à vossa Igreja que transmita a vida divina e a salvação a toda a humanidade. R.

(intenções livres)

Por intercessão de todas as santas mulheres, que já mereceram contemplar a luz da vossa face,
– concedei aos irmãos e irmãs falecidos de vossa Igreja a eterna alegria da mesma visão. R.

Pai nosso...

Oração como nas Laudes.

PARA SANTOS RELIGIOSOS E SANTAS RELIGIOSAS

Como no Comum dos santos homens, p. 1547, ou das santas mulheres, p. 1559, exceto o seguinte:

I Vésperas

HINO Senhor, a vós cantamos, como nas II Vésperas, p. 1572.

Cântico evangélico, ant.
Quem **não** renunci**ar** a tudo a**qui**lo que pos**sui**,
não pode **ser** o meu dis**cí**pulo (T.P. Ale**lui**a).

Para um santo religioso:

Sobre **es**te desce a **bên**ção do Se**nhor**
e a recom**pen**sa de seu **Deus** e Salva**dor**;
porque **es**ta é a ge**ra**ção dos que o pro**cu**ram (T.P. Ale**lui**a).

Para uma santa religiosa:

O Se**nhor** a despo**sou** com seu a**mor** sempre fi**el**
(T.P. Ale**lui**a).

Oração como nas Laudes.

Laudes

Hino

Jesus Cristo, ternura de Deus,
por quem somos votados ao Pai,
pelos ternos acenos do Espírito,
nossas almas na graça guiai.

Aos nascidos do Deus verdadeiro,
pela água na fonte lavados,
quereis ver darem frutos de graça,
pelo amor com que foram amados.

Vós chamais, e os chamados acorrem,
deixam tudo, ao fulgor desta luz,
e vos seguem, em busca do Pai,
pelos régios caminhos da cruz.

Este(a) santo(a), com todas as forças,
quis a vós se unir pelo amor.
Da virtude as mais altas montanhas
procurou escalar com ardor.

A Deus Pai, e a Jesus, Cristo Rei,
e ao Espírito, perene louvor.
Cem por um dais, ó Deus, para o pobre
que deu pouco, porém, com amor.

Cântico evangélico, ant.

Quem **faz** a von**ta**de do meu **Pai**,
é meu ir**mão**, minha ir**mã** e minha **mãe** (T.P. Ale**lui**a).

Ou:

O Se**nhor** é a minha he**ran**ça,
ele é **bom** pra quem o **bus**ca (T.P. Ale**lui**a).

Oração

Não havendo oração própria, diz-se uma das seguintes:

Ó Deus, concedei-nos, pelas preces de são (santa) N., a quem destes perseverar na imitação do Cristo pobre e humilde, seguir a nossa vocação com fidelidade e chegar àquela perfeição que nos propusestes em vosso Filho. Que convosco vive e reina, na unidas de do Espírito Santo.

Para um santo abade:

Ó Deus, que nos destes no santo abade N. um testemunho de perfeição evangélica, fazei-nos, em meio às agitações deste mundo, fixar os corações nos bens eternos. Por nosso Senhor Jesus Cristo, vosso Filho, na unidade do Espírito Santo.

II Vésperas

Hino

Senhor, a vós cantamos
um hino de louvor,
louvando o(a) vosso(a) santo(a)
perfeito(a) servidor(a).

Fiel seguiu a Cristo,
deixando as alegrias,
riquezas e prazeres
que o mundo oferecia.

Humilde, obediente,
a vós se consagrou;
do corpo a castidade
por Cristo conservou.

Buscou a vossa glória,
unido (a) a vós somente,
com todo o ser entregue
do amor ao fogo ardente.

A vós na terra preso (a)
por grande caridade,
no céu, feliz, triunfa
por toda a eternidade.

Seguindo o seu exemplo,
possamos caminhar
e um dia, a vós, Trindade,
louvor sem fim cantar.

Cântico evangélico, ant.
Vós que **tu**do abando**nas**tes e me se**guis**tes,
recebe**reis** cem vezes **mais** e a vida e**ter**na (T.P. Ale**lui**a).

Ou:
Onde, u**ni**dos os ir**mãos**, louvam a **Deus**,
ali tam**bém**, o Se**nhor** dá sua **bên**ção (T.P. Ale**lui**a).

Oração como nas Laudes.

PARA OS SANTOS E AS SANTAS QUE SE DEDICARAM ÀS OBRAS DE CARIDADE

Como no Comum do santos homens, p. 1547, ou das santas mulheres, p. 1559, exceto:

I Vésperas

Cântico evangélico, ant.
Será fe**liz** quem ama o **po**bre:
quem crê em **Deus**, ama seu **pró**ximo (T.P. Ale**lui**a).

Oração como nas Laudes.

Laudes

Cântico evangélico, ant.
Nisto **to**dos sabe**rão** que vós **sois** os meus dis**cí**pulos:
se uns aos **ou**tros vos a**mar**des (T.P. Ale**lui**a).

Oração

Não havendo oração própria, diz-se a seguinte:

Ó Pai, como ensinastes à vossa Igreja que todos os mandamentos se resumem em amar a Deus e ao próximo, concedei-nos, a exemplo de são (santa) N., praticar obras de caridade, para sermos contados entre os benditos do vosso Reino. Por nosso Senhor Jesus Cristo, vosso Filho, na unidade do Espírito Santo.

II Vésperas

Cântico evangélico, ant.

O que fi**zes**tes ao me**nor** dos meus ir**mãos**
foi a mim **mes**mo que o fi**zes**tes, diz Je**sus.**
Vinde, ben**di**tos do meu **Pai,** e rece**bei** o Reino e**ter**no
prepa**ra**do para **vós** desde o **iní**cio do uni**ver**so! (T.P. Ale**lui**a).

Oração como nas Laudes.

PARA SANTOS E SANTAS EDUCADORES

Como no Comum dos santos homens, p. 1547, ou das santas mulheres, p. 1559, exceto o seguinte:

I Vésperas

Cântico evangélico, ant.

Escuta, **fi**lho, as pa**la**vras de teu **pai**,
e não es**que**ças os con**se**lhos de tua **mãe**;
sempre **tra**ze-os bem **jun**to ao cora**ção** (T.P. Ale**lui**a).

Oração como nas Laudes.

Laudes

Cântico evangélico, ant.

Quem tem a**mor** no cora**ção** para os pe**que**nos,
sabe gui**ar** e ensi**nar** como um pas**tor** (T.P. Ale**lui**a).

Oração

Não havendo oração própria, diz-se a seguinte:

Ó Deus, que suscitastes são (sto. sta.) N. na vossa Igreja, para mostrar ao próximo o caminho da salvação, concedei-nos seguir também o Cristo, nosso Mestre, e chegar até vós com nossos irmãos. Por nosso Senhor Jesus Cristo, vosso Filho, na unidade do Espírito Santo.

II Vésperas

Cântico evangélico, ant.

Dei**xai** vir a **mim** as crian**ci**nhas,
pois **de**las é o **Rei**no do meu **Pai** (T.P. Ale**lui**a).

Oração como nas Laudes.

OFÍCIO DOS FIÉIS DEFUNTOS

No Tempo pascal, pode-se dizer, conforme a oportunidade, o Aleluia no fim das antífonas, dos versículos e dos responsórios.

As Orações devem ser adaptadas de acordo com o gênero e número.

OFÍCIO DOS FIÉIS DEFUNTOS

Laudes

Hino

Ressurreição e vida nossa,
Cristo, esperança do perdão.
Quando nos fere a dor da morte,
a vós se volta o coração.

Também na cruz a grande angústia
da morte humana vós provastes
quando, inclinando a vossa fronte,
ao Pai o espírito entregastes.

Ó Bom Pastor, em vossos ombros
vós carregastes nossa dor.
Destes a nós morrer convosco
do Pai no seio acolhedor.

Braços abertos, vós pendestes,
e vosso peito transpassado
atrai a si os que carregam
da morte o fardo tão pesado.

Quebrando as portas dos infernos,
do céu o Reino nos abris;
dai força agora aos sofredores,
dai-lhes enfim vida feliz.

O (a,s) nosso(a,s) irmão(ã,s), que no(s) seu(s) corpo(s)
dorme (m) na paz do vosso amor,
por vós esteja(m) vigilante(s)
para entoar vosso louvor.

Salmodia

Ant. 1 Os **o**ssos humi**lha**dos, no Se**nhor** exulta**rão**.

Salmo 50(51)

– 3 Tende pie**da**de, ó meu **Deus**, miseri**cór**dia! *
Na imensi**dão** de vosso amor, purificai-me!
– 4 La**vai**-me todo inteiro do pecado, *
e apa**gai** completamente a minha culpa! –

– 5 Eu reco**nhe**ço toda a minha iniquidade, *
o meu pe**ca**do está sempre à minha frente.
6 Foi contra **vós**, só contra vós, que eu pequei, *
e prati**quei** o que é mau aos vossos olhos!

– Mostrais as**sim** quanto sois justo na sentença, *
e quanto é **re**to o julgamento que fazeis.
– 7 Vede, Se**nhor**, que eu nasci na iniquidade *
e peca**dor** já minha mãe me concebeu.

– 8 Mas vós a**mais** os corações que são sinceros, *
na intimi**da**de me ensinais sabedoria.
– Asper**gi**-me e serei puro do pecado, *
e mais **bran**co do que a neve ficarei.

10 Fazei-me ou**vir** cantos de festa e de alegria, *
e exulta**rão** estes meus ossos que esmagastes.
– 11 Desvi**ai** o vosso olhar dos meus pecados *
e apa**gai** todas as minhas transgressões!

– 12 Criai em **mim** um coração que seja puro, *
dai-me de **no**vo um espírito decidido.
– 13 Ó Se**nhor**, não me afasteis de vossa face, *
nem reti**reis** de mim o vosso Santo Espírito!

– 14 Dai-me de **no**vo a alegria de ser salvo *
e confir**mai**-me com espírito generoso!
– 15 Ensina**rei** vosso caminho aos pecadores, *
e para **vós** se voltarão os transviados.

– 16 Da **mor**te como pena, libertai-me, *
e minha **lín**gua exaltará vossa justiça!
– 17 Abri meus **lá**bios, ó Senhor, para cantar, *
e minha **bo**ca anunciará vosso louvor!

– 18 Pois não **são** de vosso agrado os sacrifícios, *
e, se o**fer**to um holocausto, o rejeitais.
– 19 Meu sacri**fí**cio é minha alma penitente, *
não despre**zeis** um coração arrependido!

– 20 Sede be**nig**no com Sião, por vossa graça, *
reconstru**í** Jerusalém e os seus muros!
– 21 E aceita**reis** o verdadeiro sacrifício, *
os holo**caus**tos e oblações em vosso altar!

Ant. Os **o**ssos humi**lha**dos, no Se**nhor** exulta**rão**.

Ant. 2 Das **por**tas do a**bis**mo, li**vrai**-me, Se**nhor**!

Cântico Is 38,10-14.17-20

– 10 Eu di**zi**a: "É neces**sá**rio que eu me **vá** *
no apo**geu** de minha vida e de meus dias;
– para a man**são** triste dos mortos descerei, *
sem vi**ver** o que me resta dos meus anos".

= 11 Eu di**zi**a: "Não verei o Senhor Deus †
sobre a **ter**ra dos viventes nunca mais; *
nunca **mais** verei um homem neste mundo!"

– 12 Minha mo**ra**da foi à força arrebatada, *
desar**ma**da como a tenda de um pastor.
– Qual tece**lão**, eu ia tecendo a minha vida, *
mas a**go**ra foi cortada a sua trama.

– 13 Vou me aca**ban**do de manhã até à tarde, *
passo a **noi**te a gemer até a aurora.
– Como um le**ão** que me tritura os ossos todos, *
assim eu **vou** me consumindo dia e noite.

– 14 O meu **gri**to é semelhante ao da andorinha, *
o meu ge**mi**do se parece ao da rolinha.
– Os meus **o**lhos já se cansam de elevar-se, *
de pe**dir**-vos: "Socorrei-me, Senhor Deus!"

– 17 Mas vós li**vras**tes minha vida do sepulcro, *
e lan**ças**tes para trás os meus pecados.
– 18 Pois a man**são** triste dos mortos não vos louva, *
nem a **mor**te poderá agradecer-vos;

– para quem **des**ce à sepultura é terminada *
a espe**ran**ça em vosso amor sempre fiel.
– 19 Só os **vi**vos é que podem vos louvar, *
como **ho**je eu vos louvo agradecido.

– O **pai** há de contar para seus filhos *
vossa ver**da**de e vosso amor sempre fiel.
= 20 Senhor, sal**vai**-me! Vinde logo em meu auxílio, †
e a vida in**tei**ra cantaremos nossos salmos, *
agrade**cen**do ao Senhor em sua casa.

Ant. Das **por**tas do abismo, li**vrai**-me, Se**nhor**!

Ant. 3 Bendi**rei** o Se**nhor** toda a **vi**da.

Salmo 145(146)

= [1]Ben**di**ze, minh'**al**ma, ao Se**nhor**! †
[2]Bendi**rei** ao Senhor toda a vida, *
canta**rei** ao meu Deus sem cessar!

– [3]Não po**nhais** vossa fé nos que mandam, *
não há **ho**mem que possa salvar.
= [4]Ao fal**tar**-lhe o respiro ele volta †
para a **ter**ra de onde saiu; *
nesse **di**a seus planos perecem.

= [5]É fe**liz** todo homem que busca †
seu au**xí**lio no Deus de Jacó, *
e que **põe** no Senhor a esperança.
– [6]O Se**nhor** fez o céu e a terra, *
fez o **mar** e o que neles existe.

– O Se**nhor** é fiel para sempre, *
[7]faz jus**ti**ça aos que são oprimidos;
– ele **dá** alimento aos famintos, *
é o Se**nhor** quem liberta os cativos.

= [8]O Se**nhor** abre os olhos aos cegos, †
o Se**nhor** faz erguer-se o caído, *
o Se**nhor** ama aquele que é justo.

= [9]É o Se**nhor** quem protege o estrangeiro, †
quem am**pa**ra a viúva e o órfão, *
mas con**fun**de os caminhos dos maus.

= [10]O Se**nhor** reinará para sempre! †
Ó Si**ão**, o teu Deus reinará *
para **sem**pre e por todos os séculos!
para **sem**pre e por todos os séculos!

Ant. Bendi**rei** o Se**nhor** toda a **vi**da.

Ou:

Ant. 3 Tudo o que **vi**ve e res**pi**ra, louve a **Deus**!

Salmo 150

– 1 Louvai o Senhor **Deus** no santuário, *
louvai-o no alto céu de seu poder!
– 2 Louvai-o por seus feitos grandiosos, *
louvai-o em sua grandeza majestosa!

– 3 Louvai-o com o toque da trombeta, *
louvai-o com a harpa e com a cítara!
– 4 Louvai-o com a dança e o tambor, *
louvai-o com as cordas e as flautas!

– 5 Louvai-o com os címbalos sonoros, *
louvai-o com os címbalos de júbilo!
– Louve a **Deus** tudo o que vive e que respira, *
tudo **can**te os louvores do Senhor!

Ant. Tudo o que **vi**ve e res**pi**ra, louve a **Deus**!

Leitura breve — 1Ts 4,14

Se Jesus morreu e ressuscitou – e esta é a nossa fé – de modo semelhante Deus trará de volta, com Cristo, os que através dele entraram no sono da morte.

Responsório breve

R. Eu vos **exal**to,
* Ó Se**nhor**, pois me li**vras**tes! R. Eu vos **exal**to.
V. Transfor**mas**tes o meu **pran**to em uma **fes**ta. * Ó Se**nhor**.
Glória ao **Pai**. R. Eu vos **exal**to.

Cântico evangélico, ant.

Eu **sou** a ressurrei**ção**, eu sou a **vi**da, diz **Je**sus.
Quem crê em **mim**, mesmo de**pois** de ter mor**ri**do, vive**rá**; e quem **vi**ve e crê em **mim**, não morre**rá** eterna**men**te.

Ou, no Tempo pascal:

O Se**nhor** ressusci**tou** e a seu **po**vo ilumi**nou**,
ao qual re**miu** com seu **san**gue, ale**lui**a.

Preces

Oremos a Deus Pai todo-poderoso, que ressuscitou Jesus Cristo dentre os mortos e dará vida também aos nossos corpos mortais; e aclamemos:

R. **Dai-nos, Senhor, a vida em Cristo!**

Pai santo, fazei que nós, sepultados pelo Batismo na morte com vosso Filho e com ele ressuscitados, vivamos uma vida nova;
– para que, depois da nossa morte, vivamos para sempre em Cristo. R.

Pai de bondade, que nos destes o pão vivo descido do céu, como alimento das almas,
– fazei-nos alcançar a vida eterna e ressuscitar no último dia. R.

Senhor, que enviastes um anjo para confortar vosso Filho em sua agonia,
– fazei-nos sentir o conforto da esperança na hora de nossa morte. R.

Vós, que salvastes os três jovens da fornalha ardente,
– libertai as almas do castigo que sofrem por seus pecados. R.

Deus dos vivos e dos mortos, que ressuscitastes Jesus Cristo do sepulcro,
– ressuscitai também os defuntos e dai-nos um lugar junto deles na vossa glória. R.

(intenções livres)

Pai nosso...

Oração

Pode-se dizer uma das seguintes orações:

Ouvi, ó Pai, as nossas preces para que, ao afirmarmos nossa fé na ressurreição do vosso Filho, se confirme também nossa esperança na ressurreição de vosso servo N. Por nosso Senhor Jesus Cristo, vosso Filho, na unidade do Espírito Santo.

Ou:

Ó Deus, glória dos fiéis e vida dos justos, que nos remistes pela morte e ressurreição do vosso Filho, concedei a vosso servo N. que, tendo professado o mistério da nossa ressurreição, mereça alegrar-se na eterna felicidade. Por nosso Senhor Jesus Cristo, vosso Filho, na unidade do Espírito Santo.

Ou, no Tempo pascal:

Ó Pai de misericórdia, dai ao vosso servo N. associar-se à vitória do vosso Filho Jesus, que por nós submeteu-se à morte e ressuscitou glorioso. Por nosso Senhor Jesus Cristo, vosso Filho, na unidade do Espírito Santo.

Para vários defuntos:

Ó Deus, fizestes o vosso Filho único vencer a morte e subir ao céu. Concedei a vossos Filhos N. e N. superar a mortalidade desta vida e contemplar eternamente a vós, Criador e Redentor de todos. Por nosso Senhor Jesus Cristo, vosso Filho, na unidade do Espírito Santo.

Pelos irmãos, parentes e benfeitores:

Ó Deus, que perdoais os homens e desejais salvá-los, concedei aos irmãos, parentes e benfeitores de nossa comunidade que partiram deste mundo, participar da vida eterna por intercessão da Virgem Maria e de todos os Santos. Por nosso Senhor Jesus Cristo, vosso Filho, na unidade do Espírito Santo.

Ou à escolha, no Missal Romano.

Hora Média

Hino

Vós que por Lázaro chorastes
junto às irmãs, e compassivo.
Onipotente, o devolvestes
aos seus cuidados, redivivo.

Pelos culpados implorastes,
compadecido, a indulgência,
e ao companheiro de suplício
destes palavras da clemência;

Agonizante, ao discípulo
por sua mãe destes Maria,
para os fiéis terem tal mãe
presente à ultima agonia.

Cristo Senhor, à vossa herança,
por vosso sangue redimida,
concedei ver a dor da morte
mudar-se em gozo e nova vida.

Chamai o(a,s) servo(a,s) que partiu (partiram)
para onde a morte foi vencida.
Um hino eterno ele(a,s) vos cante(m),
Cristo Jesus, Senhor da vida.

Salmodia

Ant. Cu**rai**-me, Se**nhor**, pois pe**quei** contra **vós**!

Salmo 69(70)

– 2Vinde, ó **Deus**, em meu au**xí**lio, sem de**mo**ra, *
apres**sai**-vos, ó Senhor, em socorrer-me!
– 3Que **se**jam confundidos e humilhados *
os que pro**cu**ram acabar com minha vida!

– Que **vol**tem para trás envergonhados *
os que se a**le**gram com os males que eu padeço!
– 4Que se re**ti**rem, humilhados, para longe, *
todos a**que**les que me dizem: “É bem feito!”

– 5Mas se a**le**grem e em vós se rejubilem *
todos a**que**les que procuram encontrar-vos;
– e re**pi**tam todo dia: “Deus é grande!” *
os que **bus**cam vosso auxílio e salvação.

– 6Quanto a **mim**, eu sou um pobre e infeliz: *
socor**rei**-me sem demora, ó meu Deus!
– Sois meu **Deus** libertador e meu auxílio: *
não tar**deis** em socorrer-me, ó Senhor!

Salmo 84(85)

– 2Favore**ces**tes, ó Se**nhor**, a vossa **ter**ra, *
liber**tas**tes os cativos de Jacó.
– 3Perd**oas**tes o pecado ao vosso povo, *
enco**bris**tes toda a falta cometida;
– 4reti**ras**tes a ameaça que fizestes, *
acal**mas**tes o furor de vossa ira. –

– 5 Reno**vai**-nos, nosso Deus e Salvador, *
esque**cei** a vossa mágoa contra nós!
– 6 Fica**reis** eternamente irritado? *
Guarda**reis** a vossa ira pelos séculos?

– 7 Não vi**reis** restituir a nossa vida, *
para que em **vós** se rejubile o vosso povo?
– 8 Mos**trai**-nos, ó Senhor, vossa bondade, *
conce**dei**-nos também vossa salvação!

– 9 Quero ou**vir** o que o Senhor irá falar: *
é a **paz** que ele vai anunciar;
– a **paz** para o seu povo e seus amigos, *
para os que **vol**tam ao Senhor seu coração.
– 10 Está **per**to a salvação dos que o temem, *
e a **gló**ria habitará em nossa terra.

– 11 A ver**da**de e o amor se encontrarão, *
a jus**ti**ça e a paz se abraçarão;
– 12 da **ter**ra brotará a fidelidade, *
e a jus**ti**ça olhará dos altos céus.

– 13 O Se**nhor** nos dará tudo o que é bom, *
e a nossa **ter**ra nos dará suas colheitas;
– 14 a jus**ti**ça andará na sua frente *
e a salva**ção** há de seguir os passos seus.

Salmo 85(86)

– 1 Incli**nai**, ó Se**nhor**, vosso ou**vi**do, *
escu**tai**, pois sou pobre e infeliz!
= 2 Prote**gei**-me, que sou vosso amigo, †
e sal**vai** vosso servo, meu Deus, *
que es**pe**ra e confia em vós!

– 3 Pie**da**de de mim, ó Senhor, *
porque **cla**mo por vós todo o dia!
– 4 Ani**mai** e alegrai vosso servo, *
pois a **vós** eu elevo a minh'alma.

– 5 Ó Se**nhor**, vós sois bom e clemente, *
sois per**dão** para quem vos invoca.

– 6 Escu**tai**, ó Senhor, minha prece, *
o la**men**to da minha oração!
– 7 No meu **di**a de angústia eu vos chamo, *
porque **sei** que me haveis de escutar.
– 8 Não e**xis**te entre os deuses nenhum *
que con**vos**co se possa igualar;
– não e**xis**te outra obra no mundo *
compa**rá**vel às vossas, Senhor!
– 9 As na**ções** que criastes virão *
ado**rar** e louvar vosso nome.
– 10 Sois tão **gran**de e fazeis maravilhas: *
vós so**men**te sois Deus e Senhor!
– 11 Ensi**nai**-me os vossos caminhos, *
e na **vos**sa verdade andarei;
– meu cora**ção** orientai para vós: *
que res**pei**te, Senhor, vosso nome!
– 12 Dou-vos **gra**ças com toda a minh'alma, *
sem ces**sar** louvarei vosso nome!
– 13 Vosso a**mor** para mim foi imenso: *
reti**rai**-me do abismo da morte!
= 14 Contra **mim** se levantam soberbos, †
e mal**va**dos me querem matar; *
não vos **le**vam em conta, Senhor!
– 15 Vós, po**rém**, sois clemente e fiel, *
sois a**mor**, paciência e perdão.
= 16 Tende **pe**na e olhai para mim! †
Confir**mai** com vigor vosso servo, *
de vossa **ser**va o filho salvai.
– 17 Conce**dei**-me um sinal que me prove *
a ver**da**de do vosso amor.
– O ini**mi**go humilhado verá *
que me **des**tes ajuda e consolo.

Ant. Cu**rai**-me, Se**nhor**, pois pe**quei** contra **vós**!

Leitura breve Sb 1,13-14.a.15

Deus não fez a morte, nem tem prazer com a destruição dos vivos. Ele criou todas as coisas para existirem. Pois a justiça é imortal.

V. No **va**le tene**bro**so nenhum **mal** eu teme**rei**,
R. Porque **vós**, ó meu Se**nhor**, Bom Pas**tor**, estais co**mi**go!

Oração como nas Laudes.

Vésperas

Hino

Cristo, Rei de poder infinito,
para dar toda a glória a Deus Pai,
e honra a nós, os perdidos outrora,
as cadeias da morte quebrais.

Assumindo dos homens as dores,
enfrentastes a dor derradeira
e, morrendo, vencestes a morte,
pela qual a serpente vencera.

Do sepulcro surgindo mais forte
no fulgor do mistério pascal,
para a vida chamais novamente
quem morreu para a culpa fatal.

Concedei-nos a vida da graça,
para que, ao voltar como Esposo,
nos acheis com a lâmpada acesa,
prontos para o festim glorioso.

Recebei-nos, sereno Juiz,
no descanso e na luz da verdade,
nós, que a fé, o amor, a esperança
sempre uniram à Santa Trindade .

Este(a,s) servo(a,s) liberto(a,s) do corpo,
que suspira(m) por vós, Sumo Bem,
recebei nas celestes moradas
para sempre a louvar-vos. Amém.

Salmodia

Ant. 1 O Se**nhor** te guarda**rá** de todo o **mal**:
Ele **mes**mo vai cui**dar** da tua **vi**da!

Salmo 120(121)

– [1] Eu le**van**to os meus **o**lhos para os **mon**tes: *
de **on**de pode vir o meu socorro?
– [2] "Do Se**nhor** é que me vem o meu socorro, *
do Se**nhor** que fez o céu e fez a terra!"

– [3] Ele não **dei**xa tropeçarem os meus pés, *
e não **dor**me quem te guarda e te vigia.
– [4] Oh! **não**! ele não dorme nem cochila, *
a**que**le que é o guarda de Israel!

– [5] O Se**nhor** é o teu guarda, o teu vigia, *
é uma **som**bra protetora à tua direita.
– [6] Não **vai** ferir-te o sol durante o dia, *
nem a **lu**a através de toda a noite.

– [7] O Se**nhor** te guardará de todo o mal, *
ele **mes**mo vai cuidar da tua vida!
– [8] Deus te **guar**da na partida e na chegada. *
Ele te **guar**da desde agora e para sempre!

Ant. O Se**nhor** te guarda**rá** de todo o **mal:**
Ele **mes**mo vai cui**dar** da tua **vi**da!

Ant. 2 Se le**var**des em **con**ta nossas **fal**tas,
ó Se**nhor**, quem pode**ri**a se sal**var** ?

Salmo 129(130)

– [1] Das profun**de**zas eu **cla**mo a vós, Se**nhor**, *
[2] escu**tai** a minha **voz**!
– Vossos ou**vi**dos estejam bem atentos *
ao cla**mor** da minha prece!

– [3] Se le**var**des em conta nossas faltas, *
quem have**rá** de subsistir?
– [4] Mas em **vós** se encontra o perdão, *
eu vos **te**mo e em vós espero.

– [5] No Se**nhor** ponho a minha esperança, *
es**pe**ro em sua palavra.
– [6] A minh'**al**ma espera no Senhor *
mais que o vi**gi**a pela aurora. –

– [7]Es**pe**re Israel pelo Senhor *
mais que o vi**gi**a pela aurora!
– Pois no Se**nhor** se encontra toda graça *
e copi**o**sa redenção.
– [8]Ele **vem** libertar a Israel *
de **to**da a sua culpa.

Ant. Se le**var**des em **con**ta nossas **fal**tas,
ó Se**nhor**, quem pode**ri**a se sal**var**?

Ant. 3 Como o **Pai** ressus**ci**ta e dá a **vi**da,
assim o **Fi**lho dá a **vi**da aos que o **a**mam.

Cântico Fl 2,6-11

= [6]Embora **fos**se de di**vi**na condi**ção**, †
Cristo Je**sus** não se apegou ciosamente *
a ser i**gual** em natureza a Deus Pai.

(R. Jesus **Cris**to é Se**nhor** para a **gló**ria de Deus **Pai**!)

= [7]Po**rém** esvaziou-se de sua glória †
e assu**miu** a condição de um escravo, *
fa**zen**do-se aos homens semelhante. (R.)

= Reconhe**ci**do exteriormente como homem, †
[8]humi**lhou**-se, obedecendo até à morte, *
até à **mor**te humilhante numa cruz. (R.)

= [9]Por isso **Deus** o exaltou sobremaneira †
e deu-lhe o **no**me mais excelso, mais sublime, *
e ele**va**do muito acima de outro nome. (R.)

= [10]Para **que** perante o nome de Jesus †
se **do**bre reverente todo joelho, *
seja nos **céus**, seja na terra ou nos abismos. (R.)

= [11]E toda **lín**gua reconheça, confessando, †
para a glória de Deus Pai e seu louvor: *
"Na ver**da**de Jesus Cristo é o Senhor!" (R.)

Ant. Como o **Pai** ressus**ci**ta e dá a **vi**da,
assim o **Fi**lho dá a **vi**da aos que o **a**mam.

Leitora breve 1Cor 15,55-57

Ó morte, onde está a tua vitória? Onde está o teu aguilhão? O aguilhão da morte é o pecado, e a força do pecado é Lei. Graças sejam dadas a Deus que nos dá a vitória pelo Senhor nosso, Jesus Cristo.

Responsório breve

R. Se**nhor,** eu ponho em **vós** minha espe**ran**ça:
* Que eu não **fi**que envergo**nha**do eterna**men**te! R. Se**nhor**.
V. Vosso a**mor** me faz sal**tar** de ale**gri**a.* Que eu não **fi**que.
Glória ao **Pai.** R. Se**nhor**.

ou:

R. Ó Se**nhor**, em vosso a**mor**,
* Dai a **e**les vossa **luz!** R. Ó Se**nhor**.
V. Vós vi**reis** para jul**gar** os **vi**vos e os **mor**tos.
* Dai a eles. Glória ao **Pai.** R. Ó Se**nhor**.

Cântico evangélico, ant.

Todo a**que**le que o **Pai** me entre**gou**,
há de **vir** até **mim,** diz Je**sus**;
e a quem **vem** até **mim,** nunca **irei** rejei**tar**.

Ou, no Tempo pascal:

Je**sus** Crucifi**ca**do ressur**giu** dentre os **mor**tos
e **e**le redi**miu**-nos, ale**lui**a.

Preces

Oremos a Cristo nosso Senhor, que nos deu a esperança de transformar o nosso pobre corpo à semelhança do seu corpo glorioso; e o aclamemos:

R. **Senhor, sois nossa vida e ressurreição!**

Cristo, Filho do Deus vivo, que ressuscitastes vosso amigo Lázaro dentre os mortos,
– ressuscitai para a vida e para a glória os defuntos remidos com o vosso sangue. R.

Cristo, consolador dos aflitos, que na morte de Lázaro, do jovem de Naim e da filha de Jairo, acorrestes compassivo a enxugar as lágrimas de seus parentes e amigos,
– consolai também agora os que choram a morte dos seus entes queridos. R.

Cristo, Salvador dos homens, destruí em nosso corpo mortal o domínio do pecado, pelo qual merecemos a morte;
–para que em vós alcancemos a vida eterna. R.

Cristo, Redentor do mundo, olhai com bondade para aqueles que não vos conhecem e vivem sem esperança;
–para que também eles acreditem na ressurreição dos mortos e na vida futura. R.

Vós, que, ao curar o cego de nascença, lhe destes a alegria de poder ver o vosso rosto,
–revelai o esplendor da vossa face aos defuntos que ainda não chegaram à luz da glória. R.

(intenções livres)

Vós, que permitis a destruição da nossa morada terrestre,
–concedei-nos a eterna morada no reino dos céus R.

Pai nosso...

Oração como nas Laudes, ou à escolha no Missal Romano.

Completas

Tudo como no Domingo, p.1119.

ÍNDICES

A. ÍNDICE ALFABÉTICO DAS CELEBRAÇÕES

B. ÍNDICE DOS HINOS

C. ÍNDICE DOS SALMOS

D. ÍNDICE DOS CÂNTICOS

Antigo Testamento

E. ÍNDICE DE SIGLAS

Siglas dos livros da Bíblia

Ab	Livro do Profeta Abdias
Ag	Livro do Profeta Ageu
Am	Livro do Profeta Amós
Ap	Apocalipse de São João
At	Atos dos Apóstolos
Br	Livro do Profeta Baruc
Cl	Epístola de São Paulo aos Colossenses
lCor	Primeira Carta de São Paulo aos Coríntios
2Cor	Segunda Carta de São Paulo aos Coríntios
lCr	Primeiro Livro das Crônicas
2Cr	Segundo Livro das Crônicas
Ct	Cântico dos Cânticos
Dn	Livro do Profeta Daniel
Dt	Livro do Deuteronômio
Ecl	Livro do Eclesiastes (Qohelet)
Eclo	Livro do Eclesiástico (Sirácida)
Ef	Carta de São Paulo aos Efésios
Esd	Livro de Esdras
Est	Livro de Ester
Ex	Livro do Êxodo
Ez	Livro do Profeta Ezequiel
Fl	Carta de São Paulo aos Filipenses
Fm	Carta de São Paulo a Filêmon
Gl	Carta de São Paulo aos Gálatas
Gn	Livro do Gênesis
Hab	Livro do Profeta Habacuc
Hb	Carta aos Hebreus
Is	Livro do Profeta Isaías
Jd	Carta de São Judas
Jl	Livro do Profeta Joel
Jn	Livro do Profeta Jonas
Jó	Livro de Jó
Jo	Evangelho segundo João
1Jo	Primeira Carta de São João
2Jo	Segunda Carta de São João

3Jo	Terceira Carta de São João
Jr	Livro do Profeta Jeremias
Js	Livro de Josué
Jt	Livro de Judite
Jz	Livro dos Juízes
Lc	Evangelho segundo Lucas
Lm	Lamentações
Lv	Livro Levítico
Mc	Evangelho segundo Marcos
lMc	Primeiro Livro dos Macabeus
2Mc	Segundo Livro dos Macabeus
Ml	Livro do Profeta Malaquias
Mq	Livro do Profeta Miqueias
Mt	Evangelho segundo Mateus
Na	Livro do Profeta Naum
Ne	Livro de Neemias
Nm	Livro dos Números
Os	Livro do Profeta Oseias
1Pd	Primeira Carta de São Pedro
2Pd	Segunda Carta de São Pedro
Pr	Livro dos Provérbios
Rm	Carta de São Paulo aos Romanos
1Rs	Primeiro Livro dos Reis
2Rs	Segundo Livro dos Reis
Rt	Livro de Rute
Sb	Livro da Sabedoria
Sf	Livro do Profeta Sofonias
Sl	Livro dos Salmos
1Sm	Primeiro Livro de Samuel
2Sm	Segundo Livro de Samuel
Tb	Livro de Tobias
Tg	Carta de São Tiago
1Tm	Primeira Carta de São Paulo a Timóteo
2Tm	Segunda Carta de São Paulo a Timóteo
1Ts	Primeira Carta de São Paulo aos Tessalonicenses
2Ts	Segunda Carta de São Paulo aos Tessalonicenses
Tt	Carta de São Paulo a Tito
Zc	Livro do Profeta Zacarias

F. ÍNDICE GERAL

PARA AS SOLENIDADES E FESTAS

Laudes

Salmos e cântico do domingo da I Semana

Salmo 62(63),2-9

Sede de Deus

– 2 Sois **vós**, ó Se**nhor**, o meu **Deus**! *
Desde a au**ro**ra ansioso vos busco!
= A minh'**al**ma tem sede de vós, †
minha **car**ne também vos deseja, *
como **ter**ra sedenta e sem água!
– 3 Venho, as**sim**, contemplar-vos no templo, *
para **ver** vossa glória e poder.
– 4 Vosso a**mor** vale mais do que a vida: *
e por **is**so meus lábios vos louvam.

– 5 Quero, **pois**, vos louvar pela vida *
e ele**var** para vós minhas mãos!
– 6 A minh'**al**ma será saciada, *
como em **gran**de banquete de festa;
– canta**rá** a alegria em meus lábios, *
ao can**tar** para vós meu louvor!

= 7 Penso em **vós** no meu leito, de noite, *
nas vi**gí**lias suspiro por vós!
– 8 Para **mim** fostes sempre um socorro; *
de vossas **a**sas à sombra eu exulto!
– 9 Minha **al**ma se agarra em vós; *
com po**der** vossa mão me sustenta.

Cântico Dn 3,57-88.56

Louvor das criaturas ao Senhor

– 57 **O**bras do Senhor, bendi**zei** o Senhor, *
lou**vai**-o e exaltai-o pelos **sé**culos sem fim!

–58 **Céus** do Se**n**hor, bendi**zei** o Senhor! *
59 **An**jos do Senhor, bendi**zei** o Senhor!

(R. Lou**vai**-o e exal**tai**-o pelos **sé**culos sem **fim**!
Ou:
R. A Ele **gló**ria e lou**vor** eterna**men**te!)

–60 **Á**guas do alto céu, bendi**zei** o Senhor! *
61 Po**tên**cias do Senhor, bendi**zei** o Senhor!
–62 **Lu**a e sol, bendi**zei** o Senhor! *
63 **As**tros e estrelas, bendi**zei** o Senhor! (R.)

–64 **Chu**vas e orvalhos, bendi**zei** o Senhor! *
65 **Bri**sas e ventos, bendi**zei** o Senhor!
–66 **Fo**go e calor, bendi**zei** o Senhor! *
67 **Fri**o e ardor, bendi**zei** o Senhor! (R.)

–68 Or**va**lhos e garoas, bendi**zei** o Senhor! *
69 Ge**a**da e frio, bendi**zei** o Senhor!
–70 **Ge**los e neves, bendi**zei** o Senhor! *
71 **Noi**tes e dias, bendi**zei** o Senhor! (R.)

–72 **Lu**zes e trevas, bendi**zei** o Senhor! *
73 **Rai**os e nuvens, bendi**zei** o Senhor
–74 **I**lhas e terra, bendi**zei** o Senhor! *
Lou**vai**-o e exaltai-o pelos **sé**culos sem fim! (R.)

–75 **Mon**tes e colinas, bendi**zei** o Senhor! *
76 **Plan**tas da terra, bendi**zei** o Senhor!
–77 **Ma**res e rios, bendi**zei** o Senhor! *
78 **Fon**tes e nascentes, bendi**zei** o Senhor! (R.)

–79 Ba**lei**as e peixes, bendi**zei** o Senhor! *
80 **Pás**saros do céu, bendi**zei** o Senhor!
–81 **Fe**ras e rebanhos, bendi**zei** o Senhor! *
82 **Fi**lhos dos homens, bendi**zei** o Senhor! (R.)

–83 **Fi**lhos de Israel, bendi**zei** o Senhor! *
Lou**vai**-o e exaltai-o pelos **sé**culos sem fim!

–[84] Sacer**do**tes do Senhor, bendi**zei** o Senhor! *
[85] **Ser**vos do Senhor, bendi**zei** o Senhor! (R.)

–[86] **Al**mas dos justos, bendi**zei** o Senhor! *
[87] **San**tos e humildes, bendi**zei** o Senhor!
–[88] **Jo**vens Misael, Ana**ni**as e Azarias, *
Lou**vai**-o e exaltai-o pelos **sé**culos sem fim! (R.)

– Ao **Pai** e ao Filho e ao Es**pí**rito Santo *
lou**ve**mos e exaltemos pelos **sé**culos sem fim!
–[56] Ben**di**to sois, Senhor, no firma**men**to dos céus! *
Sois **dig**no de louvor e de **gló**ria eternamente! (R.)

No fim desde cântico não se diz Glória ao Pai.

Salmo 149

A alegria e o louvor dos santos

– [1] Can**tai** ao Senhor **Deus** um canto **no**vo, *
e o seu lou**vor** na assembleia dos fiéis!
– [2] **Ale**gre-se Israel em Quem o fez, *
e Si**ão** se rejubile no seu Rei!
– [3] Com **dan**ças glorifiquem o seu nome, *
toquem **har**pa e tambor em sua honra!

– [4] Porque, de **fa**to, o Senhor ama seu povo *
e co**ro**a com vitória os seus humildes.
– [5] **Exul**tem os fiéis por sua glória, *
e can**tan**do se levantem de seus leitos,
– [6] com lou**vo**res do Senhor em sua boca *
e es**pa**das de dois gumes em sua mão,

– [7] para exer**cer** sua vingança entre as nações *
e infli**gir** o seu castigo entre os povos,
– [8] colo**can**do nas algemas os seus reis, *
e seus **no**bres entre ferros e correntes,
– [9] para apli**car**-lhes a sentença já escrita: *
Eis a **gló**ria para todos os seus santos.

Ofício das Leituras

Hino Te Deum (A vós, ó Deus)

A vós, ó Deus, louvamos,
a vós, Senhor, cantamos.
A vós, Eterno Pai,
adora toda a terra.

A vós cantam os anjos,
os céus e seus poderes:
Sois Santo, Santo, Santo,
Senhor, Deus do universo!

Proclamam céus e terra
a vossa imensa glória.
A vós celebra o coro
glorioso dos Apóstolos,

Vos louva dos Profetas
a nobre multidão
e o luminoso exército
dos vossos santos Mártires.

A vós por toda a terra
proclama a Santa Igreja,
ó Pai onipotente,
de imensa majestade,

e adora juntamente
o vosso Filho único,
Deus vivo e verdadeiro,
e ao vosso Santo Espírito.

Ó Cristo, Rei da glória,
do Pai eterno Filho, nas-
cestes duma Virgem,
a fim de nos salvar.

Sofrendo vós a morte,
da morte triunfastes,
abrindo aos que têm fé
dos céus o reino eterno.

Sentastes à direita
de Deus, do Pai na glória.
Nós cremos que de novo
vireis como juiz.
Portanto, vos pedimos:
salvai os vossos servos,
que vós, Senhor, remistes
com sangue precioso.

Fazei-nos ser contados,
Senhor, vos suplicamos,
em meio a vossos santos
na vossa eterna glória.
(A parte que se segue pode
ser omitida, se for oportuno).
Salvai, o vosso povo.
Senhor, abençoai-o.
Regei-nos e guardai-nos
até a vida eterna.
Senhor, em cada dia,
fiéis, vos bendizemos,
louvamos vosso nome
agora e pelos séculos.

Dignai-vos, neste dia,
guardar-nos do pecado.
Senhor, tende piedade
de nós, que a vós clamamos.

Que desça sobre nós,
Senhor, a vossa graça,
porque em vós pusemos
a nossa confiança.

Fazei que eu, para sempre,
não seja envergonhado:
Em vós, Senhor, confio,
sois vós minha esperança!

TEXTOS COMUNS

II

Laudes

Cântico evangélico: Benedictus

O Messias e seu Precursor

–[68] Bendito **se**ja o Senhor **Deus** de Isra**el**, *
porque a seu **po**vo visi**tou** e liber**tou**;
–[69] e fez sur**gir** um pode**ro**so Salva**dor** *
na **ca**sa de Da**vi**, seu servi**dor**,
–[70] como fa**la**ra pela **bo**ca de seus **san**tos, *
os pro**fe**tas desde os **tem**pos mais an**ti**gos,
–[71] para sal**var**-nos do po**der** dos ini**mi**gos *
e da **mão** de todos **quan**tos nos o**dei**am.
–[72] Assim mos**trou** miseri**cór**dia a nossos **pais**, *
recor**dan**do a sua **san**ta Ali**an**ça
–[73] e o jura**men**to a Abra**ão**, o nosso **pai**, *
de conce**der**-nos [74] que, li**ber**tos do ini**mi**go,
a **e**le nós sir**va**mos sem te**mor** †
– em santi**da**de e em jus**ti**ça diante **de**le, *
[75] en**quan**to perdu**ra**rem nossos **di**as.
–[76] Serás pro**fe**ta do Al**tís**simo, ó me**ni**no, †
pois i**rás** andando à **fren**te do Se**nhor** *
para aplai**nar** e prepa**rar** os seus ca**mi**nhos,
–[77] anunci**an**do ao seu **po**vo a salva**ção**, *
que es**tá** na remis**são** de seus pe**ca**dos,
–[78] pela bon**da**de, e compai**xão** de nosso **Deus**, *
que sobre **nós** fará bri**lhar** o Sol nas**cen**te,
–[79] para ilumi**nar** a quantos **ja**zem entre as **tre**vas *
e na **som**bra da **mor**te estão sen**ta**dos
– e **pa**ra diri**gir** os nossos **pas**sos, *
gui**an**do-os no ca**mi**nho da **paz**.
– Glória ao **Pai** e ao **Fi**lho e ao Es**pí**rito **San**to. *
Como era no prin**cí**pio, a**go**ra e sempre. A**mém**.

Vésperas

Cântico evangélico: Magnificat Lc 1,46-55

A alegria da alma no Senhor

–[46] A minha’**al**ma engran**de**ce ao Se**nhor**, *
–[47] e se ale**grou** o meu es**pí**rito em **Deus,** meu Salva**dor**,
–[48] pois ele **viu** a peque**nez** de sua **ser**va, *
desde a**go**ra as gera**ções** hão de cha**mar**-me de ben**di**ta.
–[49] O Pode**ro**so fez por **mim** mara**vi**lhas *
e **San**to é o seu **no**me!
–[50] Seu a**mor,** de gera**ção** em gera**ção**,*
chega a **to**dos que o res**pei**tam.
–[51] Demons**trou** o po**der** de seu **bra**ço *
disper**sou** os orgu**lho**sos.
–[52] Derru**bou** os pode**ro**sos de seus **tro**nos *
e os hu**mil**des exal**tou**.
–[53] De **bens** saci**ou** os fa**min**tos *
e despe**diu**, sem nada, os **ri**cos.
–[54] Aco**lheu** Isra**el**, seu servi**dor**, *
fi**el** ao seu a**mor,**
–[55] como ha**vi**a prome**ti**do aos nossos **pais,** *
em fa**vor** de Abra**ão** e de seus **fi**lhos, para **sem**pre.
– Glória ao **Pai** e ao **Fi**lho e ao Es**pí**rito **San**to. *
Como **e**ra no prin**cí**pio, a**go**ra e sempre. A**mém**.

Completas

Cântico evangélico: Nunc dimittis Lc 2,29-32

Cristo, luz das nações e glória de seu povo

–[29] Deixai, a**go**ra, vosso **ser**vo ir em **paz**, *
con**for**me prome**tes**tes, ó Se**nhor**.
–[30] Pois meus **o**lhos viram **vos**sa salva**ção** *
–[31] que prepa**ras**tes ante a **fa**ce das na**ções**:
–[32] uma **Luz** que brilha**rá** para os gen**ti**os *
e para a **gló**ria de Isra**el**, o vosso **po**vo.
– Glória ao **Pai** e ao **Fi**lho e ao Es**pí**rito **San**to. *
Como **e**ra no prin**cí**pio, a**go**ra e sempre. A**mém**.